Das Rechtsverhältnis zwischen Eltern und Kindern in der Privatrechtsgeschichte

Rechtshistorische Reihe

Band 186

Peter Lang
Frankfurt am Main · Berlin · Bern · New York · Paris · Wien

Silvia Schumacher

Das Rechtsverhältnis zwischen Eltern und Kindern in der Privatrechtsgeschichte

Peter Lang
Europäischer Verlag der Wissenschaften

Die Deutsche Bibliothek - CIP-Einheitsaufnahme

Schumacher, Silvia:

Das Rechtsverhältnis zwischen Eltern und Kindern in der Privatrechtsgeschichte / Silvia Schumacher. - Frankfurt am Main ; Berlin ; Bern ; New York ; Paris ; Wien : Lang, 1999
(Rechtshistorische Reihe ; Bd. 186)
Zugl.: Bielefeld, Univ., Diss., 1998
ISBN 3-631-34432-5

Die vorliegende Arbeit wurde von
Prof. Dr. Gerhard Otte zur Aufnahme
in die Reihe empfohlen.

Gedruckt auf alterungsbeständigem,
säurefreiem Papier.

D 361
ISSN 0344-290X
ISBN 3-631-34432-5

Printed in Germany 1 2 3 4 6 7

Inhaltsübersicht

Inhaltsverzeichnis

Literaturverzeichnis

I. Quellen

1. Teil Von der Antike bis zum Beginn der Neuzeit

Accursius, Corpus iuris civilis Justinianei, cum commentariis Accursii, [...] studio et opera Johannis Fehi, Lugduni 1627.

Aristoteles, Politicorum libri octo ad recensionem Immanuelis Bekkeri recogniti, hrsg. von Adolph Stahr, Volumen 1 Leipzig 1836.

ders., Politik, übersetzt von Olof Gigon, Zürich und Stuttgart 1971.

ders., The Nicomachean Ethics, with an english Translation by H.Rackham, London 1926.

ders., Nikomachische Ethik, übersetzt und kommentiert von Franz Dirlmeier, Darmstadt 1969.

Azo, Azonis Summa Aurea recens pristinae suae fidei restituta, ac archetypo collata, Nachdruck der Ausgabe Lugduni 1557, Frankfurt a.M. 1968.

ders., Azonis Lectura super codicem, Hugolini apparatus in tres libros, Nachdruck der Ausgabe Parisiis 1577, Augustae Taurinorum 1966.

ders., Azonis Summa super codicem, instituta extraordinaria, Nachdruck der Ausgabe 1566, Augustae Taurinorum 1966.

ders., Brocardica Aurea, Nachdruck der Ausgabe Neapoli 1568, Augustae Taurinorum 1967.

Baldus de Ubaldis, Omnia opera, Venetiis 1572 - 1616.

ders., Baldi Ubaldi Perusini consiliorum sive responsorum volumen 1 - 6, Nachdruck der Ausgabe Venetiis 1575, Torino 1970.

ders., Tractatus de duobus fratribus simul habitantibus (Expletio tractatus Bartoli in Bartolus, Opera omnia, Tomus Decimus).

Bartolus de Saxoferrato, Omnia opera, Venetiis 1602 -1615.

Castro, Paul de, Omnia opera, Venetiis 1575.

ders., Consilia sive Responsa, Band 1, Venetiis 1581.

Cinus, Cyni Pistorensis In Codicem et aliquot titulos primi Pandectorum tomi, id est, digesti veteris doctissima commentaria, 2 Bände, Nachdruck der Ausgabe Frankfurt 1578, Torino 1964.

Concilium Tridentinum, Diariorum, Actorum, Epistularum, Tractatuum. Nova Collectio, ed. Societas Goerresiana IX.

Corpus Iuris Canonici, hrsg. von Aemilius Friedberg, Ed. Lipsiae secunda, Lipsiae 1879 - 1881.

Corpus Iuris Civilis, Vol. 1: Institutiones, recognovit Paulus Krueger, Digesta, recognovit Theodorus Mommsen, editio decima, Berolini 1905; Volumen II: Codex Justinianus, recognovit Paulus Krueger, editio altera, Berolini 1880.

Eike von Repgow, Der Sachsenspiegel. Hrsg. von Claudieter Schott. Übertragung des Landrechts von Ruth Schmidt-Weigand, Zürich 1984.

Gaius, Institutionen, (ad Codicis Vernonensis), hrsg. von Paul Krüger und Wilhelm Studemund, Berlin 1884.

Gesetze der Burgunden, hrsg. von Franz Beyerle, Weimar 1936.

Gesetze der Westgoten, hrsg. von Eugen Wohlhaupter, Weimar 1936.

Die **Gesetze des Karolingerreiches,** Alemannen und Bayern, hrsg. von Karl August Eckhardt, Weimar 1934.
Die **Gesetze der Langobarden**, übertragen und bearbeitet von Franz Beyerle, Weimar 1947.
Die **Gesetze des Merowingerreiches**, 481 -714, hrsg. von Karl August Eckhardt, Weimar 1935.
Glossa ordinaria, siehe Accursius.
Glossa ordinaria, Decretum Gratiani emendatum et Notationibus illustratum una cum glossis, Lugduni 1584.
Lenel, Otto, Das edictum perpetuum: Ein Versuch zu seiner Wiederherstellung, Neudruck der 3. Aufl., Leipzig 1927, Aalen 1956.
Mayno, Jason de, Omnia opera, Venetiis 1585.
Odofredus, Lectura super Digesti Veteri, 2 Bände, Nachdruck der Ausgabe Lugduni 1550, Bologna 1967 -1968.
ders., Lectura super Codice, 2 Bände, Nachdruck der Ausgabe Lugduni 1552, Bologna 1968.
Placentinus, Summa Codicis: accessit prooemium quod in Moguntina editione desiderabatur, Nachdruck der Ausgabe Moguntiae 1806, Torino o. J.
Plato, Nomoi, in: ders., Sämtliche Werke, Griechisch und Deutsch. Nach der Übersetzung Friedrich Schleiermachers, ergänzt durch Übersetzungen von Franz Susemihl u. a., Band 9, Frankfurt a. M. und Leipzig 1991.
Ravanis, Jacobus de, Lectura super Codice, Nachdruck Bologna 1967.
Roffredus Beneventanus, Libelli iuris civilis, libelli iuris canonici, quaestiones Sabbatinae, Nachdruck der Ausgabe 1500, Augustae Taurinorum 1967.
Rogerius, Summa Codicis, ed. Giovanni Battista Palmieri, in: Bibliotheca iuridica medii aevi Band I, Bononiae 1913.
Rosciate, Albericus, Commentarii in primam Digesti veteris partem, Nachdruck der Ausgabe Venetiis 1585, o.O.1974.
Sanchez, Thomas, De sancti matrimonii sacramento, Viterbii 1754.
Schwabenspiegel. Langform/ tractavit Karl August Eckhardt, Aalen 1974.
Seneca, Lucius Annaeus, De beneficiis, hrsg. von Salvatore Guglielmo, Bologna 1987.
Thomas von Aquin, S. Thomae Aquinatis Opera omnia: ut sunt in Indice Thomistico; additis 61 scriptis ex aliis medii aevi auctoribus curante Roberto Busa, Stuttgart – Bad Cannstatt, 1980.
Wernerius, Summa Institutionum, ed. Giovanni Battista Palmieri, in: Scripta anecdota glossatorum I, Nachdruck der Ausgabe Bononiae 1913, Torino 1962.

2. Teil Die Neuzeit bis zum Ende des 19. Jahrhunderts

Humanistische Jurisprudenz

Alciat, Andrea, Opera omnia, Basel 1571.
Connanus, Franciscus, Commentarius Juris Civilis Libri X, Basileae 1557.
Cujacius, Jacobus, Opera Omnia, 10 Tomi Neapoli 1758.
Donellus, Hugo, Opera omnia Commentariorum de iure civili cum Notis Osvaldi Hilligeri, Florentiae 1840 - 1847.
Duarenus, Franciscus, Opera omnia, Tomus 1 und 2 Lucae 1765; Tomus 3 Lucae 1766; Tomus 4, Lucae 1768.
Faber, Anton, Rationalia in tertiam partem Pandectarum in tres tomos divisa, Lugduni 1663.

ders., Codex Fabrianus Definitionum Forensium et rerum in sacro Sabaudiae senatu tractatarum, Coloniae Allobrogum 1620.

Gothofredus, Jacobus, Opera juridica minora, sive libelli, tractatus, orationes, et opuscula rariora et praestantiora, Lugduni Batavorum 1733.

Molinaeus, Carolus, Omnia quae extant opera, Tomus 1-5, Parisiis 1681.

Gesetzgebung der Rezeptionszeit

August, Des Durchlauchtigsten, Hochgebohrnen Fürsten und Herrn, Herrn Augusten, [...] Decisiones Electorales Saxonicae, oder Erledigung derer zweiffelhafften Rechts-Fälle, Verordnungen und Constitutiones, den rechtlichen Proceß und andere streitige Fälle betreffende, wie auch des durchlauchtigsten Hochgebohrnen Fürsten und Herrn, Herrn Johann Georgen des andern [...] Leipzig 1746.

Der **Stadt Hamburg Gerichts-Ordnung und Statuta**, hrsg. auf Veranlassung des Vereines für Hamburgische Geschichte, Hamburg 1842.

Der **Stat Nürmberg verneute Reformation 1564**, a. 1595.

Der **Statt Franckfurt am Mayn ernewerte Reformation** wie in Anno 1578 außgangen und publicirt/ jetzt abermals von newem ersehen / an vielen underschiedtlichen Orten geendert/ verbessert und vermehrt, Franckfurt am Mayn 1611.

Griesinger, Ludwig Friedrich, Commentar über das Herzoglich Wirtembergische Landrecht, 4. Band, Frankfurt und Leipzig 1794.

Quellen zur Neueren Privatrechtsgeschichte Deutschlands, begr. von Franz Beyerle, Wolfgang Kunkel und Hans Thieme, Band 1, 1. Halbband, Ältere Stadtrechtsreformationen, bearbeitet von Wolfgang Kunkel, Weimar 1936, 2. Halbband, Landrechte des 16. Jahrhunderts, eingeleitet und erläutert von Wolfgang Kunkel, Weimar 1938.

Naturrecht der Aufklärung und Spätscholastik

Dissertations sur l'autorité paternelle, dont la première a remporté le prix et les deux autres ont obtenu l'accessit dans l'assemblée publique de l'Academie royale des sciences et Belles-Lettres à Berlin, 1788.

Grotius, Hugo, De iure belli ac pacis libri tres, Drei Bücher vom Recht des Krieges und des Friedens, übersetzt von Walter Schätzel, Tübingen 1950.

Globig, Hanns Ernst von, Ueber die Gründe und Gränzen der väterlichen Gewalt. Beantwortung einer, im Jahre 1786 von der Akademie der Wissenschaften zu Berlin ausgeschriebenen Preisaufgabe, Dresden und Leipzig 1789.

Hufeland, Gottlieb, Lehrsätze des Naturrechts und der damit verbundenen Wissenschaften, Nachdruck der Ausgabe Jena 1790, Glashütten im Taunus 1973.

Hobbes, Thomas, Elementa Philosophica de cive, hrsg. von Howard Warrender, Oxford 1983.

ders., Leviathan: or, The matter, forme and power of a commonwealth ecclesiastical and civil, 11. print., New York, London 1974.

Kant, Immanuel, Sämtliche Werke, 9. Teil, Metaphysik der Sitten, hrsg. von Karl Rosenkranz und Friedrich Wilhelm Schubert, Leipzig 1938.

Krug, Wilhelm Traugott, System der praktischen Philosophie, Band 1 Dikäologie oder philosophische Rechtslehre Königsberg 1817.

Locke, John, Two treatises of government, A critical edition [...] by Peter Laslett, 2. Edition Cambridge 1967.

Molina, Ludovicus de, De iustitia et iure, Opera omnia, Tom.1, Conchae 1593.

Pörschke, Karl Ludwig, Vorbereitungen zu einem populären Naturrechte, Königsberg 1795.

Pufendorf, Samuel L. B. A., De Jure naturae et gentium libri octo, Nachdruck der Ausgabe Frankfurt und Leipzig 1759, Frankfurt a.M. 1967.

ders., De officio hominis et civis, juxta legem naturalem libri duo, Neudruck der Ausgabe Cantabrigiae 1682, New York 1927.

ders., Elementorum Jurisprudentiae universalis libri duo, Editio novissima, Cantabrigiae 1672.

Schmalz, Theodor, Das Recht der Natur: Das natürliche Familienrecht, Neudruck der 1. Auflage Königsberg 1795, Aalen 1969.

Thomasius, Christian, Fundamenta juris naturae et gentium ex sensu communi deducta, Halae, Lipsiae 1718.

ders., Notae ad singulos Institutionum et Pandectarum titulos varias juris Romani antiquitates imprimis usum eorum hodiernum in foris Germaniae ostendentes [...], Halae Magdeburgicae 1713.

ders., Institutionum Jurisprudentiae Divinae libri tres, 7. Aufl. Halae, Magdeburgicae 1720.

ders. (Pr.)/**Ver Portenn**, Johannes Burcardus (Resp.), Dissertatio inauguralis de usu practico tituli Institutionum de patria potestate, Halae, Magdeburgicae 1712.

ders., (Pr.)/**Hess**, Zacharias (Resp.), Dissertatio inauguralis de usu juris paterni Romanorum secundum mores Germaniae et jus borussicum revisum, Halae 1704.

Vitoria, Franciscus de, Comentarios a la Secunda Secundae de Santo Tomás. Nachschrift einer 1534 -1537 in Salamanca gehaltenen Vorlesung über die Secunda Secundae der Summa theologica des Thomas von Aquin, ed. von Vicente Beltrán de Heredia, I - V, Madrid 1932 - 1935.

Wolff, Christian, Jus naturae methodo scientifica pertractatum, in: ders., Gesammelte Werke, 2. Abteilung (Lateinische Schriften), Band 17 - 24, Hildesheim 1972.

ders., Vernünfftige Gedancken von dem Gesellschaftlichen Leben der Menschen und insonderheit dem gemeinen Wesen, in: Gesammelte Werke, 1. Abteilung (Deutsche Schriften), Band 5, Hildesheim 1975.

ders., Institutiones juris naturae et gentium, in: Gesammelte Werke 2. Abteilung (Lateinische Schriften), Band 26, Hildesheim 1969.

ders./**Hanov**, Michael Christoph, Oeconomia methodo scientifica pertractata, in: Gesammelte Werke, 2. Abteilung (Lateinische Schriften),, Band 27 und 28, Hildesheim 1972.

ders., Philosophia practica universalis. Methodo scientifica pertractata, pars prior in: Gesammelte Werke, 2.Abteilung (Lateinische Schriften) Band 10, Hildesheim 1971.

ders., Vernünfftige Gedancken von der Menschen Thun und Lassen, zu Beförderung ihrer Glückseligkeit, in: Gesammelte Werke, 1. Abteilung (Deutsche Schriften), Band 4, Hildesheim 1976.

ders., De Jurisprudentia civili in formam demonstrativam redigenda, Horae subsecivae Marburgenses II, in: Gesammelte Werke, 2. Abteilung (Lateinische Schriften), Band 34.2, Hildesheim 1983.

Usus modernus und 16. Jahrhundert

Aldringen, Dissertatio de bonis, quae liberis in potestate patris constitutis extra militiam ita adquiruntur, ut pater usumfructum non habeat, ohne Ort und Jahr.

Althusius, Johannes, Dicaeologicae libri tres totum et universum ius, quo utimur, methodice complectentes, Neudruck der Ausgabe Frankfurt a.M. 1649, Aalen 1967.

Barth, Gottfried, Ausführlicher Bericht von der Gerade, Leipzig 1721.

Berger, Johann Heinrich von, Oeconomia, eius ad usum hodiernum adcommodati adcurante filio Christophi Henr. de Berger, Editio octava, Leipzig 1801.

Beyer, Georg, Delineatio iuris civilis secundum institutiones et pandectas atque feudis, ad fundamenta sua revocati, et ad seculi usum accommodati positionibus succinctis comprehensa, Editio secunda, Lipsiae 1714.

Boehmer, Georg Ludwig, Electa iuris civilis, Goettingae 1767.

Böhmer, J.H., Dissertatio de statu liberorum sui iuris factorum per separationem vel nuptias, Halae 1721.

Braun, Carolus Adolphus/Nevendahl, Caspar Georgius de, Commentatio de usufructu Parentum in bonis liberorum tam de iure Romano quam Germanico genuino, Jena 1743.

Breuning, Christian Heinrich, De Patria potestate eiusque effectibus ex principiis naturalis Tractatio II, Lipsiae 1755.

ders., (Pr.)/**Voigt**, Johannes Georg Jakob (Resp.), Quaestio iuris controversi an Fictio unitatis personae hodie noceat pacto inter patrem et filium inito, Lipsiae 1771.

ders., Dissertatio an pater teneatur liberis ad mercedem prestandam propter operas praestitas, Lipsiae 1772.

Brunnemann, Johannes, Commentarius in Pandectas, Coloniae Allobrogum 1762.

ders., Commentarius in Codicem Justinianum, Lipsiae 1679.

ders., Decisionum Centuriae V, Francofurti 1704.

Brunsich, Justus Lud. Theod. Fried., Commentatio de Unitate Personae quae iure Romano inter patremfamilias et liberos in potestate constitutos intercedit eiusque usu in foris Germaniae hodierno, Gottingae 1795.

Carpzow, Benedict, Jurisprudentia Forensis Romano-Saxonica secundum ordinem Constitutionum D. Augusti Electoris Saxon., Lipsiae 1668.

ders., Opus Decisionum Illustrium Saxonicarum, Lipsiae 1704.

ders., Responsa juris electoralia. Leipzig 1709.

Carrach, Johann Tobias (Pr.)/**Hesse**, Carl Georg (Resp.), Dissertatio de differentiis juris Romani et Germanici in peculio imprimis filiorumfamilias, Halae, Magdeburgicae 1745.

Claproth, Justus, Rechtswissenschaft von richtiger und vorsichtiger Eingehung der Verträge und Contracte (Jurisprudentia heurematica), 1. Theil 4. Aufl. Göttingen 1797; 2. Theil 4. Auflage Göttingen 1798; 3. Theil 2. Aufl. Göttingen 1797.

Clasen, Daniel (Pr.)/**Siebenhaar**, David Malachias (Resp.), Exercitatio juridica de patria potestate, Helmaestadi 1673.

Cocceji, Samuel de, Jus civile controversum, Editio altera, Francofurti et Lipsiae 1729.

Datt, Jo. Ph., Dissertatio de venditione liberorum, Ulm 1700.

Eichelius, Johannes (Pr.)/**Bonnius**, Conradus (Resp.), Dissertatio de retorsione iniuriarum verbalium, Helmstadii 1673.

Einert, Disputatio de valore donationum inter parentes et liberos, Lipsiae 1773

Enenckel, De privilegiis parentum et liberorum, ohne Ort und Jahr.

Engau, Jo. Rudolph, Elementa iuris Germanici civilis veteris pariter atque hodierni ex genuino fontibus deducta, Editio quarta, Jenae 1752.

Frommann, Jo. A. (Pr.)/**Peilicke** (Resp.), Disputatio de administraione adventitiorum legitima, Tubingae 1676.

Gaill, Andreas, Camerae imperialis observationes deß Kaiserlichen Cammer-Gerichts sonderliche Gerichtsbreuche und RechtsRegeln [...], Hamburg 1601.

Glück, Christian Friedrich, Ausführliche Erläuterung der Pandecten nach Hellfeld, ein Commentar, Dritter Teil, 1. Abteilung 2. Aufl., Erlangen 1806, 2. Abteilung 2. Aufl. Erlangen 1807.

Grollmann, De separatione liberorum per elocationem et divisionem, ohne Ort und Jahr.

Gundling, Nicolaus Hieronymus, Gründlicher Discours über die Institutiones D. Justiniani, 3. Aufl. Frankfurt 1739.

Harpprecht, Ferdinand Christophorus (Pr.)/**Harpprecht**, Mauritius David (Resp.), Disputatio inauguralis de Operis Liberorum quas suis parentibus debent ac praestant, Tubingae 1689.

ders. (Pr.)/**Caldenbach** jun., Christophorus (Resp.), Disputatio de Separatione liberorum familia ab oeconomia paterna, Tubingae 1689.

ders. (Pr.)/**Beer**, Georg Friedrich (Resp.), Disputatio inauguralis de iuribus domesticorum, 1685.

ders./**Reichshoffer**, De salario pro operis liberorum praestando, ohne Ort und Jahr.

Hertius, Dissertatio de pluribus hominibus personam unam sustinentibus, ohne Ort und Jahr.

Heusinger, De iure peculii adventitii extraordinarii, tam romanis quam germanicis legibus atque moribus constituto, ohne Ort und Jahr.

Hildebrand, Heinrich (Pr.)/**Brötzsch**, Christian Ludwig (Resp.), Dissertatio juridica de Obligatione inter patrem et filium, Altdorfi 1703.

Höltich, Franc. Heinrich (Pr.)/**Schammelius**, Godofredus (Resp.), Judicium inter Parentes et liberos, Wittebergae 1674.

Höpfner, Ludwig Julius Friedrich, Theoretisch=practischer Commentar über die Heineccischen Institutionen nach deren neuesten Ausgabe, 7. Aufl., von Adoph Dieterich Weber, Frankfurt a. M. 1803.

Hofacker, Carl Christoph, Principia iuris civilis romano-germanici, Tomus primus, Tubingae 1788; Tomus secundus, Tubingae 1794; Tomus tertius, Tubingae 1798.

Hombergk, De diverso iure patris in peculio liberorum adventitio pro diversa liberorum aetate, ohne Ort und Jahr.

Hommel, Ferdinand August (Pr.)/**Bostel**, Lucas Andreas von (Resp.), Dissertatio iuridica de usu hodierno patriae potestatis Romanae in foris Germaniae speciatim Hamburgensi, Lipsiae 1732.

Jacobson, Julian, Der ususfructus paternus an den bona adventicia der Hauskinder, ohne Ort und Jahr.

Krause, G.F., Dissertatio de differentiis emancipationis romanae et Germanicae, Vit. 1759.

Lauterbach, Wolfgang Adam, Collegium theoretico-practicum, a libro primo pandectarum usque ad vigesimum Pars prima, Tubingae 1726.

Lauterbach, Disputatio de peculiis filiorum familias, ohne Ort und Jahr.

Leyser, Augustin von, Meditationes ad Pandectas, Gesamtausgabe in 13 Bänden, Frankenthal 1778-1783.

Manzel, Dissertatio de aequali utriusque parentis iure qua consensum in sponsalia liberorum, ohne Ort und Jahr.

Mynsinger von Frundeck, Joachim, Singularium observationum iudicii imperialis camerae (uti vocant) centuriae quatuor, Helmstedt 1584.

Oldendorp, Johannes, Opera Band 1, Neudruck der Ausgabe Basel 1559, Aalen 1966.

Overbeck, August Wilhelm und Bernhard Ludewig, Meditationen über verschiedene Rechtsmaterien. Von 2 Rechtsgelehrten, 3. Band, Hannover 1786.

Quistorp, Johann Christian, Beyträge zur Erläuterung verschiedener Rechtsmaterien, Stück 1, ohne Ort und Jahr.

Rangern, Achatius Christianus (Pr.)/**Sellius**, Samuel (Resp.), Dissertatio juridica de obsequiis parentibus et patronis praestandis, Regiomonti 1687.

Reinharth, Dissertatio de arbitrio patris et iure matris in nuptias filiarum, ohne Ort und Jahr.

Renz, Günther Albert (Pr.)/**Woelffing**, Ferdinand Heinrich (Resp.), Mixtura juris Romani et Germanici in materia patriae potestatis, Tubingae 1735.

Riccius, Christian Gottlieb, Spicilegium Juris Germani ad illustris. Er liefert die Domini Jo. Rudolphi Engau Belege aus den Elementa Juris Germanici civilis Statuten für Engau ex Legibus Statutis et diplomatibus collectum, Gottingae 1750.

Rivinus, Joh. Florent. (Pr.)/**Scherell**, Friedrich Wilhelm (Resp.), Dissertatio juridica de emtione atque venditione patris et liberorum in potestate eius existentium, Lipsiae 1724.

ders. (Pr.)/**Hoefer**, Carolus Andreas (Resp.), Dissertatio iuridica de Figmento Fictionis unitatis personae inter patrem et filium, Vitemberg.1760.

Rothhahn, Johannes Jacobus, Dissertatio inauguralis iuridica de materna potestate in liberos ex Germanorum legibus et more, Goettingae 1772.

Runde, Justus Friedrich, Grundsätze des gemeinen deutschen Privatrechts, 4. Auflage Göttingen 1806.

Schilter, Johannes, Praxis Juris Romani in Foro Germanico iuxta ordinem edicti perpetui et pandectarum Justiniani, Band 1, 3. Aufl. Frankfurt und Leipzig 1713.

Schlepius, Lüder, Dissertatio de praestationibus parentum et liberorum ex officio et affectu pietatis, Ultr. 1701.

Schneidewin, Johannes, In quatuor Institutionum Imperialium D. Justiniani libros Commentarii [...] ex recognitione et cum novis annotationibus ac supplemento Matthaei Wesenbecii, Argentorati 1580.

Schneidt, Joseph Maria (Pr.)/**Kleinschrod**, Gallus Aloysius Casparus (Resp.), Dissertatio inauguralis iuridica de iure filiifamilias disponendi de peculiis ad normam iuris peregrini et patrii considerato, Wirceburgi 1784

Schott/Fritz, Dissertatio de potestate patria veteri Romanorum secundum sita juris naturae considerata, Tubingae 1756.

Schütze, Origo et fata doctrinae de egressu ex potestate parentum ex fontibus iuris germani eruta, ohne Ort und Jahr.

Senckenberg, Heinrich Chr. de, Jura egressus e patria potestate romana et germanica, Gießen 1743.

Slevogt, Johannes Philipp (Pr.)/**Ritter**, Jo. Georg (Resp.), De in ius vocatione antiqua et nova, Jenae 1704.

Strube, David Georg, Rechtliche Bedenken, systematisch geordnet, ergänzt, berichtigt und mit Anmerkungen begleitet von Ernst Spangenberg, 1. Band Hannover 1827, Band 2.

Struv, Georg Adam, Jurisprudenz, oder Verfassung derer Land-üblichen Rechte, bearbeitet von Heinrich Ernst Flörcken, 4. Aufl., Frankfurt und Leipzig 1718.

Stryk, Samuel, Opera omnia, Florentiae 1837 -1842.

ders. (Pr.)/**Baron**, Godofredus (Resp.), De iure domesticorum, 1672.

ders. (Pr.)/**Felov**, Godofredus (Resp.), De differentiis juris civilis et canonici, 1667.

ders. (Pr.)/**John**, Johann Christian (Resp.), De conscientia partium in judicio, 1677.

ders. (Pr.)/**Nicolai**, Daniel (Resp.), De obligatione filiifamilias, 1708.

ders. (Pr.)/**Rehfeldt**, Martin (Resp.), Disputatio de jure reverentiali eiusque effectibus generalibus, 1671.

ders. (Pr.)/**Rehfeldt**, Martin (Resp.), Disputatio de jure reverentiali ejusque effectibus specialibus, Frankfurt 1671.

ders. (Pr.)/**Selmniz**, Carolus Fridericus (Resp.), De abusu juris quaesiti, 1679

ders. (Pr.)./**Westing**, Daniel (Resp.), De eo quod iustum est circa identitatem, o.Datum.

Thomasius, De Quasi emancipatione germanica, ohne Ort und Jahr.

Titius, Gottlieb Gerhard (Pr.)/**Ernst**, Johannes Karl (Resp.), Disputatio de Contractibus patris et liberorum in potestate eius existentium, Lipsiae 1723.

Titius, Dissertatio de fictionum Romanorum natura, ohne Ort und Jahr.

Topp, Dissertatio de patrefamilias usufructuario periculum vel casum adventitii sustinente vel non sustinente et de probatione levis culpae in administratione sortis, Helmstadii 1756.

Trier/Loefen, Dissertatio de dignitatibus quae liberant a patria potestate, Frankfurt 1737.

Uhlius, J.L., Dissertatio, Utrum gradus academici liberant a patria potestate?, Frankfurt 1763.

Wernher, Johann Balthasar, Selectae observationes forenses, novissimis dicasteriorum Vitembergensium praejudiciis confirmatae, Jena 1738 -1749.

Wexius, Johannes Christophorus (Pr.)/Bonhof, Fridericus (Resp.), De donationibus, Jena 1657.

Wildvogel, Christian, Commentatio de divisione parentum inter liberos/Von Väterlicher Theilung, Jena 1748.

Zasius, Ulrich, Opera omnia. Hrsg. von Johann Ulrich Zasius (Zaesy) und Joachim Mynsinger von Frundeck, Neudruck der Ausgabe Lyon 1550, Aalen 1964.

Zoller, F.G., Exercitatio an pater vi patriae potestatis bona immobilia liberorum sine decreto magistratus alienare possit, Leipzig 1767.

Naturrechtskodifikationen

Codex Maximilianeus Bavaricus Civilis

Das Bayerische Landrecht von 1616, hrsg. von Helmut Günter, München 1969.

Codex Maximilianeus Bavaricus Civilis oder: Baierisches Landrecht, München 1821.

Graf, Die Siegelmäßigkeit in Bayern, ein rechtsgeschichtlicher Versuch, Oberbayerisches Archiv für vaterländische Geschichte, Band 3 (1841).

Kreittmayr, Wiguläus Xaverius Aloysius Freiherr auf Offenstetten, Anmerkungen über den Codicem Maximilianeum Bavaricum civilem, 1. Teil, München 1759.

Allgemeines Landrecht für die Preußischen Staaten

Allgemeine Gerichtsordnung für die Preußischen Staaten, Erster Teil Prozeßordnung, Berlin 1795.

Allgemeines Landrecht für die Preußischen Staaten von 1794, hrsg. von Hans Hattenhauer, Frankfurt a. M., Berlin 1970.

Bornemann, Wilhelm, Systematische Darstellung des Preußischen Civilrechts mit Benutzung der Materialien des Allgemeinen Landrechts, Fünfter Band, Berlin 1837.

Dernburg, Heinrich, Lehrbuch des Preußischen Privatrechts und der Privatrechtsnormen des Reichs, Dritter Band, Halle 1880.

Eccius, M. E., Theorie und Praxis des heutigen gemeinen preußischen Privatrechts, auf der Grundlage des Werkes von Franz Förster, 4. Band 5. Aufl. Berlin 1888.

Förster, Franz, Theorie und Praxis des heutigen gemeinen preußischen Privatrecht auf der Grundlage des gemeinen deutschen Rechts, 3. Band 3. Aufl. Berlin 1874.

Fürstenthal, J. A. L., Das Preußische Civil=Recht nach Anleitung und der Titelfolge des Allgemeinen Landrechts, mit Berücksichtigung der neueren Gesetze, der Doctrin, der Praxis und des Römischen Rechts, Nachdruck der Ausgabe Königsberg 1842, o. O. 1970.

Koch, C. E., Allgemeines Landrecht für die Preußischen Staaten mit Kommentar, 8. Aufl., Berlin und Leipzig 1886.

Svarez, Carl Gottlieb, Vorträge über Recht und Staat von Carl Gottlieb Svarez (1746-1798), hrsg. von Conrad, Hermann/Kleinheyer, Gerd, Köln, Opladen 1960.

Code civil

Baudry-Lacantinerie, G./**Chéneaux**, G./**Bonnecarrère**, Ph., Traité théorique et pratique de Droit civil , Des personnes, Tome quatrième, 2. Aufl. Paris 1905.

Bousquet, M., Explication du Code Civil, (D'après les motifs exprimés dans les Discours prononcés par les orateurs du Gouvernement et du Tribunat, avec la solution des questions tant de droit que de forme, qui peuvent naître du texte des articles), Montpellier 1804.

Brauer, J. N. Fr., Erläuterungen über den Code Napoléon und die Großherzoglich Badische bürgerliche Gesezgebung, 1. Band, Karlsruhe 1809.

Code Napoléon mit Zusäzen und Handelsgesezen als Land=Recht für das Großherzogthum Baden, Karlsruhe 1809.

Colin, Ambroise/**Capitant**, H., Cours élémentaire de Droit civil français, Tome premier, 7. Aufl. Paris 1931.

Cretschmar, Cornelius, Das rheinische Civilrecht in seiner heutigen Geltung, 3. Aufl., Düsseldorf 1892.

Domat, J., Qeuvres complètes, Nouvelle Edition, Paris 1828.

Duranton, M., Cours de droit Français suivant le Code Civil, Tome Troisième, Paris 1825.

Fenet, P. A., Recueil Complet des Travaux Préparatoires du Code Civil, Paris 1827.

Hachenburg, Max, Das Badische Landrecht unter Berücksichtigung des Rheinischen Rechts annotirt nach der Rechtsprechung der Deutschen Gerichte, Mannheim 1887.

Motifs, Code Napoléon, suivi de l'exposé des motifs [...] présenté par les Orateurs du Gouvernement; des rapports faits au Tribunat au nom de la Commission de Législation [...], Paris 1838.

Pothier, R.-J., Qeuvres contenant les traités du droit français, par M. Dupin, Tome troisième, Bruxelles, Amsterdam 1830.

Stabel, Anton, Institutionen des französischen Civilrechts (Code Napoléon), 1. Abtheilung, Mannheim 1870.

Zachariä-v.Lingenthal, Karl. Sal./Dreyer, Heinrich, Handbuch des Französischen Civilrechts, 1. Band, 7. Aufl. Freiburg 1886, 2. Band, 7. Aufl. Freiburg 1886.

ABGB

Ehrenzweig, Armin, System des österreichischen allgemeinen Privatrechts, 2. Band 2. Hälfte 6. Aufl., Wien 1924.

Harrasowsky, Philipp Harras Ritter von, Geschichte der Codification des österreichischen Civilrechtes, Nachdruck der Ausgabe Wien 1868, Frankfurt a. M. 1968.

ders., Der Codex Theresianus und seine Umarbeitungen, 1. Band, Wien 1883.

Krasnopolski, Horaz, Österreichisches Familienrecht, hrsg. von Bruno Kafka, 4. Band des Lehrbuchs des Österreichischen Privatrechts, Leipzig, Wien 1911.

Nippel, Franz Xaver J.F., Erläuterung des allgemeinen bürgerlichen Gesetzbuches für die gesammten deutschen Länder der österreichischen Monarchie mit besonderer Berücksichtigung des practischen Bedürfnisses, 2. Band, Grätz 1830.

Stubenrauch, Moriz von, Commentar zum österreichischen allgemeinen bürgerlichen Gesetzbuche, Hrsg. Schuster-v. Bonnott, Max/ Schreiber, Karl, 1. Band, 8. Aufl., Wien 1962.

Winiwarter, Joseph, Das Oesterreichische bürgerliche Recht, Erster Theil, Das Personenrecht nach dem Oesterreichischen allgemeinen bürgerl. Gesetzbuche, 2. Aufl., Wien 1838.

Zeiller, Franz von, Grundsätze der Gesetzgebung, Frankfurt a. M. 1806/1809.

ders., Commentar über das allgemeine bürgerliche Gesetzbuch für die gesammten Deutschen Erbländer der Oesterreichischen Monarchie, 1. Band, Wien und Triest 1811.

ders., Das natürliche Privat-Recht, 2. Aufl., Wien 1808.

Das 19. Jahrhundert

Das gemeine Recht

Ackermann, Robert, Der vormundschaftliche Schutz des minderjährigen Haussohns nach römischem Rechte, nach gemeinem Rechte und nach dem Rechte des Bürgerlichen Gesetzbuchs, Rostock 1899.

Arndts, Ludwig Ritter von Arnesburg, Lehrbuch der Pandekten, 7. Aufl., Stuttgart 1872.

Bekker, Ernst Immanuel, Ueber die Naturalobligationen, Jahrbuch des gemeinen deutschen Rechts 4 (1860), S. 386ff.

Beseler, Georg, System des gemeinen deutschen Privatrechts, 2. Aufl., Berlin 1866.

Bluntschli, Johann Caspar, Deutsches Privatrecht, 3. Aufl., besorgt von Felix Dahn, München 1864.

Böcking, Eduard, Pandekten: Grundriß eines Lehrbuches des gemeinen auf das römische Recht gegründeten Civilrechts, 5. Aufl., Bonn 1861.

Brinz, Alois, Lehrbuch der Pandekten, 3. Band 2. Abtheilung 2. Auflage Erlangen, Leipzig 1889.

ders., Kritische Blätter civilistischen Inhalts: in zwnaglosen Heften Nr. 3, S. 44.

Brockhaus, Conversations-Lexikon: allgemeine deutsche Real-Enzyklopädie für die gebildeten Stände, Stichwort "Familie", 9. Aufl., Band 5, Leipzig 1844.

Bruns, Das castrense peculium in seiner geschichtlichen Entwicklung und heutigen gemeinrechtlichen Geltung, von Dr. H. Fitting, Prof. in Halle. XLVIII und 672 S. Halle, Verlag der Buchhandlung des Waisenhauses, 1871, ZRG 10 (1872), S.179ff.

Buchholtz, v., Die einzelnen Fälle der extraordinären Adventizien, Linde's Zeitschrift für Civilrecht und Proceß 14 (1840), S. 281ff.

Büchel, Konrad, Ueber die Verpfändung für nicht vollgiltige Obligationen, in: ders.,Civilrechtliche Erörterungen 2. Band, Marburg 1839.

Burchardi, Das gemeinrechtliche Erziehungsrecht, AcP 8 (1825), S. 161ff.

Cropp, F., Giebt es nach deutschem, und insonderheit nach frankfurtischem Rechte, eine potestas der Mutter über ihre Kinder?, in: Juristische Abhandlungen mit Entscheidungen des Oberappellationsgerichts der vier freien Städte Deutschlands, von A. Heise und F. Cropp, 1. Bd. Nr. XVI, Hamburg 1827.

Dernburg, Heinrich, Pandekten, 3. Band, 7. Aufl., Berlin 1903.

Dieck, Art. "Familienrecht", in: Ersch, J. S./Gruber, J. G., Allgemeine Enzyklopädie der Wissenschaften und Künste, Nachdruck der Ausgabe Leipzig 1845, Graz 1971.

Dietzel, Das Peculium im römischen und heutigen Recht, in: Jahrbuch des gemeinen deutschen Rechts, 2 (1858), S. 1ff.

ders., Das heutige Peculium, in: Jahrbuch des gemeinen deutschen Rechts 3 (1859), S. 58ff.

Dollmann, Mittheilungen aus der neuern Theorie des deutschen Rechts, SeuffBl. 14 (1849), S. 129ff.

Fichte, Johann Gottlieb, Das System der Sittenlehre nach den Prinzipien der Wissenschaftslehre, 1798, Hamburg 1963.

Fritz, Ueber den Einfluß der, von dem Activvermögen der Haussöhne geltenden, besonderen Grundsätze auf die Schulden derselben, AcP 11 (1828), S. 21ff.

Gengler, Heinrich Gottfried Philipp, Deutsche Stadtrechte des Mittelalters, Nürnberg 1866.

ders., Das deutsche Privatrecht in seinen Grundzügen, 4. Aufl., Erlangen und Leipzig 1892.

Gerber, Carl Friedrich, System des Deutschen Privatrechts, 13. Aufl., Jena 1878.

Göschen, Joh. Friedr. Ludw., Vorlesungen über das gemeine Civilrecht, herausgegeben von Albrecht Erxleben 1. Band Göttingen 1838, 3. Band 1. Abtheilung Familienrecht, Göttingen 1839.

Hegel, Georg Wilhelm Friedrich, Grundlinien der Philosophie des Rechts oder Naturrecht und Staatswissenschft im Grundrisse, hrsg. von Helmut Reichelt, Frankfurt a. M. 1972.

ders., Phänomenologie des Geistes, in: Sämtliche Werke, 2.Band, 2. Aufl. Stuttgart 1932.

Heimbach sen., Artikel "Väterliche Gewalt (patria potestas)", Rechtslexikon für Juristen aller teutschen Staaten enthaltend die gesammte Rechtswissenschaft, redigirt von Julius Weiske, 12. Band, Leipzig 1858, S. 1ff.

Heimbach, Art. "Peculien", Rechtslexikon für Juristen aller teutschen Staaten enthaltend die gesammte Rechtswissenschaft, redigirt von Julius Weiske, Band 7, Leipzig 1847, S. 857ff.

ders., "ususfructus", Rechtslexikon für Juristen aller teutschen Staaten enthaltend die gesammte Rechtswissenschaft, redigirt von Julius Weiske, Band 11, Leipzig 1857, S. 867ff.

Heimbach, Carl Wilhelm Ernst, Lehrbuch des partikulären Privatrechts der zu den O. A. Gerichten zu Jena und Zerbst vereinten Großherzoglich und Herzoglich Sächsischen, Fürstlich Reußischen, Fürstlich Schwarzburgischen und Herzoglich Anhaltischen Länder, Jena 1848.

Holzschuher, Rudolph von, Theorie und Casuistik des gemeinen Civilrechts, Band 1, 2. Aufl., Leipzig 1856, Band 3 (Obligationenrecht), 3. Aufl. von Johannes Emil Kuntze, Leipzig 1864.

Humboldt, Wilhelm von, Ideen zu einem Versuch, die Gränzen der Wirksamkeit des Staats zu bestimmen, Breslau 1851.

Jhering, Rudolf von, Der Geist des römischen Rechts auf den verschiedenen Stufen seiner Entwicklung Teil 2 Abt. 1, 9. Aufl. , Aalen 1968, Teil 1, 10. Aufl., Aalen 1968.

Keller, Friedrich Ludwig von, Pandekten, Vorlesungen, 2. Band, 2. Aufl. besorgt von William Lewis, Leipzig 1867.

ders., Einige Einwände gegen die Aufsätze in II Nr.1, in: Jahrbuch des gemeinen Rechts 3 (1859), S. 153 ff.

Kraut, Wilhelm Theodor, Die Vormundschaft nach den Grundsätzen des Deutschen Rechts, Band 2, Göttingen 1847.

Lehmann, Karl, Die elterliche Gewalt im Vermögensrechte des heutigen Europa, in: Jherings Jahrbücher 25 (1887), S. 142ff.

Löhr, Ueber das gesetzliche Pfandrecht der Kinder an dem Vermögen ihres Vaters wegen den bona materna und materni generis, AcP 9 (1826), S. 71ff.

ders., Steht den Kindern wirklich ein generelles Pfandrecht zu an dem Vermögen des Parens wegen den bona materna und materni generis, AcP 10 (1827), S. 386 ff.

ders., Einige Bemerkungen zu der Lehre von den Peculien eines filius familias, AcP 10 (1827), S. 261ff.

ders., Civilistische Bemerkungen, AcP 7 (1824), S. 266ff.

Mandry, Gustav, Das gemeine Familiengüterrecht mit Ausschluss des ehelichen Güterrechtes 1. Band, Tübingen 1871, 2. Band, Tübingen 1876.

ders., Über Begriff und Wesen des Pekuliums, Tübingen 1869.

Marezoll, Bemerkungen über die Lucra nuptialia nach dem neuesten justinianeischen Rechte, in: Linde's Zeitschrift für Civilrecht und Proceß 3 (1830), S. 84ff.

ders., Bemerkungen, Zweifel und Vermuthungen aus dem Gebiete des Civilrechts, AcP 8 (1825), S. 261ff.

ders., Revision der Lehre von den s. g. Adventitien, in: Linde's Zeitschrift für Civilrecht und Proceß 8 (1835), S. 58ff., S. 242ff., S. 362ff.

ders., Zu der Lehre von dem s. g. profectitium Peculium, in: Linde's Zeitschrift für Civilrecht und Proceß Neue Folge 5 (1848), S. 169ff.

Maurenbrecher, Romeo, Lehrbuch des gesammten heutigen gemeinen deutschen Privatrechtes, Zweiter Band, 2. Aufl., hrsg. von Ferdinand Walter, Bonn 1855.

Mittermaier, C. J. A., Grundsätze des gemeinen deutschen Privatrechts, 2. Band 6. Aufl. Regensburg 1843.

Möller, Friedrich, Die Rechtsgeschäfte zwischen Hausvater und Hauskind, Kiel 1899.

Mühlenbruch, F., Lehrbuch des Pandekten-Rechts, Erster Theil, 3. Aufl., Halle 1839, Dritter Theil, 3. Aufl., Halle 1840.

Neumann, Paul/**Levi**, Ernst, Frankfurter Privatrecht, Frankfurt a. M. 1897.

Neuner, C., Wesen und Arten der Privatrechtsverhältnisse. Eine civilistische Ausführung, nebst einem Anhange, den Grundriß zu einem neuen Systeme für die Darstellung des Pandektenrechts enthaltend, Kiel 1866.

Pescheck, Paul, Über Beschränkungen der elterlichen Gewalt des Vaters im ganzen und in einzelnen Beziehungen nach römischen und bürgerlichem Recht, Liegnitz 1905.

Pfordten, Ludwig von der, Ueber Obligationen zwischen den durch väterliche Gewalt verbundenen Personen, in: ders., Abhandlungen aus dem Pandektenrecht, Erlangen 1840, S. 113ff.

Phillips, Georg, Grundsätze des gemeinen Deutschen Privatrechts, Zweiter Band, 3. Aufl., Berlin 1846.

Post, Albert Hermann, Das gemeine deutsche und hansestadtbremische Immobiliarrecht und Familienrecht auf Grundlage der modernen Volkswirtschaft, Bremen 1871.

Puchta, Georg Friedrich, Pandekten, 5. Aufl., Leipzig 1850.

ders., Cursus der Institutionen, Band 1, 3. Aufl., Leipzig 1850, Band 3, 2. Aufl., Leipzig 1851.

ders., Vorlesungen über das heutige römische Recht, aus dessen Nachlaß herausgegeben von Adolf August Friedrich Rudorff, Band 3, 2. Aufl., Leipzig 1849.

ders., in: Fliegende Blätter für Fragen des Tags I, Die Ehescheidungsfrage (1843), S. 9.

Pufendorf, Wilhelm von, Observationen über Gegenstände des Civil- und Proceßrechts, hrsg. von Ludewig Schmidt, Celle 1841.

Riehl, Wilhelm Heinrich, Die Familie, 11. Aufl., Stuttgart 1897.

Rive, Friedrich, Geschichte der deutschen Vormundschaft, Band 1 (Die Vormundschaft im Rechte der Germanen), Neudruck der Ausgabe Braunschweig 1862, Aalen 1969, Band 2 (Die Vormundschaft im deutschen Recht des Mittelalters), Neudruck der Ausgabe Braunschweig 1866-1875, Aalen 1969.

Röder, Karl David August, Grundzüge des Naturrechts oder der Rechtsfilosofie, Heidelberg 1846.

Roi, du, G. A. W., Noch einige Bemerkungen über actio in rem und actio in personam, jus in re und obligatio (Fortsetzung und Beschluß), AcP 6 (1823), S. 386ff.

Rotteck, Carl von, Lehrbuch des Vernunftrechts und der Staatswissenschaften, Band 1 Lehrbuch des natürlichen Privatrechts, Neudruck der 2. Aufl. Stuttgart 1840, Aalen 1964, Band 3 Lehrbuch der materiellen Politik, Neudruck der 1. Aufl. Stuttgart 1834, Aalen 1964.

ders., Artikel "Erziehung", in: Rotteck, Carl von/Welcker, Carl, Staats-Lexikon oder Encyklopädie der Staatswissenschaften, Band 5, Altona 1837.

Roth, Paul von, System des Deutschen Privatrechts, Zweiter Theil, Familienrecht, Tübingen 1881.

Rudorff, Adolph August Friedrich, Das Recht der Vormundschaft aus den gemeinen in Deutschland geltenden Rechten entwickelt, 1. Band, Berlin 1832, 2. Band, Berlin 1833, 3. Band, Berlin 1834.

Rudorff, Recension. Abhandlungen aus dem Pandekten-Rechte, in: Kritische Jahrbücher für deutsche Rechtswissenschaft 11 (1842), S. 9ff.

Sarwey, Ueber das Recht zur Erziehung der Kinder bei getrennter Ehe, AcP 31 (1848), S. 440ff., AcP 32 (1849), S. 1ff.

Savigny, Friedrich Carl von, System des heutigen Römischen Rechts, 1. Band, Berlin 1840, 2. Band, Berlin 1840, 5. Band, Berlin 1841.

ders., Das Obligationenrecht als Theil des heutigen römischen Rechts, Band 2, Berlin 1853.

ders., Geschichte des römischen Rechts im Mittelalter, Band 3, 5, 6, Bad Homburg 1961.

Schlegel, Friedrich, Ideen, Athenäum 3 (1899), S. 32.

Schleiermacher, Friedrich, Vorlesungen aus dem Jahre 1826, in: SW 3. Abteilung, Band 9.

Schröter, A. W., Die Abhängigkeit der alieno iuri subiecti, Linde's Zeitschrift für Civilrecht und Proceß, 14 (1840), S. 137ff.

Schwanert, Hermann August, Die Naturalobligationen des Römischen Rechts, Göttingen 1861.

Schweppe, Albrecht, Das Römische Privatrecht in seiner Anwendung auf Teutsche Gerichte, als Leitfaden zu den Vorlesungen über die Pandecten, 3. Aufl., Altona 1822.

Seuffert, Johann Adam, Praktisches Pandektenrecht, Dritter Band, 4. Aufl. besorgt von Ernst August Seuffert, Würzburg 1872.

Sintenis, Carl Friedrich Ferdinand, Das practische gemeine Civilrecht, Band 3, 2. Aufl., Leipzig 1861.

ders., Bemerkungen über Rechtssysteme, besonders die in der neuesten Zeit einander entgegengestellten, Linde's Zeitschrift für Civilrecht und Proceß 19 (1844), S. 41ff.

Stahl, Friedrich Julius, Die Philosophie des Rechts, 2. Band, 6. Aufl., HIldesheim 1963.

Stobbe, Otto, Handbuch des Deutschen Privatrechts, 1. Band, 3. Aufl., Berlin 1893, 4. Band (Familienrecht), 3. Aufl. bearbeitet von H.O. Lehmann, Berlin 1900.

ders., Die Aufhebung der väterlichen Gewalt nach dem Recht des Mittelalters, in: ders., Beiträge zur Geschichte des deutschen Rechts, Braunschweig 1865.

Thibaut, Anton Friedrich Justus, System des Pandekten-Rechts, 1. Band, 8. Ausg., Jena 1834.

Unger, Joseph, System des österreichischen allgemeinen Privatrechts, 1. Band, 4. Aufl., Leipzig 1876.

Unterholzner, K. A. D., Quellenmäßige Zusammenstellung der Lehre des römischen Rechts von den Schuldverhältnissen mit Berücksichtigung der heutigen Anwendung, hrsg. von Ph. E. Huschke, 2. Band, Leipzig 1840.

Vangerow, Karl Adolph von, Lehrbuch der Pandekten, 1. Band, 7. Aufl., Marburg und Leipzig 1863.

Volk, Carl, Die Rechte des Vaters am regulären Adventizgute des Hauskindes nach gemeinem und bayerischen Rechte, SeuffBl. 9. Erg. Band (1891), S. 49ff.

Weber, Adolph Dieterich, Systematische Entwickelung der Lehre von der natürlichen Verbindlichkeit und deren gerichtliche Wirkung, 4. Aufl., Leipzig 1811.

Welcker, Carl, Artikel „Familie", in: Rotteck, Carl von/Welcker, Carl, Staats-Lexikon oder Encyklopädie der Staatswissenschaften, Altona 1843.

Wening-Ingenheim, J. N. von, Lehrbuch des Gemeinen Civilrechtes nach Heise's Grundriß eines Systems des gemeinen Civil-Rechtes, 4. Aufl., München 1832.

Windscheid, Bernhard, Lehrbuch des Pandektenrechts, 1. Band, 6. Aufl., Frankfurt a. M. 1887, 2. Band 4. Aufl. Düsseldorf 1875.

Witting, Hermann, Die vermögensrechtliche Stellung des Hauskindes nach gemeinem Recht, Archiv für praktische Rechtswissenschaft N. F. 11 (1877), S. 16ff.

Zimmern, Sigmund Wilhelm, Geschichte des Römischen Privatrechts bis Justinian, 1. Band, Heidelberg 1826.

Sächsisches BGB

Bürgerliches Gesetzbuch für das Königreich Sachsen von 1863/1865, Aalen 1973.

Codex Juris Saxonici privati oder Handbuch der gesammten im Königreiche Sachsen praktischgültigen privatrechtlichen sächsischen Gesetze von den ältesten Zeiten bis zum Schlusse des Jahres 1840, von Schaffrath, Altenburg 1840.

Entwurf eines bürgerlichen Gesetzbuches für das Königreich Sachsen nebst allgemeinen Motiven, 1852, Nachdruck 1986.

Entwurf eines bürgerlichen Gesetzbuchs für das Königreich Sachsen, Dresden 1860, Nachdruck 1986 (nebst) Specielle Motiven zu dem Entwurfe eines bürgerlichen Gesetzbuchs für das Königreich Sachsen.

Siebenhaar, Eduard, Lehrbuch des Sächsischen Privatrechts, Band 3, Leipzig 1872.

Das Bürgerliche Gesetzbuch von 1896/1900

Die **Beratung des Bürgerlichen Gesetzbuchs**: in systematischer Zusammenstellung der unveröffentlichten Quellen, hrsg. von Horst Heinrich Jakobs und Werner Schubert, Band 4, 2 Familienrecht (§§ 1564 - 1921), Berlin 1989.

Gierke, Otto von, Die soziale Aufgabe des Privatrechts, Frankfurt a. M. 1889.
Motive, Motive zu dem Entwurfe eines Bürgerlichen Gesetzbuches für das Deutsche Reich, Amtliche Ausgabe, 5 Bände, 2. Aufl., Berlin 1896.
Mugdan, B., Die gesammten Materialien zum Bürgerlichen Gesetzbuch für das Deutsche Reich, IV. Band Familienrecht, Berlin 1899.
Planck, Gottlieb, Entwurf eines BGB für das Deutsche Reich. Familienrecht, Begründung
Protokolle, Protokolle der (2.) Kommission für die zweite Lesung des Entwurfs des Bürgerlichen Gesetzbuchs. Bearbeitet von Achilles Gebhard, Berlin 1897 –1899.

II. Sekundärliteratur

Amira, Karl von, Grundriß des germanischen Rechts, 3. Aufl., Straßburg 1913.
Ankum, Hans, Puissance parentale und tutelle. Etudes sur le statut juridique des enfants mineurs dans l'histoire du droit privé néerlandais à partir du treizième siècle, II et III, TR 45 (1977), S. 117ff.
Apelt, Heinrich, Die Urteilsnichtigkeit im römischen Prozeß, [ohne Ort] 1936.
Arndt, Hans Werner, in: Wolff, Gesammelte Werke, 1. Abteilung (Deutsche Schriften), Band 5, S. Vff.

Bachmann, Hanns-Martin, Die naturrechtliche Staatslehre Christian Wolffs, Berlin 1977.
Balks, Erich, Die Vorgeschichte des § 1666 BGB, Bielefeld 1986.
Becker, H.-J., "Oblatio puerorum", HRG 3, Sp. 1170f.
Behrends, Okko, Geschichte, Politik und Jurisprudenz in F. C. v. Savignys System des heutigen römischen Rechts, in: Römisches Recht in der europäischen Tradition, hrsg. von Behrends, Malte Diesselhorst, Wulf Eckart Voss, 1985.
Besta, Enrico, La famiglia nella storia dell'diritto italiano, Milano 1962.
Bextermöller, Claus, Das Familienrecht in den Systemen der Pandektistik des 19. Jahrhunderts, Münster 1970.
Bingler, Theo, Studien zum Elternrecht bei den Naturrechtsphilosophen des 16. und 17. Jahrhunderts, Freiburg 1960.
Biondi, Biondo, Il diritto romano cristiano 3 Bände, Mailand 1952-1954.
Bonfante, Pietro, Corso di diritto Romano, Volume primo (Diritto di famiglia), Nachdruck der 1. Auflage Rom 1925 Milano 1963.
Bonney, Françoise, La naissance de l'idée de droit de l'enfant à éducation, en France, au début du XVe siècle, in: Recueils de la Société Jean Bodin, Band 39, S. 167ff.
Buchda, Gerhard, Kinder und Jugendliche im deutschen Recht (Mittelalter und neuere Zeit). Ihre Fähigkeit zu Rechtsgeschäften und der Einfluss unehelicher Geburt auf ihre Rechtsstellung, in: Recueils de la Société Jean Bodin, Band 36, S. 381ff.
Buchholz, Stephan, Savignys Stellungnahme zum Ehe- und Familienrecht. Eine Skizze seiner rechtssystematischen und rechtspolitischen Überlegungen, Jus Commune VIII, Frankfurt a. M. 1979, S. 148ff.
Bühler, Christoph, Die Naturrechtslehre und Christian Thomasius (1655-1728), Regensburg 1991.
Burck, Erich, Die altrömische Familie, in: Oppermann (Hrsg.), Römertum, S. 87ff.

ders., Drei Grundwerte der römischen Lebensordnung (Labor, moderatio, pietas) in: Oppermann (Hrsg.), Römertum, S. 35ff.

Buschmann, Arno, Das Sächsische Bürgerliche Gesetzbuch von 1863/65 - Vorläufer und Muster des BGB, JuS 1980, S. 553ff.

ders., "Sächsisches Bürgerliches Gesetzbuch", HRG 4, Sp. 1242ff.

Coing, Helmut, Die Frankfurter Reformation von 1578 und das Gemeine Recht ihrer Zeit, Weimar 1935.

ders., Europäisches Privatrecht, Band I Älteres Gemeines Recht (1500-1800), München 1985.

ders. (Hrsg.), Handbuch der Quellen und Literatur der neueren europäischen Privatrechtsgeschichte, Band 1 Mittelalter (1100 -1500), Die gelehrten Rechte und die Gesetzgebung, München 1973, Band 2 Neuere Zeit (1500 -1800) Das Zeitalter des gemeinen Rechts, 1. Teilband Wissenschaft, München 1977, Band 3 Das 19. Jahrhundert, 1. Teilband Gesetzgebung zum allgemeinen Privatrecht, München 1982, 2. Teilband Gesetzgebung zum allgemeinen Privatrecht und zum Verfahrensrecht, München 1982.

Conrad, Hermann, Deutsche Rechtsgeschichte Band 1, Frühzeit und Mittelalter, 2. Aufl., Karlsruhe 1962.

ders., Rechtsgewalt und Schutzaufgabe des Staates für den Bereich von Ehe und Familie in der Neuzeit, in: Der Schutz der Familie: Untersuchung zu Art. 6 des Grundgesetzes für die Bundesrepublik Deutschland, Hannover 1966.

Conze, Werner (Hrsg.), Sozialgeschichte der Familie in der Neuzeit Europas, Stuttgart 1976.

Csillag, Pál, The Augustan Laws on Family Relations, Budapest 1976.

Dalla, Danilo, Praemium emancipationis, Milano 1983.

Daube, David, Actions between Paterfamilias and Filiusfamilias with Peculium castrense, in: Studi in memoria di Emilio Albertario, Volume primo, S. 433ff.

Dauvillier, Jean, Le mariage dans le droit classique de l'Eglise depuis le Décret de Gratien (1140) jusqu'à la mort de Clément V (1314), Paris 1933.

Denzer, Horst, Moralphilosophie und Naturrecht bei Samuel Pufendorf. Eine geistes- und wissenschaftsgeschichtliche Untersuchung zur Geburt des Naturrechts aus der Praktischen Philosophie, München 1972.

Despotopoulos, Constantin, Sur la famille d'après Aristote, in: Archives de Philosophie du Droit 20 (1975), S. 71ff.

Dölemeyer, Barbara, Kodifikationen und Projekte: Sachsen, in Coing: Handbuch III/2, S. 1540ff.

Dörner, Heinrich, Industrialisierung und Familienrecht. Die Auswirkungen des sozialen Wandels dargestellt an den Familienmodellen des ALR, BGB und des französischen Code civil, Berlin 1974.

Düll, Rudolf, Judicium domesticum, abdicatio und apoceryxis, in: ZRG (RA) 63 (1943), S. 54ff.

Dülmen, Richard van, Kultur und Alltag in der frühen Neuzeit, 1. Band Das Haus und seine Menschen: 16.-18. Jahrhundert, München 1990.

Düring, Ingemar, Aristoteles - Darstellung und Interpretation seines Denkens, Heidelberg 1966.

Dufour, Alfred, Autorité maritale et autorité paternelle dans l'école du droit naturel moderne, in: Archives de Philosophie du Droit 20 (1975), S. 89 ff.

ders., Zeillers Elternrechtslehre im Lichte des vorkritischen Naturrechts, in: Selb/Hofmeister (Hrsg.), Forschungsband Franz Zeiller (1751-1828), S. 52ff.

Dulckeit, Gerhard, Naturrecht und positives Recht bei Kant, Leipzig 1932.

Dumont, Jean Christian, L'imperium du pater familias, in: Parenté et stratégies familiales dans l'Antiquité Romaine, coll. E. F. R., Rom 1990, S. 475ff.

Ebel, Friedrich/**Thielmann**, Georg, Rechtsgeschichte: Ein Lehrbuch, Band 1, Antike und Mittelalter, Heidelberg 1989.

Ebel, Wilhelm, Worüber der Richter nicht richten soll. Zur Deutung der Alten Soester Gerichtsordnung, in: Soester Zeitschrift 65 (1953), S. 52ff.

Ebner, Wolfgang, Kritik des römischen Rechts bei Christian Thomasius, Frankfurt a. M. 1971.

Eck, Clara, Die elterliche Gewalt im BGB, AöR 41 (1915), S. 1 ff.

Engel, Paul, Die personenrechtliche Stellung des Vaters in der neueren deutschen Privatrechtsentwicklung, Köln 1939.

Erler, A., "Peculium", HRG 3, Sp. 1572ff.

Esmein, A., Le mariage en droit canonique, Paris 1891.

Feenstra, Robert, Bibliographie zum römischen Recht im Mittelalter (1100-1500), in: Schrage (Hrsg.), Das römische Recht im Mittelalter, S. 299ff.

Fehr, Hans, Die Rechtsstellung der Frau und der Kinder in den Weistümern, Jena 1912.

Feine, Hans Erich, Kirchliche Rechtsgeschichte. Die katholische Kirche, 4. Aufl., Köln, Graz 1964.

Ferid, Murad/**Sonnenberger**, Hans Jürgen, Das französische Zivilrecht, Band 3 (Familienrecht, Erbrecht), 2. Aufl., Heidelberg 1987.

Fertig, Ludwig, Zeitgeist und Erziehungskunst: eine Einführung in die Kulturgeschichte der Erziehung in Deutschland von 1600 bis 1900, Darmstadt 1984.

Fitting, Hermann, Das castrense peculium in seiner geschichtlichen Entwicklung und heutigen gemeinrechtlichen Geltung, Halle 1871.

Franciosi, Gennaro, Famiglia e Persone in Roma antica. Dall'età arcaica al principato, Torino 1989.

Freisen, Joseph, Geschichte des kanonischen Eherechts bis zum Verfall der Glossenliteratur, Neudruck der 2. Aufl., Paderborn 1893, Aalen 1963.

Friedberg, Emil, Das Recht der Eheschließung in seiner geschichtlichen Entwicklung, Leipzig 1865.

ders., Verlobung und Trauung. Zugleich Kritik von Sohm: Das Recht der Eheschließung, Leipzig 1876.

ders., Lehrbuch des katholischen und evangelischen Kirchenrechts, 6. Aufl., Leipzig 1909.

Fusco, Sandro-Angelo, Familie und Erziehung in der römischen Antike, in: Reif (Hrsg.), Die Familie in der Geschichte, S. 10ff.

Gagnér, Sten, Die Wissenschaft des gemeinen Rechts und der Codex Maximilianeus Bavaricus Civilis, in: Wissenschaft und Kodifikation des Privatrechts im 19. Jahrhundert Band 1, Frankfurt a. M. 1974, S. 1 ff.

Gaudemet, Jean, Besprechung von Metz, La femme et l'enfant, Revue historique de droit français et étranger 64 (1986), S. 95f.

ders., Le droit á l'éducation. Rapport général, in: Recueils de la Société Jean Bodin, Band 39, S. 9 ff.

Gazzaniga, Jean-Louis/**Ourliac**, Paul, Histoire du droit privé français de l'an mil au Code civil, Paris 1985.

Gefaeller, Wolfgang, Entstehung und Bedeutungswandel der Arbeitsmündigkeit (§ 113 BGB), Berlin 1968.

Genzmer, Erich, Die justinianische Kodifikation und die Glossatoren, in: Schrage (Hrsg.), Das römische Recht im Mittelalter, S. 5ff.

Gibert, Histoire ou tradition de l'Eglise sur le sacrement de mariage, Paris 1725.

Gillet, P., De exemptione a patria potestate, in: Ephemerides Theologicae Lovaniensis 11 (1934), S. 787ff.

Gmür, Rudolf, Grundriß der deutschen Rechtsgeschichte, 5. Aufl., Neuwied 1992.

Grimm, Dieter, Die verfassungsrechtlichen Grundlagen der Privatrechtsgesetzgebung, in: Coing, Handbuch III/1, S. 17ff.

ders., Bürgerlichkeit im Recht, in: ders., Recht und Staat der bürgerlichen Gesellschaft, S. 11ff.

Hackl, Karl, Die Feststellung der Vaterschaft und der väterlichen Gewalt, ZRG (RA) 90 (1973), S. 105ff.

Harms-Ziegler, Beate, Illegitimität und Ehe. Illegitimität als Reflex des Ehediskurses in Preußen im 18. und 19. Jahrhundert, Berlin 1991.

Hausmaninger, Herbert/**Selb**, Walter, Römisches Privatrecht, 5. Aufl., Wien 1989.

Hazard, Paul, Die Krise des europäischen Geistes, 5. Aufl., Hamburg 1970.

Herberger, M., "Mos geometricus, mos mathematicus", HRG 3, Sp. 698ff.

Hilpisch, St., "Oblaten", Lexikon für Theologie und Kirche VII, Sp. 1083f.

Hörmann, Walther von, Die Desponsatio Impuberum. Ein Beitrag zur Entwicklungsgeschichte des canonischen Eheschliessungsrechts, Innsbruck 1891.

ders., Quasiaffinität. Rechtshistorische Untersuchungen über Affinitätswirkungen des Verlöbnisses nach weltlichem und kirchlichem Recht, 2. Abteilung 1. Hälfte, Innsbruck 1906.

Holthöfer, Ernst, Frankreich, in: Coing: Handbuch III/1, S. 863ff..

Honsell, Heinrich/**Mayer-Maly**, Theo/**Selb**, Walter, Römisches Recht, 4. Aufl., Berlin, Heidelberg 1987.

Horn, Norbert, Die legistische Literatur der Kommentatoren und der Ausbreitung des gelehrten Rechts, in: Coing, Handbuch I, S. 261ff.

Huber, Eugen, System und Geschichte des Schweizerischen Privatrechts, Band 1, Basel 1886.

Hübner, Rudolf, Grundzüge des Deutschen Privatrechts, Neudruck der 5. Aufl. Leipzig 1830, Aalen 1969.

Hübner, Ulrich, Interessenkonflikt und Vertretungsmacht, München 1977.

Ilting, Karl-Heinz, "Naturrecht", in: Brunner/Conze/Koselleck, Geschichtliche Grundbegriffe. Historisches Lexikon zur politisch-sozialen Sprache in Deutschland, Band 4, Stuttgart 1978, S. 245ff.

Isensee, Josef, Art. Elternrecht, Staatslexikon: Recht - Wirtschaft - Gesellschaft, hrsg. von der Görres-Gesellschaft, 2. Band, 7. Aufl. Freiburg 1986. Sp. 222ff.

Jankowiak, Käte, Die Rechtsstellung der Kinder nach dem Magdeburger Recht des Mittelalters, Marburg 1923.

Kaser, Max, Der Inhalt der patria potestas, in: ZRG (RA) 58 (1938), S. 62 ff.

ders., Die Geschichte der Patronatsgewalt über Freigelassene, in: ZRG (RA) 58 (1938), S. 88ff.

ders., Ruhende und verdrängende Hausgewalt im älteren römischen Recht, ZRG (RA) 59 (1939), S. 31ff.
ders., Mores maiorum und Gewohnheitsrecht, ZRG (RA) 59 (1939), S. 52ff.
ders., Infamia und ignominia in den römischen Rechtsquellen, in: ZRG (RA) 73 (1956), S. 220ff.
ders., Das Römische Privatrecht, 1.Abschnitt Das altrömische, das vorklassische und klassische Recht, 2. Aufl., München 1971; 2. Abschnitt, Die nachklassischen Entwicklungen, 2. Aufl., München 1975.
ders., Das Römische Zivilprozeßrecht, München 1966.
ders., Römisches Privatrecht: ein Studienbuch, 16. Aufl., München 1992.
Kerber, Wolfram, Die Quasi-Institute als Methode der römischen Rechtsfindung, Würzburg 1970.
Klein-Bruckschwaiger, F., "Allgemeines Bürgerliches Gesetzbuch (Österreich)", HRG 1, Sp. 93ff.
Kleinheyer, Gerd, Wandlungen der elterlichen Gewalt zwischen dem 16. und 19. Jahrhundert, dargestellt am Beispiel des elterlichen Ehekonsensrechtes, in: Festschrift G. Beitzke, S. 235ff.
ders./**Schröder**, Jan, Deutsche Juristen aus fünf Jahrhunderten, 3. Aufl., Heidelberg 1989.
Klippel, Diethelm, Politische Freiheit und Freiheitsrechte im deutschen Naturrecht des 18. Jahrhunderts, Paderborn 1976.
ders., Naturrecht als politische Theorie. Zur politischen Bedeutung des deutschen Naturrechts im 18. und 19. Jahrhundert, in: Bödecker/Herrmann (Hrsg.), Aufklärung als Politisierung – Politisierung der Aufklärung, 1987, S. 267ff.
Knell, Heribert, Die Kuratoren im österreichischen Recht, Wien 1974.
Knitschky, W.G., Das Rechtsverhältnis zwischen Eltern und Kindern nach dem Bürgerlichen Gesetzbuch, Berlin 1899.
Knoche, Hansjürgen, Ulrich Zasius und das Freiburger Stadtrecht von 1520, Karlsruhe 1957.
Knothe, Hans Georg, Das gemeine Kindesvermögensrecht. Zur Anwendung römischer Rechtsquellen unter gewandelten Familienstrukturen und Berufsbildern, in: ZRG (RA) 98 (1981), S. 255ff.
ders., Die Geschäftsfähigkeit der Minderjährigen in geschichtlicher Entwicklung, Frankfurt a. M., Bern 1983.
Kobler, M., "Bayerische Kodifikationen des Naturrechtszeitalters", HRG 1, Sp. 337ff.
Köstler, Rudolf, Die väterliche Ehebewilligung. Eine kirchenrechtliche Untersuchung auf rechtsvergleichender Grundlage, Nachdruck der Stuttgart 1908, Amsterdam 1965.
Krause, Engelbert, Die gegenseitigen Unterhaltsansprüche zwischen Eltern und Kindern in der deutschen Privatrechtsgeschichte, Frankfurt a. M., Bern 1982.
Kroeschell, Karl, Deutsche Rechtsgeschichte, Band 1, 7. Aufl., Opladen 1985, Band 2, 6. Aufl., Opladen 1986, Band 3, Opladen 1989.
Küchenhoff, G., "Kant, Immanuel", HRG 2, Sp. 593ff.
Kunkel, Wolfgang, Das Konsilium im Hausgericht, in: ZRG (RA) 83 (1966), S. 219ff.

La Rosa, Franca, I peculii speciali in diritto romano, Milano 1953.
Laufs, Adolf, Rechtsentwicklungen in Deutschland, 4. Aufl., Berlin, New York 1992.
Lehmann, Burkhard, Das Eigenvermögen der römischen Soldaten unter väterlicher Gewalt, in: Aufstieg und Niedergang der römischen Welt, Band 14, hrsg. von H. Temporini, Berlin, New York 1982, S. 193 ff.

Leineweber, Anke, Die rechtliche Beziehung des nichtehelichen Kindes zu seinem Erzeuger in der Geschichte des Privatrechts, Königsstein/Ts. 1978.

Leiser, W., "Code Civil", HRG 1, Sp. 619 ff..

Liebs, Detlef, Römisches Recht: ein Studienbuch, 3. Aufl., Göttingen 1987.

Liegle, Josef, Pietas, in: Oppermann (Hrsg.), Römische Wertbegriffe, S. 229ff.

Liermann, Hans, Das kanonische Recht als Grundlage europäischen Rechtsdenkens, in: Zeitschrift für evangelisches Kirchenrecht 6 (1957/1958), S. 37ff.

Lobrano, Giovanni, Pater et filius eadem persona. Per lo studio della Patria Potestas I., Milano 1984.

Luig, Klaus, Wissenschaft und Kodifikation des Privatrechts im Zeitalter der Aufklärung in der Sicht von Christian Thomasius, in: Europäisches Rechtsdenken in Geschichte und Gegenwart, Festschrift für Helmut Coing zum 70. Geburtstag, Band 1, S. 177 ff.

ders., "Mos gallicus, mos italicus", HRG 3, Sp. 691ff.

ders., "Pandektenwissenschaft", HRG 3, Sp. 1422ff.

ders., "Thomasius, Christian", HRG 5, Sp. 186ff.

Marquardt, Joachim/**Mau**, A., Das Privatleben der Römer, Teil 1 und Teil 2, Nachdruck der 2. Aufl. Leipzig 1886, Darmstadt 1980.

Meister, Karl, Die Tugenden der Römer, in: Oppermann (Hrsg.), Römische Wertbegriffe, S. 1 ff.

Merzbacher, "Ehe, kirchenrechtlich", HRG 1, Sp. 834ff.

Metz, René, La protection de la liberté des mineurs dans le droit matrimonial de l'Église, in: Acta Congressus Internationalis iuris canonici (25.-30. September 1950), Romae 1953, S. 153ff.

ders., Le statut de la femme en droit canonique médiéval, in: ders., La femme et l'enfant, Nr. 4.

ders., L'accession des mineurs à la cléricature et aux bénéfices ecclésiastiques dans le droit canonique médiéval, in: ders., La femme et l'enfant Nr. 3.

ders., L'entrée des mineurs dans la vie religieuse et l'autorité des parents d'après le droit classique. La réaction contre l'ancien rigorisme en faveur de la liberté des enfants, in: ders., La femme et l'enfant, Nr. 2.

ders., La femme et l'enfant dans le droit canonique médiéval, London 1985.

ders., L'enfant dans le droit canonique médiéval. Orientations de recherche, in: Recueils de la Société Jean Bodin, Band 36, Bruxelles 1976, S. 9ff.

Mikat, Paul, Dotierte Ehe - rechte Ehe. Zur Entwicklung des Eheschließungsrechts in fränkischer Zeit, Opladen 1978.

Mitteis, Heinrich, Der Rechtsschutz Minderjähriger im Mittelalter, in: ders., Die Rechtsidee in der Geschichte, Gesammelte Abhandlungen und Vorträge, Weimar 1957.

Mitterauer, Michael, Sozialgeschichte der Jugend, Frankfurt a. M. 1986.

ders./**Sieder**, Reinhard, Vom Patriarchat zur Partnerschaft. Zum Strukturwandel der Familie, 4. Aufl., München 1991.

Mitterer, Max, Geschichte des Ehehindernisses der Entführung im kanonischen Recht seit Gratian, Halle 1924.

Mommsen, Theodor, Römisches Strafrecht, Leipzig 1899.

Moy de Sons, Kraft Karl Ernst von, Das Eherecht der Christen in der morgenländischen Kirche bis zur Zeit Karls des Großen, 1. Teil, Regensburg 1833.

Müller-Freienfels, Wolfram, Familienrechtliche Kodifikationen im Wandel der Anschauungen, in: ders., Familienrecht im In- und Ausland, Aufsätze Band II, S. 61 ff.

ders., Zur Diskussion um die systematische Einordnung des Familienrechts, Teil I, RabelsZ 37 (1973), S. 609ff.
ders., Zur Diskussion um die systematische Einordnung des Familienrechts, Teil II, RabelsZ 38 (1974), S. 533ff.

Ogris, Werner, Die Wissenschaft des gemeinen römischen Rechts und das österreichische Allgemeine Gesetzbuch, in: Wissenschaft und Kodifikationen des Privatrechts im 19. Jahrhundert, Band 1, Frankfurt a. M. 1974, S. 153ff.
ders., Das Erlöschen der väterlichen Gewalt nach deutschem Recht des Mittelalters und der Neuzeit, in: Recueils de la Société Jean Bodin, Band 36, S. 417ff.
ders., "Abschichtung", HRG 1, Sp. 13ff.
ders., "Ausstattung", HRG 1, Sp. 269ff.
ders., "Aussteuer", HRG 1, Sp. 271ff.
ders., "Hausgemeinschaft", HRG 1, Sp. 2025.
ders., "Mündelgut", HRG 3, Sp. 735ff.
ders., "Mündigkeit", HRG 3, Sp. 738ff.
ders., "Munt, Muntwalt", HRG 3, Sp. 750ff.
Otte, Gerhard, Dialektik und Jurisprudenz. Untersuchungen zur Methode der Glossatoren, Frankfurt a. M. 1971.
Ottenwälder, Paul, Zur Naturrechtslehre des Hugo Grotius, Tübingen 1950.

Pelz, Franz-Josef, Die Vormundschaft in den Stadt- und Landrechtsreformationen des 15. und 16. Jahrhunderts und das zeitgenössische gemeine Recht, Münster 1966.
Pfister, Gertrud, Die Erneuerung der römischen iuventus durch Augustus, Bochum 1977.
Plöchl, Willibald, Das Eherecht des Magisters Gratianus, Leipzig, Wien 1935.
ders., Geschichte des Kirchenrechts II, 2. Aufl. Wien, München 1962.
Preu, Peter, Polizeibegriff und Staatszwecklehre. Die Entwicklung des Polizeibegriffs durch die Rechts- und Staatswissenschaften des 18. Jahrhunderts, Göttingen 1983.

Rabello, Alfredo Mordechai, Effetti personali della "Patria Potestas" I, Dalle origini al periodo degli Antonini, Milano 1979.
Recueils de la Société Jean Bodin pour l'Histoire Comparative des institutions Bände 36 - 39 (L'enfant), Bruxelles 1976.
Restrepo, Die Entwicklung des Elternrechts in Deutschland seit der Reformation, in: Schulpolitik und Erziehung, Gladbach 1924.
Richter, Emil Ludwig, Lehrbuch des katholischen und evangelischen Kirchenrechts mit besonderer Rücksicht auf deutsche Zustände, 2. Aufl., Leipzig 1844.
Rosenbaum, Heidi, Formen der Familie. Untersuchungen zum Zusammenhang von Familienverhältnissen, Sozialstruktur und sozialem Wandel in der deutschen Gesellschaft des 19. Jahrhunderts, 5. Aufl., Frankfurt 1990.

Sachers, E., Potestas patria, in: Realenzyklopädie der klassischen Altertumswissenschaft von August Friedrich Pauly, Georg Wissowa und Wilhelm Kroll, Stuttgart 1914 - 1964.
ders., Das Recht auf Unterhalt in der römischen Familie der klassischen Zeit, in: Festschrift Fritz Schulz Band 1, S. 310ff.
Sägmüller, Johannes Baptist, Lehrbuch des katholischen Kirchenrechts, 2. Aufl., Freiburg 1914.

Sagnac, Philippe, La législation civile de la Révolution Française (1789 - 1804), Neudruck der Ausgabe Paris 1898, Glashütten im Taunus 1971.

Salis, L.R. von, Beitrag zur Geschichte der väterlichen Gewalt nach altfranzösischem Recht, in: ZRG (GA) 7 (1887), S. 137ff.

Saller, Richard, Patria potestas and the stereotype of the Roman family, Continuity and Change 1 (1986), S. 7ff.

Scherer, Rudolf von, Ueber das Eherecht bei Benedict Levita und Pseudoisidor, in: Festschrift der k.k. Karl-Franzens-Universität Graz aus Anlaß der Jahresfeier am 15. November 1879, Graz 1879.

Scheurl, Adolf von, Die Entwicklung des kirchlichen Eheschliessungs-Rechts, Erlangen 1877.

Schlosser, Hans, Grundzüge der neueren Privatrechtsgeschichte: ein Studienbuch, 6. Aufl., Heidelberg 1988.

Schlüter, Reinhild, Das Vormundschaftsrecht in den Kodifikationen der Aufklärungszeit, Bonn 1960.

Schlüter, Wilfried, Elterliches Sorgerecht im Wandel verschiedener geistesgeschichtlicher Strömungen und Verfassungsepochen, Münster 1985.

Schmelzeisen, Gustaf Klemens, Polizeiordnungen und Privatrecht, Münster, Köln 1955.

ders., "Polizeiordnungen", HRG 3, Sp. 1803ff.

Schmölz, "Thomas von Aquin", HRG 5, Sp. 182ff.

Schnapper, Bernard, Autorité domestique et partis politiques de Napoléon à de Gaulle, in: Mohnhaupt (Hrsg.), Zur Geschichte des Familien- und Erbrechts. Politische Implikationen und Perspektiven, S. 177ff.

Schrage, Eltjo (Hrsg.), Das Römische Recht im Mittelalter, Darmstadt 1987.

Schröder, Jan, "Rechtsfähigkeit", HRG 4, Sp. 288ff.

Schröder, Richard/**Künßberg**, Eberhard, Lehrbuch der deutschen Rechtsgeschichte, 7. Aufl., Berlin und Leipzig 1932.

Schulte, Joh. Friedr. von, Die Summa des Paucapalea über das Decretum Gratiani, Giessen 1890.

Schulte-Beckhausen, Otto, Das Ehe- und Familienrecht im Sachsenspiegel, Bonn 1957.

Schulz, Fritz, Prinzipien des römischen Rechts, Berlin 1954.

Schulze, H. K., "Hausherrschaft", HRG 1, Sp. 2030ff.

Schwab, Dieter, Mündigkeit und Minderjährigenschutz, in: AcP 172 (1972), S. 266ff.

ders., Die Familie als Vertragsgesellschaft im Naturrecht der Aufklärung, in: Quaderni Fiorentini per la storia del pensiero giuridico moderno 1, 1972, S. 357ff.

ders., Ehe und Familie nach den Lehren der Spätscholastik, in: La seconda Scolastica nella formazione del diritto privato moderno. Incontro di studio Firenze, 16-19 Ottobre 1972, Milano 1973, S. 73ff.

ders., "Familie", HRG 1, Sp. 1067ff.

ders., "Kind", HRG 2, Sp. 717ff.

ders., "Kinderehe", HRG 2, Sp. 725ff.

ders., "Kindesgut", HRG 2, Sp. 731.

ders., "Familie", in: Brunner/Conze/Koselleck, Geschichtliche Grundbegriffe. Historisches Lexikon zur politisch-sozialen Sprache in Deutschland, Band 2, Stuttgart 1975, S. 253ff.

Schwennicke, Andreas, Die Entstehung der Einleitung des Preußischen ALR von 1794, Frankfurt 1993.

Seidl, Die Gott-Verlobung von Kindern in Mönchs- und Nonnen-Klöstern oder De pueris oblatis. Eine kirchengeschichtliche Untersuchung, 1872.

Sieder, Reinhard, Sozialgeschichte der Familie, Frankfurt 1987.

Siegfried, Walter, Der Rechtsgedanke bei Aristoteles, Zürich 1947.

Singer, Heinrich, Die summa Decretorum des Magister Rufinus, Neudruck der Ausgabe Paderborn 1902, Aalen 1963.

Söllner, Alfred, Einführung in die römische Rechtsgeschichte, 3. Aufl., München 1985.

ders., Die Literatur zum gemeinen und partikularen Recht in Deutschland, Österreich, den Niederlanden und der Schweiz, in: Coing, Handbuch II/1, S. 501ff.

ders., Die causa im Vertragsrecht des Mittelalters bei den Glossatoren, Kommentatoren und Kanonisten, in Schrage: Das römische Recht im Mittelalter, S. 131 ff.

Sohm, Rudolf, Das Recht der Eheschliessung aus dem deutschen und canonischen Recht geschichtlich entwickelt. Eine Antwort auf die Frage nach dem Verhältniss der kirchlichen Trauung zur Civilehe, Weimar 1875.

Soliva, Claudio, Zum Kindesrecht in den Stadtrechten der alten Eidgenossenschaft, in: Festschrift Cyril Hegnauer zum 65. Geburtstag, Bern 1986, S.493ff.

Stein, Erwin, Die rechtsphilosophischen und positiv-rechtlichen Grundlagen des Elternrechts, in: Stein/Joest/Dombois, Elternrecht. Studien zu seiner rechtsphilosophischen und evangelisch-theologischen Grundlegung, Heidelberg 1958, S. 5ff.

Stintzing, Roderich von/Landsberg, Ernst, Geschichte der Deutschen Rechtswissenschaft, 1. Abteilung, München, Leipzig 1880; 2. Abteilung München, Leipzig 1884; 3. Abteilung, München, Leipzig 1898.

Stölzel, Adolf, Das Recht der väterlichen Gewalt in Preußen, in: Justiz- und Ministerialblatt für die preussische Gesetzgebung und Rechtspflege 36. Jahrgang 1874.

Stolleis, Michael, Geschichte des öffentlichen Rechts in Deutschland, Band 1 Reichspublizistik und Policeywissenschaft 1608 - 1800, München 1988.

Thaner, Friedrich, Die Summa Magistri Rolandi. Nebst einem Anhange incerti auctoris quaestiones, Innsbruck 1874.

Thieme, Hans, Das Naturrecht und die europäische Privatrechtsgeschichte, Basel 1947.

Thomann, Marcel, Introduction zum Jus naturae von -Chr. Wolff, Gesammelte Werke 2. Abteilung (Lateinische Schriften) Band 17, Hildesheim 1972, S. VII ff.

Thomas, Adolf, Die Anschauungen der Naturrechtslehrer über das Rechtsverhältnis zwischen Eltern und Kindern, Hannover 1915.

Thomas, Yan, Parricidium, MEFRA 93 (1981), S. 643ff.

ders., Droit domestique et droit politique à Rome. Remarques sur la pécule et les honores des fils de famille, MEFRA 94 (1982), S. 527ff.

ders., Vitae necisque potestas. Le père, la cité, la mort. Du châtiment dans la cité. Supplices corporels et peine de mort dans le monde antique, coll. E. F. R. 79, Rome 1984, S. 499ff.

ders., Remarques sur la Juridiction domestique à Rome, in: Parenté et stratégies familiales dans l'antiquité Romaine, Coll. E. F. R. 129, Rom 1990, S. 449ff.

Troje, Hans Erich, Die Literatur des gemeinen Rechts unter dem Einfluß des Naturrechts, in: Coing, Handbuch II/1, S. 615ff.

Trusen, Winfried, Die gelehrte Gerichtsbarkeit der Kirche, in: Coing, Handbuch I, S. 467ff.

ders., "Schwabenspiegel", HRG 4, Sp. 1547ff.

Tubies, Helga, Prudentia legislatoria bei Christian Thomasius, München 1975.

Verweyen, Hansjürgen, Recht und Sittlichkeit in J. G. Fichtes Gesellschaftslehre, Freiburg 1975.

Viollet, Paul, Histoire du Droit civil français accompagnée de notions de droit canonique et d'indications bibliographiques, Réimpression de la 3ème édition, Paris 1905, Aalen 1966.

Wacke, Andreas, "Elterliche Sorge" im Wandel der Jahrtausende. Zum Sorgerecht der geschiedenen Mutter nach römischen Recht, FamRZ 1980, S. 205 ff.

ders., Zur Lehre vom pactum tacitum und zur Aushilfsfunktion der exceptio doli. Stillschweigender Verzicht und Verwirkung nach klassischem Recht, ZRG (RA) 91 (1974), S. 251ff.

ders., "Patria potestas", HRG 3, Sp. 1540ff.

ders., Selbstkontrahieren im römischen Vertragsrecht, in: Juris professio. Festgabe für Max Kaser zum 80. Geburtstag, hrsg. von Hans-Peter Benöhr, Karl Hackl [u.a.], Wien [u.a.], S. 289ff.

Wächtershäuser, W., "Kindestötung", HRG 2, Sp. 736ff.

Waldersee, Jürgen Graf von, Ehe und Familie in der grossen französischen Revolution, Bonn 1957.

Wehler, Hans-Ulrich, Deutsche Gesellschaftsgeschichte, Band 1, München 1987.

Weigand, Rudolf, Die bedingte Eheschließung im kanonischen Recht, Teil 1, München 1963.

Welzel, Hans, Naturrecht und materiale Gerechtigkeit, 4. Aufl., Göttingen 1962.

ders., Die Naturrechtslehre Samuel Pufendorfs. Ein Beitrag zur Ideengeschichte des 17. und 18. Jahrhunderts, Berlin 1958.

Wesenberg, Gerhard/**Wesener**, Gunter, Neuere deutsche Privatrechtsgeschichte, 4. Aufl., Wien, Köln, Graz 1985.

Wesener, Gunter, Die Stellung des Kindes im Recht der altösterreichischen Länder (Vom Mittelalter bis zum ABGB), in: Recueils de la Société Jean Bodin, Band 36, S. 453ff.

Wieacker, Franz, Privatrechtsgeschichte der Neuzeit, 2. Aufl., Göttingen 1967.

Wiesner, Johannes, Über die Rechtsstellung des ehelichen Kindes im Landrecht des Sachsenspiegels mit vergleichender Darstellung des geltenden Rechts, München 1972.

Willers, Dorothea, Die Ökonomie des Aristoteles, Breslau 1931.

Wolf, Erik, Große Rechtsdenker der deutschen Geistesgeschichte, 4. Aufl., Tübingen 1963.

ders., Das Problem der Naturrechtslehre. Versuch einer Orientierung, 3. Aufl., Karlsruhe 1964.

Wunner, Sven Erik, Christian Wolff und die Epoche des Naturrechts, Hamburg 1968.

Zallinger, Otto von, Wesen und Ursprung des Formalismus im altdeutschen Privatrecht.

Ziegler, Josef Georg, Die Ehelehre der Poenitentialsummen von 1200-1350: eine Untersuchung zur Geschichte der Moral - und Pastoraltheologie, Regensburg 1956.

Einleitung

Mit dieser Arbeit wird eine umfassende Untersuchung der rechtlichen Gestaltung des Eltern-Kind-Verhältnisses in der Privatrechtsgeschichte vorgelegt.[1] Sie soll einen Gesamtüberblick über die inhaltliche Regelung der elterlichen Sorge - Personen- und Vermögenssorge in moderner Terminologie - geben. Die statusrechtlichen Fragen - Bestehen der Vaterschaft und der elterlichen Gewalt – sind nicht Gegenstand der Arbeit, da diese herkömmlicherweise im Zusammenhang mit der Rechtsstellung nichtehelicher Kinder behandelt werden[2]. Bei der Beschäftigung mit den inhaltlichen, insbesondere mit den die Personensorge betreffenden Fragen, stehen die zivilrechtlichen Regelungen mit Ausnahme des Erbrechts (Erbfolge der Abkömmlinge) im Mittelpunkt. Besonderheiten, die sich wegen des Geschlechts der Kinder ergeben haben, werden nicht berücksichtigt.

Besondere Aufmerksamkeit wird darauf verwandt, ob den Kindern gegenüber ihren Eltern eigene Rechtspositionen zugestanden wurden. Die Zuerkennung eigener Rechtspositionen setzt voraus, daß die Rechtsordnung von der Rechtssubjektivität eines Hauskindes, die auch gerade gegenüber den Eltern/dem Vater bestand, ausging. Die Untersuchung wird zeigen, daß dies für frühe Rechtskulturen und sogar bis in die Neuzeit hinein nicht selbstverständlich war.

Die rechtliche Ausgestaltung des Eltern-Kind-Verhältnisses wird dabei nur für die intakte Familiengemeinschaft - beide Ehepartner leben mit ihren gemeinsamen Kindern in einer Hausgemeinschaft - betrachtet; Regelungen, die sich auf die Scheidung der Ehe der Eltern oder den Tod eines Elternteils beziehen, werden nur dann herangezogen, soweit sie Rückschlüsse für die intakte Familiengemeinschaft zulassen.

Wenn auch die inhaltliche Gestaltung des Eltern-Kind-Verhältnisses im Vordergrund steht, so werden auch eher "nebensächliche" Fragen, wie die nach der Dauer der väterlichen Gewalt, die aber von großer praktischer Bedeutung war, angesprochen. Auf Normen des Strafrechtes und des öffentlichen Rechtes kann nur beiläufig eingegangen werden. Ebenfalls wird weitestgehend auf die Dar-

---

[1] Kursorische Überblicke finden sich bei Conrad, Rechtsgewalt und Schutzaufgabe, S. 31ff.; Coing, Europäisches Privatrecht I, § 43 zum älteren gemeinen Recht; Wacke, "Patria potestas", HRG 3, Sp. 1539ff. m. w. N. - Für Italien siehe Besta, La famiglia nella storia dell' diritto italiano, S. 257ff. m. N.

[2] Siehe nur Leineweber, Die rechtliche Beziehung des nichtehelichen Kindes zu seinem Erzeuger in der Geschichte des Privatrechts.

stellung der Geschäftsfähigkeit der Hauskinder verzichtet, da diese wie die von Kindern, die unter Vormundschaft standen, ausgestaltet war.[3]

Der untersuchte Zeitraum beginnt mit dem römischen Recht, das bis in das 19. Jahrhundert hinein die bestimmende Rolle in der Jurisprudenz spielte. Betrachtet werden das deutsche Recht im Mittelalter, das kanonische Recht und die Bearbeitungen des römischen Rechts durch Glossatoren, Konsiliatoren, die humanistische Jurisprudenz und den *Usus modernus* und schließlich die Pandektenwissenschaft. Ein besonderer Schwerpunkt der Arbeit liegt bei dem Naturrecht der Neuzeit, das für die Konzeption des Eltern-Kind-Verhältnisses entscheidende neue Anstöße gibt. Inwieweit diese Anstöße von den Kodifikationen der Aufklärungszeit aufgegriffen wurden, wird ebenfalls näher untersucht. Bevor die Untersuchung mit der Entstehungsgeschichte der Regelungen der elterlichen Gewalt im BGB endet, geht sie noch auf die Jurisprudenz des 19. Jahrhunderts ein.

Ein weiterer Schwerpunkt der Untersuchung sind die theoretischen Grundlagen des Eltern-Kind-Verhältnisses. Dabei werden insbesondere die Thesen zum Verhältnis von Staat/Gesetzgeber und Familie/Eltern-Kind-Verhältnis näher beleuchtet. Eine besondere Bedeutung kommt hier der Auffassung ARISTOTELES` zu, die bis in die Neuzeit hinein über THOMAS VON AQUIN, die Spätscholastik und die Frühzeit des Naturrechts der Aufklärung die Konzeption des Eltern-Kind-Verhältnisses bestimmte. Inwieweit das Naturrecht zu einem Wandel der Auffassungen führte, wird ebenso eingehend dargestellt wie die Reaktion des Idealismus und der Romantik im 19. Jahrhundert auf die als Bedrohung empfundenen Forderungen der Aufklärung.

Vorausgeschickt sei, daß bis zum Ende des 19. Jahrhunderts eine elterliche Gewalt, bei der beide Ehepartner in der Sorge für ihre Kinder gleichberechtigt waren, nicht bekannt war. Dies gilt auch für die Rechtsordnungen, die den Begriff der "elterlichen Gewalt“ verwendet haben. Die elterliche Gewalt stellte sich in der Regel als väterliche Gewalt dar; eine Gewalt der Mutter kam, wenn überhaupt, nur subsidiär zum Tragen, zum Beispiel beim Tod des Vaters. Im übrigen sei noch darauf hingewiesen, daß zwischen Rechten und Pflichten der Beteiligten, die aufgrund des Verwandtschaftsverhältnisses oder aufgrund der elterlichen/väterlichen Gewalt bestanden, unterschieden werden muß. Da die Einordnung jedoch bei manchen Ansprüchen, z. B. dem Unterhaltsanspruch, geschwankt hat, werden die Regelungen aufgrund des Verwandtschaftsverhältnisses und aufgrund der väterlichen Gewalt gemeinsam behandelt. Das Unter-

[3] Dazu Knothe, Geschäftsfähigkeit.

haltsrecht wird im übrigen, da es bereits in einer rechtshistorischen Abhandlung untersucht worden ist[4], hier nur kurz behandelt.

[4] Krause, Die gegenseitigen Unterhaltsansprüche in der deutschen Privatrechtsgeschichte; dazu die Besprechung von Kaufmann, ZNR 1984, S. 83ff.

1. Teil Von der Antike zur Neuzeit

1. Abschnitt Das römische Recht der Antike bis zur Zeit Justinians

1. Kapitel Das altrömische und das klassische Recht

I. Vorbemerkung. Die Stellung des Einzelnen in Recht und Gesellschaft

Wichtig zum Verständnis der Auffassung der Antike von der Privatrechtsfähigkeit des Einzelnen und damit auch der Rechtsfähigkeit der Hauskinder ist die Grundhaltung, nach der ein freier Mensch nicht allein aufgrund seiner Freiheit Träger von Rechten und Pflichten war, sondern nur als Mitglied einer Gemeinschaft[1]. Die Zugehörigkeit zu Verbänden, die durch Abstammung und Ehe begründet wurde, bestimmte die Rechtsstellung des Einzelnen. Als wichtigste dieser Gemeinschaften ist die Familie zu nennen.

Die römische Kleinfamilie (*familia*[2]) war ein monokratischer Herrschaftsverband, an dessen Spitze der *pater familias* stand. Seiner umfassenden Gewalt unterworfen waren seine Ehefrau, wenn eine *Manus*-Ehe vorlag, seine Kinder und die Hörigen und Sklaven. Allein der *pater familias* war gewaltfrei (*sui iuris*), alle anderen gewaltunterworfen (*alieno juri subiecti*). Dieser Familienaufbau ergab sich aus der bäuerlichen Agrarverfassung: Die *familia* lebte auf einem Einzelhof, dessen Bewirtschaftung ihr die Grundlage und den Inhalt ihres Daseins gab.[3] Eine weitere wichtige Funktion der Familie war die der Kultgemeinschaft, die die gemeinsame Verehrung der Hausgötter betrieb[4].

Die Auseinandersetzung zwischen dem alten Familienkollektivismus und den Tendenzen zur Individualisierung beherrschte den Übergang vom altrömischen zum vorklassischen und klassischen Recht.

Eine durchgreifende Veränderung des "Familienrechts" infolge des Wandels der Lebens- und Wirtschaftsform, nämlich dem Übergang von der bäuerlichen Subsistenzwirtschaft zu Handel, Handwerk und Geldverkehr, und der damit verbundenen Auflockerung der Familienverbände blieb allerdings aus, was mit dem starken römischen Traditionalismus erklärt wird[5]. So war auch in der klassischen Zeit der *pater familias* Träger einer umfassenden Hausgewalt, obwohl diese rechtliche Konstruktion mit der sozialen Wirklichkeit nicht mehr übereinstimmte[6].

---

[1] Honsell/Mayer-Maly/Selb, § 28 II.; Hausmaninger/Selb, S. 113ff.

[2] Zum Begriff "*familia*": Ulp. D. 50,16,195,1-5; Kaser, RPr I, § 11 I. I.; Hausmaninger/Selb, S. 137.

[3] Kaser, RPr I, § 12 I 2a).

[4] Burck, Die altrömische Familie, 87 (92ff.); ders., Drei Grundwerte, 35 (61); Bonfante, *Corso* I, S. 92.

[5] Kaser, RPr I, § 63.

[6] Dazu siehe nur für die Zeit des Prinzipates Garnsey/Saller, Das römische Kaiserreich, S. 180ff. m. w. N.; Kaser, RPr I, § 63; und die in der Einleitung für das römische Reich angeführten Werke.

Ein Familienrecht als solches kannte das römische Recht nicht, die vereinzelten familienrechtlichen Regelungen wurden im Personenrecht (*ius, quod ad personas pertinet*) untergebracht.[7] So gibt es zwar in den Institutionen und im Codex jeweils einen Titel, der mit "*De patria potestate*" überschrieben ist (I. 1, 9 und C. 8, 46), aber eine umfassende, zusammenhängende Regelung der väterlichen Gewalt findet man dort nicht. In dem Institutionentitel wird erläutert, wer unter die *patria potestas* fällt, und im Codex werden einige Einzelfragen geklärt.

II. Das Wesen der *patria potestas*[8]

Als spezielle Erscheinungsform der ursprünglich einheitlichen[9] Hausgewalt tritt neben der ehemännlichen Gewalt über die Gattin (*manus*) und dem Eigentum an den Sklaven (*mancipium*) als die wichtigste und die römische Ordnung besonders kennzeichnende die *patria potestas*, die "väterliche Gewalt", hervor. Diese Gewalt über die in rechter Ehe gezeugten Kinder[10] gewährte dem *pater familias* eine in alter Zeit nahezu unbeschränkte Machtfülle, die nur durch außerrechtliche Bindungen, durch das Sakralrecht und die Sitte, gemildert wurde.[11] Erst in der Zeit des Prinzipats, als diese außerrechtlichen Bindungen nicht mehr funktionierten, griffen privatrechtliche Grundsätze des *ius honorarium* mildernd ein.

Die *patria potestas* hatte große Bedeutung für die Hauskinder, da sie grundsätzlich bis zum Tode des Gewalthabers dauerte, sofern sie nicht durch besondere Vorgänge vorher beendet worden war; „Volljährigkeit", d. h. das Erreichen eins bestimmten Alters, als solche genügte nicht.[12] Es wird berichtet, daß selbst noch sechzigjährige Männer nebst Söhnen und Enkelsöhnen unter väterlicher Gewalt standen. Die Römer waren sich des besonderen Wesens der *patria potestas* im Vergleich zu der bei anderen Völkern "üblichen" väterlichen Gewalt durchaus bewußt, wie sich aus Gai. I, 55 (= I. 1, 9, 2) ergibt:

---

[7] Müller-Freienfels, RabelsZ 37 (1973), 609 (634).

[8] Sachers, Art. Potestas Patria, RE, Sp. 1046ff. m. w. N.; Rabello, Effetti personali, S. 2ff.; Kaser, RPr I, §§ 11ff., §§ 82ff.; ders., ZRG (RA) 58 (1938), S. 62ff; Honsell/Mayer-Maly/Selb, § 148 m. w. N.; Bonfante, Corso di diritto Romano, Volume Primo, Diritto di Famiglia, insbes. S. 91ff.; Franciosi, Famiglia e Persone in Roma antica, S. 49ff.; Lobrano, Pater et filius eadem persona. Per lo studio della patria potestas; Hausmaninger/Selb, S. 156ff.; Marquardt/Mau, Das Privatleben der Römer, S. 80ff; Jhering, Geist II, S. 182ff.; Wacke, FamRZ 1980, 205 (206f.).

[9] Sachers, RE, Sp. 1051; Kaser, ZRG (RA) 58 (1938), 62f.; Hausmaninger/Selb, S. 156.

[10] Zu den sonstigen Arten der "künstlichen" Begründung der *patria potestas* siehe Kaser, RPr Lehrbuch, § 60 III 2. und 3.

[11] Dies hat dazu geführt, daß vor allem in früheren Zeiten die *patria potestas* als *dominium* des Vater an seinen Kindern aufgefaßt wurde. Siehe dazu auch Lobrano, Pater et filius, S. 21; Rabello, Effetti personali, S. 73; Bonfante, Corso I, S. 100ff. (zur Beschränkung); Kaser, ZRG (RA) 58 (1938), 62 (66ff., 72); Burck, Die altrömische Familie, 87 (133ff.).

[12] Einschränkend unter Bezugnahme auf die durchschnittliche Lebenserwartung und das hohe Heiratsalter der Männer: Saller, Patria potestas, 7 (15): „[...] *low life expectancy and late age at marriage for men served to minimise the number of adult men and women with fathers alive.*"; Garnsey/Saller, Das römische Kaiserreich, S. 195ff.

"Ius autem potestatis, quod in liberos habemus, proprium est civium Romanorum: nulli enim alii sunt homines, qui talem in liberos habeant potestatem, qualem nos habemus."

III. Die Beendigung der *patria potestas*[13]

Nach altrömischen Recht[14] endete die Zugehörigkeit zur Familie außer durch den Tod mit dem Verlust der Freiheit und des Bürgerrechts, ferner durch *adoptio* und *emancipatio*, bei Haustöchtern darüber hinaus durch *conventio in manum*. In klassischer Zeit galten die Beendigungsgründe des alten Rechts (Gai. 1, 127ff.) fort: Der Tod oder die *capitis deminutio* des Vaters oder des Kindes beendeten die *patria potestas*. Mit der *emancipatio*[15] wurde das Hauskind gewaltfrei, mit der *adoptio* und mit der *conventio in manum* trat es unter eine neue Gewalt.

Die *emancipatio* diente der Entlassung aus der *patria potestas*. Zu ihrer Durchführung bediente man sich des alten 12-Tafel-Satzes, daß der dreimalige Verkauf des Sohnes durch den Vater dessen Gewalt über das Hauskind beendete[16]. Für die *emancipatio* verlangte man immer noch die altertümliche Form der dreimaligen, bei Töchtern und Enkeln einmaligen Manzipation an einen Treuhänder.[17] In Einzelfällen konnte das Kind die ihm versprochene *emancipatio* im Verfahren der *extraordinaria cognitio* erzwingen (Pap. D. 37, 12, 5).[18]

IV. Der Inhalt der *patria potestas*

1. Die Gewalt des *pater familias* über die Person des Hauskindes[19]

Die unbeschränkte Herrschaftsgewalt des *pater familias* drückte sich in persönlicher Hinsicht im *ius vitae necisque* (Recht über Leben und Tod) aus[20]. Dieses Recht ging nach der Legende auf ein Königsgesetz zurück. Seine Ausübung wurde zu allen Zeiten als eine ganz außergewöhnliche Maßnahme betrachtet.[21] Wenn es

---

[13] Dazu siehe Kaser, RPr I, § 83 III; Bonfante, *Corso* I, S. 77ff.; Sachers, RE, Sp. 1166ff.

[14] Dazu Kaser, RPr I, § 16.

[15] Bonfante, Corso I, S. 80ff.; Honsell/Mayer-Maly/Selb, § 149 IV. - Zur *emancipatio tacita* Wacke, ZRG (RA) 91 (1974), 251 (267f.).

[16] Zu den Einzelheiten siehe Kaser, RPr I, § 16 II.

[17] Dazu Kaser, RPr I, § 16 II.

[18] Zum Schutz der Kinder vor dem Mißbrauch der väterlichen Gewalt Sachers, RE, Sp. 1166; Wacke, FamRZ 1980, 205 (206f.); Kaser, ZRG (RA) 58 (1938), 62 (82).

[19] Rabello, Effetti personali della patria potestas, I, Dalle origini all'età degli Antonini.

[20] Sachers, RE, Sp. 1084ff.; Rabello, Effetti personali, S. 32f.; Bonfante, Corso I, S. 94f.; Mommsen, Römisches Strafrecht, S. 16ff. zur Hauszucht, die nach ihm Ausfluß des Eigentumsrechtes des *pater familias* und kein Strafrecht war; Thomas, Vitae necisque potestas. Le père, la cité, la mort, Du châtiment dans la cité. Supplices corporels et peine de mort dans le monde antique, Coll. E.F.R. 79 (1984), S. 499ff.; Dumont, L'imperium du pater familias, in: Parenté et stratégies familiales dans l'Antiquité Romaine, 475 (489f.) spricht von einem *pouvoir terroriste*.

[21] Honsell/Mayer-Maly/Selb, § 148 FN 8.

auch ein extremes und außerordentliches Recht war, so wurde es doch als das Charakteristikum der *patria potestas* angesehen.

Die Sitte hat allerdings wahrscheinlich schon frühzeitig verlangt, daß der Gewalthaber die schwersten Maßnahmen seiner Zuchtgewalt über die Hauskinder wie über die Ehefrau erst dann verhängte, wenn er ein "Hausgericht"[22] vor den nächsten Angehörigen und den Nachbarn abgehalten hatte, das über die Schuldfrage entschied.[23]

Vom *ius vitae necisque* umfaßt war ferner das Recht des Vaters, seine Kinder nach Belieben zu bestrafen, zu veräußern und zu verpfänden. Das *ius vendendi*[24] spielte in der älteren Zeit eine große praktische Rolle. Zu seinem Anwendungsgebiet gehörten u.a. der "wirkliche" Verkauf, um durch Manzipation die Unfreiheit des Kindes herbeizuführen oder um die Arbeitskraft gewaltunterworfener Kinder auch außerhalb des Hauses, auch zum Teil nur zeitweilig nutzbar zu machen. Der eben bereits erwähnte Satz des 12-Tafel-Gesetzes widmete sich diesem Verkaufsrecht und bestimmte, daß die Gewalt des Vaters über seinen Sohn endgültig erlosch, wenn er ihn dreimal verkauft hatte[25]. Der Kindesverkauf ist aber schon frühzeitig außer Übung gekommen. In klassischer Zeit konnte der Haussohn im Rahmen der *locatio conductio operarum* von seinem Hausvater als Arbeiter in landwirtschaftlichen oder in Gewerbebetrieben, somit zu niederen Dienstleistungen, verdungen werden.[26]

Dem *pater familias* stand nicht nur die Arbeitskraft der Hauskinder zu, d. h. er konnte das Kind für sich oder für andere arbeiten lassen; er bestimmte auch die Art der Ausbildung und die Berufswahl des Sohnes.[27]

Darüber hinaus konnte er - zumindest in älterer Zeit - seine Kinder nach Belieben verloben und verheiraten, ihre Zustimmung war nicht erforderlich. In der weiteren Entwicklung wurde aber danach unterschieden, ob es sich um einen Haussohn oder um eine Haustochter handelte. Die Tochter mußte sich auch im klassischen Recht ganz dem Willen des *pater familias* fügen, er konnte sie ohne oder sogar gegen ihren Willen verheiraten.[28] Im spätklassischen Recht bedurfte zwar auch der Haussohn stets der Zustimmung seines Vaters; jedoch war seine eigene, wenn

---

[22] Dazu Kunkel, ZRG (RA) 83 (1966), S. 219ff; Düll, ZRG (RA) 63 (1943), S. 54ff.; Sachers, RE, Sp. 1165f. (kein Gericht im eigentlichen Sinne); Thomas, Remarques sur la Juridiction domestique à Rome, Parenté et stratégies familiales dans l'Antiquité Romaine, Coll. E.F.R. 129 (1990), S. 449ff.

[23] Kaser, RPr I, § 14 (13) II. 3.; Honsell/Mayer-Maly/Selb, § 148.

[24] Dazu Sachers, RE, Sp. 1096ff.; Rabello, Effetti personali, S. 44ff.; Bonfante, Corso I, S. 105ff.; Honsell/Mayer-Maly/Selb, § 148 I.4.; Kaser, ZRG (RA) 58 (1938), 62 (80f.).

[25] Kaser, RPr Lehrbuch, § 60 I.3; Rabello, Effetti personali, S. 93f.; dazu auch Jhering, Geist II, S. 184f.: erster Eingriff des Gesetzes.

[26] Sachers, RE, Sp. 1103.

[27] Sachers, RE, Sp. 1129f.

[28] Sachers, RE, Sp. 1106f.

auch stillschweigend erfolgende Eheerklärung ebenfalls notwendig, um ein *iustum matrimonium* zu begründen.[29]
Die *patria potestas* gewährte dem Gewalthaber auch das Recht, die von den seiner Gewalt unterworfenen Kindern geschlossenen Ehen nach seinem Gutdünken wieder aufzulösen, unter der Voraussetzung allerdings, daß sich die Kinder noch unter seiner Gewalt befanden.[30]

Eine Pflicht des Vaters zur Erziehung der Kinder bestand nach *ius civile* nicht, sondern war nur eine moralische Pflicht.[31] Die Erziehung von Kindern galt als Grundsatz des *ius naturale*, des Rechts von den Dingen, das die Natur alle Lebewesen gelehrt hat[32].

Aus der Sitte ergab sich für die Kinder die Pflicht zu Gehorsam[33], Achtung und Ehrerbietung des Vaters[34]. Sie wurden auch der Mutter[35] geschuldet und beruhten demnach nicht auf der *patria potestas*, sondern auf der Blutsverwandtschaft. Die Begriffe, die herangezogen werden, sind *obsequium, reverentia, honor,* und auch die *pietas* wurde erwähnt[36]. Die Rechtsordnung konkretisierte in einzelnen Beziehungen diese Verpflichtung der Kinder.[37] Die sogenannten Ehrenrechte gehörten dem Verfahrensrecht an, die ediktalen betrafen den Zivilprozeß, die gesetzlichen den Strafprozeß. Hier war bei der Aufstellung der Verfahrensordnung eine positive Regelung des Respektsverhältnisses nicht zu umgehen, wenn es bei den vielfach zwingenden Verfahrensvorschriften berücksichtigt werden sollte.

---

[29] Sachers, RE, Sp. 1108.

[30] Sachers, RE, Sp. 1112; Kaser, ZRG (RA) 58 (1938), 62 (83f.).

[31] Jhering, Geist II, S. 211.

[32] Inst. 1, 2 pr. = D. 1, 1, 3 Ulp. lib. 1 Inst. – Kaser, RPr I, § 50 II, FN 26 bemerkt zu dieser Stelle: „Hier erscheint *ius naturale* nicht als bloße Empirie, sondern in stoischem Sinn als vernünftig-sinnvolle, von einem Logos durchwaltete Ordnung."

[33] Dazu Sachers, RE, Sp. 1131.

[34] Siehe D. 37, 15, 9 Ulpianus *lib. 66 ad edictum: "Liberto et filio semper honesta et sancta persona patris ac patroni videri debet."*. - Nach Kaser, ZRG (RA) 58 (1938), 88 (117) keine Rechtspflicht. - Siehe auch Seneca, *De beneficiis*, l.4 cap. 7: "*Nulla lex iubet amare Parentes; cum huic rei satis caverit ipsa Natura.*".

[35] Sachers, RE, Sp. 1130.

[36] Zur Verwendung der Begriffe *obsequium, honor* und *reverentia* in den juristischen Quellen Kaser, ZRG (RA) 58 (1938), 88 (112f.). - Zur *pietas*: Burck, Drei Grundwerte der römischen Lebensordnung (labor, moderatio, pietas), in: Römertum, S. 35ff., insbes. S. 60ff., dort auch zum religiösen Inhalt; Liegle, Pietas, in: Römische Wertbegriffe, S. 229ff.; Meister, Die Tugenden der Römer, in: Römische Wertbegriffe, 1 (5). - Die *pietas* oblag aber auch dem Vater gegenüber seinen Kindern Sachers, RE, Sp. 1131; Burck, Die altrömische Familie, 87 (137).

[37] Siehe zu den sogenannten Ehrenrechten Kaser, ZRG (RA) 58 (1938), 88 (106ff.): für Kaser stellen die "Ehrenrechte" die Nachwirkungen früherer Gewaltverhältnisse dar, wogegen allerdings spricht, daß die Ehrenrechte auch den *parentes naturales* (D. 2, 4, 6) und überhaupt allen Verwandten bis zum 3. Grad und auch der Mutter geschuldet werden, obwohl zwischen diesen Personen kein Gewaltverhältnis bestand; Sachers, RE, Sp. 1131ff.

Verletzungen der Pflicht zur Ehrerbietung wurden erst um die Wende zum dritten nachchristlichen Jahrhundert von den Kaisern geahndet, besonders dann, wenn sie injuriösen Charakter annahmen; es erscheint auch nicht unwahrscheinlich, daß christlich-ethische Anschauungen Einfluß auf die starke Betonung dieser Pflicht hatten. Dem Stadtpräfekten und den Statthaltern wurde eine außerordentliche Strafgewalt verliehen; sie hatten darüber zu wachen, daß die Kinder ihren Eltern die schuldige Ehrerbietung erwiesen.[38] Ausnahmen wurden auch nicht für Söhne, die ihren Militärdienst leisteten und die deswegen zum Teil größere Freiräume, z. B. im Vermögensrecht, hatten, gemacht[39].

Die Ahndung von Mißbräuchen, die der *pater familias* innerhalb des Hausverbandes verübte, blieb nicht dem Staat, sondern - allerdings nur eng begrenzt - den sakralen Strafdrohungen und der Sittenaufsicht der Zensoren überlassen.[40]
So regelten die angeblichen Königsgesetze, in denen die in der pontifikalen Praxis entwickelten Strafdrohungen erhalten sind, die Aussetzung Neugeborener, die Tötung und den Verkauf des Kindes. Die Sakration war die dem *pater familias* drohende Straffolge bei Normverletzung: er war der schützenden Gottheit als *sacer* verfallen und damit friedlos.
Einen Mißbrauch des *ius vendendi* zu verhindern, dürfte Aufgabe des oben bereits wiedergegebenen 12-Tafel-Satzes gewesen sein: Er schrieb vor, daß ein Sohn, der dreimal in *mancipium* gegeben worden war, nicht mehr in die *patria potestas* zurückfallen, sondern frei sein sollte, wenn er aus der Gewalt des letzten Gewalthabers entlassen wurde (*si pater filium ter venum duit (=vendiderit) filius a patre liber esto.*).
Wegen der fortschreitenden Verweltlichung, der engbegrenzten Tatbestände und ihrer Härte erwiesen sich die sakralen Strafdrohungen auf die Dauer als unpraktisch.[41] Es fand sich ein neuer Weg: Die Zensoren hatten im Rahmen ihrer Sittenaufsicht auch Mißbräuche der Hausgewalt zu ahnden[42]. Die Spruchpraxis der Zensoren war nicht an feste Normen gebunden und somit flexibel genug, sich sowohl den Umständen des Einzelfalles als auch dem Wandel der Anschauungen anzupassen. Gegenstände des zensorischen Verfahrens waren der Mißbrauch des Tötungsrechts und die übermäßige Strenge oder Milde in der Kindererziehung. Mögliche Maßnahmen waren die *nota censoria* (Mißbilligungsvermerk in der Bürgerliste), die Versetzung in eine geringere Tribus, die Ausstoßung aus Ritterschaft oder Senat und die Zumessung einer hohen Steuerlast. Das zensorische Verfahren mit den eben dargestellten Zuchtmitteln hat jahrhundertelang zur Kontrolle des Miß-

---

[38] D. 37, 15, 1/2/3/9 Ulp. *lib.1 opinionum*; C. 8, 46 [47], 4, 1 [259].
[39] Ulp. D. 37, 15, 1 pr.; Kaser, ZRG (RA) 58 (1938), 88 (106ff.) zu den Ehrenrechten.
[40] Kaser, RPr I, § 11 I. 2.; ders., ZRG (RA) 58 (1938), 62 (66ff.); Rabello, Effetti personali, S. 105ff.; Sachers, RE, Sp. 1063f.; siehe auch Dumont, L'imperium du Pater familias, E.F.R., S. 493.
[41] Kaser, RPr I, § 14 II.2.
[42] Dazu Kaser, ZRG (RA) 58 (1938), 62 (74ff.).

brauchs der Hausgewalt durch den *pater familias* ausgereicht.[43] Gegen Ende der Republik verfiel allerdings die Sittenaufsicht der Zensoren, so daß keine Kontrolle der väterlichen Gewalt mehr stattfand.
Erst die Initiativen AUGUSTUS und anderer Kaiser griffen mäßigend in die Ausübung der *patria potestas* ein[44]. Zu diesem Zeitpunkt wurde die *patria potestas*, die bis dahin den Charakter eines rein eigennützigen Machtverhältnisses trug, aus dem Pflichten nicht erwachsen konnten, teilweise eingeschränkt. Die bislang nur sittliche Pflicht zum Unterhalt der Kinder und Kindeskinder wurde zu einer rechtlichen entwickelt[45]. Diese wohl zunächst nur den Unterhalt der gewaltunterworfenen Familienangehörigen betreffende Verpflichtung wurde außerhalb des altüberkommenen Rechtssystems im Bereich der *extraordinaria cognitio* der Konsuln durchgesetzt.[46] Aber spätestens seit dem Ende des 2. Jahrhunderts n. Chr. waren auch die aus der *patria potestas* ausgeschiedenen Abkömmlinge unterhaltsberechtigt und andererseits auch unterhaltsverpflichtet[47].

Trotz der umfassenden Hausgewalt waren die Hauskinder personenrechtlich frei, sie konnten eine gültige Ehe eingehen und eheliche Kinder haben, die dann allerdings der *patria potestas* des Großvaters unterlagen. Auf die Stellung der Kinder im Sakral-, Straf- und Staatsrecht hatte die Unterworfenheit unter die *patria potestas* keine Auswirkungen. Die Hauskinder wurden als freie und voll verantwortliche Personen behandelt, und die politische Vollberechtigung dürften die Haussöhne schon in relativ früher Zeit erworben haben[48]: D. 1, 6, 9 *Pomponius lib.16 ad Quintum Mucium: "Filius familias in publicis causis loco patris familias habetur veluti ut magistratum gerat, ut tutor detur."*[49]
Die aus der Unterworfenheit unter die *patria potestas* folgenden Beschränkungen betrafen im wesentlichen also nur das Privatrecht und den Zivilprozeß. Da eine Karriere in der Politik in Rom aber Vermögen voraussetzte, war der Haussohn auf das Einverständnis des *pater familias* mit einer solchen Tätigkeit angewiesen, da ihm sonst wohl keine Mittel dafür zur Verfügung gestanden hätten[50]. Ein Haussohn, der politische Ämter bekleidete, unterlag aber dennoch den Disziplinarmaßnahmen seines *pater familias*, letzterer konnte als Privatmann eine politische Handlung des Sohnes mißbilligen[51].

---

[43] Kaser, RPr I, § 14 II. 2.
[44] Kaser, ZRG (RA) 58 (1938), 62 (74ff.).
[45] Sachers, Das Recht auf Unterhalt in der römischen Familie der klassischen Zeit, in: FS Fritz Schulz I, S. 310ff. (319ff.) zur Unterhaltspflicht des Vaters mit Quellennachweisen.; ders., RE, Sp. 1113ff.; Krause, Gegenseitige Unterhaltsansprüche, S. 10ff.
[46] Kaser, RPr I, § 63; ders., ZRG (RA), 58 (1938), 62 (79f.); Honsell/Mayer-Maly/Selb, § 148 I 6.
[47] Honsell/Mayer-Maly/Selb, § 148 II.6.; Sachers, RE, Sp. 1133.
[48] Kaser, RPr I, § 60 II 1.
[49] Weitere Belege bei Bonfante, Corso I, S. 93; dazu Thomas, MEFRA 94 (1982), 527 (575ff.).
[50] Dazu Thomas, MEFRA 94 (1982), 527 (565ff.).
[51] Sachers, RE, Sp. 1131. - Zum *filius familias magistratus* Lobrano, Pater et filius, S. 78ff., S. 89ff.

Dem Schutz der *patria potestas* gegen Dritte[52] diente im alten Recht eine *vindicatio*, mit der der *pater familias* gegen jeden vorgehen konnte, der ihm das Kind vorenthielt. An ihre Stelle trat im klassischen Recht ein prätorisches Feststellungsverfahren. Daneben wurde dem Vater auch das *interdictum de liberis exhibendis item deducendis* gewährt.[53]

Gegen Mißbräuche der *patria potestas* wurde den in väterlicher Gewalt befindlichen Kindern die infamierende *actio iniuriarum* gegen den Vater stets versagt; selbst bei Zufügung schweren Unrechts kannte das klassische Recht nur die zwangsweise Emanzipation des Kindes.[54]

2. Die vermögensrechtliche Seite der *patria potestas*[55]

a) Die Vermögensunfähigkeit der Hauskinder

Die *patria potestas* wirkte auch in vermögensrechtlicher Hinsicht: Das gewaltunterworfene Kind war vermögensunfähig. Alles, was es durch förmliche und formlose Rechts-ge-schäfte oder durch tatsächliche Vorgänge erlangte, erwarb es notwendig für den *pater familias*[56].

Dieser Grundsatz ist in einer Reihe von Stellen belegt:[57]

GAIUS Inst. II 86f.: "*Adquiritur autem nobis non solum per nosmet ipsos, sed etiam per eos quos in potestate manu mancipiove habemus; [...](87) Igitur <quod> liberi nostri quos in potestate habemus, item quod servi nostri mancipio accipiunt vel ex traditione nanciscuntur, sive quid stipulentur, vel ex aliqualibet causa adquirunt, id nobis adquiritur; ipse enim qui in potestate nostra est, nihil suum habere potest.*"[58]

I. 3, 28 pr.: "*Expositis generibus obligationum, quae ex contractu vel quasi ex contractu nascuntur, admonendi sumus adquiri vobis non solum per vosmet ipsos, sed etiam per eas quoque personas, quae in vestra potestate sunt, veluti per servos vestros et filios.*"

---

[52] Bonfante, Corso I, S. 116ff.; Honsell/Mayer-Maly/Selb, § 148 I 2.; Sachers, RE, Sp. 1155ff.

[53] D. 43,30.- Dazu Sachers, RE, Sp. 1156f.; Kaser, RPr I, § 60 I 4.: "Das exhibitorische Interdikt de liberis exhibendis ist auf Vorweisung vor Gericht zum Zweck der Identifizierung gerichtet; das prohibitorische de liberis ducendis auf die Duldung der Heimführung."; Bonfante, Corso I, S. 117.

[54] Kaser, RPr I, § 83; Sachers, RE, Sp. 1173ff.

[55] Sachers, RE, Sp. 1135ff.; Mandry, Das gemeine Familiengüterrecht mit Ausschluss des ehelichen Güterrechtes, 1. Kapitel (sehr ausführliche Darstellung); Bonfante, Corso I, S. 119ff.

[56] Bonfante, Corso I, S. 120; Sachers, RE, Sp. 1135f. - Zu Ausnahmen Mandry, Familiengüterrecht I, S. 200ff.

[57] Dazu Mandry, Familiengüterrecht I, S. 6ff.

[58] = I. 2, 9 pr.

Das gesamte Familienvermögen war in der Hand des *pater familias* vereinigt, was Ausfluß seiner absoluten Herrschaft war[59]. Ob in früherer Zeit der Verband der Familie, d. h. die Gemeinschaft aller freien Hausgenossen, Träger des Familienvermögens war und eine gewisse Mitberechtigung der Mitglieder schon zu ihren Lebzeiten bestand, ist umstritten[60]. Jedenfalls faßten die Quellen aus klassischer Zeit die Hauskinder schon zu Lebzeiten des *pater familias* als *quodammodo domini* auf, deren Berechtigung mit seinem Tod, soweit sie *sui heredes* wurden, auflebte.[61]

b) Das *peculium* der Hauskinder

Im klassischen Recht galt der Grundsatz der Vermögensunfähigkeit der Hauskinder weiter, obwohl sich bereits zu dieser Zeit Ansätze zu seiner Durchbrechung zeigten.

Diese Ansätze gingen vom *peculium*[62] aus, einem Sondergut, das der *pater familias* seinen Haussöhnen und auch Sklaven einzuräumen pflegte. Ein solches *peculium* wurde oft zu wirtschaftlichen Zwecken gegeben und diente der Führung eines kaufmännischen Unternehmens, eines landwirtschaftlichen oder industriellen Betriebes oder eines selbständigen Haushaltes.[63]

Rechtlich gesehen blieb das *peculium* stets Teil des väterlichen Vermögens, es konnte dem Haussohn vom *pater familias* jederzeit wieder entzogen werden. Wirtschaftlich gesehen war aber der Haussohn Eigentümer, da ihm in der Regel die freie Verfügung über das *peculium* vom Vater gestattet worden war (*concessio administrationis peculii*). Oft wurde dem Haussohn bei seiner Emanzipation das *peculium* vom *pater familias* belassen, das dann sein Eigentum wurde[64].

c) Das *peculium castrense*

Eine - wenn auch eng begrenzte - Durchbrechung des Grundsatzes der Vermögensunfähigkeit brachte die Ausbildung des *peculium castrense*[65]. Haussöhnen,

---

[59] Mandry, Familiengüterrecht I, S. 28ff., dort beschäftigt er sich ausführlich mit dem Grund der Vermögensunfähigkeit, den er in dem Aufbau der römischen Familie sieht; Bonfante, *Corso* I, S. 119: "*La potestà familiare importa pure che il paterfamilias è l'unico soggetto del patrimonio [...] La persona in potestà non può avere nulla di suo [...] Ciò deriva egualmente dalla posizione autonoma che la famiglia ha di fronte allo Stato e al suo diritto.*"; Honsell/Mayer-Maly/Selb, § 148 I 5.; Sachers, RE, Sp. 1135.

[60] Siehe nur Bonfante, Corso I, S. 119ff.; Kaser, ZRG (RA) 59 (1939), 31ff.

[61] Gai. 2, 157; Paul. D. 28, 2, 11. - Bonfante, Corso I, S. 119.

[62] Dazu Mandry, Familiengüterrecht II, S. 1-207; Bonfante, Corso I, S. 128ff.; Kaser, ZRG (RA) 58 (1938), 62 (85f.); ders., RPr I, § 82 (83) IV. 3.; Sachers, RE, Sp. 1137. - Zum Begriff Mandry, Familiengüterrecht II, S. 6ff.

[63] Sachers, RE, Sp. 1137; dazu auch Thomas, MEFRA 94 (1982), 527 (531ff.), der anhand des *Corpus iuris* zu dem Ergebnis gelangt, daß eher den Sklaven das *peculium* zu wirtschaftlichen Zwecken gewährt wurde.

[64] D. 40, 3, 3 Papinianus *lib.14 responsorum*; D. 15, 1, 53 Scaevola *lib.1 responsorum*. - Sachers, RE, Sp. 1137; Möller, Rechtsgeschäfte, S. 59f.

[65] Dazu Lehmann, ANRW 14, S. 183ff., S. 265ff. zur geschichtlichen Entwicklung; Fitting, Das castren-

die nicht testierfähig waren[66], wurde von AUGUSTUS und späteren Kaisern, zunächst in Einzelfällen, dann generell, das Recht gewährt, durch Testament über das im Heeresdienst erworbene Vermögen (Sold, Beute) zu testieren. Dieses Sonderrecht wurde später, besonders von HADRIAN und den Severern, weiter ausgedehnt: So wurde auch Veteranen das Recht gewährt und weitere Erwerbungen, so die Geschenke, die dem Haussohn beim Eintritt in den Soldatenstand gemacht wurden, und die von der Ehefrau hinterlassene Erbschaft einbezogen. Desweiteren dehnte man die Verfügungsfreiheit des Haussohnes auch auf Geschäfte unter Lebenden aus, so daß dieses Vermögen zum freien Vermögen des Haussohnes wurde. Einziges Relikt der Vermögensunfähigkeit war, daß dieses Gut dem *pater familias*, wenn der *filius familias miles* ohne Testament starb, *iure peculii* heimfiel.

V. Klagbare Verbindlichkeiten zwischen *pater familias* und Hauskindern[67]

1. Die Unmöglichkeit von klagbaren Verbindlichkeiten

Nach römischem Recht konnten klagbare Verbindlichkeiten zwischen *pater familias* und Hauskindern, wie auch unter den Gewaltunterworfenen, nicht bestehen[68]. Dies galt für Verbindlichkeiten aller Art, so aus rechtsgeschäftlichen Beziehungen, aber auch für Ansprüche aus "Gesetz", wie deliktische und familienrechtliche Verbindlichkeiten wie Unterhalt.

Dieser Grundsatz ist in einer Reihe von Quellen belegt::

Gai. II, 244: "[...] *quia quos in potestate habemus, eis non magis sub condicione quam pure debere possumus.*

Gai. III, 104: "*Praeterea inutilis est stipulatio, si ab eo stipuler qui iuri meo subiectus est, item si is a me stipuletur.*"

Gai. IV, 78: "*Sed si filius patri aut servus domino noxam commiserit, nulla actio nascitur: nulla enim omnino inter me et eum, qui in potestate mea est, obligatio nasci potest. ideoque etsi in alienam potestatem pervenerit aut sui iuris esse coeperit, neque cum ipso neque cum eo cuius nunc in potestate est, agi potest. unde*

---

se peculium; Bonfante, Corso I, S. 130ff.; Kaser, RPr I, § 82 (83) IV 4. m. w. N.; Honsell/Mayer-Maly/Selb, § 148 II 1 a). - UE 20, 10; I 2, 12 pr.

[66] I. 2, 12 pr. - In diesem Zusammenhang sei noch auf die Pupillarsubstitution hingewiesen: Der *pater familias* konnte für sein Hauskind einen Erben einsetzen und zwar dann, wenn das Hauskind mit dem Tod des Gewalthabers gewaltfrei wurde und zum Erben eingesetzt worden war. Siehe dazu Kaser, RPr I, § 162 (161) IV 2.

[67] Sachers, RE, Sp. 1144f; Apelt, Die Urteilsnichtigkeit im römischen Prozeß, S. 63f.; Möller, Rechtsgeschäfte, S. 3ff.

[68] Siehe dazu nur Lehmann, ANRW 14, 183 (218f.); Bonfante, Corso I, S. 128.

quaeritur, si alienus servus filiusve noxam commiserit mihi, et is postea in mea esse coeperit potestate, utrum intercidat actio an quiescat. nostri praeceptores intercidere putant, quia in eum casum deducta sit, in quo consistere non potuerit, ideoque, licet exierit de mea potestate agere me non posse; diversae scholae auctores, quamdiu in mea potestate sit, quiescere actionem putant, quia ipse mecum agere non possum, cum vero exierit de mea potestate, tunc eam resuscitari."

Inst. 3, 19, 6: "*Item inutilis est stipulatio, si ab eo stipuleris, qui iuri tuo subiectus est, vel si is a te stipuletur.*"

Pap. D. 49, 17, 15, 1: "*Si stipulanti filio spondeat, si quidem ex causa peculii castrensis, tenebit stipulatio: ceterum ex qualibet alia causa non tenebit. Si pater a filio stipulatur eadem distinctio servabitur.*"

Gai. D. 5, 1, 4 *ad edictum provinciale: "Lis nulla nobis esse potest cum eo quem in potestate habemus, nisi ex castrensi peculio.*"

Ulp. D. 18, 1, 2, pr. *ad Sabinum: "Inter patrem et filium contrahi emptio non potest, sed de rebus castrensibus potest.*"

I. 4, 1, 12 (13): "*Hi, qui in parentum vel dominorum potestate sunt, si rem eis subripiant, furtum quidem illis faciunt et res in furtivam causam cadit nec ob id ab ullo usucapi potest, antequam in domini potestatem revertatur, sed furti actio non nascitur, quia nec ax alia causa potest inter eos actio nasci.*"

Paulus D. 47, 2, 16 *ad Sabinum: "Ne cum filio familias pater furti agere possit, non iuris constitutio, sed natura rei impedimento est, quod non magis cum his, quos in potestate habemus, quam nobiscum agere possumus.*"

Ulp. D. 47, 2, 17 pr. *ad Sabinum: "Servi et filii nostri furtum quidem nobis faciunt, ipsi autem furti non tenentur: neque enim qui potest in furem statuere, necesse habet adversus furem litigare: idcirco nec actio ei a veteribus prodita est.*"

Ulp. D. 47, 2, 52, 5f.*ad edictum: "Sed si filius meus, qui habet castrense peculium, furtum mihi fecerit, an possim actione utili adversus eum agere, videndum est, cum habeat, unde satisfaciat. et potest defendi agendum. An autem pater filio teneatur, si rem eius castrensis peculii subtraxerit, videamus: et putem teneri: non tantum igitur furtum faciet filio, sed etiam furti tenebitur.*"

Pomp. D. 44, 7, 7[69] *ad Sabinum: "Actiones adversus patrem filio praestari non possunt, dum in potestate eius est filius.*"[70]

2. Die Fiktion der Personeneinheit[71]

Die sog. Fiktion der Personeneinheit hat bis in das letzte Jahrhundert hinein - beginnend mit den Glossatoren - bei der Erklärung der Unmöglichkeit von klagbaren Ansprüchen zwischen *pater familias* und Hauskindern eine große Rolle gespielt.[72] Dies rechtfertigt eine nähere Beschäftigung mit ihr. In diesem Jahrhundert ist sie – bis auf wenige Ausnahmen - fast vollständig in Vergessenheit geraten.[73] BONFANTE hat sich in seinem *Corso* näher mit ihr beschäftigt[74], und LOBRANO hat sie sogar als Titel seiner Arbeit zu *patria potestas*[75] gewählt.

Nach dieser Fiktion, die ihre Grundlage nach der Auffassung ihrer Verfechter im römischen Recht haben sollte, wurden Vater und Kind, solange sie durch die *patria potestas* verbunden waren, als ein und dieselbe Person betrachtet. Daraus wurden die verschiedensten Schlußfolgerungen gezogen. Früher sahen viele Autoren in ihr das Grundprinzip der väterlichen Gewalt, die allgemeine Rechtsregel, nach der das ganze Verhältnis zwischen Vater und Kindern behandelt werden müsse[76]. Andere wollten nur einzelne Wirkungen der väterlichen Gewalt aus ihr ableiten, wozu auch der Ansatz gehörte, darin den Grund für die Vermögensunfähigkeit des Hauskindes und dessen notwendigen Erwerb für den Gewalthaber zu sehen.[77]

---

[69] Dazu Daube, S. 440. - Siehe auch noch D. 5, 1, 11: Fall der *arrogatio* während eines Prozesses.

[70] Weitere Quellenbelege bei Mandry, Familiengüterrecht I, S. 151.- Zum *mandatum* zwischen *filius familias minor* und *pater familias* siehe D. 4, 4, 23 (Paulus l.11 *ad edictum),* dort wird die Frage behandelt, ob eine *restitutio in integrum* in Betracht kommt. Zur *fideiussio pro patre* C. 2, 22 [23], 2. Zu beiden Stellen Ankum, Mélanges Felix Wubbe, S. 1 (S. 18ff.)

[71] Dazu Bonfante, Corso I, S. 154ff.; v. d. Pfordten, Abhandlungen, S. 117ff.; Möller, Rechtsgeschäfte, S. 9ff.

[72] Siehe dazu S. 86 zu den Glossatoren und Konsiliatoren, S. 293ff. zum *Usus modernus* und S. 421ff. zur Pandektenwissenschaft.

[73] In dem Standardwerk von Kaser, Römisches Privatrecht I und II, wird sie bei der Darstellung der *patria potestas* nicht erwähnt.

[74] Corso I, S. 154ff.

[75] Lobrano, Pater et filius eadem persona. Per lo studio della patria potestas, Mailand 1984.

[76] Siehe nur Sintenis, Civilrecht III, § 141, S. 138 FN 3; v.Roth, System, § 163, S. 532, § 164 I.1., S. 336; Pufendorf, Observatio 1, S. 5f.; siehe aber auch neuerdings Lobrano, Pater et filius, S. 145: "*C. 6 ,26, 11 pater et filius eadem persona paene intelleguntur (cfr. Gai. 2, 157; Paul. D. 28, 2, 11; Julian D. 45, 3, 1, 4) è forte particolarmente utile per la interpretazione della patria potestas [...].*".

[77] Siehe bei Bonfante, Corso I, S. 128: "*L'unità patrimoniale della famiglia significa l'unità giuridica, cioè all'esterno, di fronte all'ius civile.*".

Die Vertreter der Fiktion der Personeneinheit führten als Belege für ihre Auffassung die folgenden - fast ausschließlich nachklassischen - Stellen an:

C. 6, 26, 11 JUSTINIANUS a. 531: "*Alia applicata dubitatione, si quis ita heredem scripserit: "Titius una cum filiis suis et Sempronius heredes mihi sunto." et in praesente etenim specie quaerebatur secundum Ulpianum voluntas testantis: utrumne Titium una cum suis filiis in dimidiam vocat et Sempronium in aliam dimidiam, an omnes in virilem portionem? Nobis autem [...] videtur [...] in secunda autem specie,* ***cum et natura pater et filius eadem persona paene intelleguntur****, dimidiam quidem partem Titio cum filiis, alteram autem partem Sempronio adsignari.*"

Dieser Text aus dem Titel *De impuberum et de aliis substitutionibus* bildet die Kardinallex. In ihr entscheidet JUSTINIAN unter Berufung auf ULPIAN zwei Streitfragen der älteren Juristen über die Verteilung einer Erbschaft. Die eine bezieht sich auf den Fall, daß die Einsetzung im Testament so lautete: "*Titius una cum filiis et Sempronius heredes mihi sunt.*". Der Kaiser sagt, in diesem Falle bekomme, wenn man auf den nach ULPIAN maßgeblichen Willen des Testierenden abstelle, Titius mit seinen Söhnen die eine, Sempronius die andere Hälfte: *cum et natura pater et filius eadem persona paene intelleguntur*. Für diesen Halbsatz, daß Vater und Sohn von Natur aus fast als dieselbe Person angesehen werden, ist zunächst festzuhalten, daß er kein Rechtssatz und auch keine Rechtsregel ist.[78] Gegen die Annahme eines verbindlichen Rechtssatzes spricht zum einen die Verwendung der relativierenden Wörter „paene“ und „intelleguntur“. Zum anderen wird die Personeneinheit auf die *natura* gestützt, dann kann sie aber kein Rechtssatz des *ius civile* sein. Aus der Stelle ergibt sich desweiteren nicht, ob es sich bei den Kindern des Titius um gewaltunterworfene oder um emanzipierte handelte; die Personeneinheit, soweit sie als *regula iuris* angesehen wurde, sollte aber nicht für emanzipierte Kinder gelten. Wenn der in C. 6, 26, 11 als Begründung herangezogenen Personeneinheit auch der Charakter eines Rechtssatzes oder einer Rechtsregel versagt werden muß, so ist sie immerhin als eine philosophische Begründung für die der Entscheidung zugrundegelegte Auslegung der Erbeinsetzung anzusehen.[79] Die Personeneinheit als philosophischer Begründungstopos, der vielleicht sogar schon von ULPIAN, also in klassischer Zeit, herangezogen worden ist, erinnert an das von ARISTOTELES in der Nikomachischen Ethik verwendete Bild, daß das Kind, solange es noch klein und unselbständig ist, ein Teil von uns selbst sei.[80] Ob die Ansicht BONFANTES[81], das Eindringen der „Metaphysik“ sei erst für das nachklassische

[78] Ebenso v. d. Pfordten, Abhandlungen, S. 119ff.; Möller, Rechtsgeschäfte, S. 9f.

[79] Bonfante , Corso I, S. 153f. bezeichnet die Personeneinheit als "*giustificazione trascendentale*".

[80] Aristoteles, Nikomachische Ethik, 1134b, 8ff. – Dazu siehe S. 145ff.

[81] Bonfante, Corso I, S. 156 weist auf den Zusammenhang mit dem grundsätzlichen Eindringen der Me-

Recht festzustellen, jedenfalls für den Topos der Personeneinheit revidiert werden muß, kann hier aber nicht geklärt werden, sondern bedarf einer gesonderten Untersuchung. Interessant ist auch die Vermutung LOBRANOS, nach der diese Stelle wahrscheinlich auch von der theologischen Diskussion um die Trinitätslehre, die im vierten Jahrhundert n. Chr. stattfand, beeinflußt worden ist.[82]

Des weiteren berief man sich zum Beweis für die Personeneinheit als Rechtsregel auf I. 3, 19, 4:
"*Ei qui tuo iuri subiectus est si stipulatus sis, tibi adquiris,* ***quia vox tua tamquam filii sit****, sicuti filii vox tamquam tua intellegitur in his rebus quae tibi adquiri possunt.*"
Offenbar ist hier versucht worden, für den Rechtssatz, daß der Vater durch seine Kinder erwirbt, eine anschauliche Erklärung zu geben. Die Ausführungen zur eben besprochenen *Codex*-Stelle gelten auch hier insofern, als es sich bei der Personeneinheit um eine - eventuell auf ARISTOTELES zurückgehende - philosophische Erklärung handelt."[83]

Als weiterer Beleg wird C. 11, 48, 22, 4 JUSTINIANUS a. 531 angeführt::
In omnibus itaque huiuscemodi speciebus satis acerbum nobis videtur domino praeiudicari colonorum absentia eorum, qui in rure nati et postea absentes per suos vel patres vel fratres vel cognatos agriculturam peragebant. ***cum enim pars quodammodo corporis eius per cognationem*** *in fundo remanebat, non videtur neque peregrinari neque in libertate morari. Maneat itaque domino ius inconcussum, et donec eius vel antiquitas vel posteritas vel cognatio in agrum remanet, ipse videatur ibi resedisse.*

Wie für die bereits besprochenen Stellen gilt auch für diese, daß sich aus ihr die Personeneinheit nicht als Rechtsregel entnehmen läßt. Sie ist hier wiederum als philosophischer Begründungstopos verwendet worden. "Diese an sich ganz richtige Entscheidung des Kaisers beruht offenbar nur auf dem bekannten Satz, daß man

---

taphysik in das Recht in der nachklassischen Zeit hin: "*In realtà non per mero caso fortuito questi e simili concetti, che rappresentano forse il primo ingresso della metafisica nel diritto, si riportano tutti a Giustinianeo, vale a dire all'epoca e alla civiltà che aveva creato im dommi della transustanziazione, della consustanzialtà del Figlio e del Padre e della 'sustanzia in tre persone', ed è fenomeno curioso, ma costante, che quando la spiegazione realistica non ha più valore, perché un principio è condannato dalla Storia, lo spirito umano invariabilmente per le moleste e misere sopravvivenze.*".

[82] Lobrano, Pater et filius eadem persona, S. 30 FN 15.

[83] V. d. Pfordten, Abhandlungen, S. 121f. bewertet die Erklärung wie folgt: "[...] welche Justinian wohl für elegant oder geistreich gehalten haben mag, die aber kein Rechtsprincip enthält, durch ihr quasi so schwankend ist, als die vorhin angegebene Äußerung, und für werthlos ist.""

auch durch Stellvertreter besitzen kann, und daß ihr Besitz für uns dieselben Wirkungen hat, als ob wir selbst besäßen."[84]
Paul. D. 47, 2, 16 spricht nicht ausdrücklich von der Personeneinheit und läßt sich damit auch nicht zu ihrer Begründung heranziehen.[85]

Es wurde aber auch versucht, die Personeneinheit als übergreifenden Rechtssatz oder Rechtsregel aus einigen Wirkungen der *patria potestas* abzuleiten. Die wichtigste, nämlich daß die Kinder die väterliche Erbschaft ohne Antretung *ipso iure* als *sui heredes* erwerben,[86] soll hier nur kurz erwähnt werden. Neben der festgestellten mangelnden Grundlage in den Quellen spricht gegen die Existenz der Rechtsregel der Personeneinheit im römischen Recht, daß sie gar nicht konsequent angewendet worden wäre. Der Sohn konnte z. B. für den Vater bürgen[87]; eine Bürgschaft setzt aber voraus, daß der Bürge für die Verbindlichkeit eines anderen eintreten will.

Als Ergebnis der Untersuchung der für die Personeneinheit angeführten Quellen läßt sich festhalten, daß diese keinen Beleg für die Personeneinheit als Rechtssatz oder als Rechtsregel liefern. Es läßt sich vielmehr feststellen, daß die Personeneinheit - vermutlich auch schon in klassischer Zeit - eine gängige[88] philosophische Begründung für etliche Rechtssätze, auch für solche außerhalb der *patria potestas*, war. Dabei kann sogar vermutet werden, daß sie letztendlich auf ARISTOTELES zurückgeht. Sie vermag zwar einzelne Wirkungen der *patria potestas,* wie die Vermögensunfähigkeit des Hauskindes und den notwendigen Erwerb für den *pater familias* erklären. Aber sie kann nicht für sich beanspruchen, das vom Recht anerkannte und die *patria potestas* ausmachende Grundprinzip zu sein. Denn wie schon eben erwähnt, lassen sich einige Wirkungen der *patria potestas* nicht mir ihr vereinbaren.

Darüber hinaus ist der Personeneinheit als Begründungstopos ein überschießender Inhalt zueigen. Wie die oben zitierten Wendungen *vox filii tamquam vox patris,*

---

[84] V. d. Pfordten, Abhandlungen, S. 122; Bonfante, Corso I, S. 155: "*rappresentanza nel possesso*".
[85] Bonfante, Corso I, S. 154.
[86] Dazu v. d. Pfordten, Abhandlungen, S. 124, S. 124ff. auch zu den anderen Ableitungsversuchen. - Hingewiesen werden soll an dieser Stelle darauf, daß sich in der nachklassischen Zeit im Erbrecht die Lehre vom *succedere in universum ius* unter philosophischem Einfluß zu der Anschauung verdichtet hatte, daß Erblasser und Erbe eine persönliche Einheit bilden, Kaser, RPr II, § 281 m. w. N.
[87] D. 46, 1, 10, 2 Ulp. *lib.7 disputationum: "Filius familias pro patre poterit fideiubere nec erit sine effectu haec fideiussio, primo quidem, quod sui iuris effectus poterit teneri in id quod facere potest, dein quod et, dum in potestate manet, condemnari potest."*.
[88] Auch den Stellen, die davon sprechen, daß jemand nicht gegen sich selbst klagen könne, liegt das Bild einer Personeneinheit zugrunde: Gai. IV 78 (“*quia ipse mecum agere non possum*“), Paulus D. 47, 2, 16 ad Sabinum (“*quod non magis cum his, quos in potestate habemus, quam nobiscum agere possumus*“) .

natura paene eadem persona und *pars quodammodo corporis eius* zeigen, ist die Personeneinheit zwischen Vater und Kindern letztendlich von der Blutsverwandtschaft inspiriert. Ist aber die Blutsverwandtschaft der tragende Gedanke, so wäre konsequenterweise auch eine Personeneinheit unter anderen Verwandten sowie auch zwischen dem Vater und einem emanzipierten Sohn annehmen[89]. Interpretiert man die Personeneinheit im Sinne einer Identität der Personen, so läßt sich damit aber nach BONFANTE nicht auch die bestehende Unmöglichkeit von juristischen Beziehungen unter Brüdern, die derselben *patria potestas* unterworfen sind, erklären. Denn diese werden nicht als eine Person angesehen.[90]

3. Die Gründe für die Unmöglichkeit von klagbaren Verbindlichkeiten zwischen *pater familias* und *filius familias*[91]

Bei der Untersuchung der Gründe für die Unmöglichkeit von klagbaren Verbindlichkeiten sind zwei Fälle zu unterscheiden, zum einen der, daß der Sohn berechtigt und der Vater verpflichtet, und zum anderen der umgekehrte, daß der *pater familias* berechtigt und das Hauskind verpflichtet wäre.

a) Das Hauskind als Gläubiger des *pater familias*

Was nun den ersten Fall, Erwerbsgeschäfte des Hauskindes mit dem Hausvater, betrifft, so folgt aus der Vermögensunfähigkeit des Hauskindes und des notwendigen Erwerbes des Kindes für den *pater familias*, daß alle juristischen Tatsachen, welche einen Rechtserwerb des Kindes durch Minderung oder Belastung des *patrimonium*, des väterlichen Vermögens, bewirken würden, wirkungslos sein müssen, soweit es um diesen Erwerb geht[92]. Das Kind kann nicht Gläubiger seines Vaters werden, denn dann würde dieser als sein eigener Schuldner erscheinen, und die *obligatio* durch *confusio* erlöschen[93].

Wenn BONFANTE[94] und ihm folgend SACHERS[95] den Grund für die Unmöglichkeit von klagbaren Ansprüchen im Aufbau der römischen Familie sehen, stellen sie

---

[89] Bonfante, Corso I, S. 155.

[90] Bonfante, Corso I, S. 156.

[91] Dazu v. d. Pfordten, Abhandlungen, S. 136ff.; Möller, Rechtsgeschäfte, S. 7ff.

[92] Mandry, Familiengüterrecht I, S. 150ff; v. d. Pfordten, Abhandlungen, S. 141; Möller, Rechtsgeschäfte, S. 15; a. A. Rudorff, Kritische Jahrbücher 11 (1842), S. 17ff.

[93] Möller, Rechtsgeschäfte, S. 15; v. d. Pfordten, Abhandlungen, S. 137.

[94] Corso I, S. 153: "*Ora il motivo di questa impossibilità giuridica nell'antico diritto è intuitivo. Come i giuristi ci dicono, l'impossibilità non è stabilita da una constitutio iuris, bensì dalla natura rei [D. 47,2,16], con che non altro ci vogliono significare se non che essa non deriva da un principio speciale, ma è conseguenza logica dei principii generali, che regolano l'organizzazione della famiglia classica, e tali principii si riassumono nell'unità patrimoniale della famiglia, cioè nell'essere il paterfamilias l'unico subietto capace, i filiifamilias incapaci per sé, non altrimenti che gli schiavi.*" ders., Corso I, S. 114f.: „*[...] d'altra parte la soggezione personale e l'incapacità patrimoniale dei filiifamilias rendevano inconcepibile un'azione del filiusfamilias contro il paterfamilias.*".

[95] RE, Sp. 1144; siehe auch Sintenis, Civilrecht III, § 141, S. 138 FN 3, § 142, S. 162; Mandry, Familiengüterrecht I, S. 184; Schwanert, Naturalobligationen, S. 311, nach ihm ist die Personeneinheit der

damit auf den Grund der Vermögensunfähigkeit ab. Die römische Familie, so führen sie aus, habe nur ein Vermögenssubjekt gekannt, das nicht nur nach außen, sondern auch gegenüber den Familienmitgliedern alleinberechtigter Machthaber war und so nicht sein Recht nach zivilrechtlichen und strafrechtlichen Vorschriften ausübte, sondern kraft der ihm durch die Familienorganisation zustehenden Hausgewalt (D. 47, 2, 16, 17).

Wenn in der Literatur als anderer Grund für die Unmöglichkeit die Unterwerfung der Hauskinder unter die Gewalt des Vaters angeführt wird[96], so dürfte es sich nur um eine andere Beschreibung der gerade besprochenen Struktur der römischen Familie handeln; Daube nennt die häusliche Disziplin (*domestic discipline*)[97], meint damit aber wohl auch die Unterwerfung des Kindes ebenso wie die Autoren, die ganz allgemein auf die *patria potestas* abstellen[98].

Der Grund dafür, daß das Hauskind nicht Gläubiger des *pater familias* sein konnte, liegt in der Vermögensunfähigkeit des Hauskindes und dem daraus abgeleiteten Grundsatz des notwendigen Erwerbes der Gewaltunterworfenen für den *pater familias*. Dies zeigt die Ausnahme, die das römische Recht für den Fall vorsieht, daß das Hauskind ein *peculium castrense* besitzt. In bezug auf dieses Sondergut ist der

---

Ausdruck der Vermögensunfähigkeit des Hauskindes.

96 So für die ältere Zeit Möller, Rechtsgeschäfte, S. 8f.: "Also für die ältere Zeit würde man die Unmöglichkeit eines rechtsgeschäftlichen Verkehrs zwischen den Gliedern einer und derselben Familie wohl aus der Charakterisierung der väterlichen Gewalt als eines mit dem dominium gleichbedeutenden Rechts ableiten können."; siehe auch Büchel, Civilrechtliche Erörterungen II/1, S. 91: "Die Privatrechtliche Persönlichkeit des Hauskindes ist nämlich [...] in der des Vaters verfangen, es erscheint also ihm gegenüber nicht als selbständiges Rechtssubjekt und demnach ist also auch eine obligatio, welche eben von einander unabhängige Rechtssubjecte voraussetzt, zwischen Vater und Hauskind ipso iure ungiltig."; Brinz, Kritische Blätter Nr. 3, S. 44: „[...] der Haus- (Gewalt-) Verband aber schließt als solcher die Klage zwischen den Hausgenossen aus, nicht als ob diese durch den Verband handlungs- und rechtsunfähig würden."; ders., Pandekten, S. 1160f., S. 1184 und S. 1202; Bekker, Jahrbuch 4 (1860), S. 394ff.; dagegen Mandry, Familiengüterrecht I, S. 153, S. 370, S. 396f.

97 Daube, S. 437 (zu D. 5, 1, 4): „[...] *it is hard to reconcile an action by a filiusfamilias against his paterfamilias with domestic disciplina, which, in the classical period, was still in potestas. How should a filiusfamilias summon his paterfamilias to court - even if we assume that the praetor's permission had to be asked for? How could he plead his cause without offending against his duties of obedience and respect?*", S. 440: „[...] *considering the character of potestas in classical times, it is a priori unlikely that a filiusfamilias was able to sue his paterfamilias and, accordingly, that a paterfamilias could become bound to his filiusfamilias either by contract or delict.*".

98 Daube, S. 440; Lehmann, ANRW 14, 183 (218); Honsell/Mayer-Maly/Selb, § 148 I.6.: "Da die patria potestas den Charakter eines reinen Machtverhältnisses trug, konnten Pflichten des Hausvaters aus ihr nicht erwachsen."; Schwanert, Naturalobligationen, S. 310f.; siehe auch Burck, Die altrömische Familie, 92 (131f.): "Im Innern aber übt er [scil. der pater familias] bei allen Streitigkeiten selbst die Justiz aus. Es wäre für den alten Römer undenkbar gewesen und hätte seinem Ehrgefühl aufs stärkste widersprochen, einen Streit zwischen den beiden Ehegatten oder zwischen Vater und Sohn vor ein öffentliches Gericht zu tragen. Hier muß der Hausherr allein entscheiden, der Staat hilft ihm dabei nicht, er gibt ihm aber die Strafgewalt bis zur letzten Auswirkung, bis zur Tötung, in die Hand. ".

Haussohn vermögensfähig und kann rechtlich vollgültige Geschäfte mit dem Hausvater tätigen[99].
Da die Vermögensunfähigkeit des Hauskindes Ausfluß der Vermögensorganisation in der römischen Familie ist, kann man auch die Vermögensorganisation als übergeordneten Grund für die Unmöglichkeit von rechtlichen Verpflichtungen des Hausvaters gegenüber den Gewaltunterworfenen anführen.

b) Der *pater familias* als Gläubiger des Hauskindes

Was den zweiten Fall, eine Verpflichtung des Hauskindes gegenüber dem Gewalthaber betrifft, so ist fraglich, ob die Vermögensunfähigkeit zur Erklärung der Unmöglichkeit solcher Erwerbsgeschäfte ausreicht. Denn das Hauskind, zumindest der Haussohn, war trotz seiner Vermögensunfähigkeit Dritten gegenüber grundsätzlich verpflichtungsfähig[100]. Nur die Möglichkeit der Vollstreckung während bestehender *patria potestas* war nicht gegeben[101].
Nach MANDRY[102] ist allerdings die Vermögensunfähigkeit der alleinige Grund. Denn die Vereinigung allen Erwerbes des Hauskindes mit dem Vermögen des *pater familias* gebe ihm alles, was das Kind erwerbe und damit das Kind selbst als Erwerbs- und Arbeitskraft. "Anderes und Weiteres aber vermag - dem Kinde selbst gegenüber und für die Zeit der Gewalt - eine Obligatio filii dem Hausvater nicht zu verschaffen. Grund genug, eine solche Obligatio nicht entstehen zu lassen - namentlich für ein Recht, das seit sehr früher Zeit jeden Zwang, der gegen den Schuldner ausgeübt wird, auf die Erzwingung einer Geldzahlung, also direkt auf eine Leistung auslaufen lässt, welche der Hausvater, soweit sie das Kind überhaupt zu beschaffen vermag, in seiner Gewalt und durch solche schon hat"[103].
Demgegenüber stützte eine andere Meinung die Unmöglichkeit von Verpflichtungen des Sohnes darauf, daß die *potestas* dem Hausvater eine ähnliche Gewalt über das Hauskind gegeben habe, wie sie dem Gläubiger in Verfolgung seines Rechtes auf Personalexekution über den addizierten Schuldner eingeräumt war, daß also eine *obligatio* keine Machterweiterung des *pater familias* bedeutet

---

[99] Siehe dazu unter 4. b).

[100] Siehe nur Gai. D. 44, 7, 39: "*Filius familias ex omnibus causis tamquam pater familias obligatur et ob id agi cum eo tamquam cum patre familias potest.*". – Kaser, RPr I, § 82 IV 2; Mandry, Familiengüterrecht I, S. 339ff; Bonfante, Corso I, S. 122ff.; Honsell/Mayer-Maly/Selb, § 135 II.; Sachers, RE, Sp. 1145ff. - Haustöchter waren nicht verpflichtungsfähig, vgl. nur Honsell/Mayer-Maly/Selb, § 135 II.

[101] Honsell/Mayer-Maly/Selb, § 135 II, S. 377 FN 3: "Unmittelbare Belege fehlen, indessen darf angenommen werden, daß die Fälle der Noxalhaftung die einzigen waren, in denen der Gläubiger eine Auslieferung der Person des Haussohnes verlangen konnte."; dazu auch Bonfante, Corso I, S. 124ff.

[102] Familiengüterrecht I, S. 367ff; ebenso v. d. Pfordten, Abhandlungen, S. 137f.

[103] Mandry, Familiengüterrecht I, S. 368; ähnlich Rudorff, Kritische Jahrbücher 11 (1842), S. 21f., S. 22: "Mit einem Wort, der Grund, welchen die Römer bei den Delictsobligationen angeben: qui statuere potest, necesse non habet litigare, passt auf alle Schulden des Sohnes gegen den Vater.".

hätte.[104] Bei unterschiedlichem Ausgangspunkt gelangen beide Auffassungen zu demselben Ergebnis, daß eine *obligatio filii* dem Vater keinen Vorteil verschafft hätte.

4. Ausnahmen vom Grundsatz der Unmöglichkeit von klagbaren Verbindlichkeiten zwischen *pater familias* und Hauskind

a) Die Unterhaltspflicht und die Pflicht zur Dotierung der Tochter

Erst gegen Ende der klassischen Zeit wurden Ausnahmen vom Grundsatz der Unmöglichkeit von klagbaren Verbindlichkeiten zugelassen: Diese betrafen zum einen, wie schon erwähnt, die Durchsetzung der Alimentationspflicht und zum anderen die Dotierungspflicht gegenüber der Tochter durch *dotis dictio*[105]. Beiden Ansprüchen gemeinsam ist, daß sie unmittelbar auf dem Verwandtschaftsverhältnis zwischen Eltern und Kindern und dem daraus entspringenden *officium* beruhten, also auch nicht nur zwischen *pater familias* und Hauskind bestanden, und im Wege der *extraordinaria cognitio* geltend gemacht wurden.[106] SAVIGNY rechnete beide Ansprüche zu den Rechten auf unmittelbare Lebensversorgung.[107] Sie sollten auch nicht den Regeln über den notwendigen Erwerb für den *pater familias* unterfallen.

"Dass nun das Verwandtschaftsverhältniss mit seinen sittlichen Pflichten nicht durch das Hauskind auf den Hausvater übertragen wird, ist selbstverständlich und dem Prinzipe des römischen Familiengüterrechtes nicht widersprechend. Die Prinzipwidrigkeit liegt also nicht in der Existenz dieser Ansprüche und in der Verknüpfung derselben mit der Person des Hauskindes, als in der Möglichkeit gerichtlichen Einschreitens und rechtlichen Zwanges, die mit der Organisation der altrömischen Familie zweifellos nicht verträglich ist."[108]

b) Ansprüche im Zusammenhang mit dem *peculium castrense*

Ob mit der Anerkennung einer teilweisen Vermögensfähigkeit der Haussöhne durch das *peculium castrense* in klassischer Zeit bereits auch klagbare Ansprüche

---

[104] Rudorff, Kritische Jahrbücher 11 (1842), S. 22; ebenso Schwanert, Naturalobligationen, S. 311; a. A. Mandry, Familiengüterrecht I, S. 369 FN 2, S. 368.

[105] Dazu siehe Mandry, Familiengüterrecht I, S. 229ff.

[106] D. 23, 2, 19: „[...] *per proconsules praesidesque provinciarum coguntur in matrimonium collocare et dotare.*"; Mandry, Familiengüterrecht I, S. 229f.

[107] System II, S. 118-120.

[108] Mandry, Familiengüterrecht I, S. 230f.; siehe auch Möller, Rechtsgeschäfte, S. 18f.: nach ihm sind im späteren Recht Klagen, welche nicht (ausschließlich) vermögensrechtlicher Art sind, zwischen Hauskind und Vater zulässig, S. 19.

ex causa peculii castrensis möglich waren, ist umstritten[109]. Nach heute h.M. waren in klassischer Zeit Klagen ausgeschlossen, die dafür sprechenden Stellen sind interpoliert[110]; DAUBE will allerdings für diese Zeit eine Klage des *pater familias* gegen den *filius familias miles* aus dessen einseitiger Verbindlichkeit zulassen[111].

c) Statusfragen

Ferner wurde die Klagbarkeit des Statusverhältnisses - die Klage auf Feststellung der Kindseigenschaft - im ediktalen Präjudizialstreit (*actio de liberis agnoscendis*) anerkannt. Im extraordinären Verfahren der prätorischen Kognition wurde auch eine Klage des Kindes gegen den Vater auf Feststellung "*an filius sit*" zugelassen.[112]

VI. Naturale Verbindlichkeiten zwischen *pater familias* und Hauskind

Zwar konnten durch Rechtsgeschäft zwischen Hausvater und Haussohn keine klagbaren Verbindlichkeiten begründet werden, jedoch waren diese rechtlich insoweit nicht vollständig wirkungslos, als zumindest *obligationes naturales* entstehen konnten.[113] Was die Wirkungen der *naturalis obligatio* anbelangt[114], so war sie im Gegensatz zur *civilis obligatio* nicht erzwingbar. Wie diese erzeugte sie aber gewisse Wirkungen - KASER spricht von "Sekundärwirkungen" -: sie konnte durch Bürgen und Pfänder gesichert werden[115], und das zu ihrer Erfüllung Geleistete war nicht mit der *condictio indebiti* rückforderbar.[116] Ferner konnte die *naturalis obligatio* noviert werden, und mit ihr war die Aufrechnung zulässig.[117]

---

[109] Dazu Daube, *Actions between Paterfamilias and Filiusfamilias with Peculium castrense*, in: Studi in memoria di Emilio Albertario I, S. 435ff.; zu den die Ausnahme des *peculium castrense* betreffenden Digestenstellen D. 2, 4, 8 pr.: Daube, S. 452; D. 5, 1, 4: S. 452f.; D. 18, 1, 2 pr.: S. 454ff.; D. 46, 1, 10, 2: S. 458ff.; D. 47, 2, 52, 6: S. 461ff.; D. 49, 17, 15, 1-3: S. 467ff.; Lehmann, ANRW 14, 183 (218ff.).

[110] Daube, S. 454ff., S. 457; Kaser, RZ, § 28 (in klassischer Zeit noch regelmäßig ausgeschlossen); ders., RPr I, § 83 (81) m. w. N. in FN 33: "Dagegen war eine gerichtliche Geltendmachung der auf das peculium castrense bezüglichen Ansprüche zwischen Vater und Sohn in der klassischen Zeit bestenfalls in Ansätzen anerkannt."; a. A. Lehmann, ANRW 14, 183 (219ff.) m. w. N.; Bonfante, *Corso* I, S. 131; Fitting, Das castrense peculium, S. 174.

[111] S. 435, S. 473f.; S. 435: "*The classical view seems to have been that, while a paterfamilias might sue his filiusfamilias if there was a peculium castrense, a filiusfamilias might never sue his paterfamilias. Accordingly, a paterfamilias could not bind himself by a contract, while a filiusfamilias could; which meant, in effect, that the only contracts feasible between them were unilateral ones, such as stipulatio, the filiusfamilias being the debtor. Nor could the paterfamilias commit an actionable delict against his filiusfamilias, while the latter could against the former. On the other hand, there was no obstacle in the way of transfers between the two, since transfers were not essentially bound up with any actions.*".

[112] Sachers, RE, Sp. 1144; Hackl, ZRG (RA) 90 (1973), 105ff.

[113] Kaser, RPr I, S. 480; Behrends, in: Römisches Recht in der europäischen Tradition, 257 (316).

[114] Siehe Kaser, RPr I, § 113 II.

[115] Gai. 3, 119a. - Siehe die weiteren Nachweise bei Kaser, RPr I, § 113 II FN 18.

[116] Jul. D. 46, 1, 16, 4; Ulp. D. 44, 7, 10; Paul. D. 12, 6, 13 pr.

[117] Kaser, RPr I, § 113 II FN 21 und 22 m. N.

Die Möglichkeit von *obligationes naturales* zwischen *pater familias* und Hauskind ergibt sich aus den folgenden Digestenstellen, wovon die zweite das dem Verhältnis Hausvater/Hauskind analoge Verhältnis *dominus/servus* betrifft[118].

D.12,6,38,1f. Africanus *lib.9 Quaest.* (aus der berühmt-berüchtigten *Lex frater a fratre*)[119]:
"*Quaesitum est, si pater filio crediderit isque emancipatus solvat, an repetere possit. respondit, si nihil ex peculio apud patrem remanserit, non repetiturum: nam manere naturalem obligationem argumento esse, quod extraneo agente intra annum de peculio deduceret pater, quod sibi filius debuisset. Contra si pater quod filio debuisset eidem emancipato solverit, non repetet: nam hic quoque manere naturalem obligationem eodem argumento probatur, quod, si extraneus intra annum de peculio agat, etiam quod pater ei debuisset computetur.*"

D.12,6,64 *Tryphonius lib. 7 Disput.*: "*Si quod dominus servo debuit, manumisso solvit, quamvis existimans ei aliqua teneri actione, tamen repetere non poterit, quia naturale adgnovit debitum.*"

Ausgangspunkt für die Anerkennung von "Schulden" zwischen Gewalthaber und Hauskind war die Berücksichtigung von Verbindlichkeiten bei der *actio de peculio*[120]. Grundsätzlich konnte der *pater familias* nach *ius civile* für vom Hauskind eingegangene Verbindlichkeiten nicht haftbar gemacht werden[121]. Nach dem *ius honorarium* jedoch konnte eine Haftung des Vaters gegenüber Dritten begründet werden und zwar über die sogenannten adjektizischen Klagen, zu denen auch die

---

[118] Siehe auch noch Iavol. D. 35, 1, 40, 3; Ulp. D. 44, 7, 14.

[119] Die neueste Interpretation findet sich bei Behrends, in: Römisches Recht in der europäischen Tradition, 257 (313ff.). - Die Schwierigkeit dieser Stelle besteht darin zu erklären, warum der Sohn eine *obligatio*, wenn auch nur eine naturale, gegen den Vater haben konnte, da doch auch Naturalobligationen vom notwendigen Erwerb für den Vater erfaßt waren. Andererseits stand aber die Naturalobligation der - vom Ergebnis her gesehen - gerechtfertigten *condictio indebiti* im Wege. Ansatzpunkt für die Erklärung durch Julian ist das Anknüpfen an ein *peculium*. Für das Verständnis dieser Stelle bleibt noch zu erwähnen, daß, wenn das *peculium* aufhörte zu existieren - etwa infolge Todes des Gewalthabers oder Emanzipation des Haussohnes -, die Anstellung der *actio de peculio* auf einen *annus utilis* begrenzt war, gerechnet vom Zeitpunkt an, da diese Ereignisse das Nicht-mehr-Bestehen des Sondergutes herbeiführten; das Edikt gewährte für diesen Fall eine besondere Klage, die *actio annalis de peculio* (Ulp. *lib.29 ad edictum* D. 15, 2, 1 pr.). - Sachers, RE, Sp. 1150; Honsell/Mayer-Maly/Selb, § 136 II 1; Sintenis, Civilrecht III, § 142 FN 9; Mandry, Familiengüterrecht I, S. 155, S. 93ff.

[120] Dazu Sachers, RE, Sp. 1148f; Mandry, Familiengüterrecht II, § 65 (Der peculiare Rechtsverkehr zwischen Hausvater und Hauskind), S. 153ff. und § 57 I., S. 47ff. (Schulden des Hauskindes gegenüber dem Hausvater).

[121] Honsell/Mayer-Maly/Selb, § 135 I. - Zur Haftung des *pater familias* für von Gewaltunterworfenen begangene Delikte (Noxalhaftung) siehe nur Honsell/Mayer-Maly/Selb, § 137; Sachers, RE, Sp. 1147.

actio de peculio gehörte[122]. Wenn der Gewaltunterworfene ein *peculium* hatte und mit einem Dritten ein Geschäft abgeschlossen hatte, hatte der *pater familias* mit dieser Klage dem Dritten bis zur Höhe des Wertes des *peculium* einzustehen.
Die Prozeßformel lautete folgendermaßen (in Verbindung mit der *actio de in rem verso*):[123]

"*Quod Aulus Agerius apud Stichum, qui in Numerii Negidii potestate est, mensam argenteam deposuit, q.d.r.a., quidquid ob eam rem Stichum si liber esset ex iure Quiritium, Aulo Agerio dare facere oportet ex fide bona, eius iudex Numerium Negidium Aulo Agerio dumtaxat de peculio et si quid dolo malo Numerii Negidii factum est, quo minus peculii esset,(vel si quid in rem Numerii Negidii inde versum est), c.s.n.p.a.*"

Bei der Ermittlung des Wertes des *peculium* - die Haftung war ja darauf beschränkt - genoß der Gewalthaber ein Vorzugsrecht vor den Forderungen außenstehender Personen und konnte seine eigenen "Forderungen" an den Gewaltunterworfenen, die als Naturalschulden angesehen wurden[124], in Abzug bringen (das sogenannte *ius deductionis*)[125].

Gai. IV 73: "*Cum autem queritur, quantum in peculio sit, ante deducitur quod patri dominove quique in eius potestate sit, a filio servove debetur, et quod superest, hoc solum peculium esse intellegitur. aliquando tamen id quod ei debet filius servusve qui in potestate patris dominive sit, non deducitur ex peculio, velut si is cui debet, in huius ipsius peculio sit.*"

D.15,1,5,4 Ulp.lib. 29 *ad edictum: "Peculium autem Tubero quidem sic definit, ut Celsus libro sexto digestorum refert, quod servus domini permissu separatum a rationibus dominicis habet, deducto inde si quid domino debetur."*

D.15,3,16 Alfenus *lib.2 Digest.: "Quidam fundum colendum servo suo locavit et boves ei dederat: cum hi boves non essent idonei, iusserat eos venire et his nummis qui recepti essent alios reparari: servus boves vendiderat, alios redemerat, nummos venditori non solverat, postea conturbaverat: qui boves vendiderat nummos a domino petebat actione de peculio aut quod in rem domini versum esset, cum boves pro quibus pecunia peteretur penes dominum essent. respondit non vi-*

[122] Zur *actio de peculio* Mandry, Familiengüterrecht II, S. 351ff.; Honsell/Mayer-Maly/Selb, § 136 II 1.; Sachers, RE, Sp. 1147. - Zu den anderen adjektizischen Klagen siehe nur Mandry, Familiengüterrecht II, S. 207ff.; Honsell/Mayer-Maly/Selb, § 136.
[123] Lenel, Edikt, 282.
[124] D. 12, 6, 38, 1f.; Honsell/Mayer-Maly/Selb, § 136 II 1 FN 8;
[125] Mandry, Familiengüterrecht II, S. 380ff.

deri peculii quicquam esse, nisi si quid deducto eo, quod servus domino debuisset, reliquum fieret."

D.15, 1, 9, 2 Ulp. *lib.29 ad edictum: "Peculium autem deducto quod domino debetur computandum esse, quia praevenisse dominus et cum servo suo egisse creditur."*

D.15, 1, 9, 4 Ulp. *lib.29 ad edictum: "[...] nam ut eleganter Pedius ait, ideo hoc minus in peculio est, quod domino vel patri debetur, quoniam non est verisimile dominum id concedere servo in peculium habere, quod sibi debetur."*

Inst. 4, 7, 4c: "*Cum autem quaeritur, quantum in peculio sit, ante deducitur, quidquid servus domino quive eius in potestate sit debet, et quod superest, id solum peculium intellegitur. aliquando tamen id, quod ei debet servus, qui in potestate domini sit, non deducitur ex peculio, veluti si is in huius ipsius peculio sit.*"

Andererseits wurden dem Wert des *peculium* die natürlichen Verbindlichkeiten, die der *pater familias* seinen Gewaltunterworfenen "schuldete", hinzugerechnet.

D. 15, 1, 7, 6 Ulp. *lib. 29 ad edictum: "Sed et id quod dominus sibi debet in peculium habebit, si forte in domini rationem impendit et dominus ei debitor manere voluit aut si debitorem eius dominus convenit."*

D. 15, 1, 17 pr. a. E. Ulpianus *lib. 29 ad edictum: "[...] sed peculium eorum augebitur, ut opinor, quemadmodum si dominus servo suo debeat."*

D. 15, 1, 9, 1 Ulp. *lib. 29 ad edictum: "Plane si conservus dedit damnum vel subripuit, in peculium videtur haberi, et ita Pomponius libro undecimo scribit: nam et si quid dominus ab eo qui rem peculiarem subripuit vel consecutus est vel consequi potest, in peculium esse ei imputandum Neratius libro secundo responsorum scribit."*

D. 12, 6, 38, 2 Africanus bereits oben S. 25 zitiert.

In der Lehre, vor allem des 19. Jahrhunderts, war umstritten, ob die Entstehung von Naturalobligationen zwischen Hausvater und Hauskind vom Bestand eines *peculium* abhängig war.[126] Die wohl h. M. verneinte die Frage.[127]

---

[126] Dazu siehe Mandry, Familiengüterrecht I, S. 157ff., für naturale Obligationen des Hausvaters gegenüber dem Hauskinde, S. 370ff. für Naturalschulden des Kindes gegenüber dem *pater familias*; Möller, Rechtsgeschäfte, S. 19ff.

[127] Siehe Mandry, Familiengüterrecht I, S. 157 FN 5 m. N.; a. A. Möller, Rechtsgeschäfte, S. 19ff.; Ak-

MANDRY differenzierte nach Naturalverbindlichkeiten des Sohnes gegenüber dem Vater und des Vaters gegenüber dem Sohn. Erstere machte er vom Bestand eines Pekuliums abhängig[128], letztere nicht.[129] Der Meinungsstreit war von Bedeutung für die Frage des Fortbestehens der Schuld nach Beendigung der *patria potestas*. Nach MANDRYS Auffassung blieb die Schuld des Gewalthabers gegenüber dem *filius familias* nach Lösung der *potestas* nur dann bestehen, wenn ihm das *peculium* verblieb.[130]
Der Schuldner hatte es nach dieser Auffassung in der Hand, ob er Rechtsgeschäfte zwischen Hausvater und Hauskind wirksam machte, indem er z. B. einen Vertrag erfüllte. Die Beständigkeit des Geschäfts hing damit von seinem Willen ab.[131]

Erwähnt sei an dieser Stelle bereits, daß ausgehend von den Konsiliatoren bis ins 19. Jahrhundert hin die Frage von den Juristen erörtert worden ist, wie die Möglichkeit von *obligationes naturales* mit dem Grundsatz des notwendigen Erwerbs für den Hausvater in Einklang gebracht werden könne.[132]

VII. Schenkungen zwischen *pater familias* und Hauskind

Im folgenden sollen noch Schenkungen zwischen *pater familias* und Hauskindern als das wichtigste Rechtsgeschäft zwischen beiden betrachtet werden[133].
Die Schenkung des klassischen Rechts war noch nicht selbständiger Verpflichtungsgrund, überhaupt kein besonderer Geschäftstypus, sondern stellte nur einen Rechtsgrund, die *causa donandi*, die einen Zuwendungsvorgang rechtfertigte, dar.[134]
Schenkungen zwischen *pater familias* und *filius familias* waren nach dem Prinzip der Vermögensunfähigkeit und dem des Erwerbes des Hausvaters durch das Hauskind grundsätzlich nichtig[135]. Allerdings zeigten sich seit der spätklassischen Zeit Ansätze, die Nichtigkeit der Schenkungen auf verschiedene Weise zu heilen.[136]
In der zweiten Hälfte des dritten Jahrhunderts wurde die *Oratio* des Kaisers CARACALLA über die Konvaleszenz der Schenkung zwischen Ehegatten durch den

kermann, Der vormundschaftliche Schutz, S. 21.
[128] Mandry, Familiengüterrecht I, S. 159f.
[129] Mandry, Familiengüterrecht I, S. 370; Kaser, RPr I, § 113 für beide Möglichkeiten.
[130] Familiengüterrecht I, S. 161ff.
[131] Möller, Rechtsgeschäfte, S. 24.
[132] Dazu siehe S. 89f. zu Glossatoren und Konsiliatoren.
[133] Dazu siehe Mandry, Familiengüterrecht I, S. 274ff.; v. d. Pfordten, Abhandlungen, S. 187ff; Sachers, RE, Sp. 1144; Möller, Rechtsgeschäfte, S. 54ff.: Die Schenkung des Hausvaters an das Hauskind.
[134] Kaser, RPr I, § 47 I. 2.
[135] Jul. D. 41, 5, 2, 2.; Paul. D. 41, 6, 1, 1. - Sachers, RE, Sp. 1144 m. w. N.; Möller, Rechtsgeschäfte, S. 54.
[136] Dazu auch Möller, Rechtsgeschäfte, S. 59ff., S. 65ff. zur Heilung des bloßen Schenkungsversprechens.

bis zum Tode nicht erfolgten Widerruf[137] durch kaiserliche Konstitutionen auf die Schenkungen an gewaltunterworfene Kinder angewendet.[138] Die Schenkung erhielt dann gleichsam als letztwillige Verfügung Geltung[139]. Weitere Fälle der Heilung waren, wenn das Geschenk dem Kind bei der Emanzipation belassen wurde oder wenn die Erben die Schenkung genehmigten.

C.3,36,18 pr. DIOCLETIANUS *et* MAXIMIANUS a. 293: "*Filiae, cuius pater nomine res comparavit, si non post contrarium eius iudicium probetur, per arbitrium dividundae hereditatis praecipuas adiudicari saepe rescriptum est.*"

D.41,6,4 Pomponius *ad Sabinum: "Si pater filiae donaverit, quae in potestate eius erat, et eam exheredaverit: si id heres eius ratum habeat, exinde ea usucapiet donationem, qua ex die ratam heres donationem habuerit.*"

Papinianus *lib. 12 Resp.*: "*Pater, qui filiae, quam habuit in potestate, mancipia donavit et peculium emancipatae non ademit, ex post facto donationem videbatur perfecisse.*"

Wegen der Frage, ob nichtige Schenkungen des Gewalthabers an den Haussohn wenigstens ein *peculium* begründen oder vermehrten konnten, wird auf die einschlägige Literatur verwiesen.[140]

VIII. Prozesse zwischen Eltern und Kindern

Der Gedanke, daß Prozesse zwischen Eltern und Kindern möglichst zu vermeiden sind, wurde im vorklassischen und auch noch im klassischen Recht, soweit ersichtlich, nicht ausdrücklich geäußert. Dennoch läßt sich sagen, daß Rechtsstreitigkeiten als völlig unvereinbar mit dem Charakter der *patria potestas*, der umfassenden Herrschaftsgewalt, angesehen wurden[141]. Diese Gewalt gab dem Vater das Recht zur - auch gewaltsamen - Durchsetzung seines Willens. Rechte des Kindes kamen demgegenüber überhaupt nicht in Betracht.

Erst spät in klassischer Zeit wurde dieser Grundsatz durchbrochen. Neben den die Statusfragen betreffenden Klagen[142] gab es folgende Möglichkeiten für Klagen zwischen Eltern und Kindern: Unterhalt und die Dotierung der Tochter, die im Wege der *extraordinaria cognitio* geltend gemacht wurden, sowie die Klage des

[137] D. 24, 1, 32 pr. - § 3 Ulp. *lib.33 ad Sabinum.*
[138] Sachers, RE, Sp. 1144 m. N.; siehe auch Möller, Rechtsgeschäfte, S. 60ff. m. N.
[139] Möller, Rechtsgeschäfte, S. 63: "*ad instar mortis causa donationis*" (Frag. Vat. § 274).
[140] Mandry, Familiengüterrecht II, S. 77ff. m. w. N. in FN 9 auf S. 77; Möller, Rechtsgeschäfte, S. 55ff.
[141] Siehe Burck, Die altrömische Familie, 87 (116).
[142] Dazu siehe nur Hackl, ZRG (RA) 90 (1973), 105 (141ff. zur *patria potestas*) m. w. N.

Vaters gegen den *filius familias* aus dessen einseitiger Verpflichtung in bezug auf das *peculium castrense*.[143]
Bei diesen Klagen kamen die sog. Ehrenrechte[144] zum Tragen. Wie bereits oben erwähnt, folgten aus der Pflicht der Kinder zu Gehorsam, Ehrerbietung und Achtung (*obsequium, reverentia und pietas*) gegenüber den Eltern - hier sind auch die Mutter und auch andere Verwandte einbezogen - gewisse Beschränkungen in der Prozeßführung. Da diese Beschränkungen ihren Grund im Verwandtschaftsverhältnis hatten, galten sie nicht nur für gewaltunterworfene, sondern auch für emanzipierte Kinder. So war es den Kindern untersagt, die Eltern ohne prätorische Erlaubnis (*venia iudicis*) vor Gericht zu laden[145]. Dies hatte seinen Grund in der alten Form der Privatladung, die mittels *manus iniectio*, also mit Gewalt, vorgenommen werden konnte[146], was sich natürlich nicht mit der den Eltern geschuldeten Achtung vertrug. Verweigert wurde die Erlaubnis regelmäßig bei infamierenden Klagen.[147] Die konkrete, zunächst nicht eigens verheißene Folge eines Verstoßes waren prätorische Bußklagen, eine Geldstrafe war vorgesehen.[148] Desweiteren ließen die Juristen gegen die Eltern keine infamierenden Exzeptionen[149] und auch nicht den Kalumnieneid und die Kalumnienklage zu[150]. Die Eltern hafteten bei einer Verurteilung nur *in id quod facere possunt*, d.h. in den Geldwert ihres zum Urteilszeitpunkt vorhandenen Vermögens (das sogenannte *beneficium competentiae*[151]).[152]

---

[143] Dazu siehe oben S. 24.

[144] Siehe Kaser, ZRG (RA) 58 (1938), 88 (106ff.). - Zu Interpolationen auch Sachers, RE, Sp. 1131ff.; Bonfante, *Corso* I, S. 115.

[145] Ulp. D. 2, 4, 4, 1ff.: "*Praetor ait: 'parentem, patronum patronam, liberos parentes patroni patronae in ius sine permissu meo ne quis vocet.' Parentem hic utriusque sexus accipe.*"; Gai. 4, 183: "*In summa sciendum est eum qui cum aliquo consistere velit, <in ius vocare> oportere et eum qui vocatus est, si non venerit, poenam ex edicto praetoris committere. quosdam tamen personas sine permissu praetoris in ius vocare non licet, veluti parentes [...]; et in eum qui adversus ea egerit, poena constituitur.*"; Modestinus D. 2, 4, 13: "*Generaliter, eas personas, quibus reverentia praestanda est, sine iussu praetoris in ius vocare non possumus.*"; I. 4, 16, 3: Verbot auch im justinianischen Recht aufrechterhalten. - Kaser, ZRG (RA) 58 (1938), 88 (118); ders., RZ, § 30 II 2.

[146] Zur weiteren Entwicklung bei der in *ius vocatio* Kaser, RZ, § 30 II 1., § 10 I.

[147] D. 2, 4, 10, 12 Ulp. *lib. 5 ad edictum: "permissurus enim est, si famosa actio non sit vel pudorem non suggilat, qua patronus convenitur vel parentes.*" (itp.).

[148] Ulp. D. 2, 4, 24: "*In eum, qui adversus ea fecerit, quinquaginta aureorum iudicium datur.*" - Siehe auch D. 2, 4, 25; D. 2, 4, 12.

[149] Ulp. Paul. D. 37, 15, 5, 1-7, 3; Jul. D. 37, 15, 2; Ulp. D. 47, 10, 7, 3. - Sachers, RE, Sp. 1132. - Zu den infamierenden Klagen Gai. 4, 182; Kaser, ZRG (RA) 73 (1956), 220 (229); Sachers, Unterhalt, 310 (315 FN 1 m. w. N.); Schulz, Prinzipien, S. 136, insbesondere keine *actio iniuriarum* (Gedanke der Humanität). - Zur *exceptio doli* Kaser, ZRG (RA) 58 (1938), 88 (108 FN 4 zu D. 44, 4, 4, 16).

[150] Ulp. D. 37, 15, 5 pr., dazu Kaser, ZRG (RA) 73 (1956), 220 (232).- Siehe auch Kaser, ZRG (RA) 58 (1938), 88 (109); ders., RZ, § 40 IV; Sachers, RE, Sp. 1133: Klage wegen schikanösen Verhaltens. - Kalumnieneid: D. 12, 2, 16; D. 37, 15, 7, 3 etc. weitere Nachweise bei Kaser, ZRG (RA) 58 (1938), 88 (109).

[151] Der Ausdruck ist seit dem 16. Jahrhundert üblich: Honsell/Mayer-Maly/Selb, § 88.

[152] Paul. D. 24, 3, 54; Ulp. D. 42, 1, 16f.; Ulp. D. 37, 15, 7, 1.

Bei Klagen zwischen Eltern und Kindern mußte der Kläger auch einen nicht zahlungsfähigen *vindex* hinnehmen.[153] Streit herrschte unter den Klassikern darüber, ob gegen die *parentes* die *restitutio in integrum* gewährt werden konnte.[154] In der nachklassischen Zeit wurde den Kindern wegen der den Eltern geschuldeten *reverentia* dieser Rechtsschutz versagt[155].

2. Kapitel Das nachklassische römische Recht (Drittes Jahrhundert bis zum Ausgang der Antike)

I. Vorbemerkung zur allgemeinen Entwicklung des "Familienrechts"

Das Familienrecht wurde in besonderem Maße von den Veränderungen der nachklassischen Zeit erfaßt, die man mit dem Schlagwort der "Ethisierung des Rechts"[156] charakterisieren kann. Die Geschichte des nachklassischen Familienrechts beherrschten hauptsächlich zwei Faktoren: Fortschritt der Individualisierung und Einflüsse der christlichen Lehre, die vor allem im Eherecht wirksam wurden.[157] Die nachklassische Anschauung stellte das Recht unter verstärkte ethische Anforderungen und maß der Gerechtigkeit (*iustitia*) und Billigkeit (*aequitas*) einen höheren Wert als dem positiven Recht zu.[158] Gegenüber der drohenden Gefahr der Preisgabe des Rechts zugunsten einer uferlosen Billigkeit schuf jedoch auf der Grundlage einer vertieften philosophischen Bildung[159] die zunehmende Erfüllung mit christlichem Geist (Postulat der Nächstenliebe, Menschlichkeit, Mitleid, Milde und Barmherzigkeit) eine sinnvolle Begrenzung.[160]

Die klassische Rechtstradition hatte die alten Bindungen zu bewahren versucht, war dabei aber immer mehr hinter der sozialen Wirklichkeit, die die Verselbständigung der Familiengenossen erforderte, zurückgeblieben.[161] Die nachklassische Periode dagegen fühlte sich dieser Tradition nicht mehr verpflichtet und ten-

---

[153] D. 2, 8, 2, 2 Ulp. *lib. 5 ad edictum.*

[154] Siehe bei C. 2, 41, 2: "*Cum apud veteres dubitabatur, an liberi parentes suos [...] in querimoniam deducere possint quasi non rite in eos versatos* [...].". - Kaser, ZRG (RA) 58 (1938), 88 (108 FN 1).

[155] C. 2, 41, 2 JUSTINIANUS a. 531. - Zur *restitutio in integrum* für die *filii familias* überhaupt siehe Ankum, Mélanges Felix Wubbe, S. 1ff.

[156] Überschrift bei Kaser, RPr II, § 197, vgl. dort § 197 m. w. N.; dazu kurz auch Söllner, Einführung in die römische Rechtsgeschichte, § 20 III, S. 129. - Ein "Familienrecht" als solches gab es auch in dieser Epoche nicht: Müller-Freienfels, RabelsZ 37 (1973), 609 (636).

[157] Kaser, RPr II, § 205.

[158] Kaser, RPr II, § 197; Söllner, Einführung in die römische Rechtsgeschichte, § 20 III, S. 129.

[159] Stichwort: "stoisches Humanitätsideal": Kaser, RPr II, § 197; ders., RPr I, § 46 IV 6 m. w. N.; Schulz, Prinzipien, 128 (130ff.) zur Familie, 134ff. zur *patria potestas.*

[160] Kaser, RPr II, § 197 m. w. N.; zum christlichen Einfluß vor allem Biondo Biondi, *Il diritto romano cristiano*, 3 Bde.

[161] Kaser, RPr II, § 205.

dierte dazu, den geschlossenen Familienverband mit seinen Verhältnissen der Über- und Unterordnung aufzulockern und teilweise sogar preiszugeben[162].
Im ganzen ist festzustellen, daß die Gesetzgebung der Kaiser auf dem Gebiet des Familienrechts ein reiches und wichtiges Betätigungsfeld für die Christianisierung und ihre wohlfahrtsstaatliche Politik fand.[163]
Allerdings enthielt auch das nachklassische Recht keine in sich geschlossene Konzeption des Vater-Kind-Verhältnisses, sondern behandelte nach der den Römern eigenen Abneigung gegen allgemeine Regeln nur Einzelfragen.

II. Das Wesen der *patria potestas*

In der nachklassischen Zeit wurde die umfassende Vollgewalt des *pater familias* über die Hauskinder abgeschwächt.[164] Sie erschöpfte sich nun im wesentlichen in einer pflichtgebundenen speziellen Schutz-, Leitungs- und Aufsichtsposition über das minderjährige Kind.[165] Allerdings hielt man, der Vergangenheit folgend, an der lebenslänglichen Gewalt über die Hauskinder fest.[166] Eine mütterliche Gewalt hat es auch in der nachklassischen Periode nicht gegeben.[167]
Da dem römischen Recht das Institut der Stellvertretung gänzlich unbekannt war, konnte es auch nicht in der nachklassischen Zeit zur Ausbildung einer "gesetzlichen Vertretung" des Kindes durch den *pater familias* kommen, zumal das Hauskind ja auch nur beschränkt privatrechtsfähig war.

III. Die Beendigung der *patria potestas*[168]

In der nachklassischen Zeit geriet die schwerfällige altertümliche Form der *emancipatio* in Verfall. Kaiser ANASTASIUS führte die Emanzipation durch kaiserlichen Gnadenakt auf Antrag des Gewalthabers ein (C.8,48,5), die später sogenannte *emancipatio Anastasiana*. Unter JUSTINIAN wurde dann auch die Entlassung durch Erklärung vor dem zuständigen Beamten mit Zustimmung des Kindes zulässig (C.8,48,6), die sogenannte *emancipatio Justiniana*.
Bei Mißbrauch der *patria potestas* konnte der Hausvater im Wege der *extraordinaria cognitio* zur Emanzipation des Kindes gezwungen werden.[169]

---

162 Kaser, RPr II, § 205.
163 Kaser RPr II, § 205, dies gilt vor allem für das Eherecht: Kaser, aaO., § 205.; ders., ZRG (RA) 58 (1938), 62 (77ff.) läßt die Entwicklung mit AUGUSTUS einsetzen.
164 Kaser, RPr II, § 226 I a; ders., ZRG (RA) 58 (1938), 62 (84); Fusco, Familie und Erziehung, in: Reif (Hrsg.), Die Familie in der Geschichte, 10 (16) führt die Abschwächung auf den sozioökonomischen und politischen Wandel beim Übergang von der Republik zum Prinzipat zurück. - Zum hellenistischen Einfluß Kaser, RPr II, § 205 VII, § 226 I 1. - Gegen diese Einschätzung der Abschwächung Thomas, MEFRA 94 (1982), 527 (566 FN 168).
165 Kaser, RPr II, § 205; ebenso Ackermann, Der vormundschaftliche Schutz, S. 17.
166 Kaser, RPr II, § 205, § 226 II.
167 Kaser, RPr II, § 226 FN 9; Bonfante, Corso I, S. 115.
168 Bonfante, Corso I, S. 85ff.
169 D. 27, 10, 16, 2/3; C .3, 28, 33, 1 (a. 529). - Bonfante, Corso I, S. 86f.; Kaser, ZRG (RA) 58 (1938),

IV. Die Gewalt des *pater familias* über die Person des Hauskindes[170]

Das längst nicht mehr praktizierte Tötungsrecht wurde unter KONSTANTIN als nicht mehr bestehend angesehen[171]; die Kindestötung wurde als qualifiziertes Tötungsverbrechen mit dem Tode bestraft. Es bestand nur noch ein Recht des Vaters zur mäßigen Züchtigung von jugendlichen Kindern.[172]

Der Verkauf und die Verpfändung erwachsener Kinder waren unzulässig.[173] Notverkäufe von Kindern kamen in den Notzeiten des 3. und 4. Jahrhunderts n.Chr. vor[174], KONSTANTIN gestattete dann auch den Verkauf von Neugeborenen, wohl um deren Aussetzung zu vermeiden[175]. Unter JUSTINIAN wurde dieser Rückschritt wieder beseitigt.[176]

Die nach Ansicht von KASER somit auf die Erziehung reduzierte *patria potestas*[177] wurde in der spätklassischen Zeit auch noch dadurch eingeschränkt, daß die Erziehung der Kinder nicht nur als Recht, sondern sogar als - nicht klagbare - Rechtspflicht aufgefaßt wurde.[178] Die Abschwächung der *patria potestas* hatte zur Folge, daß die gegenseitigen Treu- und Schutzpflichten zwischen Eltern und Kindern, die unabhängig von der Hausgewalt auch schon in der klassischen Zeit zwischen nahen Verwandten bestanden, stärker betont wurden.[179] Sowohl Eltern als auch Kinder waren zur Erbietung von *humanitas* und *pietas* verbunden. Stärker als bisher wurde vor allem die Pflicht der Kinder zu *honor, obsequium* und *reverentia* als Rechtspflicht aufgefaßt.[180] Diese Entwicklung läßt sich auf den christlichen Einfluß zurückführen.[181] Neue Einzelbestimmungen[182], die Ausfluß der Treu- und

---

62 (82).

[170] Dazu Bonfante, Corso I, S. 107ff., S. 110ff.

[171] Kaser, RPr II, § 226 II 1; Honsell/Mayer-Maly/Selb, § 148 I 3 FN 11: die Einzelheiten sind zweifelhaft; Bonfante, Corso I, S. 107; Thomas, MEFRA 93 (1981), 643 (649 Anmm.13). - Zur Aussetzung vgl. Kaser, RPr II, § 226 II 1.

[172] C. 9, 15, 1 = CTh. 9, 13, 1 (a. 365), C. 8, 46, 3 (a. 227). - Kaser, RPr II, § 226 II 1; Bonfante, Corso I, S. 110f.: „[...] *bensì un mero potere domestico, con autorità di emendare e castigare nelle debite forme i giovani.*".

[173] Kaser, RPr II, § 226 II 2; Honsell/Mayer-Maly/Selb, § 148 I 4; Bonfante, Corso I, S. 109f.

[174] Honsell/Mayer-Maly/Selb, § 148 I 4.

[175] Kaser, RPr II, § 226 II; ders., ZRG (RA) 58 (1938), 62 (81); Honsell/Mayer-Maly/Selb, § 148 I 4 FN 21; Bonfante, Corso I, S. 109.

[176] Honsell/Mayer-Maly/Selb, § 148 I.4.; Kaser, ZRG (RA) 58 (1938), 62 (81 m. w. N.); zum Verkauf Bonfante, Corso I, S. 112f.

[177] Kaser, ZRG (RA) 58 (1938), 62 (84); ders., RPr II, § 205 II.: "Mit alldem hat man die überkommenen Grundsätze der patria potestas so weit ausgehöhlt, daß sich diese Gewalt im wesentlichen in einer pflichtgebundenen sozialen Schutz-, Leitungs- und Aufsichtsposition über das minderjährige Kind erschöpft.".

[178] Kaser, RPr II, § 226 III 2.; Ackermann, Der vormundschaftliche Schutz, S. 17.

[179] Kaser, RPr II, § 226 III 1.

[180] Kaser, RPr II, § 226 III 1.; ders., ZRG (RA) 58 (1938), 88 (112ff., 120).

[181] Kaser, RPr II, § 226 III 1. verweist auf § 197 I (Ethisierung des Rechts).

[182] Dazu siehe S. 39.

Schutzpflichten waren, traten zu den schon bestehenden hinzu.[183] So mußten die Kinder im Rahmen der *querela inofficiosi testamenti* beweisen, daß sie die den Eltern geschuldete Ehrerbietung auch tatsächlich entgegengebracht hatten[184].
Was die Eheschließung gewaltunterworfener Kinder betrifft, so verlangte man in nachklassischer Zeit neben der Zustimmung des Gewalthabers den Konsens der Brautleute; das Fehlen der Zustimmung des Vaters führte nach westlicher Praxis nicht mehr zur Ungültigkeit der Ehe.[185]
Insgesamt gesehen läßt sich feststellen, daß sich die ursprünglich einheitliche, umfassende *potestas* des Vaters in einzelne Rechte und Rechtsbeziehungen auflöste,[186] wobei auch Gegenrechte des Kindes möglich waren.[187]

V. Die Gewalt des *pater familias* über das Vermögen des Hauskindes[188]

1. Die Aushöhlung des Grundsatzes der Vermögensunfähigkeit der Hauskinder

Auch in der nachklassischen Zeit findet man kein geschlossenes System des Kindesvermögensrechtes vor. Der Grundsatz der Vermögensunfähigkeit der Hauskinder und des notwendigen Erwerbes für den *pater familias* wurde in der nachklassischen Zeit immer weiter eingeschränkt, so daß er in justinianischer Zeit geradezu in sein Gegenteil verkehrt war.[189] Das Hauskind konnte nunmehr nur nicht von seinem Hausvater erwerben, obwohl auch hier Ausnahmen zugelassen wurden. Vor einer auch formellen Aufhebung des Grundsatzes der Vermögensunfähigkeit ist JUSTINIAN allerdings zurückgeschreckt.[190]

2. Die Ausnahmen vom Grundsatz der Vermögensunfähigkeit: die Pekulien

An gewissen, durch die Art des Erwerbes bestimmten Sondervermögen erlangte das Hauskind im Gegensatz zum "klassischen" *peculium* wirkliche Rechts- und

---

[183] Dazu siehe S. 29f.
[184] C. 3, 28, 28.
[185] Kaser, RPr II, § 217 II 2. m. N.; Bonfante, Corso I, S. 114.
[186] Kaser, RPr II, § 226 I 1.
[187] Kaser, RPr II, § 226 I 1.
[188] Siehe Bonfante, Corso I, S. 133ff., S. 137ff.
[189] Knothe, ZRG (RA) 98 (1981), 255 (263); Kaser, ZRG (RA) 58 (1938), 62 (87); ders., RPr II, § 229 I; Bonfante, Corso I, S. 137: "*Nel diritto giustinianeo l'incapacità patrimoniale del filiusfamilias è un mito, l'unità patrimoniale della famiglia un concetto giuridico inesistente.*".
[190] Knothe, ZRG (RA) 98 (1981), 255 (263); Kaser, RPr II, § 229: "Das Ziel, dem diese Entwicklung zustrebt, nämlich die einheitliche volle Eigenberechtigung der Hauskinder an ihrem gesamten Vermögen, hat freilich auch Justinian nicht erreicht. An die Stelle des ursprünglich einheitlichen Hausvermögens unter der Herrschaft des paterfamilias ist vielmehr eine Mehrheit verchiedenartiger, ungleichförmig behandelter Gütergruppen getreten, an denen vornehmlich gewiß dem Hauskind, daneben aber zumeist auch noch dem Hausvater eine nach unterschiedlichen Prinzipien abgestufte Rechtsherrschaft zusteht."; Bonfante, *Corso* I, S. 135: "*L'unità patrimoniale è in sostanza distrutta, il nome di peculio non ha più il senso antico.*".

nicht nur tatsächliche Positionen. Entgegen dem alten Grundsatz "aller Erwerb fällt an den *pater familias*" fiel dieser Erwerb an das Hauskind selbst, wohingegen sich die ursprüngliche volle Berechtigung des *pater familias* an dem Erwerb zu einem bei gewissen Erwerbsfällen entstehenden Verwaltungs- und Nutznießungsrecht abschwächte.[191] In anderen Fällen blieb keine Berechtigung des Gewalthabers bestehen.

a) Das *peculium castrense* und *quasi castrense*[192]

aa) Das *peculium castrense*

Wie bereits oben erwähnt,[193] hatte schon AUGUSTUS den Angehörigen des Soldatenstandes, die unter väterlicher Gewalt standen, das Recht zu selbständiger Verfügung von Todes wegen über das im Heeresdienst erworbene Vermögen verliehen.[194] Aufgrund dieses Privilegs entwickelte die Jurisprudenz der Kaiserzeit das *peculium castrense* zu einem freien Vermögen des Hauskindes aus, an dem der Gewalthaber keinerlei Rechte geltend machen konnte.[195] Als Inhaber eines *peculium castrense* stand der Haussohn nach justinianischem Recht einem Gewaltfreien gleich (D. 14, 6, 2 Ulp. *lib. 64 ad ed.: "[...] filii familias in castrensi peculio vice patrum familiarum fungantur."*).

Das *peculium castrense* setzte sich vor allem aus dem einem Haussohn anläßlich seines Eintritts in den Militärdienst von seinen Eltern, Verwandten oder sonstigen Personen gemachten Zuwendungen, sowie natürlich aus dem im Militärdienst oder bei dessen Gelegenheit erzielten Erwerb zusammen.[196]

Die Frage, ob der Hausvater das *peculium castrense* seines minderjährigen Haussohnes - aufgrund der römischen Heeresverfassung konnte auch ein *pubes minor* Soldat sein und damit ein *peculium castrense* besitzen[197] - als *curator* verwalten konnte, ist in den Quellen nicht behandelt. Es wird dort allerdings der Fall erörtert, daß ein Haussohn, der ein *peculium castrense* besitzt, geisteskrank wird[198]. Dann

[191] Knothe, ZRG (RA) 98 (1981), 255 (258).

[192] Dazu siehe Fitting, Das castrense peculium in seiner geschichtlichen Entwicklung und heutigen gemeinrechtlichen Geltung; La Rosa, I peculii speciali in diritto romano; Bonfante, *Corso* I, S. 139ff.; Kaser, RPr II, § 229 II. II.

[193] Siehe S. 13 f.

[194] Ulp. ep. 20, 10; I. 2, 12 pr.

[195] Honsell/Mayer-Maly/Selb, § 148 II 1 a); Knothe, ZRG (RA) 98 (1981), 255 (259); Kaser, RPr II, § 229 III. - Ausnahme allerdings beim Intestaterbrecht des Vaters: Bonfante, Corso I, S. 143ff., S. 143 FN 2 m. N. aus dem *Corpus iuris*.

[196] D. 49, 17, 11: *"Castrense peculium est, quod a parentibus vel cognatis in militia agenti donatum est vel quod ipse filius familias in militia adquisiit, quod, nisi militaret, adquisiturus non fuisset."*; C. 12, 36, 1, 1; PS 3, 4a, 3. - Knothe, ZRG (RA) 98 (1981), 255 (259).

[197] Ackermann, Der vormundschaftliche Schutz, S. 36f.

[198] C. 5, 70, 7 pr. JUSTINIANUS (a. 530): *"Cum furiosus, quem morbus detinet perpetuus, in sacris parentis sui constitutus est, indubitate curatorem habere non potest, quia sufficit ei ad gubernationem rerum, quae ex castrensi peculio vel aliter ad eum pervenerint et vel ante furorem adquisitae sunt vel in furore*

sollte der Vater die Verwaltung des *peculium* übernehmen. Insofern lag die Übernahme der Verwaltung durch den Vater für einen minderjährigen *filius familias miles* nahe, wenn sie auch in den Quellen nicht ausgesprochen wird[199].

bb) Das *peculium quasi castrense*[200]

Im Laufe einer unter KONSTANTIN einsetzenden Entwicklung wurde das Vermögen, das ein Hauskind aus einer sogenannten *militia inermis*, d.h. a) im Hof- oder Staatsdienst oder als Anwalt, b) im geistlichen Berufe oder c) als Geschenk vom Kaiser oder von der Kaiserin empfing, dem *peculium castrense* gleichgestellt.[201] In letzterem Fall konnten auch Haustöchter ein derartiges Sondergut haben.[202]
Bezüglich der Verwaltung eines *peculium quasi castrense* eines minderjährigen Hauskindes durch den *pater familias* gelten die zum *peculium castrense* gemachten Ausführungen entsprechend[203].

b) Sonstiger, nicht aus dem Vermögen des *pater familias* stammender Erwerb: die *bona adventitia*[204]

aa) Die *bona adventitia regularia*

α) Die Entwicklung der *bona adventitia regularia*

Durch eine weitere, ebenfalls von KONSTANTIN eingeleitete Entwicklung erfuhr die vermögensrechtliche Stellung des Gewalthabers eine einschneidende Beschränkung:

---

obveniunt, vel in his, quorum proprietas ei tantummodo competit, paterna verecundia." - Dazu Ackermann, Der vormundschaftliche Schutz, S. 37f.

199 Ackermann, Der vormundschaftliche Schutz, S. 38.

200 Kaser, RPr II, § 229 II.II. und III.; Honsell/Mayer-Maly/Selb, § 148 1.b); Bonfante, Corso I, S. 141f; dazu siehe auch Kerber, Die Quasi-Institute als Methode der römischen Rechtsfindung, S. 84ff.; Fitting, Das castrense peculium, S. 338ff.; La Rosa, I peculii speciali, S. 197ff.

201 a) Staats- und Hofbedienstete: *palatini* (CTh. 6, 36, 1 = C. 12, 30, 1), *silentarii* (C. 12, 16, 5), *adsessores* (CTh. 1, 34, 2 = C. 1, 51, 7), *advocati* (CTh. 2, 10, 6= C. 2, 7, 4); Kanzleibeamten des *praefectus praetorio* (C. 1, 3, 33); Konsuln, *praefecti legionum*, Provinzpräsidenten, ferner die Lehrer der freien Künste und die Leibärzte (C. 3, 28, 37, 1a und e); b) C. 1, 3, 33; Nov. 23, 19; c) C. 6, 61, 7. - Kerber, Quasi-Institute, S. 87: "Es liegt also weder eine Analogie noch eine extensive Auslegung zu dem volksrechtlichen "peculium" vor, sondern - wie es Wieacker im Zusammenhang mit der Untersuchung der Eigentümlichkeiten des vulgären Rechtsstils nennt - die abrupte Konstituierung eines neuen Rechtsgebildes unter Ausfall notwendiger Verbindungsvorstellungen und Heranziehung von Elementen, die in der klassischen Zeit scharf definierte Funktionszusammenhänge hatten."; siehe auch Honsell/Mayer-Maly/Selb, § 148 II. 1 b); Kaser, RPr II, § 229 III; Bonfante, Corso I, S. 133f.; Knothe, ZRG (RA) 98 (1981), 255 (260).

202 Knothe, ZRG (RA) 98 (1981), 255 (260).

203 Ackermann, Der vormundschaftliche Schutz, S. 38.

204 Knothe, ZRG (RA) 98 (1981), 255 (261f.); Kaser, RPr II, § 229 IV.; Honsell/Mayer-Maly/Selb, § 148 II 2.; Bonfante, Corso I, S. 134ff. und S. 145ff. zum justinianischen Recht.

Das von der Mutter ererbte Kindesgut (*bona materna*) wurde der freien Verfügung des *pater familias* entzogen.[205] Er hatte nur noch ein Nutznießungsrecht, die Veräußerung war ihm untersagt, und bei seinem Tode fiel es vorweg an das Kind.[206] In der späteren Kaisergesetzgebung wurde jeder unentgeltliche Erwerb des Kindes von der Mutter oder von den mütterlichen Verwandten[207] und schließlich auch der Erwerb von Ehegatten und Verlobten denselben Regeln unterworfen.[208] Während KONSTANTIN noch von der Vorstellung ausgegangen war, daß dem *pater familias* am Kindesgut ein - wenn auch beschränktes - Eigentumsrecht zustehe, übernahm JUSTINIAN die in den Kaisergesetzen des fünften Jahrhunderts hervortretende Auffassung, daß umgekehrt das Kind der Eigentümer, der Vater dagegen nur Träger eines Verwaltungs- und Nutzungsrechtes an fremder Sache sei.[209] Unter JUSTINIAN ist dann auch noch einmal der Anwendungsbereich dieser Grundsätze erweitert worden:

Alles, was das Hauskind nicht aus dem Vermögen des Gewalthabers (*ex substantia patris, ex re patris* [C. 6, 60 und 61, 6, 1]), sondern durch eigene Arbeit oder Zuwendungen Dritter erwarb, unterfiel den oben dargestellten Grundsätzen der *bona materna et materni generis.*[210] Diese Vermögensmassen wurden später unter dem Namen "*bona adventitia*" oder "*peculium adventitium*" zusammengefaßt.[211]

Das Verwaltungs- und Nutznießungsrecht des *pater familias* blieb grundsätzlich bis zum Ende der *patria potestas* bestehen: die Mündigkeit oder Volljährigkeit des Hauskindes hatte darauf keinen Einfluß.

Für die Emanzipation belohnte KONSTANTIN den Hausvater mit einem Drittel der *bona materna*[212], JUSTINIAN gewährte ihm den Nießbrauch an der Hälfte des Kindesvermögens[213]. Diese Belohnung wurde später als "*praemium emancipationis*" bezeichnet[214].

---

205 Honsell/Mayer-Maly/Selb, § 148 II 2.

206 Kaser, RPr II, § 229 IV 1; Honsell/Mayer-Maly/Selb, § 148 II 2.

207 Gratian, Valent., Theod. CTh. 8, 18, 6; Arcad. et Honor. C.Th. 8, 18, 7 = C. 6, 60, 2; Theod. et Valent. C. Th. 8, 18, 9 = C. 6, 60, 3; Leo C. 6, 60, 4.

208 Theod. et Valent. CTh. 8, 19, 1 = C. 6, 61, 1; Leo et Anthem. C. 6, 61, 4 u.5.

209 Honsell/Mayer-Maly/Selb, § 148 II 2. FN 36. - Konstantin C.Th. 8, 18, 1, 1: „[...] *ita sint in parentum potestate atque dominio ut fruendi pontificium habeant, alienandi eis licentia derogetur.*"; C. 6, 60, 1 pr. CONSTANTINUS (a. 319): „[...] *ita sint in parentum potestate ut fruendi dumtaxat habeant facultatem, dominio videlicet eorum ad liberos pertinente.*".

210 C.6, 61, 6 pr./1 JUSTINIANUS (a. 529); 8 pr. JUSTINIANUS (a. 531): "*omnia, quae extrinsecus ad filios familias perveniunt, et non ex paterna substantia*"; I. 2, 9, 1.

211 Kaser, RPr II, § 229 IV 2.; Knothe, ZRG (RA) 98 (1981), 255 (265f.)

212 C.Th. 8, 18, 1, 2; eod. 2.

213 C. 6, 61, 6, 3/3a; I. 2, 9, 2.

214 Dazu ausführlich Dalla, *Praemium emancipationis.*

β) Die Ausgestaltung des Nießbrauchs- und Verwaltungsrechts

Hinsichtlich des Nießbrauchsrechts ist anzumerken, daß der *pater familias* keine *cautio usufructuaria* zu leisten brauchte[215]. Ebenso traf ihn keine Rechenschaftspflicht[216] und keine Pflicht zur Errichtung eines Inventars[217].

Was die Verwaltung[218] der zu dem Sondergut gehörigen Gegenstände betrifft, so durfte der Gewalthaber diese nur in Ausnahmefällen veräußern oder verpfänden, und zwar im Namen des Kindes[219]:

1. zur Tilgung von Erblasserschulden (C. 6, 61, 8, 4)[220];
2. zur Erfüllung von Vermächtnissen und Fideikommissen (C. 6, 61, 8, 4b), die auf dem vom Hauskind erworbenen Nachlaß lasteten;[221]
3. zur Abstoßung von Sachen, deren Erhaltung für das Kind lästig oder schädlich gewesen wäre (C. 6, 61, 8, 5).[222]

Gegen das Verbot verstoßende Veräußerungen durch den Vater waren absolut nichtig.[223] Nach Beendigung der *patria potestas* konnte das Hauskind die verkaufte Sache vom Käufer vindizieren. Das Hauskind selbst konnte mit Zustim-

---

[215] C. 6, 61, 8, 4d JUSTINIANUS (a. 531): "*Hoc procul dubio observando, ut et mancipia ipse usufructuarius aleret et omnia circa usum fructum faceret, quae nullo modo proprietatem possint deteriorem facere, paterna reverentia eum excusante et a ratiociniis et a cautionibus et ab aliis omnibus, quae usufructuarii extranei a legibus exiguntur, secundum nostrae constitutionis tenorem, quam iam super huiusmodi casibus tulimus.*". Zur Kautionspflicht des Nießbrauchers D. 7, 5, 4/5 § 1. - Bonfante, Corso I, S. 146.

[216] C. 6, 61, 8, 4d (siehe die vorige Fußnote). - Bonfante, Corso I, S. 146.

[217] Bonfante, Corso I, S. 146.

[218] Bonfante, Corso I, S. 145ff.

[219] Vgl. dazu auch Kaser, RPr II, § 229 IV 1. FN 28; Bonfante, Corso I, S. 147ff., dort auch zu den Ausnahmen.

[220] JUSTINIANUS (a. 531): "*Sin autem aes alienum defuncti persona descendit, cum etiam apud veteres haec esse substantia intellegitur, quae post detractum aes alienum supersederit, habeat pater licentiam ex rebus hereditariis primum quidem mobilibus, sin autem non sufficiunt, et immobilibus sufficientem partem filii nomine venumdare, ut ilico reddatur aes alienum et non usurarum onere praegravetur.*" - Bonfante, Corso I, S. 147: "*Ora questa non è altro che la prestazione della diligenza.*".

[221] JUSTINIANUS (a. 531): "*Sin autem legata vel fideicommissa sive annalia sive semel relicta imminent huiusmodi personis, si quidem tales reditus sunt, qui sufficiunt ad annalia legata, pater ex huiusmodi reditibus haec dependere compelletur. Sin autem non habet substantia sufficientem reditum ad legatorum vel fideicommissorum praestationem vel minime reditus vel alias accessiones contineat, sint tamen res mobiles vel immobiles, steriles quidem, non tamen inutiles, veluti domus in provinciis pretiosae vel ubicumque posita suburbana, ex quibus huiusmodi legata possunt explicari, licentia dabitur patri sufficientem partem eorum similiter filii nomine vendere et satisfacere legatis.*"

[222] JUSTINIANUS (a. 531): "*Sed pater quidem in praedictis tantummodo causis habeat licentiam recte res filiorum familias vendere filii nomine vel, si emptorem non invenerit, supponere, nullo modo licentia concedenda filiis easdem venditiones et hypothecas retractare: non item licentia parentibus danda extra memoratas causas res, quarum dominium apud eorum posteritatem est, alienare vel pignori vel hypothecae titulo dare, sed si hoc fecerint, scituris, quod necesse est eos in legum laqueos incidere, quibus huiusmodi venditiones vel hypothecae sunt interdictae, exceptis videlicet rebus mobilibus vel immobilibus illis, quae onerosae hereditati sunt vel quocunque modo damnosae, quas sine periculo vendere patri cum paterna pietate licet, ut pretium earum vel in res et causas hereditarias procedat vel filio servetur.*".

[223] C. 6, 60, 1, 2; C. 6, 61, 4, 3. - Bonfante, Corso I, S. 148 FN 3 m.N.

mung des *pater familias* Verfügungen unter Lebenden über die *bona adventitia* vornehmen; Verfügungen von Todes wegen waren ihm aber noch nicht einmal mit Einverständnis des *pater familias* möglich.[224]
Eine behördliche Genehmigung wichtiger das Kindesvermögen betreffender Geschäfte entsprechend der *Oratio Severi*, die bestimmte Geschäfte des *tutor impuberis* und später auch des *curator minoris* unter den Vorbehalt der Genehmigung des Prätors stellte, war nicht erforderlich, da der *pater familias* nicht Adressat dieser Gesetzgebung war.[225]

Was die Pflichten des Vaters in bezug auf die Verwaltung des Kindesvermögens betrifft, so ist zwischen den *bona materna et materni generis* (C.6,60) und den sonstigen *bona adventitia* (C.6,61) zu unterscheiden. Bezüglich der ersteren traf den Vater eine Rechtspflicht zur Sorgfalt hinsichtlich der Erhaltung des Sondergutes[226]. Die anderen Adventizgüter sorgfältig zu verwalten, war er mithin nur moralisch verpflichtet. Allerdings oblag ihm in beiden Fällen, wie oben erwähnt, keine Rechenschaftspflicht[227], und sein Vermögen war dem Hauskind auch nicht mit einer gesetzlichen Hypothek verhaftet[228]; eine Ausnahme bestand bei einer weiteren Eheschließung des Vaters bezüglich der *bona materna* und der *lucra nuptialia*: die Kinder wurden dann durch eine Hypothek am Vermögen ihres Va-

---

[224] C. 6, 61, 8, 5a JUSTINIANUS (a. 531): "*Filiis autem familias in his dumtaxat casibus, in quibus usus fructus apud parentes constitutus est, donec parentes vivunt, nec testari ex isdem rebus permittimus, nec citra voluntatem eorum, quorum in potestate sunt, ulla licentia concedenda dominium rei ad eos pertinentis alienare vel hypothecae titulo vel pignori adsignare. melius enim est coarctare iuveniles calores, ne cupidini dediti tristem exitum sentiant, qui eos post dispersum expectat patrimonium.*" - Bonfante, Corso I, S. 149.

[225] Siehe D. 27, 9, 1 und C.5, 71, 16 pr. und C.5, 37, 22/25/27. - Zu den Eingriffsmöglichkeiten der Staatsgewalt aufgrund der *oratio Severi* siehe Knothe, Geschäftsfähigkeit, S. 97f.

[226] C. 6, 60, 1, 1 THEODOSIUS *et* VALENTINIANUS (a. 426): "*Parentes autem, penes quos maternarum rerum utendi fruendique tantum potestas est, omnem debent tuendae rei diligentiam adhibere et quod iure filiis debetur in examine per se vel per procuratorem poscere et sumptus ex fructibus impigre facere et litem inferentibus resistere atque ita omnia agere, tamquam solidum perfectumque dominium et personam gerant legitimam.*"; C. 9, 51, 13, 2/2a CONSTANTINUS (a. 321) = CTh. 9, 43, 1, 2: "*Minores enim aetate iure quicquam agere prohibentur. quibus si damnato patre tutor datus est, necesse est, ut ab officio suo recedat regresso eo, quem non solum nomine redire, sed etiam officium suum nulla pravitate corruptum liberis praebere oportet, ut eorum bona tueatur et augeat. Nam si patria potestate ad corrumpendi atque effundendi patrimonii licentiam abutetur, ut furioso ac dementi, item prodigo, libidinum omnium vitiorumque servo non est eorum pecunia committenda.*" - Kaser, RPr II, § 229 IV 1.; siehe auch Bonfante, Corso I, S. 146, dort auch zur Streitfrage bzgl. der Sorgfaltspflicht, da diese ausdrücklich nur für die *bona materna et materni generis* und die *lucra nuptialia* statuiert wurde.

[227] C. 6, 61, 8, 4d (siehe FN 215).

[228] C. 6, 61, 6, 2 JUSTINIANUS (a. 529): "*Non autem hypothecam filii familias adversus res patris viventis adhuc seu iam mortui sperare audeant nec ratiocinia eis super administratione inferre, sed tantummodo alienatione vel hypotheca suo nomine patribus denegata rerum, habeat parens plenissimam potestatem uti fruique his rebus, quae per filios familias secundum praedictum modum acquiruntur;*" C. 6, 61, 8, 4d. - Bonfante, Corso I, S. 146.

ters gesichert.[229] Das Kind durfte dem Vater auch nicht in die Verwaltung hineinreden[230]. Im übrigen wurde im Zusammenhang mit den Adventizgütern im Codex auch noch einmal die Unterhaltspflicht des Vaters betont[231]. Sonstige Regelungen, z.B. bezüglich einer Schadensersatzpflicht des Vaters bei schlechter Verwaltung, findet man in den Quellen nicht. Wenn der Vater anfing, das Vermögen des Kindes zu verschleudern oder zu verschwenden, konnte ihm die Verwaltung entzogen werden[232].

Die Erleichterungen für den Vater bei der Verwaltung schreibt KASER den in der nachklassischen Zeit stark betonten Schutz- und Treupflichten, *reverentia* und *obsequium*, zu.[233]

Wie bereits erwähnt[234], stand dem Vater, wenn er den Sohn emanzipierte, das sogenannte *praemium emancipationis* zu.

bb) Die *bona adventitia irregularia*

Ausnahmsweise konnte auch das Nutzungsrecht des Vaters entfallen. Ein solches Adventizgut wurde später als *bona adventitia irregularia* oder *extraordinaria* bezeichnet[235].

Hierzu wurden folgende Fälle gerechnet:

1. wenn der Gewalthaber das dem Sohn von dritter Seite Zugewendete zurückgewiesen hatte (C. 6, 61, 8, 1);

---

[229] C. 6, 61, 6, 4 JUSTINIANUS (a. 529): "*Sed cum tacitas hypothecas tam veteres leges in quibusdam certis casibus introduxerunt quam nos in maternis ceterisque, quas servare necesse est,* [...]."; C. 5, 9, 8, 3/4 JUSTINIANUS (a. 528): "*In illo etiam veterem sanctionem adimplentes praecipimus exemplo matris, cuius res post secundas nuptias filiis ex priore matrimonio natis suppositae sunt ad conservanda eis lucra, quae ex priore marito ad eam pervenerunt, patris quoque bona, quae habet habiturusque est, filiis ex priore matrimonio natis post secundas eius nuptias ad ea conservanda, quae ex eorum matre lucratus est, supposita esse. Illius etiam patris, qui in sua potestate talem liberum vel liberos habens maternam eis substantiam vel ex materna linea ad eos devolutam servare compellitur, isdem liberis bona supposita esse ad conservandas easdem maternas decernimus: ita tamen, ut occasione talium hypothecarum neque patris neque matris filii valeant administrationem perscrutari vel aliquam eis movere super hoc quaestionem, cum perspicui iuris sit, etiamsi alienata sint eorum bona, quae extra memorata lucra vel maternas res sunt, ius hypothecae integrum isdem manere filiis.*". - Ackermann, Der vormundschaftliche Schutz, S. 43 FN 3.

[230] C. 6, 61, 6, 2a JUSTINIANUS (a. 529): "*Et gubernatio earum sit penitus impunita et nullo modo audeat filius familias vel filia vel deinceps personae vetare eum, cuius in potestate sunt, easdem res tenere aut quomodo voluerit gubernare, vel si hoc fecerint, patria potestas in eos exercenda est.*".

[231] C. 6, 61, 8, 4d a. E. JUSTINIANUS (a. 531): "*Ipsum autem filium vel filios vel filias et deinceps alere patri necesse est non propter hereditates, sed propter ipsam naturam et leges, quae et parentibus alendos esse liberos impetraverunt.*".

[232] C. 9, 51, 13, 2 CONSTANTINUS (a. 321).

[233] RPr II, § 226 III 1.; ebenso Bonfante, Corso I, S. 146; Ackermann, Der vormundschaftliche Schutz, S. 41: Rechtsordnung soll so wenig wie möglich in den internen Kreis eingreifen.

[234] Siehe S. 37.

[235] Dazu Bonfante, Corso I, S. 150; Kaser, RPr II, § 229 IV.

2. wenn der Zuwendende (Schenker oder Erblasser) die Rechte des Vaters ausdrücklich ausgeschlossen hatte (Nov. 117, 1);
3. wenn der *pater familias* und das Hauskind gleichzeitig als gesetzliche Erben der zweiten Klasse (Aszendenten und Geschwister) berufen waren (Nov. 118, 2);[236]
4. wenn der Sohn einen Vermögensanteil von der Mutter erwarb, die wegen verbotener Scheidung ins Kloster verbannt worden war (Nov. 134,11,1).

Die Stellung des *filius familias* in bezug auf diese Güter entsprach der beim *peculium castrense* und *quasi castrense.*[237] Während der Minderjährigkeit des Haussohnes wurde dieses Vermögen von einem besonderen Verwalter, wenn der Zuwendende einen solchen bestimmt oder der Vater die Übernahme der Verwaltung verweigert hatte, oder vom Vater nach den Regeln über die Vormundschaft verwaltet[238].

c) Das "reguläre" *peculium*

Die Entstehung der soeben dargestellten Sondervermögen hatte die Bedeutung des gewöhnlichen *peculium*, das später in Abgrenzung zu den anderen Pekulien *peculium profectitium* genannt wurde, in justinianischer Zeit erheblich verringert: Dazu gehörte nur noch ein aus dem Vermögen des *pater familias* stammender Erwerb des Hauskindes, wozu auch das mit Mitteln des Vaters von Dritten Erlangte (C.6,61, 6,1; I 2,9,1) gerechnet wurde, es sei denn, daß ein Fall des *peculium castrense* oder *quasi castrense* vorlag[239]. Während im Osten des Reiches im Hinblick auf das gewöhnliche *peculium* die Rechtslage gegenüber dem klassischen Recht unverändert blieb[240], wurde im westlichen Teil das *peculium* des klassischen Rechts ohne weiteres als Eigenvermögen des Kindes angesehen. Inwieweit es dem Hausvater hiernach noch freistand, vermöge seiner Hausgewalt in dieses Vermögen einzugreifen, bleibt offen.[241]

d) Die Verwaltung des freien Vermögens des minderjährigen Hauskindes

Nicht geregelt ist in den Quellen die Frage, wer das freie Vermögen (*peculium castrense* und *quasi castrense*, *bona adventitia irregularia*) eines Hauskindes bei

---

[236] In diesem Fall sollte der Erbteil des *pater familias* die Rechte am Kindesgut gewissermaßen ablösen.
[237] Bonfante, Corso I, S. 151.
[238] Ackermann, Der vormundschaftliche Schutz, S. 45f. stützt seine Ansicht nicht auf Quellen.
[239] Dazu Kaser, RPr II, § 229 II 2.; Knothe, ZRG (RA) 98 (1981), 255 (263); Honsell/Mayer-Maly/Selb, § 148 II 3b).
[240] Honsell/Mayer-Maly/Selb, § 148 II 3b); Knothe, ZRG (RA) 98 (1981), 255 (263); Kaser, RPr II, § 229 V und II 2.
[241] Kaser, RPr II, § 229 II 1.

dessen Minderjährigkeit verwaltete[242]. Wenn dies der Vater war, dann stellte sich die Frage, ob dann für ihn die allgemeinen Regeln über *tutela* und *cura* galten oder ob seine Verwaltung mit Erleichterungen versehen war. Eine Stelle, die auf eine Verwaltung des freien Vermögens des minderjährigen Hauskindes durch den *pater familias* schließen läßt, ist C. 6, 61, 8, 1c JUSTINIANUS (a. 531):
"*Sin autem patre recusante filius adire maluerit, damus quidem licentiam ei hoc facere, patre autem nolente res filii gubernare propter causae necessitatem habeat facultatem filius adire competentem iudicem et ex eo petere curatorem hereditati dari, per quem gubernatio rerum in eum delatum procedat.*"

Für den Erbschaftsantritt des Minderjährigen (*secunda aetas*) gegen den Willen des Vaters konnte der Haussohn beim zuständigen Richter einen *curator* beantragen, wenn der Vater sich weigerte, die angetretene Erbschaft zu verwalten: nach der rechtlichen Konstruktion wurde der *curator* für die Erbschaft und nicht für den Haussohn bestellt. Dies stellte eine Ausnahme gegenüber dem traditionellen Rechtszustand dar. Denn aus den Quellen läßt sich entnehmen, daß für gewaltunterworfene Kinder kein *tutor* oder *curator* bestellt werden konnte; dafür war vielmehr Voraussetzung, daß der *pupillus sui iuris* war[243]. Zudem dürften die Befugnisse von *tutor* und *curator* nicht mit der *potestas* des Gewalthabers in Einklang zu bringen gewesen sein.[244] Der Vater hatte das Vermögen des minderjährigen Kindes ordnungsmäßig zu verwalten. Da der Gewalthaber aber kein *tutor* war, konnte er die erforderliche *auctoritas* oder den *consensus* für benachteiligende Geschäfte nicht erteilen.[245] Dies bedeutete, daß die Hauskinder keine sie benachteiligenden Geschäfte abschließen konnten, was ihren Ausschluß von der Teilnahme am Geschäftsverkehr zur Folge gehabt haben dürfte.[246]

---

[242] Nach Knothe, Geschäftsfähigkeit, S. 35f. stellt sich das Problem nur für die irregulären Adventizien.
[243] Vgl. nur D. 50, 16, 239 Pomp. *lib. enchiridii: „'Pupillus' est, qui, cum impubes est, desiit in patris potestate esse aut morte aut emancipatione.*" - Knothe, Geschäftsfähigkeit, S. 34f.; Ackermann, Der vormundschaftliche Schutz, S. 20.
[244] Knothe, Geschäftsfähigkeit, S. 72 für die *cura minorum*.
[245] Knothe, Geschäftsfähigkeit, S. 36.
[246] Knothe, Geschäftsfähigkeit, S. 34.

VI. Klagbare Verbindlichkeiten zwischen *pater familias* und Hauskindern[247]

1. Die *dos*[248]

Die im klassischen Recht noch sittliche Verpflichtung zur Dotierung der Tochter verdichtete sich zeitweise im Westen und namentlich unter JUSTINIAN zu einer Rechtspflicht.[249] Sie traf den Gewalthaber der Frau[250], aber auch den Vater, der die *patria potestas* über sie nicht ausübte.[251] In Ausnahmefällen oblag auch der Mutter eine Pflicht zur Dotierung.[252] Hinter dieser Entwicklung stand der schon im klassischen Recht erkennbare Zweck, der Frau mit der *dos* eine Versorgungsgrundlage nach beendeter Ehe zu schaffen.[253]

2. Die *donatio propter nuptias*

Wie der Vater der Frau zur Leistung der *dos*, so war auch der Vater des Ehemannes zur Bestellung der *donatio propter nuptias* rechtlich verpflichtet.[254]

3. Sonstige klagbare Verbindlichkeiten, insbesondere aus Rechtsgeschäft und aus Gesetz

a) Der Grundsatz der Unmöglichkeit klagbarer Verbindlichkeiten zwischen *pater familias* und Hauskind

Wenn die Vermögensunfähigkeit des Hauskindes der Grund für die Unmöglichkeit klagbarer Verbindlichkeiten, sei es aus Rechtsgeschäft, Delikt oder sonstigen "gesetzlichen" Ansprüchen, war, so müßten mit der immer weitergehenden Zulassung von Ausnahmen, die zur de- facto-Vermögensfähigkeit des Hauskindes führten, auch grundsätzlich klagbare Verbindlichkeiten zwischen Hausvater und Hauskindern möglich gewesen sein.
Aus den Quellen ergibt sich nichts zu dieser Frage. In den oben zitierten Stellen, die für die Unmöglichkeit klagbarer Verbindlichkeiten angeführt wurden, kam als Ausnahme stets nur das *peculium castrense* vor. Der Haussohn wurde also nicht grundsätzlich, sondern nur teilweise als vermögensfähig angesehen. Es bestand also ein Widerspruch zwischen der im nachklassischen Recht fast unbeschränkten

---

247 Sachers, RE, Sp. 1144f.; Bonfante, Corso I, S. 153ff.; Möller, Rechtsgeschäfte, S. 3ff.

248 Allgemein und weiterführend zur *dos*: Kaser, RPr II, § 222 FN 2 m. w. N.; vgl. auch die für die *dos* im klassischen römischen Recht angegebenen weiterführenden Literaturhinweise, Kaser, RPr I, § 80 FN 1; ebenso Honsell/Mayer-Maly/Selb, § 146 II FN 9 m. w. N.

249 Kaser, RPr II, § 222 II; RPr I, § 80 FN 22; Honsell/Mayer-Maly/Selb, § 146 II 1., S. 404. - Den Anspruch hat die Frau: Kaser RPr II, § 222 FN 8. - Zum öffentlichen Interesse an der Dotierung Paul. Pomp. D. 23, 3, 2; D. 24, 3, 1.

250 Cels. D. 37, 6, 6; Marci. D. 23, 2, 19.

251 C. 5, 11, 7, 2 (a.531); Nov. 97, 5 (a.539).

252 Diocl. C.5, 12, 14 (itp.).

253 Kaser, RPr II, § 222 I.

254 C. 5, 11, 7, 2 (a.531); Kaser, RPr II, § 224 IV 2.

Vermögensfähigkeit des Hauskindes und dem Festhalten am Dogma von der Unmöglichkeit klagbarer Verbindlichkeiten[255]. Für die Vertreter der Auffassung, nach der hinter dieser Unmöglichkeit ein höheres Prinzip, die Personeneinheit, stand, bestand dieser Widerspruch allerdings nicht[256].

b) Klagbare Verbindlichkeiten in bezug auf das *peculium castrense*[257]

Wie sich aus den oben bereits angegebenen Quellen ergibt, konnten alle Rechtsgeschäfte zwischen *pater familias* und *filius familias* mit voller Wirksamkeit abgeschlossen werden, wenn nur das Geschäft *ex causa peculii castrensis* vorgenommen wurde; d.h. wenn nur die Leistung des Vaters in das *peculium castrense* fiel oder die des Sohnes aus diesem herrührte. Daß der *filius familias miles* etwas aus dem Vermögen des Hausvaters unter den oben genannten Voraussetzungen für sich erwerben konnte, bedeutete eine Durchbrechung des Grundsatzes, daß der *filius familias* nichts *ex re patris, ex substantia patris* für sich erwerben konnte. Die *patria potestas* in ihrer Ausprägung, daß sie zur Vermögensunfähigkeit des Hauskindes führte, stand nicht entgegen; dem *filius familias* wurde gerade im Hinblick auf das *peculium castrense* die Stellung eines *pater familias* zuerkannt.[258]

Auch deliktische Ansprüche waren möglich, wobei von der Voraussetzung, daß das Delikt mit dem *peculium castrense* zusammenhängen müsse, für Ansprüche des Vaters gegen den Sohn eine Ausnahme gemacht wurde.[259]

D. 47, 2, 52, 5 Ulp. *lib. 37 ad edictum: "Sed si filius meus, qui habet castrense peculium, furtum mihi fecerit, an possim actione utili adversus eum agere, videndum est, cum habeat, unde satisfaciat. et potest defendi agendum."*

c) Klagbare Verbindlichkeiten in bezug auf das *peculium quasi castrense*

In den zitierten Quellen wird das *peculium quasi castrense* nicht neben dem *peculium castrense* als Ausnahmefall erwähnt. Wegen der Konstruktion als Quasiinstitut sind jedoch die beim *peculium castrense* dargestellten Grundsätze entsprechend beim *peculium quasi castrense* heranzuziehen[260].

---

[255] Bonfante, Corso I, S. 154, 157, S. 154: "*Sennonché per il diritto giustinianeo questa spiegazione non regge. Il filiusfamilias è ormai capace di diritti patrimoniali, onde il principio ci si pone innanzi come un'anomalia, un ius singulare storico, di cui invano si cercherebbe una giustificazione e per cui giova ripetere il consueto motto: non omnium, quae a maioribus constituta sunt, ratio reddi potest.*".

[256] Siehe bei Bonfante, Corso I, S. 154ff.

[257] Fitting, Das castrense peculium, S. 174ff.; v. d. Pfordten, Abhandlungen, S. 142ff.; Daube, S. 435ff. - Siehe auch S. 23.

[258] Siehe D. 14, 6, 2 Ulp. lib. 64 ad ed.

[259] Dazu v. d. Pfordten, Abhandlungen, S. 143.

[260] V. d. Pfordten, Abhandlungen, S. 144; Kerber, Quasi-Institute, S. 86f.

d) Klagbare Verbindlichkeiten in bezug auf die *bona adventitia*[261]

Zur Frage der Möglichkeit insbesondere von Rechtsgeschäften zwischen Hausvater und Hauskindern in bezug auf die *bona adventitia* sowohl *regularia* als auch *irregularia* äußern sich die Quellen nicht. Dieses Schweigen der Quellen hat vor allem im 19. Jahrhundert zu einem heftigen Meinungstreit geführt.[262]

Nach einer - allerdings nicht häufig vertretenen - Auffassung waren Rechtsgeschäfte zwischen Gewalthaber und Haussohn über die *bona adventitia* voll wirksam[263]. Da dem Haussohn auch an den *bona adventitia* das Eigentum zustehe - genau wie beim *peculium castrense* -, seien die *bona adventitia* diesem gleichgestellt. Aus der Zuerkennung des Eigentums müßten alle Konsequenzen gezogen werden, welche nicht besonders ausgeschlossen seien. Aus dem Verbot der Verfügungen von Todes wegen dürften keine Schlußfolgerungen für Rechtsgeschäfte unter Lebenden gezogen werden[264].

Das Schweigen der Quellen wurde von dieser Ansicht mit der Nachlässigkeit der Kompilatoren und/oder deren Scheu vor der mühevollen Umarbeitung der Quellen erklärt.

Konsequenz dieser Auffassung wäre die "unbeschränkte" Möglichkeit von Rechtsgeschäften zwischen Familienmitgliedern, unabhängig davon, ob der Haussohn nun tatsächlich eigenes Vermögen besaß oder nicht; er konnte ja jederzeit welches erwerben, und nur auf diese Möglichkeit konnte es ankommen, nicht darauf, ob er im konkreten Fall Vermögen hatte[265]. Allerdings hätten die Kompilatoren dann einen Grundsatz, nämlich von der Unmöglichkeit klagbarer Verbindlichkeiten, in ihre Sammlung aufgenommen, dessen Gegenteil galt.

Der Meinungsstreit ist aber nicht von so großer Bedeutung, wie es zunächst den Anschein haben mag.

Denn auch die Anhänger der ersten Auffassung leugneten nicht die Geltung des Grundsatzes, daß der Haussohn nichts *ex re patris* für sich erwerben konnte, daß vielmehr alles, was der Vater ihm zuwenden wollte, diesem verblieb[266]. Dies bedeutete aber, daß der Sohn bei zweiseitig verpflichtenden Verträgen[267] bzw. bei einer einseitigen Verpflichtung des Vaters nie die (Gegen-)Leistung des Vaters für sich erwerben konnte. Deswegen wurden solche Rechtsgeschäfte von den Vertretern der ersten Auffassung von ihrem Grundsatz ausgenommen[268]. Als einziges mögliches Rechtsgeschäft blieb demnach nur die Schenkung des Haussohnes an

[261] Dazu Möller, Rechtsgeschäfte, S. 44ff.
[262] Dazu siehe v. d. Pfordten, Abhandlungen, S. 131ff.
[263] V. d. Pfordten, Abhandlungen, S. 145; Windscheid, § 519 Anm.5, siehe aber auch § 484 Anm.2.
[264] V. d. Pfordten, Abhandlungen, S. 145.
[265] So auch Möller, Rechtsgeschäfte, S. 48.
[266] V. d. Pfordten, Abhandlungen, S. 149.
[267] V. d. Pfordten, Abhandlungen, S. 150.
[268] V. d. Pfordten, Abhandlungen, S. 150.

den Vater übrig.[269] Weniger eingeschränkt war dagegen die Möglichkeit einer Verpflichtung des Kindes aus allen einseitigen Abmachungen, soweit nicht ein Nießbrauch Gegenstand war.[270]
Wollte der Haussohn dem Vater eine zum regulären Adventizgut gehörige Sache schenken, so war diese Schenkung nach BRINZ nicht statthaft, weil sie mit der Verpflichtung des Vaters im Widerspruch gestanden hätte, dem Kind bei Beendigung des Gewaltverhältnisses sein Vermögen unvermindert herauszugeben. Allerdings ist diese Begründung von BRINZ nicht stichhaltig, denn der Haussohn konnte mit Zustimmung des Hausvaters zum Adventizgut gehörige Gegenstände veräußern, warum sollte er sie dann nicht dem Vater mit dessen Einverständnis schenken können? Hier könnte höchstens der Gedanke des Mißbrauchs der väterlichen Gewalt in Betracht kommen, der die Unzulässigkeit einer solchen Schenkung rechtfertigen könnte.
In bezug auf das reguläre Adventizgut stünden den Rechtsgeschäften auch die väterlichen Rechte entgegen. Ein Mandat, durch welches sich der *pater familias* zur Verwaltung des Vermögens bzw. zur Erledigung einzelner Geschäfte im Interesse des Kindesgutes verpflichtete, sowie die entsprechende *negotiorum gestio* erschienen undenkbar, da dem Vater von Gesetzes wegen Verwaltung und Nutznießung zustand[271].

Demgegenüber hielt die im 19. Jahrhundert herrschende Meinung Rechtsgeschäfte über die *bona adventitia* zwischen *pater familias* und *filius familias* nicht für zulässig[272].
Die *bona adventitia* seien dem *peculium castrense* nicht gleichgestellt, wie der Ausschluß der Testierfähigkeit in bezug auf jene belege. Außerdem seien in bezug auf die Adventizgüter nie die selbständige Stellung des *filius familias* andeutende Formulierungen wie "*filius familias vice patrefamilias fungitur*" verwendet worden, wie dies für das *peculium castrense* geschehen sei.
Daß die Quellen keinen Hinweis zu dieser Frage enthalten, führte diese Ansicht darauf zurück, daß Geschäfte über die *bona adventitia* eben nicht gültig sein sollten:[273]
"Wären Rechtsgeschäfte unter Familienmitgliedern ex causa adventitia zulässig gewesen, so hätten die Kompilatoren eine ganz Reihe Beispiele für einen Rechts-

---

[269] In der nachklassischen Zeit war die Schenkung zum Rechtsgeschäft geworden.
[270] V. d. Pfordten, Abhandlungen, S. 150.
[271] V. d. Pfordten, Abhandlungen, S. 150. - Zu weiteren Möglichkeiten (*commodatum, depositum*, Miete, Pfand) v. d. Pfordten, Abhandlungen, S. 150; Möller, Rechtsgeschäfte, S. 51.
[272] Sintenis, Civilrecht III, § 142, S. 163 FN 8; Mühlenbruch, Lehrbuch III, § 569 für die *bona adventitia irregularia*, dann wohl erst recht für die regulären Adventizgüter; Schwanert, Naturalobligationen, S. 334ff., S. 336f.
[273] Sintenis, Civilrecht III, § 142, S. 163 FN 8.

satz in die Kodifikation aufgenommen, von dem das Gegenteil dem geltenden Rechte entsprach; dies darf man ihnen nicht zutrauen."

Andere Autoren[274] nahmen eine vermittelnde Stellung ein: Rechtsgeschäfte über die *bona adventitia regularia* hielten sie zwar nicht für zulässig, solche über die irregulären Adventizien hingegen schon. Wie beim *peculium castrense* sei für die *bona adventitia extraordinaria* die volle Dispositionsfähigkeit für Rechtsgeschäfte unter Lebenden gegeben; da allein diese maßgebend sei, komme es insoweit nicht auf das Testierverbot an.
Gegen die Verfechter der vermittelnden Meinung könnte eingewendet werden, der Unterschied zwischen den regulären und den irregulären Adventizgütern sei nicht so groß, daß er die unterschiedliche Behandlung bei der Frage der Zulässigkeit von Rechtsgeschäften rechtfertige: denn es komme ja auch abgesehen vom freien Kindesgut nicht selten vor, daß der Eigentümer die *nuda proprietas* habe und trotzdem in der Dispositionsbefugnis über die Sache unbeschränkt sei, wenn es nur den Interessen des Nutznießungsberechtigten nicht schade. Diesem Einwand ist aber entgegenzuhalten, daß das väterliche Nutznießungsrecht unabhängig vom Willen des Kindes aufgrund gesetzlicher Vorschrift entstand und darüber hinaus ein inhaltsreicheres Recht als der gewöhnliche *ususfructus* war[275].

4. Schenkungen zwischen *pater familias* und Hauskind
Auch im justinianischen Recht ging man noch von der grundsätzlichen Nichtigkeit von Schenkungen des Vaters an den Sohn aus, bestätigte aber die Heilungsmöglichkeiten und ließ in gewissen Fällen eine Wirkung der Heilung *ex tunc* eintreten[276].

VII. Prozesse zwischen Eltern und Kindern
Zusammenfassend läßt sich feststellen, daß zunächst einige familienrechtliche Ansprüche mit vermögensrechtlicher Ausgestaltung klagbar waren, so der Unterhaltsanspruch und die Pflicht zur Dotierung der Tochter und der Gewährung der *donatio propter nuptias* für den Sohn. Der Anspruch auf Unterhalt war im Wege der *extraordinaria cognitio* durchsetzbar. Diese Ansprüche sind dadurch gekennzeichnet, daß sie einen vermögensrechtlichen Einschlag haben. Eine Klage auf Erziehung gab es nicht.
Trotz der weitgehenden Aushöhlung des Grundsatzes der Vermögensfähigkeit des Hauskindes durch die Entwicklung der Pekulien und Adventizgüter ist das nach-

---

274 Bonfante, Corso I, S. 157; Sachers, RE, Sp. 1144; Kaser, RZ, § 8; Schwanert, Naturalobligationen, S. 338ff.
275 Möller, Rechtsgeschäfte, S. 50.
276 C. 5, 16, 25: Bestätigung der Heilungsmöglichkeiten und Rückwirkung. - Zu Schenkungen nach justinianischem Recht Bonfante, Corso I, S. 157ff., S. 161. - Zur Rückwirkung auch Möller, Rechtsgeschäfte, S. 67ff.

klassische Recht nicht zu einer generellen Anerkennung der Möglichkeit von *obligationes civiles* zwischen *pater familias* und Hauskind gelangt. Anerkannt wurden klagbare Verbindlichkeiten zwischen beiden - sei es aus Rechtsgeschäft oder aus Gesetz - nur in bezug auf das *peculium castrense* und *quasi castrense*. In bezug auf die *bona adventitia* ist die Lage wegen des Schweigens der Quellen unsicher.

Der Gedanke, daß Rechtsstreitigkeiten zwischen Eltern und Kindern, wie überhaupt zwischen Blutsverwandten möglichst zu vermeiden sind, wurde in einer Entscheidung aus dem Jahre 259 (VALERIANUS und GALLIENUS und VALERIANUS) ausgesprochen:
C. 8, 46, 4: "*Congruentius quidem videtur intra domum, inter te ac filios tuos si quae controversiae oriuntur, terminari. Sed si ita res fuit, ut iniuriis eorum et ad ius experiundum et ad vindictam processeris, aditus praeses provinciae super disceptationibus quidem pecuniariis consuetum exerceri iubebit ordinem iuris: reverentiam autem debitam exhibere matri filios coget et, si provectam ad inclementiores iniurias improbitatem deprehenderit, laesam pietatem severius vindicabit.*"

Der zu Anfang der Stelle ausgedrückte Gedanke, daß Streitigkeiten möglichst "*intra domum*" beigelegt werden sollten, dürfte auch für Streitigkeiten zwischen Hausvater und Hauskindern gegolten haben, zumal dem Vater aufgrund seiner Hausgewalt eine größere Macht zustand als der Mutter. Wenn nun aber der *praeses provinciae* bei vermögensrechtlichen Streitigkeiten angegangen wird, soll nach der gewohnten Ordnung des Rechts (*exerceri consuetus ordo iuris*) vorgegangen werden. Der *praeses provinciae* soll aber auch die Söhne zwingen, der Mutter die ihr geschuldete *reverentia* zu erweisen.

3. Kapitel Zusammenfassung

Bis zum Beginn der Zeit des Prinzipates erschöpfte sich der rechtliche Charakter der Familie und des Vater-Kind-Verhältnisses im besonderen in den Fragen der Regelung der Struktur der Familie[277]. So finden sich rechtliche Bestimmungen, die die Zugehörigkeit zur Familie regeln; zu erinnern ist hier vor allem an die rechtsgeschäftlichen Begründungsarten der *patria potestas* durch *adoptio* und *arrogatio*[278]. Inhaltliche Festlegungen traf das Recht nicht[279], denn es handelte sich um

---

[277] Bonfante, Corso I, S. 17; nach Kaser, ZRG (RA) 58 (1938), 62 (76ff.), S. 78: "Mit Augustus setzt darum auf vielen Gebieten eine Rezeption sittlicher Gebote in den Rechtsbereich ein.", wird im folgenden näher ausgeführt.

[278] Dazu siehe nur Honsell/Mayer-Maly/Selb, § 149.

[279] Hausmaninger/Selb, S. 156: "Diese Gewalt [scil. die patria potestas] ist rechtlich nach außen und innen nur durch gewisse Grenzen markiert. [...] Innerhalb dieser Grenzen aber gestaltete sich die Gewalt nach den tatsächlichen familieninternen Verhältnissen, in die sich die Rechtsordnung nicht einmischte.".

eine einseitige Beziehung, Rechte standen allein dem Vater zu; das Recht beschränkte sich darauf, die Macht des *pater familias* über Personen und Sachen gegenüber Dritten zu schützen, sein Zugriffsrecht zu sichern und Verletzungen, die er oder ein anderer Hausgenosse gegen Hausfremde oder gegen die Staatsgemeinschaft begangen hat, zu sühnen.[280] Ihm stand eine juristisch nahezu unumschränkte Vollgewalt über die Kinder zu. Eine Ausnahmestellung nimmt insoweit der Satz des Zwölftafelgesetzes über den dreimaligen Verkauf des Haussohnes dar. Ein Schutz der Hausangehörigen wurde durch die Sitte und die Sittenaufsicht erreicht; der soziale Druck zur ordnungsgemäßen Ausübung der Hausgewalt war groß.[281] Als Beispiel dafür, wie dieser Zustand des frühen römischen Rechts als Ideal von der Lehre des neunzehnten Jahrhunderts angesehen wurde, mag die Schilderung von Jhering dienen[282]:

"Im ältern römischen Recht beschränkt sich das Eingreifen des Gesetzes auf ein Minimum. Das römische Haus ist ein von der Herrschaft der todten Rechtsregeln eximirtes Gebiet der freien Liebe und Sittlichkeit. Das innere Leben der Familie soll nach römischer Ansicht sich rein aus sich selbst entwikeln. Die dürre Prosa des Rechts soll nicht in das römische Haus hineindringen; das Leben, das sich hier entfaltet, die Verhältnisse, die hier bestehen, die Streitigkeiten, die sich hier entspinnen - für sie alle hat das Recht keine Normen. Das Haus ist die Schöpfung des Hausherrn; s e i n Geist, s e i n e Einsicht, s e i n e Autorität geben doch schließlich den Ausschlag, wie und was es wird; der Einfluß des Gesetzes könnte dem gegenüber nur ein höchst unbedeutender sein. So überläßt das Recht dem Römer auch rechtlich die Macht, die er factisch in der Regel haben wird."

Erst spät, mit dem Beginn der Prinzipatszeit, nämlich als die Sittenaufsicht der Zensoren nicht mehr ausreichte, wandte sich die Rechtsordnung dem Schutz der Hausangehörigen und der Kinder vor Mißbräuchen der väterlichen Gewalt zu. In diesem Zusammenhang sind die Regeln über das *ius vitae necisque*, über den Verkauf von Kindern etc. anzuführen. In schwerwiegenden Fällen des Mißbrauchs der väterlichen Gewalt konnte der *pater familias* zur Emanzipation gezwungen werden. Insgesamt gesehen befaßten sich aber nur wenige Rechtssätze mit der Sorge für die Person des Kindes.

In nachklassischer Zeit befaßten sich die meisten Regeln mit vermögensrechtlichen Fragen, dies allerdings auch nur lückenhaft[283].

---

[280] Kaser, RPr I, § 11 I 1.

[281] Dumont, L'imperium du Pater familias, EFR 1990, 475 (493): "*Il existe une forte pression sociale. [...] La maison n'est pas en effet refermée sur elle-même, elle a peu de secrets: la communication avec le voisinage s'opère constamment grâce au bavardage des esclaves, à celui encore moins contrôlable des épouses, à la camaraderie des jeunes gens ou même aux amitiés du père. Cette intrusion de l'extérieur à l'intérieur de la maison s'institutionnalise même avec le conseil des amis.*".

[282] Jhering, Geist II, S. 195f.

[283] Müller-Freienfels, RabelsZ 37 (1973), 609 (636); Jhering, Geist II, S. 199: „[...] und schon das spätere römische Recht hat jene unbeschränkte hausherrliche Gewalt aufgegeben, oder, was dasselbe sagen will,

Die *patria potestas* stand "normalen" klagbaren Verbindlichkeiten zwischen Vater und Sohn im Wege. Das Hauskind konnte wegen der durch die *patria potestas* hervorgerufenen Vermögensunfähigkeit und der Regel vom notwendigen Erwerb für den *pater familias* weder Gläubiger noch Schuldner seines Vaters sein. Die Möglichkeit einer klagbaren Verpflichtung des Vaters gegenüber dem Hauskind hinderte zudem der Herrschaftscharakter der *patria potestas*, mit dem es nicht zu vereinbaren war, daß das Hauskind den Vater gerichtlich belangte. Umgekehrt stand der Verpflichtung des Sohnes gegenüber dem Vater entgegen, daß die gerichtliche Durchsetzung eines Anspruches nicht mehr Rechte gewähren konnte, als er ohnehin aufgrund der *patria potestas* besaß.[284] Erst in nachklassischer Zeit wurden gewisse Ausnahmen vom Grundsatz der Unmöglichkeit klagbarer Verbindlichkeiten zwischen Hausvater und Hauskind zugelassen.

BONFANTE führt die Zurückhaltung des römischen Staates "an der Schwelle des Hauses" auf den politischen Charakter der römischen Familie zurück.[285] Allgemein, vor allem aber im 19. Jahrhundert, wurde das Haltmachen des römischen Staates an der Schwelle des Hauses gelobt.[286] Ein solches Eingreifen des Staates sei nicht mit der dem Hausvater eigenen Stellung zu vereinbaren gewesen[287].
Bei der Bewertung der Zurückhaltung des römischen Staates ist zu berücksichtigen, daß er nach seinem Gesamtcharakter erst wenige Aufgaben übernommen hatte und auch nur übernehmen konnte.[288] Zudem hielten die Römer an aus der Vorzeit herrührenden Einrichtungen fest, "die [aber] einen so notwendigen und

---

das Recht ist in das Innere der Familie eingedrungen.".

284 Jhering, Geist II, S. 160f.: "Innerhalb des römischen Hauses gibt es keine Rechtsstreitigkeiten, die Justiz hat hier Nichts zu thun, der Hausherr selber übt die Justiz.".

285 Corso I, S. 101: "*Il vero è che la potestà del paterfamilias non ha limiti dalla civitas e dall'ius civile, perchè la famiglia, come ogni organismo politico, ha in sé le sue leggi ed i limiti ai poteri in essa costituti. [...] La famiglia nel suo interno sfugge al diritto della civitas, il quale si arresta davanti alla sovranità del paterfamilias*", siehe auch S. 97 und S. 104 zur Familie als *società politica*.

286 Puchta, in: Fliegende Blätter für Fragen des Tags I: Die Ehescheidungsfrage (1843), 9: "Es galt die Ansicht, daß der Staat das Innere der Familie zu ignorieren habe."; Jhering, Geist II, S. 194ff., S. 198: "So läßt sich also das römische Haus als ein durch die hausherrliche Gewalt nach außen hin abgeschlossenes selbständiges Gebiet bezeichnen - eine frische Oase innerhalb der dürren Rechtswelt."; Kaser, ZRG (RA) 59 (1939), 52: "Und wir glauben, auch innere Gründe für diese Scheidung von Recht und Sitte erkennen zu können, vor allem in der vermutlich durch die frühgeschichtliche Entwicklung bedingten Autonomie des paterfamilias, die den gesamten Bereich der häuslichen Angelegenheiten nach allen Seiten der staatlichen Regelung entzog und der Autorität des Familienoberhauptes überließ."; Müller-Freienfels, RabelsZ 37 (1973), 609 (635): "Doch die Macht des Staates machte an der Schwelle des Hauses halt, soweit nicht ganz ausnahmsweise besondere Gesamtinteressen ihr Überschreiten erzwangen. Im allgemeinen hielt sich das römische Recht, wie überhaupt frühe Rechtskulturen, von den persönlichen Beziehungen der Familienmitglieder fern."; ders., Ehe und Recht, S. 4ff. zum *matrimonium* in Rom, S. 5 FN 2, S. 7: "Recht und Gerichtsbarkeit im klassischen Rom lehnten es in diesem Sinne ab, sich mit den internen Familienangelegenheiten zu befassen.".

287 Siehe auch Burck, Die altrömische Familie, 87 (131f.).

288 Müller-Freienfels, RabelsZ 37 (1973), 609 (635).

selbstverständlichen Bestand der Rechtsordnung bilden, daß man ihre Beseitigung oder eine förmliche Veränderung ihres Wesens überhaupt nicht oder erst in der letzten Epoche der antiken Entwicklung für möglich hält." Diese traditionalistische Grundhaltung erklärt auch, warum der rechtliche Charakter und der Inhalt der *patria potestas* unverändert blieb. Daß die Familie nicht völlig für den römischen Staat tabu war - zumal wenn es um die Erreichung sozial- und bevölkerungspolitischer Ziele ging - , zeigen die Ehegesetze des AUGUSTUS, die neben Eheverboten sogar eine Pflicht zur Eheschließung konstituierten[289].

---

[289] Dazu Kaser, RPr Lehrbuch, § 58 IV 8; Csillag, The Augustan Laws on Family Relations. - AUGUSTUS bemühte sich auch um die Jugend, dazu Pfister, Die Erneuerung der römischen iuventus durch Augustus.

2. Abschnitt Das deutsche Recht von den Anfängen bis zum Ausgang des Mittelalters[1]

1. Kapitel Frühzeit und frühes Mittelalter[2]

Angesichts der spärlichen und unzuverlässigen Quellenlage für die Frühzeit des germanischen Rechts bis etwa 500 n.Chr. - TACITUS' Germania ist die einzige Quelle von Bedeutung - wirft die neuere Forschung die Frage auf, ob eine Beschäftigung mit dieser Zeit sinnvoll ist, und verneint sie.[3] Da keine gesicherten Aussagen über das Vater-Kind-Verhältnis für diese Zeit gemacht werden können, werden die Auffassungen der traditionellen Lehre[4] hier auch nicht wiedergegeben.

Für die fränkische Zeit läßt sich folgendes festhalten:
Der Hausherr übte die Hausgewalt, die "Munt"[5], über alle der Hausgemeinschaft angehörenden Personen (Ehefrau, Kinder und Gesinde) aus. Die Muntgewalt des Hausvaters über die Kinder entstand durch deren Aufnahme in sein Haus.[6]
In fränkischer Zeit hatte sich die wohl ursprünglich umfassende Gewalt des Hausherrn unter christlichem Einfluß schon abgeschwächt[7]. Die väterliche Munt hatte - dies wurde gerade von den "Germanisten" im letzten Jahrhundert betont - schon früh eher den Charakter eines Schutz- und Vertretungsverhältnisses als den eines Herrschaftsverhältnisses.[8] Die Abschwächung zeigte sich daran, daß z. B. das Recht zur Aussetzung lebensfähiger Neugeborener beseitigt wurde.[9] Allerdings waren von der umfassenden Muntgewalt noch das Recht zum Verkauf in Notfällen[10] und das Recht zur Tötung des Kindes in bestimmten Fällen (z.B. Ehebruch

---

1 Conrad, DRG 1, S. 38ff., S. 157ff., S. 407f.; Schröder/Künßberg, DRG, S. 71ff., S. 350ff.; Hübner, Grundzüge, S. 697ff.; Schwab, "Kind", HRG 2, Sp.718f.; der Beitrag von Buchda, Kinder und Jugendliche im deutschen Recht (Mittelalter und neuere Zeit), in: Recueils de la Société Jean Bodin, S. 381ff. befaßt sich mit der Fähigkeit zur Vornahme von Rechtsgeschäften und dem Einfluß unehelicher Geburt auf die Rechtsstellung. - Für das Gebiet der französischen Schweiz S. Poudret, Autorité parentale et tutelle du parent survivant dans les droits romands médiévaux, in: Le droit de la famille en Europe, S. 431ff.

2 Siehe nur Schröder/Künßberg, DRG, S. 350ff.

3 Kroeschell, DRG I, S. 29; Ebel/Thielmann, Rechtsgeschichte, Rdnr.160f.; a. A. Gmür, Grundriß, S. 11f.

4 Conrad, DRG 1, S. 31 ff., insbes. S. 38f.; Schröder/Künßberg, DRG, S. 71ff.

5 Dazu Stobbe, Handbuch IV, § 267, S. 3 ff.; Ogris, "Munt", HRG 3, Sp. 750ff.

6 Schwab, "Kind", HRG 2, Sp. 718; Hübner, Grundzüge, S. 699.

7 Dazu siehe Conrad, DRG 1, S. 157ff.; Hübner, Grundzüge, S. 697f.; Schwab, "Kind", HRG 2, Sp. 718f.

8 Hübner, Grundzüge, S. 698; Schröder/Künßberg, DRG, S. 72; siehe aber Buchda, Kinder und Jugendliche, 381 (394): "Nur langsam hat sich die Munt zu einer Rechtsbeziehung gewandelt, in der die Pflicht zur Fürsorge für den Gewaltunterworfenen bestimmend wurde, eine Entwicklung, die vom Vormundschaftsrecht ausging."; Ogris, Das Erlöschen der väterlichen Gewalt, 417 (419f.).

9 Conrad, DRG 1, S. 158; Stobbe, Handbuch IV, § 314 I., S. 383; Wächtershäuser, "Kindestötung", HRG 2, Sp. 737.

10 *Lex Bajuvariorum* 1,10. - Conrad, DRG 1, S. 157; Schröder/Künßberg, DRG, S. 351 m. FN 268.

der Tochter)[11] erhalten geblieben. Der *Codex Euricianus* verbietet den Eltern den Verkauf und die Verpfändung von Kindern[12]. Die *Lex Visigothorum* traf eine Regelung zur Aussetzung von Kindern.[13] Wenn die Eltern die Kuppelei ihrer Tochter zulassen, so werden sie bestraft.[14] *Lex Gundobada* XXXV Nr. 3 behandelt den Fall, daß Eltern ("Gesippen") sich weigern, die Tochter, die sich mit einem Knecht eingelassen hat, zu bestrafen; dann soll sie ihres freien Standes verlustig gehen und unter des Königs Dienst versetzt werden.

Töchter konnte der Vater auch weiterhin gegen ihren Willen verheiraten.[15] In den Volksrechten finden sich häufig Bestimmungen zum Erfordernis der Zustimmung des Vaters zur Eheschließung der Tochter und den Sanktionsmöglichkeiten (z. B. Enterbungsmöglichkeit[16]), wenn es verletzt worden war.[17] Auch die Kindermönchung findet Erwähnung.[18]

Die *Lex Baiuvariorum* stellt die Bestrafung des umstürzlerischen Sohnes in das Ermessen des Vaters.[19]

---

[11] *Lex Visigothorum* III 4, 5: "*Si filiam in adulterium pater in domo sua occiderit, nullam penam aut calumniam incurrat. Si certe reservare eam voluerit, faciendi de ea et de adultero quod voluerit habeat potestatem.*". - Schröder/Künßberg, DRG, S. 351.

[12] Nr. 299: "*Parentibus filios suos vendere non liceat aut donare nec oppignerare. Nec ex illis aliquid suo iure defendat ille. qui acceperit, sed [...] magis praetium, quod dedit [...] perdat qui a parentibus filium comparavit.*"; *Lex Visigothorum*, V, 4, 12: "*Parentibus filios suos vendere non liceat aut donare vel obpignorare. Nec ex illis aliquid iuri suo defendat ille, qui acceperit; sed magis pretium vel suppositionis commodum, quod dederat, perdat qui a parentibus filium conparavit.*".

[13] IV, 4.

[14] *Lex Visigothorum* III, 4, 17: "*Et si ita forte contingat, ut cum conscientiam patris sui vel matris adulterium admittat, ut quasi per turpem consuetudinem et conversationem victum sibi vel parentibus suis adquirere videatur, et ex hoc pater vel mater fuerint pro hac iniqua conscientia fortasse convicti, singuli eorum centena flagella suscipiant.*".

[15] Conrad, DRG 1, S. 157; Schröder/Künßberg, DRG, S. 351; Stobbe, Handbuch IV, § 315 I., S. 402, zum Genehmigungserfordernis bei Töchtern, für Söhne wird eine Beschränkung durch die Familie in den Volksrechten nicht erwähnt. - Zu den Volksrechten siehe nur *Edictus Rothari*, Cap. 178, Cap. 180, Cap. 181, Cap. 189: "*De fornicationis causa. Si puella aut mulier liberam voluntarie fornicaverit, cum libero tamen homine, potestatem habeant parentes in eam dare vindictam.*"; *Liutprandi Leges* 5, Cap. 12 VI: "*Pater autem aut frater potestatem habeant, cui aut in quali etate voluerit, dandum aut sponsandum filiam aut sororem suam; quoniam ista licentia ideo dedimus, eo quod credimus, quod pater filiam aut frater sororem suam doloso animo aut contra rationem cuiquam homini dare non debeant.*"; *Liutprandi Leges* 19, Cap. 119 III: "*Si quis filiam suam aut sororem sponsare voluerit, habeat potestatem, cui voluerit, libero tamen hominem, sicut anterior contenit edictus.*".

[16] *Lex Visigothorum* III, 2, 8; *Lex Gundobada* XII, 5.

[17] Z. B. *Lex Visigothorum* III, 1, 2: "*Si quis puellam cum voluntatem patris sponsatam habuerit, et ipsa puella, contemnens voluntatem patris, ad alium tendens, patri contradicat, ut illi non detur, cui a patre fuerit pacta, hoc ita eam nullomodo facere permittimus.*", III 2, 8: "*Si puella ingenua ad quemlibet ingenuum venerit in ea condicione, ut eum sibi maritum adquirat, prius cum puelle parentibus conloquatur.*", III 3. Titulus: *De raptu virginum vel viduarum.*

[18] *Liutprandi Leges* 11, Cap. 30: " [...] *aut quae a parentibus suis deo vovintur,* [...].".

[19] Tit. III, 9.

Schutzpositionen des Kindes gegen den Mißbrauch der väterlichen Gewalt in personenrechtlicher Hinsicht werden in den Quellen kaum deutlich, was mit der Eingliederung des Kindes in das Haus zu erklären ist.[20] Die Sippe gewährte dem Hauskind Schutz gegen Übergriffe des Vaters.[21] In den Volksrechten ist der Schutz der Kinder vor Mißbrauch der väterlichen Munt nur äußerst selten geregelt worden. Von den Bestimmungen des *Edictus Rothari* der Cap.195 ff., die die Kindesmißhandlung sanktionieren, ist der Vater als Inhaber der Munt ausdrücklich ausgenommen[22].

Das Hauskind war vermögensfähig - die *Lex Visigothorum* IV,5,5 läßt sogar einen Vermögenserwerb aufgrund eigener Tätigkeit neben Erbgang zu[23] -, die Verwaltung und Nutzniessung standen dem Vater zu.[24] Die Verwaltung hatte der Vater an dem Grundsatz "Kindesgut ist eisern Gut" auszurichten, so daß er das Vermögen dem Kind ungeschmälert herauszugeben hatte[25]. Das bedeutete, daß ihm Veräußerungen grundsätzlich nur in Ausnahmefällen gestattet waren.[26]

---

[20] Schwab, "Kind", HRG 2, Sp. 718.

[21] Schröder/Künßberg, DRG, S. 351.

[22] Siehe auch die Ergänzung zu diesen Vorschriften in den *Liutprandi Leges* 19, Cap. 120 IIII.: "*Contenit autem anterior edictus de fream suam qui eam male tractaverit, ut amittat mundium ipsius; et non dicit, qualis sit ipsa mala tractatio. Proinde providimus dicere, qualis ipsa sit mala tractatio, id est si eam fame negaverit, aut vestimentum vel calciamentum secundum qualitatem pecuniae non dederit, aut ad servum vel haldionem alterius eam uxorem dare presumpserit, aut eam battederit turpiter (excepto eo infans fuerit, pro honesta disciplina ostendendum muliebre opera, aut ad vicium malum emendandum, sicut de propriam filiam suam). Et si eam in indicebilem operam quoacta minaverit, aut si ipsa adultaverit: omnia haec, qui facere presumpserit, male tractata esse dicimus. Insuper et addimus, ut nec ad lirus homenis eam ad maritum absque eius volontatem dare presumat, quia peius tractata esse non potest, si illum verum tollit, quem ipsa non vult. Ideo statuimus, ut propter plagas et feritas, si fecerit, vel de adulterium, conponat eidem feminae, sicut edictus contenit, et mundium eius amittat.*".

[23] "*Filius, qui patre vel matre vivente aliquid adquisierit, sive de munificentia regis aut patronorum beneficiis promeruerit, et exinde aliquid cuicumque vendere vel donare voluerit, iuxta eam condicionem, que in aliis nostris legibus continetur, in ipsius potestate consistat; nec sibi aliquid, dum filius vivit, exinde pater vel mater vindicare presumant. Quod si inter leudes quicumque, nec regis beneficiis aliquid fuerit consecutus, sed in expeditionibus constitutus de labore suo aliquid adquisierit, si communis illis victus cum patre est, tertia pars exinde ad patrem perveniat, duas autem filius, qui laborabit, obtineat.*" Hier wird die Vermögensfähigkeit des Sohnes und die Frage der Mitberechtigung der Eltern an seinem Vermögen behandelt. Anklänge an das *peculium castrense* sind nicht zu übersehen.

[24] Conrad, DRG 1, S. 158; Schröder/Künßberg, DRG, S. 351; Stobbe, Handbuch IV, § 316 I., S. 413; Schwab, "Kindergut", HRG 2, Sp. 731 zur Vermögensfähigkeit: durch Beerbung der Mutter oder ihrer Verwandtschaft konnten Kinder Vermögen erwerben.

[25] Schwab, "Kindergut", HRG 2, Sp. 731.

[26] Conrad, DRG 1, S. 158; Stobbe, Handbuch IV, § 316 I., S. 414; Schröder/Künßberg, DRG, S. 351: "Einseitige Verfügungen über das Kindesgut waren weder dem Vater gestattet, noch dem Kinde, nachdem es volljährig geworden war, solche zum Nachteil des Vaters; gemeinsame Verfügungen setzten Volljährigkeit des Kindes voraus.".

In den Volksrechten finden sich in vermögensrechtlicher Hinsicht vor allem Bestimmungen für den Fall, daß ein Elternteil verstorben ist; das sind die Fälle der hier nicht näher interessierenden nicht intakten Familiengemeinschaft.[27]
Der Sicherung des Erbteils der Söhne widmen sich einige Vorschriften der *Lex Gundobada.*[28] Oft finden sich auch Regelungen zu den Möglichkeiten der Enterbung der Kinder.[29]
Die Handlungsfähigkeit Minderjähriger regelt *Lex Gundobada* LXXXVII:
"*Minorum aetati ita credidimus consulendum, ut ante XV aetatis annos eis nec libertare nec vendere nec donare liceat. Et si circumventi per infantiam fecerint, nihil valebit; ita ut quod ante quintum decimum annum gestum fuerit, intra alios XV annos, si voluerint, revocandi habeant potestatem.*".
In manchen Bestimmungen werden auch Rechtsgeschäfte, vor allem Schenkungen zwischen Vater und Kindern behandelt[30], wobei die Auswirkungen einer solchen

[27] Z. B. *Codex Euricianus*, Nr. 321: "*Si marito superstite uxor forsitan moriatur, filii, qui sunt de eodem coniugio procreati, in patris potestate consistant, et res eorum, si novercam non superduxerit, ea conditione possideat, ut nihil exinde aut vendere aut evertere aut quocumque pacto alienare praesumat, sed omnia filiis suis integra et intemerata conservet. Fructos tamen omnes pro suo iure percipiat et una cum filiis communibus consumat expensis. Cum vero filius duxerit uxorem aut filia maritum acceperit, statim a patre de rebus maternis suam recipiat portionem, ita ut usufructuaria patri tertia derelinquatur. Pater autem tam filio quam filiae, cum XX annos aetatis impleverit, mediam ex eadem, quam unumquemque contingit de rebus maternis, restituat portionem, etiam si nullis fuerint nuptiis copulati. Medietatem vero dum advixerit pater sibi vindicet, filiis post obitum relinquendam. Qui autem novercam superduxerit, omnes facultates maternas filiis mox reformet; ne dum filii cum rebus ad domum transeunt alienam, novercae suae vexentur iniuriis.*"; siehe auch *Lex Visigothorum* IV, 2, 13: "*Matre mortua filii in patris potestate consistant. Quod si marito supreste uxor forsitan moriatur, filii, qui sunt ex eodem coniugio procreati, in patris potestate consistant, et res eorum, si novercam non superduxerit, ea condicione possideat, ut nihil exinde aut vendere aut evertere aut quocumque pacto alienare presumat, sed omnia filiis suis integra et intemerata conservet.* [...]"; wie oben *Novellae Legis Salicae,* III 4. 1: "*Sic tamen adhuc filii, parvoli sunt, [...] usque ad perfectam aetatem res uxores anteriores vel dotis caute liceat iudicare, sic vero de has nec vendere nec donare praesumat.*".
[28] I 1.; XXIV II 5: "*Si quis Burgundio filios habens, tradiderit filiis portionem, de eo, quod sibi reservavit, donare aut vendere cui voluerit habeat liberam potestatem.*", *LI: "De his qui debitas filiis substantiae suae non tradiderint portiones [...] 1. Idcirco, salvo eo, quod in huiusmodi negotiis promulgata dudum lege praecepimus: quicumque patrum filiis competentes substantiae non tradiderit portiones, nihil contrarium, nihil per scriptorium in praeiudicium faciat filiorum, ac si fecerit, nullius poterit esse momenti.*"; ebenso *Liutprandi Leges* 13, 65: Einschränkung der Verfügungsbefugnis des Vaters auch zugunsten der Tochter *in capillo in casa.*
[29] *Edictus Rothari*, Cap. 168f., Cap. 168: "*De exheredatione filiorum. Nulli liceat sine certas culpas filium suum exhereditare, nec quod ei per legem debetur, alii thingare.*", Cap. 169: "*De iustas culpas. Iustas autem culpas exhereditandi filium has esse dicimus: si filius contra animam aut sanguinem patris insidiatus aut consiliator fuerit, aut si patrem percusserit volontariae, aut si cum matrinia sua (id est noberca) peccaverit, iuste patre exhereditetur.*"; *Liutprandi Leges* I, Cap. 5 V. für Töchter: "*Si filiae [...] contra voluntatem patris [...] egerit, potestatem habeat pater [...] iudicandi de rebus suis, quomodo aut qualiter voluerit.*".
[30] *Novellae Legis Salicae* V, 2: "*De chanecrenodo: Si quis pater aut parentella quando filia sua ad marito donat, quantum ei in nocte illa quamlibet rem donavit, totam extra partem incontra fratre suos vindicet. Similiter quando filius suus ad capillaturias facit, quicquid ei donavit fuerit, extra parte hoc teneat et reliquas res equale ordine inter se dividant.*"; *Liutprandi Leges* 17, Cap. 113 X.: "*Si quis Langobardus*

Schenkung auf das Erbteil der Kinder im Vordergrund stehen. Es finden sich auch Bestimmungen zur Aussteuer.[31]

In Abweichung vom römischen Recht kann der Mutter nach dem Tod des Vaters die Gewalt über die Kinder zustehen[32], sie unterliegt aber den Regeln über die Vormundschaft.[33]

Anders als im römischen Recht war die *adoptio* des älteren deutschen Rechtes ein im wesentlichen erbrechtlicher Vertrag[34], keine Annahme an Kindes Statt. Unter die väterliche Munt fielen demnach nur eheliche Kinder, wobei verlangt wurde, daß die Kinder nicht nur in der Ehe geboren, sondern auch in der Ehe erzeugt waren.[35]

Beendigungsgrund[36] der väterlichen Munt war die wirtschaftliche Selbständigkeit der Kinder (Abschichtung[37]), bei Söhnen die Begründung eines eigenen Haushaltes, bei Töchtern die Heirat[38]. Diese Abschichtung stellte bis in das neunzehnte Jahrhundert hinein den Hauptfall der Aufhebung der väterlichen Gewalt für Haussöhne dar.[39] Nicht geklärt ist die Frage, ob der Sohn die Abschichtung, d. h. die wirtschaftliche Verselbständigung, durch den Vater verlangen konnte.[40]

---

voluerit in filios suos sibi bene servientibus aliquit largiri, habeat licentiam in hoc modo, ut si fuerent duo filii, tertiam partem substantiae suae possit meliorare eum, qui ei bene et secundum deo obediens fuerit et servierit [...], ut semper, qui pater est, vicorem habeat, qualiter ei filii sui recte, ut diximus, oboediant et deserviant."; *Ahistulfi Leges*, V, Cap. 13. IIII. für Töchter.

[31] *Liutprandi Leges* 16, Cap. 102 VII: "*Si vero pater viventem se eas ad maritum dederit, ordinet eas iuxta legem, qualiter voluerit.*" (Cap. 102 behandelt das Freiteilsrecht zugunsten der Töchter.).

[32] Nach der *Lex Gundobada* LIX allerdings nur für den Fall, daß sie nicht zum zweiten Mal heiratet; siehe auch *Lex Baiuvariorum* Tit. XV, 7 u. 8.

[33] *Lex Visigothorum*, IV, III 3; *Lex Gundobada* LXXXV.

[34] Stobbe, Handbuch IV, § 320 I., S. 451f.

[35] Stobbe, Handbuch IV, § 313 II., S. 373.

[36] Siehe dazu Ogris, Das Erlöschen der väterlichen Gewalt nach deutschen Rechten des Mittelalters und der Neuzeit, 417ff. (419): "Denn ähnlich wie das ältere römische Recht so dürften auch die älteren germanisch-deutschen Rechte von der Vorstellung beherrscht gewesen sein, daß die väterliche Gewalt über die Hauskinder im allgemeinen bis zum Tode des Vaters dauerte, und zwar ohne Rücksicht auf die soziale Stellung, welche Sohn oder Tochter inzwischen erlangt hatten."; a. A. Mitteis, Rechtsschutz, 621 (624), auch zur Scheinadoption und zu anderen Beendigungsgründen. - Daneben gab es noch eine Reihe anderer Gründe für das Erlöschen der väterlichen Gewalt, die sich aus persönlichen Eigenschaften und Verhältnissen des Vaters ergaben (Verurteilung, Entmündigung, Verschollenheit, Vernachlässigung des Kindes etc.), Ogris, Das Erlöschen der väterlichen Gewalt, 417 (422); zur Scheinadoption auch Hübner, Grundzüge, S. 702.

[37] Ogris, Das Erlöschen der väterlichen Gewalt, 417 (423): "Unter Abschichtung [...] versteht die Lehre die wirtschaftliche Verselbständigung des Haussohnes, also dessen Ausscheiden aus der Hauswirtschaft (meist) unter gleichzeitiger Begründung eines eigenen Hauswesens.".

[38] Conrad, DRG 1, S. 158; Schröder/Künßberg, DRG, S. 352; zu weiteren Beendigungsgründen Stobbe, Handbuch IV, § 321 II.1., S. 466f.; Buchda, Kinder und Jugendliche, 381 (389f.); Ogris, Das Erlöschen der väterlichen Gewalt, 417 (420f., 439).

[39] Ogris, Das Erlöschen der väterlichen Gewalt, 417 (421).

[40] Conrad, DRG 1, S. 158; Stobbe, Handbuch IV, § 322 B.2, S. 482, Aussteuer des Sohnes: "Schon nach altem Recht war es Gebrauch, daß der Vater dem Sohne (wohl im Fall seiner Vermögenslosigkeit) bei

Die Abschichtung wird in aller Regel - die Quellen sagen dazu nicht allzuviel[41] - von einer vermögensrechtlichen Auseinandersetzung begleitet gewesen sein.[42] Dabei waren zwei Fallgestaltungen denkbar: Zum einen die Abfindung des Sohnes mit seinem Erbteil, also eine vorweggenommene Erbfolge, oder die Ausstattung mit dem zur Begründung einer neuen Lebensstellung Notwendigen.[43] Die Lehre nimmt an, daß die Vermögensauseinandersetzung, die, wenn die Einheit des Familiengutes bestand, zu dessen Teilung führte, ursprünglich eine Abfindung des Sohnes mit seinem Erbteil beinhaltete.[44] Ein Anspruch der Tochter auf Aussteuer bestand zumindest der Sitte nach.[45] Ob und gegebenenfalls inwieweit der Vater bei entsprechendem Eigenvermögen des Sohnes von seiner Ausstattungspflicht befreit wurde, läßt sich für das ältere Recht nicht mit Sicherheit beantworten[46].

2. Kapitel Das deutsche Recht im Hoch- und Spätmittelalter unter besonderer Berücksichtigung von Sachsen- und Schwabenspiegel[47]

Im Laufe des Mittelalters veränderte sich die Familienverfassung grundlegend. Die Sippe trat immer mehr in den Hintergrund, und die Kleinfamilie gewann an Bedeutung, wobei sich diese Entwicklung in den aufstrebenden Städten schneller als auf dem Lande vollzog.[48] Darüber hinaus wurde in zunehmendem Maße die Eigenverantwortlichkeit des Individuums anerkannt, der einzelne wurde aus den Verbänden herausgelöst.[49] Da aufgrund des christlichen Einflusses das genossenschaftliche Verhältnis der Ehegatten (Konsensprinzip bei der Eheschließung!) herausgebildet wurde, zeigten sich auch Ansätze einer mütterlichen Gewalt[50]. Infolge

---

der Absonderung etwas mitgab.", FN 40 m. w. N. - Verneinend Schröder/Künßberg, DRG, S. 352; Ogris, Das Erlöschen der väterlichen Gewalt, 417 (429): "So dürfte etwa zur Zeit der Volksrechte die Abschichtung der Söhne Voraussetzung dafür gewesen sein, daß der Vater über eine Quote des Familiengutes, den sogenannten Freiteil, zugunsten der Kirche durch donatio pro remedio animae verfügen konnte.". - Abschichtung auch bei erneuter Eheschließung des verwitweten Vaters Ogris, Das Erlöschen der väterlichen Gewalt, 417 (424); Buchda, Kinder und Jugendliche, 381 (390): "Ein Rechtsanspruch auf Entlassung aus der väterlichen Gewalt unter gleichzeitigem Verbleiben im väterlichen Haushalt bestand nicht.".

[41] Siehe *Lex Gundobada* LXXVIII 1.; *Lex Baiuvariorum* Tit. I, 1.; *Liutprandi Leges* 77. VIII.

[42] Ogris, Das Erlöschen der väterlichen Gewalt, 417 (426).

[43] Ogris, Das Erlöschen der väterlichen Gewalt, 417 (426).

[44] Ogris, Das Erlöschen der väterlichen Gewalt, 417 (427).

[45] Stobbe, Handbuch IV, § 322 B. 3., S. 482f.

[46] Ogris, Das Erlöschen der väterlichen Gewalt, 417 (428).

[47] Schröder/Künßberg, DRG, S. 816ff; Conrad, DRG 1, S. 407f.; Stobbe, Handbuch IV, §§ 312ff., S. 364ff. passim; Schwab, "Kind", HRG 2, Sp. 719ff; Mitteis, Rechtsschutz, 621 (634ff.); Rive, Vormundschaft II 1, S. 174ff., II 2, S. 149ff. - Zum Magdeburger Recht: Jankowiak, Die Rechtsstellung der Kinder nach dem Magdeburger Recht des Mittelalters, S. 22ff.

[48] Conrad, DRG 1, S. 399f.

[49] Ogris, "Hausgemeinschaft", HRG 1, Sp. 2025; Schwab, "Kind", HRG 2, Sp. 719.

[50] Schwab, "Kind", HRG 2, Sp. 719; Stobbe, Handbuch IV, § 312 II 3., S. 367: "In den ältern deutschen

dieser Veränderungen büßte die väterliche Gewalt ihren Herrschaftscharakter zunehmend ein und nahm die Gestalt eines Schutzverhältnisses an[51]; das Schutzmoment trat gegenüber dem Gewaltmoment stärker hervor[52].

Wegen ihrer hervorragenden Bedeutung unter den Rechtsaufzeichnungen des Mittelalters sollen die Bestimmungen des Sachsenspiegels[53] und des Schwabenspiegels[54] zum Eltern-Kind-Verhältnis jeweils im Anschluß an die allgemeinen Ausfühurngen betrachtet werden:

Neben einigen Vorschriften zur Ehelichkeit eines Kindes (I 36, 37), auf die im Rahmen dieser Arbeit aber nicht eingegangen werden soll[55], enthält der Sachsenspiegel nur einzelne, nicht zusammenhängende Regelungen der väterlichen Gewalt. Daß es nach Sachsenspiegelrecht nur eine väterliche und nicht eine elterliche, geschweige denn eine mütterliche Gewalt gab, wird allgemein daraus gefolgert, daß verheiratete Frauen unter der Vormundschaft ihres Mannes standen (I 45 § 1)[56]; allerdings wird es auch hier die faktische Ausübung durch die Mutter, insbesondere bei der Erziehung kleiner Kinder, gegeben haben.

Der Vater war nach Sachsenspiegelrecht nicht der gesetzliche Vertreter des Kindes.[57] Bezüglich der Vertretung des Hauskindes vor Gericht enthält der Sachsenspiegel auch keine Regelung. Da aber ein minderjähriges Kind, gleich ob es unter väterlicher Gewalt oder Vormundschaft stand, nur beschränkt handlungsfähig war[58], wird der Vater das Kind vor Gericht vertreten haben; eine analoge Anwendung von II 65 § 1[59] bot sich an. Anders als im römischen Recht kam es also nicht auf die Unterscheidung *sui juris* und *alieni juris* an.

Quellen treten dieselben weniger hervor, weil die Frau selbst einer Vormundschaft, sei es ihres Mannes, sei es nach dessen Tode eines Verwandten, unterlag." und S. 368 FN 3 m. N. - A. A. Conrad, DRG 1, S. 407; siehe auch Hübner, Grundzüge, S. 704f.

[51] Schwab, "Familie", HRG 1, Sp. 1069; ders.,"Kind", HRG 2, Sp. 719; Schröder/Künßberg, DRG, S. 816f.: "Die väterliche Gewalt behauptete sich als ein Schutz- und Gewaltverhältnis [...]."; anders Conrad, DRG 1, S. 407: "Infolge des Verfalles des Sippenbandes traten die Schutzrechte der Sippe zurück, und die väterliche Munt erstarkte."; Stobbe, Handbuch IV, § 312 II., S. 365.: " [...] und hat auch dem Vater gegenüber Rechte.".

[52] Schwab, "Kind", HRG 2, Sp. 719 (Fehr); Hübner, Grundzüge, S. 698.

[53] Siehe dazu allgemein Laufs, Rechtsentwicklungen, S. 1ff.;. - Zuum Thema dieser Arbeit Wiesner, Über die Rechtsstellung des ehelichen Kindes im Landrecht des Sachsenspiegels mit vergleichender Darstellung des geltenden Rechts; Schulte-Beckhausen, Das Ehe- und Familienrecht im Sachsenspiegel, S. 156ff.

[54] Siehe dazu Trusen, "Schwabenspiegel", HRG 4, Sp. 1547ff.

[55] Dazu siehe Wiesner, Rechtsstellung, S. 9ff.; Schulte-Beckhausen, Sachsenspiegel, S. 157f.

[56] Schulte-Beckhausen, Sachsenspiegel, S. 163.

[57] Schulte-Beckhausen, Sachsenspiegel, S. 167.

[58] Knothe, Geschäftsfähigkeit, S. 110f.

[59] Dazu siehe Wiesner, Rechtsstellung, S. 36.

I. Die persönlichen Wirkungen der väterlichen Munt[60]

Das Recht zur Aussetzung von Kindern entfiel; die Strafgewalt des Vaters bildete sich zu einem Züchtigungsrecht zurück, welche die Befugnis zur Tötung des Kindes nicht mehr enthielt.[61]

Einen fundamentalen Einbruch in die väterliche Munt bedeuteten die Bestimmungen des kanonischen Rechts, daß die Eheschließungen von mündigen Kindern auch ohne elterliche Bewilligung gültig waren.[62] Im Zivilrecht wurde aber am Erfordernis der Zustimmung der Eltern festgehalten[63]; bei seiner Verletzung war die Ehe zwar gültig, jedoch verlor vor allem die ungehorsame Tochter ihr Erbrecht gegenüber ihrer Familie[64]. Insgesamt gesehen, wurde das Recht des Vaters, die Tochter zu verheiraten, zu einem bloßen Mitwirkungsrecht[65].

Der Herrschaftsgewalt des Muntinhabers entsprach zwar die Pflicht zum Unterhalt der seiner Gewalt Unterworfenen[66], jedoch kann von einer rechtlichen Verpflichtung des Vaters, einem subjektiven Recht des Kindes, keine Rede sein.[67] Die Festschreibung einer Unterhaltsverpflichtung der Eltern gegenüber ihren Kindern fehlt in den mittelalterlichen Rechten fast völlig.[68] Dies läßt sich sicherlich damit erklären, daß es als selbstverständlich angesehen wurde, daß Eltern ihre Kinder, jedenfalls solange diese unversorgt im elterlichen Haushalt lebten, mitversorgten.[69] Es finden sich allerdings Regelungen einer Unterhaltspflicht der Eltern bzw. eines Elternteils für die Fälle, in denen die ursprüngliche Familiengemeinschaft nicht mehr besteht oder gefährdet ist.

Schutzpositionen des Kindes gegen eine mißbräuchliche Ausübung der väterlichen Gewalt werden auch im Hoch- und Spätmittelalter in den Quellen kaum deutlich. Ein Schutz des Hauskindes konnte höchstens als Reflexwirkung infolge des Eingreifens der Sippe eintreten[70], nicht aufgrund einer Anerkennung des Kindes als Individuum. Zu nennen ist vor allem der Bereich der Eheschließung. Aller-

---

[60] Rive, Vormundschaft II 1, S. 190ff. zum friesisch-sächsischen Recht.

[61] Schwab, "Kind", HRG 2, Sp. 719f; Schröder/Künßberg, DRG, S. 817; Conrad, DRG 1, S. 407; Rive, Vormundschaft II 1, S. 192 zum friesisch-sächsischen Recht.

[62] Schwab, "Kind", HRG 2, Sp. 720; Mitteis, Rechtsschutz, 621 (634): die Realität, vor allem im Hochadel, sah anders aus.

[63] Stobbe, Handbuch IV, § 315 II, S. 402f.: auch für Söhne galt dieses Erfordernis.

[64] Stobbe, Handbuch IV, § 315 II. 3, S. 405, auch zu abweichenden Regelungen, S. 406.

[65] Conrad, DRG 1, S. 407; Hübner, Grundzüge, S. 698. - Zur Hingabe der Kinder ins Kloster: Rive, Vormundschaft II 1, S. 191f. zum sächsisch-friesischen Recht: Nach den Goslarer Statuten war die Zustimmung des Rates für minderjährige Kinder erforderlich.

[66] Ogris, "Hausgemeinschaft", HRG 1, Sp. 2025.

[67] Krause, Gegenseitige Unterhaltsansprüche, S. 27; Mitteis, Rechtsschutz, 621 (623).

[68] Krause, Gegenseitige Unterhaltsansprüche, S. 62, dort auch zu Ausnahmefällen (Statuten von Konstanz).

[69] Krause, Gegenseitige Unterhaltsansprüche, S. 62.

[70] Mitteis, Rechtsschutz, 621 (623); zweifelnd zur Schutzfunktion der Sippe Schwab, "Kind", HRG 2, Sp. 718.

dings schwächte sich der Schutz zugleich mit dem Bedeutungsverlust der Sippe ab.
Demnach blieb ein strenges, rechtlich nur in äußersten Fällen (Strafvorschriften über Kindesmord, Aussetzung, Verkuppeln der eigenen Kinder) begrenztes Hausregiment des Vaters über die Kinder.[71]

Der Sachsenspiegel enthält keine Regelungen bezüglich der Personensorge,[72] weder zum Erziehungsrecht noch zur Erziehungspflicht des Vaters, ebensowenig wie zur Pflicht der Kinder zu Gehorsam und Ehrerbietung.[73] Das Züchtigungsrecht des Vaters findet auch keine Erwähnung; Ssp. II, § 2 S. 2 bezieht sich auf die Züchtigung fremder Kinder. Mangels eines Bedürfnisses findet sich auch keine Bestimmung hinsichtlich des Aufenthaltes[74] und des Berufs der Kinder.[75] Dagegen war eine Regelung zur *oblatio puerorum* getroffen worden, Ssp.I 25 § 2. Der Vater war nicht berechtigt, ein Kind gegen dessen Willen in ein Kloster zu geben. Geschah dies dennoch, so konnte das Kind vor Erreichen des Mündigkeitsalters das Kloster verlassen und behielt seine Rechte nach Land- und Lehnrecht.[76] "Monchit man ein kint binnen sinen iaren, ez muz wol binnen sinen iaren uz varen unde behelt lenrecht wol unde lantrecht.". Anders als sein Vorbild, der Sachsenspiegel, enthält der Schwabenspiegel eine Bestimmung über ein Verkaufsrecht der Eltern im Falle wirtschaftlicher Not. Im übrigen gilt der für die Personensorge gemachte Befund auch für den Schwabenspiegel.
Es findet sich im Sachsenspiegel auch keine ausdrückliche Regelung der Unterhaltspflicht des Vaters; eine solche der Kinder läßt sich wohl aus Ssp. I 20 § 7 S. 2 (Zusatz der 4. deutschen Fassung: Sohn - verwitwete Mutter) entnehmen.
WIESNER erklärt das Fehlen der personenrechtlichen Regelungen damit, "daß einerseits das Recht verständlicherweise nur ungern und nicht ohne ersichtlichen Grund in die inneren Angelegenheiten der Familie regelnd eingreift, zum anderen aber die mit der Personensorge zusammenhängenden Rechte und Pflichten als wohl selbstverständlich anerkannt und hingenommen wurden."[77]

---

[71] Schwab, "Kind", HRG 2, Sp. 720; Jankowiak, Die Rechtsstellung der Kinder, S. 25: "Ueber das Gebiet der persönlichen Fürsorge des Vaters finden sich nur sehr wenige Quellenaussprüche. Dass das Recht es nicht liebt, sich in diese selbstverständlichen inneren Angelegenheiten der Familie einzumischen, die von alters her unter der autonomen Bestimmungsgewalt des Hausherrn einen Machtbereich für sich bildet. Andererseits mag auch kein Anlass vorgelegen haben, hier mit festen Normen einzuschreiten, [...].".
[72] Wiesner, Rechtsstellung, S. 32ff.
[73] Wiesner, Rechtsstellung, S. 32f.
[74] Wiesner, Rechtsstellung, S. 34.
[75] Wiesner, Rechtsstellung, S. 34.
[76] Schulte-Beckhausen, S. 157.
[77] Wiesner, Rechtsstellung, S. 32; Rive, Vormundschaft II 1, S. 191.

II. Die vermögensrechtlichen Wirkungen der väterlichen Munt

In vermögensrechtlicher Hinsicht[78] blieben die Rechte des Vaters am Kindesvermögen bestehen, ihm stand die **Gewere zu rechter Vormundschaft** am Kindesvermögen zu. Darüber, wie die Begrenzung der väterlichen Vermögensverwaltung im Mittelalter konkret ausgesehen hat, weiß man nur wenig.[79] Über Fahrnis konnte der Vater frei verfügen[80], wie der Ehemann im Güterstand der Verwaltungsgemeinschaft über die eingebrachte Fahrnis der Frau. Dagegen war er bei Veräußerungen und Belastungen von Liegenschaften wiederum in gleicher Weise wie im ehelichen Güterrecht an die Zustimmung des Eigentümers gebunden, nur daß das Kind diese Zustimmung erst nach erreichter Volljährigkeit erteilen konnte[81]; die Wirksamkeit der Verfügung blieb bis dahin in der Schwebe. Nur in Notfällen durfte der Vater das Gut des Kindes angreifen.[82]

Hauskinder, "die zu ihren Jahren gekommen" waren, besaßen die volle Geschäftsfähigkeit, aber keine Verfügungsgewalt über das von ihrem Vater verwaltete Vermögen[83].

Eine Sicherung des Kindesvermögens trat teilweise nur in den Fällen einer zweiten Eheschließung des Vaters[84] oder bei "sorgloser und verschwenderischer Verwal-

---

[78] Dazu Schröder/Künßberg, DRG, S. 817; Conrad, DRG 1, S. 408; Hübner, Grundzüge, S. 705ff.; Rive, Vormundschaft II, S. 178: "Das Wesen der Ehe und die Art der Erbfolge schliessen die Consequenz ein, dass während bestehender Ehe die Kinder regelmässig kein selbständiges Vermögen besitzen. Denn an dem Gute der Eltern haben sie nur die Rechte der nächsten Erben, bei allen Beerbungen gehen ihnen die Eltern vor, und besondere Zuwendungen mit anderem Erfolge scheinen wenigstens von den Quellen nicht berücksichtigt zu werden."; Mitteis, Rechtsschutz, 621 (634): " [...] erst die Quellen des Hochmittelalters schreiben auch ihm nur mehr die Gewere zur rechten Vormundschaft zu und bilden den entsprechenden Satz, daß Kindesgut weder wachsen noch schwinden, daß es "eisern Gut" sein solle." und S. 635: "Ein Unterschied zwischen Vormundschaft und elterlicher Gewalt muß nun freilich darin gefunden werden, daß letztere sich niemals wie jene in ein Amt unter öffentlicher Kontrolle verwandelt hat; der Vater bewahrte die volle Autonomie gegenüber der erstarkenden Staatsgewalt, ja diese verstärkte sich im Absolutismus, gemäß der oft zu beobachtenden Regel, daß die Gestaltung des Staates mit den herrschaftlichen Machtverhältnissen des Privatrechts konform geht.".

[79] Schwab, "Kindesgut", HRG 2, Sp. 731, die dort wiedergegebene Einschätzung, daß die Vermögensverwaltung von Vormund und Vater strengen Regelungen und Kontrollen unterworfen war, gilt nicht für die Verwaltung durch den Vater, höchstens in Ausnahmefällen. - Zur Verwaltung des Kindesvermögens durch den Vater nach dem Tode der Mutter Rive, Vormundschaft II 1, S. 178ff. mit Quellennachweisen für das friesisch-sächsische Recht. - Als Beispiel siehe nur das Herforder Stadtrecht § 48: "Hir na mach de man sitten mit sinen kinderen und is ere vormunder, unde is an plichtich to donde dat beste, unde kost unde kledere to ghevende dar na he dat vermach."

[80] Conrad, DRG 1, S. 408; Hübner, Grundzüge, S. 706; Mitteis, Rechtsschutz, 621 (634); Schröder/-Künßberg, DRG, S. 817 FN 185: auch hier Anfechtungsmöglichkeit der Kinder, nach Erreichen der Volljährigkeit; Buchda, Kinder und Jugendliche, 381 (395). - Zur Verwaltung bei Vermögenserwerb nach Tod eines Elternteils Rive, Vormundschaft II, S. 181ff.

[81] Conrad, DRG 1, S. 408; Hübner, Grundzüge, S. 706; Mitteis, Rechtsschutz, 621 (634); Schröder/Künßberg, DRG, S. 817 FN 185: Befugnis nur in Fällen gerichtlich anerkannter echter Not; Buchda, Kinder und Jugendliche, 381 (395).

[82] Conrad, DRG 1, S. 408.

[83] Schröder/Künßberg, DRG, S. 817; Conrad, DRG 1, S. 408; Rive, Vormundschaft II, S. 184.

tung"[85] ein. Wurden die Kinder durch die Vermögensverwaltung des Vaters gefährdet, so konnte diesem auf Veranlassung der Sippe[86] oder des Richters die väterliche Gewalt entzogen werden.[87] Bei Beendigung der väterlichen Munt konnten die Kinder Herausgabe ihres Vermögens, an dem der Vater bislang Verwaltung und Nutznießung hatte, verlangen.[88]

Die Grundsätze über das eheliche Güterrecht führten aber zu mannigfachen Modifikationen im Bereich des Kindesvermögensrechtes: Nach vielen Partikularrechten stand an dem von einem Elternteil ererbten Vermögen des Kindes nicht nur dem überlebenden Vater, sondern auch der Mutter ein Nießbrauchsrecht zu. Dieses Nießbrauchsrecht endete auch nicht überall mit dem Ausscheiden der Kinder aus dem elterlichen Haushalt, sondern oft erst mit der zweiten Heirat oder dem Tode des überlebenden Elternteils, manchmal aber auch schon mit Volljährigkeit der Kinder.[89] Die Anwartschaftsrechte der Kinder am Familienvermögen schwächten sich wegen des veränderten ehelichen Güterrechts vielfach zum Näherrecht (Vorkaufsrecht) ab[90].
Was die Pflicht zur Ausstattung[91] der Kinder betrifft, worunter hier Zuwendungen verstanden werden, die ein Kind zum Zweke der Begründung einer selbständigen wirtschaftlichen Lebensstellung von seinen Eltern erhielt, finden sich für das Mittelalter keine Hinweise dafür , daß die Kinder einen Rechtsanspruch auf Ausstattung hatten.[92] Dies gilt sowohl für die Töchtern gewährte Aussteuer[93] als auch - wenn auch nicht im gleichen Maße - für die Abschichtung der Haussöhne. Denn

---

[84] Kraut, Vormundschaft II, S. 609 m. N.: Vater mußte den Verwandten der Kinder Sicherheit leisten.
[85] Stobbe, Handbuch IV, § 316 I, S. 414.
[86] Siehe Lübecker Recht Cod. II, § 22 nach Rive, Vormundschaft II, S. 181: "War en man na sines wives dode sittet mit sinen kinderen unde der kindere en sin dhing also anclivet dat de vrunt an beiden siden dar over claghet werden se des to rade dat kind schal nemen an eneme stucke sinen del sines erves oder also vele penninge also dat verd is sunder allerhande weden rede." - In Bremen griff die Behörde schon wesentlich mithandelnd und beaufsichtigend ein: Rive, Vormundschaft II, S. 181 m. FN 12.
[87] Kleines Kaiserrecht 2,5. - Schröder/Künßberg, DRG, S. 817f.
[88] Stobbe, Handbuch IV, § 322 B 1, S. 481 m. w. N.; Schröder/Künßberg, DRG, S. 817: "[...] für Schmälerungen oder Verschlechterungen, die nicht auf Zufall beruhten, war er ersatzpflichtig, wie er für seine Aufwendungen Ersatz verlangen konnte: 'Kindesgut ist ein eisern Gut'".
[89] Stobbe, Handbuch IV, § 316 I., S. 414f.; ausführlich dazu ders., Handbuch IV, § 303 II., S. 289ff. (für die allgemeine Gütergemeinschaft).
[90] Schwab, "Familie", HRG 1, Sp. 1070; zur Vermögensauseinandersetzung beim Tode eines Ehegatten unter Berücksichtigung der verschiedenen güterrechtlichen Systeme Hübner, Grundzüge, S. 708ff.
[91] Ogris, Das Erlöschen der väterlichen Gewalt, 417 (423ff.): "Unter Abschichtung, auch Absonderung, Sonderung, Schichtung, Scheidung, Trennung oder Teilung, lateinisch partitio oder separatio versteht die Lehre die wirtschaftliche Verselbständigung des Haussohnes, also dessen Ausscheiden aus der väterlichen Hauswirtschaft (meist) unter gleichzeitiger Begründung eines eigenen Hauswesens.".
[92] Ogris, "Ausstattung", HRG 1, Sp. 269; anders Schröder/Künßberg, DRG, S. 817: "Der Vater hatte dem aus der Were scheidenden Kinde sein Vermögen herauszugeben oder, wenn keins vorhanden war, eine Aussteuer zu gewähren.".
[93] Ogris, "Aussteuer, HRG 1, Sp. 272f.; Stobbe, Handbuch IV, § 322 B. 3, S. 482 z. T. abweichend.

nach einigen Rechten konnte der volljährige Haussohn die Abschichtung verlangen.[94] Das Wesen der bei der Abschichtung vorgenommenen vermögensrechtlichen Auseinandersetzung hat sich nach Auffassung der Lehre vom Charakter einer Erbabfindung zu einer die Erbfolge nicht vorwegnehmenden Ausstattung mit Vermögen zum Aufbau oder Erhalt einer Lebensstellung entwickelt[95]. Dann mußte das Zugewandte aber vom Kind bei einer späteren Erbauseinandersetzung miteingebracht werden.

Nach manchen Rechten konnten Kinder fordern, "aus Brot und Pflicht getan" zu werden, wenn der überlebende Elternteil schlecht wirtschaftete[96] oder eine neue Ehe einging[97]. Hier liegt also wieder der Fall der nicht intakten Familiengemeinschaft vor.

Nur ganz ausnahmsweise konnten Töchter Abteilung verlangen, nämlich bei ihrer Heirat in den Fällen der nicht intakten Familiengemeinschaft, beim Tod der Mutter oder des Vaters.[98] Einen weiteren Ausnahmefall stellt eine Bestimmung des Kleinen Kaiserrechtes dar, nach der der Vater bei Mißhandlung der Kinder ohne deren Schuld zur Abteilung gezwungen werden konnte.[99]

Die Abteilung bei Lebzeiten des überlebenden Ehegatten diente der Befriedigung der Kinder in Bezug auf ihr Erbrecht gegenüber dem vestorbenen Elternteil, das durch das Alleinerbrecht des überlebenden Ehegatten suspendiert worden war.[100] Einige Rechte bestimmten aber deutlich, daß keine Verpflichtung zur Abschichtung der Kinder bestand.[101] Wenn auch ein Rechtsanspruch der Kinder auf Ausstattung verneint wurde, so ist doch zu berücksichtigen, daß nach der Sitte eine solche Verpflichtung bei entsprechender Leistungsfähigkeit des Vaters bestehen

---

[94] Ogris, "Abschichtung", HRG 1, Sp. 14; Stobbe, Handbuch IV, § 322 B., S. 482: "Ein Recht auf eine solche Aussteuer bestand aber wohl nur da, wo der Vater mit seinen Kindern in ungetheiltem Gut oder in Verfangenschaft sitzen geblieben war und bei der Absonderung nicht seinen ganzen Theil herauszugeben brauchte.", m. N. in FN 41; Schröder/Künßberg, DRG, S. 817. - Zum Anspruch auf Abschichtung siehe auch Ogris, Das Erlöschen der väterlichen Gewalt, 417 (430); Hübner, Grundzüge, S. 702: "Man wird annehmen können, daß der volljährig gewordene Sohn seine Entlassung aus dem väterlichen Hause und die Ausantwortung seines Vermögens oder eine angemessene Ausstattung verlangen konnte.".

[95] Ogris, Das Erlöschen der väterlichen Gewalt, 417 (427).

[96] Kraut, Vormundschaft II, S. 595 FN 14 m. N.; Ogris, Das Erlöschen der väterlichen Gewalt, 417 (430).

[97] Ogris, "Abschichtung", HRG 1, Sp. 14; ders., Das Erlöschen der väterlichen Gewalt, 417 (430): "Unklar bleibt dabei freilich, ob die Abschichtung stets in einem gerichtlichen Verfahren durchgesetzt werden mußte oder ob der Sohn den Vater durch eine einseitige Handlung sozusagen im Wege der Selbsthilfe vor eine vollendete Tatsache stellen konnte."; Stobbe, Handbuch IV, § 304, S. 300 FN 10 m. w. N. (bei schlechter Verwaltung), FN 8 m. w. N.(bei erneuter Eheschließung); Roth, Deutsches Privatrecht II, § 112, S. 118 m. N.

[98] Kraut, Vormundschaft II, S. 596 m. N.

[99] Kleines Kaiserrecht 2, 5. - Kraut, Vormundschaft II, S. 595 FN 15.

[100] Stobbe, Handbuch IV, § 304, S. 300f.

[101] Kraut, Vormundschaft II, S. 594 m. N.; Rive, Vormundschaft II, S. 196 zum friesisch-sächsischen Recht m. N. auch zur entgegensetzten Auffassung in den Quellen.

konnte; so war die Ausstattung an die heiratende Tochter eine weit verbreitete und selten mißachtete Sitte.[102]

Im Sachsen- und Schwabenspiegel finden sich einige Vorschriften zum Vermögensrecht der Kinder, die allerdings kein vollständiges Bild von diesem Bereich geben. Anders als im frühen und klassischen römischen Recht waren die Hauskinder grundsätzlich vermögensfähig.[103]
Dies läßt sich aus der Bestimmung Ssp. II 65 § 1, wo es um eine deliktische Handlung des Kindes geht, schließen: "Welchen schaden ez tot, den sal her gelden nach sime werde mit des kindes gute."
Erwerben konnte das Kind durch Erbgang (I 33) und Schenkung (I 10, Schenkung des Vaters an den Sohn). Der Erwerb durch eigene Tätigkeit des Kindes wurde nicht erwähnt.[104]
Während der Dauer der väterlichen Gewalt stand dem Vater die Gewere am Kindesvermögen zu (Ssp. Le 74 § 1). Die Gewere über ein Vermögen umfaßte zwei Rechte: die Vermögensverwaltung und die Nutznießung.[105] Daß der Vater im Besitz des Kindesvermögens war, folgt indirekt aus seiner Verpflichtung, es nach Beendigung der väterlichen Gewalt herauszugeben (Ssp. I 11, Zusatz der vierten deutschen Fassung). Über die Ausgestaltung des väterlichen Verwaltungsrechtes enthält der Sachsenspiegel keine Bestimmung[106], ebensowenig wie über das väterliche Nutznießungsrecht am Vermögen des Kindes.[107] Nur die Bestimmung Ssp. I 11 gibt einige Hinweise in bezug auf das väterliche Verwaltungsrecht. "Helt ouch der vater sine kindere in vormundeschaft nach ire muter tode, wenne si sich von im scheiden, her sal in wider lazen unde wider geben al irer muter gut, ez en si im von ungelucke abgegangen unde ane sine schult." Aus der Verpflichtung des Vaters, den Kindern ihr mütterliches Gut bei Absonderung unvermindert herauszugeben, ist grundsätzlich zu folgern, daß der Vater auch verpflichtet war, das Kindesvermögen überhaupt bis zur Absonderung zu erhalten[108]. Als Grundsatz der väterlichen Vermögensverwaltung ist somit die Erhaltung des Kindesvermögens in seinem unveränderten Gesamtwert festzustellen.[109]
Das Nutznießungsrecht des Vaters wird aus Ssp. I 11 gefolgert, nämlich daraus, daß der Vater allgemein nur zur Rückgabe des Stammvermögens verpflichtet sei;

[102] Ogris, "Aussteuer", HRG 1, Sp. 272f.
[103] Schulte-Beckhausen, Sachsenspiegel, S. 164.
[104] Str., siehe Wiesner, Rechtsstellung, S. 50 m. N.
[105] Wiesner, Rechtsstellung, S. 51.
[106] Wiesner, Rechtsstellung, S. 52.
[107] Wiesner, Rechtsstellung, S. 56.
[108] Wiesner, Rechtsstellung, S. 52.
[109] Schulte-Beckhausen, Sachsenspiegel, S. 165.

von der Rückgabe der aus dem Kindesvermögen von dem Vater gezogenen Früchte sei nirgends die Rede.[110]

III. Die Beendigung der väterlichen Munt

Hinsichtlich der Beendigung der Munt trat keine Veränderung gegenüber dem früheren Rechtszustand ein[111]. Allerdings bestanden gerade auch bei der Frage, ob das Kind eine *separata oeconomia* begründet hatte, Schwierigkeiten.[112] Im Spätmittelalter wurde die deutschrechtliche Wahlkindschaft durch die aus dem römischen Recht angenommene *adoptio* und *arrogatio* ersetzt.[113] Ebenfalls erst gegen Ende des Mittelalters rang man sich dazu durch, dem römischen und kanonischen Recht zu folgen und den vor der Ehe von den Ehegatten gezeugten Kindern durch die nachfolgende Ehe die Rechte von ehelichen Kindern beizulegen.[114]

Aus Ssp. I, 11 ergibt sich, daß die väterliche Gewalt mit der Absonderung der Kinder endete.[115] Neben der Anlegung eines gesonderten Hausstandes war nur die Mündigkeit des Kindes erforderlich. Eine vermögensrechtliche Trennung, die Absonderung[116], kam zwar häufig bei der Begründung eines eigenen Hausstandes vor, war aber kein Erfordernis. Im Zusammenhang mit der Absonderung konnte, mußte es aber nicht, zu einer erbrechtlichen Abteilung des Sohnes von dem Erbe des Vaters kommen, und zwar dann, wenn dieser bei Empfang der Ausstattung auf sein Erbteil verzichtete (Ssp.I 13 § 2).

---

[110] Wiesner, S. 65, unter Bezugnahme auf KRAUT, RIVE und STOBBE.

[111] Conrad, DRG 1, S. 407; Stobbe, Handbuch IV, § 321 II.2., S. 467ff.; Ogris, Das Erlöschen der väterlichen Gewalt, 417 (444f.), dort zur Beendigung durch Formalakt, S. 439: Heirat der Tochter, mit der Eheschließung trat sie in die Munt des Ehemannes. - Zum friesisch-sächsischen Recht Rive, Vormundschaft II, S. 193ff.

[112] Siehe das Gutachten der Nürnberger Ratskonsulenten vom Ende des fünfzehnten Jahrhunderts, u.a. (zitiert nach Ogris, Das Erlöschen der väterlichen Gewalt, 417 [431], dieser nach Stobbe, Beiträge, 22): "Und solchs clerlichen zuversteen, muss ein gesetze gemacht werdenn, auff was sachen Ein Sun sein selbs wurde, als wenn er ein weib nem, u. In sein vatter mit ettlichen Habe zu hause sezte, oder wenn er ein genannter wurde, oder wenn er sunst nicht bey seinen Vatter wohnhaft u. XXX Jar alt were oder dergleichenn.".

[113] Conrad, DRG 1, S. 410.

[114] Stobbe, Handbuch IV, § 319 I.1., S. 440, m. w. N. in FN 3.

[115] Wiesner, Rechtsstellung, S. 71, S. 68ff. zur Streitfrage, ob die väterliche Gewalt regelmäßig mit Erreichung einer bestimmten Altersgrenze oder aber durch Absonderung der Kinder vom Vater endete. - Nach Schulte-Beckhausen, Sachsenspiegel, S. 162 konnte der volljährige Sohn die Absonderung vom Vater verlangen. - Zu anderen Beendigungsgründen für die väterliche Munt, die durch die Person des Vaters bedingt waren, siehe Wiesner, Rechtsstellung, S. 61ff.

[116] Dazu Schulte-Beckhausen, Sachsenspiegel, S. 159f. - Der Begriff "sondern" wurde im Sachsenspiegel zum einen im Sinne einer vermögensrechtlichen Teilung (Ssp. I 13 § 1), zum anderen auch einer räumlichen Trennung (Ssp. II 17 § 2) verwendet.

IV. Klagbare Verbindlichkeiten zwischen Vater und Hauskind

Die Rechts- und Handlungsfähigkeit des Hauskindes[117] war durch die väterliche Munt nur in der Weise betroffen, daß das Hauskind von ihm geschlossene Verträge nicht erfüllen konnte, da das Kindesvermögen in der Hand des Hausvaters lag[118]. Klagbaren Verbindlichkeiten und damit auch Rechtsgeschäften zwischen Hauskind und Vater dürfte also grundsätzlich kein Hindernis im Wege gestanden haben.[119] So waren auch Schenkungen des Vaters an das Kind möglich[120], vor allem im Rahmen der Ausstattung.
Um eine Übervorteilung des Kindes zu vermeiden, mußten entweder Verwandte oder die obervormundschaftliche Behörde an dem Geschäft mitwirken.[121]
Gesetzliche Ansprüche, wie solche aus Delikt, dürften wohl auch grundsätzlich möglich gewesen sein.

Während ihrer Unmündigkeit, der Sachsenspiegel gebraucht dafür den Ausdruck "binnen sinen iaren", waren die Kinder beschränkt handlungsfähig, die von ihnen vorgenommenen Rechtsgeschäfte widerruflich[122].
Rechtsgeschäfte zwischen Vater und Hauskindern scheinen grundsätzlich möglich gewesen zu sein. So war z.B. die vermögensrechtliche Absonderung des Sohnes ein zwischen Hausvater und Haussohn vor Gericht geschlossener Vertrag.[123]
Im Sachsenspiegel tauchen folgende Beispiele auf[124]:
Ssp. I 10: "Gibit abir der vater sime sone kleider, ros, phert unde harnaz zu der zit, alse herz bedarf unde her ez nutzen mag, unde ez der vater geben mag [...]" (Bei dieser Stelle ist allerdings nicht klar, ob es sich um einen Haussohn oder einen emanzipierten Sohn handelt).
Ssp. I 13 § 1: "Sundirt vater unde muter einen iren son von in adir tochter mit irme gute, si zweien sich mit der kost adir en ton, [...]." (Absonderung).
I 13 § 2: "Hetten si abir ir erbeteilunge dar an verlobit, der sullen si enberen, si entsagen ez in uf den heiligen." (Absonderung mit Erbverzicht).

---

[117] Dazu Buchda, Kinder und Jugendliche, 381 (383ff.); Knothe, Geschäftsfähigkeit, S. 101ff.
[118] Conrad, DRG 1, S. 408; a. A. Stobbe, Handbuch IV, § 318 I., S. 432: Hauskinder waren nach älterem deutschen Recht grundsätzlich verpflichtungsunfähig, dies war aber nicht Folge der väterlichen Munt, sondern der Zugehörigkeit zum elterlichen Haushalt, siehe auch S. 434.
[119] Stobbe, Handbuch IV, § 318 III, S. 438.
[120] Sachsenspiegel I, 10. - Stobbe, Handbuch IV, § 316, S. 413 m. FN 1; siehe auch Kraut, Vormundschaft II, S. 615: "Wo dem Vater eine Gewere an dem Vermögen des unter seiner Vormundschaft stehenden Kindes beigelegt wurde, mußten, so lange der Grundsatz bestand, daß Schenkungen nur dann gültig seien, wenn zugleich die Gewere des Gegenstands derselben auf den Beschenkten übertragen worden war, Schenkungen des Vaters an das Kind aus demselben Grunde unwirksam sein, wie Schenkungen der Ehegatten untereinander.".
[121] Kraut, Vormundschaft II, S. 634.
[122] Wiesner, Rechtsstellung, S. 57.- Allgemein zur Handlungsfähigkeit des Hauskindes, Wiesner, Rechtsstellung, S. 58ff.
[123] Schulte-Beckhausen, Sachsenspiegel, S. 160 FN 4.
[124] Ssp. III 76 gehört nicht hierhin, da es um eine Teilung zwischen Mutter und Kindern geht.

Ssp. I 14 § 2: "Also en iz nicht lantrecht, ab der vater den sun von sime lene sundert unde ez em zuhant uflesit, [...]." (Absonderung des Sohnes mit einem Lehen)
Ssp. Le. 37 § 1: "Veräußert der Vater seinem Sohn vor seinem Herrn ein Gut, so hat der Sohn kein Erblehenrecht daran, obwohl es seinem Vater gehörte."

V. Besonderheiten bei der gerichtlichen Durchsetzung von Verbindlichkeiten zwischen Vater und Kindern

Für die germanische Urzeit wird angenommen, daß Rechtsstreitigkeiten zwischen Sippegenossen in der älteren Zeit durch die Sippe geschlichtet wurden[125]. Bei Streitigkeiten zwischen dem Vater und seinen Kindern dürfte noch die ursprünglich umfassende Munt der ausschlaggebende Gesichtspunkt für die Unmöglichkeit von rechtlichen Konflikten gewesen sein; der Vater konnte seinen Willen und seine Position gegenüber dem Kind selber durchsetzen.

Solange der Zweikampf im Gerichtsverfahren lebendig blieb, findet sich auch der Satz, daß er zwischen Verwandten nicht ausgetragen werden dürfe (Sachsenspiegel I, 63 § 3; Schwabenspiegel 79 II; Deutschenspiegel Kap. 89).[126] Kampf und damit auch Prozeß zwischen Verwandten galt nicht etwa als unerlaubt, sondern war schlechterdings unvorstellbar. Dieser Gedanke wurde als so selbstverständlich angesehen, daß er in nur wenigen Rechtsquellen zum Ausdruck gekommen ist. Zu nennen ist hier die Alte Soester Gerichtsordnung aus der Mitte des 15. Jahrhunderts.
Art.2 War dey Richter over und nicht over richten mach.
(Int erste, wat openbaer is, nach dey richter richten ane anklage) Ses punte synt, dar dey richter nicht over richten sal:
1. Tusschen echten luden alse man und wyff.
2. Tusschen vater und kindt.
3. Tusschen broder und suster.
4. Tusschen den negesten swageren.

Die Punkte 1 bis 4 können dahingehend zusammengefaßt werden, daß Rechtsstreitigkeiten zwischen Eheleuten und Verwandten nicht vor Gericht ausgetragen werden sollten. Damit wurde nicht ein Kompetenzkonflikt zwischen zwei Gerichtsgewalten entschieden, sondern die "Gerichtsunfähigkeit" von Streitigkeiten zwischen Verwandten überhaupt festgestellt[127].
Dies ergibt sich auch aus dem alten Rechtsbuch der Stadt ("Alte Schrae"), wo es in den zwischen 1350 und 1360 verzeichneten Artikeln 99ff. heißt:

---

[125] Conrad, DRG 1, S. 29.
[126] Ebel, Soester Zeitschrift 1953, 52 (57).
[127] Ebel, Soester Zeitschrift 1953, 52 (56).

"99 Vortmer, dysse stucke unde dysse sate deyhir na gescriven stayt, dey boret deme Rade to richtene
100 Tho deme eyrsten, wat sake vellet tusschen manne unde wyve, vader unde kinde, muder unde kinde, susteren unde broderen."

Die Streitigkeiten zwischen Verwandten gehörten also vor den Rat der Stadt, wie sich aus der Alten Schrae ergibt. Der Rat, das Repräsentativorgan der Gesamtgemeinde, hatte die ursprüngliche Funktion der Sippe übernommen. Somit wurde eine außergerichtliche Erledigung dieser Streitigkeiten weiterhin gewährleistet[128]. Nach EBEL mögen für die Zuweisung an den Rat gilderechtliche Vorstellungen mitgespielt haben.[129] Die Aufgabe des Rates zielte auf Ausgleich und Versöhnung, so daß Ziel nicht ein Urteil war, wenngleich seine Entscheidung eine endgültige und verbindliche war.[130]
Weder aus der Alten Schrae noch aus der alten Gerichtsordnung ergibt sich, welche Art von Streitigkeiten nicht vor Gericht verhandelt werden sollten. Die klevische Erkundigung von 1551[131] handelt ausdrücklich von *causae civiles*, so daß diese auch schon im Alten Rechtsbuch und der Alten Gerichtsordnung gemeint gewesen sein dürften.[132] Der Rat wurde darüber hinaus öfter in familienrechtlichen Streitigkeiten, so z.B. beim Unterhalt und bei der Abschichtung, tätig.

Daß ein ordentliches gerichtliches Verfahren zwischen Hausvater und Hauskindern nicht möglich ist, wurde auch im friesischen Recht ausgesprochen[133]:
"Es ist auch friesisch Recht, daß zwischen Vater und Sohn, zwischen Brüdern, zwischen Vatersbrudersohn und Muttersschwestersohn, zwischen Oheimssohn und Vaterschwesterssohn - ther ne mi nen stef tha nen strid twisk risa, nen asyga dom tha nen aldirmonnes lhiene, buta thet skilunn alla the mena friend skifta, iefta thet skilma al mith ethon riuchta."
„Zwischen denen soll kein Gottesurteil (stef) oder gerichtlicher Zweikampf (strid) erhoben werden, kein Urteil des Asega oder Ausspruch des Aldermannes, sondern das sollen die gemeinsamen Verwandten schlichten, oder es soll mit Eiden entschieden werden."[134] Wenn auch nach EBEL einiges unklar an dieser Stelle bleibt, z. B. das Verfahren mit Eiden, so ergibt sich doch eindeutig, daß ein ordentliches gerichtliches Verfahren zwischen Verwandten nicht möglich ist.

---

[128] Ebel, Soester Zeitschrift 1953, 52 (58).
[129] Ebel, Soester Zeitschrift 1953, 52 (58).
[130] Ebel, Soester Zeitschrift 1953, 52 (58), siehe dort auch zum Verfahren vor dem Rat die Reformierte Soester Gerichtsordnung von 1605, aus der sicherlich Rückschlüsse für die frühere Zeit gezogen werden können.
[131] Siehe bei Ebel, Soester Zeitschrift 1953, 52 (56 FN9).
[132] Ebel, Soester Zeitschrift 1953, 52 (59).
[133] Ebel, Soester Zeitschrift 1953, 52 (58).
[134] Übersetzung nach Ebel, Soester Zeitschrift 1953, 52 (58).

Wenn auch die Bestimmung des Soester Rechts eine singuläre ist, so kann man nicht ohne weiteres Klagen zwischen Familienmitgliedern nach deutschem Recht im Mittelalter für statthaft halten.[135] Die hier dargelegten Beschränkungen beruhten aber nicht auf der väterlichen Munt, sondern auf der Blutsverwandtschaft zwischen dem Vater und seinen Kindern, was sich daraus ergibt, daß alle Verwandte in die Beschränkungen einbezogen sind.

[135] Ebel, Soester Zeitschrift 1953, 52 (60). - Siehe auch zum "neueren" sächsischen Recht Poelmann'sche Distinct. IX 6, 1 - 14, dazu Rive, Vormundschaft II, S. 193: "[...] auch treten dort die Wirkungen des Pietätsverhältnisses hervor in dem Verbote, dass das Kind gegen den Vater klage oder über ihn richte.".

3. Abschnitt Die Glossatoren und Konsiliatoren

1. Kapitel Die Schulen der Glossatoren und Konsiliatoren[1]

Der Rechtsschule von Bologna, der Schule der Glossatoren, kommt das Verdienst zu, durch die Bearbeitung des römischen Rechts, die durch die Wiederentdeckung der Digesten im elften Jahrhundert möglich wurde, den Weg für die Anwendung des römischen Rechts als gemeines Recht in Europa bereitet zu haben.[2] IRNERIUS, der Gründer der Glossatorenschule, wie auch seine Schüler stützten sich für die Erschließung des gewaltigen Rechtsstoffes des *Corpus Iuris civilis* auf die Methoden der Bibelexegese und der scholastischen Philosophie.[3] Die Glossatoren suchten die gesamten Rechtsgedanken des *Corpus* zu erfassen, einzelne Stellen auszulegen und Widersprüche als bloße Scheinwidersprüche zu entlarven. Die Schule der Glossatoren hat ihren Namen von den am Rand oder auch zwischen den Zeilen der Texte des *Corpus Iuris* vermerkten Erläuterungen, den Glossen, erhalten. Als bedeutendste Vertreter der Schule sind neben den *quattuor doctores* BULGARUS, MARTINUS, HUGO und JACOBUS die Rechtsgelehrten PLACENTINUS, ODOFREDUS und AZO zu nennen. ACCURSIUS faßte die verschiedenen Glossen zur sog. *Glossa ordinaria* zusammen, die jahrhundertelang große Autorität genoß.[4]
Während sich die Glossatoren um eine widerspruchsfreie Erfassung des *Corpus iuris civilis* bemühten, so ist die sich daran anschließende Epoche der Konsiliatoren von einer stärkeren Hinwendung zur Praxis gekennzeichnet.[5] Die Konsiliatoren und ihre Schüler waren in der Verwaltung der italienischen Kommunen tätig.[6] Eine solche Tätigkeit setzte sowohl die Kenntnis des gemeinen römischen Rechts als auch der einheimischen Statutenpraxis voraus. Das führte dazu, daß nun auch eine wissenschaftliche Bearbeitung des geltenden partikularen Rechts - der *statuta und consuetudines* - einsetzte[7], die sich vor allem in einer umfangreichen Gutachtertätigkeit, die in den "*consilia*" ihren Ausdruck fand, niederschlug.[8] Als wei-

---

[1] Feenstra, Bibliographie zum römischen Recht im Mittelalter, in: Schrage, S. 299ff.
[2] Zu den Glossatoren siehe Schlosser, Grundzüge, § 1 IV. 1.; Liebs, Römisches Recht, S. 106ff.; Söllner, Einführung, S. 148f.; Ebel/Thielmann, Rechtsgeschichte, Rdnr. 265; Genzmer, Die justinianische Kodifikation und die Glossatoren, in: Schrage, S. 5ff.; Otte, Die Rechtswissenschaft, in: Weimar, S. 123ff.; Wieacker, PrGN, S. 45ff.; Savigny, Geschichte des römischen Rechts im Mittelalter, Band 3, S. 1ff., S. 143ff. und Band 5.
[3] Söllner, Einführung, S. 148; siehe auch Genzmer, in: Schrage, S. 5ff.; Schlosser, Grundzüge, § 1 IV. 1. a); Liebs, Römisches Recht, S. 108; Wieacker, PrGN, S. 52ff.; Otte, Dialektik und Jurisprudenz.
[4] Ebel/Thielmann, Rechtsgeschichte, Rdnr. 265; Genzmer, in: Schrage, S. 9 (2. Der von den Glossatoren bearbeitete Quellenkreis).
[5] Wieacker, PrGN, S. 80 ff.; Ebel/Thielmann, Rechtsgeschichte, Rdnr. 266; Horn, Handbuch I, S. 261 f.; Wesenberg/Wesener, NDPrG, S. 28ff.
[6] Ebel/Thielmann, Rechtsgeschichte, Rdnr. 266; Horn, Handbuch I, S. 262.
[7] Kroeschell, DRG 2, S. 20; Horn, Handbuch I, S. 262; Wieacker, PrGN, S. 81.
[8] Horn, Handbuch I, S. 262, S. 336 ff.: Das *consilium* ist das wissenschaftliche Gutachten eines Rechtslehrers über eine Rechtsfrage der Praxis; Wieacker, PrGN, S. 85.

tere Kennzeichen der Zeit der Konsiliatoren werden die Fortentwicklung der Methode[9] und die Verbreitung des römischen Rechts in Europa[10] angeführt.
Von der reinen Exegese, die bereits unter den Glossatoren voll entwickelt war, gingen die Konsiliatoren nun stärker zur Einzelfallproblematik über.[11] Diese vertiefte intensive Auseinandersetzung mit Einzelfällen führte zu einer gründlicheren Exegese, zu bedeutenden dogmatischen Fortentwicklungen und einer Reihe von praktikablen Lösungen.[12] Die "neue" Methode brachte andererseits eine Unübersichtlichkeit der Lehre mit einer sehr verzweigten Kasuistik und vielen Weitschweifigkeiten mit sich.[13]
In die Epoche der Konsiliatoren fällt ihrem Schwerpunkt nach die Ausbreitung des gelehrten römischen Rechts in Europa[14], die bislang mit dem heutzutage sehr umstrittenen Begriff der "Rezeption" bezeichnet worden ist.[15] Bei der Verbreitung handelte es sich um einen Bildungsprozeß, der auf den Einrichtungen der Kirche aufbaute, aber an die staatlichen Kräfte juristisch gebildete Spezialisten abgab.[16] Diese Juristen arbeiteten in den Verwaltungen z.B. als Stadtschreiber oder als Kanzlisten an den Höfen und ließen ihre Kenntnisse des römischen Rechts in ihre tägliche Arbeit einfließen. Eine große Rolle bei der "Rezeption" spielte auch die juristische Literatur der Zeit der Konsiliatoren.[17]

2. Kapitel Die patria potestas

I. Die *patria potestas* und ihr Wesen

Ausführungen zur *patria potestas* finden sich in erster Linie bei den Kommentierungen zu den auch so benannten Titeln in den Institutionen (I. 1, 9) und im Codex (C.8, 46 [47]). Dabei liegt der Schwerpunkt der Kommentierung bei dem Codextitel, da Inst.1,9 nur regelt, wer der *patria potestas* unterfällt, also statusrechtliche Fragen behandelt. Die vermögensrechtlichen Fragen werden bei D.15, 1 (*De peculio*), D. 1, 6 (*De his qui sui vel alieni iuris sunt*), D. 49, 17 (*De castrensi peculio*) und C. 6, 60 (*De bonis maternis et materni generis*), C. 6, 61 (*De bonis*

[9] Horn, Handbuch I, S. 262 ff.; Ebel/Thielmann, Rechtsgeschichte, Rdnr. 286; Wieacker, PrGN, S. 85.
[10] Horn, Handbuch I, S. 264 ff; Ebel/Thielmann, Rechtsgeschichte, Rdnr. 268; Wieacker, PrGN, S. 87.
[11] Horn, Handbuch I, S. 262 ff.; Wieacker, PrGN, S. 84; Ebel/Tielmann, Rechtsgeschichte, Rdnr. 268.
[12] Wieacker, PrGN, S. 84f.
[13] Zur Kritik vgl. vor allem Savigny, Geschichte des römischen Rechts im Mittelalter, VI; Horn, Handbuch I, S. 263; Ebel/Thielmann, Rechtsgeschichte, Rdnr. 268.
[14] Dazu vgl. Wieacker, PrGN, S. 87 und S. 124 ff. (Ursachen und Bedingungen der profanen Vollrezeption in Deutschland); Horn, Handbuch I, S. 264 ff.
[15] Genzmer, Einleitung § 39, in: IRMAE I 1a-d, 143f. will den Begriff sogar ganz aufgeben; vgl. auch Wieacker, PrGN, S. 124 ff.; Kroeschell, DRG 1, S. 239; Horn, Handbuch I, S. 264 f.
[16] Ebel/Thielmann, Rechtsgeschichte, Rdnr. 268.
[17] Ebel/Thielmann, Rechtsgeschichte, Rdnr. 269.

quae liberis in potestate constitutis ex matrimonio vel alias adquiruntur et eorum administratione) erörtert.

Die *patria potestas* wurde von PLACENTINUS als "*ius quoddam, quod nos parentes habemus in liberis nostris legibus*" definiert.[18] Die väterliche Gewalt wurde der *potestas dominica* oft gegenübergestellt.[19] Bei den Konsiliatoren finden sich allgemeine Aussagen zur *patria potestas* nur selten. Sie sahen in ihr ein Herrschaftsrecht des Vaters gegenüber seinen Kindern, das zu seinem Nutzen und nicht dem des Kindes eingeführt worden sei.[20] BALDUS betrachtete die *patria potestas* aber auch als *officium publicum*, so wie auch das *officium* des Tutors charakterisiert wurde.[21] Mit der *patria potestas* als Herrschaftsrecht des Vaters war es nicht zu vereinbaren, daß dem Hauskind z.B. wegen Minderjährigkeit ein Tutor oder Kurator gegeben wurde.[22] In einigen Ausnahmefällen konnte jedoch ein *tutor* oder *curator* bestellt werden[23]; um aber die oben genannte Regel nicht anzutasten, wird der Kurator z.B. der Erbschaft oder einer bestimmten Sache gegeben. Auch konnte der Vater nicht die *auctoritas* erteilen.[24]

Da die *patria potestas* eine Einrichtung des *ius civile* war, entfaltete sie im Bereich des öffentlichen und geistlichen Rechts keine Wirkung.[25] Die Mutter und ihr Vater besaßen nach den Glossatoren und den Konsiliatoren keine Gewalt über die Kin-

---

[18] *Summa Codicis*, zu C. 8, 46 [47], S. 411.

[19] Placentinus, *Summa Codicis*, zu C. 8, 46 [47], S. 411: „ [...] *nunc de jure patrie potestatis agamus, quod est extra dominium.*"; Rogerius, *Summa Codicis*, zu C. 8, 46 [47]: „ [...] *nunc autem illud ius quod non in dominio nec patrimonio versatur* [...]." (zur *Summa Codicis* des Rogerius Genzmer, Einleitung, in: IRMAE I 1a-d, S. 319); Azo, *Summa Aurea*, zu C. 8, 46 [47] Fol. 222^v: "*Et quidem patria potestas est ius quoddam quod habent, qui sunt de imperio Romano in liberos naturales et legitimos: [...] inter patrem et filium, vinculum de iure civili reverentiae, et castigationis, et subjectionis, item pietatis significat.*".

[20] Jacobus de Ravanis, zu C. 8, 46 [47] {zu dem Werk, *Lectura super Codice*, das unter dem Verfasser Petrus Bellapertica veröffentlicht wurde, siehe Feenstra, Bibliographie, 299 (335)}; Albericus de Rosciate, D. 12, 6, 38, Nr. 11.

[21] Baldus, Band 3, Cons. 289, Nr. 1; ders., Band 3, Cons .290, Nr. 5.

[22] Gl. *Hereditati* zu C. 6, 61, 8 Sp. 1742: "*Nota. nam filio, cum sit in patris potestate, tutor vel curator dari non potest:[...] Sed datur hereditati, sic et aliis datur bonis [...] Sed quid si est singularis res, puta legata a Titio filiofamilias, et pater non vult eam intendere? Resp. et tunc datur illi rei singulari.*". - Paulus de Castro, C. 6, 61, 8 § *Sin autem* Nr. 3 und 4; Jason de Mayno, D. *de acq. vel omitt. hered.* § *More* (D. 29, 2, 8), Nr. 46.

[23] Paulus de Castro, C. 6, 61, 8 § *Necessitate*, Nr. 3: "*curator hereditati*", wenn der Vater die vom Sohn angetretene Erbschaft nicht verwalten will; und § *sin autem in sec.*, Nr. 1.

[24] Vgl. Knothe, Geschäftsfähigkeit, S. 33f.; Gl. *patre* zu I. 3, 19, 11 (*Sed qui in potestate parentis est impubes, ne auctore quidem patre obligatur.*), als Grund wurde angeführt: "*Vel dic, quod tutorem habet obligatum, si male auctoratur, patrem non.*"; Gl. *hoc facere* zu C. 6, 61, 8: „[...] *etiam sine auctoritate alicuius, nam curatorem non habet. quia nec posset habere, cum sit in patris potestate, et statim dicit: nec pater auctorizat, quia nec eam volebat.*"; vgl. auch den Fall C. 7, 10, 6 und die Glosse dazu (Vater kann Sklaven des minderjährigen Sohnes selbst mit dessen Zustimmung nicht freilassen.).

[25] Bartolus, D. 1, 6, Nr. 9.

der.[26] Da Inhaber der *patria potestas* nur ein *civis Romanus* sein konnte[27], wurde die Frage erörtert, wer im Mittelalter als ein solcher angesehen wurde. Die *patria potestas* sollte demnach z.B. nicht bei den Galliern und Bretonen gelten.[28]

Unter der *patria potestas* standen die aus einer rechtmäßigen Ehe hervorgegangenen Kinder.[29] Auf Arrogation und Adoption, die künstlichen Begründungsarten des väterlichen Gewaltverhältnisses, wird hier nicht eingegangen.[30]

II. Die Dauer der *patria potestas*

Die Glossatoren und Konsiliatoren rüttelten nicht an dem Grundsatz, daß die *patria potestas* grundsätzlich, solange der Vater lebte, bestand. Den bekannten Auflösungsgründen, wie etwa Tod des Gewalthabers und Emanzipation, haben sie keine neuen hinzugefügt. Eine einseitige Aufhebung durch *abdicatio*[31] (ἀποκήρυξις bei den Griechen) seitens des Vaters oder eine zweiseitige durch Einigung[32] wurde von den Glossatoren nicht für möglich gehalten. Nach Auffassung der Konsiliatoren konnte der Vater den Sohn gegen dessen Willen nur *ex iusta causa* emanzipieren.[33] Eine *emancipatio ad unum actum*, um die Wirkungen der *patria potestas* in bezug auf bestimmte Angelegenheiten wie z.B. den Abschluß von Rechtsgeschäften und die Testamentserrichtung auszuschließen, wurde in der Regel nicht als zulässig angesehen.[34]

Im Hinblick auf C. 8, 46, 1 vertraten die Glossatoren die Auffassung, daß die väterliche Gewalt "verwirkt" werden konnte.[35]

---

[26] Placentinus, *Summa Codicis*, C. 8, 46 [47]: "*Sed nec matres filios suos habent in potestate.*"; Accursius, Gl. *Peculium* zu D. 2, 4, 8pr.: „[...] *et est arg. quod de matre habes [...] quae similiter non habet filium in potestate.*"; Azo, *Summa Aurea*, Fol. 222^{v}, zu C. 8, 46 [47]: "*Matres autem, vel avi materni non habent liberos suos in potestate.*".

[27] Vgl. Gai. I, 55 (= I. 1, 9, 2).

[28] Jason de Mayno, D. 12, 6, 38, Nr. 4.

[29] Dazu siehe I. 1, 9; Wernerius, *Summa Institutionum*, S. 11; Bartolus, D. 1, 6, 3, Nu.1.

[30] Dazu siehe die Kommentierungen zu I. 1, 11, C. 8, 47 und D. 1, 7.

[31] Placentinus, *Summa Codicis*, zu C. 8, 46 [47]: "*Sed nec pater filium suum abdicare poterit.*"; Azo, *Lectura super Codicem*, zu C. 8, 46 [47], 6: „ [...] *et dicebatur apokeryxis. Nescimus qualiter fieret, vel forte dic quod ducebatur ad trivium et permittebat ire quo volebat.*".

[32] Gl. *abdicatio* zu C. 8, 46 [47], 6: "*Vel dic abdicatio, ut quia dicebat pater, nolo quod sis filius meus, et filius consentiebat, vel ignorabat, vel dissentiebat: hoc quidem similiter fieri non potest apud nos.*".

[33] Paulus de Castro, D. 45, 1, 131, Nr. 10.

[34] Paulus de Castro, D. 28, 1, 6, Nr. 4: "*quia patria potestas est indivisibilis, unde emancipatio non potest fieri quantum ad unum actum, sicut nec manumissio, quia non potest quis esse servus, quo ad quaedam, et quo ad quaedam liber.*"; - Vgl. aber den Fall bei Jason de Mayno, Repetitio D. 12, 6, 38, Nr. 44: Ein Sohn schenkt seinem Bruder mit Zustimmung des Vaters. In der Zustimmung wird die stillschweigende Emanzipation zu diesem Akt gesehen; siehe auch Jason de Mayno, D. 12, 6, 38, Nr. 44.

[35] Accursius Gl. *passus sis* zu C. 8, 46 [47], 1: "*per quam patientiam videris approbare, et praesumitur, eum esse sui iuris [...] et hoc cum dubium est, emancipaverit eum, vel non: si autem esset certum emancipationem factam. sed dicit pater non iure factam, non auditur pater, si diu sic stetit filius.*".

Bei Bekleidung bestimmter Ämter wie der Bischofswürde wurde der Sohn von der väterlichen Gewalt befreit, da es mit der Würde eines solchen Amtes nicht vereinbar wäre, müßte sich der Amtsinhaber den Befehlen seines Gewalthabers unterordnen.[36] Dagegen beeinflußte der Militärdienst, der dem Haussohn eine weitgehend selbständige Lebensstellung auch in vermögensrechtlicher Hinsicht gewährte (*peculium castrense*), das Bestehen der *patria potestas* nicht.[37]
Der Vater konnte vom Sohn nur in wenigen Ausnahmefällen zur Emanzipation gezwungen werden[38], die als Akt der *voluntaria iurisdictio* vor einem Richter zu erfolgen hatte.[39]

III. Die Wirkungen der *patria potestas* auf die Person der Hauskinder
Das bei den Römern ursprünglich unumschränkte Herrschaftsrecht des Vaters wurde von den Glossatoren und Konsiliatoren in persönlicher Hinsicht stark eingeschränkt, indem sie dem Vater das *ius vitae necisque* absprachen.[40] Das Verkaufsrecht im Falle des Hungers beließen sie ihm aber.[41]
Das Züchtigungsrecht wurde dem Vater nach wie vor zugestanden.[42] Bei ihm stand nun der Erziehungsgedanke im Vordergrund.[43] Wenn es dem Vater nicht gelang, den Sohn "auf den rechten Pfad zu bringen", dann konnte er den Weg des C. 8, 46, 3 beschreiten und den Richter angehen, daß dieser eine Strafe nach Belieben des Vaters verhängt.[44] Die festzusetzende Strafe sollte allerdings der Mis-

---

[36] Bartolus, D. 1, 6, 8, Nr. 5; Jason de Mayno, D. 1, 6, 8, Nr. 48 und 50, "*doctoratus*" und "*militia*" befreien nicht von der väterlichen Gewalt, Nr. 51.

[37] *Casus* zu C. 8, 46 [47], 7: "*An filius filiifamil. militis, sit in potestate avi, quaeritur? Et dicitur quod sic.*"; Gl. eod. *Ambigitur*: "*nam et ipse filius, licet miles sit, remanet in potestate.*" - Str. bei einem *sacerdos*.

[38] Roffredus, *Libelli iuris civilis*, 5. Teil, *De officio iudicis quo petit filius emancipari a patre ubi pater agnovit legatum ut eum emancipet, et si eum male tractaverit contra paternum pietatem.*" - Zur Abfassung des *libellus* Jason de Mayno, Repet. D. 12, 6, 38, Nr. 23 (täglich auftauchende Frage).

[39] Jacobus de Ravanis, zu C. 8, 46 [47], 1 befaßt sich mit der Frage der Emanzipation vor einem auswärtigen Richter.

[40] *Casus* zu C. 8, 46 [47], 10: "*Licet pater habuerit olim potestatem vitae et necis in filium.*"; Albericus de Rosciate, D. 1, 1, 3, Nr. 12 (*ius antiquissimum*) m. w. N.

[41] Placentinus, *Summa Codicis*, C. 8, 46 [47]: "*Sed nec pater, materve, nisi propter famem, poterit filium suum alienare vel obligare.*"; *Casus* zu C. 8, 46 [47], 6: "*Licet apud Graecos pater filium vendere potest: non tamen apud nos: sed si fiat venditio, non tenebit.*"; ebenso Gl. *Abdicatio* zu C. 8, 46 [47], 6: "*id est separatio, ut quia pater filium vendebat: hoc quidem fieri non potest apud nos.*"; Accursius, Gl. *ius autem* zu I. 1, 9: "*Jus quod consistit in septem. Primo: quia necessitate famis pater filium vendere potest, vel obligare.*"; Jacobus de Ravanis, C. 8, 46 [47], l. *Si filius*.

[42] Gl. *Non prohiberis* zu C. 8, 46 [47], 3 m. w. N.; Gl. *patria potestas* zu C. 6, 61, 6 *De bonis quae lib.*: "[...] *Erubescit enim lex, filios fieri castigatores parentum.*". - Dazu findet sich bei Placentinus in der *Summa Codicis* nichts. Den Fall des C. 8, 46, 3 sieht er als *actio criminalis* an.

[43] Albericus de Rosciate, D. 1, 1, 2: „[...] *et parentibus concessa est modica castigatio, si filii eis non oboediant.*".

[44] Azo, *Lectura in Codicem, zu* C. 8, 46 [47], 3, S. 662: "*Si in priori contumacia perseveraverit.* [...] *si enim perseveraverit in priori contumacia, acriori poena est puniendus, 'quam tu quoque dici volueris'. Nota mirabile, quia absurdum est, quod feratur sententia pro voluntate actoris. sed hoc ideo est, quia*

setat (*contumacia*) des Sohnes entsprechen. Diese Regelung sah man als gerechtfertigt an, weil man davon ausging, daß der Vater keine zu hohe Strafe forderte[45]. Weiterer Ausfluß des Herrschaftsrechts der *patria potestas* war, daß der Sohn sich Beleidigungen vom Vater gefallen lassen mußte.[46]
Der Konsens der Eltern zur Eheschließung der Kinder wurde nach *ius civile* gefordert.[47]
Allgemein anerkannt bei den Glossatoren und Konsiliatoren war, daß zwischen Eltern und Kinder gegenseitige Unterhaltsansprüche bestanden.[48] Dies galt bei den Kindern sowohl für unter väterlicher Gewalt stehende als auch für emanzipierte.[49] Nicht einheitlich wurden das Wesen und der Rechtsgrund der gegenseitigen Unterhaltspflicht gesehen. PLACENTINUS faßte in seiner Bearbeitung des Codextitels "*De patria potestate*" die Pflicht als einen Ausfluß der väterlichen Gewalt auf[50], obwohl er auch den emanzipierten Kindern einen Anspruch zubilligte.[51] Mit der *patria potestas* ließ sich auch nicht die Unterhaltspflicht der Kinder gegenüber ihren Eltern erklären. Als Grund der gegenseitigen Unterhaltspflicht wurde dann auch von anderen Autoren die verwandtschaftliche Abstammung genannt (*filiatio vel paternitas*)[52] und die Versorgungspflicht der Eltern als ein Gebot von Natur und Gerechtigkeit bezeichnet[53], welches zur bürgerlichrechtlichen Verpflichtung geworden sei.[54] Grund der kindlichen Unterhaltspflicht war die den Eltern geschuldete *reverentia*.

---

non praesumitur quod pater filio vellet amputare caput. unde patri maior datur potestas in filiam, quam marito: quia plerumque pietas paterni nominis consilium pro liberis capit.".

[45] Gl. *volueris* zu C. 8, 46 [47], 3: "*nam est verisimile, quod non pravam sententiam petet.*"; Azo, *Lectura super Codice*, zu C. 8, 46 [47], 3 D. l. *propter*.

[46] Bartolus, D. 1, 1, 3, Nr. 4: "*Summarium: Filius aut servus non possunt percutere patrem, aut dominum ipsos verberantes. Iniuria omnis, quae fit a parente usque ad septimum gradum, non praesumitur animo iniuriandi facta.*".

[47] Vgl. Bartolus, *Tractatus de differentia inter ius Canonicum et civile*, Nr. 58 mit Quellenbelegen.

[48] Siehe die Darstellung bei Krause, Gegenseitige Unterhaltsansprüche, S. 33ff. und S. 44ff.; Rogerius, *Summa Codicis*, C. 5, 25 (*De alendis liberis ac parentibus*): "*iudex quidem parentes cogere debet ad alendos et agnoscendos liberos pro modo facultatum.*"; Placentinus, *Summa Codicis*, C. 8, 46: "*Jure patriae potestatis pater debet filium exhibere, erudire* [...]."; Odofredus, *Lectura super Codice*, zu C. 8, 46 [47], 5 Fol. 174^r; ders., zu C. 8, 46 [47], 10, Fol. 174^v; Azo, *Summa Aurea*, C. 8, 46, Fol. 223 a. E.: "*alimenta autem praestari dico liberis a parentibus, et e converso: non iure patriae potestatis: sed ratione filiationis vel paternitatis.*"; ders., *Summa Aurea*, C. 5, 25 Anm. 6; *Casus* zu C. 5, 25, 1; *Casus* zu C. 5, 25, 3; *Casus* zu C. 5, 25, 4; *Casus zu* C. 8, 46 [47], 5; Gl. *Ius autem* zu I. 1, 9: "*Quidam tamen dixerunt, quod alimenta adinvicem hoc iure [patriae potestatis] praestantur: quod falsum est: cum in emancipatis etiam hoc sit.*"; Roffredus, *Libelli iuris civilis*, S. 28ff. - Paul de Castro, C. 6, 61, 8, § *Ipsum autem*; Bartolus, *Tractatus de alimentis*, Nr. 8 ("*necessitate naturae et sanguinis*").

[49] Siehe nur Gl. *Ius autem* zu I. 1, 9; Roffredus, *Libelli iuris civilis*, S. 28ff.

[50] *Summa Codicis*, C. 8, 46 [47]: "*Jure patriae potestatis* [...]".

[51] Placentinus, *Summa Codicis*, C. 5, 25 (*De alendis liberis*).

[52] So Azo, *Summa Codicis*, zu C. 8, 46 [47], S. 322.

[53] Krause, Gegenseitige Unterhaltsansprüche, S. 35 mit Nachweisen in FN 11.

[54] Gl. *educatio* zu D. 1, 1, 3: „ [...] *eo enim quod movetur parens ad educationem filii, est ius naturale: et ad hoc etiam adstringitur, nisi filius per se sit sufficiens.*".

Auch nach Auffassung der Glossatoren und Konsiliatoren bestand eine Rechtspflicht des Vaters zur Dotierung der Tochter.[55] Fraglich ist aber, ob der Tochter zur Durchsetzung eine eigene *actio* gewährt wurde.[56]
Was die *donatio propter (ante) nuptias* betrifft, so traf auch hier den Vater die Rechtspflicht zu ihrer Bestellung.[57] Die Gewährung der *dos* und der *donatio propter nuptias* wurde als Schenkung aufgefaßt, die als wirksam angesehen wurde, auch wenn das begünstigte Kind sich noch in der väterlichen Gewalt befand.[58]

Die Kinder schuldeten demgegenüber den Eltern, also auch der Mutter, Respekt und Ehrerbietung (*reverentia, pietas*)[59], Pflichten, die auch noch nach Beendigung der väterlichen Gewalt erfüllt werden mußten. Die Konsiliatoren verpflichteten die Kinder z.T. unter Bezug auf Bibelstellen zum Gehorsam gegenüber ihren Eltern.[60] Interessant ist, daß Azo die Pflicht zur Ehrerbietung aus dem *ius civile* folgen läßt und nicht als eine Pflicht des *ius naturale* ansieht.[61]

---

[55] Placentinus, *Summa Codicis*, C. 8, 46 [47]: "*Iure patriae potestatis pater debet pro filia dotem dare.*"; Azo, *Lectura super Codice*, zu C. 5, 11, 1 (*De dotis promissione vel nuda pollicitatione*), Anm. 4; Vivianus, Casus zu D.10, 2, 35: "*Pro filiam, quam habebam in potestate, fundum in dote dedi: postea decessi et eam cum aliis suis fratribus heredem institui. an ista filia teneatur fundum illum in dotem datum sibi conferre fratribus suis, quaeritur. Et resp. quod non: imo praecipuum habebit: et iuste retinebit.*"; Vivianus, *Casus zu* D. 14, 6, 17: "*Si filiusfam. accipiat mutuam pecuniam ut suam sororem dotet, in patrem competit de in rem verso actio: quia pater tenetur hoc facere.*"; Franc. Accurs., *Casus* zu D. 49, 17, 5. - Albericus de Rosciate, D. 5, 1, 4, Nr. 2; Paulus de Castro, D. 24, 3, 44pr., Nr. 4.

[56] Kein eigener Anspruch: Paulus de Castro, D. 36, 1, 23, 4 (*Ad senatusconsultum Trebellianum*), § *Cum proponeretur*, Nr. 7; Albericus de Rosciate, D. 5, 1, 4, Nr. 2.

[57] Placentinus, *Summa Codicis*, zu C. 8, 46 [47]: "*Iure patriae potestatis pater debet [...] donationem propter nuptias pro eo constituere.*".

[58] Gl. *in potestate* zu D. 10, 2, 35; Gl. *naturaliter*: „[...] *sicut enim est speciale ut dominium transferatur in filiam.*"; Azo, *Summa Codicis*, zu C. 6, 61; Gl. *in potestate* zu C. 3, 29, 2: "*Not. ergo quandoque patrem filio posse donare ut transeat dominium statim. quod est verum in casibus, scilicet in dote et donatione propter nuptias.*".

[59] Azo, *Summa Aurea*, C. 8, 46 [47], Fol. 222^{v}: „[...] *inter patrem et filium, vinculum de iure civili reverentiae, et castigationis, et subjectionis* [...]."; ders., *Lectura super Codicem*, zu C. 8, 46 [47], 3, S. 662: "'*Pietatem': id est, patriam potestatem vel subiectionem.*"; ders., *Lectura super Codicem*, C. 2, 41, 2 (*Qui et adversus quos in integrum restitui non possint*) Anm. 6, S. 141: "*Sive enim sit honesta persona patris sive non, semper debet videri filio honesta et sancta.*"; Placentinus, *Summa Codicis*, zu C. 8, 46 [47]; Rogerius, *Summa Codicis*, zu C. 6, 6 (*De obsequiis patrono praestandis*), S. 154: "*Persona enim parentis et patroni semper honesta liberis et libertis prospici debet. ideoque obsequia, et omnem reverentiam his praestare debent.*"; ders., *Summa Codicis*, zu C. 8,46 [47], S. 207: "*persona vero patris semper et sacra, et sancta, et honesta liberis videri debet. ideo pietatem, et obsequium ac omnem reverentiam prestare eis debent.*" - Zur Verletzung der Pflicht: Rogerius, *Summa Codicis*, C. 8, 46 [47], S. 207: "*Sin autem liberi pietatem, non servata reverentia, leserint, contumeliis forte parentes, quod venerari oportet, afficiendo, vel manus impias in eos inferendo, vel subsidium vitae, si in ea causa sint, parentibus denegando, non solum more et iure patriae potestatis castigandi sunt, sed etiam iudici offerendi sunt, ut delictum, ad publicam pietatem lesam pertinens, pro modo admissi, severius vendicet, dicturo sententiam, quam pater dici voluerit. quod etiam in matre iuris est.* - Albericus de Rosciate, D. 1, 2, Nr. 4; Paulus de Castro, C. 6, 6 (*De obsequiis patrono praestandis*), Nr. 1.

[60] Albericus de Rosciate, D. 1, 2, Nr. 4.

[61] Azo, *Summa Aurea*, C. 8, 46 [47], Fol. 222^{v}.

IV. Die Wirkungen der *patria potestas* auf das Vermögen der Hauskinder

1. Die Vermögensfähigkeit des Hauskindes

Beim Vermögensrecht der Kinder wurde der nur noch *de iure* geltende Grundsatz der Vermögens- und Erwerbsunfähigkeit des Kindes weiterhin aufrechterhalten[62]. Allerdings erkannte man die von ihm gemachten Ausnahmen, das Recht der Pekulien, an,[63] die die - wenn auch eingeschränkte - Vermögens- und Erwerbsfähigkeit bedeuteten. Die alte Regel aber, daß der Haussohn alles für den pater familias erwirbt, wurde als nicht mehr gültig angesehen.[64] Es galt die Regel von C.6,61,6, wonach der Sohn nur *ex re et ex contemplatione patris* nichts für sich erwerben konnte.[65] Der Erwerb aus eigener Arbeit sollte dem Haussohn erhalten

---

[62] Azo, *Summa Aurea*, C. 4, 27 (*Per quas personas nobis adquiritur obligatio*), Fol. 93v; "*Acquiritur autem nobis [...] per filios in potestate nostra positos, vel constitutos.*"; ders., *Lectura super Codicem*, zu C. 8, 46 [47], 2, *De patria potestate, Eius qui.*; Wernerius, *Summa Institutionum*, zu I. 2, 9: "*Nobis acquiritur non solum per nosmetipsos, sed etiam per alios, et praecipue per eos, quos in potestate habemus. nam filii et servi, qui in nostra sunt potestate, nobis, cum distinctione tamen, acquirunt.*"; Rogerius, *Summa Codicis*, zu C. 6, 6 (*De obsequiis patrono praestandis*), S. 207: „[...] *quapropter omnia que per liberos acquiruntur ad parentis dominium pertinent, his exceptis que specialiter ex nova Constitutione excepta sunt.*"; Odofredus, *Lectura super Codice*, zu C. 8, 46 [47], 2, Fol. 174r: "*Sed hodie si querit ex re patris, quaerit patri pleno iure.*"; *Casus* zu C. 8, 46 [47], 2: "*filius in potestate constitutus, acquirit patri, nisi sint ea, quae patri non acquiruntur, puta castrensia. [...] hodie etiam omnia adventitia, quantum ad proprietatem.*"

[63] Azo, *Summa Aurea*, C. 4, 27 (*Per quas personas nobis adquiritur obligatio*), Fol. 93v: „[...] *sed hodie in castrensi vel quasi castrensi peculio nihil est immutatum; [...] si autem aliunde obveniant filiofamil. vel laboribus suis, vel prospera fortuna, filiusfamil. habet proprietatem nudam, et pater usumfructum.*"; ders., *Lectura super Codicem*, zu C. 8, 46 [47], 2: *Eius qui.* "*Extra ea quae non acquiruntur. Veluti castrensia et quasi et omnia adventitia quantum ad proprietatem.*"; Wernerius, *Summa Institutionum*, zu I. 2, 9 (*Per quas personas nobis acquiritur*): "*Hodie vero non ita. est autem peculium aliud castrense vel quasi castrense. quod sine distinctione filiis acquiritur. aliud paganum, ubi distinctio adhibetur. paganum enim aliud adventitium, aliud profectitium [...] adventitium dicitur quod aliunde, non ex re patris, filio obvenit, in quo patri acquiritur usufructus, proprietas vero omni modo ad filium pertinet.*"; Rogerius, *Summa Codicis*, C. 8, 46 [47], S. 207: „[...] *quedam vero dumtaxat ad usumfructum, proprietate filiis concessa, ut in adventitiis. [...] item quedam sunt que in totum ad filios pertinent, ut castrensia et quasi.*"; Odofredus, *Lectura super Codice*, C. 8, 46 [47], 2, Fol. 174r; Gl. *a fratre* zu D. 12, 6, 38: "*Item nota quod quinque modis potest f.f. habere pecuniam. nam potest habere pecuniam patris, item profectitiam, item castrensis peculii, item quasi castrensis, item adventitiam.*" - Albericus de Rosciate, D. 12, 6, 38, Nr. 1; Paulus de Castro, D. 12, 6, 38, Nr. 11; Bartolus D. 12, 6, 38, Nr. 4.

[64] Cinus, C. 6, 61, 6, Nr. 1 bezeichnet die Regel als *ius vetustissimum*.

[65] Azo, *Summa Aurea*, C. 4, 27 (*Per quas personas nobis acquiritur obligatio*), Fol. 93 v: „[...] *in aliis autem rebus siquidem acquirantur ex re patris, vel occasione rerum paternarum, pleno proprietatis iure patri quaeruntur.*"; ders., *Lectura super Codicem*, zu C. 6, 61, 6: "*Non ex eius substantia: Ideo dicit, quia si ex patris substantia acquisisset, etiam quo ad proprietatem sibi acquireret. [...] idem si ex occasione substantiae ipsius, ut hic dicit. unde est arg. quod si filius acquisierit ex pecunia patris usus, quam dedit ei, ut negociaretur, quod patris sint.*"; Rogerius, *Summa Codicis*, C. 8, 46 [47], S. 207: "[...] *vero in totum perveniunt, ut quae ex re patris profecta sunt, vel eius occasione sunt acquisita.*"; Odofredus, *Lectura super Codice*, C. 8, 46 [47], 2, Fol. 174r: "*Sed hodie si querit ex re patris, quaerit patri pleno iure.*" ders., *Lectura super Codice*, C. 6, 61, 6, Anm. 5, Fol. 90v; Placentinus, *Summa Codicis*, zu C. 8, 46 [47]:

bleiben.[66] Es widerspreche dem Gerechtigkeitsgefühl, wenn andere von den Bemühungen des Haussohnes sollten profitieren können.[67]
Auf der Grundlage des nur noch *de iure* bestehenden Grundsatzes der Erwerbsunfähigkeit wurden Vermutungen aufgestellt - wenn nicht feststand, woher der Sohn erworben hatte -, daß der Erwerb des Haussohnes *ex re patris* erfolgt sei.[68] Allerdings wurde der Wirklichkeit der faktisch bestehenden Vermögens- und Erwerbsfähigkeit der Haussöhne dadurch Rechnung getragen, daß auch differenziertere Vermutungen, die auf JOHANNES BASSIANUS zurückgingen, aufgestellt wurden[69]. War der Sohn tüchtig und der Vater arm, dann wurde vermutet, daß der Sohn zum *peculium adventitium* erworben hatte; war der Sohn dagegen faul und unfähig, der Vater reich, dann griff die Vermutung zugunsten des Vaters ein, also wurde ein Erwerb *ex re patris* angenommen, der zum *peculium profectitium* geschlagen wurde.

2. Die Rechtslage bezüglich der einzelnen *peculia*

a) Das *peculium profectitium*
Beim *peculium profectitium* hat sich im Vergleich zum antiken römischen Recht nichts geändert. Der Vater blieb Eigentümer der in dieses fallenden Gegenstände, er hatte dem Sohn aber die Verwaltung gestattet.[70] Ob das *peculium profectitium*

"*Item ex re patris si quid filiusfamilias quaesierit, illud totaliter ad patrem pertinebit.*"; Gl. *ex eius substantia zu* C. 6, 61, 6: "*Ex substantia patris esse videtur, si aliquid contemplatione patris datum est filio.*".

[66] Azo, *Summa Aurea*, C. 4, 27 (*Per quas personas nobis adquiritur obligatio*), Fol. 93^{v}; Odofredus, *Lectura super Codice*, C. 8, 46 [47], 2: "*Si autem quaerit ex opera sua, vel ex prospera fortuna,[...] querit patri quantum ad usumfructum tantum sibi, quantum ad proprietatem.*".

[67] Glossator V. zu Wernerius, *Summa Institutionum*, I. 2, 9: „[...] *et hoc ita parentum fiebat ut esset eis licentia, quod per unum unamve eorum acquisitum esset, alii filio vel extraneo donare, vel vendere, vel quocunque modo voluerant, applicare. quod nobis inhumanum visum est. [...] quod autem ex alia causa sibi filiusfamilias acquisivit, forsitan alicuius hereditatis, seu etiam fortuito casu, ut inventionis pecuniae, huius usumfructum quidem patri acquirat, dominium autem apud filium remaneat, ne quod ei ex suis laboribus, vel prospera fortuna accessit, hoc in alium perveniens, ei luctuosum procedat.*".

[68] Azo, *Lectura super Codice*, zu C. 8, 46 [47], 2: *Eius qui*. - Cinus, C. 6, 61, 6, Nr. 13.

[69] Azo, *Lectura super Codice*, zu C. 8, 46 [47], 2: *Eius qui*. "*Nos distinguimus, utrum filius fuerit in aliqua arte et pater pauper an non sit in arte aliqua, et econverso pater fuerit dives. tunc enim praesumitur de bonis patris acquisivisse: nisi sint talia, quae acquiri non potuerunt, ut hic dicit. unde debet probare exceptionem, scilicet, talia acquiri non potuerunt.*"; ders., *Lectura super Codice*, zu C. 6, 61, 6; ders., *Brocardica*, Fol. 94^{v}; Odofredus, *Lectura super Codice*, C. 6, 61, 6 Anm. 6 Fol. 90^{v}: "*Quidam dixerunt quod semper praesumimus quaesitum de bonis patris vel occasione patris: sicut dicimus in uxore. [...] Et ideo aliter est dicendum, et utendum est tali divisione secundum Johannem quando aut filius est diligens et pater est pauper, et tunc praesumitur quod ex sua industria acquisivit: et hoc casu praesumemus esse adventitium. aut filius est negligens et nihil scit operari et pater est dives: et tunc praesumimus quod ex bonis patris quaesiverit: et hoc casu erit profectitium peculium.*"; Gl. *Ex eius substantia* zu C. 6, 61, 6.

[70] Albericus de Rosciate, D. 12, 6, 38, Nr. 2 "*olim et hodie*": „ [...] *quia peculium quod pater a suis rationibus separavit et filio administrationem concessit et sic filius habet detentionem.*"; Paulus de Castro, D. 12, 6, 38, Nr. 11 und 17; ders., C. 6, 61, 6, Nr. 1; Bartolus, D. 12 ,6, 38, Nr. 4.

zu Zeiten der Glossatoren und Konsiliatoren noch gebräuchlich war, läßt sich den untersuchten Quellen nicht entnehmen.
Vom *peculium profectitium* wurde der Fall abgegrenzt, daß der Sohn Geld des Vaters (*pecunia paterna*) in Händen hatte, das nicht wie das *peculium* vom übrigen Vermögen des Vaters getrennt war.[71] Ein gewichtiger Unterschied zwischen beiden sollte darin bestehen, daß der Sohn den Vater nur in bezug auf das *peculium profectitium* verpflichten konnte. Der Vater haftete einem Gläubiger des *peculium* mit der *actio de peculio*.[72]
Die Konsiliatoren beschäftigten sich ausführlich mit der Frage, ob der Gewinn aus einem Geschäft, das der Sohn mit Mitteln des Vaters vorgenommen hatte, dem Sohn oder dem Vater zustand. Im ersten Fall fiele der Erwerb in die *bona adventitia*, im zweiten Fall in das *peculium profectitium*. Diese Frage dürfte in der Praxis nicht selten aufgetreten sein, wenn sich auch in den Konsilien kein entsprechender Fall finden ließ.
Als Beispielsfall wurde in der Literatur unter anderem der folgende erörtert:[73] Wenn der Sohn mit eigenen Händen ein väterliches Grundstück bebaut hatte, dann wurde die eine Hälfte der Früchte seiner Mühe zugeschrieben und fiel in das Adventizgut - Nießbrauchsrecht des Vaters -, die andere Hälfte wurde dem "Grund und Boden" zugeschrieben und damit dem *peculium profectitium* zugerechnet. Das bedeutete z.B. auch, daß der Sohn die zweite Hälfte bei der Erbauseinandersetzung nach dem Vater miteinzubringen hatte.

b) Das *peculium castrense vel quasi castrense*
Das *peculium castrense* und das *peculium quasi castrense* blieben auch bei den Glossatoren und den Konsiliatoren die einzigen freien Vermögensmassen, an denen dem Vater aufgrund der *patria potestas* keinerlei Rechte zustanden.[74] Vielmehr wurde auch hier dem Sohn die Stellung eines *pater familias* eingeräumt.[75]
Die Glossatoren bemühten sich, das *peculium castrense* und *quasi castrense* mit den damaligen Berufen auszufüllen.[76] Für das peculium castrense bereitete dies

---

[71] Albericus de Rosciate, D. 12, 6, 38, Nr. 1 und 2; dazu siehe auch Jason de Mayno, Repetitio D. 12, 6, 38, Nr. 2: Vater gibt Sohn Geld zum Handeltreiben.
[72] Albericus de Rosciate, D. 12, 6, 38, Nr. 2; Jason de Mayno, Repetitio D. 12, 6, 38, Nr. 3: Der Sohn verpflichtet beim *peculium profectitium* den Vater nicht aus Kontrakt, sondern nur mit der *actio de peculio*; in bezug auf die *pecunia paterna* kann er den Vater nicht verpflichten.
[73] Paulus de Castro, C. 6, 61, 6, Nr. 5; Baldus, C. 3, 28, 30 § *Imputari*, Nr. 6 gegen eine schematische Teilung; siehe auch Bartolus, C. 6, 61, 6, Nr. 1: Bartolus bezieht die Aussage der Glosse, daß der Erwerb zum *peculium profectitium* gehöre, da er *ex re patris* sei, nur auf das *fundum*, nicht aber auf den durch seine Arbeit erzielten Erwerb. Dieser solle zu den Adventizgütern gehören.
[74] *Casus* zu C. 6, 61, 6: "*in peculio castrensi vel quasi nihil habebis*"; Definitionen der beiden *peculia* in der Gl. *exceptis castrensibus peculiis* zu C. 6, 61, 6: "*Est et castrense, quod in castris quaeritur [...] Est et quasi castrense, quod in civitate quaeritur ex publica causa, ut salaria ex publico.*".
[75] Albericus de Rosciate, D. 12, 6, 38, Nr. 2; Paulus de Castro, D. 12, 6, 38, Nr. 2: "*in his duobus filius habet dominium et administrationem*" und Nr. 15; ders., C. 6, 61, 6, Nr. 1; Bartolus, D. 49, 17.
[76] Fitting, Das castrense Peculium, S. 528ff.

keine Schwierigkeiten, da es auch im Mittelalter *milites* gab. Ein *peculium quasi castrense* sollten alle diejenigen haben können, die öffentliche Saläre in Gelegenheit einer Ehrenstellung (*dignitas*), eines Lehen (*beneficium*) oder eines Lehramtes (*magisterium)* erhielten. Dazu wurden die *patroni, notarii, medici et magistri studiorum* gerechnet.[77] Fraglich war allerdings beim *advocatus*, ob das Honorar, das er von seinen Klienten erhielt, ins *peculium quasi castrense* fiel. Baldus bejahte diese Frage.[78]

Daß die Einkünfte aus diesen Tätigkeiten zum freien Vermögen des Haussohnes gezählt wurden, stellte eine Privilegierung gegenüber anderen Berufen dar, da sonst die Regel galt, daß alles, was der *filius familias ex opera sua vel laboribus suis* erwarb[79], ins Adventizgut fiel und damit mit dem Nießbrauchsrecht des Vaters belastet war.

Im Feudalrecht wichtig geworden ist die Regel, daß der Sohn das, was er aus Freigiebigkeit des *princeps* erhielt, für das *peculium castrense* erwarb.[80]

c) Die *bona adventitia regularia*

Die *bona adventitia* haben ihre große Bedeutung auch bei den Glossatoren und den Konsiliatoren nicht verloren.[81] Dabei stellten die *bona adventitia regularia* das unfreie Vermögen des Hauskindes dar: der Sohn war zwar Eigentümer, dem Vater stand aber der Nießbrauch daran zu, und außerdem hatte er das Recht der Verwaltung.[82]

In die *bona adventitia* fielen alle die Güter, die der Sohn nicht vom Vater erhielt - dann höchstens *peculium profectitium* - und die nicht zum *peculium castrense vel quasi* zu rechnen waren. In erster Linie dürfte dies hier der Verdienst gewesen sein, den der Sohn aus außerhäuslicher Arbeit neben Erbschaften und Schenkungen von Seiten Dritter erzielte. Es galt die Regel, daß alles, was der Sohn aus eigenen Anstrengungen oder Glück erwarb, in die Adventizgüter fiel, wenn es nicht zu den castrensischen *peculia* gehörte.[83] Denn es sei hart für jemanden, wenn ein anderer den Nutzen seiner Arbeit genießen könne. Und diese Härte sei noch größer, wenn Nahestehende - hier der Vater und im Erbfall die Geschwister - Vorteile dar-

---

[77] Baldus, C. 3, 28, 37, Nr. 3; Fitting, Das castrense Peculium, S. 528ff.

[78] Baldus, C. 3, 28, 37, Nr. 4.

[79] Jason de Mayno, D. 45, 1 *Quod dicitur*, Nr. 19.

[80] Paulus de Castro, C. 6, 61, 7; str., manche nahmen in diesen Fällen *bona adventitia irregularia* an; siehe auch Fitting, Das castrense Peculium, S. 569 und 647.

[81] Siehe dazu nur Bartolus, C. 6, 61, 6, vor Nr. 1.

[82] *Casus* zu C. 6, 61, 6: "*Hic vult dicere de his quae acquiruntur filiis ex suis fortunis puta quia mercator erat pater, habebis in eis usumfructum, apud filium proprietate manente nec poteris proprietatem in alios filios tuos si quos habeas vel extraneos transferre.*", siehe auch C. 6, 60; Odofredus, *Lectura super Codice*, C. 6, 61, 6: „[...] *quod pater debet administrare*. - Paulus de Castro, C. 6, 60, 1, Nr. 1 und C. 6, 61, 1, Nr. 1.

[83] Jason de Mayno, D. 45, 1 *Quod dicitur*, Nr. 19; Paulus de Castro, C. 6, 61, 6 Nr. 1.

aus zögen.[84] In diesem Zusammenhang wird auch noch einmal auf die im Rahmen des *peculium profectitium* erörterten Fälle, in denen der Sohn mit Mitteln des Vaters Gewinn erzielte, verwiesen.[85] Die Erwerbsregel bei diesen Fällen wurde nämlich dahingehend eingeschränkt, daß der auf die Geschicklichkeit des Sohnes entfallende Anteil am Gewinn in die Adventizgüter fallen sollte. Damit war allerdings ein jeglicher Nutzen des Vaters am Verdienst des Sohnes nicht ausgeschlossen, da ihm ja der Nießbrauch zustand.
Zum Nießbrauch des Vaters bleibt noch zu bemerken, daß auch die Konsiliatoren ihn von einer Sicherheitsleistung befreit sehen wollten.[86]

Der Vater war *legitimus administrator* der Adventizgüter seines Kindes, wobei es nicht auf das Alter des Kindes ankam, er also auch das Adventizgut eines volljährigen Hauskind verwaltete.[87] Ihn traf die Pflicht zur sorgfältigen Verwaltung.[88] Das Verwaltungsrecht war insofern stark eingeschränkt, als Gegenstände der Adventizgüter nur in den bekannten Ausnahmefällen veräußert werden konnten (Veräußerung von Gegenständen einer Erbschaft zur Erfüllung von Erblasserschulden und Legaten).[89] Für solche Veräußerungen bedurfte der Vater nicht des Dekrets des Richters, noch mußte die Veräußerung im Wege einer öffentlichen Versteigerung erfolgen. War der *filius familias* minderjährig, so durfte der *pater familias* auch ohne die eben genannten Anforderungen sogar Immobilien veräußern.[90] Die Konsiliatoren hielten auch eine Veräußerung für zulässig, die für den Sohn von Nutzen war.[91]
Daran schließt sich die Frage nach den Konsequenzen an, wenn der Vater entgegen dem Verbot Gegenstände der Adventizgüter veräußert hatte und kein Ausnahmefall vorlag. Bei den Folgen unterschieden die Konsiliatoren zwischen unbeweglichen und beweglichen Sachen.[92] Immobilien, die jederzeit auffindbar waren, konnte der Sohn von dem Erwerber zurückverlangen.[93] Die dreißigjährige Verjährungsfrist begann erst mit dem Ende der *patria potestas* zu laufen.[94] Da der Sohn hier zu seinem Recht komme, habe er nichts vom Vater zu verlangen, so war

---

[84] Paulus de Castro, C. 6, 61, 6, Nr. 2, 3.
[85] Vgl. S. 79.
[86] Paulus de Castro, C. 6, 61, 8 § *hoc proculdubio*, Nr. 1: „[...] *nec cautionem praestare, quam praestat usus fru. propter reverentiam paternalem.*".
[87] Paulus de Castro, C. 6, 60, 1, Nr. 1, C. 6, 61, 8 § *Ubi autem*, Nr. 2.
[88] Placentinus, *Summa Codicis*, zu C. 8, 46 [47]: "*Item bona filiorum debet diligenter administrare, nec alienare: nisi ex causa concessa.*".
[89] Paulus de Castro, C. 6, 60, 1, Nr. 1, C. 6, 61, 8 § *Ubi autem*, Nr. 2.
[90] Paulus de Castro, C. 6, 61, 8 § *Sin autem aes*, Nr. 2.
[91] Jason de Mayno, D. 2, 14, 28 (*De pactis*) *Contra iuris*, Nr. 8.
[92] Paulus de Castro, C. 6, 61, 6, § *Sub hac tamen diffinitione*, Nr. 2; Bartolus, C. 6, 61, 6 § *Non autem*, Nr. 2.; vgl. dazu auch Paulus de Castro, D. 36, 1, 50 (Ad senatus consultum Trebellianum) l. Imperator, Nr. 9.
[93] Bartolus, C. 6, 61, 6 § *Non autem*, Nr. 2.
[94] Paulus de Castro, C. 6, 61, 4, Nr. 2.

die Auffassung von BARTOLUS.[95] Bei beweglichen Sachen, die verbrauchbar waren und sonst auch schwer auffindbar sein konnten, konnte der Sohn, wenn er die Sachen nicht mehr zurückerhielt, nach einer Auffassung den Entzug der Verwaltungsbefugnis des Vaters verlangen; nur beim Vorliegen von *dolus* haftete der Vater für die Unmöglichkeit der Herausgabe.[96] Die Feststellung, ob der Vater gut oder schlecht verwaltet hatte, wurde dadurch erschwert, daß ihn nach einhelliger Meinung anders als den *Tutor* keine Rechenschaftspflicht traf.[97] Einig waren sich die Juristen, daß dem Kind wegen schlechter Verwaltung der Adventizgüter keine *tacita hypotheca* am Vermögen des Vaters zustand (C. 6, 61, 6).[98] Die Güter des Vaters hafteten aber vom Anfang der Verwaltung an für die Erhaltung der Adventizgüter, die er bei Beendigung der *patria potestas* dem Sohn herausgeben mußte.[99] Darüber hinaus sollte eine Haftung der Güter auch für den Fall der arglistig schlechten Verwaltung bestehen.[100] Auch in diesem Fall wurde die Hypothek als vom Anfang der Verwaltung an als bestehend angesehen.

Wie bereits erwähnt, bestand die Möglichkeit des Entzugs des Verwaltungsrechts, wenn der Vater die Güter des Sohnes verschleuderte.[101] PAULUS DE CASTRO unter-

---

[95] Bartolus, C. 6, 61, 6 § *Non autem*, Nr. 2.

[96] Bartolus, C. 6, 61, 6 § *Non autem*, Nr. 2 ("*pater homo malae vitae*").

[97] *Casus* zu C. 6, 61, 6: „ [...] *attamen filius tuus a te rationem administrationis tuae exigere non debet.*"; Gl. c *non autem hypothecam*: "*primum administrationis rationem non reddendam.*"; Odofredus, *Lectura super Codice*, zu C. 6, 61, 6: "*Unum sciatis, quod pater debet administrare; et pro his rebus non est subjectus ratiociniis.*"; Gl. *reverentia* zu C. 6, 61, 8 § *Sin autem legata*: "*Item de ratiociniis non reddendis* [...]." - Bartolus, C. 6, 61, 6 § *Non autem*, Nr. 1; Paulus de Castro, C. 6, 61, 6 § *Sub hac tamen diffinitione*, Nr. 1, C. 6, 61, 8 § *Hoc proculdubio*, Nr. 1.

[98] *Casus* zu C. 6, 61, 6: "*[...] nec habet bona tua propter hoc obligato, quia male gubernes res filii tui vel male utaris. Poteris enim uti frui pro voluntate tua et de usuris poteris res comparare, et in alium quemcunque transferre.*"; Gl. *Non autem hypothecam* zu C. 6, 61, 6: "*Aliud quod bona patris filio non sint obligata pro mala administratione: [...] Vel verius non habet filius hypothecam, quia male sit usus pater, vel male gubernet.*". - Paulus de Castro, C. 6, 61, 6 § *Sed cum tacitas* und § *Sub hac tamen diffinitione*, Nr. 2; Bartolus, C. 6, 61, 6, § *Non autem.*

[99] *Casus* zu C. 6, 61, 6: „[...] *quod filius habet omnia bona patris obligata ad hoc, ut si pater aliquid de suo alienet, possit plenam habere securitatem.*"; Azo, *Lectura super Codice*, C. 6, 61, 6 § *sed cum tacitas hypothecas*: "*Solutio: ita est in maternis rebus, quod pro eis habent tacitas hypothecas, non pro aliis, ut ibi. vel non habent tacitas hypothecas pro ea quod aliquid male gesserint, sed ad consignationem earum rerum.*"; Odofredus, *Lectura super Codice*, C. 6, 61, 6: "*Sunt autem bona patris filio obligata [...] Sed ad id quod hic dicitur, quod bona patris non sunt filio obligata pro mala administratione: [...] Ad solutionem cuius contrarii dicunt quidam, quod hic dicitur ibi corrigitur. [...] hypothecas pro ratiociniis reddendis sed pro rebus non alienandis.*". - Paulus de Castro, C. 6, 61, 6 § *Sub hac tamen diffinitione*, Nr. 2.

[100] Bartolus, C. 6, 61, 6 § *Non autem*, Nr. 1: "*Administratio paterna est libera ab hypotheca.*", C. 6, 61, 6 § *Sed cum*: "*Pro rebus filii, in quibus pater est legitimus administrator, habet filius hypothecam a tempore administrationis incohatae. Dic ut ibi (§ Non autem). Vel dic, quod hic loquitur in mala administratione dolosa, ibi in culpabili etc.*".

[101] Gl. *Patria potestas* zu C. 6, 61, 6 *Additio*: "*Tu dicas cum Bar. hic, ubicunque pater dissipat bona filii si quidem filio ad ipsa bona potest dari regressus, quia vendit res immobiles, quae non consumuntur: tunc filius non potest reprehendere patrem. ita loquitur hic. si vero dissipat res mobiles, quae non possunt apparere, et pater solvendo non esset, et esset homo malae vitae: tunc potest ei administratio inter-*

schied auch hier bei der Frage des Entzugs des Verwaltungsrechts zwischen der Verschleuderung beweglicher und unbeweglicher Güter. Nur bei der Verschleuderung von beweglichen Sachen wurde die Gefahr für das Vermögen des Kindes als so schwerwiegend angesehen, daß sie den Entzug des Verwaltungsrechtes rechtfertigte.[102] Sonstige Ansprüche des Sohnes gegen den Vater wegen schlechter Verwaltung wurden nicht anerkannt.[103] Ansprüche des Hauskindes aus Geschäftsführung oder Mandat wären mit dem Herrschaftsrecht der *patria potestas* nur schlecht zu vereinbaren gewesen. Bei alledem ist zu berücksichtigen, daß es dem Sohn wegen der von ihm geforderten *reverentia* schwergefallen sein dürfte, seinen *pater familias* wegen arglistig schlechter Verwaltung zu belangen. Man denke an die infamierende Wirkung von Aktionen, die sich auf das Vorliegen von *dolus* gründeten.[104]

Zusammenfassend läßt sich feststellen, daß die Haftung des Vaters sehr stark eingeschränkt war. Er haftete nur für *dolus*, aber nicht für *neglegentia* und *culpa*. Wegen der fehlenden Rechenschafts- und Inventarisierungspflicht dürfte die Durchsetzung von etwaigen Ansprüchen dann fast gänzlich unmöglich gewesen sein.

Der volljährige und der minderjährige Sohn konnten Gegenstände der *bona adventitia regularia* nur mit Zustimmung des Vaters veräußern.[105] Den Grund für das Zustimmungserfordernis sah PAULUS DE CASTRO nicht allein im Schutz der Interessen des Vaters, sondern auch des Interesses der Kinder; sie sollten nicht in Armut fallen, und der Vater als *legitimus administrator* nicht in diesem Fall zu ihrem Unterhalt gezwungen sein.[106]

Beim sogenannten "*praemium emancipationis*" läßt sich für die hier behandelte Zeit ein uneinheitlicher Sprachgebrauch feststellen. So wurden darunter nicht nur Zuwendungen des Kindes an den Vater, sondern in Anlehnung an langobardisches Recht auch solche des Vaters an das Kind anläßlich der Emanzipation - man kann

---

dici."; Azo, *Lectura super Codice*, C. 6, 61, 6, Sp. 547: "*Sed si pater sit homo luxuriosus, administratione repellitur.*" - Paulus de Castro, C. 6, 61, 6 § *Sub hac tamen diffinitione* Nr. 2; ders., D. 36, 1, 50, Nr. 4 und Nr. 9; Bartolus, C. 6, 61, 6 § *Non autem*, Nr. 2; Baldus, *Tractatus de duobus fratribus simul habitantibus*, Nr. 4.

[102] Paulus de Castro, C. 6, 61, 6 § *Sub hac tamen diffinitione*, Nr. 2; ders., D. 36, 1, 50, Nr. 9: "*Aut mobilia, quae possunt occultari, et sic filio non est consultum, et tunc potest, ut hic primum dictum esset limitandum, nisi poneret res in manibus potentiorum, a quibus facile non possent vendicari, vel aliorum qui possessiones essent deterioraturi, vel nisi appareret de manifest dolo patris [...], quando autem mobilia, indistincte potest scrutari, et patrem de mala administratione reprehendere et eam sibi auferre.*".

[103] Bartolus, C. 6, 61, 6 § *Non autem*, Nr. 1; Baldus, *Tractatus de duobus fratribus simul habitantibus*, Nr. 4.

[104] Siehe nur Kaser, RPr Studienbuch, § 36 III 2.

[105] Paulus de Castro, D. 12, 6, 38, Nr. 14; ders., C. 6, 61, 8, § *Filii autem familias*, Nr. 2, 1; Bartolus, C. 6, 61, 8 § *Filii autem*.

[106] Paulus de Castro, C. 6, 61, 8, § *Filiis autem familias*, Nr. 2.

wohl von einer Ausstattung sprechen - verstanden.[107] Letztere wurden als einfache Schenkungen behandelt. [108]
Zum "*praemium emancipationis*" des römischen Rechts verwiesen die Glossatoren darauf, daß heutzutage nur die Hälfte des Nießbrauchs, nicht aber mehr der dritte Teil aller Güter geschuldet wurde.[109] Die andere Hälfte der Früchte konnte der Vater sich durch einen Vertrag mit dem Sohn sichern.[110] Eine solche Schenkung galt als eine belohnende. Sie bedurfte nicht der Insinuation.[111]

d) Die *bona adventitia irregularia*
An der Einrichtung der *bona adventitia irregularia* wurde festgehalten.[112] Mangels Nießbrauchsrechts des Vaters hatte dieser in bezug auf diese Vermögensmasse auch kein Verwaltungsrecht.[113] Die *bona adventitia irregularia* waren also neben dem *peculium castrense vel quasi* eine sogenannte freie Vermögensmasse.[114]
Die Frage nach einem Verwaltungsrecht des Vaters in bezug auf diese Vermögensmasse stellte sich, wenn der Sohn noch nicht volljährig war. Den Quellen ist eine Beantwortung dieser Frage nicht zu entnehmen, und auch die Konsiliatoren machen nur ganz vereinzelte Bemerkungen, aus denen sich keine Schlüsse ziehen lassen.[115] Daß dem Haussohn ein *Tutor* oder ein *Curator* gegeben wurde, ließ sich nicht mit der *patria potestas* vereinbaren. Andererseits konnte der Vater aber auch nicht die *auctoritas* wie ein *Tutor* erteilen.[116] Dies hätte zur Folge gehabt, daß ein

---

[107] Odofredus, *Lectura super Codice*, C. 6, 61, 6, Fol. 90r: "*Not. hic quod pater a filio pro praemio emancipationis accipit dimidiam ususfructus [...] sed abutimur hodie propter errorem tabellionis: quia pater dat filio. [...] et dicit quod si hodie pater emancipavit filium habentem peculium adventitium, pater non dat premium emancipationis: sed a filio accipit dimidiam ususfructus.*". - Paulus de Castro, C. 6, 60, 3, Nr. 5; siehe auch Baldus C. 9, 51, 13, Nr. 1.

[108] Paulus de Castro, C. 6, 60, 3, Nr. 5 a. E.; Bartolus C. 6, 61, 6 § *Cum autem*.

[109] *Casus* zu C. 6, 61, 6: „[...] *hodie ita non est, sed habebit medietatem ususfructus. et hanc habebit sive dicat quando filium emancipat, nisi pater expresse renunciet.*"; Wernerius, *Summa Institutionum*, zu I. 2, 9: „[...] *et cum pater filium emancipat, si vult, potest retinere dimidiam usufructus, non tertiam proprietatis, ut olim.*"; Azo, *Lectura super Codice*, C. 6, 61, 2, S. 546. - Paulus de Castro, C. 6, 60, 3, Nr. 3 und Nr. 5, C. 6, 61, 6 § *cum autem*, Nr. 1.

[110] Paulus de Castro, C. 6, 60, 3, Nr. 3.

[111] Paulus de Castro, C. 6, 60, 3, Nr. 5.

[112] *Casus zu* C. 6, 61, 6: "Excipitur quando quis aliquid reliquit filio tuo hac conditione, ne tibi ususfructus acquireretur."; Gl. *accesserunt* zu C. 6, 61, 6: "*Sunt et alii casus in quibus similiter pater non habet usumfructum.*".

[113] Paulus de Castro, C. 6, 61, 1, Nr. 2, C. 6, 61, 6 § *excipitur* Nr. 3: „ [...] *et sic non pertinet ad ipsum agere vel defendere, sed ad filium.*".

[114] Zu den Fällen der *bona adventitia irregularia* siehe nur Paulus de Castro, C. 6, 61, 6 § *excipitur*, Nr. 4ff.

[115] Paulus de Castro, C. 2, 20, 5, Nr. 3; auch der Fall, daß der Vater *Tutor* des emanzipierten Sohnes ist: Paulus de Castro, C. 6, 61, 6 § *Sed cum tacitas*, Nr. 3; die Verwaltung scheint der Vater übernommen zu haben: Baldus, *Tractatus de duobus fratribus*, Nr. 4: der Vater haftete dann wie ein Außenstehender, aber erst nach Beendigung der *patria potestas*.

[116] A. A. wohl Paulus de Castro, C. 6, 61, 8 § *Ubi autem in unum*, Nr. 2 für den Fall, daß Vater *legitimus administrator* ist.

minderjähriges Hauskind ohne *Tutor* und *Curator* auskommen mußte. Hier bediente man sich aber des "Tricks", der Sache des minderjährigen Haussohnes einen *Curator* zu geben (Beispiel: *curator hereditatis*, C. 6, 61, 8, 1c).
Allerdings tauchte bei den Konsiliatoren an manchen Stellen die Bemerkung auf, wenn der *pater familias* die Güter seines Sohnes wie ein *Tutor* verwalte, ihn auch die gleichen Pflichten wie einen *Tutor* träfen.[117] Aus den Stellen selbst und auch aus ihrem Zusammenhang läßt sich nicht erkennen, ob damit Fälle wie die oben angesprochenen gemeint waren. Es ist nämlich auch denkbar, daß der Vater die Tutel über seinen minderjährigen, emanzipierten Sohn übernommen hatte.

V. Klagbare Verbindlichkeiten zwischen Hausvater und Hauskind

1. Die Unmöglichkeit klagbarer Verbindlichkeiten

Bei der Erörterung der Frage, ob zwischen Hausvater und Hauskindern klagbare Verbindlichkeiten bestehen konnten, bezogen sich die Rechtsgelehrten in erster Linie auf Verbindlichkeiten aus Rechtgeschäften. Die Konsiliatoren, allen voran BARTOLUS und JASON, beschäftigen sich ausführlich bei den Kommentierungen zur berühmt-berüchtigten *Lex Frater a fratre* (D. 12, 6, 38) mit der Möglichkeit von Rechtsgeschäften zwischen *pater familias* und *filius familias*. ALBERICUS DE ROSCIATE bemerkte allerdings, daß diese Probleme, auch die Frage der Möglichkeit von Rechtsgeschäften zwischen den durch dieselbe väterliche Gewalt verbundenen Brüdern, in der Praxis nur selten auftauchten.[118] Die Glossatoren und Konsiliatoren hielten an dem Grundsatz fest, daß keine klagbaren Verbindlichkeiten (*obligationes civiles*) zwischen Hausvater und Hauskind sowie auch zwischen Personen, die derselben Gewalt unterworfen waren, entstehen konnten.[119] Soweit ersichtlich, schränkte JASON als einziger diesen Grundsatz von vorneherein ein: In den Fällen, in denen der Sohn Vermögen hatte, mit dem er den Vater befriedigen konnte, kann er sich ihm *civiliter* verpflichten.[120] Allerdings äußerte er sich nicht ausdrücklich zum umgekehrten Fall, der Verpflichtung des Vaters gegenüber dem Sohn. Unklar bleibt bei JASON, ob es ihm entscheidend darauf ankam, ob der Sohn nur grundsätzlich vermögensfähig war, oder ob er tatsächlich über Vermögen verfügen mußte.

---

[117] Paulus de Castro, C. 6, 61, 6 § *Sed cum tacitas*, Nr. 3, betrifft aber den Fall eines emanzipierten Sohnes.

[118] Albericus de Rosciate, D. 12, 6, 38, vor Nr. 1: „[...] *eius materia raro contingit in practica.*".

[119] Azo, *Summa Aurea*, zu C. 8, 38 (*De inutilibus stipulationibus*) für die Stipulation; Gl. *item inutilis* zu I. 3, 19 [20], 6; Franc. Accurs., *Casus* zu I. 3, 19 [20], 6; Wernerius, *Summa Institutionum*, zu I. 3, 19 (*De inutilibus stipulationibus*), S. 118: "*Item inutilis est stipulatio si ab eo stipuleris qui iuri tuo subiectus est, vel si is a te stipuletur.*"; Gl. *naturalis* zu D. 15, 1, 11, 2 (*De peculio*); weitere Nachweise bei Gl. *Non potest* zu D. 18, 1, 2 pr.; Gl. *Ius autem* zu I. 1, 9: "*Quod consistit in septem [...] 7. Item civilis obligatio inter eos esse non potest.* - Für die Konsiliatoren siehe nur Bartolus, D. 12, 6, 38, vor Nr. 1; Baldus, D. 12, 6, 38, Nr. 4; Jason de Mayno, Repetitio D. 12, 6, 38, Nr. 22.

[120] Jason de Mayno, D. 12, 6, 38, Nr. 37.

2. Die Begründung der Unmöglichkeit klagbarer Verbindlichkeiten

Die Glossatoren setzten sich nicht eingehend mit den Gründen für die Unmöglichkeit vollwirksamer Verbindlichkeiten auseinander und sahen sie einfach als Folge der *patria potestas* an.[121] Das Bild "*vox filii vox patris*" aus den Institutionen (I. 3, 19, 4) zogen sie als Begründung für die Unmöglichkeit von Stipulationen zwischen Hausvater und Hauskind heran.[122] Die Glosse zu I. 3, 19, 4 führte dann wiederum bei der Erklärung des Bildes "*quia vox tua tamquam filii sit, sicuti filii vox tamquam tua intelligitur*" die aus C. 6, 26, 11 bekannte Personeneinheit zwischen Vater und Sohn an.[123] Die Glossatoren haben damit auf dem „Umweg" über den Sonderfall der *stipulatio* als erste ausdrücklich die Personeneinheit zur Begründung der Unmöglichkeit von klagbaren Verbindlichkeiten zwischen Vater und Hauskind herangezogen.

Die Konsiliatoren suchten demgegenüber intensiver nach einer Begründung für die Unmöglichkeit von klagbaren Verbindlichkeiten. Vier verschiedene Gründe wurden von ihnen angeführt.

Als erster wurde die Personeneinheit genannt. Die Konsiliatoren folgten insofern den Glossatoren, wiesen ihr aber ausdrücklich den Charakter einer *fictio iuris civilis* zu.[124] Sie wurde aber auch als *interpretatio iuris* bezeichnet.[125]

Die *patria potestas* gehöre zum *ius civile*, und Vater und Sohn sowie zwei Brüder unter derselben väterlichen Gewalt gälten nach *ius civile* als ein und dieselbe Person.[126] Da sich jemand aber nicht sich selbst verpflichten könne[127], sei auch keine *obligatio* zwischen beiden möglich. Als Indiz für die Richtigkeit dieser These wurde angeführt, daß die *patria potestas* bei den "*Francigenas*" (Franzosen) nicht

---

[121] Azo, *Summa Aurea*, zu C. 8, 46 [47]: "*Quis est patriae potestatis effectus? [...] Tertius est quia non potest inter patrem et filium iudicium esse, nisi ex castrensi, vel quasi castrensi peculio.*"; Gl. *ius autem*, zu I. 1, 9.

[122] Wernerius, *Summa Institutionum*, zu I. 3, 19, S. 116: „[...] *tunc enim sibi acquirit, quia vox patris tamquam vox filii, sicut vox filii tamquam patris intelligitur, in his videlicet rebus quae possunt acquiri.*", siehe auch S. 117; Glossator V. zu Wernerius, S. 119: "*Post mortem suam dari sibi nemo stipulari poterat, non magis quam post mortem eius a quo stipulabatur, ac ne is qui in alicuius potestate est post mortem eius stipulari poterat, quia patris vel domini voce loqui videtur.*",

[123] Gl. *Filii sit*: "*cum una persona censeatur pater et filius.*".

[124] Nach Coing, Frankfurter Reformation, S. 11 beruht dies darauf, daß die Konsiliatoren das Wesen der römischen *patria potestas* nicht mehr verstanden hätten und dafür die scholastische Begründung der Personeneinheit "erfunden" hätten. Er übersieht aber wohl den direkten Bezug zu C. 6, 26, 11.

[125] Siehe Odofredus, *Lectura super Digesto Veteri*, zu D. 5, 1, 4, Fol. 201^v.

[126] Albericus de Rosciate, D. 12, 6, 38, Nr. 4; Paulus de Castro, D. 12, 6, 38, Nr. 6: „[...] *ratio huius est, quia pater et filius reputantur eadem persona.*"; Bartolus, D. 12, 6, 38, vor Nr. 1: "*Et eo de iure civili non cadit obligatio civilis inter eos, quia fictione iuris civilis pater et filius sunt una persona.*"; Jason de Mayno, Repetitio D. 12, 6, 38, Nr. 1.

[127] Albericus de Rosciate, D. 12, 6, 38, Nr. 4; Bartolus, D. 12, 6, 38, vor Nr. 1.

gelte und dort *obligationes civiles* zwischen Vater und Sohn denkbar seien.[128] Was aber eine Naturalobligation betreffe, so sei diese dem *ius gentium* zuzuordnen[129], nach dem Vater und Sohn nicht als eine, sondern als mehrere verschiedene Personen angesehen würden.[130]
Die Annahme der Fiktion der Personeneinheit als Grund für die Unmöglichkeit klagbarer Verbindlichkeiten soll der *communis opinio* der Doktoren entsprochen haben, da sie diese wegen C. 6, 26, 11 als geltendes Recht angesehen haben dürften.[131] Die Fiktion der Personeneinheit wurde häufig bei Fragen des Erbrechts und im öffentlichen Recht herangezogen und kann damit als gängige Begründung bezeichnet werden.[132] ODOFREDUS[133] zog die Parallele zum Grundsatz der Identität von Erblasser und Erbe.[134] Er interpretierte "*natura*" in C. 6, 26, 11 als "*ius naturale*", was allerdings insofern widersprüchlich erscheint, als die Personeneinheit doch auch die Folgen der auf dem *ius civile* beruhenden *patria potestas* erklären sollte. Die Einschränkung "*paene*" deutete er dahingehend, daß die Identität nicht in allen Bereichen gelte. So schade dem Sohn ein Delikt des Vaters nicht.

---

[128] Jason de Mayno, D. 12, 6, 38, Nr. 33.

[129] Albericus de Rosciate, D. 12, 6, 38, Nr. 4 und Nr. 13; Paulus de Castro, D. 12, 6, 38, Nr. 7; Jason de Mayno, Repetitio D. 12, 6, 38, Nr. 1.

[130] Albericus de Rosciate, D. 12, 6, 38, Nr. 4; Paulus de Castro, D. 12, 6, 38, Nr. 7; Bartolus, D. 12, 6, 38, Nr. 12; Jason de Mayno, D. 12, 6, 38, Nr. 25, Repetitio D. 12, 6, 38, Nr. 1.

[131] Paulus de Castro, D. 12, 6, 38, Nr. 7; Bartolus, D. 12, 6, 38, Nr. 12; Jason de Mayno, Repetitio D. 12, 6, 38, Nr. 1.

[132] Gl. *Cum filios* zu C. 10, 50 [49], 2 (*Qui aetate se excusant*; es geht um die Übernahme von *munera*): „ [...] *quia eadem persona est patris et filii existentis in potestate: unde cum una solum persona iuris fictione praesumatur, sufficit patrem solum subire munera.*"; Gl. *Recusante filio* zu C. 6, 61, 8 (es geht um den Erbschaftsantritt; Gl. *Esse una persona pene intelligantur zu C. 6, 26 ,11: "Unde quod unus dicit, et alter videtur dicere, [...] et ubi est unus, et alter videtur esse: [...] et idem in herede, et in testatore.*"; Azo, *Lectura super Codice*, zu C. 6, 61, 8 *Cum non solum*: „[...] *quia eadem censetur persona patris et filii [...] Unde cum pater sit heres, quodammodo videtur filii heres, et ita praefertur substituto.*"; ders., *Lectura super Codice*, zu C. 4, 12, 3, S. 274, wo die Frage der Haftung des *pater familias* aus dem Handeln Dritter, hier aus Verträgen, erörtert wird: „[...] *isti autem non sunt omnino alteri, quia filius una et eadem persona censetur cum patre.*"; Odofredus, *Lectura super Digesto Veteri*, zu D. 5, 1, 4, Fol. 201^v: „[...] *et est ratio quod in iudiciis requiruntur tres personae [...] et interpretatione iuris vox patris vox filii [...] unde non viderentur tres personae sed duae.*"; ders., *Lectura super Codice*, zu C. 6, 26, 11, Fol. 48^v: "*Not. quare interpretatione iuris Titius cum filiis suis censetur eadem persona: unde perinde est, acsi instituisset Titium et Seium heredes [...] huius legis not. interpretatione iuris eadem est persona filii et patris.[...] et ideo ubi pater moratur, et filius morari [...] Sed quare dicit pene? Respondeo hoc ideo dicit: quare in veritate diversae sunt forme sed quantum ad alia, idem sunt.*".

[133] Odofredus, *Lectura super Codice*, C. 6, 26, 11, Fol. 48^v.

[134] Zum römischen Recht siehe Kaser, RPr II, § 281 I 1., S. 470 (Rechtsentwicklung im Osten): "Die Lehre vom succedere in universum ius verdichtet sich hier unter philosophischem Einfluß zu der Anschauung, daß Erblasser und Erbe eine persönliche Einheit bilden."; ders., RPr I § 185 I 2., S. 673: "Das 'Eintreten an die Stelle' oder 'in die Rechte des Erblassers' gestattet keinen Schluß auf den Gedanken einer ideellen Personeneinheit zwischen Erblasser und Erben im Sinn einer Transzendenz der Persönlichkeit in der Folge der Generationen.".

Der weitere Grund, der sich auch auf die herrschende Meinung der Rechtsgelehrten stützen konnte, knüpfte daran an, daß die *obligationes civiles* wegen der *iudicia* erfunden worden seien. Da es aber, wie in D. 5, 1, 4 ausdrücklich gesagt werde, keine *iudicia* zwischen Vater und Sohn gebe, sei es auch folgerichtig, ihnen keine *obligationes civiles* gegen den jeweils anderen Teil zu gewähren.[135] Gegen diese Argumentation spricht aber, daß sie das voraussetzt, was sie zu erklären versucht. Im übrigen gab es sehr wohl *iudicia* zwischen *pater familias* und *filius familias*, wie auch JASON DE MAYNO einwandte[136].

BARTOLUS führte noch einen dritten Grund an.[137] Er unterschied zwischen dem Fall, daß der Sohn sich dem Vater verpflichtet und dem umgekehrten Fall, daß der Vater sich dem Sohn verpflichten will. Zum ersten Fall:
Bevor man die *actiones* erfunden habe, seien alle Obligationen "*regia manu*" verwirklicht worden. Später seien *obligationes civiles* und *actiones* im *ius civile* eingeführt worden, mit deren Hilfe jeder sein Recht sollte verfolgen können. In der *potestas* des Vaters gegenüber seinen Kindern lebe die *potestas regia*, diese königliche Gewalt, bis zu seiner Zeit fort. Kraft dieser Autorität könne der Vater, wenn der Sohn z.B. eine Sache des Vaters hat, ihm diese wegnehmen. Er sei für die Durchsetzung seiner "Ansprüche" überhaupt nicht auf die *obligationes civiles* und die *iudicia* angewiesen.
In diesem Zusammenhang verweist BARTOLUS auf die oben schon angesprochene *Lex Congruentius* des Codextitels "*De patria potestate*" (C. 8, 46 [47], 4). Diese Begründung greife aber nicht zur Erklärung des zweiten Falles, der Verpflichtung des Vater gegenüber dem Sohn, da der Sohn nicht kraft eigener Autorität seine "Ansprüche" gegen den Vater vollstreken könne. Daß der Vater sich gegenüber dem Sohn nicht *civiliter* verpflichten kann, führt BARTOLUS auf zwei Regeln zurück. Die erste Regel sei die bekannte Erwerbsregel, nach der der Sohn notwendig alles das, was er erwerbe, sofort dem Vater erwerbe. Die zweite Regel - BARTOLUS bezeichnet sie als *regula Juliani* - ist die, daß der derjenige, der bei einer Stipulation mit einem Dritten nicht für sich selbst, sondern für einen anderen erwerbe, dann, wenn er mit dem anderen kontrahiere, diesem nicht verpflichtet werde.

JASON DE MAYNO[138] befaßte sich noch mit einem vierten Grund an: Der Vater habe ein so umfassendes Recht in bezug auf den Sohn, daß man sagt, daß er dem Vater gehöre, und in eigener Sache gebe es keine *obligatio civilis*. Gegen diesen Grund wendet JASON DE MAYNO selbst ein, daß er dann ja auch für die Naturalobligation gelten müsse. Im übrigen sei die Gewalt des Vaters über den Sohn nicht so

---

[135] Bartolus D. 12, 6, 38, Nr. 12; Jason de Mayno, Repetitio D. 12, 6, 38, Nr. 20.
[136] Jason de Mayno, Repetitio D. 12, 6, 38, Nr. 20.
[137] Bartolus, D. 12, 6, 38, Nr. 12 zum folgenden.
[138] Jason de Mayno, D. 12, 6, 38, Nr. 34.

groß, daß man den Sohn als Eigentum des Vaters bezeichnen könne; er könne ihn zwar vindizieren, aber nicht veräußern. Die Vindikation stütze sich zudem nicht auf das Eigentum.

3. Die Möglichkeit von *obligationes naturales*

Nach Auffassung der Glossatoren und Konsiliatoren können *obligationes naturales* zwischen Haussohn und Hausvater zur Entstehung gelangen,[139] deren Entstehung sie aber nicht ausdrücklich vom Vorhandensein eines *peculium* abhängig machen.[140] Als Einwand gegen die Möglichkeit des Bestehens von *obligationes naturales* wird angeführt, die Absurdität, daß der Vater sich wegen des Grundsatzes, daß der Sohn alles *ex re patris* nicht zu Eigentum erwirbt, sondern dem Vater, gegenüber sich selbst verpflichten würde, auch bei der *obligatio naturalis* eingreifen müßte. Die Glosse meinte diesen Einwand dadurch entkräften zu können, daß sie darauf abstellte, daß die Verbindlichkeit, die direkt vom Vater kommt, dem Sohn erworben werde, und so nicht dem Vater.[141] Konsequenterweise müßte dies allerdings auch für die *obligationes civiles* gelten.

Der erste Grund für die Unmöglichkeit von klagbaren Verbindlichkeiten, die Personeneinheit, soll nach den Konsiliatoren gegenüber der Naturalobligation nicht durchgreifen. Die Naturalobligation, als auf dem Naturrecht beruhend, werde von der auf dem *ius civile* beruhenden *patria potestas* nicht berührt, und nach *ius naturale* seien Vater und Sohn zwei verschiedene Personen.[142] ALBERICUS DE ROSCIATE hält im Hinblick auf den Konsens das Entstehen einer Naturalobligation für gerecht, "quia vult obligari in omnem casum".[143] Den Einwand, der Grundsatz, daß der Sohn alles für den Vater erwerbe, könne auch dem Entstehen einer Naturalobligation entgegengehalten werden[144], versuchte man zum einen dadurch zu

---

[139] Gl. *item inutilis* zu I. 3, 19, 6: „[...] *sed naturale contrahitur.*"; Gl. *naturalia zu* D. 15, 1, 11, 2. - Albericus de Rosciate, D. 12, 6, 38, Nr. 3, 4; Paulus de Castro, D. 12, 6, 38, Nr. 6; ders., Cons. 345, Nr. 3, der gegen die Ansicht einiger Juristen, die gegen das Entstehen einer Naturalobligation bei Verträgen überhaupt sind, angeht; Baldus, D. 12, 6, 38, Nr. 4; Jason de Mayno, D. 12, 6, 38, Nr. 1; ders., Repetitio D. 12, 6, 38, Nr. 1.

[140] Gl. *a fratre* zu D. 12, 6, 38, a. E.: "*Nunquid ergo potest pater filio obligari naturaliter? Videtur quod non, propter eandem absurditatem: quia si sibi quaeritur, inveniretur sibi ipsi obligatur. Sed respond. imo obligatur.*"; Gl. *fuisset* zu D. 12, 6, 38: "*Et nota naturalem tantum obligationem esse inter fratres, et inter patrem et filium esse quaesitam.*" - Dazu auch Albericus de Rosciate, D. 12, 6, 38, Nr. 4, Nr. 7 und Nr. 12: "*Credo quod obligatio contrahitur contra personam: sed esse in peculio propter solutionem quae fit ex eo.*"; Paulus de Castro, D. 12, 6, 38, Nr. 8.

[141] Gl. *a fratre* zu D. 12, 6, 38, a. E.: "*Sed quae est ratio, quare directo obligatur, non per obliquum? Resp. quia obligatio, quae venit a patre, quaeritur filio: et sic non patri. Ea vero, quae aliunde provenit: non ei filio, sed patri, per eum solet acquiri.*".

[142] Albericus de Rosciate, D. 12, 6, 38, Nu. 4; Paulus de Castro, D. 12, 6, 38, Nr. 7; Bartolus, D. 12, 6, 38, Nr. 12; Jason de Mayno, D. 12, 6, 38, Nr. 25, Repetitio D. 12, 6, 38, Nr. 1.

[143] Albericus de Rosciate, D. 12, 6, 38, Nr. 12: "*Et sic nota quod ubi est consensus, et aequitas et ratio naturalis suadet obligationem nasci. tunc oritur naturalis.*".

[144] So Jason de Mayno, D. 12, 6, 38, Nr. 33; Albericus de Rosciate, D. 12, 6, 38, Nr. 11,12.

entkräften, daß man die Erwerbsregel dem *ius civile* zuschrieb und ihr die Geltung im Bereich des *ius naturale* absprach.[145] Zum anderen wurde dem Grundsatz des notwendigen Erwerbes für den Vater wie bei den Glossatoren die Gültigkeit abgesprochen, wenn Vater und Sohn sich direkt, d.h. ohne Einschaltung von Mittelspersonen, einander verpflichteten.[146] In diesem Fall verzichte der Vater auf sein Erwerbsrecht, was in dem Abschluß des Geschäftes zum Ausdruck komme.[147]

4. Ausnahmen vom Grundsatz der Unmöglichkeit klagbarer Verbindlichkeiten

Ausnahmen vom Grundsatz der Unmöglichkeit klagbarer Verbindlichkeiten wurden für das *peculium castrense* und *quasi castrense* gemacht: sie betreffende Rechtsgeschäfte erzeugten klagbare Verbindlichkeiten.[148] Für die Adventizgüter - wobei aber nicht zwischen den *bona adventitia regularia* und *irregularia* unterschieden wurde - ließen die Glossatoren auch Rechtsgeschäfte mit klagbaren Verbindlichkeiten zwischen zwei derselben *potestas* unterstehenden Brüdern zu.[149] In bezug auf Rechtsgeschäfte zwischen Hausvater und Haussohn über die *bona adventitia* neigten sie dazu, deren Wirksamkeit anzunehmen.[150] Bei den Konsiliatoren war die Haltung nicht ganz einhellig und eindeutig.[151] Ein Teil von ihnen ließ *obligationes civiles* in bezug auf beide Arten der Adventizgüter entstehen; dies geschah zwar z.T. nicht ausdrücklich, sondern pauschal in Formulierungen wie: " [...] *cadit in adventitiis*";[152] es wurde nicht zwischen den beiden Arten der Adventizgüter unterschieden. Eine andere Auffassung beschränkte die Entstehung von klagbaren Verbindlichkeiten auf das irreguläre Adventizgut.[153]

---

[145] So Albericus de Rosciate, D. 12, 6, 38, Nr. 12; Jason de Mayno, D. 12, 6, 38, Nr. 33 und Nr. 30.

[146] Bartolus, D. 12, 6, 38, Nr. 10; Jason de Mayno, D. 12, 6, 38, Nr. 28 und 38; ders., Repetitio D. 12, 6, 38, Nr. 37; Albericus de Rosciate, D. 12, 6, 38, Nr. 11.

[147] Albericus de Rosciate, D. 12, 6, 38, Nr. 13; so auch Baldus, D. 12, 6, 38, Nr. 4.

[148] Gl. *a fratre* zu D. 12, 6, 38: "*Si autem ponas (quod est melius) quod suo nomine mutuet, non habet locum haec lex in castrensi, vel quasi: cum in his naturaliter, et civiliter, et cum effectu frater debitor fratri alteri teneatur.*"; Gl. *item inutilis* zu I. 3, 19, 6: "*Et haec vera sunt, nisi in castrensi pecu. vel quasi. nam tunc est loco patrisfamil.*"; Gl. *servabitur* zu D. 49, 17, 15; Gl. *in potestate* zu D. 5, 1, 4; Gl. *in adoptivum* zu D. 2, 4, 2/8; Franc. Accurs., *Casus* zu D. 49, 17, 15. - Bartolus, D. 12, 6, 38, Nr. 4 und Nr. 16; Jason de Mayno, D. 12, 6, 38, Nr. 32, Repetitio D. 12, 6, 38, Nr. 27.

[149] Gl. *a fratre* zu D. 12, 6, 38: "*Hodie item iure Codicis idem in adventitia.*".

[150] Gl. *Maxime* zu C. 5, 14, 4 (*De pactis conventis*); Gl. *tenetur* zu D. 46, 1, 56 [57] (*De fideiussoribus et mandatoribus*); Gl. *a fratre* zu D. 12, 6, 38 a. E.

[151] Vgl. dazu Albericus de Rosciate, D. 12, 6, 38, Nr. 18; Baldus, D. 12, 6, 38, Nr. 6; Bartolus, D. 12, 6, 38, Nr. 16; Jason de Mayno, D. 12, 6, 38, Nr. 32 und 37.

[152] Z. B. bei Paulus de Castro, D. 12, 6, 38; Baldus, *Tractatus de duobus fratribus simul habitantibus*: „[...] *quia ratione adventitiorum inter patrem et filium potest consistere civilis obligatio, alias ex quasi contractu.*".

[153] Paulus de Castro, D. 12, 6, 38, Nr. 15: "*Nota istam glo. quae, semper allegatur, quod etiam hodie in adventitiis inter patrem et filium oritur non solum naturalis obligatio, sed etiam civilis, et potest esse iudicium inter eos et [...] quod procedit secundum doctores eo casu, quo pater non habet usumfructum.*"; ders., D. 5, 1, 4, Nr. 1; Bartolus, D. 12, 6, 38, Nr. 16: "*Quaero, an hodie inter patrem et filium in adven-*

Einige Juristen, wie JASON und BARTOLUS, beantworteten diese Frage nicht pauschal, sondern unterschieden zwischen der Verpflichtung des Vaters gegenüber dem Sohn und derjenigen des Sohnes gegenüber dem Vater.[154]
Daß der Vater sich gegenüber dem Sohn *ex causa adventitii* (*regularis vel irregularis*) verpflichten konnte, wurde nicht weiter problematisiert.[155] Auch ein Außenstehender könne sich gegenüber dem Haussohn verpflichten. Allerdings bereitete die Frage Schwierigkeiten, ob der Sohn sich gegenüber dem Vater *civiliter* verpflichten könne. BARTOLUS unterschied bei der Lösung dieses Problems danach, ob es sich um das reguläre oder irreguläre Adventizgut handelt. In bezug auf das reguläre Adventizgut, an dem dem Vater der Nießbrauch zustehe, könne sich der Sohn eben wegen dieser Rechte des Vaters diesem gegenüber nicht klagbar verpflichten.[156] Denn der Vater brauche wegen der ihm aufgrund der *patria potestas* zustehenden Befugnisse keine weiteren Mittel, um seine Ansprüche durchsetzen zu können. Dieser Grund greife allerdings nicht bei den irregulären Adventizgütern. Da diese Rechte des Vaters in bezug auf das irreguläre Adventizgut nicht bestünden, könne sich hier der Sohn dem Vater gegenüber verpflichten.[157] JASON DE MAYNO ließ in folgerichtiger Anwendung seiner Regel klagbare Verbindlichkeiten des Sohnes in bezug auf alle *bona adventitia* zu.[158]
Bei einer Verpflichtung des Vaters gegenüber dem Sohn stellt sich noch das schon angesprochene Problem, ob nicht der Anspruch des Sohnes gegen den Vater vom notwendigen Erwerb durch den Vater erfaßt wird und damit durch Konfusion untergeht. Zur Lösung dieser Frage wurde auf die Glosse zurückgegriffen und der Grundsatz des notwendigen Erwerbes als außer Kraft gesetzt angesehen, wenn sich der Vater dem Sohn direkt, d.h. ohne Einschaltung von Mittelspersonen, verpflichtet. Dann wolle er auf einen Erwerb des Anspruches verzichten.[159] Eine so

---

titiis consistere posset civilis obligatio.[...] Sed puto quod in casibus in quibus patri non quaeritur ususfructus nec est legitimus administrator quod filius sibi, quia in illis rebus non potest patriam potestatem exercere sicut in castrensi vel quasi [...], sed in adventitiis in quibus habet usumfructum et in quibus est legitimus administrator, ut potest potestatem patriam exercere sine reprehensione [...] tunc non puto quod obligatur filius patri civiliter, quia subest adhuc ratio praedicta."; dazu auch Jason de Mayno, D. 12, 6, 38, Nr. 30.

[154] Jason de Mayno, D. 12, 6, 38, Nr. 37; Bartolus, D. 12, 6, 38, Nr. 12; auch Paulus de Castro, D. 12, 6, 38, Nr. 16.

[155] Jason de Mayno, D. 12, 6, 38, Nr. 37: "*Prima [conclusio] est quod in adventitiis hodie pater obligatur filio civiliter.*"; Paulus de Castro, D. 5, 1, 4, Nr. 1: "*dico, quod sicut in primo casu pater obligatur filio indistincte in adventitiis: sic dico e contra sive pater habeat usumfructum vel non.*".

[156] Paulus de Castro, D. 5, 1, 4, Nr. 1, D. 12, 6, 38, Nr. 16; Bartolus, D. 12, 6, 38, Nr. 16: „[...] *sed in adventitiis in quibus habet usumfructum et in quibus est legitimus administrator, ut potest potestatem patriam exercere sine reprehensione,[...] tunc non puto quod obligatur filius patri civiliter, quia subest adhuc ratio praedicta.*".

[157] Bartolus, D. 12, 6, 38, Nr. 16.

[158] Jason de Mayno, D. 12, 6, 38, Nr. 37: "*Pondera ergo quod quando filius habet unde satisfaciat patri: tunc ipsi patri potest civiliter obligari.*".

[159] Bartolus, D. 12, 6, 38, Nr. 10; Jason de Mayno, D. 12, 6, 38, Nr. 28 und Nr. 38.

entstandene Verbindlichkeit des Vaters bleibe beim Sohn; sie falle nicht an den Vater zurück.

An dieser Stelle soll auch noch auf die durch Eid (*iuramentum*) bekräftigten Rechtsgeschäfte zwischen Vater und Sohn eingegangen werden.[160] Nach JASON DE MAYNO entsteht aus jedem Vertrag zwischen Hausvater und Hauskind eine vollwirksame Verbindlichkeit, wenn das Rechtsgeschäft eidlich bekräftigt wurde, es sei denn, es liege ein anderer Nichtigkeitsgrund vor.[161] Hier zeigt sich der Einfluß des kanonischen Rechts, das die Verbindlichkeit von eidlich bekräftigten Versprechen vorsah.[162] Nach JASON DE MAYNO hat die eidliche Bekräftigung vor allem bei Schenkungen eine große Rolle gespielt.[163] Er hat die bei der Schenkung dargestellten Grundsätze auf alle anderen Verträge übertragen. Interessant ist in diesem Zusammenhang sein Gedanke, der den bei der Schenkung geltenden Grundsatz von der Heilung der ungültigen Schenkung durch das Belassen des Geschenkes bei der Emanzipation auf alle Verträge erstrecken will.[164]

5. Klagbare Verbindlichkeiten zwischen Hausvater und Hauskind in bezug auf einige ausgewählte Rechtsgeschäfte

a) Die Schenkung

Schenkungen zwischen Hausvater und Hauskindern waren in der Praxis die wohl am häufigsten vorkommenden Rechtsgeschäfte; nach JASON DE MAYNO kamen sie alltäglich vor.[165]

Die sogenannten einfachen Schenkungen (*donationes simplices*)[166] waren sowohl nach Auffassung der Glossatoren als auch der Konsiliatoren nichtig[167]. Nach Auf-

---

[160] Weitere Ausnahme: durch *votum* bekräftigte Geschäfte Gl. *Obligari possunt* zu I. 3, 19 [20], 6.

[161] D. 12, 6, 38, Nr. 44.

[162] Söllner, Die causa im Vertragsrecht des Mittelalters bei den Glossatoren, Konsiliatoren und Kanonisten, in: Schrage, Das römische Recht im Mittelalter, 131 (185).

[163] Jason de Mayno, D. 12, 6, 38, Nr. 44.

[164] Jason de Mayno, D. 12, 6, 38, Nr. 26: "*Et ex hoc habeo, licet contractus, qui non valebat inter patrem et filium confirmetur emancipatione filii, tamen contractus, qui valet, ut est mutuum, non confirmatur in plus per emancipationem filii sicut prius erat.*".

[165] Jason de Mayno, D. 12, 6, 38, Nr. 44.

[166] Siehe nur Azo, *Summa Aurea*, zu C. 8, 53, Nr. 3, Fol. 224^{v}.

[167] *Casus* zu C. 3, 29, 2 (De inofficiosis donationibus): "*[...] Primo casu, qui donatio ante mortem donantis non confirmatur* [...]."; Gl. *Falcidiae* zu C. 3, 28, 6: "*Sed cum non valuerit donatio filio in potestate constituto* [...]."; Gl. *Emancipatos* zu C. 2, 29, 2: "*Si adversus donationem, Secus si in potestate: quia tunc non valeret.*"; Fr. Accurs., Casus zu D. 41, 6 [7], 1: "*Pater donavit Stichum filio in potestate sua existenti ut eum habeat in peculium: tandem decessit hic pater: quaeritur an filius possit usucapere hunc Stichum titulo pro donato? et dicitur quod non, quia nulla est donatio.*"; Azo, *Summa Aurea*, zu C. 8, 53 (*De donationibus*), Anm. 5: "*Item donari potest patrifamilias, et filiofamilias, nisi eidem filiofamilias donem, qui est in potestate mea.*"; ders., *Summa Aurea*, C. 3, 36, 18 (*Famil. ercisc. vel neg. gest.*), S. 239: "*Donatio inter vivos non est, quia non tenet inter patrem et filium in potestate constitutum.*"; ders., Summa Aurea, C. 2, 29 [30], 2 (*Si adversus donationem*) *Si in te*: "*Emancipatos. Nam filiis in po-*

fassung der Glosse folgte die Nichtigkeit nicht aus einem gesetzlichen Verbot wie bei den Ehegatten, sondern aus der rechtlichen Unmöglichkeit.[168] Als Grund für die Unmöglichkeit von Schenkungen des Vaters an den Sohn führten die Konsiliatoren wieder den Grundsatz vom notwendigen Erwerb für den Vater an. Der Vater scheine bei einer Schenkung an den Sohn sich selbst zu schenken.[169] BARTOLUS sah dadurch aber nicht das Entstehen einer Naturalobligation gehindert, da die Erwerbsregel im *ius civile* gründe[170]. Die Naturalobligation verstoße auch nicht gegen das Gesetz. Gegen das Eingreifen der Erwerbsregel wendete JASON ein, daß sie dann außer Kraft gesetzt sei, wenn die Verbindlichkeit direkt vom Vater zum Sohn gelange.[171] Das Entstehen einer klagbaren Verbindlichkeit war nach JASON durch die *patria potestas* gehindert.[172] Eine Naturalobligation entstehe nur dann nicht, wenn durch die Schenkung der gesetzliche Erbteil eines anderen Kindes beeinträchtigt werde.[173] Einige Juristen lehnten sogar das Entstehen einer *naturalis obligatio* ganz ab und begründeten dies damit, daß bei der Schenkung zwischen Ehemann und Ehefrau auch keine *naturalis obligatio* entstehe, was sich daraus ergebe, daß für eine solche Schenkung keine Bürgschaft übernommen werden könne.[174]

Eine einfache Schenkung war jedoch dann gültig, wenn der beschenkte Sohn *miles* war[175]. Bezüglich der Heilungsmöglichkeiten ergab sich keine Änderung des Rechtszustandes gegenüber dem nachklassischen römischen Recht.[176] Die ungültige Schenkung des Vaters an den Sohn, die der Vater jederzeit "widerrufen" konn-

---

testate donare non potest."; Gl. *Perfectam* zu C. 8, 53 [54], 11: „[...] *non valet donatio facta in filium in potestate constitutum.*"; Vivianus, *Casus* zu C. 8, 53 [54], 17 (*De donationibus*); Odofredus, *Lectura super Codice*, C. 6, 61, 6, Anm. 1: "*De no. hic unum speciale pater non donat filio qui est in potestate suo.*"; Rogerius, *Summa Codicis*, S. 146: "*Sed quia etiam inter patrem et filium, ratione potestatis, similiter interdictae sunt* [...]. - Paulus de Castro, Cons. 345, Nr. 2: "*Sed si donat sibi tamquam filio, adhuc hodie subest ratio, cur non valeat. nam habens respectum ad filium, videtur habere respectum ad seipsum tamquam ad membrum corporis sui, et unam et eandem carnem secund. communis opinio.*"; Baldus, Band 1, Cons. 430, Nr. 1; Jason de Mayno, D. 12, 6, 38, Nr. 11 und Nr. 44; ders., Repetitio D. 12, 6, 38, Nr. 43f.; Bartolus, C. 3, 28 *Authentica Unde si parens*, Nr. 3.

[168] Gl. in liberos zu C. 5, 16, 25: "*gratia similitudinis et de his dicit, quae iuris impossibilitate ab initio valent, sed inter conjuges non valent, iuris prohibitione.*".

[169] Bartolus, D. 12, 6, 38, Nr. 57; vgl. dazu auch Jason de Mayno, D. 12, 6, 38, Nr. 44; Paulus de Castro, C. 3, 29, 2, Nr. 2.

[170] Bartolus, D. 12, 6, 38, Nr. 57; Jason de Mayno, D. 12, 6, 38, Nr. 44, Repetitio D. 12, 6, 38, Nr. 44.

[171] Jason de Mayno, D. 12, 6, 38, Nr. 44.

[172] Jason de Mayno, D. 12, 6, 38, Nr. 44.

[173] Jason de Mayno, D. 12, 6, 38, Nr. 44: dann, wenn "*aliquid turpe intervenit*".

[174] Siehe Baldus, C. 3, 29, 2 nach Jason de Mayno, Repetitio D. 12, 6, 38, Nr. 44; Paulus de Castro, Cons. 345, Nr. 2 .

[175] Gl. *in potestate* zu C. 3, 29, 2: "*Not. ergo quandoque patrem filio posse donare et transeat dominium statim. [...] Item eunti ad castra, res mobiles.*".

[176] *Casus* zu C. 5, 16, 26; Gl. *In potestate* zu C. 3, 29, 2; Gl. *Donatio* zu D. 41, 6 [7], 1 (*Pro donato*). - Zur Frage der Rückwirkung der Heilung: C. 5, 16, 25 *De donat.*; Rogerius, *Summa Codicis*, S. 146; Gl. *familiae erciscundae* zu C. 3, 29, 2.

te, wurde durch den Tod des Vaters geheilt, unter der Voraussetzung, daß die Übergabe des geschenkten Gegenstandes zu Lebzeiten des Vaters stattgefunden hatte.[177] Eine ungültige Schenkung wurde ferner dadurch geheilt, wenn dem *filius familias* bei seiner Emanzipation das Geschenk belassen wurde.[178] Ein nach JASON DE MAYNO geradezu alltäglicher Fall, die Schenkung wirksam zu machen, war die Bekräftigung des Schenkungsversprechens durch einen Eid.[179] Durch den Eid werde die *naturalis obligatio efficax*.[180] JASON DE MAYNO bediente sich eines "Tricks" - einer "*emancipatio ad unum actum*" -, um zum Wirksamwerden der eidlich bekräftigten Schenkung zu gelangen. Der Eid beinhalte die Klausel, daß der Akt gelten solle, in derjenigen Form, in der dies geschehen könne. Durch die Kraft des Eides werde der Vater so angesehen, als würde er den Sohn zu diesem einen Akt emanzipieren. Dann stehe die *patria potestas* der Gültigkeit der Schenkung auch nicht mehr im Wege.[181] Denn Schenkungen anläßlich der Emanzipation des Hauskindes wurden als wirksam angesehen.[182] Eine stillschweigende *emancipatio ad unum actum* dergestalt, daß allein aus dem - nicht eidlich bekräftigten - Vertragsschluß auf die Gewaltentlassung für diesen Akt geschlossen wurde, lehnte JASON DE MAYNO aber ab.[183]

Eine Mindermeinung nahm jedoch die Gültigkeit von einfachen Schenkungen des Vaters an das Hauskind an.[184] Denn der Grund für die frühere Unmöglichkeit von Schenkungen des Vaters an den Sohn, die Vermögensunfähigkeit des Sohnes, geltc wegen der Adventizgüter nicht mehr.[185]

---

[177] Jason de Mayno, Repetitio D. 12, 6, 38, Nr. 44; Bartolus, C. 5, 16, 25; Paulus de Castro, D. 39, 5, 31, 2 (*De donationibus*), Nr. 1.

[178] Paulus de Castro, C. 3, 29, 2, Nr. 3; Jason de Mayno, D. 12, 6, 38, Nr. 26: „[...] *et tamen per emancipationem filii talis donatio reconvalidatur.*" und Nr. 44, Grund für die Heilungsmöglichkeiten: bei allen weicht die *patria potestas*; Gl. *Non ademit* zu D. 39, 5, 31 (*De donationibus*); *Casus* zu C. 8, 53 [54], 17.

[179] Jason de Mayno, D. 12, 6, 38, Nr. 44: die *donatio* ist *statim et irrevocabiliter* gültig, siehe auch ders., Repetitio D. 12, 6, 38, Nr. 44; Paulus de Castro, Cons. 345, Nr. 3 scheint wohl der Auffassung zu sein, daß der Eid nur im kanonischen Recht eine Rolle spielte.

[180] Jason de Mayno, D. 12, 6, 38, Nr. 44.

[181] Jason de Mayno, D. 12, 6, 38, Nr. 44.

[182] Gl. *Perfectam* zu C. 8, 53, 11 (*De donationibus*): "*Item et in ipsa emancipatione.*".

[183] Jason des Mayno, D. 12, 6, 38, Nr. 44.

[184] Bartolus, D. 12, 6, 38, Nr. 57: "*Quaero ergo hic latius, an donatio facta a patre in filium, valeat? Et videtur quod sic: quia hodie f.f. potest habere bona, et sic cessat ratio, quae olim totum patri acquirebatur.*"; Gl. Falcidiae zu C. 3, 28, 6: "*Vel tertio, olim nulla erat, hodie valet: cum ex omni causa adventitia filio quaeratur. hoc non videtur valere, cum etiam per legem, quae est Just. dicatur filium non posse patre stipulari: [...]. Sed ibi erat ex profectitio peculio stipulatio, ubi filius stipulabatur: hic ut extraneo donatur.*"; Gl. *in potestate* zu C. 3, 29, 2: "*Nota ergo quandoque patrem filio posse donare ut transeat dominium statim. [...] idem videtur hodie ex qualibet causa, cum sibi habere possit adventitia quantum ad proprietatem.*".

[185] Bartolus, D. 12, 6, 38, Nr. 57; Jason de Mayno, Repetitio D. 12, 6, 38, Nr. 44.

Von dem Grundsatz der Nichtigkeit der Schenkung des Vaters an den Sohn wurden von der herrschenden Meinung Ausnahmen für die Fälle der *donationes ob causam* gemacht.[186]
Die häufig besprochene belohnende Schenkung (*donatio remuneratoria*) des Vaters an den Sohn war gültig, sie wurde wie die Schenkung eines Außenstehenden behandelt.[187] Der geschenkte Gegenstand fiel in das Adventizgut, war also mit einem Nießbrauchsrecht des Vaters belastet.[188] Denn der Erwerb des Gegenstandes aufgrund der Schenkung beruhe auf den Mühen und Anstrengungen des Sohnes, und ein solcher Erwerb falle in das Adventizgut.[189] Die Verdienste des Sohnes, die belohnt werden sollten, mußten dem Wert des geschenkten Gegenstandes gleich sein; ging der Wert der Schenkung darüber hinaus, so wurde der überschießende Teil als *peculium profectitium* behandelt.[190] Es sollte nicht ausreichen, wenn in dem Notariatsinstrument über die Schenkung diese als eine belohnende bezeichnet wurde; die Verdienste des Sohnes mußten bewiesen werden.[191]

Einen Fall der Schenkung unter Lebenden stellte die Zuwendung des gesetzlichen Erbteils an das Kind durch den Vater dar. Streitig war, ob diese Schenkung den Regeln einer einfachen Schenkung zu unterstellen oder als Ausnahmefall zu behandeln war.[192] JASON brachte einen Beispielsfall des ANGELUS, der in der Praxis häufig aufgetreten sein soll.[193] Da der Vater vom Sohn nicht zur Emanzipation gezwungen werden konnte, konnte der Vater, wenn beide nicht in Frieden unter einem Dach leben könnten, ihm ein Grundstück zuwenden in der Art und Weise, daß er niemals widerrufen könne. Der Sohn erhielte die Früchte zu Eigentum und könnte arbeiten. Nach ANGELUS konnte der Vater dem Sohn das Grundstück als gesetzliches Erbteil zuerkennen. Eine solche Zuwendung sei gültig und werde nicht als Schenkung (d.h. als sog. einfache Schenkung) behandelt.

Als eine weitere Ausnahme sah man die Schenkung der dos an, die auch sofort gültig sein sollte.[194] Ebenso war eine Schenkung des Vaters an den Sohn *stu-*

---

[186] Jason de Mayno, D. 12, 6, 38, Nr. 44 und Repetitio D. 12, 6, 38, Nr. 44.
[187] Gl. *Postulas* zu C. 6, 20, 13; Roffredus Beneventanus, *Questiones Sabbatinae*, S. 437. - Bartolus, D. 12, 6, 38, Nr. 57; ders., C. 3, 28, 6, *Authentica unde si parens*; Paulus de Castro, C. 3, 29, 2, Nr. 5; ders., Cons. 345, Nr. 2; Jason de Mayno, D. 12, 6, 38, Nr. 44, Repetitio D. 12, 6, 38, Nr. 44.
[188] Bartolus, D. 12, 6, 38, Nr. 57.
[189] Bartolus, D. 12, 6, 38, Nr. 57; Jason de Mayno, Repetitio D. 12, 6, 38, Nr. 44.
[190] Jason de Mayno, D. 12, 6, 38, Nr. 44, Repetitio D. 12, 6, 38, Nr. 44; Baldus, C. 6, 20 in *Auth. ex test.* 3. col.: die belohnende Schenkung ist dann gültig, wenn die Verdienste nicht weniger als die Hälfte des Wertes der Schenkung ausmachen.
[191] Bartolus, D. 12, 6, 38, Nr. 57; Jason de Mayno, D. 12, 6, 38, Nr. 44, Repetitio D. 12, 6, 38, Nr. 44.
[192] Siehe Jason de Mayno, D. 12, 6, 38, Nr. 44.
[193] Repetitio D. 12, 6, 38, Nr. 23.
[194] Bartolus, D. 12, 6, 38, Nr. 57; Jason de Mayno, D. 12, 6, 38, Nr. 44, Repetitio D. 12, 6, 38, Nr. 44.

diorum causa für sofort gültig.[195] Nach JASON DE MAYNO wurde eine solche Schenkung als *peculium quasi castrense* angesehen, so als wenn der Vater seinem ins Lager ziehenden Sohn schenkte.[196] Eine Schenkung hielt man auch dann für gültig, wenn der Vater dem Sohn die Früchte der Adventizgüter beließ, also auf seinen Nießbrauch verzichtete.[197]
In dem Fall, daß der Vater die Früchte nicht für sich zog, sondern zuließ, daß der Sohn sie vereinnahmte, wurde eine stillschweigende Schenkung angenommen. Die Gewährung des Unterhalts wurde zum Teil auch als - wirksame - Schenkung angesehen.[198]

Was die Schenkung des Sohnes an den Vater betrifft, so konnte der Sohn seinem Vater aus den freien Vermögensmassen schenken.[199] Bezüglich des Adventizgutes galten die gleichen Grundsätze wie beim Kauf, die weiter unten dargestellt werden.[200]

b) Die Stipulation
Die Stipulation, das mündliche abstrakte formgebundene Versprechen, erfuhr eine von den eben dargestellten Grundsätzen abweichende Behandlung.
Nach BARTOLUS, der sich auf die Institutionenstelle I. 3, 19, 4 stützte, konnte der Sohn wegen des Grundsatzes des Erwerbes für den Vater durch Stipulation vom Vater nichts für sich erwerben.[201] Obwohl er nicht ausdrücklich auf die in D. 49, 17, 15, 1 für die *stipulatio ex causa peculii castrensis*, die auch für das *peculium quasi castrense* gelten dürfte, gemachte Ausnahme hinwies, dürfte diese von den Rechtsgelehrten seiner Zeit anerkannt worden sein. Für die Adventizgüter schien BARTOLUS aber keine Ausnahme zugelassen zu haben.

c) Der Kaufvertrag
Kaufverträge in bezug auf die freien Vermögensmassen des Hauskindes (*peculium castrense, vel quasi castrense* und die *bona adventitia irregularia*), sei es daß der Kaufgegenstand zu diesen gehörte oder der Kaufpreis aus diesen entnommen wur-

---

[195] Jason de Mayno, D. 12, 6, 38, Nr. 44, Repetitio D. 12, 6, 38, Nr. 44: Gleichstellung mit der *dos*; vgl. auch Bartolus, *Tractatus de duobus fratribus invicem habitantibus*, Nr. 15ff.; dazu auch Baldus, *Tractatus de duobus fratribus simul habitantibus*.
[196] Jason de Mayno, D. 12, 6, 38, Nr. 44.
[197] Bartolus, D. 12, 6, 38, Nr. 57; Jason de Mayno, D. 12, 6, 38, Nr. 44, Repetitio D. 12, 6, 38, Nr. 44.
[198] Azo, *Lectura super Codice*, zu C. 6, 61 Stichwort: "*Diurna donatione*": "*Alias diuturna donatione, forte alimentorum.*"; Gl. *in potestate* zu C. 3, 29, 2: "*Not. ergo quandoque patrem filio posse donare ut transeat dominium statim. [...] Item aliquod diurnum pro alimentis, vel remittere usumfructum in adventitiis.*".
[199] Bartolus, D. 12, 6, 38, Nr. 57.
[200] Dazu siehe unter c).
[201] Bartolus, D. 12, 6, 38, Nr. 57.

de, waren gültig und erzeugten klagbare Verbindlichkeiten.[202] Der Sohn konnte dann vom Vater auch die Gegenleistung, sei es den Kaufgegenstand oder den Kaufpreis, für sich erwerben.[203]
In bezug auf die *bona adventitia regularia* stellte sich bei Kaufverträgen das Problem, daß der Sohn für eine Veräußerung von Gegenständen derselben auf die Zustimmung des Vaters als *legitimus administrator* angewiesen war. Das bedeutete, daß der Vater einem Geschäft, an dem er selbst beteiligt war, hätte zustimmen müssen. BARTOLUS wollte in dem Fall, daß der Vater als *legitimus administrator* nicht selbst den Kauf "autorisieren" konnte, noch nicht einmal eine Naturalobligation, wie im vergleichbaren Fall des Kaufvertrages zwischen Mündel und Tutor, zur Entstehung gelangen lassen.[204] Der "Verdacht", der durch die "Autorisierung" eines eigenen Geschäfts hervorgerufen wurde, ließ sich aber dadurch ausräumen, daß der Kauf *palam et bona fide*, d.h. in Gegenwart von Verwandten, Freunden oder auch des Richters vorgenommen wurde.[205] Hier griffen die Rechtsgelehrten auf das antike römische Vormundschaftsrecht zurück. Das antike römische Recht hatte Rechtsgeschäfte zwischen dem *tutor* und seinem Mündel grundsätzlich nicht zugelassen.[206] In gewissen Fällen war dies aber möglich, wenn das Geschäft *palam et bona fide* vorgenommen wurde.[207] Diesen Grundsatz übertrugen die Glossatoren und Konsiliatoren nun auf Rechtsgeschäfte zwischen einem Hausvater und seinem Kind.

Kaufte der Vater vom Sohn eine Sache des *peculium profectitium*, dann wurde im Hinblick auf die Gläubiger des *peculium* eine Naturalobligation angenommen.[208] Im Hinblick auf den Sohn sollte aber nach BARTOLUS nur dann eine *naturalis obligatio* entstehen, wenn es sich um ein solches *peculium profectitium* handelte, daß nach dem *ius gentium* nicht dem Vater erworben wurde; darunter zählte er die Bestandteile des *peculium profectitium*, die nicht unmittelbar vom Vater herrührten.[209] BARTOLUS hielt den Vertrag für von Anfang an in der Schwebe, erst die zukünftige Erfüllung entscheide über seine Wirksamkeit.[210]

---

[202] Albericus de Rosciate, D. 18, 1, 2 pr.: in bezug auf das *peculium castrense vel quasi castrense*; Bartolus, D. 12, 6, 38, Nr. 50.
[203] Bartolus, D. 12, 6, 38, Nr. 50.
[204] Bartolus, D. 12, 6, 38, Nr. 50 ("*forte*").
[205] Bartolus, D. 12, 6, 38, Nr. 50f.; darauf weist auch Jason de Mayno, Repetitio D. 12, 6, 38, Nr. 42 hin.
[206] Ulpianus *lib.* 40 *ad Sabinum* D. 26, 8, 5 pr.: "*Pupillus obligari tutori eo auctore non potest.*".
[207] Ulpianus *lib.* 40 *ad Sabinum* D. 26, 8, 5, 2ff.; C. 4, 38, 5 (DIOCLETIANUS *et* MAXIMINIANUS, a. 293). - Dazu Wacke, Selbstkontrahieren im römischen Vertretungsrecht, Juris professio, FG Kaser, 289 (311).
[208] Bartolus, D. 12, 6, 38, Nr. 51.
[209] Bartolus, D. 12, 6, 38, Nr. 51; zu dieser Art von *peculium* macht Bartolus, D. 12, 6, 38, Nr. 47 folgende Ausführungen: "*Aut habemus respectum ad ipsum filium tandem, et tunc si quidem istud peculium profectitium est proprie de bonis patris profectum, ita quod etiam de iure gentium absque aliqua dispositione iuris civilis esset ipsius patris tunc nec contrahitur mutuum, nec ipsi filio naturaliter obligatur, quantum ad eius commodum, quia deficit aequitas naturalis, hoc est iuris gentium [...] Aut illud profectitium immediate non est de bonis patris profectum, et consideratis meris regulis iuris gentium non est*

d) Das *mutuum*

Wenn der Sohn dem *pater familias* etwas aus seinen freien Vermögensmassen zum Darlehen gewährte, dann erwarb der Sohn eine klagbare Verbindlichkeit gegen den Vater.[211] Überhaupt keine Verbindlichkeit entstand, wenn der Sohn dem Vater ihm von diesem überlassenes Geld lieh.[212]

Bei einem Darlehen des Sohnes an den Vater aus dem *peculium profectitium* machte BARTOLUS wieder dieselbe Unterscheidung wie bei der *emptio/venditio*.[213] Wenn der Vater dem Sohn in bezug auf die freien Vermögensmassen ein Darlehen gewährte, dann sollte das Darlehen vollgültig sein.[214] Gegen die Möglichkeit eines gültigen Vertrages in den anderen Fällen sprach auch hier wieder die bekannte Erwerbsregel. In bezug auf das *peculium profectitium* sollte eine *naturalis obligatio* entstehen.[215] Dafür ging PAULUS DE CASTRO davon aus, daß das Dargeliehene verbraucht worden war.[216] Als eine andere Möglichkeit zur Überwindung dieses Hindernisses wurde es angesehen, daß man eine Übertragung eines *Quasi-Dominium* des Vaters an den Sohn annahm, da der Sohn in Ansehung des Verwaltungsrechts in bezug auf das *peculium profectitium* ein *Quasi-dominus* des Pekuliums sei.[217] Die Tatsache, daß das Eigentum nicht auf den Sohn übergehe, sei nicht erheblich, das Dargeliehene gehe ins *peculium profectitium* über.[218]

e) Die *locatio/conductio, das commodatum/depositum*

Sowohl bei der *locatio/conductio*, als auch bei dem *commodatum/depositum* galten die Grundsätze, die oben beim Kauf dargestellt worden sind, entsprechend.[219] Hinsichtlich der *locatio operarum* ist anzumerken, daß ein Vertrag zwischen Hausvater und Hauskind über vom Kind zu erbringende Dienstleistungen nach der Auffassung von BARTOLUS nur dann gültig war, wenn die vertraglich geschuldeten

---

patris, v. g. illud quod filius quaesivit ex pecunia patris, dicitur profectitium, [...] et hoc est ex dispositione iuris civilis: sed secundum veritatem non est, quod apparet, quia pecunia quaesita per extraneum ex pecunia, vel re mea, non quaeritur mihi [...] et sic considerato iure gentium quo filius non est in potestate patris, consistit mutuum et contrahitur obligatio naturalis.".

210 Bartolus, D. 12, 6, 38, Nr. 51.

211 Bartolus, D. 12, 6, 38, Nr. 47; Jason de Mayno, D. 12, 6, 38, Nr. 30.

212 Bartolus, D. 12, 6, 38, Nr. 47; Jason de Mayno, D. 12, 6, 38, Nr. 30.

213 Bartolus, D. 12, 6, 38, Nr. 47; Jason de Mayno, D. 12, 6, 38, Nr. 30.

214 Bartolus, D. 12, 6, 38, Nr. 47.

215 Bartolus, D. 12, 6, 38, Nr. 47.

216 Paulus de Castro, D. 12, 6, 38, Nr. 1, § *Quaesitum*, Nr. 31; Baldus, D. 12, 6, 38, Nr. 4: „[...] *et non translato dominio ex mutuo non oritur obligatio naturalis, nisi sit secuta consumptio, vel nisi intervenisset stipulatio vel chirographum.*", wird für letzteres aber im folgenden wieder ausgeschlossen; Bartolus, D. 12, 6, 38, Nr. 47; vgl. auch Jason de Mayno, D. 12, 6, 38, Nr. 30 (sehr ausführliche Darstellung).

217 Paulus de Castro, D. 12, 6, 38, Nr. 31.

218 Bartolus, D. 12, 6, 38, Nr. 47.

219 Zur *locatio/conductio*: Bartolus, D. 12, 6, 38, Nr. 54. - Zum *commodatum/depositum*: Bartolus, D. 12, 6, 38, Nr. 48.

Dienste über die hinausgingen, die der Sohn dem Vater ohnehin zu leisten verpflichtet war.[220] Der Lohn, den der Sohn aus einem solchen Vertrag erhielt, wurden den *bona adventitia* aufgrund der Regel, daß alles, was der Sohn aufgrund seiner Anstrengungen erwarb, für die *bona adventitia* erhielt, zugeschlagen.[221]

f) Die *negotiorum Gestio*

Ansprüche des Sohnes gegen den Vater aufgrund der Verwaltung seines Vermögens, insbesondere der Adventizien, nach den Grundsätzen der Geschäftsführung waren ausgeschlossen. Als Beispiel für einen möglichen Anspruch des Sohnes gegen den Vater aus *negotiorum gestio* wird der Fall angeführt, daß der Sohn einem Dritten aus dem *peculium castrense vel quasi castrense* im Namen des Vaters ein Darlehen gewährte.[222]

6. Deliktische Verbindlichkeiten

Nach BARTOLUS konnten aufgrund von Delikten keine Naturalobligationen zwischen *pater familias* und *filius familias* entstehen.[223]

VI. Die gerichtliche Geltendmachung von Verbindlichkeiten

1. Mögliche Rechtsstreitigkeiten zwischen Hausvater und Hauskindern

Glossatoren und Konsiliatoren waren sich einig, daß es grundsätzlich keine Klagen zwischen Hausvater und Hauskind geben könne.[224] Obwohl dies nur die Konsequenz aus der Ablehnung von klagbaren Verbindlichkeiten war, wurde dieser Zusammenhang nicht hergestellt. Prozesse zwischen emanzipiertem Sohn und Vater waren möglich.[225] Der Grund für die Unmöglichkeit der Prozesse wurde letztendlich in der *patria potestas* gesehen.[226] Auf diese ging schließlich auch die Begründung ODOFREDUS zurück, wenn er die Unmöglichkeit damit begründete, zum Prozeß seien drei Personen erforderlich, Vater und Sohn seien aber quasi eine Person

---

[220] Bartolus, D. 12, 6, 38, Nr. 54.

[221] Bartolus, D. 12, 6, 38, Nr. 54.

[222] Albericus de Rosciate, D. 12, 6, 38, Nr. 8 a. E.und Nr. 18; Paulus de Castro, D. 12, 6, 38, Nr. 12; Baldus, D. 12, 6, 38, Nr. 4; Jason de Mayno, Repetitio D. 12, 6, 38, Nr. 23. - Zum *mandatum* siehe Bartolus, D. 12, 6, 38, Nr. 55f.

[223] Bartolus, D. 12, 6, 38, Nr. 35: "*Circa hoc posset moveri unum dubium, utrum in obligationibus ex delictis sit obligatio naturalis? [...] tenere quod non, quia delicta sunt contraria iuri naturali.*"

[224] Vivianus, *Casus* zu D. 5, 1, 4; Azo, *Lectura super Codice*, zu C. 8, 46 [47], 4 (*Congruentius*); ders., *Summa Aurea*, C. 3, 42, Fol. 42^v; Placentinus, *Summa Codicis*, C. 8, 46 [47]: "*Sed nec pater cum filio suo agere poterit civiliter, sed nec filius cum patre. Sane criminaliter [...] Porro mater etiam civiliter cum filio litigare.*"; Roffredus, *Libelli iuris civilis*, S. 8: "*Item non agit pater contra filium.*" und S. 242.

[225] Gl. *in Potestate* zu D. 5, 1, 4: „*[...] cum emancipato autem potest esse iudicium.*".

[226] Gl. *Ius autem* zu I. 1, 9 (*De patria potestate*): "*Quod consistit in septem: [...] Tertio, quia nec cum eis agendo iudicium habere possumus* (D. 5, 1, 4)"; Azo, *Summa Aurea*, C. 8, 46 [47].

(*vox filii vox patris*), da diese Personeneinheit auf die *patria potestas* zurückzuführen sei.[227]
Der Gedanke, daß innerfamiliäre Streitigkeiten nicht in der Öffentlichkeit ausgetragen werden sollten, trat nur eher am Rande in Erscheinung.[228] AZO scheint ihn als Konsequenz der Unmöglichkeit von Prozessen zu sehen.[229]

Ausnahmen wurden wie im römischen Recht für das *peculium castrense* und das *peculium quasi castrense* gemacht.[230] Die Glossatoren führten als weitere Ausnahmen an:
Ein Prozeß konnte zwischen Hausvater und Hauskind stattfinden, wenn Streit darüber bestand, ob das Kind sich überhaupt in väterlicher Gewalt befand.[231] Ein weiterer Fall war die Forderung von Unterhalt,[232] ferner, wenn der Sohn gegen den Willen des Vaters die Emanzipation verlangen wollte.[233] Schließlich wurde noch der Fall angeführt, wenn der Sohn dem Vater nicht gehorchen wollte.[234] Bei diesen Ausnahmen wurde aber nicht unterschieden, ob es sich um Verfahren der ordentlichen oder freiwilligen Gerichtsbarkeit oder auch der kirchlichen Gerichtsbarkeit in Unterhaltssachen handelte.
Auch die Konsiliatoren ließen mannigfache Ausnahmen von der Regel der *Lex Lis nulla*, D.5,1,4, zu.[235]. BARTOLUS machte einen Rechtsstreit des Sohnes gegen den Vater davon abhängig, ob dieser einen klagbaren Anspruch hatte oder den Richter

---

[227] Odofredus, *Lectura super Digesto Veteri*, D. 5, 1, 4: "*Et est ratio quod in iudiciis requiruntur tres personae.[...] et interpretatione iuris vox patris vox filii. [...] unde non viderentur tres pesonae, sed duae.*"; vgl. aber auch ders., *Lectura super Digesto Veteri*, D. 2, 4, 8:" [...] *sed patrem adoptivum non possumus vocare in ius quamdiu durat p.p. quod sit non ex edicto pretoris, sed ratione p.p., quia inter patrem et filium non potest esse iudicium nisi de castrensi vel quasi.*".

[228] Odofredus, *Lectura super Codice*, zu C. 8, 46 [47], 4 *Summarium: "Querelae domesticae sive civiles sint sive criminales, domi sunt terminandae.*".

[229] Azo, *Lectura super Codice*, zu C. 8, 46 [47], 4 Anm. *Exhibere matri filios coget.*

[230] Gl. *in potestate* zu D. 5, 1, 4: "*Fallit autem in castrensi et quasi peculio.*"; Odofredus, *Lectura super Digesto veteri*, zu D. 5, 1, 4: "*Et dicitur in lege ista non potest esse lis inter patrem et filium qui est in potestate: nisi de castrensi vel quasi.*"; ders., *Lectura super Codice*, C. 6, 61, 6, Anm. 4: „[...] *imo in illo peculio [castrensi vel quasi] potest esse iudicium inter patrem et filium.*"; Azo, *Lectura super Codice*, zu C. 8, 46 [47], 4 (*Congruentius*) Anm. *Exhibere matri filios coget: "Inter patrem autem et filium non potest esse iudicium, nisi in castrensibus vel quasi.*".

[231] C. 8, 46, 1. - Odofredus, *Lectura super Digesto Veteri*, D. 5, 1, 4: „[...] *item fallit ratione dubitationis sit filius vel non*"; Gl. *in potestate* zu D. 5, 1, 4: "*Item, cum de hoc ipso sit dubium, an sit in potestate, vel non.*".

[232] Gl. *in potestate* zu D. 5, 1, 4: "*Fallit autem: [...] Item si petant alimenta.*"; Odofredus, *Lectura super Digesto Veteri*, zu D. 5, 1, 4; Roffredus, *Libelli iuris civilis quinta pars*, S. 241 zur Abfassung eines *libellus*.

[233] Gl. *in potestate* zu D. 5, 1, 4: "*Item [fallit] in illis casibus, in quibus compellit patrem filius, ut emancipetur.*"; Odofredus, *Lectura super Digesto Veteri*, zu D. 5, 1, 4: "*Item fallit in omnibus casibus in quibus filius potest postulare a patre invito emancipari.*".

[234] C. 8, 46, 3; Odofredus, *Lectura super Digesto Veteri*, zu D. 5, 1, 4: "*Item fallit cum filius non vult obtemperare patri.*".

[235] Albericus de Rosciate, D. 5, 1, 4, Nr. 1 - 4; Bartolus, D. 5, 1, 4; Paulus de Castro, D. 5, 1, 4.

zum Einschreiten veranlassen konnte, nämlich dann, wenn das *officium Iudicis* betroffen war.[236] Dem Vater sollte der Klageweg gegen den Sohn dann offenstehen, wenn die aufgrund der *patria potestas* bestehenden Befugnisse zur Durchsetzung des väterlichen Begehrens nicht ausreichten.[237] Nach den Konsiliatoren bestanden folgende Ausnahmefälle: Streit um das Bestehen der *patria potestas* (C.8,46,1), Verlangen nach Emanzipation, Streitigkeiten über das *peculium castrense vel quasi* und die *bona adventitia irregularia*[238], Streit über durch Eid bekräftigte Verpflichtungen, Restitution der Erbschaft des Kindes bei Verschwendung derselben durch den Vater, Geltendmachung von Unterhaltsansprüchen und des Anspruches auf Dotierung der Tochter.

2. Besonderheiten bei Rechtsstreitigkeiten zwischen Hausvater und Hauskindern
In den Fällen, in denen ein Zustimmungserfordernis des Vaters zur Prozeßführung des Hauskindes bestand, stellte sich die Frage, wenn es zum Prozeß zwischen Vater und Sohn kam, ob der Vater dem Sohn auch dann seine Zustimmung erteilen mußte.[239] Soweit sich Äußerungen zu dieser Frage finden, wollten die Rechtsgelehrten auf das Zustimmungserfordernis verzichten.[240] Die Begründung lieferte ALBERICUS DE ROSCIATE:[241] " [...] *quia durum esset, quod pater teneretur consentire filio contra se litiganti, et de facili non consentiret.*" PAULUS DE CASTRO wollte den Fall dagegen genau wie den, daß ein Mündel gegen den Tutor klagte, behandeln; dem *filius familias* sollte ein *curator* bestellt werden.[242]

Wegen der den Eltern, aber auch anderen Verwandten, geschuldeten *reverentia* konnten die Kinder den Vater nur mit Erlaubnis des Richters laden.[243] Dies sollte selbst dann gelten, wenn es sich um Angelegenheiten handelte, die der Richter von

---

[236] Bartolus, D. 5, 1, 4.
[237] Bartolus, D. 5, 1, 4 (Beispiel: Angelegenheiten, die das *peculium castrense vel quasi castrense* betreffen).
[238] Siehe dazu vor allem Paulus de Castro, D. 5, 1, 4; Bartolus, D. 5, 1, 4.
[239] Albericus de Rosciate, D. 5, 1, 4, Nr. 3; vgl. auch Bartolus, C. 6, 61, 8 § *Necessitate*, Nr. 14; Paulus de Castro, C. 6, 61, 8 § *Necessitate*, Nr. 15.
[240] Bartolus, C. 6, 61, 8 § *Necessitate*, Nr. 14.
[241] Albericus de Rosciate, D. 5, 1, 4, Nr. 3.
[242] D. 26, 1, 3, 2 für den *pupillus*. - Paulus de Castro, C. 6, 61, 8 § *Necessitate*, Nr. 15.
[243] *Casus* zu D. 2, 4, 6: "*Sicut legitimum patrem filius in ius vocare non potest sine venia* [...]"; *Casus* zu D. 2, 4, 8; Azo, *Summa Aurea*, zu C. 2, 2; Odofredus, *Lectura super Digesto Veteri*, zu D. 2, 4, 2 *Praetor ait*: "*Item iure praetorio prohibentur vocari in ius parentes naturales sine venia: [...] sed ratione patriae potestatis quia inter patrem et filium non potest esse iudicium nisi de castrensi vel quasi: et tunc permittitur in ius vocari petita venia.*". - Paulus de Castro, C. 2, 2, 3 und C. 6, 6, D. 2, 4, 2, 8, Nr. 1; Jason de Mayno, C. 2, 2, *Qui in potestate*, Nr. 1. - Nach gemeinem Recht war für die Ladung die *commissio Judicis* erforderlich. Nach italienischem Gewohnheitsrecht, das aber nicht für die Ladung der Eltern gelten sollte, wurde die Ladung ohne *commissio Judicis* vorgenommen, Paulus de Castro, D. 2, 4, 10 § *Praetor ait*, Nr. 2.

Amts wegen zu erledigen hatte.[244] Da dieses *Venia*-Erfordernis kein Ausfluß der väterlichen Gewalt war, betraf es auch den emanzipierten Sohn.[245] Wenn nun der Sohn den Vater laden wollte, dann hatte er dies dem Richter bekanntzumachen.[246] Auf dessen Nachfrage, was für einen Rechtsstreit der Sohn anstrengen wolle, verweigerte der Richter bei einer infamierenden Klage - Kinder konnten gegen die Eltern keine infamierenden Klagen anstellen[247] - die *commissio* (die Ladung); bei den nicht infamierenden Klagen mußte er ohne weitere Prüfung die Ladung bewilligen.
Die auch dem *filius familias* grundsätzlich zustehende *in integrum restitutio* wegen Minderjährigkeit wurde ihm gegen den Vater versagt.[248] Grund hierfür war wiederum die dem Vater geschuldete Ehrerbietung. Aus anderen Gründen konnte der Sohn aber Restitution vom Vater verlangen.[249] Ein spezieller Fall betraf die Ausschlagung einer Erbschaft des Sohnes durch den Vater, obwohl der Sohn die Erbschaft antreten wollte; in diesem Fall wurde dem Sohn die *restitutio in integrum* gewährt.[250]

Es ergaben sich aber auch aufgrund des Statutarrechts Besonderheiten bei Rechtsstreitigkeiten zwischen *pater familias* und *filius familias*. Nach einigen Statutarrechten war der Richter gebunden, bei Streitigkeiten zwischen Blutsverwandten auf Antrag einer Partei die andere Partei zu einer Schiedsgerichtsabrede zu bringen.[251] Entschieden wurde dann von gemeinsamen Freunden, sie waren bei Fristen von Beschränkungen befreit, und ihre Entscheidung war unanfechtbar.[252]

---

[244] Jason de Mayno, C. 2, 2, *Qui in potestate*, Nr. 2.
[245] Siehe Jason de Mayno, C. 2, 2, *Qui in potestate*, Nr. 2.
[246] Zum Verfahren Paulus de Castro, D. 2, 4, 2, 8, Nr. 1.
[247] Paulus de Castro, D. 2, 4, 2, 8, Nr. 1, C. 6, 6 (*De obsequiis patronis praestandis*), D. 3, 6, 1 (*De calumniatoribus*) Nr. 2, C. 2, 20, 5 (*De dolo malo*), Nr. 1, aber *actiones in factum* wurden gewährt.
[248] Paulus de Castro, C. 2, 41, 2, Nr. 1; ders., C. 6, 61, 8 § *Filius autem familias*, Nr. 4; Baldus, Tom.1, Cons. 148 (dort für die Tochter).
[249] Gl. *Potest* zu C. 2, 29, 2 (*Si adversus donationem)*: "*Sed non videtur danda contra patrem.*"; Gl. *denegando* zu C. 6, 61, 8 § *sin autem*: „*[Scil. restitutio in integrum] sed videtur non dari [...] Sol. speciale est hic. 2. Vel dic, restituitur non adversus parentem, sed adversus res ipsas i. adversus ipsam repudiationem quam fecit. 3. Vel dic, restituitur si pater adhuc non adiuerat.*"
[250] Gl. *denegando* zu C. 6, 61, 8 § *Sin autem.*
[251] Jason de Mayno, D. 2, 4, 4, 1 § *Praetor ait*, Nr. 5, C. 2, 2 *Veniae edicti*, Nr. 1 (Florenz); Bartolus, Cons. 228 (Pisa) *Quaestio* II, Nr. 1: "*Pisanae civitatis consilium decrevit, quo in omnibus litibus vel quaestionibus vertentibus inter coniunctos in tertio gradu, teneatur iudex ad petitionem unius partis hoc petentis cogere alteram partem de praedictis compromittere in eorum arbitratores, amicos communes, qui possint de plano, de bono et aequo, omnibus dilationibus et causandi ordinibus praetermissis, cognoscere, arbitrari et diffinitum observetur, et nullum dici non possit, nec possit peti reduci ad arbitrium boni viri.*".
[252] Siehe Bartolus, Cons. 228, Quaestio II, Nr. 1.

3. Kapitel Zusammenfassung

Die Glossatoren und Konsiliatoren hielten weitgehend an den hergebrachten Grundsätzen des römischen Rechts fest. Die *patria potestas* war weiterhin ein Herrschaftsrecht des Vaters über seine Kinder, ein Interesse des Kindes wurde nur in Ausnahmefällen berücksichtigt. Abweichungen vom gemeinen Recht waren durch das Statutarrecht bedingt und beziehen sich auf die Verpflichtungsfähigkeit eines Hauskindes. Hinsichtlich der Möglichkeit von Rechtsgeschäften zwischen Hausvater und Hauskind stellte die Erwerbsregel das größte Hindernis dar. Mit zum Teil gewagten Konstruktionen - man denke nur an die *emancipatio ad unum actum* -wurde versucht, sie in einigen Fällen auszuschalten. Betont wurde von den italienischen Rechtsgelehrten der Gedanke, daß die Kinder selbst von dem durch ihre Leistung Erworbenen profitieren können sollten.

Hervorzuheben ist der Ansatz von JASON DE MAYNO, der den Zusammenhang von Vermögensfähigkeit und der Möglichkeit eines *obligatio civilis* herstellte. Schon die Glossatoren bedienten sich der Fiktion von der Personeneinheit zwischen Hausvater und Hauskind als Erklärung für die Unmöglichkeit von Rechtsgeschäften, bei den Konsiliatoren wurde diese zum allgemein gebräuchlichen Begründungstopos, der auch in anderen Bereichen als dem Vermögensrecht Verwendung fand.

Zu erwähnen bleibt ferner noch der Einfluß des kanonischen Rechts auf das Zivilrecht mit seinen Regeln über den Eid: so konnten auch Verträge zwischen Hausvater und Hauskind Wirksamkeit erlangen.

4. Abschnitt Kanonisches Recht und Moraltheologie

1. Kapitel Das kanonische Recht

Die Bedeutung des kanonischen Rechts für die Entwicklung der Dogmatik des Zivilrechts[1] ist allgemein anerkannt, und das kirchliche Recht des Mittelalters ist auch im Rahmen dieses Themas nicht unwichtig. Die Untersuchung der Frage, inwieweit das kanonische Recht zur Verrechtlichung des Eltern-Kind-Verhältnisses beigetragen hat, steht vor dem Problem, daß weder dem Kind noch dem Eltern/Vater-Kind-Verhältnis ein besonderer Abschnitt in den einzelnen Teilen des *Corpus Juris Canonici* gewidmet ist.[2] Vorschriften, die den Status sowie die Rechte und Pflichten von Eltern und Kindern zum Inhalt haben, finden sich über das ganze *Corpus* hin verstreut. Hier sollen nur einige Fragen aus dem Bereich des kanonischen Rechts, wie die Mitwirkung der Eltern bei der Eheschließung, die *oblatio puerorum*, das Unterhaltsrecht und die Möglichkeit von Prozessen zwischen Eltern und Kindern erörtert werden.[3] Wegen der für die Ehelichkeit der Geburt eines Kindes bedeutsamen Fragen des Vorliegens eines *iustum matrimonium* und der *legitimatio, die auch vor allem* Gegenstand des kirchlichen Rechts waren, wird auf die Darstellungen des Nichtehelichenrechts verwiesen.

---

[1] Vgl. etwa Liermann, Das kanonische Recht als Grundlage europäischen Rechtsdenkens, in: Zeitschrift für evangelisches Kirchenrecht 6 (1957/1958), S. 37ff.; Wieacker, PrGN, S. 71; Wesenberg/Wesener, NdPrG, S. 20.

[2] Ebenso verhält es sich mit dem *Codex iuris canonici* von 1917, siehe Wolter, FamRZ 1982, 973 (975).

[3] Dazu - Äußerungen in einigen Lehrbüchern des Kirchenrechts sind nicht ergiebig - die Arbeiten von Gillet, De exemptione patriae potestatis, in: Ephemerides theol. Lov. 11 (1934), S. 787ff.; Metz, L'enfant dans le droit canonique et médiéval, in: Recueils de la Société Jean Bodin, S. 9ff.; ders., La protection de la liberté des mineurs dans le droit matrimonial de l'Église, in: Acta Congressus Internationalis iuris canonici, S. 151ff.; ders., L'accession des mineurs à la cléricature et aux bénéfices ecclésiastiques dans le droit canonique médiéval, in: ders., La femme et l'enfant, Nr. 3; ders., L'entrée des mineurs dans la vie religieuse et l'autorité des parents d'après le droit classique. La réaction contre l'ancien rigorisme en faveur de la liberté des enfants, in: ders., La femme et l'enfant, Nr. 2. - Das Recht der Eheschließung ist dagegen durch umfangreiche Vorarbeiten erschlossen, siehe nur die in FN 4 angegebenen Werke.

I. Die Mitwirkung der Eltern bei der Eheschließung der Kinder, insbesondere die Zustimmung des Vaters[4]

Bei der Frage, wie sich die Kirche und das kirchliche Recht zur Mitwirkung des Vaters bei der Eheschließung der Kinder stellten, lassen sich zwei große Abschnitte unterscheiden: die Zeit bis zu GRATIAN, von den Anfängen der Kirche bis zur Mitte des zwölften Jahrhunderts, und die Zeit danach. Die Entwicklung läßt sich grob umrissen dahin umschreiben, daß das Verheiratungsrecht des Vaters von der Eheschließungsfreiheit der Kinder abgelöst wurde. Unter Eheschließungsfreiheit soll hier die Möglichkeit der Selbstbestimmung der Kinder in bezug auf das Ob einer Eheschließung und in bezug auf die Partnerwahl verstanden werden. Im Vordergrund der Darstellung soll das Recht der väterlichen Zustimmung stehen und zwar insoweit, ob sie wesentlich für die Gültigkeit einer von dem Kind eingegangenen Ehe oder nur zum *Decorum* zu zählen war. Desweiteren soll untersucht werden, wie die Eheschließungsfreiheit von Unmündigen gewährleistet wurde. Denn in der Praxis des Mittelalters kamen Verlobungen und Heiraten von eheunmündigen Kindern vor, die auch von der Kirche geduldet und sogar ausdrücklich gebilligt wurden.

1. Die vorgratianische Gesetzgebung

In ihren Anfängen hatte die Kirche noch kein eigenes Eherecht ausgebildet, sondern griff auf das Recht und die Regeln der Völker zurück, mit denen sie in Verbindung kam. Ihre Vorschriften besaßen zunächst nur den Charakter und die Bedeutung von Sittenregeln und Ermahnungen, die erst allmählich die Geltung

---

[4] Dazu Metz, L'enfant dans le droit canonique mediéval, in: L'enfant, Recueil de la Société Jean Bodin, S. 8ff.; ders., La protection de la liberté des mineurs dans le droit matrimonial de l'Église, Acta Congressus Internationalis iuris canonici, S. 170; Köstler, Die väterliche Ehebewilligung. Eine kirchenrechtliche Untersuchung auf rechtsvergleichender Grundlage; Moy de Sons, Das Eherecht der Christen in der morgenländischen Kirche bis zur Zeit Karl des Großen, S. 55ff., S. 156ff., S. 316ff., zum frühchristlichen Recht (bis zur Zeit Karl des Großen); Freisen, Geschichte des kanonischen Eherechts, § 28, S. 307ff. - Siehe allgemein zum Eherecht Merzbacher, "Ehe, kirchenrechtlich", HRG 1, Sp. 834ff. m. w. N. ; Freisen, Geschichte des kanonischen Eherechts bis zum Verfall der Glossenliteratur; Moy de Sons, Das Eherecht der Christen in der morgenländischen Kirche bis zur Zeit Karls des Großen, 1.(einziger) Teil; von Scheurl, Die Entwicklung des kirchlichen Eheschließungsrechts; Sohm, Das Recht der Eheschliessung aus dem deutschen und canonischen Recht geschichtlich entwickelt; Friedberg, Verlobung und Trauung. Zugleich Kritik von Sohm: Das Recht der Eheschließung; Friedberg, Das Recht der Eheschließung in seiner geschichtlichen Entwicklung 1865; Sanchez, De sancti matrimonii sacramento; Gibert, Histoire ou tradition de 'Église sur le sacrement de mariage; Esmein, Le mariage en droit canonique; Friedberg, Lehrbuch des katholischen und evangelischen Kirchenrechts, S. 411-532; Sägmüller, Lehrbuch des katholischen Kirchenrechts 3 II., S. 76-235; Plöchl, Das Eherecht des Magister Gratianus; Ziegler, Die Ehelehre der Poenitentialsummen von 1200 bis 1350; Plöchl, Geschichte des Kirchenrechts II, S. 305ff.; Weigand, Die bedingte Eheschließung im kanonischen Recht; Feine, Kirchliche Rechtsgeschichte, S. 762; von Hörmann, Die Desponsatio impuberum. Ein Beitrag zur Entwicklungsgeschichte des canonischen Eheschliessungsrechtes; Dauvillier, Le mariage dans le droit classique de l'Église depuis le Decret de Gratien (1140) jusqu'à la mort de Clément V (1314).

von autonomen Rechtssätzen gewannen. Im folgenden soll die Situation im Bereich der fränkischen und römischen Kirche betrachtet werden.

a) Die Haltung der römischen Kirche

Im Bereich der römischen Kirche war das römische Recht maßgeblich. Schon im klassischen römischen Recht war das ursprünglich bestehende Recht des Vaters zur Verheiratung der Kinder[5] aufgelockert und das Interesse der Kinder insoweit berücksichtigt worden, als es dem *pater familias* nicht gestattet war, seine Kinder ohne ihre Zustimmung zu verheiraten; für die Eheschließung verlangte man die Willensübereinstimmung der beiden Ehegatten. Allerdings hing die Wirksamkeit der Eheschließung von der Zustimmung des Gewalthabers ab, ohne sie war die Ehe nichtig.[6] Das Zustimmungserfordernis war nicht vom Alter der Kinder abhängig, sondern davon, ob sie sich unter väterlicher Gewalt befanden. Es war der Rest des ursprünglich bestehenden Rechts zur Verheiratung der Kinder, diente also in erster Linie dem Interesse des Gewalthabers, und wenn überhaupt erst in zweiter Linie dem Schutze des Kindes. Für Kinder *sui iuris* galt das Zustimmungserfordernis nicht, abgesehen von den Töchtern, die noch nicht das fünfundzwanzigste Lebensjahr vollendet hatten.

Für die Ehemündigkeit[7] war ursprünglich - jedenfalls bei den Jungen - der Eintritt der Geschlechtsreife (*pubertas*) maßgeblich. Im späteren klassischen Recht wurde zudem verlangt, daß der Junge das vierzehnte Lebensjahr vollendet hatte. Unter JUSTINIAN war ein Mädchen mit Vollendung des zwölften, ein Junge mit Vollendung des vierzehnten Lebensjahres ehemündig. Gleichwohl waren Ehen von eheunmündigen Kindern nicht schlechthin nichtig.

Die römische Kirche orientierte sich am römischen Recht und betonte schon in alter Zeit die elterliche Mitwirkung.[8] Dabei war die Situation von Mädchen immer schlechter als die von Jungen. AMBROSIUS (gest.397), der Erzbischof von Mailand, hatte zum Beispiel nichts dagegen einzuwenden, daß ein Vater seine Tochter verheiratete, ohne sie zu fragen.[9] Dabei tauchte die Frage auf, ob Ehen, die ohne

[5] Der unter väterlicher Gewalt stehende Bräutigam schloß die Ehe selbst, wenn auch *iussu patris* oder doch mit dessen Duldung. Die Ehe der gewaltunterworfenen Braut schloß ihr *pater familias*; doch setzte sich offenbar schon in klassischer Zeit die Auffassung durch, daß er die Tochter nicht gegen ihren Willen verheiraten konnte (Paulus D. 23, 2, 2). Vielmehr konnte sogar die Mitwirkung des widerstrebenden *pater familias* erzwungen werden (Marcianus D. 23, 2, 19).

[6] Kaser, RPr Studienbuch, § 58 IV.

[7] Siehe dazu Knothe, Geschäftsfähigkeit, S. 399ff.

[8] Siehe zum folgenden: Köstler, Väterliche Ehebewilligung, S. 68ff.; Freisen, S. 311. - Zu den ältesten Zeugnissen der kirchlichen Auffassung gehören auch hier die Aussprüche der Kirchenväter und Kirchenschriftsteller. Basilius (gest. 379) ad amphil. c. 42: "*Matrimonia sine iis, qui potestatem habent, fornicationes sunt; neque ergo vivente patre neque hero qui conveniunt, extra reprehensionem sunt, quemadmodum si annuant cohabitationi, quos penes huius rei est arbitrium, tunc firmitatem conjugii accipit cohabitatio.*“ (zitiert nach Freisen, S. 311).

[9] Gratian, Dictum zu c. 13 C. 32 q. 2: "*Honorantur parentes Rebeccae muneribus, consulitur puella non de sponsalibus, illa enim exspectat judicium parentum, non est enim virginalis pudoris eligere*

die Zustimmung des Vaters geschlossen waren, gültig waren. Das Problem des Erfordernisses der väterlichen Zustimmung erlangte im Mittelalter seine besondere Bedeutung bei der Behandlung der Raubehen. Eine Raubehe lag dann vor, wenn entweder die entführte Braut oder deren Vater einer Eheschließung nicht zugestimmt hatten. Da der Frauenraub aber im Bereich der römischen Kirche anders als im Bereich der fränkischen Kirche selten war[10], konnte die römische Kirche sich darauf beschränken, den Räuber und seine Gehilfen mit dem Kichenbann zu bedrohen, dem weltlichen Recht aber die Entscheidung über die Gültigkeit der Ehe überlassen.[11]

Nach dem Konzil von Ravenna (877) begründete allein schon das Fehlen der elterlichen Zustimmung Raub mit den sich daraus ergebenden Folgen.[12]

Umstritten ist, wie c. 3 der Antwort des Papstes NIKOLAUS I. an die Bulgaren (866) einzuordnen ist.[13] Aus den Sätzen: "[...] *sufficiat secundum leges solus eorum consensus, de quorum coniunctionibus agitur.*" und "*matrimonium non facit coitus sed voluntas.*" wird gewöhnlich herausgelesen, daß nur der Konsens der Nupturienten, nicht auch eine Genehmigung der Eltern oder sonstigen Gewalthaber für die Eingehung einer gültigen Ehe erforderlich war.[14] Demgegenüber vertreten einige Autoren die Auffassung, daß NIKOLAUS I. dem Prinzip des römischen Rechts treu geblieben sei und für eine gültige Ehe auch die väterliche Zustimmung verlangt habe.[15] NIKOLAUS sei es nur darum gegangen, die in Rom üblichen Eheformalitäten aufzuzählen und zu bemerken, daß sie alle das Wesen der Eheschließung nicht ausmachen und selbst mit dem folgenden Beilager für eine Ehebegründung nicht hinreichen, wenn nicht der Ehekonsens vorliege.[16]

Zusammenfassend läßt sich feststellen, daß die römische Kirche Ehen ohne Genehmigung des Vaters der Braut als Frauenraub ansah und mit dem Anathem bestrafte, die Frage der Gültigkeit der Ehe aber dem weltlichen Recht überließ.[17]

---

maritum.".

[10] Köstler, Väterliche Ehebewilligung, S. 69.

[11] Köstler, Väterliche Ehebewilligung, S. 69.

[12] Köstler, Väterliche Ehebewilligung, S. 71 FN 1 zum Text.

[13] Dazu Köstler, Väterliche Ehebewilligung, S. 71ff.; Freisen, S. 314; Metz, La protection, 170 (173f.). - Gratian, c. 3 C. 30 qu.5.

[14] Freisen, S. 314; Scheurl, Eheschliessungsrecht, S. 42; weitere Nachweise bei Köstler, Väterliche Ehebewilligung, S. 72 FN 1; Mitterer, Geschichte des Hindernisses der Entführung im kanonischen Recht seit Gratian, S. 18f.

[15] Köstler, Väterliche Ehebewilligung, S. 72ff.; Hörmann, Quasiaffinität II. Abtl. 1. Hälfte; so wohl auch Metz, La protection, 170 (174): „ [...] *les autres, avec plus de raison sans doute, estiment au contraire que Nicolas I reste fidèle à la doctrine du droit romain.*".

[16] Zu weiteren Belegen Köstler, Väterliche Ehebewilligung, S. 75f.

[17] Köstler, Väterliche Ehebewilligung, S. 76.

b) Die Haltung der fränkischen Kirche

Durch die Ausbreitung des Christentums und die Völkerwanderung kam die Kirche auch mit dem germanisch-fränkischen Recht in Berührung. Im folgenden sollen, ohne auf die unterschiedlichen Regelungen in den einzelnen Volksrechten einzugehen, nur die Grundzüge der Regelungen des germanisch-fränkischen Rechtskreises dargestellt werden.[18]

Wenn die Jungen das Alter der Pubertät erreicht hatten, war ihre Situation im Hinblick auf die Eheschließung durch ihre "Emanzipation" gekennzeichnet. Sie konnten ohne Zustimmung der Familie eine Ehefrau wählen. Unmündige Jungen dagegen konnten von ihren Eltern verlobt und verheiratet werden. Anders stellte sich die Lage für die Mädchen dar. Nicht nur, daß der Familie ein Mitspracherecht zugestanden wurde, sie konnte die Töchter sogar ohne deren Zustimmung verheiraten. Es soll allerdings Sitte gewesen sein, den Willen des Mädchens nicht gänzlich außer acht zu lassen.[19] Nach germanischem Recht schloß der Gewalthaber die Ehe für die Tochter und übertrug seine Munt auf den Bräutigam. Während der *Edictus Rothari* (c. 195) ausdrücklich vorschrieb, daß der Muntwalt das Mädchen nicht gegen ihren Willen zur Ehe geben dürfe, wurde in den *Leges Liutprandi* bestimmt, daß Vater und Bruder das Recht haben sollten, über die Verheiratung des Mädchens zu bestimmen, auch gegen den Willen des Mädchens:[20] "*Pater autem aut frater potestatem habeant cui aut in quali aetate voluerint ad dandum aut sponsandum filiam aut sororem suam.*". Dieses Verlobungs- und Verheiratungsrecht wurde damit begründet, daß die Verwandten doch nicht *doloso animo aut contra rationem* handeln würden.

Obwohl sich in der Folgezeit das Mundialverhältnis zwischen Mann und Frau immer mehr abschwächte, erhielt sich noch als Rest der alten Mundialverlobung jenes willkürliche elterliche Verlobungsrecht.[21] Noch im elften und zwölften Jahrhundert bestand die allgemeine Sitte, die Kinder im zartesten Alter förmlich zu verloben. Dies wird durch die zahlreichen Dekretalen, die die *desponsatio impuberum* zum Gegenstande haben und an Bischöfe im germanischen Rechtsgebiet gerichtet sind, bestätigt.[22] Die Problematik der Verbindlichkeit solcher Verlobungen wird weiter unten erörtert.

Eine besondere Rolle spielte im fränkischen Rechtskreis die Raubehe. Wie bereits oben schon erwähnt, lag eine Raubehe dann vor, wenn entweder die entführte Braut oder deren Eltern einer Eheschließung nicht zugestimmt hatten.

---

[18] Siehe dazu auch Mikat, Dotierte Ehe - rechte Ehe. Zur Entwicklung des Eheschließungsrechts in fränkischer Zeit.

[19] Conrad, DRG 1, S. 36, S. 154.

[20] C. 12. - Hörmann, Desponsatio, S. 12.

[21] Hörmann, Desponsatio, S. 14.

[22] Hörmann, Desponsatio, S. 15.

Ohne Schwierigkeiten konnte sich die Kirche mit der den Sohn betreffenden Rechtslage abfinden; sie versuchte nicht, sie zu beschränken und an die römische Rechtslage anzupassen. Bei den Mädchen dagegen sah die Kirche die Einwilligung der Eltern als unabdingbare Voraussetzung für die Wirksamkeit der Ehe an. Nach METZ sollte dieses Erfordernis dem Schutz der Mädchen vor einer Raubehe und nicht der Stärkung der väterlichen Autorität dienen.[23] Diese These dürfte aber zumindest nicht für die Fälle der Entführungen, d. h. dem mit Einverständnis der Frau vorgenommenen Raub, gelten. Als wirkliche Verbesserung der Lage der Mädchen kann es allerdings angesehen werden, daß nun auch ihre Zustimmung neben der Zustimmung des Vaters verlangt wurde.

Zahlreich sind die Kapitularien, Konzilien und Bußordnungen, die gegen die "Räuber" vorgehen und die Zustimmung der Eltern und in wachsendem Maße auch die Zustimmung der Mädchen verlangten. Was die Literatur des neunten bis elften Jahrhunderts betrifft, so stellte sie sich hinter die althergebrachte Konzeption des Erfordernisses der Einwilligung.[24] Nach der Auffassung von BENEDICTUS LEVITA (UM 850) III. 455[25] war zur Ehe sowohl der Wille des Vaters als auch der Tochter erforderlich: "*Sciscitandum est, si vult pater virginis, quia caput mulieris vir; requirenda est a patre voluntas virginum, dum Deus relinquat hominem in manibus consilii sui.*" Daß auch der Wille der Tochter erforderlich sei, betont er in III. 470: "*mulier invita virum non ducat*". Aus den Stellen bei BENEDICTUS LEVITA scheint sich zu ergeben, daß es für die Notwendigkeit der Ehegenehmigung nicht auf das Alter der Frau ankam.[26] Umstritten ist die Auslegung von c. 463 des 3. Buches von BENEDICTUS LEVITA[27], wo er die Voraussetzungen des *matrimonium legitimum* behandelte und dazu die väterliche Ehebewilligung

---

[23] La protection, 170 (173): "*Elle formula cette exigence non point pour affirmer l'autorité paternelle, mais dans l'intérêt de la fille; elle y vit un moyen de réagir contre l'abus du mariage de rapt et d'assurer à la femme une certaine garantie de liberté.*". - A. A. Köstler, Väterliche Ehebewilligung, S. 68: "Nicht um seiner selbst willen, sondern vielmehr um den Frauenraub und seine Begleiterscheinung, die Fehde, zu verhindern, verlangte die Kirche im Frankenreiche [...] den väterlichen Ehekonsens.".

[24] Metz, La protection, 170 (174); Köstler, Väterliche Ehebewilligung, S. 93ff., ausführlich dazu. - IVO VON CHARTRES (gest. 1116) stellte für seine Zeit das Erfordernis der väterlichen Einwilligung auf: Epist. XVI, Patrologi latin (Migne) t. 162, col. 28: "*Et papa Evaristus contubernia non conjugia dicit esse illarum mulierum, quae non sunt a parentibus traditae, et legibus dotatae, et a sacerdotibus solemniter benedictae.*" (zitiert nach Köstler, Väterliche Ehebewilligung, S. 98 FN 4); wohl auch Epist. 168, col. 170; Epist. 183, 184; siehe auch Metz, La protection, 170 (174).

[25] Dazu Freisen, S. 313f.; Köstler, Väterliche Ehebewilligung, S. 93ff.

[26] Köstler, Väterliche Ehebewilligung, S. 93.

[27] Dazu ausführlich Köstler, Väterliche Ehebewilligung, S. 95ff.; siehe auch Freisen, S. 315; v. Scherer, Ueber das Eherecht bei Benedikt Levita und Pseudoisidor, in: FS der k.k. Karl-Franzens-Universität Graz aus Anlaß der Jahresfeier am 15. November 1879, S. 10. - Diese Stelle hat auch Pseudo-Isidor in seine Sammlung aufgenommen, mehrte aber die Zweifel durch seinen Zusatz: „ [...] *aliter vero praesumpta non conjugia, sed aut adulteria aut contubernia aut stupra vel fornicationes potius quam legitima coniugia esse non dubitate, nisi voluntas propria subfragerit et vota succurrerint legitima.*"; dazu Köstler, Väterliche Ehebewilligung, S. 97f.

rechnete.[28] Da BENEDICTUS LEVITA den Ausdruck "*matrimonium legitimum*" sowohl für gültige, den wesentlichen kirchlichen Anforderungen genügende Ehen als auch für vollgültige Ehen, die zudem den nicht wesentlichen kirchlichen und den weltlichen Bedingungen entsprachen, verwendete[29], so lassen sich zwei Möglichkeiten hinsichtlich des väterlichen Konsenses denken. Nach der Meinung von KÖSTLER dachte BENEDICTUS LEVITA an der Stelle an die vollgültige Ehe, so daß eine Ehe, bei deren Eingehung all die aufgezählten Förmlichkeiten beobachtet worden seien, als vollgültig anzusehen sei.[30] Die weitergehende Meinung VON SCHERERS[31], daß alle aufgezählten Förmlichkeiten und auch der formlose väterliche Konsens unwesentlich seien, lehnte er ab.[32]

Für die Zeit bis GRATIAN kann man als Auffassung der Kirche festhalten, daß zunächst als wesentliche Voraussetzung für eine gültige Ehe der Konsens der Eheschließenden gefordert wurde, wobei aber, genau wie nach römischen und alten deutschen Rechtsquellen nicht die Freiheit dieses Konsenses verlangt wurde.[33] Von einer gemeinrechtlichen Regelung der Frage der Notwendigkeit der väterlichen Zustimmung kann bis in das zwölfte Jahrhundert hinein keine Rede sein. Überein kamen die Kirchen des Abendlandes[34] in der Ablehnung der ohne väterliche Zustimmung geschlossenen Ehen. Davon abgesehen stellten sie in Anpassung an die unterschiedlichen Verhältnisse in den jeweiligen Gebieten unterschiedliche Grundsätze auf. In den germanischen Staaten wurde das Fehlen der väterlichen Zustimmung als Raub zum Ehehindernis, während die Kirche in den romanischen Gebieten das staatliche Recht darüber entscheiden ließ.

2. Die Auffassung GRATIANS

GRATIAN betonte, daß die Ehe durch die freie Willenserklärung der Nupturienten zustande kommt.[35] Als Beispiel sei hier nur das *Dictum* zu C.IV angeführt: "*His*

---

[28] Zitiert nach Köstler, Väterliche Ehebewilligung, S. 95 FN 4.
[29] Köstler, Väterliche Ehebewilligung, S. 96.
[30] Väterliche Ehebewilligung, S. 96.
[31] Das Eherecht Benedikt Levitas, S. 24.
[32] Köstler, Väterliche Ehebewilligung, S. 96; siehe auch Freisen, S. 315 zu c. 1 C. 30 qu. 5: "Wenn Ps.-Isidor in c. 1. C. 30 qu. 5 und ebenso Benedikt Levita in fast wörtlicher Wiederholung den Bestand der Ehe unabhängig von dem consensus parentum erklären, so braucht man darin keinen Anschluß an die römisch-kirchlichen Grundsätze zu erblicken. Beide betonen den Bestand der Ehe ohne mundium wie es auch das deutsche weltliche Recht that. Eine Ehe ist ohne alle Förmlichkeiten und ohne consensus der parentes möglich. Diese Verbindung ist dann aber nicht das matrimonium legitimum des deutschen Rechtes.".
[33] Freisen, S. 259f. zum Ehezwang.
[34] Zur Lage bei der Kirche des Orients, Köstler, Väterliche Ehebewilligung, S. 63ff.
[35] *Dictum Gratiani, Causa* 31 qu. 2: "*Quod autem aliqua non sit cogenda nubere alicui, Ambrosius testatur super primam epistolam ad Corinthios: Nubat vidua cui vult: tantum in Domino; id est quem sibi aptum putaverit, illi nubat; quia invitae nuptiae solent malos proventus habere. 'Tantum autem in Domino': Id est, ut sine suscipione turpitudinis nubat, et viro suae religionis nubat.*", C. 1: Hier geht es

auctoritatibus evidenter ostenditur, quod nisi libera voluntate nulla est copulanda alicui.".[36] Ein Recht des Vaters zur Verheiratung der Kinder, insbesondere der Tochter, gegen deren Willen bestand damit nach kirchlichem Recht nicht.

Die Haltung GRATIANS zur Frage, ob das Erfordernis der väterlichen Einwilligung zu den Gültigkeitsvoraussetzungen einer Eheschließung zu rechnen war, ist nach Auffassung der Literatur nicht eindeutig.[37] Daß GRATIAN die väterliche Ehebewilligung für unerläßlich gehalten hat, wird u.a. aus dem *Dictum* zu c. 12 C. 32 q. 2 gefolgert.[38]

VII. Pars Gratian. Cum dicitur: "paterno arbitrio feminae iunctae viris," datur intelligi, quod paternus consensus desideratur in nuptiis, nec sine eo legitimae nuptiae habeantur, iuxta illud Evaristi Papae: "Aliter non fit legitimum coniugium, nisi a parentibus tradatur."

Einigkeit besteht unter den Autoren hinsichtlich der Haltung GRATIANS zum Raub (*raptus in parentes*), die also das Erfordernis der väterlichen Zustimmung bei der Eheschließung der Tochter betrifft.[39] Unter dem Gesichtspunkte des Raubes verlangte GRATIAN die väterliche Ehebewilligung unbedingt und ausnahmslos, wobei er keine Rücksicht auf das Alter der Tochter nahm.[40] Wie im römischen Recht vermutete auch GRATIAN die Zustimmung des Vaters, wenn dieser nur von der beabsichtigten Verehelichung gewußt hatte. Ein *raptus in parentes* lag mithin nur dann vor, wenn der Vater von der Heirat seiner Tochter nicht wußte[41] oder

---

um den Ehezwang, ebenso bei c. 2 und c. 3 C. 27 qu. 2: c. 2 *Item Nykolaus Papa [ad consulta Bulgarorum, c. 3]: "Sufficit solus secundum leges consensus eorum, de quorum quarumque coniunctionibus agitur. qui solus si defuerit, cetera etiam cum ipso coitu celebrata frustantur."*. - Köstler, Väterliche Ehebewilligung, S. 107 FN 4 zu c. 2 C. 27 qu. 2: Gratian will hier nur den Ehekonsens gegenüber dem Ehevollzug betonen, nicht aber die väterliche Einwilligung ausschließen. Dies ergebe sich auch aus dem systematischen Zusammenhang der Stelle zu c. 29 qu. 1: "*Item consensus utriusque matrimonium facit.*".

[36] Dazu Köstler, Väterliche Ehebewilligung, S. 107: „ [...] kann nicht gegen den consensus paternus angeführt werden, es will bloss Ehezwang ausschliessen.".

[37] Köstler, Väterliche Ehebewilligung, S. 106ff., S. 106: "Gratian spricht vielfach vom consensus paternus. Welche Bedeutung er ihm beimisst, sagt er nicht klar und ausdrücklich. Ueber seine wahre Meinung besteht daher Streit."; Metz, La protection, 170 (175); Freisen, S. 316.

[38] Hörmann, Desponsatio, S. 51; Köstler, Väterliche Ehebewilligung, S. 107 FN 1 m. w. N., er bezieht dieses *dictum* bloß auf die vollgültige Ehe und auf Form und Zeitpunkt der Abgabe der väterlichen Genehmigung. Die formelle väterliche Einwilligung, die *traditio paterna*, die feierliche Übergabe der Braut durch die Eltern, ist nicht wesentlich, wenn auch ihr Fehlen zu einem *matrimonium clandestinum* führt.

[39] Siehe Köstler, Väterliche Ehebewilligung, S. 110f.; Freisen, S. 316; Metz, La protection, 170 (175 FN 19).

[40] Köstler, Väterliche Ehebewilligung, S. 110; Freisen, S. 316: "Gratians Begriffsbestimmung hierüber ist die römische, die ja von der römischen und fränkischen Kirche in gleicher Weise angenommen worden war [c. 49, C. 27, q. 2, ferner dict. § 5 ad c. 2 C. 36 q. 1 u. dict. ad c. 3 ibi.]. Folgerichtig erkennt er daher den sogenannten *raptus in parentes* an. [Dict. § 5 ad c. 2 C. 36, q. 1: sive puellae solummodo, sive parentibus tantum, sive utrisque vis illata constiterit].".

[41] Dict. in pr. C. 36: "*patre ignorante*".

zwar davon wußte, sie aber ausdrücklich verboten hatte.[42] Der Frauenraub war nach GRATIAN in jeder Form Ehehindernis und Verbrechen zugleich.[43]
GRATIAN scheint aber in der Frage des Erfordernisses der väterlichen Zustimmung insofern zu schwanken, als nach c. 9 C. 30 qu. 5 der Konsens des Vaters zu den Solennitäten zählen sollte, deren Nichtbeobachtung die Ehe zwar unerlaubt, aber keineswegs ungültig machte.[44]
Dagegen heißt es in
c. 1 et 3 C. 30 qu. 5[45]:
"*c.1 Clandestina conjugia fieri non debent*
Aliter legitimum non fit coniugium, nisi ab his, qui super ipsam feminam dominationem habere videntur, et a quibus custoditur uxor petatur, et a parentibus propinquioribus sponsetur, et legibus dotetur, et suo tempore sacerdotaliter, ut mos est, cum precibus et oblationibus a sacerdote benedicatur, et a paranimphis, ut consuetudo docet, custodita et sociata, a proximis congruo tempore petita legibus dotetur, ac solempniter accipiatur, et biduo vel triduo orationibus vacent, et castitatem custodiant.
Item (Zusatz PS.-Isidor[46]*): § 1. Ita peracta legitima scitote esse conubia; aliter vero presumpta non coniugia, sed adulteria, vel contubernia, vel stupra, aut fornicationes potius quam legitima coniugia esse non dubitate, nisi voluntas propria suffragaverit, et vota succurrerint legitima.*"

"c.3 *Nuptiae publice celebrari debent.*
Item Nykolaus ad consulta Bulgarorum [c. 3]
Nostrates, tam mares quam feminae, non ligaturam auream, vel argenteam, aut ex quolibet metallo conpositam, quando nuptialia federa contrahunt, in capitibus deferunt: sed post sponsalia, que futurarum sunt nuptiarum promissio, federa quoque consensu eorum, qui hec contrahunt, et eorum, in quorum potestate sunt, celebrantur."

Wenn also die väterliche Einwilligung nicht vorlag, handelte es sich um ein *matrimonium clandestinum.*

---

[42] Dict. ad c. 3 C. 36 q. 1: "*illis [scil. parentibus] prohibentibus*".
[43] Köstler, Väterliche Ehebewilligung, S. 107ff.
[44] Richter, Kirchenrecht, S. 913 Anm. 9: Gratian zähle den *consensus parentum* nur zu den Solennitäten, welche man unterlassen könne (C. 31, qu. 2 und 3); Freisen, S. 316 versucht diesen Widerspruch dadurch zu erklären, daß GRATIAN dazu durch seine Anschauungen in bezug auf den *raptus* geführt worden sei: "Der Mangel des *consensus parentum* ist nach GRATIAN ein trennendes Ehehindernis, aber nicht als solcher, sondern weil sein Mangel das *crimen raptus* begründet. Wenn er in dictum zu c. 12, C. 32 qu. 2 im Anschluß an C. 30 qu. 5 sagt: "nec sine eo legitimae nuptiae habeantur, " so scheint es mir, daß Gratian der Ansicht war, es brauche nicht in jedem Falle bei mangelndem consensus paternus ein raptus angenommen zu werden.".
[45] Dazu Freisen, S. 314f.; Köstler, Väterliche Ehebewilligung, S. 95ff. zu Benedictus Levita III, c. 463.
[46] Köstler, Väterliche Ehebewilligung, S. 97.

Das Erfordernis der Mitwirkung der Gewalthaber des Kindes galt nach kirchlicher Auffassung allerdings nicht für das unmündige Kind und für den Abschluß der *sponsalia*. Hier trafen die Eltern die Entscheidung anstelle ihres unmündigen Kind, wie dies aus einigen Stellen im Dekret hervorgeht, c. 2 C. 31 qu. 2, c. 13 C. 32 qu. 2, c. 12 u. c. 19 ib.[47] Die Unabhängigkeit vom Willen der Eltern und deren Mitwirkung zur Ehe tritt nach einem *Dictum* GRATIANS zu c. 8 C. 20 qu. 1 mit der Mündigkeit ein: "*Cum ergo in principio huius capituli dicatur: 'Puellae, que non coactae imperio parentum,'datur intelligi, quod si coactae virginitatis habitum sumpserint, sine prevaricatione ipsum deserere possunt. Sed puella hic nubilis intelligitur,cuius (ut in sequentibus monstratur) post duodecimum annum liberum est arbitrium; nec in electione propositi cogitur sequi parentum imperium.*".

PAUCAPALEA[48], der erste Glossator des Dekrets, und VACARIUS, der in jener Zeit seine eigenen Wege gehende Legist und Dekretist, hielten an der Auffassung GRATIANS in bezug auf die Erforderlichkeit der väterlichen Ehebewilligung für gewaltunterworfene Mädchen für eine gültige Ehe fest.[49]

3. Die Haltung der Kirche nach GRATIAN bis zum Tridentinischen Konzil

Ausgehend von der Pariser Theologenschule bahnte sich in der Mitte des zwölften Jahrhunderts in der Lehre ein Wandel in der Auffassung von der Unentbehrlichkeit der väterlichen Einwilligung für die Eheschließung von Töchtern an[50]. Die Pariser Theologenschule hatte die Lehre von den Sakramenten ausgebildet und die Meinung vertreten, daß einerseits alle Zugang zu den Sakramenten haben müßten, daß andererseits aber keiner zu ihrem Empfang gezwungen werden dürfe. Vielmehr sei ausnahmslos die völlig freie Entschließung des Empfängers nötig.[51] PETRUS LOMBARDUS war, soweit ersichtlich, der erste, der allein den Willen der Eheschließenden für die Gültigkeit der Ehe genügen ließ. Die Einwilligung der Eltern sei zwar nach wie vor wünschenswert, aber nicht unentbehrlich. So bemerkte er im Anschluß an die Evariststelle Pseudo-Isidors[52]:

"*Hoc autem non ita intelligendum est, tanquam sine enumeratis non possit esse legitimum conjugium, sed quia sine illis non habet decorem et honestatem debitam. In hujus enim sacramenti celebratione, sicut in aliis, quaedam sunt*

---

[47] Hörmann, Desponsatio, S. 51.

[48] Zu C. 27 q. 2 (v. Schulte, Die Summa des Paucapalea über das Decretum Gratiani, S. 115): "*Consensus autem debet esse licitus et manifestus. [...] Et cum parentum voluntate fieri debet.*"; dazu Köstler, Väterliche Ehebewilligung, S. 111 FN 5.

[49] Dazu Köstler, Väterliche Ehebewilligung, S. 113.

[50] Dazu Köstler, Väterliche Ehebewilligung, S. 103ff.; Freisen, S. 317; Metz, La protection, 170 (174f.).

[51] Köstler, Väterliche Ehebewilligung, S. 104; dazu siehe auch Freisen, S. 322: "Durchaus unrichtig ist es, wenn man generell bemerkt, daß die Kirche zur Abschaffung der Notwendigkeit des elterlichen Konsenses durch die allmählich sich entwickelnde Sakramentsnatur der Ehe gedrängt sei." (wird näher ausgeführt).

[52] Metz, La protection, 170 (174): "*la décrétale faussement attribuée au pape Evariste*".

pertinentia ad substantiam sacramenti, ut consensus de praesenti, qui solus sufficit ad contrahendum matrimonium; quaedam vero pertinentia ad decorem et solemnitatem sacramenti, ut parentum traditio, sacerdotum benedictio, et hujusmodi; sine quibus legitime fit conjugium, quantum ad virtutem, non quantum ad honestatem sacramenti. Sine his ergo non quasi legitimi conjuges, sed quasi adulteri vel fornicatores essent, nisi eis suffragaretur voluntas verbis expressa de praesenti, quae legitimum inter eos facit matrimonium."[53]

ROLANDUS BANDINELLI, der spätere Papst ALEXANDER III., war der erste Vertreter der Bologneser Schule, bei dem die neue Lehre erschien.[54] Seiner diesbezüglichen Lehrmeinung hat er aber nicht durch Aufnahme in die Dekretalen zu Gesetzeskraft verholfen.[55] BANDINELLI leugnete die Notwendigkeit des väterlichen *consensus* für die Wirksamkeit der Ehe[56], er gehöre nur *ad decorem.*[57] Angesichts dieser Auffassung überrascht auch seine Haltung zum Raub nicht. Allein der fehlende Wille des Mädchens sollte zur Annahme eines Raubes führen.[58]
Die neue Konzeption ROLAND BANDINELLIS fand die einhellige Zustimmung der Dekretisten[59]: RUFINUS[60], JOHANNES FAVENTINUS[61], SIMON DE BISIGNIANO[62], SIC-

---

[53] Sententiae IV, 28, 2, Patrologia latina (Migne) t. 192, col. 91, zitiert nach Köstler, Väterliche Ehebewilligung, S. 104 FN 6; Metz, La protection, 170 (174 FN 15): S. *a.* Sententiae, IV, 36, 2 ibid. col. 930; Köstler, Väterliche Ehebewilligung, S. 104f.: "Dass er mit diesem Ausdruck - den er eben verwendet, weil er sich bei Evarist findet - nicht nur die förmliche väterliche Mitwirkung, sondern überhaupt die Ehegenehmigung als unwesentlich betrachtet wissen will, lässt sich daraus ersehen, dass er nicht einmal für den Sklaven, dessen Gewaltuntertänigkeit eine viel stärkere ist als die des Kindes, in bewusstem und schroffen Gegensatz zu den damaligen Vorschriften Einwilligung des Herrn verlangt.".

[54] Dazu Köstler, Väterliche Ehebewilligung, S. 113ff. und S. 137ff.; Freisen, S. 318f.

[55] Dazu siehe Köstler, Väterliche Ehebewilligung, S. 114; Metz, La protection, 170 (176).

[56] Thaner, Die Summa Magistri Rolandi, S. 169. - Glosse zu c. 16 C. 32 q. 2: "*Et quia in finem praecedentis capituli (dictum Grat. zu c. 12 C. 32 q. 2) dixerat: paterno arbitrio etc., videtur non esse nubendum alicui, nisi patrio arbitrio. Verumtamen, quia licitum est quique superadultae nubere, cui vult, patre consentiente vel non consentiente, dummodo in Domino, ad illius opinionis remotionem Toletani concilii subinfertur capitulum et post: "similis conditio de virginibus habeatur nec extra voluntatem parentum,“ hoc de minoribus XII annorum vel "suam", hoc de jam nubilibus, quae ad nubendum nullatenus compelli poterunt, nisi propria voluntas suffragaverit, "nubere compellantur,“ quod tamen de non voventibus est intelligendum.*“ (zitiert nach Freisen, S. 318); Freisen, S. 318: "Daß die Erklärung von c. 16 C. 32 q. 2 willkürlich und unrichtig ist, liegt auf der Hand: Kinder unter 12 Jahren konnten damals keine Ehen eingehen, was irrtümlich Roland behauptet.".

[57] Thaner, Die Summa Magistri Rolandi, S. 151, c. 1 C. 30 q. 5: "*Haec enim in matrimonio magis fiunt ad decorem sacramenti, quam ad auctoritatem.*", S. 213 zu c. 19 C. 35 q. 2 sq.: "*nihil enim interest, quoad effectum matrimonii pertinet, utrum sponsus et sponsa a sacerdotibus benedicantur vel sponsa a parentibus tradatur atque dotetur.*".

[58] Thaner, Die Summa Magistri Rolandi, S. 234: „[...] *similiter nec oberit, quod ad hunc articulum spectat, si puella superadulta ea consentiente, quamvis patre contradicente fuerit traducta.*".

[59] Metz, La protection, 170 (176); Köstler, Väterliche Ehebewilligung, S. 119ff.

[60] Köstler, Väterliche Ehebewilligung, S. 119f.; Singer, Die Summa Decretorum des Magister Rufinus, S. 483: zu c. 12 C. 32 q. 2 vb. '*cum dicitur: 'paterno arbitrio'. Quod hic dicitur non usque adeo necessarium est, ut, si non sit ibi consensus parentum, non sit matrimonium; sed ad verecundiorem*

CARDUS CREMONENSIS[63] und vor allem HUGUCCIO[64], der auch für die weitere gesetzgeberische Fortbildung des kirchlichen Rechts von Einfluß war, hielten die väterliche Einwilligung für unwesentlich. Der absoluten Verneinung der Erforderlichkeit einer väterlichen Ehebewilligung entspricht es, daß HUGUCCIO, der schärfer als seine Zeitgenossen das Konsensprinzip betonte, diese nicht einmal unter den Sollenitäten der Eheschließung aufzählte und ihr auch bei der Besprechung des Raubes keine Rolle beimaß.[65]

Wenn man nun die päpstliche Gesetzgebung nach GRATIAN betrachtet, so hat der Gedanke, daß eine ehemündige Frau auch ohne die Einwilligung ihres Vaters eine Ehe schließen könne, erst nach ALEXANDER III. Eingang in die päpstliche Gesetzgebung gefunden. Es gibt nun keinen *raptus in parentes* mehr.[66] Eine Bestätigung findet sich auch bei Papst URBAN III. (1185-87). Im zweiten Teil der Dekretale '*Cum in apostolica*'[67], in der die Behandlung der unter der Bedingung des väterlichen Einverständnisses abgeschlossenen Ehe erörtert wurde, antwortete der Papst: "*consensus liber dici non potest, qui in alieno arbitrio reservatur.*" Damit hatte der Grundgedanke der Befreiung des Ehekonsenses von dem Willen

---

honestatem conjugii paternum consensum expedit inquiri." (zitiert nach Köstler, Väterliche Ehebewilligung, S. 120 FN 1).

[61] Köstler, Väterliche Ehebewilligung, S. 123.

[62] Köstler, Väterliche Ehebewilligung, S. 123f. - Zu C. 27, q. 2 vb.'*sufficit solus*': "*Solus non sollempnitates excludit, quae ad decorem matrimonii interveniunt, sed potius causam principalem ostendit; secundum leges subaudi canonicas, quae solum contrahentium consensum esse necessarium dicunt, non secundum romanas leges, quae parentum consensum valde necessarium exigunt et requirunt.*" (zitiert nach Köstler, Väterliche Ehebewilligung, S. 124 FN 1 u. 2).

[63] Köstler, Väterliche Ehebewilligung, S. 124f. Die väterliche Erlaubnis ist im Gegensatze zu den *causae operantes* und *consumantes* bloß eine *causa cooperans* oder Solennität: Zu c. 27: "*Cooperans ut parentum consensus et aliae sollempnitates.*" (zitiert nach Köstler, Väterliche Ehebewilligung, S. 124 FN 5).

[64] Köstler, Väterliche Ehebewilligung, S. 127ff. - Hauptstelle: *Dictum* zu c. un C. 31 q. 3 *vb.'Consensu eorum' scil. parentum. "Nam si absque consensu parentum filiae sponsalia contraxerint, possunt parentes illa irritare usque ad pubertatem, ut dicunt. Quod tamen ego non credo, sed ita dico in desponsatione vel matrimonio carnali, sicut et in spirituali dixi XX, q. 2. Sed queritur, utrum filii teneantur exigere in sponsalibus consensum parentum, et quidem honestum est, ut exigant et hoc persuadetur et consulitur eis ab Ambrosio, non solum minoribus, sed etiam maioribus, ut paternum consensum exquirant et electionem mariti parentibus deferant ut XXXII q. 2 § 'Cum ergo' (= dict. ad c. 12 C. 32 q. 2), sed non est necessarium ar. XXVII, q. 2, § Sufficit' (= c. 2). Unde quamvis sint infra adultam aetatem et contraxerint sponsalia sine consensu parentum, non tamen credo, quod parentes possunt ea revocare, dummodo sint contracta post septennium, scil. post tempus discretionis.*" (zitiert nach Köstler, Väterliche Ehebewilligung, S. 127f. FN 5).

[65] Köstler, Väterliche Ehebewilligung, S. 129.

[66] Freisen, S. 321; Köstler, Väterliche Ehebewilligung, S. 133. - Dekretale 'Quum causam" von Lucius III. [1181-85], c. 4, Comp. I, V, 14 = c. 6, X, V, 17: "*quum ibi raptus dicatur admitti, ubi nil ante de nuptiis agitur, iste raptor dici non debet, quum habuerit mulieris assensum et prius eam desponsaverit, quam cognoverit; licet parentes forsitan reclamarent, a quibus eam dicitur rapuisse.*" (zitiert nach Köstler, Väterliche Ehebewilligung, S. 132 FN 6).

[67] C. 4, Comp. I, IV, 5 = c. 5 X, IV, 5.

des Vaters Eingang in die päpstliche Gesetzgebung gefunden.[68] Bei INNOZENZ III. (1198-1216) zeigte sich in der Dekretale *'Per tuas'* (1203)[69] ganz deutlich, wie unwesentlich die väterliche Zustimmung war, da sie selbst dann, wenn sie ausdrücklich zur Bedingung gemacht worden war, auf so einfache Weise umgangen werden konnte.[70]

Da eine besondere Entwicklung in der kanonistischen und theologischen Literatur zu der Lehre der Dekretalen von der Eheschließungsfreiheit nicht zu beobachten ist, sei sie an dieser Stelle übergangen.[71] Somit ergibt sich folgender Stand vor dem Konzil von Trient im Jahre 1545[72]:
Verlöbnisse sind vom vollendeten siebten, Verehelichungen vom zwölften bei Mädchen, vom vierzehnten Lebensjahr bei Jungen möglich, wobei dann eine Mitwirkung der Eltern nicht erforderlich war. Seit den Päpsten LUCIUS III. und INNOZENZ III. hat der "Raub" aufgehört, ein Ehehindernis zu sein und ist nur mehr ein Delikt geblieben.

Im sechzehnten Jahrhundert, auf dem Konzil von Trient (1545-1563), war die Frage nach der Notwendigkeit der väterlichen Einwilligung bei der Eheschließung in der Kirche wieder hoch umstritten.[73] Dabei spielte auch das Problem der *matrimonia clandestina* - hier fehlte die förmliche Einwilligung in Gestalt der *traditio* - eine bedeutende Rolle. Auf dem Konzil in Trient entspann sich über diese Frage ein harter Kampf wie sonst kaum über eine andere Frage. Auf der einen Seite stand die Gesandtschaft des Königs von Frankreich, die, dem damaligen weltlichen Rechte und der protestantischen Lehre und Anschauung entsprechend, die Festsetzung der väterlichen Zustimmung als wesentliche Voraussetzung für die Ehe verlangte. Einem solchen Verlangen schien auch der Papst nicht abgeneigt gewesen zu sein, während der Kaiser den gegenteiligen Standpunkt vertrat.[74] Die Forderung des französischen Königs war nicht uneigennützig, wollte er doch seine uneheliche Tochter mit einem Mann, der ohne väterliche Einwilligung geheiratet hatte, vermählen.[75] Eine Vielfalt von Meinungen - von den extremsten zu vielen

[68] Köstler, Väterliche Ehebewilligung, S. 134.
[69] C. un., Comp. III, IV 4 = c. 6 X. IV, 5 nach Köstler, Väterliche Ehebewilligung, S. 134 FN 4.
[70] Köstler, Väterliche Ehebewilligung, S. 135, dort auch zu einer weiteren Dekretale von INNOZENZ III.
[71] Ausführlicher dazu Köstler, Väterliche Ehebewilligung, S. 147ff.
[72] Köstler, Väterliche Ehebewilligung, S. 153f.
[73] Dazu Köstler, Väterliche Ehebewilligung, S. 155ff.; Freisen, S. 321 (unten); Metz, La protection, 170 (177ff.).
[74] Siehe die Kaiserliche Erklärung der Religion halber, vom Jahre 1548, Tit. XXI, § 9 (Emminghausen, C. J. Germ. 223, zitiert nach Köstler, Väterliche Ehebewilligung, S. 156 FN 2).
[75] Zu den Gründen siehe Metz, La protection, 170 (177) m.N.: 1. Stärkung der väterlichen Autorität, Reformation für das Reich, nicht für Frankreich; 2. (Frankreich): "*l'abus des mésalliances à la faveur des mariages clandestins*", 3. das persönliche Interesse Heinrich II.: Dieser wollte seine uneheliche Tochter Diane de France mit François de Montmorency, Sohn des Konnetable verheiraten. Dieser hatte aber nun

vermittelnden - wurde vertreten. Der erste Entwurf, der den Delegierten zur Abstimmung vorgelegt wurde, erkannte noch die Notwendigkeit väterlicher Ehegenehmigung für Unmündige (d.h. hier unter 16 Jahren bei Frauen bzw. 18 Jahren bei Männern) an. Er wurde jedoch wie die beiden folgenden Entwürfe abgelehnt. Erst der vierte Entwurf, der die Gültigkeit der Ehen auch ohne väterliche Einwilligung aussprach, wurde von der Mehrheit der Delegierten auf dem Konzil angenommen:

Decretum de reformatione matrimonii, c. 1 'Tametsi':
[...] iure damnandi sunt illi, ut eos sancta synodus anathemate damnat, qui [...] falso affirmant, matrimonia a filiis familias sine consensu parentum contracta irrita esse, et parentes ea rata vel irrita facere posse: nihilominus sancta Dei ecclesia ex iustissimis causis illa semper detestata est atque prohibuit."[76]

Allerdings hielt die Kurialpraxis nach dem *Tridentinum* an der Beachtlichkeit der väterlichen Ehebewilligung für Minderjährige und bei diesen auch am *raptus in parentes* fest.[77]

II. Die Verlobung und Verheiratung von nicht ehemündigen Kindern durch die Eltern

Im folgenden soll der Frage nachgegangen werden, wie sich die Kirche und insbesondere das kanonische Recht zur Verlobung und Verheiratung von nicht ehemündigen Kindern, die meist durch ihre Eltern geschah, gestellt hat. Angesichts einer weit verbreiteten Praxis, schon Kinder unter sieben bzw. unter vierzehn Jahren zu verloben oder zu verheiraten, ist es interessant zu sehen, wie die Kirche der von ihr vertretenen Freiheit der Eheschließung zur Geltung verhelfen wollte. Für die Kirche stellte sich das Problem, ihre Auffassung von einer freien, nicht zu frühen Eheschließung durchzusetzen, andererseits aber die Gesellschaft wegen der gebräuchlichen Praxis nicht allzu sehr vor den Kopf zu stoßen. Gar nicht selten, vor allem, wenn es um Verbindungen im Hochadel ging, wurde sogar ein Dispens von den Vorschriften über die Ehemündigkeit erteilt, und damit waren sogar Verlobungen und Eheschließungen von noch jüngeren Kindern zulässig und wirksam.[78] Bis weit ins Mittelalter hinein war die Sitte frühzeitiger Vermählung unmündiger Kinder sehr verbreitet.[79] Wenn nun nach kirchlichem

---

heimlich Jeanne de Piennes, *fille d'honneur* von Katharina von Medici geheiratet. Da Heinrich II. vom Papst nicht die Annullierung der Ehe erreichen konnte, suchte er nach anderen Mitteln, eine Heirat zu ermöglichen.

[76] Richter-Schulte, Canones et decreta conc. Trid. 216. - Zur Behandlung des Raubes auf dem *Tridentinum* Köstler, Väterliche Ehebewilligung, S. 158f.

[77] Köstler, Väterliche Ehebewilligung, S. 159.

[78] DAUVILLIER hat einige Dispense in den Registern der Päpste gefunden, die *sponsalia* schon vor dem 7. Lebensjahr gestatteten und dann auch die Heirat, wenn die Betroffenen die *aetas legitima* erreicht hatten.

[79] Hörmann, Desponsatio, S. 111ff.: Beispielsfall Brief des Bischofs Aloisius von Arras an Papst

Recht die Abgabe von Eheversprechen bereits Kindern in einem solch zarten Alter gestattet war, erstaunt es nicht, daß die Eltern in den meisten Fällen die Initiative zu einer Verlobung und Verheiratung der Kinder ergriffen. Wenn METZ in dem Tätigwerden der Eltern einen Schutz für die Kinder wegen deren mangelnden Einsichtsfähigkeit erblicken will, so ist dieser Auffassung entgegenzuhalten, daß, wenn der Schutzgedanke der tragende Gesichtspunkt bei den kirchlichen Bestimmungen gewesen wäre, er doch am besten dadurch zu realisieren gewesen wäre, daß man erst mündigen, einsichtsfähigen Kindern die Verlobung und Eheschließung gestattet hätte.

1. Die vorgratianische Gesetzgebung[80]

Die vorgratianische Gesetzgebung ist durch das Streben der Kirche nach Einhaltung der für Verlobung und Eheschließung aufgestellten Altersgrenzen und durch das Bemühen, gegen die übliche Praxis der gemeinsamen Aufzucht der Verlobten einzuschreiten, gekennzeichnet.[81]

a) Die Haltung der römischen Kirche

Als Mindestalter für die Verlobung, das Versprechen künftiger Ehe, verlangte das römische Recht[82] das vollendete siebente Lebensjahr. Während das Verlöbnis in der Frühzeit als Stipulation klagbar war, wurde nach einer Übergangszeit, in der es frei löslich war, ihm die freie Löslichkeit durch die *arra sponsalicia*, einer Gabe des Bräutigams an die Braut, wieder genommen. Wie bereits oben erwähnt, verlangte eine gültige Eheschließung von den Nupturienten die *pubertas* (Geschlechtsreife), die bei Mädchen mit dem vollendeten zwölften und bei Jungen mit dem vollendeten vierzehnten Lebensjahr angenommen wurde.

Lucius II. von 1144/45, weiteres Beispiel S. 115f.: Epistel des päpstlichen Legaten Henricus von Pisa, Wilhelm von Pavia und Odo an den Erzbischof Hugo von Rouen von 1160 (2. Regierungsjahr Alexander III.): "Im Namen der Kirche und des genannten Papstes [scil. wird] den Königen Heinrich von England und Ludwig von Frankreich die erbetene Zustimmung ertheilt [wird], ihre Kinder, von denen das eine erst fünf, das andere zweieinhalb Jahre zählte, nachdem diese schon im Jahre 1158 eidlich zur Ehe versprochen worden waren, nunmehr zu vermählen, und die nöthigen Feierlichkeiten dem Bischofe gestattet werden. *Verum quia de contrahendis sponsalibus inter filium Henrici serenissimi Regis Anglorum et filiam Ludovici gloriosissimi Regis Francorum, quibus adhaec per agenda plenitudo videbatur deesse aetatis, pro bono pacis et concordiae fuerat pertractatum et, sicut veridicorum relatione percepimus de consensu amborum Regum, ut eadem sponsalia fierent, si ecclesiae possent habere consensum, fuerat stabilitum: postulavit a nobis praedictus Rex Anglorum, ut in eisdem sponsalibus contrahendis ex parte Domini Papae et Romanae ecclesiae, cuius legatione fungimur, nostrum praeberemus assensum. Nos ergo permittimus et concedimus - ipsos puerum videlicet et puellam ad invicem desponsam et solemnitates, quae in conjugiis requirentur, si postulatum fuerit, a vobis concedimus exhiberi.*". Die Eheschließung erfolgte noch im selben Jahr. Der König von England wollte die ihm *inito matrimonio* zufallenden *Castella Normanniae* erhalten, welche bis dahin einstweilen sequestriert waren.

[80] Hörmann, Desponsatio, S. 22ff.

[81] Hörmann, Desponsatio, S. 23. - C. 39 C. 27 q. 2.

[82] Dazu Kaser, RPr Studienbuch, § 58 III.

Die römische Kirche hat die Altersgrenzen des römischen Rechts übernommen, aber schon frühzeitig auch der tatsächlichen Pubertät Bedeutung beigemessen.[83] Die mit der Fixierung einer Altersgrenze verbundene Vermutung der Geschlechtsreife konnte nach kanonischem Eherecht durch den Beweis des Gegenteils sowohl in positiver als auch in negativer Hinsicht zerstört werden.[84]
Gegen eine Verbindung von Unmündigen sprach sich die in c. 2 X. 4, 2 aufgenommene Fortsetzung zu dem von GRATIAN dem Papste NIKOLAUS I. zugeschriebenen cap. un. C. 30. qu. 2 aus:
"*Distinctius inhibemus, ne de cetero aliqui, quorum uterque vel alter ad aetatem legibus vel canonibus determinatam non pervenerit, conjungantur, nisi forte aliqua urgentissima necessitate interveniente, utpote pro bono pacis, talis conjunctio toleretur.*".

Die Verbindung von Unmündigen wurde also nur in Ausnahmefällen geduldet.[85] Nach einer anderen Papst NIKOLAUS I. zugeschriebenen Äußerung folgt aus dem Konsensprinzip bei der Eheschließung, daß eine von nicht ehemündigen Kindern geschlossene Ehe erst dann gültig wurde, wenn die Kinder, sobald sie ehemündig geworden waren - die Stelle spricht vom Erreichen des *tempus discretionis*[86] -, zustimmten[87]:
"*Ubi non est consensus utriusque, non est conjugium. Ergo qui pueris dant puellas in cunabulis, et e converso, nihil faciunt, nisi uterque puerorum post, quam venerit ad tempus discretionis, consentiat, etiamsi pater et mater fecerint et voluerint.*".
Indem Papst NIKOLAUS im ersten Teil dieser Bestimmung von der bedingten Verbindlichkeit der durch die Eltern erfolgten Verbindung (*dare*) ihrer noch *in cunabulis* befindlichen Kinder sprach und die Geltung dieser von der nachträglichen Zustimmung der Kinder abhängig machte, wurde auf den Willen der Kinder Rücksicht genommen und gleichzeitig der weit verbreiteten Sitte solcher Verbindungen Rechnung getragen.[88] Diese Lösung, die die Interessen der Eltern und der Kinder zu wahren suchte, sollte die Kirche auch in der folgenden Zeit vertreten. Eine vor der Ehemündigkeit des Kindes erfolgte Verbindung wurde nicht schlechthin als ungültig angesehen, sondern unter der Bedingung aufrechterhalten, daß das Kind diese bei Erreichen der Ehemündigkeit genehmigte.

---

[83] Hörmann, Desponsatio, S. 27; siehe auch Schwab, "Kinderehe", HRG 2, Sp. 725ff.
[84] Hörmann, Desponsatio, S. 29.
[85] Hörmann, Desponsatio, S. 30f. sieht in dieser Dekretale nur ein Verbot des frühzeitigen Zusammenlebens bzw. des Duldens einer bereits vollzogenen *conjunctio*.
[86] Aus dem *Dictum* GRATIANS zu dieser Stelle: "*Sponsalia ante septennium contrahi non possunt.*", nach Hörmann, Desponsatio, S. 33 scheint dies nicht eindeutig zu sein.
[87] C. un. C. 30 qu. 2. - Siehe allerdings Hörmann, Desponsatio, S. 32: "Im ersten Theile handelt es sich vielmehr um die Betonung des Consenses der Desponsirten, also der Freiheit der Eheschliessung. Hinsichtlich eherechtlicher Handlungen kann diese Zustimmung nur in Betracht kommen für den Ehevertrag und die Ehevollziehung, da dem blossen Eheversprechen von der Kirche keine eherechtliche Bedeutung in jener Zeit beigelegt wurde.".
[88] Hörmann, Desponsatio, S. 166f.

b) Die Haltung der fränkischen Kirche[89]

In den *Leges Liutprandi* (c. 12, 112, 117, 119 u.a.) wurde die Ehe eines Mädchens vor vollendetem dreizehntem Lebensjahre und die des Knaben vor vollendetem vierzehntem Lebensjahre als verboten erklärt und mit Strafe bedroht. In cap. 129 wurde der Fall einer Verbindung zwischen einem mündigen Mädchen und einem unmündigen Knaben behandelt.

"*Quoniam adultae et iam maturae feminae copulabant sibi puerulos parvulos et intra aetatem legitimam et dicebant quod vir eius legitimus esse deberet, cum adhuc se cum ipsa miscere minime valerit. Nunc itaque statuimus ut nulla modo femina hoc facere praesumat nisi pater aut avus pueri legitimis parentibus puellae hoc facere praeviderit. Nam si puerum post mortem patris aut avi intra aetatem remanserit et ei se qualiscunque femina antequam ipse puer tertiodecimo anno compleat, copulare praesumpserit dicendo quod legitimus maritus eius esse debeat, irrita sit ipsa conjunctio et separentur ab invicem. Femina vero ipsa revertatur. [...] et non habeat potestatem alio viro se copulare dum ipse puerolus ad aetatem supra scriptam pervenerit. Siquidem ipsa impleta aetate puer ipse sibi eam uxorem habere voluerit, habeat licentiam et si eam noluerit, tollat sibi uxorem aliam qualem voluerit aut potuerit.*"[90]

Eine gültige Eheschließung zwischen einem mündigen Mädchen und einem unmündigen Knaben setzte eine Vereinbarung zwischen dem Vater oder dem Großvater des Knaben und den *legitimi parentes* des Mädchens voraus. Der Knabe war an eine solche Vereinbarung gebunden. Eine Lösung von der Vereinbarung des Vaters oder Großvaters konnte nur dann eintreten, wenn diese starben, bevor der Junge ehemündig geworden war, d.h. vor Vollendung seines dreizehnten Lebensjahres. Dann nämlich war die Verbindung ungültig, und die beiden wurden voneinander getrennt. Allerdings hatte das Mädchen bis zum Zeitpunkt, wo der Knabe mündig wurde, nicht die Möglichkeit, eine andere Ehe einzugehen; sie blieb an die Vereinbarung gebunden. Wenn der Knabe mündig geworden war, so hatte er die Wahl, an der Ehe festzuhalten oder eine andere Frau zu heiraten.[91]

---

[89] Hörmann, Desponsatio, S. 34ff.

[90] Zitiert nach Hörmann, Desponsatio, S. 10.

[91] Andere Interpretation bei Hörmann, Desponsatio, S. 13: "Dieser [scil. der Erwerb des Mundium] konnte natürlich nicht erfolgen, wenn der Knabe noch unmündig bei Tod seiner Eltern war, und diese für ihn das Mundium nicht erworben hatten. [...] Es handelt sich also nicht um das elterliche Mitwirkungsrecht zur Eheschliessung, sondern um Uebertragung des Mundium zur Legitimierung der geschlossenen Ehe, [...] oder es geht nur um die eigenmächtige.".

Aus vielen Zeugnissen geht hervor, daß die Sitte frühzeitiger Verehelichung besonders in adligen Kreisen vorkam und das Verbot der Kirche nicht beachtet wurde.[92]

In einer *Palea* zu c. 2 C. 31 qu. 2 (*econtra Hormisda Papa scribit Eusebio Episcopo*) wurde der Grundsatz der Freiheit der Eheschließung für unmündige Kinder außer Kraft gesetzt:

"*Tua sanctitas nos requisivit, frater venerande, de filio adulto, quem pater matrimonium contrahere vult, si sine voluntate filii adulti facere potest. Ad quod dicimus, si aliquo modo non consentit filius, fieri non posse. Potest autem de filio nondum adulto, voluntas cuius nondum discerni potest, pater eum, cui vult, in matrimonium tradere, et post, quam filius pervenerit ad perfectam aetatem, omnino observare et adimplere debet. Hoc ab omnibus orthodoxae fidei cultoribus sancitum a nobis tenendum mandamus.*".

Nach dieser *Palea* konnte ein Vater seinen erwachsenen Sohn nicht gegen dessen Willen verheiraten. Bei einem unmündigen Sohn war ihm dies erlaubt, und der Sohn war an die Erklärung des Vaters gebunden, wenn er die *perfecta aetas* erreichte. Er konnte sich also nicht von der Verbindung lösen.

Demgegenüber sprach sich IVO VON CHARTRES in einer *Epistula* dafür aus, daß im eheunmündigen Alter verlobte oder verheiratete Kinder die Verbindung genehmigen müssen, wenn sie die *anni rationales* erreicht haben[93]:

"*De pacto conjugali quod factum est inter duos nobiles ita ut, qui filiam habebat, juraverit se eam traditurum uni de filiis alterius nobilis, cui vellet, cum ad nubiles annos virgo pervenisset: hoc paternitati vestrae respondeo quod et natura disposuit ut lex tam ecclesiastica quam mundana firmavit quia, quorum per coniugalem copulam unum debet fieri corpus, eorundem pariter animorum debet esse consensus. Quicquid ergo pater nesciente virgine juraverit, cum ad annos rationales*

---

[92] Hörmann, Desponsatio, S. 40. - In einem weiteren Brief (Epistola 243) wird die feierliche Vermählung von noch in der Wiege (in cunis) befindlichen Kindern behandelt (zitiert nach Hörmann, Desponsatio, S. 39f.): "*Nuper cum essemus apud castrum Militonense, narravit mihi dominus Stefanus cancellarius quasdam nuptias fuisse celebratas in episcopatu vestro contra placitum vestrum inter quemdam puerolum et quandam puellulam cum adhuc pene in cunis essent. Quae nuptiae cum sint sine fide, sine prole, sine consensu, sine omni bono conjugali, sollicite quesivit utrum possint legitime dissolvi. Cui secundum tramitem legum breviter respondi, quia quod contra leges presumitur per leges dissolvi meretur (Johann VIII. dist. 10 c. 10 im Decret). Unde et scribit papa Nicolaus: Conjugium facit etc. (c. 2 C. 27 q. 2). quibus auditis rogavit me, ut scriberem vobis, quatenus tales nuptias aut fieri non permitteretis aut factas dissolvi praeciperetis. Non enim ignota vobis sunt quae scribimus et ideo de hac re tam pro legum, observatione quam pro eius amore, quod ad officium vestrum pertinet, facere vos monemus quatenus hoc exemplo caeteri doceantur, ne imaginariis, immo falsis nuptiis de cetero copulentur.*". - In einem Brief Hinkmars an König Karl heißt es (zitiert nach Hörmann, Desponsatio, S. 34f.): "*Nec filiae in aetate puellari et parentum domibus constitutae, iuxta leges divinas et humanas, eorundem parentum suorum votis atque auctoritate matriomonialibus nuptiis honestare ullatenus sinuntur.*".

[93] Ep. 134. - Nach Hörmann, Desponsatio, S. 39 ist unter den *anni rationales* oder *discretionis*, wie der Hinweis auf das römische Recht erhellt, nichts anderes als das *Septennium* zu verstehen.

perducta est, nisi ipsa virgo consentiat, etiam vivente patre secundum leges irritum erit.".

Die *Desponsatio* - die Verlobung - war vor dem siebenten Jahre wirkungslos, wenn nicht nachträglich der Konsens des Kindes eingeholt wurde; nach diesem Zeitpunkt aber wurde die Vornahme derselben mit Rücksicht auf die Normen des römischen Rechtes gestattet. Diese Haltung der Kirche ist vor dem Hintergrund zu sehen, daß gerade die fränkische Kirche "die eheschliessende Bedeutung der Desponsatio zu betonen begann und die Unauflöslichkeit des Verhältnisses an das *pactum conjugale* knüpfte."[94]
Die herrschende Lehre[95] sah die *sponsalia/desponsatio* bereits als das Eheversprechen selbst an, hielt dennoch an der Altersgrenze des römischen Rechts von sieben Jahren fest. Für die zwischen Eheunmündigen geschlossene Ehe folgte daraus, daß sie zwar nichtig war und getrennt werden konnte, aber nicht mußte. Dies hing davon ab, ob die Verbindung nach erreichter Mündigkeit bestätigt wurde. Wenn die von ihren Eltern vermählten Kinder nicht an der Verbindung festhalten wollten, so konnte die Verbindung, weil sie keine Ehe war, auch gegen den Willen der Eltern gelöst werden.[96]

2. Die Auffassung GRATIANS

GRATIAN[97], der zwar die Unterscheidung der Pariser Theologenschule zwischen der *desponsatio de praesenti* und *de futuro* kannte, sie aber der Sache nach nicht übernahm[98], folgte in der Frage der Konstruktion der Eheschließung der älteren Konzeption. Für ihn bedeuteten die *sponsalia* schon die Abgabe des eigentlichen Eheversprechens: es lag dann ein *matrimonium initiatum* vor, das allerdings noch lösbar war, da noch zur *desponsatio* die *copula carnalis* hinzukommen mußte, die die Verbindung zum *matrimonium consummatum* machte.[99] Trotz des Unterschiedes in der Sache übernahm GRATIAN die nach römischen Recht für die Verlobung geltende Altersgrenze von sieben Jahren; *Dictum* c. un. C. XXX qu. 2: "*Sponsalia ante septennium contrahi non possunt*".[100] GRATIAN stützte seine

[94] Hörmann, Desponsatio, S. 40.
[95] Zu Hugo a St. Victoire siehe Hörmann, Desponsatio, S. 42ff. und S. 257f. - Zum kanonischen Eheschließungsrecht: Hörmann, Desponsatio, S. 112: "Seit den Anfängen der Entwicklung des canonischen Eherechts bestand daher unter den Canonisten die Streitfrage, welche Gebundenheit die Desponsatio zur Folge habe, und ob mit derselben die Ehe, welche nach kirchlicher Auffassung unauflöslich war, schon geschlossen sei. Das Bestreben, jenen Act zu bestimmen, mit welchem das matrimonium ratum vorliege, characterisiert die ganze Entwicklung des canonischen Eheschliessungsrechtes.".
[96] Hörmann, Desponsatio, S. 46.
[97] Hörmann, Desponsatio, S. 49ff.
[98] Hörmann, Desponsatio, S. 49f.
[99] Metz, L'enfant, 8 (24ff.).
[100] Dazu Hörmann, Desponsatio, S. 50f.; Metz, L'enfant, 8 (27).

Ansicht auf eine fälschlicherweise dem Papst NIKOLAUS zugesprochenen Dekretale (ubi non est consensus, non est conjugium).[101] Nach ihm konnte also ein siebenjähriges Kind, also noch *impubes*, *sponsalia* eingehen, die wie eben dargelegt, aber nicht nur die Verlobung, sondern bereits das Eheversprechen selbst, das sich noch durch die Vereinigung realisieren mußte, darstellten. Dies bedeutete, daß im Zeitpunkt der Erlangung der Pubertät der eine Ehepartner sein Versprechen nicht wiederholen mußte. FREISEN erklärt die Auffasung GRATIANS zur *desponsatio* damit, daß er das durch die *desponsatio* begründete Verhältnis zwar als ein Anfangsstadium der Eheschließung betrachtete, das aber als frei löslich angesehen worden sei. Zudem sei zwar der Konsens der Eheschließenden, aber nicht die Freiheit des Konsenses verlangt worden.[102]

Zusammenfassend läßt sich zu GRATIAN feststellen, daß er der früheren Haltung der Kirche in bezug auf die Verlobung und Eheschließung von Unmündigen folgte und damit nichts Neues brachte.

3. Die Haltung der Kirche nach GRATIAN

Daß die Frage der Verbindlichkeit der Verlobung und Verheiratung von Unmündigen auch in der Lehre zum *Decretum Gratiani*[103] kontrovers beurteilt wurde, zeigt, daß die Papst HORMISDA zugeschriebene Auskunft an den Bischof EUSEBIUS dem *Decretum Gratiani* als *Palea* angefügt wurde (c. 2 C. 31 qu. 2). PAUCAPALEA[104] verteidigte die Auffassung GRATIANS. Er hielt allerdings nicht daran fest, daß der *sponsio paterna* nach der Vollendung des siebten Lebensjahres des Kindes verpflichtende Wirkung insoweit zukam, als sie das Kind bis zum Erreichen der Pubertät band. Ihre Wirkung gegenüber der Erklärung der *desponsatio* im mündigen Alter war insofern beschränkt, als durch Widerspruch nach erreichter Mündigkeit das Verhältnis gelöst werden konnte, was bei der *desponsatio* Mündiger jedenfalls nicht durch einseitige Willkür möglich war.

ROLAND BANDINELLI folgte vor seiner Amtszeit als Papst hinsichtlich der Eheschließungslehre der Auffassung GRATIANS. Eine Verlobung als bloßes Eheversprechen kannte er nicht.[105] Die Verheiratung der Tochter durch den Vater war auch ihm bekannt, *Stroma* zu c.un. C. 31, q. 3[106]:

"*Si pater nubili filia consentiente pro ea spoponderit, sponso vivente alii nubere non licebit, quod tamen, si fiat, ex post facto convalescet [...] si vero filia nondum nubili vel iam nubili sed contradicente pater pro ea spoponderit, eius sponsioni*

[101] Nach Friedberg, *Corpus iuris Canonici*, handelt es sich dabei um ein *caput temporis incerti*; dazu auch Metz, L'enfant, 8 (27).

[102] Hörmann, Desponsatio, S. 51.

[103] Hörmann, Desponsatio, S. 60ff.

[104] Hörmann, Desponsatio, S. 61ff.

[105] Dazu Köstler, Väterliche Ehebewilligung, S. 115 FN 6.

[106] Hörmann, Desponsatio, S. 66.

stare minime compellitur, verumtamen pater sponsionis non minus reus existet.".[107]

Der Vater konnte also an Stelle der Tochter das Eheversprechen abgeben, er vertrat sie in der Abgabe des Ehekonsenses. Tat er dies bei einer *filia nubilis*[108], setzte dies deren Zustimmung voraus, und sie war an die Erklärung des Vaters gebunden.[109] Bei einer unmündigen Tochter hatte eine solche Vertretung bei der Abgabe des Ehekonsenses durch den Vater die Folge, daß die Verbindung bei Erreichen der Mündigkeit von ihr gelöst werden konnte.[110]

In der folgenden Zeit wurde die Frage der Verlobung und Verheiratung Unmündiger auch gehäuft Gegenstand der nachgratianischen Dekretalengesetzgebung. Nach HÖRMANN behandeln 19 Dekretalen direkt oder indirekt die Frage der *desponsatio impuberum*[111], nach METZ sind es 14.[112] Diese Dekretalen gelangten über die *Compilationes antiquae*[113] in die Sammlung GREGOR IX., in den 2. Titel des 4. Buches "*De desponsatione impuberum*".[114] Diese hohe Anzahl von Dekretalen beweist die praktische Relevanz der Frage auch noch zu dieser Zeit.
In den von den Dekretisten entschiedenen Fällen ging es zumeist um die Frage der Lösbarkeit einer unter Heiratsunfähigen oder mit einem Minderjährigen geschlossenen *desponsatio de praesenti*.[115]

---

[107] Zitiert nach Köstler, Väterliche Ehebewilligung, S. 117 FN 1; siehe auch Hörmann, Desponsatio, S. 66ff. zu dieser Stelle.

[108] Nach Köstler, Väterliche Ehebewilligung, S. 115f. sind *nubiles* die Mädchen, die nicht nur zum Eheschluß, sondern auch zum Ehevollzuge bereits reif sind, das heißt die Vierzehn- und Zwölfjährigen: "Mit dieser Altersgrenze fällt dann auch das tempus consentiendi und der Begriff der adultae zusammen.".

[109] Hörmann, Desponsatio, S. 66: "Bei Zustimmung der mündigen Tochter soll diese allerdings durch den elterlichen Act verpflichtet werden, doch kann eine trotzdem eingegangene andere Ehe aufrecht erhalten bleiben. Roland läßt hier die definitiv bindende Wirkung des Verlöbnisses fallen und geht von seiner Ansicht, dass die Desponsatio das Impedimentum Ligaminis begründe, wieder ab, vielleicht aus Billigkeitsgründen in der Erwägung, dass bei der Sponsio paterna die Freiheit der Eheschliessung auch für die einwilligende Mündige keine unbeschränkte und ungehinderte genannt werden kann, vielleicht in 'unbewusstem' Anschlusse an die herrschende kirchliche Praxis.".

[110] Köstler, Väterliche Ehebewilligung, S. 116f.

[111] Köstler, Väterliche Ehebewilligung, S. 117.

[112] L'enfant, 8 (28).

[113] Dazu Metz, L'enfant, 8 (28 FN 40).

[114] Hörmann, Desponsatio, S. 117: "Von diesen erscheinen sechzehn [von Eugen III. (1145-53) eine, von Alexander III. (1159-1181) zehn, je zwei von Urban III.(1185-87), Clemens III.(1187-1191) und eine Cölestin III. (1191-1198)] durch Gregor IX. Sammlung in das Corpus iuris canonici aufgenommen, während in den Compilationen sich noch zwei bezügliche Dekretalen Alexander III.(c. 4 u. c. 11 Comp. 1. 4, 2) und eine von Clemens III.(c. 6 C. 2. 4, 1) finden.".

[115] C. 1. - Hörmann, Desponsatio, S. 118 m. N. - Kein Widerrufsrecht vor erlangter Mündigkeit, aber bei Mündigkeit, c. 7: „ [...] *si is, qui minoris aetatis est, quum ad annos illos pervenerit, reclamaverit, nec in alterum voluerit consentire, iudicio ecclesiae poterunt ab invicem separari.*", c. 8: „[...] *respondemus, quod pro eo, quod ante nubiles annos coniugalem consensum de sanctorum Patrum non habent auctoritate, usque ad legitimam aetatem exspectare tenentur, ut tunc aut confirmetur matrimonium, aut,*

Die Kirche nahm nun zu der Frage der *desponsatio impuberum* folgende Haltung ein:[116] Eine vor dem siebten Lebensjahr eingegangene *desponsatio* äußerte keinen Effekt.[117] Eine nach dem siebten Lebensjahr eingegangene *desponsatio* war wirksam. Durch verschiedene Gründe wurde die Kirche zu ihrer Haltung gezwungen.[118] Da zum einen verstärkte Bindungen an die *desponsatio* geknüpft wurden, gleichzeitig aber die Freiheit der Eheschließung gewahrt bleiben sollte - bei der Willenserklärung eines siebenjährigen Kindes konnte davon keine Rede sein -, ließ die kirchliche Auffassung den Unmündigen nur bis zum Erreichen der (Ehe)mündigkeit gebunden sein. Dann hatte er die Möglichkeit, von seinem Heiratsversprechen zurückzutreten. Er konnte aber auch daran festhalten, indem er ausdrücklich zustimmte oder die Ehe vollzog, worin eine stillschweigende Zustimmung gesehen wurde. Die Wirkung der *desponsatio impuberum* war auch in sachlicher Hinsicht beschränkt, denn es fehlte ihr die unmittelbar verpflichtende Kraft.[119] "Es war also um noch einmal die letzte wesentliche Ursache dieser kirchlichen Auffassung zu betonen, nicht bloss eine Rücksicht auf die Freiheit der Eheschliessung [...], sondern es war dies zugleich eine unausbleibliche Folge der gesteigerten Bedeutung des genannten Formalactes."[120]

Was die weitere Entwicklung der Dekretalengesetzgebung betrifft[121], so ist zu erwähnen, daß INNOZENZ III. (1198-1216) die Eheschließungslehre der Schule, insbesondere seines Lehrers HUGUCCIO, übernahm und die Lehre der Schule von

---

si simul esse noluerint, separentur; nisi forte carnalis commixtio ante intervenerit, quum interdum illa tempus anticipare soleat pubertatis.".

[116] Metz, L'enfant, 8 (28f.); Hörmann, Desponsatio, S. 128ff. wirft die Frage auf, ob das Recht des Unmündigen über die Verbindlichkeit des erfolgten Eheschließungsaktes zu entscheiden, Folge der Betonung des *consensus liber* ist oder mit der auch in den Dekretalen zum Ausdruck kommenden Auffassung der Kirche über die wesentlichen Momente der Eheschließung zusammenhängt, S. 129: "Widersprach es nun, wie schon an früherer Stelle erörtert wurde, einerseits dem Grundsatz freier Eheschließung, aus der Consenserklärung des Minderjährigen eine endgültige Gebundenheit entstehen zu lassen, so war es andererseits insbesondere die unmittelbare rechtliche Verpflichtung zum Ehevollzug [nach Auffassung Alexander III.], welche der Heirathsunfähige durch seine Willensäusserung für sich nicht wirksam begründen konnte. Beide Momente mussten dazu führen, die in unmündigem Alter erfolgte Desponsatio von jener unter Mündigen zu unterscheiden; da jedoch die Kirche im Anschluss an die Zeitbestimmung des römischen Rechtes die Desponsatio vom siebten Lebensjahre an giltig geschlossen werden liess, musste sie den Unterschied in die Wirkung legen, welche sie der Desponsatio vor und nach der Aetas legitima zuerkannte und daher erklären, die Desponsatio Unmündiger begründe nicht die volle und endgültig verpflichtende Wirkung, wie eine unter Heiratsfähigen erfolgte Desponsatio.".

[117] IX, 4, 2, c. 4, 5, 12 et 13; VI, 4, 2, c. un.

[118] Hörmann, Desponsatio, S. 262.

[119] Hörmann, Desponsatio, S. 130.

[120] Hörmann, Desponsatio, S. 130.

[121] Hörmann, Desponsatio, S. 232ff. - Die Literatur zum Dekret und zu den Dekretalen ist nicht berücksichtigt, dazu Hörmann, Desponsatio, S. 56ff., S. 158ff.

der *desponsatio impuberum* ins kirchliche Recht einbrachte. Von ihm stammt die Dekretale c. 14 X.4, 2[122]:

" [...], *quod si puella tunc nubilis erat aetatis, et inter eam et primum virum legitimus intervenit de praesenti consensus, absque dubio inter eos erat legitimum matrimonium contractum, etsi carnalis commixtio non fuerit subsecuta. si vero puella nubilis non erat aetatis, cum saepe fatus vir desponsavit eandem, et aetatem in ea prudentia non supplebat, procul dubio inter eos non conjugium, sed sponsalia contracta fuerunt, quamvis ab ipso viro eadem puella fuerit subarrhata.*"

Diese Dekretale entschied, daß eine Eheschließung Unmündiger oder eines Mündigen mit einem Unmündigen, selbst wenn *per verba de praesenti* geschehen, in eine Verlobung umgedeutet wurde.[123] Diese Entscheidung INNOZENZ III. sollte auch den Schlußpunkt der ganzen bisher erfolgten Entwicklung und Beurteilung in Recht und Doktrin der Verlobung und Verheiratung von Unmündigen bilden.[124] Die Nachfolger INNOZENZ III. hielten an dessen Anschauung fest, die bis zum Inkraftreten des *Codex juris Canonici* im Jahre 1918 galt.

Als Zusammenfassung soll eine Dekretale Bonifaz VIII. [c. un. De desponsatione impub. in VI lib. 4 tit. 2)] dienen[125]: "*Si infantes ad invicem, vel unus maior septennio, et alter minor, sponsalia contraxerint ipsi, vel parentes pro eis, nisi per cohabitationem eorum mutuam, seu alias verbo vel facto ipsorum liquido appareat, eosdem in eadem voluntate factos maiores septennio perdurare: sponsalia huiusmodi, quae ab initio nulla erant, per lapsum dicti temporis minime convalescunt, et ideo, quum sint nulla, ratione defectus consensus publicae honestatis iustitiam non inducunt. § 1. Idem quoque, si pubes et impubes, vel duo impuberes non proximi pubertati, et in quibus aetatem malitia non supplebat, per verba contraxerint de praesenti. Sponsalia enim illa, quae iuris interpretatione [!] tantum fuerunt sponsalia de futuro, licet verba consensum experimentia de praesenti haberent, et matrimonium contrahere intenderent contrahentes, per adventum pubertatis in matrimonium non transeunt de praesenti. Nec matrimonium, quod ut matrimonium aetate non tenuit prohibente, per lapsum dicti temporis convalescit, nisi per carnis copulam subsecutam, vel aliquem modum alium contrahentes eosdem cum eisdem perseverantia voluntatis ad pubertatis tempora pervenisse constiterit evidenter; per dictum tamen contractum, qui valuit, ut potuit, non sicuti agebatur, publicae honestatis iustitia est inducta. § 2 Porro ex sponsalibus, quae parentes pro filiis puberibus vel impuberibus plerumque*

[122] Siehe auch c. 13 X. 4, 2.

[123] Zu INNOZENZ III. Sohm, Das Recht der Eheschliessung aus dem deutschen und canonischen Recht geschichtlich entwickelt, S. 140; v. Scheurl, Die Entwicklung des kirchlichen Eheschliessungsrechts, S. 101; Freisen, S. 211 Anm.20; Hörmann, Desponsatio, S. 234ff.

[124] Hörmann, Desponsatio, S. 237.

[125] Dazu Hörmann, Desponsatio, S. 240ff.

contrahunt, ipsi filii, si expresse consenserint vel tacite, ut si praesentes fuerint, nec contradixerint, obligantur, et ex eis oritur iustitia publicae honestatis. Et est idem, si filii, tempore sponsaliorum absentes, et etiam ignorantes, eadem sponsalia post scientes ratificaverunt tacite vel expresse; alias ex sponsalibus, contractis a parentibus pro filiis, nec ipsi filii obligantur, nec publicae honestatis iustitia inde surgit."

Als Ergebnis[126] läßt sich festhalten, daß die Haltung der Kirche zur Verlobung und Verheiratung von Unmündigen durch die Ausbildung der kanonischrechtlichen Eheschließungslehre bedingt war. Sie war Konsequenz der allmählich zur vollen Geltung gekommenen Theorie des freien Ehekonsenses. "Andererseits bot diese Auslegung der Kirche den einzigen annehmbaren Ausweg, die im Mittelalter weit verbreitete Sitte frühzeitiger Verehelichung unmündiger Kinder mit der strengrechtlichen Auffassung der kirchlichen Eheschliessungslehre in Einklang zu bringen, ohne mit einem in Folge der vielfach ins Spiel kommenden wichtigen Interessen unthunlichen Verbote gegen diesen Brauch aufzutreten. Mit dem Verschwinden des letzteren und des elterlichen Mitwirkungs- und Verlobungsrechte ist auch die practische Bedeutung dieser Frage und der von der Kirche gegebenen Entscheidung verloren gegangen."[127]

III. Das Recht der Eheschließung von Kindern bei SANCHEZ

Zum Abschluß der Darstellung des kirchlichen Eherechts sei noch ein Blick auf die Ausführungen des Spätscholastikers THOMAS SANCHEZ geworfen, dessen in drei Bänden erschienenes Werk "*De sancto matrimonii sacramento disputationes*" als Klassiker des kanonischen Eherechts gilt.[128]

Aus der Vielfalt der Fragen, mit denen SANCHEZ sich beschäftigte, sollen hier die Frage nach dem Zwang zur Eheschließung und der Verbindlichkeit der *desponsatio impuberum* behandelt werden.

1. Die Freiheit der Eheschließung

Die Betonung der Freiheit der Eheschließung und die damit verbundene Zurückdrängung des Erfordernisses der elterlichen Mitwirkung führte dazu, daß die Frage nach dem Ehezwang, ausgeübt auch durch die Eltern, in den Vordergrund gerückt war.[129] Die Bedeutung der Frage des Ehezwanges scheint nicht unerheblich gewesen zu sein, widmet ihr SANCHEZ doch ein ganzes Buch (*Liber quartus, De consensu coacto*).

In der 22. *Disputatio* wird unter anderem das Problem erörtert, ob der Vater sein Kind zur Eheschließung zwingen könne (*Utrum Pontifex aut Princeps saecularis*

---

[126] Hörmann, Desponsatio, S. 269.
[127] Hörmann, Desponsatio, S. 169.
[128] Ausgabe Viterbii 1754.
[129] Zur Entwicklung des *impedimentum vis ac metus* Freisen, S. 257ff.

possit subditos, aut pater filium cogere ad matrimonium?). Das Problem des Ehezwanges, der durch den Vater ausgeübt wurde, war dabei in zwei Richtungen von Bedeutung:
"*De patre autem erga filium potest esse duplex difficultas. Altera, an possit compellere, aut saltem impedire matrim. quod contra ejus voluntatem inire tendat filius [...]. Altera vero, an praecepto possit compellere filium, ut tale matrim. ineat, peccetque filius contra voluntatem patris matrim. iniens.*"[130]

Hier wird noch einmal die Frage nach der Erforderlichkeit der väterlichen Zustimmung für eine gültige Ehe angesprochen. SANCHEZ führte einige Juristen an, die eine ohne väterliche Einwilligung geschlossene Ehe für nichtig halten und andere, die sie zwar nicht für nichtig, aber für anfechtbar hielten.[131] Sie beriefen sich hauptsächlich auf die Dekretale von Papst EVARIST. SANCHEZ bezog aber unter Bezugnahme auf die Ergebnisse des Konzils von Trient die Gegenposition:[132] " [...] *certa fide tenendum est, matrim. initum a filiis, absque parentum consensu, esse validum, nec posse annullari. [...] Similiter certum est, non satis esse consensum parentum, ad sponsalia vel matrim. filiorum, nisi ipsi filii consentiant. [...] Unde canones nu. praeced. allegati, exigentes consensum parentum, intelligendi sunt, de honestate. Et leges clare significantes aliter matr. esse initum, sunt abrogatae per ius canonicum.*"
Nach SANCHEZ konnten die Eltern ihre Kinder auch nicht zur Eheschließung zwingen:[133]
" [...] *non possunt parentes cogere filios ad matr. vel ad tales nuptias, sed libere contrahere debent, vel alium statum eligere. Sic fatentur omnes cum D. Th.4 d.29 q.un. ar.4 ubi rationem hujus reddit. Quia in matr. est quasi servitus quaedam perpetua, et ideo cum homo libere conditionis sit, nequit a patre ad servitutem hanc compelli. Quod si arguas, posse filium a parente in necessitate constituto vendi, et ita sua libertate privari, [l.2 C.8,46] dic disparem esse rationem. Quia haec servitus non exigit mutuum amorem, nec est perpetua, potest enim redimi: quae se habent in matrim. Intellige conclusionem, de metu cadenti in virum constantem; potest enim pater increpatione paterna cogere filium ad certum matrim.*".

In der *Disputatio* Nr.23 desselben Buches beschäftigte sich SANCHEZ mit der Frage, ob Kinder sündigen, wenn sie eine von den Eltern vorgeschriebene Ehe nicht eingehen oder wenn sie ohne Wissen oder sogar gegen den Willen der Eltern eine Ehe eingehen. Dies konnte in zwei Fallkonstellationen relevant werden: "*Duplex quaestio disputanda est. Altera, an filii teneantur acceptare matr. quod ipsorum nomine spospondere parentes? Seu inire matr. quod parentes jubent.*

[130] S. 287, Rdnr. 6.
[131] S. 287, Rdnr. 2.
[132] S. 287, Rdnr. 2.
[133] S. 288, Rdnr. 4.

Altera est, an cessante tali praecepto, vel casu, quo id non obliget, peccent filii matr. invitis parentibus ineuntes?"
Was die erste Frage betrifft, so schien der Sohn nach Sanchez wegen c. 1 *de desponsatione impuberum* (VI, 4, 2) an die Verlobung durch den Vater gebunden zu sein. SANCHEZ führte eine ganze Reihe von Autoritäten zu dieser Auffassung an.[134] Er selbst vertrat die Meinung, daß der Sohn grundsätzlich nicht die von seinem Vater ohne seinen Konsens eingegangene Verlobung erfüllen muß. Denn was die Eheschließung betreffe, so sei der Sohn frei und als *sui juris* anzusehen.[135] Allerdings bestehe in Ausnahmefällen eine Gehorsamspflicht des Sohnes, nämlich wenn die Eheschließung des Kindes für die Eltern von überragendem Interesse sei: " [...] *quando multum interest parentum, ut filius tale matr. ineat, tenetur filius sub lethali culpa, oboedire parenti illud praecipienti.*"[136] Als Ausnahmefall führte SANCHEZ an:[137] "*Ut si esset medium ad graves inimicitias componendas, quae essent inter parentes, et consanguineos eorum, cum quibus est contrahendum matr.*".
Die Gehorsamspflicht in diesem Fall wurde damit begründet, daß der Sohn den Eltern aufgrund der *pietas* zur Hilfe kommen müsse, was von vielen Autoren gebilligt wurde.[138] Nach SANCHEZ begeht ein Sohn, der seiner Gehorsamspflicht nicht nachkam, eine Todsünde, aber nur dann, wenn der Sohn, ohne die Eltern um Rat gefragt zu haben, eine diesen unerwünschte Ehe einging. SANCHEZ stellte damit entscheidend darauf ab, ob der Sohn den Rat der Eltern eingeholt hat; der Sohn sei nicht verpflichtet, den ihm erteilten Rat zu befolgen.

SANCHEZ setzte sich auch näher mit dem hier nicht weiter behandelten *impedimentum vis ac metus* auseinander.[139] Im Anschluß an die vorhergehende kirchliche Lehre war eine Beeinflußung dann beachtlich, wenn *metus* vorlag. "*Metus dicitur quidam cadens in virum constantem et est timor magni mali, qui et justus, probabilis, et gravis appellatur: quidam vero est metus cadens in virum inconstantem, et vocatur timor injustus, improbabilis levis et vanus.*"[140]

---

[134] S. 288, Rdnr. 2.
[135] S. 288, Rdnr. 3.
[136] S. 288, Rdnr. 4.
[137] S. 288, Rdnr. 4.
[138] S. 288, Rdnr. 4: "*Quia ex virtute pietatis tenentur filii subvenire parentum necessitati, ergo quando parentes indigent tali matrimonio, tenebuntur filii oboedire.*". - Ähnlicher Beispielsfall S. 288, Rdnr. 5: Sohn kann nicht ins Kloster gehen, wenn die Eltern arm sind und sich ihm eine vorteilhafte Partie bietet.
[139] Dazu siehe Freisen, S. 257ff.
[140] Lib. 4 disp. 1 nu. 9, Voraussetzungen (nu. 10 - 23): "*Conditiones quinque desiderantur ut metus cadat in virum constantem: 1. est, ut malum quod timetur grave sit in se consideratum. 2. ut aestimatio mali quod timetur sit fortis. 3. ut metum incutiens potens sit minas executioni mandare. 4. ut metum incutiens minas exequi solitus sit eodem genere mali comminati 5. ne possit timens facile occurrere malis, quae timentur.*", Beispiele in disp. 5 nu. 2 - 29.

Allerdings sollte der *metus reverentialis* allein nicht beachtlich sein, wenn nicht Drohungen oder Züchtigungen hinzukamen.[141] Wenn allerdings ein gerechter Grund zur Einflußnahme vorhanden war, wie z. B. "*quia matrim. est indignum*", verging sich der Vater nicht, wenn er diese mit milden Mitteln ohne Gewalt und Drohung zu verhindern suchte. Die Eltern konnten auch mit der Enterbung des Kindes drohen.[142] SANCHEZ beschäftigte sich eingehend mit der zivilrechtlichen Frage, ob Eltern ihre Kinder enterben konnten, wenn diese sich nicht den Wünschen der Eltern in bezug auf eine Eheschließung fügten.[143]

2. Die *desponsatio impuberum*

Die Verbindlichkeit der Verlobung von Unmündigen behandelte SANCHEZ in der 51. *Disputatio* des ersten Buches (*Utrum sponsalia ab impuberibus contracta dissolvantur per solum dissensum alterius pubertatem adepti*?). Die *sponsalia* hatten bei ihm die Bedeutung des Versprechens künftiger Ehe. Nach ihm konnte der verlobte *impubes* erst im Zeitpunkt der Erlangung der Pubertät vom Verlöbnis zurücktreten.[144] Er mußte es dann auch sofort tun, weil sein Schweigen sonst als Zustimmung galt.[145] Den Grund dafür, daß ein Rücktritt erst mit Erreichen der Pubertät möglich war, sieht SANCHEZ in folgendem:[146]

"*Et ratio prioris partis ea est, ne propter aetatis fragilem inconstantiam saepe contrahant, totiesque a contractu resiliant: posterioris autem partis ratio est, quia quamvis jure permittente impuberes vere sponsalibus astringantur, idem tamen jus voluit, ob immaturum judicium ne ita firma essent, quin eorum cuilibet pubertatem adepto resilire liceret.*"

IV. Der Eintritt von Kindern in den Ordensstand

Als weiteren Bereich, in dem die Kirche die Freiheit der Kinder auch gegen die Eltern zu schützen trachtete - sicherlich nicht ganz uneigennützig -, war der des

---

141 Lib. 4 disp. 6 nu. 4 - 7: "*Si cum metu reverentiali concurrat filium esse valde paternis praeceptis obtemperantem, et mulierem valde imbecillem, virumque crudelem circa uxorem, vel patrem erga filium sibi non consentientem: tunc si vir, aut pater praecipiat uxori, aut filio ut contractum celebret in ipsius praecipientis utilitatem, est metus sufficiens ad rescindendum contractum. Si praesente filio, et tacente contrahat pro eo pater et actus sit praejudicialis, satis est metus reverentialis, ut non censeatur filius consentire tacendo: si vero sit actus favorabilis, ut matrimonium, tunc censetur filius consentire, nec is consensus annullatur per solum metum reverentialem.*". - Siehe auch lib. 4 disp. 19 nu. 1, 2, 3: "*Sponsalia metu viri constantis inita, ipso jure sunt irrita, sicut et matrimonium.*".

142 Lib. 4 disp. 6 nu. 7: „ [...] *bene addens, posse parentes comminari poenam exheredationis, casu quo sibi permissum est, ob id exhaeredare.*".

143 *Disputatio* 24 (*An filia, invitis parentibus nubens non clandestine, possit a parentibus exhaeredari?*) und die *Disputatio* 25 (*An quatenus leges exhaeredant filias contrahentes invitis parentibus non clandestine, sed servata forma Tridentini, corrigantur jure canonico?*). - Interessant ist auch die *Disputatio* 26 (*An teneantur parentes dotem constituere filiae, ipsis invitis nubenti?*).

144 S. 74, Rdnr. 6.

145 S. 75, Rdnr. 14.

146 S. 74, Rdnr. 6.

Eintritts der Kinder in den Ordensstand. Bis fast zum Ende des Mittelalters war es üblich, daß sich unmündige Kinder, d.h. bei Mädchen noch nicht zwölfjährige, bei Jungen noch nicht vierzehnjährige, für das Ordensleben verpflichteten. Aus eigenem Antrieb taten dies allerdings nur wenige, in den meisten Fällen waren es die Eltern, die ihre Kinder verpflichteten. Dieser Vorgang, der schon in heidnischen Kulturen bekannt und sowohl im Morgen-, als auch Abendland praktiziert wurde, wird gemeinhin mit "*oblatio puerorum*"[147] bezeichnet: Die Kinder, Jungen wie auch Mädchen, wurden von ihren Eltern als "Opfer" in ein Kloster gegeben und damit Gott geweiht. Das Motiv für diesen Vorgang wird nicht nur darin zu sehen sein, daß die Eltern - in Anlehnung an alttestamentarische Vorbilder - Gott ihr Kostbarstes weihen wollten; auch wirtschaftliche und familienpolitische Erwägungen - man denke an das Erbrecht - haben eine große Rolle gespielt.[148] Zu bemerken bleibt noch, daß die *oblati* in der Klosterschule sorgfältig ausgebildet wurden.[149]

1. Die Kindermönchung (*oblatio puerorum*)[150]

Wie sich aus den bei GRATIAN verwerteten Quellen, Konzilsbeschlüssen, Briefen etc. ergibt, wurde bis auf ganz wenige Ausnahmen die Auffassung vertreten, daß die Kindermönchung wirksam war, d. h. die Kinder, wenn sie die Mündigkeit erreicht hatten, waren an die Entscheidung der Eltern gebunden.

Die bei GRATIAN zitierten Belege sind zeitlich geordnet folgende: Der erste ist ein Kanon des Konzils von Toledo von 633 (c. 3 C. 20 q. 1):

"*Monachum aut paterna devotio, aut propria professio facit. Quicquid horum fuerit, allegatum tenebit. Proinde his ad mundum revertendi intercludimus aditum, et omnes ad seculum interdicimus regressus.*" Für diese Zeit erschien es selbstverständlich, daß die Kinder zeit ihres Lebens an die Entscheidung der Eltern, an deren Gelübde, gebunden waren.

Bei dem zweiten Text handelt es sich um einen Brief GREGOR II. vom Jahre 726, der an BONIFATIUS gerichtet war (c. 2 C. 20 q. 1):

Non licet de monasterio egredi quem pater vel mater intra annos infantiae fecerint ordinari.

---

[147] Dazu Becker, "Oblatio puerorum", HRG 3, Sp. 1170f.; Hilpisch, "Oblaten", Lexikon für Theologie und Kirche VII, Sp. 1083f.

[148] Hilpisch, "Oblaten", Lexikon für Theologie und Kirche VII, Sp. 1083; Becker, "Oblatio puerorum", HRG 3, Sp. 1170.

[149] Becker, "Oblatio puerorum", HRG 3, Sp. 1170.

[150] Seidl, Die Gott-Verlobung von Kindern in Mönchs- und Nonnen-Klöstern oder De pueris oblatis. Eine kirchenrechtsgeschichtliche Untersuchung; Becker, "Oblatio puerorum", HRG 3, Sp. 1170f.; Hilpisch, "Oblaten", Lexikon für Theologie und Kirche VII, Sp. 1083f.; Metz, L'entrée des mineurs dans la vie religieuse et l'autorité des parents d'après le droit classique. La réaction contre l'ancien rigorisme en faveur de la liberté des enfants, Studia Gratiana 20, S. 187ff.; ders., L'enfant, 8 (50ff.).

"Addidistis adhuc, quod si pater vel mater filium filiamve intra septa monasterii in infantiae annis sub regulari tradiderunt disciplina, utrum liceat eis postquam ad pubertatis inoleverint annos, egredi, ut matrimonio copularii. Hoc omnino devitamus, quia nefas est, ut oblatis a parentibus Deo filiis voluptatis frena relaxentur."

Dieser Text behandelt den Fall, daß ein mündig gewordener Oblat das Kloster verlassen und heiraten wollte, was ihm allerdings nicht gestattet wurde. Diese harte Linie findet sich in zwei weiteren, von GRATIAN angeführten Belegen. Die Überschrift von c. 4 C. 20 q. 1 (unbekannter Herkunft[151]) lautet: "*In monasterio perpetuo maneant qui a parentibus traditi fuerint." und der Text: "Quicumque a parentibus propriis in monasterio fuerit delegatus, noverit se ibi perpetuo mansurum. Nam Anna Samuel puerum suum natum et ablactatum Deo pietate obtulit, qui et in ministerio templi, quo a matre fuerat deputatus, permansit, et ubi constitutus est deseruiuit.*".

Die zweite Stelle ist ein Kanon des Konzils von Tribur von 895 (C. 20 q. 1 c. 6): "*Qui a progenitoribus monasterio traditus est, de eo egredi non valet.*

Quem progenitores ad monasterium tradiderunt, et in ecclesia cepit canere et legere, nec uxorem ducere, nec monasterium deserere poterit: sed si discesserit, reducatur, si tonsuram dimiserit, rursum tondeatur; uxorem si usurpaverit, dimittere compellatur.".

Die Aussagen von c. 1 - c. 2 (c. 5 und c. 7 sind *Paleae*) faßte GRATIAN zusammen: "*Ex his auctoritatibus colligitur, quod paterna professio pueros tenet obligatos, nec licebit eis a proposito discedere, quod paterna devotione in puerilibus annis susceperint.*"

GRATIAN selbst scheint kein Anhänger dieser Auffassung zu sein[152], er führte zwei Texte für die Gegenauffassung an. Der erste ist ein Brief des Papstes LEO des Großen von 458 (c. 8 C. 20 q. 1):

"*Puellae, quae non coactae parentum imperio, sed spontaneo iudicio virginitatis propositum atque habitum susceperint, si postea nuptias elegerint, prevaricantur, etiam si nondum eis consecratio accessit, cuius utique non fraudarentur munere, si in proposito permanerent. Ambigi vero non potest crimen magnum admitti, ubi et propositum deseritur, et consecratio violatur. Nam si humana facta non possunt impune calcari, quid de his manebit, qui corruperint federa divini sacramenti?*".

Das *Dictum* GRATIANS zu dieser Stelle lautet:

"*Cum ergo in principio huius capituli dicatur: 'Puellae, que non coactae imperio,' datur intelligi, quod si coactae virginitatis habitum sumpserint, sine prevaricatione ipsum deserere possunt. Sed puella hic nubilis intelligitur, cuius (ut*

---

[151] Friedberg, *Corpus iuris Canonici*: Isidor, siehe auch Anmerkung.

[152] Metz, L'entrée, 187 (196): "*Contre cette position rigoriste de l'ancien droit, Gratien prend une attitude plus libérale, qui paraît refléter son opinion personelle [...].*".

in sequentibus monstratur) post duodecimum annum liberum est arbitrium; nec in electione propositi cogitur sequi parentum imperium.".

Für seine Meinung konnte GRATIAN noch einen Text aus dem neunten Jahrhundert, einen Canon der von Papst Eugen II. 826 gehaltenen Synode (Zusammenfassung: "*Extra voluntatem propriam retrusi in monasteriis non teneantur.*"):
"*Sicut qui monasteria elegerunt a monasteriis egredi non permittuntur, ita hii qui inviti sine iustae offensionis causa sunt intromissi, non nisi volentes teneantur, quia quod non petunt observant. Ideoque tales considerandi sunt maxime peccata committere quam plangere, sicut in decreto sanctissimi Leonis Papae manifestissime continetur.*".
Die folgende Palea (c. 10), deren Ursprung ungewiß ist, geht sogar noch einen Schritt weiter. Wenn die in niedrigem Alter geweihten Kinder das fünfzehnte Lebensjahr erreichten, wurde ihnen, wenn sie sich für den Austritt aus dem Ordensstand entschieden, kein Stein in den Weg gelegt, "*quia satis inutile est, ut coacta servitia Domino prestentur.*" Die Stelle lautet im Zusammenhang:
"*Illud autem statuendum esse censemus, ut, si in minori aetate filii monasterio oblati fuerint, et sacram tonsuram vel velamina susceperint, dignum quidem duximus, ut XV. anno a prelatis moniti inquirantur, utrum in ipso habitu permanere cupiant, an non? Si vero permanere professi fuerint, ulterius penitendi locum minime amplecti possunt. Sin autem ad secularem habitum reverti voluerint, redeundi licentia nullo modo denegetur, quia satis inutile est, ut coacta servitia Domino prestentur.*"

Der berühmteste Schüler GRATIANS, ROLAND BANDINELLI, der spätere Papst ALEXANDER III., verfolgte die Linie seines Lehrers weiter.
In einer Dekretale zu Beginn seines Pontifikats (1159-60) sprach er sich für die Freiheit der Unmündigen aus, wie es die Zusammenfassung der Dekretale IX 3, 31, 11 zum Ausdruck bringt[153]:
"*Minor XIV. annis profitendo non obligatur religioni, nisi factus maior ratum habuerit [...]. Mandamus, quatenus rem ipsam diligenter inquiras, et, si inveneris, quod G. non fuisset a parentibus oblatus, nec inceperit esse XIV. annorum, quando ad religionem accessit, et infra XIV. annum facti voti poenitens a religione recesserit, si in saeculo voluerit remanere, eum ab illo voto professionis, quod fecit, auctoritate pontificali denuncies absolutum et absolutionem eius tam ecclesiae de Resone quam populo tuae civitatis studeas publicare. Si autem a parentibus forte fuerit oblatus, seu XIV. annum compleverit, quum religionem intravit, seu post decimum quartum annum professionem a se prius factam ratam*

[153] Compilatio I 3, 27, 11 = Dekretalen Gregors IX 3, 31, 11; siehe auch Roland Bandinelli bei Thaner, Die Summa Magistri Rolandi, S. 72.

habuerit, eum ad eandem vel ad aliam religionem cum omni districtione compellas."

Eine weitere die Frage der Verbindlichkeit der *oblatio* betreffende Dekretale findet sich in c. 12 (IX, 3, 31), die von CLEMENS III. (1187-1191) stammt. Die Zusammenfassung, von RAYMOND DE PENAFORT an die Spitze der Dekretale gestellt[154], lautet: "*Si filia, minor XII. annis a parentibus monasterio tradita, maior facta sponte veletur, ad saeculum redire non potest.*"
Dieser Fall betrifft den eines von seinen Eltern geweihten Mädchens:
"*Utrum ea, quae infra discretionis annos a parentibus monasterio tradita est, et habitum religionis induens, benedictionem accepit, et exiens postmodum se cuidam militi copulavit, ex quo etiam prolem suscepit, ad monasterium redire cogatur, quum illa se asserat, postquam consentiendi habuerit aetatem, dissensisse, et benedictionis munus invitam se suscepisse commemorat. Super hoc Consultationi tuae taliter respondemus, quod, quum iuxta concilii Toletani censuram monachum aut paterna devotio aut propria professio faciat, quicquid horum fuerit allegatum, tenebit, revertendi ad saeculum aditu penitus interdicto. Non enim videtur illa monasticae professionis a se posse iugum excutere, quum eam non constet evidenter contradixisse, quum benedictionem accepit, quam utique non nisi in aetate discretionis recipiunt quae velantur, praesertim si ratihabitione secuta, etsi eam quandoque contradixisse constiterit, quod ante gestum fuerat, roboratur. Nec loquitur quod de sancti viri praedecessoris nostri Leonis Papae constitutione per contrarium sensum sumitur, ut puellae, quae coactae parentum imperio virginitatis habitum susceperunt, ipsum possint sine praevaricatione deserere, quum de ea recte possit intelligi, quae in aetate nubili noscitur constituta. Tunc enim, quia liberum habet arbitrium, in electione propositi sequi parentum non cogitur voluntatem.*".

Auch der Nachfolger CLEMENS III., Papst COELESTIN III. (1191-1198), intervenierte zum Schutz der Minderjährigen. Der folgende Fall zeigt auch, welche materiellen Interessen im Spiel waren. Der Papst ergriff klar Partei für einen Jungen, der zusammen mit seinem Vater auf dessen Veranlassung in ein Kloster eintreten mußte und so seines Vermögens beraubt wurde. Der Papst verlangte, daß der Junge, wenn er mündig wurde, in voller Freiheit seine Entscheidung über seinen Verbleib im Kloster treffen konnte und wenn er sich für die Rückkehr zum weltlichen Leben entscheiden sollte, sollte er den ihm geschuldeten Anteil am väterlichen Vermögen herausverlangen können. Das Kloster hatte also eher ein Interesse daran, daß der Junge bleiben mußte.

---

154 Metz, L'entrée, 187 (198).

Gregor. IX. Decret. lib. 3 tit. 31 c. 124:
" [...] *si dictus puer ad annos discretionis pervenerit, et habitum retinere noluerit monachalem, si ad hoc ipsum induci nequiverit, non est ullatenus compellendus, quia tunc liberum sibi erit, eum dimittere, et bona paterna, quae ipsi ex successione perveniunt, postulare.*".

Entscheidend für die weitere Entwicklung der *oblatio puerorum*, nämlich ihr Verschwinden, war die Tatsache, daß die Päpste ab dem dreizehnten Jahrhundert verlangten, daß die Anwärter vor der endgültigen Verpflichtung eine Probezeit von einem Jahr zu absolvieren hatten.[155] GREGOR IX. (1127-1239) traf eine genaue Regelung:[156]
"*Statuimus, novitios in probatione positos ante susceptum religionis habitum, qui dari profitentibus consuevit, vel ante professionem emissam, ad priorem statum redire posse libere infra annum* [...]".
INNOZENZ IV. wollte das endgültige Gelübde nicht vor dem vollendeten vierzehnten Lebensjahr zulassen. Es sei nur auf die Zusammenfassung seiner Dekretale (VI 3, 14, 1) verwiesen:
"*Si minor XIV annis ingreditus religionem, in XV. anno liber exit, nisi in ipso XIV. anno professionem fecerit, [...] vel expresse ratam habuerit professionem prius a se factam.*".
Im Jahre 1430 unterband Papst MARTIN V. offiziell die Praxis der *oblatio puerorum*.[157] Auf dem Konzil von Trient wurden noch einmal die Anforderungen in bezug auf das Alter verschärft. Nun wurde für das endgültige Gelübde als Mindestalter für Mädchen und Jungen das vollendete sechzehnte Lebensjahr als Gültigkeitsvoraussetzung verlangt.[158]

2. Der Eintritt der Kinder in den Ordensstand aufgrund eigener Entscheidung[159]
Wenn auch sehr viel seltener als die *oblatio puerorum*, so gab es auch den Eintritt von Kindern in den Ordensstand aufgrund eigener Entscheidung. Dabei ist zwischen dem Eintritt von mündigen (*puberes*) und unmündigen Kindern (*impuberes*) zu unterscheiden.
Mit dem Eintritt in einen Orden auch von mündigen, d.h. ehemündigen Kindern, befaßt sich die Quaestio II der Causa 20, wenn man der Überschrift der *Prima Pars*: "*De his vero, qui preter voluntatem parentum tonsuram, vel religionem*

---

[155] Dekretale von Papst HONORIUS III. (1216-1227): Dekretale GREGOR IX. 3, 31, 22: Es geht in der Dekretale um den Fall, daß Leute mehrere Jahre "im Mönchsgewand herumliefen", aber kein Gelübde abgelegt hatten.
[156] Dekretalen Gregor IX. 3, 31, 23.
[157] Siehe Delmaille, art. "Âge", Dictionnaire de droit canonique, publ. sous la direction de R. Naz, t. 1, Paris 1935, col. 325 zitiert nach Metz, L'entrée, 187 (200 FN 39).
[158] Sess. 25 de regularibus et monialibus, c. 15.
[159] Dazu Metz, L'entrée, 187 (191ff.); ders., L'enfant, 8 (89ff.).

vestem susceperint, sic diffinitur in Concilio X. Toletano (c. 6) von 656," folgt. Die zwei Kapitel beschäftigen sich aber hauptsächlich mit unmündigen Kindern, so daß der Schluß naheliegt, daß für mündige Kinder bezüglich des Klostereintritts eine Teilmündigkeit vorlag. Dies wird auch ausdrücklich in § 1 des c. 2, das einen Canon des *Concilium Triburense* von 895 wiedergibt, gesagt: "*Si vero in fortiori etate* [d. h. 12 Jahre alt] *adolescentula vel adolescens servire Deo elegerint, non est potestas parentibus prohibendi.*".
Auch an anderer Stelle wurde den Mädchen und Jungen bei Erreichen der (Ehe)-mündigkeit ein freies Entscheidungsrecht zugesprochen. Die Zustimmung des Vaters ist nicht erforderlich. Das *matrimonium carnale* und *spirituale* wurden gleichbehandelt. Durch das Gewähren dieser Teilmündigkeit hat das kanonische Recht die Kinder von der *patria potestas* "eximiert".

Wie bereits oben erwähnt, befaßt sich *Causa* 20 *Quaestio* 2 mit der Profeß Unmündiger. Es werden zwei Canones, einer des Konzils von Toledo von 656, der andere vom Konzil von Tribur von 895 angeführt. Aus diesen beiden *Canones* ergibt sich, daß Eltern die Entscheidung ihrer unmündigen Kinder über den Eintritt in den Ordensstand binnen eines Jahres widerrufen konnten.
c. 1 Tonsura vel vestis religiosa in minori etate suscepta a parentibus irrita fieri potest. Summarium
"Si in qualibet minori aetate vel religionis tonsuram vel religioni debitam vestem, in utroque sexu filiis aut unus aut ambo parentes dederint forte, aut nolentibus vel nescientibus se susceptam non mox visam in filiis abdicaverint, sed vel coram se, vel coram episcopo, palamque in conventu eosdem filios talia habere permiserit, ad secularem reverti habitum ipsis filiis quandoque non licebit, sed convicti, quod tonsuram aut religiosam vestem aliquando habuerint, mox ad religionis cultum habitumque revocentur, et sub strenua districtione huiusce observantiae inservire cogantur."

C. 2 Konzil von Tribur (c. 24) lautet:
"*Puella, si ante XII. etatis annos sponte sua sacrum sibi assumpserit velamen, possunt statim parentes eius vel tutores id factum irritum facere, si voluerint. At si annum et diem dissimulando consenserint, ulterius nec ipsi, nec ipsa mutare poterunt.*"

Hinzu kommt ein *Canon* des Konzils zu Mayence von 813, der sich in der Dekretalensammlung GREGOR IX. befindet (3, 31, 2):[160]
Cap. II: "*Impubes monasterium ingressus post annum a parentibus revocari non potest. [...]*
Ex concilio Maguntino

[160] Metz, L'entrée, 187 (193).

Si quis ante annos legitimos tonsuratus est sine consensu parentum suorum, [et] si parentes ipsius infra annum non se reclamaverint ad principem, aut ad proprium episcopum vel missum dominicum: in ipso clericatu permaneat.".

Daraus, daß die Eltern die Entscheidung der Kinder innerhalb eines Jahres widerrufen konnten, ergibt sich, daß unmündige Kinder sich unwiderruflich nur mit Zustimmung der Eltern verpflichten konnten. METZ sieht in diesem Zustimmungserfordernis eine Garantie der Freiheit der Kinder, da sie in diesem Alter verstandesmäßig noch in nicht der Lage seien, für sich selbst ausreichend zu sorgen.[161] Gegen diese Ansicht spricht aber zunächst einmal, daß die elterliche Zustimmung nicht zur Wirksamkeitsvoraussetzung für die Profeß gemacht wurde. Wenn die Eltern nicht innerhalb der Jahresfrist widersprachen, so war auch ein unmündiges Kind gebunden. Das elterliche Widerrufsrecht stellte sich vielmehr als Ausdruck der väterlichen Gewalt dar, die die Kinder, zumal die unmündigen und die Mädchen, der Verfügungsgewalt des Vaters unterwarf.

Die oben dargestellte Rechtslage galt bis zum Beginn des dreizehnten Jahrhunderts. Für die weitere Entwicklung bei der Selbstverpflichtung ist anzumerken, daß das Entscheidungsrecht, das den *oblati* bei Erreichen der Mündigkeit zugebilligt wurde,[162] auch den Selbstverpflichteten gewährt wurde. Schließlich sei noch auf die Einführung der Probezeit von einem Jahr und auf die Festsetzung eines Mindestalters für die Profeß durch das Tridentinische Konzil hingewiesen.

V. Weitere Teilmündigkeiten für unter väterlicher Gewalt stehende Kinder

Über die beiden Bereiche der Eheschließung und des Eintritts in den Ordensstand hinaus gewährte das kanonische Recht Kindern, die unter väterlicher Gewalt standen, weitere Teilmündigkeiten, und damit Exemtionen von der väterlichen Gewalt. Von diesen sei hier nur der Eintritt in den geistlichen Stand kurz angesprochen.[163]

Die Priesterweihe und die Erlangung der Bischofswürde stehen bei dieser Frage nicht im Mittelpunkt unserer Darstellung, da für diese Weihen ein Mindestalter von fünfundzwanzig bzw. dreißig Jahren verlangt wurde. In diesem Alter dürfte

---

[161] Metz, L'enfant, 8 (90): „ [...] *cette incapacité constitue pour eux une garantie lors d'une décision prise sans réflexion suffisamment mûrie; [...] constituent [...] une garantie de liberté personelle pour les enfants.*", Überschrift auf S. 67: "*Les incapacités juridiques comme protection du mineur*; ders., L'entrée, 187 (191), Überschrift: "*La sauvegarde de la liberté des mineurs impubères s'engageant de leur propre initiative dans la vie religieuse.*", S. 192: „ [...] *cette incapacité constitue pour eux une garantie lors d'une décision prise sans réflexion suffisamment mûrie.*".

[162] Metz, L'entrée, 187 (194).

[163] Im übrigen sei auf die Arbeiten von Metz, L'accession des mineurs à la cléricature et aux bénéfices ecclésiastiques dans le droit canonique médiéval, in: Recueil de mémoires et travaux publié par la Société d'histoire du droit et des institutions des anciens pays de droit écrit, Mélanges Roger Aubenas, in: Metz, La femme et l'enfant [...] III). - Allgemeine kirchliche Handlungen wie Taufe, Kommunion, Auswahl der Gräbnisstätte, Beichte und die letzte Ölung werden auch bei METZ in den angegebenen Arbeiten behandelt.

sich die Mehrzahl der Kinder nicht mehr unter väterlicher Gewalt befunden haben. Für das Erreichen dieser höheren Weihen war aber das Durchlaufen der niederen Weihen Voraussetzung. Zu diesen niederen Weihen gehörten die Funktionen des *ostiarius* (Türhüters, Pförtners), des *lector* (Vorlesers), des *exorcista* (Teufelsbeschwörers), des *acolitus, acoluthus* (Kleriker untersten Standes, Meßgehilfe), *subdiaconus* (Unterdiener) und *diaconus* (Diakon). Für die beiden letzteren galten wesentlich höhere Altersgrenzen als für die anderen niederen Weihen. Einhellige Meinung während der klassischen Epoche war, daß diese niederen Weihen ab dem siebten Lebensjahr bekleidet werden konnten. Dabei konnten die Kinder die Ämter aus eigener Initiative oder aufgrund der ihrer Eltern erwerben. Bei der Altersgrenze von sieben Jahren ist zu berücksichtigen, daß die niederen Weihen keine unaufhebbaren nachteiligen Konsequenzen für die Kinder nach sich zogen. Im Gegenteil, der Kleriker war in der Lage, ein kirchliches Lehen zu erwerben, d.h. eine geweihte (heilige) Funktion verbunden mit dem Recht, die mit der Ausübung der Funktion verbundenen Einkünfte zu erhalten. Allerdings ist zu beachten, daß für die *impuberes* wegen der Anforderungen an Verstand und Erfahrung die meisten der Kirchenlehen nicht in Betracht kamen[164]. Mißbräuche kamen aber auch in diesem Bereich vor. Die Bestimmung des Tridentinischen Konzils, daß "*nullus [...] ante decimum quartum annum beneficium possit obtinere*"[165] hat sich in der Praxis nicht durchsetzen können; die alte Tradition hielt sich bis ans Ende des achtzehnten Jahrhunderts.[166] Ein Zustimmungserfordernis der Eltern bezüglich des Einschlagens der Klerikerlaufbahn wird in der Literatur nicht erörtert.

VI. Die Pflicht zur Gewährung von Unterhalt[167]

Eine gegenseitige Verpflichtung zwischen Eltern und Kindern zur Gewährung von Unterhalt erkannte auch das kanonische Recht an. Allerdings muß zu den Quellen bei GRATIAN (Dist. c. 7: [Palea Dist. 5 c. 4]; Dist. 30, c. 14 u. c. 1) angemerkt werden, daß die Verletzung der Unterhaltspflicht eher als die Verletzung einer moralischen Pficht und nicht einer Rechtspflicht angesehen wurde. Die Verletzung der Pflicht wurde mit dem Anathem geahndet.

Dist. 30 c. 1 [Conc. Gangr. c. 16]:

"*Si qui filii parentes, maxime fideles, deseruerint occasione Dei cultus, hoc iustum esse iudicantes, et non potius debitum honorem parentibus reddiderint, ut hoc ipsum in eis venerentur, quod fideles sunt, anathema sint.*"

---

[164] Wegen der Einzelheiten wird verwiesen auf Metz, L'enfant, 8 (32ff.); ders., L'accession. (Der Aufsatz Metz, L'accession [...] ist bis auf Einleitung und Schluß mit dem Abschnitt S. 32ff. in dem Beitrag: L'enfant identisch.)

[165] Sess. 23, c. 6 de reform.

[166] Metz, L'enfant, 8 (50).

[167] Dazu siehe Krause, Gegenseitige Unterhaltsansprüche, S. 38ff.

Dist. 30 c. 14 [c. 15]:
"Si quis dereliquerit proprios filios, et non eos aluerit et (quod pietatis est) necessaria non prebuerit, sed sub occasione continentiae negligendos putaverit, anathema sit."

In der Folgezeit beschäftigte sich nur eine Dekretale mit der Unterhaltspflicht, und zwar der Unterhaltspflicht für eheliche Kinder (*Liber Extra* 3, 33, 2). Diese Entscheidung, in der festgestellt wird, daß der Vater kraft seiner väterlichen Gewalt das eheliche Kind nach der Vollendung des dritten Lebensjahres der Mutter wegnehmen könne und ab dann für die Ernährung des Kindes zu sorgen habe, ist vor dem Hintergrund zu sehen, daß die Mutter jüdischen Glaubens war. Mit der Anknüpfung der väterlichen Versorgungspflicht an das dritte Lebensjahr des Kindes dürfte wohl verallgemeinernd das Ende der Stillzeit angenommen worden sein.[168]

VII. Rechtsstreitigkeiten zwischen Eltern und Kindern

Anders als im römischen Recht, auf das sonst im kanonischen Recht gern zur Ergänzung zurückgegriffen wurde, galt die Regel aus den Digesten D. 5, 1, 4: "*Lis nulla nobis esse potest cum eo, quem in potestate habemus* [...]" im kanonischen Recht nicht.[169] Dieser Unterschied zum weltlichen Recht taucht immer wieder, auch in späteren Gegenüberstellungen des *ius civile* und des *ius canonicum,* auf. Betont wurde dies vor allem von den Konsiliatoren in den Kommentierungen zu D. 5, 1, 4.[170]

Als Beleg dafür, daß Rechtsstreitigkeiten zwischen Vater und gewaltunterworfenen Kindern nach kanonischem Recht möglich waren, wurde C. 2 q. 7 c. 36 (*Quaeritur*)[171] *Decretum Gratiani secunda Pars* mit der dazugehörigen Glosse angeführt:

---

[168] Krause, Gegenseitige Unterhaltsansprüche, S. 40. - Zu den Dekretisten und Dekretalisten, deren Werke in der Sache nichts Neues bringen, siehe Krause, Gegenseitige Unterhaltsansprüche, S. 40ff.

[169] Siehe auch c. 1648 des Codex von 1917: In § 2 ist vom Konflikt der Rechte des Minderjährigen mit denen der Eltern die Rede.

[170] Paulus de Castro: "*Lex ista non habet locum de iure canonico. Quod inter patrem et filium in potestate potest esse iudicium.*"; Bartolus, Tractatus de differentia inter ius Canonicum et civile: "*Insuper notari potest alia veritas, qa de iure civili non potest esse lis, vel iudicium inter patrem et filium in patria potestate constitutum. D. 5, 1, 4, et de hoc vide, quod ibi no. sed de aequitate canonica videtur esse permissum ut 2. q. 7. C. c. quaeritur, dic, ut ibi no. sane dici potest, - non sit differentia quo ad hoc, et - illud, c. intelligendum est, secundum legis distinctionem.*"; Albericus de Rosciate, zu D. 5, 1, 4: „[...] *sed de iure canonico videtur secus, quod inter patrem, et filium possit esse iudicium.*".

[171] Zu C. 2 q. 7 c. 36 (*Quaeritur*): In *Quaestio* 7 beschäftigt sich GRATIAN mit prozeßrechtlichen Fragen, der Anklagebefugnis etc. Ab Cap. 28 geht es um die Integrität von Personen, die sich nicht nach dem Namen ihrer Stellung, sondern nach ihrem Leben richten soll. (C. 35: "*Episcopi licet pares meritis, gradu tamen dignitatis differunt.*", c. 37: "*Equales fuerunt meritis, licet gradu differentes, Petrus et Paulus*"). - Summarium c. 36: "*Non in honore, sed in veritate filius equatur vel preponitur patri. Augustinus [tractatu 30 in Joannem in fine, in Ed. Maur. no.8]: Queritur pater de malo filio, queritur filius de duro patre.*“ (Aus dem Zusammenhang mit den übrigen Capiteln der *Quaestio* dürfte klar sein,

Glosse *Quaeritur "secundum canones ergo filius conqueritur de patre tam in civili quam in criminali negotio: sed secundum leges non in civili, nisi tantum in causa castrensi* [...]".
Noch deutlicher kommt dies in der Glosse "*Melius*" zu C. 23 q. 4 c. 42 (*Si ecclesia*) zum Ausdruck: "*Et sic dico secundum canones, quod filius potest agere contra patrem, et econverso, ut 2. quaest. 7. quaeritur.*".

Was den Gegenstand von Streitigkeiten zwischen Eltern und Kindern vor kirchlichen Gerichten betrifft, so gehörten zur sachlichen Zuständigkeit der kirchlichen Gerichtsbarkeit[172] die *causae spirituales* und *spiritualibus annexae*. Dazu wurden auch die Ehesachen gerechnet[173], wozu Entscheidungen über die Gültigkeit des Ehebandes, die Nichtigkeit der Ehe - man denke nur an die *matrimonia clandestina* - und Heiratsversprechen gehörten. Das kirchliche Gericht war auch zuständig für eidlich bekräftigte Verträge, und zwar nicht nur, wenn um den Eid selbst gestritten wurde, sondern auch bei Auseinandersetzungen um das Rechtsgeschäft selbst.[174] Darüber hinaus konnten Laien auch wegen anderer Angelegenheiten vor das geistliche Gericht gezogen werden. Die Bestimmung INNOZENZ III. von 1204 (X.2, 1, 13) bezeugt, daß der geistliche Richter "*sub peccati praetextu*" jede Sache "*per denuntiationem evangelicam*" vor sein Forum ziehen konnte, "*maxime ratione periurii vel pacis fractae.*"[175] Ebenso bestand die Zuständigkeit der kirchlichen Gerichtsbarkeit bei einem bestehenden Gewohnheitsrecht oder wenn die weltliche Gerichtsbarkeit nicht funktionierte oder sich weigerte, tätig zu werden.[176] Inwieweit in dem Bereich der heutigen freiwilligen Gerichtsbarkeit, die auch von den geistlichen Gerichten mitausgeübt wurde, Familienangelegenheiten behandelt wurden, ließ sich nicht ergründen.
Aufgrund der ausgedehnten sachlichen Zuständigkeit der kirchlichen Gerichtsbarkeit konnte sich vielfältiger Anlaß für Rechtsstreitigkeiten vor der kirchlichen Gerichtsbarkeit zwischen Eltern und Kindern ergeben.

---

daß "querere“ hier im prozeßrechtlichen Sinn gebraucht wird.) Der Vater wird über den schlechten Sohn befragt, der Sohn über den harten Vater. Es geht im folgenden darum, wem Glauben zu schenken ist. Bei der Beurteilung der Glaubwürdigkeit spielt allerdings auch die dem Vater vom Sohne geschuldete Ehrerbietung eine Rolle. Der Text fährt fort: "*Servamus honorificentiam, patri que debetur a filio. Non equamus filium patri in honore, sed preponimus filium patri in veritate, et sic tribuimus honorem debitum, ut non perdat equitas meritum.*".

[172] Zum Aufbau der Gerichtsbarkeit siehe Trusen, Handbuch I, S. 467ff.

[173] Trusen, Handbuch I, S. 486.

[174] Trusen, Handbuch I, S. 486.

[175] Trusen, Handbuch I, S. 486.

[176] Trusen, Handbuch I, S. 487.

VIII. Zusammenfassung[177]

Mit der Ausbildung des kirchlichen Rechts wurden auch das Eltern-Kind-Verhältnis betreffende Fragen geregelt. Dazu gehörten neben den hier nicht besprochenen statusrechtlichen Problemen, ob ein *matrimonium legitimum* der Eltern vorlag, ob eine Legitimation des Kindes erfolgen konnte etc., Bestimmungen, die den Kindern gewisse Freiräume sicherten. Das kindliche Selbstbestimmungsrecht, dessen Gewährung zugleich eine Beschränkung der väterlichen Gewalt bedeutete, wurde vom kanonischen Recht auf dem Gebiet der Eheschließung und sonstiger, für das Leben der Kinder bedeutsamer Entscheidungen, wie den Eintritt in den Ordensstand, gewährt. Dieses Selbstbestimmungsrecht wurde meist auf dem Wege der Gewährung von Teilmündigkeiten oder durch Gewährung von Widerspruchsmöglichkeiten gegen elterliche Entscheidungen zu erreichen versucht. Bei alledem hat die Kirche das Vierte Gebot zur Achtung und Ehrerbietung gegenüber den Eltern immer wieder betont. Um sich die für die damalige Zeit wirklich revolutionäre Wirkung der Anschauungen der Kirche zu vergegenwärtigen, ist daran zu erinnern, daß, worauf SCHWAB zutreffend hinweist, in einer Zeit, wo die Familie standeszuweisende Funktion hatte und das Familienerbrecht von einer ebenbürtigen Heirat abhängig sein konnte, ein legitimes Interesse der Eltern an der Eheschließung der Kinder nicht von der Hand zu weisen war.[178]

Insgesamt gesehen hat die Kirche damit den entscheidenden Anstoß zur Herauslösung des einzelnen aus der Familie, der Berücksichtigung der Interessen des Individuums und des Ab-baus der patriarchalischen Strukturen der Familie gegeben.[179]

2. Kapitel Moraltheologie (unter Berücksichtigung der Werke ARISTOTELES)

Die Auffassung der mittelalterlichen Moraltheologie vom Verhältnis zwischen Vater und Kindern soll hier nur anhand der Werke des größten Scholastikers,

---

[177] Zur Lage nach dem *Codex* von 1917: Wolter, FamRZ 1982, S. 975ff.; Gillet, De exemtione patriae potestatis, in: Ephemerides theol. Lov. 11 (1934), S. 787ff. - Bemerkenswert im *Codex*: c. 89 und c. 1648 § 2.

[178] Schwab, Ehe und Familie, 73 (95).

[179] Gaudemet, Besprechung von Metz, La femme et l'enfant [...], in: Revue historique de droit français et étranger 64 (1986), S. 95: "*Génée par la tradition romaine, qui prolongeait volontiers l'incapacité du mineur, l'Église reconnaît au contraire la personnalité du jeune lorsqu'il s'agit d'actes qui relèvent de son domaine propre: accès à l'eucharistie, confirmation, sacrement de pénitence, mais aussi fiançailles, entrée dans les ordres ou au monastère, obtention de bénéfices ecclésiastiques etc. A la structure fortement patriarcale de la famille romaine s'oppose une conception beaucoup plus individualiste, qui reconnaît la qualité et la dignité de chaque personne dans le groupe.*"; Schwab, Ehe und Familie, 73 (95).

THOMAS VON AQUIN, dargestellt werden.[180] Zwar waren seit GRATIAN oder zumindest seit der nachgratianischen Kanonistik Theologie und kanonisches Recht in gewissem Grad voneinander unabhängig geworden, jedoch dürfte ein Einfluß der Theologie auf das kanonische Recht und auch auf die Geistesgeschichte überhaupt nicht ganz zu leugnen sein. Wegen der Bedeutung des Werkes von ARISTOTELES für die Schriften THOMAS VON AQUINS werden zunächst die Äußerungen ARISTOTELES zur rechtlichen Gestaltung des Vater-Kind-Verhältnisses dargestellt.

I. Die Auffassung ARISTOTELES' zur rechtlichen Gestaltung des Vater-Kind-Verhältnisses[181]

Äußerungen ARISTOTELES' zum Vater-Kind-Verhältnis finden sich in erster Linie in seiner "*Politeia*" und in der "Nikomachischen Ethik".[182]

Die *Polis* setzt sich, wie ARISTOTELES im ersten Buch der Politeia ausführt, aus den Hausgemeinschaften zusammen: "πᾶσα γὰρ πόλις ἐξ οἰκιῶν σύγκειται."[183] Dabei ist das Haus (οἶκος, οἰκία) auf die Zwecke der *Polis* ausgerichtet, es bildet keinen ihr nach Wesen und Zweck entzogenen Bereich. Das Haus ist ebenfalls eine zusammengesetzte Gemeinschaft, es besteht aus den drei Verhältnissen Herr und Sklave[184], Ehegatte und Ehegattin, Vater und Kindern. "πρῶτα δὲ καὶ ελάχιστα μέρη οἰκίας δεσπότης καὶ δοῦλος, καὶ πόσις καὶ ἄλοχος, καὶ πατὴρ καὶ τέκνα [...]· ταῦτα δ' ἐστὶ δεσποτικὴ καὶ γαμικὴ [...] καὶ τρίτον τεκνοποιητική." Wie die Beziehung zwischen Herrn und Sklave, Mann und Frau, so ist auch die zwischen Vater und Kindern ein Herrschaftsverhältnis. Während der Hausvater über die Frau wie ein "Staatsbürger" (πολίτης) herrscht, so übt er die Herrschaft über die Kinder als Fürst (βασιλεύς) aus: " [...] καὶ γὰρ γυναικὸς ἄρχει καὶ τέκνων, ὡς ελευθέρων μὲν ἀμφοῖν, οὐ τὸν αὐτὸν δὲ τρόπον τῆς ἀρχῆς, ἀλλὰ γυναικὸς μὲν πολιτικῶς, τέκνων δὲ βασιλικῶς."[185] Die Herrschaft des Mannes über die Frau rechtfertigt ARISTOTELES damit, daß der

---

180 Zur Moraltheologie nach THOMAS VON AQUIN, auch für die neuere Zeit siehe Wolter, FamRZ 1982, 973 (978f.).

181 Zum Vater-Kind-Verhältnis bei ARISTOTELES siehe Schwab, GeschGr, 253 (259f.); Despotopoulos, Sur la famille d'après Aristote, Archives de Philosophie du Droit 20 (1975), 71 (79ff.); Willers, Die Ökonomie des Aristoteles.

182 Politeia: 1. Buch, 1253bff., 1260bff.; 7. Buch, 1334b 30ff.; 8. Buch, 1337a 8ff.; Nikomachische Ethik, 5.Buch, 1134b 8ff., 8. Buch.

183 Zwischenstufe zwischen dem Haus und der *Polis* ist das Dorf (η κωμη), Politeia, 1. Buch, 1252 a 1 - 1253 a 39. - Siehe Despotopoulos, Sur la famille d'après Aristote, Archives de Philosophie du Droit 20 (1975), 71.

184 Wie Despotopoulos, Sur la famille d'après Aristote, Archives de Philosophie du Droit, 71 (72f.) zeigt, werden die Sklaven zur Familie nur dann mitgerechnet, wenn von der Familie im ökonomischen Sinne die Rede ist. - Politeia, 1.Buch, 1253b 1ff.

185 Politeia, 1. Buch, 1259a 40ff.

Mann von Natur aus eher zur Führung geeignet sei.[186] Auch beim Verhältnis zwischen Vater und Kindern ist es die Natur, nach der dem Älteren und Vollendeten Vorrang vor dem Jüngeren und Unvollendeten zu geben ist. "τό τὲ γὰρ ἄῤῥεν φύσει τοῦ θήλεος ἡγεμονικώτερον, εἰ μή πού συνέστηκε παρὰ φύσιν, καὶ τὸ πρεσβύτερον καὶ τέλειον τοῦ νεωτέρου καὶ ἀτελοῦς."[187] ARISTOTELES fährt fort[188]: "Die Herrschaft über die Kinder ist eine königliche. Denn das Erzeugende geht in der Liebe und im Alter voran, und dies charakterisiert die königliche Herrschaft. Daher hat Homer den Zeus richtig als Vater der Götter und Menschen bezeichnet, nämlich als König über diese alle. Denn der König muß seiner persönlichen Natur nach unterschieden, der Gattung nach aber derselbe sein; und in diesem Verhältnis steht das Ältere zum Jüngeren und der Erzeuger zum Kind. "ἡ δὲ τῶν τέκνων ἀρχὴ βασιλική· τό γὰρ γεννῆσαν καὶ κατὰ φιλίαν ἄρχον καὶ κατὰ πρεσβεῖαν ἐστίν, ὅπερ ἐστὶ βασιλικῆς εἶδος ἀρχῆς [...]."
Somit stellt das Haus eine gegliederte Einheit dar, zusammengesetzt aus den Elementen der Ehe, Elternschaft, Konsumgemeinschaft und des Wirtschaftsbetriebs, verbunden durch die Herrschaft des Hausherrn.[189]

ARISTOTELES geht in seinen Werken auch auf die Erziehung der Kinder ein. Hier wirkt sich aus, daß jedes Haus ein Teil der *Polis* ist und auf deren Zwecke hin ausgerichtet ist, so daß es notwendig ist, "die Kinder und die Frauen im Hinblick auf die Staatsverfassung zu erziehen, sofern es für die Tüchtigkeit des Staates etwas ausmacht, daß auch die Kinder und die Frauen tüchtig seien."[190] Da die Kinder die künftigen Mitglieder des Staates sind, folgt für den griechischen Philosophen ein Recht der *Polis* zu einer umfassenden Gesetzgebung über die Erziehung.
"Daß sich der Gesetzgeber in erster Linie um die Erziehung der Jungen kümmern muß, wird wohl niemand bestreiten. [...] Ferner muß man in jeder Fähigkeit und Kunst zur Ausübung vorgebildet und vorher geübt worden sein, und so offenbar auch auf das tugendhafte Verhalten. Und da das Ziel jedes Staates eines ist, so muß auch die Erziehung für alle eine und dieselbe sein; die Fürsorge dafür muß

---

[186] Politeia, 1. Buch, 1259b 1ff.
[187] Politeia, 1. Buch, 1259b 1ff.
[188] Politeia, 1. Buch, 1259b 10ff.
[189] Schwab, GeschGr, 253 (260).
[190] Politeia, 1.Buch, 1260b 15ff. - Siehe auch Düring, Aristoteles, S. 483. - Weitere Rechtfertigung der Erziehung durch den Staat findet sich in der Nikomachischen Ethik, 1179b 20ff., 31ff.: "Aber von Jugend auf eine rechte Erziehung zur Tugend zu erhalten, ist schwer, wenn man nicht unter entsprechenden Gesetzen aufwächst. Denn besonnen und abgehärtet zu leben ist für die meisten nicht angenehm, und erst recht nicht für junge Leute. **Also müssen Erziehung und Beschäftigungen durch Gesetze geregelt sein**. Denn das, woran man sich gewöhnt hat, ist nicht mehr schmerzlich. Aber es reicht vielleicht nicht, daß die Menschen, solange sie jung sind, die rechte Erziehung und Fürsorge erhalten, sondern da man auch als Männer diese Gewohnheiten weiter behalten soll, so bedürfen wir auch dazu der Gesetze und schließlich für das ganze Leben. Denn die meisten gehorchen eher dem Zwang als der Rede und Strafen eher als dem Edlen, so meinen einige, die Gesetzgeber müßten zur Tugend aufrufen und mahnen [...].".

staatlich und nicht privat geregelt werden und nicht so wie jetzt, wo ein jeder privat sich um seine Kinder kümmert und ihnen privat eben das beibringt, was ihm gerade gut scheint. [...] Man darf nicht meinen, daß irgendeiner der Bürger sich selbst angehöre, sondern alle gehören dem Staate; [...] Daß man also Gesetze über die Erziehung erlassen und diese öffentlich regeln soll, ist klar."[191] Allerdings gesteht ARISTOTELES ein, daß über die Gegenstände der Erziehung Streit besteht, was er näher ausführt.[192]

In der Nikomachischen Ethik kritisiert ARISTOTELES die Staaten, die sich nicht genügend um die Erziehung kümmerten. "Nur im Staate der Spartaner und in wenigen andern scheint der Gesetzgeber sich um die Erziehung und Beschäftigungen gekümmert zu haben. In den meisten Staaten vernachlässigt man dies, und jeder lebt, wie er will, und spricht Recht wie die Kyklopen über Weib und Kind."
Wenn nun die Staaten nicht für die Erziehung der Kinder sorgten, so sei es Sache des Einzelnen, seinen Kindern zur Tugend zu verhelfen. "Am besten wäre es, wenn eine gemeinsame und rechte Fürsorge zustande käme und auch wirksam würde. Wo aber die Gemeinschaft sich nicht darum kümmert, da ist es wohl Sache des Einzelnen, seinen Kindern und Freunden zur Tugend zu verhelfen oder sich doch dies vorzunehmen." Während in den Staaten sich die Fürsorge durch Gesetze vollziehe, so seien es in der Familie "die Worte und Gewohnheiten des Vaters".[193]

Dieses umfassende Eingriffsrecht des Staates in die Erziehung der Kinder bedeutet aber nicht zugleich, daß auch das Verhältnis zwischen dem Vater und seinen Kindern den Gesetzen der *Polis* zugänglich ist. Nach ARISTOTELES kann es zwischen Vater und Kindern kein Recht und damit auch kein Unrecht geben. Im fünften Buch der Nikomachischen Ethik, das der Frage nach dem Gerechten und der Gerechtigkeit, dem Ungerechten und der Ungerechtigkeit gewidmet ist, unterscheidet ARISTOTELES zwischen dem Gerechten schlechthin (τὸ ἁπλῶς δίκαιον) und dem

---

[191] Politeia, 8. Buch, 1337a 1ff.; siehe auch 7. Buch, 1334b 29ff.: "Da nun der Gesetzgeber von Anfang an darauf achten muß, daß die Körper der Säuglinge so tüchtig wie möglich werden, so muß er sich zuerst um die Ehe kümmern, was für Menschen sich miteinander ehelich verbinden sollen, und wann sie das tun sollen.“ (es folgen zu diesem Punkt nähere Ausführungen). - Siehe auch 7. Buch, 1336a 1ff.

[192] Zu ARISTOTELES' Erziehungsprogramm, das unvollendet blieb: Düring, Aristoteles, S. 483ff., insbes. S. 485ff. - Es sei auch an PLATONS umfassendes Erziehungsprogramm erinnert, siehe nur ders., *Nomoi*, 7. Buch.

[193] Nikomachische Ethik, 1180a 30ff.: "Nach dem Gesagten wird man am ehesten dazu fähig sein, wenn man in der Lage ist, Gesetze zu geben. Denn die Fürsorge für die Gemeinschaft vollzieht sich bekanntlich durch Gesetze und die gute Fürsorge durch gute Gesetze. Ob diese geschrieben oder ungeschrieben sind, macht wohl keinen Unterschied, auch nicht ob einer oder viele durch sie erzogen werden sollen; dies macht ja auch in der Musik, Gymnastik und den andern Beschäftigungen keinen Unterschied. Wie nämlich in den Staaten die Gesetze und Gebräuche herrschen, so in den Familien die Worte und Gewohnheiten des Vaters, und diese noch mehr wegen der Verwandtschaft und der Dankbarkeit. Die Kinder lieben ihn von vornherein und sind von Natur gehorsam.".

Gerechten in der *Polis* (τὸ πολιτικὸν δίκαιον). Nach ihm besteht das *Polis*-Gerechte bei Menschen "die zur Erreichung der Autarkie [Ziel des Gemeinwesens, A. d. V.] zu gemeinsamen Leben sich zusammengeschlossen haben und frei und gleich sind, und zwar entweder nach der Proportionalität oder nach der Zahl. Wo dies nicht zutrifft, unter solchen gibt es kein *Polis*-Recht, sondern nur eines, das diesem ähnlich ist." "τοῦτο δὲ ἐστὶν κοινωνῶν βίου πρὸς τὸ εἶναι αὐτάρκειαν, ἐλευθέρων καὶ ἴσων ἢ κατ' ἀναλογίαν ἢ κατ' ἀριθμόν· ὥστε ὅσοις μή ἐστι τοῦτο, οὐκ ἔστι τούτοις πρὸς ἀλλήλους τὸ πολιτικὸν δίκαιον, ἀλλά τι δίκαιον καὶ καθ' ὁμοιότητα·"[194]. Unter einem dem *Polis*-Recht ähnlichen Recht versteht ARISTOTELES das Recht des Herrn und dasjenige des Vaters[195] sowie auch das Recht der Hausverwaltung[196], das er im Zusammenhang mit der Stellung der Frau anspricht. Er greift also wieder die im ersten Buch der *Politeia* dargestellten drei Herrschaftsverhältnisse im Hause auf. Zur Begründung seiner Aussage, diese Rechte, insbesondere das Herren- und Vaterrecht, seien dem der *Polis* nur ähnlich, führt er an: "τὸ δὲ δεσποτικὸν δίκαιον καὶ τὸ πατρικὸν οὐ ταὐτὸν τούτοις ἀλλ' ὅμοιου· οὐ γάρ ἐστιν ἀδικία πρὸς τὰ αὑτοῦ ἁπλῶς, τὸ δὲ κτῆμα καὶ τὸ τέκνον, ἕως ἂν ᾖ πηλίκον καὶ χωρισθῇ, ὥσπερ μέρος αὑτοῦ, αὑτὸν δ' οὐθεὶς προαιρεῖται βλάπτειν· διὸ οὐκ ἔστιν ἀδικία πρὸς αὑτά· οὐδ' ἄρα ἄδικον οὐδὲ δίκαιον τὸ πολιτικόν· κατὰ νόμον γὰρ ἦν, καὶ ἐν οἷς ἐπεφύκει εἶναι νόμος· οὗτοι δ' ἦσαν οἷς ὑπάρχει ἰσότης τοῦ ἄρχειν καὶ ἄρχεσθαι." "Das Recht des Herrn (über den Sklaven) und das des Vaters (über die Kinder) ist den geschilderten Formen nicht wesensgleich, sondern nur ähnlich, denn es gibt nicht so einfachhin Ungerechtigkeit gegen das, was „unser" ist; ein Stück Eigentum aber (= der Sklave) und das Kind sind, bis es ein bestimmtes Alter erreicht hat und selbständig geworden ist, wie ein Teil von uns selbst; niemand aber will sich mit Absicht selber schaden, weshalb es ja auch keine Ungerechtigkeit gegen die eigene Person geben kann. Daher gibt es innerhalb dieser Verhältnisse kein Unrecht und auch kein Recht wie unter den Angehörigen eines Gemeinwesens. Denn dieses Recht basierte, wie wir sagten, auf dem Gesetz und galt für Menschen, unter denen das Gesetz von Natur seinen Platz hatte. Das aber sind, wie wir sagten, Menschen, die am Herrschen und Sich-unterordnen gleichen Anteil haben."[197] Recht und Unrecht zwischen dem Vater und seinen Kindern kann es nach ARISTOTELES deswegen nicht geben, weil das kleine und unselbständige Kind wie ein Teil der Person des Vaters ist und man sich selbst kein Unrecht tun könne. Damit sei auch ein „*Polis*-Unrecht" ausgeschlossen, da die Gesetze der *Polis* von Natur aus nur unter Gleichen bestehen

[194] Nikomachische Ethik, 1134a 26ff.
[195] Nikomachische Ethik, 1134b 8ff.
[196] Nikomachische Ethik, 1134b 16f.
[197] Nikomachische Ethik, 1134b 8ff.

könnten und Kinder als unmittelbare Adressaten des *Polis*-Rechts ausgeschlossen seien. An späterer Stelle im fünften Buch der Nikomachischen Ethik führt ARISTOTELES aus, daß das Gerechte und das Ungerechte immer mehrere Beteiligte voraussetzen, was natürlich bei der Annahme einer Personeneinheit[198] wie zwischen Vater und Kindern nicht der Fall ist. "Metaphorisch und auf Grund von Ähnlichkeit gibt es zwar nicht ein Recht des einzelnen gegen sich selbst, aber doch einzelner Teile von ihm gegen andere; doch dies nicht im Sinne jedes Rechtes, sondern nur des Herrenrechtes und des Rechts des Hausverwalters."[199]

Die oben zitierte Stelle (1134b 8ff.) ist in späterer Zeit von etlichen Interpreten ARISTOTELES, unter anderem auch von THOMAS VON AQUIN und den Spätscholastikern, zur Begründung dafür aufgenommen worden, daß es kein Recht zwischen Vater und Kindern geben könne. Es gibt aber Anhaltspunkte dafür, daß die Wirkungsgeschichte dieser Ausführungen ARISTOTELES‘ schon früher anzusetzen ist. Wie in der Darstellung des römischen Rechts zu C. 6, 26, 11 und Inst. 3, 19, 4 bemerkt worden ist, erinnern die dort als Erklärung angeführte Personeneinheit zwischen Vater und Hauskind bzw. deren "Stimmengleichheit" (*vox tua tamquam filii sit*) an das aristotelische μέροσ αὐτοῦ ("Teil von uns selbst").[200] Es kann sogar vermutet werden, daß dieses Bild schon zu klassischer Zeit von den römischen Juristen verwendet worden ist.

Zur Abrundung seien noch kurz weitere das Vater-Kind-Verhältnis betreffende Äußerungen ARISTOTELES wiedergegeben.
Jedes der drei oben erwähnten Verhältnisse der Hausgemeinschaft zeichnet sich durch die ihm eigene Tüchtigkeit (ἀρετή)[201], Freundschaft (φιλία)[202] und Gerechtigkeit (δικαιοσύνη)[203] aus. Die Aspekte der *Dikaiosyne* und der *Philia* seien an dieser Stelle noch etwas näher betrachtet. Wo immer Menschen sich in einer Art von Gemeinschaft - dieser Begriff geht bei ARISTOTELES sehr weit[204] - befinden, stehen sie in einem Rechts- und auch in einem Freundschaftsverhältnis zueinander. So heißt es im achten Buch der Nikomachischen Ethik: "Es scheint aber,

---

198 Zur Personeneinheit siehe noch den Hinweis von Gigon, Nikomachische Ethik, zu 1161b 22-24 ("Denn was von einem herkommt, ist dem verwandt, wozu es gehört, so wie der Zahn, das Haar dem gehört, der es hat, während das Umgekehrte nicht oder weniger gilt."): "Die Parallelisierung der Zugehörigkeit des Kindes mit derjenigen von Zähnen und Haaren kehrt wieder in leichter Abwandlung und ausdrücklich als sokratisch bezeichnet in der Eud. Ethik 1235 a 37-b 1. Den Hintergrund liefern Aristippos bei Diog. Laert. 2, 81 und 91 und Xenophon, Mem. 1, 2, 54.".

199 Nikomachische Ethik, 1138b 6ff.

200 Siehe S. 16ff.

201 Politeia, 1. Buch, 1259b 18 - 1260b 7.

202 Nikomachische Ethik, 1161a 7 - 1162a 33; siehe auch 1158b 11ff. - Siegfried, Der Rechtsgedanke, S. 37ff.

203 Nikomachische Ethik, 1134a 9 - 1136a 7.

204 Siegfried, Der Rechtsgedanke, S. 37.

wie wir am Anfang sagten, daß Freundschaft und Gerechtigkeit dieselben Gegenstände haben und sich in demselben Bereich bewegen. [...] So weit also Gemeinschaft besteht, so weit besteht Freundschaft; und ebenso das Recht."[205] Wie auch nun die einzelnen Arten der *Philia* unterschiedlich seien, die einen enger, die anderen weniger eng, so unterscheide sich auch das Recht.[206] "Es ist nicht dasselbe für Eltern gegenüber den Kindern, für Brüder untereinander, unter Kameraden und Mitbürgern und bei den anderen Arten von Freundschaft. Auch das Ungerechte ist in jedem dieser Fälle ein anderes; es mehrt sich, indem es Freunden gegenüber größer wird: es ist schlimmer, [...] seinen Vater zu schlagen als irgendeinen anderen. Das Recht wächst also seiner Natur nach gleichzeitig mit der Freundschaft, da es in demselben Bereich steht und sich gleich weit erstreckt."[207]

Was die *Philia*, die auch zwischen Vater und Kindern gegeben ist, betrifft[208], so bezeichnet ARISTOTELES sie als eine Freundschaft unter Ungleichen, entsprechend der *Philia* bei dem Herrschaftsverhältnis zwischen dem König und seinen Untertanen.[209] "Eine Freundschaft gibt es beim König dem Untertanen gegenüber auf Grund von überwiegendem Wohltun. Denn er tut den Untertanen Gutes, wenn er als ein Guter für sie sorgt, damit es ihnen gut ergeht, wie ein Hirt der Herde gegenüber." Die väterliche Herrschaft unterscheidet sich von der königlichen aber durch die Größe der Wohltaten. "Denn der Vater ist Ursache des Daseins, was das Größte zu sein scheint, der Nahrung und der Erziehung; [...] Von Natur regiert der Vater über die Söhne." Die *Philia* zwischen Vater und Kindern beruht auf "Überlegenheit, und darum werden auch die Eltern geehrt. Und das Gerechte ist da auch nicht dasselbe, sondern es richtet sich nach der Würdigkeit; und so auch die Freundschaft." Je stärker und reiner das Freundschaftsverhältnis, um so größer ist auch die Zahl der Pflichten und Ansprüche und der Grad ihrer Verbindlichkeit. So sei man den Eltern zu mehr und auch stärker verpflichtet als einem Obstlieferanten, der einen nichts weiter angehe.[210] Bei diesem Recht handelt es sich um ein ethisches, das nur als moralische Forderung und nicht als staatliches Recht existiert.[211] Als Garantie für die Erfüllung der Pflichten gebe es nur die gute Gesinnung der Beteiligten. Gleichsam als Gegenleistung für die von den Eltern empfangenen Wohltaten schulden die Kinder den Eltern Ehrerbietung. Allerdings ist ein

---

205 Nikomachische Ethik, 1159b 25ff.

206 Dazu auch Despotopoulos, Sur la famille d'après Aristote, Archives de Philosophie du Droit 20 (1975), 71 (86f.).

207 Nikomachische Ethik, 1159b 35ff.

208 Dazu Despotopoulos, Sur la famille d'après Aristote, Archives de Philosophie du Droit 20 (1975), 71 (80ff.).

209 Nikomachische Ethik, 1161a 15ff.

210 Siegfried, Der Rechtsgedanke, S. 39; siehe auch Despotopoulos, Sur la famille d'après Aristote, Archives de Philosophie du Droit 20 (1975), 71 (81f.) zu den Pflichten.

211 Siegfried, Der Rechtsgedanke, S. 40.

Sohn auch nach ARISTOTELES nicht verpflichtet, seinem Vater alles zu leisten, "wie man auch dem Zeus nicht alles opfert". "Den Eltern soll man vor allem den Lebensunterhalt gewähren, da man es ihnen schuldet und es schöner ist, den Urhebern seines Daseins darin zu helfen als sich selbst. Ferner gehört den Eltern die Ehre wie den Göttern, aber nicht jegliche. Denn es gebührt auch nicht dieselbe Ehre dem Vater und der Mutter [...], sondern dem Vater die seinige und der Mutter die ihrige."[212]

Die Auffassung ARISTOTELES zum Vater-Kind-Verhältnis läßt sich dahingehend zusammenfassen, daß er dem Staat ein weitgehendes Eingriffsrecht in bezug auf die Erziehung der Kinder gewährt;[213] ein "Elternrecht" kennt er nicht. Das Verhältnis zwischen dem Vater und seinen Kindern als solches aber ist der Regelung durch das *Polis*-Recht entzogen, weil die Kinder als Teil ihres Vater gelten und damit nicht („polis-„)rechtsfähig sind. Diese Aussage im achten Buch der Nikomachischen Ethik ist in ihrer wirkungsgeschichtlichen Bedeutung nicht hoch genug einzuschätzen, diente sie doch bis in die Neuzeit hinein als Rechtfertigung dafür, dem Hauskind ganz oder weitestgehend die Rechtssubjektivität abzusprechen.

II. THOMAS VON AQUIN (um 1225 - 1274)[214]

Bei THOMAS VON AQUIN, <u>dem</u> Repräsentanten der Scholastik, findet sich in der *Summa Theologiae* und anderen Werken keine zusammenhängende Darstellung des Eltern-Kind-Verhältnisses, sondern nur Äußerungen zu Einzelfragen.

Zunächst ist die Stellungnahme THOMAS VON AQUIN zu den Auffassungen von ARISTOTELES von Interesse.
Was die Notwendigkeit der Regelung der Erziehung der Kinder und auch der Erwachsenen durch die Gesetze angeht, so läßt sich nicht erkennen, daß THOMAS von der Ansicht ARISTOTELES abweicht oder ihr kritisch gegenübersteht. So heißt es bei ihm zum zehnten Buch der Nikomachischen Ethik: "*Optimum igitur est, quod habeatur recta cura de nutritionibus puerorum, et virtuosis actionibus civium, secundum publicam auctoritatem.*" [215] oder: "*Et ideo oportet, quod nutritiones puerorum et adinventiones eorum sint ordinatae per bonas leges, ex quibus quodammodo vi compellantur consuescere ad bona, quae quando iam in consuetudi-*

---

212 Nikomachische Ethik, 1165a 14ff.

213 Siegfried, Der Rechtsgedanke, S. 76f. spricht vom Erziehungsstaat; Despotopoulos, Sur la famille d'après Aristote, Archives de Philosophie du Droit 20 (1975), 71 (83 FN 1): "*Aristote [...] semble croire que l'éducation morale des enfants appartient à la Cité plutôt qu'à la famille.*".

214 Zu diesem siehe nur Schmölz, "Thomas von Aquin", HRG 5, Sp. 182ff., Sp. 184 zum Verhältnis von Naturrecht und positivem Recht bei Thomas.

215 Expositio in decem libros Ethicorum Aristotelis ad Nicomachum, Nr. 2155.

nem venerunt, non erunt tristia, sed magis delectabilia."[216] Das väterliche Gebot zur Weisung des rechten Weges sei nicht ausreichend, da ihm die *vis coactiva* fehle.[217] Nach THOMAS VON AQUIN sind Gesetze unerläßlich, um gute Menschen zu machen.[218]

THOMAS setzt sich auch mit der These ARISTOTELES auseinander, es gebe kein Recht und kein Unrecht zwischen Vater und Kindern. Er knüpft an die im fünften Buch der Nikomachischen Ethik von ARISTOTELES getroffene Unterscheidung zwischen dem Gerechten schlechthin und dem Gerechten in der *Polis* an.[219] Von dem Gerechten in der *Polis* hatte ARISTOTELES, wie oben gezeigt, das Herrenrecht und das Recht des Vaters abgegrenzt. THOMAS setzt sich mit der Frage auseinander, ob es ein vom Recht und Gerechten in der *Polis* zu unterscheidendes Recht und Gerechtes gibt. Er geht davon aus, daß das Recht wie das Gerechte sich immer auf einen anderen bezieht. "*Respondeo dicendum quod ius, sive iustum, dicitur per commensurationem ad alterum.*"[220] Dieser "andere" kann auf zweierlei Art und Weise bestimmt werden. "*Alterum autem potest dici dupliciter. Uno modo, quod simpliciter est alterum, sicut quod est omnino distinctum: sicut apparet in duobus hominibus quorum unus non est sub altero, sed ambo sub uno principe civitatis. Et inter tales, secundum Philosophum, in V. Ethic., est simpliciter iustum. - Alio modo dicitur aliquid alterum non simpliciter, sed quasi aliquid eius existens.* ***Et hoc modo in rebus humanis filius est aliquid patris, quia quodammodo est pars eius, ut dicitur in VIII. Ethic.*** [Hervorheb. d. Verf.]". Von einem "anderen" wird zunächst dann gesprochen, wenn er gänzlich getrennt ist von der Ausgangsperson, so bei Menschen, die nicht einander, sondern beide dem Fürsten eines Staates unterworfen sind. "In der anderen Weise spricht man von einem Zweiten nicht schlechthin, sondern so, wie es gewissermaßen als etwas vom Ersten dasteht."[221] In dieser Weise nun ist das Kind in menschlichen Dingen ein Teil des Vaters, wobei sich THOMAS auf die Äußerung ARISTOTELES im achten Buch der Nikomachischen Ethik bezieht. Von diesem Ausgangspunkt zieht THOMAS VON AQUIN die Schlußfolgerung: "*Et ideo patris ad filium non est comparatio sicut ad simpliciter alterum: et propter hoc non est ibi simpliciter iustum, sed quoddam iustum, scilicet paternum.*"[222] Zwischen Vater und Sohn besteht nicht das Gerechte schlechthin, sondern ein, "in gewisser Hinsicht Gerechtes", nämlich väterliches Gerechtes.

---

[216] Expositio, Nr. 2149.
[217] Expositio, Nr. 2153.
[218] Expositio, Nr. 2153 a. E.
[219] Nikomachische Ethik, 1134a 25ff.; Summa Theologiae, 2.2. qu. 57 art. 4; in decem libros Ethicorum Aristotelis ad Nicomachum Expositio, L. V., l.XI zu Caput X.
[220] Summa Theologiae, 2.2. qu. 57 art. 4.
[221] Übersetzung nach der Ausgabe von Knöner, S. 253.
[222] Der dargestellte Gedankengang wird in der Anmerkung *ad primum* noch einmal zusammengefaßt: "*Ad primum ergo dicendum quod ad iustitiam pertinet reddere ius suum unicuique, supposita tamen*

Mit der Annahme einer Personeneinheit zwischen Vater und Sohn gerät THOMAS jedoch in Konflikt mit seiner Anschauung, daß jedem Menschen die Qualität einer Person zukomme. In den Anmerkungen versucht er diesen Konflikt zu lösen: "*Ad secundum dicendum quod filius, inquantum filius, est aliquid patris; et similiter servus, inquantum servus, est aliquid domini. Uterque tamen prout consideratur ut quidam homo, est aliquid secundum se subsistens ab aliis distinctum. Et ideo inquantum uterque est homo, aliquo modo ad eos est iustitia. Et propter hoc etiam aliquae leges dantur de his que sunt patris ad filium, vel domini ad servum. Sed inquantum uterque est aliquid alterius secundum hoc deficit ibi perfecta ratio iusti vel iuris.*" Nach THOMAS kommt es darauf an, in welcher Eigenschaft der Sohn dem Vater gegenübersteht, als Sohn oder als Mensch. Der Sohn in seiner Eigenschaft als Sohn sei ein Teil des Vaters. Jeder wird dennoch als Mensch angesehen, er werde für sich bestehend von den anderen unterschieden. Und so wie jeder auch in seiner Eigenschaft als Mensch angesehen werde, könne es gegenüber ihm gerade in dieser Beziehung, in seiner Menschqualität, Gerechtigkeit geben. So gebe es auch einige Gesetze über die Pflichten des Vaters gegenüber dem Sohn.

THOMAS unterscheidet also bei der Frage, ob es Recht und Gerechtes im Verhältnis Vater-Sohn gibt, danach, ob der Sohn dem Vater als Sohn oder als Mensch gegenüber steht. Im ersten Fall kommt nicht die "normale" Gerechtigkeit und das "normale" Recht zum Tragen, sondern nur ein diesem Ähnliches, nämlich das väterliche, während im zweiten Fall die "normale Gerechtigkeit" und das "normale" Recht eingreifen. Ausführungen dazu, was denn dieses väterliche Recht und Gerechte ist und was es zum Inhalt hat, finden sich nicht. Die von ARISTOTELES aufgestellte Voraussetzung, daß diese Aussagen nur gelten, solange der Sohn noch nicht selbständig ist, greift THOMAS nicht an dieser Stelle in der *Summa Theologiae* auf, sondern nur in der *Expositio in decem libros Ethicorum*[223]. Dafür bringt er eine andere, nicht von ARISTOTELES in diesem Zusammenhang gemachte Einschränkung, nämlich daß der Sohn dem Vater auch als Mensch, und damit als ein "*alter*" gegenübertreten könne. Die Abgrenzung, wann der Sohn dem Vater gegenüber als „Sohn" oder als „Mensch" zu behandeln ist, macht THOMAS an dem Begriff des *res humanae* fest. Nur bei den „menschlichen Angelegenheiten" soll der Sohn ein Teil des Vaters sein; dies bedeutet, daß der Sohn dem Vater bei den „res divinae" - dem Gegenbegriff zu den „res humanae" wie ein *alter homo* ge-

---

diversitate unius ad alterum: si quis enim sibi det quod sibi debetur, non proprie vocatur hoc iustum. Et quia quod est filii est patris, et quod est servi est domini, ideo non est prorpie iustitia patris et filium, vel domini ad servum.".

[223] Expositio Nr. 1013: „*Ostendit quod dictum est, quantum ad hoc, quod dominativum vel paternum iustum non est simpliciter iustum: manifestum est enim, quod non potest esse simpliciter iniustitia hominis ad ea quae sunt ipsius, sicut neque iustitia, quia utrumque est ad alterum. Sed [...] et filius quousque est pelicon, id est magnus, et separetur a patre, per emancipationem, est quasi quaedam pars patris.*"

genübersteht. In Relativierung der aristotelischen These begründet THOMAS die Selbständigkeit des Kindes in religiöser Hinsicht; diese konkretisiert er auch noch an einigen Beispielen:

Zunächst ist hier die Frage der Eheschließungsfreiheit von Interesse. THOMAS spricht die Frage der elterlichen Einwilligung bei der Eheschließung[224] und die Eheschließungsfreiheit selbst in seinem Kommentar zu den Sentenzen des PETRUS LOMBARDUS an.[225] Das Hindernis des *raptus* beim Fehlen der Einwilligung der Eltern lehnt er ausdrücklich ab: "*Ad puellam, quae rapitur, potest esse matrimonium, quando non fit violentia ipsi, sed parentibus.*"[226] In bezug auf die elterliche Ehebewilligung bemerkt er in Lib. IV D. 28 qu. 1 art. 3: "*Ad primum ergo dicendum, quod puella non est in potestate patris quasi ancilla, ut sui corporis potestatem non habeat, sed quasi filia ad educandum et ideo secundum quod libera est, potest se in potestatem alterius absque consensu patris dare, sicut enim potest aliquis vel aliqua intrare religionem absque consensu parentum, cum persona sit liber.*" Wenn die Tochter - das Problem scheint für Söhne nicht relevant gewesen zu sein! - sich auch in der Gewalt des Vaters befinde, so sei sie nicht seine Magd, sondern eine Tochter, die erzogen werde. Da er keine Gewalt über ihren Körper habe und sie frei sei, könne sie sich ohne Zustimmung des Vaters in die Gewalt eines anderen begeben, sei es zum Beispiel durch Eintritt in einen Orden. Der Eintritt in den Ordensstand, der auch als *matrimonium spirituale* bezeichnet wurde, wird damit genau wie die Eheschließung, das *matrimonium carnale*, behandelt. In Lib. IV D. 29 qu. 1 art. 4 seines Sentenzenkommentars beschäftigt sich THOMAS mit der Frage, ob jemand durch Befehl des Vaters zur Eheschließung gezwungen werden könne. Er verneint diese Frage grundsätzlich: "*Respondeo dicendum, quod cum matrimonium sit quaedam quasi servitus perpetua, pater non potest cogere filium ad matrimonium per praeceptum, cum sit liberae conditionis, sed potest eum inducere ex rationabili causa; et tunc sicut se habet filius ad causam illam, ita se habet ad praeceptum patris; ut si illa causa cogat ex necessitate vel de honestate, et praeceptum similiter cogat, alias non.*" Da der Sohn frei und dic Ehc eine Art lebenslängliche Knechtschaft sei, könne der Vater ihm eine Eheschließung nicht vorschreiben. Er kann ihn nur aus einem einsichtigen Grund zu einer Eheschließung bewegen. Wenn dieser Grund aus Sicht der Notwendigkeit und Ehre zwingend ist, so verhält es sich ebenso mit einem Gebot des Vaters. Also kann nicht der Vater, wohl aber können die Umstände eine Eheschließung für den Sohn zwingend machen.

[224] Lib. IV D. 28 qu. 1 art. 3.
[225] Lib. IV D. 29 qu. 1 art. 4.
[226] Lib. IV D. 41 qu. 1 art. 4.

Eine weitere Frage, die bereits im Rahmen der Darstellung des kanonischen Rechts angesprochen worden ist, ist die, ob sich Gewaltunterworfene und damit auch Hauskinder wirksam durch ein *votum* verpflichten können ("*utrum illi qui sunt alterius potestati subiecti impediantur a vovendo.*").[227] Sie spielt im Hinblick auf den Eintritt in den Ordensstand oder die Eheschließung eine große Rolle. THOMAS vertritt die Auffassung, daß Hauskinder mit Erreichen der *anni pubertatis* - er nimmt auch für Mädchen als Termin die Vollendung des 14. Lebensjahres an - sich selbst durch *votum* verpflichten können, sei es zum Eintritt in ein Kloster, sei es, daß sie eine Ehe eingehen.[228] Daß sie sich unter väterlicher Gewalt befänden, stehe der Wirksamkeit des *votum* nicht entgegen. "*Ad secundum dicendum quod ex quo homo venit ad annos pubertatis, si sit liberae conditionis, est suae potestatis quantum ad ea quae pertinent ad suam personam puta quod obliget se religioni per votum, vel quod matrimonium contrahat.*" THOMAS war bei der Erörterung der Frage davon ausgegangen, daß sich niemand zu etwas verpflichten könne, worüber er nicht die Verfügungsgewalt habe. Für Gewaltunterworfene bedeute dies "*et ideo non potest se per votum firmiter obligare, in his in quibus alteri subiicitur, sine consensu sui superioris.*" Von diesem Ausgangspunkt gilt es nun zu bestimmen, inwieweit die Unterworfenheit in den einzelnen Gewaltverhältnissen reicht. Für das Eltern-Kind-Verhältnis macht THOMAS die bereits oben wiedergegebene Aussage, daß ein mündiges Kind *suae potestatis* ist in seinen persönlichen Angelegenheiten ("*ea, quae pertinent ad suam personam*"); der Gewalt des Vaters unterworfen bleibt es in bezug auf die *dispensatio domestica* (häusliche Verwaltung).[229] Der Begriff der persönlichen Angelegenheiten, der nach der heutzutage herrschenden individualistischen Grundauffassung weit auszulegen wäre, ist bei THOMAS im Sinne eines "Kernbereichs" zu verstehen; dies zeigen die von ihm angeführten Beispiele (Ordenseintritt und Eheschließung). Für THOMAS und seine Zeitgenossen dürfte es kaum vorstellbar gewesen sein, den mündigen Kindern Entscheidungsbefugnisse zum Beispiel bei der Wahl eines Berufes zuzusprechen. Insofern dürfte es treffender sein, von einer Entscheidungsbefugnis von mündigen Kindern in höchstpersönlichen Angelegenheiten zu sprechen.

THOMAS liefert an der oben zitierten Stelle die Begründung für die Auffassung des kanonischen Rechts nach, die dem mündigen Hauskind schon gewisse Teilmün-

---

[227] Summa Theologiae, 2. 2. qu. 88 art. 8.

[228] Summa Theologiae, 2. 2. qu. 88 art. 8.

[229] Summa Theologiae, 2. 2, qu. 88 art. 8: "*Non autem est suae potestatis quantum ad dispensationem domesticam*". - Schwab, Ehe und Familie, 73 (119 FN 113) gibt als weitere Fundstelle für die Auffassungen THOMAS VON AQUIN 4. Sent. dist. 27 qu. 2 art. 2 an. Dort geht es bei der Frage des für die Eingehung des Verlöbnisses erforderlichen Alters nicht um das Problem der Auswirkungen der Gewaltunterworfenheit. In diesem Zusammenhang stellt Thomas nur fest, daß Kinder bei Erreichen eines gewissen Alters in der Lage sind, bestimmte Entscheidungen zu treffen, "*sed ad tertium statum incipit homo pervenire in fine secundi septennii quantum ad ea quae ad personam ipsius pertinent, in qua ratio naturalis citius convalescit; sed quantum ad ea quae extra ipsum sunt, in fine tertii septenii.*".

digkeiten, nämlich die Freiheit des Eintritts in den Ordensstand und der Eheschließung, gewährt hatte.[230]

Bezüglich der Frage der Gelübde Unmündiger stellt sich THOMAS auf den Standpunkt des kanonischen Rechts: "*Est ergo dicendum quod si puer vel puella, ante pubertatis annos, nondum habeat usum rationis, potest quidem, quantum in ipso est, se obligare, sed votum eius potest irritari per parentes, quorum curae remanet adhuc subiectus.*"[231] Die Eltern können die Gelübde ihrer unmündigen Kinder rückgängig machen.

Insgesamt läßt sich zu THOMAS VON AQUIN festhalten, daß er zwar die Auffassung ARISTOTELES zum Vater-Kind-Verhältnis und dem Recht und dem Gerechten in dieser Beziehung aufgreift, diese aber insofern relativiert und weiterentwickelt, als er dem Sohn in den *rebus divinis* und den höchstpersönlichen Angelegenheiten Selbständigkeit zuspricht. Damit liefert er den theoretischen Ansatz zur Durchbrechung des Grundsatzes der fehlenden Rechtssubjektivität des Hauskindes. In Teilbereichen gewährt er den Kindern gewisse Teilmündigkeiten, nämlich in den ihre Person betreffenden Angelegenheiten, und befreit sie somit von der umfassenden Gewalt der Väter. Mit dem Selbstbestimmungsrecht der Kinder in höchstpersönlichen Angelegenheiten hat THOMAS VON AQUIN darüber hinaus den Ansatzpunkt für weitere Einschränkungen der väterlichen Gewalt geschaffen.

---

[230] Siehe dazu bei der Darstellung des kanonischen Rechts im 1. Kapitel dieses Abschnittes.
[231] Summa Theologiae, 2. 2 qu. 88 art. 9.

2. Teil Die Neuzeit bis zum Ende des 19. Jahrhunderts

1. Abschnitt Die Grundzüge der für die Familie in der frühen Neuzeit bedeutsamen Entwicklungen

1. Kapitel Die Sozialgeschichte der Familie in der Neuzeit[1]

Die sozialhistorische Forschung hat sich in den letzten Jahren verstärkt mit der Familie - für die frühe Neuzeit war der Begriff "Haus" zur Bezeichnung der Familiengemeinschaft gebräuchlich[2] - beschäftigt. Allerdings kann man in der Geschichte nicht von der "Familie" schlechthin reden, sondern muß zwischen den einzelnen Familientypen, die durch die jeweils unterschiedliche ökonomische Verfassung der Familie gekennzeichnet sind, unterscheiden: die Familien des Hochadels, des Landadels, des Stadtpatriziats, der Handwerker, der Bauern, der Tagelöhner etc[3]. Bei allem Vorbehalt für Unterschiede bei den jeweiligen Familientypen lassen sich nach der Familienforschung wohl folgende allgemein gültige Aussagen über die "Familie" machen[4]:
Die einzelne Person ist in das Haus integriert, der soziale Status des einzelnen ist von ihm bestimmt; nur die Rolle des Hausvaters weist über das Haus selbst hinaus durch die Vertretung der Familie nach "außen". Potentiell alle Lebensbereiche werden vom Haus umfaßt, so etwa Arbeit und Konsum (Nahrung), Erziehung und Gottesdienst. Da das Haus als Bestandteil des politischen Gemeinwesens auf dessen Zwecke hin ausgerichtet ist, wird die Wahrnehmung seiner sozialen Funktion von der Obrigkeit kontrolliert und korrigiert. Nach SCHWAB ist damit seine Gestalt schon vom institutionellen Ansatz her eine wesentlich rechtliche.[5] Aus dem Eingebundensein der Familie in das Gemeinwesen folgt zudem, daß in der frühen Neuzeit ein Bedürfnis für die Abgrenzung der Familie gegenüber dem Staat nicht

---

[1] Dazu siehe aus der umfangreichen sozialhistorischen Forschung nur Sieder, Sozialgeschichte der Familie; Mitterauer, Sozialgeschichte der Jugend; Mitterauer/Sieder, Vom Patriarchat zur Partnerschaft. Zum Strukturwandel der Familie; Rosenbaum, Formen der Familie, zum 19. Jahrhundert; van Dülmen, Kultur und Alltag in der Frühen Neuzeit, Band 1: Das Haus und seine Menschen: 16. - 18. Jahrhundert; Conze, Sozialgeschichte der Familie in der Neuzeit Europas; Ariès/Duby, Geschichte des privaten Lebens, Band 3: Von der Renaissance zur Aufklärung; Schwab, GeschGr, 253, zur Geschichte des Begriffs "Familie". - Siehe auch Klippel, FamRZ 1985, 446ff. mit weiterführenden Hinweisen.
[2] Schwab, GeschGr, 253 (264f).
[3] Siehe die Einteilung bei Sieder, Sozialgeschichte der Familie; Rosenbaum, Formen der Familie (zum 19. Jahrhundert).
[4] Zum folgenden Schwab, GeschGr, 253 (264).
[5] Schwab, GeschGr, 253 (264).

gesehen wurde, da man nicht mit einer Gefährdung von Seiten des Staates rechnete.[6]
Auch das "Haus" blieb nun von den Umwälzungen der Neuzeit nicht unberührt, wobei sich die Veränderungen bei den einzelnen Familientypen in verschiedenem Umfang und Ausmaß und auch zeitlich verschoben bemerkbar machten. Schließlich wurde durch die neuen Entwicklungen ein neuer Familientyp, der der "bürgerlichen Familie", geboren[7].

Fundamentale Umwälzungen im gesellschaftlichen Bereich, nämlich der Prozeß der Verstaatlichung und Bürokratisierung, der Prozeß der Verstädterung und die Protoindustrialisierung und die Institutionalisierung der Bildung führten zu zentralen Strukturwandlungen der Familie. In der sozialgeschichtlichen Forschung spricht man in diesem Zusammenhang von einer "Funktionsentlastung" der Familie[8], die in fünf Bereichen zu beobachten ist[9]:

1. Einschränkung der Gerichtsfunktion des Hauses. Dem Hausherrn verblieb nur noch ein Züchtigungsrecht.
2. Die zentrale Funktion des Schutzes der Familienangehörigen, wozu auch das Gesinde gerechnet wurde, wurde durch den Übergang von Verantwortlichkeiten an öffentliche Institutionen auf den Kreis der Kernfamilie konzentriert.[10]
3. Entlastung der Familie von Produktionsfunktionen. Sie setzte zwar schon vor 1800 ein, beschleunigte sich aber im Laufe der Industrialisierung. Die bäuerlichen und handwerklichen Haushalte waren von dieser Entwicklung zunächst kaum betroffen, dafür aber die neue bürgerliche Oberschicht und die neue proletarische Unterschicht um so mehr. "Mit der Trennung von Haus und Betrieb, von Familienleben und Arbeitswelt, konnte die Familie zu dem werden, was sie heute ist: eine auf Intimität und Abschließung gerichtete Gemeinschaft".[11]
4. Durch die Ausgliederung der Bildung aus der Familie und ihren Übergang auf öffentliche - kommunale und staatliche - Bildungseinrichtungen.[12] Das

[6] Schwab, GeschGr, 253 (264).
[7] Dazu Sieder, Sozialgeschichte der Familie, S. 125ff.; van Dülmen, S. 231 betont demgegenüber, daß sich bei den betreffenden Familien um 1800 ein weit weniger radikaler Bruch feststellen läßt, als gemeinhin angenommen wurde: Die Bedeutung des bürgerlichen Familienideals sieht er vor allem in seinem Programmcharakter für künftige Generationen; zu den Voraussetzungen und dem Inhalt des Familienideals ders., S. 231ff.; zum bürgerlichen Familienbegriff siehe auch Schwab, GeschGr, 253 (278ff.).
[8] Mitterauer, Funktionsverlust der Familie?, in: ders./Sieder, Vom Patriarchat zur Partnerschaft, S. 100ff.; van Dülmen, S. 19.
[9] Siehe bei van Dülmen, S. 19ff.
[10] Van Dülmen, S. 21.
[11] Van Dülmen, S. 21.
[12] Van Dülmen, S. 22; siehe auch bei Ariès, Geschichte der Kindheit.

allgemeine Volksschulsystem des 18. Jahrhunderts gab den Kindern die Gelegenheit, allgemeine elementare Kenntnisse auch über Dinge zu erwerben, die mit ihrem "Haus" nichts zu tun hatten und so die Möglichkeit, dank ihrer Ausbildung auch andere Berufe als die ihrer Väter zu ergreifen.[13]

5. Die Änderung des generativen Verhaltens setzte im 19. Jahrhundert mit Familienplanung und Geburtenkontrolle ein.[14] Bis der medizinische Fortschritt die Überlebenschancen von Kindern drastisch vergrößerte, war es üblich, in frühen Ehejahren möglichst viele Kinder zu haben.[15]

Diese "Funktionsentlastung" der Familie, der Übergang von Funktionen der Familie an kommunale oder staatliche Einrichtungen, schuf auf der anderen Seite aber auch gewinnbringende neue Lebensbedingungen und Freiräume. VAN DÜLMEN hebt hier zwei Entwicklungen hervor[16]: Die Stellung des Hausherrn wurde durch die Einbuße der Schutz-, Gerichts- und wohl auch der Produktionsfunktion geschwächt; damit war langfristig eine wichtige Voraussetzung für die Emanzipation von Frau und Kindern geschaffen[17]. Zum anderen führte dieser Verlust zum Entstehen eines Freiraumes, mit der Möglichkeit, das Leben im "Privaten" nach eigenen Wünschen zu gestalten, wo sich dann auch eine neue intime Wirklichkeit bildete, "die zum Aufstieg der bürgerlichen Gesellschaft wesentlich beitrug".[18] Hier findet dann auch die Ausgrenzung des Staates statt, die vor allem im neunzehnten Jahrhundert eine große Rolle spielte.[19]

2. Kapitel Der Aufbau des staatlichen Bildungswesens

Bereits im Rahmen der Sozialgeschichte der Familie war als eine bedeutende Umwälzung im gesellschaftlichen Bereich in der frühen Neuzeit die Entstehung eines öffentlichen, staatlichen Bildungswesens angesprochen worden.[20] Da in diesem Bereich eine Kollision des Rechts der Eltern auf Erziehung der Kinder und

---

[13] Van Dülmen, S. 21.
[14] Van Dülmen, S. 22.
[15] Van Dülmen, S. 22.
[16] Seite 22.
[17] Van Dülmen, S. 22: "Denn der Hausherr mußte mehr als früher auf deren Interessen, vor allem in der Heiratspolitik, eingehen; dieser Prozeß ist seit dem späten 17. Jahrhundert vornehmlich im entstandenen Bürgertum erstmals feststellbar.".
[18] Van Dülmen, S. 22.
[19] Siehe dazu die Darstellung zum 19. Jahrhundert, 7. Abschnitt, 1. und 2. Kapitel.
[20] Siehe dazu Schlüter, Elterliches Sorgerecht, S. 5ff. m. w. N.; Bingler, S. 27ff. - Zur Geschichte der Erziehung siehe auch Gaudemet, Le droit à l'éducation, in: Recueils de la Société Jean Bodin, Band 39, S. 9ff. m. w. N. - Zum Recht des Kindes auf Erziehung Bonney, La naissance de l'idée de droit de l'enfant à l'éducation, en France, au début du XVe siècle, in: Recueils de la Société Jean Bodin, Band 39, S. 167ff.

eines eigenen Erziehungsanspruches des Staates angelegt ist, sei hier etwas näher auf die Entwicklung des staatlichen Erziehungswesens eingegangen. Bis zum Ende des Mittelalters lag das Schulwesen fast ausschließlich in den Händen der Kirche; der Staat nahm keinen Einfluß auf die Bestimmung der Inhalte und Ziele der Erziehung.[21] Es war MARTIN LUTHER, der für seine Zeit als erster ein selbständiges Recht des Staates zur Erziehung der Kinder begründete.[22] Dieses Recht folge aus seiner Verantwortung für die Funktionsfähigkeit und den Fortbestand der weltlichen Obrigkeit. Der Staat müsse dafür Sorge tragen, daß der Nachwuchs für die verschiedenen Stände, "wie Prediger, Juristen, Pfarrherren, Schreiber, Ärzte, Schulmeister und dergleichen" ausgebildet werde und auch die Erziehung "guter, gelehrter, vernünftiger, ehrbarer, wohlerzogener Bürger" gewährleistet sei.[23] Aus dem originären Erziehungsrecht des Staates folgte auch ein Recht zur Kontrolle der väterlichen Erziehung.[24] Die Obrigkeit sollte Eltern, die ihre Kinder schlecht erzögen, "allzumal an leib und gut straffen odder zur welt aus iagen."[25] Das Problem einer Abgrenzung des väterlichen und staatlichen Erziehungsrechtes stellte sich für LUTHER nicht, da er wie seine Zeitgenossen im Staat keine Gefahr für die Rechte der Eltern sah.[26] Unter dem Einfluß dieser reformatorischen Lehren entwickelte sich ein staatliches Schulwesen, was mit der Einführung des Unterrichts- und Schulzwanges verbunden wurde.[27] Zu erwähnen bleibt noch, daß im Zusammenhang mit der Entwicklung der staatlichen Schulhoheit und der Zurückdrängung der traditionellen, d.h. der kirchlichen Bildungsträger, das "Elternrecht" als ein Gegengewicht zum staatlichen Erziehungs- und Bildungsanspruch ausgebildet wurde.[28] Das "Elternrecht" als ein gegen den Staat gerichtetes Recht der Eltern hat, abgesehen von der Diskussion in unserem Jahrhundert, vor allem im neunzehnten Jahrhundert eine Rolle gespielt.[29]

Da nach LUTHER das "Haus" auf die Zwecke des größeren Gemeinwesens, des Staates, ausgerichtet ist – auch insofern folgt er ARISTOTELES - und damit nach ihm auch eine staatliche Kontrolle des Hausregiments durch die Obrigkeit zulässig

---

[21] Schlüter, Elterliches Sorgerecht, S. 5; Bingler, S. 21ff.

[22] Stein, Grundlagen des Elternrechts, S. 5; Schlüter, Elterliches Sorgerecht, S. 5.

[23] Schlüter, Elterliches Sorgerecht, S. 5 m. N.

[24] Schlüter, Elterliches Sorgerecht, S. 6; Schwab, GeschGr, 253 (263).

[25] Luther, Vorrede, WA Bd. 30/2, 61, zitiert nach Schwab, GeschGr, 253 (263).

[26] Schlüter, Elterliches Sorgerecht, S. 6; siehe auch Schwab, GeschGr, 253 (263).

[27] Siehe dazu Bingler, S. 90ff.; Wehler, Deutsche Gesellschaftsgeschichte I, S. 284: "Das mächtige Motiv, das der Erziehungsaktivität aller protestantischen Länder seit dem zweiten Drittel des 16. Jahrhunderts seine Schubkraft verliehen hat, lag in der von allen Reformatoren beschworenen Pflicht zur Lektüre der Heiligen Schrift in Volkssprache.".

[28] Stein, Grundlagen des Elternrechts, S. 5ff.; Isensee, Art. Elternrecht, Staatslexikon, Sp. 222ff.; Restrepo, Die Entwicklung des Elternrechts in Deutschland seit der Reformation, in: Schulpolitik und Erziehung. - Zum Ausbau des Schulsystems im 18. und 19. Jahrhundert in Deutschland Wehler, Deutsche Gesellschaftsgeschichte I, S. 281ff., II, S. 478ff.

[29] Isensee, Art. Elternrecht, Staatslexikon, Sp.223; Stein, Grundlagen des Elternrechts, S. 5ff.

ist[30], hat er auch die Grundlage für die tiefen Eingriffe aufgrund engmaschiger detaillierter Regelungen des absolutistischen Wohlfahrtsstaates in die Familie gelegt.[31]

---

[30] Schwab, GeschGr, 253 (263).
[31] Schlüter, Elterliches Sorgerecht, S. 7.

2. Abschnitt Die humanistische Jurisprudenz

1. Kapitel Bemerkungen zur "humanistischen Jurisprudenz"

Mit dem Begriff "Humanistische Jurisprudenz" wird gemeinhin nicht die Jurisprudenz während des Zeitalters des Humanismus im fünfzehnten Jahrhundert, sondern die von den humanistischen Idealen beeinflußte Rechtswissenschaft, die ungefähr um 1500 einsetzte und bis ca. 1700 dauerte, verstanden.[1]

Das Ziel dieser Richtung war es, zu den reinen antiken Quellen vorzudringen, durch das justinianische *Corpus iuris civilis* auf das klassische römische Recht zuzugreifen. Diesem Ziel diente die Erweiterung des Quellenkreises: so wurden jetzt auch nichtjustinianische, insbesondere byzantinische, Quellen benutzt.[2] Die Gelehrten des sechzehnten Jahrhunderts bemühten sich zwar, das Ganze der Rechtsordnung entweder als ein Vorgegebenes zu überbliken und zu durchschauen oder als ein Aufgebenes rational neu zu konstruieren. Allerdings stand - anders als bei den Glossatoren - nicht das Harmonisierungsstreben im Vordergrund, sondern eher der kritische Umgang mit dem *Corpus iuris civilis*. Diese Methode sollte auch eine Entscheidung der vielen, bislang vom *mos italicus* noch nicht beantworteten Fragen ermöglichen. Die Forderung CICEROS, das *ius civile "in artem"* zu redigieren, wurde aufgenommen und zum Programm erklärt.[3]

Die humanistische Jurisprudenz, die in Abgrenzung zum *mos italicus* auch als *mos gallicus* bezeichnet wurde[4], gelangte im sechzehnten Jahrhundert in Frankreich zur Blüte, vor allem in der vom Italiener ANDREA ALCIAT begründeten Schule von Bourges.[5] Die Verbreitung der humanistischen Idee ist vor allem der Lehrtätigkeit der hugenottisch gesinnten Humanisten an deutschen und niederländischen Universitäten nach ihrer Flucht aus Frankreich zu verdanken. Allerdings war die Tiefenwirkung ihrer Ideen bei der deutschen Jurisprudenz eher gering, da diese - zumindest in Norddeutschland, dem Geltungsgebiet des Sachsenspiegels - eher an der Praxis orientiert war.[6] Man täte der humanistischen Jurisprudenz aber Unrecht, wollte man ihr Praxisferne unterstellen. So beschäftigte sich CHARLES DU MOULIN (MOLINÄUS) eingehend mit dem französischen *droit coutumier*, vor allem mit der *Coutume de Paris*. Auch ANTOINE FAURE (ANTONIUS FABER), der savoyische Gerichtspräsident, war ein Mann der Praxis. Aber auch eine Lehrrichtung, die systematisch-rational orientiert war wie die von HUGO DONEAUS (DONELLUS), läßt sich

[1] Troje, Handbuch II/1, S. 615ff.; Wesenberg/Wesener, NDPrG, S. 62ff.; Wieacker, PrGN, S. 161ff.; Schlosser, Grundzüge, § 1 V. 2.; Kroeschell, DRG 2, S. 242ff.; Liebs, Römisches Recht, S. 112ff.

[2] Siehe nur Liebs, Römisches Recht, S. 112.

[3] Wieacker, PrGN, S. 164.

[4] Luig, "Mos gallicus, mos italicus", HRG 3, Sp. 691ff.

[5] Wieacker, PrGN, S. 167f.

[6] Wieacker, PrGN, S. 168.

neben der antiquarisch-exegetischen von CUJAZ unter dem Dach der humanistischen Jurisprudenz finden. Zu erwähnen bleibt noch der pädagogische Zug dieser Richtung, die auch eine Reform des Universitätsunterrichts erstrebte.
Als Merkmale der Literatur der humanistischen Jurisprudenz werden angeführt: Konzentration in Aufbau und Gedankenführung, anspruchsvolles Latein, handlichere Textgestaltung, Anwendung der humanistischen *Lettera vulgata* und schließlich die Heranziehung auch nichtjustinianischer, insbesondere byzantinischer Quellen.

Die niederländische elegante Jurisprudenz kann auch mit gewissen Einschränkungen der "humanistischen Jurisprudenz" zugeordnet werden, hier ist insbesondere die humanistische Tradition des *Collegium Trilingue Lovaniense* zu erwähnen.[7]

2. Kapitel Die *patria potestas*

I. Das Wesen der *patria potestas*

Angesichts der oben dargestellten Voraussetzungen und Zielsetzungen kann es nicht überraschen, daß unter dem juristischen Humanismus das Recht der *patria potestas* nicht in fortschrittlichere Bahnen gelenkt wurde. Es verwundert demnach nicht, daß an der *patria potestas* als einer im Interesse des Vaters diesem eingeräumten Macht gegenüber den Kindern festgehalten wurde[8]. Nach CUJAZ war die *patria potestas* ein Quasi-Eigentum, was er mit dem *interdictum de liberis exhibendis*, das der *rei vindicatio* nachgebildet ist, begründete[9]. DONELLUS umschrieb die väterliche Gewalt so, daß sie Rechte der Eltern umfasse, durch die der Status und die Personenrechte der Kinder geschmälert würden[10]:
"*Continet vero haec potestas jura parentum, in liberos, res totidem videlicet, quibus conditio, et jus personae imminuitur in filiisfamilias. Versantur enim ea jura in his rebus ad patrem transferendis, eoque et in filio minuendis, quae alioqui filio integrae futurae essent, si is in potestate non esset. Vitam dico, incolumitatem corporis, libertatem existimationem. Quae res personae cuiusque a natura tributas*

---

[7] Wieacker, PrGN, S. 168f.; Wesenberg/Wesener, NDPrG, S. 71f.

[8] Alciat, C. *de pactis, Servus*, nu. 2: " [...] *servus enim sicut et filiusfam. omnia domino acquirunt, propter patriam vel dominicam potestatem, ita quod nihil in eis residere potest. Sed haec potestas in domini favorem, in cuius manu sunt, est introducta* [...]." und nu. 3: "*Et quod in servo hic traditur, in filio quoque familias procedit.*".

[9] Paratitla, C. 8, 46 [47], II, Sp. 563; ders., Commentatio, C. 8, 46 [47], Sp. 1306ff.: "*Non dico proprietas, sed quasi proprietas: non dominium, quod idem est, sed quasi dominium: Nam in dominio esse non possunt parentum, quia liberi homines sunt, sed intelliguntur esse in quasi dominio, quod patriam potestatem appellamus* [...]."; Faber, Rationalia, D. 11, 3 (*De servo corrupto*) II S. 520, kein *dominium* der Eltern an ihren Kindern; Donellus, lib. 2, cap. 25 XV und XVI, Sp. 355: kein *dominium*.

[10] Donellus, lib. 2, cap. 25, Sp. 349/350.

esse, saepe iam diximus. Quod cum ita sit, nimirum ex his rebus jura paterna in liberos spectanda, et aestimanda sunt, ut tantum juris intelligatur habere pater, quantum ex his licet ei ad se pro potestate transferri. Ac sunt omnia omni prope ex parte in potestate patris.".

Die Grundlage der väterlichen Gewalt sieht FRANCISCUS CONNANUS in einem stillschweigenden oder in dem in einem Gesetz ausdrücklich erklärten Konsens der Bürger über das Institut[11]. Er wendet sich auch gegen die von GAIUS in den Institutionen und auch von den humanistisch ausgerichteten Juristen[12] vertretene Ansicht, daß die *patria potestas* ein den Römern eigentümliches Recht gewesen sei. Die meisten Völker gewährten dem Vater eben solche weitgehende Befugnisse wie die Römer[13]. Da alle Erdbewohner aufgrund der *Constitutio Antoniniana* von 212 Römer geworden und diese den Christen gleichgestellt seien, gelte die römische *patria potestas* auch in Frankreich.

II. Die Dauer der *patria potestas*

Die Juristen des Humanismus stellten nicht in Frage, daß die *patria potestas* grundsätzlich so lange dauerte, wie der *pater familias* lebte.[14] Um so mehr beschäftigten sie sich mit den Auflösungsarten zu Lebzeiten des Vaters. Hier stand die Emanzipation im Mittelpunkt.[15]

Grundsätzlich konnte der Vater - abgesehen von den anerkannten Ausnahmefällen - nicht zur Emanzipation gezwungen werden[16]. Der Sohn konnte aber auch nicht gegen seinen Willen aus der väterlichen Gewalt entlassen werden. Die *abdicatio* wurde gerade auch unter Hinweis auf C. 8, 46 [47], 6 verworfen[17]. Nach

---

[11] Connanus, lib. 2, cap. 13, S. 192: " [...] *ut semel quaesita haec potestas haereat naturae, nec ab ea nisi morte divellatur, aut aliis a lege constitutis modis. [...] Cum enim id aut tacito, aut lege expresso et declarato civium consensu sit institutum, non opus est patris novo consensu, et nova voluntatis declaratione: Moribus autem dicitur haec patris inducta potestas [...] Haec autem potestas proculdubio iuris civilis est, non gentium.*".

[12] Alciat, D. *de verborum significatione*, l. 215 (*Potestatis verba*); ders., Dispunctionum lib. I, cap. 22, Sp. 34f.: "*Quemadmodum intelligendum sit, Francigenas in potestate filios non habere: item num subditi fuerint Romano imperio.*"; ders., D. de verborum obligationibus, l. 45, nu. 4. - Vgl. auch Molinaeus, Cons. 36, nu. 10: "*Quanto magis in Galliis (ut hic) in quibus patria potestas nunquam fuit ita severa, quo ad bona recepta, ut jure Romano.*".

[13] Connanus, lib. 2, cap. 13, S. 192.

[14] Allgemein zur Beendigung der *patria potestas*: Donellus, lib. 2, cap. 26, Sp. 359ff.

[15] Zur Emanzipation des römischen Rechts ausführlich Connanus, lib. 2, cap. 14, nu. 4, S. 198; Duaren, D. 1, 7 (*De adoptionibus et emancipationibus*), cap. 12 - 15, S. 26: "*actus voluntariae iurisdictionis*" und cap. 13: "*Quemadmodum fiat Emancipatio.*".

[16] Zu den Ausnahmefällen Connanus, lib. 2, cap. 14, nu. 2, S. 197; Donellus, lib. 2, cap. 26 XX., Sp. 368f. - Zur Vorgehensweise Donellus, lib. 2, cap. 26 XXI, Sp. 369: Sohn geht zum Magistrat und bringt sein Anliegen vor. Der Vater wird geladen, sofort nach Ergehen des Urteils ist der Sohn *sui iuris*.

[17] Connanus, lib. 2, cap. 13, nu. 5, S. 195 und cap. 14, nu.3, S. 197; ebenso Duaren, D. 1, 6 (De his qui sunt sui vel alieni iuris), cap. 1, S. 21.

FABER[18] wurde der Sohn durch die Emanzipation in seiner Person "verändert"; er stand dem Vater nunmehr wie jeder beliebige *extraneus* gegenüber, wobei allerdings einige Ausnahmen gemacht wurden. Die Förmlichkeiten des klassischen römischen Rechts für die Vornahme der Emanzipation galten als aufgehoben[19]. Das *praemium emancipationis*[20] wie auch andere "Belohnungen" des Vaters für die Emanzipation der Kinder, waren zur Zeit der humanistischen Jurisprudenz in der Praxis üblich.[21]

Angesichts der grundsätzlich während der Lebenszeit des Vaters bestehenden *patria potestas* gewannen die Tatbestände naturgemäß an Bedeutung, die den Sohn von der väterlichen Gewalt ausnahmen. Im Anschluß an die nachklassische Rechtslage, nach der gewisse Würdenämter von der *patria potestas* befreiten, - die Bestimmung der Würdenämter bereitete aber Schwierigkeiten, weil die Ämter zur Zeit der Humanisten nicht mit den römischen übereinstimmten -, wurde die Frage für gewisse Ämter untersucht. Die senatorische Würde sollte jedenfalls nicht von der *patria potestas* befreien, ebensowenig die *militia*, der Militärdienst[22].
Auch die mit Konsens des Vaters geschlossene Ehe befreite nicht von der väterlichen Gewalt.[23]

III. Der Inhalt der *patria potestas*

1. Die Wirkungen der *patria potestas* auf die Person des Kindes

Das *ius vitae necisque*, das die Aufmerksamkeit auch der humanistischen Juristen auf sich zog, wurde dem Vater nicht mehr gewährt.[24] Als einschneidendes Recht

---

[18] Rationalia, D. 12, 6, 38, 1, S. 355: "[...] *quia capitis diminutio quae per emancipationem contingit, aliam quodammodo emancipati personam facit, adeo ut emancipatus filius patri suo extraneus quodammodo esse intelligatur.*".

[19] Alciat, D. de verborum significatione, l. 239, nu. 5: "[...] *hodie autem huiusmodi solennitates sublatae sunt.*"; Donellus, lib. 2, cap. 26 XII, Sp. 366.

[20] Cujaz, Paratitla, C. 6, 60, Sp. 438; ders., Commentatio, C. 6, 60, Sp. 931

[21] Alciat, C. de pactis, nu. 65 (im Zusammenhang mit Erbverträgen): "[...] *alius est casus in patre qui pecuniam accipit, ut filium emanciparet: cum enim exclusum iure civili patrem praetor quadam aequitate admittat ea aequitas cessat, ubi pater pecunia accepta emancipavit, quoniam delinquit, ut ait Bartolus, qui pecuniam accipit. Ego nullum delictum esse arbitror, cum accipere ei pecuniam liceat, nec lex turpem causam stipulationis existimet, quae ob emancipationem concepta sit. Licet lege Longobarda emancipando filium pater ipse teneatur ei aliquid praestare unde vivat, quod praemium emancipationis ipsa appellat. Putaverim igitur ita constitutum quia pater accipiendo pecuniam, quasi transigere de hereditate filii videatur, et eam pecuniam pro eo habere, quantum satis sit, ne eius iudicia inquietet: non igitur pacto tollitur successio, sed a praetore tollitur, qui non putavit aequum ei patri succurrere, qui pecunia filium a sua potestate dimisisset.*".

[22] Faber, Codex Fabrianus, lib. 8, tit. 33 (*De patria potestate*), S. 112; dazu auch Donellus, lib. 2, cap. 26 XXXIII, Sp. 374f.

[23] Donellus, lib. 2, cap. 26 XXXIV, Sp. 375f.

[24] Cujaz, Commentatio, C. 8, 46 [47], Sp. 1306ff., dort ausführlich zum *ius vitae necisque* und der *abdicatio*; Donellus, lib. 2, cap. 25 II (*Patriae potestatis iura in liberos quae*), Sp. 350f.; Duaren, D. 1, 6 (De

in bezug auf die Person seines Sohnes stand dem Vater "nur noch" ein Recht zum Verkauf oder zur Verpfändung des Sohnes *famis causa* zu.[25]
Der Vater hatte ein Recht zur Züchtigung des Sohnes[26], wobei vermutet wurde, daß es *correctionis causa* ausgeübt wurde; die Vermutung konnte aber durch die Härte der Strafe widerlegt werden.[27] Der Sohn konnte sich gegen eine zu harte Bestrafung durch den Vater nicht mit der *actio iniuriarum* wehren; der Richter hatte aber die Möglichkeit, den Vater zur Emanzipation zu zwingen.[28]
Das Recht des Vaters zur Einsperrung des Sohnes wurde von FABER als Relikt des alten *ius vitae necisque* angesehen[29], eine Auffassung allerdings, mit der sich ein anderer seiner Gedanken, diese Einrichtung (C. 8, 46 [47], 3) diene dem Schutze des Sohnes[30], nicht recht in Einklang bringen läßt. Dieses Recht wandelte CUJAZ zu einer Pflicht des Vaters um, den Sohn bei Vergehen und Verbrechen an den *praeses* oder *praefectus* auszuliefern; der Vater dürfe ihn nicht selber bestrafen[31].
Die humanistischen Juristen hielten auch an dem Grundsatz fest, daß die Kinder zur Eheschließung der Zustimmmung der Eltern bedürfen.[32] Für die vom Kind im Hause des Vaters geleisteten Dienste wurde kein *salarium* geschuldet.[33] Die Kinder schuldeten den Eltern, auch der Mutter, Gehorsam (*obsequium, reverentia*).[34]

---

his qui sunt sui vel alieni juris), cap. 1, S. 21.

[25] Cujaz, Commentatio, C. 8, 46 [47], Sp. 1309; Donellus, lib. 2, cap. 25 XVI, Sp. 356; dazu auch in historischer Sicht Connanus, lib. 2, cap. 13, nu. 4, S. 194; Duaren, D. 1, 6 (De his qui sunt sui [...]), cap. 1, S. 21; Molinaeus, Commentatio, C. 4, 43. - Anders aber Duaren, D. 18, 1 und C. 4, 38. cap. 2 tit. 43: "*Liberi etiam a parentibus propter egestatem vendi non possunt. Nam etsi eos habeat pater in potestate sua, tamen eos vendere non potest, ideoque eos repetere potest per rei vindicationes.*".

[26] Donellus, lib. 2, cap. 25, Sp. 351, dort auch zur Rechtfertigung des Züchtigungsrechts; Duaren, D. 1,6 (*De his qui sunt sui vel alieni iuris*), cap. 1, S. 21: "*Hodie igitur modica tantum castigatio conceditur patri.*".

[27] Alciat, Tractatus de praesumtionibus, Regula prima, Tertia praesumptio, nu. 1 (Züchtigungsrecht); Faber, Rationalia, D. 5, 1, 4, II S. 18.

[28] Donellus, lib. 2, cap. 25, Sp. 352.

[29] Rationalia, D. 5, 1, 77.

[30] Faber, Rationalia, D. 5, 1, 4 II. S. 19: "*Porro qui iurisdictionem habet, is neque sibi neque suis ius dicere unquam potest [...]. Unde etiam fit, ut si quid filius deliquerit erga patrem, quod severiorem exigat animadversionem, ita res temperanda sit, ne pater ipse quicquam durius perpetret in filium, sed tamen praetor, aut praeses provinciae, eam ipsam sententiam dicere, ac contra filium pronunciare debeat, quam pater ipse dici voluerit. [...] Quae res facit, ut magistratus non alius, quam paternae voluntatis executor factus videatur, quomodo hic loquitur Bartolus.*"; siehe zu diesem Komplex auch Alciat, Tractatus de praesumtionibus, Regula prima, Tertia praesumptio, nu. 1; Donellus, lib. 2, cap. 25, Sp. 352; Connanus, lib. 2, cap. 13, nu. 3, S. 193; Duaren, D. 1, 6, S. 21: " [...] *quod si opus videatur maiori animadversione, officium patris est filium offerre magistratui puniendum, ita ut magistratus paterni desiderii in poena infligenda rationem habeat.*".

[31] Cujaz, Observationes, lib. 6, cap. 7 III, S. 149.

[32] Faber, Rationalia, D. 19, 1, 7, S. 420: " [...] *et postremo causa matrimonii, quod contrahere filiusfamilias sine patris consensu non potest*"; Cujaz, Commentatio, C. 8, 46 [47], Sp. 1310; Duaren, D. 1, 6, cap. 1, S. 22.

[33] Gothofredus, Opera minora, Tractatus de salario, cap. 5, XIII: "*Domestico in obsequio existenti filio puta [...] salarium non debetur: [...] nisi soliti sint locare et conducere.*".

[34] Duaren, D. 1, 6, cap. 1, S. 22.

Als Gesamtbild der von den Humanisten dargestellten persönlichen Seite der *patria potestas* läßt sich eine doch schon stark abgeschwächte Form, wie schon für das nachklassische römische Recht, feststellen.

2. Die Wirkungen der *patria potestas* auf das Vermögen des Kindes

a) Die Vermögensfähigkeit des Hauskindes

Auch wenn die Gelehrten der humanistischen Jurisprudenz zu den Ursprüngen des römischen Rechts gelangen wollten, so wurde dem *filius familias* im Ergebnis doch nicht die Vermögensfähigkeit abgesprochen. Einige Juristen nahmen allerdings die alte Regel, daß der Sohn genau wie der Sklave alles für den Vater erwerbe, wieder auf.[35] Dies gipfelte dann in Äußerungen wie der von ALCIAT, daß der Sohn nichts Eigenes haben könne[36]. Aber auch ALCIAT an der Einrichtung der Pekulien und damit zumindest einer beschränkten Vermögensfähigkeit des Hauskindes festhielt[37]. Es blieb also auch im Zeitalter der humanistischen Jurisprudenz bei der weitgehenden, jedoch nicht vollständigen Vermögensfähigkeit des Haussohnes[38]. Nur vom Vater konnte das Hauskind nichts erwerben. Auch die Vermö-

---

[35] Cujaz, Ad Africanum tractatus IX, Sp. 1507: "*Item sciendum est, per filiumf. patri adquiri naturalem obligationem eodem potestatis jure quo civilis adquiritur: et quidem confestim, ut nec momento subsistat in personam filii: nam generaliter accipio l.placet, de acq. her. sicut Azo, ut sive res, sive jus, sive hereditas, sive obligatio qualiscumque per filiumfam. adquiratur confestim adquiratur patri et in atomo.*"; ders., Commentatio, C. 8, 46 [47], Sp. 1306ff.: er nennt sie "*ius promercii*": "*nam quidquid adquirunt filii, patri acquirunt, in cuius potestate sunt, exceptis certis casibus, veluti castrensibus aut quasi castrensibus.*"; vgl. auch ders., Notae in librum 2, cap. 9 (*Per quas personas nobis adquiritur*), § 1 nu. 2 (*Quidquid*), mit Einschränkungen des nachklassischen Rechts wird alles Eigentum der Kinder, was nicht *ex re patris* stammt; Faber, Rationalia, D. 19, 1, 7 § Si filiusfa. S. 420: "[...] *cum quicquid acquirit acquirat patri.*"; ders., Rationalia, D. 13, 5, 7 l. Sed etsi, 1, S. 504; Alciat, Parergon iuris seu Obiter dictorum, lib. 5, cap. 9: "[...] *at filiusfamilias nullas habet facultates, cum patri suo omnia eo iure acquirant.*"; ders., C. *de pactis, Servus*, nu. 2. - Darstellung der Durchbrechung des Grundsatzes bei Donellus, lib. 14, cap. 19 (D. 12, 6, 38 pr.), Sp. 1221, lib. 9, cap. 5 XXV, Sp. 1242f.

[36] Alciat, l. *per quas personas nobis acquiritur*; ders., D. de liberis et posthumis, l. 11, nu. 20: "[...] *et cum filiusfamilias nihil habeat proprium*", wird später aber wieder eingeschränkt; anders aber Donellus, lib. 9 cap. 5, Sp. 1232: "*Quidquid acquirit filiusfamilias, sive suo labore paravit, sive aliena liberalitate collatum apud se habet, et sive id vere in bonis eius est [...].*".

[37] Siehe vorige FN.

[38] Connanus, lib. 2, cap. 13, nu. 8, S. 195: "*Quod si ita est videtur et bonorum habuisse, omniaque filios patribus acquisivisse quae acquirerent. Quod ius apud nos exolevit, aut a Francis sublatum, aut sensim desuefactum. Cuius rei vel hoc magnum est argumentum, quod filii sibi quaerunt, non patri, eique obligantur, et obligant ipsum, iudicioque inter se possunt experiri.*"; Faber, Rationalia, D. 28, 1, 6, nu. 1, S. 648: " [...] *ut quamvis hodie filiifamilias etiam invitis parentibus sint capaces acquisitionis bonorum non modo maternorum ex lege Constantini [...], sed etiam omnium ex lucris nuptialibus provenientium [...] et adventitiorum quorumlibet ex Justiniani constitutionibus [...].*"; ders., Rationalia, D. 15, 1, nu. 39, S. 197: "*Habet enim [f.f.] personam integram, et acquisitionis capacem patre nolente sibi acquiri* [m.w.N.]"; ders., aaO., D. 13, 7, 40, 1 Debitoris, S. 672; ders., Codex Fabrianus, lib. 4 tit. 19 (*Quod cum eo qui in aliena potestate*), def. 2, S. 354: "*Quo enim instanti filiusfamilias aliquid acquirit extra causam castrensis vel quasi castrensis peculii, sic acquiritur patri, ut ne momento quidem temporis acquisitio in*

gensfähigkeit der Tochter wurde ausdrücklich im Hinblick auf die *dos profectitia* angesprochen[39].
Die humanistischen Juristen unterschieden auch vier Arten von Pekulien, das *peculium profectitium* und *adventitium*, die unter dem Oberbegriff des *peculium paganum* zusammengefaßt wurden, und das *peculium castrense* und *quasi castrense*, die unter das *peculium militare* fielen[40].

b) Das *peculium profectitium*
In bezug auf das *peculium profectitium* blieb die Rechtslage unverändert[41]. Dem Vater stand das volle Eigentum an den in dieses fallenden Gegenständen zu[42]. Bei einigen Autoren findet sich die Äußerung, daß nach *ius naturale* dieses *peculium* dem Sohn gehöre[43]. Die Abzugsmöglichkeit von "Schulden" des Sohnes (*ius deductionis*) wurde auf einen Vorbehalt des Vaters bei der Gewährung des *peculium* gestützt[44].

c) Das *peculium castrense* und *quasi castrense*
In bezug auf die *bona castrensia* wurde der Haussohn wie ein *pater familias* behandelt[45], und dem Vater standen keinerlei Rechte an diesem Sondergut zu[46].
Was das *peculium quasi castrense* betrifft, so hatte der *filius familias* ebenfalls die Stellung eines Hausvaters. Interessant ist in diesem Zusammenhang, welchen Erwerb durch welches Amt die humanistischen Juristen diesem Sondergut zuordneten. ALCIAT nannte "*sacerdotes et advocati*".[47] Nach CUJAZ zählte alles das, "*quae occasione togatae, urbanae, forensis literatae militiae*" erlangt wurde, zum *pecu-*

---

filiifamilias persona consistat." - Die "richtige Erwerbsregel" findet sich bei Faber, Codex Fabrianus, lib. 6 tit. 35, def. 8, S. 767.

[39] Donellus, lib. 9, cap. 5 XXIV, Sp. 1242.

[40] Alciat, D. de verborum significatione, l.. 182 (*Paterfamilias*), nu. 3; vgl. bei Cujaz, Paratitla, C. 6, 60, Sp. 437; ders., Commentatio, C. 6, 60, Sp. 927: "*Nec omnia adquirit patri jure potestatis patriae.*"; Donellus, lib. 14, cap. 19 (D. 12, 6, 38pr.), Sp. 1227f., lib. 9, cap. 5 VIII, Sp. 1232ff.; Duaren, D. 15, 1, cap. 1, S. 457.

[41] Vgl. nur Faber, Rationalia, D. 14, 6, nu. 18, S. 117; Duaren, D. 15, 1, cap. 1 (Quid sit peculium), S. 457: "*Peculium est, quod filiusfamilie vel servus, domini vel patris permissu separatum a rationibus dominicis vel paternis habet, deducto inde siquid domino vel patri debetur.*".

[42] Cujaz, Paratitla, C. 6, 60, Sp. 437.

[43] Duaren, D. 15, 1, cap. 1, S. 457.

[44] Faber, Rationalia, D. 15, 1, § 2: "*Peculium autem [...] ea quodammodo lege dare videtur, ut si quandoque debebit aliquid filius patri [...] totum id ante omnia ex peculio deducatur.*".

[45] Faber, Rationalia, D. 5, 1, 4, S. 16f.

[46] Faber, Rationalia, D. 14, 6 (*De senatusconsulto Macedoniano*), S. 95: Verhältnis zur *patria potestas*, und Rationalia, D. 5, 1, 4, S. 16f.; Cujaz, Commentatio, C. 6, 61, Sp. 933; ders., Commentatio, C. 6, 60, Sp. 928f.

[47] D. *de verborum significatione*, l. 182 (*Paterfamilias*), nu. 3.

lium quasi castrense.[48] DONELLUS führte "*patroni, advocati*" sowie alle öffentlichen Amtsträger: "*professores publici ac magistri bonorum artium*" an[49].

d) Das *peculium adventitium*

Die Fragen und Probleme des *peculium adventitium* wurden von den Rechtsgelehrten dieser Epoche eingehend behandelt.[50] Die humanistischen Juristen stellten die Entwicklung des Rechtszustandes in bezug auf die *bona adventitia* bis zum Standpunkt des Codex und damit auch des damals als gültig angesehenen Rechtszustandes dar[51]. Festgehalten wurde daran, daß das Hauskind Eigentümer der *bona adventitia* war, dem Vater aber das Recht zum Nießbrauch und zur Verwaltung zustand[52]. FABER betonte den Zusammenhang von Nießbrauchsrecht des Vaters und seiner Unterhaltspflicht gegenüber den Kindern.[53] Wenn der Vater arm sei und seine Kinder nicht aus seinen Mitteln unterhalten könne, dann müsse er die Früchte der Grundstücke der Kinder zu seinem und deren Unterhalt verwenden[54]. *Bona adventitia* konnte der Sohn auf zweierlei Art und Weise erlangen, einmal durch seine eigenen Anstrengungen und andererseits durch die Freigebigkeit anderer[55].

Zum Nießbrauchsrecht des Vaters ist nur anzumerken, daß er auch nach der Auffassung der humanistischen Jurisprudenz keine Sicherheit leisten mußte[56].

Bei der Verwaltung der Adventizien sollte sich der Vater vom Grundsatz, alles sorgfältig zu bewahren, leiten lassen[57]. Von ihm wurde wie von jedem anderen Verwalter, sei es ein *curator, tutor* oder *gestor*, "*asperitas, diligentia et gravitas summa*" verlangt.[58]

CUJAZ zählte die Aufgaben auf, die das Verwaltungsrecht mit sich brachte[59]:

---

48 Paratitla, C. 6, 60, Sp. 437.

49 Donellus, lib. 9, cap. 5 X., Sp. 1233.

50 Faber, Codex Fabrianus, lib. 6 tit. 34f.; siehe auch bei Molinaeus, Tractatus de donationibus in contractu matrimonii factis, nu. 15 - 17 (zum *ususfructus paternus*), der vorwiegend die *Coutumes* behandelt.

51 Cujaz, Paratitla, C. 6, 60, Sp. 437; ders., Commentatio, C. 6, 61, Sp. 932.

52 Cujaz, Commentatio, C. 6, 61, Sp. 932: "*quo iure utimur*"; Duaren, D. 15, 1, cap. 1, S. 457.

53 Faber, Codex Fabrianus, lib. 6 tit. 34 Def. 6, S. 764, tit. 35 def. 13, S. 769: "*Pater ita demum habere debet usumfructum bonorum filii si paratus sit ex eo filium alere.*".

54 Faber, Codex Fabrianus, lib. 6 tit. 35 def. 13 S. 769; anders Donellus, lib. 9, cap. 5 XXV., Sp. 1243: "[...] *solum adempta patri rerum ipsarum quarum ususfructus est, alienatione.*".

55 Siehe nur Donellus, lib. 9, cap. 5 XIV., Sp. 1234.

56 Cujaz, Commentatio, C. 6, 61, Sp. 934f.

57 Cujaz, Commentatio, C. 6, 61, Sp. 934; ders., Paratitla, C. 6, 60, Sp. 439f.

58 Siehe Cujaz, Commentatio, C. 6,61, Sp. 934; ders., Paratitla, C. 6, 60, Sp. 439f.

59 Commentatio, C. 6, 61, Sp. 934; siehe auch ders., Paratitla, C. 6, 60, Sp. 439f.; Duaren, D. 15,1, cap. 1, S. 457: "*Sed fines administrationis pater excedere non potest: ideoque non potest alienare: potest convenire creditores filii: actiones etiam sustinet pater, si quid debeat filius, eo nomine convenietur pater, sicut conveniretur curator vel tutor nomine furiosi, vel adulti, vel pupilli.*".

"1. *Exercere actiones, id est, dictare, et pati consentiente filiofam. nisi absit, vel infans sit [...] exemplo tutorum.*
2. *Item impendere laborem et sumptum in lites, quae ex causa eorum bonorum moventur ex fructibus, quorum ipse pater dominus est* [...].
3. *Item mancipia, quae in eis bonis sunt, alere et vestire*;
4. *debitores exigere, creditores solvere;*
5. *et nomine filii res mobiles et immobiles, si opus sit, legatorum a filio relictorum aut fideicommissorum solvendorum gratia, vel aeris alieni solvendi gratia, maxime usurarii, quoniam nihil est, quod citius excedat bona, quam cursus usurarum*;
6. *vendere res onerosas hereditati adventitiae filiofamil. delatae, quas expedit vendere potius quam retinere, quae detrimento potius sunt, quam usui, et pretium redactum ex eorum rerum venditione insumere in res et causa hereditarias, in rem filii, non in rem suam.*".

Wenn der Vater als *legitimus administrator* der *bona adventitia* des Sohnes auftrat, so war seine Verwaltungsbefugnis dahin auszulegen, daß er die Adventizien schützte und für sie Sorge trug, nicht aber, daß er den Sohn verpflichtete.[60]
Bewegliche Sachen konnte der Vater nach seinem Belieben veräußern.[61] Unbewegliche Sachen konnte er, wenn eine *iusta causa alienandi* vorlag, ohne Dekret des Prätors veräußern.[62] Eine Erstreckung der *oratio Severi* auf den Vater wurde insoweit abgelehnt.[63] Lag keine *iusta causa* alienandi vor, war eine Veräußerung nur mit Dekret gestattet.[64]
Der Vater konnte *transigere*,[65] und die Schuldner des Sohnes konnten an ihn mit befreiender Wirkung leisten[66]. Alles dieses machte der Vater im Namen des Soh-

[60] Alciat, D. *de verborum obligationibus*, l. 141, § *Pupillus*, nu. 4, geht von der These aus, der *filiusfamilias impubes* könne sich auch nicht mit *auctoritas patris* verpflichten. Denn der Vater könne die *auctoritas* nicht erteilen, da dem Kind gegen ihn nicht die *actio tutelae* zustünde.

[61] Faber, Codex Fabrianus, lib. 6 tit. 35, def. 9 Anm. 8, S. 768: " [...] *pro rebus mobilibus, quas tamen potest pater impune ac pro arbitrio vendere, ac de earum precio prout vult cum paterna pietate disponere.*".

[62] Alciat, Tractatus de praesumptionibus, Regula prima, Secunda praesumtio, nu. 6; Faber, Codex Fabrianus, lib. 2 tit. 39, def. X, S. 147.

[63] Alciat, C. *de transactionibus, Praeses provinciae*, nu. 16: "*Et recepta est Azonis sententia, posse: quia oratio divi Severi, quae absque decreto alienationes prohibet, solum tutoribus et curatoribus prohibet. Quapropter si pater tanquam tutor vel curator filii emancipati alienet, oratione tenebitur: si tanquam legitimus administrator filii, quem in potestate habet, non tenebitur, nec lex ad hunc casum trahetur, in quo maior est ratio. Maior enim est patris in his bonis autoritas, minus quam suspecta persona. Et lex simpliciter ait, posse eum ex certis causis alienare: quid in ea decretum subinducimus.*".

[64] Alciat, C. *de transactionibus, Praeses provinciae*, nu. 20: " [...] *et patri alienationem necessariam solum lex concedit, non autem voluntariam, quod Jason secutus est.*"; Faber, Codex Fabrianus, lib. 6 tit. 35 def. III; siehe auch Molinaeus, Cons. 40, nu. 27: "*Non enim facta est transactio propter aes alienum, nec propter alimenta nepotum, quibus ex causis tantum permittitur patri, mobilibus non sufficientibus, praedia filiorumfamilias vendere [...] etiam sine decreto.*".

[65] Siehe Alciat, C. *de transactionibus, Praeses provinciae*, nu. 16.

nes, nicht in eigenem Namen[67]. Verschenken konnte der Vater Güter der Adventizien nicht, denn Schenken wurde als Verschleudern angesehen[68].
Veräußerte der Vater entgegen dem gesetzlichen Verbot, so war eine solche Veräußerung nichtig; der Sohn konnte den Gegenstand nach Beendigung der *patria potestas* vom Dritten vindizieren[69]. Wenn der Vater zu einer Veräußerung von Gütern des Sohnes, wie es zu geschehen pflegte, den Eid leistete, er werde in keiner Weise und aus keinem Grund gegen das Geschäft angehen, so war es problematisch, ob er dem Sohn, der gegen den Dritten auf Herausgabe der zu Unrecht verkauften Sache klagen wollte, die zur Prozeßführung erforderliche Zustimmung erteilen konnte[70]. FABER ließ den Einwand eines *venire contra factum proprium* für die Erteilung der Zustimmung nicht gelten; der Vater könne sogar vom Richter zur Erteilung der Zustimmung gezwungen werden[71].
Anders als die anderen Verwalter wurde der Vater aber im Hinblick auf die von ihm verlangten Sicherungen zugunsten des Kindes privilegiert. Denn, wie bereits erwähnt, mußte er zu Beginn der Verwaltung keine Sicherheit leisten: "*reverentia patris et santitas pro satisdatione est*" wurde als Grund angeführt.[72] Es traf ihn auch keine Pflicht zur Errichtung eines Inventars[73]. Die Güter des Vaters waren

---

[66] Faber, Codex Fabrianus, lib. 6 tit. 35 def. 15, S. 769f.
[67] Cujaz, Paratitla, C. 6, 60, Sp. 439f.: "*Nomine filii, inquam [...] non suo nomine.*"; ders., Commentatio, C. 6, 61, Sp. 934, nu. 5.
[68] Faber, Codex Fabrianus, lib. 2, tit. 4, def. 7, nu. 2, S. 87.
[69] Faber, Rationalia, D. 5, 1, 4 II, 1, S. 17: bis dreißig Jahre nach Beendigung der *patria potestas*; ders., Codex Fabrianus, lib. 6, tit. 35, def. 2, S. 765.
[70] Dazu Faber, Codex Fabrianus, lib. 6, tit. 35, def. 2, S. 765.
[71] Faber, Codex Fabrianus, lib. 6, tit. 35, def. 2, S. 765.
[72] Cujaz, Commentatio, C. 6, 61, Sp. 934; ders., Paratitla, C. 6, 60, Sp. 439f.: "*Sed non quae ab aliis administratoribus exiguntur, et a patre desiderantur verecundum est, non ut satisdet res salvas fore.*"; Molinaeus, cons. 40, nu. 27: "*Quamvis enim pater vel avus paternus haberet legitimam administrationem liberam a redditione rationum et cautione fructuaria* [...]". - Zu einem Fall, in dem der Vater sich zur Sicherheitsleistung verpflichtet hatte: Faber, Codex Fabrianus, lib. 2, tit. 39, def. X, S. 147: "*De satisdatione quam pater de filii bonis transigens promiserit, nec tamen praestiterit. Liberorum nomine pater tanquam legitimus administrator de dote materna transegerat, promisetque facturum se, et debitori eam dotem solventi legitime et idoneis pignoribus aut fideiussoribus cautum esset. Postea vero cum pignora offeret quae debitor idonea esse negabat solutionem eo praetextu recusans. Pater autem diceret nihil interesse debitoris an idonea essent pignora necne, dummodo plenam liberationem consequeretur, quae porro parata erat si patri legitimo administratori bonorum filii, auctore praesertim Praetore solveret, ne iure obligari patrem, ut pro ea caveat administratione, Senatus cui suspectae erant patris et facultates et mores, non putavit auferendum liberis commodum cautionis, cuius praestanda necessitatem sibi ipsi pater iniunxerat, sed ita rem temperavit, ut quoad usque idoneis pignoribus aut fideiussoribus cavisset, pecunia debita penes idoneum ac probum mercatorem deponeretur, per cuius manus usuras legitimas consequi pater posset, salva liberis proprietate. Hoc enim remedio, et conventioni satisfactum videbatur per aequipollens, cum nihil interesset debitoris, dummodo salva res esset liberis, et liberis abunde consultum fore, quibus scilicet ratione proprietatis dumtaxat providendum erat, non etiam ratione usufructus, qui haud dubie ad patrem solum pertinebit. Ita Senatus in secreto auditorio ex tempore Non. Julii 1593.*".
[73] Faber, Codex Fabrianus, lib. 6, tit. 35, def. 9, Anm. 8, S. 768: "*Et sane cum inventarium maxime sit necessarium pro rebus mobilibus, quas tamen potest pater impune ac pro arbitrio vendere, ac de earum*

dem Kind auch nicht mit einer *tacita hypotheca* für die schlechte Verwaltung verhaftet, abgesehen von dem in § ult. C. 6, 61, 6 erwähnten Ausnahmefall für die *bona materna* bei einer erneuten Eheschließung des Vaters[74]. Bei Beendigung der Verwaltung war der Vater auch nicht zur Rechenschaftsablegung verpflichtet[75].
Die Freistellung des Vaters von solchen Sicherungspflichten beruhte auf der ihm von den Kindern geschuldeten *reverentia* und dem *obsequium*; denn wie CUJAZ es formulierte, es wäre "*inverecundum*", die Erfüllung solcher Pflichten vom Vater zu verlangen. Im übrigen wurde auch vermutet, daß der Vater im Nutzen und Interesse des Sohnes handelte[76]. Diese Privilegierung des Vaters gegenüber anderen Verwaltern hatte durchaus auch eine sachliche Berechtigung. Denn der Sohn hatte keine Möglichkeit, sich selbst während der Dauer der väterlichen Gewalt mit einer Klage gegen die schlechte Verwaltung zu wehren, denn die *patria potestas* hätte im Wege gestanden.[77] Dieses Hindernis hätte allerdings nicht bestanden, wenn der Sohn den Vater oder dessen Erben nach der Beendigung der *patria potestas* zur Rechenschaft hätte ziehen könnte. Aber eine solche Klagemöglichkeit wurde jedenfalls, soweit ersichtlich, bei den Gelehrten der humanistischen Jurisprudenz nicht erwähnt.
Die wohl einzige Möglichkeit, dem Hauskind bei schlechter Verwaltung der Adventizgüter durch den Vater zur Hilfe zu kommen, bestand darin, daß der "Prätor" von Amts wegen einschritt und dem Vater die Befugnis zur Verwaltung entzog. In einem solchen Fall der schlechten Verwaltung konnte dem Sohn auch gestattet werden, sein Recht ohne *auctoritas* des Vaters gerichtlich zu verfolgen[78]. Hier

---

precio prout vult cum paterna pietate disponere, ut subiicitur in eadem lege, consequens est, ut nullius utilitatis possit esse tale inventarium. Nisi ponas patrem esse nudum administratorem legitimum sine usufructu. Tunc enim indubitate tenetur facere inventarium, ut superdicto loco concludit Specul. [...] In ceteris administratoribus aliud est [...] Ubi dicit consuetudinem ita observare, ut non teneatur pater facere inventarium.".

[74] Faber, Codex Fabrianus, lib. 6, tit. 35, def. 9, Anm. 8, S. 768: "*De hypotheca obscurior quaestio est. An possit eam habere filius in bonis adventitiis aliis quam maternis. Nam in maternis certum ius est, quod pro iis et eorum administratione bona patris sunt obligata ex Justiniani constitutione [...] Idem putat Bald. ad eum locum. Notans filiumfamilias non habere quidem bona patris obligata pro administratione in permissis, sed habere tamen in prohibitis.*"; Cujaz, Commentatio, C. 6, 61, Sp. 934f.; ders., Paratitla, C. 6, 60, Sp. 439f.: "[...] *non ut bona eius pro officio administrationis tacito jure obligata sint, nisi secundis nuptiis occupaverit domum, quo casu non omnium quidem bonorum adventitiorum, sed eorum tantum nomine, quae a matre vel a materno genere ad eum, sed ad filiumf. pervenerunt, bona eius filio tacito jure oppignerata sunt [...].*".

[75] Donellus, lib. 9, cap. 5 XXV., Sp. 1243: "[...] *nec cogatur aut ipse finito usufructu suo, aut heres administrationis eius rationem reddere.*"; Cujaz, Commentatio, C. 6, 61, Sp. 934: "[...] *hoc enim esset inverecundum.*".

[76] Alciat, Tractatus de praesumtionibus, Regula prima, Secunda praesumtio, nu. 1: "[...] *praesumitur capere salubrius consilium in favorem filiorum.*".

[77] Faber, Codex Fabrianus, lib. 2, tit. 39, def. X, Anm. 8, S. 147 [Text. Senatus cui suspectae erant patris et facultates et mores]: "*Ex qua causa officio Judicis succurrendum est filio, qui contra patrem agere non potest ob patriam potestatem l. 50 Sc Trebell, D. sol. matr. l. 22 § sin vero dotem.*".

[78] Faber, Codex Fabrianus, lib. 6, tit. 35, def. 2, S. 765.

wird wieder das Prinzip deutlich, keine Ansprüche des Kindes gegen den Vater wegen dessen schlechter Verwaltung zuzulassen.

Wenn der Vater die Güter des Sohnes nicht verwalten wollte, dann wurde dem *filius impubes* ein Tutor gegeben[79]. Konnte der Vater sie nicht verwalten, wurde dem Hauskind ein *Curator* bestellt[80]. Der volljährige Sohn konnte mit Zustimmung des Vaters über die *bona adventitia regularia* verfügen[81]. Der Grund für dieses Zustimmungserfordernis wurde darin gesehen, Schaden vom Vater abzuwenden. Dabei führte man in erster Linie nicht die Beeinträchtigung des Nießbrauchs des Vaters an, sondern die Notwendigkeit des Unterhalts der Kinder durch den Vater, wenn diese ihr Vermögen verschleuderten.[82]

e) Das *peculium adventitium extraordinarium*

Bezüglich der *bona adventitia irregularia* unterschied DONELLUS zwischen zwei Entstehungsarten[83]: einmal, daß der Vater zwar den Nießbrauch erwerben wollte, aber nicht konnte, und zweitens, daß er ihn nicht erwerben wollte.

Zur ersten Gruppe wurden folgende Fälle gezählt[84]: Durch die Bestimmung des Schenkenden oder des Erblassers wurde der Nießbrauch des Vaters ausgeschlossen; dies war aber nur möglich bei Zuwendungen, die über die *legitima* hinausgingen. Dazu gehörte auch der Erwerb der Kinder, den sie aufgrund der Scheidung der Eltern erhielten.

Für die zweite Gruppe ist als einziger Fall anzuführen, daß der Vater auf den Nießbrauch verzichtete.[85]

Es ist nicht eindeutig, ob hierhin auch der Fall zu zählen ist, daß der Sohn ein Lehen erhielt, oder ob dieser Fall zum *peculium castrense* zu rechnen war. Jedenfalls stand dem Vater *in beneficialibus* kein Nießbrauchsrecht zu, und er war auch nicht *legitimus administrator*[86].

---

[79] Dazu Faber, Codex Fabrianus, lib. 6, tit. 35, def. XI, S. 768f.

[80] Faber, Codex Fabrianus, lib. 6, tit. 35, def. XI, S. 768f.: "*Idemque observandum esse si quas pater adversus filium actiones exercere velit, ut puta si filius paterno debitori heres extiterit.*".

[81] Faber, Codex Fabrianus, lib. 6, tit. 35, def. 4, die Zustimmung ist erforderlich, damit der Vater keinen Schaden davonträgt; Cujaz, Paratitla, C. 6, 61, Sp. 439; ders., Commentatio, C. 6, 61, Sp. 933; Donellus, lib. 9 cap. 10 XX, Sp. 1303f. (zum Grund): "*Cavit enim ideo a se constitutum, ut reprimantur juveniles calores ruentes plerumque in perniciem suam; et quia cum filiifamilias a parente ali debeant, nihil necesse est eos ad venditionem et alienationem rerum suarum decurrere.*", lib. 9, cap. 5, Sp. 1243.

[82] Donellus, lib. 9, cap. 10 XX, Sp. 1303f.

[83] Lib. 9, cap. 5 XXVII, Sp. 1244.

[84] Siehe auch die Aufzählung bei CUJAZ, der die Unterscheidung von DONELLUS aber nicht macht: Commentatio, C. 6, 61, Sp. 932.

[85] Cujaz, Commentatio, C. 6, 61, Sp. 933.

[86] Faber, Codex Fabrianus, lib. 4, tit. 4, def. 30, S. 309f.: "[...] *quia in beneficialibus pater non magis legitimus filii administrator est, quam beneficii usufructuarius, nimirum quia nec ad ipsum filiumfamilias, sed ad ecclesiam beneficii proprietas spectat: Neque vero in huiusmodi causis f.f. sequitur ius patriae potestatis, non magis quam in iis quae ad ius publicum pertinent.*", siehe auch lib. 6, tit.35, def.5,

War der *filius familias minor* oder *non sanae mentis*, dann war der Vater auch *legitimus administrator* der Güter, an denen ihm kein Nießbrauchsrecht zustand, d.h. bezüglich der *bona adventitia irregularia*, sowie auch des *peculium castrense vel quasi castrense*.[87] Zu der Frage, ob auch in diesen Fällen die Privilegierungen gegenüber anderen Verwaltern fremden Vermögens galten, wurde nur vereinzelt Stellung genommen. FABER wollte den Vater dann wie jeden anderen *tutor* und *curator* behandeln. Er nahm eine Inventarisierungspflicht des Vaters dann an, wenn der Vater nur *legitimus administrator* war, ohne gleichzeitig den Nießbrauch zu haben.[88] Wenn der Zuwendende aber bestimmt hatte, daß der Vater auch nicht Verwalter dieser Güter sein sollte, so mußte dem minderjährigen Hauskind ein *tutor* oder *curator* bestellt werden.

IV. Klagbare Verbindlichkeiten zwischen *pater familias* und *filius familias*

1. Die Möglichkeit von klagbaren Verbindlichkeiten

Die Juristen des Humanismus hielten an dem Grundsatz fest, daß zwischen Hausvater und Hauskindern keine klagbaren Verbindlichkeiten bestehen konnten.[89] Dabei wurde meistens auf Ansprüche aus Rechtsgeschäften abgestellt. Viele Gelehrte begnügten sich damit, die *patria potestas* als Grund für die Unmöglichkeit von klagbaren Verbindlichkeiten anzugeben, ohne nähere Erläuterungen dazu abzugeben[90]. Eine ausführliche Begründung stellte die These von FABER und CUJAZ dar, die durch die *patria potestas* bewirkte Personeneinheit zwischen Vater und Sohn sei der Grund, da niemand sich selbst verpflichtet sein könne[91]. Die Regel,

---

S. 766f.

[87] Alciat, D. de verborum obligationibus, l. 141, nu. 10.

[88] Faber, Codex Fabrianus, lib. 6, tit. 35, def. 9, Anm. 8, S. 768: "*Ubi dicit, consuetudinem ita observare, ut non teneatur pater facere inventarium.*".

[89] Alciat, Dekretale *de iureiurando*, C. *cum contingat*, nu. 309: Joh. And. ad D. 18, 1, 2pr.: "[...] *quod licet illa lex dicat nullum contractum inter patrem et filium tenere, debet intelligi quoad civilem obligationem*"; Faber, Rationalia, D. 5, 1, 4 II/1, S. 16; Cujaz, Ad Africanum Tractatus IX, D. 12, 6, 38, Sp. 1507; Donellus, lib. 14, cap. 19 (D. 12, 6, 38 pr. und § *quaesitum*), Sp. 1231, zu D. 12, 6, 38pr., Sp. 1221: "*Nam inter patrem et filium, qui in eius potestate est, jure civili nulla actio nasci potest, nisi de castrensi et quasi castrensi peculio et si quod aliud est peculium quod patri non acquiratur.*"; Duaren, D. 1, 6 (*De his qui sunt sui vel alieni iuris*), cap. 1, S. 21; ders., D. 12, 6, cap. 6 (*De obligatione naturali*), S. 335, cap. 7 (*Ad l. Frater a fratre*), S. 338 (zum § *quaesitum*).

[90] Donellus, lib. 14 cap. 19, Sp. 1226; Duaren, D. 1, 6 (*De his qui sunt sui vel alieni iuris*), cap. 1, S. 21: "*Non obligantur autem civiliter propter patriam potestatem, quae iuris civilis est.*", D. 12, 6, cap. 7, S. 338: Erwerbsregel.

[91] Faber, Rationalia, D. 5, 1, 4 II/1, S. 16: "[...] *cum ius patriae potestatis faciat, ut patris et filii una eademque persona esse existimetur. [...] [scil. D. 47, 2, 16] ubi dicitur non tam iuris constitutionem aliquam impedimento esse ne cum filiofam. furti agere pater possit, quam naturam ipsam rei quod non magis cum his quos in potestate habemus, quam nobiscum ipsi agere possimus. Non quia ius patriae potestatis non sit constitutio iuris civilis non scripti [...] sed quoniam praesupposita patria potestate*

daß der Sohn nichts für sich erwerben könne, lehnte FABER als Grund für die Unmöglichkeit mit der Begründung ab, daß der Sohn auch schon nach dem Recht der Digesten Eigenes haben konnte, nämlich dann, wenn der Vater den Erwerb nicht für sich wollte. Also habe der Sohn Sachen gehabt, die er verkaufen, oder Geld, mit dem er bezahlen konnte[92].

Aus Rechtsgeschäften zwischen Hausvater und Hauskind in bezug auf das *peculium castrense* und *quasi castrense* entstanden *obligationes civiles*, was sich schon direkt aus den Digesten (D. 5, 1, 4 und D. 18, 1, 2 pr.) ergibt.[93] Im übrigen kam hier die *patria potestas* auch nicht zum Tragen, da der Sohn in bezug auf diese Vermögensmassen wie ein *pater familias* behandelt wurde.[94] Uneins waren sich die humanistischen Juristen aber in bezug auf die *bona adventitia*. Nach ALCIAT riefen Rechtsgeschäfte zwischen Hausvater und Haussohn über die *bona adventitia* - er differenzierte nicht nach den beiden Arten - vollwirksame Verbindlichkeiten hervor[95]. Seine Ansicht begründete ALCIAT nicht näher. Gegen das Entstehen von *obligationes civiles* sprach sich FABER aus[96]. Denn auch wenn JUSTINIAN den *filii familias* die Möglichkeit zum Erwerb der *bona adventitia* eingeräumt habe - sogar gegen den Willen des Vaters -, so habe er sie dennoch nicht insoweit von der *patria potestas* ausgenommen, da er ihnen nicht ausdrücklich das für die *peculia castrense vel quasi castrense* gegebene Privileg, daß sie insoweit als *pater familias* behandelt werden, gewährt habe. Sonst könnte der Sohn "heute" auch über die Adventizien testieren.[97]

---

quae facit eandem quodammodo personam patris et filii, ut diximus, natura ipsa rei non patitur ut inter patrem et filium actio ulla exerceatur."; ders., Rationalia, D. 18,1,2 pr., S. 204: "*Obligatio enim civilis inter patrem et filium familias nasci nulla potest propter p.p. [...] siquidem facit patria potestas, ut patris et filiifamilias una eademque persona esse intelligatur, et consequenter, ut non magis pater filio, aut filius patri, quam sibi ipsi obligari possit, nec magis pater cum filio agere, vel filius cum patre quam cum seipso.*"; ebenso Cujaz, Ad Africanum Tractatus IX, Sp. 1507: "[...] *ratio haec, quia pater et filius omnes quotcunque in eius potestate sunt propter nodum, vinculum, nexum patriae potestatis iure civili unius personae vice funguntur. Una autem persona ipsa sibi obligari non potest. [...] Jure etiam naturali quot sunt capita in eadem familia tot sunt personae et consequenter alia alii facile obligatur.*".

[92] Faber, Rationalia, D. 18, 1, 2pr., S. 204.

[93] Siehe nur Donellus, lib. 14, cap. 19 (D. 12, 6, 38pr.), Sp. 1221 und zu § quaesitum, Sp. 1231.

[94] Siehe D. 14, 6, 2 Ulp. lib. 64 *ad edictum*.

[95] Alciat, Dekretale *de iureiurando*, C. *cum contingat*, nu. 309: "[...] *et etiam quoad adventitia oriretur civilis.*".

[96] Rationalia, D. 18, 1, 2pr., S. 204: "[...] *sed etiam quantum ad bona adventitia, quia licet Justinianus fecerit hodie filiosfamilias capaces acquisitiones bonorum adventitiorum, etiam invito patre [... C. 6,61,6] non tamen eos exemit a patria potestate, etiam quoad bona adventitia, nec dedit iis privilegium quod veteres constitutiones dederant filiisfamilias in castrensi et quasi castrensi peculio, ut pro patribusfamilias in eo habeantur. Alioqui etiam de adventitiis posset hodie filiusfamilias testari non minus quam de castrensi peculio quod tamen Justinianus discrete at expressim prohibuit. Manet igitur etiam hodie lex haec incorrecta.*".

[97] Faber, Rationalia, D. 18, 1, 2pr., S. 204.

Zwischen Vater und Hauskind vorgenommene Rechtsgeschäfte sollten aber Naturalobligationen hervorrufen[98]. Die humanistischen Juristen sahen die Wirkung einer *naturalis obligatio* darin, daß das etwa in Erfüllung des Geschäfts Geleistete nicht zurückgefordert werden konnte; die Naturalobligation gewährte aber kein Klagerecht auf Erfüllung.[99] Dem Entstehen einer *naturalis obligatio* sollte auch nicht die Regel vom notwendigen Erwerb für den Hausvater im Wege stehen: Es widerspreche dem Willen des Vaters und des Sohnes, daß der Sohn aus dem vorgenommenen Geschäft für den Vater erlange[100]. Die Regel über den notwendigen Erwerb für den Vater konnte also nach dieser Ansicht durch einen entgegenstehenden Willen des Vaters, der bei Geschäften mit dem Sohn wohl immer angenommen wurde, weil sonst das angestrebte Geschäft nicht durchgeführt werden konnte, außer Kraft gesetzt werden. Die Regel von der Personeneinheit sollte bei den *obligationes naturales* nicht zum Tragen kommen, da Vater und Sohn nach Naturrecht verschiedene Personen seien. Da nach Naturrecht alle Menschen gleich seien, und die Vertragschließenden, Vater und Sohn, sich verpflichten und die Verpflichtung erwerben wollten, sei ihr Wille berücksichtigt, so daß wenigstens eine Naturalobligation entstehe; denn eine zivile Verpflichtung scheide ja aus.[101]
Eine Möglichkeit, aus einer Naturalobligation eine klagbare Verpflichtung zu machen, war die eidliche Bekräftigung des Rechtsgeschäfts.[102] Wenn ein Minderjähriger mit Eid veräußerte und versprach "*non contravenire*", so wurden ihm nur die wegen seiner Minderjährigkeit zustehenden Einwände abgeschnitten.

---

[98] Alciat, Dekretale *de iureiurando*, C. *cum contingat*, nu. 309, Verweis auf D. 12, 6, 38; Faber, Rationalia, D. 12, 6, 38, S. 352: "*Quid ni ergo et pater filio et filius patri, in cuius potestate est [...] naturaliter obligabitur.*", D. 12, 6, 38, 1, S. 355, D. 18, 1, 2pr., S. 204, D. 15, 3, 10, 2, S. 258; Cujaz, Commentatio in lib. XV Quaest. Pauli ad l.LVI de Fidei. § Item si filius, Sp. 1113: "*Si filius a patre, vel servus a domino stipuletur sibi dari, etiamsi ex ea stipulatione filio, vel servo pater, vel dominus obligetur naturaliter, ita scilicet, ut nec rursus a filio vel servo, cui ea obligatio quaesita est, ea obligatio recurrat ad patrem, vel dominum et ei quaeratur* [D. 12, 6, 38, 1]."; vgl. auch ders., Ad Africanum Tractatus IX, Sp. 1507; Donellus, lib. 14, cap. 19 (D. 12, 6, 38pr.), Sp. 1225: "*At hoc contra mentem et sententiam contrahentium est, ex ea causa, quae inter patrem et filium intercedit, et ex qua pater obligari velit, hunc filio non debere; cum, ut deberet, inter ipsos ageretur. Manebit igitur obligatio hoc casu vel ipsorum judicio et voluntate; ut cum obligari civiliter pater non possit, saltem consistat obligatio natura, secundum quam omnes homines, ut dixi, sunt aequales, D. de regulis juris l. quod attinet.*"; Duaren, D. 12, 6, cap. 6, S. 335, cap. 7 (D. 12, 6, 38), S. 336.

[99] Faber, Rationalia, D. 12, 6, 38 pr., S. 352 und S. 354; vgl. auch Cujaz, Ad Africanum Tractatus IX, Sp. 1506f.; so auch Donellus, lib. 14 cap. 19 (D. 12, 6, 38, 1 § quaesitum), Sp. 1231.

[100] Cujaz, Ad Africanum Tractatus IX, Sp. 1507, es bleibt beim *peculium*: "*Peculium est quod debuit adquiri patri, sed manet apud filium.*"; Donellus, lib. 14, cap. 19 (D. 12, 6, 38pr.), Sp. 1226: "*Filio pater naturaliter obligari potest.[...] Ideo enim cum pater filio debebit, patri obligatio non acquiretur, quia filio necesse est deberi, nisi velimus tolli obligationem, quod aperte repugnat patris voluntati.*".

[101] Donellus, lib. 14, cap. 19 (D. 12, 6, 38 pr.), Sp. 1224ff.

[102] Alciat, C. *de pactis*, *Pacta quae contra* folgte insoweit dem kanonischen Recht. - A. A. Faber, Codex Fabrianus, lib. 6, tit. 35, def. 2 Anm. 1, S. 765.

2. Die Fiktion der Personeneinheit

Auch die humanistischen Juristen hielten an der Fiktion der Personeneinheit von Vater und Sohn fest. Sie nahmen auch eine Einheit von Vater und mehreren Söhnen an.[103] Während ALCIAT sie hauptsächlich auf C. 6, 26, 11 stützte[104], zog FABER vor allem D. 47, 2, 16 als Begründung heran[105]. In bezug auf *facta* sollte die Regel nicht gelten, ebenso nicht bei den *bona adventitia*[106]. CUJAZ äußerte sich wie folgt zur Personeneinheit:[107]

"*Et quamvis propter vinculum patriae potestatis unus videatur esse homo pater et filius, et filius vivo patre, quasi quodammodo dominus bonorum paternorum, tamen eminet semper, atque praecellit dominatio, et majestas patris, ut nec alienare filius quidquam possit nec pignori obligare.*".

3. Klagbare Verbindlichkeiten aus Rechtsgeschäften

Im folgenden seien kurz einige der am häufigsten in der Literatur der humanistischen Jurisprudenz erörterten Rechtsgeschäfte zwischen Hausvater und Hauskind betrachtet.

Vorausgeschickt werden soll, daß sich nach Statutarrecht noch einige Besonderheiten für die Vornahme von Rechtsgeschäften ergeben konnten, z. B. daß der Vater grundsätzlich Rechtsgeschäften des Sohnes zustimmen mußte. Bei Rechtsgeschäften zwischen Vater und Hauskind stellte sich dann die Frage, ob der Vater zu seinem eigenen Nutzen die Zustimmung erteilen konnte.[108] Darüber hinaus wurde eine Bestimmung des Statutarrechts, nach der Minderjährige nur mit Dekret des Praetors veräußern konnten, auch auf den Vater und auf mit ihm geschlossene Rechtsgeschäfte angewendet.[109]

---

[103] Alciat, Tractatus de praesumtionibus, Regula prima, Decima praesumptio, nu. 2: "*Et facit fictio legis, per quam filius censetur eadem persona cum patre* [C. 6, 26, 11].", nu. 3: "*Et aestimum patris, censetur aestimum filii, nisi sit emancipatus* [...]"; ders., D. de verborum obligationibus, l. 46, § 3 *id autem, quod*, nu. 4; Faber, Rationalia, D. 12, 6, 38, S. 352, D. 11, 3, 2/2, S. 529, D. 5, 1, 4 II/1, S. 16; Cujaz, Commentatio, C. 8, 46 [47], Sp. 1310: "*Et quamvis propter vinculum patriae potestatis unus videatur esse homo pater et filius, et filius vivo patre, quasi quodammodo dominus bonorum paternorum, tamen eminet semper, atque praecellit dominatio, et majestas patris, ut nec alienare filius quidquam possit nec pignori obligare.*"; ebenso ders., Commentatio, C. 6, 61, Sp. 935: "*unus homo*".

[104] Siehe Alciat, Tractatus de praesumtionibus, Regula prima, Decima praesumtio, nu. 2.

[105] Rationalia, D. 5, 1, 4, II/1, S. 16.

[106] Alciat, D. de vulgari et pupillari substitutione, l. 1 (*Haeredes*), nu. 87: " [...] *et quod ad facta attinet, persona filii a persona patris diversa est.*", nu. 88: "*Nam et cum lex illa in adventitiis loquatur, quod ad ea attinet, filius cum patre pro eadem persona non est.*".

[107] Commentatio, C. 8, 46 [47], Sp. 1306ff.

[108] Zur Lösung des Problems wird auf die Darstellung der Schenkungen zwischen Vater und Kind verwiesen, S. 176f.

[109] Zu beidem Alciat, C. *de transactionibus, Praeses provinciae*, nu. 20: "*Sed et si lex municipalis generaliter prohiberet, minores alienatione bonorum obligari citra praetoris decretum facta, satis arbitrarer propter verba legis de ea quoque actum censeri, quam pater ceu legitimus administrator filii fecisset [...]; quod absque dubio procederet, si lex universalibus verbis loqueretur, puta de minore cum qualibet persona contrahente. Idem si patris factum argueretur, tanquam affectione aliqua inter filios usus esset*

a) Die *emptio/venditio*

Nur in bezug auf das *peculium castrense vel quasi castrense* entstanden aus einer *emptio/venditio* zwischen Vater und Kind klagbare Verbindlichkeiten[110], sonst wurden nur *obligationes naturales* erzeugt[111]. Die *bona adventitia* wurden nicht ausdrücklich bei den Kommentierungen zu D. 18, 1, 2pr. erwähnt. CUJAZ führte drei Gründe für die Ungültigkeit der emptio/venditio an:[112]erstens erwerbe der Sohn nach der Regel vom notwendigen Erwerb für den Vater alles für den diesen, und es könne überhaupt keine *obligatio civilis* zwischen Vater und Hauskindern entstehen, wobei auf die Unmöglichkeit von Stipulationen und die Personeneinheit verwiesen wurde: niemand könne mit sich selbst einen Vertrag schließen. Schließlich seien Verträge deswegen verboten, weil zwischen *pater familias* und *filius familias* keine Rechtsstreitigkeiten ausgetragen werden könnten.

Da die *emptio/venditio* dem *ius gentium* zuzurechnen sei und nach Naturrecht Vater und Sohn zwei verschiedene Personen seien, konnte nach FABER die *patria potestas* nicht eine gültige *emptio/venditio* verhindern.[113]

b) Die Schenkung

Wegen der *patria potestas* waren "einfache" Schenkungen des Vaters an den Sohn nicht gültig[114]. Wenn die Sache schenkungshalber übergeben worden und dem Sohn bei der Emanzipation nicht weggenommen worden war, dann trat Heilung ein[115]. Der Tod des Vaters heilte nicht *eo ipso* die ungültige Schenkung; vielmehr

---

[...]. Idem et fortius cum in sui utilitatem haec alienatio a patre facta tenderet: tunc enim maior est suspicio. ***Unde ad sui commodum autorari nemo potest.*** *Sed quid si statuti verba de contrahente loquerentur, an in patre extendenda essent, cum quo filia distraheret. Et tunc non putaverim extendendam, legem ad patrem, cum eius respectu tanta non sit ratio.*"; siehe auch ders., Tractatus de praesumtionibus, Regula prima, Secunda praesumtio, nu. 7: Vater kann nicht zu seinem eigenen Nutzen zustimmen.

110 Faber, Rationalia, D. 18, 1, 2 pr., S. 204.

111 Duaren, D. 18, 1, cap. 5, S. 529: "*Ideo inter patrem et filium non potest contrahi emptio: quia nulla inter eos contrahitur obligatio nisi naturalis.*".

112 Commentatio, D. 18, 1, 2 pr. (*De contrahenda emptione*), Sp. 687: "*Ratio prima h. l. est, filius quidquid acquirit, acquirit patri (§ 1 Inst. 2, 9). Pater igitur si emerit a filio, rem suam emit, quod est prohibitum, l. si venditor, inf. eod. ratio est, quod nulla obligatio consistit inter patrem et filium. [...] ut inutilis est stipulatio inter patrem et filium, ita etiam emptio, [...] quia nemo contrahere potest secum: filius autem et pater una, atque eadem persona esse censetur [...] [I. 3, 1 19; C. 6, 26, 11 l. Cum scimus]. Denique idcirco prohibiti sunt contractus inter patrem et filium, quia inter eos lis nulla esse potest [D. 5,1,4]. Propter has igitur rationes prohibita est emptio inter patrem et filium, quae quidem cessant in reb. castr. Ea enim acquiruntur filio non patri § igitur. Deinde quod attinet ad castrensia, pater et filius diversae personae hic censentur, et lis esse potest. Quod intellige quoque de reb. quasi castr. in quibus idem jus est.*".

113 Rationalia, D. 18, 1, 2pr., S. 203 und S. 204.

114 Alciat, Dekretale *de iureiurando*, C. *cum contingat*, nu. 300; ders., Tractatus de praesumtionibus, Regula prima, Sexta decima praesumptio, nu. 2; Faber, Rationalia, D. 18, 1, 2pr., S. 204, D. 15, 1, § 3 Peculium dictum, S. 137; Donellus, lib. 9 Cap. 5 XVI, Sp. 1235, auch cap. 19 Sp. 1236f., XX., Sp. 1233.

115 Donellus, lib. 9, cap. 5 XVI, Sp. 1235, auch cap. 19, Sp. 1236f.

verlangte z.B. DONELLUS, daß der Wille des Vaters, an dieser Schenkung festzuhalten, zum Zeitpunkt des Todes manifest war[116]. Eine durch einen Eid bekräftigte Schenkung sollte nach ALCIAT nur Naturalobligationen hervorrufen.[117]
Eine Schenkung des Vaters an den Sohn *propter merita*, eine belohnende Schenkung also, wurde für gültig gehalten, auch wenn "*haec sententia magis auctoritate Doctorum quam lege defenditur.*"[118].

Bei der Schenkung des Sohnes an den Vater stellte das Erfordernis der Zustimmung des Vaters - wahrscheinlich meinte ALCIAT das für Verfügungen über die *bona adventitia* bestehende Zustimmungserfordernis - ein Problem dar. Die Beantwortung der Frage, ob der Vater einer Schenkung an sich selbst zustimmen konnte, war nach ALCIAT[119] davon abhängig, ob der verlangte Konsens zur *integratio* der Person des Sohnes erforderlich war oder nicht. Im ersten Fall bedeutete dies eine Anwendung der *auctoritas* des Vaters und zu seinem eigenen Nutzen könne niemand sein Vollwort erteilen. ALCIAT entschied sich aber gegen diese erste Meinung und folgte der zweiten, nach der die Zustimmung des Vaters nicht der *integratio* des Sohnes diente. Also könne der Vater auch einer Schenkung an sich selbst zustimmen, die Schenkung sei dann gültig.

cc) Das *mutuum* und die *stipulatio*
Der Fall des *mutuum zwischen Hausvater und Hauskind* wurde im Rahmen der Kommentierung von D. 12, 6, 38 § *quaesitum* behandelt. Wenn der Vater seinem Sohn ein Darlehen gewährte und umgekehrt, dann entstanden jeweils *obligationes naturales.*[120] Wenn der Sohn dem Vater ein Darlehen gewährte, dann gehörte die *naturalis obligatio* zum *peculium*[121].

[116] Donellus, lib. 9, cap. 5 XVIIf., Sp. 1235f., XIX ff. XXI, Sp. 1241.
[117] Nu. 300: "*Pro qua opinione adducitur primo: quia ex tali contractu circumscripto iuramento oritur obligatio saltem naturalis [D. 12, 6, 38] [...] unde iuramentum eam debet corroborare, ut supra vidimus in VI. casu.*"; ders., D. *de Liberis ut posthumis*, l. 11 Nu. 34: "[...] *quia donatio facta filio a patre [...] est nulla resistentibus regulis iuris civilis tantum [...] unde ex ea oritur naturalis obligatio* (D. 12, 6, 38 Bart.)."
[118] Alciat, D. *de verborum obligationibus*, l. 45, nu. 18: "[...] *quae enim adeo magna filii benemerita sunt, ut pater ea iam non remuneraverit atqui ultro officiosus patri filius esse debet, ita cogente vinculo naturali, ne impietatis ingratitudinisque notam subeat, non ut premium consequatur.*"; siehe auch ders., Tractatus de praesumtionibus, Regula prima, Tricesima praesumptio, nu. 3ff. zu Abgrenzungsfragen; vgl. auch ders., D. *de liberis et posthumis*, l. 29, § *quidam recte*, nu. 109.
[119] Alciat, Dekretale *de iureiurando*, C. *cum contingat*, nu. 306 a. E. und nu. 307: "*Imo fortius tenet, quod cum talis consensus non requiratur per viam auctoritatis, quod etiam sine iuramento talis donatio facta patri consentienti, valeret. secus esset si iste consensus esset requisitus ad integrandam filii personam [...] nam tunc esset adhibendus in modum autoritatis: et nemo in suam utilitatem autorari potest.*"; vgl. dazu auch noch nu. 308ff.; ders., D. *de legatis et fideicommissis* I, l. 2 *Sciendum*, nu. 11: "*Unde et receptior est sententia valere donationem hanc patri consentienti factam, quamvis in rem suam nemo queat auctorari.*".
[120] Faber, Rationalia, D. 12, 6, 38, 1, S. 955; Duaren, C. 4, 5 und D. 12, 6, cap. 7, S. 338f.: Vater leiht Sohn; Cujaz, Ad Africanum Tractatus IX, Sp. 1513f.; Donellus, lib. 14, cap. 19 (D. 12, 6, 38, 1),

Einer wirksamen *stipulatio* stand wiederum die *patria potestas* im Wege. Die humanistischen Juristen schienen auch das Entstehen einer *naturalis obligatio* in diesem Fall abzulehnen, da die Möglichkeit einer solchen nicht erwähnt wurde[122].

4. Klagbare Verbindlichkeiten aus Quasikontrakt und Gesetz

Was Ansprüche aus Quasikontrakten betrifft, so wurde in der Literatur der humanistischen Jurisprudenz als mögliches Beispiel für eine *actio negotiorum gestorum* oder *mandati* des Sohnes gegen den Vater der Fall erörtert, daß der Sohn eine Schuld des Vaters beglichen hatte.[123] Zu Lebzeiten des Vaters bei bestehender väterlicher Gewalt sollte der Sohn von ihm keinen Ausgleich für die Begleichung der Schuld verlangen können, noch standen ihm die *actio negotiorum gestorum*, die *actio mandati* oder die *actio de in rem verso* zu. Allerdings konnte er diese Schuld bei der Auseinandersetzung mit den Brüdern im Wege des *iudicium familiae erciscundae* einbringen (*auxilium praeceptionis et deductionis*)[124]. Nach der Emanzipation bestand aber für den Sohn die Möglichkeit, mit der *actio de in rem verso* gegen den Vater vorzugehen.

Neben der Pflicht zur Gewährung des Unterhalts ist weiterhin die Pflicht des Vaters, die Tochter zu dotieren, als Beispiel für klagbare Verbindlichkeiten zu erwähnen.[125]

Zwischen Vater und Kindern konnten auch keine deliktischen Ansprüche entstehen.[126]

Sp. 1232.

[121] Faber, Rationalia, D. 12, 6, 38, 1, S. 356: "*Constat autem in peculium filii vel servi computari, quod ei pater vel dominus debuit.*".

[122] Faber, Rationalia, D. 18, 1, 2pr., S. 203: "*Eodem igitur exemplo dicamus patrem a filio aut filium a patre stipulari non posse obstante iure patriae potestatis.*".

[123] Dazu Faber, Rationalia, D. 15, 3, 10, 2 (*De in rem verso*) § Idem tractat Papinianus, S. 257: "*Licet propter impedimentum patriae potestatis filiusfamilias, qui pro patre solvit, neque mandati, neque neg. gestorum actionem habere possit contra patrem, neque de in rem verso [D. de furt. 47,1 l. ne cum filiofam. ... D. 5, 1, 4]. Sed pro eo incommodo habet auxilium praeceptionis et deductionis in accipiendo cum fratribus iudicio familiae erciscundae [...] Nec eo minus tamen filio patrem de in rem verso tueri verum est [...]. Cum autem in hoc §. loquatur Ulpianus ex Papiniano, de actione de in rem verso, quae nunquam filiofamilias contra patrem dari potest, intelligimus ita esse hoc accipiendum, ut alii quam filiofamilias danda sit ea actio, id est, creditori qui vel pro filiofamilias solverit, vel pecuniam ei crediderit, ut pro patre solveret, quomodo posuimus. Nisi ponas filium hunc emancipatum esse, eo tempore, quo contra patrem agere velit de in rem verso.*", siehe auch S. 258.

[124] A. A. Gothofredus, Opera minora, Tractatus de salario, cap. 5, X: "[...] *ita filius qui vivo patre (sene forte, vel depontano, et decrepito) negotia patris administravit, patre defuncto salarium a fratribus petere non potest.*".

[125] Alciat, D. *de soluto matrimonio quemadmodum dos petatur*, nu. 64; Connanus, lib. 8, cap. 8, nu. 7.

[126] Donellus, lib. 2, cap. 25, Sp. 352: "*Nullo enim ex delicto actio inter patrem, et filium, qui in potestate est, nascitur, etiam tum, cum filius aliquid in patrem deliquerit.*", Sp. 354 ebenso, lib. 15, cap. 30 XXI, Sp. 274: "*Sed placet furti actionem adversus eos non nasci; sicuti nec ex ulla alia causa potest inter*

Der Vater konnte kein Delikt gegen das Hauskind begehen; er hatte ja die Befugnis, ein Vergehen des Kindes aus eigener Machtvollkommenheit nach seinem Belieben zu ahnden.[127] Und bei einer Züchtigung des Kindes wurde angenommen, daß er *correctionis causa* handelte. Da diese Ansprüche auf Gesetz beruhten und damit vom Willen der Beteiligten unabhängig waren, gab es auch, anders als bei Rechtsgeschäften, keinen Anknüpfungspunkt für das Entstehen einer *naturalis obligatio*.

V. Prozesse zwischen Eltern und Kindern

CUJAZ interpretierte die *Lex lis nulla* (D. 5, 1, 4) so, daß danach nur Streitigkeiten, die im Wege der ordentlichen Gerichtsbarkeit ausgetragen wurden, zwischen einem Hausvater und seinen Kindern nicht stattfinden konnten.[128] Dagegen waren Streitigkeiten, die im Wege der *extraordinaria cognitio* ausgetragen wurden, durchaus möglich. Als Beispielsfälle führte CUJAZ an: die *restitutio in integrum*, die Unterhaltsklage und die Anträge auf zwangsweise Emanzipation des Hauskindes[129].

Ausgenommen von dem Verbot, im Wege der streitigen Gerichtsbarkeit gegeneinander vorzugehen, waren Streitigkeiten, die das *peculium castrense* und *quasi castrense* betrafen[130]. Das grundsätzliche Verbot, sich der Hilfe der streitigen Gerichtsbarkeit zu bedienen, war die Konsequenz der Auffassung von der Unmöglichkeit von *obligationes civiles* zwischen Vater und Sohn[131]. Streit bestand über die Frage, ob Rechtsstreitigkeiten über die *bona adventitia irregularia* im Wege der streitigen Gerichtsbarkeit zwischen Vater und Sohn stattfinden konnten[132]. Die Beantwortung dieser Frage hing von der Lösung der Frage ab, ob es *obligationes civiles* in bezug auf die irregulären Adventizgüter geben konnte. CUJAZ bejahte die

---

patrem et filium qui in potestate est."; Duaren, D. 47, 2, cap. 5 S. 193: "*Actio furti [quae datur ad poenam, de qua Cap. III] Contra filium aut servum non datur, in quo statuere et animadvertere nobis licet.*".

127 Duaren, D. 47, 2, cap. 5, S. 193.

128 Cujaz, Commentatio, D. 5, 1, 4, Sp. 137; ders., Notae, D. 5, 1, 4, Sp. 399. - Die anderen Autoren machen diese Unterscheidung zwischen streitiger Gerichtsbarkeit und *extraordinaria cognitio* nicht: Alciat, C. *de in ius vocando, Qui in potestate patris*, nu. 1: "*Cum inter patrem et filium, iure nostro, lis nulla sit.*"; Duaren, D. 5, 1, cap. 6 (*Qui possunt agere vel conveniri*), S. 288: "*Res ipsa impedimento est: nam si pater cum filio agat, perinde est ac si secum ipse agat, ac litiget: habentur enim pro una et eadem persona.*".

129 Cujaz, Commentatio, D. 5, 1, 4, Sp. 137.

130 Faber, Rationalia, D. 15, 3, 10 § 2 *Idem tractat Papinianus*, S. 25, D. 5, 1, 4, S. 16f.; Cujaz, Observationes lib. 9, cap. 13, Sp. 226; Donellus, lib. 9, cap. 5 XI, Sp. 2133f; auch Duaren, D. 1, 6 (*De his qui sunt sui vel alieni iuris*), cap. 1, S. 21, ohne Nennung von Ausnahmen.

131 Faber, Rationalia, D. 5, 1, 4 II/1, S. 16: "*Consequens igitur est ut nulla inter eos lis aut actio esse possit. Non enim actio est ius persequendi iudicio id quod debetur naturaliter sed id tantum quod debetur civiliter, cum obligatio quae naturalis tantum est nullam actionem possit parere, sed tantum exceptionem, vel deductionem, vel retentionem, vel compensationem.*".

132 Dazu siehe Faber, Rationalia, D. 5, 1, 4 II/1, S. 17; Cujaz, Observationes, lib. 9, cap. 13, Sp. 226 zur l. *lis nulla*.

Möglichkeit, wobei er auf den Umstand abstellte, daß die *bona adventitia irregularia* dem Sohn wie das *peculium castrense vel quasi* zu vollem Recht erworben werden.[133] Gegen diese auch von BARTOLUS vertretene Ansicht wendete sich vehement FABER, der eher die Unterschiede als die Gemeinsamkeiten zwischen den irregulären Adventizgütern und den beiden castrensen Pekulien hervorhob[134]. So fehle etwa die ausdrückliche Qualifizierung des *filius familias* als *pater familias*, desweiteren könne er nicht über diese Güter testieren. Im übrigen komme es für die Unmöglichkeit von Rechtsstreitigkeiten allein auf die *patria potestas* an[135]. Im übrigen ließ FABER nur einen einzigen der von BARTOLUS zu D. 5, 1, 4 aufgezählten Ausnahmefälle gelten, nämlich daß Streit über das Bestehen der *patria potestas* bestand[136]. Bei den übrigen von BARTOLUS angeführten "Ausnahmefällen" handele es sich sämtlich um Fälle der "freiwilligen Gerichtsbarkeit", nicht solche der streitigen[137]. FABER führte den "Fehler" BARTOLUS' und der ihm folgenden Autoren auf die Verwischung des Unterschiedes zwischen "*iudex*" und "*ius dicens*" zurück[138]. Wenn im *Corpus iuris civilis* vom *officio Judicis* die Rede sei, so sei damit der Prätor gemeint, der dem Sohn mit seinen *decreta* zur Hilfe eilen solle[139]. Faber fuhr fort:[140]

"*Sed ne in nomine ludamus, dico, iis omnibus casibus, in quibus praetor, aut Princeps pro filio contra patrem se interponit, non ideo tamen ullam esse litem, at ne quidem controversiam, cuius nomen generalius est quam litis [...] sed dicendam potius querelam.*".

---

[133] Observationes lib. 9, cap. 13 zur l. *lis nulla*, Sp. 226; ders., Commentatio, D. 5, 1, 4, Sp. 136.

[134] Rationalia, D. 5, 1, 4 II/1, S. 17: "[...] *non ideo tamen fecit Justinianus, ut in peculio huiusmodi adventitio possit filiusfamilias censeri iure patrisfamilias, quasi sublato, hac parte, si non iure, saltem effectu patriae potestatis, sicut evenit in peculio castrensi, vel quasi castrensi, cum eidem Justiniano placuerit, ut illo etiam casu quo pater bona filio delata et acquisita gubernare nolit, neque sibi iuris quicquam in iis vindicare, nihilo magis possit filius agere, ne quidem contra extraneum, nisi patre consentiente [...] non alia, ut puto, ratione, quam quod aliter posito iure non tam reverentia patri debita [...] quam ius patriae potestatis violari videretur. Quanto minus credibile est id egisse Justinianum, ut filiumfamilias ex hac causa contra patrem agere peteretur?*".

[135] Faber, Rationalia, D. 5, 1, 4 II/1, S. 17: "*Igitur quoties quaerimus, an filius adversus patrem agere possit extra causam castrensis vel quasi castrensis peculii, non illud inspiciendum est, an ea de re tractetur, cuius habeat pater usumfructum, aut legitimam administrationem, sed hoc unum dumtaxat, an filius sit in patris potestate. Nam neque ius patriae potestatis nascitur ex iure, vel ususfructus, vel legitimae administrationis, sed e contrario ususfructus paternus, et legitima filii administratio ex iure patriae potestatis [...]. Absit ergo, ut dicamus cum Bartolo, posse filium hodie litigare, cum patre pro re pec.adv., cuius non habeat pater usumfructum. [...] Atqui nec Bartolus ipse negat, Filium familias de peculio adventitio quod sit huius generis testandi ius non habere: Cur ergo magis illi permittemus, ut de eo possit agere contra patrem in cuius sit potestate.*".

[136] Rationalia, D. 5, 1, 4 II, S. 18.

[137] Faber, Rationalia, D. 5, 1, 4, S. 18.

[138] Rationalia, D. 5, 1, 4 II, S. 18.

[139] Faber, Rationalia, D. 5, 1, 4 II, S. 17, Beispiele bei Faber: Unterhalt, Emanzipation des Sohnes, "*ut fideicommissum hereditariam ei restituat [pater] in poenam fraudis contra fidei commissum excogitate*" und die Dotation der Tochter.

[140] Rationalia, D. 5, 1, 4, II, S. 18.

Wenn denn der Sohn gegen den Vater klagen konnte (nicht im umgekehrten Fall!), so war zu beachten, daß der Sohn der *venia* des Prätors (Judex) bedurfte.[141] Das Begehren auf Erteilung der *venia* wurde als in der *citatio* enthalten angesehen[142]. Eine *simplex petitio* reichte; der *iudex* konnte die *venia* nur *causa cognita* erteilen.[143] Wenn die *venia* nicht eingeholt wurde, so war der folgende Prozeß nichtig[144]. Wenn der Prätor die *venia* nicht erteilen wollte, so konnte der Sohn den *Princeps* angehen[145]. Beachtenswert ist in diesem Zusammenhang, daß, obwohl das in den Digesten niedergelegte Ladungsverfahren nicht mehr gebräuchlich war,[146] die Einholung der venia vorgeschrieben war. Diese richterliche Vorprüfung diente auch hier vornehmlich der Ausschaltung infamierender Klagen, die der Sohn ebenso wie infamierende Exzeptionen nicht gegen den Vater vorbringen durfte.[147]

3. Kapitel Zusammenfassung

Der textkritische Umgang mit dem *Corpus iuris civilis* durch die humanistische Jurisprudenz hat nicht zu einer Veränderung in der Lehre von der *patria potestas* geführt. Es wurde der Rechtszustand des nachklassischen römischen Rechts, wie er im *Corpus* niedergelegt war, wiedergegeben. An der Fiktion der Personeneinheit zwischen Vater und Sohn als Topos für die Begründung der Wirkungen der patria potestas wurde festgehalten.
Zu erwähnen bleibt noch, daß CUJAZ und FABER die *Lex lis nulla* (D. 5, 1, 4) so interpretierten, daß von ihr nur Rechtsstreitigkeiten vor der ordentlichen Gerichtsbarkeit erfaßt werden sollten.

---

141 Alciat, C. *de in ius vocando, Qui in potestate*, nu. 4; Duaren, D. 2, 4 (*De in ius vocando*), cap. 2, S. 59: "*Nam is, qui in potestate est, ne permissu quidem Praetoris adversus parentem experiri potest: praeterquam in certis casibus.*".

142 Alciat, C. *de in ius vocando, Qui in potestate*, nu. 4.

143 Alciat, C. *de in ius vocando, Qui in potestate*, nu. 5.

144 Alciat, C. *de in ius vocando, Qui in potestate*, nu. 10f. zu den Ausnahmen.

145 Alciat, C. *de in ius vocando, Qui in potestate*, nu. 6.

146 Duaren, D. 2, 4 (*De in ius vocando*), cap. 2, S. 58: "*Hodie vero judicis authoritas necessaria est, ut aliquis in ius vocetur.*".

147 Für die *exceptio doli*: Faber, Rationalia, D. 15, 1, § 7 (*Cui congruit*), S. 128: "*Atqui exceptio doli numquam competit filio contra patrem, iis nimirum casibus quibus filius a patre conveniri potest, quia turpis est qui propter adiectam doli mentionem et patris existimationem sugillat apud bonos et graves viros, licet non sit famosa [...] propter verecundiam paternam. [...] Quae exceptio factum eadem est effectu, quae exceptio doli cui subsidiaria est, nec ab ea differt, nisi honestate. Nascitur enim ex eadem aequitate ad vim et potestatem infrigendam actionis quae dolo malo exercetur. [...] exceptionem doli non esse odiosam nisi nomine.*"; Cujaz, Commentatio, D. 37, 15, Sp. 160, dort Aufzählung, Ausnahme: "*Unus tantum casus, quo possumus agere actione famosa in parentes, videlicet, si sit maxima causa vel atrocissima injuria l. sed si § pen. D. D. 2,4.*"; Duaren, C. 2, 41 (*Qui et adversus quos*), cap. 2, S. 205.

3. Abschnitt Die Gesetzgebung der Rezeptionszeit

1. Kapitel Vorbemerkungen zur Gesetzgebung der Rezeptionszeit

Bei der Gesetzgebung der praktischen Rezeption wird zwischen den Stadtrechten ("Reformationen"), den Territorialrechten und den Landes- und Polizeiordnungen unterschieden.[1]

Während die Stadtrechte einerseits an die Tradition der Stadt- und Landrechtsaufzeichnungen vor der praktischen Rezeption anknüpften, zielten sie - je später sie erstellt worden waren, desto bewußter - statt auf Fixierung des Herkommens auf planmäßige Rechtserneuerung[2]. Die Bezeichnung "Reformation", die zuerst wohl in Nürnberg 1479 verwendet wurde, war eine Leitvorstellung der Wende vom Spätmittelalter zur Neuzeit überhaupt und insbesondere für die Erneuerung von Stadtrechten. In ihr drückte sich diese Mittelstellung anschaulich aus.[3] "Das Programm dieser Gesetzgebung beschränkt sich oft auf die Anpassung des bisherigen örtlichen Rechts an das römische Recht, dessen Geltung nicht mehr bezweifelt wird; [...] auch mit der sofortigen und totalen Durchsetzungschance, die das Gesetz im durchrationalisierten Staat der Gegenwart hat, dürfen wir nicht bei allen diesen Aufzeichnungen rechnen."[4] Gegenstand der Gesetzgebung im Privatrecht war neben dem Vormundschaftsrecht[5] das Ehegüter- und Erbrecht. Im Zusammenhang mit letzteren finden sich die väterliche/elterliche Gewalt betreffende Regelungen.

Was die Landrechte betrifft[6], so sind sie im Vergleich zu den Stadtrechten stärker romanisiert, "nach dem Gesetz, daß stärker zersplittertes und weniger entwickeltes örtliches Recht dem gelehrten Recht schneller erlag."[7] Hinter den Landrechten der Territorien stand das Interesse der Landesherrn und oft auch der Stände an "Ver-

[1] Wieacker, PrGN, S. 189ff.

[2] Wieacker, PrGN, S. 190; Coing, Die Frankfurter Reformation von 1578, S. 1ff.: es bestanden zwei verschiedene Aufgaben der Reformationen: " [...] sie sollten gegenüber dem heimischen Recht [...] das gemeine Reichsrecht wieder herstellen, [...] sie bedeuten die Aufnahme fremden Rechtes durch legislatorischen Akt. [...] Daneben stehen aber andere, spätere Gesetze, die erlassen wurden, als das römische Recht schon längst in Geltung stand; ihre Aufgabe war deshalb ganz anders geartet und der der mittelalterlichen Statuten unserer Städte verwandt. Denn wie jene sollten sie die wichtigsten Rechtssätze wiedergeben, die in der Praxis tatsächlich zur Anwendung kamen; nicht Umgestaltung des vorhandenen, sondern Ordnung und Darstellung des geltenden Rechts war die Aufgabe.".

[3] Wieacker, PrGN, S. 190.

[4] Wieacker, PrGN, S. 190

[5] Dazu Pelz, Die Vormundschaft in den Stadt- und Landrechtsreformationen des 15. und 16. Jahrhunderts und das zeitgenössische gemeine Recht.

[6] Dazu Wieacker, PrGN, S. 195ff.

[7] Wieacker, PrGN, S. 195.

einheitlichung der Rechtspflege, Abstellung von Mißständen, vor allem der Uneinheitlichkeit der Rechtsprechung in den Niedergerichten."[8]

Darüber hinaus wurde das Rechtsleben der frühen Neuzeit neben den Stadt- und Landrechtsreformen auch durch eine Fülle anderer Gesetze und Ordnungen, nämlich den Polizei- und Landesordnungen, bestimmt.[9] Die Polizeiordnungen - in der frühen Neuzeit wurde der Begriff "Policey" umfassender als heute für die "gute Ordnung und Verwaltung des Staatswesens" schlechthin verwendet - behandelten die verschiedensten Materien des Straf-, Zivil- und des öffentlichen Rechts. Sie entwickelten sich von "Sammlungen punktueller und oft disparater Regelungen zur Behebung einzelner (primär städtischer) Mißstände zu alle normierungsbedürftigen Sozialbereiche umfassenden Landesordnungen."[10] In ihnen finden sich auch etliche das Eltern-Kind-Verhältnis betreffende Regelungen.[11]
Auch in den Bauernweistümern[12] als Rechtsweisungen in der grundherrlichen oder dörflichen Dinggemeinde finden sich solche Regelungen.

Bei den Stadt- und Landrechten soll der Schwerpunkt auf den folgenden liegen, dem Freiburger Stadtrecht von 1520[13], der Frankfurter Reformation von 1578[14], den Nürnberger Reformationen von 1479 und 1564, dem Hamburgischen Stadtrecht von 1605 und dem Württembergischen Landrecht von 1555[15].

---

8 Wieacker, PrGN, S. 195.

9 Dazu Preu, Polizeibegriff, S. 15ff.; Schmelzeisen, "Polizeiordnungen", HRG 3, Sp. 1803ff.

10 Preu, Polizeibegriff, S. 16ff.; siehe auch Schmelzeisen, "Polizeiordnungen", HRG 3, Sp. 1803f.: "Veranlaßt ist es durch die in der Rechtsgemeinschaft zutage tretenden Mißstände ("Landesgebrechen"), denen es abzuhelfen gilt. Darüber hinaus entspringt es der Sorge um das Gedeihen des Gemeinwesens. Es ist ein auf planmäßige, zielbewußt regelnde Rechtsgestaltung bedachtes Lenkungsrecht. Es weitete sich bekanntlich in der Neuzeit immer mehr aus, indem sich der Staat dauernd vor neuen Aufgaben der Vorsorge sah und darüber schließlich zum Polizeistaat wurde.".

11 Dazu wird auf die Ausführungen von Schmelzeisen, Polizeiordnungen und Privatrecht, S. 68ff. zurückgegriffen.

12 Dazu Kroeschell, DRG 2, S. 127ff. (allgemein); Fehr, Die Rechtsstellung der Frau und der Kinder in den Weistümern.

13 Dazu nur Knoche, Ulrich Zasius und das Freiburger Stadtrecht von 1520.

14 Coing, Die Frankfurter Reformation von 1578 und das Gemeine Recht ihrer Zeit; Neumann/Levi, Frankfurter Privatrecht, S. 153ff. zur väterlichen Gewalt.

15 Zu den schweizerischen Stadtrechten des Spätmittelalters und der frühen Neuzeit siehe Soliva, Zum Kindesrecht in den Stadtrechten der alten Eidgenossenschaft, in: FS Cyril Hegnauer zum 65. Geb., S. 493ff. - Zu den altfranzösischen Rechtsquellen, v. Salis, ZRG (GA) 7 (1887), 137ff.; zu den niederländischen Rechten Ankum, TR 45 (1977), S. 117ff.

2. Kapitel Das Vater-Kind-Verhältnis

Angesichts der rudimentären Regelungen des Vater-Kind-Verhältnisses auch in der Gesetzgebung der frühen Neuzeit - dieses Ergebnis sei schon vorweggenommen - ist es schwer, das Bild der väterlichen Gewalt in der Gesetzgebung der frühen Neuzeit zu zeichnen[16]. Eine umfassende Darstellung des Familienrechts geschweige denn der väterlichen Gewalt findet sich in der Gesetzgebung der Rezeptionszeit nicht[17].

I. Zum Wesen der väterlichen Gewalt und ihrer Dauer

Die Frankfurter Reformation von 1578 behandelt in § 8 des 1. Titels des 2. Teils die "vätterliche Gewalt":

"Dieweil aber jetzunder etlich mal Meldung geschehen / von dem Vätterlichen Gewalt/ auch hernacher in den andern Theilen dieser Reformation / davon mehrmals Meldung geschehen wirdt. Damit dann solches den Unsern desto verständtlicher seye/ so wöllen wir allhie desselben ein kurtze Erklärung thun. Und nemlich / so ist Patria Potestas, der Gewalt so ein Vatter / auch Vatterlicher anherr / uber seme Kindere und Enklen / Söhn und Töchtere / hat/ anfenglich und von Alters / allein bey den Römern auffkommen / auch folgends als ein Recht / durch die Römischen Keyser bestättiget / und so ansehenlich und kräfftig gehalten worden / daß die Kindere mit Leib und Gut / ihres Vatters und Vätterlichen Anherrn (aber nicht also der Mutter und Anfrauwen / welche solchen Gewalt nicht haben/) eigen gewesen /was sie gewonnen / denselben erobert / ohn ihr Vorwissen und Verwilligung nicht für Recht stehen/ nichts vereussern / ja auch kein Testament/ noch Letzten Willen machen / noch ordnen mögen / Auch also in solchem Gewalt biß ins ende ihres Lebens / oder so lang / biß sie dessen widerumb Emancipirt, das ist / von dem Vatter oder Anherrn ledig gegeben worden/ geblieben seyndt: Welches dann vor zeiten mit sonderlichen Solenniteten / auch anderst nicht / als vor der

---

[16] Siehe für die schweizerischen Stadtrechte Soliva, Kindesrecht, S. 493: "Wer sich anhand unserer Stadtrechtsredaktionen aus Spätmittelalter und beginnender Neuzeit ein Bild von der gesetzlichen Regelung der Familienordnung machen möchte, stellt bald einmal fest, dass hier noch mehr als bei anderen Materien gewisse Fragen vielfach ausgeklammert bzw. anderen Erlassen zugeordnet oder ganz allgemein nur sehr rudimentär behandelt sind. Die Stadtrechtsredaktionen bieten vor allem vermögensrechtliche Bestimmungen zu den in Frage stehenden Verhältnissen. Sie setzen aber auch in dieser Hinsicht vielfach Sitte und Gewohnheit voraus und normieren daher vorzugsweise Fälle, in denen die vorausgesetzte Ordnung, weil gestört, nicht mehr mehr völlig zum Tragen kommt.". - Zu einer mütterlichen Gewalt Knoche, S. 113.

[17] Derselbe Befund läßt sich für die Niederlande feststellen, Ankum, TR 45 (1977), S. 117: "*Ceux qui ont constaté l'abondance des sources concernant la cessation de la minorité et surtout concernant la tutelle des enfants dont les deux parents ou l'un d'eux sont morts seront sans doute tout d'abord surpris, quand ils seront confrontés à l'absence presque totale dans les sources législatives, coutumières et jurisprudentielles de l'ancien droit néerlandais, de dispositions relatives à la puissance des deux parents, encore en vie et unis par le mariage, surs leurs enfants mineurs.*".

Oberkeit / und darzu nicht vergeblich / dann dem Vatter dagegen sein Will gemacht werden müssen / geschehen / und celebrirt worden."

Dort werden also die römischen Grundsätze über die *patria potestas* für anwendbar gehalten.
COING charakterisiert die väterliche Gewalt nach der Frankfurter Reformation von 1578 wie folgt:
"Die Kinder stehen zu Lebzeiten des Vaters grundsätzlich in dessen väterlicher Gewalt. Deren Inhalt wird nicht näher festgelegt; in persönlicher Hinsicht war sie zweifellos auf ein Erziehungsrecht beschränkt; [...] In vermögensrechtlicher Beziehung bezeichnet die Reformation den Vater als 'rechten Vormünder und Administrator' seiner Kinder und ihres Gutes; das entspricht dem Ausdruck nach der romanistischen Doktrin der Zeit."[18] Insgesamt zieht er das Resümee, das auch Geltung für die anderen Stadt- und Landrechte besitzt:
"Ein einheitliches und sicheres Bild von der Stellung des Vaters zu den Kindern läßt sich aus diesen Sätzen nicht gewinnen; [...]. Die Leitgedanken des altrömischen Rechtes finden sich jedenfalls nicht: nicht die Idee der patria potestas, sondern eine ganz andere ethische Auffassung, der Gedanke des christlichen Vaters, dem die Erziehung seiner Kinder und die Verwaltung ihres Vermögens ein Pflicht, ein Amt ist, liegt dem Gesetz zugrunde."[19]

In der Kursächsischen Konstitution X des zweiten Teils vom 21. April 1572[20] wird auch die Frage der Rezeption der römischen *patria potestas* beantwortet:
"Weil in Sächsischen Rechten nirgend zu befinden, das die väterliche Gewalt insonderheit auffgehoben, so bleibet auch dieselbige nachmals nicht unbillig bestehen.
Nachdem aber allein derohalben Zweifel fürgefallen, durch was Mittel und Wege die Kinder auf Sächsischen Boden emancipiret und der väterlichen Gewalt entnommen werden? so sind Wir crinnert, wie es bißhero im Gebrauch gehalten, nemlich, das die Kinder, so ihre mündige Jahre erreichet, dadurch aus der väterlichen Gewalt kommen seyn, wann sie von inen geschieden.
Bey diesem Gebrauch lassen Wir es auch nochmals bleiben, und wollen, das solcher Gewohnheit nach, auch Krafft dieser Constitution in Unsern Gerichten erkannt werden soll, nemlich, da sich Kinder, so zu ihren mündigen Jahren kommen,

---

[18] Coing, Frankfurter Reformation, S. 9.
[19] Coing, Frankfurter Reformation, S. 11; Neumann/Levi, Frankfurter Privatrecht, S. 153: "Die väterliche Gewalt regelt sich im Wesentlichen nach den Vorschriften des gemeinen Rechts, wie schon auf der § 8 Ref. II Tit. 1 gegebenen Umschreibung sich ergibt.".
[20] Zur Entstehungsgeschichte siehe die Anmerkung 24 von Kunkel, Quellen 1/2, S. 373f. - Allgemein zu den Kursächsischen Konstitutionen Wieacker, PrGN, S. 197f.

von dem Vater mit Anstellung ihrer eigenen Haußhaltung und Narung scheiden, daß alsdann solches für ein Emancipation zu achten und derselbigen Würckung haben sol, ungeachtet, ob gleich solche Emancipation anderer Gestalt und für Gericht nicht geschehen und fürgenommen würde."

In Kursachsen wurde also von der Rezeption der römischen *patria potestas* ausgegangen, gleichwohl aber der deutschrechtliche Endigungsgrund für die väterliche Gewalt, die Begründung eines eigenes Hausstandes, anerkannt und einer Emanzipation nach römischen Recht gleichgestellt. Um den gewohnheitsrechtlich anerkannten und für sinnvoll erachteten Grundsatz des Ausscheidens eines Hauskindes aus der väterlichen Gewalt mit der Begründung eines eigenen Hausstandes mit dem rezipierten römischen Recht - zumindest formal - in Einklang zu bringen, wählte man kurzerhand die Bezeichnung des römischen Rechts "*emancipatio*", obwohl der faktische Vorgang der Begründung eines eigenen Hausstandes als solcher nicht den nach römischen Recht zu beachtenden Formalien bei einer Emanzipation genügt haben dürfte. Für diese sächsische Art der "Emanzipation" ist denn auch im juristischen Schrifttum der Name „*emancipatio Saxonica*" verwendet worden.

Was die Dauer der väterlichen Gewalt betrifft, so wurden die Beendigungsgründe in den Vorschriften der Stadt- und Landrechte meist vorausgesetzt. Hier kamen die Entlassung des Kindes durch Erklärung gegenüber dem Gericht nach römischen Vorbild oder das Ausscheiden *ipso jure* durch Heirat und Begründung einer eigenen Haushaltung auf der Grundlage deutschrechtlicher Vorstellungen in Betracht.

Die Frankfurter Reformation von 1578 enthielt in § 9 des 1. Titels des zweiten Buches folgende Regelung zur Emanzipation:[21]
"Nach dem aber folgendes bey andern/ sonderlich auch unser Teutschen Nation/ oberzehlte alte Recht/ den Vätterlichen Gewalt besagend/ ob sie wol nicht abgeschafft/ sondern in ihren Würden und Kräfften / ausserhalb der Emancipation, deren Solenniteten gäntzlich abgangen/ gelassen/ doch ungleich gehalten/ Und aber demnach offtmahls (auch bey den Rechtsgelehrten) in zweiffel gezogen worden / wie und wann die Kindere / zu unsern Zeiten Emancipirt, und deß Vätterlichen Gewalts entlediget / zu achten seyen: Solchen Zweiffel bey den unsern auffzuheben / So ordnen und wöllen wir/ Wann ein Vatter seine Kindere / welche ihr mündigs vollkömmlich Alter erreicht haben / Ehelichen / mit einer gebürlichen Ehe-

[21] Dazu auch Neumann/Levi, Frankfurter Privatrecht, S. 153: "Jedenfalls ist nie für ausreichend erachtet worden, daß ein Kind sich einen selbständigen zureichenden Erwerb und Unterhalt schuf, wenn es nicht zugleich aus der häuslichen Gemeinschaft ausschied, mochte es selbst die Kosten des elterlichen Haushalts ganz und ausschließlich bestreiten, sondern man hat in Anlehnung an das Deutsche Recht das Ausscheiden aus dem elterlichen Haus und die Begründung eigener Wirthschaft gefordert.".

steuwer/ außbestattet / dieselben auch darauff von ihme dem Vatter abgeschieden / ihre eigene Haußhaltung/ und Handthierung angestellt /eigen Hauß/ Feuwer und Rauch / halten / Daß solches für eine rechte Emancipation, und daß sie die Kindere dardurch des Vätterlichen Gewalts / nicht weniger / als wann solches für der Oberkeit / oder für Gericht /solenniter geschehen were / vollkömmlich entlediget seyen / gehalten soll werden."

Auch in Frankfurt hat man sich desselben „Tricks" wie in Sachsen bedient. Das auf deutsch-rechtlichen Grundsätzen beruhende Ausscheiden aus der väterlichen Gewalt wird einer *emancipatio* nach römischem Recht gleichgestellt, auch wenn die für eine Emanzipation erforderlichen Formalien (feierliche Erklärung vor der Obrigkeit oder vor Gericht) nicht beachtet worden sind. Die "*emancipatio Saxonica*" ist damit ein anschauliches Beispiel für den pragmatischen Umgang mit dem rezipierten römischen Recht: Deutsches Recht wird einfach in die Formen des römischen Rechts gegossen.

II. Die Sorge für die Person des Kindes

Der Befund der rudimentären Regelung des Eltern-Kind-Verhältnisses gilt insbesondere - wie bereits oben schon für die Rechtsaufzeichnungen des Mittelalters festgestellt - auch für die Rezeptionsgesetzgebung, was den Bereich der Personensorge betrifft[22].

Nur ganz vereinzelt finden sich Bestimmungen zur Unterhaltspflicht.[23] Sie wurde als eine schlichte Selbstverständlichkeit angesehen, "die bestenfalls einmal in einer diese Tatsache gewissermaßen nebenbei feststellenden Formulierung ihren Niederschlag findet".[24] Die Pflicht der Eltern zur Erziehung und Versorgung der Kinder wurde aber dann in den Statuten angesprochen, wenn es darum geht, daß der überlebende Ehegatte für die Kinder sorgen soll.[25]
Hier seien einige Beispiele angeführt.
Württembergisches Landrecht von 1555, IV 1 [5]:
"Es soll auch der Vatter oder Mutter in allweg schuldig sein, ire Kinder, bis sie ungevärlich zun ehrn beraten und ausgesteurt werden mögen, in Zucht und Underhaltung zu sich zu nemen. Dargegen sollen sie, Vatter oder Mutter, von solchem

---

[22] So auch Soliva, Kindesrecht, 493 (497) für die Schweiz: "Noch sehr viel rudimentärer sind - wenn überhaupt - die persönlichen Rechte und Pflichten von Eltern und Kindern in unseren Stadtrechtsredaktionen der beginnenden Neuzeit behandelt.".
[23] Siehe Krause, Gegenseitige Unterhaltsansprüche, S. 93ff., S. 119ff.
[24] So Soliva, Kindesrecht, 493 (494).
[25] Siehe dazu Rothhahn, De materna potestate, S. 21, S. 48, S. 57, S. 58, S. 64ff., S. 68, S. 70; Hommel/-Bostel, De usu hodierno, § 74.

der Kinder Anteil alle Nutzung und Nießung, wie under der nechstgesetzten Rubrik underschiden, haben und behalten; und darneben sie, die Eltern, auch entgegen die Kinder irem von Gott und den Rechten empfangnen Gebott und ampt getreulich und fleißig nachtrachten und auch nachkommen, damit die Kinder zur der Forcht und Wort Gottes, auch aller anderer christenlicher und burgerlicher Zucht und erbarkeit mit bestem, auch ernstem Fleiß gewisen, auch sonst zu andern ehrlichen Künsten, Handwerken Leer und Hantierungen und also vom Müßiggang zur ehrlicher Übung und Arbeit dermaßen gezogen und gehalten werden, damit sie künftiglich Gott, inen selbs und dem Nächsten nutz, dienstlich und wolstendig sein mögen; die Kinder auch hierin sich gegen den Eltern in aller kindlichen Treu und Liebe gefölgig, geflissen, willfärig und gehorsam halten und erzeigen."

Solmser Landrecht II 28. Titel § 5[26]:
" [...] doch dem Letzlebenden seinen Beyseß an beyden solchen Gütern sein Lebenlang vorbehalten, dagegen er auch die Kinder zu Gottesfurcht auferziehen und mit aller Notturft versehen."

Kurpfalz: Ius Provinciale Palatinatus Electoralis P. III Tit. XIII[27]:
"Doch sol das leztlebende Ehegemächt, da es der ersten oder andern Kindern rechter Vatter oder Mutter bey und an denselben jetzt vermeldt abgefallen väterlichen oder mütterlichen Gütern oder Erbtheil die Administration oder Leibzucht sein lebenlang haben: dargegen die Kinder in Gottesfurcht, Zucht, und Erbarkeit zu erziehen, sie auch zu den löblichen Künsten, ehrlichen Handwerken und Handthierungen anzuweisen und von schädlichen Müssiggang zu nützlichen Uebungen und der Arbeit dermassen zu gewehnen und anzuhalten [...]."

Nürnberger Reformation von 1564, 3. Teil 33. Titul 1. Gesetz:
"Jedoch unverendert und unvermindert des hauptguts/ und das Er die kinder/ seinem Stand und Eern gemeß/ underhalt/zu zucht und lernung ziehe/ und so sie zu iren Jarn kommen/ Eelich bestate und außsteure."

Das Züchtigungsrecht des Vaters wurde im Hamburger Stadtrecht Art.48, P.IV erwähnt[28]: "Sonst wird mäßige Züchtigung [...] den Eltern über ihre Kinder [...] billig erlaubt und zugelassen; würde aber jemand bey dieser Züchtigung zu weit gehen, und eine der vorgedachten Personen dergestalt beschädigen, daß der Tod daraus erfolgte, auf den Fall müssen solche vorbenannten Personen, andern gleich, die einen Todschlag begangen, zu Rechte stehen, und Gerichtlichen Austrags wegen solcher Mißhandlung erwarten."

---

[26] Kunkel, Quellen 1/2, S. 245.
[27] Zitiert nach Rothhahn, De materna potestate, S. 58.
[28] Bei Hommel/Bostel, De usu hodierno, S. 52.

Als weiterer wichtiger Teilbereich der Personensorge ist hier der Heiratskonsens anzusprechen. Die Stadtrechte behandeln ihn im Zusammenhang mit dem Erbrecht und der Pflicht zur Aussteuergewährung.

Nürnberger Reformation von 1564, 2. Teil 21. Titul 9. Gesetz:
"Die Kinder/ die noch inn gewalt und fürsehung irer Eltern steen/ Sollen sich on oder wider derselben irer Eltern willen nit verheyraten/ Nemlich / der Sun seines Alters under fünf und zwainzig/ und die Tochter under zway und zwaintzig Jaren / Und so sie das uberfürn/ seyen die Eltern inn iren Leben/ inen ainich heyratgut/ außfertigung / oder widerlegung zugeben/ noch in irem letzten willen/ ain merers dann die Legitima zuverschaffen / nit schuldig."

Die Erforderlichkeit des elterlichen Ehekonsenses spielt aber vor allem in den Eheordnungen eine große Rolle. Ein großer Riß geht dabei durch die Gesetzgebung der katholischen und evangelischen Territorien. Während in den katholischen Territorien entsprechend dem kanonischen Grundsatz, daß der Konsens nicht notwendig sei, vertreten wurde, folgten die evangelischen Territorien der entgegengesetzten Meinung. Wegen der einzelnen Eheordnungen, auf die hier nicht näher eingegangen werden kann, wird auf die einschlägige Literatur verwiesen.[29]

In den Polizeiordnungen wird dagegen in größerem Umfang als in den Stadt- und Landrechten auf die Personensorge für die Kinder eingegangen.[30] Hier kommt das Interesse der wohlfahrtsstaatlichen Obrigkeit zum Tragen, eine auf die Interessen des Staates ausgerichtete Erziehung der zukünftigen Untertanen zu gewährleisten. So heißt es in der Schleswig-Holsteinischen Polizeiordnung von 1768: "Da eine christliche und vernünftige Kinderzucht stets den größten Einfluß auf die Glückseligkeit des ganzen Staates durch Bildung gesitteter Mitbürger behält und solche bisher, zumal unter den Leuten von geringerem Stande sehr verabsäumt worden [...]."[31] Während die Elternpflichten dort zum Teil sehr eingehend geregelt wurden, waren die Pflichten der Kinder - zu nennen ist hier in der Hauptsache die Gehorsamspflicht - nicht näher umrissen[32]. Während sich in den Polizeiordnungen

[29] Kleinheyer, Wandlungen der elterlichen Gewalt zwischen dem 16. und 19. Jahrhundert, dargestellt am Beispiel des elterlichen Ehekonsensrechtes, in: FS Beitzke, S. 235ff; siehe aber auch bei Rothhahn, De materna potestate, S. 73ff., stellt aber nur die protestantische Rechtslage dar, da er ja die *materna potestas* begründen will.
[30] Siehe Schmelzeisen, Polizeiordnungen und Privatrecht, S. 68ff.
[31] SchlesHolst PO 1768 § 14, zitiert nach Schmelzeisen, Polizeiordnungen und Privatrecht, S. 68.
[32] Schmelzeisen, Polizeiordnungen und Privatrecht, S. 68 und S. 74: "[...] und es kam in Anbetracht der Kinder schlechterdings nur darauf an, daß sie sich der väterlichen Gewalt fügten. Bei dieser sozialkulturellen Situation bot sich dem Polizeirecht nur wenig Anlaß zu regulierendem Eingreifen.".

nur wenige Bestimmungen mit der Unterhaltspflicht beschäftigten[33], befaßte sich ein großer Teil der Regelungen mit der Pflicht der Eltern zur religiösen Erziehung ihrer Kinder. So werden die Pflicht zur Taufe der Kinder[34], Anleitung der Kinder zu Gottesfurcht, Gebet und Katechismus und Gottesdienst angeführt[35]. Die Eltern sollten die Kinder in die Schule schiken, damit sie neben den Grundlagen des christlichen Glaubens auch Schreiben, Lesen und Alterserfahrung lernen.[36] Befähigten Kindern war der Besuch des lateinischen Gymnasiums sowie von Akademien und Universitäten zu ermöglichen. Die Eltern sollten sich nicht von dem Zeitaufwand und den Kosten abschrecken lassen.[37] Sie hatten die Kinder ferner zu Wohlverhalten und zu einem arbeitsamen Leben zu erziehen, sie von Mutwillen, Müßiggang, Gotteslästern und anderen Unanständigkeiten abzuhalten.[38] Als Beispiel für eine sehr weit in die Interna der Familie eingreifende Regelung sei die angeführt, daß Kinder verschiedenen Geschlechts, von denen eines über sieben Jahre alt ist, nicht in einer gemeinsamen Kammer schlafen sollten, ebenso nicht Eltern und erwachsene Kinder sowie diese und Gesinde verschiedenen Geschlechts.[39]

Die Polizeiordnungen enthielten auch Bestimmungen zur Berufswahl der Kinder. Waren die Kinder im entsprechenden Alter, so sollten sie eine ihnen zusagende Handwerkslehre beginnen oder bei einer guten Herrschaft in Dienst gehen.[40] Allerdings hatten die Kinder ihre Arbeitskraft zunächst der Hausgemeinschaft zu widmen. Während der Minderjährigkeit durften sie keinen Lohn für ihre Dienste beanspruchen. Nur Handwerkersöhne durften nach dem Ende der Lehrzeit von den Eltern einen Lohn fordern oder auch auf Wanderschaft gehen.[41] Andererseits wurden die Eltern ermahnt, die bei ihnen gebliebenen Kinder ordentlich zu versorgen und sie nicht daran zu hindern, sich anderswo zu verdingen, wenn sie ihrer Dienste nicht mehr bedurften.[42]

Eine dem Interesse des Landesherrn dienende Bestimmung war die, daß die Eltern ihre Kinder nicht aus dem Lande lassen durften, damit die Bevölkerung des Landes nicht gemindert und die aufzubringenden Steuern und Dienste nicht geschmälert wurden.[43]

---

[33] Schmelzeisen, Polizeiordnungen und Privatrecht, S. 83.
[34] Schmelzeisen, Polizeiordnungen und Privatrecht, S. 68 m. N.
[35] Schmelzeisen, Polizeiordnungen und Privatrecht, S. 71.m. N.
[36] Schmelzeisen, Polizeiordnungen und Privatrecht, S. 71 m. N.in FN 10.
[37] Schmelzeisen, Polizeiordnungen und Privatrecht, S. 71 m. N.
[38] SchlesHolstPO 1768, §§ 15, 16 und KurpfLO 1582 I § 2 nach Schmelzeisen, Polizeiordnungen und Privatrecht, S. 72.
[39] Schmelzeisen, Polizeiordnungen und Privatrecht, S. 73.
[40] Schmelzeisen, Polizeiordnungen und Privatrecht, S. 73.
[41] Schmelzeisen, Polizeiordnungen und Privatrecht, S. 75.
[42] Schmelzeisen, Polizeiordnungen und Privatrecht, S. 75 m. N.
[43] Schmelzeisen, Polizeiordnungen und Privatrecht, S. 73.

Schließlich sollten die Eltern ihre Kinder zur rechten Zeit verehelichen und aussteuern, aber nicht zu einer Ehe nötigen oder sich einer Ehe grundlos widersetzen.[44] Was den Konsens der Eltern zur Eheschließung betrifft, so bedurften anfänglich noch alle Kinder, später nur die nichtgewaltunterworfenen, einerlei ob mündig oder nicht, des elterlichen Konsenses.[45]

III. Die Sorge für das Vermögen des Kindes

Wesentlich häufiger als im Bereich der Personensorge finden sich in der Rezeptionsgesetzgebung das Vermögensrecht des Kindes betreffende Regelungen. Das bedeutet aber nicht, daß sich die Regeln nun ausdrücklich mit solchen Fragen beschäftigen; oft ist man auf Rückschlüsse aus Regelungen in anderen Bereichen, z.B. dem Erbrecht, angewiesen.

Wie sich vor allem aus Bestimmungen des Erbrechts ergibt, wurden die Kinder grundsätzlich als vermögensfähig angesehen. Denn der Erwerb im Erbgang - insbesondere nach einem Elternteil - dürfte damals die häufigste Art des Vermögenserwerbes durch die Kinder gewesen sein.

Solmser Landrecht von 1571 II 28 [5]:

"Weren aber eheliche Kindere, so sie beyde Eheleut mit einander gezeugt hettenn, vorhanden, als dann sollen denselben die liegende vätterliche oder mütterliche Güter zum Eigentumb genzlich und die fahrend Hab zum halben Teil auch eigentumblich und der ander halber Teyl dem Letztlebenden anererbt und verfallen seyn."

Nürnberger Reformation von 1479 18,2:

"Von vormundschaft des vaters seiner kinder und der muter und ir yedes verpflicht gen den kinden und anderer zugewanten vormunde.

So die frau on gescheft stirbt und iren eelichen man und irer beder leiplichen kinder eins oder mer lest, [...]."

Frankfurter Reformation von 1578 V tit. 8 § 11:

"Wiewol nun obgesetzter massen / das Lebzucht Recht so lang weret/ als der Lebzüchter im Leben ist / auch die Keyserliche Rechten sonsten verordnen / Was deß Verstorbenen Brüdere oder Bruders Kindere / mit und beneben den Eltern / von ihrem Bruder oder Schwester / Vettern oder Basen / laut dieser unserer Reformation hieoben underm Zweyten Titul / im Fünfften §) ererben / Daß ihre noch lebende Eltern darauff keinen Beyseß / noch Nießbrauch haben / sondern solch ererbte Güter ihnen den Kindern / Geschwisterigen / und der Verstorbenen Kindern / frey eigen / und ledig zu fallen sollen: Wiewol auch in ermeldten Keyserlichen Rechten

[44] Schmelzeisen, Polizeiordnungen und Privatrecht, S. 73.

[45] Schmelzeisen, Polizeiordnungen und Privatrecht, S. 34f. m. N.

klärlich statuirt / wie es deß Usufructs halben auff dem jenigen / so den Kindern irgendt woher aufferstirbt / anfällt/ oder sonsten zukompt / gehalten werden solle."

Die folgenden Paragraphen 12 bis 14 bestimmten zum Nießbrauch des Vaters[46]:

§ 12: "Jedoch weil hierüber sich vor unsern Schultheissen und Scheffen etwa Irrungen zugetragen haben / in deme / daß vermög unserer / so wol alten / als dieser neuwen Reformation / dem Letztlebenden Ehegemächt / ohne Underscheidt / es seye Vatter oder Mutter / der Nießbrauch auff deß Erstabgestorbenen Gütern gegönnet / Aber von denen Fällen / da nach deß einen ableiben / den Kindern von deß abgeleibten Vatters oder Muttere Eltern / Gefreundten/ oder sonst anderst woher / uber kurtz oder lang / etwas anfällt oder zukompt/ wie es deß Ususfructus halben zu halten / nicht genugsam erläutert ist: Solches alles zu erklären und zu verbessern : Setzen /ordnen und wöllen Wir/ Wann nach der Mutter Todt den Kindern in ihren unmündigen Jahren/ und vor ihrer Ehelichen Veränderung etwas aufferstirbt/ legirt oder donirt würde/ es were wie / und wannenhero es wölle/ Daß alßdann der Vatter / bey denen also aufferstorbenen liegenden Gütern / oder so darfür geachtet / den Usumfruct und Beysitz / sein Lebenlang haben und behalten solle: Aber die von solcher Erbschafft /Legat oder Donation / herrürende Fahrende Haab / soll er den Kindern / wann sie verheurahtet werden / jedwederm zu seinem Antheil zustellen."

§ 13: "Weren aber der KInder allbereit eines oder mehr im Ehestandt / und verheurahtet: Allßdann soll der Vatter / deme oder denen Verheurathen / ihren Antheil/ liegends und Fahrends / also baldt folgen lassen."

§ 14: "Wie auch/ da ein solches sich zutrüge/ wann der Kinder eines/ oder mehr/ schon ihres vollkommenen Alters / nemlich von Fünff und zwantzig Jahren / und gleichwol noch nicht bestattet weren. Dann der Vatter desselbigen Guts und Antheils nur so lang zu geniessen haben soll/ als lang er das / oder dieselbigen Kinder bey sich hat / und biß sie bestattet werden/ Oder sich von ihme dem Vatter in besondere Haußhaltungen thun/ und länger nicht."

Dem Vater und oft auch der Mutter sollte der Nießbrauch an dem Kindesvermögen zustehen, wobei auch noch güterrechtliche Besonderheiten, wie z.B die Regeln über die fortgesetzte Gütergemeinschaft, zu beachten waren.

46 Neumann/Levy, Frankfurter Privatrecht, S. 157: "Wenn nach der Mutter Tod den Kindern in unmündigen Jahren und vor ihrer Verheirathung Vermögen von Todeswegen oder durch Schenkung zufällt, einerlei woher, so soll der Vater an den liegenden Gütern und was dem gleichsteht, Nießbrauch und Beisitz lebenslänglich haben; das bewegliche Gut aber soll er jedem Kind bei seiner Verheirathung ausfolgen; Kindern, welche bei dem Anfall bereits verheirathet sind, soll er ihren Antheil an Beweglichem wie an Unbeweglichem alsbald aushändigen; Hauskindern, welche zur Zeit des Anfalls zwar großjährig aber unverheirathet sind, soll er ihren Antheil an Beweglichem herausgeben, sobald sie aus dem Haushalt ausscheiden und einen selbständigen Haushalt begründen.".

Der Nießbrauch der Eltern wurde im Jus provinciale von Hohenlohe P. IV Tit.1 § 3: " [...] und wann sie ein solch Vermögen haben, davon ihnen gegenwärtig nur das Eigenthum, denen Eltern aber die Nuz-Niesung zustehet [...] " im Rahmen der Testierfähigkeit der Kinder erörtert.[47]
Nach der Frankfurter Reformation, die sich auf die romanistische Doktrin ihrer Zeit stützte, ist der Vater "rechter Vormünder und Administrator" seiner Kinder und ihres Gutes.[48] Der Nießbrauch ist in den oben bereits zitierten Vorschriften der Frankfurt. Ref. V tit. 8 §§ 11ff. behandelt.

Im Zusammenhang mit dem Nießbrauch des Vaters wurde häufig seine Verpflichtung zur Gewährung des standesgemäßen Unterhalts an die Kinder erwähnt.
Hamburger Stadtrecht von 1605, Art. 4 P. 3 Tit. 3:[49]
"Und hat der Vater in denen seinen Kindern zugetheilten Güthern die Abnützungs=Gerechtigkeit, bis die Kinder achtzehen Jahre vollkömmlich erreichet. Jedoch ist er dagegen schuldig, die Zeit über seine Kinder nicht allein zu alimentiren, und mit Kleidungen zu versorgen, sondern auch da sie tüchtig zu den Studien, Kauffmannschafft, oder Handwercken, auf seine Kosten zu halten."
Hamburger Stadtrecht von 1605, Art. 3 P. 3 Tit. 3:[50]
"[...] jedoch soll er schuldig seyn, denselbigen nothwendige Alimenta sowol auch, wenn es die Zeit und ihre Jahre erfordern, ein billiges Heyrats=Gut und Aussteuer, Gestalt und Gelegenheit der Güter nach zu geben."

In den Rechten finden sich oftmals Bestimmungen hinsichtlich der Ausgestaltung der Verwaltung des Kindesvermögens. Dies betrifft in der Regel aber nicht die Verwaltung des Kindesvermögens bei intakter Familiengemeinschaft, wohl auch deswegen, weil das Kind Vermögen häufig erst durch die Beerbung eines Elternteiles erwerben konnte. Eine Ausnahme stellt hier das Freiburger Stadtrecht dar, das in gewissen Fällen dem Vater die Pflicht zur Rechenschaftsablegung auferlegte.[51] Nach der Frankfurter Reformation von 1578 konnte der Vater über das

---

47 Zitiert nach Rothhahn, De materna potestate, S. 15., m. w. N. S. 14ff. zum Württembergischen Landrecht, S. 15f., zum Nassauischen Recht, S. 16 und der Nürnberger Reformation Tit. XXIX Leg. 5., S. 16f., siehe auch S. 45ff., dort allerdings in erster Linie zum Nießbrauch der Mutter.
48 Coing, Frankfurter Reformation, S. 9.
49 Zitiert nach Hommel/Bostel, De usu hodierno, S. 55.
50 Hommel/Bostel, De usu hodierno, S. 66.
51 Knoche, S. 112: "Die väterliche Gewalt wird noch im einzelnen dahin geregelt, daß der Vater "vollkommen Verwaltung" über das Kindesgut hat und von der Pflicht zur Rechnungslegung weitgehend [FN] (FN: Nämlich nach Maßgabe von Tit. III, 3 Abs. 17; vgl. § 81) befreit ist. Die Pflicht trifft ihn nur hinsichtlich des Teiles des Kindesvermögens, der nicht von ihm oder der Mutter herrührt, eine Anlehnung an den römisch-rechtlichen Dispositionsnießbrauch am unfreien Kindesvermögen. Es bleibt dem Vater weiter nur eine Inventarpflicht im Falle des Ablebens der Ehefrau, deren Sinn sich aus dem ehelichen Güterrecht und dem Pflichtteilsrecht der Kinder ergibt.".

Kindesgut nicht verfügen, außer im Fall echter Not und mit richterlicher Erlaubnis.[52] In der Sondersituation nun des Versterbens eines Elternteils finden sich etliche Regelungen, die eine ordnungsgemäße Verwaltung sicherstellen wollen. Hier sollen nur die Fälle betrachtet werden, in denen der Vater nach dem Tode der Mutter für die Kinder deren mütterliches Erbteil zu verwalten hatte.

Nürnberger Reformation von 1479 18, 2 (Fortsetzung):
"[...], so ist der man der muterlichen verlaßne habe und kinder ein vormund und versorger und tut nit not, ander vormund zesetzen, doch sol er in gegenwurtikeit der freunde, die man haben mag muterhalb, oder zwayer genannten, so solliche freunde nit vorhanden were, in zwayen monaten den nehsten ein benennung oder darlegung, die man zu latein inventarium nennet, tun."

Hier wird dem Vater eine Verpflichtung zur Errichtung eines Inventars auferlegt.[53] Nach der Frankfurter Reformation von 1578 traf ihn zudem noch die Pflicht zur Kautionsleistung für diejenigen Güter, die den Kindern von der Mutter "auffersterben", und an denen er den Nießbrauch hat.[54] Dies war nur eine Möglichkeit, die als Sicherungsmaßnahme vorgesehen war. Wie SOLIVA für die schweizerischen Rechte festgestellt hat, reichten die Möglichkeiten von generellen Verfügungsbeschränkungen mit Bezug auf das Gesamtgut über die Beibehaltung der ordentlichen Regelung bis zur Bestellung eines Vormundes.[55]

Aus der Bestimmung des Württembergischen Landrechtes, die den Kindern eine *tacita hypotheca* zugunsten der Kinder an dem Vermögen von Vater oder Mutter gewährte, wenn diese Vermögen der Kinder verwalteten, läßt sich nicht ersehen, ob es dabei um Fälle einer intakten oder gestörten Familiengemeinschaft ging.[56]
Württembergisches Landrecht II 8 [4]:
"Wie und in was Fällen den Kinden irer Vatter und Mutter Gütter verpfendet sein sollen. So auch Vatter und Mutter Gütter, die iren Kinden aigentumblich zugehör-

---

[52] Coing, Frankfurter Reformation, S. 9.
[53] Ebenso das Freiburger Stadtrecht tit. III, 3. - Nach Knoche, S. 113 ergibt sich die Inventarisierungspflicht aus dem ehelichen Güterrecht und dem Pflichtteilsrecht der Kinder; ebenso die Frankfurter Reformation 7.2.10: Coing, Frankfurter Reformation, S. 10: "Fichard schließt sich aber hier, wie sich aus dem Entwurf ergibt, der abweichenden Ansicht des Pinellus an, die auch der Speculator vertrat, und die der polizeistaatlichen, fürsorglichen Tendenz der Gesetzgebung der Zeit mehr entsprach.".
[54] Coing, Frankfurter Reformation, S. 10.
[55] Soliva, Kindesrecht, 493 (495): "Man möchte meinen, dass in solchem Falle die Frage der Verwaltung und Nutzung des Kindesvermögens im Hinblick auf die weiterbestehenden Rechte und Pflichten des Vaters keine Probleme stellen und besondere Regeln sich erübrigen würden. Dem kann, aber muss nicht so sein. Die in den Stadtrechten vorgesehenen Sicherungsmassnahmen für das Erbgut der Kinder bei Ableben ihrer Mutter zeigen ein weites Spektrum. Sie gehen von generellen Verfügungsbeschränkungen mit Bezug auf das Gesamtgut über die Beibehaltung der ordentlichen Regelung bis zur Bestellung eines Vormundes für die Verwaltung des mütterlichen Erbgutes (Bern, Basel).".
[56] Siehe auch die Frankfurter Reformation von 1578, Coing, Frankfurter Reformation, S. 9.

ten, in ir Verwaltung und Nießung hetten, dafür soll den Kindern alle irs Vatters und Mutter Hab und Gütter stillschweigend verpfendt sein."

Eine ähnliche Bestimmung findet sich in der Nürnberger Reformation von 1564:
2. Teil 21. Titul 2. Gesetz: "In welchen fellen den Kindern irer Eltern oder Vormunder güter verpfendt sein.
Wann die Eltern irer Kinder aigne Güter/ daran inen allain die verwaltung und niessung gepürt/ innhaben/ dafür seyen alle ire hab und Güter/ von der zeit an / als sie solche der Kinder güter eingenommen oder empfangen/ stillschweigend verheft und verpfendt.".

Der achte Titel des fünften Teils der Frankfurter Reformation ist überschrieben mit "Vom Usu-fruct und Beyseß/ so der Letztlebend Ehegemahel/ vermög dieser Reformation/ behelt. Dort wird unter anderem die Pflicht des überlebenden Ehegatten zur Bestellung einer Caution und zur Errichtung eines Inventars gegenüber den Kindern geregelt.
Frankfurter Reformation V tit. 8 §§ 1ff.:
§ 1: "[...] daß dem Letztlebenden Ehegemahlen der Beyseß und Ususfructus bey deß Abgestorbenen nachgelassenen/ und unverschafften Gütern / bleiben solle / Doch daß derselbig den Kindern/ oder andern nechsten Erben / da sie solchs begeren / von wegen des Eigenthumbs solcher Güter/ Caution/ die ein Usufructuarius im Rechten zu thun schuldig / thun und leisten: So lassen Wir es nochmals dabey bleiben."
§ 2: "So mögen auch die Eigenthumbs Erben begeren / daß solche hinderfällige Güter Inventirt werden / Damit man künfftiglich / was und wieviel derselben gewesen / eigentlich wissen möge."

Die Nürnberger Reformation von 1479 sah für den Fall, daß der Vater die Güter der Kinder verschwendete, vor, daß der Rat ihm die Verwaltung entziehen und einen Vormund bestellen kann. Sein Nießbrauchsrecht sollte von einer solchen Maßnahme aber unberührt bleiben.
Nürnberger Reformation von 1479, 18, 2:
"Wurd aber der vater ein zerstreuer und verschwendter der güter und das kuntlich und beweist wirt, so sol er alsdann und fürbasser söllicher Vormundschaft auf erkantnus eins rats entsetzt und den kindern andere vormunder gegeben werde, doch an seinem beysitz oder genieß unschedlich."

Nach der Frankfurter Reformation (5. Teil 8. Titel § 10) endet der Nießbrauch und der Beisitz bei Mißbrauch des Verwaltungsrechts:[57]

[57] Coing, Frankfurter Reformation, S. 9, dies beruht nicht auf römischen Recht.

"Bißweilen endet er [der Usufruct und Beyseß] sich auch durch sein deß Leibzüchters Verwürckung/ Als/ wann er sich deß Beyseß mißbraucht/ die Güter nicht in gebürlichem Wesen erhelt/ sondern verfallen/ und in Abgang kommen läst. Item /Wann er die Jahrzinß und Pfächt nicht außricht/ sondern läst sie auffwachsen. Auch wann der die Güter hinder dem Eigenthumbsherrn mit Zinsen beschwärt/ oder für eigen verkaufft."

Die Fähigkeit der Hauskinder zur Vornahme von Rechtsgeschäften war auch häufiger Gegenstand der Rezeptionsgesetzgebung, so im Freiburger Stadtrecht II. 9 [3]:
"Kind under vatters gewalt mögen nicht verendern.
Wir wöllen ouch, alle diewil die kind, es syent knaben oder töchtern, under irs vatters gewalt und nit in eigner hushaltung, füer und rauch sind, so haben sy nit gewalt noch macht, ichts zevertun mit spil, luder oder andern unvertigen sachen; sy mögen ouch dhein gab noch schenken tun und genzlich nicht verendern on des vatters wissen und willen, das sol dem vatter on entgeltnus widerkert werden und statt dannocht der ien, der inen solich gut abgenomen hat, in unser treffenlichen straff."

Dieser Bestimmung entspricht Württembergisches Landrecht II. 9 [3]: "Kinder under Vatters Gewalt mögen nichts verendern." Der Vorschrift des Freiburger Stadtrechts II. 9 [4]: "Kinden under des vatters gewalt sol nichts gelihen nich zu koufen geben werden." zur Einschränkung der passiven Dispositionsfähigkeit entspricht der Regelung des Württembergischem Landrecht II. 9 [4]: "Kinder, die under des Vatters Gewalt seind, soll nichts gelihen noch zu kaufen geben werden."[58]

Vermögensrechtliche Bestimmungen finden sich auch in den Polizeiordnungen[59], insbesondere in den Vormundschaftsordnungen.[60] Inhaltlich unterscheiden sich diese Regelungen aber nicht von denen der Stadt- und Landrechte.
So hat der Vater zum Beispiel nach der Magdeburger Polizeiordnung von 1688 die Nutznießung am Kindesvermögen bis zur Volljährigkeit der Kinder.[61] In einigen Landesordnungen wird der Vater entsprechend dem gemeinen Recht als *legitimus administrator* hinsichtlich des dem Hauskinde von seiner Mutter oder anderer

---

[58] Siehe auch schon Handfeste bei Knoche, S. 106.
[59] Dazu Schmelzeisen, Polizeiordnungen und Privatrecht, S. 77ff.
[60] Zu den Vormundschaftsordnungen siehe Pelz, Die Vormundschaft in den Stadt- und Landrechtsreformationen des 15. und 16. Jahrhunderts und das zeitgenössische gemeine Recht.
[61] Schmelzeisen, Polizeiordnungen und Privatrecht, S. 77: "Nach MagdeburgPO 1688 XLII § 2 hat der Vater die Nutznießung am Kindesvermögen, bis die Kinder zu ihren Jahren gekommen sind oder einen eigenen Hausstand begründen. Dadurch, daß die Kinder anderwärts ihr Brot suchen oder der Vater sich verehelicht, wird dies Recht nicht beseitigt, wohl aber, wenn der Vater seiner Unterhaltspflicht nicht nachkommt.".

Seite vererbten Vermögens bezeichnet.[62] Der Vater darf dieses Vermögen zwar nutzen, aber weder veräußern noch belasten. Erweist er sich als zur Verwaltung ungeeignet oder verschwendet er das Vermögen, so können Sicherheitsmaßnahmen getroffen werden.[63]

IV. Klagbare Verbindlichkeiten, insbesondere aus Rechtsgeschäften

Da einzelne klagbare Verbindlichkeiten zwischen Hausvater und Hauskindern bereits im Laufe der Darstellung behandelt worden sind und, soweit ersichtlich, kein Grundsatz der Unmöglichkeit von klagbaren Verbindlichkeiten in der Rezeptionsgesetzgebung aufgestellt wurde, soll hier nur die Aussteuerverpflichtung und die Möglichkeit von Rechtsgeschäften untersucht werden.

Die Verpflichtung zur Gewährung einer Aussteuer für Töchter und einer Beihilfe für Söhne war Gegenstand der hier betrachteten Gesetzgebung oder wurde wie bei der Frankfurter Reformation aus ihrer Versagung in bestimmten Fällen, zum Beispiel bei einem heimlichen Verlöbnis, geschlossen.[64]

Nürnberger Reformation von 1564, 2. Teil 21. Titul 9. Gesetz:

"Wo aber die Eltern den Kindern/ inn zeit obgemelts ires Alters/ zu Eerlichen heyraten nit helffen oder rathen/ und die Kinder sich darnach selbst zu Eerlichen Personen verheyraten wurden/ Sollen die Eltern inen gepürliche Eesteuer/ nach gelegenheit ires vermögen zu geben schuldig sein.".

Vereinzelt finden sich auch Bestimmungen zu Rechtsgeschäften zwischen Eltern und Kindern, sei es, daß sie wie die Absonderung in einzelnen Vorschriften beiläufig erwähnt werden, oder sei es, daß ausdrückliche Regelungen, was allerdings weitaus seltener vorkommt, getroffen werden.

Zur letzteren Gruppe gehören die Bestimmungen der Freiburger Stadtrechts und des diesem insoweit nachgebildeten Württembergischen Landrechts.

Freiburger Stadtrecht II 9 [6]:

"Vatter und sůn mogen under inen selbs nit contract fürnemen.

---

[62] Schmelzeisen, Polizeiordnungen und Privatrecht, S. 77 m. N.

[63] Schmelzeisen, Polizeiordnungen und Privatrecht, S. 77 m. N.

[64] Neumann/Levi, Frankfurter Privatrecht, S. 154: "In der Reformation ist eine solche Verpflichtung nicht klar ausgesprochen; die Rechtsübung hat indes an § 3 12-15 Ref. V Tit. 8, welche die Herausgabe des den Kindern zugefallenen Vermögens für solche Fälle vorschreibt, anschließend und andererseits aus dem § 11 Ref. III Tit. 8, welcher im Fall des heimlichen Verlöbnisses die Eltern der Aussteuerpflicht ledig spricht, den Schluß auf das Gegentheil ziehend, eine Aussteuerpflicht gegenüber den Töchtern und eine Beihilfepflicht gegenüber den sich etablirenden Söhnen ausgebildet."; Soliva, Kindesrecht, 493 (497): "Von vermögensrechtlicher Bedeutung sind des weiteren die in den hier zur Diskussion stehenden Stadtrechtsredaktionen nur vereinzelt angeführten Bestimmungen etwa einer Vorschusspflicht auf das Erbe, falls solches für den Erwerb eines Amtes usw. benötigt wird, der vorher schon erwähnten Aussteuerungspflicht bei Verheiratung der Kinder und der Pflicht zur Wahrung des Pflichtteils.".

Wie setzen und ordnen ouch, das der vatter mit sinem sun, den er in sinen gewalt hat, desglichen ein bruder mit dem andern, so sy beyd in des vatters gewalt sind, kein pflicht zu sagen oder obligacion mit und gegen einandern beschließen tun oder abreden mögen, es gescheh dann mit unser erkantnus."

Württembergisches Landrecht II 9 [6][65]:
"Vatter und Sön mögen under inen selbs nit Contract noch Hantierung fürnemen. Wir setzen, ordnen und wöllen auch, das der Vatter mit seinem Son, den er in seinem Gewalt hat, desgleichen auch ein Bruder mit dem andern, so sie noch beide in des vatters Gewalt seind, kein Pflicht, zusagen oder Obligation mit= und gegeneinander beschließen, tun noch abreden mögen, das geschehe dann mit unser Amptleut und Richter vorgehnder Erkanntnus."[66]

Jus Palatinum Provinciale P. I Tit. 27, § 3 p. n. 43.:[67]
"Sonsten aber in gemeinen zu wissen, was Eltern mit iren Kindern, die sie in ihrer Gewalt haben, oder Kinder mit den Eltern oder under inen selbst contrahiren, versprechen oder handeln, dass solches zwischen ihnen keine Obligation oder Verbindung geben noch machen könne; Es sey dann durch unser jeder Ort Amptleubt und verordnete Unterrihter solche Conträct bestättiget und zugelassen."
Frankfurter Reformation von 1578 2. Teil 1. Titel § 7:[68]
"Auch seyndt die Conträct/ so zwischen einem Vatter und seinem Sohn/ den er noch in seinem vätterlichen Gewalt hat/ geschehen / im Rechten /dieweil sie beyde für ein Person gerechnet und geachtet werden/ gleicher gestalt unkräfftig und nichtig."

Nach diesen Vorschriften können ein Hausvater mit seinem Kind und zum Teil auch zwei unter derselben väterlichen Gewalt stehende Brüder nur mit Einwilligung der Obrigkeit wirksame Verbindlichkeiten eingehen. Nach der Frankfurter Reformation sind Verträge grundsätzlich nichtig. Nach KNOCHE liegt der Vorschrift des Freiburger Stadtrechts der deutschrechtliche Gedanke der Verwaltung des Vaters am Kindesvermögen mit der Möglichkeit des Interessenkonflikts zugrunde.[69] Nach anderer, wohl richtiger Auffassung beruht die Vorschrift auf römi-

---

[65] Dazu Griesinger, Commentar über das Herzoglich Wirtembergische Landrecht, § 272.
[66] Der unterschiedliche Schluß erklärt sich aus der anderen Behördenorganisation Württembergs: Kunkel, Quellen 1/2, S. 345 Anm. 91.
[67] Zitiert nach Rothhahn, De materna potestate, S. 25.
[68] Coing, Frankfurter Reformation, S. 11: "Dieser Satz geht inhaltlich auf I. 3, 19, 6 zurück. Während er aber im römischen Recht seinen Grund in der Machtstellung des pater familias fand, der seinen Gewaltunterworfenen nicht vertraglich verpflichtet sein konnte, hatten die Postglossatoren, die das Wesen der römischen Patria potestas nicht mehr verstanden, dafür die scholastische Begründung der Personeneinheit zwischen Vater und Sohn entwickelt, im Anschluß an einen gelegentlichen Ausdruck in C. 6, 26, 11, 2 (eadem persona paene). - Seine praktische Geltung hat der Satz übrigens bald verloren.".
[69] S. 107.

schrechtlichen Grundsätzen, wobei allerdings zugestanden werden muß, daß damit die am Schluß gemachte Ausnahme nicht zu vereinbaren ist.[70]

Eine vereinzelte Vorschrift stellt die des Freiburger Stadtrechts zu Schenkungen zwischen Vater und Kindern dar:
II 7 [6]:
"Wir wöllen und setzen ouch, daz ein vatter sinem kind, einem fürter dann dem andern, vergabung sins zytlichen guts wenig oder vil tun mög, in gestalt und uß ursachen, wie wir under dem tittel der teilung, so ein vatter under die kind tun mag, ouch under dem tittel von testamenten gesetzt haben, doch so hat er gewalt, solich vergabung zu widerruffen, wenn er wil. Ist aber sach, das er das by sinem leben nut widerruft und also abstirbt, so ist dasselb kind nit schuldig, dis vergabt gut wider inzuwerfen, sondern mag es das voruß behalten und dannocht mit den andern geschwüstrigt zu glichen teil gan. Es wer dann, das die vergabung so groß wer, daz uß dem übrigen gut den andern kinden an irem erbteile, wie wir hienach by den titteln der eelüten und testamenten gelüttert haben, zevil und merklich zu nachteil diente und inen nit möcht ir natürlicher pflichteil, legittima genant, irs rechten erbfals verfolgen, dann zemal ist das kind, dem solich gab geschehen, schuldig, so vil ynzuwerfen, damit den andern geschwüstrigten der selb ir teil werden mög; doch so sol die gab, so der vatter also einem kind fürter dann dem andern tun wil, ouch vor uns in geseßnem rat und mit unser erkantnus geschehen, sunst nit kraft haben."

Der Vater konnte den Kindern gemachte Schenkungen zu seinen Lebzeiten ohne Grund widerrufen. Ansonsten werden erbrechtliche Aspekte einer solchen Schenkung behandelt.
Der Frage der Wirksamkeit einer Schenkung des minderjährigen Sohnes an seinen Vater widmet sich auch die Kursächsische *Decisio* 23 von 1746[71]:
"Ob ein minderjähriger Sohn seinem Vater etwas beständig schencken könne?
Es wollen zwar etliche Rechts=Lehrer solch, des Minderjährigen Donation, so mit Rath und Zuziehung seines, zu diesem Actu bestätigten Curatoris, und andern nach Gelegenheit dießfalls vorgeschriebenen Solennitäten geschieht, vor kräfftig achten.
Nachdem aber ein Minderjähriger noch in väterlicher Gewalt ist, und dahero etwas beständiglich zu verschencken nicht vermag; So lassen Wir uns Unserer Verordneten Meynung dießfalls gefallen, daß dergleichen Donation, wann sie gleich mit der Obrigkeit Decret ratificiret, auch ein Curator ad hunc Actum bestätiget würde, zu Recht unkräfftig: Es würde denn dieselbe von dem Sohn oder Tochter, nach

[70] Kunkel, Quellen 1/2, S. 334 Anm. 21 und S. 345 Anm. 91; zum Württembergischen Landrecht siehe auch Griesinger, Commentar, S. 9.
[71] Zu den Kursächsischen Entscheidungen Wieacker, PrGN, S. 198.

ereigneten vollkommenen Alter wiederholet oder ratificiret, auf solchen Fall soll sie sodann vor beständig gehalten und erkennet werden."

Viele Autoren sahen in dieser *Decisio* die Anerkennung der Personeneinheit.

Die *Decisio Saxonicae Electoralis* 14 von 1746 behandelt Verträge zwischen den Eltern und ihren unmündigen Kindern:[72]
"Von Contracten zwischen Eltern und Kindern, und in wie weit unmündige Kinder an die mit ihren Eltern geschlossene Contracte verbunden? Ein Contract, welchen ein Vater mit seinen Kindern, so ihre Mündigkeit erlanget, geschlossen, ist um deswillen, dass er solche vorhero nicht emancipiret, vor ungültig keinesweges zu halten; Mit unmündigen Kindern aber mögen Eltern andergestalt nicht, als wenn sie ihnen hierzu absonderliche Vormünder bestellen lassen, verbindlich contrahiren; Gestalt auch wieder einen mit consens des hierzu verordneten Vormunds errichteten Contract, wenn solcher nicht praevia causae cognitione et decreto iudicis geschlossen worden, den Kindern gleichwohl auch vier Jahr nach erlangter Majorennität das beneficium restitutionis in integrum billig zustehet."

V. Prozessuale Besonderheiten bei Prozessen zwischen dem Vater und seinen Kindern

Vereinzelt tauchen auch Bestimmungen prozessualer Art in den Stadt- und Landrechten auf.
Freiburger Stadtrecht 1. Traktat 5. Titel:
"Wie vatter und kind wider einander klagen mögen.
Vatter und Kind/ deßglich eelüt pflegen nit rechtlich ubung wider emandern fürzenemen/Deßhalbe wöllen wir sy me zu früntlicher lieb und ersamer einigkeit vermant haben/ dann das wir sy rechtvertigung halb mit statuten beladen. Doch begeb sich das der vatter gegen dem sun/ oder hinwider der sun gegen dem vatter ir zytlichen güter halb/ oder das die eefrow wider im eeman von zugeprachts güts wegen/ ichts zü erklagen hetten/ dz ist inen mit bescheidenheit zethun nit abgeschlagen. Wo aber die yetz benenten personen eins wider dz ander/ einich mangel oder beschwerd hett/ in hendeln die schmechlich oder eren verletzlich weren/ das mögen sy rechtlich nit fürnemen/ sonder sollen sy das dem burgermeister obristmeister oder dem Schultheissen by uns anbringen die haben gewalt in solch hendeln entscheid und fürsehung zethun oder wyter an uns langen zelassen."

Wenn auch Rechtsstreitigkeiten zwischen dem Vater und seinen Hauskindern, wie auch zwischen Eheleuten nicht üblich sind, so sind sie doch grundsätzlich möglich

[72] Zitiert nach Rothhahn, De materna potestate, § 9, S. 25.

- hier werden vermögensrechtliche Streitigkeiten angeführt -, es sei denn, es ging um ehrenrührige Händel.

3. Kapitel Zusammenfassung

Kennzeichnend für die Gesetzgebung der praktischen Rezeption wie auch schon für die Rechtsaufzeichnungen des Mittelalters ist, daß der väterlichen Gewalt wie überhaupt dem Familienrecht keine besondere Aufmerksamkeit gewidmet wird. So sind es Einzelbestimmungen und andere beiläufige Feststellungen, die oft im Zusammenhang mit erbrechtlichen und vormundschaftsrechtlichen Regelungen stehen und vermögensrechtliche Fragen betreffen.[73] Von diesen beschäftigen sich die meisten wiederum mit einer nicht intakten Familiengemeinschaft, nämlich wenn einer der Ehepartner gestorben war. Abgesehen von den Polizeiordnungen finden sich Bestimmungen, die die Personensorge regeln, nur sehr selten; eine Ausnahme gilt für die Erforderlichkeit des elterlichen Ehekonsenses, der in den einzelnen Eheordnungen geregelt wurde.
Aus diesen Einzelregelungen und beiläufigen Feststellungen läßt sich aber entnehmen, daß "eine klar konturierte Familienordnung auch über den Bereich vermögensrechtlicher Verhältnisse hinaus vorausgesetzt wurde, die aber in unseren Stadtrechtsredaktionen der beginnenden Neuzeit nur einen sehr schwachen Niederschlag gefunden hat."[74] Erst wenn diese vorausgesetzte natürliche Ordnung gestört war, nämlich durch den Tod einer der beiden Ehegatten, setzte die Normierung in den Stadtrechten ein.[75] Denn auch in vermögensrechtlicher Hinsicht geht man davon aus, daß erst zu diesem Zeitpunkt das Kind ein beachtenwertes Vermögen besitzt.[76]

Dieser Befund hängt sicherlich damit zusammen, daß eine umfassende Gesetzgebung und Aufzeichnung des Rechts anders als z.B. bei den Aufklärungskodifikationen bei der Rezeptionsgesetzgebung nicht beabsichtigt war. Es wurden nur die Punkte geregelt, die im Alltag Anlaß zu Problemen gaben.[77]

---

[73] So auch für das schweizerische Recht Soliva, Kindesrecht, 493 (500).
[74] Soliva, Kindesrecht, 493 (500 und auch 494).
[75] Soliva, Kindesrecht, 493 (494): "Hier setzt, wie schon angedeutet, die Normierung in den Stadtrechten deshalb ein, weil eben die als natürlich betrachtete Ordnung nicht mehr intakt ist. Bei Ausfall eines oder beider Elternteile stellt sich die Frage von Verwaltung und Nutzung des Kindesvermögens sowie der Unterhaltspflicht in anderer Weise, und es bieten sich auch verschiedene Regelungsvarianten zur Behebung des Mangels an.".
[76] Soliva, Kindesrecht, 493 (494).
[77] Soliva, Kindesrecht, 493 (501).

Für die Zurückhaltung bei den gesetzlichen Normierungen werden in der Literatur zwei Hauptargumente angeführt.[78]
Zum einen stützt man sich darauf, daß die väterliche Gewalt einer obrigkeitlichen Regelung grundsätzlich nicht zugänglich sei.[79] Die Obrigkeit habe dies respektiert und sich der Regelung von Familieninterna enthalten. Die Beziehungen zwischen Eltern und Kindern seien durch Sitten und Gebräuche geregelt gewesen. Vor diesem Hintergrund und wenn man zudem die große Autorität des Vaters berücksichtigt, erscheine es höchst außergewöhnlich, wenn Konflikte zwischen Eltern und Kindern zu juristischen Verfahren geführt hätten.[80] Diese Erklärung kann allenfalls für die ältere Zeit greifen. Wie sich allerdings die angeblich bewußte Zurückhaltung des Gesetzgebers in der späteren Zeit bei der Regelung familiärer Angelegenheiten mit den zum Teil sehr tief in das Familienleben eingreifenden Vorschriften der Polizeiordnungen vereinbaren läßt, wird von den Autoren leider nicht hinterfragt.[81] Zum anderen scheint m. E. gegen ein bewußtes Haltmachen des Gesetzgebers vor der Schwelle der Familie zu sprechen, daß soweit ersichtlich, auch von den Staatstheoretikern dieser Zeit dies nicht erwogen wurde, da zu dieser Zeit noch kein entsprechendes Problembewußtsein vorlag.
Zum anderen wird die Untätigkeit des Gesetzgebers darauf gestützt, daß insofern gar kein Anlaß für rechtliche Normierungen bestanden habe, da rechtliche Regelungen sich mit vermögensrechtlichen Fragen beschäftigt hätten und die Kinder bei intakter Familiengemeinschaft meist kein beachtenswertes Vermögen besessen hätten.[82] Für den niederländischen Rechtsraum stützt ANKUM dies darauf, daß,

---

[78] Ankum, TR 45 (1977), S. 117ff.

[79] Ankum, TR 45 (1977), S. 117: "*La première est que la puissance parentale échappe presque entièrement à une réglementation de l'autorité publique; celle-ci a respecté les pouvoirs des parents et s'est abstenue en général de leur imposer des normes sur la manière dont ils devaient exercer ces pouvoirs. [...] Tout se passe dans les maisons au sein de la famille; tout est réglé par les mœrs et par les coutumes non écrites; l'autorité publique s'arrête en général au seuil des habitations de ses citoyens: Vu cette réserve des législateurs* [...]."; siehe auch bei Soliva, Kindesrecht, 493 (500): "Für eine ältere Zeit könnte darauf verwiesen werden, dass archaische Rechte generell darauf verzichten, die Interna persönlicher Verhältnisse zu ordnen und die Regelung solcher Fragen der Sitte überlassen. Dies gilt nun aber keinesfalls mehr für die Zeit des ausgehenden Mittelalters und der beginnenden Neuzeit, welche uns mit dem Frühabsolutismus ein akzentuiertes Vordringen des einseitigen Gesetzesbefehls neben Gewohnheit und Einung gebracht hat.".

[80] Ankum, TR 45 (1977), 117 (119).

[81] Siehe auch Soliva, Kindesrecht, 493 (500): "Die Interna des Familienlebens als solche bilden bestimmt kein Tabu für die legiferierungsfreudigen Inhaber des Regiments.".

[82] Ankum, TR 45 (1977), 117 (118): "*Une deuxième explication peut être trouvée dans le fait que les 'onbestorven kinderen', qui se trouvent sous puissance parentale, n'ont en général aucune fortune, à la différence des 'onbejaerde wezen', des pupilles, dont l'un des parents ou les deux parents sont morts, qui ont souvent des patrimoines considérables, hérités de leurs parents. Les anciens législateurs néerlandais se sont occupés surtout des intérêts pécuniaires des enfants mineurs et ces intérêts font presque toujours défaut, quand leurs deux parents sont encore en vie. Lorsque des enfants sous puissance parentale avaient exceptionellement des biens propres, provenant surtout de dispositions prises en leur faveur par leurs grand-parents ou d'autres personnes (en général des parents moins proches), les autorités publi-*

wenn Hauskinder Vermögen hatten, die lokalen Behörden zu drastischen Maßnahmen gegriffen haben.

Als weiteren Grund führt SOLIVA für die schweizerischen Stadtrechte die Orientierung am Institutionensystem an.[83] Auch inhaltlich ergebe sich aus den Institutionen kein Anhaltspunkt für eine Regelung der Familienordnung.[84] Ein weiterer, nicht zu vernachlässigender Aspekt ist sicherlich auch der, daß die frühere vollständige Beanspruchung des Eherechts durch die Kirche Nachwirkungen insoweit zeigte, als obrigkeitliche Bestimmungen hinsichtlich der persönlichen Beziehungen zwischen Ehegatten wie auch zwischen Eltern und Kindern außerhalb des Kanons privatrechtlicher Stadtrechtsredaktionen blieben. Sie wurden im 17. und 18. Jahrhundert zumeist im Rahmen von Sondererlassen, Polizei- und Vormundschaftsordnungen, geregelt.[85] SCHMELZEISEN nimmt folgenden Grund für die familienrechtlichen Regelungen in den Polizeiordnungen an: "Die Lockerung des Familienzusammenhangs stellte die Polizeigesetzgebung vor ähnliche Probleme, wie sie sich in der Eheordnung ergaben. Es kam vor allem darauf an, die Familie vor völliger Auflösung zu bewahren und sie als einen gesunden Organismus innerhalb des gesamtstaatlichen Gefüges zu gestalten. Insofern erschien es notwendig, das Eltern-Kindes-Verhältnis von der Pflichtenseite her zu modifizieren."[86]

---

ques (surtout locales) n'ont pas hésité, comme nous le verrons au no.20, à empiéter sur la puissance des parents en leur imposant le contrôle des chefs-tuteurs et souvent aussi l'administration des biens par des tuteurs désignés spécialement.".

[83] Kindesrecht, 493 (501): " [...] aber gerade in den Rechtsaufzeichnungen wurde nicht einfach das Institutionenschema tale quale, sondern eigentlich mehr die Idee eines in solcher Art gestalteten Aufbaues übernommen, so dass viele Stadtrechte bei uns wie anderswo einen gegenüber den Institutionen durchaus eigenständigen Aufbau zeigen, welcher in dessen - und das ist für unsere Fragestellung von Bedeutung - für die Darstellung der Familienordnung und damit auch des Kindschaftsverhältnisses oft gar keinen Raum gibt.".

[84] Soliva, Kindesrecht, 493 (501).

[85] Soliva, Kindesrecht, 493 (502).

[86] Polizeiordnungen und Privatrecht, S. 68.

4. Abschnitt Das neuzeitliche Naturrecht[1]

1. Kapitel Das Naturrecht der Aufklärung

Das neuzeitliche Naturrecht, auch Vernunftrecht genannt[2], das als Wegbereiter des Rationalismus der modernen Rechtstheorie und Rechtswissenschaft gilt, entstand in einer Zeit der Krise des religiösen und politischen Bewußtseins[3]. Die Anschauung von Naturrecht als eines überpositiven auf der Natur oder göttlicher Anordnung beruhenden Rechts konnte auf eine bis in die Antike zurückreichende Tradition blicken[4]. Auf zwei Wegen wirkte denn auch das traditionelle Naturrecht auf das neuzeitliche ein, zum einen auf der Schiene der antiken naturphilosophischen Lehren (ARISTOTELES) über deren thomistische Aneignung bis zum Neuaristotelismus des sechzehnten und siebzehnten Jahrhunderts, zum anderen auf der Schiene des christlich-scholastischen Naturrechtsdenkens über die spanischen Spätscholastiker und humanistische Naturrechtsansätze bis zu HUGO GROTIUS.[5] Kennzeichen des neuzeitlichen Naturrechts nach GROTIUS und nach der Spätscholastik ist, daß es sich von der Moraltheologie löste und den Anspruch erhob, "ohne Vermittlung [...] durch die [...] Fachjurisprudenz, [...] Rechtstheorie zu sein."[6] Die gemeinsame Grundlage der unter dem Oberbegriff "Naturrechtler" zusammengefaßten Denker besteht denn nicht im Positiven, sondern im Negativen, nämlich in der Ablehnung von Offenbarung (Theologie) und Geschichte (Tradition) als wissenschaftlichen Autoritäten.[7] So ist auch die bis dahin nicht gekannte Vielfalt der Aussagen zur Recht und Ethik zum Teil gegensätzlicher Natur zu erklären.

---

[1] Zum neuzeitlichen Naturrecht allgemein: Wieacker, PrGN, S. 249ff.; Thieme, Naturrecht und europäische Privatrechtsgeschichte; Welzel, Naturrecht und materiale Gerechtigkeit, S. 108ff.; Wesenberg/Wesener, NdPrG, §§ 19ff.; Ilting, "Naturrecht", in: GeschGr, S. 245ff. - Zum Eltern-Kind-Verhältnis: Bingler, Studien zum Elternrecht bei den Naturrechtsphilosophen des 16. und 17. Jahrhunderts; Thomas, Die Anschauungen der Naturrechtslehrer über das Rechtsverhältnis zwischen Eltern und Kindern; Schwab, Die Familie als Vertragsgesellschaft im Naturrecht der Aufklärung, in: Quaderni Fiorentini 1 (1972), S. 357ff.; ders., "Familie", in: GeschGr, 253 (280ff.); Dufour, Autorité maritale et autorité paternelle dans l'école du droit naturel moderne, in: Archives de Philosophie du Droit 20 (1975), 89 (111ff.).

[2] So bei Wieacker, PrGN, S. 249ff.: Das Zeitalter des Vernunftrechts.

[3] Wieacker, PrGN, S. 250ff.; Stolleis, Geschichte des öffentlichen Rechts in Deutschland I, S. 269ff.

[4] Wieacker, PrGN, S. 258ff.; Schlosser, Grundzüge, § 2 I 1.2. - Zum antiken Naturrecht Welzel, Naturrecht und materiale Gerechtigkeit, S. 9ff.

[5] Wieacker, PrGN, S. 258ff.; Schlosser, Grundzüge, § 2 I 1. 2; Stolleis, Geschichte des öffentlichen Rechts I, S. 268. - Speziell zum Eltern-Kind-Verhältnis bei den Spätscholastikern: Schwab, Ehe und Familie nach den Lehren der Spätscholastik, in: La seconda Scolastica nella formazione del diritto privato moderno, S. 73ff.

[6] Wieacker, PrGN, S. 249f.

[7] Schwab, Die Familie als Vertragsgesellschaft, 357 (362f.); siehe auch Hazard, Die Krise des europäischen Geistes.

Von Bedeutung ist weiterhin, daß das Naturrecht die Privatrechtswissenschaft von der prinzipiellen Bindung an die römischen Quellen und die älteren Autoritäten befreite und den Weg zu selbstbestimmter Systembildung eröffnete.[8] Letzterer Gesichtspunkt verbindet das Vernunftrecht mit dem Usus modernus.

Das Vernunftrecht stieg zur herrschenden Sozialphilosophie der Zeit von 1600-1800 auf, was vor allem auf die drei folgenden Gründe zurückgeführt wird[9]: Zunächst sind die grundlegenden Wandlungen des alten geozentrischen Weltbildes und die theoretische Revolution der Naturwissenschaften anzuführen.[10] Die religiöse Krise Europas, die in den Glaubenskämpfen und der Bildung neuer Großkirchen sichtbar wurde, und die damit einsetzende Relativierung des theologischen Wahrheitsanspruches[11] ist zu nennen und schließlich der politische Aufstieg des Absolutismus und die Entstehung geschlossener Nationalstaaten auf Kosten der feudalen und ständischen Kräfte sowie der Städte.[12]
Innerhalb der Epoche des neuzeitlichen Naturrechts im siebzehnten und achtzehnten Jahrhundert werden im wesentlichen vier Stufen unterschieden.[13]

1. Das Naturrecht des sechzehnten und frühen siebzehnten Jahrhunderts, das in die spätmittelalterliche Scholastik oder die reformatorischen Lehren eingebunden ist (OLDENDORP, VITORIA, VASQUEZ, AYALA, SUAREZ, RAMUS, ALTHUSIUS, GROTIUS);
2. die "klassischen" Naturrechtssysteme, die sich bereits weitgehend von der Moraltheologie gelöst haben und *more geometrico* entwickelt wurden (HOBBES, SPINOZA, PUFENDORF);
3. die Naturrechtslehren der Hochaufklärung, bei denen das Naturrecht gegen die veralteten Rechtszustände eingesetzt wird und bei denen die moralischen und rechtlichen Regelsysteme (*honestum*, *decorum*, *iustum*) getrennt werden (THOMASIUS, WOLFF);
4. die liberalen und individualistischen Naturrechtssysteme, die zur Zeit KANTS und der Revolution auftreten und die Forderung nach Grundrechten und Gewaltenteilung stellen.[14]

---

[8] Wieacker, PrGN, S. 275.
[9] Stolleis, Geschichte des öffentlichen Rechts I, S. 271.
[10] Stolleis, Geschichte des öffentlichen Rechts I, S. 271ff.
[11] Stolleis, Geschichte des öffentlichen Rechts I, S. 273ff.
[12] Stolleis, Geschichte des öffentlichen Rechts I, S. 276f.
[13] Nach Stolleis, Geschichte des öffentlichen Rechts I, S. 269; Wieacker, PrGN, S. 269ff. unterscheidet nur drei Stufen.
[14] Zu dieser Stufe vgl. Klippel, Politische Freiheit und Freiheitsrechte im deutschen Naturrecht des 18. Jahrhunderts; ders., Naturrecht als politische Theorie, Zur politischen Bedeutung des deutschen Naturrechts im 18. und 19. Jahrhundert, in: Bödeker/Herrmann (Hrsg.), Aufklärung als Politisierung - Politisierung der Aufklärung, 267 (273ff.).

Aufgrund der neuen methodischen und rechtstheoretischen Vorgaben der Naturrechtslehre kann es nicht überraschen, daß auch das Eltern-Kind-Verhältnis einer Neubetrachtung unterzogen wurde. Bis dahin hatten sich mit dem Ursprung der elterlichen Gewalt nicht die Wissenschaft vom römisch-kanonischen Recht, sondern Theologie und Philosophie seit dem Spätmittelalter beschäftigt.[15] Rückt im Zeitalter des Naturrechts die Frage nach der Legitimation von Herrschaft im politischen Bereich in den Blickpunkt, so konnte es nicht ausbleiben, daß diese Fragestellung auch auf das Analogon des Staates, den Hausvater als Haupt der Familie, erstreckt wurde.[16] Das Eltern-Kind-Verhältnis, allem voran seine Grundlage, wurde einer grundsätzlichen Neubewertung unterworfen, die in den einzelnen Bereichen der Personen- und Vermögenssorge Folgen hatte.[17] Folgenreich war zudem, daß mit der Aufklärung der Individualismus als Denkansatz die Gesellschaftslehre bestimmte.[18]

2. Kapitel Das Eltern-Kind-Verhältnis in den Lehren der Spätscholastiker und der protestantischen Naturrechtslehrer des 16. Jahrhunderts

I. Die Spätscholastiker[19]

Die Spätscholastiker gingen noch von der auf ARISTOTELES zurückgehenden These aus, daß die Familie in den Staat eingebunden und auf seine Zwecke ausgerichtet sei.[20] Der Staat wurde als höherwertig gegenüber der Familie angesehen.[21] Daraus, daß die Familie auf den Staatszweck bezogen wurde, folgte die Befugnis, die Ordnung der Familie durch staatliches Recht auszugestalten.[22]

Nach SUAREZ bezieht sich die politische Gewalt (*potestas civilis*) auf die politische Regierung und deshalb als solche grundsätzlich nicht auf das häusliche Regiment. Nur in Dingen, die Einfluß auf das öffentliche Wohl haben können, sei es in positiver oder negativer Hinsicht, kann die politische Gewalt eingreifen. "*Reliqua enim, quae ad privatam familiam spectant, non per leges civiles, sed per uniuscuique patrisfamilias prudentiam ordinantur.*" In den übrigen Dingen bleibt die Ord-

[15] Schwab, Die Familie als Vertragsgesellschaft, 357.
[16] Schwab, GeschGr, 253 (280); ders., Die Familie als Vertragsgesellschaft, 357 (364).
[17] Schwab, Die Familie als Vertragsgesellschaft, 357 (364).
[18] Schwab, Die Familie als Vertragsgesellschaft, 357 (362).
[19] Schwab, Ehe und Familie nach den Lehren der Spätscholastik, in: La seconda Scolastica nella formazione del diritto privato moderno, S. 73ff.
[20] Schwab, Ehe und Familie, S. 99ff.: Die Familie als Teil der respublica (civitas).
[21] Schwab, Ehe und Familie, S. 101.
[22] Schwab, Ehe und Familie, S. 102. - Siehe auch noch zu den Eingriffsmöglichkeiten des Staates in die Ehe, Schwab, S. 102ff. (4. Die Rechtsmacht des Staates über die Ehe, Ehebehinderungen und Heiratszwang insbesondere).

nung der Familie der Klugheit eines jeden *pater familias* und nicht den bürgerlichen Gesetzen überlassen.
Die staatliche und die häusliche Ordnung können demnach beide für die Familie von Bedeutung werden. Eine feste Abgrenzung zwischen beiden kann wegen des sehr weit ausdehnbaren Begriffs des Gemeinwohls nicht gezogen werden.

FRANCISCO DE VITORIA knüpft an den Ausspruch von ARISTOTELES vom rechtsfreien Raum an. Daraus, daß es zwischen Vater und Sohn kein eigentliches Recht (*iustum simpliciter*) gebe, folgert er wie ARISTOTELES, daß es zwischen ihnen auch kein Unrecht im eigentlichen Sinne geben könne. Eine eigentliche Rechtsbeziehung zwischen Vater und Sohn entstehe auch nicht aus der natürlichen Erziehungspflicht des Vaters.[23] VITORIA gesteht zu, daß es natürlich sei, daß der Vater den Sohn erziehe. Aber das Natürliche sei nicht schlechthin Recht (*ius simpliciter*), sondern es ist Recht nur *secundum quid*. Wenn also der Vater, der die Kindeserziehung unterlasse, damit gegen Naturrecht handele, so folge daraus noch nicht, daß eine Rechtsbeziehung zwischen Vater und Kind bestehe.[24] Der Stützung der These, daß keine eigentliche Rechtsbeziehung (*iustum simpliciter*) zwischen Vater und Sohn bestehe, sondern nur eine Rechtsbeziehung in gewissem Sinne (*secundum quid)*, dient die Übernahme der Äußerung von ARISTOTELES, der Sohn sei gleichsam ein Teil des Vaters.[25] Die Bedeutung dieser Auffassung VITORIAS kann man aber nur richtig im Zusammenhang mit der folgenden verstehen: "*Et inter virum et uxorem, patrem et filium, dominum et servum, cum nullae sint latae leges, inde est quod non est ius nec iniuria inter patrem et filium etc., quia ius vel iniuria sunt contra leges latas.*"[26] Es bestehen also deswegen keine Rechtsbeziehungen im eigentlichen Sinne zwischen Vater und Sohn, wie auch zwischen den übrigen Hausangehörigen, weil das positive Recht, auf welches das *ius* bezogen ist, diese Verhältnisse nicht regele. Nach VITORIA kann der Staat also grundsätzlich den Inhalt der elterliche Gewalt bestimmen, solange er sie nicht entzieht:
"*Verum est quod, quamvis sit de iure naturali quod filii obediant parentibus, et quamvis respublica non possit tollere potestatem parentum supra filios, cum sit de iure naturali, nihilominus tamen potest determinare curam patris erga filium; potest facere et determinare quod filius non possit contrahere et nubere sine licentia patris. Et sic si filius vult incumbere medicinae, et pater dicat quod incumbat legibus, si sit licitum et honestum, tenetur filius ei oboedire et etiam in omnibus licitis*

---

[23] In 2.2., qu. 57, art. 4, 2 und 3.
[24] In 2.2., qu. 57, art. 4, 2 und 3: "*Naturale est, quod pater educet filium; sed quod est naturale est ius, non simpliciter, sed secundum quid, ita quod ly "naturale" non cadit supra ly "ius". Unde verum est quod est contra ius naturale non educare filium etc., tamen non sequitur quod sit ius inter eos, sed dicitur potius impietas non educare filium.*" [zitiert nach Schwab, Ehe und Familie, 73 (112 FN 124)].
[25] Vitoria, 2. 2., qu. 57, art. 4. - Siehe auch Thomas v. Aquin, Summa theologiae, 2.2., qu. 57, art. 4; Cajetanus in 2.2. qu. 57 art. 4; Molina, De iustitia et iure, tom. 1, tract. 1, disp. 8.
[26] Vitoria, 2. 2., qu. 57, art. 4, 2 und 3.

et tolerabilibus in quibus a patribus non est ablata potestas ab ipsa republica. Et sic uxor marito suo. Et si ex contemptu oppositum facerent, peccarent mortaliter."

VITORIA führt allerdings nicht näher aus, ob und welche Grenzen dem Staat bei der Bestimmung der elterlichen Gewalt gezogen sind.
Anders als im neunzehnten Jahrhundert, als das Herausnehmen der elterlichen Gewalt aus dem Bereich des Rechts sich als Folge der Auffassung darstellte, daß dieser moralische Bereich für das Recht nicht faßbar sei und sein sollte, öffnet VITORIA den als von Natur aus rechtsfrei begriffenen Raum dem Gesetzgeber und weist ihm damit eine gewaltige Macht über die Familie zu.[27]

Der Gedanke der Begrenzung der - ansonsten starken - elterlichen Gewalt wird in der Spätscholastik an mehreren Beispielen erörtert. Zur Rechtfertigung der kanonischen Regel über die Eheschließungsfreiheit der *puberes* stellt ANTONIN VON FLORENZ[28] dem häuslich-wirtschaftlichen Bereich, in dem nichts ohne die Zustimmung des Vaters geschehen kann, einen persönlichen Bereich, in dem der Wille des Kindes entscheidend ist, gegenüber[29]. MOLINA wiederum unterscheidet im Vater-Sohn-Verhältnis zwei Beziehungen, nämlich die eine, in der Vater und Sohn sich als solche, d.h. in ihren familiären Rollen gegenübertreten, und die andere, in der sie sich wie Mitbürger zueinander verhalten.[30] Die Spätscholastiker berücksichtigen demnach auch durchaus die Interessen der Kinder.[31] Ein weiterer Bereich der Begrenzung der elterlichen Gewalt, wo zudem noch eine Kollision mit staatlichen Interessen, hier der öffentlichen Strafverfolgung, eintritt, ist der eines "Straf"rechtes des Vaters. Dem Vater wird nur ein mäßiges Züchtigungsrecht zugestanden, da es ihm an der für die Verhängung von echten Strafen an Körper und Leben der Kinder notwendigen *vis coactiva* fehle.[32]

Bei den Theologen der Spätscholastik gibt es kein Elternrecht in unserem heutigen Sinne, d.h. eines mit einem den Staat ausgrenzenden Charakter. Ein Erziehungsrecht der Eltern, das gegenüber dem Eingriff der politischen Gewalten geschützt ist, ist noch nicht bekannt. Dies mag damit zusammenhängen, daß man die Gefah-

---

[27] Schwab, Ehe und Familie, 73 (112f.).
[28] Siehe auch bei Thomas v. Aquin, Sent. Lib. IV, dist. 27 qu. 2 art. 2.
[29] Summa Theologiae, pars 2, tit. 11, cap. 2, § 4: "*Tertio filii-familias post annos pubertatis possunt quantum ad ea, quae pertinent ad personam suam, vovere, et tenentur etiam implere, invitis parentibus, puta de ingressu religionis, vel contrahere matrimonium et huiusmodi. Sed quantum ad ea pertinent ad dispensationem domesticam non possunt sine consensu patris, puta de eleemosyna.*" [zitiert nach Schwab, Ehe und Familie 73 (110 FN 114)].
[30] Molina, De iustitia et iure, tom. 1, tract. 1 disp. 8 nu. 4; anders Vitoria, 2.2., qu. 57 art. 4, 4.
[31] Schwab, Ehe und Familie, 73 (111).
[32] Antonio di Firenze, Summa theologica, pars 1, tit. 14, § 5 und Medina, in 1. 2., qu. 90 art. 3, jeweils zitiert bei Schwab, Ehe und Familie, 73 (111).

ren eines alle Bereiche an sich ziehenden Staates noch nicht erkannt, geschweige denn schon Erfahrungen damit gemacht hatte.

II. Die protestantischen Naturrechtslehrer

In seinen Untersuchungen zum Elternrecht bei den Naturrechtslehrern des sechzehnten und siebzehnten Jahrhunderts kommt BINGLER[33] zu dem Ergebnis, daß die Bedeutung der Erziehung von den ersten deutschen Naturrechtsdenkern (OLDENDORP, ALTHUSIUS) stark hervorgehoben wird. Die Pflicht der Eltern und der staatlichen Obrigkeiten zur Erziehung der Kinder wird aus dem Naturrecht und dem positiv-göttlichen Gesetz abgeleitet. Ihre Vernachlässigung kommt nach OLDENDORP "beinahe einer Tötung der Kinder" gleich und könne unmittelbar zum "Untergang des ganzen Staatswesens" beitragen. Ein möglicher Konflikt zwischen den Rechten der Eltern und des Staates in bezug auf die Erziehung, geschweige denn seine Lösung, wird allerdings nicht gesehen[34]. Insgesamt zieht BINGLER das Resümee, daß der Staat nunmehr für die Bildung als zuständig angesehen wird, und ihm die hauptsächlichen Lasten in der Errichtung und Betreuung der Schulen auferlegt wird. Diese Auffassungen sind auch nicht ohne Folgen in der Praxis geblieben.[35] Nach BINGLER kann man für die von ihm untersuchte Zeit höchstens von einem "Elternrecht im Elternhaus" sprechen.[36]

3. Kapitel Die Lehren der neuzeitlichen Naturrechtslehrer zum Eltern-Kind-Verhältnis[37]

I. HUGO GROTIUS (1583-1645)[38]

Bis in unsere Zeit hinein galt HUGO GROTIUS als Begründer des neueren, sogenannten profanen Naturrechts - eine Auffassung, die außer acht läßt, daß die rechtsphilosophischen Begriffe und Grundgedanken des niederländischen Juristen

---

[33] Studien zum Elternrecht bei den Naturrechtsphilosophen des 16. und 17. Jahrhunderts.

[34] Bingler, S. 55 spricht in diesem Zusammenhang von einer Aussage Benedict Winclers im 5. Buch seiner "*Principia iuris*", daß die "*iura civilia*" älter seien als alle staatlichen Gesetze.

[35] S. 90ff.

[36] Bingler, S. 146.

[37] Vgl. auch die angegebenen Darstellungen von Bingler und Thomas. - Zu Leibniz, Heinrich und Samuel von Cocceji, Gottfried Achenwall, Friedrich Höpfner, Klein, Buhle, Christian Gottlieb Schaumann, Anton Baur und Hugo siehe Thomas, Die Anschauungen der Naturrechtslehrer über das Rechtsverhältnis zwischen Eltern und Kindern.

[38] Allgemeines zu Grotius: Wolf, Große Rechtsdenker der deutschen Geistesgeschichte, S. 253ff. mit Bibliographie und Literaturverzeichnis; Wieaker, PrGN, S. 287ff.; Thieme, Das Naturrecht und die europäische Privatrechtsgeschichte, S. 19ff.; Welzel, Naturrecht und materiale Gerechtigkeit, S. 123ff. - Zum Eltern-Kind-Verhältnis bei HUGO GROTIUS: Bingler, S. 56ff.; Thomas, Die Anschauungen der Naturrechtslehrer über das Rechtsverhältnis zwischen Eltern und Kindern, S. 5-7; Ottenwälder, Zur Naturrechtslehre des Hugo Grotius, S. 71.

sowohl an das Denken der Antike wie an die Tradition des Geisteslebens des Mittelalters und besonders der spanischen Spätscholastik anknüpfen[39].
HUGO GROTIUS behandelt das Verhältnis zwischen Eltern und Kindern nach Naturrecht im fünften Kapitel des zweiten Buches "*De iure belli ac pacis*", das überschrieben ist: "*De acquisitione originaria iuris in personas: ubi de iure parentum.*"
Das natürliche Recht ist nach GROTIUS "ein Gebot der Vernunft, welches anzeigt, daß einer Handlung wegen ihrer Übereinstimmung oder Nichtübereinstimmung mit der vernünftigen Natur selbst eine moralische Häßlichkeit oder eine moralische Notwendigkeit innewohnt, weshalb Gott als der Schöpfer der Natur eine solche Handlung entweder geboten oder verboten hat."[40]
Nach dem natürlichen Rechte erwerben die Eltern ihre Rechte gegen die Kinder aufgrund der Zeugung, und zwar beide Eltern, der Vater und die Mutter; im Kollisionsfall erhält allerdings das Recht des Vaters "*ob sexus praestantiam*" den Vorrang gegenüber dem der Mutter.[41]
In den *Prolegomena* zu den *Libri de Jure Belli ac Pacis* hatte GROTIUS die Eltern als Quasi-Götter bezeichnet: "*Inter homines quasi Dii quidem sunt parentes, quibus proinde non infinitum, sed sui generis obsequium debetur.*"[42]. Die Rechte der Eltern sind von großer Reichweite, allerdings nicht unbegrenzt.[43] Im zweiten Buch stellt er die den Eltern zustehende Herrschaft näher dar.
HUGO GROTIUS unterscheidet drei Stufen des Naturrechtsverhältnisses zwischen Eltern und Kindern in Anlehnung an ARISTOTELES und das römische Recht[44]:
Im ersten Stadium[45] - als Zeit des unvollkommenen Urteils (*tempus imperfecti iudicii*) bezeichnet - steht das Kind ganz unter der Gewalt der Eltern (*omnes liberorum actiones sub dominio sunt parentum*). Denn es sei billig, daß wer sich nicht leiten könne, von anderen geleitet werde, und keinem anderen als den Eltern könne diese Leitung zukommen. Auch in diesem Stadium sind die Kinder schon vermögensfähig, nur die Ausübung ihres Eigentumsrechtes sei durch ihre Unreife ge-

[39] Wolf, Rechtsdenker, S. 256; Welzel, Naturrecht und materiale Gerechtigkeit, S. 123f.; Wieacker, PrGN, S. 289f.; Thieme, Das Naturrecht und die europäische Privatrechtsgeschichte, S. 19; Bingler, S. 56f.; Kroeschell, DRG 3, S. 59.
[40] 1. Buch 1. Kapitel X. 1. nach der Übersetzung von Schätzel, S. 50. - Siehe auch aaO. 2.: "Handlungen, für welche ein solches Gebot besteht, sind an sich geschuldet oder unerlaubt, und deshalb gelten sie als von Gott notwendig geboten oder verboten. Durch diese Merkmale unterscheidet sich dieses Recht nicht nur von dem menschlichen Recht, sondern auch von dem 'willkürlichen' göttlichen Recht, welches nicht das gebietet oder verbietet, was von selbst und durch seine eigene Natur nötig oder unerlaubt ist, sondern was erst durch Gottes Verbot das Unerlaubtsein und durch sein Gebot das Schuldigsein hervorbringt." und aaO. 5.: "Das Naturrecht ist so unveränderlich, daß selbst Gott es nicht verändern kann.".
[41] 2. Buch 5. Kapitel I.
[42] § 14.
[43] Dufour, Autorité maritale, 89 (122).
[44] 2. Buch 5. Kapitel II. - VI.
[45] 2. Buch 5. Kapitel II.

hemmt. Anderslautende Regeln, wie z.B. die Erwerbsregel des römischen Rechtes, ergeben sich demnach nicht aus dem Naturrecht[46].

Die zweite Stufe[47] des Naturrechtsverhältnisses zwischen Eltern und Kindern ist dadurch gekennzeichnet, daß das Kind verstandesreif geworden ist, aber noch bei seinen Eltern lebt. In dieser Stufe ist die elterliche Gewalt (*imperia parentum*) schon beschränkter: es werden nur noch solche Handlungen gedeckt, die für die Verhältnisse der väterlichen und mütterlichen Familie von Belang sind. Den Kindern wird auf dieser Stufe die "moralische Handlungsfähigkeit" (*facultas moralis agendi*) zugesprochen. Sie sind jedoch verpflichtet, ein den Eltern wohlgefälliges Leben zu führen, was allerdings nur ein Gebot der Pietät, Gehorsam und Dankbarkeit und keine Rechtspflicht ist[48].

Während der ersten beiden Stufen umfaßt die Pflicht der Eltern zur Leitung ihrer Kinder zugleich die Befugnis, sie zu ihren Pflichten anzuhalten und zu züchtigen[49]. Wenn der Vater nicht in der Lage ist, sein Kind zu ernähren, so kann er es verpfänden, ja selbst verkaufen. Den Naturrechtsgrund sieht GROTIUS darin, daß die Natur die Erhaltung des Lebens unter allen Umständen gebietet[50]. Ein Recht, sein Kind zu töten, steht dem Vater nach Naturrecht nicht zu[51].

Im dritten Stadium[52] endlich ist das Kind völlig selbständig; der "Sohn" ist Mensch kraft eigenen Rechtes. Zeitlebens dauert jedoch die moralische Pflicht, den Eltern treu und gehorsam zu sein, da ihr Grund ein dauernder ist[53].

Alle übrigen Regelungen sind nach GROTIUS in das Belieben des Gesetzgebers gestellt und fallen überall unterschiedlich aus[54]. Grenzen für sein Tätigwerden werden dem Gesetzgeber nicht gezogen.

In bezug auf die persönlichen Wirkungen der elterlichen Gewalt bleibt noch zu erwähnen, daß GROTIUS die elterliche Einwilligung zur Verehelichung für die naturrechtliche Gültigkeit der Ehe nicht für erforderlich hält, weil die Söhne in diesem reifen Alter dem *regimen familiare* nicht mehr unterworfen seien. Er betrachtet es aber als eine selbstverständliche Kindespflicht (*officium filiorum conveniens*), um diese nachzusuchen[55].

---

46 2. Buch 5. Kapitel II.
47 2. Buch 5. Kapitel III.
48 2. Buch 5. Kapitel III.
49 2. Buch 5. Kapitel IV.
50 2. Buch 5. Kapitel V.
51 2. Buch 5. Kapitel VII.
52 2. Buch 5. Kapitel VI.
53 2. Buch 5. Kapitel VI.
54 2. Buch 5. Kapitel VII.
55 2. Buch 5. Kapitel X.

II. THOMAS HOBBES (1588-1679)[56]

THOMAS HOBBES, "der erste Vollender der Rationalisierung und Säkularisierung der europäischen Gesellschaftstheorie"[57], behandelt das Eltern-Kind-Verhältnis im neunten Kapitel des Werkes "*Elementa Philosophica de Cive*" und im zwanzigsten Kapitel des "*Leviathan*". Im Vordergrund der Untersuchungen steht die Frage, wem die Gewalt über die Kinder zukommt. Dabei bezieht sich HOBBES bei seinen Ausführungen hauptsächlich auf den Naturzustand. Der Vater könne allein durch die Zeugung nicht die Gewalt über das Kind erlangen,[58] denn beim Abstellen auf die Zeugung müßten Vater und Mutter zusammen die elterliche Gewalt haben.[59] Ein Kind könne aber nicht zwei Herren unterworfen sein.[60] Da im Naturzustand alle Menschen gleich seien, so sei der Sieger Herr des Besiegten. So stehe die Herrschaft über ein neugeborenes Kind dem zu, der es als erster in seinem Machtbereich habe: "*iure igitur naturae Dominium infantis ad eum primum pertinet, qui primus in potestate sua ipsum habet.*"[61] Damit erlangt die Mutter durch die Geburt des Kindes die Gewalt darüber. "*Partus ventrem sequitur.*"[62] Hinzu komme im Naturzustand, daß der Vater eines Kindes nur, wenn die Mutter es wolle, bekannt sei.[63] Die Herrschaft über das Kind könne der Vater nur auf abgeleitetem Wege erhalten.[64] So, wenn sich die Mutter mit ihm zu einer Lebensgemeinschaft derart verbunden habe, daß die Herrschaft beim Mann liegen sollte.[65] Wenn Mann und Frau sich im Gesellschaftszustand durch einen Vertrag zur Lebensgemeinschaft verbänden - Ehe -, dann stünden die Kinder aus dieser Verbindung unter der Gewalt des Vaters: " [...] *quia in omnibus civitatibus, scilicet constitutis a Patribus, non a matribus familias imperium domesticum viri est.*"[66] Wie die Sklaven unter der Herrschaft ihrer Herren, so stünden die Kinder unter der Herrschaft derjenigen, die sie erzögen und ernährten. Die Gewalt über die Kinder und Sklaven sei wie das Eigentum über Sachen, die Mutter könne mit dem Kind verfahren, wie es ihr be-

---

[56] Thomas, Anschauungen, S. 7ff.; Welzel, Naturrecht und materiale Gerechtigkeit, S. 114ff.; zu diesem auch Dufour, Autorité maritale, 89 (112f.).

[57] Wieacker, PrGN, S. 303.

[58] *De cive*, Cap. IX, Art. 1.

[59] *Leviathan* Chap. XX. - Das Argument, dem Mann müsse *ob praestantiam sexus* die Herrschaft zustehen, lehnt Hobbes ab, aaO.; siehe auch *De cive*, Cap. IX Art. III.

[60] *Leviathan* Chap. XX.

[61] *De cive*, Cap. IX Art. 2; siehe aber auch *Leviathan*, Chap. XX: "[*The right of dominion is derived*] *from the Childes Consent, either expresse, or by other sufficient arguments declared.*".

[62] *De cive*, Cap. IX Art. 3 a. E.; *Leviathan*, Chap. XX.

[63] *De cive*, Cap. IX Art. 3.

[64] Zu den anderen Arten, wie die Mutter die Gewalt über ihre Kinder verliert, *De cive*, Cap. IX. Art. 4ff.; *Leviathan*, Chap. XX.

[65] *De cive*, Cap. IX Art. 5; *Leviathan*, Chap. XX.

[66] *De cive*, Cap. IX Art. 6; *Leviathan*, Chap. XX: "*In Common-wealths, this controversie is decided by the Civil Law: and for the part, (but not alwayes) the sentence is in favour of the Father; because for the most part Common-wealths have been erected by the Fathers, not by the Mothers of families.*".

liebe.[67] Bei der Geburt könne sie sich demnach entscheiden, ob sie das Kind aufziehen oder aussetzen wolle.[68] Wegen der ihm gewährten Befugnisse kann der Gewalthaber dem Kind demnach kein Unrecht zufügen.[69]

Wenn die Mutter im Naturzustand nun ihr Kind aufzieht, so tut sie dies mit dem Ziel, daß das Kind als Erwachsener nicht ihr Feind wird. Ihr Feind wird das Kind dann nicht, wenn es ihr gehorcht.[70]

Die Entlassung des Kindes geschieht genau wie beim Sklaven durch *emancipatio*.[71] Nach der Freilassung sind die Kinder nach Naturrecht verpflichtet, den Gewalthaber zu ehren, weil die Freilassung die stillschweigende Vereinbarung beinhaltet, daß die Kinder bei ihrer Freilassung alle äußeren Zeichen zu beobachten versprochen haben, durch welche die Höherstehenden von den Untergebenen geehrt zu werden pflegen.[72]

III. John Locke (1632-1704)

John Locke sieht die Gewalt der Eltern über ihre Kinder nicht als eigentliche Herrschaft, sondern als Ausfluß ihrer Pflicht zur Erziehung und Aufzucht der Kinder an. So führt er im *Second Treatise of Government* von 1690 aus[73]: "*The Power then, that Parents have over their Children, arises from that Duty which is incumbent on them, to take care of their Off-spring, during the imperfect state of Childhood.*" Das Naturgesetz verpflichtet beide Eltern zur Erhaltung, Ernährung und Erziehung der Kinder, da sie als schwache und hilflose Wesen geboren werden[74].

---

[67] *Leviathan*, Chap. XX.

[68] *De cive*, Cap. IX Art. 2.

[69] *De cive*, Cap. IX Art. 7: "[...] *neque posse parentem, quamdiu in eius potestate est, filio iniurium esse.*"; *Leviathan*, Chap. XX: "[...] *and cannot accuse him of injury.*".

[70] *De cive*, Cap. IX Art. 3.

[71] *De cive*, Cap. IX Art. 7.

[72] *De cive*, Cap. IX Art. 8.

[73] Second Treatise of Government, Chapter VI *Of paternal Power*, § 58; siehe auch § 64: "*But what reason can hence advance this care of the Parents due to their Off-spring into an Absolute Arbitrary Dominion of the Father, whose power reaches no farther, than by such a Discipline as he finds most effectual to give such strength and health to their Bodies, such vigour and rectitude to their Minds, as may best fit his Children to be most useful to themselves and others; and, if it be necessary to his Condition, to make them work when they are able for their own Subsistence.*"; § 67: "*The subjection of a Minor places in the Father a temporary Government, which terminates with the minority of the Child.*"; Chapter XV, § 170: "*First then, Paternal or Parental Power is nothing but that, which Parents have over their Children, to govern them for the Childrens good, till they come to the use of Reason, or a state of Knowledge, wherin they may be supposed capable to understand that Rule, whether it be the Law of Nature, or the municipal Law of their Country they are to govern themselves* [...]"; § 173: "*Nature gives the first of these, viz. Paternal Power to Parents for the Benefit of their Children during their Minority, to supply their want of Ability, and understanding how to manage their Property. (By Property I must be understood here, as in other places, to mean that Property which Men have in their Persons as well as Goods).*" - Zur Frage, wem die elterliche Gewalt zusteht: aaO., § 64 a. E.: "*But in this power the Mother too has her share with the Father.*"; siehe auch noch § 52.

[74] Second Treatise of Government, Chapter VI, § 56; siehe auch § 65: "*Nay, this power so little belongs to the Father by any peculiar right of Nature, but only as he is Guardian of his Children, that when he*

Je reifer die Kinder werden, desto mehr tritt die elterliche Gewalt zurück[75]. Sobald das Werk der Erziehung vollbracht ist, endet die väterliche Gewalt.[76] Die Gewalt der Eltern ist inhaltlich begrenzt durch den Zweck, die Kinder zu selbständigen Menschen zu machen; so erstreckt sie sich nicht auf das Leben oder Eigentum der Kinder.[77] Damit folgt JOHN LOCKE der zuerst von SAMUEL VON PUFENDORF aufgestellten These, daß die Erziehung der Kinder vorrangiger Zweck der elterlichen/väterlichen Gewalt sei und mit dem Erreichen der Selbständigkeit der Kinder ende.[78]

Locke befürchtet keinen Mißbrauch der elterlichen Gewalt, da Gott den Eltern die Zuneigung zu ihren Kindern eingepflanzt habe[79]. Die Kinder schulden ihren Eltern lebenslang Ehrerbietung, Ehrfurcht, Dankbarkeit, Achtung und Hilfe und sogar auch Fügsamkeit, in einem solchen Umfang, die der Fürsorge, den Unkosten und der Mühe für die Aufzucht des Kindes entspricht.[80] Druck auf das Verhalten eines Kindes kann der Vater nach JOHN LOCKE auch im Wege des Erbrechtes ausüben, nämlich durch die Bestimmung der Erben und der Höhe des Erbteils[81].

IV. SAMUEL PUFENDORF (1632 - 1694)[82]

SAMUEL PUFENDORF stand auf dem Höhepunkt der Entwicklung des natürlichen Privatrechts und schon auf der Schwelle zur Epoche der Aufklärung.[83] Seine Na-

quits his Care of them, he loses his power over them, which goes along with their nourishment and Education, to which it is inseparably annexed, and it belongs as much to the Foster-Father of an exposed Child, as to the Natural Father of another: So litte power does the Bare act of begetting give a Man over his Issue, if all his Care ends there, and this be all the Title he hath to the Name and Authority of a Father.".

[75] Second Treatise of Government, Chapter VI, § 55, § 74.

[76] Second Treatise of Government, Chapter VI, § 69: "*The first part then of Paternal Power, or rather Duty, which is Education, belongs so to the Father that it terminates at a certain season; when the business of Education is over it ceases of it self.*"; siehe auch § 55, § 58.

[77] Second Treatise of Government, Chapter VI, § 65: "*His Command over his Children is but temporary, and reaches not their Life or Property.*" (Wird noch näher ausgeführt im folgenden.).

[78] Dazu siehe unter IV. 2.

[79] Second Treatise of Government, Chapter VI, § 67: "*And though the power of commanding and chastising them go along with it, yet God hath woven into the Principles of Humane Nature such a tenderness for their Off-spring, that there is little fear that Parents should use their power with too much rigour; the excess is seldom on the severe side, the strong byass of Nature drawing the other way.*".

[80] Second Treatise of Government, Chapter VI, § 67; siehe auch § 66, § 68 und § 69.

[81] Second Treatise of Government, Chapter VI, § 72.

[82] Über Leben und Werk PUFENDORFS: Wolf, Große Rechtsdenker, S. 311ff; Kleinheyer/Schröder, Deutsche Juristen, S. 213 ff. (S.216 Bibliographie); Welzel, Die Naturrechtslehre Samuel Pufendorfs; ders., Naturrecht und materiale Gerechtigkeit, S. 130ff.; Denzer, Moralphilosophie und Naturrecht, S. 158. - Speziell zum Eltern-Kind-Verhältnis bei SAMUEL PUFENDORF: Bingler, S. 111ff.; Thomas, Anschauungen der Naturrechtslehrer, S. 9 ff.; Dufour, Autorité maritale, 89 (113ff.).

[83] Thieme, Das Naturrecht und die europäische Privatrechtsgeschichte, S. 24; Welzel, Naturrecht und materiale Gerechtigkeit, S. 145.

turrechtslehre hatte im 17. und 18. Jahrhundert, vor allem außerhalb des Deutschen Reiches, eine breite Wirkung.

1. Naturrecht und positives Recht[84]

Nach PUFENDORF zeigt die Erfahrung, daß allen Menschen *imbecillitas*, *socialitas* und Personalität als Willensfreiheit gleichermaßen eigen sind. Die drei großen Komplexe von Vorschriften, die göttlichen Gebote, das Naturrecht und die positiven Gesetze, binden alle Menschen in gleicher Weise. Sie stellen Pflichten gegen Gott, gegen sich selbst und den Nächsten auf.

Die göttlichen Gesetze bedürfen keiner Begründung, sie sind durch die Offenbarung vorgegeben. Bei den Vorschriften des Naturrechts unterscheidet PUFENDORF zwischen dem absoluten und dem hypothetischen.[85] Ersteres ist der Inbegriff aller welt- und geschichtsgestaltenden göttlichen Gesetze, die der Erkenntnis durch die Vernunft zugänglich sind und keiner theologischen Begründung bedürfen. Zum letzteren sind die Vorschriften zu zählen, die einen bestimmten Stand oder von Menschen geschaffene oder übernommene Einrichtungen voraussetzen, wie das Eigentums- und Vertragsrecht. Gegenstand der bürgerlichen Gesetze im allgemeinen ist alles das, was den Bürgern von der höchsten menschlichen Instanz mit Erfolg auferlegt werden kann.[86] Ausgeschlossen sind die inneren geistigen "Akte", da sie sich der Wahrnehmung durch andere Menschen entziehen; es sei denn, sie äußerten sich in äußerlich wahrnehmbaren Handlungen.[87] Der Zweck der bürgerlichen Gesetze[88] ist, die nach Naturrecht bestehenden Verpflichtungen zu verstärken, zum Beispiel durch das Bedrohen einer Pflichtverletzung mit Strafe.[89]

[84] Denzer, Moralphilosophie, S. 224ff.; Welzel, Die Naturrechtslehre Samuel Pufendorfs, S. 51ff.; Kleinheyer/Schröder, Deutsche Juristen, S. 213ff. - PUFENDORF kennt neben dem bürgerlichen positiven Recht auch ein göttliches positives Recht: *Elementa* I def. 13 § 13. - Siehe dort auch die Abgrenzung zwischen natürlichem und positivem Recht: "*Quantum autem ad materiam, quaedam cum ipsa humanae naturae qua talis, conditione manifeste congruunt, et ex ea fluunt; quaedam autem ex solo arbitrio legislatoris, tanquam peculiariter certo hominum statui congruentes oriuntur: quarum illae naturales, hae positivae vocantur.*".

[85] *Elementa* I def. 13 § 16. - Zum Naturrecht im allgemeinen *Elementa* I def. 13 § 14ff.; nach Welzel, Die Naturrechtslehre Samuel Pufendorfs, S. 54 geht PUFENDORF davon aus, daß die Naturrechtslehre das Naturrecht nur insoweit zu untersuchen hat, als es imstande ist, innerhalb des irdischen Daseins die Grundlagen eines geselligen Lebens zu ermöglichen. Darum scheiden einerseits die spezifischen Humanitäts- und Liebespflichten aus, andererseits genügt gegenüber den Rechtspflichten ein bloß legales Verhalten der Menschen.

[86] *Elementa* I def. 13 § 19: " [...] *quod a summa potestate humana efficaciter potest injungi.*".

[87] *Elementa* I def. 13 § 19.

[88] *Elementa* I def. 13 § 18: "*Quaecunque igitur leges a summo imperio civili subditis observandae injunguntur, sub comminatione poenae ab earundem violatoribus in foro humano sumendae, Civiles dicuntur.*". - Siehe auch aaO.: "*Hae sive ex jure naturae aut positivo desumptae, sive ex mero imperantium arbitrio profectae, omnem effectum, quo in foro civili pollent, ex vi summae potestatis, autoritatem istis suam accommodantis, obtinent.*".

[89] *Elementa* I def. 13 § 2: "*At vero legum civilium his finis est, ut arctiore vinculo ad faciendum quid homines adstringerentur quam obligatione naturali.*".

Das positive bürgerliche Gesetz dient der Aufrechterhaltung einer konkreten Ordnung menschlichen Zusammenlebens ("*paci et societati inter homines conservandae*").[90] Um das Ziel des Gemeinwesens zu erreichen, konkretisiert und füllt das positive bürgerliche Recht das Naturrecht aus.[91] So kennt das Naturrecht keine Sanktionen für den Verstoß gegen Verbote. Diese werden erst durch die bürgerlichen Gesetze eingeführt und sind auch von Nützlichkeitserwägungen abhängig.[92] Allerdings muß das bürgerliche Recht die Konkretisierungen und Ergänzungen am Zweck des Naturrechts, *ut honesta et pacifica societas inter homines conservetur*, ausrichten.[93] Im Bereich des naturrechtlich Indifferenten sind die bürgerlichen Gesetze an keine Vorgaben gebunden, so lange die anderen Grundsätze des Naturrechts nicht berührt werden.[94] Nach PUFENDORF können die bürgerlichen Gesetze nicht alle Tatbestände regeln, so daß sie unzulänglich und lückenhaft sind. Zur Lückenausfüllung können dann die Grundsätze des Naturrechts als Maßstab herangezogen werden.[95]

Grundsätzlich sind, sofern die positiven Gesetze nur konkretisiertes natürliches Recht sind, Widersprüche zwischen beiden nicht anzunehmen.[96] Die bürgerlichen Gesetze können etwas nach Naturrecht Verbotenes nicht zu etwas Erlaubten machen; allerdings ist der Gesetzgeber auch nicht gezwungen, alle Verbote des Naturrechts in die bürgerlichen Gesetze umzusetzen und ihre Verletzung mit Strafe zu bewehren. Maßstab für die Umsetzung ist das Ziel des Gemeinwesens, das friedvolle Zusammenleben der Bürger, und solange dies nicht durch die Nichtumsetzung nicht gefährdet ist, ist gegen das Verhalten des Gesetzgebers nichts einzuwenden.[97] Eine fehlende Umsetzung des Naturrechts in bürgerliche Gesetze entbindet die Menschen aber nicht von ihren nach Naturrecht bestehenden Ver-

---

[90] *Elementa* I def. 13 § 17: "[...] *paci et societati inter homines conservandae sola lex naturae non sufficiebat, sed necesse insuper erat, pacto hominum constitui ex ipsis hominibus, qui in foro humano juris exsecutionem administrarent. Cum enim jus naturae peculiariter non determinet, quisnam alteri imperare, aut quis parere debeat, nec mensuram poenae inter homines sumendae describat.*".

[91] *Elementa* I def. 13 § 6: "*Accedere, quod tametsi lege naturae furtum, homicidium, adulterium, etc. prohibeantur, penes leges tamen civiles sit definire, quid sit alienum, quid proprium, quae vis homini illata sit licita, quinam concubitus sit adulterium.*".

[92] *Elementa* I def. 13 § 12. - Siehe auch aaO., § 18: "*Inde vere dictum est, utilitatem esse matrem juris scilicet civilis [...] Nam nulla alia re, quam utilitate seu bono publico dijudicatur quibusnam legibus naturalibus in hac vel illa Rep. effectus juris civilis adsignandus, quibus non sit, quae constitutiones juri naturali superaddendae, quomodo poenae intendendae et remittendae.*".

[93] *Elementa* I def. 13 § 6.

[94] *Elementa* I def. 13 § 5: "*Quae legibus naturae non determinantur, circa ea per positivas leges constituere licet.*"; aaO., § 15: "*Nequaquam autem illud jus est positivum, quod ab aequitate naturali abhorret.*".

[95] *Elementa* I def. 13 § 18.

[96] Denzer, Moralphilosophie, S. 226; siehe auch *Elementa* I def. 13 § 19.

[97] *Elementa* I def. 13 § 18: "*Ratio autem, cur non omnibus juris naturae praeceptis vim juris civilis contulerint, legislatores, est, quia ipsis de his potissimum cura erat habenda, sine quibus tranquillitas interna Reip. omnino constare non poterat. Reliqua omittere visum, tum quod illorum executio immensam tribunalibus generatura esset litium segetem.*"; siehe auch § 7.

pflichtungen. Eine Verletzung wird dann zwar von keiner Instanz des Gemeinwesens geahndet, der einzelne muß sich aber vor seinem Gewissen und Gott verantworten.[98]

2. Das Eltern-Kind-Verhältnis

Im sechsten Buch seines Natur- und Völkerrechts (1672) erörtert PUFENDORF die Verhältnisse des Hauses nach aristotelischem Muster.[99] Nach der Behandlung des Ehestandes widmet er sich im zweiten Kapitel der väterlichen Gewalt (*De potestate patria*), bevor er im dritten Kapitel auf die hausherrliche Gewalt (*De potestate herili*) eingeht. Eine Zusammenfassung der Gedanken findet sich in dem Werk "*De officio hominis et civis, juxta legem naturalem*" aus dem Jahre 1673.

Die väterliche Gewalt über die aus einer Ehe hervorgegangenen Kinder hält PUFENDORF für die (beinahe) älteste und heiligste Art von Herrschaft.[100]

Was die Begründung der väterlichen Gewalt betrifft, so sieht er anders als GROTIUS diese nicht allein im Akt der Zeugung verwurzelt an.[101] Die Zeugung biete nur die Gelegenheit zur Erlangung des Rechts. Denn wenn auch das Kind der "Substanz" der Eltern entstamme, so werde es trotzdem zu einer den Eltern ähnlichen Person, die den Eltern in bezug auf die natürlichen Rechte, die allen Menschen zukommen, gleichstehe.[102] Damit geht PUFENDORF als erster von der uneingeschränkten Rechtssubjektivität des (Haus-)Kindes aus. Nach ihm bedarf es eines anderen Titels als der Zeugung, damit die Kinder den Eltern ungleich werden und sogar ihrer Herrschaft untergeordnet sind. Nach PUFENDORF gründet sich das Recht der Eltern auf einen zweifachen Grund.[103] Das Naturgesetz habe den Eltern die Sorge für die Kinder auferlegt, mit dem Ziel, sie zu "gesellschaftsfähigen" Menschen zu erziehen, da die Natur den Menschen als ein geselliges Wesen (ζῷον πολιτικόν) angelegt habe.

Die Verwirklichung dieses Erziehungszieles sei aber nur dann gewährleistet, wenn den Eltern[104] die Macht zustehe, die Handlungen der Kinder zu deren Wohl zu lenken, was diese wegen der fehlenden Einsichtsfähigkeit nicht selber könnten. Die Macht (*potestas*) stehe ihnen aber nur insoweit zur Verfügung, als zur Errei-

---

[98] *Elementa* I def. 13 § 18, § 21.

[99] Siehe auch in den *Elementa* II obs. V §§ 8ff.

[100] *De iure naturae et gentium*, Cap. 2, lib. 6, § 1: "*antiquissimum iuxta ac sanctissimum genus imperii*"; *De officio hominis et civis*, lib. 2, Cap. 3, § 1.

[101] *De iure naturae et gentium*, Cap. 2, lib. 6, § 4 auch zum folgenden; siehe auch *Elementa* II obs. V § 8.

[102] *De iure naturae et gentium*, Cap. 2, lib. 6, § 4: "*Etsi enim ex substantia nostra excitetur prolis: tamen quia abit in personam nobis similem, et quae quantum ad iura hominibus naturaliter competentia nobis est aequalis; inde ut nobis fiat inaequalis, sed ut nostro imperio subiiciatur, alio utique titulo videtur opus esse.*".

[103] *De iure naturae et gentium*, Cap. 2, lib. 6, § 4; *De officio hominis et civis*, lib. 2, Cap. 3, § 2.

[104] Siehe *De iure naturae et gentium*, Cap. 2, lib. 6, § 5 und § 2, wo die Frage erörtert wird, wem das stärkere Recht in bezug auf das Kind zukomme, dem Vater oder der Mutter; dazu auch in *De officio hominis et civis*, lib. 2, Cap. 3, § 3.

chung des Zweckes notwendig ist. Ebenso unerläßlich sei auch die Pflicht der Kinder zum Gehorsam gegenüber den Eltern.
Die zweite Stütze der elterlichen Gewalt ist nach PUFENDORF ein vermuteter Konsens oder stillschweigender Vertrag (*praesumptus consensus/pactum tacitum*).[105] Anzumerken ist an dieser Stelle schon, daß er nicht scharf zwischen dem *praesumptus consensus* und dem *pactum tacitum* unterscheidet.
Der Vater erklärt durch das Aufnehmen (*tollere*) des Kindes, daß er die ihm von der Natur auferlegte Verpflichtung zur Erziehung der Kinder erfüllen werde. Das Kind hingegen sei zu diesem Zeitpunkt, kurz nach der Geburt, noch nicht in der Lage, ausdrücklich die Übernahme von Obliegenheiten, die der elterlichen Verpflichtung entsprechen, zu versprechen. Es werde aber "zu Recht vermutet", daß wenn das Kind seinen Verstand schon zu diesem Zeitpunkt gebrauchen könnte, dann erkennen würde, daß es ohne die Sorge und die damit verbundene Gewalt der Eltern sein Leben nicht bewahren könne, es gern zugestimmt und sich die Sorge der Eltern ausbedungen haben würde. Als einen diesem vergleichbaren Fall führt PUFENDORF die Geschäftsführung für einen Abwesenden an.
Als Ergebnis hält er fest, daß die Gewalt der Eltern über die Kinder durch den Akt des Aufnehmens, Ernährens und der Erziehung zu einem nützlichen Menschen begründet werde.
Den Einwand, daß kein freier Wille der Vertragsschließenden vorliege, da es weder den Eltern noch den Kindern freigestellt sei, sich der Erziehung und ihren Folgerungen zu entziehen, versucht er dadurch zu entkräften, daß er behauptet, daß neben das Gebot des Naturgesetzes auch ein stillschweigender Konsens treten könne.[106] Was die Freiwilligkeit des Willensentschlusses betreffe, so stehe es den Menschen auch nicht frei, Gott nicht zu gehorchen, und trotzdem habe Gott sich Gehorsam aufgrund eines Vertrages versprechen lassen wollen.

Bei der Frage nach der Reichweite der elterlichen Gewalt[107] unterscheidet PUFENDORF zwischen *patres familias*, die außerhalb einer bürgerlichen Gesellschaft (*civitas*) und solchen, die in einer solchen leben. Ferner sei zwischen der Gewalt des Vaters, die er aufgrund seiner Stellung als Vater habe, und der, die ihm als Oberhaupt der Familie zukomme, zu differenzieren. Bezüglich der *patria potestas*, der *potestas*, die dem Vater als solchem zukomme, gelte, daß sie so weit reiche, als es zur Erfüllung der von der Natur auferlegten Verpflichtung notwendig sei.[108] Diese Pflicht bestehe darin, daß er die Kinder vorteilhaft erzieht, d.h. ernährt

---

[105] *De iure naturae et gentium*, Cap. 2, lib. 6, § 4, auch zum folgenden; *De officio hominis et civis*, lib. 2, Cap. 3, § 2: dort wird allerdings nur vom *consensus tacitus* gesprochen; *Elementa* II obs. 5 § 8: "*Qui consensus cum ratione praesumptus pro expresso valet.*".

[106] *De iure naturae et gentium*, Cap. 2, lib. 6, § 4 a. E.

[107] *De iure naturae et gentium*, Cap. 2, lib. 6, § 6; *De officio hominis et civis*, lib. 2, Cap. 3, § 4.

[108] *De iure naturae et gentium*, Cap. 2, lib. 6, § 6: "*Potestas quae patri ut tali competit, cum sit necessaria ad explendam obligationem adversus liberos a natura iniunctam, tanta quoque esse intelligitur,*

und lenkt, daß sie für sich selbst sorgen, und ihre Handlungen "*pro modo ingenii sui*" zügeln können, so daß sie zu nützlichen Mitgliedern der menschlichen Gesellschaft werden.[109] Aus dieser Beschreibung der *patria potestas* ergibt sich nach PUFENDORF[110], daß die Gewalt nicht dahin ausgedehnt werden dürfe, ein Kind abzutreiben. Dem Vater stehe auch kein Recht zur Aussetzung oder Tötung des Kindes zu. Denn, wenn auch das Kind aus der "*substantia*" der Eltern hervorgegangen sei, so sei es doch sofort in eine den Eltern gleiche Stellung gerückt, so daß ihm auch Unrecht von jedermann - also auch von den Eltern - geschehen könne.
Auch an dieser Stelle zeigt sich deutlich, daß PUFENDORF - in Abweichung von vor allem aristotelischem Gedankengut - von der uneingeschränkten Rechtssubjektivität des Kindes ausgeht.

Begehe das Kind ein Vergehen, so stehe dem Vater ein Recht auf mäßige Züchtigung des Kindes zu, keinesfalls aber das *ius vitae necisque*.[111] Im Falle der Unverbesserlichkeit des Kindes gibt PUFENDORF dem Vater das einschneidende Mittel, das Kind zu verstoßen und zu enterben [112].

Erst an dieser Stelle geht PUFENDORF auf die drei von GROTIUS entwickelten Zeitstufen ein, ein Modell, das er grundsätzlich billigt.[113]
Für die erste Zeitstufe (*tempus imperfecti iudicii*) hält PUFENDORF es für gerechtfertigt, daß alle Handlungen der Kinder der Lenkung der Eltern unterliegen; denn es sei gerecht, daß wenn sich jemand nicht selbst lenken könne, dies ein anderer tue, und dafür lasse sich niemand Geeigneterer als die Eltern finden.[114] Dann wird die Frage aufgeworfen, ob das Kind auf dieser Zeitstufe vermögensfähig sei.[115] Für die Beantwortung dieser Frage unterscheidet er nach den Gütern, die der Sohn durch eigene Anstrengungen und solchen, die er durch Freigebigkeit anderer erhalte, wie z.B. durch Testament oder Schenkung. Der Anwendungsbereich der ersten Gruppe dürfte in der ersten Altersstufe gering sein, denn was kann ein solcher

---

quanta ad eum finem obtinendum sufficit."; *De officio honinis et civis*, Cap. 3, lib. 2, § 4: "[...] *inde tanta eidem in liberos potestas concessa intelligitur, quanta ad hunc finem sufficit.*".

[109] *De iure naturae et gentium*, Cap. 2, lib. 6, § 6: "[...] *ut que in commoda humanae societatis membra evadant.*"; *Elementa* II obs. V § 10.

[110] *De iure naturae et gentium*, Cap. 2, lib. 6, § 6, auch zum folgenden; *De officio hominis et civis*, lib. 2, Cap. 3, § 4; *Elementa* II obs. V § 10.

[111] *De iure naturae et gentium*, Cap. 2 lib. 6, § 6.

[112] De *iure naturae et gentium*, Cap. 2 lib. 6, § 6 a. E.

[113] *De iure naturae et gentium*, Cap. 2, lib. 6, § 7; *De officio hominis et civis*, lib. 2, Cap. 3, § 5.

[114] *De iure naturae et gentium*, Cap. 2, lib. 6, § 7 a. E.

[115] *De iure naturae et gentium*, Cap. 2, lib. 6, § 8: "*An isthoc tempore prolis iure naturali sit capax dominii, adversus ipsum patrem valituri?*", auch zum folgenden; *De officio hominis et civis*, lib. 2, Cap. 3, § 5: "*Quo tempore, si quid bonorum ab aliis in impuberem transferatur, id parens loco filii acceptare, et administrare debet, ut tamen dominium ipsi filio adquiratur, etsi ut fructus patri cedant ad plenam usque filii aetatem aequissimum sit. Sic et quod ex filii labore lucri aut emolumenti provenit, id merito sibi pater vindicat; cui ex adverso filii nutritio et educatio incumbit.*".

Junge schon aus eigener Anstrengung erwerben? Es werde auf jeden Fall die getätigten und vorzunehmenden Ausgaben des Vaters für die Erziehung nicht übersteigen, so daß der Vater einen solchen Erwerb als Ausgleich für seine Mühen und Kosten zu Recht für sich beanspruchen dürfe. Denn obwohl der Vater vom Recht der Natur zur Aufzucht des Nachwuchses verpflichtet sei, so sei es ihm doch nicht verboten, auch Früchte aus dieser Erziehung zu ziehen. Von daher wäre ein Sohn unverschämt, wenn er in dieser Zeitstufe einen Lohn für die Arbeit, die er dem Vater geleistet hat, fordern wollte.
Für die zweite Fallgruppe wirft PUFENDORF zunächst das Problem auf, ob der Sohn überhaupt etwas von anderen durch deren Freigebigkeit erwerben könne, da zum Erwerb die Annahme (*acceptatio*) erforderlich sei, die nur aufgrund einer wohlüberlegten Zustimmung und deswegen nur mit Gebrauch der Vernunft geschehen könne. PUFENDORF will ihnen den Weg zum Erwerb solcher Güter dadurch ebnen, daß ein anderer in ihrem Namen die Annahme erklärt, und auch jene Güter verwaltet, bis sie selber ihre Angelegenheiten erledigen könnten. Niemand sei geeigneter für diese Position als der Vater. Daraus ergibt sich für PUFENDORF, daß es keineswegs "natürlich" sei, daß der Vater das Eigentum an den Gütern, die auf solche, nämlich die zweite Art an den Sohn übertragen werden, erwerbe. Der Billigkeit widerstreitet es nach seiner Auffassung jedoch nicht, daß dem Vater wenigstens so lange, bis der Sohn die Verwaltung selbst übernimmt, der Nießbrauch zusteht und daß er den Sohn aus den Früchten ernährt. Dieser Pufendorfsche Endigungsgrund ergibt sich aber aus der Konzeption, daß das Verwaltungsrecht des Vaters deswegen besteht, weil das Kind sich noch nicht selbst helfen kann, also mit der Zweckerreichung seine Legitimationsgrundlage einbüßt.

Das römische Pekulienrecht hält PUFENDORF für von äußerst hoher Billigkeit[116]. Seine Ausführungen im achten Paragraphen stellen dann eine kurze Beschreibung der Grundsätze des Rechtes der *bona adventitia*, also des gemeinen Rechts, dar. Insofern führe das Naturrecht zu keiner Änderung.

Bei der Betrachtung des Umfangs der väterlichen Gewalt auf der zweiten Zeitstufe[117] (*secunda aetas*) ist zu beachten, daß die Väter auch als Familienoberhäupter eine gewisse Herrschaft (*imperium*) innehaben. Diese Herrschaft ist aber unterschiedlich, je nachdem, ob die Familie inner- oder außerhalb von bürgerlichen Gesellschaften lebt.

---

[116] *De iure naturae et gentium*, Cap. 2, lib. 6, § 8 a. E.: "*Unde et illud adparet, aequissima ratione niti illa, quae leges Romanae super peculio filiorum familias profectitio et adventitio, simulque castrensi, tradunt.*".
[117] *De iure naturae et gentium*, Cap. 2, lib. 6, § 10; *De officio hominis et civis*, lib. 2, Cap. 3, §§ 6 und 7.

Die außerhalb lebenden Familien[118] treten quasi an die Stelle der *civitas*, so daß deren Oberhäupter auch entsprechend eine königliche Herrschaft (*imperium regium*) erhalten.

Als Grundlage der Gewalt des Vaters über die Kinder wird auch in dieser Stufe ein *pactum tacitum* angenommen[119]:

"*Constituitur autem isthoc imperium patris in liberos iam adultos ex pacto tacito, dum pater iussa sua extendit etiam ad talia, quae educationem filii non spectant; filius autem obsequium capessit.*"

Das Gesetz der Billigkeit und des dankbaren Geistes rate, daß der Sohn jenem seine Kräfte widme, dem er sie verdanke, solange bis er durch die Zustimmung des Vaters selbst von dieser Herrschaft (*imperium*) entbunden werde.[120]

In den bürgerlichen Gesellschaften dagegen sind dem *pater familias* einige Rechte genommen und andere beschnitten worden.[121] Verblieben sind dem Vater nur solche Rechte, die zur Erziehung der Kinder notwendig sind. Das alte *ius vitae necisque* der Römer sei zum Teil in bürgerlichen Gesellschaften erhalten geblieben. Der zivile Gesetzgeber trage gewöhnlich dafür Sorge, daß die Eltern ihre Macht (*auctoritas*) gegenüber ihren Kindern nicht zum öffentlichen Schaden (*in fraudem boni publici*) mißbrauchten. So hat der Vater insonderheit die Kinder nach seinen (finanziellen) Möglichkeiten auszubilden, so daß sie zu "brauchbaren" (*idonea*) Gliedern der Gesellschaft werden. PUFENDORF hält es für zugleich dumm und ungerecht, die Kinder gegen ihren Willen zu einem Lebensstil zu zwingen, vor dem sie zurückschrecken[122].

Bezüglich der zweiten Zeitstufe wird nichts über die Vermögensfähigkeit des Kindes und die Rechte des Vaters am Kindesvermögen gesagt. Aus diesem Schweigen PUFENDORFS läßt sich wohl der Schluß ziehen, daß er für diese Stufe selbstverständlich davon ausging, daß der Haussohn eigenständiges Vermögen haben und auch selbst verwalten könne, da er sich in der *aetas perfecti iudicii* befinde.

In der dritten Stufe[123] hat der Sohn den väterlichen Haushalt verlassen, er ist von der väterlichen Gewalt befreit und damit *sui iuris*. Die Pflicht zur Ehrerbietung und zum Respekt der Eltern bleibt jedoch auch auf dieser Stufe bestehen. PUFENDORF sieht diese Pflicht eher in vorangegangenen Diensten der Eltern als allein in dem Akt der Zeugung begründet[124], wobei er viele antike Autoren von

---

118 *De officio hominis et civis*, lib. 2, Cap. 3, § 7; *De iure naturae et gentium*, Cap. 2, lib. 6, § 10.

119 *De iure naturae et gentium*, Cap. 2, lib. 6, § 10.

120 *De iure naturae et gentium*, Cap. 2, lib. 6, § 10.

121 *De iure naturae et gentium*, Cap. 2, lib. 6, § 11; *De officio hominis et civis*, lib. 2, Cap. 3, § 7; *Elementa* II obs. V § 9; siehe auch Denzer, Moralphilosophie, S. 206: "Weitreichende staatliche Eingriffsmöglichkeiten in die Familie hat Pufendorf als Problem nicht gesehen.".

122 Siehe zu allem *De iure naturae et gentium*, Cap. 2, lib. 6, § 11.

123 *De iure naturae et gentium*, Cap. 2, lib. 6, § 12; *De officio hominis et civis*, lib. 2, Cap. 2, Cap. 3, § 8.

124 *De officio hominis et civis*, lib. 2, Cap. 3, § 8: "*laboriosa ac sumtuosa educatio*".

PLATON bis SENECA zu Wort kommen läßt. Ob eine Emanzipation erforderlich ist oder nicht, wird hier nicht angesprochen.

Losgelöst von der Einteilung der Zeitstufen erörtert PUFENDORF noch einige andere das Eltern-Kind-Verhältnis betreffende Fragen[125]:
So wie der Vater seine Kinder nicht aus dem Haus verstoßen solle, abgesehen von Fällen sehr gewichtiger Gründe, so solle auch das Kind das Haus nicht ohne Erlaubnis des Vaters verlassen.[126] Wider den Willen des Vaters wird ihm ein Verlassen bei Vorliegen gewichtiger Gründe gestattet.
Am Ende seiner Ausführungen über die väterliche Gewalt stellt PUFENDORF die Frage, ob es den Kindern erlaubt sei, eine Ehe gegen den Willen der Eltern zu schließen.[127] Bei der Beantwortung der Frage sei zu berücksichtigen, was die Pflicht der *pietas* und was der Gehorsam verlangt, weiterhin, welches Recht den Vätern als solche und welches ihnen als Familienoberhäuptern zustehe. Die väterliche Gewalt spiele in diesem Zusammenhang keine Rolle, da sie zum Zeitpunkt der Eheschließung der Kinder, bei dem diese Verstandesreife besitzen sollten, wegen Zweckerfüllung nicht mehr bestehen könne. Aber das *officium pietatis ac reverentiae* verlange, daß die Kinder den Rat ihrer Eltern befolgten. Eine Eheschließung ist allerdings nicht wegen Mißachtung dieser Pflicht null und nichtig. Denn die Pflicht zur Befolgung des Ratschlages eines anderen (*obligatio audiendi et reverendi alterius consilium*) nimmt nicht sogleich auch die Befugnis, über eigene Angelegenheiten zu entscheiden.
Was die Stellung der Väter als Familienoberhäupter angehe, so sei wieder danach zu unterscheiden, ob die Familien inner- oder außerhalb von bürgerlichen Gesellschaften lebten.
In bürgerlichen Gesellschaften könnten die Gesetze die (zivilrechtliche) Gültigkeit der Eheschließung auch von der Einwilligung der Eltern abhängig machen, wie sie sonst auch andere Anforderungen an die Form der Eheschließung und die Personen der Eheschließenden stellen könnten. Es folgt eine Mahnung an die Eltern: *"Quanquam recte cordatiores monent, parentes, etiam ubi talis potestas ipsis indulgetur, circa eiusdem exercitium circumspectos, nec rigidos nimis esse debere."*.[128]
Die meisten Gründe, die zur Aufstellung der zivilen Gesetze in bezug auf die Anforderungen an die Eheschließung und die Nupturienten geführt haben, dürften bei den außerhalb solcher Gesellschaften lebenden Familien keine Rolle gespielt haben.[129] So scheint der *pater familias* dann kaum das Recht zu haben, Ehe-

[125] *De iure naturae et gentium*, Cap. 2, lib. 6, § 13.
[126] *De iure naturae et gentium*, Cap. 2, lib. 6, § 13; *De officio hominis et civis*, lib. 2, Cap. 3, § 10.
[127] *De iure naturae et gentium*, Cap. 2, lib. 6, § 14; *De officio hominis et civis*, lib. 2, Cap. 3, § 10.
[128] *De iure naturae et gentium*, Cap. 2, lib. 6, § 14 a. E.
[129] *De iure naturae et gentium*, Cap. 2, lib. 6, § 14.

schließungen seiner Kinder zu verbieten oder aufheben zu lassen, die an keinem anderen Fehler leiden, wenn diese nur bereit sind, die väterliche Familie zu verlassen. Nach PUFENDORF könne von niemandem verlangt werden, in seinem Haus eine ihm verhaßte Schwiegertochter zu dulden[130].

3. Würdigung PUFENDORFS

Zu PUFENDORF ist festzuhalten, daß er in zwei entscheidenden Punkten eine Wende in der Auffassung vom Eltern-Kind-Verhältnis brachte. Zum einen erkennt er die volle Rechtssubjektivität des Kindes an, das unter der Gewalt seines Vaters steht. Dies kommt in seiner Feststellung zum Ausdruck, daß, selbst wenn das Kind aus der "Substanz" seiner Eltern stamme, es diesen kraft seiner Eigenschaft als Mensch gleichzustellen sei. Damit verwirft er die Auffassung ARISTOTELES, der gerade aus dem Umstand, daß die Kinder "Teil" ihres Vaters sind, gefolgert hatte, daß die Kinder ihm untergeordnet sind. In Abkehr von der aristotelischen Doktrin kann der Vater seinem Kind auch „normales" Unrecht tun; Rechtsbeziehungen zwischen Vater und Hauskind sind damit grundsätzlich ohne Einschränkung möglich. Zum anderen stellt PUFENDORF die besondere Zweckbindung der väterlichen Gewalt heraus, die darin besteht, das Kind zu einem wertvollen Mitglied der Gemeinschaft zu erziehen. Aus der Zweckbindung der väterlichen Gewalt folgt, daß sie im Interesse des Kindes auszuüben und die Gewalt mit Erreichung des Zwecks endet. Wenn auch schon frühere Autoren den Vater als zur Erziehung der Kinder verpflichtet angesehen haben, so unterscheidet PUFENDORF sich von diesen doch dadurch, daß diese Verpflichtung zur Erziehung im Interesse der Kinder selbst besteht. Dies läßt sich insbesondere bei der Frage der Bestimmung der künftigen Lebensart der Kindes zeigen. Während nach früherer Auffassung die Kinder den väterlichen Willen bei der Berufswahl zu respektieren hatten, stellt PUFENDORF den Willen der Kinder in den Vordergrund.

Die Auffassung PUFENDORFS von der Zweckbindung der väterlichen Gewalt hat sich allmählich allgemein durchgesetzt und zur Anerkennung der vollen Rechtssubjektivität des Kindes durch das Recht geführt. Aber auch in Detailfragen hat er die weitere Entwicklung entscheidend beeinflußt: Seine Auffassung zur Berücksichtigung des Willens des Sohnes bei der Berufswahl hat über den *Usus modernus* Eingang in das Preußische Allgemeine Landrecht[131] und weitere Kodifikationen (ABGB und Sächsisches BGB) gefunden und damit einen wesentlichen Beitrag zur „Emanzipation" des Kindes geleistet.

---

[130] *De iure naturae et gentium*, Cap. 2, lib. 6, § 14.

[131] Dazu siehe S. 332.

V. CHRISTIAN THOMASIUS (1655 - 1728)[132]

THOMASIUS, der "Vater der deutschen Aufklärung"[133], brachte das deutsche Lehrsystem des Naturrechts zum Abschluß[134]. Er ging weit über seinen Lehrer PUFENDORF hinaus und trennte das Recht von Moral und Anstand durch das Merkmal der Erzwingbarkeit[135]. Dazu griff er auf GROTIUS' Unterscheidung zwischen vollkommenen und unvollkommenen Rechten zurück.[136]

1. Naturrecht und positives Recht[137]

THOMASIUS unterscheidet zwischen einem Naturrecht im engeren und in weiterem Sinne.

"*Sumitur tamen jus naturae vel late, prout comprehendit omnia praecepta moralia ex ratiocinatione profluentia, sive sint regulae justi, sive etiam honesti et decori; vel stricte pro solis praeceptis justi, quatenus ab honesto et decoro distinguitur.*"[138]

Das Naturrecht im engen Sinne sind allein die Vorschriften des *Justum*. Zum Naturrecht im weiten Sinne rechnet er alle aus der Vernunft folgenden moralischen Vorschriften, die sich in die Regeln des *Justum*, des *Honestum* und des *Decorum* einteilen lassen. Das *Honestum* ist die Tugend: "*Quod vis, ut alii sibi faciant, tute tibi facies.*"[139], das *Decorum*: "*Quod vis ut alii tibi faciant, tu ipsis facies.*"[140], das *Justum*: "*Quod tibi non vis fieri, alteri ne feceris.*"[141].

Das *Honestum* sind die Grundsätze, die den inneren Frieden betreffen, während das *Decorum* und das *Justum* die Regeln von zwischenmenschlichen Beziehungen waren. Zum Bereich des Justum gehörten die äußeren erzwingbaren Handlungen, die nicht gegen Rechte anderer, die sich aufgrund absoluter Rechtsstellungen oder aufgrund von freiwillig übernommenen Verpflichtungen ergaben, verstoßen durften. Zum *Decorum* gehörten die nicht erzwingbaren gegenseitigen Beistands- und Hilfspflichten.[142]

---

132 Über Leben und Werk: Wieacker, PrGN, S. 315ff.; Luig, "Thomasius, Christian", HRG 5, Sp.186ff.; Bühler, Die Naturrechtslehre und Christian Thomasius; Kleinheyer/Schröder, Deutsche Juristen, S. 291ff.; Wolf, Rechtsdenker, S. 371ff. - Speziell zum Eltern-Kind-Verhältnis: Thomas, Anschauungen der Naturrechtslehrer, S. 13 (§ 5); Bingler, S. 125ff.; Leineweber, S. 211f.; siehe auch Dufour, Autorité maritale, 89 (116f.).

133 Kleinheyer/Schröder, Deutsche Juristen, S. 291.

134 Wolf, Das Problem der Naturrechtslehre, S. 137.

135 *Fundamenta*, lib. 1 cap. 4 § 61 und lib. 1 cap. 5 § 21: "[...] *vero obligatio iuri correspondens semper externa est, metuens coationem aliorum hominum.*"; Kleinheyer/Schröder, Deutsche Juristen, S. 294; siehe auch Welzel, Naturrecht und materiale Gerechtigkeit, S. 164f.

136 Kleinheyer/Schröder, Deutsche Juristen, S. 294.

137 Luig, "Thomasius, Christian", HRG 5, Sp. 193f.; Bühler, Die Naturrechtslehre und Christian Thomasius, S. 48ff.; siehe auch Tubies, Prudentia legislatoria bei Thomasius.

138 *Fundamenta*, lib. 1 cap. 5 § 30.

139 *Fundamenta*, lib. 1 cap. 6 § 40.

140 *Fundamenta*, lib. 1 cap. 6 § 41.

141 *Fundamenta*, lib. 1 cap. 6 § 42.

142 Luig, "Thomasius, Christian", HRG 5, Sp. 186ff.

Recht (*jus*) entstand allein aus den Regeln des *Justum*.[143] Alles Recht ist nach THOMASIUS äußerlich, da es immer das Verhältnis zwischen zwei Menschen voraussetzt.[144] Hinzu kommt das Merkmal der Erzwingbarkeit. Aus den Regeln des *Honestum* entsteht nun zwar eine Verbindlichkeit, aber kein Recht, da sie nicht auf einen anderen Menschen bezogen ist.[145] Obwohl die Regeln des *Decorum* sich auch auf andere Menschen beziehen, sind sie dennoch nicht "*jus*", da sie nicht erzwingbar sind.[146] Die Verbindlichkeiten, die sich aus den Regeln des *Honestum* und des *Decorum* ergeben, verpflichten den einzelnen nicht gegenüber einem anderen Menschen, sondern nur gegenüber sich selbst.[147]

Wie auch bei den anderen Naturrechtslehrern ist die Rechtslehre THOMASIUS' als Naturrecht nicht im Staat positiv geltendes Recht. Es hat nur mehr den Charakter von Ratschlägen, Ermahnungen und Geboten.[148] Es stellt eine Empfehlung an den Gesetzgeber dar.[149] Die Einteilung des Naturrechts in die Regeln des *Honestum*, *Decorum* und *Justum* äußert bei der Empfehlung folgende Wirkungen:
Über die Regeln des *Justum*, des Naturrechts im engen Sinne, das die Verletzung anderer verbietet, kann das positive Recht nicht wirksam verfügen.[150] Es kann aber zur Sanktion der Verletzung dieser Pflichten Strafen bestimmen.[151] Dagegen kann das positive Recht viele nach Naturrecht "mittlere" Handlungen[152] aus Nützlichkeitserwägungen verbieten und dadurch dem Naturrecht eine gewisse Stützung zukommen lassen.[153]
Die Vorschriften des *Honestum* beanspruchen universale Geltung, so daß das positive Recht sie nicht verändern kann. Aber es kann zu einzelnen speziellen Regeln etwas hinzufügen und nähere Bestimmungen treffen, zumal die Ableitung aus der Vernunft in diesem Bereich schwierig ist.[154] Dasselbe gilt bei den Vorschriften des

---

143 *Fundamenta*, lib. 1 cap. 5 § 21.
144 *Fundamenta*, lib. 1 cap. 5 § 17.
145 *Fundamenta*, lib. 1 cap. 5 § 20.
146 *Fundamenta*, lib. 1 cap. 5 § 21.
147 *Fundamenta*, lib. 1 cap. 5 § 24.
148 *Fundamenta*, lib. 1 cap. 5 § 34: "*Lex naturalis et divina magis ad consilia pertinet, quam ad imperia.*".
149 *Fundamenta*, lib. 1 cap. 5 § 53: "*Quamvis vero jus naturae sit norma juris positivi* [...]"; Tubies, Prudentia legislatoria bei Thomasius, S. 97f. - Zur Notwendigkeit des positiven Rechts *Fundamenta* lib. 1 cap. 5 § 56.
150 *Fundamenta*, lib. 1 cap. 5 § 53.
151 *Fundamenta*, lib. 1 cap.5 § 53.
152 Siehe zur Einteilung der Handlungen in *actiones bonae, malae et mediae Fundamenta*, lib. 1 cap. 4 § 87.
153 *Fundamenta*, lib. 1 cap. 5, § 53.
154 *Fundamenta*, lib. 1 cap. 5, § 54: "*Praecepta honestatis generalia etiam sunt universalia. Ergo nec hic potest aliquid mutare jus positivum. Sed quoad regulas speciales aliquid potest addere, imo cum illae regulae speciales desumendae sint ex variante hominum natura, quae non ita facile in sensus incurrit, utile est, ut jus positivum multa determinet, quae alias difficulter determinarentur sola ratiocinatione.*".

Decorum: "*Eadem est ratio praeceptorum decori. Difficilior enim est inquisitio bonorum et malorum mediorum, quia haec non absolute bona vel mala sunt, sed in comparatione ad magis bonum vel minus malum. Inde non omnia omnibus sunt decora et indecora.*"[155]

2. Das Eltern-Kind-Verhältnis nach Naturrecht

THOMASIUS legt seine Auffassung vom Eltern-Kind-Verhältnis, für das er den Ausdruck "*societas paterna*" gebraucht, in der Hauptsache im vierten Kapitel des dritten Buches der "*Institutiones jurisprudentiae divinae*" unter der Überschrift "*De officiis parentum et liberorum*" nieder. Ergänzungen zu diesen Ausführungen finden sich in dem Werk "*Fundamenta juris naturae et gentium*", ebenfalls im vierten Kapitel des dritten Buches.

Im dritten Buch der "*Institutiones jurisprudentiae divinae*" befaßt sich THOMASIUS mit den sogenannten einfachen Gesellschaften, aus denen sich der Staat aufbaue. Zu den "einfachen Gesellschaften" sind die Ehe, die *societas paterna* und das Verhältnis zwischen "*dominus und servus*" zu rechnen. THOMASIUS schließt sich damit an die aristotelische Einteilung der (Rechts)-Verhältnisse des Hausverbandes an.

a) Die Grundlage des Eltern-Kind-Verhältnisses

Breiten Raum widmet THOMASIUS der Frage nach dem Fundament des Rechtes der Eltern (*ius parentum*).[156] Er setzt sich eingehend mit den in der Literatur vertretenen Thesen zur Grundlage des Eltern-Kind-Verhältnisses, insbesondere mit der vertraglichen Grundlage auseinander.[157] Zu Beginn der Ausführungen stellt er zunächst fest, daß sich die auch bei primitiven Gesellschaften (*gentes*) anerkannte *societas paterna* von allen anderen *societates* dadurch unterscheide, daß sie ohne direkte und spezielle gegenseitige Zustimmung eingegangen werde[158]. Damit wendet er sich gegen den oben dargestellten Standpunkt eines stillschweigend geschlossenen Vertrages als Grundlage des von uns betrachteten Verhältnisses, der auch eine der beiden Stützen der elterlichen bzw. väterlichen Gewalt bei SAMUEL PUFENDORF war[159]. THOMASIUS will den Konsens schon an einer entsprechenden Erklärung der Eltern scheitern lassen[160]. Aber auch das Kind könne zu dem Zeitpunkt, in dem die *societas paterna* beginne, nicht zustimmen, da es nicht in der Lage sei, einen vernünftigen Willensakt zu äußern[161]. Damit entfalle aber auch die

---

[155] *Fundamenta*, lib. 1 cap. 5 § 55. - Siehe auch noch *Fundamenta*, lib. 1 cap. 4 § 87 ff. zur Einteilung der Handlungen in *actiones bonae, malae et mediae*.

[156] Inst. §§ 5 - 30 (ß); zu dieser Frage siehe auch *De usu juris paterni Romanorum* [...], §§ 2 ff.

[157] Inst. § 2; Diss. *De usu juris paterni Romanorum*, §§ 2 ff.: § 2 zu Hobbes, § 3 zu Pufendorf, § 4 zu Grotius/Horn.

[158] Inst. § 5.

[159] Dazu siehe unter IV. 2.

[160] Inst. § 6.

[161] Inst. § 9.

Möglichkeit einer stillschweigenden Zustimmungserklärung, da ein *consensus tacitus* nur von jemandem gelte, der auch ausdrücklich seinen Willen gültig erklären könne.[162] Aus den Ausführungen PUFENDORFS - den Namen erwähnt THOMASIUS nicht ausdrücklich - ergebe sich, daß dieser eigentlich den *consensus praesumptus* meine, der sich aber in vielerlei Hinsicht vom stillschweigenden unterscheide und eigentlich gar kein richtiger Konsens sei[163]. Darüber hinaus spreche dagegen, das er nur dann als Ursprung der Verbindlichkeit Platz greife, wenn er in freiwilligen Handlungen vor der Entstehung der Gesellschaft bestehe[164]. Aber weder dem Vater noch dem Sohn sei es freigestellt, das Erziehungsrecht mit seinen Folgerungen abzulehnen.

THOMASIUS wendet sich auch gegen das doppelte Fundament der *lex naturalis* und des *consensus tacitus*, das PUFENDORF als Grundlage des Eltern-Kind-Verhältnisses annimmt[165]. Grundsätzlich sei es nicht zweifelhaft, daß ein Recht oder eine Pflicht aus der Vorschrift der *lex naturalis* <u>und</u> aus einem stillschweigenden Konsens entstehen könne[166]. Aber damit man sagen könne, daß eine Verbindlichkeit unmittelbar aus einer Willensübereinstimmung entstehe, sei es erforderlich, daß sie entweder vorher überhaupt noch nicht existiere oder nicht in Rücksicht auf eine bestimmte Person oder Art der Verbindlichkeit[167]. Einen Konsens könne man aber nicht als den Ursprung einer Pflicht bezeichnen, wenn eine schon vorher bestehende Verbindlichkeit durch ihn quasi verdoppelt werde. Die Erklärung der Zustimmung diene dann dazu, die Bereitschaft der Erfüllung der Verbindlichkeit zu bezeugen, oder der Absicherung des anderen Teiles[168].

Aus diesen Überlegungen folgert THOMASIUS, daß man den stillschweigenden Konsens der Kinder nicht brauche, damit sie keinen Grund zur Beschwerde hätten, die väterliche Herrschaft sei ihnen gegen ihren Willen und zwecklos auferlegt worden[169]. Denn viele Verbindlichkeiten gebe es, die die Menschen auch gegen ihren Willen bänden. Auch ein Vorgesetzter bedürfe zur Einführung einer Pflicht für den Untergebenen dessen Zustimmung nicht[170]. Zwecklos sei die Herrschaft des Vaters dem Sohn auch nicht auferlegt[171]. Denn der Zweck der *societas paterna* werde gemeinhin in der Erziehung des Nachwuchses gesehen. Als zweites Ziel könne man auch noch die Herrschaft der Eltern (*imperium parentum*) und den Gehorsam der Kinder (*obsequium liberorum*) hinzufügen[172].

---

[162] Inst. § 10.
[163] Inst. § 11.
[164] Inst. § 14.
[165] Inst. § 15.
[166] Inst. § 16.
[167] Inst. § 17.
[168] Inst. § 21.
[169] Inst. § 25.
[170] Inst. § 26.
[171] Inst. § 27.
[172] Inst. § 28.

Der Erziehungszweck stehe an erster Stelle und sei Richtschnur des zweiten Zieles, und bei seinem Erreichen ende die *societas paterna*[173]. Die Erziehung des Kindes setze sofort nach der Geburt ein, zu einem Zeitpunkt also, wo die Kinder noch nicht gehorchen könnten: das Herrschaftsrecht des Vaters sei nichts anderes als das Mittel, ohne das die Erziehung nicht möglich sei[174]. In den "*Fundamenta*", den Ergänzungen zu den Institutionen, schickt THOMASIUS voraus, daß es in erster Linie eine Pflicht der Eltern sei, aus dem sich das Recht ableite und nicht umgekehrt: § 1: "[...] *officium parentum non incipere ab eorum jure, sed ius derivandum esse ex officio*". Daraus zieht er den Schluß, daß die Eltern auf ihr "Recht" nicht verzichten können, da ein Verzicht auf eine Pflicht nicht möglich sei.[175] Die Pflicht zur Erziehung der Kinder sei aus dem Gesetz, die Pflichten der Menschlichkeit zu erfüllen (*lex de praestandis officiis humanitatis*), abzuleiten[176]. Wenn die Kinder das Licht der Welt erblickten, so stehe ohne Zweifel fest, daß sie Menschen seien[177], und als solche genössen sie notwendigerweise auch die Rechte, die den Menschen als solchen zukommen, soweit sie dazu in der Lage seien[178].

In den "*Fundamenta*" stellt THOMASIUS fest, daß es sich bei der Pflicht zur Erziehung um eine Vorschrift des Naturrechts (*praeceptum iuris naturalis*) handele, die teilweise aus den Regeln des Ehrenhaften (*ex regulis honesti*) stamme, weil es mehr ein Indiz tierischer Trägheit, Hochmuts und Geizes sei, wenn sich die Eltern dieser Pflicht entziehen wollten. Zum anderen habe diese Pflicht ihre Grundlage in den Regeln des Schicklichen (*ex regulis decori*), weil es zweifellos höchst unmenschlich wäre, die Kinder durch Verweigerung des Unterhalts und der Aufzucht dem Tode auszusetzen oder ihren Begierden zu überlassen.

Die elterliche bzw. väterliche Gewalt rechtfertigt sich nach THOMASIUS damit aus dem Zweck der *societas paterna*.

THOMASIUS beschäftigt sich auch mit der Frage, wem in erster Linie die Gewalt über die Kinder zukomme, dem Vater oder der Mutter.[179] Wenn allein auf die natürliche Vernunft abgestellt werde, so stehe sie jedem von beiden zu, da ja auch beide das Fundament dieser Gewalt gelegt haben, es sei denn, die Eltern seien in ihrer ehelichen Gesellschaft anders überein gekommen.[180] Wenn man aber das positive göttliche Gesetz berücksichtige, so sei zweifellos dem Vater der Vorrang

[173] Inst. § 29.

[174] Inst. § 30: "*Sed educatio sobolis statim post partum editum se exserit, antequam liberi obsequii sint capaces: Ipsum imperium patris nil aliud est, quam medium, sine quo educatio obtineri nequit; educatione absoluta naturaliter solvitur societas paterna.*".

[175] *Fundamenta*, § 1.

[176] Inst. § 34.

[177] Inst. § 35.

[178] Inst. § 36.

[179] Inst. § 66: vgl. dazu auch Thomasius/Hess, *De usu juris paterni* Romanorum, §§ 5ff. (§ 5 zu Horn, § 6 zu Hobbes, § 7 zu Grotius etc.).

[180] Inst. § 66.

einzuräumen, da dieser auch die Handlungen der Mutter zum Nutzen der Familie leiten müsse[181]. Diese Meinung revidiert THOMASIUS allerdings in den "*Fundamenta*"[182]: Mit Rücksicht auf die natürliche Herrschaft des Ehemannes über die Ehefrau sei dem Vater, auch wenn allein auf die natürliche Vernunft abgestellt werde, die hauptsächlichen Teile der Erziehung der Kinder zuzusprechen; es sei nicht weiter notwendig, dafür auf die positiven göttlichen Gesetze zurückzugreifen.

b) Die Dauer der *societas paterna*

Eine weitreichende Folge der Zweckkonzeption der *societas paterna* betrifft ihre Dauer. Anders als die Ehe ist die *societas paterna*, wenn man das Naturrecht oder das universale positive Recht betrachte, nicht unauflöslich[183]. Hier gelte die Regel: "*cessante fine, cessat actio, cessat adeo et status ex pluribus actionibus compositus*". Mit Fortfall des (Handlungs)-Zwecks entfalle auch die Handlung und der Status, der sich aus mehreren Handlungen zusammensetzt[184]. Die *societas paterna* müsse deshalb *naturaliter* dann aufhören zu existieren, wenn die Kinder selbst für ihren Unterhalt sorgen könnten und auch keine Erziehung i.e.S. mehr benötigten[185]. Diese beiden Voraussetzungen müßten zugleich vorliegen, da sie beide auch zur Begründung der *societas paterna* erforderlich seien[186]. Da wir aber in einem unvollkommenen Stande lebten, in dem die menschlichen Sitten stets von neuem gehoben werden müßten und keine bestimmten Kriterien für das Ziel und das Ende einer guten Erziehung existierten, so müsse die Beurteilung dieser Sache dem Urteil und Gewissen des Vaters als einem von Natur aus Klügeren überlassen werden[187]. Daraus folgert THOMASIUS, daß der Vater im Naturzustand einen nachlässigen und unbotmäßigen Sohn auch gegen dessen Willen aus der Familie verstoßen könne, wenn er die *anni discretionis* erreicht hat, es sei denn, der Vater habe selbst bei der Erziehung gefehlt[188]. Der Sohn dagegen sei grundsätzlich nicht befugt, das Haus (*societas*) gegen den Willen des Vaters zu verlassen, es sei denn, er könne mit sehr eindeutigen Beweismitteln die väterliche Ungerechtigkeit und eigene Tugenden nachweisen[189].

---

[181] Inst. § 67, in § 68 erfolgt aber eine Einschränkung: "*Nisi pater praecipiat ea, quae iam lege divina, vel alius superioris sunt interdicta, tum matris jussus erit praeferendus, qui tamen tunc proprie non consideratur ut jussus matris.*".

[182] *Fundamenta*, § 8; siehe auch Thomasius/Hess, *De usu juris paterni Romanorum*, § 8.

[183] Inst. § 52.

[184] Inst. § 52.

[185] Inst. § 53: "*Quare naturaliter exspirare debet societas paterna, cum liberi ipsi capaces sunt de alimentis sibi prospicere, ut educatione amplius non habent opus.*".

[186] Inst. § 54.

[187] Inst. § 57.

[188] Inst. § 58.

[189] Inst. § 59.

Wenn die väterliche Gemeinschaft beendet sei, so bleibe aber die Pflicht der Kinder zur Ehrerbietung gegenüber den Eltern wegen der von ihnen erwiesenen Wohltaten der Ernährung und Erziehung i. e. S. bestehen[190].

c) Der Inhalt des Eltern-Kind-Verhältnisses

aa) Die elterliche Sorge für die Person des Kindes

Nach THOMASIUS besteht der Zweck der *societas paterna* in der Erziehung der Kinder.[191] Er definiert die Erziehung als "*sobolis a prima infantia ad maturitatem tum corporis tum animi conveniens perductio*".[192] Sie umfasse zwei Teile, die *alimentatio*, die sich auf den Körper bezieht, und die *doctrina*, die den Geist betrifft. Hier gewinnen die Rechte der Kinder in positiver Hinsicht als Ausfluß der Vorschrift zur Erfüllung der Menschlichkeitspflicht besondere Bedeutung[193]. Da die Kinder ohne Nahrung stürben und ohne Bildung (Erziehung i. e. S.) wie die Tiere leben müßten, so müßten die anderen Menschen dafür sorgen, daß sie leben könnten, und zwar auch mit Verstand (*cum ratione*)[194]. Die Pflicht zur *humanitas* treffe zwar grundsätzlich alle Menschen[195]. Da aber die Pflicht zur Erziehung der Kinder eine aufwendige und mühevolle sei und der "gewöhnlichen *humanitas*" nicht zugemutet werden könne und da darüber hinaus die Kinder niemanden bitten könnten und zudem noch Gefahr im Verzuge bestehe, so habe die *lex naturalis* bestimmte Personen bestimmen müssen, die sofort wüßten, daß ihnen vor anderen diese Aufgabe obliege[196]. Es liege sofort auf der Hand, daß dies die Eltern, die wegen der Zeugung die nächsten sind, seien, die, haben die Kinder erst einmal das Licht der Welt erblickt, diese Aufgabe übernehmen müßten[197].

Die negative Komponente der elterlichen Pflicht ist nach THOMASIUS, daß Kinder nicht verletzt oder getötet werden dürfen. Eltern, die gegen diese Vorschrift verstießen, verletzten in erster Linie dann die allen Menschen obliegende Pflicht, die körperliche Unversehrtheit anderer zu wahren, und nicht die elterliche Pflicht, obwohl diese ein solches Vergehen sehr schwerwiegend mache, da die Eltern den Nutzen der Kinder so gut wie möglich fördern sollten[198]. Im Zustand der Freiheit (*status libertatis* - damit dürfte der *status naturalis* gemeint sein) allerdings stehe dem Vater auch das *ius vitae necisque zu*, das THOMASIUS als das Recht, auch *ca-*

---

[190] Inst. § 60.

[191] Inst. § 31: "*Ergo primum praeceptum in hac societate dirigit officium parentum erga liberos: Parentes liberos suos educent.*".

[192] Inst. § 44.

[193] Inst. § 39. - Zur religiösen Erziehungspflicht der Eltern, siehe Bingler, S. 137f. und S. 140f. zur Privaterziehung, für die Thomasius aus pädagogisch-didaktischen Gründen eintritt.

[194] Inst. § 40; *Fundamenta*, § 2.

[195] Inst. § 41.

[196] Inst. § 41.

[197] Inst. § 42.

[198] Inst. § 38.

pitaliter zu strafen auffaßt, da sonst niemand dieses gegenüber den Kindern, die Verbrechen begehen, ausüben könne[199]. Im Falle der Not könnten die Eltern die Kinder auch verpfänden oder in erträgliche Knechtschaft verkaufen, unter der Bedingung des Rückkaufs, falls sich die finanziellen Verhältnisse wieder besserten[200].
Bei der Beantwortung der Frage, ob die Kinder auch gegen den Willen der Eltern eine Ehe eingehen könnten, unterscheidet THOMASIUS zwischen Kindern, die sich noch in väterlicher Gewalt befinden, und denen, die bereits die väterliche Familie verlassen haben[201]. Jene müßten aufgrund ihrer Gehorsamspflicht die elterliche Einwilligung einholen, ohne die die Ehe *ipso iure* nichtig sei. Denn dieser Akt sei von sehr großer Bedeutung und berühre die Interessen der Eltern nachhaltig. Zum einen müßten sie eventuell gegen ihren Willen die Last der Ernährung der angeheirateten Person tragen; zum anderen könne es geschehen, daß ihnen gegen ihren Willen das elterliche (väterliche) Recht entzogen würde[202]. Die Kinder, die sich schon aus der elterlichen Familie gelöst haben, verletzten die Pflicht zur Ehrerbietung, wenn sie ohne Wissen der Eltern die Ehe schlössen, die Ehe aber sei gültig; wenn die Eltern aber, um ihre Zustimmung gebeten, diese ohne rechtfertigenden Grund ablehnten, so könne den Kindern noch nicht einmal die Verletzung der den Eltern geschuldeten *reverentia* vorgeworfen werden, wenn sie trotzdem heirateten[203]. Auch wenn schon erzogene und erwachsene Kinder heiraten und das väterliche Haus verlassen wollten, die Eltern aber aus Gefühllosigkeit oder Eigensinn sie nicht aus ihrer Gewalt entlassen und den Konsens zur Eheschließung erteilen wollten, so können diese für sich selbst sorgen, ohne die Pflichten der *pietas* und der *reverentia* zu verletzen[204].

Die Erziehungspflicht der Eltern, die im Zustande der vorstaatlichen Freiheit eine nur innerliche Pflicht (*interna obligatio*) sei, werde im Zustand des bürgerlichen Gemeinwesens "*per leges civiles poenales*" erzwingbar gemacht; denn es liege im Interesse des Gemeinwesens, daß die Bürger nicht mit der Erziehung fremder Kinder belastet würden[205].

Der Pflicht der Eltern zur Erziehung der Kinder entspricht die Pflicht der Kinder zum Gehorsam gegenüber den Eltern[206]. Im folgenden führt THOMASIUS aus, daß

[199] *Fundamenta*, § 9.
[200] Inst. § 73.
[201] Inst. § 76.
[202] Inst. § 76.
[203] Inst. § 77.
[204] Inst. § 78.
[205] *Fundamenta*, § 3.
[206] Inst. § 45: "*Liberi quamdiu in societate paterna vivunt, parentibus obtemperent.*".

die Kinder den Eltern Gehorsam (*obsequium*) gepaart mit Ehrerbietung (*reverentia*) schulden[207].
Wenn nach der Pflicht der Kinder gegenüber ihren Eltern gefragt wird, unterscheidet THOMASIUS anders als GROTIUS und als der an GROTIUS anknüpfende PUFENDORF zwei Zeitstufen, einmal die Zeit, in der die Kinder sich in der Gewalt der Eltern befinden, und zum anderen, die Zeit, in der sie von dieser befreit sind[208]. Die Unterscheidung der ersten Zeitstufe in die Zeit *imperfecti iudicii* und *iudicii perfecti* allein im Hinblick auf den Grad der Erziehung und der Befehlsgewalt hält THOMASIUS nicht für zweckmäßig, da es ohne jeden Zweifel sei, daß dieser Grad bei Kindern (*infantes*) größer als bei erwachsenen Kindern sei[209].

Am Ende dieses Kapitels betont THOMASIUS, daß die dort gemachten Ausführungen über die Pflichten der Eltern und Kinder als von den *leges civiles* abstrahiert anzusehen sind. Wenn in diesen etwas anderes geregelt sei, so werde er dies nicht an diesem Ort kritisieren [210].

bb) Die elterliche Sorge für das Vermögen der Kinder
Desweiteren befaßt sich THOMASIUS mit der Frage, ob sich die *potestas patria* auch auf das Vermögen der Kinder erstreckt. Er meint, daß diese Frage grundsätzlich zu verneinen sei, da sich die Erziehung als Zweck der *societas paterna* auf die Handlungen der Kinder, nicht auf deren Sachen erstrecke[211]. Die Ernährung (*alimentatio*) sei zwar eine Last, aber für die Eltern kein Titel zu erwerben[212]. Bei den Kindern der ersten Altersstufe (*primae aetatis*) freilich sollten die Eltern darauf achten, welcher Erwerb für die Kinder nützlich sei und welcher nicht, und sie beim Erwerb und bei der Verwaltung vertreten[213]. Erwachsenen Kindern aber könnten sie die Bedingungen des Erwerbes vorschreiben. In beiden Altersstufen erlange das Kind aber das Eigentum[214].
Nach strengem Recht seien die Eltern den Kindern nicht zur Leistung von Unterhalt verpflichtet, wenn diese selbst ausreichende Mittel besäßen[215]. So versündigten die Eltern sich nicht, wenn sie den Unterhalt der Kinder aus deren Vermögen bestritten oder einen dem Unterhalt entsprechenden Ausgleich aus der Arbeit und den Gütern der Kinder zögen[216].

---

207 Inst. § 51.
208 Inst. § 64.
209 Inst. § 65.
210 Inst. § 79.
211 Inst. § 69.
212 Inst. § 69.
213 Inst. § 70.
214 Inst. § 70.
215 Inst. § 71.
216 Inst. § 71.

3. Exkurs: Das Eltern-Kind-Verhältnis nach gemeinem Recht

a) THOMASIUS und das römische Recht

Im Gegensatz zu anderen Naturrechtslehrern setzt sich THOMASIUS auch mit dem römischen gemeinen Recht seiner Zeit auseinander. Er ist dabei einer der schärfsten Kritiker des römischen Rechts, der sich gegen seine generelle Rezeption aussprach[217]. Die Geltung eines Rechtssatzes des römischen Rechts könne nur dann angenommen werden, wenn sie aufgrund von Gewohnheit bewiesen sei[218]. Mit der historischen Methode will THOMASIUS insbesondere nachweisen, daß das römische Recht keine allgemeingültige, abstrakte Rechtsordnung, sondern das geschichtlich gewachsene Recht einer fremden Nation sei; bei der von ihm so genannten "aposteriorischen Methode" geht es ihm vor allem darum, durch einen Vergleich zwischen römischem Recht und Rechtswirklichkeit zu zeigen, wie wenig römisches Recht tatsächlich bei den deutschen Gerichten Anwendung findet[219]. Stichworte seiner inhaltlichen Kritik am römischen Recht sind die *subtilitas* im Gegensatz zur *simplicitas* des deutschen Rechts, *obscuritas*, *aequitas cerebrina* und die fehlende Geschlossenheit des *Corpus iuris*.[220]

b) Die *patria potestas* des römischen Rechts

Auch der römischen *patria potestas* steht THOMASIUS äußerst kritisch gegenüber. Äußerungen THOMASIUS' dazu finden sich in den beiden Dissertationen, in denen er als Präses fungierte: "*De usu juris paterni Romanorum secundum mores Germaniae et jus Borussicum revisum*" (1704)[221] und "*De usu practico tituli Institutionum de patria Potestate*" (1712)[222] sowie in den "*Notae ad singulos Institutionum et Pandectarum titulos* [...]".

Die erste Arbeit ist allerdings nicht repräsentativ für die Auffassung THOMASIUS, da er selbst diese Dissertation als Arbeit des Respondenten bezeichnet hat[223].

Nicht in Übereinstimmung mit der herrschenden Meinung im Usus modernus lehnt THOMASIUS die grundsätzliche Rezeption des Institutes der *patria potestas* ab[224].

---

[217] Vgl. Ebner, Kritik des römischen Rechts bei Christian Thomasius, S. 56, insbes. zur Rezeption; siehe auch Luig, Wissenschaft und Kodifikation des Privatrechts im Zeitalter der Aufklärung in der Sicht von Christian Thomasius, in: FS Coing, 177 (181ff.).

[218] So für die *patria potestas*: *Notae*, ad D. 1, 6 De his qui sui vel alieni [...], S. 22: "*Nostra sententia est, effectus patriae potestatis civilis cessare, nisi quantenus probentur esse recepti, unde non omnes corruunt.*"; Ebner, Kritik des römischen Rechts, S. 59.

[219] Ebner, Kritik des römischen Rechts, S. 61.

[220] Siehe dazu Ebner, Kritik der römischen Rechts, S. 85ff.

[221] Respondent Zacharias Hess.

[222] Respondent Johannes Burcardus Ver Poortenn.

[223] In der Vorrede zur besagten Disputatio: "*Nolui tamen hic quicquam immutare, cogitans tua sit haec disputatio, non mea.*".

Der Grund für die Ablehnung der *patria potestas* dürfte in der nach Auffassung vieler Autoren sehr harten und umfassenden Gewalt des Vaters (*ius vitae necisque*, Verkaufsrecht, alte Erwerbsregel) gesehen werden. Allerdings ist zu dieser Auffassung anzumerken, daß die ursprünglich umfassende *patria potestas* bei JUSTINIAN schon sehr stark abgemildert war[225] und sich nur in Einzelheiten von einer als gerecht empfundenen Gestaltung unterschied (z. B. Verkaufsrecht im Hungersfall).

Auch die Rezeption von einzelnen Wirkungen der römischen *patria potestas* lehnte THOMASIUS ab. In diesem Zusammenhang soll nur kurz auf vermögensrechtliche Fragen eingegangen werden[226].

THOMASIUS geht von der Regel des alten römischen Rechts aus, daß der Sohn alles, was er erwirbt, für den Vater erwirbt[227], die so allerdings schon nicht mehr bei JUSTINIAN gegolten hat. Diese Regel stehe im Gegensatz zum Naturrecht, so könne der Sohn grundsätzlich von anderen und sogar vom Vater selbst erwerben, "*nisi quod naturalis aequitas postulet, ut pater ac mater filium sustentantes filii opera uti possent in suam utilitatem*".[228] Die Geltung der von etlichen Autoren vertretenen Fiktion von der Personeneinheit zwischen Vater und Sohn, die von der Erwerbsregel zu unterscheiden sei, bestreitet THOMASIUS schon - zu Recht - auf der Grundlage des antiken römischen Rechts[229]. Diese Regel könne man sich höchstens als aus der Erwerbsregel abgeleitet vorstellen, daß alle Güter des Sohnes dem Vater eigen seien[230]. Beide Regeln seien nicht rezipiert worden[231]. Die Germanen

---

224 *De usu practico*, Cap. 2 § 1: "*Germanorum mores [...] ita nunquam receperunt illos peculiares effectus patriae potestatis a jure Romano introductos, et ex summa illa et absoluta potestate patris in corpus et bona filii deductos.*"; vgl. auch Cap. 2 § 5ff., dort in den §§ 14 ff. Auseinandersetzung mit der Gegenmeinung; auch *Notae* ad I 1,9 *(De patria potestate)*, S. 35f. - Vgl. aber auch *Notae* ad D. 28, 1 (*Qui testamenta facere possunt*), S. 266: "*Etsi enim patriam potestatem Romanorum in genere non recepimus, recepimus tamen in materia testamentaria.*".

225 Dazu siehe die Darstellung des nachklassischen römischen Rechts, 1. Teil 1. Abschnitt 2. Kapitel.

226 Dazu siehe *De usu practico*, Cap.1, §§ 48 - 49, Cap. 2, §§ 9,10. - Zu anderen Wirkungen ausführlich HESS. HESS unterscheidet bei den Wirkungen zwischen solchen, die auf der verwandtschaftlichen Beziehung beruhen und beiden Eltern zustehen, und denen, die die *leges civiles* gewährten, und zwar dem Vater allein, § 13.

227 *De usu practico*, Cap. 1, §§ 47ff.

228 *De usu practico*, Cap. 2, § 9.

229 *De usu practico*, Cap. 1, § 49: "*Solent equidem Dd. in recensendis effectibus reliquis patriae potestatis Romanae, recensere et aliam regulam tanquam a priore diversam; quod pater et filius habeantur pro una persona: eique peculiares conclusiones tribuere. Sed tamen ignoscent mihi, si dixerim eam ignorari a jure veteri neque veram esse, nisi quatenus est conclusio regulae procedentis, neque adeo peculiares effectus producere.*". Die Nichtgeltung nach antikem römischen Recht begründet Thomasius folgendermaßen: § 49, S. 22 in der FN zu C. 6, 26, 11: a) ist die Regel wirklich Grundlage der Entscheidung oder nicht der Erblasserwille? b) Regel besteht nicht *naturaliter*; c) Einschränkung durch *paene*; d) an der Stelle wird vom *filius*, nicht vom *filius familias* gesprochen. Die andere zum Beweis herangezogene Stelle C. 9, 22, 1 diene auch zum Beweis, daß Bruder und Verwandte eine Person mit dem *pater familias* seien.

230 *De usu practico*, Cap. 1, § 49 FN h): " [...] *aut si maxime et eam tanquam effectum antiquae patriae potestatis considerare velis, sique ex priore regula, quod omnia bona filiorum patri sint propria, deduci*

hätten immer die Forderungen der richtigen Vernunft befolgt[232]. Da auch die Regel von der Personeneinheit bei den Germanen nicht aufgenommen worden sei, entfielen auch die ihr zugeschriebenen Wirkungen, so daß grundsätzlich zwischen Vater und Sohn *obligationes civiles* und Schenkungen bestehen und Rechtsstreitigkeiten ausgetragen werden könnten[233]. Da das Recht der Pekulien als Ausnahmerecht von der allgemeinen (alten) Erwerbsregel aufzufassen sei, sei es wegen der Nichtrezeption der Erwerbsregel auch nicht als rezipiert anzusehen[234].
Festzuhalten ist also, daß nach Auffassung THOMASIUS das gesamte römische Kindesvermögensrecht nicht rezipiert ist[235]. Wenn THOMASIUS in anderen Bereichen (z.B. hinsichtlich des Nießbrauchs am Kindesvermögen[236]) Übereinstimmung mit römischen Vorstellungen findet, so beruht dies nach ihm nicht auf der Rezeption des römischen Rechts, sondern es handele sich um eine zufällige Übereinstimmung des römischen mit dem deutschen Recht[237].
Zusammenfassend läßt sich feststellen, daß THOMASIUS in der Ablehnung der *patria potestas* sehr weit geht.

---

potest [...]".

[231] Für die Erwerbsregel: *De usu practico*, Cap. 2, § 9: "[...] *ita et Germani semper fuerunt secuti haec rectae rationis dictamina.*" und FN r) zu dieser Stelle: "*Neque enim ullus hactenus probavit aut probare potuit, quod ullo unquam tempore regula illa Juris Romani, quicquid filius acquirit, acquirit patri, recepta fuerit apud Germanos.*". - Für die Regel von der Personeneinheit: *De usu practico*, Cap. 2, § 10.

[232] *De usu practico*, Cap. 2, § 9.

[233] *De usu practico*, Cap. 2, § 10 FN t), S. 34: "*Adeoque Jure Germanico etiam inter patrem et filium potest subsistere donatio, obligatio, lis, etc.*"; *Notae* I. 3, 20 (De inutil. stip.), S. 221: "*Ex nostris principiis putarem, etiam liberos in potestate existentes posse obligari parentibus naturaliter et civiliter intuitu bonorum quorumvis adventitiorum, partim quia patria potestas Germanica est saltem juris gentium, adeoque ignoravit regulam juris Romani, quod pater et filius habeantur pro una persona partim quia jus Germanicum per superius dicta ignorat doctrinam et distinctionem peculiorum Romanam.*".

[234] *De usu practico*, Cap. 2, § 10 FN a): "*Intelligo distinctionem peculiorum filiifamilias in paganum, castrense et quasi castrense, in profectitium, adventitium, tam regulare, quam irregulare. Hae enim distinctiones omnes sunt exceptiones ab illa regula [A.d.V.: Erwerbsregel]. Quum enim regula apud Germanos nunquam fuerit in usu, neque opus habuerunt exceptionibus.*"; *Notae* ad I. 2, 9 (*Per quas personas cuique acquiritur*), S. 169; *Notae* ad D. 15, 1 (*De peculio*), S. 182: "*Doctrinam juris Romani de peculio servorum et filiorumfamilias apud Germanos nullum habere usum, jam annotavimus.*"; *Notae* ad D. 49, 17 (*De castrensi peculio*); *Notae* ad D. 14, 6 (*De SC Macedoniano*), S. 180.

[235] Zur Auffassung des *Usus modernus* siehe 2. Teil 5. Abschnitt 2. Kapitel III. 2.

[236] *Notae* ad I. 2, 9 (*Per quas personas cuique acquiritur*), S. 169 f.: "*Ceterum Moribus Germaniae liberis non utimur ad illum finem, ut acquirant parentibus, nisi quamdiu nondum sunt educati. [...] Est etiam effectus patriae potestatis Germanicae, ut parentibus competat ususfructus bonorum ad liberos pertinentium, quamdiu sunt sub eorum oeconomia.*".

[237] *De usu practico*, Cap. 2, § 1, S. 29; Cap. 2, § 14, S. 37; *Notae ad* I. 2, 9 (*Per quas personas cuique acquiritur*), S. 169f.; siehe auch *Notae ad* D. 7, 1 (*De usufructu*), S. 111f.: "*Quemadmodum ususfructus est vel legalis, vel conventionalis, vel testamentaris, ita ad legalem pertinet ususfructus patri in bonis adventitiis liberorum competens. Obtinet ille et jure Germanico. Sed quaeritur an ex eodem fundamento? Jure Romano patri competit vi patriae potestatis. Jure Germanico verius est, patris usumfructum esse tutorium.*".

VI. Christian Wolff (1679 - 1754)[238]

Christian Wolff, von Wieacker als "Aufklärungsphilosoph bescheidenen Ranges" bezeichnet, lenkte wieder zu den metaphysischen und ethischen Traditionen des Vernunftrechts zurück[239]. Er hob die von Pufendorf vorgenommene Trennung zwischen individueller Gewissenspflicht und rechtlicher Zwangspflicht wieder auf[240]. Als erster hat er es unternommen, alle Wissensgebiete in einem geschlossenen System nach einheitlicher Methode, der mathematisch-demonstrativen Methode (*mos geometricus*), zusammenhängend und gründlich zu bearbeiten[241]. Zur Wirkung der Wolffschen Gedanken ist anzumerken, daß sie um die Mitte des achtzehnten Jahrhunderts das geistige Denken Europas beherrschten und auch Gesetzesverfasser, wie z.B. Svarez und Kreittmayr, beeinflußten[242].

1. Naturrecht und positives Recht[243]

Wolffs allgemeine Gedanken zum Naturrecht sollen zum besseren Verständnis des Themas an dieser Stelle kurz dargestellt werden.[244] In Übereinstimmung mit anderen Gelehrten sieht Wolff den Menschen verpflichtet, dem Naturgesetz, dem durch Vernunft Gewonnenen und logisch Widerspruchslosen, zu folgen mit dem Ziel seiner Vervollkommnung. Der Weg zur Vervollkommnung ist auch der Weg zur Glückseligkeit des Menschen, die in der Übereinstimmung mit dem Naturgesetz besteht. In Vermengung von Recht und Moral ist das Naturrecht bei Wolff wieder zurückschreitend die Lehre von den guten und bösen Handlungen, wobei gut ist, was die eigene Vervollkommnung und die anderer fördert, schlecht ist, was sie hindert[245].

Nach Wolff gehört es zum Naturrecht aufzuzeigen, wie mit dem Naturrecht konforme positive Gesetze geschaffen werden können.[246] Das Verhältnis zwischen

---

[238] Allgemein zu Leben und Werk: Kleinheyer/Schröder, Deutsche Juristen, S. 305 ff; Wieacker, PrGN, S. 318 ff.; Wunner, Christian Wolff und die Epoche des Naturrechts; Thomann, Introduction zum Jus Naturae von Chr. Wolff, In: Gesammelte Werke, 2. Abteilung, Lateinische Schriften, Bd. 17, S. Vff. m. w. N. - Speziell zum Eltern-Kind-Verhältnis bei Wolff: Thomas, Anschauungen der Naturrechtslehrer, S. 18 ff., § 7, der seinen Ausführungen aber nur die Institutionen zugrundelegt; siehe auch Leineweber, S. 214ff.

[239] PrGN, S. 318.

[240] Wieacker, PrGN, S. 318.

[241] Kleinheyer/Schröder, Deutsche Juristen, S. 305. - Zum *mos geometricus* Otte, Quaderni Fiorentini 8 (1979), S. 179ff.; Herberger, "Mos geometricus, mos mathematicus", HRG 3, Sp. 698ff.

[242] Allgemein: Wieacker, PrGN, S. 318; Schlosser, Grundzüge, § 2 III. 1. b).

[243] J. n. p. 8 Cap. 5: "*De Theoria naturali legum civilium*", §§ 965ff. - Dazu siehe Arndt, Einleitung in Christian Wolffs "Vernünftige Gedanken vom gesellschaftlichen Leben", in: Gesammelte Werke 1.Abteilung Deutsche Schriften Band 5, S. XLIf.; Bachmann, Die naturrechtliche Staatslehre Christian Wolffs, S. 208ff.; Preu, Polizeibegriff, S. 91ff.; Wieacker, PrGN, S. 139.

[244] Siehe dazu Wieacker, PrGN, S. 318ff.

[245] Hier nach Kleinheyer/Schröder, Deutsche Juristen, S. 308.

[246] J.n. p. 8 cap. 5 § 965. - Siehe auch Preu, Polizeibegriff, S. 93f.; Bachmann, Die naturrechtliche

Naturrecht und positivem Recht ist dadurch gekennzeichnet, daß die Sätze des Naturrechts die Basis und die Richtschnur der positiven Gesetze sein sollen.[247] Gesetzgebung bedeutet nach WOLFF die Anpassung des Naturrechts an die jeweilige Lage des Gemeinwesens.[248] Das Naturrecht bestimmt alle menschlichen Handlungen, sei es, daß es sie durch Vorschriften zu geschuldeten, durch Verbote zu unerlaubten oder durch Gestattung zu erlaubten macht.[249] Es ist das "allervollständigste", es läßt "nichts übrig [...], welches erst durch andere Gesetze dürfte determiniret werden, ob es gut oder böse sey".[250] Obwohl das Naturrecht alle menschlichen Handlungen erfaßt, gibt es verschiedene Gründe für die Notwendigkeit der *leges civiles*, die dem Naturrecht etwas hinzufügen oder wegnehmen. So ist insbesondere die Natur des Gemeinwesens und die besondere Lage des betreffenden Gemeinwesens bei der Gesetzgebung zu berücksichtigen.[251]
Der Gesetzgeber nun - nach WOLFF ist es der *superior* - hat sich bei der Schaffung der Gesetze am Naturrecht zu orientieren, er kann nicht frei über die Naturrechtssätze verfügen.[252] Es ist ihm nicht gestattet, den Geboten und Verboten des Naturrechts widersprechende Gesetze zu machen, er kann nicht Handlungen verbieten, die das Naturrecht vorschreibt, noch nach Naturrecht verbotene Handlungen vorschreiben.[253] Zur Begründung führt er aus: "*Leges enim naturae et obligatio, quae ab iisdem venit, necessariae ac immutabiles sunt [...], consequenter eas immutare et ab illarum obligatione subditos liberare ac huic contrariam iisdem imponere nequit superior.*"[254] In den "Vernünfftigen Gedancken von dem Gesellschaftlichen Leben der Menschen" hatte WOLFF zur Vermeidung von Unheil in einzelnen Fällen auch eine inhaltliche Abweichung der bürgerlichen Gesetze vom Naturrecht gestattet.[255]
Bei einem Widerspruch zwischen Naturrecht und positivem Recht schützt vor dem *forum conscientiae* die Berufung auf ein positives Gesetz nicht, wenn dieses dem Naturrecht widerspricht.[256] Soweit es mit dem Zweck des Gemeinwesens vereinbar ist - die *leges civiles* schreiben die Mittel vor, mit denen dieser, das Wohl (*bonum*), erreicht werden kann[257] -, kann der Gesetzgeber aus dem naturrechtlich Er-

---

Staatslehre Christian Wolffs, S. 208ff.

[247] J. n. p. 8 cap. 5 § 965; siehe Preu, Polizeibegriff, S. 96f. zur "massiven Einflußnahme" des Naturrechts auf das positive Recht bei der Gesetzesanwendung und -interpretation.

[248] Bachmann, Die naturrechtliche Staatslehre Christian Wolffs, S. 208.

[249] J. n. p. 8 cap. 5 § 965.

[250] Vernünfftige Gedancken, § 410.

[251] J. n. p. 8 cap. 5 § 991: "*Ratio eorum, quae legi naturali vel addenda, vel subtrahenda, ut ex ea efficiatur civilis, vel a statu civitatis in genere, vel hujus, in qua civilis fertur, in specie desumenda.*".

[252] J. n. p. 8 cap. 5 § 973.

[253] J. n. p. 8 cap. 5 § 973.

[254] J. n. p. 8 cap. 5 § 973.

[255] Vernünfftige Gedancken, § 402.

[256] J. n. p. 8 cap. 5 § 973.

[257] J. n. p. 8 cap. 5 § 969.

laubten ein nach positivem Recht Geschuldetes oder Verbotenes oder aus einer unvollkommenen Verbindlichkeit eine vollkommene machen.[258] Nach Naturrecht bleibt es der freien Entscheidung des einzelnen überlassen, ob er die nach Naturrecht erlaubten Handlungen ausführt oder Abstand von ihnen nimmt. In einem Gemeinwesen kann diese Freiheit aber beschränkt werden, wenn es der Zweck der Gemeinschaft erfordert, um das öffentliche Wohl zu befördern.[259] Was die *officia humanitatis* betrifft, die gegenüber einem anderen nur eine unvollkommene Verbindlichkeit erzeugten, so könne in einem Gemeinwesen die Freiheit des einzelnen - die unvollkommene Verbindichkeit kann ja nicht zwangsweise durchgesetzt werden - so beschnitten werden, daß aus der unvollkommenen Verbindlichkeit des Naturrechts eine verbindliche gemacht werde.[260]

Die Aufgabe der *leges civiles* ist es nach WOLFF, die Vorschriften mit Sanktionsmöglichkeiten zu versehen.[261] Wie bereits oben gezeigt, kann der Gesetzgeber aus naturrechtlich Verbotenem nicht nach den bürgerlichen Gesetzen Erlaubtes machen. Er kann aber in diesem Bereich davon absehen, dem Verbot eine bürgerliche Sanktion, insbesondere eine Strafe, anzufügen. Damit wird aus etwas naturrechtlich Verbotenen ein nach bürgerlichen Gesetzen Geduldetes.[262]

Die bürgerlichen Gesetze müssen immer verbessert und an den jeweiligen Zustand des Gemeinwesens angepasst werden.[263] Den bürgerlichen Gesetzen kommt auch die Aufgabe zu, eine etwa fehlende Einsicht der Menschen bei der Beurteilung, ob ihre Handlungen dem Naturrecht entsprechen, zu vermitteln.[264] Denn der Untertan solle die "Wahrheit und Güte" der Gesetze erkennen und nicht zu blindem Gehorsam angeleitet werden.[265]

Einem System des Naturrechts kommt nach WOLFF darüber hinaus die Funktion zu, zur Lösung von Zweifelsfragen des geltenden Rechtes beizutragen. Dies ist der Hauptgedanke der Wolffschen Schrift "*De Jurisprudentia civili in formam demonstrativam redigenda*". Die Entwicklung eines umfassenden Systems des Vernunftrechts erfolgt mit dem Ziel, die Unklarheiten des positiven Rechts zu beseitigen, in dem es die Grundlage einer zweifelsfreien Interpretation dunkler Gesetzesstellen bildet und bei Schweigen des Gesetzes die Lücken ausfüllt.[266]

---

[258] J. n. p. 8 cap. 5 § 977.

[259] J. n. p. 8 cap. 5 § 977.

[260] J. n. p. 8 cap. 5 § 977.

[261] J. n. p. 8 cap. 5 §§ 979, 980. - Bachmann, Die naturrechtliche Staatslehre Christian Wolffs, S. 208ff.

[262] J. n. p. 8 cap. 5 § 975, als Beispiel führt WOLFF die Duldung von Bordellen an. - Nach Bachmann, Die naturrechtliche Staatslehre Christian Wolffs, S. 213 dient diese Duldung der vernünftigen Annäherung an die Bedingungen des praktischen Lebens, denn eine völlig getreue Umsetzung des Naturrechts in bürgerliches Recht würde zu einem moralischen Rigorismus führen, wie er im praktischen Leben nicht durchsetzbar sei.

[263] Vernünfftige Gedancken, § 413.

[264] Vernünfftige Gedancken, § 417.

[265] Vernünfftige Gedancken, § 402.

[266] *De Jurisprudentia civili*, § 13: "*Si jus fuerit in formam demonstrativam redactum, liberabimur ab*

2. Das Eltern-Kind-Verhältnis

In seinem Hauptwerk über das Naturrecht "*Jus naturae methodo scientifica pertractatum*"[267] behandelt WOLFF das Eltern-Kind-Verhältnis neben der Vormundschaft unter der Überschrift "*De societate paterna*" (§§ 633 - 956) im vierten Kapitel des siebten Teils. Im siebten Teil erörtert er das "*Imperium privatum*".[268] Nach allgemeinen Ausführungen zum *imperium* und zur *societas* im ersten Kapitel folgen im zweiten solche über die "*societas conjugalis seu matrimonium*", im sechsten Kapitel die über das Verhältnis von Herrn und Gesinde ("*societas herilis*") und im siebten über das Haus (*domus*).

Die im "*Jus naturae*" geäußerten Gedanken zum Eltern-Kind-Verhältnis basieren zum größten Teil auf dem 1721 erschienenen Werk: "Vernünfftige Gedancken von dem Gesellschaftlichen Leben der Menschen und insonderheit dem gemeinen Wesen", auch "Deutsche Politik" genannt[269]. Die dort dargelegten Ansichten werden im Naturrecht bis in alle Einzelheiten verfeinert. Als eine knappe methodische Einführung in das Werk "*Jus naturae*" sind die im Jahre 1750 erschienenen "*Institutiones juris naturae et gentium*"[270] konzipiert, die aber die im "*Jus naturae*" geäußerten Gedanken zum Teil nur vergröbernd wiedergeben[271]. In den "*Institutiones*" behandeln die §§ 886 - 915 im vierten Hauptstück der ersten Abteilung des dritten Teils die "Väterliche Gesellschaft" und die "Väterliche Gewalt".

Bezüglich der Rechte und Pflichten zwischen Eltern und Kindern ist zu unterscheiden zwischen solchen, die sich aus der *societas paterna* ("der väterlichen Gesellschaft") ergeben und solchen, die aufgrund der Zugehörigkeit zur *domus* ("Haus") bestehen.

Im Vordergrund dieser Darstellung soll die *societas paterna* stehen, während einige Bemerkungen zu der Auffassung WOLFFS vom "Haus" am Ende genügen müssen.

---

omnibus interpretationibus dubiis.", wird im folgenden noch näher ausgeführt. - Siehe auch Preu, Polizeibegriff, S. 92.

[267] Zum gesamten Werk vgl. die Liste seiner Werke, chronologisch geordnet im Vorwort zu der Neuausgabe des "*Jus Naturae*", in: Gesammelte Werke, 2. Abteilung Lateinische Schriften, Bd. 17, S. LXV - LXXXI.

[268] Titel: "*Jus naturae pars septima de imperio privato, seu officiis ac jure in societatibus conjugiali, paterna, herili atque domo.*".

[269] Zu diesem Werk Arndt, Einleitung, in: Gesammelte Werke, 1. Abteilung Deutsche Schriften, Bd. 5.

[270] Von Nicolai besorgte und von Wolff genehmigte Übersetzung. Grundsätze des Natur- und Völkerrechts, 1754; siehe dazu auch Thomann, in: Gesammelte Werke, 1. Abteilung Deutsche Schriften, Bd. 19, S. VIII b.

[271] Thomann, in: Gesammelte Werke, 1. Abteilung Deutsche Schriften, Bd. 19, S. VIII b.

a) Die *societas paterna*

Die väterliche Gesellschaft, die *societas paterna*, ist nach WOLFF ein *Quasi-Pactum*[272], das um der Erziehung der Kinder willen von Eltern und Kindern eingegangen worden ist[273]. Anders als der Name "väterliche Gesellschaft" nahelegt, ist auch die Mutter Mitglied der Gesellschaft[274]. Grundsätzlich ist sie mit dem Vater gleichberechtigt[275], im Kollisionsfalle geht aber der Wille des Vaters vor[276].

b) Die Grundlage des Eltern-Kind-Verhältnisses

Genau wie bei PUFENDORF[277] hat das Eltern-Kind-Verhältnis bei WOLFF eine zweifache Grundlage[278], wobei er die vertragliche gegenüber der naturgesetzlichen in den Vordergrund schiebt.

Da im Naturzustand alle Menschen gleich[279], gleichermaßen dem Naturgesetz unterworfen[280], gleich frei sind (keiner herrscht über den anderen)[281], kann die Herrschaft eines Menschen über einen anderen nur mit dem Willen des zu Unterwerfenden begründet werden[282]. Ein solcher Konsens zur Unterwerfung kann ausdrücklich oder stillschweigend erklärt werden, wobei WOLFF den vermuteten Konsens auf eine Stufe mit dem stillschweigend erklärten stellt[283].

Die *societas paterna*, "die väterliche Gesellschaft", die zwischen Eltern und Kindern um der Erziehung der Kinder willen besteht und die die Herrschaft der Eltern über die Kinder begründet, bedarf deshalb auch des Konsenses der Kinder, um die Herrschaft der Eltern über sie zu rechtfertigen[284]. Dabei wird der Konsens der Kinder vermutet, da sie sich nicht selbst erziehen können und er ihnen damit nützlich ist und Schaden von ihnen abwendet; darüber hinaus hätten sie auch *naturaliter* einen Anspruch auf Erziehung durch die Eltern[285]. Die Eltern, die sich bereits bei der Eheschließung gegenüber dem jeweils anderen Ehepartner zur Aufziehung

---

[272] Siehe auch Inst. § 909. - J. n. p. 7 Cap. 1 § 1: "*Societas in genere est pactum, vel quasi pactum de fine quodam conjunctis viribus consequendo.*"

[273] J. n. § 633: "*Societas paterna est, quae inter parentes et liberos horum educandorum gratia contracta intelligitur.*" und § 634: "*Societas paterna est quasi pactum.*".

[274] J. n. § 633; Vernünfftige Gedancken, § 80 erwähnt zwar nicht ausdrücklich die Mutter, spricht aber in diesem Zusammenhang von Eltern.

[275] J. n. § 682 im Kleingedruckten: "*Parentum jus in liberos aequale est.*".

[276] J. n. § 680, unter der Voraussetzung, daß die Frau dem Mann unterworfen ist; vgl. auch § 681 und § 682.

[277] Dazu siehe unter IV. 2.

[278] J. n. § 636: "*Parentes non modo naturaliter (§ 663), verum etiam ex quasi contractu liberis obligantur [...]. Duplex adeo fons est obligationis, qua parentes tenentur liberis et vicissim liberi parentibus.*"; Inst., § 909.

[279] J. n. § 130: "*In statu originario homines omnes aequales sunt.*".

[280] J. n. § 166: "*Nemo hominum exlex est.*".

[281] J. n. p. 7 Cap. 1 § 195; pars 1 § 143.

[282] J. n. p. 7 Cap. 1 § 195.

[283] J. n. p. 7 Cap. 1 § 196.

[284] *Quasi-pactum* Inst., § 909.

[285] J. n. § 634; siehe auch § 635.

der der Ehe entspringenden Kinder verpflichtet haben, erklären diesen ihren Willen den Kindern gegenüber dadurch, daß sie sie nach der Geburt anerkennen und die Erziehung aufnehmen.[286] Darüber hinaus sind die Eltern den Kindern gegenüber aber schon nach dem Naturgesetze zur Erziehung verpflichtet.[287]
In dem Werk "Vernünfftige Gedancken von dem Gesellschaftlichen Leben der Menschen und insonderheit dem gemeinen Wesen" hatte WOLFF noch allein auf diese naturgesetzlich bestehende Verpflichtung zur Grundlegung der *societas paterna* abgestellt.[288] Die naturrechtliche Verpflichtung der Eltern zur Erziehung der Kinder steht nach WOLFF der Annahme eines *(Quasi)-Pactum* nicht im Wege, da man sich durch Vertrag auch zu etwas schon nach *ius naturale* Geschuldetem verpflichten könne.[289]

c) Die Dauer der *societas paterna*

Der Zweckgedanke bei der *societas paterna* wirkt sich vor allem im Hinblick auf die Beendigung der väterlichen Gewalt aus: Sobald die Kinder sich selbst versorgen und lenken können - beide Voraussetzungen müssen zugleich vorliegen[290] -, hört die *potestas patria* nach dem Naturrecht auf[291]. Die Entlassung erfolgt dann durch "naturale" Emanzipation[292]. Diese "naturale" Emanzipation bedarf im Unterschied zu der des gesetzten Rechts keines besonderen Aktes[293]. An dieser Stelle hat WOLFF wohl die *emancipatio Sacxonica*[294] als Vorbild vor Augen gehabt. Mit Beendigung der väterlichen Gewalt endet aber nicht automatisch die Zugehörigkeit zur *domus*. Bei der Emanzipation sind dem Kind seine Güter herauszugeben[295]. Die Frage, die sich in diesem Zusammenhang aufdrängt, ist die, wer beurteilt und entscheidet, ob die Voraussetzungen für die Emanzipation vorliegen. Bei Töchtern gilt auch die Heirat als Beendigungsgrund.[296] Wenn die Tochter noch nicht selbst für sich sorgen oder sich gemäß dem Naturgesetz verhalten kann, so übernimmt der Ehemann anstelle des Vaters die Erziehung.[297] Bei der Heirat müssen die Eltern der Tochter ihr Vermögen aushändigen.[298]

---

[286] J. n. § 634.
[287] J. n. § 634 unter Verweis auf § 23 J. n. p. 1; vgl. auch Vernünfftige Gedancken, §§ 80f.
[288] Vernünfftige Gedancken §§ 80, 81, obwohl das Wort "Natur" nicht fällt. Notwendig ist die Erziehung wegen der Hilflosigkeit der Kinder.
[289] J. n. § 634 a. E. unter Verweis auf §§ 399, 404 J. n. p. 3.
[290] J. n. § 779; Vernünfftige Gedancken, § 122; Inst., § 911.
[291] J. n. § 775: "*Quamprimum liberi ad eum statum fuerint perducti, ut sibimetipsis prospicere de iis, quibus ad conservationem sui indigent et actiones suas juxta naturae legem determinare*"; Vernünfftige Gedancken, § 123.
[292] J. n. § 776.
[293] J. n. § 776 a. E.
[294] Dazu siehe S. 185f. und S. 272.
[295] J. n. § 777.
[296] J. n. § 780.
[297] J. n. § 780.
[298] J. n. § 922. - Zur Dotationspflicht siehe J. n. §§ 931 ff. Nach Naturrecht kann der Vater nicht zur Do-

Festzuhalten ist, daß anders als im römischen Recht die *potestas patria naturaliter* nicht durch den Tod des Vaters beendet wird, denn dann bleiben die Kinder in der Gewalt der Mutter[299].

d) Der Inhalt der *societas paterna*

aa) Die Rechte der Eltern in bezug auf die Person des Hauskindes
Zweck der väterlichen Gesellschaft ist die Erziehung der Kinder[300]. Ziel der Erziehung ist, daß die Kinder für sich selbst sorgen und ihre Handlungen nach dem Naturgesetz ausrichten können[301]. Denn auch Kinder sind wie alle anderen Menschen gebunden, nach ihrer Vervollkommnung zu streben[302]. Solange die Kinder ihre Handlungen noch nicht nach dem Naturgesetz ausrichten können[303], besteht ein Bestimmungsrecht der Eltern[304], d.h. sie können den Kindern befehlen und sie anhalten, daß sie nichts ohne ihr Wissen und Wollen tun dürfen, sondern in allem den Willen der Eltern befolgen[305] Die Eltern dürfen den Kindern aber nicht etwas befehlen, was gegen das Naturgesetz verstieße[306].
In allen Einzelheiten führt WOLFF in seinen Werken - zu nennen sind hier das "*Jus Naturae*"[307] und vor allem die von WOLFFS Schüler HANOV im Jahre 1755 fertiggestellte "*Oeconomia*"[308] - aus, wie die Eltern ihre Kinder zu erziehen haben.

---

tation gezwungen werden J. n. § 932, Inst. § 913.
[299] J. n. § 781.
[300] In § 80 der Vernünfftigen Gedancken wird das so ausgedrückt: "Weil die Eltern verbunden sind ihre Kinder aufzuerziehen (§ 18), das ist, so weit zu bringen, daß sie sich selbst versorgen und regieren können; so müssen auch die Kinder mit den Eltern in einer Gesellschafft leben (§ 2), welche man die väterliche genennet. Und also ist die väterliche Gesellschafft eine Gesellschafft zwischen Eltern und Kindern, um ihrer Auferziehung willen." - Siehe noch bezüglich der Umsetzung der Pflicht in die bürgerlichen Gesetze J. n. p. 8 Cap. 5 § 982: " [...] *eo ipso modus, quo parentes officio suo satisfacere possunt, determinatur, et, dum parentes liberos suos in scholas mittere jubentur, modus hic satisfaciendi legi naturali, unde obligatio parentum venit, superadditur, ac ita ex lege naturali efficitur civilis.*".
[301] J. n. § 637: "*Parentes obligantur liberos, quos procrearunt, conservare, ut adolescant, et eos aptos efficere, ut sibimetipsis prospicere possint de iis, quibus ad conservationem sui indigent, et actiones suas juxta legem naturae determinare voleant.*"; Vernünftige Gedancken, § 80; Inst. § 886.
[302] Vernünfftige Gedancken, § 82.
[303] J. n. § 675.
[304] J. n. § 660.
[305] J. n. § 659: "*Quamdiu liberi ignorant, quaenam actiones sint legi naturae conformes, quaenam vero eidem repugnent; quid facere debeant, quid non, jubere ac prohibere debent parentes, nec permittere, ut sine ipsorum iussu, vel ipsis insciis ac inconsultis quicquam faciant.*" und § 660: " [...] *parentibus competit ius determinandi actiones liberorum.*" - Zur Dauer des Bestimmungsrechts: § 675 J.n.: "*Quamdiu liberi ignorant, quomodo actiones suas juxta naturae legem determinare debeant, actiones eorum sunt in dominio parentum.*"; siehe auch Vernünfftige Gedancken, § 120.
[306] J. n. § 672: Kinder brauchen Eltern in diesem Fall nicht zu gehorchen; nach J.n. § 673 kein Bestrafungsrecht der Eltern bei Ungehorsam der Kinder; Inst. § 889 keine Gehorsamspflicht der Kinder.
[307] J. n. §§ 639 ff.; §§ 689 ff.: Vernünfftige Gedancken, §§ 83 - 117, dazu Arndt, Einleitung in Christian Wolffs "Vernünftige Gedanken vom gesellschaftlichen Leben, in: Gesammelte Werke, 1. Abteilung, Deutsche Schriften, Bd. 5, S. XXVf.

Im dritten Kapitel "*De Republica constituenda*" des achten Teil des "*Jus naturae*" spricht WOLFF auch dem Gemeinwesen die Sorge für die Erziehung der Kinder zu: "*In Republica educatio prolis non modo ad curam parentum, verum etiam civitatis pertinet.*"[309] Notfalls sollen die Eltern mit Gewalt gezwungen werden können, daß sie ihre Kinder zu den öffentlichen Einrichtungen schicken, wo sie lesen, schreiben und rechnen lernen sollen.[310] Die Kinder sollen in notwendigen und ihnen nützlichen Dingen unterrichtet und ihrer Eignung gemäß ausgebildet werden.[311] Das Recht nun, die Kinder zu lenken, "ihre Handlungen nach seinem [scil. des Vaters] Gutbefinden einzurichten", nennt WOLFF die väterliche Gewalt, *potestas patria*[312]; diese *potestas patria* sei aber streng von der des römischen Rechts zu unterscheiden, die eine zivile im Gegensatz zu der von ihm gemeinten natürlichen sei[313]. Kinder unter väterlicher Gewalt werden unmündig genannt[314]. Weil die Eltern die Macht haben, den Kindern zu befehlen, so wird im Gegenzug von den Kindern Gehorsam verlangt[315], denn ohne ihn kann die väterliche Gewalt nach WOLFF nicht bestehen[316]. Im übrigen schulden die Kinder den Eltern wegen der ihnen von diesen erwiesenen Wohltaten Dankbarkeit[317] und zwar lebenslänglich[318]; sie müssen die Eltern lieben[319], fürchten[320], achten und ehren[321].
Der Umfang des Bestimmungsrechts der Eltern richtet sich nach Zeitstufen[322], wobei WOLFF sich auf die Einteilung in *infantia* (0 - 7 Jahre), *pueritia* (7 - 14 Jah-

---

308 *Oeconomia methodo scientifica pertractata* 1. Teil, §§ 171 ff [409 Seiten(!)] *Sectio* II, *De societate paterna*, Cap.I *De officio parentum in genere*, Cap. II *De educatione liberorum*. 2. Band (Hanov), ab §§ 244 - 415, S. 1 - 203: "*pars reliqua in qua agitur de societatibus minoribus, conjugali, paterna et herili.*".

309 § 430.

310 J. n. p. 8 cap. 3 § 430; siehe auch § 431.

311 J. n. p. 8 cap. 3 § 429.

312 J. n. § 661: "*Determinatio actionum liberorum dicitur Regimen et Jus eas determinandi Potestas Patria, consequenter regimen potestatis patriae exercitium est.*"; siehe auch Vernünfftige Gedancken, § 118.

313 J. n. § 661; Vernünfttige Gedancken, § 118.

314 Vernünfftige Gedancken, § 119.

315 Vernünfftige Gedancken, § 124; J. n. § 666: " [...] *liberi parentibus parere, seu oboedire tenentur.*"; Inst. § 889 und § 910: " [...] *quamdiu in domo paterna vivunt, quia sibimet ipsi nondum prospicere possunt de victu et amictu, aliisque necessariis vitae subsidiis, voluntati parentum subjiciuntur quoad ea, quae ad domum spectant.*".

316 Vernünfftige Gedancken, § 124.

317 Vernünfftige Gedancken, § 127; J. n. § 741; Inst., § 894.

318 Vernünfftige Gedancken, § 140.

319 Vernünfftige Gedanken, § 129; J. n. § 743; Inst., § 894f.

320 Vernünfftige Gedancken, § 135; J. n. § 746; Inst., § 894.

321 J. n. §§ 751, 752; vgl. auch J. n. § 745: Die Kinder sollen immer danach streben, den Eltern zu Wohlgefallen zu sein: "*Liberi in omnibus suis actionibus studere debent, ut placeant parentibus, ac sollicite sibi cavere, ne quid faciant, quod voluntati illorum adversum.*".

322 J. n. § 676; auch § 644 zu Beginn des Kleingedruckten: "*Haec mihi distinctio commoda videtur ad determinandam varietatem curae, quam parentes in educanda prole adhibere debent* [...]; anders, nämlich pauschaler in Inst., § 910.

re), *adolescentia* (14 - 21 Jahre) und *iuventus* (21 - 28 Jahre) bezieht[323]. Bis zur Vollendung des vierzehnten Lebensjahres unterliegen alle Handlungen der Kinder dem Bestimmungsrecht der Eltern; ab diesem Zeitpunkt sind die Kinder nicht mehr dem Willen der Eltern unterworfen. Die Eltern müssen aber die Handlungen der Kinder überwachen, damit sie nicht vom rechten Weg abweichen.[324]

Ein Tötungs- oder Aussetzungsrecht der Eltern besteht nicht, da sie ja gerade für das Wohlergehen der Kinder zu sorgen haben[325]. Dagegen dürfen sie die Kinder bestrafen, dies folgt aus dem ihnen zustehenden *imperium*[326]. Bei der Bestrafung der Kinder ist aber zu beachten, daß den Eltern weder die Kapitalstrafe noch eine andere grausame Strafe zur Verfügung steht[327].

WOLFF beschäftigt sich auch mit der Mitarbeitspflicht der Kinder. Er unterscheidet drei Arten von möglichen Dienstleistungen der Kinder, *operae obsequiales, ministeriales* und *artificiales simplices*[328].

Operae obsequiales, d.h. Dienstleistungen, die auf irgendeine Weise den Eltern zum Nutzen und Vorteil gereichen[329], sind in jedem Fall von den Kindern zu erbringen[330]. Hingegen sind die Kinder zur Erbringung von *operae ministeriales* - die Kinder unterstützen die Eltern bei deren Arbeit als Diener[331] - und *operae artificiales simplices* - Erwerbsarbeit, durch die Kinder etwas erwerben, aber nicht im *ministerium patris* -[332] nur dann verpflichtet, wenn sie dazu in der Lage sind[333].

Ob der durch die Kinder bei den *operae ministeriales* oder *artificiales simplices* erwirtschaftete Erwerb den Kindern selbst oder den Eltern zusteht, kann den Ausführungen WOLFFS nicht entnommen werden[334]; jedenfalls dient dieser Erwerb zur

---

[323] J. n. § 644. Dort findet sich auch die Unterscheidung des germanischen Rechts: Zehn Jahr ein Kind, zwanzig Jahr ein Jüngling, dreyßig Jahr ein Mann. Zu der Einteilung in *puberes - impuberes, minores - maiores*, vgl. J. n. §§ 767, 768.

[324] J. n. § 676: " [...] *in infantia et pueritia actiones liberorum omnes sunt in dominio parentum, nec in adolescentia prorsus eodem eximuntur, sed parentes diligenter attendere debent animum ad actiones liberorum ne quid faciant, quod rectum non est, nec a recto tramite ad avia deflectant.*".

[325] J. n. § 638; Inst., § 886.

[326] J. n. § 679; Inst., § 889.

[327] J. n. § 686; Def. J. n. § 685.

[328] J. n. § 721.

[329] J. n. § 721: "*Operae autem obsequiales appellantur, quae in usum ac commodum parentum fiunt queconque modo.*".

[330] J. n. § 722: "*Liberi obligantur ac praestandas operas obsequiales.*".

[331] J. n. § 721: "*Operae ministeriales liberorum dicuntur, quae fiunt in ministerium parentum, veluti si filius patrem iuvet in opifico, vel mercatura; filia matrem in vestibus lavandis, ubi lotrix fuerit, vel in nendo, si netrix.*".

[332] J. n. § 721: "*Operae artificiales simplices vocantur, quibus liberi aliquid acquirunt, sed quae non fiunt in ministerio mariti, veluti si nendo filia quid acquirit.*" - Dieselbe Unterscheidung hat WOLFF wohl auch bei der *societas conjugalis* verwendet (§ 721), deswegen der Fehler.

[333] J. n. § 724 für die *operae ministeriales*, § 727 für die *operae artificiales simplices*.

[334] J. n. § 727 spricht für die Eltern: "*ut ex iis parentes fiant locupletiores* (§ 721)".

Ausgleichung oder mindestens Minderung der den Eltern entstandenen und noch entstehenden Erziehungskosten[335].

Nach WOLFF ist der Konsens der Eltern zur Eheschließung der Kinder erforderlich[336]; eine ohne Konsens der Eltern geschlossene Ehe ist aber gültig[337]. Bei der Erteilung oder Verweigerung des Konsenses sollen die Eltern auf das Glück (*felicitas ac fortuna*) der Kinder achten[338].

bb) Die Rechte der Eltern in bezug auf das Vermögen der Hauskinder

Während sich in den "Vernünfftigen Gedancken" nur ein Paragraph, nämlich § 160, mit dem Vermögen der Kinder befaßte, ist im "*Jus Naturae*" das Vermögensrecht der Kinder ausführlich in den §§ 757 ff. des Kapitels "*De societate paterna*" geregelt[339]. Bei der Beurteilung der Grundsätze, die WOLFF für diesen Bereich aufstellt, ist zu beachten, daß ja wegen der Beendigung der *potestas patria* mit Zwekerreichung dieselbe nicht mehr so lange dauerte, die Bedeutung des Kindesvermögensrechts in praktischer Hinsicht damit gemindert ist. WOLFF selbst bezeichnet seine Darstellung als praxisfern, rechtfertigt sie aber damit, daß das Naturrecht als Beurteilungsgrundlage für das positive Recht herangezogen werden könne[340].

α) Die Vermögensfähigkeit des Kindes

An der Vermögensfähigkeit auch der Hauskinder besteht grundsätzlich kein Zweifel. Ausdrücklich erwähnt WOLFF dies für die Gruppe der Hauskinder, die Güter nicht selbst verwalten können, die *infantes* oder bei denen sonst eine *imbellicitas* besteht[341]. Er begründet dies unter anderem damit, daß der Grund für die Einführung des Eigentums[342] auch auf solche Kinder, die noch nicht selbst für ihr Ver-

---

335 J. n. § 724 für die *operae ministeriales*: "[...] *si liberi quicquam conferre possunt ad minuendos, vel sustentandos sumtus educationis, id facere omnino obligantur. [...] Iniquum igitur censeri nequit, quod operas ministeriales a liberis suis exigant parentes ad onera educationis sublevanda.*"; J. n. § 727, für die *operae artificiales simplices* wird auf § 724 verwiesen.

336 J. n. § 953: "*Liberi sine consensu parentum matrimonium contrahere non debent* [...]"; Inst., § 912.

337 J. n. § 953: "[...] *quodsi vero sine eodem contrahatur matrimonium, naturaliter id irritum non est.*"; Inst., § 912.

338 J. n. § 953: Konsens nur *ex honestate*, nicht *ex necessitate* nötig; dies ist auch der Grundsatz des kirchlichen Eherechts Schwab, GeschGr, 253 (283 FN 173).

339 In den Institutionen findet sich nichts dazu, deswegen auch nichts bei Thomas, Die Anschauungen der Naturrechtslehrer.

340 J. n. § 757; siehe auch J. n. § 761 (kein über die Erziehungskosten hinausschießender Nießbrauch der Eltern): "[...] *quod a moribus nostris abhorreat*".

341 J. n. § 762: "*Infantes et qui propter imbecillitatem intellectus seu judicium imperfectum bona administrare non possunt, dominii capaces sunt.*".

342 "*Dominia rerum necessitati prospiciant, et quae ad vitam commode ac jucunde transigendam requiruntur, aut ad aliis officiis satisfaciendum requiruntur* [...]."

mögen sorgen können, zutreffe[343]. Wenn die Kinder ihre Güter nicht selbst verwalten können, so müssen dies andere für sie tun[344], wie auch durch die anderen die Annahme bei der Übertragung von Eigentum an die Kinder erklärt wird, so daß an diese Kinder auch Eigentum rechtsgeschäftlich - neben Zuwendungen im Wege der Erbfolge - übertragen werden kann[345].

Für die Bezeichnung des Kindesvermögens hält WOLFF an der lateinischen Bezeichnung *peculium* fest[346], obwohl er selbst einräumt, daß auch nichts gegen die Benennung als *patrimonium* spräche[347]. Allerdings ist nur der lateinische Name "*peculium*" geblieben, in der Sache hat sich WOLFF völlig vom römischen Recht und dem sonstigen zu seiner Zeit geltenden Recht abgewendet; die römische Einteilung in mehrere Arten von Pekulien nach ihrer Herkunft lehnt er als überflüssig ab[348]. WOLFF kennt nur "freies" Vermögen der Kinder: Wenn die Kinder irgendwoher (*undecunque*) Güter erlangen, steht das Eigentum den Kindern zu; ein Nießbrauch steht den Eltern nur insoweit zu, als damit die Kosten der Erziehung zu bestreiten sind[349]. Überschießende Früchte sind dem Kindesvermögen zuzuschlagen[350].

Man mag der oben geäußerten Auffassung entgegenhalten, WOLFF selber spreche vom Nießbrauch der Eltern, somit sei vom unfreien Vermögen die Rede; dagegen ist aber einzuwenden, daß den Eltern in der Sache kein Nießbrauchsrecht eingeräumt ist; sie können die Früchte nicht für sich, nicht eigennützig verwenden. Sie sind für den Unterhalt der Kinder aufzuwenden. Im übrigen führt WOLFF in dem betreffenden Paragraphen weiter aus:

"Quam obrem parentes in iisdem usumfructum habere nequeunt. Quoniam tamen parentibus licet subsidio fructum sustentare sumtus educationis, si liberis obve-

---

343 J. n. § 762.

344 J. n. § 762.

345 J. n. § 763.

346 J. n. § 764.

347 J. n. § 764.

348 J. n. § 764.

349 J. n. § 757: "*Si liberis undecunque obveniant bona, parentes ea administrare debent, quamdiu ipsimet ea administrare non possent; minime autem dominium in iis acquirunt, nec ususfructus ad eos pertinet, nisi quatenus fructus impenduntur educationi.*"; Vernünfftige Gedancken, § 160: "Wenn die Kinder nach dem Absterben der Mutter so viel Vermögen ererben, daß von der Nutzung die nöthigen Auferziehungs-Kosten können genommen werden; so ist der Vater nicht gehalten sie von dem seinigen zu geben, sondern vielmehr berechtigt sie davon zu nehmen (§ 762 Mor.). Unterdessen wenn die Nutzung mehr austräget, als die Auferziehungs-Kosten erfordern, so findet man keinen Grund, warum man ihm den Überschuß lassen sollte. Und demnach verbleibet er nach natürlichen Rechten den Kindern.".- Siehe auch J.n. p. 8 cap. 5 § 993, wo der lebenslange Nießbrauch des Vaters am Kindesvermögen nach römischen Recht als dem Naturrecht widersprechend beurteilt wird. Nach Naturrecht sei der Nießbrauch auch der Mutter zu gewähren.

350 J. n. § 761: " [...] *parentes omnes fructus, qui ex re ipsorum percipiantur, iisdem conservare atque hoc modo patrimonium ipsorum amplificare possent.*".

niant bona (§ 527); usus fructus ad parentes pertinet, quatenus fructus impenduntur educationi." [351]

Und in der Anmerkung zu § 757 heißt es: *"Nullum igitur jus in bona quae liberis undecunque obveniunt, competere potest, nisi quatenus fructibus ex iis percipiendis sumtus educationis sustentare licet (§ 527)."*

Daß die Eltern keinerlei eigennützige (Mit)-berechtigung an den Gütern der Kinder erhalten, erklärt WOLFF damit, daß die Eltern die Kinder nicht ihrer Glücksgüter (*bona fortunae*), zu dem auch das Vermögen gerechnet wird[352], berauben dürften, sondern sie im Gegenteil vermehren müßten[353]

In § 757 des "*Jus Naturae*" führt er aus:

"Constat autem parentes liberos bonis fortunae privare non debere, quibus eos augere poterant (§ 730), consequenter nec eos privare bonis, quae undecunque ipsis obveniunt. Quoniam igitur id fieret, si bona, quae liberis obveniunt, ipsorum esse deberent, consequenter si dominium in iis acquirerent (§ 124 part.2 Jur.nat.); dominium in iis acquirere nequeunt."

Schon in den "Vernünfftigen Gedancken" hatte WOLFF dem Vater (!) kein Nießbrauchsrecht am mütterlichen Gut zugestanden. Allerdings billigte er auch ihm das Recht zu, die Kosten für die Aufzucht der Kinder von den Nutzungen zu nehmen[354]. Überschießende Erträge aber sollten nach natürlichen Rechten den Kindern verbleiben[355].

Die alte Regel des antiken römischen Rechts, daß der Sohn alles für den Vater erwerbe, und die Regel des gemeinen Rechts, der Erwerb des Nießbrauchs an den Gütern der Kinder durch den Vater, entsprächen nicht dem Naturgesetz (*naturale non est*). Beide beruhten auf einer falschen Auffassung von der *potestas patria*, daß die Kinder im Eigentum der Eltern stünden[356]. Selbst wenn man davon ausginge, müsse der die Kosten der Erziehung überschießende Teil Vater und Mutter gemeinsam zustehen[357].

WOLFF erkennt sehr wohl, daß er mit seiner Auffassung im Widerspruch zum gesetzten Recht seiner Zeit steht[358]. Er will dem *ius naturae* in diesem Bereich auch

---

[351] J. n. § 757.

[352] Inst., § 892, dort wird aber nicht gesagt, was unter den *bona fortuna* zu verstehen sei. - Dazu siehe Phil. pract. univ., § 409: "*divitiae, honor, amici*".

[353] Vernünfftige Gedancken, § 160.

[354] Verweis auf Vernünfftige Gedancken von der Menschen Thun und Lassen, zu Beförderung ihrer Glückseligkeit, § 769: "Was der Mensch durch seine eigene Kräfte erlangen kan, das hat er nicht nöthig von einem andern zu fordern. Derowegen sind wir nicht verbunden ihm dazu zuverhelffen. Z.E. Wer arbeiten kan und so viel zu arbeiten Gelegenheit hat, daß er dadurch seinem Leibe nöthigen Unterhalt verschaffen kan; für dessen Nothdurfft habe ich nicht nöthig zu sorgen.".

[355] Vernünfftige Gedancken, § 160.

[356] J. n. § 757 im Kleingedruckten.

[357] J. n. § 757.

[358] J. n. § 757: "*Equidem naturalis haec aequitas parum attenditur, quia legibus positivis aliud sancitum, ac moribus aliud introductum.*".

nicht unbedingte Geltung beilegen[359]; bereits in den "Vernünfftigen Gedancken" hatte er gesagt, daß durch bürgerliche Gesetze davon abgewichen werden könne und der (eigennützige) Nießbrauch eingeräumt werden könne[360].

β) Das Verwaltungsrecht der Eltern

Solange die Kinder ihre Güter nicht selbst verwalten können, steht den Eltern das Recht zur Verwaltung des Kindesvermögens zu[361].

Dieses Verwaltungsrecht gewährt den Eltern aber grundsätzlich nicht die Befugnis zur Veräußerung der Güter, es sei denn, sie liege im Nutzen der Kinder[362]. Ebensowenig können die Eltern die Güter der Kinder für eigene Schulden verpfänden[363] oder Dienstbarkeiten an ihnen bestellen[364]. Bei der Verwaltung haben die Eltern auf die Erhaltung und Vermehrung der Güter zu achten[365].

In dem Moment, in dem die Kinder ihre Güter selbst verwalten können, endet das Recht der Eltern zur Verwaltung, und diese müssen den Kindern ihr Vermögen herausgeben[366]. Nach Naturrecht kann der Vater dann nicht den Nießbrauch lebenslänglich oder die Hälfte der Güter beanspruchen[367]. Nur mit ausdrücklichem Willen der Kinder kann das Recht der Eltern entstehen, die Güter *pro arbitrio* zu verwalten und die Früchte zum eigenen Nutzen zu verwenden[368].

Bei der Herausgabe des Kindesvermögens sind die Eltern nicht verpflichtet, Rechenschaft abzulegen[369]. Zwar könnten die Kinder strenggenommen von den Eltern, die bei der Verwaltung entweder als *negotiorum gestores* oder *mandatarii* anzusehen seien, nach den Regeln der Geschäftsführung und des Mandats Rechen-

---

[359] J. n. § 757: " [...] *non tamen propterea illa nulla est, et, nisi parentes officio suo deesse velint, non tanta penes eos Juris positivi aut morum reverentia esse debet, ut illi nuncium mittant. Nemo autem sanus a nobis desideraverit, ut, dum ea demonstranda nobis sumsimus quae Juris naturae sunt, immutabile hoc jus in positivum convertamus, et quae juris mere positivi sunt pro jure naturali vendiremus, ut dicamur Jus naturae juridicum, non philosphicum tradidisse. Ita enim Jus naturae juridicum foret larva quaedam ad decipiendum incautos conficta. Nostrum non est fumum vendere, sed veritatem conspicuam facere.*".

[360] Vernünfftige Gedancken, § 160 in bezug auf die Rechenschaftspflicht: " [...] sondern im gemeinen Wesen kann auch dergleichen nicht ohne Grund durch bürgerliche Gesetze verordnet werden.".

[361] J. n. § 757: "*Si liberis undecunque obveniant bona, parentes ea administrare debent, quamdiu ipsimet ea administrare nondum possunt.*".

[362] J. n. § 758.

[363] J. n. § 759.

[364] J. n. § 760.

[365] J. n. § 730.

[366] J. n. § 765: "*Quamprimum liberi bona sua administrare valent, et sibimetipsis prospicere de iis, quibus ad conservationem sui indigent; parentes bona ipsorum iisdem restituere tenentur.*".

[367] J. n. § 765.

[368] J. n. § 765 a.E.

[369] J. n. § 766: "*Parentes bona liberis restituentes, quae durante educatione ipsis undecunque obvenerunt, rationes administationis reddere non tenentur.*".

schaftsablegung bei Beendigung der Verwaltung verlangen[370]. Andererseits sollten die Kinder die ihnen von den Eltern geleisteten Wohltaten dankbar anerkennen, sie ehren und sich bemühen, in allen ihren Handlungen ihnen zu Wohlgefallen zu sein und nichts gegen ihren Willen zu tun[371]. Ein Recht der Kinder gegen die Eltern auf Rechenschaftsablegung kollidiere mit dieser Dankbarkeitspflicht und müsse als *lex permissiva* der *lex praeceptiva* weichen. Somit bestehe keine Rechenschaftspflicht. Dieses Ergebnis stützt WOLFF mit der weiteren Erwägung, daß die Eltern bei der Verwaltung wegen der Liebe zu ihren Kindern nicht dolos handeln[372]. Selbst wenn man den Eltern irgendetwas vorwerfen könnte, so wäre es ziemlich hart, daß dies den Eltern von ihren Kindern, die sie so mühevoll aufgezogen haben und denen die Kinder die Wohltaten vergelten sollen[373], vorgehalten würde. Bei dieser zweiten Begründungsschiene WOLFFS zeigt sich zumindest im Ansatz die Auffassung, daß das Recht nicht der Austragung von Konflikten zwischen Eltern und Kindern dienen soll.

"Amice agendum inter liberos atque parentes, non stricto jure utendum."

Wenn man die Aussagen WOLFFS zu den Regelungen über die Verwaltung des Kindesvermögens durch die Eltern mit denen über die Verwaltung des Mündelvermögens durch den Tutor vergleicht[374] - auch diese befinden sich im vierten Kapitel "*De societate paterna*"[375], so stellt man fest, daß die Eltern im Gegensatz zum Tutor von allen Maßnahmen zur Sicherstellung des kindlichen Vermögens befreit sind. Es gibt nach WOLFF kein Bedürfnis für solche Maßnahmen bei den Eltern. Da die Eltern ihre Kinder lieben, wird vermutet, daß sie die Kinder nicht schädigen[376]. Dem liegt der auch in § 766 geäußerte Gedanke zugrunde, daß den Eltern wegen der den Kindern gewährten Wohltaten Fehler nachgesehen werden können. Wenn man das von WOLFF entwickelte Vermögensrecht der Kinder betrachtet, so lassen sich doch gewisse Übereinstimmungen mit dem damals geltenden Recht finden. Allerdings trifft der Vorwurf SAVIGNYS[377], das "*Jus Naturae*" enthalte im Grunde nur etwas modifiziertes positives Recht, insbesondere für das Vermögensrecht des Kindes nicht zu. Denn WOLFF hat sich vom positiven Recht völlig gelöst,

---

[370] J. n. § 766: "*stricto iure*".

[371] J. n. § 766 mit den Nachweisen der einzelnen Paragraphen.

[372] J. n. § 766.

[373] J. n. § 766: "*Quodsi vero ponamus culpam aliquam in eadem parentibus imputari posse (§ 717 part 1 Phil. Pract. univ.); durum omnino foret eam a liberis parentibus imputari, qui tanta cura educarunt, et propterea tot taedia devotare coacti fuerent* [...].".

[374] J. n. § 865 Inventarisierungspflicht, § 867 Pflicht zur Rechenschaftsablegung in gewissen Abständen, § 888 Pfandrecht des Mündels an den Gütern des Tutors, insbes. *tacita hypotheca* an Immobilien, § 889, allerdings keine Sicherheitsleistung wegen *tacita hypotheca*, § 913 Schadensersatzpflicht, § 912 Rechenschaftspflicht des Tutors bei Beendigung der Tutel oder Kuratel.

[375] J. n. §§ 840 - 923; Vernünfftige Gedancken, §§ 145 - 157; Inst. §§ 898 - 908 in den beiden zuletzt genannten Werken auch jeweils im Abschnitt über die "*societas paterna*".

[376] J. n. § 766: "*Quoniam vero ipsa natura parentibus instillarit amorem prolis suae (§ 757), in administratione nullus quoque praesumitur dolus (§ 705 part. 1 Phil. Praet. univ.).*".

[377] Bei Wesenberg/Wesener, NdPrG, S. 143.

wie z.B. seine Auffassung vom freien Vermögen des Kindes zeigt. Er ist damit, soweit ersichtlich, der erste Naturrechtlehrer, der diese Auffassung vertritt.

3. Rechte und Pflichten von Eltern und Kindern aufgrund ihrer Zugehörigkeit zur Hausgemeinschaft

Wie bereits oben erwähnt, ergeben sich Rechte und Pflichten zwischen Eltern und Kindern nicht nur aufgrund der bereits behandelten "*societas paterna*", sondern auch aufgrund der Zugehörigkeit der Kinder zum Haus, der "*domus*". In den "Vernünfftigen Gedancken von dem Gesellschaftlichen Leben der Menschen" wird dieses Thema im 5. Kapitel behandelt, im "*Jus naturae*" im 7. Kapitel "*De domo*" (§§ 1147 - 1164).

Das Haus, die höchste Stufe der privaten Gewalt (*imperium privatum*) ist eine *societas composita*. Sie setzt sich aus den einfachen Gesellschaften, der Ehe-Gesellschaft (*societas conjugalis*), der väterlichen Gesellschaft (*societas paterna*) und der Gesellschaft zwischen Herrn und Gesinde (*societas herilis*) zusammen.[378] Der Zweck des Hauses als einer zusammengesetzten Gesellschaft ist, daß mit vereinten Kräften das Wohl der einfachen Gesellschaften befördert wird.[379]

Dem Hausvater kommt die Herrschaft über das ganze Haus zu.[380] Im Zusammenwirken aller und der Einigkeit der drei einfachen Gesellschaften besteht die "Ordnung" des Hauses[381], auf die der Hausvater seine "Wachsamkeit" zu richten hat[382], damit "der Zustand des Hauses so vollkommen werde, als nur immer möglich ist".[383] In Betrachtung der persönlichen, sich auf natürliche Verbindlichkeiten gründenden Rechte der einzelnen Hausgenossen[384] ist jedoch die Wohlfahrt des ganzen Hauses der besonderen des Einzelnen vorzuziehen, und das "Haus" auf gewisse Weise als nur eine Person anzusehen, auf die sich beziehen läßt, was

[378] J. n. § 1147; Vernünfftige Gedancken, § 192.

[379] J. n. § 1152: "*Finis domus et societatis compositae cujuscunque est, ut conjunctis viribus eorum, qui sunt membra societatum simplicium, salus societatum simplicium rectius promoveatur.*".

[380] J. n. § 1155, allerdings nur aufgrund einer Übereinkunft mit der *mater familias* oder aufgrund der Sitten; Vernünfftige Gedancken, § 195; siehe auch Arndt, Einleitung in Christian Wolffs "Vernünftige Gedanken vom gesellschaftlichen Leben", in: Gesammelte Werke, 1. Abteilung Deutsche Schriften, Bd. 5, S. XXVII.

[381] Vernünfftige Gedancken, § 201; siehe auch J.n. § 1164: "*Qui in eadem domo sunt, quaevis officia humanitatis data quacunque occasione sibi invicem praestare debent. Naturaliter enim officia quaevis humanitatis homo homini praestare obligatur, quantum datur [...] Quoniam itaque qui in eadem domo sunt tanquam socii (§ 1147) sibi invicem magis commendantur (§ 1157), quatenus conjunctis viribus ad communem integrae domus salutem promovendam obligantur* [...].".

[382] Vernünfftige Gedancken, § 203; J. n. § 1158.

[383] Vernünfftige Gedancken, § 201.

[384] Zu den Rechten und Pflichten der Hausgenossen J.n. § 1150: "*In domo non omnia membra eadem habent jura et iisdem tenentur obligationibus; sed singulorum obligationes et jura metienda ex fine societatis simplicis, cujus sunt membra.*" und § 1151: " [...] *unusquisque agere debet, quod suum est, sibique cavere, ne alteri quomodocunque impedimento sit, quo minus aliqua ex parte officio suo satisfaciat.*".

Wolff von den Pflichten des Menschen gegen sich selbst in seiner deutschen "Moral" ausgeführt hatte.[385]

4. Klagbare Verbindlichkeiten zwischen Eltern und Kindern

WOLFF äußert sich nicht ausdrücklich zu der Frage, ob das Bestehen von klagbaren Ansprüchen zwischen Eltern und Kindern möglich ist; auch die Personeneinheit spricht er nicht an. Beiläufig wird die Schenkung von Gegenständen des täglichen Gebrauchs der Eltern an die Kinder erwähnt.[386] Somit wird WOLFF davon ausgegangen sein, daß das zwischen Eltern und Kindern bestehende Verhältnis als solches nicht der Möglichkeit von Ansprüchen überhaupt entgegengestanden haben dürfte. Allerdings sind die Ausführungen WOLFFS zu einer möglichen Rechenschaftspflicht der Eltern bei Beendigung der Verwaltung des Kindesvermögens zu beachten.[387] Dort war eine solche Pflicht der Eltern mit Hinweis auf die Pflicht der Kinder zur Dankbarkeit abgelehnt worden. Letzteres, nämlich die Pflicht der Kinder zur Dankbarkeit, könnte man aber jeglichem Recht der Kinder gegen die Eltern, also z. B. aus Vertrag oder Delikt, entgegensetzen. Die Betonung bei WOLFF liegt aber darauf, daß die zwangsweise Durchsetzung von Rechten zwischen Eltern und Kindern nicht Platz greifen soll. Dies kommt zum Ausdruck in Formulierungen wie in § 766 J. n.: "*Amice agendum inter liberos atque parentes, non stricto jure utendum.*" und in § 774 J. n.: "[...] *si quid minus recte a parentibus factum, quod quodammodo in praejudicium liberorum vergere videtur, id beneficiis aliis in eos a parentibus profectis abunde compensatur, ut amori ac animo grato liberorum vix ac ne vix quidem conveniat ad istiusmodi minutias attendere.*" und wieder in § 766 J. n.: "*Quodsi vero ponamus culpam aliquam in eadem parentibus imputari posse [...]; durum omnino foret eam a liberis parentibus imputari, qui tanta cura ipsos educarunt, et propterea tot taedia devotare fuerunt, [...] et qui ea de causa parentibus beneficium reddere tenentur, quantum possunt (§ 741).*"

WOLFF stellt damit allein auf die den Eltern geschuldete Ehrerbietung ab, mit der sich eine zwangsweise Durchsetzung von Rechten nicht vereinbaren lasse. Das Abstellen auf die Ehrerbietung bringt aber mit sich, daß dieser Gedanke auch für nicht mehr unter der elterlichen Gewalt stehende Kinder gilt.

---

385 Vernünfftige Gedancken von der Menschen Thun und Lassen, zu Beförderung ihrer Glückseligkeit, 2. Theil: Von den Pflichten des Menschen gegen sich selbst, § 209.

386 J. n. § 773.

387 Siehe S. 248f.

VII. KANT und die späte Naturrechtslehre

1. IMMANUEL KANT (1724-1804)[388]

KANT widerlegte die Rechtsmetaphysik des älteren Naturrechts und des Vernunftrechts und deckte die Situationsbedingtheit aller materialen ethischen Entscheidungen auf.[389] Was das Verhältnis von Naturrecht und positivem Recht betrifft, so charakterisierte KANT es dahin, daß das Naturrecht "zu aller positiven Gesetzgebung die unwandelbaren Prinzipien hergeben muß" und dem positiven Recht "zur Richtschnur (norma) dient."[390] Das Kantische Naturrecht ist aber nicht nur für den Gesetzgeber die ideale Richtschnur, sondern es bindet unmittelbar den Einzelnen, indem es ihm mit der Rechtspflicht eine echte Pflicht auferlegt. Dies soll aber wegen des Erfordernisses der Gegenseitigkeit nur für den bürgerlichen Zustand gelten.[391]

KANT behandelt im ersten Teil der "Metaphysischen Anfangsgründe der Rechtslehre" im dritten Abschnitt des zweiten Hauptstücks "Das Recht der häuslichen Gesellschaft". Dieses gliedert sich in die drei Teile des Eherechtes (§§ 24-27), des Elternrechtes (§§ 28- 29) und des Hausherrenrechts (§ 30). "Das Recht der häuslichen Gesellschaft" findet sich bei der Darstellung des "auf dingliche Art persönlichen Rechts." Der Inhalt dieses Rechts besteht in dem Besitz "eines äußeren Gegenstandes als einer Sache und des Gebrauchs derselben als einer Person."[392] Die häusliche Gesellschaft ist nach KANT eine "Gemeinschaft freier Wesen, die durch den wechselseitigen Einfluß (der Person des einen auf das andere) nach dem Prinzip der äußeren Freiheit (Causalität) eine Gesellschaft von Gliedern eines Ganzen (in Gemeinschaft stehender Personen) ausmachen, welche das Hauswesen heißt", § 22.

Aus der Zeugung des Kindes folgt die Pflicht der Eltern zur Erhaltung und Versorgung ihres "Erzeugnisses". Die Kinder haben als Personen "ein ursprünglich-angebornes (nicht angeerbtes) Recht auf ihre Versorgung durch Eltern [...] und zwar durchs Gesetz (lege) unmittelbar" ohne einen besonderen rechtlichen Akt.[393] Diese Pflicht folgt daraus, daß das Kind eine Person ist und durch den Akt der Zeugung ohne seine Einwilligung auf die Welt gesetzt und eigenmächtig in sie herübergebracht worden sei; deswegen müßten die Eltern sich nach Kräften bemühen, die Kinder "mit diesem ihrem Zustande zufrieden zu machen". Daß den

---

388 Wieacker, PrGN, S. 351ff.; Welzel, Naturrecht und materiale Gerechtigkeit, S. 166ff.; Küchenhoff, "Kant, Immanuel", HRG 2, Sp.593ff.; Thomas, Die Anschauungen der Naturrechtslehrer, S. 27ff.; Lipp, ZNR 1993, 129 (130ff.).

389 Wieacker, PrGN, S. 352.

390 Dulckeit, Naturrecht, S. 49. - Zur Verbindlichkeit des positiven Rechts Dulckeit, Naturrecht, S. 53ff.

391 Dulckeit, Naturrecht, S. 51f.

392 Rechtslehre, § 22; siehe auch § 26: "Denkt man hingegen ein dinglich-persönliches Recht (jus realiter personale), so würde diess ein Recht sein, das sich auf eine Person, gleich als wäre sie Sache, bezöge.".

393 Rechtslehre § 28.

Eltern "ein auf dingliche Art persönliches Recht" an den Kindern zusteht, zeigt sich daran, daß sie im Besitz der Eltern sind.[394] Dieser Besitz der Eltern ist auch gegenüber Dritten geschützt: Die Kinder können - selbst gegen ihren Willen - aus dem Besitz jedes anderen zu den Eltern zurückgebracht werden.[395] Dennoch, so betont KANT, stehen die Kinder nicht im Eigentum der Eltern, §§ 28, 29. Denn die Eltern dürfen die Kinder nicht zerstören oder ihrem Schicksal überlassen, "weil sie an ihm nicht blos ein Weltwesen, sondern auch einen Weltbürger in einen Zustand herübergezogen, der ihnen nun auch nach Rechtsbegriffen nicht gleichgültig seyn kann."[396] Der Pflicht der Eltern entspringt ihr Recht zur "Handhabung und Bildung des Kindes" neben der Ernährung und Pflege zur Erziehung in pragmatischer und moralischer Hinsicht.[397]

Mit der Emanzipation des Kindes enden die Pflichten der Eltern.[398] Hierbei verzichtet der Vater auf sein Befehlsrecht und beide Eltern auf alle Ansprüche wegen der Erziehungskosten und der Mühe.[399] Das Kind ist den Eltern zur Dankbarkeit verpflichtet, allerdings nicht von Rechts wegen, es soll sich dabei um eine "Tugendpflicht" handeln.[400]

KANT behandelt auch noch das Verhältnis zwischen den Eltern und den mündigen Kindern, die noch im Haushalt der Eltern leben. Dieses Verhältnis erörtert er im dritten Titel über das Hausherrenrecht. Damit stellt er ein solches Verhältnis einem Gesindeverhältnis gleich. So wird dieses Verhältnis zwischen Eltern und mündigen Kindern wie beim Gesinde durch einen Vertrag begründet: "einen Vertrag, den der erste [scil. der Hausherr] mit den mündig gewordenen Kindern, oder, wenn die Familie keine Kinder hat, mit anderen freien Personen (der Hausgenossenschaft) schliesst, eine häusliche Gesellschaft stiften."[401] Diese häusliche Gesellschaft ist eine ungleiche, der Hausherr gebietet, und das Gesinde und die Kin-

---

394 Zum "Besitz" der Eltern siehe Lipp, ZNR 1993, 129 (131f.): " 'Besitz einer Person' bedeutet noch nichts mehr als die Möglichkeit, auch in bezug auf Personen gewisse Rechte haben zu können." - Zum "dinglichen" Charakter vgl. auch Lipp, ZNR 1993, 129 (130): " 'Dinglichkeit' (Besitz 'gleich einer Sache') drückt die Rechtsmacht aus, einen 'Gegenstand' von jedem faktischen Besitzer aufgrund des mir zustehenden, intelligiblen Besitzes herausverlangen zu können.". - Zu den Vorwürfen gegen KANT Lipp, ZNR 1993, 129 (133ff.).

395 Rechtslehre § 29; siehe dort auch am Ende: " [...] wenn von dem Recht der Eltern an den Kindern, als einem Stück ihres Hauses, die Rede ist, jene sich nicht blos auf die Pflicht der Kinder berufen dürfen, zurückzukehren, wenn sie entlaufen sind, sondern sich ihrer als Sachen (verlaufener Hausthiere) zu bemächtigen, und sie einzufangen berechtigt sind.".

396 Rechtslehre § 28.

397 Rechtslehre § 29.

398 Siehe aber auch Rechtslehre § 30: "Die Kinder des Hauses, die mit den Eltern zusammen eine Familie ausmachten, werden, auch ohne allen Vertrag der Aufkündigung ihrer bisherigen Abhängigkeit, durch die blosse Gelangung zu dem Vermögen ihrer Selbsterhaltung [...] mündig (majorennes), d. i. ihre eigenen Herren (sui juris), und erwerben dieses Recht ohne besonderen rechtlichen Act, mithin blos durchs Gesetz (lege) [...]". - Siehe auch Thomas, Die Anschauungen der Naturrechtslehrer, S. 29.

399 Rechtslehre § 29; siehe auch Rechtslehre § 30.

400 Rechtslehre § 29.

401 Rechtslehre § 30.

der haben zu gehorchen.[402] Im Gegensatz zum Gesinde, das auf eine bestimmte Zeit an den Gesindevertrag gebunden ist, sind die Kinder jederzeit frei. "Denn frei geboren ist jeder Mensch, weil er noch nichts verbrochen hat, und die Kosten der Erziehung bis zu seiner Volljährigkeit können ihm auch nicht als eine Schuld angerechnet werden, die er zu tilgen habe."[403]

2. GOTTLIEB HUFELAND (1760-1817)[404]

Die Ausführungen GOTTLIEB HUFELANDS zum Eltern-Kind-Verhältnis finden sich in dem Werk: "Lehrsätze des Naturrechts und der damit verbundenen Wissenschaft zu Vorlesungen" von 1790 in der dritten Abteilung "Gesellschaft zwischen Eltern und Kindern". Er sieht in der elterlichen Gewalt einen Inbegriff von Rechten, die zur Erfüllung der Pflicht zur Erziehung der Kinder notwendig sind[405]. In dem Zeitpunkte, in dem die Eltern ihre Pflicht einsehen, die Kinder zu erziehen, und wenn sie dazu bereit sind, erhalten sie die Erziehungsrechte[406]. Die elterliche Gewalt ist bloß in den Händen des Erziehers[407]. Dies müssen nicht unbedingt die Eltern sein. Denn nach HUFELAND sind die Eltern verpflichtet, wenn sie einsehen, daß ein anderer das Kind besser erziehen kann, es diesem zu überlassen, "denn man ist verbunden, das Kind zu erziehen um des Kindes willen, nicht um sein selbst willen."[408] Allerdings können die Kinder von den Eltern weder etwas fordern noch erzwingen, "da sie sonst andre zur Vervollkommnung zu zwingen das Recht haben müssten."[409]

Die väterliche und mütterliche Gewalt mit allen ihren Unterschieden beruhen bei HUFELAND bloß auf positiver Bestimmung. An sich sind die Rechte der Eltern nicht verschieden; der Unterschied bestehe nur darin, daß ein Elternteil geschickter bei der Ausübung ist als der andere.[410] Die elterliche Gewalt umfaßt zwei Zwangsrechte; das eine ist gegen Dritte gerichtet, daß sie den Inhaber nicht an der Erziehung hindern. Das zweite richtet sich gegen das Kind und ist "das Recht, das Kind an allem zu hindern, wodurch es seine oder andrer Vollkommenheit mindert."[411] Zum zweiten gehört auch das Züchtigungsrecht[412], allerdings dürfen die Eltern ein

[402] Rechtslehre § 30.

[403] Rechtslehre § 30.

[404] Zu diesem Thomas, Die Anschauungen der Naturrechtslehrer, S. 31.

[405] Lehrsätze §§ 323, 322.

[406] Lehrsätze § 322.

[407] Lehrsätze § 323 S. 2.

[408] Lehrsätze § 322 Anmerkung 2.

[409] Lehrsätze § 322 Anmerkung 3: "Weder fodern noch erzwingen können die Kinder, selbst ihr physisches Unvermögen dazu abgerechnet, von den Eltern etwas, da sie sonst andre zur Vervollkommnung zu zwingen das Recht haben müssten; also keine standesmässige Erziehung, keine Erbschaft etc., wenn gleich sich Verbindlichkeit der Eltern zu diesem allen leicht zeigen läßt.".

[410] Lehrsätze § 323 Anmerkung.

[411] Lehrsätze § 324.

[412] Lehrsätze § 324 Anmerkung 2.

Kind nicht töten oder aussetzen, zum Sklaven verkaufen, zum Arbeiten zwingen, da dies allein in ihrem Nutzen liege.[413] Alle übrigen Handlungen, die zur Erziehung gehören, auf die Erhaltung aber keinen Einfluß haben, müssen ohne Zwang vorgenommen werden.[414] Sobald das Kind zur Einsicht gelangt ist, die Folgen seiner Handlungen und seine Rechte übersehen kann und sich nicht mehr erziehen lassen will, ist die elterliche Gewalt beendet[415]. Die Kinder sind wegen der Erziehung verpflichtet, dankbar zu sein, allerdings haben die Erzieher kein Zwangsrecht darauf[416]. Nach HUFELAND sind alle übrigen Bestimmungen willkürlich und lassen sich zum Teil erst im Staat und damit im positiven Recht denken. "Hier kann die elterliche Gewalt auf mancherley Art vermehrt werden".[417]

3. THEODOR SCHMALZ (1760 -1831)

THEODOR SCHMALZ, Professor der Rechte in Königsberg, behandelt das Eltern-Kind-Verhältnis in seinem Werk "Das Recht der Natur" in dem Teil "Das natürliche Familienrecht" als "Folgen [scil. der Ehe] für die Kinder"[418]. Beide Ehegatten sind nach ihm verpflichtet, die in der Ehe gezeugten Kinder zu ernähren, zu erziehen und zu beschützen wegen der Hilflosigkeit der Kinder, die die Eltern durch deren Zeugung verursacht haben[419]. "Es wäre wohl sehr lächerlich, diess volkommene äussere Recht des Kindes ein Zwangsrecht zu nennen. Wollen wir nie unsern Ausdruck: Zwangsrecht, Zwangspflicht, fahren lassen?"[420] Die Ehegatten haben gegeneinander den Anspruch, Mithilfe bei der Erziehung des Kindes zu verlangen, sonst liegt eine Verletzung der Rechte des Kindes vor.[421] Wegen des Rechts und der Pflicht der Eltern zur Erziehung der Kinder steht ihnen das Recht zu, die Handlungen der Kinder zu bestimmen[422]; allerdings dürfen sie vernünftige Handlungen der Kinder nicht verhindern oder sie zu vernunftwidrigen und bösen anhalten.[423] Mit dem Heranwachsen und Reiferwerden der Kinder, mit dem Ab-

---

[413] Lehrsätze § 324 Anmerkung 3.
[414] Lehrsätze § 324 Anmerkung 2 a. E.
[415] Lehrsätze § 326.
[416] Lehrsätze § 328.
[417] Lehrsätze § 328 Anmerkung; siehe auch Lehrsätze § 322 Anmerkung 2: "Schon Grotius [...] sagt, mit Recht: die Verbindlichkeit zu erziehen sey keine vollkommene Verbindlichkeit, wenn gleich positive Gesetze sie mit grossem Recht dazu erheben können. Man kann daher diese Gesellschaft nur uneigentlich eine gesetzliche, eben wie eine ungleiche nennen.".
[418] Siehe Inhaltsverzeichnis S. 5.
[419] Recht der Natur, § 18, S. 21. - Zur Beschreibung der Aufgaben der Ernährung und Erziehung siehe Recht der Natur, §§ 19 und 20. - Zum Verhältnis von Vater und Mutter Recht der Natur, § 28, S. 27: Grundsätzlich sind Vater und Mutter gleichberechtigt; wenn aber der Mann für den Unterhalt der Frau aufkommt und auch für die Kinder, dann hat er auch ein vorrangiges Bestimmungsrecht.
[420] Recht der Natur, § 18, S. 21.
[421] Recht der Natur, § 29, S. 28.
[422] Recht der Natur, § 21, S. 23.
[423] Recht der Natur, § 22, S. 24.

nehmen der Hilfsbedürftigkeit[424], werden das elterliche Recht und deren Pflicht allmählich eingeschränkt, bis sie ganz aufhören.[425] Eltern haben auch das Recht, ihre Kinder zu bestrafen.[426] Daß das Eltern-Kind-Verhältnis nunmehr seinen eigennützigen Charakter verloren hat, zeigt auch die Äußerung von SCHMALZ in § 23 seines Naturrechts: "Eltern haben überall kein Recht, von ihren Kindern irgend um Eigennutzes willen, Arbeiten zu fordern." Dem Vater steht während der Dauer der elterlichen Gewalt die Verwaltung über das Vermögen des Kindes zu[427].

4. KARL LUDWIG PÖRSCHKE (1751 - 1812)

KARL LUDWIG PÖRSCHKE sieht die Eltern auch zur Erziehung ihrer Kinder zu "unschädlichen" Menschen verpflichtet[428]. Diese befänden sich ohne Erziehung im "Thierstande"[429]. "Die Gewalt der Aeltern über ihre Kinder kommt überhaupt davon her, daß die Vernunft der Aeltern die Stelle der noch nicht entwickelten Vernunft der Kinder vertreten soll."[430] Die Kinder haben im übrigen auch einen Anspruch auf Erziehung[431]. Die Gewalt der Eltern endet, sobald sich die Kinder selber erziehen und ernähren können.[432] "Es findet zwischen Aeltern und Kindern eben so wenig als zwischen den übrigen Bürgern Ungleichheit statt, denn die Aeltern befehlen dem Kinde nur in seinem Nahmen, das was das Kind selbst sich bey voller Vernunft befehlen würde."[433] Die Unreife des Kindes führt dazu, daß es mit den Eltern als eine Person angesehen wird: "Obgleich die Kinder wegen ihres noch nicht ganz verlassenen Thierstandes, und wegen der von den Aeltern für sie zu leistenden Bürgschaft nur eine Person mit den Aeltern ausmachen."[434]
Die Kinder sind trotz ihrer Unreife schon Mitglieder der Gesellschaft und genießen als Mitbürger z.B. auch den Schutz des Staates in bezug auf ihr Eigentum[435].

---

[424] Siehe für den Bereich des Unterhaltes Recht der Natur, § 24, S. 24.
[425] Recht der Natur, § 30, S. 28.
[426] Recht der Natur, § 26, S. 26.
[427] Recht der Natur, § 25, S. 24f.
[428] Vorbereitungen zu einem populären Naturrechte, S. 239ff., S. 240: "Es ist eine heilige Pflicht der Aeltern als Menschen, ihre Kinder zu geschickten, klugen, moralischen, religiösen und folglich auch zu glücklichen Menschen zu erziehen; als Bürger dürfen sie die Kinder nur zu Bürgern, zu äusserlich gerechten Menschen, erziehen. [...] Uebrigens dürfen die Aeltern aus ihren Kindern alles machen, was juridisch gewollt werden darf.".
[429] Vorbereitungen, S. 239.
[430] Vorbereitungen, S. 239.
[431] Vorbereitungen, S. 242: "Die Weigerung der Aeltern ihre Kinder zu ernähren und zu Bürgern zu erziehen, ist eine Läsion, denn sie ist eine Beraubung des Eigenthumes der Kinder und eine Erziehung zu Unbürgern. Wozu die Aeltern verpflichtet sind, dazu sind die Kinder berechtigt, und dafür sind diese ihnen nichts schuldig."
[432] Vorbereitungen, S. 242f.
[433] Vorbereitungen, S. 244.
[434] Vorbereitungen, S. 240.
[435] Vorbereitungen, S. 240.

Den Eltern oder einem Dritten, der die Einwilligung der Eltern besitzt, steht das Recht zu, das Kind bei Verletzung der "äußerlichen Gesellschaftsgesetze" zu bestrafen[436].
Da der Zweck des allgemeinen bürgerlichen Gesetzes die Ausbildung der äußeren Gerechtigkeit, die Beobachtung der vollkommenen Pflichten ist, darf es nur die bürgerliche, aber nicht die moralische Erziehung gebieten[437]. In bezug auf die Verpflichtung der Kinder zur Dankbarkeit gegenüber den Eltern heißt es:
"Die meisten Aeltern geben ihren Kindern freylich mehr als das Schuldige, diese sind nach der Moral dafür den Aeltern nützlich zu seyn verpflichtet, wir würden den Sohn verabscheuen, welcher seinen hülflosen Vater verließe, doch würden wir die Obrigkeiten mit Geringschätzung ansehen, von welchen die Ernährung der abgelebten Aeltern den Kindern ohne Ausnahme zur Zwangspflicht gemacht würde. Dankbarkeit ist keine bürgerliche Pflicht, sondern eine Sache des Herzens, und durchaus keine Folge eines Vertheidigungsgesetzes."[438]

5. HANNS ERNST VON GLOBIG (1755-1826)
HANNS ERNST VON GLOBIG, der sich sehr bei der Kriminalgesetzgebung engagierte, beschäftigte sich in seiner Schrift "Ueber die Gründe und Gränzen der väterlichen Gewalt" mit den im Jahre 1786 von der Akademie der Wissenschaften zu Berlin im Rahmen einer Preisaufgabe gestellten Fragen: "1. Welches sind im Stande der Natur die Gründe und die Gränzen der väterlichen Gewalt über die Kinder? 2.Findet ein Unterschied zwischen väterlichen und mütterlichen Rechten statt? und 3. Bis auf welchen Grad können die Gesetze die väterliche Gewalt einschränken oder ausdehnen?"[439] Interessant sind im Rahmen des hier behandelten Themas nur die Beantwortung der ersten und dritten Frage.

Grund der väterlichen Gewalt ist die Hilflosigkeit des Kindes, nicht die Zeugung[440]. "Sie [scil. die Eltern] erlangten aber ein Recht dadurch, daß das Kind nackend und blos zu ihnen kam, unvermögend, sich die ersten Bedürfnisse zu verschaffen, unvermögend sogar, bey seinen Mitgeschöpfen diese Bedürfnisse zu er-

---

436 Vorbereitungen, S. 242.
437 Vorbereitungen, S. 240, siehe auch S. 241: "Wenn sich daher der Staat der Erziehung der Kinder zur Geschicklichkeit, Klugheit, Moral und Religion annimmt, so handelt er nicht mehr als Staat; die Gesetze die er giebt, kommen ihm auf keine Weise zu geben zu, denn sie zerstören die Freyheit. [wird noch ausgeführt] Daß die Kinder von ihren Erziehern zu nichts verletzenden Wesen gemacht werden, hat der Staat ein Recht zu Befehlen.".
438 Vorbereitungen, S. 245.
439 Zu GLOBIG siehe auch Thomas, Die Anschauungen der Naturrechtslehrer, S. 31f. - Siehe die Arbeiten von VILLAUME, DAUNOU und KLEIN, in: *Dissertations sur l'autorité paternelle, dont la première a remporté le prix et les deux autres ont obtenu l'accessit dans l'assemblée publique de l'Académie royale des scienes et Belles-Lettres à Berlin*, 1788.
440 Gründe und Gränzen, S. 17f.

stehen, oder selbige durch gewisse Dienstleistungen zu erwerben."[441] Die Natur hat den Eltern die unbedingte Pflicht zur Ernährung und Aufzucht der Kinder auferlegt.[442] Das Verhältnis zwischen Eltern und Kindern besteht nach VON GLOBIG auf beiden Seiten aus Rechten und Pflichten.[443] Je mühsamer die Erziehung ist, desto größer ist auch der Umfang der Gewalt.[444] In ihr enthalten ist auch das Recht zur mäßigen Züchtigung.[445] Die väterliche Gewalt endet, "wenn das Kind diejenige Größe und Stärke erreicht hat, welche ihm hinlänglich ist; ohne Beyhülfe eines andern für seinen Unterhalt zu sorgen."[446] Die Pflicht der Kinder zu Dankbarkeit und Ehrfurcht gegenüber den Eltern sei erst mit der Zivilisierung entstanden und vom Gesetze "geheiligt" worden.[447]
Die Zeitstufen des GROTIUS verwirft VON GLOBIG.[448] Bleibt das durch den Lauf der Natur von der väterlichen Gewalt entbundene Kind im Elternhaus, so ist es einem Fremden, "der seine Dienste um den bedürfenden Unterhalt, ohne ausdrückliche Bestimmung, stillschweigend vermiethet", gleichgestellt.[449]

Bei der Beantwortung der dritten Frage - bis auf welchen Grad können die Gesetze die väterliche Gewalt einschränken oder ausdehnen? - geht VON GLOBIG davon aus, daß es dem bürgerlichen Gesetz nicht möglich ist, die Vorschriften des Naturrechts rein und unverändert zu übernehmen[450]; "Vollkommen" ist es dann, wenn es "sich von den natürlichen Rechten und Verhältnissen des Menschen nicht weiter" entfernt, "als es theils die unvermeidlichen Neuerungen des bürgerlichen Zwanges, theils besondere nicht auszuweichende Lokalverhältnisse, nöthig machen."[451] VON GLOBIG spricht sich gegen eine gesetzlich unbegrenzte väterliche Gewalt aus[452], "es ist daher der gesetzlichen Klugheit gemäß den sichersten Weg zu gehen, der väterlichen Gewalt nur so viel einzuräumen, als zur Bildung nützlicher Bürger, zur Aufrechterhaltung der allgemeinen Pflichten der Natur und der besondern bürger-

---

441 Gründe und Gränzen, S. 18.
442 Gründe und Gränzen, S. 18.
443 Gründe und Gränzen, S. 20f. wird dies näher ausgeführt: "Auf Seiten der Eltern ist es Pflicht, das Kind zu ernähren, dasselbe zum Menschleben zu bilden; Recht, alle Hindernisse zu entfernen, welche dieser Absicht von dem unwissenden oder widerspenstigen Kinde entgegen gesetzt werden. Auf Seiten des Kindes ist es Pflicht, den Vorschriften der Eltern ohne Widerrede zu folgen; sie als die von der Natur bestimmten Führer seines Daseyn zu betrachten: Aber auch unbedingtes Recht die Erhaltung dieses Daseyns zu verlangen, bis es für seine Nahrung und Bedeckung selbst sorgen kann.".
444 Gründe und Gränzen, S. 22f.
445 Gründe und Gränzen, S. 30f.
446 Gründe und Gränzen, S. 34.
447 Gründe und Gränzen, S. 36f.
448 Gründe und Gränzen, S. 39f.
449 Gründe und Gränzen, S. 42.
450 Gründe und Gränzen, S. 78.
451 Gründe und Gränzen, S. 82.
452 Gründe und Gränzen, S. 82ff.

lichen Pflichten nöthig ist."[453]. So verstanden, kommt für ihn dann eine Beschränkung der väterlichen Gewalt durch die Gesetze nicht in Betracht[454]. Im folgenden wird dann Näheres zum Inhalt der väterlichen Gewalt nach dem bürgerlichen Gesetze ausgeführt. Dabei werden auch die Fragen, was ratsam ist zu regeln und was nicht, was die Gesetze nicht erlauben dürfen etc., angesprochen[455]. Den Eltern steht demnach ein mäßiges Züchtigungsrecht zu[456]. Bei Mißbräuchen der väterlichen Gewalt kann die Obrigkeit nicht von Amts wegen eingreifen, sondern nur auf Antrag eines Verwandten des Kindes oder des Kindes selbst[457]. "Es wäre eine gefährliche Störung der häuslichen Ruhe, und der heiligen Bande der Natur, wenn man dem Richter gestatten wollte, sich einer Policeyaufsicht in den vier Wänden jedes häuslichen Vaters anzumaßen, und auf ungewisses Hörensagen schon Untersuchungen anzustellen."[458]

Was die Erweiterungen der väterlichen Gewalt durch die Gesetze betrifft[459], so führt VON GLOBIG als bedeutendste Veränderung die Dauer der väterlichen Gewalt an, die wegen der komplizierten bürgerlichen Lebensverhältnisse hinausgeschoben werden müßte[460]. "Zur Erhaltung der Sittlichkeit und guten Ordnung" hält VON GLOBIG es für sehr "fürträglich", daß die Kinder bei der Wahl ihres künftigen Berufes dem Rat der Eltern folgen[461].

Im ersten unreifen Alter können die Kinder nur dann Vermögen erwerben, wenn ihnen dieses von einem Dritten unter der Bedingung zugewendet wird, daß es den Kindern gehört, oder die Eltern dies bestimmen; sonst fällt jeglicher Erwerb den Eltern zu[462]. In der zweiten Periode der Unmündigkeit ist die väterliche Gewalt gemindert. Sie erstreckt sich nur auf die Handlungen, "welche auf die Erhaltung des Hauswesens, mithin auf die ganze Familie sich beziehen." Dann ist das Kind "zu völligem unbedingten Gehorsam verpflichtet"[463]. So kann das Kind in dieser

---

[453] Gründe und Gränzen, S. 84f.
[454] Gründe und Gränzen, S. 87.
[455] Gründe und Gränzen, S. 90ff., S. 90: der Verkauf und die Verstoßung ist nach Naturrecht nicht zu erlauben; S. 94: Ebensowenig ist ein *ius vitae necisque* gestattet.
[456] Gründe und Gränzen, S. 91ff., S. 91: "Die Gerichtsbarkeit der Eltern ist demnach lediglich auf die Beobachtung der Pflichten, welche die Natur den Kindern auferlegt, und diejenigen unvollkommenen Pflichten einzuschränken, welche zwar der Staat und die Mitbürger nicht nach ausdrücklichen Gesetzen fordern, und wegen welcher sie also nicht klagen können, deren Erfüllung jedoch, wenigstens mittelbar, zur Erhaltung der Sittlichkeit und guten Ordnung gereicht.".
[457] Gründe und Gränzen, S. 93, siehe auch S. 95f. - Zu den möglichen Sanktionen Gründe und Gränzen, S. 96; vgl. auch noch Gründe und Gränzen, S. 112.
[458] Gründe und Gränzen, S. 93f.
[459] Dazu siehe Gründe und Gränzen, S. 105ff.
[460] Gründe und Gränzen, S. 105ff; siehe auch Gründe und Gränzen, S. 119ff., S. 121: "Die Volljährigkeit berechtiget also nur den Sohn, bey jeder schicklichen Gelegenheit zu verlangen, daß ihm der Weg zur eigenen Haushaltung, zum Leben eines freyen Bürgers eröfnet werde: aber diese Laufbahn darf er selbst nicht unbefragterweise betreten.".
[461] Gründe und Gränzen, S. 108f.
[462] Gründe und Gränzen, S. 111.
[463] Gründe und Gränzen, S. 113.

Phase auch Eigentum für sich erwerben.[464] VON GLOBIG hält die bürgerlichen Gesetze für billig, die den Eltern als Ausgleich für die mühevolle und kostspielige Erziehung der Kinder den Nießbrauch an deren Vermögen zusprechen.[465] Genauso entspreche es der Billigkeit, daß von ihnen nicht die Bestellung einer Sicherheit und Rechenschaftsablegung bezüglich der Verwendung der Nutzungen verlangt werde.[466] Im Falle einer Interessenkollision zwischen Eltern und Kindern wird die vormundschaftliche Verwaltung der Eltern suspendiert.[467]
Bei den beiden wichtigsten Schritten im bürgerlichen Leben - der Heirat und der Wahl des künftigen Berufes - hat das Kind um die Einwilligung der Eltern nachzusuchen; verweigern diese sie, so kann die Rechtmäßigkeit der Weigerung allerdings vom Richter überprüft werden.[468] (Eine entsprechende Regelung fand sich im Preußischen Allgemeinen Landrecht von 1794.[469]) Solange das Kind von den Eltern unterhalten wird, ist es zur Erbringung aller häuslichen Dienste verpflichtet, die auch die Eltern vornehmen.[470]
Das emanzipierte Kind bleibt seinen Eltern lebenslang zu Ehrfurcht und Dankbarkeit verpflichtet. "Die Gesetze können die Verletzungen dieser Pflicht durch richterlichen Verweis, und, in ihrer höchsten Stufe durch Beraubung bürgerlicher Vorzüge bestrafen."[471] Zu erwähnen bleibt noch, daß VON GLOBIG eine Pflicht der Eltern zur Ausstattung der Kinder bei deren Eheschließung oder eigenen Haushaltsgründung ablehnt; dem Kind verbleibt nur der Anspruch auf standesgemäßen Unterhalt.[472]

6. WILHELM TRAUGOTT KRUG (1770-1842)

WILHELM TRAUGOTT KRUG behandelt in seinem "System der praktischen Philosophie" das Eltern-Kind-Verhältnis im Familienrecht im Anschluß an die Ehe.[473] Die Eltern haben die Pflicht und das Recht zur Erziehung und Erhaltung ihrer Kinder.[474] Zur Erreichung dieses Zweckes stehen ihnen alle notwendigen Mittel zur Verfügung.[475] Die Verpflichtung der Eltern zur Erziehung und Erhaltung der Kinder besteht in mehrererlei Hinsicht, einmal im Verhältnis der Eltern zu den Kin-

---

464 Gründe und Gränzen, S. 115.
465 Gründe und Gränzen, S. 116.
466 Gründe und Gränzen, S. 116.
467 Gründe und Gränzen, S. 116.
468 Gründe und Gränzen, S. 113f.
469 Dazu siehe S. 332 (Berufswahl) und S. 347 (Eheschließung).
470 Gründe und Gränzen, S. 118.
471 Gründe und Gränzen, S. 124.
472 Gründen und Gränzen, S. 129.
473 Band 1 Dikäologie oder philosophische Rechtslehre, §§ 111ff.
474 Rechtslehre, § 111. - Zum Verhältnis von väterlicher und mütterlicher Gewalt siehe Rechtslehre, § 111 Anmerkung a. E.
475 Rechtslehre, § 111.

dern, dann unter den Eheleuten und schließlich im Verhältnis der Eltern zum Staat[476].

"Schon der hülflose und unreife Zustand der Kinder fodert die Eltern auf, sich ihrer anzunehmen und für ihr körperliches und geistiges Wohl zu sorgen. Hieraus entsteht aber bloß eine innere oder Gewissenspflicht, zu deren Erfüllung indessen schon die natürliche Liebe zu dem Erzeugten antreibt. Diese Pflicht wird jedoch zur äußern oder Zwangspflicht durch den ehelichen Vertrag, der vernünftiger Weise d.h. von Menschen als vernünftigen Wesen gar nicht anders geschlossen werden kann, als mit gegenseitiger Übernahme der Verbindlichkeit zur Erhaltung und Erziehung der Kinder, weil ebendieß zum Zwecke der Ehe nothwendig gehört (§ 108). Und wenn die Ehe unter Autorität des Staats geschlossen ist, wie diess in jeder bürgerlichen Gesellschaft (mithin überhaupt, wegen der Nothwendigkeit des Bürgerthums) geschehen soll: so entsteht daraus auch eine Rechts- oder Zwangsverbindlichkeit gegen den Staat, der die Kinder als künftige Bürger in seinen Schutz nimmt und daher die Eltern zur Erhaltung und Erziehung derselben mit Gewalt anzuhalten befugt ist".[477]

Grund der elterlichen Gewalt ist die Hilflosigkeit der Kinder, ihre "natürliche Unmündigkeit"[478]. Unmündige sind aber nicht rechtlos, auch nicht gegenüber ihren Eltern: Da sie nicht rechtlos sind, so haben auch die Kinder "alle Rechte der Menschheit im Verhältnisse zu ihren Eltern sowohl als deren Stellvertretern und dem Staate (§ 102)".[479] KRUG wendet sich damit auch gegen die Auffassung, daß die Kinder Eigentum ihrer Eltern seien, sie gehörten den Eltern nur nach der Idee eines dinglich-persönlichen Rechtes (§ 26).[480] Jeder Gebrauch der elterlichen Gewalt, der nicht als Mittel zur Mündigmachung des Kindes gedacht werden kann, ist unrechtmäßig. Nach KRUG haben die Eltern insbesondere kein Recht, die Kinder zu töten, zu verstümmeln, zu verkaufen, willkürlich zu züchtigen oder sonst als Sachen zu ihrem Nutzen zu verwenden[481]. Und der Staat könne dies auch nicht erlauben.[482] Der Staat habe das Recht und die Pflicht, die Kinder gegen Gewalttätigkeiten der Eltern zu schützen, die Eltern zur Erziehung zu nötigen und erforderlichenfalls dic Kinder selbei zu erziehen[483]. KRUG spricht sich für eine Oberaufsicht des Staates aus (§ 80 Anm.1). "Dieses Recht kann aber nicht so weit gehn, dass der Staat befugt wäre, den Eltern, welche ihre Kinder selbst erziehen können

---

[476] Rechtslehre, § 111 Anmerkung.
[477] Rechtslehre, § 111 Anmerkung.
[478] Rechtslehre, § 112.
[479] Rechtslehre, § 112 a. E.; siehe auch Rechtslehre, § 113 Anmerkung: "Denn sie sind immer Menschen und sollen nicht bloß Andern und dem Staate dienen, sondern sie haben den Zweck ihres Seins und Wirkens in sich selbst.".
[480] Rechtslehre, § 112 Anmerkung.
[481] Rechtslehre, § 113; siehe auch die Anmerkung zu § 113.
[482] Zu allem Rechtslehre, § 113.
[483] Rechtslehre, § 113.

und wollen, vorzuschreiben, nach welcher Methode oder in welcher Religion sie dieselben zu erziehen haben, vielweniger solchen Eltern die Kinder zu entreißen, um sie in öffentlichen Anstalten erziehen zu lassen."[484] Mit der Mündigkeit der Kinder, also mit Zweckerreichung, endet die elterliche Gewalt.[485] Daraus folgt für KRUG, daß sie dann "in Ansehung ihrer Lebensart und ihrer eignen ehelichen Verbindung" selber wählen können, wobei es ihnen auch freisteht, die Familie zu verlassen oder dort zu bleiben[486].

4. Kapitel Zusammenfassung und Würdigung der Naturrechtslehre[487]

Die Entwicklung eines Systems des Naturrechts sollte nach Auffassung der Naturrechtslehrer vor allem dazu dienen, eine Basis und einen Maßstab für die Schaffung neuen und für die Beurteilung und den Umgang mit dem bereits bestehenden positiven Rechts zu bilden.

Ging es um die Schaffung neuen positiven Rechts, so gab das Naturrecht inhaltliche Vorgaben, die sich aber hinsichtlich ihres Verpflichtungscharakters unterschieden. Nach Naturrecht bestehende Verbote und Gebote konnte der bürgerliche Gesetzgeber nicht umstoßen. Er konnte aber nähere Bestimmungen zu den Pflichten treffen, sie also ausfüllen und - hierin besteht der gravierendste Unterschied zwischen dem Naturrecht und dem bürgerlichen Recht -die Verletzung von Pflichten mit Sanktionen versehen. Das Problem, das bei der Schaffung positiven Rechts auftreten konnte, war, welche Folgen die Nichtübereinstimmung von positivem Recht mit dem Naturrecht nach sich zog. Soweit ersichtlich, hat sich keiner der Naturrechtslehrer für die Unverbindlichkeit des positiven Rechts ausgesprochen, wenn der bürgerliche Gesetzgeber etwas nach Naturrecht Gebotenes verbot oder etwas Verbotenes vorschrieb. Ein Widerstandsrecht des einzelnen wurde nicht anerkannt. Man empfahl sogar, im Falle des Widerspruchs eher den bürgerlichen Gesetzen zu folgen; so könne man wenigstens einer Strafe entgehen, wenn auch vor dem Gewissen die Berufung auf eine Norm des positiven Rechts nicht entschuldigte.

---

[484] Rechtslehre, § 113 Anmerkung. Er spricht sich im folgenden gegen einen Benutzungszwang öffentlicher Unterrichts- und Erziehungsanstalten aus.

[485] Rechtslehre, § 114.

[486] Rechtslehre, § 114.

[487] Siehe auch bei Thomas, Anschauungen der Naturrechtslehrer, S. 50ff. zur Kritik der Naturrechtslehrer über das Rechtsverhältnis zwischen Eltern und Kindern. Er stößt sich an der nach seiner Meinung "einseitigen Hervorkehrung des Erziehungszwecks" (S. 66) unter Vernachlässigung der vermögensrechtlichen Fragen und schließt seine Arbeit so: "Die Anschauungen der Naturrechtler über das Rechtsverhältnis zwischen Eltern und Kindern zeigen nicht zuletzt, daß die bloße Vernunft Unsinn werden kann, wenn sie die historische Entwicklung beiseite schiebt."(S. 67).

WOLFF gestattete es dem Gesetzgeber, etwas nach Naturrecht Verbotenes nicht mit Sanktionen zu versehen und es damit tatsächlich zu dulden, wenn es nicht dem allgemeinen Wohl schadete.

Überhaupt steht die Umsetzung des Naturrechts in bürgerliches Recht unter der Voraussetzung, daß sie immer in Rücksichtnahme auf den Zweck des Gemeinwesens und dessen konkrete geschichtliche Situation zu erfolgen hat. Ändert sich die Lage in einem Staat, so müssen auch die durch die Änderung betroffenen Gesetze geändert oder aufgehoben werden.

Große Gestaltungsfreiheit hat der Gesetzgeber in dem Bereich des Naturrechts, der nicht durch Gebote und Verbote, die gegenüber anderen Menschen bestehen, gekennzeichnet ist. Manche Naturrechtslehrer rechnen ihn überhaupt nicht zum Naturrecht oder nur zum Naturrecht im weiteren Sinne. Hier ist der Gesetzgeber nur durch die allgemeinen Ge- und Verbote des Naturrechts (i. e. S.) eingeschränkt; ansonsten kann er die ihm zur Erlangung des allgemeinen Wohl erforderlichen Regelungen treffen.

Die Pflichten der Eltern gegenüber ihren Kindern zur Ernährung und Erziehung und der Kinder gegenüber den Eltern zu Gehorsam und Dankbarkeit werden von den Naturrechtslehrern unter die *officia humanitatis* eingereiht; sie zählen also nicht zum Naturrecht im engen Sinne. Dies bedeutet, daß sowohl die Pflicht der Eltern als auch die der Kinder nicht erzwingbar sind. Diese nach Naturrecht bestehenden, nicht erzwingbaren Pflichten kann der Gesetzgeber, wenn es dem öffentlichen Wohl dienlich ist, zu erzwingbaren machen. Die Ausgrenzung des Gesetzgebers aus diesem Bereich wird von den Naturrechtslehrern, soweit ersichtlich, nicht verlangt.[488] Allerdings finden sich auch schon vereinzelt Stimmen zur Zeit des Naturrechts nach KANT, die die Gesetzgebungstätigkeit des Staates einschränken (KRUG).

Bei der Ausgestaltung des Eltern-Kind-Verhältnisses nach Naturrecht gehen die einzelnen Naturrechtslehrer unterschiedlich weit. Während etliche nur die Pflicht der Eltern zur Ernährung und Erziehung erwähnten, führte CHRISTIAN WOLFF die Pflichten der Eltern in diesem Bereich minutiös aus.

Die Haltung der Naturrechtslehrer zum Eltern-Kind-Verhältnis bedeutet also, daß es der Regelung durch den Gesetzgeber grundsätzlich offensteht unter der Voraussetzung der Beförderung des allgemeinen Wohls. Diese Voraussetzung aber, Beförderung des allgemeinen Wohls, ist gerade im Bereich der Erziehung der Kinder wohl immer gegeben, da die Vervollkommnung des einzelnen - nämlich daß er ein guter Staatsbürger wird -, dazu gerechnet wird. Ein Problembewußtsein für zu tiefgehende Eingriffe des Staates in die Familie findet sich bei den Naturrechtslehrern bis KRUG nicht. Die These von der Familie als rechtsfreier Raum wird erst im

---

[488] Dies folgern allerdings einige Autoren aus der Zuweisung zu den *officia humanitatis*, so Stahl, Die Philosophie des Rechts II, § 85.

19. Jahrhundert geschaffen. Dies mag darauf beruhen, daß das Naturrecht bei den hier behandelten Autoren und in diesem speziellen Bereich, nicht dazu diente, Rechtspositionen des einzelnen gegenüber dem Staat aufzubauen. Es ging bei ihm eher darum, Rechtspositionen des einzelnen gegenüber den Mitmenschen unabhängig vom Bestehen eines Staates - daher der Naturzustand oder *status originarius*, herauszuarbeiten, wie zum Beispiel das Eigentum, die Freiheit und die körperliche Unversehrtheit. Der Staat als Anspruchsgegner ist nicht ins Blickfeld getreten.

Das neuzeitliche Naturrecht hat zu einer neuen Betrachtung des Eltern-Kind-Verhältnisses geführt. Der grundlegende Gedanke, daß alle Menschen gleich und frei geboren sind, mußte dazu führen, daß auch die Kinder als Personen und Menschen betrachtet wurden und dies sich auch auf ihre Stellung in der Familie auswirkte. PUFENDORF war der erste, der die volle Rechtssubjektivität des Kindes anerkannte.

Die Naturrechtslehrer behandeln ausführlich die Grundlage des Eltern-Kind-Verhältnisses[489]. GROTIUS bringt in dieser Hinsicht noch nicht viel Neues. Erst mit PUFENDORF setzt eine lebhafte Diskussion dieser Frage ein, und es werden verschiedene Lösungsmöglichkeiten zur Legitimation der Herrschaft der Eltern, insbesondere des Vaters, angeboten. Dabei kommt es nicht so sehr darauf an, ob die Naturrechtslehrer der These von einem Vertrag als Grundlage oder der funktionalistisch-utilitaristischen These - die familiäre Gewalt wird als bloße Funktion eines natürlichen Sorgeinstinkts der Eltern für ihre unmündigen Kinder gedeutet - gefolgt sind[490]. Bei beiden spielt nämlich der Zweck der *societas paterna*, die Erziehung und Erhaltung des Kindes, die entscheidende Rolle.[491] Denn auch der von einigen Naturrechtslehrern angenommene Vertrag zwischen Eltern und Kindern hat die Erziehung und Erhaltung der Kinder zum Gegenstand[492]. Natürlich setzte

---

[489] Dazu siehe neben den schon genannten Werken Dufour, Autorité maritale et autorité paternelle dans l'école du droit naturel moderne, in: Archives de Philosophie du Droit 20 (1975), 89 (111ff.); Schwab, Die Familie als Vertragsgesellschaft im Naturrecht der Aufklärung, in: Quaderni Fiorentini per la storia del pensiero giuridico moderno 1 (1972), 357 (368ff.); ders., "Familie", GeschGr, 253 (280ff.). - Die zweite, häufig diskutierte Frage nach dem Inhaber der Gewalt (Vater und/oder Mutter) wird in diesem Zusammenhang nicht behandelt.

[490] Nach Dufour, Autorité maritale, 89 (111f.) werden drei Grundlagen von den Naturrechtslehrern angenommen, *la nature (thèse hiérachique), thèse conventionnaliste et fonctionelle*. Die erste These läßt sich wieder in zwei Bereiche gliedern, einmal wurde die Zeugung als Grund angenommen, zum anderen das Modell "*du mode d'acquisition originaire des droits réels que constitue l'occupation de choses sans maitres*".- Schwab, Die Familie als Vertragsgesellschaft, 357 (372f.) betont die Bedeutung der vertragsrechtlichen Grundlage für die Lösung der Familienbindungen; siehe auch S. 364 zur funktionalistisch-utilitaristischen These; ders., GeschGr, 253 (282f.).

[491] Müller-Freienfels, RabelsZ 37 (1973), 609 (637) zum Charakteristikum der Naturrechtslehre, das menschliche Dasein nach Zweckerwägungen systematisch zu ordnen.

[492] Vgl. nur Pufendorf unter 3. Kapitel IV. 2. Die Konstruktion der Grundlage mit dem *consensus prae-*

die Annahme eines Vertrages zwischen Eltern und Kindern voraus, daß das Kind als ein Subjekt mit eigenen Rechten und Pflichten angesehen wurde.[493] Durch die Reduzierung der *societas paterna* auf den Zweck der Erziehung des unmündigen Kindes werden alle eigennützigen Elemente aus dem Eltern-Kind-Verhältnis eliminiert.[494] Zugleich ist dadurch auch die Dauer der elterlichen Gewalt vorgegeben, sie muß mit Erreichung des Zwecks enden.

Die Eltern verfügen nur über solche (Zwangs)mittel und -rechte gegen ihre Kinder, die durch den Erziehungszweck gerechtfertigt sind. Gegen die These von der Umformung des Eltern-Kind-Verhältnisses in ein fremdnütziges Verhältnis spricht auch nicht, daß viele Naturrechtslehrer den Eltern ein Nießbrauchsrecht am Vermögen des Kindes gewähren, da dies als Ausgleich ihrer Kosten für die Erziehung angesehen wird.

Die Neubetrachtung des Eltern-Kind-Verhältnisses, nämlich die individualrechtliche Deutung der familiären Beziehungen, hat zwei einschneidende Konsequenzen mit sich gebracht[495]:
Zum einen wurden die Familienbande gelockert. Es geht allerdings zu weit zu behaupten, der Einzelne sei aus seinen familiären Bindungen herausgelöst worden. Denn auch das Naturrecht hat das Kind zahlreichen Pflichten gegenüber seinen Eltern unterworfen, die nicht nur aus der elterlichen Gewalt als solcher, sondern auch aus der Hausgemeinschaft folgten; diese wurde gerade bei den Naturrechtslehrern ausführlich erörtert. Zum anderen wurde dem Staat die Möglichkeit eröffnet, positives Familienrecht zu schaffen und damit die möglichen Inhalte der familiären Verhältnisse im *status civilis* zu bestimmen[496] und für den Schutz des Kindes zu sorgen[497]. Wenn man noch bedenkt, daß der Staat dabei keine Rücksicht mehr auf die Grenzen des älteren *ius naturale et divinum* zu nehmen brauchte, läßt sich eine bedeutende Erweiterung der gesetzgeberischen Möglichkeiten feststellen[498]. Nach SCHWAB machte dies die erörterten Naturrechtslehren geeignet für das

---

sumptus et tacitus läßt sich damit erklären, daß nach der Lehre jede Unterwerfung auf dem Willen des Betroffenen, also auf einem Vertrag beruht. Mit dieser These mußte auch das Eltern-Kind-Verhältnis in Einklang gebracht werden. - Siehe auch Schwab, Die Familie als Vertragsgesellschaft, 357 (362ff.) zur Rolle des Vertrages in der Gesellschaftslehre der Aufklärung.

[493] Siehe bei Schwab, Die Familie als Vertragsgesellschaft, 357 (372).

[494] Siehe zum folgenden auch Schwab, GeschGr, 253 (282f.)

[495] Siehe auch Schwab, Die Familie als Vertragsgesellschaft, 357 (374ff.), allerdings in bezug auf die vertragsrechtliche Konstruktion; ders., "Familie", GeschGr, 253 (284). - Zur individualrechtlichen Deutung Schwab, GeschGr, 253 (284).

[496] Schwab, Die Familie als Vertragsgesellschaft, 357 (374).

[497] Siehe Schwab, GeschGr, 253 (283f.).

[498] Schwab, Die Familie als Vertragsgesellschaft, 357 (374); Dufour, Autorité maritale, 89 (125): "*En cherchant en effet à légitimer des enfants le fondement de l'autorité des parents au nom du bien des enfants, voire de la promotion de leur bonheur, dans le moment meme où ils s'en remettent au pouvoir politique du bien-etre matériel et moral de leurs concitoyens [...], les représantants de l'Ecole du Droit*

Programm des aufgeklärten Absolutismus, der auch "durch die Beschränkung der elterlichen Gewalt die Rückbildung des Familienrechts betrieb".[499] Die Neubestimmung des Eltern-Kind-Verhältnisses brachte die "Emanzipation" des Kindes von der Familie, das Element der Selbstbestimmung des Kindes wurde ins Spiel gebracht und ein Rückzug der elterlichen Erziehungsgewalt verkündet[500]. "*Quant á la l'étendu de l'autorité paternelle ou parentale [...] il faut entendre par là qu'on assistera à une délimitation progressive dans un sens restrictif des droits du père, puis des parents, sur les enfants, corollairement à une valorisation progressive des droits des enfants, même si le terme en est contesté.*"[501].

---

naturel de l'Aufklärung se trouveront, bon gré mal gré, préparer la voie aux théories qui feront de l'Etat l'arbitre di bien des enfants [...]; ils jetteront de ce fait les bases idéologiques de l'intervention de l'autorité publique dans la direction de la famille comme celles du mouvement de libération des enfants, qui sont au coeur des grandes mutations du Droit familial de notre époque.".

499 Schwab, Die Familie als Vertragsgesellschaft, 357 (374).

500 Schwab, Die Familie als Vertragsgesellschaft, 357 (375f.).

501 Dufour, Autorité maritale, 89 (121f.).

5. Abschnitt Der *Usus modernus pandectarum* unter Berücksichtigung der deutschen Jurisprudenz des 16. Jahrhunderts

1. Kapitel Vorbemerkungen

Bei der deutschen Rechtswissenschaft des 16. Jahrhunderts, die hier nur beiläufig betrachtet werden soll, lassen sich mehrere Schichten unterscheiden. Die Jurisprudenz der Rezeptionszeit[1] umfaßt neben einer humanistischen Richtung, deren wichtigster Vertreter ZASIUS war, auch eine der populären Darstellung des heimischen und römischen Rechts, auf die hier nicht eingegangen werden soll; eine weitere Richtung war die der gelehrten Literatur[2], wobei hier nur die Vertreter der Kameralistik[3], die die Rechtsprechung des Reichskammergerichtes verarbeitet haben, berücksichtigt werden sollen. Das Reichskammergericht spielte eine wichtige Rolle bei der "Rezeption" des römischen Rechts und war der Schrittmacher der praktischen Rezeption in Deutschland.[4] Nach der Reichskammergerichtsordnung sollten die Assessoren urteilen "nach des Reichs gemeinen Rechten".[5] Gegenstand der Beschäftigung mit dem römischen Recht war nicht das klassische und nachklassische Recht des *Corpus juris civilis*, sondern das römische Recht in der Gestalt, die ihm durch die Glossatoren und Konsiliatoren gegeben worden war.

Auch der *Usus modernus pandectarum* beschäftigte sich mit dem von den Glossatoren und Konsiliatoren geformten römischen Recht. Die Epoche des *Usus modernus*[6], die in das siebzehnte und achtzehnte Jahrhundert anzusiedeln ist, zeichnete sich aber gegenüber den vorhergehenden durch eine neue, nämlich eine "moderne" Umgangsweise mit dem römischen Recht aus. Zum Verständnis des neuen Umgangs ist auf die umwälzende Erkenntnis HERMANN CONRINGS in dem 1643 erschienenen Werk "*De origine iuris germanici*" hinzuweisen, nach der das römische Recht nicht - wie dies seit der praktischen Rezeption des römischen Rechts, insbesondere von Melanchthon, überliefert wurde - durch Reichsgesetz Kaiser LOTHARS III. im Jahre 1135 eingeführt wurde, sondern schrittweise und nicht vollständige gewohnheitsrechtliche Geltung mit mannigfachen Umbildungen erlangt

1 Zum Vorgang der Rezeption siehe Wieacker, PrGN, S. 97ff.; Kroeschell, DRG 2, S. 231, auch zur Problematik des Begriffs der Rezeption; Wesenberg/Wesener, NDPrG, S. 80ff.m.w.N.; Söllner, Handbuch II/1, S. 501ff. - Zur deutschen Jurisprudenz des sechzehnten Jahrhunderts, Wesenberg/Wesener, NDPrG, S. 112ff.

2 Wesenberg/Wesener, NDPrG, S. 114; Wieacker, PrGN, S. 173ff.

3 Zur praktischen Wirkung der Kameralistik Wieacker, PrGN, S. 177.

4 Dazu siehe Wieacker, PrGN, S. 177.

5 Gmür, Grundriß, S. 80.

6 Bei Wieacker, PrGN, 1.Aufl. wurde der *Usus modernus* noch nicht als eigene Epoche aufgefaßt; siehe dazu Kroeschell, DRG 3, S. 12.

habe.[7] Daraus folgte, daß nun für jede römische Rechtsregel die Frage auftauchte, ob sie denn wirklich "rezipiert", also durch praktische Anwendung in Deutschland aufgenommen worden war. Mit dieser neuen Entwicklung verbunden war auch eine Neubewertung der deutschen Rechtsübung. Das deutsche Gewohnheitsrecht wurde nun nicht mehr als "Mißverständnis des gemeinen Rechts"[8] behandelt oder als geschriebenes Partikularrecht nach gemeinem Recht ausgelegt, sondern in ihm wurden nunmehr gewohnheitsrechtliche Abänderungen des gemeinen Rechts erblickt.

Die Juristen der Epoche des *Usus modernus* waren in der Regel Männer der Praxis, so daß eine an den Anforderungen der Praxis orientierte Arbeitsweise für diese Zeit charakteristisch war.[9]

Zu erwähnen bleibt noch, daß die Epoche des *Usus modernus* zeitlich parallel mit der des Naturrechts verlief. Beide, der *Usus modernus* und das Naturrecht, haben sich gegenseitig beeinflußt, vor allem die Vertreter des *Usus modernus* griffen auf das Naturrecht zurück, um es mit dem gemeinen Recht zu vergleichen.[10]

2. Kapitel Das Eltern-Kind-Verhältnis

Die Frage, ob das Eltern-Kind-Verhältnis als solches überhaupt der rechtlichen Regelung zugänglich ist, hat die an der Praxis orientierten Vertreter des *Usus modernus*, soweit ersichtlich, nicht beschäftigt.[11] Nur die Aufgabe des Rechts im Eltern-Kind-Verhältnis wurde angesprochen. Sie wurde darin gesehen, daß das Recht den Eltern die Mittel zur Verfügung stellt, damit diese ihre Aufgabe der Erziehung der Kinder erfüllen können.[12] Ansätze eines modernen Elternrechts lassen sich aber schon feststellen. Da sie im Zusammenhang mit der religiösen Erziehung

---

[7] Zu HERMANN CONRING und der "lotharischen Legende" siehe Wieacker, PrGN, S. 206.

[8] Wesenberg/Wesener, NDPrG, S. 116.

[9] Siehe auch bei Wieacker, PrGN, S. 215ff.

[10] Siehe dazu Schlosser, Grundzüge, § 2 II. 2. d).

[11] Siehe aber Stryk/John, De conscientia partium in judicio, cap. 1, nu. 41ff., S. 243f. unten; Cocceji, Jus civile controversum, lib. 1 tit .6 ¨): *"Effectus patriae potestatis sunt naturaliter duo: (1) Quod liberi a parentibus educari debeant; [...] (2) Quod liberi parentibus debeant reverentiam [...]. Omnes reliqui effectus patriae potestatis sunt mere civiles et pro lubitu constituti vel mutari possunt."*.

[12] Titius/Ernst, De contractibus, § 21: "*Exercende porro isti obligationi aliquod ius requiritur, cujus autoritate Parentes liberorum actiones dirigere eosdem que in commoda societatis humane membra formare queant.*"; Renz/Woelffing, Mixtura, th. 1: "[...] *et Jus ad media fini huic obtinendo necessaria concessisse merito censendus est.*", th. 2: "*Cumque secundum jus naturae limites potestatis per ratiocinium a fine deductum pro circumstantiarum in singulis casibus occurrentium ratione determinare cuilibet Patri vel Matri-familias fas sit, in eo vero ob ingeniorum varietatem et parvos affectus facile errari et litibus in Republica ansa praeberi posset, si forsan parentes potestatem suam nimium quantum extendere, vel liberi obsequium detrectare ausi fuerint,* ***factum inde, ut ad incommoda haec praecavenda per leges quarundam civitatum limites isti ad certum quid revocati et heic ampliati, isthinc fuerint.***"; Riccius, Spicilegium, lib. 1, tit. XI ad § 295, S. 430f.

eines Kindes auftauchten, werden sie bei der Darstellung der Regelungen über die Erziehung angesprochen werden.

Zusammenhängende Erläuterungen der *patria potestas* finden sich bei der Erörterung des Digestentitels D. 1, 6 (*De his qui sui vel alieni iuris sunt*)[13]. Darüber hinaus gibt es eine Vielzahl von Disputationen, die sich mit der *patria potestas* oder einzelnen ihrer Wirkungen beschäftigen[14].

I. Die Rezeption der römischen *patria potestas*

Zunächst stellte sich für die Juristen des *Usus modernus* die Frage, ob die römische *patria potestas* in Deutschland rezipiert worden war[15]. Diese Frage wurde von der herrschenden Meinung bejaht[16], unter Hinweis darauf, daß es in Deutschland die Pupillarsubstitution[17], das Nutznießungsrecht am Kindesvermögen, die testamentarische Bestimmung eines Vormunds[18], die Testierunfähigkeit des Haussohnes[19] etc. gebe.[20] Die herrschende Meinung begründete die Rezeption der *pa-*

---

[13] Lauterbach, Collegium; Struve, Jurisprudenz; Glück, Pandekten; Stryk, Usus modernus, erörtert bei D. 1, 6 nur die Frage der Rezeption; Engau, Elementa; Hofacker, Principia; Riccius, Spicilegium, lib. 1, tit. XI, S. 430ff. - Althusius, Dicaeologicae, lib. 1, cap. 30; Schneidewin, Institutiones, lib. 1 tit. 9; Oldendorp, Annotationes, in 1. librum pandectarum, S. 155, *Effectus et mutatio patria potestatis.*

[14] Siehe nur Renz/Woelffing, Mixtura juris Romani et Germanici in materia patriae potestatis et quae inde dependent conspicua; Hommel/Bostel, De usu hodierno [...]; Clasen/Siebenhaar, Exercitatio de patria potestate. - Siehe auch die Dissertationen, die im Rahmen einer Preisaufgabe der Akademie der Wissenschaften in Berlin angefertigt wurden: "Dissertations sur l'autorité paternelle" von KLEIN, VILLAUME und DAUNOU, dazu Thomas, Die Anschauungen der Naturrechtslehrer, S. 30f.

[15] Nicht in Frage gestellt von Lauterbach, Collegium, zu D. 1,6; siehe auch Renz/Woelffing, Mixtura, th. 5.

[16] Stryk, Usus modernus, D. 1, 6, § 3, § 4 für Sachsen; Overbeck, Meditationen, 3. Band 132. Med.; Griesinger, Commentar, § 271; siehe auch die Sächsische Konstitution X partis secundae, bei Carpzow, Jurisprudentia forensis, S. 441; Beyer, Delineatio, ad D. 1, 6 vor 1. (jedenfalls größtenteils rezipiert, zu den Ausnahmen aaO.); ebenso Westphal, Privatrecht II, S. 95: "Fast alles, was das neuere Römische Recht hier mit sich bringt, nimmt der Gerichtsgebrauch an, weil die Verordnungen nicht unbillig sind. Nur dasjenige fällt weg, was aus dem ehemaligen Eigenthum der Eltern über ihre Kinder noch übrig geblieben."; Renz/Woelffing, Mixtura, th. 5f., vertreten eine differenzierte Betrachtungsweise hinsichtlich der Rezeption: Teile wurden rezipiert, andere nicht; Brunsich, De unitate, § 44; Cocceji, Jus civile controversum, lib. 1 tit. VI qu. XX; Hofacker , Principia, § 551, § 561; Hommel/Bostel, De usu hodierno, § 62, stellen folgende Regel auf: "*Inter haec igitur patriae potestatis capita primum i.e. potestas naturalis, quid ex iure naturae, quod immutabile est, habet originem, hodienum in Germania in usu est, etiam quod ea, quae ius civile eidem addidit, nisi quatenus iam ipso iure Romano fuerunt immutata. In usu quoque est ius patrium quoad alterum caput, quod est potestas civilis in liberorum bona nisi quatenus hoc quoque ab ipsis Romanis tam olim fuit abrogatum. Ast cessat hodie in totum caput tertium, seu potestas civilis, quatenus ius tribuit in liberorum personam, ita, ut huius quidem vix umbra supersit aut vestigium.*".

[17] Hommel/Bostel, De usu hodierno, § 88, in Sachsen Rezeption mit Einschränkung; Clasen/Siebenhaar, De patria potestate, § 36.

[18] Hommel/Bostel, De usu hodierno, § 109; Renz/Woelffing, Mixtura, th. 16; Clasen/Siebenhaar, De patria potestate, § 36.

[19] Hommel/Bostel, De usu hodierno, § 85; Renz/Woelffing, Mixtura, th. 30.

tria potestas also damit, daß zumindest einzelne ihrer Wirkungen in Gebrauch seien.[21] Nur wenige Autoren, unter ihnen THOMASIUS[22], lehnten die Rezeption der *patria potestas* ab.[23] Nach RUNDE, dem "ersten Germanisten", beruhte die elterliche Gewalt in Deutschland auf einer Mischung der Grundsätze des römischen und des deutschen Rechts.[24]

Definitionen der *patria potestas* wie die folgenden sind für die Zeit des *Usus modernus* typisch: "*Patria potestas [...] estque jus Patri competens, liberis in familia existentibus ad communem familiae utilitatem imperandi*"[25] oder "Die heutige elterliche Gewalt ist daher ein Inbegriff derjenigen Rechte und Verbindlichkeiten, welche den Eltern über ihre Kinder zustehen, und sich hauptsächlich auf den Zweck der Erziehung beziehen."[26] Als Zweck der *patria potestas* wurde also nicht immer die Erziehung der Kinder angesehen, sondern auch der Nutzen der Familie oder des Vaters wurde genannt.

---

[20] Höpfner, Commentar, § 104, S. 129; Brunnemann, in Pandectas, D. 1, 6, 3 l.*item in potestate*, nu. 2. - Zur Rezeption der einzelnen Effekte Hommel/Bostel, De usu hodierno, §§ 64ff.

[21] Hommel/Bostel, De usu hodierno, § 62: "*Sicut enim quaedam patriae potestatis Romanae capita apud nos in usu esse desierunt, ita non pauciora sunt, quae aeque ac apud Romanos hodie in viridi esse observantia deprehenduntur.*".

[22] Thomasius, Notae, I. 1, 6, S. 22; ders., De usu practico tituli Institutionum de patria potestate, Cap. 2 § 1. - Zur Kritik an THOMASIUS siehe Renz/Woelffing, Mixtura, th. 5.

[23] Vor allem die niederländischen Juristen wie GROENEWEGEN, GIPHANIUS und GUDELINUS, siehe dazu Hommel/Bostel, De usu hodierno, § 62 m. N. und Titius/Ernst, De contractibus, § 57. Für Sachsen Breuning/Voigt, Fictio unitatis, § 10: "[...] *quippe numquam usitata fuerit potestas Romana in Saxonia.*".

[24] Grundsätze, § 614; ebenso Glück, Pandekten, 1. Buch 6. Titel, §§ 137, 138, S. 257; Renz/Woelffing, Mixtura, th. 5.

[25] Lauterbach, Collegium, D. 1, 6 II, siehe auch I. die Definition der Familie: " [...] *hoc modo Familiam dicimus Consociationem plurium personarum, quae sub unius potestate aut natura, aut jure subjectae degunt.*"; Struve, Jurisprudenz, D. 1, 5, § 1: "Die väterliche Gewalt ist eine rechtmäßige Macht und Befugniß, welche ein Vater auff die Person, und auff die Güter seines Kindes hat, zum gemeinen Nutzen des Hauswesens."; siehe auch Leyser, Meditationes Corollaria Nr. 3 nach Spec. CCCXXXI: "Patria potestas vulgo tutela, die natürliche Vormundschafft, appellatur."; Beyer, Delineatio, zu I. 1, 3 - 9, Nr. 23: "*Potestas patria est jus Patri competens in personam et bona liberorum in utilitatem patris et familiae.*"; Engau, Elementa, lib. 1 tit. 11, § 294: "*Mundium, quae potestas Germanis dicitur, in obligatione alterius personam dirigendi et alendi consistit.*"; Clasen/Siebenhaar, De patria potestate, § 21: "*Patria potestas definitur jus imperii competens patri in liberorum suorum legitimorum tam personas, quam bona et actiones, ad salutem et utilitatem eorum naturaliter directum.*".

[26] Glück, Pandekten, §§ 137, 138, S. 257; Engau, Elementa, lib. 1 tit. 11, § 301: "*Quia parentibus in liberos competit potestas propter educationem* [...]."; siehe auch Hofacker , Principia, § 551 a. E.; Clasen/-Siebenhaar, De patria potestate, § 22: "*Tandem additur finis, qui est utilitas et salus liberorum.*". - Althusius, Dicaeologicae, lib. 1, cap. 30, Rdnr. 2 a. E.: "*Patria potestas constat suis commodis et oneribus patri subeundis, quae in praemium et utilitatem liberorum sunt constituta.*"; Schneidewin, Institutionen, lib. 1 tit. 9, nu. 2.

Die Rechtsgelehrten setzten sich auch mit der den Eltern nach Naturrecht über ihre Kinder zustehenden Gewalt auseinander[27] und identifizierten diese häufig mit der ursprünglichen germanischen elterlichen Gewalt.[28]
Beim Vergleich mit der elterlichen Gewalt des Naturrechts sahen die Rechtsgelehrten wohl, daß die römische *patria potestas* dem Vater mehr Rechte einräumte, als zur Erziehung der Kinder erforderlich waren[29]. STRUVE sprach auch die Fragen der Grundlage der *patria potestas* und wem sie nach Naturrecht zusteht, an.[30]

Im folgenden sollen nur einige Besonderheiten der Lehre des *Usus modernus* dargelegt werden. Dem Großvater stand zu Zeiten des *Usus modernus* nur noch sehr selten die väterliche Gewalt über seine Kinder und Enkelkinder zu wegen der deutschrechtlichen Möglichkeit der Gewaltentlassung durch Begründung eines eigenen Hausstandes[31], auf die weiter unten noch näher eingegangen werden wird. Die Frage, ob der Mutter auch die väterliche Gewalt zustand, wurde kontrovers behandelt.[32] Während einige Autoren ihr nur die beiden Elternteilen aus dem Naturrecht zukommenden Rechte gewähren wollten[33], sprachen ihr andere die väter-

---

[27] Gundling, Discours, I. 1,9; Hofacker, Principia, §§ 551f.; Cocceji, Jus civile controversum, lib. 1 tit. 6; Carrach/Heese, De differentiis, § 13; Clasen/Siebenhaar, De patria potestate, §§ 8ff.; Breuning, Disputatio de Patria potestate eiusque effectibus ex principiis iuris naturalis Tractatio II.

[28] Runde, Grundsätze, § 614; Gundling, Discours, I. 1, 9 Anm. 4 a. E.; ebenso Riccius, Spicilegium, ad § 295, S. 431; Schneidt/Kleinschrod, De iure, § 21.

[29] Höpfner, Commentar, § 99, S. 123; Struve, Jurisprudenz, D. 1, 5, § 2; Titius/Ernst, De contractibus, § 27: "*Jure autem positivo patria potestas magis efformari, ac ejus subjectum, effectus et modus habendi distinctius determinari solet, quod imprimis exemplo juris Romani intelligi potest* [...]."; ebenso Beyer, Delineatio, zu D. 1, 6 vor 1., die *patria potestas* endet nicht mit dem Ende der Erziehung; Carrach/Heese, De differentiis, § 14; Clasen/Siebenhaar, De patria potestate, § 32; Schott/Fritz, Dissertatio de potestate patria veteri Romanorum secundum sita juris naturae considerata.

[30] Struve, Jurisprudenz, D. 1, 5, § 2; siehe auch Leyser, Meditationes, spec. XVIII med. 1, der der Ansicht von HOBBES folgt, daß der Mutter zuerst die Gewalt über die Kinder zusteht. - Zur Grundlage auch Cocceji, Jus civile controversum, lib. 1 tit. 6 β); zu *Cocceji*, Thomas, Die Anschauungen der Naturrechtslehrer, S. 21ff.

[31] Siehe Hommel/Bostel, De usu hodierno, § 91.

[32] Zu dieser Frage Rothhahn, Dissertatio de materna potestate in liberos ex Germanorum legibus et more (bejahend); Engau, Elementa, lib.1 tit. XI, § 295: "*Mater non minus atque pater, ex dictamine rectae rationis, liberos educare, seu ad officium boni hominis et civis adsuescere, tenetur. Quod quum sine potestate fieri nequeat, hanc in liberos parentibus concesserunt germaniae mores legesque.*"; dagegen Runde, Grundsätze, § 614. - Zur Frage, ob die Mutter Vormünderin ihrer Kinder bei Versterben des Vaters sein konnte, siehe die ausführliche Darstellung bei Struve, Jurisprudenz, 1, 20, §§ 4ff.; Carpzow, Jurisprudentia forensis, p. 2 const. XI Def. XI, S. 460f. - Althusius, Dicaeologicae, lib. 1 cap. 30 nu. 20.

[33] Höpfner, Commentar, § 104, S. 129; Wernher, Pars III, Obs. 141; Lauterbach, Collegium, D. 1, 6 IV.: "*Subjectum [scil. patriae potestatis] est Pater [...] non etiam Mater; cui tamen eadem pietas [...] eadem obsequia debentur.*"; Struve, Jurisprudenz, D. 1, 5, § 3; Beyer, Delineatio, I. 1, 3 - 9, Nr. 24; Hofacker, Principia, § 562, §§ 552ff.; Hommel/Bostel, De usu hodierno, § 73, § 90; Renz/Woelffing, Mixtura, th. 10, 14. - Schneidewin, Institutionen, I. 1, 9, nu. 3; Althusius, Dicaeologicae, lib. 1, cap. 30, nu. 20.

liche Gewalt so wie dem Vater zu. Diese Meinung stützte sich auf die deutschen Partikularrechte.[34]

II. Die Dauer der *patria potestas*[35]

Von einschneidender Bedeutung für den Charakter der väterlichen Gewalt in der Zeit des *Usus modernus* war, daß diese in der Praxis - anders als nach römischen Recht - nicht mehr, so lange wie der Vater lebte, andauerte. Dies beruhte auf den Endigungsgrund der sogenannten *emancipatio Saxonica*[36], die durch die bereits bei der Rezeptionsgesetzgebung vorgestellte Kursächsische Konstitution X des zweiten Teils ausdrücklich bestätigt worden ist[37]; für sie findet sich auch die Bezeichnung *emancipatio Germanica* oder *Teutonica*[38] genannt wurde. Die väterliche Gewalt endete dann, wenn das Kind sich vom väterlichen Haushalt trennte und einen eigenen begründete[39]. Dies geschah dadurch, daß es durch Worte oder Handlungen zu verstehen gab, daß es selbständig leben und nicht wieder in die väterliche Familie als Haussohn zurückkehren wollte.[40] Fraglich war allerdings, ob der Wille des Vaters zu einer eigenen Haushaltsgründung des Kindes erforderlich war.[41] Folge der *separatio* war, daß der Vater verpflichtet war, den Kindern ihr

[34] So vor allem Rothhahn, De materna potestate in liberos ex Germanorum legibus et more; siehe auch Engau, Elementa, lib. 1 tit. XI, §§ 297, 298; Riccius, Spicilegium, ad § 295, S. 431.

[35] Dazu Struve, Jurisprudenz, D. 1, 12, Titel: "Auff was Weise die väterliche Gewalt auffgehoben wird."; Runde, Grundsätze, § 620; Harpprecht/Caldenbach, De separatione liberorum ab oeconomia paterna; Grollmann, De separatione liberorum per elocationem et divisionem; de Senckenberg, Iura egressus e patria potestate romana et germanica; Krause, Differentiae emancipationis tacitae romanae et germanicae; Schütze, Origo et fata doctrinae de egressu ex potestate parentum ex fontibus iuris germani eruta. - Weitere Literatur des *Usus modernus* bei Runde, Grundsätze, § 620 Anm d)-g); Engau, Elementa, lib. 1 tit. XI, §§ 313ff.

[36] Dazu Struve, Jurisprudenz, D. 1, 12, § 4; Berger, Oeconomia, lib. 1 tit. 3, th. 16; Carpzow, Jurisprudentia forensis, S. 441; Hommel/Bostel, De usu hodierno, § 98; Harpprecht/Caldenbach, Disputatio de separatione liberorum familias ab oeconomia paterna, dort ausführliche Darstellung zu den auftauchenden Problemen der *separatio*. - Der Endigungsgrund *per separatam oeconomiam* wurde auch auf C. 8, 46 [47], 1 gestützt: Krause, Dissertatio de differentiis emancipationis tacitae Romanae ac Germanicae; Böhmer, Dissertatio de statu liberorum sui iuris factorum per separationem vel nuptias. - Siehe auch Oldendorp, Annotationes, 46, S. 155.

[37] Dazu siehe S. 185f.

[38] Thomasius, De quasi emancipatione germanica; Rivinus/Hoefer, De figmento, § 26: "*emancipatio Teutonica*"; Hofacker, Principia, § 621: "[...] *exeundi modus moribus Germaniae imo et universae Europae.*".

[39] Harpprecht/Caldenbach, De separatione liberorum familias ab oeconomia paterna, beschäftigt sich mit den Einzelfragen, denn die Frage der Trennung war oft nicht einfach zu beantworten. Boehmer, Diss. pecul. de statu liberorum sui juris factorum per separationem vel nuptias; Thomas, Dissertatio de Quasi emancip. Germanorum; Beyer, Delineatio, I. 1, 12 Nr. 5 Anm. b); Engau, Elementa, lib. 1 tit. XI, § 313; Hofacker, Principia, § 621; Clasen/Siebenhaar, De patria potestate, § 62.

[40] Höpfner, Commentar, § 163, S. 205 nimmt dies ausdrücklich auch für Haustöchter an, wiewohl er den Fall für selten hält; ebenso auch für Haustöchter, Carpzow, Jurisprudentia forensis, p. 2 const. X def. 1 nu. 3. - Zu den Streitfragen allgemein siehe auch def. 1. bei Berger, Oeconomia, lib. 1 tit. 3, th. 16: Bei der Tochter geschieht die stillschweigende Emanzipation durch die bloße Ausstattung.

[41] Runde, Grundsätze, § 620: "[...] auch ohne der Eltern Wille".

mütterliches Gut herauszugeben[42]. Manche Autoren nahmen sogar einen Anspruch des volljährigen[43] Sohnes auf Absonderung mit Auskehrung des mütterlichen Vermögens an.[44] Bei der *emancipatio per separatam oeconomiam* endete auch der väterliche Nießbrauch mit der Haushaltsbegründung. Ein *praemium emancipationis* gab es bei dieser Form der *emancipatio* nicht, da sie nicht auf einer freiwilligen Handlung des Vaters wie die römischrechtliche *emancipatio* beruhte.[45]
Dieser Beendigungsgrund *per separatam oeconomiam* stand mit der Auffassung des Naturrechts im Einklang, daß die *patria potestas* nur so lange bestehen könne, wie das Kind sich nicht selbst versorgen könne.[46]

Die Heirat der Tochter bewirkte ebenfalls die Beendigung der väterlichen Gewalt, für Söhne galt dieser Beendigungsrund nicht.[47]

Die alte Emanzipation des römischen Rechts war zu Zeiten des *Usus modernus* zwar noch nicht ganz abgeschafft, wie THOMASIUS behauptete[48], kam in der Praxis aber nicht mehr häufig vor.[49] War das emanzipierte Kind noch nicht volljährig, so

---

[42] Struve, Jurisprudenz, D. 1, 12, § 4; Carpzow, Jurisprudentia forensis, p. 2 const. X def. X, S. 443f., siehe auch nu. 4: "*Contra parentem quoque liberis emancipatis judicio experiri licet, quod alias, si sub ejus potestate essent, facere non possunt.*"; zur Absonderung oder Abschichtung Westphal, Privatrecht II, S. 48ff.: Auseinandersetzung einer fortgesetzten Gütergemeinschaft (Abfindung auch schon bei Lebzeiten der Eltern, Kindern wird ihr künftiger Erbteil herausgegeben, allerdings freiwillig von Seiten der Eltern), § 2: Pflicht zur Teilung nur bei zweiter Heirat oder Verschwendung des Überlebenden. - Schneidewin, Institutionen, I. 1, 9 nu. 47 a.E.

[43] Zur Volljährigkeit Runde, Grundsätze, §§ 293ff.: nach römischen Recht 25 Jahre, nach sächsischem 21 Jahre; Carpzow, Jurisprudentia forensis, p. 2 const. XI def. IX, S. 459; Schilter, Praxis, exercitatio 11, § 26.

[44] Berger, Oeconomia, lib. 1 tit. 3 th. 16, nota 5; Engau, Elementa, lib. 1 tit. XI, § 317: "[...] *quae cum inventario iis restituere debent parentes.*", § 314: "*A multis retro seculis in plerisque Germaniae provinciis hoc moris fuit, ut parentes liberis suis, quos a se separabant, quantitatem bonorum ex substantia sua traderent. Dicitur hoc,* die Berathung, die Ablobung." (§ 314 wird aber ebenso wie § 315, der sich mit dem Umfang befaßt, in § 318 nicht für den "*usus hodiernus*" zitiert); Westphal, Privatrecht II, S. 96. - Ablehnend Hommel/Bostel, De usu hodierno, § 81, wegen D. 5, 1, 4: "*Equidem hodie patrem liberis peculiarem oeconomiam instituentibus ad bona adventitia tradenda teneri nullum est dubium, verum haec obligatio non prius nascitur, quam potestate per peculiaris oeconomiae institutionem vel nuptias sublato.*".

[45] Cocceji, Jus civile controversum, lib. 15, tit. 1, qu. 8; ebenso Hommel/Bostel, De usu hodierno, § 76.

[46] Rivinus/Hoefer, De figmento, § 24.

[47] Bei den Töchtern als selbständiger Beendigungsgrund anerkannt, bei den Söhnen nicht: Höpfner, Commentar, § 163, S. 205; Struve, Jurisprudenz, D. 1, 12, § 4; Berger, Oeconomia, lib. 1, tit. 3, th. 16; Beyer, Delineatio, I. 1, 12 Nr. 5; Cocceji, Jus civile controversum, lib. 1, tit. 7, qu. 12; Engau, Elementa, § 313; Hommel/Bostel, De usu hodierno, § 99; Renz/ Woelffing, Mixtura, th. 32; Clasen/Siebenhaar, De patria potestate, §§ 60f. - Schneidewin, Inst. I 1, 12, nu. 4ff.

[48] Thomasius, Dissertatio de usu juris paterni Romanorum secundum mores Germaniae et Jus Borussicum revisum, Cap. 3, § 6.

[49] Höpfner, Commentar, § 163, S. 205; Struve, Jurisprudenz, D. 1, 12, § 4; Runde, Grundsätze, § 620; Hommel/Bostel, De usu hodierno, § 96 m. N. für Beispielfälle, allerdings in adligen Kreisen; Cocceji, Jus civile controversum, lib. 1 tit. 7, qu. 13 m. N.; Engau, Elementa, § 313: "[...] *non plane est incogni-*

stand dem Vater die Tutel zu.[50] Bei dieser alten *emancipatio* wurde dem Vater auch das sogenannte *praemium emancipationis* zugebilligt.[51] Die Befreiung von der väterlichen Gewalt durch das Bekleiden gewisser Ämter und Würden galt nur noch in sehr eingeschränktem Maße.[52]

Bei Mißbrauch der väterlichen Gewalt konnte dem Vater diese entzogen werden oder er zur Emanzipation des Kindes gezwungen werden; der Richter war von Amts wegen verpflichtet, bei Mißbrauch der väterlichen Gewalt einzuschreiten.[53]

---

ta"; Hofacker, Principia, § 617; Clasen/Siebenhaar, De patria potestate, § 59; Beyer, Delineatio, I. 1, 12, Nr. 4: "*hodie rarius*". - Zur Emanzipation Schneidewin, Inst. I 1, 12 § praeterea.

[50] Struve, Jurisprudenz, D. 1, 12 § 4; Hildebrand/Brötzsch, De obligatione, cap. 3 th. 9, Ansprüche aus *tutela*. - Schneidewin, Inst. I 1, 18 nu. 4; Gaill, Observationes, 2. Buch obs. 72, nu. 14ff., der Vater wird dann genau wie ein Vormund auch hinsichtlich der Rechenschaftspflicht etc. behandelt.

[51] Hommel/Bostel, De usu hodierno, § 76.

[52] Höpfner, Commentar, § 163, S. 205; Runde, Grundsätze, § 620: die Bischofswürde befreite von der *patria potestas*; Struve, Jurisprudenz, D. 1, 12, § 3; Berger, Oeconomia, lib. 1 tit. 3 th. 16; Carpzow, Jurisprudentia forensis, p. 2 const. X def. 4, S. 443; ausführlich dazu Cocceji, Jus civile controversum, lib. 1 tit. 7 qu. 11; Engau, Elementa, § 313; dazu siehe auch Hommel/Bostel, De usu hodierno, § 97: "*Interim in eo Doctores fere omnes consentiunt, hodie a patria potestate liberare dignitatem intimorum consiliariorum Imperatoris, ut et Principum, nec non dignitatem episcopalem.*"; Clasen/Siebenhaar, De patria potestate, § 64: "*Dignitas Patriciatus* befreit *Consiliarii et assessores Imperatoris.*" - A. A. Hofakker , Principia, § 616. - Siehe zum Thema auch Uhlius, Dissertatio, utrum gradus academici liberent a patria potestate?; Trier/Loefen, Dissertatio de dignitatibus quae liberant a patria potestate. - Schneidewin, Inst. I 1, 12 nu. 3.

[53] Siehe bei Höltich/Schammelius, Judicium inter Parentes et Liberos, §§ 6, 9, 10, 13, 22 zur Kindesmißhandlung, auf Antrag des Sohnes fand eine Zwangsemanzipation statt, aber dies gehörte grundsätzlich zur Tätigkeit des Richters von Amts wegen: "*Est enim Magistratus Pater in Republica, est Deus. Videat, nequis destinet, quod cum alterius conjunctum est injuria.*"; Eichelius/Bonnius, Dissertatio de retorsione iniuriarum verbalium, th. 37: " [...] *tutius aget pater et filius, officium judicis implorando, quo filius emancipetur, vel patris nequitia coerceatur, quam agendo, vel sibi ipsi jus dicendo.*". - Siehe aber auch Stryk/Selmniz, De abusu juris quaesiti, cap. 2 (*De abusu juris patrii, maritali et tutelaris*) nu. 23: "*Sed quanta parentum saevitia abusum juris quaesiti constituat, definire ob circumstantiarum varietatem difficile; arbitrio judicis relinquendum erit.*", nu. 15.f.: "*Ob illam [castigationem], licet nimia et atrocissima sit patrem posse dici abuti jure suo eo effectu, ut illo privari possit omnino nego [...] Haec tamen sententia [filius officium Judicis potest implorare] mihi cum reverentia parentibus debita omnino pugnare, imo juri nostro contraria videtur.*", er unterscheidet im folgenden zwischen seelischem und körperlichem Mißbrauch. Bei letzterem [*castigatio realis*] ist ein Entzug der *patria potestas* möglich: nu. 20; Nu. 24ff. zur Prostitution der Tochter. Hildebrand/Brötzsch, De obligatione, Cap. IV th. 3: "*Delicta autem inter Patrem et Filium perpetrata ea, ob quae ad vindictam privatam agere solemus, operantur eatenus Obligationem, ut quidem Pater exinde pro re nata adversus filium procedere, Magistratumque implorare valeat, ceu supra de injuriis dictum fuit, sed vice versa filiofamilias in patrem nulla competit exinde actio, non enim reticere parentum injurias tantum, sed etiam aequo animo ferre oportet.*" - Schneidewin, Inst. I, 1, 12 nu. 7f.; Oldendorp, Annotationes, lib. 1 pandect. 46, effect. 10, S. 155.

III. Der Inhalt der *patria potestas*

Bei den Wirkungen der *patria potestas* unterschieden schon einige Autoren im Bemühen um eine systematische Erfassung des Inhalts zwischen den Wirkungen, die sich auf die Person, und denen, die sich auf das Vermögen erstreckten.[54]

1. Die Wirkungen der patria potestas auf die Person des Hauskindes[55]

a) Die Pflicht der Eltern zur Erziehung der Kinder

Was die Erziehung der Kinder durch die Eltern angeht, so äußern sich die Juristen kaum dazu.[56] Gegen Ende der Epoche des *Usus modernus* findet sich allerdings - unter dem Einfluß des Naturrechts - eine starke Betonung des Erziehungszwecks. "Die nach heutigen Rechten beyden Eltern über die Person ihrer Kinder zustehenden Rechte und Pflichten beziehen sich nun überhaupt auf alles, was die Sorge für die Glückseligkeit der Kinder erheischt. Beyden Eltern liegt daher die Pflicht ob, ihre Kinder zu guten Menschen zu erziehen, und sie zum bürgerlichen Leben zu bilden."[57] Die Pflicht zur Erziehung und Bildung der Kinder ging aber nicht so weit, als daß der Vater gezwungen werden konnte, das Studium seines Sohnes zu finanzieren.[58]

---

[54] Lauterbach, Collegium, D. 1, 6 VI, VII: "*Effectus est ipsa potestas Patri in liberos concessa, et respicit vel liberorum personas, vel eorum res.*"; Clasen/Siebenhaar, De patria potestate, § 31 unterscheidet drei Kategorien bei den Wirkungen: neben den oben genannten kommt als dritte noch die der "*actiones vel mortis causa vel inter vivos vel extra judicium vel in eo*" hinzu. - Zu anderen Wirkungen auch Struve, Jurisprudenz, D. 1, 5, §§ 3, 4; Lauterbach, Collegium, D. 1, 6, VII. - Althusius, Dicaeologicae, lib. 1, cap. 30, nu. 2 a. E. unterscheidet in erster Linie zwischen den *commoda* und den *onera*.

[55] Clasen/Siebenhaar, De patria potestate, §§ 33ff. sind aber stark dem römischen Recht verhaftet; Glück, Pandekten, §§ 137, 138, S. 258 will diejenigen Rechte der elterlichen Gewalt, die sich auf die Person der Kinder beziehen, beiden Eltern gemeinschaftlich zugestehen. - Althusius, Dicaeologicae, lib. 1, cap. 30, nu. 4f. geht in bezug auf die Person des Sohnes vom Eigentumscharakter der *patria potestas* aus.

[56] Dazu siehe Struve, Jurisprudenz, 23 § 4: Vormünder sollen ihre Mündel in die Schule thun, § 5 Begabte sollen studieren können, soweit die Vermögensverhältnisse der Eltern es erlauben. - Althusius, Dicaeologicae, lib. 1, cap. 30, nu. 11, aber auch nu. 14ff.

[57] Glück, Pandekten, §§ 137, 138, S. 259; Engau, Elementa, § 295: "[...] *liberos educare, seu ad officium boni hominis et civis adsuescere* [...].", § 297: " [...] *liberos erudire, aliisve instruendo tradere et cuiusnam religionis principiis innutriendi sint* [...]"; Beyer, Delineatio, D. 34, 1 - 3 Nr. 3: "*Educatio adhuc latius patet, quippe quae etiam efformationem animi includit, seu sumtus in studia, vel artem honestam qua quis humano generi utilis esse possit.*"; siehe auch Titius/Ernst, De contractibus, § 21: Im Zusammenhang damit auch die Auffassung der Naturrechtler, daß nur dem Ziel dienende Mittel den Eltern im Rahmen ihrer Gewalt über die Kinder zugestanden werden dürfen; Hildebrand/Brötzsch, De obligatione, cap. II th. 1: "*Secundum hactenus dicta, non solum Pater filio alimenta, ad naturalis vitae sustentationem suppeditare, sed et in educando atque instituendo, pii atque Christiani parentis officio fungi debet.* [...] *Officii itaque paterni ratio exigit, suam curam in eo atque industriam figere omnem, quo filius virtutis potissimum studio informatus, in tenera adhuc aetate constitutus, Christianae pietatis fundamenta primum, ac postea literarum rudimenta quaedam diligenter doceatur, quo pater aliquando mundum hunc relinquere iussus, filium sui similem, non autem pondus terrae inutile, ad Reipubl. bonisque omnium molestum brutum relinquat.*".

[58] Leyser, Meditationes, spec. XVII med. 4; Carpzow, Jurisprudentia forensis, p. 2 const. X def. 18 nu. 6, S. 453: Vater kann Studienkosten bei der Herausgabe der Adventizien abziehen; Höltich/Schammelius,

Einen besonderen Bereich der Erziehung stellte die Frage der religiösen Erziehung, insbesondere bei Mischehen, dar.[59] Schon im *Usus modernus* war die Religionsmündigkeit des Kindes anerkannt.[60] Daraus folgt auch, daß der Sohn durch ein *votum* des Vaters nicht zum Religionswechsel verpflichtet wurde.[61] Anfänge eines Elternrechts als eines gegen Eingriffe der Obrigkeit gerichteten Rechts der Eltern, zeigen sich bei RENZ/WOELFFING, die die Frage diskutieren[62]: "[...] *quaestio occurrit, an Imperans patri iniungere possit, ut liberos in hac vel illa Religione educare teneatur*?" Sie lehnten eine solche Befugnis des Herrschers ab, oder wenn er solches tue, müsse dem Vater wenigstens die Möglichkeit zur Auswanderung gegeben sein. Daraus schließen sie: "*Concludendum ergo Patriam Potestatem hac in parte etiam in Republica salvam et illibatam mansisse, nec plus licere summae Potestati in liberos, ac in ipsos Parentes.*".

Die Eltern konnten die Handlungen ihrer Kinder leiten und die dem Zweck der Erziehung dienlichen Verfügungen treffen.[63] Dazu gehörte auch die Bestimmung der Lebensart und des Berufes des Sohnes.[64] GLÜCK sprach sich - in Anknüpfung an PUFENDORF[65] - für eine Berücksichtigung des Willens mündiger Kinder bei der Bestimmung ihrer künftigen Lebensart aus.[66] "Allein haben sie die Mündigkeit

---

Judicium inter Parentes et Liberos, § 8; Hofacker, Principia, § 558, wollte dies von den Verhältnissen der Personen abhängig machen; Hildebrand/Brötzsch, De obligatione, cap. II th. 1: "[...] *comprehenduntur quoque sumptus studiorum, ad quae tamen Pater tunc praecise cogi non potest, cum nec illius facultates, nec conditio, nec filii genius suadeant, ut filius literis operam det.*". - A. A. Berger, Oeconomia, lib. 1 tit. 3, th. 15, Nota 8.

[59] Strube, Bedenken, Nr. 76; Glück, Pandekten, §§ 137, 138, S. 260ff.

[60] Renz/Woelffing, Mixtura, th. 12: Im Rahmen des *interdictum de liberis exhibendis*: "[...] *deinde filio, cum jam ad maturitatem pervenerit judicium (vulgo annos discretionis vocant) plenissimo libertate conscientiae, cui ipsa patria potestas cedere et filius, qui modo sua sponte non persuasus, non seductus, et jam in ea aetate constitutus, ut fundamenta fidei discernere queat, aliam religionem sequitur, invitus a ea avelli non debet.*".

[61] Hildebrand/Brötzsch, De obligatione, cap. 3 th. 3, interessant ist in diesem Zusammenhang die Begründung: "*Neque adductis rationibus obstare potest, quod pollicitatio filiifam. ex parentis arbitrio dependeat [...] quia id non de quavis pollicitatione intelligendum, sed tantum de ea, quae respicit res, in quibus jus quaesitum Pater jamjam habet, non vero de ea, quae filii personam concernit.*".

[62] Mixtura, th. 13.

[63] Glück, Pandekten, §§ 137, 138, S. 259.

[64] Glück, Pandekten, §§ 137, 138, S. 262 m. w. N. in FN 14, u. a. Verweis auf Pufendorf; Renz/-Woelffing, Mixtura, th. 15.: "[...] *jus decernendi et praescribendi liberis certum et ad quaerendum victum necessarium vitae genus.*"; die Eltern sollen darauf achten, "*ne destinationes suas tanquam normam inclinationis liberis obtrudant.*".

[65] Soweit sich GLÜCK in FN 14 auf PUFENDORFS Naturrecht (lib. VI cap. 2 § 13) bezieht, handelt es sich um ein Fehlzitat. An der angegebenen Stelle behandelt PUFENDORF die Frage des Verstoßes aus der Familiengemeinschaft. Einschlägig ist insoweit § 11 am Ende. Dazu siehe S. 221.

[66] Glück, Pandekten, §§ 137, 138, S. 262; siehe bei Renz/Woelffing, Mixtura, th. 15: "*Nec enim omne liberorum, qui jam annos discretionis vivunt, arbitrium hic exclusum, neque perpetuam vitae legem constituere potest Patris Voluntas.*".

erreicht, so darf ihr Widerspruch bey der Wahl ihres künftigen Gewerbes nicht ganz aus der Acht gelassen werden, weil darauf das Glück des künftigen Bürgers, und dessen Mitwirkung zum allgemeinen Besten beruhet. Es muß wenigstens in einem solchen Falle über die Rechtmäßigkeit der Weigerung von dem Richter geurtheilt werden."[67] Für die Möglichkeit der gerichtlichen Kontrolle verweist GLÜCK nicht auf die entsprechende Regelung im Preußischen Allgemeinen Landrecht von 1794[68], sondern er beruft sich auf die Preisschrift von GLOBIG von 1786.[69] Dieser hatte in seiner Schrift "Ueber die Gründe und Gränzen der väterlichen Gewalt", die bereits oben vorgestellt wurde, unter der Dritten Frage: "Bis auf welchen Grad können die Gesetze die väterliche Gewalt einschränken oder ausdehnen?" eine richterliche Kontrolle für notwendig gehalten. Seine Ausführungen geben aber nicht einen bestehenden, sondern einen „wünschenswerten" Rechtszustand wieder.

In diesem Zusammenhang seien auch noch die Regeln über die Dienstmündigkeit von Hauskindern erwähnt. Ihre Anfänge reichten in die Zeit vor der Rezeption zurück, und sie entwickelte sich etwa in der Zeit des *Usus modernus* als allgemeines deutsches Gewohnheitsrecht.[70] Den römischen Quellen war eine Dienstmündigkeit der Kinder nicht bekannt; deswegen wurde sie in den Darstellungen des gemeinen Privatrechts auch nicht bei der *patria potestas* behandelt. Die Regeln sind vor dem Hintergrund zu sehen, daß der Gesindedienst in der vorindustriellen Gesellschaft die typische Erwerbsarbeit von minderjährigen Kindern war.
"Dienstmündigkeit" bedeutete, daß unter väterlicher Gewalt stehende Kinder, die sich mit Zustimmung ihres Hausvaters verdingt hatten, fortan Dienstverhältnisse ohne weitere Zustimmung des Vaters eingehen oder auflösen konnten. Der einmal erteilte Konsens des Vaters galt als Generaleinwilligung in bezug auf alle weiteren Dienstverhältnisse. Diese Wirkung der väterlichen Zustimmung konnte nur dadurch verhindert werden, daß der Konsens auf den Dienst bei einem bestimmten Dienstgeber oder einen bestimmten Zeitraum begrenzt wurde.
Neben praktischen Erwägungen - die Einholung des Konsenses konnte aufgrund der räumlichen Entfernungen lange dauern - ist als weiterer wichtiger Grund für die Dienstmündigkeit das Interesse der potentiellen Dienstgeber an einer solchen weitgehenden Befugnis von minderjährigen Dienstboten zu nennen.[71]

---

[67] Glück, Pandekten, §§ 137, 138, S. 262 unter Hinweis auf die Preisschrift von Globig in FN 15.
[68] Dazu siehe S. 332.
[69] Dazu siehe S. 260.
[70] Gefaeller, Arbeitsmündigkeit, S. 30; Knothe, Geschäftsfähigkeit, S. 387. - Zur sich ebenfalls in der Zeit des *Usus modernus* entwickelnden Erwerbsmündigkeit siehe Knothe, Geschäftsfähigkeit, S. 378ff.
[71] Dazu siehe Gefaeller, Arbeitsmündigkeit, S. 33f.; Knothe, Geschäftsfähigkeit, S. 387f.

Die Kinder waren den Eltern gegenüber zu Gehorsam[72] und Ehrerbietung[73] verpflichtet.
Die Unterhaltspflicht der Eltern[74] und der Kinder[75] wurde eingehend in der Literatur des *Usus modernus* erörtert.[76]

b) Das elterliche Züchtigungsrecht

Von dem ursprünglichen *ius vitae necisque* des Vaters war nur noch ein Züchtigungsrecht des Vaters übrig geblieben[77]. Dies gewährte ihm aber nicht die Befugnis, die Kinder mit einer öffentlichen Strafe zu belegen, die ihrem guten Namen schaden konnte, oder sie ohne Einwilligung der "Obrigkeit" ins Zuchthaus zu setzen.[78] Das auf C. 8,46 [47], 3 gestützte Recht, den Sohn von der Obrigkeit nach

---

[72] Engau, Elementa, § 298: "[...] *fluit tam matrem quam patrem posse liberis (3) agendae vitae regulas praescribere; (5) electionem cuiusdam vitae generis iniungere.*"; Rangern/Sellius, De obsequiis, § 5; Stryk/Baron, De jure domesticorum, cap. 3 § 8: "[...] *quod liberorum in potestate constitutorum actus fere omnes a parentibus dependeant, unde nec vovere aut polliceri quippiam possunt citra horum consensum [...] nec etiam alia ratione matrimonium contrahere.*".

[73] Struve, Jurisprudenz, D. 1, 5 § 4, dort auch zu den Wirkungen; Stryk, Usus modernus, D. 37, 15 zu den einzelnen Wirkungen, die aus der den Eltern geschuldeten *reverentia* folgen; Glück, Pandekten, §§ 137, 138, S. 263; Schilter, Praxis, exercitatio 41, § 38: "*De obsequio, honore et gratitudine parentibus debito, prudentia civilis latius praecipit, ius civile Romanorum ea omnia ita rata habet, ut tamen non omnibus vim et actionem civilem tribuat.*"; Hommel/Bostel, De usu hodierno, § 64, §§ 65ff. zu den Folgerungen der *reverentia*; Rangern/Sellius, De obsequiis, § 3, Vater und Mutter wird gleichermaßen Gehorsam geschuldet; Stryk/Rehfeldt, Disputatio de jure reverentiali eiusque effectibus generalibus; dies., Disputatio de jure reverentiali ejusque effectibus specialibus; Schlepius, Dissertatio de praestationibus parentum et liberorum ex officio et affectu pietatis. - Schneidewin, Inst. I 2, 18: gegenseitige Verpflichtung.

[74] Struve, Jurisprudenz, D. 1, 5 § 4; Berger, Oeconomia, lib. 1, tit. 3, th. 15; Carpzow, Jurisprudentia forensis, p. 2 const. X def. 18 nu. 1f., zur Klagemöglichkeit def. 30, nu. 4, 8; Hildebrand/Brötzsch, De obligatione, cap. II th. 1; Engau, Elementa, § 300; Hofacker, Principia, §§ 556ff.; Renz/Woelffing, Mixtura, th. 31.

[75] Struve, Jurisprudenz, D. 1, 5, § 4; Stryk, Usus modernus, D. 37, 15, § 5; Carpzow, Jurisprudentia forensis, p. 2 const. X def. 29, S. 453; Hildebrand/Brötzsch, De obligatione, cap. II, th. 2; Hommel/Bostel, De usu hodierno, § 70, §§ 71ff. zu den Fragen (Enterbung) bei Nichterfüllung; Stryk/Rehfeldt, De jure reverentiali eiusque effectibus specialibus, membrum 1, nu. 25ff.

[76] Krause, Gegenseitige Unterhaltsansprüche, S. 106ff. - Oldendorp, Annotationes ad lib. 1 pand. 46, Effectus 11, S. 158.

[77] Lauterbach, Collegium, D. 1, 6 VI.; Struve, Jurisprudenz, D. 1, 5, § 3; Berger, Oeconomia, lib. 1 tit. 3, th. 15: "[...] *quamvis patri in caussis privatis et domesticae coercitionis iudicium permittatur, eidem tamen iudicium in caussis publicis, i.e. quae poenam publicam inferunt, minime permittendum sit.*"; Runde, Grundsätze, § 615: den Eltern steht "der Gebrauch solcher Zwangsmittel, welche die Erziehung nothwendig macht", zu; Glück, Pandekten, §§ 137, 138, S. 263f.: Grenzen einer "vernünftigen Züchtigung" dürfen nicht überschritten werden. U. a. kann das Kind wegen einer Mißhandlung vor der Obrigkeit klagen, in der Regel ist aber ein Einschreiten der Obrigkeit von Amts wegen nicht zulässig; Engau, Elementa, § 301: "[...] *quantum requirit educatio*", siehe auch § 302 zu dem, was den Eltern nicht erlaubt ist; Hofacker, Principia, § 552 (Mittel zur Erziehung); Hommel/Bostel, De usu hodierno, § 69; Clasen/Siebenhaar, De patria potestate, § 33; Stryk/Baron, De jure domesticorum, cap. 3, § 8. - Schneidewin, Inst. I 1, 9 nu. 24ff.; Oldendorp, Annotationes ad lib. 1 pand. 46, effectus I, S. 155.

[78] Höpfner, Commentar, § 104, S. 130; Hofacker, Principia, § 564.

Belieben des Vaters einsperren zu lassen, war in Deutschland zur Zeit des *Usus modernus* - anders als in Frankreich - nicht mehr in Übung.[79] Bei Beleidigung der Eltern durch die Kinder konnten diese enterbt werden; das *ius vitae necisque* fand auf diesen Fall keine Anwendung mehr.[80]
STRYK beschäftigte sich auch noch mit dem Verkaufsrecht des Vaters in Notfällen. In gewissen Notfällen gestattete er ein solches Recht des Vaters[81]: "*Permissum tamen ipsi esse, si ea sorte vivat, ubi nec magistratus auxilium sperandum, addicere filium ad servitia, ut ea conditione sit, qua est familia conductitia.*"

c) Die Pflicht der Kinder zur Erbringung von Dienstleistungen[82]
In der Praxis haben die Frage nach einer Pflicht der Kinder zur Erbringung von Dienstleistungen im Haushalt, Hof oder Gewerbebetrieb der Eltern und das damit zusammenhängende Problem, ob die Kinder gegebenenfalls eine Vergütung für ihre Dienste verlangen konnten, eine große Rolle gespielt. Diese letzte Frage nach einem Lohn für die erbrachten Dienste trat in der Praxis nicht selten auf, sei es daß die Kinder nach dem Tod des Vaters oder sei es daß sie noch zu dessen Lebzeiten Lohn begehrten. Solche Ansprüche wurde selten direkt gegen den Vater geltend gemacht, sondern gegen Erben und Miterben oder gegenüber den Konkursgläubigern des Vaters.[83]
Einigkeit bestand unter den Juristen des *Usus modernus* darüber, daß eine Pflicht der unter väterlicher Gewalt stehenden Kinder zur Mitarbeit im Haushalt der El-

---

[79] Lauterbach, Collegium, D. 1, 6: " [...] *in desuetudinem abiisse*"; Berger, Oeconomia, lib. 1 tit. 3, th. 15; Clasen/Siebenhaar, De patria potestate, § 33. - Anders Struve, Jurisprudenz, D. 1, 5, § 3: "[...] ihm nicht verwehret ist, sein ungerathenes Kind auff gewisse Maasse zu incarceriren, (a) oder auch der Obrigkeit eine gewisse Strafe, z.E. ein Gefängniß zu dictiren, welche an dem Kinde soll vollzogen werden, nur daß des Sohns Verbrechen den Vater und seine Oeconomie angehe, widrigen Falls und wofern es ein grobes Verbrechen, bleibt es der Obrigkeit, solches zu bestrafen, unbenommen.".

[80] Stryk, Usus modernus, D. 37, 15, § 2.

[81] Usus modernus, D. 1, 6, § 6; auch Clasen/Siebenhaar, De patria potestate, § 34 scheinen es zu bejahen. - A. A. Berger, Oeconomia, lib. 1 tit. 3, th. 15 ist dagegen, "*quum magistratus, eos scilicet, qui merum imperium*, die Obergerichte, *habent, ex officio subvenire oporteat.*". - Zum Thema siehe auch Datt, Dissertatio de venditione liberorum. - Bejahend auch Schneidewin, Inst. I 1, 9 nu. 29.

[82] Siehe dazu nur die Dissertation von Harpprecht/Harpprecht, De operis liberorum quas suis parentibus debent ac praestant, sie beschäftigen sich in der Hauptsache mit den *operae industriales*, cap. 4 Rdnr. 27; Harpprecht/Reichshoffer, De salario pro operis liberorum praestando. - Siehe auch Glück, Pandekten, §§ 137, 138, S. 266f.; Schilter, Praxis, Exercitatio 41, § 39; Titius/Ernst, De contractibus, § 42; Renz/-Woelffing, Mixtura, th. 19. - Althusius, Dicaeologicae, lib. 1 cap. 30, nu. 6ff.

[83] Leyser, Meditationes, spec. VII med. 2: "*Nihil frequentius est in foro, quam ut liberi aut post mortem patris, aut interdum, eo adhuc vivente, mercedem pro operis illi praestitis petant*". - Vgl. auch den aus dem Rahmen fallenden Fall bei Titius/Ernst, De contractibus, § 66: Der Sohn hilft seinem Vater, einem Theologieprofessor, bei der Erstellung eines Kommentars. Bei der Auseinandersetzung des Erbes des Vaters beansprucht der Sohn die Hälfte des dem Vater für den Kommentar gewährten Honorars als "Voraus". Zu den Gesichtspunkten der Lösung des Falles: Unterhaltsgewährung etc., siehe § 66.

tern bestand[84]. Die Mitarbeit im Haushalt wurde als Ausgleich für den den Kindern gewährten Unterhalt angesehen.[85]
Manche Autoren, die sich eingehender mit dem Problem beschäftigten, stützten sich auf die bei den Dienstleistungen der Freigelassenen gemachte Unterscheidung zwischen *operae obsequiales* (auch *oboedientiales, reverentiales, honorificae*) und *industriales (artificiales, fabriles*).[86] Dabei wurde die Pflicht zur Mitarbeit im Haushalt zu den *operae obsequiales*, die auf dem Hof oder im Gewerbebetrieb zu den *operae industriales* oder *artificiales* gerechnet. Für die letztere, die Mitarbeit auf dem Hof und im Gewerbebetrieb, war umstritten, ob eine Pflicht der Kinder in dieser Hinsicht bestand.[87]
Zur Durchsetzung der Pflicht der Kinder zur Erbringung von Dienstleistungen stand dem Vater keine Klage zur Verfügung, er konnte sie kraft seiner väterlichen Gewalt selbst durchsetzen.[88] Durch die Dienstleistungen, zu deren Erbringung die Kinder verpflichtet waren, konnten sie sich nichts erwerben.[89]

---

[84] Stryk, Usus modernus, D. 37, 15, § 10; Glück, Pandekten, §§ 137, 138, S. 266: "Beyden Eltern stehet das Recht zu, von den Kindern alle diejenigen häußlichen Dienste zu verlangen, welche die Eltern selbst verrichten. Schon der Zweck der Erziehung berechtiget die Eltern hierzu, damit die Kinder vom Müßiggange abgehalten, und zum Fleiß gewöhnt werden."; Schilter, Praxis, Exercitatio 41, § 39; Hildebrand/Brötzsch, De obligatione, cap. 1 th. 2: "[...] *quod obsequium et reverentiam filius quidem Patri debeat*"; Engau, Elementa, § 298; Hofacker, Principia, § 553; Renz/Woelffing, Mixtura, th. 19. - Oldendorp, Annotationes ad lib. 1 pand. 46, Effectus 2, S. 156: wegen D. 37, 15, 10 keine Pflicht zur Leistung von "*operae serviles et impositītiae*".

[85] Schilter, Praxis, Exercitatio 41, § 39: "[...] *at quantum ad operas, eas ante emancipationem utique iure gentium et naturae etiam debent, in vicem oneris educandi.*".

[86] Dazu Harpprecht/Harpprecht, De operis, cap. 3, 4, nu. 13ff. - Althusius, Dicaeologicae, lib. 1, cap. 30, nu. 6ff.

[87] Für eine Pflicht: Harpprecht/Harpprecht, De operis, cap. 22, nu. 189ff., cap. 24 nu. 211ff.: "[...] *quod ergo primi generis liberos [scil. qui sunt in potestate] concernit, dicimus, illos omnino etiam industriales sive artificiales operas suo patri obstrictos esse.*", dort auch ausführlich zur Begründung, Einschränkung in cap. 26, nu. 229ff.: "*Hanc vero notabiliter Interpp. limitant, ut non procedat in operis servilibus, seu mancipiorum more praestandis, n.e. ut liberi etiam in sacris paternis constituti, non ad instar servorum et ancillorum, a patre, acerbe [...] patriam potestatem contra illos exercentes, compelli debeant.*", cap. 22 nu. 200 (Nachweise für die ablehnende Meinung), cap. 23, nu. 206ff. (Nachweise zur zustimmenden Meinung); Stryk, Usus modernus, D. 37, 15, § 10; Glück, Pandekten, §§ 137, 138, S. 266: "Ich glaube, daß das Kind allerdings verpflichtet sey, den Eltern mit seiner erlernten Profeßion und Wissenschaft in so weit beyzustehen, als sie dessen zum Unterhalt der Familie bedürfen. Denn die natürliche Billigkeit erfordert diese gegenseitige Unterstützung, um einigen Ersatz für den Aufwand, welchen die Eltern bey dem Unterricht des Kindes gewagt hatten, und das, was sie dabey an häußlichen Arbeiten entbehren mußten, dadurch zu erhalten."; Hofacker, Principia, § 553; Renz/Woelffing, Mixtura, th. 19. - Gegen eine Pflicht zur Mitarbeit: Stryk/Baron, De jure domesticorum, cap. 3, § 14; Leyser, Meditationes, spec. VII, med. 2: "*Liberi patri operas officiales et oeconomicas, non vero artificiales gratis praestare debent.*"; Hildebrand/Brötzsch, De obligatione, cap. 1, th. 2: "[...] *sed non operas artificiales, vel alias liberalitates.*".

[88] Harpprecht/Harpprecht, De operis, cap. 43, nu. 355ff.: "*propter* ἕνωσιν *personarum*".

[89] Höpfner, Commentar, § 430, S. 456, Anm. 1., anders bei den *operae artificiales*; Hofacker , Principia, § 553; zu den Vorteilen für die Eltern, Harpprecht/Harpprecht, De operis, cap. 20, nu. 242ff.

Breit erörtert wurde die Frage, ob die Kinder für ihre Arbeit einen Lohn verlangen konnten[90]. Eine Vielzahl von Meinungen wurde zu diesem Problemkreis vertreten. Nach STRYK hatten sie keinen Anspruch auf Lohn, da ihre Arbeit der Ausgleich für den ihnen gewährten Unterhalt darstellte.[91] Nach einer anderen Auffassung konnten die Kinder dann Lohn verlangen, wenn die von ihnen erbrachten Dienste höher als der ihnen gewährte Unterhalt einzuschätzen war[92]. Dies alles schloß aber eine Vereinbarung zwischen Vater und Kind über die Gewährung eines Lohns nicht aus[93]. STRUVE nahm eine Pflicht zur Zahlung eines Lohns an, insbesondere wenn die Eltern die Güter der Kinder "genießen".[94] Denn dann werde die Unterhaltsgewährung schon durch den Nießbrauch kompensiert. Nach LEYSER konnten die Kinder Lohn für die Erbringung von *operae artificiales* verlangen, da diese den Eltern nicht geschuldet würden.[95] Eine weitere Meinung stellte darauf ab, ob die Kinder ihren Eltern die Einstellung einer Arbeitskraft (*ancilla vel famulus*) erspart hatten, dann sollten sie einen Anspruch auf eine Vergütung für ihre Dienste haben:[96] "*Bene tamen, si operae ab illis praestitae magnae, considerabiles, quoti-*

---

[90] Siehe die Dissertationen Harpprecht/Reichshoffer, De salario pro operis liberorum praestando, m. N. zu den einzelnen Meinungen in cap. 2; Breuning, Dissertatio an pater teneatur liberis ad mercedem prestandam propter operas praestitas.

[91] Usus modernus, D. 37, 15, § 10; Glück, Pandekten, §§ 137, 138, S. 267: "In so weit kann auch das Kind keine Vergütung fordern; zumal wenn dasselbe seiner Jugend oder anderer Umstände halber, ein mehreres mit seiner Dienstleistung nicht verdienen könnte, als den Eltern die Erziehung und der Unterhalt desselben kostet."; anders aber Stryk/Baron, De jure domesticorum, cap. 3, § 14.

[92] Höpfner, Commentar, § 430, Anm. 1, S. 456; Leyser, Meditationes, spec. XXI med. 2; Strube, Bedenken, Band 3, Nr. 49; Hofacker, Principia, § 553: "[...] *ita tamen* [scil. für *operae oeconomicae*], *at si magis parentum, quam sui commodi causa in familia subsistunt, maiorisque momenti operas praestant, hae mercede merito compensentur.*"; Renz/Woelffing, Mixtura, th. 19: "[...] *liberi non sui commodi sed magis parentum causa in familia paterna vel materna subsistunt, tantique momenti operas praestant, ut plus quam simplicem victum demereri videantur, forsan a parente dimissio denegata, qui alioquin ancilla vel famulo opus habuisset, hoc casu mercedem liberis praestandam esse justitia exposcit.*".

[93] Stryk, Usus modernus, D. 37, 15, § 10: " [...] *nisi sponte a patre certa merces iis promissa fuerit.*"; Titius/Ernst, De contractibus, § 42 unterscheiden für die Wirksamkeit einer Vereinbarung danach, ob es sich um geschuldete oder nicht geschuldete Dienste handelt: "*Si filius patri operas suas locaverit, siquidem tales sunt, quas jamjam patri debet, locatio non valet, quia tunc pater rem propriam conduxisset, si vero operas locasset filius patri ante haud debitas, utique valet locatio pecuniaque, quam filius hac occasione percipit, pertinet ad peculium adventitium [...] Hinc etiam liberi, qui in domo patris operas ancillares vel serviles praestiterunt, mercedem recte exigunt.*"; ebenso Hildebrand/Brötzsch, De obligatione, cap. 2 th. 8.

[94] Jurisprudenz, 1, 5, § 3 a. E.; ebenso Brunnemann, in Pandectas, D. 37, 15, 10, nu. 2; so wohl auch Carpzow, Jurisprudentia forensis, p. 1 const. 28, def. 31 und p. 2 const. 10 def. 8; Stryk/Baron, De jure domesticorum, cap. 3, § 14. - Gegen diese Auffassung Harpprecht/Reichshoffer, De salario, § 23.

[95] Meditationes, Corollaria Nr. 1 nach spec. CCCCXV.

[96] Glück, Pandekten, §§ 137, 138, S. 267: "[...] der Sohn bleibt aber bey den Eltern, und leistet ihnen solche Dienste, zu denen sie sonst einen Faktor, oder Handelsdiener, oder einen Gesellen halten und lohnen müßten, er erspart ihnen also Lohn, welchen sie sonst für fremde Dienstleistungen zahlen müßten; so gebührt einem solchen Kinde allerdings eine billige Belohnung, die dasselbe auch noch bey der künftigen elterlichen Erbtheilung in Anregung bringen und vorausfordern kann, weil es zum Besten der Miterben wirklich gearbeitet hat."; Carpzow, Jurisprudentia forensis, p. 2 const. 10 def. 8, nu. 6ff.: "*Hoc*

dianae, et tales sint, ut illi vices ancillae vel famuli in familia Patris egerint; ne videlicet Liberis in tali casu denegetur, quod famulis debetur; quorum vices illi gerunt."[97]

Ein solcher Anspruch "wegen Ersparung einer Arbeitskraft" beruhte nach HARPPRECHT/REICHSHOFFER aber nicht auf dem gemeinen Recht.[98] Bei der Frage, ob den Kindern eine Vergütung zustehe, seien auch die Statuten und Sitten der einzelnen Regionen und Provinzen zu berücksichtigen.[99] So sei den Kindern ein Anspruch *ex aequitate et boni viri arbitrio* zu gewähren.[100] Die Durchsetzung des Anspruches auf Vergütung im Klagewege verneinten HARPPRECHT/REICHSHOFFER allerdings, da eine *actio* des Kindes wegen der Personeneinheit nicht möglich sei.[101] Das Hauskind habe aber die Möglichkeit, an das *officium* des Richters zu appellieren: "*Supposito, tamen hoc, quod filii petitio ex regulis Aequitatis [...] fundata sit, arbitramur, et ipsum officium Judicis recte imploraturum, ut Pater condignam sibi praestet mercedem.*"[102]

Emanzipierte Kinder schuldeten keine Mitarbeit mehr; wenn sie Dienste im Haus und Gewerbebetrieb der Eltern leisteten, so konnten sie insoweit Lohn für die geleisteten Dienste verlangen, als der "verdiente" Lohn den durch die Eltern gewährten Unterhalt überstieg.[103]

d) Die Erforderlichkeit des Heiratskonsenses der Eltern[104]

Auch bei der Frage, ob die Kinder zu ihrer Eheschließung der Zustimmung der Eltern oder des Vaters bedurften, gingen die Meinungen im *Usus modernus* auseinander. Während einige Juristen sich für das Erfordernis der elterlichen Zustimmung sogar noch für emanzipierte Kinder aussprachen, verlangten andere diese nur für die Hauskinder[105]. Allerdings bestand die Möglichkeit der Ersetzung des elterlichen Konsenses[106], vor allem in den evangelischen Gebieten.

---

tamen dicere ausim. filiam, quae operas praestat serviles et quotidianas in aedibus paternis, si mercedem sive salarium petat, audiendum esse. Etenim filiae non denegandum est, quod famulae debetur, cuius vices filia gerit [...] nec quisquam suo sumptu alteri inserire tenetur.". - Siehe auch die Dissertation von Breuning, Dissertatio an pater teneatur liberis ad mercedem praestandam operas praestitas.

97 De salario, § 21.

98 De salario, § 19.

99 De salario, § 21.

100 De salario, § 21.

101 De salario, § 36.

102 De salario, § 36, § 37 zu einem Vorzugsrecht im Konkurs des Vaters.

103 Leyser, Meditationes, spec. VII, med. 2; Carrach/Heese, De differentiis, § 15; dazu siehe auch Harpprecht/Harpprecht, De operis, cap. 11, nu. 77ff.

104 Dazu Clasen/Siebenhaar, De patria potestate, §§ 47ff.

105 Lauterbach, Collegium, D. 1, 6, VII; Struve, Jurisprudenz, D. 1, 5, § 4; Glück, Pandekten, §§ 137, 138, S. 265: "Kinder können ohne der Eltern Einwilligung keine ihre Person betreffende verbindliche Handlungen unternehmen, welche auf das Glück der ganzen Familie einen Einfluß haben."; Reinharth, Dissertatio de arbitrio patris et iure matris in nuptias filiarum; Manzel, Dissertatio de aequali utriusque

Im *Usus modernus* wurde auch noch die Frage der Eheschließungsfreiheit der Kinder diskutiert. So findet sich bei HILDEBRAND/BRÖTZSCH der Fall erörtert[107]: "*Num si pater foeminae cuidam, curam, et in adversa valetudine operas ipsi praestanti, in remunerationem praestitarum operarum, se filium suum in matrimonium collocaturum promiserit, hoc casu filius sequi voluntatem parentis, illamque foeminam uxorem praecise ducere debeat?*"
Die Frage wurde im folgenden verneint, da der Konsens zur Eheschließung durch keine Macht erzwungen werden könne.[108]

2. Die Wirkungen der patria potestas auf das Vermögen der Hauskinder[109]

In der Kommentarliteratur finden sich Darstellungen des Kindesvermögensrechtes bei der Erläuterung des Institutionentitels "*Per quas personas nobis adquiritur*" (I. 2, 9)[110] und bei den Digestentiteln "*De peculio*" (D. 15, 1) und "*De castrensi peculio*" (D. 49, 17). Daneben wurden in zahlreichen Dissertationen Fragen des Kindesvermögensrechtes erörtert.[111]

---

parentis iure qua consensum in sponsalia liberorum; Carpzow, Jurisprudentia forensis, p. 2, const. X def. X, nu. 2, emanzipierte Kinder bedürfen des väterlichen Konsenses nicht; siehe auch Schilter, Praxis, exercitatio 8, § 29: "*Sic et in nuptiis praevius patris consensus non amplius ita stricte observatur.*"; Engau, Elementa, § 299; Hommel/Bostel, De usu hodierno, § 106f., § 107: "*Desideratur quidem et apud nos consensus parentum, verum hoc non est ex potestate civili in liberos, sed ex reverentia praeprimis parentibus et post eos aliis quoque debita.*" und unter Bezugnahme auf das Tridentinische Konzil: "*Porro non desideratur hodie parentum consensus tanquam requisitum essentiale sponsaliorum aut nuptiarum, neque nuptiae absque hoc initae ipso jure nullae sunt, ut de iure Romano, sed subsistunt, ita ut ne rescindi quidem possint.*"; Clasen/Siebenhaar, De patria potestate, § 47; Stryk/Rehfeldt, De jure reverentiali, membrum 9, nu. 1ff.: die Meinung des Vaters hat Vorrang vor der der Mutter. - Schneidewin, Inst. I 1, 9 nu. 34 und I 1, 10 nu. 31ff. (Möglichkeit der Enterbung des Kindes, nu. 32); Oldendorp, Annotationes ad 1. librum pandectarum 46, Effectus 9, S. 158: Zustimmung ist auch erforderlich für emanzipierte Kinder.

[106] Rangern/Sellius, De obsequiis, § 4: "*Praxin hodiernam et Consistoria non solum de honestate, sed etiam de necessitate consensum Parentum ad Nuptias liberorum requirere.*"; Renz/Woelffing, Mixtura, th. 17: "*Personas liberorum quinto spectat jus parentum circa matrimonia, quae eos sine horum consensu ex jure naturae inire haud posse censeo, ita tamen ut hisce salvum non sit sine sufficiente ratione honestam conditionem impedire, cujus rei cognitio in statu civili ad Magistratum pertinet, qui ex principiis sanae rationis consensum supplere potest.*" - Schneidewin, Inst. I 1, 10, nu. 37.

[107] De obligatione, cap. 2 th. 3; siehe auch bei Clasen/Siebenhaar, De patria potestate, § 48: "*Quid si pater nomine liberorum puberum nuptias contrahit, numquid ne ipsi ad istas consumandas obligantur? dico quod non, nisi praesentes expreße vel tacite consentiant: absentes vero eas postmodum a tempore scientiae ratihabeant.*" - Siehe aber auch bei Schneidewin, Inst. I 1, 10, nu. 41f.

[108] Ebenso bei Schneidewin, Inst.1, 10 nu. 41.

[109] Siehe nur Gundling, Discours, I. 2, 9 Anm. 2; Carrach/Heese, Dissertatio de differentiis iuris Romani et Germanici in peculio inprimis filiorumfamilias; Titius/Ernst, De contractibus, § 26 zur Vermögensfähigkeit der Kinder nach Naturrecht; siehe Schneidt/Kleinschrod, Dissertatio de iure filiifamilias disponendi de peculiis ad normam iuris peregrini et patrii considerato, zu den Befugnissen des Sohnes.

[110] So bei Höpfner, Commentar, ad I. 2, 9, §§ 422ff., S. 451ff. - Schneidewin, Inst. I 1, 9.

[111] Statt vieler vgl. nur Lauterbach, Disputatio de peculiis filiorum familias und siehe auch die im folgenden aufgeführten Arbeiten.

a) Die Vermögensfähigkeit des Hauskindes

Vom Grundsatz der Vermögensunfähigkeit des alten römischen Rechts war als letzter Rest nur die Unmöglichkeit geblieben, vom Vater zu erwerben, obwohl auch hier Ausnahmen gemacht wurden.[112] Die römische, nachklassische Einteilung des Kindesvermögens in *peculia* wurde auch vom *Usus modernus* übernommen.[113] Dabei wurde zwischen dem *peculium militare* (*peculium castrense* und *quasi castrense*), dem *peculium paganum* (*peculium profectitium* und *adventitium*) und bei dem *peculium adventitium* zwischen dem *ordinarium* und dem *extraordinarium* unterschieden.

b) Das *peculium castrense*[114]

Zum *peculium castrense* gehörte der Erwerb des Sohnes im Soldatenstand oder bei Gelegenheit desselben.[115] Ebenso fielen Ausstattungen des Vaters und Anschaffungen, die mit Mitteln des *peculium castrense* getätigt worden waren, darunter.[116] In bezug auf das *peculium castrense* behandelte auch der *Usus modernus* den *filius familias* wie einen *pater familias*, d.h. er konnte über dieses Sondergut rechtsgültig verfügen, darüber testieren, auch Verträge mit dem Vater schließen und mit ihm

---

[112] Statt vieler siehe Stryk, Usus modernus, D. 1, 6, § 5: "*Quare omnino adhuc hodie verum esse existimo, quod liberi in potestate constituti, non sibi, sed patri acquirant, pro diversitate peculiorum.*"; Berger, Oeconomia, lib. 1, tit. 3, th. 15; Stryk/Baron, De jure domesticorum, cap. 3, § 9: "*Consimile his est, quod pater per filium fam. acquirit, excepto tamen peculio castrensi et quasi castrensi, quorum intuitu filiusfam. pro patrefamil. habetur.*" - A. A. Engau, Elementa, § 303: "[...] *liberos non parentibus acquirere, sed sibi* [...]"; ebenso Schneidt/Kleinschrod, De iure, § 31: "*In Germania filio omnia cedunt, quae a patre extra commissam administrationem in eum redundant.*"; Carrach/Heese, De differentiis, § 16. - Zu den Ausnahmen siehe Schilter, Praxis, exercitatio 27, § 80.

[113] Höpfner, Commentar, § 426, S. 453; Struve, Jurisprudenz, 2, 9 §§ 4f.; Runde, Grundsätze, § 616; Schilter, Praxis, exercitatio 27, §§ 81ff.; Beyer, Delineatio, I. 2, 9, nu. 5ff; Hofacker, Principia, § 566; Renz/Woelffing, Mixtura, th. 18; zur Rezeption siehe auch Schneidt/Kleinschrod, De iure, §§ 25ff., § 26: "*Doctrina ergo de peculiis romana non omnis e Germaniae foris eliminata est.*", die §§ 33ff. beschäftigen sich mit der Rezeption in Franken. - A. A. Carrach/Heese, De differentiis, § 15 a. E.und § 17: Da das deutsche Recht nicht vom Grundsatz der Vermögensunfähigkeit ausging, brauchte es auch die Ausnahmen der Pekulien nicht: "*Quapropter in Germania regula obtinet: omnia bona liberis in potestate constitutis extra negotia parentum undecunque obvenientia, sive occasione militiae sagatae vel togatae, sive aliunde, eodem iure ad liberos pertinent, ac eodem modo in naturali parentum tutela eaque fructuaria sunt.*" (Nießbrauchsrecht auch bei *peculium castrense vel quasi castrense*); Engau, Elementa, § 303: "*Romanorum doctrinam de peculio nullius usus esse in Germania.*" -Schneidewin, Inst. I 1, 9, nu. 40ff. - Siehe auch die folgenden Dissertationen Carrach/Heese, De differentiis iuris romani et germani in peculio imprimis filiorum familias, Halae 1745; Heusinger, De iure peculii adventitii extraordinarii, tam romanis quam germanicis legibus atque moribus constituto; Hombergk, De diverso iure patris in peculio liberorum adventitio pro diversa liberorum aetate.

[114] Dazu Schilter, Praxis, exercitatio 44, § 43; Hofacker, Principia, § 567; Stryk/Nicolai, De obligatione filiifamilias, cap. 2, § 4ff.; Fitting, Das castrense peculium, S. 609ff.

[115] Höpfner, Commentar, § 427, S. 454.

[116] Höpfner, Commentar, § 427, S. 454.

darüber prozessieren.[117] Wenn der Sohn minderjährig war, wurde ihm zu Geschäften mit dem Vater ein spezieller *Curator* bestellt.[118]

c) Das *peculium quasi castrense*[119]

Das *peculium quasi castrense* wurde von einem *filius familias* in einem öffentlichen Amte, sowohl in einem weltlichen als auch in einem geistlichen, erworben. Dazu zählte der wissenschaftliche Erwerb eines "Advocaten, Magisters, Doctors, practischen Arztes" ebenso wie das, was ein "Beamter, Secretarius, Archivarius, Regierungsrath, Rentmeister, Cammerrath, Prediger, Professor an Besoldung oder Accidenzien" erlangte.[120] Ebenfalls wurde das, was ein Vater seinem *filius familias* mit Rücksicht auf diese Würde schenkte, zum *peculium quasi castrense* gerechnet.[121]

Wegen der Möglichkeit der Beendigung der väterlichen Gewalt durch die Anstellung einer *separata oeconomia* kamen allerdings sowohl das *peculium castrense* als auch das *peculium quasi castrense* selten vor, da die Kinder bei Erlangung eines so privilegierten Amtes in der Regel bereits einen eigenen Haushalt unterhielten.[122]

d) Das *peculium profectitium*[123]

Das *peculium profectitium* war zu Zeiten des *Usus modernus* nicht mehr in Gebrauch[124]. Dies hängt wiederum mit dem Beendigungsgrund der *separata oeconomia* zusammen.[125] So hatte die *actio de peculio*[126] denn "mehr Verdruß als Nutzen" (*plus difficultatis quam utilitatis*) gebracht[127].

---

[117] Höpfner, Commentar, § 431, S. 457.

[118] Hofacker, Principia, § 568: "*Si filiusfamilias est minor, in illis casibus, ubi curatoris auxilio is indiget, pater huius vices sustinet, vel et curator bonorum specialis ei datur.*".

[119] Dazu Schilter, Praxis, exercitatio 44, § 44; Hofacker, Principia, § 569; Cocceji, Jus civile controversum, lib. 15, tit. 1, qu. 1ff. (zum Umfang); Stryk/Nicolai, De obligatione filiifamilias, cap. 2, §§ 14ff.; Fitting, Das castrense peculium, S. 609ff.

[120] Höpfner, Commentar, § 428, S. 454.

[121] Höpfner, Commentar, § 428, S. 454.

[122] Schneidt/Kleinschrod, De iure, § 25.

[123] Carrach/Heese, De differentiis, § 16; Stryk/Nicolai, De obligatione filiifamilias, cap. 4.

[124] Runde, Grundsätze, § 616: "Jedoch kann nach unserer Verfassung insonderheit das vom Vater herrührende Sondergut (peculium profectitium) bey weitem nicht von der Erheblichkeit seyn, als es bey den Römern war."; Schilter, Praxis, exercitatio 27, § 47: "[...] *qui per peculii concessionem et negotiationis peculiaris permissionem filiumfamilias eo ipso emancipatum iure nostro asserunt [...] Interea negari nequit, fieri posse, receptis semel Romanorum legibus ut etiam nunc peculium ita constituat filio pater, ut tamen non peculiarem familiam aut oeconomiam is instituat, sed mensa et pane patris, ut vulgo loquimur, etiamnum utatur, quo casu, accedente negotiatione filiifamilias et de peculio et tributoria actionis etiam in nostro foro erit utilitas.*"; Westphal, Privatrecht II, S. 95; Riccius, Spicilegium, lib. 1, tit. XI ad § 303 Nr. 6, S. 450f. *verbo "de peculio nullius usus esse in Germania [...].*"; selten nach Schneidt/Kleinschrod, De iure, § 31.

[125] Rivinus/Scherell, De emtione, § 14: "*Et quamvis rarissima sint apud nos peculia profectitia, cum*

Trotz der äußerst geringen praktischen Bedeutung erörterten die Juristen des *Usus modernus*, was zum *peculium profectitium* zu rechnen sei. Man zählte dazu alles, was die Kinder vom Vater selbst oder von einem anderen, aber um des Vaters willen, erhielten.[128] Das *peculium profectitium* wurde weiterhin als alleiniges Vermögen des Vaters angesehen, an dem den Kindern nur das Recht zur Verwaltung zustand.[129] Emanzipierte der Vater die Kinder, ohne das *peculium* zurückzufordern, so wurde in der Überlassung eine stillschweigende Schenkung gesehen.[130]

e) Das *peculium adventitium*[131]

Zum *peculium adventitium* wurde aller Erwerb gerechnet, der nicht in die oben beschriebenen anderen Pekulien fiel. Zu diesem Gut gehörte, was die Kinder sich außerhalb eines öffentlichen Amtes durch eigenen Fleiß und Arbeit verdienten.[132] Dazu zählte aber nicht, wie bereits oben erwähnt, der Erwerb aus der Erfüllung der Pflicht zur Mitarbeit in Haus und Hof der Eltern. Ferner rechneten die Juristen des *Usus modernus* dazu, was die Kinder von der Mutter oder anderen erbten und Geschenke von Dritten, die nicht um des Vaters willen gemacht worden waren.[133] Auch hinsichtlich des *peculium adventitium* blieb es beim alten Rechtszustand. Den Kindern stand das Eigentum an diesen Gütern zu, das aber mit dem Nießbrauchsrecht des Vaters belastet war.[134] Der Nießbrauch des Vaters dauerte so lan-

---

liberi plerumque separatam oeconomiam instituant [...]"; Carrach/Heese, De differentiis, § 16 zu den Gründen: " [...] *rari sunt filiifamilias maiorennes, nisi forsan nobiles aut eruditi; sed hi seorsim non negotiantur: minorennibus autem vix indulgetur separata negotiatio. Deinde si separata a rationibus paternis concessa negotiatio filio, suo nomine exercenda, quod Romanum ius supponit: tunc in Germania non amplius est filiusfamilias* [...].".

[126] Dazu siehe bei der Darstellung des römischen Rechtes im 1. Kapitel unter VI.

[127] Schilter, Praxis, exercitatio 27, § 85: "[...] *nec actionis de peculio usum frequentem esse in foro Germanico.*"; Beyer, Delineatio, D. 15, 1, nu. 31: "*Caeterum actionem de peculio plus subtilitatis quam utilitatis habere in confesso est.*"; Carrach/Heese, De differentiis, § 16: Haftung nach den Regeln über das *mandatum*; dagegen Cocceji, Jus civile controversum, lib. 15, th. 1, qu. 16.

[128] Höpfner, Commentar, § 429, S. 456.

[129] Höpfner, Commentar, § 432, S. 457.

[130] Höpfner, Commentar, § 432, S. 457.

[131] Schilter, Praxis, exercitatio 44, § 45; Hofacker, Principia, §§ 571ff.; Hommel/Bostel, De usu hodierno, § 74 nehmen die Rezeption an: "*Quod igitur Patri durante potestate etiam hodie competat ususfructus in omnibus liberorum bonis, quae non ipso iure Romani specialiter exemtae sunt, quorsum pertinent v.c. Castrensia, nemo ambigit.*"; Stryk/Nicolai, De obligatione filiifamilias, cap. 3. - Engau, Elementa, § 304, lehnt in § 303 die Übernahme der Pekulien ab und behandelt in § 304 den Nießbrauch der Eltern nach deutschem Recht.

[132] Daß die Kinder sich durch eigenen Fleiß und Arbeit außerhalb der Familie etwas verdienen konnten, hängt mit der Funktionsentlastung der Familie zusammen, die in der frühen Neuzeit aufhörte, Produktionsgemeinschaft zu sein. Dazu siehe die im 1. Abschnitt des 2. Teils angeführte familienhistorische Literatur.

[133] Höpfner, Commentar, § 430, S. 456; Stryk/Baron, De jure domesticorum, cap. 3, § 10: ein *feudum* nicht.

[134] Höpfner, Commentar, § 104, S. 130, § 433, S. 458; Stryk, Usus modernus, D. 1, 6 § 5 gegen

ge, wie die väterliche Gewalt bestand. Wenn der Vater das Kind emanzipierte, so stand ihm als Belohnung für die Emanzipation zeitlebens die Hälfte des Nießbrauchs als *praemium emancipationis* zu.[135] Dies galt allerdings nicht nach sächsischem Recht, hier verlor der Vater den Nießbrauch mit dem Austritt der Kinder aus der väterlichen Gewalt[136].

Die Regeln über das *peculium adventitium* fanden leicht Aufnahme in Deutschland, ließen sie sich doch weitestgehend mit dem nach deutschen Rechten[137] den Eltern - unter Umständen auch der Mutter[138] - zustehenden Nießbrauchsrecht am Vermögen des Kindes in Einklang bringen[139]. Wegen der Ungebräuchlichkeit der anderen Pekulien gab es nach gemeinem Recht *de facto* zwei Arten des Kindes-

---

LEEUWEN; Carpzow, Jurisprudentia forensis, p. 2 const. X def. 7, nu. 1ff. (3), S. 444 für Sachsen, für die *bona materna vel materni generis*; Struve, Jurisprudenz, 2, 9 § 7 zu einem Nießbrauch der Mutter: "Nach des Vaters Tode hat/nach gemeinen Sächsischen Rechten/ die Mutter die Frucht=Niessung von derer Kinder Gütern/wann Sie dieselben bey sich auferziehet und ernähret/welches doch in Chur=Sächsischen Landen anders gehalten wird."; Engau, Elementa, § 304, Nießbrauch kann auch der Mutter zustehen, allerdings erst dann, wenn der Vater tot ist, § 304: "*Parentibus ius utendi fruendi liberorum bonis competit.* [...], *idque propter onus alendi. Unde sequitur (1) ut, cessante alimentorum onere, cesset ususfructus; (2) ut bonis ad liberos spectantibus utatur fruatur, pater, cuius partes in alendis liberis potiores sunt (3) eo vero mortuo, mater; (4) ut in locis, ubi communio viget bonorum, ius illud, constante matrimonio, ad utrumque parentum aequaliter spectet, atque (5) altero coniuge mortuo, una cum potestate* [...].", dort auch zur Gütergemeinschaft, auch zur mit den Kindern fortgesetzten Gütergemeinschaft; Westphal, Privatrecht II, S. 17ff., Nießbrauchsrecht des Vaters; Clasen/Siebenhaar, De patria potestate, § 40. - Siehe auch die Dissertationen von Braun/Nevendahl, Commentatio de usufructu Parentum in bonis liberorum tam de iure Romano quam Germanico genuino, und Jacobson, Der ususfructus paternus an den bona adventicia der Hauskinder.

135 Höpfner, Commentar, § 433, S. 458; Wernher, Pars III, Obs. 141, anders in Sachsen, der Nießbrauch erlosch durch virtuale Emanzipation; Hofacker, Principia, § 573; Clasen/Siebenhaar, De patria potestate, § 41.

136 Wernher, Pars III, Obs. 141; Struve, Jurisprudenz, 1, 20 § 1 und 2, 9 § 6: "[...] so ist doch solches heutiges Tages nicht gebräuchlichen."; Carpzow, Jurisprudentia forensis, p.2 const. X, def. V, nu. 7, S. 443f., def. VII, nu. 5: "*Attamen de consuetudine juris Saxonici pater non conceditur ususfructus ad tempora vitae suae, sed saltem eo usque, donec liberi ab ipso separentur atque discedant.*"; Clasen/Siebenhaar, De patria potestate, § 41; Stryk/Baron, De jure domesticorum, cap. 3, § 9. - Allgemein für Deutschland Carrach/Heese, De differentiis, § 17. - So auch schon Schneidewin, Inst. I 1, 9, nu. 47.

137 Zu den Arten des deutschen elterlichen Nießbrauchs, der auch "statutarischer Nießbrauch" genannt wurde, gehörten: 1. Der Nießbrauch der Eltern aufgrund von Recht oder Herkommen, der als natürliche Folge der beyden Eltern ursprünglich zustehenden Gewalt zu betrachten ist. 2. Verfangenschaftsrecht des überlebenden Gatten an den Gütern. 3. Nießbrauch aufgrund einer Gütergemeinschaft. - Hofacker, Principia, § 585: Grund für Nießbrauch also nicht die *patria potestas*; Runde, Grundsätze, §§ 606 - 610.

138 Dazu siehe Glück, Pandekten, §§ 137, 138, S. 269f. m. N. in FN 40; Hofacker, Principia, § 573; Riccius, Spicilegium, lib. 1, tit. XI ad § 304, nu. 3 (*eo vero mortuo, mater*); Hommel/Bostel, De usu hodierno, § 90 m. w. N.; Westphal, Privatrecht II, S. 96f., Nießbrauch der Mutter aufgrund der Gütergemeinschaft, hat aber nichts mit der *patria potestas* zu tun; siehe auch Carpzow, Jurisprudentia forensis, p. 2 const. X, def. XIII, S. 447.

139 Hofacker, Principia, §§ 584ff. (Beysiz); Schneidt/Kleinschrod, De iure, § 23: im deutschen Recht allerdings: "*Ususfructus hic est sequela tutelae liberorum naturalis.*", Nießbrauch Folge der natürlichen Vormundschaft, nicht Relikt der ursprünglichen Vermögensunfähigkeit des *filius familias*, so auch in § 25; ebenso Carrach/Heese, De differentiis, § 17, allerdings mit der Konsequenz, daß auch Nießbrauch am *peculium castrense vel quasi castrense*.

vermögens, das unfreie (*peculium adventitium regulare*) und das freie Vermögen (*peculium adventitium irregulare*).

Bezüglich der Verwaltung durch den Vater seien nur einige kurze Anmerkungen gemacht.[140] Insgesamt gesehen gebührte dem Vater die relativ freie Verwaltung der *bona adventitia.*[141] Die Befugnisse und Aufgaben des Vaters wurden so umschrieben: "*Nihilominus tamen eas res conservare [...] ac diligentia decenti defendere, debita exigere, litem inferentibus resistere, omniaque agere, ac si solidum perfectumque illarum rerum dominium ipsi esset quaesitum tenetur*".[142] Grundsätzlich war der Vater zur Veräußerung der *bona adventitia* nicht befugt: Als Ausnahmen wurden die bekannten des römischen Rechts zugelassen.[143] Darüber hinaus war eine Veräußerung nur zulässig, wenn sie erforderlich oder nützlich war[144]; dann war sie sogar ohne obrigkeitliches Dekret gültig[145]. Eine unbefugte Veräu-

[140] Dazu siehe Struve, Jurisprudenz, 1, 20, der die Vermögensverwaltung bezüglich des mütterlichen Vermögens und das sonstige unter dem Titel "Von denen so wegen Sipschafft oder Blutverwandniß zu Vormundschafften zu gebrauchen", also im Rahmen des Vormundschaftsrechts. Dies läßt sich damit erklären, daß dieser Fall auch häufig in den Vormundschaftsordnungen geregelt war, siehe Struve aaO., § 2. - Hildebrand/Brötzsch, De obligatione, cap. 2, th. 4; Schneidt/Kleinschrod, De iure, § 32; Frommann/Peilicke, Disputatio de administratione adventitiorum legitima.

[141] Schneidt/Kleinschrod, De iure, § 32: "*Pater romanus in peculio adventitio ordinario liberiori gaudebat administratione, sic et irrestricta magis alienandi facultate: sed in Germania id prohibet naturalis parentum tutela.*"; ebenso Carrach/Heese, De differentiis, § 17; Clasen/Siebenhaar, De patria potestate, § 39: "*Habet quoque pater majorem autoritatem in bonis liberorum, quam tutor in bonis pupilli.*".

[142] Hildebrand/Brötzsch, De obligatione, cap. 2 th. 4.

[143] Struve, Jurisprudenz, 1, 20 § 3 hält die Veräußerung dann für zulässig, wenn der Erlös zur Begleichung von Erbschaftsschulden gebraucht wird; Hildebrand/Brötzsch, De obligatione, cap. 2 th. 4; Clasen/Siebenhaar, De patria potestate, § 39 setzen eine *justa causa alienandi* voraus: " [...] *qualis causa est solutio aeris alieni, ut et causa alimentorum praestatio legatorum et fideicommissorum, quando alii reditus non sufficiunt: aut quae res haereditati sunt vel onerosae, vel etiam damnosae.*"; Stryk/Rehfeldt, De jure reverentiali eiusque effectibus specialibus, membrum 8 nu. 20: " [...] *quorum alienatio ipsi plane prohibita est.*"; Stryk/Nicolai, De obligatione filiifamilias, cap. 3, § 15. - Gaill, Observationes, 2. Band obs. 72, nu. 14.

[144] Struve, Jurisprudenz, 2, 9 § 5: "Indessen aber ist ein Vater gleichfalls nicht befugt/ von dergleichen unbeweglichen Gütern/zum Nachtheil derer Kinder/ zu disponiren/ (b) oder solche/ ohne Noth und dringende Ursachen zu veräussern."; Strube, Bedenken, Nr. 78: Abwendung von Schaden bei unbeweglichen Gütern; Beyer, Delineatio, D. 15, 1, Nr. 16; Hofacker, Principia, § 576.

[145] Höpfner, Commentar, § 433, S. 458; Barth, Gerade, § 11, S. 690: " [...] weil doch ein Vater, vi patriae potestatis, eine weit mehrere Gewalt als ein Curator, und keiner constitutionis judicialis nöthig hat, auch ohne Decret der Kinder Güther verkauffen kan."; Leyser, Meditationes, specimen 165, nu. 9; Wernher, Pars 3, Obs. 35, gilt auch für Immobilien, siehe auch ders., Pars 4, Obs. 10; Quistorp, Beyträge zur Erläuterung verschiedener Rechtsmaterien, Stück 1, S. 28; Strube, Bedenken, Band 2, Nr. 103; Clasen/Siebenhaar, De patria potestate, § 39: "*Dico absque Decreto, scilicet, quando filius adhuc est in potestate constitutus, tum enim patris autoritas Iudicis loco supplet Decretum, licet defectum justae causae supplere non possit.*"; Hofacker, Principia, § 576, selbst bei Immobilien, § 577; Stryk/Nicolai, De obligatione filiifamilias, cap. 3, § 15. - A. A. Rivinus/Scherell, De emtione, § 17: " [...] *in immobilium autem alienatione confirmatio judicialis accessit*" für Immobilien; Beyer, Delineatio, D. 15, 1, nu. 17 für Immobilien: "*excepto casu urgentis aeris alieni.*". - Gaill, Observationes, 2. Buch, obs. 72 nu. 14; Mynsinger, cent. 6 obs. 61: " [...] *patri legitimo administratori filiifam. non licere bona ipsius immobilia, in qui-*

ßerung durch den Vater war nichtig. Das Kind konnte die zu Unrecht veräußerten Gegenstände bei ihrem Besitzer vindizieren.[146] Streit bestand darüber, ob das Kind die unbefugt veräußerten Gegenstände auch dann vindizieren konnte, wenn es beim Tode des Vaters dessen Erbe geworden war. Einige Autoren lehnten dies ab, da das Kind an die Stelle des Vaters rücke und an dessen Handlungen - damit auch die Veräußerung - gebunden sei.[147] Andere Autoren wollten ihnen auch in diesem Falle die Vindikation gestatten.[148]

Zur Sicherung der Rechte des Kindes am *peculium adventitium* ist anzumerken, daß der Vater anders als ein Nießbraucher keine Kaution leisten mußte[149]. Er war auch von der Pflicht zur Erstellung eines Inventars oder einer eidlichen Spezifikation befreit[150]. Denn grundsätzlich könne dem Vater bei der Vermögensverwaltung

---

bus usumfructum habet, alienare sine iudiciali decreto, nisi urgente aeri alieni necessitate: alias semper opus esse decreto iudicis." - Siehe auch Zoller, Exercitatio an pater vi patriae potestatis bona immobilia liberorum sine decreto magistratus alienare possit.

[146] Struve, Jurisprudenz, 1, 20 § 3; Hildebrand/Brötzsch, De obligatione, cap. 2 th. 4; Schneidt/-Kleinschrod, De iure, § 11: "*Ratione dispositionis inter vivos quaedam adhuc filiofamilias iura competunt, et inprimis quidem siquidem adhuc minorennis sub paterna tutela degat, jus vindicandi vel condicendi, quae pater tutor vel curator de bonis filii modo illegitimo et neglectis solemnitatibus vendidit [...] dimetienda haec constitutio ex generali favore pupillorum, quibus ea, quae tutores sine magistratibus decreto alienarunt, revocare permissum: a) nulla enim aderat ratio, quare filiifamilias hac in re deterioris sint conditionis.*", dort auch zur *restitutio in integrum* gegen den Vater bzw. '*contra factum patris*'; Stryk/Nicolai, De obligatione filiifamilias, cap. 3, § 15.

[147] So Höpfner, Commentar, § 433, S. 458 Anm. 3 unter Berufung auf C. 3, 32, 14, C. 4, 51, 3 und C. 8, 45, 14; Wernher, Pars 4, Obs. 32: "So ist die beschehene Renunciation anders nicht, als auf den Fall, da die Kinder ihres Vaters Erben, zu Recht beständig."; Hildebrand/Brötzsch, De obligatione, cap. 2 th. 4: "[...] *ita tamen, ut si Patri haeres factus, pro ea parte, qua Patri alienanti successit, creditoribus teneatur.*".

[148] Frommann, Dissertatio de administratione adventitiorum legitima, § 81; weitere Gegenstimmen bei Höpfner, Commentar, § 433, S. 458 Anm. 3.

[149] Stryk, Usus modernus, D. 37, 15, § 9: die Befreiung beruht nicht allein auf der dem Vater geschuldeten *reverentia* - sonst wäre ja auch die Mutter befreit - sondern auch auf der *patria potestas*; Stryk/Rehfeldt, De jure reverentiali eiusque effectibus specialibus, membrum 8, nu. 2f., nu. 4 *propter reverentiam et patriam potestatem*; Carpzow, Jurisprudentia forensis, p. 2 const. X def. 9, nu. 2f. m. N. - Zur Kautionsbestellungspflicht der Vormünder siehe nur Struve, Jurisprudenz, 1, 23, § 1, in § 2 wird auch die Schadensersatzpflicht des Vormunds - anders als beim Vater - angesprochen; Höltich/Schammelius, Judicium inter Parentes et Liberos, § 11; Hildebrand/Brötzsch, De obligatione, cap. 2 th. 4c; Hofacker, Principia, § 572; Clasen/Siebenhaar, De patria potestate, § 40; Stryk/Nicolai, De obligatione filiifamilias, cap. 3, § 13.

[150] Enenckel, De privilegiis parentum et liberorum, priv. 4, cap. 4, nu. 11; Wernher, Pars 1, Obs. 92 (*Ordo Vitembergensis*); Höpfner, Commentar, § 433, S. 458; Struve, Jurisprudenz, 1, 20 § 1, Aufrichtung einer "gedoppelten" Beschreibung, im Beisein von Verwandten des Unmündigen, "davon er das eine Exemplar gerichtlich zu hinterlegen, das andere aber, zu seiner Nothdurfft, zu behalten hat." (unklar ist, ob dies nur für den Fall der Wiederverheiratung des Vaters gelten sollte); Carpzow, Jurisprudentia forensis, p. 2 const. X def. 9, nu. 12f.; Hildebrand/Brötzsch, De obligatione, cap. 2 th. 4: "*Imo nec descriptionem bonorum, si hanc filius petierit [...] quae tamen jurata esse non debet [...] Nisi pater sit binubus aut notorius dilapidator.*"; Beyer, Delineatio, D. 15, 1, nu. 14; Hofacker, Prinicipia, § 577; Clasen/Siebenhaar, De patria potestate, § 40; Stryk/Rehfeldt, De jure reverentiali eiusque effectibus specialibus,

getraut werden, und die Auferlegung solcher Pflichten verstieße gegen die dem Vater geschuldete *reverentia*, so war die gängige Meinung.[151] Viele Autoren ließen anstelle eines Inventars eine einfache Aufstellung ausreichen.[152] Darüber hinaus traf den Vater keine Rechnungslegungspflicht.[153] Solange er seine Pflichten erfüllte, konnte ihm keiner, auch nicht das Kind, in die Verwaltung hineinreden.[154] Erst wenn das Kind das vierzehnte Lebensjahr vollendet hatte, brauchte der Vater zu seinem Handeln für die *bona adventitia* dessen Konsens.[155]

Wenn der Vater anfing, die Güter der Kinder zu verschwenden, sollten nach Auffassung der Juristen des *Usus modernus* Sicherungsmaßnahmen zugunsten des Kindes ergriffen werden. Dazu gehörte die Leistung einer Kaution: "[...] Vorstand, wegen künfftiger Ausantwortung derer Kinder Eigenthums, auch daß er sie an der

membrum 8, nu. 14ff; Stryk/Nicolai, De obligatione filiifamilias, cap. 3, § 14. - Mynsinger, Singularium observationum, cent. 2 obs. 93. - Siehe aber auch Höltich/Schammelius, Judicium, § 11.

[151] Wernher, Pars 1, Obs. 92: "*Praesertim cum in eo omnis fraudis suspicio cesset.*"; Carpzow, Jurisprudentia forensis, p. 2 const. X def. 9, nu. 12f. - Mynsinger, Singularium observationum, cent. 2 obs. 93.

[152] Wernher, Pars 3, Obs. 142: "*Simplex consignatio in patre sufficit.* [...] *Juramenti enim tali casu exactio contra reverentiam videtur esse, quam liberi parentibus debent.*"; Struve, Jurisprudenz, 2, 9 § 5; Carpzow, Jurisprudentia forensis, p. X def. 9, nu. 12f.: "[...] *ad Inventarii tamen confectionem, bonorum maternorum nomine vel nudam ad minimum eorundem consignationem omnino obligari [...]. Sufficit enim hoc casu nuda consignatio, ne pater cogatur jurare in defectum inventarii contra reverentiam, quam liberi parentibus debent.*"; Höltich/Schammelius, Judicium, § 11: "[...] *ad Inventarii confectionem, vel nudam bonorum consignationem cogetur.*"; Beyer, Delineatio, D. 15, 1, nu. 14: *privata consignatio*; Hofacker, Principia, § 577: *simplex consignatio tantum*; Stryk/Nicolai, De obligatione filiifamilias, cap. 3, § 14: " [...] *quamvis descriptionem et privatam quamdam bonorum designationem omnino necessariam esse putem, saltem ut sciri possit, quid aliquando praecipuum habere debeat filius.*".

[153] Carpzow, Jurisprudentia forensis, p. 2 const. X def. 9, nu. 5 und const. XI def. V, nu. 1, Begründung in Nr. 2: "*Nam cum eorum bonorum ususfructus patri competat [...], pater sane in iis tanquam re propria, jure optimo versatus, ut is nemini rationem administrationis reddere teneatur.*"; Hildebrand/Brötzsch, De obligatione, cap. 2 th. 4: Befreiung "*propter reverentiam filii, et fiduciam, quam Ll. in Patrem habent.*"; Hofacker, Principia, § 577; Carrach/Heese, De differentiis, § 15: "*Addidit et hoc Germania Iuri naturali, quod humanitas et gratitudo non exigendi rationes a parentibus de fructibus bonorum debeat esse officium perfectum et obligatio externa.*"; Clasen/Siebenhaar, De patria potestate, § 40; Stryk/Rehfeldt, De jure reverentiali eiusque effectibus specialibus, membrum 8, nu. 2, 14, siehe aber auch nu. 20ff.: "*Caeterum, quod de administratione bonorum liberorum in potestate existentium modo diximus, patrem eo casu non teneri inventarium conficere aut rationes reddere, intelligendum de solo usufructu, non vero de ipsa bonorum substantia, quorum alienatio ipsi plane prohibita. [...] frustranea igitur esset alienationis prohibitio et tacitae hypothecae constitutio, nisi etiam pater ad consignationem bonorum et reddendas rationes pro rebus ipsis compelleretur, cum alias sciri non posset, quid in bonis liberorum fuerit, quidve alienatum.*"; Stryk/Nicolai, De obligatione filiifamilias, cap. 3, § 14. - Mynsinger, Singularium observationum, cent. 2 obs. 93; Gaill, Observationes, 2. Buch, obs. 72, nu. 15f.; Althusius, Dicaeologicae, lib. 1, cap. 30, nu. 19.

[154] Struve, Jurisprudenz, 1, 20, § 1; ders., Jurisprudenz 2, 9 § 5; Hildebrand/Brötzsch, De obligatione, cap. 2 th. 4: "[...] *liberrimam hujus peculii gubernationem habeat, ita, ut filius neque eam perscrutari, neque aliquam super ea movere quaestionem possit.*"; Stryk/Nicolai, De obligatione filiifamilias, § 15.

[155] Carpzow, Jurisprudentia forensis, p. 2 const. X, def. 14; a. A. wohl Hofacker, Principia, § 574: "[...] *administratio* [natürliche Vormundschafft] *libera et plenissima, etiamsi filius perfectae aetatis sit.*", § 575 für Prozesse.

Unterhaltung nicht Mangel leiden lassen wolle, zur Genüge zu bestellen.".[156] Eine andere Möglichkeit war die Auferlegung der Pflicht zur Erstellung eines Inventars[157]. Half das "ernsthafte Anhalten" der Obrigkeit nicht, so konnte dem Vater auch die Verwaltung des Vermögens entzogen werden.[158] Zur Sicherung seines Vermögens stand dem Sohn keine Klage gegen den Vater zu, aber er konnte den Richter angehen, daß dieser tätig wurde.[159] Denn die Obrigkeit hatte darüber zu wachen, daß der Vater die Güter seiner Kinder nicht schlecht verwaltete:[160] "*Cautela enim est judicis aut magistratus, ut sollicite provideat, ne minorum bona male administrentur vel corrumpantur, ne liberis quid detrimenti inde eveniat [...] cum tutela et cura inter publica referantur [...] et melius sit, jura minorum intacta asservare, quam post vulneratam causam demum remedium quaerere.*"

Nicht nur bei Verschwendung durch den Vater, sondern auch wenn er eine neue Ehe eingehen wollte, konnten die oben genannten Sicherheitsmaßnahmen eintreten.

Bei Beendigung der väterlichen Gewalt, insbesondere durch Begründung eines selbständigen Haushalts durch das Kind, war der Vater verpflichtet, den Kindern ihr Gut herauszugeben.[161] Sein Vermögen haftete dafür von der Zeit des Beginns

---

[156] Struve, Jurisprudenz, 1, 20, § 2. - Siehe auch Höltich/Schammelius, Judicium, § 13; Clasen/Siebenhaar, De patria potestate, § 40: "[...] *nisi fortean illud Iudici ita visum fuerit, quod fortean pater causam proprietatis reddat deteriorem propter dilapidationem bonorum, ut scilicet bona liberis conserventur integra.*"; aber auch Carpzow, Jurisprudentia forensis, p. 2 const. X, def. 9 nu. 8ff.: "*Etenim si bona immobilia non possideat, et suspicio subsit dissipationis, tantum abest, ob malam administrationem a patre cautionem exigi non posse ut et ipsi hac de causa administratione penitus interdici queat.*".

[157] Wernher, Pars 1, Obs. 92: wenn der Vater aber verschwenderisch ist und Gefahr der Verschleuderung besteht, kann er zur Erstellung eines Inventars gezwungen werden, es kann ihm sogar die Verwaltung entzogen werden; Beyer, Delineatio. D. 15, 1, Nr. 15, *Quae praesente patre et filio coram duobus amicis per Notarium fieri debet, [...] si subsit dissipationis periculum.*". - Mynsinger, cent. 2 obs. 93.

[158] Höltich/Schammelius, Judicium, § 13; Hofacker, Principia, § 578; Stryk/Rehfeldt, De jure reverentiali eiusque effectibus specialibus, membrum 8, nu. 25.

[159] Hildebrand/Brötzsch, De obligatione, cap. 4 th. 3: "*Quemadmodum quoque intuitu peculii adventitii regularis, potissimum quoad ejus deteriorationem, similiter contra Parentem Filius non actionem quidem, sed implorationem officii judicis ad id habet, ut Patri administratio interdicatur, maxime si filio aliter, quam per hanc privationem consuli nequit*", cap. 5 th. 1: "*Immo, si et injustitia Patris manifesta satis adpareat, quam Pater in administratione peculii adventitii adfectat, moribus hodiernis filio imploratio officii judicis id propterea similiter conceditur.*" - A. A. Stryk/John, De conscientia partium in judicio, cap. 1 nu. 37: "*Hinc si pater incipiat dilapidare bona adventitia, filius agere potest ex l. impertor. 50ff. sct. Trebell. ut eorum administratio filio vel soli, si majorennis, vel curatore constituto, si minorennis, concedatur.*".

[160] Stryk/Rehfeldt, De jure reverentiali eiusque effectibus specialibus, membrum 8, nu. 28; Stryk/Nicolai, De obligatione filiifamilias, cap. 3, § 12: " [...] *potest desuper [hypotheca tacita] implorare filius officium judicis.*".

[161] Siehe nur Struve, Jurisprudenz, 1, 20 § 3: " [...] soll er ihnen, nach Inhalt und Besage obbemeldter Beschreibung, vollkömmliche Ausliefferung derobiß dahin unter seiner Hand gehabten Eigenthums, wie auch des, aus denen Stücken, welche sich durch Verwahrung nicht erhalten lassen als: allerhand Frucht=Gewächs, und dergleichen Dingen, gelöseten Werths, thun.".

der Fruchtnießung an (stillschweigendes Unterpfand)[162]. Manche ließen eine *hypotheca tacita* in Anschluß an C. 6, 61, 6, 4 nur bezüglich der *bona materna*, *materni generis* und der *lucra nuptialia* eintreten.[163]
Wegen einer schlechten Verwaltung stand dem Sohn auch nach Beendigung der väterlichen Gewalt keine Klage gegen den Vater zur Verfügung.[164]

f) Das *peculium adventitium extraordinarium*[165]
In den Fällen des *peculium adventitium extraordinarium* (auch *irregulare* oder *plenum* genannt) stand dem Vater kein Nießbrauch zu. Es waren dies die folgenden Fälle[166]:

1. wenn der Sohn etwas gegen den Willen des Vaters erwarb, z. B. eine Erbschaft antrat;
2. wenn jemand dem Kind etwas zuwendete unter der Bedingung, daß der Vater nicht den Nießbrauch erhielt;[167]
3. wenn eins von mehreren Kindern starb, erwarb der miterbende Vater keinen Nießbrauch an den Erbteilen der Geschwister (Nov. 118);
4. Fall der *Lex* 50 *ad Senatusconsultum Trebellianum*.

Über das irreguläre Adventizgut konnte der Sohn unter Lebenden frei verfügen, auch Schenkungen von Todes wegen machen, allein die Testierfähigkeit hatte er nicht in bezug auf diese Güter. Der Vater als Verwalter der irregulären Adventitzien mußte ein Inventar anfertigen, wenn das Kind noch *imperfectae adhuc aetatis* war.[168] Nach SCHNEIDT/KLEINSCHRODT trat dieses peculium in der Praxis sehr selten auf.[169]

---

[162] Struve, Jurisprudenz, 2, 9 § 5 und 2, 34 § 25; Carpzow, Jurisprudentia forensis, p. 2 const. X, def. 9, nu. 7: "*Tum, quod liberis per tacitam hypothecam, in bonis parentum satis cautum videatur* [...]."; Höltich/Schammelius, Judicium, § 26: "*generalis hypotheca tacita*"; Stryk/Nicolai, De obligatione filiifamilias, cap. 3, § 12: "[...] *nec ratione bonorum maternorum lucrorumque nuptialium tantum* [...] *sed ratione omnium adventitiorum quorum pater usumfructum et administrationem habet; neque enim rationem video, quare deterioris conditionis esse debeat filius intuitu illorum bonorum, quae suis laboribus et prospera fortuna acquisivit a matre*.".

[163] Beyer, Delineatio, D. 15, 1, nu. 18: "*ratione bonorum maternorum hisque similium*".

[164] Hildebrand/Brötzsch, De obligatione, cap. 4 th. 3; siehe auch Topp, Dissertatio de patrefamilias usufructuario periculum vel casum adventitii sustinente vel non sustinente et de probatione levis culpae in administratione sortis.

[165] Schilter, Praxis, exercitatio 44, § 47; Struve, Jurisprudenz, 2, 9 § 5; Hofacker, Principia, §§ 579ff.; Clasen/Siebenhaar, De patria potestate, § 42; Aldringen, Dissertatio de bonis, quae liberis in potestate patris constitutis extra militiam ita adquiruntur, ut pater usumfructum non habeat.

[166] Dazu siehe Höpfner, Commentar, § 434, S. 458f; Hofacker, Principia, §§ 580ff.

[167] Carpzow, Jurisprudentia forensis, p. 2, const. X, def. X, nu. 3, S. 446: der Vater ist dann nicht *legitimus administrator*: "[...] *sed bonis hisce Curatorem dandum esse, cujus autoritate agat vel disponat filiusfamilias*.".

[168] Hildebrand/Brötzsch, De obligatione, cap. 2 th. 4 a. E.: "[...] *quia patris conditio hoc in casu non melior est, quam alterius cujusvis curatoris vel administratoris*.", cap. 3 th. 9: "*Magis tamen administrationi tutelari, convenit administratio bonorum adventitiorum irregularium filiifamilias, imperfectae adhuc*

IV. Klagbare Verbindlichkeiten zwischen Vater und Kindern[170]

Die *patria potestas* war nach gemeinem Recht kein Hinderungsgrund für die grundsätzliche Erwerbs- und Verpflichtungsfähigkeit eines Haussohnes gegenüber Dritten.[171] Im folgenden soll untersucht werden, wie sich die Lage gegenüber dem Vater darstellte.

1. Die Fiktion der Personeneinheit[172]

Die Fiktion der Personeneinheit von Vater und Kindern spielte auch im *Usus modernus* für die Frage nach der Möglichkeit von klagbaren Verbindlichkeiten zwischen ihnen, wobei solche aus Rechtsgeschäften im Vordergrund standen, eine große Rolle.[173] Daß diese Frage aktuell war, zeigt nicht nur die Vielzahl von Dissertationen, die zu diesem Thema erschienen, sondern auch, daß die Universität Göttingen im Jahre 1795 einen Wettbewerb zum Thema der Personeneinheit veranstaltete[174]. Diese Frage interessierte die Gelehrten im Zeitalter der Aufklärung sicherlich auch deshalb, weil sich nach Naturrecht keine Personeneinheit zwischen

---

aetatis, quam Pater si velit, sponte in se suscipit", dann gelten auch die Regeln über die *tutela*; Beyer, Delineatio, D. 15, 1, nu. 19: bei Minorennität des Sohnes Verwaltung des Vaters *tamquam Curator legitimus*; Stryk/Rehfeldt, De jure reverentiali eiusque effectibus specialibus, membrum 8, nu. 18: allgemein für den Vater als *tutor*: "*Secus vero, si pater legitimam filii emancipati tutelam gerat*, [...] ubi ut alius tutor ad confectionem inventarii et redditionem rationum obligatur, ut et indebite alienata, vel eorum pretium arbitratu judicis restituere et satisfacere [...] ubi pater filio emancipato actione negot. gest. tenetur.".

[169] De iure, § 25: "*Circa quod mihi probabile est, ius distinctionis usum vel nullum, vel summe modicum esse.*", nach § 33 a. E. ist es in Franken allerdings bekannt.

[170] Siehe neben den Kommentaren die Dissertationen Rivinus/Scherell, Dissertatio de emtione atque venditione patris et liberorum in potestate ejus existentium; Höltich/Schammelius, Judicium inter parentes et liberos, diese behandeln auch die Prozessen zugrunde liegenden Ansprüche; Titius/Ernst, De contractibus patris et liberorum in potestate eius existentium, §§ 28ff. zur Möglichkeit von Verträgen; Hildebrand/Brötzsch, Dissertatio de Obligatione inter Patrem et filium.

[171] Lauterbach, Collegium, D. 5, 1 XXXI; Brunnemann, in Pandectas, D. 44, 8, 39 l. Filiisfamilias, nu. 1ff.; Leyser, Meditationes, spec. 162 med. 1; Schilter, Praxis, exercitatio 27, § 45; Clasen/Siebenhaar, De patria potestate, § 46, eingeschränkt beim *mutuum* und beim *votum*; siehe auch bei Stryk/Nicolai, De obligatione filiifamilias.

[172] Breuning/Voigt, Quaestio iuris controversi an fictio unitatis personae hodie noceat pacto inter patrem et filium inito; Rivinus/Hoefer, Dissertatio de figmento fictionis unitatis personae inter patrem et filium; Brunsich, Commentatio de unitate personae quae iure romano inter patremfamilias et liberos in potestate constitutos intercedit eiusque usu in foris Germaniae hodierno; Hofacker, Principia, § 588f.; Stryk/-Westing, De eo quod iustum est circa identitatem, cap. 2 (De identitate personarum), § 4 zur Personeneinheit zwischen *pater et filius*. - Die Arbeit von Ruppenthal, Exercitatio academica de unitate personae inter patrem et filium fam. in iure rom. eiusque in Germania [...], Göttingen 1795, war nicht zugänglich.

[173] Zur Fiktion grundsätzlich Rivinus/Hoefer, De figmento, § 1ff., § 3: "*Est autem fictio iuris repraesentatio rei in iure sub qualitatibus, quae ipsi in praesenti non insunt, inesse tamen possent, ad usum vitae communis facta.*"; siehe auch Titius, Dissertatio de fictionum Romanarum natura.

[174] Siehe Brunsich, De unitate personae, § 2 und das Titelblatt.

Vater und Kindern ergeben konnte, da alle Menschen als gleich und gleich frei angesehen wurden.[175]
Die herrschende Meinung der Juristen folgte der Auffassung der Konsiliatoren, daß die Personeneinheit der Vornahme von Rechtsgeschäften und überhaupt klagbaren Verbindlichkeiten im Wege stand.[176]
Da man im *Usus modernus* nicht mehr von einer umfassenden "Rezeption" des römischen Rechts ausging, stellte sich zunächst die Frage, ob die Fiktion der Personeneinheit von Vater und Kindern überhaupt in Deutschland "rezipiert" worden war[177]. Denn man war sich einig darüber, daß dem deutschen Recht die Personeneinheit unbekannt war.[178]
Die wohl überwiegende Meinung sprach sich für die Rezeption der Fiktion aus[179]. Dies wurde zum Teil damit begründet, daß das Römische Recht als Ganzes rezi-

---

[175] So siehe Höpfner, Commentar, § 99, S. 123: "Von dieser Fiction mit ihren Folgen weiß das Naturrecht nichts.".

[176] Struve, Jurisprudenz, 3, 1 § 15: "Es ist auch hierbey zu mercken: daß die Contracte, so zwischen einem Vater und seinem Sohne, den er noch in seiner väterlichen Gewalt hat, geschehen, in Rechten, dieweil sie beyde für eine Person gerechnet und geachtet werden, unkräfftig und nichtig seyn."; Höpfner, Commentar, § 100, S. 124f., auch zu anderen Wirkungen der Personeneinheit; Wernher, Pars 1, Obs. 132; Rivinus/Hoefer, De figmento, § 19; siehe auch Cocceji, Jus civile controversum, lib. I tit. VI qu. XIX: An pater et filius habeantur pro una persona?; Hommel/Bostel, De usu hodierno, §§ 78ff. - Althusius, Dicaeologicae, lib. 1, cap. 30, nu. 5: "[...] *una persona cum ipso reputant in illis nimirum quae juris sunt, non facti.*"; Schneidewin, Inst. I 1, 9, nu. 32, I 3, 20 § *ei vero*, nu. 2 und § *Item inutilis*, nu. 1; Oldendorp, Annotationes ad lib. 1 pand. 46, Effectus 3, S. 156. - Es wurde auch eine Personeneinheit zwischen *Tutor* und Pupill angenommen, weil auch zwischen diesen keine Rechtsgeschäfte vorgenommen werden konnten, siehe Höpfner, Commentar, § 211, S. 236, siehe aber auch § 212 zu den Ausnahmen: ein Rechtsgeschäft war dann möglich, wenn es öffentlich und *bona fide* vorgenommen wurde.

[177] Wernher, Pars 3, Obs. 56: "Im übrigen weil die Interpretes juris bey dieser Materie von einander gar sehr dissentiren, auch der usus fori nicht uniformis [...]"; Berger, Oeconomia, lib. 1 tit. 3, th. 15, Anm. b): "*Extra Saxoniam dubium esse fictionis illius usum hodiernum.*"; Runde, Grundsätze, § 615: "So viel ist wohl klar, daß manche noch jetzt auch in deutschen Gerichten anwendbare Grundsätze des römischen Rechts sich auf diese Hypothese zu stützen scheinen.". - Zum Meinungsstreit siehe Brunsich, De unitate personae, § 43.

[178] Breuning/Voigt, Fictio unitatis, § 5; Riccius, Spicilegium, lib. 1 tit. XI m. 1 ad § 303 nu. 2 vb. *contrahere*; Schneidt/Kleinschrod, De iure, § 26; Carrach/Heese, De differentiis, § 13: keine Personeneinheit nach Naturrecht.

[179] Lauterbach, Collegium, D. 1, 6 VII; Struve, Jurisprudenz, 3, 1, § 15; Brunnemann, in Codicem, 1, 2 *De in Jus vocando*, l. *qui in potestate*, nu. 4; ders., in Codicem, C. 11, 47, 22 l. *cum scimus*, nu. 8; Leyser, Meditationes, spec. XXI, med. 5; Carpzow, Decisionum, p. 2, Dec. 151, nu. 20; ebenso ders., Decisionum, p. 3, Dec. 298, nu. 19; Schilter, Praxis, exercitatio 6, § 16, exercitatio 8, § 23, exercitatio 14, § 17; Höltich/Schammelius, Judicium, § 2; Renz/Woelffing, Mixtura, th. 20; Hommel/Bostel, De usu hodierno, § 78; Hildebrand/Brötzsch, De obligatione, Praeloquium; Brunsich, De unitate personae, § 45, allerdings mit der Einschränkung, daß deutsche Rechtsinstitute dem nicht entgegenstehen; Beyer, Delineatio, D. 1, 6, nu. 1; Cocceji, Jus civile controversum, lib. 1 tit. VI qu. XIX, unter den folgenden Voraussetzungen: "*Regula autem haec tantum vera est 1) in liberis in potestate positis, quia est effectus patriae potestatis 2) tantum in acquirendo [...] Non vero in obligando 3) in rebus quae acquiri possunt patri (u. a. peculia) 4) In causis privatis* [...]."; Hofacker, Principia, §§ 588f.; Schneidt/Kleinschrod, De iure, § 8; Clasen/Siebenhaar, De patria potestate, § 38; Stryk/Nicolai, De obligatione filiifamilias, cap. 1, § 8.

piert worden sei.[180]. Die meisten Befürworter der Rezeption der Regel folgerten dies allerdings daraus, daß die ihr zugeschriebenen Wirkungen rezipiert worden seien.[181] Als weiteres Argument für die Rezeption wurde angeführt, daß mit Wegfall der persönlichen Einheit auch das Recht der *sui heredes* mit seinen doch wichtigen Folgerungen entfiele.[182]

Die meisten Juristen sahen die Grundlage der Fiktion von der Personeneinheit in der ursprünglichen Vermögensunfähigkeit des Hauskindes. Allerdings tauchten auch andere Erklärungsansätze auf. So beruhte die Personeneinheit nach einem anderen Ansatz auf der Auffassung der römischen *patria potestas* als eines Eigentumsrechtes des Vaters an seinen Kindern. Die Personeneinheit zwischen Vater und Kindern hatte nach einer weiteren Meinung ihre Grundlage in ihrer engen und festen Verbindung nach Römischen Rechte, die viel stärker als die nach Naturrecht sei.[183] Die Juristen des *Usus modernus* verließen also teilweise die vermögensrechtliche Grundlage der Regel.

Die Fiktion der Personeneinheit wurde aber auch im *Usus modernus* nicht für alle Wirkungen des Vater-Kind-Verhältnisses angewandt[184]. So lehnte man eine Haftung des Vaters durch Verträge des Sohnes ab[185], ebenso eine solche für Delikte.[186] Der Sohn konnte für den Vater bürgen und umgekehrt.[187] Der Vater konnte desweiteren Richter im Prozeß seines Sohnes sein und umgekehrt, allerdings hatte der Gegner das Recht, den Richter zurückweisen.[188]

Etliche Autoren, unter ihnen auch CHRISTIAN THOMASIUS, lehnten die Fiktion ab.[189] Die Vertreter der ablehnenden Auffassung führten mehrere Begründungen an.[190]

---

[180] So Höpfner, Commentar, § 104, S. 130; Hertius, Dissertatio de pluribus hominibus personam unam sustinentibus, Sect. 1, § 4; Leyser, Meditationes, spec. 21 med. 5; Wernher, Pars 5, obs. 189 und Pars 3, obs. 56: " [...] *et quia haec juris dispositio nusquam est abolita, sed, testibus clarissimis jure Consultis, constanti usu fori recepta* [...];" und Pars 2, obs. 464; Hommel/Bostel, De usu hodierno, § 78; Renz/Woelffing, Mixtura, th. 10; Brunsich, De unitate personae, p. 4.

[181] Siehe bei Hommel/Bostel, De usu hodierno, §§ 78ff.; Renz/Woelffing, Mixtura, th. 20ff.; Brunsich, De unitate personae, § 46.

[182] Dazu Höpfner, Commentar, D. 1, 9, § 104, Anm. 9 a. E., S. 131; Hommel/Bostel, De usu hodierno, § 83.

[183] Höpfner, Commentar, § 99, S. 123, § 100: eine sehr genaue und enge Verbindung. Dies klingt auch bei Höltich/Schammelius, Judicium, § 2 an: "*Una quippe Persona Patris, una Filii, unum caput, una caro ... Pater pars Corporis Filii, Filius pars patris et Sanguis est.*".

[184] Dazu Rivinus/Scherell, De emtione, § 7, Anm. bb); Rivinus/Hoefer, De figmento, § 8 und § 18; Hildebrand/Brötzsch, De obligatione, cap. 2 th. 8 (Bürgschaft): "*Ast cum haec fictio, qua vi patriae potestatis Pater et Filius unius personae vice fungi aestimantur, non ubique nec per omnia attendatur, quod ipsum saltem ex particula pene.*".

[185] Höpfner, Commentar, § 100, S. 125.

[186] Rivinus/Hoefer, De figmento, § 18.

[187] Wernher, Pars 1, Obs. 137; Rivinus/Scherell, De emtione, § 7, Anm. bb).

[188] Lauterbach, Collegium, D. 5, 1 XXXVIII.

[189] Thomasius, De usu practico tituli Institutionum de patria potestate, cap. 2 p. 10; Glück, Pandekten,

Zum einen sei die römische *patria potestas* und damit die Fiktion der Personeneinheit überhaupt nicht rezipiert worden.[191] Das zweite Argument ging dahin, die Personeneinheit als Ausdruck der *subtilitas* des römischen Rechts widerspreche der *simplicitas* des deutschen Rechts.[192]
THOMASIUS begründete die Ablehnung damit, daß die Regel von der Personeneinheit keine selbständige Regel sei, sondern aus der Regel, daß der Sohn nichts Eigenes für sich erwerben könne, abgeleitet sei[193]. Da letztere Regel aber nicht mehr in Geltung sei, könne auch die Fiktion der Personeneinheit nicht mehr gelten. Nach einer anderen Auffassung hat es im römischen Recht die Fiktion der Personeneinheit als selbständige generelle Regel nicht ergeben; sie lasse sich aus den dafür angegebenen Quellen nicht herleiten.[194] Manche Autoren stellten darauf ab, daß die Grundlage der Fiktion das Eigentum des Vaters an den Kindern gewesen sei.[195] Da das Verhältnis zwischen Vater und Kindern nicht mehr als Eigentumsverhältnis charakterisiert werden könne, sei auch die Fiktion weggefallen.[196]
Was die Wirkungen der Personeneinheit angehe, so meinten RIVINUS/HOEFER, die die Fiktion auch ablehnten, die ihr zugeschriebenen Wirkungen ließen sich ohne

---

§§ 137, 138, S. 272; Weber, Von der natürlichen Verbindlichkeit, Abth. 3, S. 31; Rivinus/Hoefer, De figmento, § 6: schon im römischen Recht gab es die Fiktion der Personeneinheit nicht, § 18; Westphal, Privatrecht II, S. 95; Titius/Ernst, De contractibus, §§ 33, 34 mit Bezug auf Thomasius; Breuning/Voigt, Fictio unitatis, § 9; Schneidt/Kleinschrod, De iure, § 26, nach § 36 ebenso keine Personeneinheit in Franken; Carrach/Heese, De differentiis, § 15; Rothhahn, De materna potestate, § 9; Rivinus/Scherell, De emtione, § 7 wollen die Fiktion der Personeneinheit auf die *stipulatio* beschränkt wissen. - Unentschieden Gundling, Discours, I. 1, 9, Anm. 4; Beyer, Delineatio, D. 15, 1, nu.25: "*Quae fictio, num et hodie obtineat, dubium est, propter ea, quae adducuntur in Disp. de usu Juris paterni.*".

[190] Siehe dazu Brunsich, De unitate personae, § 43.

[191] Thomasius, Notae, I. 1, 6, S. 22; ders., De usu practico tituli Institutionum de patria potestate, cap. 3, § 1. - Dagegen Brunsich, De unitate personae, § 43, nach ihm ist das römische Recht in *caussis privatis* immer anwendbar, es sei denn, es ist derogiert durch spezielle deutschrechtliche Institute.

[192] Zu TITIUS, THOMASIUS und GEBAUER Brunsich, De unitate personae, § 43 und § 45; Rivinus/-Scherell, De emtione, § 8, Anm. cc) zu C. 6, 26, 11: "*Naturalis enim ratio, veritatis amica, fictiones, quas juris Romani subtilitas genuit, negligit ac spernit.*"; Rivinus/Hoefer, De figmento, § 11.

[193] Thomasius, De usu practico tituli Institutionum de patria potestate, cap. 1, § 49; so auch Titius/Ernst, De contractibus, §§ 30f.; Rivinus/Hoefer, Dissertatio de figmento fictionis unitatis personae inter patrem et filium.

[194] Rivinus/Hoefer, De figmento, §§ 9ff.; Riccius, Spicilegium, lib. 1 tit. 11 ad § 303 2. contrahere *: "*Illi omnino juris Romani nescii sunt, qui unitatis fictionem ad omnes ac singulos patrem inter atque filium initos contractus protendunt. Illud enim principium, quo pater et filius pro una persona haberi debet, ne illo quidem Jure universale est, sed solum de solo peculio profectitio, et de ea casu, ubi filius a patre aliquid acquirere vult, inculcatur.*".

[195] Rivinus/Hoefer, De figmento, § 13.

[196] Glück, Pandekten, §§ 137, 138, S. 271ff.; Carrach/Heese, De differentiis, § 14. - Brunsich, De unitate personae, § 45 läßt das Argument grundsätzlich nicht gelten: "[...] *multa occurrere in quibus ratio legis apud Romanos obvia cessat, nullo exinde ad usum ipsius hodiernum emergente impedimento.*".- Breuning/Voigt, Fictio unitatis, § 9, die "väterliche Gewalt" nach deutschem Recht hat einen anderen Charakter als die nach römischen Recht. Die Familie wird als *societas* aufgefaßt, die vom Vater gelenkt, nicht beherrscht wird. Die Fiktion der Personeneinheit als Ausdruck der Herrschaftsmacht des Vaters passe insofern nicht.

diese allein mit dem Wesen der römischen *patria potestas* erklären.[197] Nach BRUNSICH ging ein neuer Ansatz dahin, die Personeneinheit allein deswegen abzulehnen, um Verträge zwischen Vater und Sohn grundsätzlich wirksam zu machen.[198]
Es wurden auch differenzierende Meinungen vertreten: So wollte HOFACKER die Personeneinheit nicht als generelle, alle Beziehungen zwischen Vater und Sohn bestimmende Regel verstanden wissen, sondern nur einige bestimmte Wirkungen aus ihr ableiten.[199]

2. Die Möglichkeit von klagbaren Verbindlichkeiten
Die Frage nach der Möglichkeit von klagbaren Verbindlichkeiten, insbesondere aus Rechtsgeschäften zwischen Vater und Kindern[200], hat die Rechtsgelehrten des *Usus modernus*, wie schon die Diskussion um die Personeneinheit vermuten läßt, sehr beschäftigt. Dabei läßt sich keine einheitliche Auffassung in Lehre und Praxis feststellen, was wegen der Bedeutung der Frage zu erheblicher Rechtsunsicherheit und Rechtsunklarheit in der Praxis führte.[201] Diese Misere wurde besonders bei den Vertragstypen, die auf dem deutschen Recht beruhten - man denke nur an die Hofübergabeverträge -, deutlich. Wie die Praxis mit dieser unbefriedigenden Situation teilweise zu recht zu kommen versuchte, wird weiter unten dargestellt.

Eine Reihe von Autoren sprach sich in Anlehnung an das römische Recht für eine Unmöglichkeit von *obligationes civiles* zwischen Vater und Kindern aus.[202] Da

[197] Rivinus/Hoefer, De figmento, § 13.
[198] De unitate personae, § 47.
[199] Principia, §§ 588f., § 588: "*Denique mutua inter patrem et liberos potestati eius subiectos relatis nascitur ex fictitia quadam Personarum Unitate, quae tamen accipienda non est tanquam regula generalis definiens omnes inter patrem et liberos relationes, sed tanquam ratio quaedam sanctionem iuris civilis ad certos quosdam casus pertinentium, in quibus pater et filius, natura distincti in duas personas, iuris fictione pro una tantum persona habentur: atque inde simul adparet, fictionem hanc ultra casus lege speciali expressus eorumque rationem extendendam non esse.*".
[200] Viele sprechen überhaupt nur diesen Aspekt an, so z. B. Titius/Ernst, De contractibus, §§ 28ff. - Zasius, Annotationes ad L. Frater a fratre, Anm. c; Schneidewin, Inst. I 1, 9, nu. 32 und I 3, 20 § *Item inutilis*, nu. 1, 2; Oldendorp, Annotationes, Band 2 zu D. 12, 6, 38, S. 613; Gaill, Observationes, obs. 38 nu. 4. - Nur vereinzelt wird die Frage gestellt, ob *obligationes naturales* möglich seien: Hildebrand/Brötzsch, De obligatione, cap. 2 th. 5: "[...] *cum illae fictiones inter Patrem et Filium [...] in foro juris Naturae et Gentium haud attendantur.*"; Stryk/Baron, De jure domesticorum, cap. 3 § 6: "[...] *quod licet inter eos naturalis obligatio, propter consensum oriatur.*".
[201] Rivinus/Scherell, De emtione, § 4: "*Dici non potest quantos inter Jctos motus, quantasque turbas haec quaestio excitavit.*", dort auch zur uneinheitlichen Praxis; Berger, Oeconomia, lib. 1 tit. 3, th. 16; Rivinus/Hoefer, De figmento, § 27.
[202] Lauterbach, Collegium, D. 1, 6 VII; Leyser, Meditationes, spec. 21, med. 5 (wegen der Personeneinheit); Berger, Oeconomia, lib. 1 tit. 3 th. 16; Overbeck, Meditationen, 3. Band, 132. Med.; Griesinger, Commentar, § 271: "[...] so stimme ich mit der vollkommensten Ueberzeugung für die heutige Anwendbarkeit dieser Grundsäze des Römischen Rechtes, und glaube, daß der Haussohn auch noch heutzutag im Zweifel nur über sein castrensisches und quasicastrensisches Sondergut mit seinem Vater contrahiren

diese Unmöglichkeit oft mit der Personeneinheit gleichgesetzt wurde, waren die Argumente zur Begründung der Unmöglichkeit von klagbaren Verbindlichkeiten und der Personeneinheit dieselben, so daß diese an dieser Stelle nicht noch einmal dargestellt werden sollen. Es sei nur noch die Rechtfertigung der Gebrüder OVERBECK angeführt, die auf die innere Berechtigung der Unmöglichkeit abstellte und damit im Vergleich zu anderen Begründungen aus dem Rahmen fiel:[203] "Wer kann aber wohl behaupten, daß in Absicht jener Verordnung das römische Recht unserer Staatsverfassung zuwider sey. Es enthält dieselbe in diesem Stücke ja nichts unbilliges und hartes, sondern sie ist vielmehr in allem Betracht heilsam und nützlich. Denn so lange der Sohn der väterlichen Gewalt noch unterworfen ist, kann er gegen seinen Vater nicht so handeln, als wenn er völlig frey wäre, er steht unter seiner Gewalt, und diese hindert oft eine freye und ungezwungene Einwilligung, die doch vornämlich zu jedem Kontrakte erfordert wird." Die Gebrüder Overbeck stellten demnach auf die Frage ab, ob der Sohn angesichts der väterlichen Gewalt eine freie, unbeeinflußte Entscheidung treffen konnte, die zum Abschluß eines jeden Vertrages erforderlich sei.[204]

Eine nicht unerhebliche Anzahl von Autoren sprach sich demgegenüber für die grundsätzliche Möglichkeit von klagbaren Verbindlichkeiten, auch aus Rechtsgeschäften zwischen Hausvater und Hauskind, aus.[205] Dabei stellte eine Auffassung darauf ab, daß Verträge zwischen Vater und Kindern möglich waren, soweit diese Vermögen haben konnten.[206]

Die unsichere Rechtslage wurde in Kursachsen im Jahre 1746 durch die *Decisio 14 Saxoniae Electoralis* beseitigt, wonach von der grundsätzlichen Möglichkeit

---

könne, daß hingegen die Contrakte über andere Sondergüter nichtig seien, welche der Vater mit seinem Sohne, so lange die väterliche Gewalt dauert, schließt.", Anm. e) m. N. zum Meinungsstand; Claproth, Rechtswissenschaft, § 9: Fall allerdings wegen *separata oeconomia* seltener; Renz/Woelffing, Mixtura, th. 20; Beyer, Delineatio, I. 2, 9 Anm. i); ders., Delineatio, D. 1, 6, I; Stryk/Baron, De jure domesticorum, cap. 3, § 6; Stryk/Nicolai, De obligatione filiifamilias, cap. 3, § 24. - Zasius, ad D. 2, 4, 2 § *Praetor ait, parentem*, nu. 6; ders., Annotationes in L. Frater a fratre Anm. c), Anm. qu) nu. 5; Schneidewin, Inst. I 1, 9 nu. 32; Oldendorp, Annotationes in lib. 1 pand. 46, Effectus 4, S. 156; Gaill, Observationes, obs. 38 nu. 4, nu. 12 verweist auf den Kommentar von Bartolus zu D. 12, 6, 38.

[203] Meditationen, 3. Band, 132. Med.

[204] Bei Renz/Woelffing, Mixtura, th. 21 werden auch noch andere, über die Personeneinheit hinausgehende Gründe für eine Unwirksamkeit angeführt: " [...] *quod patrem filio obligari non deceat, in filio obligando autem periculum concussionis vel metus minimum reverentialis subsit.*".

[205] Glück, Pandekten, §§ 137, 138, S. 272; Westphal, Privatrecht II, S. 95; Breuning/Voigt, Fictio unitatis, § 9; Rivinus/Scherell, De emtione, §§ 5ff. (Gegenüberstellung der unterschiedlichen Auffassungen mit den jeweiligen Begründungen) und § 13; Strube, Bedenken II, Nr. 68; Rothhahn, De materna potestate, § 9; Engau, Elementa, § 303; Riccius, Spicilegium, lib. 1 tit. XI, ad § 303 Nr. 2 vb. *contrahere*, S. 449; Schneidt/Kleinschrod, De iure, § 27, § 36 für Franken; Carrach/Heese, De differentiis, § 17; Titius/Ernst, De contractibus, §§ 36ff.

[206] Rivinus/Scherell, De emtione, §§ 13ff.; Titius/Ernst, De contractibus, § 37.

von Rechtsgeschäften zwischen Hausvater und Hauskind auszugehen war[207]: "Ein Vater contrahirt mit seinen mündigen Kindern valide, wenn er sie auch gleich nicht vorher emancipiret hat. Unmündigen Kindern müssen hierzu besondere Vormünder constituiret werden, und gleichwohl bleibt letzteren Falls, wofern ein solcher Contract nicht praevia cognitione et decreto iudicis geschlossen worden, denen Kindern noch 4 Jahre nach erlangter Maiorennitaet, das Beneficium restitutionis in integrum."

Für die Rechtsgelehrten, die grundsätzlich die Möglichkeit von klagbaren Verbindlichkeiten bejahten, stellte sich bei Rechtsgeschäften mit minderjährigen Kindern das Problem, wie diese vor einer Übervorteilung geschützt werden konnten. Um dem Interessenkonflikt zu entgehen, der beim Vater als Vertreter des Kindes auftreten konnte, mußte einem minderjährigen Hauskind ein Vormund bestellt werden, der dann das Geschäft mit dem Vater abschloß.[208] Nach einer anderen Auffassung, die der Auffassung der Glossatoren und Konsiliatoren folgte, konnte der Verdacht einer Übervorteilung dadurch aus dem Wege geräumt werden, daß das Geschäft *palam et bona fide* abgeschlossen wurde.[209]

3. Klagbare Verbindlichkeiten aus Rechtsgeschäft

Selbst wenn die herrschende Meinung im *Usus modernus* die Rezeption der Fiktion der Personeneinheit annahm, so waren nach ihr Rechtsgeschäfte zwischen Vater und Kindern nicht in jedem Fall ungültig. Denn es wurden eine Reihe von Ausnahmen zugelassen. Zu den bereits nach römischen Recht bestehenden Ausnahmefällen für die Rechtsgeschäfte in bezug auf das *peculium castrense vel quasi castrense*[210] kam der für Rechtsgeschäfte, die die *bona adventitia irregularia* be-

---

[207] Zitiert nach Breuning/Voigt, Fictio unitatis, § 10.

[208] Carrach/Heese, De differentiis, § 17.

[209] Titius/Ernst, De contractibus, § 40 und § 41 zur Frage, ob ein Vater Adventizgüter der Kinder kaufen kann: "*Res est ambigua, cum enim ipse pater legitimus hujus peculii administrator sit, nec ad sui utilitatem, autoritatem accommodare queat ad instar tutoris a pupillo emere concessum [...] proinde pater a filio fam. tale peculium non valide emit, licet filius pecunia ad sumtus studiorum egeat [...] nisi bona fide et palam emat.*"; Hildebrand/Brötzsch, De obligatione, cap. 2 th. 8: "*Modo tamen palam et bona fide fieri, ceu supra quoque monitum, quando in praesentia judicis vel amicorum celebratur [...] vel si publicum desuper formatur instrumentum.*" und aaO. zu *palam et bona fide*: "[...] *hoc est accedente judiciali autoritate* [...]"; dagegen Titius/Ernst: "*Sed illa nos non attinent, jam enim non querimus, an contractus impediatur ex jure tutorio, sed an ex patrio, hoc vero impedimentum cum non occurrit, ideo talem conventionem caeteris paribus, valide iniri arbitramur.*" - Zu Formerfordernissen nach Partikularrecht siehe das Württembergische Landrecht p. 2 tit. 28 5f. 5; nach sächs. Recht: Decisio Electoralis Novissima 6 nach Carpzow. Jurisprudentia forensis, p. 2 const. 30, def. ult.: " [...] *exigitur, ut rem immobilem alienaturus, coram judice competente juri suo renuntiet, et judex emtorem desuper investiat, haec resignatio judicialis in venditione patris filio facta, de bona fide satis testaretur.*".

[210] Siehe bei Höltich/Schammelius, Judicium, §§ 15ff. zu verschiedenen Rechtsgeschäften; Titius/Ernst, De contractibus, § 39; Hildebrand/Brötzsch, De obligatione, cap. 2 th. 4 zum *pactum*, th. 7 zum *mutuum*. - Zasius, Annotationes, ad l. Frater a fratre, Anm. d.

trafen, hinzu.[211] Darüber hinaus war als weiterer Ausnahmefall in Anlehnung an das kanonische Recht die volle Wirksamkeit von Geschäften anerkannt, bei denen die einzelnen Willenserklärungen eidlich bekräftigt worden waren.[212] Uneins war man sich allerdings bei den die regulären Adventizgüter betreffenden Geschäften. Die Vertreter der Personeneinheit lehnten eine solche Möglichkeit ab, während die anderen sie bejahten.[213]

Bei den Verfechtern der Personeneinheit kam zudem als weitere Möglichkeit, einem Rechtsgeschäft zwischen Vater und Kind volle Wirksamkeit zu verleihen, die auf JASON DE MAYNO zurückgehende sogenannte "*emancipatio ad unum actum*"[214], in Betracht.[215] Diese Möglichkeit war, wie bereits erwähnt, schon von dem Konsiliator JASON DE MAYNO erörtert worden.[216] Die Fiktion der Personeneinheit zwischen Vater und Kindern sollte ja auf der *patria potestas beruhen*, diese konnte aber durch eine Emanzipation aufgehoben werden. Man konnte also nach Meinung der Juristen die Wirksamkeit eines Vertrages dadurch erreichen, daß das Kind für das vorzunehmende Rechtsgeschäft emanzipiert wurde.[217] Eine sehr weitgehende Meinung sah sogar allein in dem Vertragsschluß eine - stillschwei-

---

[211] Hildebrand/Brötzsch, De obligatione, cap. 2 th. 4; Renz/Woelffing, Mixtura, th. 20. - Zasius, Annotationes ad l. Frater a fratre, Anm. d.: "[...] *nec hodie in adventitiis [...] secundum Accursium.*".

[212] Brunsich, De unitate personae, § 47: "*Quodsi iusiurandum negotio accesserit, ex iure Canonico eius efficacia defensionem admittit.*".

[213] Siehe dafür nur Titius/Ernst, De contractibus, § 36, § 39: "*Contractus igitur inter patrem et liberos in ejus potestate existentes, initi, simpliciter valent, si objectum, circa quod contrahitur, distinctionem creditoris et debitoris admittat.*". - A. A. Hildebrand/Brötzsch, De obligatione, cap. 2 th. 4 (*pacta*), aber *obligationes naturales* entstehen in bezug auf die *bona adventitia regularia* und das *peculium profectitium*, cap. 3 th. 8: "*Haec tamen naturalis obligatio, per Mores et consuetudinem hodiernam ita firmatur, ut non amplius ista fictio unitatis inter Patrem et Filium accurate in omnibus negotiis quam olim attendatur.*".

[214] Dazu siehe S. 94.

[215] Wernher, Tomus 1, pars III, obs. 248; Berger, Oeconomia, lib. 1 tit. 3 th. 16; kritisch dazu Leyser, Meditationes, spec. 21 med. 5: "*Sunt tamen aliqui, qui hodie omnem contractum inter patrem et filium celebratum valere, et patrem eo ipso, dum contrahit, filium tacite emancipare dicunt. At parum secura est haec sententia, neque vel lege vel rationes satis valida firmari potest. Tunc vero facilius id concedemus, si ad contractum tale patris factum accedat, ex quo voluntas eius de emancipando filio clarius colligi possit.*"; ablehnend Brunsich, De unitate personae, § 47.

[216] Siehe S. 94, D. 12, 6, 38, Nr. 44.

[217] Griesinger, Commentar, § 271; siehe auch bei Rivinus/Scherell, De emtione, § 18: *Responsum* der Leipziger juristischen Fakultät (Ein Erblehngut war Gegenstand des Kaufvertrages; Vater wollte Vertrag wegen ungebührlichen Verhaltens des Sohnes widerrufen): "Dennoch aber und dieweil, dem Anführen nach Käuffer zur Zeit des geschlossenen Contracts annoch in väterlicher Gewalt gewesen, und also beständiger Weise nicht contrahiren können, [...]. So mag Titio den mit seinem dazumahl in väterlicher Gewalt gestandenen Sohne Cajo geschlossenen Contract aufzuheben nicht verwehret werden; **Es wäre denn, daß in der Lehns=Curie ein Filiusfamilias, dessen Contract daselbst confirmiret, pro emancipato gehalten würde**, dessen genösse Cajus billig."; Beyer, Delineatio, I. 1, 12 Anm. a): vier Beispiele ausdrücklicher Emanzipation in Leipzig: " [...] *et fieri solet, si filius cum patre contrahere velit, v. g. hereditati renunciare, immobilia emere, et c. fieri autem non potest, nisi judicialiter, vel coram comite palatino.*".

gende - Emanzipation durch den Vater.[218] Denn wer ein bestimmtes Ziel - hier die Wirksamkeit des Vertrags - anstrebe, wolle auch die dafür nötigen Mittel einsetzen.[219]

In der Bestellung eines Vormundes, der ein minderjähriges Hauskind beim Abschluß eines Rechtsgeschäftes mit dem Vater vertreten mußte, wurde eine solche "*emancipatio ad unum actum*" gesehen.[220]

Eine weitere Möglichkeit, einem Vertrag zwischen Vater und Kind, bei dem man sich nicht an die eben dargestellten Erfordernisse gehalten hatte, zur Wirksamkeit zu verhelfen, bestand in der nachträglichen Heilung. An eine solche Heilung wurden aber besonders strenge Anforderungen gestellt, da man vom Grundsatz ausging, "*quicquid ab initio nullum et inutile est, illud ex postfacto etiam non convalescit*".[221] Eine Heilung konnte daher nur durch den Vollzug des Geschäftes zu einer Zeit, wo das Kind nicht mehr unter väterlicher Gewalt stand, eintreten.

Im folgenden sollen einige in der Praxis bedeutsame Rechtsgeschäfte, die zwischen dem Vater und seinen Kindern abgeschlossen wurden, angesprochen werden.[222]

---

[218] Rivinus/Hoefer, De figmento, § 27; Titius/Ernst, De contractibus, § 43 geben die Ansicht von CARPZOW wieder: "*Vel enim (1) res aliter se habet, in foro Saxonico ex observantia et consuetudine (2) dicimus, patrem hoc ipso, quod rem donatam accipiens, in donationem consentit, filium filiamve emancipare censeri, ut proinde ulterius patria potestas non obstet (3) aut etiam ratio diversitatis existit inter donationem patris et filii filiaeve.*". - Zur Kritik siehe bei Leyser, Meditationes, spec. 21 med. 5. m. N.; Overbeck, Meditationen, 3. Band, Med. 132; Berger, Oeconomia, lib. 1 tit. 3 th. 16, S. 166, S. 167: Praxis uneinheitlich,; Titius/Ernst, De contractibus, § 44.

[219] Rivinus/Hoefer, De figmento, § 19.

[220] Wernher, pars 3, obs. 248: "*Ratio est, quia sic Pater voluntatem suam de filio e potestate sua dimittendo satis declarat; et Magistratus, tutorem constituens, quasi autoritatem suam impertiri intelligitur;* ***cum alias ob vinculum unitatis inter patrem et filium valide contrahi non posset.***"; Leyser, Meditationes, spec. 21 med. 5: "Jcti Vitembergenses im Dezember 1710: Ob wohl eingewendet werden mögte, ob könte der Beklagten nicht zu statten kommen, daß ihr Vater ihr das libellirte Guth und Pertinentien verkauffet, in mehrerer Erwegung, daß dergleichen Contracte deren Eltern und Kinder, so noch in väterlicher Gewalt sich befinden, vor bestandig nicht zu achten, auch, daß Beklagte vorher emancipiret worden, ex actis nicht zu ersehen, noch diesfals eine tacita emancipatio zu praesumiren; Dieweil aber dennoch die Kinder ipso facto, indem die Eltern mit ihnen contrahiren, tacite pro emancipatis zu halten, welches in gegenwärtigem Fall um so viel mehr statt findet, da die Beklagte sich zu diesem actu einen Curatorn constituiren lassen."; Hildebrand/Brötzsch, De obligatione, cap. 5 th. ultima; Brunsich, De unitate personae, § 47.

[221] Dazu Wernher, Tomus 3, Pars 3, obs. 56: " [...] andern Theils Beklagten, nachdem selbiger geschlossen, und ihme die Lehn an dem Guthe aufgelassen, auch er damit anderweit beliehen worden, ohnstreitig propriam oeconomiam angestellet, und, da der Vater nach der Zeit, und bis an seinen Todt den bedungenen Auszug von ihme, nachdem er sui juris und folglich habilis ad contrahendum gewesen, angenommen, er den vorhero nulliter getroffenen Contract von neuem ratihabiret, und solcher dadurch vim obligandi erlanget. (Ita Ordo Vitembergensis 1726).".

[222] Hildebrand/Brötzsch, De obligatione, cap. 3 unterscheiden zwischen den einzelnen römischen Vertragsarten, *pactum nudum, contractus, quae re, verbis et literis, et consensuales*, dazu ausführlich: cap. 3 th. 2 zur *pollicitatio*, th. 3 zum *pactum*, th. 5 zur *donatio/constitutum, promissio donationis propter nuptias, hypothecae pactio*, th. 6 zur *novatio, acceptilatio*, th. 7 *mutuum, commodatum, depositum, creditum,*

Wie oben bereits angedeutet, gab es in Deutschland einige typische Verträge zwischen Eltern und Kindern, deren Wirksamkeit nach deutschem Recht nie angezweifelt worden war. Sie hingen in der Regel mit der wirtschaftlichen Verselbständigung der Kinder zusammen.

a) Der Hofübergabevertrag

Im bäuerlichen Bereich spielten die Verträge zwischen Eltern und Kindern über die Hofübergabe eine bedeutende Rolle.[223] Wenn der Bauer alt geworden war und den Hof nicht mehr bewirtschaften konnte, war es üblich, daß er den Hof einem seiner Kinder zu einem bestimmten Preis verkaufte. In dem Vertrag wurde auch die Leibzucht, "der alte Theil", - der Unterhalt für den alten Bauern und seine Frau -, bestimmt. Oft wurde auch noch die Abfindung der übrigen Kinder geregelt.[224] Solche Verträge wurden häufig vor einem Gericht geschlossen, wobei das Kind, wenn es minderjährig war, von einem *Curator* beim Abschluß vertreten werden mußte.[225] In der Beurteilung der Wirksamkeit der Verträge war die Praxis uneinheitlich, wie die bei TITIUS/ERNST zitierten Fälle zeigen. So wendeten einige Gerichte den Grundsatz der Personeneinheit an und gelangten damit zur Unwirksamkeit solcher Verträge.[226] Es bedarf keiner besonderen Erläuterung, wie unzuträglich diese Rechtsunsicherheit war. Allerdings läßt sich die Tendenz feststellen, solche Verträge als wirksam anzusehen.[227]

Weitere typische Verträge waren solche über die Abfindung von Kindern aus einer früheren Ehe[228] und die Auseinandersetzung bei der Gütergemeinschaft.[229] Um Streitigkeiten zwischen Kindern verschiedener Ehen und eine Benachteiligung der Kinder aus früher geschlossenen Ehen zu vermeiden, war in einigen deutschen Rechten die "Abtheilung" der Kinder, die dann zur Auseinandersetzung führte, vorgesehen. Große praktische Bedeutung hatten die Verträge, die mit der Absonderung der Kinder von dem väterlichen Haushalt und der Begründung einer eige-

---

pignus, stipulatio, Schuldanerkenntis, th. 8 *emptio venditio; locatio/conductio*; Cocceji, Jus civile controversum, lib. 45, tit. 1 qu. 4 zur Stipulation; Titius/Ernst, De contractibus, § 65 mit Beispiel für eine Abtretung: "*Pater filio cesserat honorarium, quod advocando meruerat, filius ex jure cesso contra debitores experitur, qui opponunt exceptionem illegitimationis ad causam, cum cessio inter Patrem et filium non subsistat.*".

223 Dazu Berger, Oeconomia, lib. 1 tit. 3, th. 16; Rivinus/Scherell, De emtione, § 13, siehe Beispielsfall bei § 13 Anm. oo); Titius/Ernst, De contractibus, §§ 58 ff. mit Beispielsfällen für Rechtsstreitigkeiten; Claproth, Rechtswissenschaft II, § 338ff. spricht von "Leibzuchtsverträgen".

224 Zum Inhalt Claproth, Rechtswissenschaft II, §§ 338ff.

225 Schneidt/Kleinschrod, De iure, § 32; Claproth, Rechtswissenschaft II, § 338.

226 Rivinus/Scherell, De emtione, § 13, Anm. mm) und oo).

227 Schneidt/Kleinschrod, De iure, § 32; Claproth, Rechtswissenschaft II, § 338.

228 Dazu siehe Höpfner, Commentar, § 164, S. 207; Barth, Gerade, cap. 7, § 2, S. 689f., dort ein Beispielsfall für einen Kaufvertrag zwischen einem Vater und seiner noch nicht siebenjährigen Tochter über die Gerade der verstorbenen Mutter.

229 Runde, Grundsätze, § 608 b).

nen Wirtschaft der Kinder zusammenhingen.[230] Der Vater setzte sich dann mit den Kindern, mit denen er bis dahin in einer Gütergemeinschaft zusammengelebt hatten, auseinander und kehrte den Kindern ihren Anteil aus, oder er wendete ihnen im Wege der vorweggenommenen Erbfolge Vermögen zu, wobei dies mit einem Verzicht der Kinder auf das väterliche Erbe verbunden wurde.[231]

b) Die Schenkung[232]

Wegen der Fiktion der Personeneinheit konnten Vater und Kinder sich nichts schenken.[233] Aber einige Juristen des *Usus modernus* sahen diesen Satz aufgrund der Tatsache, daß die Kinder nunmehr eigenes Vermögen haben konnten, als "fast ganz umgestoßen" an.[234] Denn der oben genannte Satz sei nur so lange ohne Einschränkung wahr gewesen, als die Kinder noch kein eigenes Vermögen besessen hätten. So sollte nach sächsischem Recht eine Schenkung beweglicher Güter gleich wirksam sein.[235]

---

[230] Hildebrand/Brötzsch, De obligatione, cap. 2 th. 8; Holzschuher, Theorie und Casuistik I, S. 682, dort wird eine Entscheidung der Fakultät Jena von 1748 zur Frage von Zuwendungen anläßlich der Beendigung der väterlichen Gewalt wiedergegeben. - Gaill, Observationes, obs. 38 nu. 1., dort wird eine solche "Theilung" wie eine Schenkung behandelt und wegen des Grundsatzes der Personeneinheit für unwirksam erklärt. - Siehe auch Wildvogel, Commentatio de divisione parentum inter liberos/ Von Väterlicher Theilung.

[231] Hildebrand/Brötzsch, De obligatione, cap. 2 th. 6, dort auch zu Erbverzichtsverträgen.

[232] Hildebrand/Brötzsch, De obligatione cap. 2 th. 5; Beispielsfall bei Carpzow, lib. 6 Resp. 118: *Casus 1642 in Praetorio Lipsiensi*: 14-jährige Tochter schenkte ihrem Vater die von ihrer verstorbenen Mutter geerbte Gerade, wobei sie sich den Nießbrauch vorbehielt; Titius/Ernst, De contractibus, §§ 51ff.; siehe auch Einert, Disputatio de valore donationum inter parentes et liberos. - Schneidewin, Inst. I 2, 7, nu. 66ff.; Gaill, Observationes, 2. Buch, obs. 38.

[233] Höpfner, Commentar, § 410, S. 430f.; Struve, Jurisprudenz, 2, 8, § 12: "So auch Donationes und Uebergaben zwischen Eltern und Kindern/ die noch in derer Eltern Gewalt seyn/ geschehen/ die seynd nicht anders kräfftig/[...]."; Beyer, Delineatio, D. 15, 1, nu. 24; Hofacker, Principia, § 589: Ausnahmen für das *peculium castrense vel quasi castrense* und die *bona adventitia irregularia*; Hildebrand/Brötzsch, De obligatione, cap. 2 th. 5: Brunnemann, in Codicem, ad l. 11 C. de donat., nu. 1; Titius/Ernst, De contractibus, § 35 m. w. N.; Clasen/Siebenhaar, De patria potestate, § 38; Wexius/Bonhof, De donationibus, th. 20, th. 23; siehe auch Wildvogel, Commentatio de divisione parentum inter liberos/Von Väterlicher Theilung, th. 5: "*Pater autem bona sua inter liberos se vivo dividere nequit, ideo, quod huiusmodi divisio sit instar donationis, inter patrem et filium in potestate constitutum regulariter non subsistit. [...] Aliud autem est, si divisio ita facta testamento vel codicillis confirmata sit, tunc enim valida et a filiis omnino servanda est, quia hoc pacto vim ab ordinatione supremi iudicii ac ultimae voluntatis, non a donatione accipit. [...] Jure tamen Saxon. Electorali per donationem inter vivos uni ex liberis bona concedere licet.*"; Stryk/Baron, De jure domesticorum, cap. 3, § 7. - A. A. Westphal, Privatrecht II, S. 95. - Schneidewin, Inst. I 2, 7, nu. 66; Gaill, Observationes, obs. 38, nu. 1ff.

[234] Höpfner, Commentar, § 410, S. 431; Schilter, Praxis, exercitatio 27, § 95 mit Beispiel für Schenkung: ein Sohn befreit seinen Vater von einer Schuld, ohne sich den Abzug in *rationibus peculiaribus* vorzubehalten.

[235] Struve, Jurisprudenz, 2, 8 § 12; Titius/Ernst, De contractibus, § 48; Schilter, Praxis, exercitatio 44, § 46: "*Jure Saxonico pater potest filio donare [...] quem additio intelligit non tantum de rebus donatis in militiam eunti, sed de aliis immobilibus.*".

Es wurden jedoch wieder eine Reihe von Ausnahmen von den Verfechtern der grundsätzlichen Ungültigkeit von Schenkungen zugelassen.[236] Dazu gehörte erstens die Zuwendung des Vaters, die in das *peculium castrense*, *quasi castrense* oder *adventitium*[237] fiel; umgekehrt konnte der Sohn dem Vater auch aus diesen Pekulien schenken.[238] Zweitens, wenn der Vater den Kindern die Früchte ihres *peculium adventitium regulare* überließ, war diese Schenkung auch gültig.[239] Schließlich wurden andere Schenkungen geheilt, wenn der Vater starb oder das Kind emanzipierte, ohne die Schenkung widerrufen zu haben[240]. Auch wurde von der Gültigkeit von remuneratorischen Schenkungen ausgegangen.[241]
Im sechzehnten Jahrhundert wurde auch noch die Gültigkeit von eidlich bekräftigten Schenkungen erwähnt, da im geistlichen Recht die väterliche Gewalt nicht geachtet werde.[242]

4. Klagbare Verbindlichkeiten aus Quasikontrakt und Gesetz[243]
Die Befürworter der Personeneinheit verneinten konsequent auch die Möglichkeit von klagbaren Verbindlichkeiten aus Quasikontrakten und aus Gesetz, wie zum Beispiel für deliktische Ansprüche.[244] Allerdings wurden gegen den Vater Ansprüche aus *tutela* zugelassen, wenn er die Vormundschaft über seine minderjährigen Kinder führte.[245]

---

[236] Dazu siehe auch Struve, Jurisprudenz, 2, 8 § 12; Clasen/Siebenhaar, De patria potestate, § 38, siehe dort auch zur "Schenkung" der Studierkosten: "*Certe si pater filium destinavit studiis altioribus, utique ei sumtus ad istum finem assequendum donare tenetur, quae donatio ob favorem reipublicae sustinetur.*"; Wexius/Bonhof, De donationibus, th. 23: Ausnahmefälle: *donatio remuneratoria, donatio jurata, dotis datio et donatio propter nuptias, donatio filio facta studiorum causa.* - Schneidewin, Inst. I 2, 7, nu. 68ff.; Gaill, Observationes, obs. 38 nu. 5ff.

[237] Zu den *bona adventitia* wurde die Zuwendung des Vaters, wenn der Sohn dem Vater Dienste geleistet hatte und zur Belohnung von ihm beschenkt worden war, gerechnet: Höpfner, Commentar, § 410, S. 431 Anm. 4.

[238] Titius/Ernst, De contractibus, § 43.

[239] Höpfner, Commentar, § 410, S. 431 (C. 6, 61, 6, 2); Carpzow, Jurisprudentia forensis, p. 2 const. X def. 12; Hildebrand/Brötzsch, De obligatione, cap. 2 th. 5. - Schneidewin, Inst. I 2, 7, nu. 70.

[240] Hildebrand/Brötzsch, De obligatione, cap. 1 th. 2; Wexius/Bonhof, De donationibus, th. 23. - Schneidewin, Inst. I 2, 7, nu. 68; Gaill, Observationes, obs. 38 nu. 14, 2. Buch obs. 116 nu. 1.

[241] Hildebrand/Brötzsch, De obligatione, cap. 1 th. 2 und cap. 2 th. 5. - Schneidewin, Inst. I 2, 7, nu. 71; Gaill, Observationes, obs. 38 nu. 5.

[242] Gaill, Observationes, obs. 38, nu. 7, nu. 11.

[243] Zu anderen Quasikontrakten als den im Text behandelten (*communio rerum singularium, communio haereditatis, acceptio soluti indebiti, litis contestatio, erogatio sumtuum funebrium, acceptio ex turpem causam*) siehe Hildebrand/Brötzsch, De obligatione, cap. 3 th. 9.

[244] Zu *obligationes ex quasi contractibus*: Hildebrand/Brötzsch, De obligatione, cap. 3 th. 9.

[245] Hildebrand/Brötzsch, De obligatione, cap. 3 th. 9: "*Secundo Pater quoque obligatur filio, et contra Filius Patri, si Tutelam ipsius gesserit, [...] quae et hodie adhuc obtinet, si Pater filium impuberem emancipat.*".

Die Möglichkeit von deliktischen Ansprüchen wurde bei HILDEBRAND/BRÖTZSCH ausführlich behandelt, was insoweit eine Ausnahme in der juristischen Literatur darstellt.[246] Der Vater könne gegen den Sohn nicht mit der *actio furti* klagen, weil der Vater wegen der Personeneinheit nicht gegen sich selbst klagen und kraft seiner väterlichen Gewalt das Unrecht des Sohnes selber ahnden könne. Als weiterer Grund wurde noch hinzugefügt, daß der Vater "*bonorum eius particips existimatur*".[247] Ebenso sei keine *actio furti* des Sohnes gegen den Vater möglich, da der Sohn wegen der dem Vater geschuldeten Ehrerbietung diesen nicht mit einer schändlichen Klage überziehen könne.[248] Es komme allenfalls eine *actio in factum* in Betracht.[249] Bei Injurien des Sohnes gegen den Vater sollte der "*magistratus civilis*" eingreifen.[250] Im umgekehrten Fall, bei Injurien des Vaters gegen den Sohn, konnte dem Sohn die *actio iniuriarum* nicht zustehen, da die Bestrafung des Sohnes mit strengen Worten und Schlägen von dem Züchtigungsrecht der *patria potestas* mitumfaßt war.[251]
Fügte der Sohn dem Vater einen vermögensrechtlichen Schaden zu, so konnte der Vater ihn züchtigen und seinen Schaden vom Erbteil des Sohnes abziehen.[252] Wegen der schlechten Verwaltung der *bona adventitia und eines dadurch eingetretenen vermögensrechtichen Schadens* stand dem Sohn keine Klage gegen den Vater zur Verfügung.[253]

Einhellig anerkannt war in der Lehre des sechzehnten Jahrhunderts und im *Usus modernus*, daß Eltern und Kinder - unabhängig vom Bestehen der *patria potestas* - einander zur Leistung von Unterhalt verpflichtet waren.[254] Ob eine Pflicht zur Dotierung der Tochter bestanden hat, war sehr umstritten.[255]

---

[246] De obligatione, cap. 4; Höltich/Schammelius, Judicium, §§ 28ff., meist nicht möglich, da famos.
[247] Hildebrand/Brötzsch, De obligatione, cap. 4 th. 1.
[248] Hildebrand/Brötzsch, De obligatione, cap. 4 th. 1.
[249] Hildebrand/Brötzsch, De obligatione, cap. 4 th. 1, dort auch zur geziemenden Ausdrucksweise bei Anstellung der Klage.
[250] Hildebrand/Brötzsch, De obligatione, cap. 4 th. 2.
[251] Hildebrand/Brötzsch, De obligatione, cap. 4 th. 2.
[252] Hildebrand/Brötzsch, De obligatione, cap. 4 th. 3.
[253] Hildebrand/Brötzsch, De obligatione, cap. 4 th. 3.
[254] Dazu siehe nur Krause, Gegenseitige Unterhaltsansprüche, S. 83ff., S. 106ff.
[255] Dafür: Höltich/Schammelius, Judicium, § 9: "[...] *ac propterea ad id compelli possunt non quidem jure Actionis sed Officio Judicis.*"; Hildebrand/Brötzsch, De obligatione, cap. 2 th. 3. - A. A. Wernher, Pars 5, obs. 127.

V. Die gerichtliche Durchsetzung von Ansprüchen

1. Die Möglichkeit von Prozessen zwischen dem Hausvater und seinen Hauskindern

Im *Usus modernus* waren die Statusklagen zwischen Vater und Kind über das Bestehen eines Abstammungsverhältnisses und über das Bestehen oder das Nichtbestehen der väterlichen Gewalt allseits anerkannt.[256]
Konsequent traten die Befürworter der Fiktion der Personeneinheit der grundsätzlichen Möglichkeit von Rechtsstreitigkeiten zwischen Hausvater und Hauskindern entgegen.[257] Als Grund für die Unmöglichkeit von Klagen zwischen Vater und Kindern wurde die Personeneinheit oder die Natur der *patria potestas angeführt*;[258] andere sahen ihn eher in der dem Vater geschuldeten *pietas*.[259] Als Ausnahme wurden von dieser Meinung unter anderem Prozesse zwischen Vater und Kindern über das *peculium castrense* und *quasi castrense* angeführt[260], sowie die gerichtliche Durchsetzung des Unterhaltsanspruches[261]. Obwohl Vertreter des Grundsatzes der Personeneinheit, ließen RENZ/WOELFFING Rechtsstreitigkeiten aus pragmatischen Gründen zu.[262]

---

[256] Struve, Jurisprudenz, D. 1, 17, § 4; Höltich/Schammelius, Judicium, § 5; Brunnemann, in Codicem, C. 2, 27, 2 l. *si cum pater*, mit Beispiel: Vater hat die *emancipatio* seines Sohnes erfolgreich angefochten, Sohn begehrt die *restitutio* gegen die Entscheidung.

[257] Lauterbach, Collegium, D. 1, 6, VII; Brunnemann, in Codicem, C. 1, 2 l. *qui in potestate*, nu. 3, C. 2, 9, 12 l. *si filius*, nu. 1, C. 8, 46 [47], 4, nu. 1: gilt auch für die Mutter, Ausnahme hier nur für Unterhalt, nu. 3; ders., in Pandectas, D. 5, 1, 4; Höltich/Schammelius, Judicium, § 2; Clasen/Siebenhaar, De patria potestate, § 43; Stryk, Usus modernus, D. 5, 1 § 33; Carpzow, Jurisprudentia forensis, p. 2 const. X, nu. 4; Hildebrand/Brötzsch, De obligatione, cap. 5 th. 18; Beyer, Delineatio, D. 1, 6, nu. 3, D. 5, 1, nu. 18ff.; Hofacker, Principia, § 589; Hommel/Bostel, De usu hodierno, § 81; Brunsich, De unitate personae, § 47.

[258] Lauterbach, Collegium, D. 5, 1, XXVII: "*Filiusfamilias in Judicio agere non simpliciter prohibetur: ex natura tamen patriae potestatis, (unde cessat in castrensi et quasi castrensi peculio, quia cessat unitatis fictio [...]) non vero ob pietatem Patri debitam, (alias locum haberet in emancipatis) ipse contra Patrem, sicut pater contra ipsum, agere impeditur.*".

[259] Riccius, Spicilegium, ad § 303, nu. 3

[260] Lauterbach, Collegium, D. 5, 1, XXVII: "*Exceptis causis spiritualibus et publicam utilitatem concernentibus [...] in quibus uti etiam in castrensi peculio et quasi, filiusfamilias pro patre habetur, et solus, invito patre, imo et contra ipsum agere potest.*"; Brunnemann, in Codicem, C. 1, 2 l. *qui in potestate*, nu. 5; ders., in Pandectas, D. 2, 8, 2, nu. 5 nennt auch Streit über die *sponsalia*, und D. 5, 1, 4, nu. 1: "[...] *quando ad alimenta agitur, vel Pater filium in potestatem revocat, vel patri ususfructus in adventitio peculio non queritur [...] imo excipitur hodie, praesertim nostris moribus, non tantum peculium castrense et quasi castrense, sed etiam Adventitium. Nam quia in hoc usumfructum tantum habet pater, si eo jure abutatur, omnino a filio conveniri potest.*"; Hildebrand/Brötzsch, De obligatione, cap. 5 th. 1, dort auch für *bona adventitia irregularia* und zu weiteren Ausnahmen; Höltich/Schammelius, Judicium, §§ 5ff. zu möglichen Klagen zwischen Eltern und Kindern, speziell zum *peculium castrense*: §§ 15ff.

[261] Clasen/Siebenhaar, De patria potestate, § 43; Stryk/Selmniz, De abusu juris quaesiti, cap. 3, nu. 32ff., nu. 37: "[...] *ut scil. officium judicis implorent, qui per sententiam condemnet patrem ad praestanda alimenta; cui si parere nolit, pignoribus captis et distractis cogat sententiae satisfacere.*".

[262] Renz/Woelffing, Mixtura, th. 22: "*Necessitas enim saepe cogit a regula juris Romani recedere, si controversia inter patrem et filium emergat, et neuter de jure suo remittere velit [...] neutri enim vitio*

Nach der anderen Ansicht waren jedoch Rechtsstreitigkeiten zwischen dem Vater und den seiner Gewalt unterworfenen Kindern grundsätzlich möglich.[263] Diese Meinung stützte sich unter anderem auch auf das Argument, daß das Kind sonst nicht zu seinem "Recht" komme.[264] Dies bedeutet jedoch nicht, daß diese Meinung Prozessen zwischen Vater und Kindern Vorschub leisten wollte. Es gibt einige Äußerungen aus der Zeit des *Usus modernus*, die sich kritisch gegen solche Prozesse wendeten. LAUTERBACH war z.B. der Auffassung, daß man alles daran setzen müsse, daß Streitigkeiten innerhalb "*privatos parietes*" entschieden werden.[265] Auch bei BRUNNEMANN tauchte dieser Gedanke auf, wenn er bedauert, daß C. 8, 46 [47], 4 nicht für vermögensrechtliche Ansprüche zwischen Mutter und Sohn gelte, die leider beim Judex verhandelt und entschieden werden müßten.[266] Dabei habe der Richter die vom Sohn der Mutter geschuldete Ehrerbietung zu berücksichtigen.

---

verti potest, quod jus suum persequi intendat [...]. Vel, ipsum Jus Romanum, utut non ordinarias actiones extraordinarias tamen persecutiones inter patrem et filium admisisse [...] in Germania autem differentias utriusque generis remediorum parum attendi: indeque eo facilius lites admitti.".

263 Schneidt/Kleinschrod, De iure, § 28: "[...] *mores Germaniae in alia abeunt*"; Rothhahn, De materna potestate, § 11: "*Hodie et lis, si rem a patre profectam excipis, esse potest inter filium et patrem de illis bonis, quorum usustructus patri non competit.*"; Engau, Elementa, § 303; Riccius, Spicilegium, ad § 303, nu.3; Breuning/Voigt, Fictio unitatis, § 9, Prozesse zwischen Vater und Kindern sind möglich, Beispiel: "1. *Fac ergo patrem habere filium adhuc in potestate eundemque matre mortua non constituisse materna, quis negabit filio ius agendi contra patrem? 2. Fac amplius filium se a rationibus paternis separaturum, suaque adventitia a patre postulaturum, quo suam possit habere separatam oeconomiam, recte pater convenietur a filio, non obstante quod adhuc sub patria sit potestate eaque quidem germanica. 3. Imo, quid si pater cum filio paciscatur, quae quantaque ipsi daturus sit ad studia tractanda, postea dare neget, ego quidem haud dubitem solis patriis moribus recte conveniri dein posse patrem ad sumtus studiorum ante promissos, iam negatos solvendos.*"; Glück, Pandekten, §§ 137, 138, S. 273: Beispiele für eine Klageerhebung des Kindes wegen grausamer Behandlung oder Verweigerung des Unterhalts gegen den Vater oder wenn sich der Vater widerrechtlich den Nießbrauch an solchen Gütern der Kinder anmaßt, "daran ihm nach gemeinem Rechte kein ususfructus zustehet, so kann das Kind desfalls bey der Obrigkeit klagen.".

264 Schneidt/Kleinschrod, De iure, § 28: "*Filio tamen ius esse cum patre litigandi asserit comprobatque: quod et in eo filio utilitatem magnam adferre potest, si pater forsan usufructu abutens filii bona perdat, aut si contractum cum prole initum adimplere detrectet, tunc enim auctoritate iudiciali ad satisfaciendum suae obligationi filius parentem compellere poterit.*".

265 Collegium, D. 5, 1, XXVII. - So auch schon Schneidewin, Inst. I 1, 9 nu. 31: "*Congruentius enim videtur esse, lites coniunctorum intra domum, seu domesticos lares, et coniunctos determinari, quam foro publico eas palam facere.*"; so auch Oldendorp, Annotationes, lib. 1 pand. 46, Effectus 4: "*Hodie si quid controversiarum incidat disceptatione dignum, omnem lapidem movere oportet, ut intra domum cognita causa cognoscatur sine iudice.*".

266 In Codicem, C. 8, 46 [47], 4, nu. 4; ebenso ders., in Pandectas, D. 5, 1, 4, nu. 4: "*Id tamen maxime curandum, ut tales lites vel intra privatos parietes sopiantur, vel citissime decidantur. Et ubi impietas vel liberorum erga parentes, vel parentum aut vitricorum adversus liberos et privignos deprehenditur, impietatis mulcta erit restitutio expensarum et mulcta extraordinaria.*"; siehe auch Höltich/Schammelius, Judicium, §§ 2, 3: "*Concordiam hic nexus [scil. inter patrem et filium] jubet, lites exterminat detestaturque. Verum asseramus nihilominus Judicium inter Parentes et Liberos, ita affectos, ut placari privatim, sopiri lites ac terminari inter se nolint.*".

STRYK[267] setzte sich im Zusammenhang mit der dem Vater geschuldeten *reverentia* bei der Erörterung der *in ius vocatio* mit der Meinung auseinander, daß Urteile zwischen Vater und Kindern deswegen nicht in Betracht kommen, weil diese Akte der Gerechtigkeit seien, zwischen Vater und Sohn aber die strenge *iustitia* keine Anwendung finde, sondern nur die Akte der *pietas* und Ähnliches. Hier wird der Gedankengang ARISTOTELES' im 8. Buch der Nikomachischen Ethik[268] aufgegriffen; zitiert werden allerdings nur die Moraltheologen LESSIUS und ANDR. A MATRE DEI:

"Deinde: judicia tribuunt justitiam, inter patrem et filium vero non est propria et rigorosa justitia, sed sunt actus pietatis, et similes. [...] Sed ipsi rem explicant hoc modo: actus pietatis dantur in rebus, quibus a se invicem dependent; dantur tamen et actus justitiae, in quibus rebus haec dependentia cessat. Et posito, dari meros actus pietatis, haec pietas tamen debetur ex justitia, quapropter eam negantes nihilominus per judicia cogi possunt, ut tribuant caeteris quod illorum est."

Die Meinung wird damit erklärt, daß Akte der pietas in Dingen, die voneinander abhängen, vorliegen; und Akte der Justiz wären auch dann gegeben, wenn eine solche Abhängigkeit nicht vorliege. Dem setzt STRYK entgegen, daß, gesetzt, daß es reine Akte der *pietas* gebe, diese *pietas* trotzdem aus der Gerechtigkeit geschuldet werde; deswegen könne man diejenigen, die sie leugneten, durch Urteile zwingen, den übrigen das ihnen Zustehende zukommen zu lassen. Nach ihm bestehen nun zwischen Eltern und Kindern gegenseitige natürliche Verbindlichkeiten, nämlich die zu Achtung und Liebe. Sowohl Eltern als auch Kinder, die diese Pflichten verletzten, sündigten schwer. Daraus folgerte STRYK, daß ein Sohn, demgegenüber die Eltern ihre Pflicht verletzt haben, nicht mit dem Vorwurf des Mangels an Ehrfurcht (*impietas*) und der Undankbarkeit gebrandmarkt werden könne, weil er nur sein Recht verfolge und damit niemandem, auch nicht den Eltern Unrecht tun könne. Allerdings dürfe er die Hilfe des Gesetzes nicht leichtfertig, sondern nur aus gewichtigen Gründen in Anspruch nehmen und müsse dem Vater gegenüber ohne alle Schärfe mit gemäßigten Worten auftreten.[269] Es wäre verfehlt, aus diesen Äußerungen von STRYK zu schließen, er habe grundsätzlich nichts gegen Rechtsstreitigkeiten zwischen Eltern/Vater und Kindern einzuwenden. Denn bei ihm findet sich auch folgende Meinung[270]: "*Hinc controversiae inter parentes et liberos non facile admittendae, quin et liberis, ut cum parentibus transigant, a judice injungi potest.*"

Die Haltung des *Usus modernus* war also, Rechtsstreitigkeiten zwischen dem Hausvater und Hauskindern, wie überhaupt die von Verwandten und Hausangehö-

---

[267] Stryk/John, De conscientia partium in judicio, cap. 1, nu. 42ff.
[268] Dazu siehe S. 145f.
[269] Stryk/John, De conscientia partium in judicio, cap. 1, nu. 45.
[270] Stryk/Rudiger, De rejectione ab actis, cap. 1 nu. 34.

rigen, insbesondere die vor der ordentlichen Gerichtsbarkeit, möglichst zu vermeiden und wenn sie unumgänglich waren, möglichst schnell und nicht streitig zu Ende zu bringen.[271] So haben auch einige Statuten die Pflicht zu einem Vergleich von Rechtsstreitigkeiten unter Verwandten festgelegt.[272]

Mangels Statistiken kann nicht beurteilt werden, ob Rechtsstreitigkeiten zwischen Eltern und Kindern in der Praxis des *Usus modernus* häufig vorkamen. Als Anhalt mag nur die Äußerung von STRYK dienen, daß häufig solche unerbittlichen Rechtshändel vorkamen.[273] Er unterschied dabei allerdings nicht zwischen Hauskindern und emanzipierten Kindern.

2. Prozessuale Besonderheiten

Im folgenden sei noch kurz auf einige prozessuale Besonderheiten hingewiesen: War das Kind, das gegen den Vater klagen wollte, noch nicht volljährig, so mußte ihm ein *Curator* bestellt werden.[274] Das *beneficium competentiae* wurde den Ascendenten gegenüber ihren Descendenten zugesprochen[275], umgekehrt war dies zweifelhaft.[276] Streitig war im *Usus modernus* auch, ob die Kinder zur Ladung der Eltern vor Gericht der *venia Judicis* bedurften.[277] Ebenfalls große Rechtsunsicherheit herrschte darüber, ob den Kinder das Rechtsmittel der *restitutio in integrum*

---

[271] Brunsich, De unitate personae, § 47: "*In que si subsistamus recte iam se habet praxis hodierna, lites inter patrem et filium familias obvias summario processu plerumque dirimens.*".

[272] Brunnemann, in Codicem, C. 8, 46 [47], 4, nu. 5; siehe auch Hildebrand/Brötzsch, De obligatione, cap. 5 th. 1: "*Sed Magistratum et Judicem ex Officio hujuscemodi lites et altercationes inter Patrem Filium quovis modo ac quavis via cohibere et sopire debere, non tantum publica honestas, ejusve, qua pollet religio, imo decentia Christiana ac Praxis omnium bene instructorum judiciorum expostulat praecipitve. Quamvis enim jura in omnibus fere litibus amicabilem compositionem tentandam esse moneant* [...]".

[273] Stryk/Felov, De differentiis juris civilis et canonici, Decas 8, nu. 9: "*De consuetudine hujus aetatis depravata, saepe videmus hodie liberos parentes suos sine ulla reverentia, honore et venia, in jus vocare, et contra parentes cum propriis filiis inexorabiles lites exercere.*"; Hofacker, Principia, § 589: "[...] *quod vero [...] praeterea lege civili rom. statuitur, inter patrem et filium actionem non esse, usu fori non obtinere, quotidiana experientia testatur.*".

[274] Siehe nur Hildebrand/Brötzsch, De obligatione, cap. 5 th. 1.

[275] Brunnemann, in Pandectas, D. 37, 15, 5, nu. 3; Stryk, Usus modernus, D. 37, 15, § 6; Hildebrand/Brötzsch, De obligatione, cap. 5 th. 3; Hofacker, Principia, § 555; Stryk/Rehfeldt, De iure reverentiali eiusque effectibus specialibus, membrum 2, nu. 6ff.

[276] Dafür: Höpfner, Commentar, § 1138, S. 1107; Wernher, Tomus 1, pars 7, obs. 85 (Cap. II Thes. II § 6); Hofacker, Principia, § 555. - A. A. Hildebrand/Brötzsch, De obligatione, cap. 5 th. 3.

[277] Struve, Jurisprudenz, D. 1, 5, § 4: "[...] wiewohl dieses heut zu Tage so genau nicht in Acht genommen wird."; Brunnemann, in Codicem, C. 1, 2 l. *qui in potestate*, nu. 5; ders., in Pandectas, D. 2, 4, 4; Hofacker, Principia, § 554; Hommel/Bostel, De usu hodierno, § 65; Rangern/Sellius, De obsequiis, § 3. - A. A. Stryk, Usus modernus, D. 2, 4, § 2; ders., Usus modernus, D. 37, 15, § 7; Stryk/Rehfeldt, De iure reverentiali eiusque effectibus specialibus, membrum 3, nu. 25ff.; Carpzow, Jurisprudentia forensis, p. 1 const. II def. 26, S. 25f; Höltich/Schammelius, Judicium, § 37; Hildebrand/Brötzsch, De obligatione, cap. 5 th. 2; Clasen/Siebenhaar, De patria potestate, § 43. - Zasius, in ff. vetus ad D. 2, 4, 2, § *Praetor ait, parentem* und § *Praetor ait.*

gegen die Eltern zustand[278]. Der Gefährdeeid konnte von den Eltern verlangt werden.[279] Eine ehrenrührige Klage der Kinder gegen die Eltern war nicht möglich.[280] Hierfür seien zwei Beispiele aus der Praxis, bei denen nicht der Gewalt des Vaters unterworfene Kinder mit ihren Eltern prozessierten, angeführt: Beispiel für einen Prozeß des Vaters gegen seine Tochter und den Schwiegersohn[281]: "Woraus offenbar erhellet, dass nicht allein die Pietaet und Reverentz bey diesen beyden klagenden Personen gantz erloschen, besondern auch, dass dieselbe Natür-, Gött- und Weltlichen Rechte so vielfaeltig handeln, und das vierdte Geboth, welches will, dass man die Eltern ehren und lieben solle, wenn sie gleich noch so wunderlich seyn, gantz aus den Augen setzen: Heisset das aber Eltern lieben und ehren, wenn man dieselbe einer Gottlosigkeit, Bossheit, Frevel, Gewissenlosigkeit, und was dergleichen abscheuliche Laster mehr sind, beschuldiget?"

Das andere Beispiel betrifft einen Rechtsstreit der Tochter und ihres Mannes gegen die Mutter und den Stiefvater[282]: "Weilen eine grosse impietaet und delictum, ad publicam impietatem pertinens, ist, wenn Kinder ihre Eltern in oeffentlichen Gerichten injuriren, dahero die Obrigkeit, zu Verhütung boeser Nachfolge, Ampts und Gewissens halber, nicht unterlassen kan, auch vermoege Goett- und Weltlicher Rechte, verbunden ist, dergleichen abscheuliche injurien der Kinder wider ihre Eltern zu bestraffen. [...] Aus welchen sattsam erhellet, dass solche [Kinder] mit einer harten Straffe anuzsehen seyn, damit andere an dero Exempel sich spiegeln, und ihre Eltern nach goett- und weltlichen Rechten besser zu ehren lernen moegen; auch deswegen in 5000. Rthal. Straffe, nebst Erstattung der muthwillig verursachten Unkosten, zu verdammen seyn.".

3. Kapitel Zusammenfassung

Für die Jurisprudenz des *Usus modernus* hatte sich zunächst die Frage der Rezeption der *patria potestas* des römischen Rechts gestellt. Nach der Widerlegung der

---

[278] Siehe Wernher, Pars 6, Obs. 257; Struve, Jurisprudenz, 3, 24, § 9; Brunnemann, in Codicem, C. 2, 42, 2 l. *cum apud*, nu. 1; Leyser, Meditationes, spec. 415, med. 4; Stryk, Usus modernus, D. 4, 4, § 12; Glück, Pandekten, §§ 137, 138, S. 263; Schilter, Praxis, exercitatio 11, § 23.

[279] Struve, Jurisprudenz, D. 1, 5, § 4; ders., Jurisprudenz, 4, 18 § 1: ist in den sächsischen Landen sowieso nicht in Gebrauch; Brunnemann, in Pandectas, D. 37, 15, 5, nu. 4; Stryk, Usus modernus, D. 37, 15, § 4; Glück, Pandekten, §§ 137, 138, S. 263.

[280] Struve, Jurisprudenz, 1, 5, § 4 und 3, 24, § 3: keine *actio in dolo*: "Sondern statt derselben die actio in factum muß angestellet/ und des Betrugs gar nicht gedacht werden."; Brunnemann, in Pandectas, D. 37, 15, 5, nu. 1, D. 47, 2, 52 l. *si quis uxori* § 2, § 5, § 6 nu. 1, D. 47, 10, 7: "*Sed filiifamilias in potestate existentes, nec ob atroces injurias agere possunt.*"; Stryk, Usus modernus, D. 37, 15, § 3; Leyser, Meditationes, spec. 415, med. 4; Hildebrand/Brötzsch, De obligatione, cap. 5 th. 3; Hofacker, Principia, § 554; Hommel/Bostel, De usu hodierno, § 66; Rangern/Sellius, De obsequiis, § 4 mit Auflistung der Klagen und Rechtsbehelfe; Stryk/Rehfeldt, De jure reverentiali eiusque effectibus specialibus, membrum 4, nu. 25ff.: *actio in factum*.

[281] Stryk/Rehfeldt, De jure reverentiali eiusque effectibus specialibus, membrum 4, nu. 27.

[282] Stryk/Rehfeldt, De jure reverentiali eiusque effectibvus specialibus, membrum 4, nu. 34.

Lotharischen Legende war davon nicht mehr als selbstverständlich auszugehen. Die Rezeption der *patria potestas* wurde grundsätzlich - abgesehen von einigen Autoren wie THOMASIUS, der ein großer Kritiker des römischen Rechts war - bejaht. Allerdings erkannten auch die Befürworter der Rezeption, daß einige Regeln der römischen *patria potestas* wie z.B. die über das *peculium profectitium* nicht mehr gebräuchlich waren. Die kritische Auseinandersetzung mit dem römischen Recht führte auch dazu, daß die deutschrechtlichen Institute mehr in den Vordergrund rückten. Sie gingen als anerkanntes Gewohnheitsrecht dem nur subsidiär geltenden römischen Recht vor.
Einer der wichtigsten Unterschiede der *patria potestas* in der Gestalt des *Usus modernus* gegenüber der römischen war, daß sie nicht mehr so lange dauerte, wie der Hausvater lebte. Der deutschrechtliche Beendigungsgrund der *emancipatio Saxonica* - Beendigung der väterlichen Gewalt durch die Einrichtung eines eigenen Haushaltes - war allgemein anerkannt.
In den Lehrbüchern des gemeinen Privatrechts wurden jetzt auch Fragen behandelt, für die das römische Recht keine Regelungen getroffen hatte, die aber zur Zeit des *Usus modernus* von praktischer Bedeutung waren. Zu nennen sind hier die Frage der Erbringung von Dienstleistungen im Haus und Gewerbe der Eltern durch die Kinder und die, ob sie für ihre Dienste einen Lohn beanspruchen konnten. Desweiteren spielten die Verträge zwischen den Eltern, meist dem Vater, und den Kindern anläßlich deren wirtschaftlicher Verselbständigung, die oft eine vermögensrechtliche Auseinandersetzung enthielten, in der Praxis eine große Rolle. Erinnert sei vor allem an die Hofübergabeverträge. Die Anwendung der "römischen" Fiktion der Personeneinheit zwischen Vater und Kindern führte zur Nichtigkeit dieser Verträge; gerade in diesem Bereich zeigt sich, daß mit der Anwendung der Fiktion sinnvolle Regelungen verhindert wurden und der Grundsatz der Unmöglichkeit von klagbaren Verbindlichkeiten der inneren Berechtigung entbehrte.
Was das Kindesvermögensrecht betrifft, so ging man grundsätzlich auch von dessen Rezeption aus. Die Regeln über die *bona adventitia* unterschieden sich nicht allzu sehr von denen des deutschen Rechts über die Gewere zu rechter Vormundschaft des Vaters am Kindesvermögen. Zu beachten ist aber, daß auch die deutschrechtlichen Vorschriften des Ehegüterrechts, wie die über die fortgesetzte Gütergemeinschaft, im Kindesvermögensrecht zum Tragen kommen konnten.

Zu erwähnen bleibt noch, daß sich gegen Ende der Epoche des *Usus modernus* die ersten Ansätze für eine Berücksichtigung des Willens des Kindes bei der Wahl seines künftigen Berufes zeigten.

6. Abschnitt Die Kodifikationen der Aufklärungszeit

Die Kodifikationsbewegung im Zuge des Bündnisses des Naturrechts mit der Aufklärung basierte auf zwei Faktoren.[1] Zum einen ermöglichte die systematische und dogmatische Durchdringung des gesamten Rechtsstoffes durch das Naturrecht und den *Usus modernus* die Anlage von Gesetzbüchern, die mindestens einen Teilbereich einer Rechtsordnung annähernd vollständig regeln wollten. Zum anderen konnten die Staaten des aufgeklärten Absolutismus durch eine Kodifikation, in der der Inhalt des Rechts allein durch die Vernunft und nicht durch die Tradition bestimmt wurde, ihr Programm, das Wohl ihrer Untertanen zu befördern, erreichen. Denn die unübersichtlichen Textmassen des überlieferten Rechts hatten zu Rechtsunsicherheit und Rechtsunklarheit und damit zu einer Unberechenbarkeit der Rechtsordnung geführt, die zudem durch eine lange Prozeßdauer und eine hohe Kostenlast noch verschlimmert wurde. Aufgrund der der Aufklärung eigenen Überzeugung, daß ein vernunftgemäßes Handeln schon allein eine bessere Gesellschaft schaffen werde, gab das Vernunftrecht die Hoffnung, "ein für allemal die Kriterien eines inhaltlich richtigen Rechts aufzufinden."[2]

1. Kapitel Der *Codex Maximilianeus Bavaricus Civilis* (CMBC)

Der **Codex Maximilianeus Bavaricus Civilis** von 1765 ist zwar das älteste deutsche umfassende Gesetzbuch, kann aber nur als Vorläufer der großen Naturrechtskodifikationen bezeichnet werden.[3] Wie die Reformationen und Landrechte der Rezeptionszeit spricht es sich gegenüber den Statuten nur subsidiäre Geltung zu.[4] Auch inhaltlich bringt der *Codex* nichts Neues, er fußte genau wie sein Vorgänger, das Bayerische Landrecht von 1616, auf dem gemeinen Recht.[5] Er begnügte sich damit, Streitfragen des *Usus modernus* zu entscheiden.[6] Bei der Einteilung der Rechte und Pflichten der Eltern und Kinder wurde zwischen solchen, die auf der Zugehörigkeit und Stellung der Betroffenen in der Familie

---

[1] Wieacker, PrGN, S. 322ff.; Gmür, Grundriß, S. 85; Kroeschell, DRG 3, S. 70f.; Schlosser, Grundzüge, § 3 I.; Wesenberg/Wesener, NDPrG, S. 156ff.

[2] Wieacker, PrGN, S. 323.

[3] Wesenberg/Wesener, NDPrG, S. 159; Wieacker, PrGN, S. 326f. - Zum CMBC Kobler, "Bayerische Kodifikationen des Naturrechtszeitalters", HRG 1, Sp.337ff.; Gagnér, Die Wissenschaft des gemeinen Rechts und der Codex Maximilianeus Bavaricus Civilis, in: Wissenschaft und Kodifikation des Privatrechts im 19. Jahrhundert, S. 1ff.

[4] Wieacker, PrGN, S. 326.

[5] Wieacker, PrGN, S. 327.

[6] Das deutsche Recht scheint für KREITTMAYR (Anmerkungen, 1. Theil 5. Kapitel, § 1, S. 174) keine brauchbare Grundlage für die Regelung des Eltern-Kind-Verhältnisses gewesen zu sein, da Verwirrung in "*hac materia*" herrsche!

beruhten, und solchen, die auf dem engeren Verhältnis zwischen Eltern/Vater und Kind fußten, unterschieden. Die Rechte und Pflichten als Mitglied einer Familie sind im Ersten Theil Viertes Kapitel "Von dem Haus = oder Familienstand" geregelt, während die Bestimmungen über die väterliche Gewalt im Fünften Kapitel "Von väterlicher Gewalt (Patria potestate)" niedergelegt sind. Den Regelungen liegt die *patria potestas* des römischen Rechts zugrunde.[7] Die Auffassung, daß zu seiner Zeit die *patria potestas* nicht mehr existierte, lehnte KREITTMAYR ab.[8]

In seinen Anmerkungen unterschied KREITTMAYR zwischen einer väterlichen Gewalt nach natürlichem Recht und einer solchen nach bürgerlichem Recht.[9] Während zu der ersten Gruppe vor allem die Pflicht der Eltern zur Erziehung der Kinder und die Pflicht der Kinder zu Gehorsam und Mitarbeit zählten, bezogen sich die Rechte aufgrund der väterlichen Gewalt hauptsächlich auf das Vermögen der Kinder, die Erbfolge, und die Erforderlichkeit des Heiratskonsenses.
Die Regelungen im 4. Kapitel 1. Theil, § 3, also des Kapitels über den Haus = und Familienstand sind demnach als Konsequenzen der *patria potestas naturalis* anzusehen.[10] Die *potestas patria naturalis* wurde mittels der Zeugung erlangt[11], die zivile durch Ehe, Legitimation und Adoption. Ein Unterschied zwischen der *patria potestas naturalis* und der *patria potestas civilis* bestand hinsichtlich der Dauer der väterlichen Gewalt; die Wirkungen der *patria potestas civilis* endeten mit der Auflösung derselben, die *patria potestas naturalis* und ihre Wirkungen sollten dadurch nicht berührt sein[12]: die gegenseitige Unterhaltspflicht blieb bestehen, das Kind war dem Vater zur lebenslänglichen Dankbarkeit und Ehrerbietung verpflichtet.[13] Trafen nun die *patria potestas civilis* und *naturalis* in einer Person zusammen, wie es in der Regel geschah, so wurde die *patria potestas*

---

[7] Wegen des deutschen Mundiums verwies KREITTMAYR, Anmerkungen, 1. Theil 5. Kapitel, § 1, S. 174 auf die Darstellung von RENZ: "Die differente principia der alten Deutschen circa potestatem patriam, oder wie sie es nannten, Mundium paternum, samt den sichtigen Überbleibseln davon und der daraus entstandenen Miscellanz und Verwirrung in hac materia werden wir zwar in seq. specialiter bemerken, indessen siehe Renz in Dissert. de mixtura Juris Romani at Germanici in materia potestatis patriae conspicua.".

[8] Anmerkungen, 1. Theil 5. Kapitel, § 1, S. 174.

[9] Anmerkungen, 1. Theil 5. Kpitel, § 2, S. 175.

[10] Anmerkungen, 1. Theil 5. Kapitel, § 2 1.2, S. 175.

[11] Kreittmayr, Anmerkungen, 1. Theil 5. Kapitel, § 1, S. 174, vgl. auch 1. Theil 4. Kapitel, § 3, S. 142: "Der Grund, worauf sowohl die Elter= als Kindliche Pflichten und Rechten in ihrem ersten Ursprung beruhen, ist unter den Gelehrten noch nicht ausgemacht. Einige suchen ihn in der Generation und dem Commodo Concubitus, andere in der Bedürftigkeit der Kinder [...]. So weit kommen alle übereins, daß diese Jura und Obligationes aus dem Recht der Natur fliessen.".

[12] Kreittmayr, Anmerkungen, 1. Theil 5. Kapitel, § 7, 6.7, S. 193.

[13] Kreittmayr, Anmerkungen, 1. Theil 5. Kapitel, § 7, 6.7, S. 193.

gestärkt; im Konkurrenzfall sollte die *patria potestas civilis* der naturalen vorgehen.[14]

I. Rechte und Pflichten zwischen Eltern und Kindern aufgrund des Haus- oder Familienstandes (1. Teil 4. Kapitel)

Im Gegensatz zu anderen Gesetzbüchern gab der **CMBC** in § 1 eine Definition der Familie: "Die Familie ist eine Versammlung der unter einem gemeinschaftlichen Hausvatter beysammen lebenden Personen, bedeutet aber auch öfters eine Verwandschaft, und begreift mithin nicht nur Eheleute, Kinder und Eltern, sondern auch Dienstboten, Anverwandte und Verschwägerte in sich.". Nach § 2 des 1.Theil 4. Kapitel stand der Hausvater oder die Hausmutter der Familie vor: "Derjenige, welcher der Familie vorsteht, wird der Hausvater (Paterfamilias) oder wenn es eine Weibs-Person ist, die Haus=Mutter (Materfamilias) genannt. So wohl eins als das andere, vorzüglich aber Jener, hat den bey ihm lebenden Haus=Genossen (Domesticis) in Haus=Sachen zu gebieten, wo hingegen diesen theils besondere, theils der Haus=Genossenschaft überhaupt anklebende gemeine Rechten und Pflichten zukommen." Dem Familienoberhaupt stand die Befehlsgewalt über alle Angelegenheiten des Hauses zu.[15] In den Anmerkungen zu § 2 führte KREITTMAYR näher aus, welche Rechte dem Familienoberhaupt zukamen[16]. Weil der Zweck der Familie, "welcher in gemeiner Haus=Wohlfahrt und Ruhe bestehet" von allen Mitgliedern der Familie erstrebt werden sollte und dies nicht ohne gewisse Anordnung und Subordination geschehen konnte, so wurde "dem Haus=Vatter eine gewisse Gattung von Bothmäßigkeit über seine Hausgenossen bey gelegt, welche man Jurisdictionem domesticam oder das Haus=Guberno zu nennen pflegt". Kraft dieses "Haus=Guberno" hatte der Hausvater den Mitgliedern in den die Familie betreffenden Angelegenheiten zu gebieten und die Hausgenossen nötigensfalls "mit mäßiger Züchtigung zu bestrafen, die Flüchtige aller Orten zu vindiciren, die boshafte Verführer actione utili de servo corrupto um Satisfaction und Indemnisation zu belangen, in summa alles zu verfügen, was der Haus=Fried nebst der guten Disciplin und Ordnung erfordert." Dies seien die Befugnisse des Familienoberhaupts bei einer Familie im *status civilis.*[17] Bei diesen Ausführungen bezieht sich KREITTMAYR ausdrücklich auf CHRISTIAN WOLFF.

[14] Kreittmayr, Anmerkungen, 1. Theil, 5. Kapitel, § 2, 1.2, S. 175.

[15] Vgl. auch Kreittmayr, Anmerkungen, 1. Theil 4. Kapitel, § 2, S. 141: "Zwischen dem Haus=Vatter und der Haus=Mutter ist zwar obverstandene Direction und Obsorg im Hauswesen gemeinschaftlich [...] und hat dahero auch eins das andere in seiner Authorität vielmehr zu unterstützen, als zu unterdrucken, oder zu verkleineren.[...] In collisione aber weicht die Haus=Mutter dem Haus=Vatter hierinn allzeit aus, theils weil sie ihm selbst einiger massen untergeben ist, theils weil er des reifferen Verstands halber mehr Praesumption für sich hat.".

[16] Kreittmayr, Anmerkungen, zu § 2 1. Theil, 4. Kapitel, S. 141.

[17] Unterscheidung der Familien danach, ob sie in *statu naturali* oder in *statu civili* leben: Kreittmayr, Anmerkungen, 1. Theil 4. Kapitel, § 2, S. 141: Im Naturzustande sind die Familien mit kleinen Republiken zu vergleichen, der Vater ist wie ein König in seinem Haus; siehe auch ders., Anmerkungen,

Um die Erziehung[18] der Kinder zu sichern, wurde den Eltern ein Recht zur mäßigen Züchtigung in § 3 4.Kapitel 1.Theil eingeräumt:
"Die Eltern sollen 1mo ihre Kinder christlich und ehrlich zum Dienst Gottes und des gemeinen Wesens erziehen, mögen sie auch hierunter nöthigen Zwangs und allenfallsiger Züchtigung mit Vernunft und Mäßigkeit gegen sie gebrauchen.". Dieses folge sowohl aus dem *ius naturale* als auch aus dem *ius commune*.[19] Weitergehende Rechte am Körper des Kindes, wie z.B. das *ius vitae necisque*, das Recht zum Verkauf oder zur Verpfändung, sollten den Eltern nicht zustehen.[20] Solche Rechte verstießen gegen das Recht der Natur und waren nach Auffassung KREITTMAYRS von den Römern "aus blossem Irrthum" eingeführt worden.[21] "Es waren nemlich die Römer in ihren dißfällig-juridischen Principiis nicht recht fest, sondern confundirten die vätterliche schlechterdings mit der Haus-vätterlichen Gewalt, und zwar so, wie sich die letztere in Statu naturali et independenti befindet, nach welchem man sich jedem Haus-Vatter, wie einem Regulum in sua domo vorstellt."
Die Kinder waren den Eltern gegenüber zu gebührendem Gehorsam, Ehrfurcht und Dankbarkeit verpflichtet.[22]
Die Pflicht der Kinder zur Erbringung von Dienstleistungen in Haus und Wirtschaft der Eltern war in § 3 1. Theil 4.Kapitel geregelt: "[...] Dahingegen sind die Kinder 2do ihren Eltern [...] so lang sie den Unterhalt von ihnen genießen, zur gewöhnlich und anständiger Dienstleistung verbunden, ohne daß sie derwegen eine besondere Belohnung zu fordern hätten, ausgenommen, wenn ihnen für ihre Mühe, Dienst und Arbeit ausdrücklich etwas bedungen worden." Dies war nach KREITTMAYR nicht nur der Standpunkt der Rechtsgelehrten, sondern auch des Rechts der Natur und der zehn Gebote.[23] Welche Dienste gewöhnlich und anständig waren, sollte sich nach der "Observanz" eines jeden Ortes oder der "richterlichen Ermäßigung" bestimmen.

Der Familienstand veränderte sich bei Kindern durch das Ausscheiden aus der Hausgemeinschaft: § 8: "[Die Kinder verändern ihren Stand] wenn sie, 4to nicht

---

1. Theil 5. Kapitel, § 2 3., S. 175.

[18] Kreittmayr, Anmerkungen, 1. Theil 4. Kapitel, § 3 1., S. 142 verweist u.a. auf die Institutionen und das *Jus naturae* von CHRISTIAN WOLFF (§§ 889, 890, 893).

[19] Kreittmayr, Anmerkungen, 1. Theil. 4. Kapitel, § 3, 1, S. 142.

[20] 1. Theil 5. Kapitel, § 2, S. 175: "So viel 3tio das alte sogenannte Dominium Quiritarium belangt, Kraft dessen die Kinder dem Vater sowohl ihrer Güter, als Person halber, wie Knechte und Leibeigene, unterworfen waren, [...] und im Nothfalle gar verkauft, hingelegt, oder um verübter Missethaten halber getödtet werden konnten, ist solches alles nicht mehr in Uebung.".

[21] Kreittmayr, Anmerkungen, 1. Theil 5. Kapitel, § 2 3., S. 175.

[22] § 3 2do. Viertes Kapitel CMBC.

[23] Kreittmayr, Anmerkungen, 1. Theil, 4. Kapitel, § 3 2 u.3, bezieht sich auf WOLFF §§ 887, 889, 894 m. w. N.

mehr in der Eltern Pflege und Unterhalt stehen, sondern sich von ihnen absondern, woran man selbe auch nach erlangtem 25. Jahr ohne sondere erhebliche Ursache nicht abhalten soll."
Zu erwähnen sind noch der Anspruch der Eltern gegen Dritte auf Herausgabe des Kindes (§ 3 1mo). In § 9 wurden die Statusklagen behandelt.

II. Die väterliche Gewalt (1. Theil 5. Kapitel)
"Die väterliche Gewalt ist eine Herrschaft, welche der Vater über seine Kinder den Rechten gemäß auszuüben hat", so bestimmte es § 1 des 1. Theil 5. Kapitel **CMBC**. Sie konnte nicht nur dem Vater des Kindes, sondern auch dem Großvater oder Urgroßvater zustehen. Dem Vater allein und nicht auch der Mutter wurden wie im Römischen Recht und im Gegensatz zur naturrechtlichen Anschauung die Rechte der väterlichen Gewalt zugesprochen; § 1 S.2 1.Theil 5. Kapitel: "Sie [scil. die väterliche Gewalt] gebührt nur dem Vater allein.[24]
Eine allgemeine Befugnis zur Vertretung der Kinder dürfte die väterliche Gewalt nicht gewährt haben, obwohl sich in § 13 4. Theil 1. Kapitel folgende Regelung findet: "1mo kann für alle jene, welche man von väterlicher Gewalt, Curatel, Anwaltschaft und sonst von Rechts wegen zu vertreten hat, stipulirt werden. Für andere Dritte hingegen gehet solches 2do nur so weit an, als ihnen dieses nützlich seyn mag, und nach der Hand ratificirt oder angenommen wird.".
Die *patria potestas (civilis)* beruhte entweder auf der Ehe, der Legitimation oder der Adoption.[25]

1. Die Dauer der väterlichen Gewalt[26]
In § 7 des 1. Theil 5. Kapitel waren die Gründe für die Beendigung der väterlichen Gewalt festgelegt. Es lassen sich zwei Gruppen unterscheiden. Zur ersten gehörte die Beendigung der väterlichen Gewalt aufgrund des Todes des Vaters oder des Kindes ("natürlich oder bürgerlich") und zur zweiten die Beendigung aufgrund der Emanzipation. Bei der Emanzipation lassen sich wiederum zwei Gruppen unterscheiden, nämlich die Fälle der ausdrücklichen und der stillschweigenden Entlassung aus der väterlichen Gewalt. Die Emanzipation erfolgte bei nicht siegelmäßigen Personen durch eine Deklamation vor der ordentlichen Obrigkeit, bei siegelmäßigen Personen[27] durch eine schriftliche Erklärung (§ 7 I S.3).[28]

---

[24] Vgl. auch Kreittmayr, Anmerkungen, 1. Theil 5. Kapitel, § 1, S. 174: Selbst nach dem Tode des Vaters stand der Mutter die väterliche Gewalt nicht zu, "weil die Frauen de Jure civili nicht capaces potestatis patriae sind.".

[25] Kreittmayr, Anmerkungen, 1. Theil 5. Kapitel, § 1, S. 174.

[26] Die *patria potestas naturalis* sollte ja lebenslänglich bestehen: Kreittmayr, Anmerkungen, 1. Theil 5. Kapitel, § 7 6.7, S. 193.

[27] Zu den siegelmäßigen Personen Graf, Die Siegelmäßigkeit in Bayern, ein rechtsgeschichtlicher Versuch, Oberbayerisches Archiv für vaterländische Geschichte, Band 3 (1841). - Die Unterscheidung zwischen siegelmäßigen und nichtsiegelmäßigen Personen findet sich schon im Bayerischen Landrecht

Zur stillschweigenden Emanzipation gehörte als wichtigster Fall die Begründung eines eigenen Hausstandes, § 7 4to 1.Teil 5 Kapitel.[29] Insofern nahm der **CMBC** den deutschrechtlichen Beendigungsgrund der *separata oeconomia* auf: "[...] 4to, wenn die Kinder sich von väterlicher Haushaltung so weit absondern, daß sie dem Vater nicht mehr auf dem Brode oder Unterhalte stehen, woran sie auch nach erlangtem 25sten Jahre von den Eltern ohne besonders erhebliche und allenfalls von der Obrigkeit zu ermessende Ursache nicht abgehalten werden sollen.". Als Begründung für diesen Beendigungsgrund führte KREITTMAYR[30] an, daß diese Regelung "im Grund selbst aber der Vernunft gemäß ist. Denn sobald die Kinder an Verstand so reif seynd, daß sie sich selbst leiten mögen, sobald fallt Jure naturae potestas patria weg, weil die nöthige Auferziehung oder der Zweck derselben cessirt.".
Der **CMBC** wollte mit dieser Regelung im Meinungsstreit der Juristen des *Usus modernus*, wann denn nun eine *separata oeconomia* anzunehmen war, Stellung nehmen, obwohl mit dieser Regelung auch nicht alle Streitfragen geklärt gewesen sein dürften.[31]

Nach § 7 1. Theil 5. Kapitel endete die väterliche Gewalt ferner bei schwerem Mißbrauch durch den Vater: "Die väterliche Gewalt hört auf [...] 2do durch schweren Mißbrauch der väterlichen Gewalt, z.E. durch Grausamkeit, Exposition und Hinlegung der Kinder, item durch derselben Verkuppelung oder Verführung und dergleichen.".
In § 7 1. Theil 5. Kapitel wurde unter 5to klargestellt, daß die Bekleidung von Würdenämtern allein nicht von der väterlichen Gewalt befreite.

2. Die Wirkungen der väterlichen Gewalt auf die Person des Kindes
Eine der wenigen Auswirkungen der *patria potestas* auf die Person des Kindes war das Erfordernis der Zustimmung der Eltern zur Eheschließung der Kinder. Die Zustimmung der Eltern war erforderlich unter den Voraussetzungen, "daß die Kinder noch unter väterlicher Gewalt, oder in der Eltern Pfleg-Unterhalt stehen, annebens der Sohn das 30ste, die Tochter aber das 25ste Jahre noch nicht erfüllet habe, und endlich auch denselbigen unter solchen Jahren von ihren Eltern bereits

---

von 1616: Tit. 3 Art. 3.

[28] Zu den Einzelheiten der Emanzipation vgl. Kreittmayr, Anmerkungen, 1. Theil 5. Kapitel, § 7 I 5. 2.3, S. 189.

[29] Kreittmayr, Anmerkungen, § 7 I 5, S. 190. - Zu den anderen Fällen der stillschweigenden Emanzipation siehe Kreittmayr, Anmerkungen, § 7 I 5, S. 102 f., zur *emancipatio ad unum actum*: "Die Entlassung, welche ex contractu Patris cum Liberis eruirt werden will, könnte allenfalls nur ad illum actum gehen, und fundirt sich lediglich auf dem abgeschafften Principio, quod Filius et Pater sint una Persona.".

[30] Anmerkungen, § 7 4. I 5., S. 191.

[31] Kreittmayr, Anmerkungen, § 7 4. I 5., S. 191. - Zum Meinungsstreit im *Usus modernus* siehe S. 272 ff.

eine andere anständige Heirath angetragen, oder wenigstens kein Hinderniß daran in Weg gelegt worden sey." (§ 4 1.Theil 6.Kapitel). Ohne Einwilligung der Eltern geschlossene Verlöbnisse und Ehen waren zwar gültig, die Kinder mußten aber vermögensrechtliche Nachteile in Kauf nehmen: "Ehe-Verlöbnisse und Verehelichungen, welche mit Umgehung der Eltern, Vormünder und Obrigkeit geschehen, sind zwar 1mo an sich nicht ungültig, laufen aber gleichwohl gegen die Ehrbarkeit."[32]

3. Die Wirkungen der väterlichen Gewalt auf das Vermögen des Kindes
Während sich die natürliche väterliche Gewalt vornehmlich auf die Person des Kindes auswirkte, äußerten sich die Wirkungen der "civilen" väterlichen Gewalt hauptsächlich in bezug auf das Vermögen der Kinder.[33]
In Übereinstimmung mit der Auffassung des *Usus modernus* und des Naturrechts ging der **CMBC** von der Vermögensfähigkeit des Kindes aus, § 2 1. Theil 5. Capitel:
"So viel 3tio das alte sogenannte Dominium Quiritarium belangt, Kraft dessen die Kinder dem Vater sowohl ihrer Güter, als Person halber wie Knecht und Leibeigne unterworfen waren, mithin für sich weder etwas thun, noch erlangen [...] konnten, ist solches alles nicht mehr in Uebung."

Wie sein Vorgänger, das Bayerische Landrecht von 1616, hielt der **CMBC** allerdings an der Einteilung des Kindesvermögens in Pekulien fest.[34]
Das *Peculium Liberorum* war der Begriff für das Kindesvermögen schlechthin, § 3 1.Theil 5. Kapitel: "Das Vermögen eines unter väterlicher Gewalt stehenden Kindes heißt Peculium."[35] KREITTMAYR wandte sich in den Anmerkungen gegen die Auffassung, daß neben den Pekulien "der Weiber und Leibeigenen" auch das der Haussöhne zu seiner Zeit außer Übung gekommen sei.[36] Die *peculia* seien zwar nicht mehr so stark in Gebrauch wie zu Zeiten der Römer, aber für außer Übung könne man sie nicht halten.[37]
Als *peculium profectitium* (§ 3 1. Theil 5.Kapitel) wurde das Vermögen bezeichnet, "wenn solches von dem Vater selbst oder wenigst in Ansehung seiner von anderen herrührt."[38] Wie hergebracht, blieb der Vater Eigentümer der Vermögensgegenstände, dem Sohn gebührte die bloße Verwaltung, solange der

---

[32] § 4 1. Theil 6. Kapitel.
[33] § 2 1. Theil 5. Kapitel: "Die väterliche Gewalt äußert sich 1mo unter anderem noch meistentheils bey dem Vermögen der Kinder [...].".
[34] Daß die Regelung ganz auf dem Boden des *Usus modernus* stand, zeigt, daß KREITTMAYR vor allem folgende Autoren in den §§ 3 - 5 zitierte: TITIUS, LAUTERBACH, STRYK, HELLEFELD und LEYSER.
[35] Siehe auch § 2, 1.Theil 5. Kapitel: "[...] bey dem Vermögen der Kinder (Peculio Liberorum)[...].".
[36] Anmerkungen, 1. Theil 5. Kapitel, § 3 1., S. 177.
[37] Kreittmayr, Anmerkungen, 1. Theil 5. Kapitel, § 3 1., S. 177f.
[38] Vgl. dazu auch Kreittmayr, Anmerkungen, 1. Theil 5. Kapitel, § 3 I., S. 177.

Vater es wollte.[39] Die Haftung des Vaters aufgrund der *actio de peculio* blieb bestehen.[40] Das *peculium profectitium* sowie insbesondere die *actio de peculio* haben aber in der Praxis der damaligen Zeit, wie schon bei der Darstellung des *Usus modernus* erwähnt, so gut wie keine Rolle mehr gespielt; denn wenn der Vater dem Sohn etwas von seinem Vermögen zum Betreiben eines Geschäftes überlassen hatte, wie dies bei Kauf- und Handelsleuten üblich war, so war dies in den meisten Fällen mit der eigenen Haushaltsgründung durch den Sohn verbunden, die zur Aufhebung der väterlichen Gewalt führte.[41]
Bei beendeter väterlicher Gewalt wurde aus dem *peculium profectitium* das *patrimonium* des Sohnes, wenn der Vater es ihm nicht wegnahm.[42]

Das *peculium militare*, worunter das *peculium castrense vel quasi castrense* zu verstehen waren, wurde in § 4 1. Theil 5. Kapitel geregelt. Auch hier gab der **CMBC** der Rechtszustand des *Usus modernus* wieder.[43] § 4 lautete: "Peculium Castrense wird genannt, was die Kinder durch Kriegsdienste directe oder indirecte erwerben, quasi Castrense[44] aber, was ihnen durch Begleitung anderer Aemter oder durch Uebung freyer Künste oder Wissenschaften zugehet.". Nach KREITTMAYR konnten sogar "Weibs-Personen, soweit sie im Kriegswesen mit Nutzen zu gebrauchen seyend, ein pec. castr. erwerben.". Zum *peculium castrense* konnten auch Grundstücke gehören, die Früchte desselben oder das, was mit ihnen angeschafft worden war.[45] Das großjährige Hauskind wurde in bezug auf diese

---

[39] § 3 lautet weiter: "Es gebührt dem Kinde hierauf 1mo nichts, als die bloße Verwaltung, so lange es dem Vater gefällig ist, denn er bleibt nicht nur Inhaber und Nutznießer, sondern auch Eigenthümer davon, und wenn solches auf= oder abnimmt, so wachset ihm dieses auch zu oder ab. Um die von dem Kinde bona fide hierauf gemachten Schulden haftet zwar 2do der Vater den Creditoren, jedoch nur pro Quantitate Peculii und nicht länger als ein Jahr von der Zeit an, da die Verwaltung dem Kinde wiederum abgenommen worden. Nach Erlöschung der väterlichen Gewalt hört zwar auch 3tio das Peculium auf, wenn aber der Vater solches nicht zurücknimmt, so bleibt es dem Kinde sodann eigenthümlich, und unwiderruflich. 4to wird das Peculium im Zweifel allezeit mehr pro Profectitio gehalten, wenn man nicht weiß, wie und woher solches überkommen worden.". - Siehe zur Vermutung für das *peculium profectitium* auch Kreittmayr, Anmerkungen, 1. Theil 5. Kapitel, § 3 4., S. 179: "Dann das Profectitium ist das allererst= und älteste von den übrigen Gattungen, und wird mithin auch allzeit mehr als die neuere praesumirt.".

[40] Vgl. dazu auch Kreittmayr, Anmerkungen, 1. Theil 5. Kapitel, § 3 I., S. 179: diese *actio* komme damals nur selten vor: "Hieraus nun ziehet man wohl, daß sothane Action meisthentheils nur Kauf= und Handelsleut betreffe, welche ihre Kinder mit einem gewissen Theil ihres Vermögens marchandiren lassen. [...] Und da nun dieses heut zu Tag selten mehr geschiehet, ohne daß die Kinder ausdrücklich oder wenigst tacite per separatam oeconomiam der vätterlichen Gewalt entlassen werden, so kommt auch diese Action nicht leicht mehr auf das Tapet.".

[41] Siehe Kreittmayr, Anmerkungen, 1. Theil 5. Kapitel, § 3 2., S. 179.

[42] Kreittmayr, Anmerkungen, 1. Theil 5. Kapitel, § 3, S. 179.

[43] Dazu vgl. S. 284f.

[44] Dazu kurz Kreittmayr, Anmerkungen, 1. Theil 5. Kapitel, § 4, S. 180: Dieser Erwerb wurde gegenüber dem aus anderer Arbeit privilegiert.

[45] Kreittmayr, Anmerkungen, 1. Theil 5. Kapitel, § 4 1., S. 180.

Pekulien wie *sui iuris* behandelt. § 4: "Sowohl in dem einen als anderen werden sie den Haus-Vätern und Personis sui Juris durchgehens gleich geschätzt."
Nur wenn die Kinder minderjährig waren oder sonst einer Kuratel bedurften, stand dem Vater ein Recht an diesem Vermögen, nämlich das Recht zur Verwaltung, zu, § 4: "[...] und hat der Vater hierin gar nichts zu sagen, außer wenn die Kinder noch minderjährig oder curatelmäßig sind, welchenfalls ihm die Administration dieser Güter bis zu erlangter Majorennität gebührt.". Zu der Frage, ob der Vater die Verwaltung wie ein gewöhnlicher Vormund zu führen hatte, traf der **CMBC** keine Aussage.[46] Jedenfalls stand den Kindern das *beneficium restitutionis in integrum*, das im 1. Theil 7. Capitel, § 30 N.4 geregelt war, zu.[47] Wenn der Vater die Verwaltung nicht übernehmen wollte oder konnte, so wurde dem minderjährigen Kind in Ansehung dieser Güter ein *Curator specialis* bestellt.[48]

Das *peculium adventitium regulare* erhielt in § 5 1. Theil 5. Kapitel eine umfassende Regelung, was auch seiner Bedeutung in der damaligen Praxis entsprochen haben dürfte.
Aller Erwerb der Kinder, der nicht unter die anderen Pekulien einzuordnen war, wurde nach § 5 dem *peculium adventitium regulare* zugeordnet;[49] d. h. den Kindern stand zwar das Eigentum an diesen Gütern zu, dieses war aber mit dem Nießbrauch des Vaters belastet. Den Grund für das väterliche Nießbrauchsrecht sah KREITTMAYR für die Länder, die wie Bayern das römische Recht in diesem Punkt rezipiert haben, in der *patria potestas*: "der *usus-fructus* sei *pro mero effectu potestatis patriae civilis* zu halten"[50]. Deswegen könne er der Mutter auch nicht zustehen.[51]
Bezüglich der Dauer des väterlichen Nutznießungsrechtes, worüber im *Usus modernus* viele Zweifel bestanden[52], entschied der **CMBC** dahingehend, daß mit dem Ende der väterlichen Gewalt auch der Nießbrauch des Vaters sein Ende finde: § 5: "[...] welche jedoch 2do nach Erlöschung der väterlichen Gewalt auch wiederum aufhört.". Es gab also kein *praemium emancipationis* mehr.[53]
Eine Ausnahme wurde allerdings für die *bona materna* der sog. siegelmäßigen Personen gemacht. Siegelmäßige Personen hatten auch nach Aufhebung der väterlichen Gewalt die lebenslängliche Nutznießung am Gut, das ihren Kindern

---

[46] Auch KREITTMAYR führt in den Anmerkungen zu § 4 dazu nichts aus, außer daß die *restitutio in integrum* möglich sei.
[47] Kreittmayr, Anmerkungen, 1. Theil 5. Kapitel, § 4 1., S. 181.
[48] Siehe § 38 1. Theil 7. Kapitel.
[49] Was alles darunter fiel, dazu siehe Kreittmayr, Anmerkungen, 1. Theil 5. Kapitel, § 5, S. 182.
[50] Anmerkungen, 1. Theil 5. Kapitel, § 5 1., S. 183.
[51] Kreittmayr, Anmerkungen, 1. Theil 5. Kapitel, § 5 1., S. 183.
[52] Dazu vgl. Kreittmayr, Anmerkungen, 1. Theil 5. Kapitel, § 5 2.3, S. 183.
[53] Kreittmayr, Anmerkungen, 1. Theil 5. Kapitel, § 5 2.3, S. 184: "Dieser letzteren [den Nicht-Siegelmäßigen, A. d. V.] halber bleibt es bey obiger Regel, ohne daß sie pro emancipatione oder sonst das geringste mehr zu fordern haben [...].".

von der Mutter zugefallen war; jedoch mußten sie das Kind mit einer Aussteuer versehen, § 5 3io.

Bezüglich der Verwaltung der Adventizien durch den Vater galt folgendes:
Handelte es sich um *bona materna*, so galt, daß diese innerhalb eines Jahres nach dem Tod der Mutter festgestellt werden mußten. So hieß es in § 5 1. Theil 5. Kapitel 4to: "Damit es auch 4to mehrberührten Mutter-Gutes halber desto weniger Irrung gebe, soll solches nach der Mutter Tode längst inner einem Jahre bey willkührlicher Strafe von siegelmäßigen Vätern im Beyseyn der Verwandten, von Unsiegelmäßigen aber vor ihrer oder ihrer Kinder ordentlicher Obrigkeit gebührend angezeigt, und in Richtigkeit gebracht, auch bey verspürender Nachläßigkeit von der Obrigkeit ex Officio hierinfalls vorgegriffen werden."
Nach der Meinung der Rechtsgelehrten des *Usus modernus* war es streitig, "ob und wie weit der Vater inventarium vel juratam specificationem den Kindern oder Extraneis herauszugeben schuldig sey.".[54] Der **CMBC** entschied sich für den speziellen Fall der *bona materna* dafür.
Der *Codex* verlangte auch anders als das ältere Landrecht von 1616 (Art. 4 3. Titel) nicht die Leistung einer Kaution vom Vater.[55] Nach § 6 2do 2. Theil 9. Kapitel **CMBC** war der Vater von der Leistung der *cautio usufructuaria* befreit.[56]
Die Ausgestaltung der Verwaltung der Adventizien durch den Vater unterschied sich erheblich von der der Verwaltung des Mündelvermögens durch den Vormund.[57] So wurde den Kindern auch die Hypothek, die den Pflegekindern am Vermögen ihres *Tutors* oder *Curators* zustand, am Vermögen des Vaters nicht zugesprochen.[58] Nur bezüglich der *bona materna* stand den Kindern eine Hypothek zu, die an achter Stelle im Konkurs des Vaters zu berücksichtigen war.[59]

---

[54] Kreittmayr, Anmerkungen, 1. Theil 5. Kapitel, § 5 4., S. 185.
[55] Kreittmayr, Anmerkungen, 1. Theil 5. Kapitel, § 5 4., S. 185.
[56] § 6 2do 2. Theil 9. Kapitel: "Obgedachte Caution, welche nämlich jeder Usufructuarius sowohl wegen Conservirung, als Restituirung des nutznießlichen Gutes zu prästiren hat [...] und ist 2do Niemand davon befreyt, als erstens der Fiscus, zweytens der Vater im Ansehen nutznießlicher Kinder-Güter." - Zum gemeinen Recht des *Usus modernus*, siehe Kreittmayr, Anmerkungen, 1. Theil 5. Kapitel, § 5 4., S. 185.
[57] Kreittmayr, Anmerkungen, 1. Theil 5. Kapitel, § 5 1, S. 182.
[58] Kreittmayr, Anmerkungen, 1. Theil 5. Kapitel, § 5 1., S. 182: "Gleichwie aber gegenwärtige Verwaltung, welche der Vatter vi potestatis patriae in Bonis Liberorum führt, von der vormundschaftlichen weit differirt, so haben sich auch die Kinder hierum in Bonis paternis derjenigen Hypothek nicht zu erfreuen, welche sonst den Pfleg.-Kindern in Bonis Tutorum vel Curatorum zu Guten kommt, sondern sie müssen sich ratione Bonorum maternorum mit der achten Stelle in concursu befriedigen. Cod. Jud. C. 20 § 10 n. 4. Und soviel die übrige Bona adventitia betrift, kommen solche allenfalls gar unter die Currentes, weil die Hypothequen strictissimae interpretationis seynd, 2. Teil C. 6 § 4, mithin sich a Bonis maternis auf andere Bona in diesem Stück nicht argumentiren läßt.".
[59] Cod. Jud. C. 20 § 10 n. 4. - Kreittmayr, Anmerkungen, 1. Theil 5. Kapitel, § 5.1, S. 182 und § 5.4, S. 185: "Zumal da verstandener massen das vätterliche Vermögen den Kindern um ihr mütterliches ohnehin Jure Hypothecae haftet.".

Zur Wahrung der Vermögensinteressen des Kindes sah KREITTMAYR es als ausreichend an, daß neben der Hypothek für die *bona materna* am Vermögen des Vaters "bey erscheinender Verschwendung die Obrigkeit in das Mittel tritt, welche gegen den Vatter nicht nur mit Einziehung der Administration, sondern auch gestalten Dingen noch gar mit Aufhebung des Ususfructus in poenam procediren kan.".[60]

Aus dem Nießbrauchsrecht ergaben sich weitere Pflichten des Vaters:

§ 5 2. Theil 9. Kapitel (Pflicht des Nießbrauchers zur Herausgabe und seine Haftung): "1mo: Ist er schuldig, das Gut seiner Zeit nach geendigtem Usufructu dem Eigenthümer oder dessen Erben und Nachkommen in dem Stande, wie er es empfangen hatte, sammt dem Anwachse und aller Zugehör wiederum zu restituiren, folglich 2do solches auf eigene Kosten zu erhalten, und andergestalt nicht als auf hauswirthschaftliche Art et salva Substantia zu benutzen, mithin 3tio allen Schaden, welcher Dolo vel Culpa lata et levi auf dem Gute durch ihn geschieht zu erstatten. 7mo. Darf er das Gut selbst weder verpfänden, noch sonst in anderweg veräußern, außer wenn ihm diese Macht von dem Eigenthümer specialiter eingeräumt ist."

Wenn der Vater die Adventizien der Kinder nicht verwalten wollte oder konnte, so wurde dafür während der Minderjährigkeit der Kinder ein *curator bonorum specialis* bestellt.[61]

In § 6 1.Theil 5. Kap. wurden die Fälle aufgezählt, die zum *peculium adventitium irregulare* gerechnet wurden. Dies waren fünf Fälle[62]:

1. Zuwendung unter der Bedingung, daß der Vater den Nießbrauch nicht erwerben sollte.
2. Alles, was das Kind gegen den Willen des Vaters an sich brachte.
3. Erbfolge nach einem Bruder oder einer Schwester neben dem Vater.
4. Geschenke von Landesherren und Fürsten.
5. Verzicht des Vaters auf den Nießbrauch.

Im Unterschied zum gemeinen Recht des *Usus modernus* wurde das *peculium adventitium irregulare* genauso wie das *peculium castrense vel quasi* behandelt. § 6 1. Theil 5. Kapitel: "Mit dem Peculio Adventitio Irregulari wird es durchgehendes wie mit obberührtem Castrensi vel quasi gehalten".

---

[60] Kreittmayr, Anmerkungen, 1. Theil 5. Kapitel, § 5 4., S. 185.

[61] § 38 n. 1, 1. Theil 7. Kapitel.

[62] Vgl. dazu auch Kreittmayr, Anmerkungen, 1. Theil 5. Kapitel, § 6, S. 186: "Über jetzt gedachte fünf Fälle finden sich zwar noch mehr dergleichen in Jure Romano. [...], welche sich aber nur auf die besondere Römische Verfassung gründen, mithin allhier übergangen worden seynd.".

III. Klagbare Verbindlichkeiten zwischen Hausvater und Hauskind

1. Die Möglichkeit von klagbaren Verbindlichkeiten

Während sein Vorgänger, das bayerische Landrecht von 1616, die Verwerfung des Gedankens der Personeneinheit noch nicht ausdrücklich ausgesprochen hatte, so tat dies der **CMBC** in § 2 1. Theil 5. Kapitel:
"Desgleichen, obschon 4to nach Römischen Rechten Vater und Kinder dergestalt für eine Person geachtet werden, daß zwischen ihnen weder eine Schenkung, noch Contract, Prozeß, oder andere Handlung Platz greifet, so ist doch solches ebenfalls nicht mehr im Gebrauche, sondern es stehet ihnen mit einander zu handeln und zu wandeln eben so, wie anderen frey, wenn nur die Kinder bey vollen Jahren, oder während der Minderjährigkeit mit einem Curatore ad Actum specialem versehen sind.". Die Fiktion der Personeneinheit[63] stand also nach dem **CMBC** klagbaren Verbindlichkeiten zwischen Hausvater und Hauskind nicht mehr im Wege.

Für die Vornahme von Rechtsgeschäften zwischen dem Hausvater und einem minderjährigen Hauskind mußte für das Hauskind ein *Curator ad actum specialem* bestellt, § 2 4to 1. Theil 5. Kapitel und § 38 1. Theil 7. Kapitel, der folgenden Wortlaut hatte:
"Ob man wohl regulariter Niemanden, der schon einen Vormund oder Curator hat, mit anderweiter Curatel zu versehen pflegt, so leidet doch 1mo diese Regel vielmal ihren Absatz, insonderheit, wenn die unter väterlicher Gewalt stehenden minderjährigen Kinder mit ihrem Vater selbst, [...] zu handeln haben; denn da soll man einen ad hunc Actum specialem verpflichteten Curator bestellen, welcher hierin alles, was sonst einem Vormunde zustehet, genau beobachten, und die Kinder gegen ihren Vater, [...] getreulich vertreten, auch ohne rechtserhebliche Ursache, ehe und bevor selbige Handlung völlig geendigt ist, von der Curatel nicht abstehen soll."

2. Prozessuale Besonderheiten bei Klagen zwischen Hausvater und Hauskind

Der Grundsatz des römischen Rechts, daß Kinder ihre Eltern nur mit Erlaubnis des Richters vor Gericht laden durften, wurde in § 3 3tio 1. Theil 4. Kapitel ausdrücklich als nicht den Landesgebräuchen gemäß erklärt.[64]

---

[63] Kreittmayr, Anmerkungen, 1. Theil 5 Kapitel, § 2 4., S. 176: ist nichts als eine blosse *Fictio Juris Romani*.

[64] Kreittmayr, Anmerkungen, 1. Theil 4. Kapitel, § 3 2. und 3., S. 145 erklärt die Erforderlichkeit der Erlaubnis nach römischem Recht mit der besonderen Form der Privatladung, "heut zu Tag aber gehet alles authoritate publica et judiciali zu, welche mithin die Erlaubniß schon mit sich selbst auf den Rucken führt, ohne daß man hierum weiter zu bitten vonnöthen hat. Genug, daß die Obrigkeit aus der Klag die Qualität der beklagten Person ersiehet.".

Für "Schmachklagen" zwischen nahen Verwandten, damit auch zwischen Hausvater und Hauskind, sah § 16 4. Theil 17. Kapitel **CMBC** vor:
"Gnädigste Landes=Herrschaft behält sich hiemit noch weiter bevor, die Schmachklagen nach Gestalt der Sachen, Personen und Umstände, sonderbar bey den von Adel oder nahen Anverwandten auch wider Willen der interessirten Theile aus Landesfürstlicher Macht ganz oder gar abzustellen, aufzuheben, und zu vernichten, welchenfalls jedoch zu Höchst Derselben erlauchter Erkenntnis und Ermässigung stehet, ob, und wie weit sie ein oder anderen Theil der verübten Ungebühr halber ohne Vertretung der Ehre bestraft wissen wollen."

2. Kapitel Das Allgemeine Landrecht für die Preußischen Staaten von 1794 (ALR)

I. Zur Entstehungsgeschichte[65]
Das **Allgemeine Landrecht für die Preußischen Staaten** von 1794 stand am Ende einer fast hundertjährigen Geschichte der Kodifikation in Preußen.
Nach einigen im Sande verlaufenen Kodifikationsversuchen nahm im Jahre 1780 aufgrund einer königlichen Kabinettsorder JOHANN HEINRICH CASIMIR GRAF VON CARMER zusammen mit seinen Mitarbeitern CARL GOTTLIEB SVAREZ und ERNST FERDINAND KLEIN die Reform des ganzen Rechts im Sinne des späteren Naturrechts in Angriff. Nachdem die zahlreichen *monita* und Denkschriften zu dem sechsbändigen Entwurf des Gesetzbuches berücksichtigt worden waren, lag im Jahre 1791 als Ergebnis das "Allgemeine Gesetzbuch für die Preußischen Staaten" vor. Das für den 1. Juni 1792 geplante Inkrafttreten des Gesetzes wurde unter dem Eindruck der französischen Revolution auf Drängen der adlig-konservativen Kreise verschoben. Anläßlich der Erwerbung von "Süd- und Neuostpreußen" im Rahmen der zweiten polnischen Teilung im Jahre 1793 wurde es 1794 dann in überarbeiteter Form im gesamten Staatsgebiet in Kraft gesetzt.

Trotz des Umfangs von 19194 Paragraphen war dem **ALR** eine große Volkstümlichkeit beim preußischen Landvolk und Bürgertum beschieden.[66] Das **ALR** ist typisch für die Staatsform des aufgeklärten Absolutismus; aus ihm sprach der Geist der obrigkeitsstaatlichen Aufklärung, die mit ihrem Beamtenapparat die "Glückseligkeit" aller Untertanen durch Recht und Gesetz erstrebte.[67] "Es [scil. das

---

[65] Schwennicke, Die Entstehung der Einleitung des Preußischen Allgemeinen Landrechts von 1794; Hattenhauer, Einführung in die Geschichte des Preußischen Allgemeinen Landrechts, in: Allgemeines Landrecht für die preußischen Staaten von 1794, S. 11ff.; Wesenberg/Wesener NdPrG, S. 159f.; Wieacker, PrGN, S. 327ff.
[66] Wieacker, PrGN, S. 333. - Zum ALR siehe auch Wehler, Deutsche Gesellschaftsgeschichte I, S. 240ff.
[67] Dörner, Industrialisierung und Familienrecht, S. 29ff.; Schlosser, Grundzüge, § 3 III. 3.; Wehler, Deutsche Gesellschaftsgeschichte I, S. 233ff., S. 243.

ALR] besiegelte den obrigkeitsstaatlichen Ordnungsanspruch, die gesamte Sozialverfassung abschließend rechtlich regeln zu können."[68]

II. Das Eltern-Kind-Verhältnis[69]

1. Die Grundkonzeption

Das Eltern-Kind-Verhältnis wird in den familienrechtlichen Vorschriften zu Anfang des zweiten Teils des **ALR** geregelt. Dieser zweite Teil handelt vom Menschen als Mitglied von Vereinigungen, die unter einer Autorität stehen, aufsteigend vom Hausvater über den Gutsherrn, den Offizier bis zum König. Damit wird an die aristotelische Einteilung, die von Pufendorf aufgegriffen worden war, angeknüpft.[70] Das Ehe- und Kindschaftsrecht erscheint damit noch nicht als ein eigener Teil.[71]

Das Eltern-Kind-Verhältnis wird in 773 Paragraphen unter der Überschrift "Von den wechselseitigen Rechten und Pflichten der Aelteren und Kinder" im Anschluß an den Titel "Von der Ehe" und vor dem Titel "Von den Rechten und Pflichten der übrigen Mitglieder einer Familie" abgehandelt. Der Titel gliedert sich in zwölf Abschnitte, u. a. "Von ehelichen Kindern", "Von den Rechten und Pflichten der Aeltern und der aus einer Ehe zur rechten Hand erzeugten Kinder, so lange die letztern unter väterlicher Gewalt stehn", "Von dem eigenthümlichen Vermögen der Kinder", "Von Aufhebung der väterlichen Gewalt" und "Von der Erbfolge der Kinder und andrer Verwandten in absteigender Linie".
Während sich der erste Abschnitt mit den Statusfragen beschäftigte, sind die im Rahmen dieser Arbeit interessierenden Fragen hauptsächlich im zweiten und dritten Abschnitt in 151 Paragraphen geregelt.

Das **ALR** kannte eine elterliche und eine väterliche Gewalt. Es ging von einer beiden Elternteilen zustehenden Gewalt aus, doch oblag dem Vater in der

---

[68] Wehler, Deutsche Gesellschaftsgeschichte I, S. 242, siehe auch S. 243f.: "In all seinen Widersprüchen steht das ALR paradigmatisch für die Ziele, Leistungen und Grenzen des deutschen Reformabsolutismus, in mehr als einer Hinsicht auch am Ende einer Epoche. Das tritt überdeutlich in der wahrhaft gewalttätigen Anmaßung hervor, das gesamte Staatsleben im Gegensatz zu machtvollen Tendenzen der heraufziehenden neuen Zeit regulieren zu wollen, wenn auch diese Absicht nie mit der Wirklichkeit verwechselt werden darf.". - Vgl. auch Müller-Freienfels, Ehe und Recht, S. 22f. für die Ehe.

[69] Siehe dazu neben den einschlägigen Kommentaren Dörner, Industrialisierung und Familienrecht, S. 60ff. - Zum Familienmodell des ALR und den geistesgeschichtlichen Grundlagen, Dörner, Industrialisierung und Familienrecht, S. 31ff., S. 24ff.

[70] Dazu siehe S. 217.

[71] Dörner, Industrialisierung und Familienrecht, S. 31f.; Müller-Freienfels, Familienrechtliche Kodifikationen, 61 (66); ders., RabelsZ 37 (1973), 609 (642); Harms-Ziegler, Illegitimität und Ehe, S. 192.

Hauptsache die Sorge für die Person und das Vermögen des Kindes, so daß die väterliche die elterliche Gewalt in weiten Bereichen überlagerte. Die Vorrangstellung des Vaters war allgemein in § 62 verankert[72]: "Vorzüglich aber stehen sie unter väterlicher Gewalt.". Sie ergab sich ferner aus speziellen Vorschriften. Als beiden Elternteilen zukommende Rechte und Pflichten sind zu nennen: die Pflicht der Kinder zu Ehrfurcht und Gehorsam (§ 61), die Unterhaltspflicht der Eltern (§ 64), Züchtigungsrecht der Eltern (§ 86), Dienstleistungspflicht der Kinder im elterlichen Haushalt und Gewerbebetrieb (§ 121). Beispielhaft für die Überlagerung der elterlichen Gewalt durch die väterliche Gewalt seien hier genannt: Der Vater hat hauptsächlich die Kosten des Lebensunterhalts des Kindes zu bestreiten (§ 65), die Anordnung der Art der Erziehung kommt in erster Linie dem Vater zu (§ 74), die Bestimmung der künftigen Lebensart des Sohnes hängt von der Bestimmung des Vaters ab (§ 109).

Zu erwähnen ist noch, daß immer der Vater und nicht auch der Großvater - wie im römischen Recht - die väterliche Gewalt ausübte.

Die zeitgenössischen Kommentatoren sahen das "vormundschaftliche Prinzip" in der Regelung des Eltern-Kind-Verhältnisses durch das **ALR** verwirklicht, d. h. die väterliche bzw. die elterliche Gewalt seien als natürliche Vormundschaft konzipiert, wenn dieser Gedanke auch nicht bis in letzte Details durchgehalten worden sei.[73] Einige Autoren haben sogar behauptet, daß die väterliche Gewalt ein abgestorbenes oder wenigstens absterbendes Institut sei.[74]

Aus heutiger Sicht ist zu dieser Einschätzung, die gerade im Vergleich zur Konzeption der elterlichen Gewalt im ABGB nicht aufrechterhalten werden kann[75], zu bemerken, daß sie vor dem Bemühen zu sehen ist, die väterliche Gewalt des ALR gegenüber der *patria potestas* des römischen Rechts ab- und hervorzuheben. Mit dem Begriff „Vormundschaft" sollte zum Ausdruck gebracht werden, daß die väterliche Gewalt im Interesse des Kindes bestehe und damit

---

[72] Paragraphen ohne Angabe des Teils und Titels sind solche des zweiten Teils zweiter Titel des ALR.
[73] Charakterisierung der "väterlichen Gewalt" des ALR: Eccius IV, § 218, S. 121: "Die väterliche Gewalt des preußischen Rechts [...] ist im Wesentlichen eine Vormundschaft, welcher der Regel nach von obervormundschaftlicher Aufsicht frei und durch gewisse Befugnisse auf das Vermögen des Kindes erweitert ist."; Förster, Privatrecht 3, § 222, S. 611: "Aber diese väterliche Gewalt hat, wie gesagt wurde, einen vormundschaftlichen Charakter, darum kann mildernd die obervormundschaftliche Aufsicht, obgleich sie in der Regel fern bleibt von der Gewalt des Vaters, in einzelnen Fällen gegen Überschreitungen eingreifen [...] und sie unterstützen, wenn die Mittel des Vaters zur Züchtigung nicht ausreichen."; Stölzel, Das Recht der väterlichen Gewalt, § 17, S. 187; Dernburg, Preußisches Privatrecht, § 47, S 140: "Die Gewalt des deutschen Vaters hat einen überwiegend vormundschaftlichen Charakter behalten.".
[74] Siehe bei Stölzel, Das Recht der väterlichen Gewalt, § 17, S. 187.
[75] Siehe 4. Kapitel, S. 365ff.

fremdnützig sei. Im Gegensatz diene die *patria potestas* dem Interesse des Vaters und sei daher eigennützig.

Hauptsächlicher Entstehungsgrund der elterlichen und väterlichen Gewalt war - darin besteht kein Unterschied zum gemeinen Recht - die Geburt eines Kindes in einer rechtmäßigen Ehe.[76] Dies ergab sich aus der Überschrift des zweiten Abschnittes. Auf die anderen Entstehungsarten, Adoption und Legitimation, soll hier nicht eingegangen werden.[77]

2. Die Dauer der väterlichen Gewalt[78]

Die Gründe für die Beendigung der väterlichen Gewalt und ihre Folgen wurden im **ALR** in einem besonderen Abschnitt, dem vierten, dargestellt.

Das **ALR** hat sich dem Gedanken des Naturrechts, daß die väterliche Gewalt mit Zweckerreichung, d.h. mit Vollendung der Erziehung des Kindes, endet, insofern angeschlossen, als das Begründen einer von den Eltern abgesonderten Wirtschaft (§ 210)[79], das Betreiben eines eigenen Gewerbes oder das Bekleiden eines öffentlichen Amtes die väterliche Gewalt zum Erlöschen brachten (§ 212 a), wenn das Kind großjährig war. Die väterliche Gewalt endete aber nicht automatisch mit Erreichen der Großjährigkeit[80] (Vollendung des 24. Lebensjahres: § 26 1. Teil 1. Titel).[81] In diesem wichtigen Punkt wich das **ALR** von den späteren Naturrechts-kodifikationen ab, wie von dem insoweit auf die Revolutionsgesetzgebung zurückgehenden ***Code civil*** oder dem **ABGB.**

---

[76] Dazu siehe Bornemann, Preußisches Civilrecht 5, S. 277ff. - Zur Ehelichkeit eines Kindes siehe den ersten Abschnitt "Von ehelichen Kindern".

[77] Siehe auch Harms-Ziegler, Illegitimität und Ehe, S. 180ff. zum Nichtehelichenrecht des ALR, S. 205ff. zur Legitimation.

[78] Dazu Eccius IV, § 224, S. 154 ff., insbes. S.155; Fürstenthal, Preußisches Civilrecht, S. 557ff.; Förster, Privatrecht 3, S. 223, S. 622 ff.; Dernburg, Preußisches Privatrecht, § 48, S. 141 ff: Das preußische Recht steht auf dem gemeinrechtlichen Boden.

[79] Dazu Beispiele aus der Praxis bei Eccius IV, § 224, S. 156 FN 15; Förster, Privatrecht 3, § 224, S. 624 FN 15.

[80] Für die Hauskinder bedeutete die Großjährigkeit, daß sie voll geschäftsfähig wurden und ihnen die Verwaltung ihres freien Vermögens zustand (§ 163); Verträge hinsichtlich ihres freien Vermögens konnten sie wirksam ohne Zustimmung des Vaters abschließen (§ 165). Mit der Großjährigkeit endeten allerdings nicht das Verwaltungs- und Nutznießungsrecht des Vaters am nichtfreien Vermögen; diese waren an die Dauer der väterlichen Gewalt geknüpft (§ 168).

[81] Bornemann, Preußisches Civilrecht 5, S. 337, vertritt die Auffassung: "Auf den ersten Blick scheint es freilich die Consequenz zu fordern, daß mit der Großjährigkeit die Befreiung von der väterlichen Gewalt, wie von der Vormundschaft eintrete. Das Verhältnis des Mündels zu dem Vormunde ist indessen ein anderes als das Verhältniß des Kindes zu dem Vater. So lange der Sohn in dem väterlichen Hause bleibt, oder in Ansehung seiner Bedürfnisse von dem Vater ganz abhängig ist, kann es auf das wechselseitige Verhältniß nur nachtheilig einwirken, und steht mit der Natur derselben im Widerspruch, wenn der Sohn dem Vater ganz selbständig gegenübergestellt ist. Man muß es daher dem Sohn überlassen, sich durch Ergreifung eines Gewerbes etc. zu einem selbständigen Menschen heranzuarbeiten.".

Der Vater konnte das Erlöschen der väterlichen Gewalt durch "Begründung einer eigenen Wirtschaft" dadurch verhindern, daß er bei Gericht Widerspruch gegen das Erlöschen einreichte, aus dem sich ergab, daß der Sohn ein Verschwender war (§ 211).[82] Nach § 213[83] war einem großjährigen Sohne, welcher sich mit seinem Gewerbe ohne weitere Unterstützung des Vaters ernähren konnte, die Anstellung eines solchen Gewerbes zu gestatten, und der Vater war verbunden, ihn dadurch aus seiner Gewalt zu entlassen.
Ein minderjähriger, mindestens zwanzigjähriger Sohn konnte vom Vater aus der väterlichen Gewalt entlassen werden, § 216.[84]

Volljährige Töchter traten durch Anlegung einer besonderen Wirtschaft nicht aus der väterlichen Gewalt[85]; es war vielmehr eine ausdrückliche Erklärung des Vaters erforderlich (§ 230). Sonst hörte die väterliche Gewalt über die Töchter bei ihrer Heirat - mit Einwilligung des Vaters oder durch den Richter ergänzter Einwilligung - auf, § 228; bei einer minderjährigen Tochter hatte der Vater nach § 220 die Stellung eines einer verheirateten Pflegebefohlnen bestellten Vormundes.[86]

Weitere Beendigungsgründe der väterlichen Gewalt waren in den §§ 255ff. geregelt.

Der "ungedruckte Entwurf"[87] hatte noch eine andere, ziemlich unpraktikable Regelung hinsichtlich der Beendigung der väterlichen Gewalt vorgesehen.[88] Der

---

[82] Vgl. § 225: Wenn ein minderjähriger Sohn besondere, d.h. von den Eltern abgesonderte Wirtschaft unterhält und der Vater dies duldet, dann erlischt die väterliche Gewalt mit Erlangung der Volljährigkeit; § 218: "Wenn der Vater ausdrücklich oder stillschweigend einwilligt, daß der noch minderjährige Sohn ein besonderes Gewerbe für eigne Rechnung anfange: so hat dieses die Wirkung einer ausdrücklich erklärten Entlassung.".

[83] Dazu Koch, ALR, § 213, FN 9. - Svarez wollte eine einfache, für das "*Publicum*" gut erkennbare Regelung: Koch, vor § 210, FN 1.

[84] Zur Form Koch, ALR, §§ 214ff., mit den dazugehörigen Fußnoten.

[85] Dazu SVAREZ bei den Schlußvorträgen nach Koch, ALR, FN 1 vor § 210: "Ein Mädchen, deren Vater noch lebt, kann, wenn sie auch majorenn ist, doch mit Wohlanständigkeit keine besondere Wirtschaft anstellen.".

[86] Vgl. zur Verheiratung der Töchter, Eccius IV, § 224, S. 158f.

[87] Mit dem „ungedruckten Entwurf" ist die Fassung des Gesetzentwurfs vor seinem Druck in den Jahren 1784 - 1788 gemeint, wie sich aus der Darstellung bei Bornemann, Preußisches Civilrecht 5, S. 331 - 334 ergibt. Koch, ALR, vor § 210, FN 1 bezeichnet ihn als "ersten Entwurf".

[88] Bornemann, Preußisches Civilrecht 5, S. 331f., S. 332f.: hinter der Regelung im Entwurf schien der Gedanke zu stehen: "Daß der Konsens des Vaters bei der Verheiratung auch großjähriger Kinder nothwendig sei, daß auch sub patr. pot. Kinder den Aelteren Respekt leisten und in wichtigen Angelegenheiten ihren Rath einholen müssen, daß sie parentem inopem zu ernähren schuldig sind, genügt [...], um dasjenige Band zwischen Aeltern und Kindern aufrecht zu erhalten, an dessen Befestigung dem Wohle der Familien und des Staates gelegen ist."; dazu auch Koch, ALR, vor § 210, FN 1 mit den Äußerungen SVAREZ zu dieser Frage und seiner "Theorie" zur Aufhebung der väterlichen

Vater sollte Söhnen, welche sich nach dem Zeugnis ihrer Vorgesetzten die nötige Qualifikation zur selbständigen Beschaffung ihres standesmäßigen Unterhaltes durch die erlernte Kunst oder Wissenschaft erworben hatten, eine Ausstattung aus ihrem, hilfsweise aus seinem Vermögen geben. Eben dazu sollte der Vater bei heiratenden Töchtern verpflichtet sein. Der ausgestattete Sohn sollte die Geschäfte seines Berufs, ohne Bestimmung des Vaters, auf eine rechtsbeständige Art betreiben dürfen, im übrigen jedoch der väterlichen Gewalt unterworfen bleiben. Der Nießbrauch des Vaters an dem Vermögen der ausgestatteten Söhne und Töchter sollte ferner zwar aufhören, die Verwaltung desselben aber dem Vater verbleiben, und es von seinem Gutdünken abhängen, welcher Revenuenbetrag den Kindern auszuantworten, und welcher zum Kapital zu schlagen sei. Die väterliche Gewalt endlich sollte, über Söhne und Töchter, so lange fortdauern, bis der Vater die Kinder freiwillig entlasse, oder die Obrigkeit seine Gewalt aufzuheben oder einzuschränken nötig finde. Großjährigen Kindern sollte es jedoch freistehen, auf Entlassung aus der väterlichen Gewalt zu provozieren, und dann das Gericht, nach vorgängiger summarischer Untersuchung darüber entscheiden, ob die väterliche Gewalt fortdauern oder aufhören solle, für das Aufhören derselben aber entschieden werden, wenn der Vater keine erheblichen Gründe für die Fortdauer angeben könne. Die Mitglieder der Gesetzeskommission und auch SVAREZ haben sich gegen diese Regelungen ausgesprochen.[89]

Folge der Beendigung der väterlichen Gewalt war die Pflicht des Vaters zur Herausgabe des Vermögens des Kindes, § 231. Allerdings war nach der Auffassung des Oberappellationsgerichtes Kassel eine Klage des Sohnes auf Herausgabe seines Vermögens, weil er ein Gewerbe anfangen wolle, unstatthaft.[90] Bezüglich der näheren Einzelheiten dieser Pflicht des Vaters zur Herausgabe des Vermögens wird auf die Darstellung des Kindesvermögensrechts verwiesen.[91]

Eine weitere Folge der Beendigung der väterlichen Gewalt war die Pflicht zur Ausstattung der Söhne und Töchter.[92] So war Söhnen, welche eine gesonderte Wirtschaft anfingen, eine Ausstattung zur ersten Einrichtung und zur Anschaffung der unentbehrlichen Gerätschaften zu gewähren, § 232. Töchtern gebührte bei ihrer Heirat ebenfalls eine Ausstattung, "so weit dieselbe zur Hochzeit, und zur ersten Einrichtung ihres Hauswesens erforderlich ist", § 233.

Gewalt und dann schließlich zu der Gesetz gewordenen Regelung (Argument: Verkehrsinteressen müssen berücksichtigt werden).

[89] Bornemann, Preußisches Zivilrecht 5, S. 332.

[90] SeuffA 3, 339.

[91] Siehe S. 325 ff.

[92] Koch, ALR, § 233, FN 32. - Die Ausstattungspflicht war nicht unumstritten. Siehe dazu noch die Regeln des ALR über den Ausgleich von Ausstattungen, der in den §§ 303 - 347 2. Teil 2. Titel 5. Abschnitt geregelt ist.

Die Kosten der Ausstattung waren zunächst dem Vermögen des Kindes zu entnehmen, § 234, sonst haftete der Vater und subsidiär auch die Mutter, §§ 235, 236. Dabei hing es im Regelfall vom Ermessen der Eltern ab, wieviel aus ihrem Vermögen sie den Kindern zur Ausstattung geben wollten.[93] Für die Durchsetzung des Anspruches haben sich die Gesetzgeber des **ALR** ein besonderes Verfahren in den §§ 238ff. ausgedacht. Wenn die Eltern den Kindern gar keine oder nur eine unzureichende Ausstattung gewähren wollten, konnte das Kind das Vormundschaftsgericht anrufen. Dieses ermittelte unter Zuziehung von Verwandten oder Standes- und Zunftgenossen des Vaters den Umfang der Ausstattung und mußte "sodann den Vater zur Bewilligung dieser Nothdurft zu vermögen, sich angelegen seyn lassen", § 239. Über die Frage der Ausstattung und ihrer Höhe wurde aber nach § 240 kein Prozeß zugelassen, und der Vater konnte auch nicht zur Offenlegung seiner Vermögensverhältnisse gezwungen werden. Das **ALR** sah vielmehr folgende Lösung vor. § 241: "Vielmehr, wenn die Aeltern auf Pflicht und Gewissen versichern, daß sie nach ihren Umständen, ohne wirklichen Nachtheil für sich und ihre übrigen Kinder, dem auszustattenden so viel, als das vormundschaftliche Gericht billig gefunden hat, nicht aussetzen können: so müssen dieses Gericht sowohl, als das auszustattende Kind, bey einer solchen Versicherung sich beruhigen."

Ein *praemium emancipationis* für die Gewaltentlassung sah das **ALR** nicht mehr vor.[94]

3. Allgemeine Rechte und Pflichten der Kinder

Der zweite Abschnitt des zweiten Titels behandelte zunächst die allgemeinen Rechte und Pflichten der Kinder. Zu den Rechten wurde das Recht zur Führung des väterlichen Namens (§ 58) und der Erwerb des Standes und der Rechte der väterlichen Familie gerechnet (§ 59). Die Kinder schuldeten Vater und Mutter Gehorsam (§ 61) auch nach Beendigung der väterlichen Gewalt (§ 249) und waren nach § 63 verpflichtet, den Eltern in Unglück und Not nach ihren Kräften und Vermögen zu helfen und bei Krankheiten ihre Pflege zu übernehmen. Eine Hilfeleistungspflicht der Kinder auch nach Beendigung der elterlichen/väterlichen Gewalt wurde in § 252 festgelegt.

4. Die Rechte und die Pflichten der Eltern

Die Rechte und Pflichten der Eltern wurden im zweiten Abschnitt in bezug auf die Verpflegung, die Erziehung und den Unterricht, die elterliche Zucht, Wahl der

---

[93] § 237.

[94] Dernburg, Preußisches Privatrecht, § 58, S. 173 FN 2: "Das römische praemium emancipationis findet sich nicht, es ist auch nicht gemeinen Rechtens.".

Lebensart, Verheiratung, häusliche Dienste, Erwerbs- und Verpflichtungsfähigkeit der Kinder und der Haftung für Delikte der Kinder konkretisiert.

a) Die Erziehung und der Unterhalt des Kindes[95]

Das Allgemeine Landrecht ging von dem Prinzip aus, daß beide Eltern für den standesgemäßen Unterhalt und die Erziehung der Kinder mit "vereinigten Kräften" Sorge zu tragen haben (§ 64). Der Vater sollte nach § 65 in erster Linie die Kosten der Verpflegung tragen. Die aus heutiger Sicht befremdend anmutende gesetzliche Verpflichtung der Mutter, ihr Kind selbst zu stillen (§ 67) läßt sich mit dem Anspruch des Gesetzgebers, gut für seine Untertanen, und hier die Kinder, zu sorgen, erklären. Wie lange die Mutter ihr Kind stillte, hing von der Bestimmung des Vaters ab, der sich aber dem Gutachten eines Sachverständigen unterwerfen mußte, wenn die Gesundheit des Kindes oder der Mutter unter seiner Bestimmung zu leiden hatten, §§ 68, 69. Bei Streit unter den Eheleuten über die Verpflegung des Kindes konnte auch das Vormundschaftsgericht eingeschaltet werden, § 72. Diese in der zivil-rechtlichen Gesetzgebung ein Unikum darstellenden Regelungen, die das Ammenwesen einschränken wollten, sind in der Praxis nicht relevant geworden[96]; viele hielten sie wegen der letztlich fehlenden Möglichkeit, das Stillen durch die Mutter zwangsweise durchzusetzen, für verunglückt.[97]

Die Bestimmung der Art, wie das Kind erzogen werden sollte, kam nach § 74 hauptsächlich dem Vater zu. Er hatte dafür zu sorgen, daß das Kind den nach seinem Stande und den Umständen nötigen Unterricht in der Religion und "nützlichen Kenntnissen" erhielt, § 75. Nach einer Meinung konnten Streitigkeiten mit erwachsenen Kindern über die Ausdehnung der elternrechtlichen Befugnisse im Rechtswege geltend gemacht und vom Prozeßrichter entschieden werden.[98]

Die §§ 76 bis 85 beschäftigten sich mit der Frage, in welchem religiösen Bekenntnis das Kind zu erziehen war.[99] Wichtig ist in diesem Zusammenhang die Vorschrift des § 84, die die Religionsmündigkeit der Kinder bestimmte: "Nach zurückgelegtem Vierzehnten Jahre hingegen steht es lediglich in der Wahl der Kinder, zu welcher Religionspartey sie sich bekennen wollen."[100]

---

[95] Stölzel, Das Recht der väterlichen Gewalt, § 6, S. 154; dazu auch Dernburg, Preußisches Privatrecht, § 51, S. 148.

[96] Koch, ALR, § 67, FN 6; Bornemann, Preußisches Zivilrecht 5, S. 297, unter *).

[97] Koch, ALR, § 67, FN 6; Bornemann, Preußisches Zivilrecht 5, S. 297, unter *).

[98] Eccius IV, § 222, S. 139 FN 13: Zulässigkeit des Rechtsweges nicht ausdrücklich ausgeschlossen, daher zulässig; Beispiel in Striethorsts Archiv für Rechtsfälle aus der Praxis der Rechtsanwälte des Königlichen Ober-Tribunals Band 88, 132: Die Weigerung einer großjährigen Tochter wegen schlechter Behandlung ins Elternhaus zurückzukehren, wurde im Rechtsweg als begründet anerkannt.

[99] Dazu siehe Dernburg, Preußisches Privatrecht, § 51, S. 150f.

[100] Zur uneinheitlichen Rechtslage bei der Religionsmündigkeit im Deutschen Reich siehe Würtenberger, FS Obermayer, S. 113f.

Erwähnenswert in diesem Zusammenhang sind noch die Bestimmungen der §§ 109ff. Danach lag die Bestimmung der künftigen Lebensart der Söhne zwar zunächst vom Ermessen des Vaters ab, er mußte aber auf die Neigung, Fähigkeiten und körperlichen Umstände des Sohnes Rücksicht nehmen (§§ 109, 110). Bis zu seinem vierzehnten Lebensjahr mußte der Sohn sich der Bestimmung des Vaters beugen. Wenn er dann immer noch der bestimmten Lebensart gegenüber gänzlich abgeneigt war, hatte das Vormundschaftsgericht unter Zuziehung von ein oder zwei Verwandten und des Lehrers des Sohnes die Gründe beider Seiten zu prüfen, § 112. Bei seiner Entscheidung mußte das Gericht einen den Interessen beider Seiten gerecht werdenden Ausgleich vornehmen. Dabei war im Regelfall der Bestimmung des Vaters zu folgen, es sei denn, diese führte zu einem erheblichen und dauernden Nachteil für den Sohn, §§ 113, 114.[101] Eine Ausnahme wurde allerdings für den Fall eines Studiums gemacht: Der Sohn sollte niemals gegen seinen Willen zu einem Studium angehalten werden, § 115. Allerdings konnte der Vater auch nicht gegen seinen Willen zur Finanzierung des Studiums seines Sohnes gezwungen werden, § 115. Die Vorschriften über ein Einschreiten des Vormundschaftsgerichtes nach §§ 112ff. sollen allerdings in der Praxis nicht relevant geworden sein.[102]

SUAREZ hatte diese Vorschriften in den Schlußvorträgen so gerechtfertigt: "Diese Vorschriften sind zum Theil neu, aber gewiß nicht gegen die bisherigen Gesetze. Denn auch nach diesen war ein Vater nicht berechtigt, den Sohn zu einer Lebensart zu zwingen, gegen welche dieser eine entschiedene Abneigung fühlt. Es kam also darauf an, die Sache so zu fassen, daß diese Freiheit in der Wahl der Lebensart, die ein natürliches Menschenrecht, und woran dem Staate selbst gelegen ist, mit der Aufrechthaltung des väterlichen Ansehens und mit der für den Vater stets streitenden Vermuthung möglichst konziliirt würde."[103] Wenn SVAREZ es auch nicht erwähnt hat, so dürfte er doch in diesem Punkt von den ähnlichen Äußerungen von PUFENDORFS[104] beeinflußt worden sein.

---

[101] § 113: "Das Gericht muß solche Einrichtungen zu treffen bemüht seyn, daß die der Neigung und Fähigkeit des Sohnes, so wie dem Stande und Vermögen des Vaters gemäßeste Lebensart gewählt werden."; § 114: "In zweifelhaften Fällen ist diejenige Einrichtung, welche der Vater treffen will, zu genehmigen; und von dieser kann nur alsdann abgegangen werden, wenn auf eine überzeugende Art erhellet, daß dieselbe zu einem erheblichen und dauernden Nachtheile für den Sohn ausschlagen möchte.".

[102] Bornemann, Preußisches Civilrecht 5, S. 305; der Vormundschaftsrichter hatte kein Zwangsrecht: Fürstenthal, Preußisches Civilrecht, § 738, S. 552 FN 4; dazu auch Koch, ALR, § 109 FN 31: "[...] obgleich die Geschichte noch kein Beispiel aufzuweisen hat, daß aus einer solchen Einmischung fremder Menschen in die inneren Familienangelegenheiten etwas Gutes geworden ist.".

[103] Zitiert nach Koch, ALR, § 109, FN 31.

[104] Siehe S. 221 zu PUFENDORF.

Daß der Staat an der Erziehung der Kinder ein großes Interesse hatte, kam direkt in der Vorschrift des § 108 zum Ausdruck: "Die Aeltern sind schuldig, ihre Kinder zu künftigen brauchbaren Mitgliedern des Staats, in einer nützlichen Wissenschaft, Kunst, oder Gewerbe, vorzubereiten."[105] Auch hier läßt sich wieder eine Beeinflussung durch naturrechtliches Gedankengut feststellen.[106]

b) Die elterliche Zucht

Was die Zuchtmittel angeht, so waren die Eltern nach § 86 berechtigt, "zur Bildung der Kinder alle der Gesundheit derselben unschädliche Zwangsmittel zu gebrauchen"[107]; wenn diese nichts nutzten, so wurden sie vom Vormundschaftsgericht unterstützt, das nach einer summarischen Untersuchung des Verhaltens der Eltern und der Kinder die Besserungsmittel bestimmen konnte, §§ 88, 89. Eine bis zu zwei Jahren dauernde "Besserungsdetention" konnte das Vormundschaftsgericht anordnen.[108]

Das Vormundschaftsgericht wurde auch in den Fällen des Mißbrauchs der elterlichen Gewalt von Amts wegen tätig.[109] Äußerstenfalls konnte den Eltern die Erziehung genommen werden, § 91.

c) Der Heiratskonsens der Eltern[110]

Die Eltern konnten ihren Kindern zwar keinen Ehepartner aufzwingen (§ 119), jedoch war nach § 45 des ersten Titels des zweiten Theils die Einwilligung des Vaters zur Eheschließung erforderlich; dies galt auch, wenn das Kind großjährig und *sui iuris* war, § 250 2. Theil 2. Titel 4. Abschnitt. Die Zustimmung der Mutter wurde nur bei minderjährigen vaterlosen Kindern verlangt (§ 49 2. Theil 1. Titel). Gegen eine ablehnende Entscheidung der Eltern konnten die Kinder gerichtlich vorgehen, § 68 2. Theil 1. Titel; der Prozeßrichter entschied dabei über die Ertei-

---

[105] Siehe auch Hattenhauer, Einführung in die Geschichte des Preußischen Allgemeinen Landrechts, in: Allgemeines Landrecht für die preußischen Staaten von 1794, S. 32. - Siehe noch § 63 2. Theil 12. Titel und § 62 2. Theil 12. Titel.

[106] Siehe S. 263.

[107] Stölzel, Das Recht der väterlichen Gewalt, § 6, S. 154; Bornemann, Preußisches Civilrecht 5, S. 302: Züchtigungsrecht der Eltern im Rahmen der Strafgesetze, vgl. § 1074 2. Teil 20. Titel, wonach eine längere als 48-stündige Einsperrung nicht erlaubt war.

[108] Koch, ALR, § 89 FN 16.

[109] § 90: "Sollten Aeltern ihre Kinder grausam mißhandeln; oder zum Bösen verleiten; oder ihnen den nothdürftigen Unterhalt versagen: so ist das vormundschaftliche Gericht schuldig, sich der Kinder von Amts wegen anzunehmen." - Siehe dazu auch Stölzel, Das Recht der väterlichen Gewalt, § 6, S. 154, der auch zwei Fälle aus der Praxis, die bis in die höchste Instanz verfolgt wurden, anführt.

[110] Stölzel, Das Recht der väterlichen Gewalt, § 7, S. 160f.; Kleinheyer, Wandlungen der elterlichen Gewalt, in: FS Beitzke, 235 (240, 244). - Zur Freiheit der Eheschließung siehe Dörner, Industrialisierung und Familienrecht, S. 36ff., auch zur politischen Heiratskontrolle, S. 38ff. zur familiären Heiratskontrolle.

lung des Heiratskonsenses.[111] Das Erfordernis des Ehekonsenses hatte seinen Zweck darin, unglückliche Ehen zu vermeiden, § 59 2. Theil 1. Titel.[112]

d) Die Pflicht des Kindes zur Erbringung von Dienstleistungen

Nach § 121 waren die Kinder verpflichtet, in Wirtschaft und Gewerbe der Eltern mitzuarbeiten.[113] In der Praxis war häufig die Frage aufgetaucht, ob die Kinder Vergütung für die von ihnen geleisteten Dienste beanspruchen konnten.[114] Daß die Erbringung von solchen Dienstleistungen im **ALR** als Ausgleich für den Unterhalt durch die Eltern angesehen wurde, zeigt auch die Bestimmung des § 254: "Kinder, die nach aufgehobener väterlicher Gewalt, von den Aeltern noch ernährt werden müssen, sind alsdann auch verbunden, den Aeltern in deren Wirtschaft und Gewerbe nach ihren Kräften behülflich zu seyn."

5. Das Vermögensrecht der Kinder[115]

Im dritten Abschnitt des zweiten Titels wurde über das Vermögen des Kindes und dessen Verwaltung in den §§ 147 bis 209 gehandelt. Im zweiten Teil des zweiten Titels fanden sich darüber hinaus noch Vorschriften über die Erwerbs- und Verpflichtungsfähigkeit der Kinder (§§ 123ff.), auf die hier zunächst eingegangen werden soll.

a) Die Vermögensfähigkeit des Hauskindes

Unter väterlicher Gewalt stehende Kinder waren grundsätzlich vermögensfähig. Das **ALR** drückte dies in § 124 so aus:

" [...] können die Kinder Vermögen und Gerechtsame für sich selbst, auch ohne den Beytritt des Vaters erwerben."

---

[111] Dazu siehe S. 347.

[112] Eccius IV, § 222, S. 140 FN 24 m. N.; Förster, Privatrecht 3, § 222, S. 612 FN 24 m. w. N.; Dernburg, Preußisches Privatrecht, § 50, S. 148; Koch, ALR, § 121, FN 88: "Ohne Lohn, wie sich versteht, wenn auch ein Bote erspart wird. [...] Die Verpflichtung der Kinder aus § 121 setzt also voraus, daß die Aeltern ihrerseits, falls sie dazu im Stande sind, dem noch unter väterlicher Gewalt stehenden Kinde den nöthigen Unterhalt gewähren. [...] Bei dieser häuslichen Handleistung findet zwischen Aeltern und Kind kein Rechtsverhältnis wie zwischen gleichstehenden Rechtssubjekten statt, sondern die Kinder sind die faktischen Organe der Aeltern und können von diesen eigenmächtig gezwungen werden, Rechenschaft zu geben. Daher kann z. B. nicht auf Rechnungslegung geklagt werden.", vgl. auch FN 37: "Die §§ 121 ff. beruhen auf der thatsächlichen Lage eines Hauskindes, d. h. eines Kindes, welches ohne selbständige Stellung im älterlichen Hause unterhalten wird und statuiren unabhängig von der Fortdauer der väterlichen Gewalt die Unentgeltlichkeit der von einem solchen Kinde geleisteten Dienste.".

[113] Vgl. Svarez, Kronprinzenvorträge, VII 7., S. 329: "Kinder sind schuldig, solange sie in ihrer Eltern Hause leben, denselben in ihrer Wirtschaft und Gewerbe nach ihren Kräften hilfreiche Hand zu leisten.".

[114] Stölzel, Das Recht der väterlichen Gewalt, § 9, S. 162 (im Zusammenhang mit der Personeneinheit!); vgl. auch Bornemann, Preußisches Civilrecht 5, S. 305f., dort auch zur Frage, ob Kinder Lohn beanspruchen können.

[115] Dernburg, Preußisches Privatrecht, §§ 53ff., S. 156ff.

Eine Mitwirkung des Vaters war nicht geboten, da sie in der Sache nicht notwendig war, da der Erwerb für das Kind ja vorteilhaft war.[116] Eine Ausnahme von der grundsätzlichen Erwerbsfähigkeit der Kinder bestand nur in dem Fall, daß die Kinder bei der Tätigkeit in Wirtschaft und Gewerbe der Eltern, zu der sie nach § 121 verpflichtet waren, etwas erlangten; ein solcher Erwerb wurde den Eltern zugerechnet, § 123.[117] Zur Erinnerung sei darauf verwiesen, daß nach gemeinem Recht der Sohn nur vom Vater nichts für sich erwerben konnte.[118]

Das **ALR** unterschied beim Vermögensrecht der Kinder zwischen zwei Vermögensmassen, dem freien und dem nichtfreien Vermögen.[119] Es hatte also nicht die komplizierte Einteilung der Pekulien des römischen Rechts übernommen.[120] Dazu ist aber anzumerken, daß, da das *peculium profectitium* in der Praxis keine Rolle mehr spielte, auch das gemeine Recht in der Sache zwei Arten von Kindesvermögen, freies und nichtfreies, kannte.[121]

Zum freien Vermögen, geregelt in den §§ 147 - 155, 158 - 167, das nicht dem väterlichen Nießbrauch unterworfen war, gehörte nach § 148 alles, "was dieselben [die Kinder] außerhalb des Betriebes der väterlichen Geschäfte, durch Fleiß und Geschicklichkeit erwerben." Insbesondere wurde folgender Erwerb zum freien Vermögen gerechnet[122]:

1. Aller Erwerb aufgrund von Fleiß und Geschicklichkeit mit Ausnahme des Erwerbes im väterlichen Betrieb (§ 148).

---

[116] Ausnahme in § 125: War der Erwerb mit Belastungen verknüpft, dann war die Einwilligung des Vaters erforderlich.

[117] Im Gegenzug haftete der Vater auch nicht für Handlungen und Delikte des Kindes. Bei letzteren traf ihn eine Haftung nur dann, wenn ihm ein eigenes Verschulden zum Vorwurf gemacht werden konnte; es gab also keine *actio de in rem verso*, vor allem aber keine *actio de peculio*. Siehe §§ 126 ff. 2. Teil 2. Titel. - Vgl. auch Stölzel, Das Recht der väterlichen Gewalt, § 14 (Haftpflicht des Vaters), S. 177: "Das ALR behandelt den Vater in bezug auf die Haftpflicht wie jeden Dritten."; Koch, ALR, § 126 FN 43.

[118] Bornemann, Preußisches Civilrecht 5, S. 315.

[119] Siehe auch Fürstenthal, Preußisches Civilrecht, S. 553ff.

[120] Stölzel, Das Recht der väterlichen Gewalt, § 13, S. 175f.; Förster, Privatrecht 3, § 223, S. 616. - Svarez, Jahrbuch 41, S. 136 (zitiert nach Eccius IV, § 223, S. 146) hatte bei der Schlußrevision bemerkt, "daß die mancherlei römischen Einteilungen des Pekuliums heute kaum einen doktrinellen Nutzen haben, es bedürfte daher einer Vertheidigung nicht, daß diese Distinktionen im Gesetzbuch übergangen und die Sache durch den Gegensatz des freien und nicht freien Vermögens vereinfacht worden ist." Im übrigen hebt er hervor, daß die Vorschriften des Gesetzbuches nicht gegen das bisherige gemeine Recht seien. Vgl. auch Dernburg, Preußisches Privatrecht, § 53, S. 157 FN 4; Koch, ALR, vor § 147 FN 1.

[121] Vgl. die Darstellung zum *Usus modernus*, S. 283ff. - Bornemann, Preußisches Civilrecht 5, S. 315; Stölzel, Das Recht der väterlichen Gewalt, § 13, S. 175.

[122] Bei den §§ 148 - 155 handelt es sich nach Eccius IV, § 223, S. 147 FN 5 a. E. um eine erschöpfende Aufzählung.

2. Dasjenige, was sie in "Kriegs- oder Civil-Diensten" erhielten, worunter auch Zuwendungen der Eltern oder Dritter "zur Ausrüstung oder Beyhülfe" fielen (§ 149).
3. Alle Belohnungen ihres Fleißes oder ihrer Geschicklichkeit (§ 151), sowie remuneratorische Schenkungen und Vermächtnisse (§ 152).
4. Erspartes "Nadel-", "Taschen"-Geld: Alles, was sie von demjenigen ersparten, was ihnen von den Aeltern zu ihrem Unterhalte außer dem väterlichen Hause, oder sonst zu ihren Ausgaben, angewiesen worden war (§ 153).
5. Zuwendungen mit ausdrücklichem Ausschluß des väterlichen Nießbrauchrechts (§ 154).
6. Lehen (§ 150).[123].

Bezüglich der Lehen war SVAREZ allerdings der Meinung gewesen, daß sie nicht zum freien Vermögen gerechnet werden sollten, da auch keine *servitia feudalia* mehr zu leisten seien.[124]

Aller anderer Erwerb des Kindes aufgrund von bloßen Schenkungen, Vermächtnissen oder Glücksfällen wurde zum nichtfreien, d.h. zum mit dem väterlichen Nießbrauch belasteten Vermögen, gerechnet (§ 156). Dazu wurden nach § 157 auch die Patengeschenke gezählt, ebenso auch Fideikommisse.[125]

Das **ALR** ging mithin vom nichtfreien Vermögen als Regeltatbestand aus, das freie Vermögen stellte nach der gesetzlichen Konstruktion die Ausnahme dar.[126] Hinter den meisten Fällen des freien Vermögens stand der Gedanke, daß der Vater nicht Anteil haben sollte am Erwerb des Kindes, den dieses aufgrund eigener Anstrengung und Geschicklichkeit erzielt hatte.
Was den Umfang des freien Vermögens betrifft, so ist eine wesentliche Erweiterung gegenüber dem gemeinen Recht festzustellen. Während nach diesem nur der unter Nr.2 (*peculium castrense vel quasi castrense*), Nr.3 (§ 152), Nr. 4 (*bona adventitia irregularia*) und Nr.5 fallende Erwerb freies Vermögen darstellte, war die Hauptgruppe des freien Vermögens des **ALR**, nämlich der Erwerb

---

[123] Koch, ALR, § 150 FN 3: dies soll nicht mehr zur damaligen Verfassung passen.
[124] Bornemann, Preußisches Civilrecht 5, S. 316 FN **; vgl. auch die Aufzählung in den Kronprinzenvorträgen, VIII 5., S. 330.
[125] Dazu Bornemann, Preußisches Civilrecht 5, S. 316.
[126] Ebenso Bornemann, Preußisches Civilrecht 5, S. 317; Stölzel, Das Recht der väterlichen Gewalt, § 13, S. 176; Eccius IV, § 223, S. 147 mit FN 54; Förster, Privatrecht 3, § 222, S. 617; Koch, ALR, § 62 FN 3, § 157 FN 10. - Vgl. auch Svarez, Kronprinzenvorträge, Über die Verhältnisse zwischen Eltern und Kindern, VIII: "Rechte und Pflichten zwischen Eltern und Kindern in Ansehung ihres Vermögens. 1. Der Vater hat in der Regel die Verwaltung des Vermögens seiner Kinder. 2. Er genießt die Einkünfte und Nutzungen davon als einen Beitrag zur Bestreitung der Kosten ihres Unterhalts und ihrer Erziehung. 3. Kinder können daher ohne Einwilligung des Vaters keine gültigen Verträge abschließen.". - Bei den Kindern aus einer Ehe zur linken Hand gab es nur freies Vermögen, Eccius IV, § 226, S. 162.

aufgrund von Fleiß und Geschicklichkeit, ein Anwendungsfall der *bona adventitia*; er war also mit dem Nießbrauch des Vaters belastet.

In seinen Kronprinzenvorträgen[127] hatte SVAREZ zum freien Vermögen die folgenden Fälle gerechnet:
"a) Alles, was sie in Kriegs- oder Zivildiensten oder sonst durch ihren Fleiß und ihre Geschicklichkeit oder als Belohnung für geleistete Dienste und erwiesene Gefälligkeit erwerben und für sich bringen; b) alles, was sie von demjenigen ersparen, das ihnen die Eltern zu ihrem Unterhalt, als Taschengeld oder sonst zu ihren Aufgaben angewiesen haben; c) alles, was ihnen von einem Dritten unter der ausdrücklichen Bedingung, daß der Vater es zur Verwaltung oder zum Nießbrauch nicht erhalten solle, geschenkt oder vermacht worden."

b) Die Rechte und die Pflichten des Vaters und des Kindes in bezug auf das freie Vermögen

Schon in seinen Kronprinzenvorträgen[128] hatte SVAREZ gefordert, daß die Kinder in bezug auf das freie Vermögen alle Rechte haben sollen, welche die Gesetze des Staates jedem freien Bürger, der nicht der Aufsicht und Direktion eines anderen unterworfen ist, gewähren. In § 158 hat dies folgenden Niederschlag gefunden: "Ueber das freye Vermögen haben die Kinder eben die Rechte, die einem nicht unter väterlicher Gewalt stehenden Menschen über sein Eigenthum zukommen." Die Kinder konnten daher, wenn sie großjährig waren, so über dieses Vermögen verfügen, als wenn sie nicht unter väterlicher Gewalt standen (§ 163). In diesem Zusammenhang sei kurz erwähnt, daß sich Hauskinder, auch wenn sie volljährig waren, grundsätzlich nicht verpflichten konnten[129]. Waren die Hauskinder aber noch minderjährig[130] oder sonst nicht in der Lage, sich um ihre Angelegenheiten zu kümmern, so verwaltete der Vater als Vormund das freie Vermögen, § 159.[131]

---

[127] VIII., S. 330.

[128] VIII, S. 330.

[129] § 125 2. Theil 2. Titel mit Verweisung.

[130] Das ALR unterschied zwischen Kindern, Unmündigen und (mündigen) Minderjährigen: Kinder: unter 7 Jahren, § 25 1. Theil 1. Titel; Unmündige: bis 14 Jahre, § 25 1. Theil 1. Titel; Minderjährige: bis 24 Jahre, § 26 1. Theil 1. Titel. - Zum Minderjährigenrecht des ALR siehe Knothe, Geschäftsfähigkeit, S. 159ff.

[131] § 159: "[...] so gebührt dem Vater die vormundschaftliche Verwaltung desselben". - Vgl. auch SVAREZ, Kronprinzenvorträge, VIII 6., S. 330: "[...] so wird zwar dasselbe von dem Vater verwaltet, der aber hier nur als Vormund anzusehen ist und also die Revenuen nicht selbst genießt." - Wenn minderjährigen Kindern während der Dauer der väterlichen Gewalt dergleichen Vermögen zufiel, so mußte der Vater davon spätestens binnen zwei Monaten, nachdem ihm der Anfall bekannt geworden war, dem Vormundschaftsgericht Anzeige machen, andernfalls er sein Recht zur vormundschaftlichen Verwaltung verlor, und eine Strafe von 5 - 100 Talern verwirkte (§§ 984 - 989 2. Theil 18. Titel). Später ist diese Bestimmung weggefallen, eine gesetzliche Pflegschaft des Vaters kannte die Vormundschaftsordnung von 1875 nicht, dem Kind mußte ein Pfleger bestellt werden; str., siehe Eccius IV, § 223, FN 147, FN 8 (zu § 95 Vormundschaftsordnung); zu diesem Meinungsstreit vgl. auch Koch, ALR, § 159 FN 13.

Dies war die Konsequenz daraus, daß die Kinder bezüglich dieses Vermögens als nicht unter väterlicher Gewalt stehend angesehen wurden.
Das gesetzliche Recht des Vaters zur Verwaltung war jedoch nach dem **ALR**, §§ 984, 985 2.Teil 18.Titel davon abhängig, daß er dem Vormundschaftsgericht binnen zwei Monaten nach Kenntnis des Anfalls des freien Vermögens Anzeige machte. Nach § 989 2.Teil 18.Titel gebührten dem Vater bei der Verwaltung die Rechte eines *Curators*. Er hatte Rechenschaft abzulegen und ein Inventar zu errichten, § 990 2.Teil 18.Titel i.V.m. §§ 376ff. 2.Teil 18.Titel.[132] Die Substanz des Vermögens konnte er nur dann in der Hand behalten, wenn er Sicherheit leistete, § 992 2.Teil 18.Titel. Im übrigen richtete sich die Verwaltung grundsätzlich nach den den Vormund betreffenden Vorschriften des siebten Abschnittes des 2. Teils 18. Titel, § 990 2. Teil 18. Titel.
Der Vater war nach § 161 befugt, die Nutzungen des freien Vermögens zur Verpflegung und Erziehung der Kinder, soweit sie dazu nach dem Ermessen des vormundschaftlichen Gerichts[133] erforderlich waren, mitzuverwenden. Sonst fielen die Nutzungen der Substanz des Vermögens zu, § 162.

c) Die Rechte und die Pflichten des Vaters in bezug auf das nichtfreie Vermögen des Kindes
Die Rechte und Pflichten des Vaters in Ansehung des unfreien Vermögens des Kindes waren im **ALR** im Verhältnis zu anderen Kodifikationen ausführlich geregelt (§§ 168 - 209). Nach § 168 gebührten dem Vater während der Dauer der väterlichen Gewalt die Verwaltung und der Nießbrauch des unfreien Vermögens des Kindes. Der Vater konnte vermöge seiner Gewalt das derselben unterworfene Vermögen belasten und insoweit das Kind verpflichten.[134]

---

[132] Vgl. § 384 2. Teil 18. Titel: "Ausserdem kann der Richter in Fällen, wo entweder eins der Aeltern, oder sonst ein naher Verwandter der Pflegebefohlnen, im Besitze des Nachlasses sich befindet; oder wo man zum voraus weiß, daß der Nachlaß nicht beträchtlich sey, und der, welcher ihn hinter sich hat, wegen seiner Verbindung mit dem Pflegebefohlnen, oder sonst, ein vorzügliches Vertrauen verdient, statt des gerichtlichen Inventarii, mit der Vorlegung einer Privatspecification sich begnügen." und § 991 2. Teil 18. Titel: "Doch ist er mit einer eidlichen Bestärkung eines von ihm vorgelegten Privatinventarii der Regel nach, und wenn nicht besondere Gründe eines Verdachts wider ihn vorhanden sind, zu verschonen.".

[133] Koch, ALR, § 161, FN 15, nach Inkrafttreten der Vormundschaftsordnung und in Rücksicht auf § 37 derselben müsse es heißen: "nach eigenem Ermessen".

[134] Stölzel, Das Recht der väterlichen Gewalt, § 13, S. 175 m.w.N: Förster, Privatrecht 3 (3. Aufl.), § 222, S. 613: "Der Vater hat vermöge seiner Gewalt eine Dispositionsbefugniß über das Vermögen des Kindes, er kann daher dieses seiner Gewalt unterworfene Vermögen durch Rechtsgeschäfte belasten und verpflichtet insoweit das Kind, aber weil die Idee der Personeneinheit nicht gilt, so verpflichtet er das Kind nicht persönlich über den Betrag jenes Vermögens hinaus.", mit Nachweisen in FN 32. - A. A. Dernburg, Preußisches Privatrecht, § 55, S. 166: das Kind wird persönlich verpflichtet; in § 53, S. 157 arbeitet DERNBURG den Unterschied zum römischen Recht heraus: "Nach römischem Recht hatte der Hausvater aus eigenem Recht die Verwaltung und den Nießbrauch der Adventizien seines Kindes, er vertrat dasselbe aber nicht, und verpflichtete sich daher durch etwaige auf dieselben bezüglichen Geschäfte nur für seine Person, ohne daß er die Macht hatte [...] das Kind persönlich zu obligieren. Der

aa) Der Nießbrauch des Vaters[135]

Wichtig zum Verständnis des Wesens des väterlichen Nießbrauches nach dem **ALR** ist die Vorschrift des § 204. Nach ihr stand dem Vater die freie Verwendung der Einkünfte des nichtfreien Vermögens nach seinem Gutdünken nur solange zu, als er den Kindern standesgemäßen Unterhalt und Erziehung gewährte.[136]

Hier zeigt sich ganz deutlich die Abhängigkeit der dem Vater gewährten Rechte am Vermögen des Kindes von seiner Pflicht zur Gewährung des Unterhalts.[137] Dieser Gedanke tauchte wieder in § 206 auf: "Wenn aber der Vater in Concurs verfällt, oder sonst außer Stand kommt, die Kinder standesgemäß zu verpflegen und zu erziehen: so verliert er die Verwaltung und den Nießbrauch ihres freien Vermögens."

Wegen der Ausgestaltung des Nießbrauchsrechts findet sich anders als beim Ehegüterrecht, wo wegen des Nießbrauchs des Ehemannes am eingebrachten Vermögen der Frau im gesetzlichen Güterstand der Verwaltungsgemeinschaft mit ehemännlicher Nutznießung auf die gesetzlichen Vorschriften des Nießbrauchs (1.Theil 21.Titel 1.Abschnitt) verwiesen wurde[138], keine solche Verweisung. Jedoch galten auch hier, wie sich z. B. aus § 170 ergibt, die gesetzlichen Vorschriften über den Nießbrauch, soweit diese nicht durch die §§ 169 - 175 modifiziert waren.

bb) Die Verwaltung des Kindesvermögens durch den Vater[139]

Die Verwaltung des nichtfreien Vermögens des Kindes durch den Vater war eine freiere als die eines Vormundes, denn "es handelt sich dabei um sein eigenes, nicht um ein übertragenes Recht."[140]. Wenn das Kind noch minderjährig war, unterlag die Verwaltung in einzelnen Fällen der gerichtlichen Genehmigung des Vormundschaftsgerichts, während bei Großjährigkeit der Kinder diese den Verfügungen des Vaters zustimmen mußten.[141]

In Abweichung von § 101 1. Teil 21. Titel 1. Abschnitt konnte der Vater ausstehende Kapitalien der Kinder nach seinem Gutfinden ohne Einwilligung der großjährigen Kinder und ohne vormundschaftliche Einwilligung bei minderjährigen Kinder einziehen, anderweitig belegen, oder auch sich selbst zum Schuld-

---

deutsche Vater hat eine vormundschaftliche Stellung behalten, er kann daher als Vertreter seiner Kinder handeln. Zweifelsohne ist er daher befugt (nicht unumstritten), ihnen Vorteile zu erwerben, er kann sie aber auch persönlich verpflichten, solange sie minderjährig sind.".

[135] Dazu Eccius IV, § 223, S. 152 ff.

[136] Koch, ALR, § 204, FN 58 mit Erläuterungen von SVAREZ.

[137] Anders das römische Recht: Dernburg, Preußisches Privatrecht, § 55, S. 166.

[138] § 231 5. Abschnitt 2. Theil 1. Titel: "In Ansehung des eingebrachten Vermögens der Frau hat der Mann alle Rechte und Pflichten eines Nießbrauchers.".

[139] Stölzel, Das Recht der väterlichen Gewalt, § 13, S. 175; Eccius IV, § 223, S. 149ff.

[140] Eccius IV, § 223, S. 149.

[141] Eccius IV, § 223, S. 149, S. 151; Förster, Privatrecht 3, § 223, S. 618f.

ner der Kinder dafür bestellen, § 169; es sei denn, ein solches Kapital war den Kindern zur Sicherheit besonders verschrieben[142], oder die Verwaltung des Vaters darüber durch besondere Gesetze oder rechtsgültige Willenserklärungen eingeschränkt.
Bei anderen Vermögensstücken bedurfte der Vater zur Veränderung der Substanz nach § 25 1. Theil 21. Titel 1. Abschnitt der Einwilligung des Kindes.[143] War das Kind minderjährig, so mußte der Vater nach § 170 die Einwilligung des vormundschaftlichen Gerichts einholen[144]. Diese war nach § 171 auch dann notwendig, wenn er während der Minderjährigkeit der Kinder Grundstücke oder Gerechtigkeiten veräußern, verpfänden oder in sonstiger Weise belasten wollte. Das Vormundschaftsgericht durfte aber nur dann die Einwilligung versagen, wenn der Vater nicht die Notwendigkeit der Verpfändung oder Veräußerung oder einen den Kindern daraus entstehenden erheblichen Nutzen nachwies, § 172[145]. Waren die Kinder großjährig, so brauchte er deren Einwilligung[146]. Bei Veräußerungen "bloß des Nutzens wegen" mußte der erzielte Kaufpreis wieder sicher angelegt werden, § 174: so mußte das gelöste Kaufgeld entweder anderweitig zu Grundstücken auf den Namen der Kinder verwendet oder auf Hypothek angelegt oder von dem Vater besondere Kaution dafür bestellt werden.[147]

Da der Vater aber hypothekarisch eingetragene Kapitalien nach § 169 nach seinem Gutdünken wieder einziehen und sich selber zum Schuldner seiner Kinder bestellen konnte, hatte die von § 174 angeordnete Sicherstellung des Kaufgeldes nicht den erwünschten Sicherungseffekt.[148] Denn daß die aus den Kaufgeldern belegten Kapitalien den Kindern zur Sicherheit besonders verschrieben werden mußten, hatte das Gesetz nicht angeordnet; jedoch wurde wohl in der Praxis häufig

---

[142] Darüber, was "den Kindern zur Sicherheit besonders verschrieben" bedeutete, hat man gestritten: siehe dazu Eccius IV, § 223, S. 151 FN 25; Koch, ALR, § 169 FN 24.

[143] Dies richtet sich nach §§ 279 - 286 d. T. Koch, ALR, § 170, FN 26.

[144] Vgl. zu dieser vormundschaftsrechtlichen Genehmigung und ihrer Rechtsnatur, Eccius IV, § 223, S. 150 FN 20; Koch, ALR, § 170, FN 27: "Diese Einwilligung des Gerichts setzt natürlich eine gehörige Prüfung des Geschäfts voraus, wozu dem Gerichte die erforderlichen Nachrichten vorgelegt werden müssen.".

[145] Koch, ALR, § 172, FN 30: "Das geschieht durch Vorlage von gerichtlichen Taxen, von Pacht- und Mietskontrakten, Wirthschaftsrechnungen, Gutachten z.B. über die bevorstehenden nothwendigen Verwendungen in ein baufälliges Gebäude, zu dessen Verkaufe sich Gelegenheit bietet.", § 170 FN 28: "Sie ist aber erforderlich bei Verträgen über die Veräußerung eines Grundstückes seiner minderjährigen Kinder, welches ihnen bereits erworben ist, in allen Fällen, mag es zum freien oder nichtfreien Vermögen derselben gehören. §§ 550, 989, 990, II.18.".

[146] Bornemann, Preußisches Civilrecht 5, S. 319; Förster, Privatrecht 3, § 223, S. 619.

[147] Bornemann, Preußisches Civilrecht 5, S. 319 **): "§§ 170 -175 h. t., II. 15 § 6 h. t., wonach es zur Gültigkeit des Geschäfts keiner anderen Förmlichkeiten bedarf, und daher nicht der Subhastation (Reskript v. 6. Juli 1819 Jahrbuch Bd. 14 S. 7), wohl aber muß sich das Vormundschaftsgericht eine Taxe vorlegen lassen (Reskript v. 14. Febr. 1816 und 21. Mai 1819, Jahrbuch Bd. 7 S. 9 u. Bd. 18 S. 252).".

[148] Bornemann, Preußisches Civilrecht 5, S. 320.

angenommen, daß der Vater die erworbenen Schulddokumente deponieren müsse und über sie nur mit Genehmigung der obervormundschaftlichen Behörde verfügen dürfe.[149]

Damit stellt sich nun die Frage nach den Absicherungen des Kindes wegen der Verwaltung seines nichtfreien Vermögens durch den Vater. Das **ALR** schützte die Kinder vor einer schlechten Verwaltung durch den Vater nur dadurch, daß ihnen für Ersatzansprüche im Konkurs über das Vermögen des Vaters das Vorrecht der vierten Klasse eingeräumt wurde, von der Zeit an, da der Vater das Vermögen der Kinder an sich genommen hatte (§ 177, § 178).[150] In Ansehung des von der Mutter ererbten Vermögens behielten die Kinder das Vorrecht, welches der Mutter wegen ihres Eingebrachten am Vermögen des Mannes zustand (§ 176 i. V. m. Tit. 1 §§ 254 ff.). Weitere Sicherungen sah das Gesetz im Regelfall nicht vor, § 178.
Eine Sicherheitsleistung wurde vom Vater nur in gewissen Ausnahmefällen verlangt, so nach § 179, wenn er begann, in Vermögensverfall zu geraten.[151] Das Landrecht statuierte ferner weitere Ausnahmen, wenn der Vater eine amtliche Kassenverwaltung oder eine Pachtung vom Fiskus übernommen hatte oder bei einer anderen öffentlichen im Konkurse ihrer Kassenbedienten oder Verwalter priviligierten Anstalt in amtlicher Stellung war. Diese auf dem Konkursvorrecht dieser Anstalten beruhenden Ausnahmen sind später weggefallen.[152] Konnte oder wollte der Vater in den vorgeschriebenen Fällen keine Sicherheit leisten, mußte ihm die Verwaltung des Vermögens entzogen und einem Kurator übertragen werden, § 182. Auf die Sicherstellung nach §§ 179ff. 2. Teil 2. Titel konnte geklagt werden.
Bei einem minderjährigen Kind erhob diese Klage ein für dieses zu bestellender Pfleger, § 191. Nach § 189 konnte ein großjähriges Kind selber klagen.
In der Praxis hat sich herausgestellt, daß Kinder häufig deswegen ihr Vermögen verloren haben, weil eine rechtzeitige Anzeige von dem Vermögensverfall des Vaters nur ausnahmsweise bei dem vormundschaftlichen Gericht einging,

---

[149] Bornemann, Preußisches Civilrecht 5, S. 320; vgl. dazu aber Förster, Privatrecht 3, § 223, S. 620 FN 25 a. E.: "Unmotivirt ist die Behauptung, daß solche Dokumente im gerichtlichen Depositum verwahrt werden müssen: die Praxis nimmt dies dann als nötig an, wenn das Kapital auf dem Grundstück des Vaters eingetragen ist.".

[150] Allgemeine Gerichtsordnung 1. Theil 50. Titel §§ 417 – 419; später Preußische Konkursordnung §§ 80, 81; später Reichs-Konkursordnung § 54 Ziff. 5: der Anspruch des Kindes muß innerhalb von zwei Jahren nach Beendigung der väterlichen Verwaltung geltend gemacht und bis zur Eröffnung des Konkursverfahrens verfolgt worden sein. - Eccius IV, § 223, S. 152; § 177 wurde später geändert, Koch, ALR, § 177, FN 35: "Auch wegen des übrigen nicht freien, gesetzlich der Verwaltung des Vaters unterworfenen Vermögens haben die Kinder in den Gütern des Vaters ein Vorrecht [...].".

[151] Vgl. zur Sicherstellung, Dernburg, Preußisches Privatrecht, § 57, S. 169ff.

[152] Eccius IV, § 223, S. 152f.; Dernburg, Preußisches Privatrecht, § 57, S. 171: Durch die Reichskonkursordnung ist das Vorrecht der fiskalischen und öffentlichen Kassen weggefallen.

obgleich mehreren Personen und Beamten die Pflicht zur Anzeige auferlegt worden war (§§ 189ff.).[153]
Ging der Vater eine zweite Ehe ein und besaß er Grundstücke, so mußte er das Vermögen der Kinder aus voriger Ehe auf seine Grundstücke umtragen lassen, § 187; diese Eintragung gewährte dieselben Rechte wie eine eingetragene vormundschaftliche Kaution (§ 188).[154]
Nach einem Reskript vom 8. Dezember 1823 wurde die Bestimmung des § 187 auf das zum Zeitpunkt der zweiten Eheschließung vorhandene Vermögen eingeschränkt, weil der Vater sich nur wegen dieses Vermögens mit den Kindern auseinanderzusetzen hätte (§ 35 2.Teil 18. Titel), und weil der Gesetzeszweck dahingehe, den Kindern im Konkurs des Vaters ein Vorzugsrecht gegenüber der zweiten Ehefrau zu gewähren.[155]

Im Gegensatz zum Vormund war dem Vater demnach eine fast unbeschränkte Befugnis zur Verwaltung des nichtfreien Kindesvermögens eingeräumt worden. Die den Bestimmungen zugrundeliegenden Motive sind in einer Note zu § 143 des gedruckten Entwurfs und bei der Schlußrevision niedergelegt.[156] Aus ihnen ergibt sich, daß zwar auf der einen Seite für die Erhaltung des Vermögens der Kinder Sorge getragen werden müsse, der Vater auf der anderen Seite nicht zu sehr in seiner Verwaltung eingeschränkt werden dürfe.[157] Vor allem sollte er nicht durch lästige Kautionsbestellungen. abgesehen von einigen Ausnahmefällen, in Verlegenheit gebracht werden; zumal die Vermutung für ihn spreche, daß er die Kinder nicht schädige. Nach SVAREZ reichte die bloße Besorgnis, daß hier und da ein unzuverlässiger Vater das Vermögen seiner Kinder durchbringe, nicht aus, alle Väter mit der Kautionsbestellung zu belasten.[158] Aus den Motiven ergibt sich

[153] Bornemann, Preußisches Civilrecht 5, S. 321f.
[154] Dazu Eccius IV, § 223, S. 153: "Denn der Vater hatte sich, wenn er eine weitere Ehe eingehen wollte, mit den Kindern aus der vorigen Ehe über ihr Vermögen auseinanderzusetzen, wobei den minderjährigen ein Pfleger bestellt wurde (II. 2 § 18; § 187: Anh. § 89 II, 2. § 191 (Preußische Vormundschaftsordnung von 1875, §§ 90, 91). Wenn er das Vermögen nun nicht an die Kinder auskehren, oder eine andere von den Pflegern mit gerichtlicher Genehmigung für genügend erachtete Sicherheit leisten wollte, so galt § 187"; dazu siehe auch noch Dernburg, Preußisches Privatrecht, § 56, S. 167ff.
[155] Bornemann, Preußisches Civilrecht 5, S. 324.
[156] Bornemann, Preußisches Civilrecht 5, S. 320.
[157] Bornemann, Preußisches Civilrecht 5, S. 320; Koch, ALR, vor § 147 FN 1: Svarez, Jahrbuch 3, S. 136 äußerte bei der Schlußrevision: "Uebrigens ist es der Zweck bei der Bearbeitung dieser Materie gewesen, daß auf der einen Seite für die Konservation des Vermögens der Kinder möglichst gesorgt, auf der anderen auch der Vater in seiner Administration nicht zu sehr eingeschränkt und mit unnöthigen Kautionsbestellungen onerirt werden soll. Die dann vorkommenden neuen Sätze gründen sich entweder auf schon vorhandene Landesgesetze, z. B. §§ 179 - 188, oder sie sind zur näheren Bestimmung derselben und zur Verhütung einer gänzlichen Vereitelung des Zwecks nothwendig, z. E. §§ 189 - 200. Vorschriften, die gegen das bisherige gemeine Recht wären, habe ich darin nicht bemerken können.".
[158] Koch, ALR, § 168 FN 22: SVAREZ hat sich mit seinen Vorstellungen durchgesetzt, bei Koch auch ausführliche Wiedergabe der Ansichten SVAREZ.

auch, daß die Vorschriften über die Inventarisierung[159] und die Sicherheitsleistungen nicht für den Vater als Verwalter des nichtfreien Kindesvermögens galten; für die Inventarisierungs- und Rechenschaftspflicht folgt dies allein schon daraus, daß er nach § 204 berechtigt war, die Einkünfte nach seinem Belieben zu verwerten, solange er die Kinder nur standesgemäß unterhielt.

Was die Rechte des Kindes in bezug auf das nichtfreie Vermögen betrifft, so konnten Kinder unter väterlicher Gewalt während der Dauer der väterlichen Gewalt über ihr nichtfreies Vermögen nur mit "Beytritt und Einwilligung" des Vaters wirksam verfügen (§ 201).

d) Die Pflicht des Vaters zur Herausgabe des Vermögens bei Beendigung der väterlichen Gewalt[160]

Nach § 231 hatte der Vater den Kindern bei Beendigung der väterlichen Gewalt ihr "eigenthümliches" Vermögen nach den Bestimmungen des fünften Abschnitts herauszugeben.

Bezüglich der Herausgabe des nichtfreien Vermögens waren im allgemeinen die Grundsätze des Nießbrauchs anwendbar.[161] Der Vater hatte dem Kinde oder auch dessen Rechtsnachfolgern Rechnung über die Substanz des Kindesvermögens zu legen.[162] Er haftete den Kindern bezüglich der Verwaltung in der Regel für die Sorgfalt, die er in eigenen Angelegenheiten anzuwenden pflegte.[163] Gegenansprüche wegen Meliorationen hatte der Vater nur in demselben Maße wie der gewöhnliche Nießbraucher. Waren die Kinder minderjährig, so hing der Gegenanspruch davon ab, daß er vor der Verbesserung die Genehmigung des Vormundschaftsgerichts eingeholt hatte.[164] Notwendige Auslagen konnte der Vater ohne weiteres in Anrechnung stellen. Auf den Unterhalt der Kinder verwendete Kosten und die Ausstattung derselben konnte er, wie früher bemerkt, nur anrechnen, soweit sie den Nießbrauchertrag überstiegen, und wenn er sich für diese Anrechnung seinerzeit ausdrücklich erklärte.[165]

Aus den Vorschriften des fünften Abschnitts über die "Erbfolge der Kinder und anderen Verwandten in absteigender Linie" (5. Abschnitt 2. Teil 2. Titel), die sich mit der Feststellung des väterlichen Vermögens befaßten, lassen sich auch noch

---

[159] Koch, ALR, § 168 FN 22. - Auch bezüglich des freien Vermögens nicht, § 35 Abs.9 der preußischen Vormundschaftsordnung vom 5. Juli 1875 (GS., S. 431ff.).

[160] Dernburg, Preußisches Privatrecht, § 58, S. 173f.

[161] Dernburg, Preußisches Privatrecht, § 58, S. 173.

[162] Nach Dernburg, Preußisches Privatrecht, § 58, S. 173 folgt dies aus allgemeinen Grundsätzen, da der Vater von dieser Pflicht nicht entbunden ist.

[163] §§ 554, 555, 2. Teil 1. Titel, § 281 2. Theil 2. Titel.

[164] § 175 2. Theil 2. Titel.

[165] §§ 287ff. 2. Theil 2. Titel.

Erkenntnisse über die Haftung des Vaters für das Vermögen des Kindes erkennen.[166] Es geht dabei um die Fälle der Beendigung der väterlichen Gewalt durch den Tod des Vaters. Kraft der Verweisung in § 231 waren sie auch in den anderen Fällen der Aufhebung der väterlichen Gewalt anwendbar. Für die Herausgabe des Kindesvermögens galten im allgemeinen dieselben Grundsätze wie bei der Auseinandersetzung zwischen dem einen Ehegatten und den Erben des anderen.[167]
§ 275: "Hat der verstorbene Vater eigenes Vermögen der Kinder zur Verwaltung gehabt: so muß jedem Kinde das Seinige aus dem Nachlasse, als eine Schuld, herausgegeben werden."
Für die Abwicklung wurde zunächst auf die §§ 154ff. des 1. Titels verwiesen, die die Absonderung des Vermögens der Frau nach dem Tode des Ehemannes regeln. Dabei wurde nach § 277 2. Teil 2. Titel das freie Vermögen der Kinder dem Vorbehaltsgut und das nichtfreie Vermögen dem Eingebrachten der Frau gleichgestellt. Waren die Gegenstände nicht mehr vorhanden oder verschlechtert, so wurde dem Kind ein Schadensersatzanspruch eingeräumt. Wegen der vielen, jeweils nach der Art der Vermögensgegenstände differenzierenden Regeln, deren Darstellung den Rahmen dieses Abschnittes sprengen würde, wird hier nur auf die §§ 544ff. verwiesen. Den Vater traf keine Haftung für Zufall bei Verlust und Verschlechterung von Mobilien und Effekten, genau wie den Verwahrer hier keine Haftung traf. Bei Grundstücken galt die Vorschrift des § 581 2. Teil 1. Titel: Danach stand es in der Wahl der Kinder, ob sie das Grundstück zurücknehmen oder den (vorher) veranschlagten Wert aus dem Nachlaß fordern wollten (§ 278 2. Teil 2. Titel). War keine Veranschlagung vorgenommen worden, dann bestand eine Pflicht zur Zurücknahme des Grundstücks (§ 582). Die Haftung für Verbesserungen (§ 586 2. Teil 1. Titel) und Verminderungen (§ 595) richtete sich nach Nießbrauchsrecht (§§ 586/595 2. Teil 1. Titel). Nach § 597 2. Teil 1. Titel bestand bei der Veräußerung von Pertinenzstücken (Zubehör) ein Wahlrecht des Kindes: Es konnte die Herausgabe vom dritten Besitzer oder Wertersatz vom Vater bzw. dessen Erben verlangen.

e) Klagbare Verbindlichkeiten zwischen Hausvater und Hauskind

Dem Allgemeinen Landrecht war der Gedanke der Personeneinheit zwischen Vater und Sohn fremd.[168] Dies erstaunt nicht, da, wie bereits erwähnt, die gemeinrechtliche Praxis schon an diesem Grundsatz gerüttelt hatte[169] und durch PUFENDORF die Rechtssubjektivität des Kindes naturrechtlich anerkannt worden

[166] Aussonderung von nicht dazu gehörigen Vermögensmassen, §§ 273 ff., hier insbesondere §§ 275ff. für die Aussonderung des Kindesvermögens.
[167] Eccius IV, § 224, S. 159 FN 29.
[168] Stölzel, Das Recht der väterlichen Gewalt, § 9, S. 162; Förster, Privatrecht 3, § 222, S. 612 FN 25 m. N.
[169] Stölzel, Das Recht der väterlichen Gewalt, § 9, S. 162.

war.[170] Nach dem **ALR** waren damit grundsätzlich klagbare Verbindlichkeiten zwischen Eltern und Kindern möglich; die elterliche oder die väterliche Gewalt standen dem nicht entgegen.
Neben den oben genannten gesetzlichen Ansprüchen der Kinder stellt sich die Frage nach klagbaren Verbindlichkeiten aus Rechtsgeschäften zwischen Vater und Kindern. Diese waren zwar auch grundsätzlich möglich, bei ihnen konnte aber das Problem einer Interessenkollision auftauchen.
Es war für die Vornahme von Rechtsgeschäften nach dem freien und nichtfreien Vermögen zu unterscheiden, ebenso danach, ob das Kind minder- oder großjährig war.
Rechtsgeschäfte zwischen dem Vater und dem großjährigen Sohn in bezug auf das freie Kindesvermögen warfen keinerlei Probleme auf. Wenn der Sohn minderjährig war, so griff die Vorschrift des § 29 2. Teil 18. Titel ein: "Wenn also der Vater mit solchen Kindern Verträge schließen, oder andere Geschäfte, wodurch die Kinder ihm verpflichtet, oder gewisser Rechte gegen ihn verlustig werden sollen, mit ihnen vornehmen will, so muß der Staat den Kindern dazu einen Curator bestellen.". In § 28 2. Teil 18. Titel war zuvor festgestellt worden, daß der Staat für unter väterlicher Gewalt stehende Kinder, Wahn- und Blödsinnige, Verschwender, Taubstumme nur dann zu ihrem Schutz eingreift, wenn ihre Interessen mit dem Vorteil des Vaters in Kollision gerieten. Daneben griffen die Vorschriften der §§ 253, 254 2. Teil 18. Titel (5. Abschnitt) ein, da der Vater ja die Stellung eines Vormundes in bezug auf das freie Kindesvermögen innehatte. Dann hatte der Vater die Bestellung eines besonderen Curators zu beantragen, wenn er etwas in eigenen Angelegenheiten mit dem Sohn zu verhandeln hatte (§ 254); insbesondere, wenn es darum ging, daß der Sohn sich dem Vater gegenüber verpflichtete. Darüber hinaus war eine Zustimmung des Vaters für Verpflichtungen des Sohnes gegen ihn nicht erforderlich.[171]
Bezüglich der Rechtsgeschäfte zwischen Vater und Sohn in bezug auf das nichtfreie Vermögen gilt das oben Gesagte entsprechend. War der Sohn minderjährig, so galt der bereits erwähnte § 29 2. Teil 18. Titel, d. h. der Sohn schloß das Geschäft mit Einwilligung des *Curators* ab.[172] Wenn der Sohn großjährig war, so bedurfte es der Einwilligung eines *Curators* zur Wirksamkeit eines mit dem Vater über das nichtfreie Vermögen geschlossenen Rechtsgeschäftes nicht.[173]

---

[170] Dazu siehe S. 217ff.
[171] Eccius IV, § 222, S. 141 FN 28: "Die Einwilligung des Vaters genügt auch bei Geschäften, die seine Hauskinder unter einander abschließen, und Geschäfte mit dem Vater schließt das großjährige Kind mit verbindlicher Kraft.".
[172] Stölzel, Das Recht der väterlichen Gewalt, § 9, S. 162.
[173] Stölzel, Das Recht der väterlichen Gewalt, § 9, S. 162.

f) Besonderheiten bei der klageweisen Durchsetzung von Verbindlichkeiten

Die Allgemeine Gerichtsordnung für die Preußischen Staaten von 1795 (AGO) erkannte in § 2 des Ersten Titels der "Prozeßordnung" (Erster Theil der AGO) ausdrücklich an, daß nun grundsätzlich klagbare Verbindlichkeiten zwischen Vater und Kindern möglich waren:

"Jeder Unterthan und Einwohner des Staats, er sey wes Standes oder Würden er wolle, kann gerichtlich belangt werden; dergestalt, daß auch Vornehme gegen Niedrige und Geringe, Dienstherrschaften gegen ihr Gesinde, Obrigkeiten gegen ihre Unterthanen, und Eltern gegen ihre Kinder, wenn sie von denselben verklagt werden, sich bey den dazu verordneten Gerichten einzulassen, und daselbst Recht zu nehmen schuldig sind."

Die ausdrückliche Anerkennung bedeutet noch nicht, daß in Preußen einer gerichtlichen Auseinandersetzung zwischen Eltern und Kindern Vorschub geleistet worden wäre.
Vielmehr versuchte das Landrecht, gerade in spezifisch familienrechtlichen Angelegenheiten abstoßende Streitereien vor Gericht und ein Eindringen in den persönlichen Sphäre des Vaters zu vermeiden. Dabei wurden auch Nachteile für das Kind in Kauf genommen. Als Beispiel sei § 240 2. Theil 2. Titel, wo es um die Frage der Angemessenheit der Ausstattung geht, angeführt: "Es muß aber darüber kein Prozeß zugelassen, und am wenigsten der Vater zur Offenlegung seines Vermögenszustandes genöthigt werden."[174] Nach § 241 mußten sich das Kind und das vormundschaftliche Gericht mit einer Versicherung der Eltern "auf Pflicht und Gewissen", daß sie den Vorschlag des Vormundschaftsgerichts nicht befolgen können, begnügen. Auch die Regeln der § 112 ff. über die Bestimmung der Lebensart des Sohnes zeigen, daß das Gesetz letztendlich in der Regel doch nicht in die Kompetenz des Vaters eingriff.

Wie ablehnend man Prozessen zwischen Vater und Kindern gegenüberstand, zeigt sich an der Äußerung KOCHS in seinem Kommentar zu § 113 des Allgemeinen Landrechts: "Welchen Ausgang soll die Sache nehmen, wenn der in seinen natürlichen Rechten tief verletzte Vater sich auf die Einmischung fremder Menschen, wodurch die Auflehnung seines Sohnes gegen seinen Willen und seine Autorität Unterstützung findet, gar nicht einläßt? Soll da gewaltsame Zerreißung des Verhältnisses zwischen Vater und Sohn, Durchführung der von dem Vormundschaftsgerichte in contumaciam beliebten Einrichtungen, Ausspfändung

[174] Fürstenthal, Preußisches Civilrecht, S. 560: "ein processualisches oder Manifestationsverfahren" ist durchaus statthaft."; Koch, ALR, § 241 FN 37: "Zum Glück ist diese Partie des Landrechts unpraktisch.".

des Vaters zur Aufbringung der dekretierten Kosten, Zerrüttung des Hausstandes eintreten?"[175]

Eine besondere Bedeutung, die schon in den entsprechenden gesetzlichen Regelungen ihren Ausdruck fand, kam allerdings der Ersetzung der elterlichen Zustimmung zur Heirat des Kindes zu. Wie bereits oben erwähnt,[176] wurde der elterliche Konsens sogar bei großjährigen Kindern verlangt, konnte aber vom Richter ersetzt werden. Das gerichtliche Verfahren richtete sich nach dem allgemeinen Verfahrensrecht; ein "Güteverfahren" zu Beginn des gerichtlichen Verfahrens ist im Vierzigsten Titel der Prozeßordnung der AGO, der "vom Verfahren in Sponsalien- und Ehesachen" handelt, im einzelnen geregelt. Die Klage ist nicht von dem Kind selbst, dessen Eltern die Zustimmung zur Eheschließung verweigern, anzustrengen, sondern von dessen potentiellen Ehepartner (§ 13). Die unwilligen Eltern haben wie ihr Kind vor einem Deputierten oder Commissar des Gerichts persönlich zu erscheinen und sich zu äußern (§ 14). Nach § 15 hat der Deputierte "die Person, auf deren Ehelichung geklagt worden", allein - in Abwesenheit der Eltern - über ihren wirklichen Willen zu befragen. Kommt es zu keiner gütlichen Einigung - sei es, daß das Kind gar nicht die Ehe mit dem Kläger eingehen will, sei es, daß die Eltern nicht zur Erteilung des Konsenses zu bewegen sind, - findet im folgenden „das ordentliche und gewöhnliche Verfahren statt." (§ 18).

3. Kapitel Der *Code civil*[177]

I. Die Rechtslage vor Inkrafttreten des *Code civil*

1. Die Rechtslage im vorrevolutionären Frankreich[178]

a) Die väterliche Gewalt (*puissance paternelle*) im Gebiet des *droit écrit*

Im Gebiet des *droit écrit* überlebte die römische *patria potestas*, wobei sie allerdings einigen Änderungen unterworfen war[179]. Man ging zwar grundsätzlich von

---

[175] Koch, ALR, § 113, FN 33.

[176] Siehe S. 333.

[177] Artikel ohne Gesetzesangabe sind solche des *Code civil*. Auf das Badische Landrecht wird nur bei interessierenden Abweichungen eingegangen.

[178] Dazu siehe Baudry-Lacantinerie, Traité, Nr. 125, 126, S. 128ff.; Colin/Capitant, Cours élémentaire, Nr. 444, S. 456ff.; Ourliac/Gazzaniga, Histoire du Droit Privé, S. 272ff.; Viollet, Histoire du Droit Civil Français, S. 537ff.; Bousquet, Explication I, S. 457ff.; v. Waldersee, Ehe und Familie, S. 8ff.; siehe auch Domat, Oeuvres I, Tit. II, Sect. 1, S. 104f.

[179] Sagnac, La législation civile de la Révolution Française, S. 302; Viollet, Histoire du Droit Civil Français, S. 570; Ourliac/Gazzaniga, Histoire du Droit Privé, S. 275f.; Colin/Capitant, Cours élémentaire, Nr. 444, S. 457; Baudry-Lacantinerie, Traité, Nr. 125, S. 128; Poumarede, La puissance paternelle en

der lebenslangen Dauer der *patria potestas* aus, und auch der Großvater konnte sie über seine Enkelkinder ausüben[180]; jedoch setzte sich auch im Gebiet des *droit écrit* die Auffassung durch, daß die Rechte aufgrund der *puissance paternelle* im Hinblick auf die Person des Kindes mit dessen Volljährigkeit endeten. Im Gegensatz dazu blieben die Rechte in bezug auf das Vermögen des Kindes auch über seine Volljährigkeit hinaus bestehen.[181] Hier hatte sich der alte Grundsatz erhalten, daß der Vater alles - mit Ausnahme der Pekulien - für sich durch den Sohn erwarb[182]. Der Haussohn war weiterhin den Beschränkungen durch das *Senatusconsultum Macedonianum* unterworfen[183] und in seiner Testierfähigkeit eingeschränkt[184].

b) Die väterliche Gewalt (*puissance paternelle*) im Gebiet des *droit coutumier*

Die Konzeption des Vater-Kind-Verhältnisses im Gebiet des *droit coutumier* unterschied sich erheblich von der *patria potestas* des römischen Rechts in der im Gebiet des *droit écrit* geltenden Gestalt[185]. So wurde die Maxime aufgestellt: "*En France, puissance paternelle n'a lieu*".[186] Die römische *patria potestas* sollte also nicht gelten. Der Hauptunterschied der Konzeption des Eltern-Kind-Verhältnisses im Gebiet des *droit coutumier* im Vergleich zu der des *droit écrit* wird darin gesehen, daß die *puissance paternelle* im Interesse der Kinder besteht[187].

Als Charakteristika der Konzeption der elterlichen Gewalt werden angeführt[188] - wobei man nicht vergessen darf, daß z. T. erhebliche Abweichungen innerhalb der einzelnen *Coutumes* bestanden:

1. Auch der Mutter, wenn auch nur subsidiär, kann die *patria potestas* zustehen (z. B. beim Tod des Vaters). Dem Großvater steht die väterliche Gewalt über seine Enkelkinder nicht zu.
2. Die *puissance paternelle* dauert nur bis zur Volljährigkeit oder *émancipation*, die ausdrücklich oder stillschweigend vorgenommen werden kann.

---

pays de droit écrit, in: Le droit de la famille en Europe, S. 443ff.

[180] Baudry-Lacantinerie, Traité, Nr. 125, S. 128; Colin/Capitant, Cours élémentaire, Nr. 444, S. 457.

[181] Viollet, Histoire du Droit Civil Français, S. 570; Colin/Capitant, Cours élémentaire, Nr. 444, S. 457.

[182] Viollet, Histoire du Droit Civil Français, S. 570.

[183] Baudry-Lacantinerie, Traité, Nr. 125, S. 129; Viollet, Histoire du Droit Civil Français, S. 570.

[184] Baudry-Lacantinerie, Traité, Nr. 125, S. 129; Viollet, Histoire du Droit Civil Français, S. 570.

[185] Colin/Capitant, Cours élémentaire, Nr. 444, S. 457; Baudry-Lacantinerie, Traité, Nr. 126, S. 129ff.; Viollet, Histoire du Droit Civil Français, S. 571; Sagnac, La législation civile de la Révolution Française, S. 302f.

[186] Loisel, Institutes coutumières, liv. 1 XXXVII régle 55 nach Viollet, Histoire du Droit Civil Français, S. 571; Colin/Capitant, Cours élémentaire, Nr. 444, S. 457; Baudry-Lacantinerie, Traité, Nr. 126, S. 130; Sagnac, La législation civile de la Révolution Française, S. 302f. - Einige *Coutumes* erwähnten die *patria potestas*, unterschieden sich aber stark in den Wirkungen von der römischen *patria potestas*, Viollet, Histoire du Droit Civil Français, S. 571f.

[187] Baudry-Lacantinerie, Traité, Nr. 126, S. 130; Sagnac, La législation civile de la Révolution Française, S. 302f.

[188] Colin/Capitant, Cours élémentaire, Nr. 444, S. 457; Viollet, Histoire du Droit Civil Français, S. 570ff.

3. Die *puissance paternelle* erstreckt sich nur auf die Person, nicht auf das Vermögen der Kinder. Dem Vater wird kein Nießbrauchsrecht an den Gütern des Kindes - von einigen Ausnahmen in einzelnen Coutumes abgesehen – zugesprochen.

Sowohl für das Gebiet des *droit écrit* wie auch für das des *droit coutumier* galt, daß die Justiz eine gewisse Kontrolle über die Eltern ausübte.[189] Bei Mißbrauch der elterlichen Gewalt konnte sie den Vater beispielsweise zur Emanzipation zwingen.[190]
So unterschiedlich die rechtlichen Ausgangspunkte für die Gebiete des *droit écrit* und des *droit coutumier* waren, so ist für die Praxis eine Nivellierung der Unterschiede aufgrund der "rüden Sitten" festzustellen.[191]

2. Die väterliche Gewalt in der Revolutionsgesetzgebung (*le droit intermédiaire*)[192]
Die Revolutionsgesetzgebung wandte sich auf dem Gebiet der Regelung der Beziehungen zwischen Eltern und Kindern gegen die hergebrachten Traditionen, vor allem gegen die römische *patria potestas*, die als "tyrannisch und widernatürlich" empfunden wurde.[193] Man trachtete auch hier, das "monarchische Prinzip" durch das "demokratische" zu ersetzen.[194] Die Familie sollte eine Vereinigung zum Zwecke der Erziehung des Kindes sein, die von den Gedanken der Freiheit, Gleichheit und Unabhängigkeit (Unabhängigkeit auch vom Staat!) getragen sein sollte.[195] So konstituiert sollte die Familie weitestgehend von staatlichen Ein-

---

[189] Baudry-Lacantinerie, Traité, Nr. 126, S. 133.
[190] Baudry-Lacantinerie, Traité, Nr. 126, S. 133. – Diese Möglichkeit war schon im römischen Recht vorgesehen, siehe S. 32.
[191] Dazu siehe Colin/Capitant, Cours élémentaire, Nr. 444, S. 457f.
[192] Sagnac, La législation civile de la Révolution Française, S. 302ff.; Baudry-Lacantinerie, Traité, Nr. 127, S. 133f.; Colin/Capitant, Cours élémentaire, S. 458; Viollet, Histoire du Droit Civil Français, S. 572; Ourliac/Gazzaniga, Histoire du Droit Privé, S. 277; v. Waldersee, Ehe und Familie, S. 104ff.; Dörner, Industrialisierung und Familienrecht, S. 129f. - Zu ROUSSEAU und MONTESQIEU Thomas, Die Anschauungen der Naturrechtslehrer, S. 33; zu ROUSSEAU Dörner, Industrialisierung und Familienrecht, S. 123ff. - Zur Stellung von Ehe und Familie in der französischen Aufklärungsphilosophie siehe v. Waldersee, Ehe und Familie, S. 33ff.
[193] Baudry-Lacantinerie, Traité, Nr. 127, S. 133; Sagnac, La législation civile de la Révolution Française, S. 304f., S. 305: "*Les parents exercent une magistature devant laquelle on tremble.*". - Poumarede, La puissance paternelle en pays de droit écrit, in: Le droit de la famille en Europe, S. 443 zur Auffassung Robespierres.
[194] Sagnac, La législation de la Révolution Française, S. 305 und S. 312: "*Ce que les révolutionnaires veulent détruire, c'est la famille ancienne, toute dans la dépendance du père; ce qu'ils veulent établir, c'est une famille où les pouvoirs soient divisés, où les chefs soient contrôlés par une assemblée assez nombreuse qui décide du sort et des contestations de tous.*"
[195] Sagnac, La législation civile de la Révolution Française, S. 305: "*L'État intervient le moins qu'il peut dans la famille. Il cherche au contraire, par ses lois, à lui donner toute l'indépendance dont elle a besoin.*".

griffen befreit sein und ihre inneren Angelegenheiten selbst regeln.[196] Nach den Vorstellungen der Gesetzgeber sollten die Eltern nur Pflichten und keine Rechte besitzen, das Kind allein Rechte haben[197].

Durch Dekret vom 28. August 1792 wurde die elterliche Gewalt auf minderjährige Kinder beschränkt, eine Konsequenz des naturrechtlichen Zweckgedankens der *societas paterna*: "*Les majeurs ne seront plus soumis à la puissance paternelle, elle ne s'étendra que sur les personnes des mineurs.*".[198] Wenig später wurde das Volljährigkeitsalter auf einundzwanzig Jahre herabgesetzt.[199]

Zur Kontrolle des Vaters und der Mutter bei der Ausübung der *puissance paternelle* wurde das Hausgericht (*tribunal domestique*) durch die *loi* vom 16-24 *août* 1790, titre X, art. 15 eingerichtet. Es setzte sich aus den nächsten Verwandten des Kindes zusammen.[200] Während bestehender Ehe mußten der Vater und auch die Mutter dem *tribunal domestique* alle gegen das Kind gerichteten Züchtigungsmaßnahmen unterbreiten[201], das dann darüber entschied. Damit wurde auch erreicht, daß innerfamiliäre Streitigkeiten innerhalb der Familie geschlichtet und nicht nach außen getragen wurden.[202] In der Praxis hat sich die Einrichtung des *tribunal domestique* allerdings nicht bewährt.[203]

Das Erfordernis der Zustimmung der Eltern zur Eheschließung der Kinder wurde durch Dekret vom 20. September 1792[204] auf Kinder beschränkt, die das einundzwanzigste Lebensjahr noch nicht vollendet hatten.[205] Durch Dekret vom 9. *fructidor an* II (26 *août* 1794 *23ème question*) wurde den Eltern das Recht zur Enterbung der Kinder entzogen.[206]

---

[196] Sagnac, La législation civile de la Révolution Française, S. 305ff.; Müller-Freienfels, Familienrechtliche Kodifikationen, 61 (70).

[197] Baudry-Lacantinerie, Traité, Nr. 127, S. 133.

[198] Colin/Capitant, Cours élémentaire, Nr. 445, S. 458; Viollet, Histoire du Droit Civil Français, S. 572.

[199] Sagnac, La législation civile de la Révolution Française, S. 310. - Siehe noch *Décret du 20 septembre 1792 tit. IV art. 2* und *Décret interprétatif du 31 janvier - 1 er fevrier 1793*.

[200] Dazu Sagnac, La législation civile de la Révolution Française, S. 308; Colin/Capitant, Cours élémentaire, Nr. 445, S. 458.

[201] Sagnac, La législation civile de la Révolution Française, S. 308; Colin/Capitant, Cours élémentaire, Nr. 445, S. 458.

[202] Sagnac, La législation civile de la Révolution Française, S. 306: " [...] *éviter les procès devant les tribunaux publics [...] La famille sera comme une petite république, toujours attentive à écarter d'elle toute cause de trouble et à rétablir la paix sous sa propre responsabilité et sans l'intervention, sauf dans les cas graves et dans les pourvois en appel, de la puissance publique.*".

[203] Baudry-Lacantinerie, Traité, Nr. 127, S. 134.

[204] Tit. IV, Section 1, Art. 2 - 3.

[205] Sagnac, La législation civile de la Révolution Française, S. 309.

[206] Sagnac, La législation civile de la Révolution Française, S. 308; Colin/Capitant, Cours élémentaire, Nr. 445, S. 458. - Zu den politisch-pragmatischen Überlegungen: Dörner, Industrialisierung und Familienrecht, S. 130.

II. Die Entstehung des *Code civil* und seine Verbreitung[207]

Die Anfänge der Planung für eine allgemeine Kodifikation reichten in Frankreich bis in die Zeit des sechzehnten Jahrhunderts zurück, führten jedoch nicht zum Erfolg. Nachdem die revolutionäre Gesetzgebung tief in das geltende Zivilrecht eingegriffen hatte, verlangte das nunmehr bestehende "chaotische Nebeneinander von altem und revolutionärem Recht" dringend eine Neuregelung.[208] Bis zum Jahr 1799 konnten allerdings vier Entwürfe einer Kodifikation nicht durchgesetzt werden.[209] Im Jahr 1799 berief Napoléon eine neue Gesetzgebungskommission ein. In den Jahren 1803 und 1804 wurden dann sechsunddreißig einzelne Gesetze, die alle Einzelgebiete des bürgerlichen Rechts abdeckten, verabschiedet und durch Gesetz vom 21. März 1804 als "*Code Civil des Français*" zusammengefaßt.

Aus 2281 Artikeln bestehend, befaßten sich die drei Bücher des **Code civil** mit I. *Des personnes*, II. *Des biens et des différentes modifications de la propriété* und III. *Des différentes manières dont on acquiert la propriété*.

Der **Code civil** war die "erfolgreichste" der Kodifikationen der Aufklärungszeit.[210] In vielen Ländern in Europa und außerhalb von Europa wurde er aufgenommen oder beeinflußte die Gesetzgebung. In Deutschland galt der ***Code civil*** in den linksrheinischen Gebieten, die im Vertrag von Lunéville 1801 an Frankreich gefallen waren, auch nach deren Rückkehr ins Deutsche Reich bis zum Jahr 1900. Im Großherzogtum Baden galt der ***Code Civil*** seit dem 1. Januar 1810 in einer deutschen Übersetzung, die ungefähr 500 Zusätze enthielt: "Code Napoléon mit Zusätzen und Handelsgesetzen als Landrecht für das Großherzogtum Baden.[211]

III. Das Eltern-Kind-Verhältnis

1. Die Grundsätze der Regelung der *puissance paternelle*

Der **Code Civil** von 1804 wandte sich bei der Regelung des Verhältnisses von Eltern und Kindern wieder vom "demokratischen" Prinzip ab und kehrte zur *puis-*

---

[207] Zur Entstehungsgeschichte Baudry-Lacantinerie, Traité, Nr. 128, S. 135ff.; Fenet I, S. 331; Leiser, "Code Civil", HRG 1, Sp. 619ff.; Wieacker, PrGN, S. 339ff.; Wesenberg/Wesener, NdPrG, S. 160ff.; Schlosser, Grundzüge, § 3 IV.; siehe auch Schnapper, Autorité domestique, 177 (178ff.). - Zur ideengeschichtlichen Grundlage des Familienrechts im Code Civil Dörner, Industrialisierung und Familienrecht, S. 123ff., als besondere Nuance der französischen Aufklärungsphilosophie ist es anzusehen, daß die Autonomie des Individuums betont und eine staatliche Einflußnahme auf die ehelichen Beziehungen zurückgewiesen wird.

[208] Leiser, "Code Civil", HRG 1, Sp. 620.

[209] Leiser, "Code Civil", HRG 1, Sp. 620.

[210] Wieacker, PrGN, S. 344ff.; Wesenberg/Wesener, NDPrG, S. 163; Leiser, "Code Civil", HRG 1, Sp. 621ff.

[211] Leiser, "Code Civil", HRG 1, Sp. 622; Wieacker, PrGN, S. 345.

sance paternelle zurück[212]. Einige Errungenschaften des *droit intermédiaire* wurden aber beibehalten.
Die *puissance paternelle*[213] ist im neunten Titel des ersten Buches ("Des personnes") in den Art. 365 - 381 geregelt. Wenn man berücksichtigt, daß von den sechzehn Artikeln sich allein acht (Art. 369 - 377) mit dem Detentionsrecht beschäftigen, so konnte die Regelung des Eltern-Kind-Verhältnisses nur rudimentär sein, obwohl sich ergänzende Regeln noch in einigen anderen Abschnitten, so z. B.im ersten Kapitel des fünften Titels (*Mariage*), finden.

Wie auch in anderen Kodifikationen wurde auf eine Definition der *puissance paternelle* verzichtet[214], insoweit setzte der Gesetzgeber das zu regelnde Sozialverhältnis zwischen Eltern und Kindern voraus. Nach BOUSQUET[215] stützt sich die Regelung des **Code civil** auf die Natur, die Vernunft und das soziale Interesse; auf frühere Konzeptionen wie die des römischen Rechts und der *Coutumes* habe man wegen deren Unausgewogenheit nicht zurückgreifen können. Die Natur selbst habe die Grundlage der Gewalt des Vaters und der Mutter über ihre Kinder gesetzt.[216]
Die Autorität der Eltern besteht allein im Interesse der Kinder[217], "ist also nicht allein ein Recht, sondern ein Mittel, um die geheiligte, indispensable Pflicht der Erziehung der Kinder zu guten Menschen und Bürgern zu erfüllen".[218] Der Ge-

---

212 Baudry-Lacantinerie, Traité, Nr. 128, S. 135: "*Le projet de code civil de l'an VIII annonça l'intention du législateur de restituer à l' autorité paternelle son légitime empire.*"; Duranton, Cours 3, S. 335 zur *puissance paternelle*: "[...] *la plus ancienne et la plus sacrée des magistratures, qui ne doit aux conventions humaines que les formes de son exercice et non plus ou moins d'étendue, selon les temps et les moeurs de chaque peuple.*"; Bousquet, Explication 1, S. 457: "[...] *de cette magistrature domestique, la plus sacrée de toutes les magistratures, indépendante de toutes les conventions, et qui les a toutes précédées.*"; Grimm, Handbuch III/1, S. 335. - Zum Familienmodell des **Code civil** Dörner, Industrialisierung und Familienrecht, S. 134ff, S. 154ff. zur Stellung des Kindes.

213 Im Badischen Landrecht heißt die Überschrift: Von der elterlichen Gewalt.

214 Motifs ad tit. IX Lib. I des C. c. - Vgl. aber Zachariä-v.Lingenthal/Dreyer, Handbuch, § 543 (Begriff der elterlichen Gewalt), S. 416: "Die elterliche Gewalt, dieses Wort in seiner weiteren Bedeutung genommen, umfasst alle die Rechte, welche den Eltern über ihre Kinder oder an dem Vermögen der Kinder zustehen. In der engeren Bedeutung aber ist die elterliche Gewalt die Pflicht und das Recht, die Kinder zu erziehen.".

215 Explication 1, S. 460.

216 Bousquet, Explication 1, S. 461: "*C'est donc la nature elle-même qui a posé les fondemens de ce que nous appellons le pouvoir des pères et des mères sur leurs enfans.*".

217 Duranton, Cours 1, S. 335: "[...] *dans l'esprit de nos lois, cette puissance est toute de direction et de protection; elle est principalement établie dans l'intérêt des enfans eux-mêmes, comme un moyen salutaire de réprimer leurs écarts et de redresser leurs mauvais penchans - c'est la sauvegarde des bonnes moeurs.*", S. 336: "*Au lieu que dans les principes de la législation romaine, ses effets illimités, étaient presque tous à l'avantage du chef de la famille, qui pouvait à son gré en devenir le tyran, et qui du moins en était toujours le maître absolu.*"; Bousquet, Explication 1, S. 461.

218 Bousquet, Explication 1, S. 461: "*Il faut cependant remarquer que cette autorité n'ayant directement d'autre cause, ni d'autre but, que l'intérêt des enfans, n'est pas à proprement parler un droit, mais plûtot un moyen de remplir dans toute son étendue et sans obstacle, un devoir indispensable et sacré.*"

setzgeber erhoffte sich von seiner Regelung eine Hebung der Sitten.[219] Deswegen ist auch die Pflicht zur Ehrerbietung und Respekt der Eltern, die gewissermaßen als Belohnung für die Erfüllung der Erziehungspflicht angesehen wurde, an die Spitze der Regelung der *puissance paternelle* in Art. 365 gestellt worden[220]: "*L'enfant à tout âge doit honneur et respect à ses père et mère.*". Die Pflicht zu Ehrerbietung und Respekt der Eltern, vom Ausgangspunkt her zunächst eine moralische Pflicht, soll auch juristische Relevanz erhalten.[221] So soll ein Richter diese Pflicht berücksichtigen und bei ihrer Verletzung durch die Kinder bei Rechtsstreitigkeiten entsprechend eingreifen.[222]

Die *puissance paternelle* stand grundsätzlich dem Vater und der Mutter zu.[223] Nach Art. 367 übte der Vater diese aber während der Dauer der Ehe allein aus.[224] Der Grund für die Zuweisung an den Vater wurde darin gesehen, daß die Gewalt nur dann effektiv ausgeübt werden könne, wenn sie von einer Person innegehalten werde, und da die Frau dem Manne in der Ehe untergeordnet sei, biete sich dieser für die Ausübung der Gewalt an.[225] Wenn die Ehe durch den Tod eines der Ehegatten aufgelöst wurde, so stand die Vormundschaft über die minderjährigen und nicht emanzipierten Kinder dem überlebenden Ehegatten zu, Art. 390.

Die Möglichkeiten zum Entzug der väterlichen Gewalt bei deren mißbräuchlicher Ausübung waren zunächst sehr eingeschränkt; im **Code civil** fand sich dazu überhaupt keine Bestimmung, allein im **Code Pénal** von 1810 (Art. 334 und 335) wurde dieser Fall geregelt. Eine Kontrolle der Ausübung der väterlichen Gewalt, durch welche Institution auch immer, z. B. durch den Familienrat, erschien dem Gesetzgeber nicht angebracht, da er auf die Kontrolle durch die Mutter vertraute:

---

[219] Bousquet, Explication 1, S. 461: " [...] *dont la décadence progressive des moeurs, précipitait sensiblement la ruine et que l'esprit révolutionnaire d'insubordination et d'indépendance, avait déjà marqué du seau de la proscription.*", siehe auch S. 462 zu Art. 365.

[220] Bousquet, Explication 1, S. 462 zu Art. 365: "*Ce précepte devait précéder des dispositions toutes relatives à une autorité temporaire, pour rappeller sans cesse aux enfans, [...] de l'autorité de leurs parens.*".

[221] Bousquet, Explication 1, S. 462; Duranton, Cours 3, S. 341; Brauer, Erläuterungen 1, S. 270; a. A. Baudry-Lacantinerie, Traité, Nr. 132, S. 144 (zu Art. 371): Konkretisierung durch weitere Gesetze nötig, FN 3 m. N. - Siehe z. B. Art. 380 ***Code Pénal***.

[222] Bousquet, Explication 1, S. 462: "[...] *deviendra pour les juges un point d'appui en beaucoup d'occasion; telles, par exemples que les contestations d'intérêt entre des enfans et leurs parens, ou ceux-là passant dans leurs moyens d'attaque ou de dèfense, les bornes que le respect doit leur prescrire, se mettraient dans le cas d'y être ramenés par des admonitions, ou des actes d'animadvertion plus ou moins sévères, selon la nature de leur défense*"; es besteht auch ein Einfluß bei der Verteilung der Prozeßkosten, Bousquet aaO.; siehe auch Zachariä/Dreyer, § 550, S. 461 FN 1: "In diesem Rechte liegt eine Regel für das richterliche Ermessen in Streitsachen zwischen Eltern und Kindern.".

[223] Dies wird aus Art. 373 gefolgert: Bousquet, Explication I, S. 465 zu Art. 367 (= 373); Brauer, Erläuterungen 1, S. 272; Zachariä-v.Lingenthal/Dreyer, Handbuch, § 549, S. 450.

[224] "*Le père seul exerce cette autorité durant le mariage.*"

[225] Bousquet, Explication 1, S. 465 zu Art. 367 (=373).

"*l'affectueuse sollicitude de la mère vaut [...] le contrôle d'un subrogé tuteur.*"[226] Es ist aber anzumerken, daß die Gerichte trotz Fehlens einer Rechtsgrundlage im ***Code civil*** in Weiterführung alter Rechtstradition bei Mißbräuchen als "*pouvoir modérateur*" einschritten und zwar nicht die gesamte elterliche Gewalt, sondern nur das Recht zur Personensorge (*droit de garde*) auf geeignete Personen übertrugen.[227]

2. Die Dauer der *puissance paternelle*[228]

In dem wichtigen Punkt der Dauer der elterlichen/väterlichen Gewalt hielt der **Code civil** am *droit intermédiaire* fest. Nach Art. 366 endigte die väterliche Gewalt mit Erreichen der Volljährigkeit oder durch Emanzipation.[229] Daß die *puissance paternelle* mit Erreichen des Volljährigkeitsalters, hier einundzwanzig Jahre (Art. 488), endete, entsprach der naturrechtlichen Zweckdoktrin, da zu diesem Zeitpunkt der Zweck der Gesellschaft zwischen Eltern und Kindern entfalle, weil das Kind für sich selbst sorgen könne.[230] Die Regelung des Art.366 ist auf Kritik gestoßen, wegen des - nach Meinung vor allem der auf Restauration bedachten Kräfte - zu frühen Volljährigkeitstermins.[231]

Die Emanzipation[232] war in den Art.476ff.geregelt. Anders als die Emanzipation des römischen Rechts bewirkte die *émancipation* des **Code civil** nicht nur das Ende der väterlichen Gewalt, sondern auch die Volljährigkeit[233]. Nach Art.476 war die Heirat eines Minderjährigen eine Emanzipation kraft Gesetzes.[234] Ferner sah

---

[226] Baudry-Lacantinerie, Traité, Nr. 183, S. 205; siehe auch Müller-Freienfels, Familienrechtliche Kodifikationen, 61 (74).

[227] Ferid/Sonnenberger, 4 C 307; siehe auch Baudry-Lacantinerie, Traité, Nr. 183, S. 209: "*Dans l'ancien droit, en général, c'étaient les tribunaux qui organisaient la protection des mineurs, quelle que fût leur situation juridique [...] Mais il a été dit au cours des travaux préparatoires que l'on entendait conserver les règles anciennes quant à la protection des mineurs soumis à la puissance paternelle. Donc aujourd'hui comme autrefois, c'est aux tribunaux qu'il appartient d'y pourvoir.*"; Müller-Freienfels, Familienrechtliche Kodifikationen, 61 (76), siehe auch FN 72: "Angesichts der Deklaration Ludwigs XIV. vom 8. 3. 1704: 'Nous avons résolu de conserver à la justice et aux magistrats l'autorité dont ils ont besoin pour réparer les abus que ceux qui exercent cette puissance domestique peuvent en faire en quelques occasions', stellte sich das Unterbleiben jeglicher derartiger Anordnungen im Code civil nur als absichtliche Unterlassung dar.".

[228] Dazu siehe Baudry-Lacantinerie, Traité, Nr. 227ff., S. 258ff.

[229] "*Il reste sous leur autorité jusqu'à sa majorité ou son émancipation.*"

[230] Bousquet, Explication I, S. 463. - Zum Zusammenhang zwischen wirtschaftlicher Entwicklung und Volljährigkeitsalter bzw. Beendigung der *puissance paternelle* Dörner, Industrialisierung und Familienrecht, S. 154.

[231] Bousquet, Explication I, S. 463.

[232] Dazu Brauer, Erläuterungen 1, S. 336f. ueber Saz 477 - 481; Bousquet, Explication 1, S. 587ff.; Zachariä-v.Lingenthal/Dreyer, Handbuch, § 119, S. 312ff.

[233] Bousquet, Explication 1, S. 589.

[234] Art. 470: "*Le mineur est émancipé de plein droit, par le mariage.*" - Der Ursprung dieser Vorschrift ist im *droit coutumier* zu suchen: Bousquet, Explication 1, S. 588.

der **Code civil** noch eine ausdrückliche Emanzipation vor, vorgenommen durch bloße Erklärung des Vaters, in dessen Ermangelung der Mutter, die der Friedensrichter mit Zuziehung seines Sekretärs aufnahm, Art. 478.[235]
Das Badische Landrecht kannte zudem noch eine stillschweigende Emanzipation für Haussöhne:
Landrechts-Satz 476a: Mannspersonen werden es [scil. gewaltentlassen] ferner durch eine, mit elterlicher Bewilligung angefangene, auf eigenes Vermögen oder eigene Gewerbsamkeit gegründete häusliche Niederlassung.

Die Gewaltentlassung aufgrund Anstellung einer *separata oeconomia* ist hier also gesetzlich fixiert worden.

3. Der Inhalt der *puissance paternelle*

a) Die Wirkungen der *puissance paternelle* auf die Person des Kindes
Nicht im Abschnitt über die *puissance paternelle* geregelt war die Pflicht der Eltern zur Erziehung ihrer Kinder; so wird auch eine Klage der Kinder gegen die Eltern auf Erziehung abgelehnt.[236] Nach Art.203, einer Vorschrift aus dem Kapitel über die aus der Ehe entspringenden Verbindlichkeiten, verpflichteten sich die Ehegatten gegenseitig zu Unterhalt und Erziehung der Kinder: "*Les époux contractent ensemble, par le seul fait du mariage, l'obligation de nourrir, entretenir et élever leurs enfants.*".
Ebenfalls nicht gesetzlich geregelt war ein Züchtigungsrecht des Vaters (*droit de correction*), was aber nicht daran hinderte, von seinem Bestehen auszugehen.[237] Für die Fälle sehr schwerer Vergehen der Kinder gab der *Code civil* dem Vater das sog. Detentionsrecht; d.h. er konnte seine Kinder unter bestimmten Voraussetzungen in öffentlichen Anstalten einsperren lassen[238] Das Detentionsrecht geht auf römische Vorbilder zurück (C. 8, 46 [47], 3) und war schon früher häufig Gegenstand von königlichen Ordonanzen gewesen.[239] Die Revolutionsgesetzgebung hatte ein Familientribunal über die Einsperrung des Kindes entscheiden lassen (*loi*

---

[235] Art. 471: " [...] *le mineur, même non marié, pourra être émancipé, par son père, ou à défaut de père, par sa mère, lorsqu'il aura atteint l'âge de quinze ans révolus. Cette émancipation s'opérera, par la seule déclaration du père ou de la mère, reçue par le juge de paix, assisté de son greffier.*".

[236] Stabel, Institutionen, § 40, S. 86; nach Zachariä-v.Lingenthal/Dreyer, Handbuch, § 551, S. 462 sollen Gerichte "Beschwerden über die Verletzung dieser Verbindlichkeit nur unter besonders dringenden Umständen annehmen"; wegen des Schweigen des C. c. versagt Laurent III 41, 42 jede Civilklage (nach Zachriä- v. Lingenthal/Dreyer, aaO.). - Siehe aber auch Art. 334, 335 ***Code pénal***.

[237] Brauer, Erläuterungen 1, S. 273 ueber Saz 375. - Landrechts-Saz 375: "Der Vater, der wichtige Ursachen hat, über das Betragen seines Kindes mißvergnügt zu seyn, kann sich ausser der Hauszucht folgender bürgerlichen Zuchtmittel bedienen.".

[238] Art. 369 - 377 alte Zählung, 375 - 383 neue Zählung. - Zur Geschichte dieses Instituts Viollet, Histoire du Droit Civil Français, S. 551f. - Der *Code Napoléon* machte früher bestehenden Unstimmigkeiten ein Ende Brauer, Erläuterungen 1, S. 272.

[239] Zachariä-v.Lingenthal/Dreyer, Handbuch, § 549, S. 452 FN 9.

du 24 août 1790); eine Konzeption, die aber als nicht glücklich angesehen wurde, denn wie sollte ein Vater seine Autorität wahren, wenn er den "Prozeß" gegen seinen Sohn verlor ?[240]
Im Verhältnis zu anderen Fragen regelte der *Code civil* das Einsperrungsrecht in acht Artikeln sehr ausführlich. Er unterschied zwischen der Einsperrung von Kindern unter und über sechzehn Jahren und stellte jeweils unterschiedliche Voraussetzungen auf[241]. Ohne auf Einzelheiten einzugehen, wegen der auf die einschlägige Literatur verwiesen wird[242], bleibt festzuhalten, daß es sich um ein weitgehendes Machtmittel des Vaters handelte.
Das Detentionsrecht wurde in Frankreich bis 1935 als ein seiner Idee nach von den Gerichten nicht nachprüfbares Zuchtmittel unverändert beibehalten, schließlich durch mehrere Reformgesetze seit 1935 umgestaltet und ist erst durch Gesetz vom 23. Dezember 1958 endgültig aufgehoben.[243]
Im Geltungsbereich des Badischen Landrechts wurde es durch Art. 2 Ziff. I des Badischen Einführungs-Gesetzes zum Reichsstrafgesetzbuch vom 23. Dezember 1871 abgeschafft.

Nicht im Titel über die *puissance paternelle*, sondern im Eherecht finden sich die Regeln zum Erfordernis der elterlichen Zustimmung zur Eheschließung der Kinder.
Art.148: *"Le fils, qui n'a pas atteint l' âge de vingt-cinq ans accomplis, la fille qui n'a pas atteint l'âge de vingt-un ans accomplis, ne peuvent contracter mariage sans le consentement de leur père et mère, en cas de dissentiment le consentement du père suffit."*
Art. 151: *"Les enfants de famille ayant atteint la majorité fixée par l'article CXLVIII, sont tenus, avant de contracter mariage, de demander, par un acte respectueux et formel, le conseil de leur père et leur mère [...]."*

Eine Pflicht der Kinder zur Mitarbeit in Haus und Wirtschaft der Eltern ist im *Code civil* nicht festgelegt worden. Diese Frage wurde in der Literatur zum **Code civil** nur selten erörtert. DURANTON[244] machte die Pflicht zur Mitarbeit davon abhängig, ob der Vater imstande war, die Kinder zu ernähren. War er es nicht, dann bestand eine Pflicht der Kinder, und der Vater erhielt den Erwerb aus ihrer Arbeit.

---

[240] Bousquet, Explication I, S. 469f.
[241] Art. 376f. neue Zählung.
[242] Bousquet, Explication 1, S. 469ff. zu Art.369ff.; Duranton, Cours 3, S. 343ff.; Stabel, Institutionen, § 40, S. 87; Zachariä-v.Lingenthal/Dreyer, Handbuch, § 549, S. 452ff.; Brauer, Erläuterungen 1, S. 272ff.; Baudry-Lacantinerie, Traité, Nr. 136 - 146, S. 149ff.
[243] Ferid/Sonnenberger, 4 C 305, 4 C 309.
[244] Cours 3, S. 367f.

b) Die Wirkungen der *puissance paternelle* auf das Vermögen der Kinder[245]

aa) Das Vermögen des Kindes

Der **Code civil** übernahm nicht das unzeitgemäße römische Pekulienrecht.[246] Es wurde nur zwischen dem unfreien und dem freien Vermögen, wobei das letztere nach der gesetzlichen Regelung den Ausnahmefall darstellte, unterschieden.

Zum freien Vermögen des Kindes, das nicht mit einem Nießbrauchsrecht belastet war, wurde nach Art. 381 das gerechnet, "*que les enfans pourront acquérir par un travail et une industrie séparés, ni à ceux qui leur seront donnés ou légués, sous la condition expresse que les père et mère n'en jouiront pas.*"[247]
Zur ersten Gruppe zählte der aufgrund von außerhäuslicher Arbeit oder Anstrengung erzielte Erwerb, der nach römischem Recht in das Adventizgut fiel. Für den Erwerb, den die Kinder durch Arbeit im väterlichen Haushalt oder Geschäft erzielten und der im Zusammenhang mit der Arbeit und Anstrengung des Vaters stand, galt, daß dieser dem Vater zufiel und die Kinder daran keinerlei Berechtigung hatten.[248]
Die zweite Fallgruppe ging auf die Codexstelle C. 6, 61, 6 (l. *cum oportet*) zurück und entsprach der früheren Rechtslage im Gebiet des *droit écrit*.[249]

An allen anderen Vermögensgegenständen stand dem Vater während der Dauer der Ehe, und nach deren Auflösung durch den Tod dem überlebenden Ehegatten, der Nießbrauch zu bis zum vollendeten achtzehnten Lebensjahr des Kindes oder bis zur vor diesem Zeitpunkt erfolgten Emanzipation.[250] Die Bestimmung, daß der

---

[245] Dazu siehe Baudry-Lacantinerie, Traité, Nr. 147 - 213, S. 164ff.: Bousquet, Explication 1, S. 474ff., S. 487f. zum Verwaltungsrecht; Duranton, Cours 3, S. 354ff.; Zachariä-v.Lingenthal/Dreyer, Handbuch, § 549, S. 455ff., zum Verwaltungsrecht § 99, S. 263ff.; Stabel, Institutionen, § 40, S. 87f.; Holthöfer, Handbuch III/1, S. 940. - In der französischen Lehre wurde das Recht der Sorge für die Vermögensangelegenheiten des Kindes unter väterlicher Gewalt teilweise nicht als Teil der elterlichen Gewalt angesehen: Holthöfer, Handbuch III/1, S. 938f. m. N. in FN 133.

[246] Baudry-Lacantinerie, Traité, Nr. 148, S. 170; Zachariä-v.Lingenthal/Dreyer, Handbuch, § 549 FN 19, S. 455.

[247] Landrechts-Saz 387: "[...] welches die Kinder durch abgesondert treibende Arbeit und Kunstfleiß erwerben mögen, auch nicht auf das, was unter der ausdrücklichen Bedingung, daß die Eltern keine Nutznießung daran haben sollen, den Kindern geschenkt oder vermacht worden ist.".

[248] Brauer, Erläuterungen, S. 278; Zachariä-v.Lingenthal/Dreyer, Handbuch, § 549, S. 456 FN 24 m. w. N.; Bousquet, Explication 1, S. 481; a. A. Baudry-Lacantinerie, Traité, Nr. 150, S. 174: Vater hat nur Nießbrauchsrecht: "*Mais le père aurait au contraire le droit d'invoquer son usufruit, s'il employait l'enfant pour son compte, soit dans la maison paternelle, comme ouvrier, clerc ou commis, soit même au dehors, par exemple commis-voyageur.*".

[249] Bousquet, Explication I, S. 481.

[250] Art. 384 n. Z.: "*Le père durant le mariage, et après la dissolution du mariage, le survivant des père et mère, auront la jouissance des biens de leurs enfans jusqu'a l'âge de dix-huit ans accomplis, qu jusqu'à l'émancipation qui pourrait avoir lieu avant l'âge de dix-huit ans.*" - Zum Nießbrauchsrecht Baudry-Lacantinerie, Traité, Nr. 148, S. 170ff.; zum Verlust des Nießbrauchsrechts siehe Duranton, Cours 3,

Nießbrauch mit dem vollendeten achtzehnten Lebensjahr enden sollte, also vor der Volljährigkeit des Kindes, ist mit dem Gedanken eingeführt worden, daß die Eltern nicht im Hinblick auf den Vorteil des Nießbrauchs ihre Zustimmung zu einer Emanzipation oder Ehe, von denen das zukünftige Glück der Kinder abhänge, versagten.[251] Der den Eltern bzw. dem Vater zugestandene Nießbrauch wurde als Ausgleich für die Sorge und die Kosten für die Aufzucht der Kinder angesehen.[252] Allerdings war die Verknüpfung zwischen Nießbrauch des Vaters und Unterhalt des Kindes nicht so eng, wie zum Beispiel nach dem ALR, daß das Nießbrauchsrecht des Vaters entfiel, wenn er dem Kind keinen Unterhalt mehr gewährte.

Mit dem Nießbrauch waren auch Lasten verbunden (Art.379)[253]:
1. die Lasten, die jeder Nießbraucher zu tragen hatte[254] (Art.600-616);
2. Ernährung, Pflege und Erziehung der Kinder nach ihrem Vermögen;
3. Zahlung der Rückstände (*arrérages*=Renten) und der Zinsen der Kapitalien[255].
Der vierte Punkt, Bezahlung der Krankheits- und Begräbniskosten, läßt sich nur vor dem Hintergrund der *Coutumes*, auf denen dieser Punkt beruhte, verstehen. Denn unter den Krankheits- und Begräbniskosten waren nicht etwa die des Kindes, sondern die des Erblassers, von dem das Kind Vermögen erhalten hatte, zu verstehen.[256]

bb) Die Verwaltung des Kindesvermögens durch den Vater[257]

Der Gesetzgeber des **Code civil** maß der Sorge und Vertretung des Kindes in Vermögenssachen keine besondere Bedeutung zu, denn während der Ehe der Eltern habe das Kind nur selten Vermögen. Erst mit dem Tode eines Elternteiles er-

S. 373ff. - Interessant auch aus dem Recht der Gütergemeinschaft: Art.1442 al.2 a.F.: "*S'il y a des enfans mineurs, le défaut d'inventaire fait perdre en outre à l'époux survivant la jouissance de leurs revenus, et le subrogé tuteur qui ne l'a point obligé à faire inventaire est solidairement tenu avec lui de toutes les condamnations qui peuvent être prononcées au profit des mineurs.*".

[251] Stabel, Institutionen, § 40, S. 88; Zachariä-v.Lingenthal/Dreyer, Handbuch, § 549, S. 455 FN 21; Brauer, Erläuterungen, S. 274; Bousquet, Explication 1, S. 478.

[252] Duranton, Cours 3, S. 355 und S. 393; Stabel, Institutionen, § 40, S. 87; Zachariä-v.Lingenthal/-Dreyer, Handbuch, § 549, S. 546 FN 23.

[253] Art. 385 n. Z.: "*Les charges de cette jouissance seront: 1) celles auxquelles sont tenus les usufruitiers; 2) la nourriture, l'entretien et l'éducation des enfans selon leur fortune; 3) le paiement des arrérages ou intérêts des capitaux; 4) les frais funéraires et ceux de dernière maladie.*" - Siehe aber Art. 601: Befreiung der Eltern von Sicherheitsleistung. - Duranton, Cours 3, S. 392ff.; Zachariä/Dreyer, Handbuch, § 549, S. 457f.

[254] Baudry-Lacantinerie, Traité, Nr. 159, S. 184.

[255] Duranton, Cours 3, S. 394; Baudry-Lacantinerie, Traité, Nr. 161, S. 185f.

[256] Duranton, Cours 3, S. 396; Baudry-Lacantinerie, Traité, Nr. 162, S. 186f.; Brauer, Erläuterungen, S. 276.

[257] Dazu siehe Baudry-Lacantinerie, Traité, Nr. 180ff., S. 202ff; Zachariä-v.Lingenthal/Dreyer, Handbuch 3, § 99, S. 263ff.; Ferid/Sonnenberger, 4 C 315; Holthöfer, Handbuch III/1, S. 940.

werbe das Kind in der Regel Vermögen, um dessen Erhaltung für die Familie der Gesetzgeber habe besorgt sein müssen.[258] Erst auf Veranlassung des Tribunates[259] wurde Art. 389 für die Verwaltung des Kindesvermögens in den Entwurf aufgenommen und hat anders, als man erwarten dürfte, seinen Platz im zehnten Titel über das Vormundschaftsrecht gefunden.
Art. 389[260] enthielt nur eine völlig unzureichende Regelung der Verwaltung des Kindesvermögens:
"*Le pére est, durant le mariage, administrateur des biens personnels de ses enfans mineurs. Il est comptable, quant à la propriété et aux revenus des biens dont il n'a pas la jouissance; et, quant à la propriété seulement, de ceux des biens dont la loi lui donne l'usufruit.*"
Im **Badischen Landrecht** wurde ausdrücklich hervorgehoben, daß das Verwaltungsrecht sich auch auf das freie Kindesvermögen erstreckte.
Landrechtssatz 389: "Der Vater ist, während der Ehe, Verwalter alles Vermögens, welches seinen minderjährigen Kindern zugehört, selbst des freieigenen."

Mit der knappen Bestimmung des Art. 389 beschränkte sich der *Code* darauf, die Vermögensverwaltung dem Vater zuzuweisen, er war "*administrateur*". Damit sollte auch zum Ausdruck gebracht werden, daß eine Vormundschaft erst bei Ableben eines Elternteils in Betracht kam.[261] So hieß es in Art. 390: "*Après la dissolution du mariage, arrivée par la mort naturelle ou civile de l'un des époux, la tutelle des enfans mineurs et non émancipés, appartient de plein droit au survivant des père et mère.*" Weiterhin enthielt Art.389 die Verpflichtung des Vaters zur Rechenschaftsablegung.[262]

Angesichts dieser rudimentären Regelung der Verwaltung des Kindesvermögens durch den Vater überrascht es nicht, daß die Reichweite und der Umfang des väterlichen Verwaltungsrechts sehr umstritten waren.[263]
Streit bestand zunächst darüber, ob die Einordnung des Artikels 389 ins Vormundschaftsrecht nur aufgrund der Umstände erzwungen oder auch von der Sache her beabsichtigt war.
Nach einer Auffassung, die von einem Teil der französischen Lehre im neunzehnten Jahrhundert[264] und wohl von der vorwiegenden Lehre des zwanzigsten Jahr-

---

[258] Baudry-Lacantinerie, Traité, Nr. 129, S. 141, Nr. 198, S. 226; Ferid/Sonnenberger, 4 C 301, 4 C 315.
[259] Baudry-Lacantinerie, Traité, Nr. 180, S. 202: "*Celui-ci [le Tribunat] fit observer que, d'après la tradition, le père, n'était pas, durant le mariage, traité comme un véritable tuteur et qu'il n'y avait pas lieu, par conséquent, de lui appliquer les règles de la tutelle.*"; Zachariä-v.Lingenthal/Dreyer, Handbuch, § 99 FN 5, S. 263 m. N.
[260] Dazu Baudry-Lacantinerie, Traité, Nr. 180ff., S. 202ff.
[261] Duranton, Cours 3, S. 408.
[262] Dazu Duranton, Cours 3, S. 410.
[263] Baudry-Lacantinerie, Traité, Nr. 193, S. 217: "*Quatre systèmes principaux ont été proposés.*"; Ferid/-Sonnenberger, 4 C 315.

hunderts[265] vertreten wurde und wird, erfolgte die Einordnung von Art. 389 zu Recht ins Vormundschaftsrecht, da unter die elterliche/väterliche Gewalt nur die personenrechtlichen, nicht aber die vermögensrechtlichen Befugnisse fallen[266]. Dagegen spricht aber, daß der Gesetzgeber das Nutznießungsrecht auch in den Titel über die väterliche Gewalt aufgenommen hat.

Nach der anderen Auffassung, die vornehmlich von der deutschen[267] und wohl herrschenden französischen Lehre im neunzehnten Jahrhundert[268] vertreten wurde, ist Art. 389 zu Unrecht im Vormundschaftsrecht plaziert worden. Gestützt wurde diese Meinung darauf, daß das Gesetz über die väterliche Gewalt bereits verabschiedet gewesen sei (11. November 1802), als der Vorschlag zur Aufnahme des Artikels gemacht wurde (16. November 1802), so daß nichts anderes übrigblieb, als ihn in den zehnten Titel zu übernehmen.[269]

Der Streit um die Einordnung des Art. 389 hatte große Bedeutung für die Frage des Umfangs des väterlichen Verwaltungsrechtes. Unter den verschiedenen dazu vertretenen Konzeptionen lassen sich zunächst zwei diametral gegenüberstehende Konstruktionen herausarbeiten.

Eine Auffassung, die davon ausging, daß Art. 389 zu Recht ins Vormundschaftsrecht aufgenommen worden sei, sah den Vater als Verwalter des eigenen Vermögens der minderjährigen Kinder an die gesetzlichen Beschränkungen gebunden, welche dem Vormund auferlegt waren.[270] Die entgegengesetzte Meinung berief sich auf die falsche Plazierung des Art. 389 und hielt den Vater von jeglichen Beschränkungen bei seiner Verwaltung - abgesehen von den gesetzlich geregelten Fällen - für befreit (*système de l'omnipotence du père administrateur légal*).[271] Sie vertraute auf die Zuneigung des Vaters zu seinem Kinde und auf die "Kontrolle" durch die Mutter.[272] Diese Ansicht berief sich auch auf die Gesetzgebungsgeschichte, da der ursprünglich vorgesehene dritte Absatz des Art. 389 (*Alinéa 3:*

---

264 Z.B. Planiol/Ripert/Boulanger I, 6.ti, 2. Kapitel, 2. Abschnitt (no. 2708-2727) nach Holthöfer, Handbuch III/1, S. 939 FN 133.

265 Dazu Ferid/Sonnenberger, 4 C 301.

266 Ebenso Ferid/Sonnenberger, 4 C 302.

267 Zachariä-v. Lingenthal/Dreyer, Handbuch 1, § 99, S. 263 Anm.*; Cretschmar, Rhein. Civilrecht, zu Art. 389, S. 61f.; Hachenburg, Das Badische Landrecht, zu Art. 389, S. 51f.

268 Vgl. Baudry-Lacantinerie, Traité, Nr. 180, S. 202, FN 3 m. N., dort auch Planiol FN 2463 zitiert und dies., Traité, Nr. 131, S. 143.

269 Baudry-Lacantinerie, Traité, Nr. 195, S. 221.

270 Siehe Baudry-Lacantinerie, Traité, Nr. 195, S. 219ff. m. N.

271 Dazu Baudry-Lacantinerie, Traité, Nr. 194, S. 217; vertreten vor allem von Zachariä-v.Lingenthal/-Dreyer, Handbuch, § 99, S. 264f. - Diese Auffassung wurde auch von einigen französischen Gerichten vertreten vgl. bei Baudry-Lacantinerie, Traité, Nr. 194, S. 217 FN 1 m. N.: so wohl auch Cretschmar, Rhein. Civilrecht, zu Art. 389, S. 62 (allerdings unter Geltung der Preußischen Vormundschaftsordnung); Hachenburg, Das Badische Landrecht, zu Art. 389, S. 51f.

272 Duranton, Cours 3, S. 408: "*Par son amour pour ses enfans, la mère offre une garantie qui remplace celle que la loi a cherchée dans le subrogé-tuteur lorsqu'il y a véritablement tutelle.*".

Tout ce qui intéresse la propriété des biens sera réglé par la disposition de la section VIII.) gestrichen worden war.[273]
Da das "System der Omnipotenz" erhebliche Gefahren für die Interessen des Kindes in sich barg und es der Gnade des Vaters auslieferte, wurde auch diese Meinung - zumindest in der französischen Lehre - nicht häufig vertreten.[274] Obwohl man also fast einhellig der Auffassung war, daß die Verwaltung des Vaters nicht unbeschränkt war, so waren doch die Auffassungen sehr unterschiedlich, wie die Grenzen des Verwaltungsrechts zu bestimmen waren.[275]
Von den verschiedenen Ansätzen soll hier nur der erwähnt werden, der den Vater dem vom *Conseil de famille* autorisierten Vormund oder *subrogé tuteur* (Gegenvormund) gleichstellte.[276]
Der infolge der unzureichenden gesetzlichen Regelung in Art. 389 - auch gegenüber Dritten -bestehenden Rechtsunsicherheit hinsichtlich der Verwaltungsbefugnisse des Vaters wurde erst durch das Gesetz vom 6. April 1910 ein Ende bereitet[277]. Durch dieses Gesetz wurde Art. 389 zu einem "Bandwurm-, Monsterparagraphen" gemacht, dem längsten des ganzen *Code*.[278] Die Vorschrift sah eine umfassendere Reglementierung der gesetzlichen Vertretung des Kindes durch den Vater vor.

Im folgenden sollen kurz ein paar Einzelfragen zur Vermögensverwaltung durch den Vater und ihre Lösungen angeschnitten werden[279].

Was die gesetzliche Vertretung des Kindes anbelangt, so wurde dem Vater diese Befugnis aufgrund der väterlichen/elterlichen Gewalt zuerkannt (Art. 450 nennt nur den Vormund).[280] Diese Befugnis erstreckte sich auch auf die Vertretung des Kindes vor Gericht.[281] Der Vater konnte alle zur Ausnutzung der Güter des Sohnes notwendigen Maßnahmen wie Verkauf von Früchten, Vornahme von Reparaturen, Versicherungen, Vermietung beweglicher und unbeweglicher Gegenstände ohne

---

[273] Baudry-Lacantinerie, Traité, Nr. 194, S. 217, S. 218: "*Le législateur a pensé qu'il valait mieux l'en affranchir, dans l'intérêt même de l'enfant. Le père, s'il est armé de pouvoirs souverains, s'il n'est pas gêné dans son administration, pourra s'acquitter de sa mission d'une manière plus utile et plus économique*". - Mit "*section* VIII" in *alinéa* 3 ist die achte Sektion "*De l'administration du tuteur*" des dritten Kapitels des Titels X über die Vormundschaft gemeint.
[274] Siehe Baudry-Lacantinerie, Traité, Nr. 194, S. 218f.
[275] Baudry-Lacantinerie, Traité, Nr. 194, S. 219.
[276] Dazu Baudry-Lacantinerie, Traité, Nr. 197, S. 224 m. N.; Duranton, Cours 3, S. 408f. - Zu den anderen Ansätzen Baudry-Lacantinerie, Traité, Nr. 195ff., S. 219ff.
[277] Dazu Holthöfer, Handbuch III/1, S. 938f., S. 940f.; Ferid/Sonnenberger, 4 C 315.
[278] Zur weiteren Entwicklung siehe Ferid/Sonnenberger, 4 C 395ff.
[279] Zur ausführlichen Darstellung siehe bei Baudry-Lacantinerie, Traité, Nr. 199ff., S. 226ff.; Zachariä-v.Lingenthal/Dreyer, Handbuch, § 99, S. 264f. FN 8.
[280] Knothe, Geschäftsfähigkeit, S. 145.
[281] Baudry-Lacantinerie, Traité, Nr. 210, S. 234f.

autorisation vornehmen.[282] Schuldner des minderjährigen Kindes konnten an den Vater, ohne daß dieser einer *autorisation* bedurfte, mit befreiender Wirkung leisten[283], und der Vater konnte dem Kind gemachte Geschenke annehmen.[284]
Streit bestand hinsichtlich der Veräußerung von Immobilien.[285] Die Vertreter der Auffassung, die den Vater wie den Vormund behandeln wollte, wendeten die Art. 457 - 459 und Art. 953f. ***Code de procédure civile*** an.[286] Die Verfechter des "Systems der Omnipotenz" sahen den Vater als zur Veräußerung ermächtigt an "*sans aucune autorisation et à l'amiable*".[287] Nach der Meinung, die den Vater dem durch Familienrat ermächtigten Vormund, unterstützt vom *subrogé-tuteur* (Gegenvormund) gleichstellte, wurde für die Veräußerung eine Autorisation des Gerichts verlangt.[288]
Bezüglich der Veräußerung von beweglichen Gegenständen wurde angenommen, daß der Vater diese, ohne an irgendeine Formalität gebunden zu sein, vornehmen könne.[289]
Geschäfte, die der Vater nicht vornehmen konnte, waren z. B. Schenkungen, *compromis*, einfache Erbschaftsannahme und die *transaction*.[290]

Während im neunzehnten Jahrhundert Streit darüber bestand, ob das unbewegliche Vermögen des Vaters wegen der Verwaltung mit einer gesetzlichen Hypothek zugunsten des minderjährigen Kindes belastet war, hat sich die herrschende Meinung seit Beginn des zwanzigsten Jahrhunderts für die Verneinung dieser Frage entschieden.[291] Die entsprechende Vorschrift für den Vormund (Art. 2121) wollte man nicht auf den Vater anwenden, da der Gesetzgeber keine Notwendigkeit dafür gesehen hatte im Hinblick auf die Zuneigung des Vaters zu seinen Kindern und die Kontrolle durch die Mutter.[292]

---

[282] Baudry-Lacantinerie, Traité, Nr. 199, S. 226.
[283] Baudry-Lacantinerie, Traité, Nr. 200, S. 226.
[284] Baudry-Lacantinerie, Traité, Nr. 202, S. 228, Verweis auf Art. 935.
[285] Baudry-Lacantinerie, Traité, Nr. 187, S. 212.: Das Gesetz vom 27. Februar 1880 gilt nicht für den Vater als *administrateur légal*, siehe dort auch für das Gesetz vom 24. März 1806 und das Dekret vom 25.September 1813.
[286] Aubry et Rau I, § 123 texte et note 33 und einige französische Gerichte nach Baudry-Lacantinerie, Traité, Nr. 206, S. 230 FN 4 m. N.
[287] Siehe bei Baudry-Lacantinerie, Traité, Nr. 206, S. 231 m. FN 2.
[288] So die Auffassung von Baudry-Lacantinerie, Traité, Nr. 206 a. E., S. 232 FN 1.
[289] Baudry-Lacantinerie, Traité, Nr. 186, S. 211f.
[290] Baudry-Lacantinerie, Traité, Nr. 208f., S. 233f. und Nr. 194, S. 218 (zum *système de l'omnipotence*).
[291] Baudry-Lacantinerie, Traité, Nr. 182, S. 204 m. N. in FN 1; Duranton, Cours 3, S. 409; Zachariä-v.Lingenthal/Dreyer, Handbuch, § 99, S. 65 FN 11, Handbuch 2, § 264, S. 140f. (kein Unterpfandrecht an Liegenschaften); Hachenburg, Das Badische Landrecht, zu Art. 389, S. 52: kein Pfandrecht nach Landrechts-Satz 2121.
[292] Baudry-Lacantinerie, Traité, Nr. 182, S. 204 FN 1.

Hinsichtlich einer Pflicht zur Inventarisierung der der Verwaltung des Vaters unterworfenen Güter des Kindes bestand auch Streit.[293] Die verneinende Ansicht[294] berief sich auf das Schweigen des Gesetzes, während die bejahende darauf abstellte, daß eine Rechenschaftsablegung, zu der der Vater nach Art. 389 al.2 verpflichtet war, nur auf der Grundlage eines Inventars möglich sei.[295]
Soweit ersichtlich wurden Ersatzansprüche des Kindes gegen den Vater wegen der Verwaltung der Kindesgüter in der Literatur kaum erwähnt.[296] Für die Vertreter der Auffassung, daß auf die Verwaltung durch den Vater die Regeln des Vormundschaftsrechtes anwendbar sind, ergab sich eine Schadensersatzpflicht des Vaters aus Art. 450 al. 2 entsprechend: " [...] *et répondra des dommages et intérêts qui pourraient résulter d'une mauvaise gestion.*" Ob man dem Kind einen Schadensersatzanspruch nach der allgemeinen Vorschrift für Schadensersatz des Art. 1382 zubilligte, dürfte davon abhängen, welcher Konzeption über die Stellung des Vaters bei der Verwaltung der Kindesgüter man folgte.

IV. Klagbare Verbindlichkeiten zwischen Eltern und Kindern

Klagbaren Verbindlichkeiten zwischen Eltern und Kindern stand die Fiktion der Personeneinheit, die schon POTHIER verworfen hatte[297], nicht im Wege.[298] Dies erschien den Redaktoren des ***Code civil*** wahrscheinlich als so selbstverständlich, daß es im Gesetzestext nicht erwähnt wurde.
Bei Rechtsgeschäften zwischen Vater und Kindern tauchte aber, da der Vater als gesetzlicher Vertreter für den grundsätzlich geschäftsunfähigen Minderjährigen handelte, das Problem des Selbstkontrahierens und des damit verbundenen Interessenkonfliktes auf. Dieses Problem wurde auch von der französischen Lehre gesehen.[299] BAUDRY-LACANTINERIE sprachen es für den Fall der Liquidation einer Gütergemeinschaft und eines ungeteilten Nachlasses, der Vater und Kind zustand, an.[300] Einig war man sich darüber, daß das Kind in diesen Fällen eines speziellen Vertreter bedurfte.[301] Uneins war man sich aber hinsichtlich der "Qualifikation"

---

[293] Baudry-Lacantinerie, Traité, Nr. 185, S. 210.
[294] Laurent IV, n. 307 und Huc III, n. 239 nach Baudry-Lacantinerie, Traité, Nr. 185, S. 210.
[295] Baudry-Lacantinerie, Traité, Nr. 185, S. 210; dort auch zur Folge bei Nichterrichtung eines Inventars.
[296] Siehe aber Baudry-Lacantinerie, Traité, Nr. 189, S. 216; Zachariä-v.Lingenthal/Dreyer, Handbuch, § 551, S. 462 (Verweis auf die Pflichten aus dem Vormundschaftsverhältnis).
[297] Pothier, Les Traités du droit français, Traité des obligations, Partie 1, Chapitre 1 Sect./II Nr. 128 stellte auf die Vermögensunfähigkeit ab: "*La puissance paternelle n'ayant point, dans notre droit, cet effet, rien n'empêche qu'un père ne contracte des obligations envers ses enfans, et que ses enfans ne contractent envers lui.*".
[298] Brauer, Erläuterungen, S. 335: "Allein diese Dichtung der Einheit, die unser Recht nicht einmal zwischen Eltern und Kindern im streng römischen Sinn anerkennt, ist noch weniger hier anzuwenden.".
[299] Baudry-Lacantinerie, Traité, Nr. 183, S. 205; Duranton, Cours 3, S. 408f.
[300] Traité, Nr. 183, S. 205.
[301] Baudry-Lacantinerie, Traité, Nr. 183, S. 205.

der zu ernennenden Person und der Art, wie und von wem sie ernannt werden sollte.[302] Nach der herrschenden Auffassung sollte dem Kind ein *tuteur ad hoc*, vom Familienrat nach den Regeln über die Vormundschaft ernannt, gegeben werden.[303] Diese Lösung wurde auch für die Vornahme anderer Rechtsgeschäfte vertreten[304]: "*Le père peut prendre à bail les biens de son enfant mineur sans l'autorisation du conseil de famille, tandis que cette autorisation est nécessaire au tuteur [...] Bien entendu, il faudra nommer à l'enfant un représentant spécial qui traitera avec le père, et d'aprés l'opinion générale, cet administrateur ad hoc sera nommé par le conseil de famille. Mais alors le conseil de famille interviendra seulement pour faire cette nomination, non pour autoriser la passation du bail.*"

Die Vorschrift des Art. 450 al. 3 aus dem Vormundschaftsrecht sollte nicht für den Vater gelten.[305]
Art. 450 al. 3:: "*Il ne peut ni acheter les biens du mineur, ni les prendre à loyer ou à ferme, à moins que le conseil de famille n'ait autorisé le subrogé-tuteur à lui en passer bail, ni accepter la cession d'aucun droit ou créance contre son pupille.*"

Somit konnten grundsätzlich klagbare Verbindlichkeiten aus Rechtsgeschäften zwischen Vater und Kindern entstehen. In gewissen Fällen sollte der Vater sogar gezwungen sein, ein Recht des Kindes gegen sich selbst durchzusetzen:
"*De même que le tuteur, le père administrateur légal ne peut invoquer contre l'enfant le bénéfice d'aucune déchéance ou prescription s'accomplit ou la déchéance est encourue, a lieu au cours de son administration. La situation du père est la même que celle du tuteur et les raisons de décider sont identiques. Le père, en sa qualité d'administrateur, ne devait pas laisser périr le droit que son enfant avait contre lui. S'il la fait, sa responsabilité se trouve engagée.*"[306]
Der Vater als Verwalter des Vermögens der Kindes mußte also darauf achten, daß das Kind seine Ansprüche gegen ihn auch realisieren konnte; sonst standen dem Kind Schadensersatzansprüche gegen den Vater zu.

Die Möglichkeit von sonstigen klagbaren Verbindlichkeiten, z. B. aus Delikt ergab sich indirekt aus Art. 380 ***Code pénal***: "*Les soustractions commises* [...] *par des enfants ou autres descendants au préjudice de leur pères ou mères ou autres ascendants, par des pères et mères ou autres ascendants au préjudice de leurs en-*

---

[302] Baudry-Lacantinerie, Traité, Nr. 183, S. 205.
[303] Duranton, Cours 3, S. 408: "*subrogé-tuteur ad hoc*"; Baudry-Lacantinerie, Traité, Nr. 183, S. 206ff.: "*administrateur ad hoc*"; S. 206 m. w. N.
[304] Baudry-Lacantinerie, Traité, Nr. 189, S. 214.
[305] Str.: Baudry-Lacantinerie, Traité, Nr. 189 D., S. 215: "*Certains auteurs* [keine Nachweise, A. d. V.] *appliquent au père administrateur la disposition de l'art 450, qui défend au tuteur d'acheter les biens de son pupille.*".
[306] Baudry-Lacantinerie, Traité, Nr. 189, S. 216.

fants ou autres descendants, [...] *ne pourront donner lieu qu'a des réparations civiles."*

In Art. 204 wurde ein Anspruch der Tochter auf Dotierung oder der Kinder allgemein auf Einrichtung eines Haushaltes abgelehnt.[307]
Somit läßt sich für das Recht des ***Code civil*** festhalten, daß grundsätzlich klagbare Verbindlichkeiten zwischen Vater und Kindern möglich waren; Anklänge an die Theorie vom rechtsfreien Raum fanden sich in der zivilrechtlichen Literatur nicht.

4. Kapitel Das Allgemeine Bürgerliche Gesetzbuch (ABGB)[308]

I. Die Entstehungsgeschichte

Das **Allgemeine Bürgerliche Gesetzbuch (ABGB)**, das am 1.Januar 1812 in den österreichischen Erbländern in Kraft trat[309], konnte auf eine lange Vorgeschichte zurückblicken[310]. Da diese für das Thema der Arbeit nicht ohne Bedeutung ist, seien die dem **ABGB** vorangegangenen Gesetze und Entwürfe kurz vorgestellt.
Als erster Entwurf ist der **Codex Theresianus**[311] zu nennen. Die Kaiserin MARIA THERESIA hatte am 14. Februar 1753 eine Kommission zur Abfassung eines Gesetzbuches eingesetzt, "worin für alle Erblande ein Jus privatum certum und universale statuirt wird". Grundlage des neuen Gesetzbuches sollten die örtlichen Gewohnheitsrechte und das gemeine Recht sein; das Vernunftrecht sollte aber stets zur "Berichtigung und Ergänzung" herangezogen werden[312]. Der Entwurf, der **Codex Theresianus**, an dem federführend der Prager Professor und Advokat JOSEPH AZZONI und nach dessen Tod JOHANN VON ZENCKER mitgewirkt hatten, wurde erst 1766 fertiggestellt. Wegen seiner Weitschweifigkeit - der Entwurf umfaßte acht Foliobände - und einiger inhaltlicher Bedenken wurde dieser Entwurf aber von der Kaiserin MARIA THERESIA abgelehnt. Zu seiner

[307] Zum Unterhaltsanspruch nach dem ***Code civil*** siehe Krause, Gegenseitige Unterhaltsansprüche, S. 155ff.
[308] Zur Rechtsstellung der Kinder vor Inkrafttreten des ABGB siehe Wesener, Die Stellung des Kindes im Recht der altösterreichischen Länder (Vom Mittelalter bis zum A. B. G. B.), in: Recueils de la Société Jean Bodin, S. 453ff.; zum ABGB ders., aaO., S. 485ff.
[309] Patent vom 1. Juni 1811, JGS 946, zitiert nach Klein-Bruckschwaiger, "Allgemeines Bürgerliches Gesetzbuch", HRG 1, Sp. 101.
[310] Dazu v. Harrasowsky, Geschichte der Codification des österreichischen Civilrechts; Klein-Bruckschwaiger, "Allgemeines Bürgerliches Gesetzbuch", HRG 1, Sp. 93ff.; Wieacker, PrGN, S. 335f.
[311] Dazu v. Harrasowsky, Der Codex Theresianus und seine Umarbeitungen, 4 Bände.
[312] Klein-Bruckschwaiger, "Allgemeines Bürgerliches Gesetzbuch", HRG 1, Sp. 94: "[...] so viel möglich das bereits übliche Recht beibehalten, die verschiedenen Provinzialrechte, insofern es die Verhältnisse gestatten, in Übereinstimmung bringen, dabei das gemeine Recht und die besten Ausleger desselben sowie auch die Gesetze anderer Staaten benützen [...].".

Umarbeitung wurde eine neue Kommission eingesetzt, die den Entwurf kürzen und vereinfachen und sich von den "römischen Gesetzen" lösen und stattdessen die "natürliche Billigkeit" zugrundelegen sollte[313]. Die Neubearbeitung wurde J. B. HORTEN anvertraut, der zunächst den ersten Teil des **Codex Theresianus** bearbeitete. Diesem ersten Teil des Entwurfes HORTENS verlieh Kaiser JOSEPH II. nach Vornahme einiger Änderungen Gesetzeskraft[314]; das sogenannte **Josephinische Gesetzbuch**[315], in dem das Personen- und Familienrecht behandelt wurde, war geschaffen. Wegen der Kritik am Josephinischen Gesetzbuch wurde unter dem Nachfolger JOSEPH II., LEOPOLD II., die Kompilationskommission aufgelöst.
Der Gedanke einer einheitlichen Kodifikation erwies sich aber als so mächtig, daß LEOPOLD II. in demselben Jahr, 1790, eine neue, von KARL ANTON VON MARTINI, dem Wiener Naturrechtslehrer, geführte Kommission zur Schaffung eines Gesetzbuches einsetzte. MARTINI legte seinen Entwurf 1796 vor, der zu Erprobungszwecken mit Patent vom 13. Februar 1797[316] als **Westgalizisches Gesetzbuch** und mit Patent vom 18. September 1797[317] auch für Ostgalizien kundgemacht wurde. Der Entwurf MARTINIS, der auch als "Urentwurf" bezeichnet worden ist, wurde einer neuen Kommission zur weiteren Beratung überwiesen. Das Referat in der neuen Kommission wurde dem Schüler und Nachfolger im Lehramt MARTINIS, FRANZ VON ZEILLER[318], übertragen. In drei Lesungen erhielt der "Urentwurf" MARTINIS die letzte Form und Gestalt, woran V. ZEILLER maßgebend beteiligt war. Im Jahre 1808 wurde dem neuen Entwurf zwar schon die grundsätzliche Sanktion erteilt, seine Inkraftsetzung verzögerte sich aufgrund verschiedener Umstände[319] dann doch bis 1811.

Das **ABGB** ist ein reines Privatrechtsgesetzbuch und handelt in 1502 Paragraphen in drei Teilen ab: I. Personenrecht, II. Sachenrecht (= Vermögensrecht),

---

[313] Siehe bei Klein-Bruckschwaiger, "Allgemeines Bürgerliches Gesetzbuch", HRG 1, Sp. 94: "1. soll das Gesetz- und Lehrbuch nicht miteinander vermengt [...], 2. alles in möglichster Kürze gefaßt [...], 4. [...] soll man sich nicht an die römischen Gesetze binden, sondern überall die natürliche Billigkeit zum Grunde legen.".

[314] Patent vom 1. November 1786, JGS 591.

[315] Dazu siehe Wesener, Die Stellung des Kindes im Recht der altösterreichischen Länder (Vom Mittelalter bis zum A.B.G.B.), in: Recueils de la Société Jean Bodin, 453 (481ff.).

[316] JGS 337, zitiert nach Klein-Bruckschwaiger, "Allgemeines Bürgerliches Gesetzbuch", HRG 1, Sp. 97.

[317] JGS 373, zitiert nach Klein-Bruckschwaiger, "Allgemeines Bürgerliches Gesetzbuch", HRG 1, Sp. 96.

[318] Zu ZEILLERS naturrechtlicher Konzeption des Eltern-Kind-Verhältnisses in seinem Werk "Natürliches Privatrecht" siehe Dufour, Zeillers Elternrechtslehre im Lichte des vorkritischen Naturrechts, in: Forschungsband Franz von Zeiller, S. 52ff. ZEILLER sieht die Grundlage des Rechtes der Eltern über die Kinder in dem Zweck der Erziehung der Kinder: § 165 Natürliches Privatrecht: "Das Recht der Eltern die (unvollbürtigen) Kinder zu erziehen ist also der wahre, nächste Grund der älterlichen Gewalt.".

[319] Dazu siehe Klein-Bruckschwaiger, "Allgemeines Bürgerliches Gesetzbuch", HRG 1, Sp. 96.

III. Gemeinschaftliche Bestimmungen ("Allgemeiner Teil"). Während nach heutiger Einschätzung das **ABGB** ein vorzügliches Gesetzbuch ist[320], war es im neunzehnten Jahrhundert heftiger Kritik, vor allem der historischen Rechtsschule, ausgesetzt[321].

II. Das Eltern-Kind-Verhältnis
Der rechtliche Rahmen des Eltern-Kind-Verhältnisses wird im ersten Teil des **ABGB**, der dem Personenrecht einschließlich des Familienrechts gewidmet ist, unter der Überschrift "Von den Rechten zwischen Aeltern und Kindern" abgesteckt. Von den einundvierzig Paragraphen dieses Hauptstücks beschäftigen sich dreiundzwanzig mit dem Verhältnis zwischen Eltern und ehelichen Kindern.
Im **Codex Theresianus**, der inhaltlich den Rechtszustand des *Usus modernus* wiedergibt, waren die das Eltern-Kind-Verhältnis betreffenden Vorschriften noch in mehreren verschiedenen Abschnitten verteilt:
Im zweiten Kapitel (Vom Stand der Menschen) werden in § 4 die sich aufgrund der häuslichen Gesellschaft ergebenden Rechte und Pflichten geregelt[322]: dem Vater als Oberhaupt des Hauses werden Rechte und Pflichten auferlegt. Im vierten Kapitel (Von der Verwandtschaft) und im fünften (Von der väterlichen Gewalt) finden sich weitere Regelungen.

Im **Josephinischen Gesetzbuch** ist das vierte Hauptstück ebenso wie das vierte Hauptstück des Westgalizischen Gesetzbuches mit "Von den Rechten zwischen Aeltern und Kindern" überschrieben. Allein schon an den Überschriften deutet sich der inhaltliche Wandel an, der sich zwischen dem **Codex Theresianus** einerseits und den anderen Gesetzen und Entwürfen andererseits vollzogen hat.

Nach ZEILLER ist das Rechtsverhältnis zwischen Eltern und Kindern der Inbegriff der "in dem Verhältnisse oder Factum der Erzeugung gegründeten Rechte und Verbindlichkeiten der Kinder gegen ihre Aeltern, so wie diese gegen ihre Kinder"[323]. Dabei soll das Rechtsverhältnis "mit den Rechten der Kinder" beginnen, "daraus entspringen Pflichten der Aeltern, zu deren Erfüllung ihnen Rechte gebühren, denen wieder Pflichten von Seite der Kinder zusagen".[324] Bei den Pflichten und Rechten zwischen Eltern und Kindern ist zwischen solchen zu unterscheiden, die allein den Vater treffen und solchen, die beiden Eltern gemeinschaftlich zustehen.

---

[320] Wieacker, PrGN, S. 338 m. w. N. in FN 54; Schlosser, Grundzüge, § 3 V.3.
[321] Vor allem SAVIGNY kritisierte das ABGB, siehe Klein-Bruckschwaiger, "Allgemeines Bürgerliches Gesetzbuch", HRG 1, Sp. 97.
[322] Nr. 87 ff., z. B. Nr. 89 Züchtigungsrecht des Vaters, Nr. 92 Vertretungsrecht des Vaters etc.
[323] Zeiller, Commentar, Anm. zu § 137, S. 314.
[324] Zeiller, Commentar, Anm. zu § 139, S. 318.

1. Die elterliche Gewalt

Als wichtigste gemeinschaftliche Pflicht der Eltern wird in § 139 die zur Erziehung der Kinder festgelegt, worunter das **ABGB** versteht, "für ihr Leben und ihre Gesundheit zu sorgen, ihnen den anständigen Unterhalt zu verschaffen, ihre körperlichen und Geisteskräfte zu entwickeln, und durch Unterricht in der Religion und in nützlichen Kenntnissen den Grund zu ihrer künftigen Wohlfahrt zu legen".[325] Bei der Erziehung der Kinder teilen sich Mutter und Vater die Aufgabe: Während den Vater in erster Linie die Verpflichtung zum Unterhalt trifft, muß die Mutter hauptsächlich für die Pflege des Körpers und der Gesundheit sorgen, § 141. Die Pflicht der Eltern besteht nicht nur gegenüber den Kindern, sondern auch gegenüber dem anderen Ehegatten und gegenüber dem Staat. Nach ZEILLER steht die private Erziehung mit dem öffentlichen Erziehungsanspruch in einem engen Zusammenhang, so daß "die meisten Vorschriften hierüber der politischen Gesetzgebung angehören, und [...] nur wenige davon in das Rechtsgebieth aufzunehmen sind."[326]

Nach § 144 haben die Eltern das Recht, einverständlich die Handlungen ihrer Kinder zu leiten. Dadurch soll die Erziehung der Kinder nach einem vernünftigen, zweckmäßigen Plan gesichert und eine das Ansehen der Eltern abwürdigende Disharmonie in ihren Anordnungen vermieden werden.[327] Im Kollisionsfall geht allerdings der Wille des Vaters vor; dies ergibt sich schon aus § 91.[328] Zum beiden Elternteilen zustehenden Züchtigungsrecht ist anzumerken, daß es nur so weit geht, "als es notwendig ist, um die Familienordnung herzustellen". Die Züchtigung darf nicht in Mißhandlungen ausarten, wodurch den Kindern körperlicher oder gesundheitlicher Schaden entsteht.[329] Die Überschreitung der rechtlichen Grenze wird geahndet.[330]

Eine Überwachung der Erziehung der Kinder durch den Staat mit Hilfe des (vormundschaftlichen) Gerichtes findet nicht statt. Es schreitet nur ein, wenn ihm Mißbrauch oder Vernachlässigung angezeigt oder sonst bekannt wird.[331]

"Das der väterlichen Gewalt entstammende Recht des Vaters auf Leitung und Erziehung seiner minderjährigen Kinder kann von ihm in der Regel nach freiem Ermessen ausgeübt werden und findet nur in den vom Gesetze bezeichneten

---

[325] Zur Erläuterung der Begriffe vgl. Winiwarter, § 160, S. 353; Stubenrauch, S. 216ff.

[326] Commentar, Anm. 3 zu § 139, S. 319.

[327] Zeiller, Commentar, Anm. zu § 144, S. 326.

[328] "Der Mann ist das Haupt der Familie. In dieser Eigenschaft steht ihm vorzüglich das Recht zu, das Hauswesen zu leiten."

[329] Zeiller, Commentar, Anm. zu § 145, S. 327; Nippel, Commentar, Anm. 2 zu § 145, S. 191.

[330] Zeiller, Commentar, Anm. zu § 145, S. 327f.; siehe auch § 269 StG II. Theil: Eingreifen der Behörde zur Unterstützung der Eltern.

[331] Ehrenzweig/Pfaff, System, § 455, S. 209; Krasnopolski, § 49, S. 250 FN 4 zur Standeswahl durch den Vater.

Fällen der §§ 148, 177 und 178 BGB [...] eine Beschränkung. Wie aus der Vorschrift der eben bezeichneten Gesetzesstellen gefolgert werden muß, ist das Gericht außer diesen Fällen zu einem Einschreiten in Angelegenheiten der Erziehung von Kindern, welche unter väterlicher Gewalt stehen, nicht berufen; damit entfällt aber auch jede die Verfügung des Vaters in diesen Angelegenheiten überwachende und kontrollierende pflegschaftsbehördliche Tätigkeit. Zwischen der Gewalt des Vaters und jener des Vormundes besteht ein [...] wesentlicher Unterschied, und es ist jene Fürsorge, welche [...] dem Gerichte gegenüber dem Vormunde auferlegt ist, dem Vater gegenüber mit Rücksicht auf die zwischen diesen und seinen Kindern bestehenden natürlichen Bande nicht geboten".[332]

Weitere beiden Elternteilen zustehende Rechte sind in § 145 aufgeführt:
"Die Aeltern sind berechtiget, vermißte Kinder aufzusuchen, entwichene zurück zu fordern, und flüchtige mit obrigkeitlichem Beystande zurück zu bringen; sie sind auch befugt, unsittliche, ungehorsame oder die häusliche Ordnung und Ruhe störende Kinder auf eine nicht übertriebene und ihrer Gesundheit unschädliche Art zu züchtigen."
"Diese Rechte der Eltern dienen als notwendige Mittel dazu, die Kinder zu erziehen und zu leiten [...] und ihren Anordnungen die nöthige, wirksame Kraft oder Sanction zu geben.[333]"

Zu einer Pflicht der Kinder zur Mitarbeit im elterlichen Haushalt und Geschäft findet sich keine Regelung im **ABGB**; jedoch wurde allgemein die Ansicht vertreten, daß, solange das Kind noch im Hause der Eltern unterhalten wurde, es zu Arbeiten herangezogen werden konnte, und daß dafür kein Lohn geschuldet wurde.[334]

Alle die im **ABGB** beiden Elternteilen zuerkannten Rechte standen nach dem **Codex Theresianus** noch dem Vater allein in seiner Eigenschaft als Familienoberhaupt/Haushaltsvorstand zu.[335] Die Unterscheidung, die der **Codex There-**

---

[332] Entscheidungs-Sammlung Nr. 14. 997.
[333] Zeiller, Commentar, Anm. zu § 145, S. 327.
[334] Ehrenzweig, System, § 457 II., S. 221: "Die elterliche Gewalt dient zwar in erster Linie dem Interesse des Kindes, doch können die Eltern verlangen, daß das in ihrer Verpflegung stehende Kind ihnen unentgeltlich angemessene Dienste leiste. Das ergibt sich aus den natürlichen Rechtsgrundsätzen. [...] Dafür spricht auch das den §§ 151, 152 zugrunde liegende Recht der Eltern, das Arbeitseinkommen des Kindes zur Bestreitung der Verpflegskosten zu verwenden. Bleibt das Kind in der elterlichen Verpflegung, obwohl es sich selbst fortbringen und mehr verdienen könnte, als der Wert der Verpflegung ausmacht, so besteht auch die Pflicht zur Dienstleistung aufrecht und ein Lohn kann hierfür nur auf Grund eines Vertrages gefordert werden."; Lehner, S. 41.
[335] Cap. 2, § 4 Nr. 88, 89 und 90; vgl. aber Nr. 109: "Von dem Recht des Vaters ist nach der Natur das Recht der Mutter über ihre Kinder nicht sonderlich unterschieden. Sie sind nicht minder derselben nach dem Vater zu gehorsamen, sie zu ehren und auf keinerlei Art zu verletzen schuldig.". - Im Codex

sianus bezüglich der Pflichten und Rechte des Vaters traf, war die zwischen solchen Rechten, "welche aus der Erzeugung hauptsächlich von der Natur selbst entspringen", geregelt im zweiten Kapitel § 4 (Cap. 5 § 1 Nr. 2) und solchen, "welche entweder aus Anordnung der Gesetzen herfließen, oder doch durch selbe ihre Bestimmung erhalten" (Cap. 5 § 1 Nr. 3). Zu letzteren wird die "väterliche Gewalt" gerechnet, die im fünften *Caput* näher geregelt wird (Cap. 5 § 1 Nr. 4)[336].
Obwohl auch das **Josephinische Gesetzbuch** das vierte Hauptstück mit "Von den Rechten zwischen Aeltern und Kindern" überschrieben hat, werden doch dem Vater die meisten Rechte und Pflichten zugesprochen.[337]

Daß die Kinder den Eltern gegenüber zu Ehrfurcht und Gehorsam verpflichtet sind (§ 144 2. HS), stellt keine Abweichung gegenüber den Regelungen in den vorhergehenden Gesetzen und Entwürfen dar.[338] Zum juristisch faßbaren Inhalt der Ehrfurchts- und Gehorsamspflicht findet sich, wenn überhaupt nur, daß die Eltern diese Pflicht der Kinder mit Hilfe der Behörden durchsetzen können.[339]

2. Die väterliche Gewalt
Zwar geht das **ABGB** von gemeinschaftlichen Rechten beider Eltern aus, doch ist auch bei dieser Konzeption die Stellung des Vaters gewichtiger, vgl. § 91. Die Position des Vaters im Verhältnis zu der der Mutter wird noch dadurch gestärkt, daß ihm über die oben dargestellten Rechte hinaus noch die "väterliche Gewalt" gewährt wird. Diese "väterliche Gewalt" nach dem **ABGB** hat mit der römischen *patria potestas* nur den Namen gemeinsam; sie gewährt nach ZEILLER dem Vater kein Eigentumsrecht an den Kindern und stelle auch keine "Erwerbungsquelle" dar[340].
In § 147 wird die väterliche Gewalt wie folgt definiert: "Die Rechte, welche vorzüglich dem Vater als Haupt der Familie zustehen, machen die väterliche Gewalt aus."

Theresianus ist aber öfter von den Rechten zwischen Eltern und Kindern die Rede, so z. B. Cap. 5 § 1 Nr. 2, 3 und 4.

[336] Alle übrigen Rechte, welche die Gesetze dem Vater zusprechen, werden an den entsprechenden Stellen des Gesetzbuches besonders abgehandelt, Cap. 5, § 1 Nr. 4 S. 2. - Zur "väterlichen Gewalt" siehe unten b).

[337] § 3: "Die Pflicht des Mannes ist, die Kinder zu einem für den Staat nützlichen Stande zu erziehen, und, wenn sie nicht ein eigenes Vermögen haben, dessen Einkünfte hinreichen, dieselben so lange zu erhalten, bis sie sich selbst ernähren können."; § 5: Die Mutter ist verpflichtet, die Kinder mit Sorgfalt zu pflegen, zu warten, und zur Erziehung derselben nach Kräften beyzutragen.". - Weitere Rechte des Vaters: § 18 (Vertretungsrecht, Züchtigungsrecht etc.), Einschränkung in § 19. In § 26 wird der Mutter aber auch ein Leitungs- und Züchtigungsrecht zugesprochen.

[338] Josephinisches Gesetzbuch: § 20 für den Vater, § 26 für die Mutter.

[339] Nippel, Commentar, Anm. 2 zu § 144, S. 191; Ehrenzweig, System, §, S. 220 zitiert eine Entscheidung Geller-Jolles XVIII Nr. 39.

[340] Zeiller, Commentar, Anm. zu § 147, S. 330 und Anm. 1 zu § 150, S. 336.

a) Die Wirkungen der "väterlichen Gewalt"
Ausfluß der väterlichen Gewalt ist das Recht des Vaters, sein unmündiges Kind zu dem ihm angemessen erscheinenden Stand erziehen zu können (§ 148), das Vertretungsrecht (§ 152), das Erfordernis der väterlichen Zustimmung zu einer Eheschließung des Kindes (§ 153 i. V. m. § 49) und das Recht zur Verwaltung des Vermögens des Kindes (§ 149).

Was die Bestimmung des Standes des Kindes betrifft, so kann das Kind nach erreichter Mündigkeit, "wenn es sein Verlangen nach einer anderen, seiner Neigung und seinen Fähigkeiten mehr angemessenen Berufsart dem Vater fruchtlos vorgetragen hat, sein Gesuch vor das ordentliche Gericht bringen, welches mit Rücksicht auf den Stand, auf das Vermögen und die Einwendungen des Vaters von Amtswegen darüber zu erkennen hat." § 148. Es findet also kein ordentlicher Prozeß über diese Frage statt, sondern das Gericht hat von Amts wegen zu entscheiden, nachdem es die notwendigen Ermittlungen angestellt hat.

Zum Vertretungsrecht des Vaters sei an dieser Stelle angemerkt, daß es sich auf die Person und das Vermögen des Kindes bezieht[341] und auch die gerichtliche Vertretung des Kindes umfaßt. Im übrigen werden auf die gesetzliche Vertretung durch den Vater die Vorschriften des Vierten Hauptstückes "Von den Vormundschaften und Curatelen" angewendet.[342]

Nach § 49, auf den § 153 ausdrücklich verweist, bedürfen minderjährige Kinder zur Eheschließung der Zustimmung des Vaters; volljährige Kinder nur dann, wenn sie für sich allein keine gültige Verbindlichkeit eingehen können. Dieses Zustimmungserfordernis wird mit dem besonderen Schutzbedürfnis Minderjähriger erklärt.[343]

b) Das Recht des Vaters zur Verwaltung des Kindesvermögens

aa) Das Kindesvermögensrecht
Im Bereich des Kindesvermögensrechtes[344] ist das **ABGB** die fortschrittlichste der Naturrechtskodifikationen. Nicht nur, daß dem Kind - wie auch in den anderen Kodifikationen - grundsätzlich die Vermögensfähigkeit zuerkannt wird[345],

[341] Knothe, Geschäftsfähigkeit, S. 171.
[342] Zeiller, Commentar, Anm. 3 zu § 152, S. 203.
[343] Zeiller, Commentar, Anm. 1 zu § 49, S. 182; dazu auch Winiwarter, § 170, S. 378: Vertrauen in den Vater.
[344] Der Mutter stehen insoweit bei bestehender Ehe keine Rechte zu. - Zum Vermögensrecht allgemein siehe Ehrenzweig, System, § 458, S. 223ff.
[345] § 149: "Alles, was die Kinder auf was immer für eine gesetzmäßige Art erwerben, ist ihr Eigen-

darüber hinaus wird den Eltern und insbesondere dem Vater kein Nießbrauchsrecht am Vermögen des Kindes gewährt. Nur ausnahmsweise wird dem Vater ein Nießbrauch bewilligt, nämlich dann, wenn der Überschuß der Nutzungen nach Abzug der Erziehungskosten gering ist.[346] Dem Vater steht nur das Recht auf Verwaltung des Vermögens während der Dauer der väterlichen Gewalt zu.[347] ZEILLER begründet die Versagung eines Nießbrauchsrechtes damit, daß die väterliche Gewalt zum Wohle der Kinder, nicht der Eltern bestehe und keine Erwerbungsquelle für letztere sei. Im übrigen habe derjenige, der einem Kind ein Vermögen zuwendet, die Absicht, daß diesem sowohl das Eigentum als auch die Nutzungen zustehen.[348]

Bezüglich des Verwaltungsrechtes ist das vormundschaftliche Prinzip voll verwirklicht, denn nach herrschender Meinung sind die für die Verwaltung des Mündelvermögens durch den Vormund geltenden Vorschriften auch auf die Verwaltung durch den Vater anwendbar.[349]

Was die Abschaffung des väterlichen Nießbrauchsrechtes betrifft, so ist dies keine neue Errungenschaft des **ABGB**, sondern war bereits im **Josephinischen Gesetzbuch** erfolgt. § 24 **JGS**: "Der Vater hat die Nutznießung des kindlichen Vermögens nicht [...].". Die Aufhebung des Nießbrauchsrechts wird auf das Bestreben, "die Rechtssphäre des Einzelnen scharf abgegrenzt zu erhalten", zurückgeführt.[350]

Der **Codex Theresianus** stand im Bereich des Vermögensrechtes der Kinder auf der Grundlage des gemeinen Rechts in der Ausgestaltung durch den *Usus modernus*[351] und hatte das Pekulienrecht, wenn auch nicht dem Namen, so doch der Sache nach, mit einzelnen Abweichungen übernommen.[352] Allerdings war die

---

thum.".

[346] § 150: "Von den Einkünften des Vermögens sind, so weit sie reichen, die Erziehungskosten zu bestreiten. Ergibt sich dabey ein Ueberschuß, so muß er angelegt, und darüber jährlich Rechnung gelegt werden. **Nur dann, wenn dieser Ueberschuß gering wäre, kann der Vater von Legung einer Rechnung frey gesprochen, und ihm derselbe zur freywilligen Verwendung überlassen werden.**".

[347] § 149: "[...] so lange sie aber unter der väterlichen Gewalt stehen, kommt dem Vater die Verwaltung zu.".

[348] Zeiller, Commentar, Anm. 1 zu § 150, S. 336.

[349] Dazu siehe unter bb).

[350] V. Harrasowsky, Geschichte der Codification, S. 148.

[351] Grundlage für die Regelung des Codex Theresianus waren die Landesordnung und die Stadtrechte, v. Harrasowsky, Der Codex Theresianus und seine Umarbeitungen, FN 10) zu Caput 5, S. 156.

[352] Cap. 5 § 3 Nr. 51 behandelt das *peculium profectitium*: "Belangend das Vermögen der Kinder, so ist anförderist jenes, was sich bei ihnen von dem Gut des Vaters befindet, und von diesem weder schankungsweise, noch sonst auf eine andere rechtsbeständige Art an sie übertragen worden, von dem wahren und eigenen Kindergut wohl zu unterscheiden, maßen das erstere mit Nutzungen, Zuwachs und allem deme, was die Kinder anmit erwerben, dem Vater allein zugehöret." - In Nr. 52 ist das Adventizgut geregelt: "Ein wahres und eigenes Kindergut hingegen ist jenes, welches denen Kindern entweder von dem Vater selbst geschenket, oder auf andere zu recht bestehende Art an sie eigenthumlich übertragen wird, oder was ihnen anderwärts zukommt, als von der Mutter, von der väterlichen oder mütterlichen Großeltern, von Geschwisteren, Verwandten oder auch von Fremden durch Erbfolge, Vermächtnissen,

Gewährung des Nießbrauchsrechts an den Vater bei den Gesetzgebungsarbeiten nicht unumstritten, da es in Niederösterreich nie Eingang gefunden habe.[353]
Das **Westgalizische Gesetzbuch** hatte an dem durch das **Josephinische Gesetzbuch** geschaffenen Rechtszustand festgehalten.

bb) Die Verwaltung des Kindesvermögens durch den Vater
Dem Vater stand während der Dauer der väterlichen Gewalt das Recht zur Verwaltung des Vermögens des Kindes zu, § 149.[354] Von den nach der herrschenden Meinung entsprechende Anwendung[355] findenden Vorschriften des Vormundschaftsrechts über die Verwaltung des Mündelvermögens seien hier nur die Grundsätze der Vermögensverwaltung durch den Vormund dargestellt.[356] So bedurfte der Vormund/Vater zu allen Geschäften der Vermögensverwaltung, die nicht zu dem ordentlichen Wirtschaftsbetriebe gehörten und von größerer Wichtigkeit waren, der gerichtlichen Genehmigung (vgl. § 233, auch §§ 229, 230, 234, 243ff.)[357] Für die Veräußerung von unbeweglichen Sachen war in § 232 eine Sonderregelung getroffen. Der Vormund/Vater haftete für *omnis culpa* bei der Vermögensverwaltung (§§ 228, 264).[358]

Schankungen oder in andere Wege, oder was sie außer dem Gut und Erwerb des Vaters nach vollkommen zurückgelegten funfzehnten Jahr durch ihren Fleiß oder durch andere redliche Weise erwerben." - Nr.53: "Von dem Kindergut gebühret dem Vater insgemein der Fruchtgenuß nebst der Verwaltung desselben.". - Zum irregulären Adventizgut siehe Nr. 57, 58, 59; in Nr. 60 ist der Fall des *peculium castrense vel quasi castrense* geregelt.

353 V. Harrasowsky, Der Codex Theresianus und seine Umarbeitungen I, FN 10) zu Caput 5, S. 157; siehe auch Wesener, Die Stellung des Kindes im Recht der altösterreichischen Länder (Vom Mittelalter bis zum A. B. G. B.), in: Recueils de la Société Jean Bodin, 453 (473ff.).

354 Entspricht § 22 JGS: "Wenn Kinder ein eigenes Vermögen haben, [...] so hat der Vater darüber die Verwaltung.".

355 Zeiller, Commentar, Anm. zu § 149, S. 334: " [...] und überhaupt nach den in dem folgenden Hauptstücke enthaltenen Vorschriften zu verwalten."; Winiwarter, § 168, S. 372 FN 1 zur Rechtfertigung: "Denn dadurch [scil. das nachträgliche Eingreifen des Gerichts bei Mißbrauch zur Schadenswiedergutmachung] würde die Absicht des Gesetzes, denjenigen, welche ihre Angelegenheiten selbst zu besorgen unfähig sind, einen besonderen Schutz zu verleihen (§ 21), und sie vor dem Schaden, der ihnen durch ihre Vertreter selbst zugehen könnte, zu verwahren, nur sehr unvollkommen erreicht. Das Gesetz schenkt dem Vater, hinsichtlich der Handlungen, welche auf die Person der Kinder Bezug haben, ein beynahe unbeschränktes Vertrauen, weil in dieser Rücksicht nicht so leicht ein Mißbrauch der väterlichen Gewalt zu besorgen ist, aber es stellt ihn hinsichtlich der Vermögensverwaltung unter die Aufsicht des Gerichtes, **weil die Erfahrung lehrt, daß das Streben nach eigenem Vortheile oft die engsten Familien=Bande nicht achtet**."; Ehrenzweig, System, § 458 II 1, S. der dem Vater aber die Stellung eines Kurators zuerkennt; ebenso Krasnopolski, § 49, S. 251 FN 5 S. 251 m. w. N.; Knothe, Geschäftsfähigkeit, S. 172; a. A. Lehmann, JherJb 25 (1887), 142 (163f.).

356 Dazu siehe insbesondere die Lehrbücher zum ABGB und Schlüter, Das Vormundschaftsrecht in den Kodifikationen der Aufklärungszeit, S. 185ff.

357 § 127 des 1. Theils des Galizischen Gesetzbuches: "Dem Gerichte gebührt die Oberaufsicht über die Verwaltung des Vermögens." ist nicht ins ABGB aufgenommen worden, weil diese Vorschrift für überflüssig gehalten wurde: Winiwarter, § 168, S. 373.

358 Vgl. auch § 25 JGS: "Sobald der Vater einer geflissentlichen Benachtheiligung oder großen Verwahrlosung des kindlichen Vermögens überzeugt wird, ist den Kindern ein anderer zum Vormunde

Zusammenfassend läßt sich feststellen, daß das **ABGB** das bei weitem strengste Reglement für die Vermögensverwaltung durch den Vater getroffen hat; wegen schlechter Erfahrungen wurde dem Vater kein Vertrauensvorschuß wie in den anderen Kodifikationen gewährt.[359]

c) Die Dauer der "väterlichen Gewalt"

Das **ABGB** setzte die naturrechtliche Auffassung, nach der die elterliche/-väterliche Gewalt automatisch mit Zweckerreichung endet, konsequent um.[360] So hieß es in § 173:

"Die väterliche Gewalt hört mit der Großjährigkeit des Kindes sogleich auf [...]."

Das **ABGB** kannte aber auch eine Gewaltentlassung vor Erreichen der Großjährigkeit, durch ausdrückliche oder durch "stillschweigende" Emanzipation, nämlich durch Gestattung einer eigenen Haushaltung (§ 174). § 174 galt aber nur für die Gewaltentlassung des Sohnes. Für Töchter kam eine vorzeitige Gewaltentlassung nur bei ihrer Heirat in Betracht. Sie traten dann hinsichtlich ihrer Person in die Gewalt ihrer Ehemänner, in Hinsicht auf ihr Vermögen aber hatte der Vater bis zu ihrer Großjährigkeit die Rechte und Pflichten eines *Curators* (§ 175).

Bei Mißbrauch der väterlichen Gewalt[361] konnte das Kind sowie jeder andere "den Beystand des Gerichts" nach § 178 anrufen, das nach Untersuchung der Beschwerde die angemessenen Verfügungen zu treffen hatte. Je nach Beschaffenheit der Sache hatte die Anzeige bei der vormundschaftlichen oder bei der Polizei- oder Kriminalbehörde, falls ein Straftatbestand erfüllt war, zu erfolgen.[362] Bei gänzlicher Vernachlässigung der Verpflegung und Erziehung der Kinder verlor der Vater die väterliche Gewalt.

III. Klagbare Verbindlichkeiten zwischen Eltern/Vater und Kindern

1. Die Möglichkeit von klagbaren Verbindlichkeiten zwischen Eltern und Kindern

Die Fiktion der Personeneinheit zwischen Vater und Sohn, sei es, daß sie als Ausfluß der Vermögensunfähigkeit oder als eigenständige Regel aufgefaßt wur-

---

zu bestellen, und durch denselben sowohl das Vernachlässigte wieder in Ordnung zu bringen, **als der Ersatz nach Beschaffenheit der Umstände von dem Vater gerichtlich einzutreiben.**".

[359] Winiwarter, § 168, S. 372 FN 1: "[...] aber es stellt ihn (scil. den Vater) hinsichtlich der Vermögensverwaltung unter die Aufsicht des Gerichtes, weil die Erfahrung lehrt, daß das Streben nach eigenem Vortheile oft die engsten Familien=Bande nicht achtet.".

[360] Knothe, Geschäftsfähigkeit, S. 164f.

[361] Darunter fielen auch Vermögensverletzungen: Zeiller, Commentar, Anm. 1 zu § 178, S. 388.

[362] Zeiller, Commentar, Anm. 2 zu § 178, S. 389.

de, war dem **ABGB** sowie seinen Vorläufern,dem **Josephinischen Gesetzbuch** und dem **Westgalizischen Gesetzbuch,** fremd.[363] Dies folgt schon daraus, daß jeder Mensch als Person angesehen wurde und nicht zum Objekt eines anderen gemacht werden konnte.[364] Die Begründung der Personeneinheit über eine Vermögensunfähigkeit des Kindes griff auch nicht, da das Kind nach dem **ABGB** uneingeschränkt vermögensfähig war.

Somit waren klagbare Verbindlichkeiten, insbesondere auch aus Rechtsgeschäften zwischen Vater und Kind grundsätzlich wie zwischen einem Vormund und seinem Mündel zulässig. Da der Vater der gesetzliche Vertreter seines Kindes war, entstand bei solchen Geschäften in der Regel ein Interessenkonflikt, den die Vorschrift des § 271 zu lösen versucht. Bei Geschäften, wobei dieser Begriff weit auszulegen war[365], zwischen Eltern und Kindern war bei Gericht für den Minderjährigen die Bestellung eines besonderen *Curator*[366] zu beantragen, der dann das Geschäft für den Minderjährigen mit den Eltern oder dem Elternteil vornahm.

Fraglich war zumindest in der neueren Lehre, ob im konkreten Fall ein Interessenkonflikt vorliegen mußte.[367]

2. Besonderheiten bei Prozessen zwischen Eltern und Kindern

Bei Rechtsstreitigkeiten zwischen Eltern und Kindern mußte für das minderjährige Kind ein Kollisionscurator nach § 271 bestellt werden.

Für die Austragung von Rechtsstreitigkeiten zwischen Eltern und Kindern galt, daß zunächst versucht wurde, eine gütliche Einigung herbeizuführen; wenn diese aber nicht herbeigeführt werden konnte, wurde durch Urteil entschieden.[368]

---

[363] Lehmann, JherJb 25 (1887), 142 (165): "Zwischen Vater und Kind ist weiter scharfe Personentrennung. Es gilt nach keiner Richtung hin das Princip der Personeneinheit." - ZEILLER spricht in seinem Werk "Grundsätze der Gesetzgebung" auch von einer Personeneinheit. (" [...] sondern wir treten mit einer Person in eine so enge Verbindung, daß wir mit ihr gleichsam nur eine Person ausmachen", S. 4) Die ZEILLERSCHE Personeneinheit unterscheidet sich aber in mehrerer Hinsicht von der uns bekannten Personeneinheit. Zum einen gilt sie im gesamten Familienrecht, also auch im Verhältnis zwischen Ehegatten, und zwischen beiden Eltern und ihren Kindern und nicht nur dem Vater und seinem Sohn. Zum anderen hängt sie nicht mit der Vermögensfähigkeit zusammen, sondern mit der engen Beziehung der Blutsverwandten.

[364] § 16 ABGB lautet: "Jeder Mensch hat angeborne, schon durch die Vernunft einleuchtende Rechte, und ist daher als eine Person zu betrachten. Sclaverey oder Leibeigenschaft, und die Ausübung einer darauf sich beziehenden Macht wird in diesen Ländern nicht gestattet." - Zeiller, Commentar, Anm. 2 zu § 16, S. 103: "[...] so ist jeder Mensch als eine Person zu betrachten, er darf nicht, gleich einer Sache, als Mittel zu beliebigen Zwecken Anderer gebraucht werden.".

[365] Siehe Stubenrauch, zu §§ 271, 272, S. 336 FN 1: Auch Rechtsstreitigkeiten fallen darunter, "da der Ausbruch eines Processes zwischen dem Vater und seinem Kinde nicht als eine Erlöschungsart der väterl. Gewalt erklärt ist.".

[366] Für diesen haben sich verschiedene Bezeichnungen eingebürgert, siehe Knell, Die Kuratoren im österreichischen Recht, S. 32ff.

[367] Knell, Die Kuratoren im österreichischen Recht, S. 34ff.

[368] Zeiller, Commentar, Anm. 2 zu § 154, S. 341.

Im übrigen ist die Tendenz zu beobachten, in Angelegenheiten, die die Erziehung der Kinder betreffen, keinen ordentlichen Prozeß zuzulassen.[369]

5. Kapitel Würdigung der Kodifikationen der Aufklärungszeit

Der *Codex Maximilianeus Bavaricus Civilis* zeichnete sich dadurch aus, daß er dem gemeinen Recht verhaftet war und Streitfragen des *Usus modernus* entschied.

Die bis ins einzelne gehende Regelung des **ALR**[370] - MÜLLER-FREIENFELS spricht von sehr detaillierten, hausbackenen und pedantischen familienrechtlichen Vorschriften mit polizeilichem Beigeschmack[371] - zeigte nicht nur die Charakteristika des obrigkeitlichen Wohlfahrtsstaates, sondern auch schon im Geiste der heraufkommenden "Bürgerlichen Gesellschaft" den Denkansatz des für die Gesellschaftslehre von der Aufklärung eingeführten Individualismus.[372] So gibt es Ansätze zu einem Selbstbestimmungsrecht des Kindes. Das **ALR** baute letztlich mehr auf die staatliche Obervormundschaft über die Familie.[373] Dem **ALR** wird auch im Familienrecht eine "Regelungsmanie" vorgeworfen, die in nach heutiger Auffassung verschlossene Breiche des Familienlebens eingegriffen hat.[374]
"Die häusliche Gesellschaft, die Familie wurde damit formal anderen Gesellschaften (bei Wolff: societates minores) gleichgestellt, und es blieb offen, ob sie eine natürliche oder staatlich gesetzte Vereinigungsform war. Indem sie aber auf die positiv-rechtliche Ebene transponiert und ihre innere Struktur bis in Detail verrechtlicht wurde, wurde ihre Entstehung aus dem Gesetz und damit letztlich aus der staatlichen Souveränität abgeleitet - für naturrechtlich-naturhafte Aspekte der bürgerlichen Gesellschaft und der 'Familie' blieb daher immer weniger Raum."[375]

Moderne Autoren betonen bei der Bewertung des ***Code civil*** die autoritäre Konzeption des Familienrechts und gerade auch der väterlichen Gewalt, die im Ge-

---

[369] Zeiller, Commentar, Anm. 2 zu § 148, S. 332f.
[370] Zum Familienrecht des ALR Müller-Freienfels, Familienrechtliche Kodifikationen, 61 (66ff.).
[371] Familienrechtliche Kodifikationen, 61 (71); ders., RabelsZ 37 (1973), 609 (642): "Es stellte dabei Rechtssätze und sittliche Forderungen vielfach nebeneinander, deren Trennung erst im Zuge der Kantischen Scheidung zwischen moralischen und rechtlichen Gesetzen gelang.".
[372] Müller-Freienfels, Familienrechtliche Kodifikationen, 61 (67).
[373] Müller-Freienfels, Familienrechtliche Kodifikationen, 61 (73).
[374] Müller-Freienfels, Familienrechtliche Kodifikationen, 61 (68); dort auch zur Kritik an § 113.
[375] Harms-Ziegler, Illegitimität und Ehe, S. 191, S. 190ff. zum Familienmodell des ALR.

gensatz zu den Forderungen der französischen Revolution steht.[376] Im neunzehnten Jahrhundert dagegen ist der **Code civil** getadelt worden, daß er "der elterlichen Gewalt nicht den Umfang und Nachdruck gegeben oder gelassen hat, welcher ihr im Interesse der Sittlichkeit und des öffentlichen Rechts so sehr gebührt, dass er namentlich den Vorbehalt (den Pflichttheil) der Kinder zu hoch angesetzt, den Eltern das Recht, die Kinder zu enterben, gänzlich versagt, die Dauer der elterlichen Nutzniessung nicht einmal bis zur Volljährigkeit, sondern nur bis zum achtzehnten Jahre des Kindes erstreckt hat usw. Mit einem Worte die Lehre von der elterlichen Gewalt ist in dem C. C. eine von denen, bei welchen das Gesetzbuch die moralische Seite der Aufgabe nicht genugsam berücksichtigt oder in die Moralität der Menschen ein nicht zu rechtfertigendes Misstrauen gesetzt hat."[377]
Wenn man bedenkt, daß diese Meinung von einem Vertreter des "Systems der Omnipotenz des Vaters" bei der Vermögensverwaltung geäußert wurde, so ging die restaurative Tendenz vor allem des frühen neunzehnten Jahrhunderts, auch in Frankreich, wieder zu einer eigennützigen Konzeption der väterlichen Gewalt zurück.
Kennzeichen des Familienrechts und auch der *puissance paternelle* des ***Code civil*** war, daß der Staat die private Familiensphäre achtete und sie sicherte, aber nicht inhaltlich bestimmte (Grundgedanke der Privatautonomie in der Familie als staatsfreier Sphäre). "Die innere Familie hielt er möglichst von Rechtsstreitigkeiten fern, wenn auch dies für die Familienmitglieder die Versagung des staatlichen Individualschutzes einschliesst."[378] Der ***Code civil*** betonte auch bei den familienrechtlichen Regelungen das Recht des Individuums auf Achtung und Berücksichtigung der Selbstbestimmung.[379]

---

[376] Müller-Freienfels, Familienrechtliche Kodifikationen, 61 (71): "[...] wie stark der Code civil die familiäre Autorität hochhielt."; siehe auch Ferid/Sonnenberger, 4 C 304: "Die Regelung mutet rückschrittlich an (Einsperrungsrecht), zeugt von einem starken Individualismus und zeichnet sich durch äußerst geringe staatliche Einmischung aus. Schlagwort: starke Familie im starken Staat. Aber auch schon im 19. Jahrhundert stieß der absolute Charakter der väterlichen Gewalt und das Fehlen jeglicher staatlicher Schutzmöglichkeiten für die gewaltunterworfenen Kinder auf immer stärkeren Widerspruch.".
[377] Zachariä-v.Lingenthal/Dreyer, Handbuch, § 544, S. 418 m. w. N.; siehe auch die Bewertung bei Colin/Capitant, Cours élémentaire, Nr. 445, S. 458: "*Le code civil, tout en consolidant, en somme, la conception moderne de la puissance paternelle, organisée surtout dans l'intérêt de l'enfant lui-même, constituera cependant, à certains égards, une oeuvre de réaction, un retour aux errements du Droit coutumier.*"; Viollet, Histoire du Droit Civil Français, S. 574: "*On se préoccupa sous la Restauration de fortifier la puissance paternelle.*".
[378] Müller-Freienfels, Familienrechtliche Kodifikationen, 61 (71); siehe auch Dörner, Industrialisierung und Familienrecht, S. 156: "[...] während der bürgerlich-liberale Code einen obrigkeitlichen Eingriff in die Privatsphäre nach Möglichkeit vermeidet und nur in wenigen Punkten (Freiheit des Minderjährigen zum Eintritt in die Armee, Beschränkung des väterlichen Korrektionsrechts bei Berufstätigkeit des Kindes) den väterlichen Willen mit staatlichen bzw. gesellschaftlichen Interessen abwägt.".
[379] Müller-Freienfels, Famiienrechtliche Kodifikationen, 61 (71).

Die weitere Entwicklung des ***Code civil*** im Hinblick auf die elterliche Gewalt im 19. Jahrhundert konzentrierte sich auf die folgenden Bereiche[380]: 1. Einverständnis der Eltern zur Eheschließung der Kinder; 2. Kontrolle der väterlichen Gewalt; 3. Vermögensverwaltung durch den Vater, Art. 389.

Die vormundschaftliche Konzeption des Eltern-Kind-Verhältnisses im **ABGB** war im Vergleich zu der in den anderen Naturrechtskodifikationen sehr fortschrittlich und setzte die Gedanken der Naturrechtslehre am konsequentesten um.

[380] Dazu siehe vor allem Holthöfer, Handbuch III/1, S. 929ff.

7. Abschnitt Das 19. Jahrhundert[1]

1. Kapitel Vorbemerkungen. Der "neue" Familienbegriff der Romantik und des Idealismus[2]

Seit dem Ende des 18. Jahrhunderts bildete sich in Reaktion auf die individualrechtliche Deutung der Familie in der Aufklärung ein neuer Familienbegriff heraus, der auch Einfluß auf die Jurisprudenz gewann. Bei der Entwicklung des neuen Familienbegriffes sind zwei Entwicklungsphasen zu unterscheiden.

Der sensible Individualismus der Romantik führte noch radikaler als der Individualismus der Aufklärung zu einer Infragestellung der Familie als sozialer Grundeinheit. Ausgangspunkt war der Wandel der Auffassungen von der ehelichen Liebe."Die Liebe ist Ehe, auch ohne Trauung und bürgerliche (kirchliche) Zeremonien. Ehe bedeutet das Einswerden von Mann und Frau in der Liebe."[3] Die Verlagerung der Substanz der Ehe in einen psychischen Innenbereich beinhaltete gleichzeitig, daß dem Recht dieser Bereich verschlossen blieb. Der Rückzug des Rechts bedeutete damit auch den Rückzug des von ihm - ohnehin nur in beschränktem Maße - gewährten Schutzes der Individualinteressen.[4]
Diese Auffassung von der Familie wird besonders bei FICHTE deutlich. Wie die Ehe wird auch das Eltern-Kind-Verhältnis bei FICHTE als vorrechtliches, wesentlich sittliches Verhältnis gedeutet. "Das ursprüngliche Verhältnis zwischen Eltern und Kindern wird nicht lediglich durch den bloßen Rechtsbegriff, sondern durch Natur und Sittlichkeit bestimmt, gerade wie das zwischen Ehegatten."[5]
Alleiniger Grund der Herrschaft der Eltern über die Kinder ist das Bedürfnis der Erziehung.[6] Die Eltern sind zur Erziehung des Kindes verpflichtet, aber nicht dem Kind[7], sondern dem Staat gegenüber, der für seinen Fortbestand sorgen muß[8]. Der

---

[1] Bei der Darstellung der Rechtsentwicklung im 19. Jahrhundert wird nur diejenige im Gebiet des Deutschen Reich von 1871 - also ohne diejenige der Schweiz und Österreichs - betrachtet. Zu der Entwicklung in der Schweiz und den dortigen Partikularrechten siehe die Darstellung bei Huber, System und Geschichte des Schweizerischen Privatrechtes, 1. Band, §§ 26,27, S. 420ff. - In der Schweiz stand der Gedanke der väterlichen Vormundschaft besonders im Vordergrund, Huber, System und Geschichte, § 26, S. 420.

[2] Dazu siehe Schwab, GeschGr, 253 (284ff.); ders., AcP 172 (1972), 266 (286f.); Dörner, Industrialisierung und Familienrecht, S. 71ff.; siehe auch Harms-Ziegler, S. 233, S. 252 zu FICHTE.

[3] Schwab, GeschGr, 253 (286).

[4] Schwab, GeschGr, 253 (286).

[5] Fichte, Grundlage des Naturrechts, § 39, S. 353.

[6] Grundlage des Naturrechts, § 56, S. 364: "Fällt der Grund weg, so fällt auch das Begründete weg.".

[7] Grundlage des Naturrechts, § 43, S. 358: "Man kann nicht sagen: das Kind habe ein Zwangsrecht auf die Erziehung: und die Eltern seien durch Zwangspflicht gebunden."; § 44, S. 359: "Ebensowenig kann man sagen, die Eltern haben in Beziehung auf das Kind, wie es in Beziehung [...] - ein Recht dasselbe zu erziehen, und das Kind die Pflicht sich von ihnen erziehen zu lassen; denn das Kind ist, inwiefern es

Staat hat allerdings nur die Aufsicht darüber, daß die Kinder überhaupt erzogen werden[9]; ansonsten sind die Eltern frei bei der Erziehung, sie können die notwendigen Maßnahmen bestimmen und müssen sie nur vor sich selbst rechtfertigen. Das Kind ist insoweit nur Objekt, obwohl FICHTE ausdrücklich die Auffassung ablehnt, daß das Kind aufgrund der Erzeugung in das Eigentum der Eltern gelangt sei[10].

Die Aufgabe des Staates bzw.des Rechts in bezug auf die Erziehung durch die Eltern reduziert sich nach FICHTE darauf, den Eltern ihr Erziehungsrecht gegenüber anderen zu sichern und die Aufsicht darüber zu führen, daß die Kinder überhaupt erzogen werden (§ 54); der Staat kann aber keine inhaltlichen Weisungen geben. "Über die Maximen der Erziehung ist weder der Staat Richter, noch irgend ein anderer Bürger, noch das Kind, weil das letztere ja das Objekt der Erziehung ist; sonach sind hierüber die Eltern ihre eigenen Richter. Es kann zwischen Kindern, die noch erzogen werden, und Eltern, keinen Rechtsstreit geben[11]. Die Eltern sind in dieser Angelegenheit die höchste Instanz, und souverän. Der Staat kann über dieses Verhältnis keine Gesetze geben, so wenig als er über das Verhältnis zwischen Mann und Weib Gesetze geben darf."[12]

Rechte spricht FICHTE den Kindern überhaupt ab, da sie nicht frei sind, weil sie unter der "Botmäßigkeit" ihrer Eltern stehen.[13] Eigentum können die Kinder nicht, auch nicht durch ihre Arbeit, erwerben, denn "der Zweck ihrer Arbeit ist Übung der Kräfte für die Erziehung, und den zufälligen Nutzen derselben nehmen die Eltern mit Recht in ihr Eigentum auf".[14] Auch Rechtsgeschäfte zwischen Eltern und

---

unter Erziehung steht, überhaupt nicht frei; sonach überhaupt nicht ein mögliches Subjekt eines Rechts, oder einer Pflicht; sondern es ist insofern lediglich Objekt des Handelns der Eltern.".

[8] Grundlage des Naturrechts, § 46, S. 360.

[9] Grundlage des Naturrechts, § 54, S. 364; § 49, S. 362: "Ob überhaupt die Kinder beim Leben erhalten, genährt und gekleidet werden, und unter Menschen leben, darüber hat der Staat [...] das Recht der Aufsicht.".

[10] Grundlage des Naturrechts, § 39, S. 354; § 53, S. 363.

[11] Eine Ausnahme läßt FICHTE allerdings selbst zu: Grundlage des Naturrechts, § 12, S. 314ff.: "Dieser Zwang [scil. zur Heirat] könnte der Bürgerin zugefügt werden mittelbar durch moralische Gewalt von ihren Eltern und Verwandten, indem dieselben sie durch gewaltsame Behandlung, oder Überredung zu einer Ehe, ohne eigne Neigung, vermögen. [...] Es kann sonach keine Frage sein, ob der Staat nicht das Recht und die Pflicht habe, seine jungen Bürgerinnen gegen diesen Zwang durch strenge Gesetze und genaue Aufsicht zu schützen. Nur darüber entsteht eine Frage: die unverehelichte Tochter steht, wie wir unten weiter ersehen werden, unter der Gewalt ihrer Eltern; diese sind ihre erste Instanz, und ihre Vormünder vor den Gerichten. Diese müßten über den ihr zugefügten Zwang klagen. Nun ist es widersinig, daß dieselben sich selbst anklagen sollten [...].".

[12] Fichte, Grundlage des Naturrechts, § 52, S. 363; siehe auch § 51, S. 363: "Er [scil. der Staat] also kann sich auch nicht in die Erziehung mischen." - Siehe Verweyen, Recht und Sittlichkeit in J. G. Fichtes Gesellschaftslehre, S. 171f.; zum Gedanken der Nationalerziehung beim späten Fichte ders., Recht und Sittlichkeit in J.G. Fichtes Gesellschaftslehre, S. 172 m.V.; siehe auch Stein, Elternrecht, 5 (27).

[13] Grundlage des Naturrechts, § 55, S. 364: "Rechte haben sie nicht [...].".

[14] Grundlage des Naturrechts, § 57, S. 366: "Das Kind kann ja gar nichts tun, ohne den Willen der Eltern: es kann sich auch nicht ein Eigentum ohne ihren Willen erwerben.".

Kindern sind nach FICHTE nicht möglich. "Oder soll das Eigentumsrecht sich auf einen Kontrakt mit den Eltern gründen? Kontrahieren kann nur derjenige, der frei ist: aber die Kinder haben gar keine selbständige Freiheit in Beziehung auf die Eltern. Sie können sich nicht von ihnen losreißen, und einen eignen Willen haben um ihnen gegenüber Partei zu sein."[15]
Die durch die romantische Auffassung herbeigeführte Destabilisierung der Ehe kann für das Eltern-Kind-Verhältnis somit nicht festgestellt werden, da in die elterliche/väterliche Autorität nicht eingegriffen wird. Im Gegenteil kann man sogar eine "Stabilisierung" der väterlichen Gewalt feststellen, da mit der Versagung eigener Rechte des Kindes auch der Individualrechtsschutz entfällt.[16] Nur mittelbar als Rechtsreflex ist ein Schutz der Interessen des Kindes gewährleistet.

Durch die liberale, bürgerliche Auffassung erfuhr die Familie als sozialer Begriff eine Aufwertung. Während sie im Bereich der Ehe wieder zu einer Stabilisierung führte[17], rief sie im Bereich des Eltern-Kind-Verhältnisses keine einschneidenden Änderungen hervor.
Der Familie wurde nunmehr wieder ein fundamentaler Platz im Staat zugesprochen.[18] Dabei erschien der Hausvater als Repräsentant der Familie, die als eine Gesamtpersönlichkeit angesehen wurde;[19] dies war die Folge davon, daß der einzelne wieder in die Familie eingeschmolzen wurde.[20] So heißt es bei HEGEL:
"Die Familie hat als die unmittelbare Substantialität des Geistes seine sich empfindende Einheit, die Liebe, zu ihrer Bestimmung, so daß die Gesinnung ist, das Selbstbewußtsein seiner Individualität in dieser Einheit als an und für sich seiender Wesentlichkeit zu haben, um in ihr nicht als eine Person für sich, sondern als Mitglied zu sein."[21]

---

[15] Grundlage des Naturrechts, § 57, S. 366.
[16] Schwab, GeschGr, 253 (287).
[17] Schwab, GeschGr, 253 (291ff.).
[18] So Riehl, Familie, S. 132 ff. passim, der als - freilich umstrittener - Begründer der Familiensoziologie gilt; Welcker, Art. Familie, Staatslexikon, S. 386: "Aber auch jetzt noch [...] bleibt die Familie die Grundlage alles edlern menschlichen und bürgerlichen Lebens, alles menschlichen und bürgerlichen Glücks. Die Familie oder die gute Familienordnung ist daher auch fortwährend einer der hochwichtigsten Gegenstände der der Staatsgewalt obliegenden Sorge.".
[19] Riehl, Familie, S. 130; Hegel, Rechtsphilosophie, § 171: "Die Familie als rechtliche Person gegen andere hat der Mann als ihr Haupt zu vertreten."; Krug, Rechtslehre, § 26 Anmerkung ("Gesamtpersönlichkeit").
[20] Riehl, Familie, S. 98, S. 140: "[...] während bei uns die Familie schier aufgehoben wird durch die Fessellosigkeit des Individuums."; Dieck, Art. Familienrecht, in: Ersch/Gruber, S. 342: "Wo dagegen zwischen einem Paar Personen ein Familienverhältniß in der Mitte liegt, findet nicht eine solche beschränkte Beziehung der Person zur Person statt, sondern ein mehr oder weniger durchgreifendes Identificiren der betreffenden Personen zu einer Einheit, welches so weit greift, als überhaupt nur die verschiedenen Familienbeziehungen.", S. 345: "Wie in der Ehe findet nun aber das familienrechtliche Einssein auch zwischen dem Vater und seinen Hauskindern statt.". - Schwab, GeschGr, 253 (290).
[21] Hegel, Rechtsphilosophie, § 158.

Für diese Erscheinung des Einsseins in der Familie wurde der Begriff der Personeneinheit verwendet.[22] Die Verwendung des Begriffes war aber nicht nur auf das Verhältnis zwischen Vater und Kind beschränkt, sondern erfolgte auch bei den Eheleuten. "Zuvörderst findet nun sowol nach römischem als teutschem Rechte das obige Verschmelzen zu Einer Person in der Ehe statt."[23] Ein Bezug zur Fiktion der Personeneinheit des römischen Rechts wurde, soweit ersichtlich, nur von DIECK in der "Allgemeinen Enzyklopädie der Wissenschaften und Künste" von ERSCH/GRUBER hergestellt.[24] Nach ihm galt die Personeneinheit auch im deutschen Recht.[25]

"[...] und da dieses, nach der Natur der durch den häuslichen Familienstand erzeugten Lebensgemeinschaft, die ganze Persönlichkeit des Hauskindes als solchen umschlingt, so wird dadurch auch im Innern des Hauses, nach dem Rechte unserer Vorfahren, zwischen dem Vater und seinen Kindern eine Einheit der Person nicht minder begründet."

Die Personeneinheit des bürgerlichen Idealismus unterschied sich erheblich von der der Juristen. Erstere gründete auf der innigen, engen Verbindung zwischen Vater und Kind, während durch letztere die Vermögensstruktur der Familie erklärt werden sollte. Während die Personeneinheit im Idealismus allumfassend war, erfaßte sie bei den Juristen nur einen Teilbereich.

Übernommen hat der Idealismus von der Romantik die als Reaktion auf die als bedrohlich empfundene umfassende Gesetzgebung der Aufklärungszeit anzusehende Auffassung, daß das Eltern-Kind-Verhältnis vornehmlich ein sittliches Verhältnis[26] sei und der Innenraum der Familie und damit auch der des Eltern-Kind-

---

[22] Schlegel, Ideen, Athenäum 3 (1899), S. 32: "Willst du die Menschheit vollständig erblicken, so suche eine Familie. In der Familie werden die Gemüther organisch Eins, und eben darum ist sie ganz Poesie.". - Siehe auch Hegel, Rechtsphilosophie, § 158; Dieck, Art. Familienrecht, in: Ersch/Gruber, S. 342: "Wo dagegen zwischen einem Paar Personen ein Familienverhältniß in der Mitte liegt, findet nicht eine solche beschränkte Beziehung der Person zur Person statt [...]."; Stahl, Die Philosophie des Rechts, § 59: "Band leiblicher Einheit". - Schwab, GeschGr, 253 (289).

[23] Dieck, Art. Familienrecht, in: Ersch/Gruber, S. 343; so auch schon Fichte, Naturrecht, Anhang § 17 a. E., § 18; Zeiller, Gesetzgebung, S. 5, dort auch schon für das Eltern-Kind-Verhältnis.

[24] Art. Familienrecht, S. 346: " [...] die Persönlichkeit des Hauskindes geht desfalls in der des Vaters auf, und in dieser Weise äußert sich also vermögensrechtlich die sogenannte unitas personae zwischen Vater und Sohn.".

[25] In: Ersch/Gruber, S. 346.

[26] Hegel, Phänomenologie des Geistes, SW 2, S. 342: "Dieses in diesem Elemente der Unmittelbarkeit oder des Seyns die Sittlichkeit ausdrückend, oder ein unmittelbares Bewußtseyn seiner wie als Wesens so als dieses Selbsts in einem Andern, d.h. ein natürliches sittliches Gemeinwesen, - ist die Familie."; Rotteck, Lehrbuch, § 71, S. 308: "Das zweite Hauptverhältniß in der Familie ist jenes zwischen Eltern und Kindern, ein reines Naturverhältniß [...].", S. 309: "Ueberhaupt sind für dieses Verhältniß die Rechts-Geseze nur von untergeordneter Bedeutung. Die Moral und das Naturgefühl bestimmen bei weitem das Meiste. **Das Recht kömmt - seine allgemeinen Diktate ausgenommen - zwischen Eltern und (zumal noch unmündigen) Kindern selten zur Sprache** (Hervorhebung von Verf.); mehr nur gegen

Verhältnisses frei vom Recht zu sein habe[27]. Die der Familie zugesprochene soziale Funktion empfand man, da die Familie als natürlicher und sittlicher Organismus angesehen wurde, nicht als rechtlich kontrollierbar und erzwingbar. "Auch der Staat ehrt die Wichtigkeit und Unabhängigkeit dieses heiligen Naturverhältnisses, hütet sich, es zu stören oder zu trüben, schützt seine Reinheit und Sittlichkeit und mischt sich nur in dringenden Nothfällen in sein Inneres. Künstlich einrichten und anordnen läßt sich im Familienwesen weniger als irgendwo."[28]
Dabei läßt sich allerdings ein Unterschied in den Auffassungen bezüglich des Ausmaßes der rechtlichen Regelung feststellen. Nach einigen Autoren nämlich ist die Pflicht der Eltern zur Erziehung der Kinder eine "juridische", der Staat kann nur den Inhalt dieser Verpflichtung nicht vorschreiben.

"Es wäre eine ungeheure Anmaßung, wenn die Staatsgewalt sich zwischen die vertrauliche Mittheilung unter Vater und Sohn eindrängen und den Ideengang, die

---

Fremde mag es hier anzurufen seyn."; Dieck, Art. Familienrecht, in: Ersch/Gruber, S. 342: "An und für sich ist nun freilich die Familie nichts Juristisches, sonst würde ja folgen, daß ihr Zweck ein juristischer sei. Im Gegentheil ist sie zunächst und der Hauptsache nach etwas Sittliches."; Riehl, Familie, S. 121: " [Scil.Die Familie ist] bestimmt durch die Idee der Sitte.".

[27] Zum Familienrecht Hegel, Rechtsphilosophie, § 159: "Das Recht, welches dem einzelnen auf den Grund der Familien-Einheit zukommt und was zunächst sein Leben in dieser Einheit selbst ist, tritt nur insofern in die Form Rechtens als des abstrakten Momentes der bestimmten Einzelheit hervor, als die Familie in die Auflösung übergeht und die, welche als Glieder sein sollen, in ihrer Gesinnung und Wirklichkeit als selbständige Personen werden, und was sie in der Familie für ein bestimmtes Moment ausmachten, nun in der Absonderung, also nur nach äußerlichen Seiten (Vermögen, Alimentation, Kosten der Erziehung u.dgl.) erhalten.", Zusatz 2: "Das Recht der Familie besteht eigentlich darin, daß ihre Substantialität Dasein haben soll; es ist also ein Recht gegen die Äußerlichkeit und gegen das Heraustreten aus dieser Einheit."; Schleiermacher, Vorlesungen aus dem Jahre 1826, SW 3. Abt., Bd. 9, § 358: "Für das häusliche Leben hat durchaus die Form des Gesetzes keinen Ort, indem die elterliche Autorität sich keinem Gesetze unterwerfen darf." - Schwab, GeschGr, S. 29; Dörner, Industrialisierung und Familienrecht, S. 80ff.

[28] Brockhaus, 9. Aufl., Stichwort "Familie"; vgl. auch Welcker, Art. Familie,in: Staatslexikon, S. 396f.: "Das zweite Verhältniß [...] ist jenes zwischen Eltern und Kindern; ein reines Natur-Verhältniß, wofür demnach auch nur die Natur - versteht sich die höhere, nämlich sentimentale und moralische Natur - nicht aber die Jurisprudenz gesetzgebend sein kann. Zwar bei der Ehe, welche gleichfalls ein Naturverhältniß ist, und wofür gleichfalls Sentimentalität und Moral das oberste Gesetz geben, haben wir gesehen, daß ihre Pflichten von der Rechtsgesetzgebung adoptirt, d.h. durch einen eigends dahin gehenden Vertrag der Eheleute auch auf das Rechts-Gebiet versetzt werden. Bei dem Verhältniß zwischen Eltern und Kindern aber findet dieses nicht statt, weil hier weder Vertrag, noch ein anderer Rechtstitel, der solches (zwischen Eltern und Kindern unmittelbar) bewirkte, natürlich vorhanden ist, sondern blos die positive Gesetzgebung die Eltern-Pflichten zu wirklichen Rechtsschuldigkeiten gegen die Kinder stempeln und zwangsweise einschärfen kann."; Röder, Grundzüge, § 111, S. 374f.: "Der Rechtsverein darf nicht dulden, dass Andere (z.B. die Kirche) in das innere Verhältniss der Ehe und Familie (z.B. in die Erziehung, zumal die religiöse) sich eindrängen; am Wenigsten darf er gar selbst in unorganischer Vielregiererei sich solche Eingriffe erlauben, also weder den Aeltern die Kinder entreissen noch auch nur das älterliche Erziehungsrecht ungebührlich einengen.", S. 376: "So gewiss aber das Recht der Familienmitglieder verwirklicht werden soll, so gewiss darf und soll der Staat, falls sie selber ausser Stande sind es einzusehen oder geltend zu machen, Diess statt ihrer thun.".

Geistes- und Gemüths-Richtung vorschreiben wollte, wornach solche Mittheilung stattfinden müsse oder nicht stattfinden dürfe. [...] und die seltenen Ausnahmsfälle zur Rechtfertigung oder zum Vorwand einer gegen alle Eltern gerichteten Inquisitions-Maßregel zu nehmen, wäre nicht nur tyranisch, [...]."[29].

Der Verpflichtung der Eltern zur Erziehung der Kinder entspricht allerdings kein Recht der Kinder[30]. Sie ist deswegen eine juristische Pflicht, weil sie zwischen den Ehegatten aufgrund des Ehevertrages und gegenüber dem Staat besteht[31]. Durch das Abschneiden von Individualrechten der Kinder, die diesen in der Aufklärung eingeräumt worden waren, soll die Autorität des Vaters wiederhergestellt und damit auch eine Stabilisierung des Eltern-Kind-Verhältnisses herbeigeführt werden. Andere Autoren wiederum ließen die Pflicht zur Erziehung der Kinder auch als eine nur moralische erscheinen[32].

Durch die Verweisung des Rechts aus dem Innenraum der Familie wurde die Herrschaft des Vaters über seine Kinder juristisch ungebunden.[33] Insofern läßt sich eine Beziehung zu dem Bestreben des Liberalismus, Eingriffe des Staates in das Eigentum des Einzelnen abzuwehren, herstellen.[34] Mit der These der Unantastbarkeit des Innenraums der Familie verbunden war auch das Bestreben, Rechtsstreitigkeiten unter den Familienmitgliedern zu vermeiden.[35]

---

[29] Rotteck, Art. Erziehung, in: Staatslexikon, S. 267; siehe auch Krug, Rechtslehre, § 113 Anmerkung: "Dem Staate gebührt nun auch in dieser Hinsicht das Recht der Oberaufsicht. Dieses Recht kann aber nicht so weit gehn, dass der Staat befugt wäre, den Eltern, welche ihre Kinder selbst erziehen können und wollen, vorzuschreiben, nach welcher Methode oder in welcher Religion sie dieselben zu erziehen haben [...].".

[30] Anders Hegel, Rechtsphilosophie, § 174 für die Unterhaltspflicht: "Die Kinder haben das Recht, aus dem gemeinsamen Familienvermögen ernährt und erzogen zu werden. [...] Ebenso bestimmt sich das Recht der Eltern über die Willkür der Kinder durch den Zweck, sie in Zucht zu halten und zu erziehen.". - Siehe auch Krug, Rechtslehre, § 112: "Da aber Unmündige nicht rechtlos sind, so haben auch die Kinder alle Rechte der Menschheit im Verhältnisse zu ihren Eltern sowohl als deren Stellvertretern und dem Staate.".

[31] Siehe nur Welcker, Art. Familie, in: Staatslexikon, S. 399; Rotteck, Lehrbuch 3, § 70, S. 499.

[32] Rotteck, Lehrbuch, § 72, S. 310: "Es ist übrigens die Pflicht der Eltern zur Erziehung ihrer Kinder in Ansehung dieser lezten durchaus nicht juristischer, sondern bloß moralischer Natur.".

[33] Schwab, GeschGr, 253 (293).

[34] Stahl, Die Philosophie des Rechts, § 169 rechnet die väterliche Gewalt neben dem Eigentum und dem Gewerbebetrieb zu den "exemten Rechten", in die der Staat nicht eingreifen darf. - Siehe dazu Wieacker, PrGN, S. 440: "Der bürgerliche Rechtsstaat selbst antwortet auf das Verhältnis von Staat und Gesellschaft mit einer Machtaussparung der Staatsgewalt im Raume der bürgerlichen Rechtsordnung."; Müller-Freienfels, RabelsZ 37 (1973), 609 (651): "Das Familienrecht erschien als selbständiger Teil in den Zivilgesetzbüchern, womit zugleich ein Grundsatz festgestellt war, daß der neutrale Staat in den Mechanismus des Familienrechts prinzipiell so wenig einzugreifen habe wie etwa in den des Schuld- oder Sachenrechts."; allgemein zu diesem Problemkreis Grimm, Bürgerlichkeit im Recht, in: Recht und Staat, S. 11ff.

[35] Schwab, GeschGr, 253 (294f.).

Der Stützung der Theorie, daß der Staat sich nicht in das Innere der Familie und damit auch des Eltern-Kind-Verhältnisses einmischen dürfte, diente neben dem Gedanken der Personeneinheit die Auffassung von einem Eigentumsrecht der Eltern an den Kindern[36]; manche Autoren sprachen auch von einem "persönlich-dinglichen Recht" der Eltern an den Kindern[37]. Das Eigentumsrecht der Eltern an den Kindern habe mit dem Eigentum an Sachen gemeinsam, daß es ein Dritte ausschließendes Recht sei[38]. Es unterscheide sich aber von ihm dadurch, daß es beschränkt sei durch die Eigenschaft seines Gegenstandes als werdender Person und "in seiner Ausübung zur fortwährenden Richtung auf's Wohl des Kindes gelenkt durch das Naturgefühl und durch das Sittengesetz, endlich noch, mittelst des Verhältnisses der Eltern zu einander selbst, als Ehegatten, und Beider zusammen zu der Gesellschaft umher, mit wirklichen Rechtspflichten oder Schuldigkeiten verbunden."[39]. Damit wurde versucht, die Freiheit des Kindes und die Herrschaft der Eltern, die diese Freiheit notwendig beschränken mußte, zu vereinbaren. HEGEL lehnte die Auffassung vom Eigentum der Eltern an ihren Kindern ab, die Kinder seien an sich Freie , und das Leben sei das unmittelbare Dasein nur dieser Freiheit, sie gehörten daher weder anderen, noch den Eltern als Sachen an.[40]

Gleichwohl sollte das Kind nicht schutzlos vor einem Mißbrauch der väterlichen Gewalt sein, obwohl ihm der Schutz des Rechtes versagt wurde. Denn die oben dargestellte Theorie vom Eigentum der Eltern an ihren Kindern sei besser als "jene, die sie an das kalte Recht verweist, und die Eltern blos zu ihren Schuldnern machen will. [...] Alle Zwangspflichten sind lästig und werden nimmer mit Liebe

---

[36] Welcker, Art. Familie, in: Staatslexikon, S. 398f.: "Die Kinder sind das wahre und unbestreitbare Eigenthum der Eltern. [...] Die Kinder gehören den Eltern, so wie die Theile ihres eigenen Leibes ihnen angehören."; Rotteck, Lehrbuch, § 73, S. 312: "Das Elternrecht ist seiner Wesenheit nach nichts anderes als wahres Eigenthumsrecht auf das Kind. [...] Das Kind ist Eigenthum der Eltern vermöge der natürlichen Verbindung seiner Person mit jener des Erzeuger. Das Kind ist Erzeugniß, also gewissermaßen Theil der Eltern.".

[37] Krug, Rechtslehre, § 112 Anmerkung, § 26, S. 90: "Denkt man hingegen ein dinglich-persönliches Recht (jus realiter personale), so würde dieses ein Recht sein, das sich auf eine Person, gleich als wäre sie Sache, bezöge. Die Person würde also dann nicht bloss in Ansehung eines Theils ihrer Wirksamkeit, sondern in Ansehung ihrer ganzen Wirksamkeit d.h. ihrer selbst in der Freiheitssphäre des Berechtigten begriffen sein. Damit nun durch diese Verhältnis nicht ihre eigne Freiheitssphäre verloren gehe - was gegen das Rechtsgesetz streitet, weil dieses jeder Person eine solche zuerkennt (§ 15) - so lässt sich ein dinglich persönliches Recht nur unter der Bedingung denken, dass zwei (oder auch mehrere) Personen Eine gemeinschaftliche Freiheitssphäre haben, innerhalb der aber wieder jeder in Beziehung auf ihr besonderes Verhältniss zur andern gewisse eigenthümliche Rechte zukommen können."; siehe auch Rotteck, Lehrbuch, § 73, S. 313: "Auch in Ansehung des Kindes ist dingliches Recht vorhanden, jedoch hier ein wesentlich beschränktes, [...] folglich dinglich-persönliches Recht.".

[38] Rotteck, Lehrbuch, § 73, S. 313: "In Ansehung aller Fremden also erscheint hier ein wahrhaft dingliches Recht, d. h. ein unbedingtes Recht zur Ausschließung aller Anderen, und ein heiliges Besizrecht, welches nur im Falle der schwersten Rechtsverwirkung mag verloren gehen.".

[39] Welcker, Art. Familie, in: Staatslexikon, S. 399; siehe auch Rotteck, Lehrbuch, §§ 73, 74.

[40] Hegel, Rechtsphilosophie, § 175.

und nicht gern über das Maß der Erzwingbarkeit hinaus erfüllt. [...] Wir weisen sie [scil. die Kinder] an das Naturgefühl der Eltern und an ihre moralische Pflicht."[41]
Den Schutz der Kinder wollte WELCKER aber nicht allein an das Gefühl und die Moralität der Eltern verweisen. Eine Behandlung der Kinder, die der Beschränkung des Eigentumsrechts durch die Kinder als werdende Personen widerspräche, wurde als "Verzichtleistung" der Eltern aufgefaßt, die sogar Dritte zum Einschreiten ermächtigte. Weiter erfolgte der Schutz der Kinder als Reflex der gegenseitigen Elternpflichten aufgrund des Ehevertrages.[42] Darüber hinaus waren die Eltern der Gesellschaft gegenüber verpflichtet, die Kinder so zu erziehen, daß sie nicht zur Belästigung und Gefahr für diese würden.[43]
WELCKER wandte sich auch der Frage zu, was die positive Gesetzgebung im Verhältnis zwischen Eltern und Kindern regeln sollte.[44]
"Diesen Grundzügen des nach einer natürlichen Familienordnung zwischen Eltern und Kindern bestehenden Verhältnisses soll auch die positive Gesetzgebung, in so fern nicht hochwichtige, zur allgemeinen Anerkennung geeignete, politische Interessen eine Abänderung fordern, thunlichst entsprechend sein. Insbesondere soll sie die moralischen Pflichten der Eltern, in so weit sie auf äußere, sonach erzwingbare Handlungen gehen, zuvörderst durch deutliche Bestimmung außer Zweifel setzen und sodann sie zu Schuldigkeiten erheben, d. h. zu Schuldigkeiten gegenüber der Gesammtheit (Nicht eben gegenüber den Kindern), wonach also die Staatsgewalt auch unangerufen ihre Beobachtung zu verlangen hat. Sie sol weiter alles das, was von Seiten der Eltern aus staatsbürgerlicher Pflicht für die Erziehung der Eltern zu thun ist, mit Weisheit festsetzen und mit Autorität handhaben. Aber sie soll nicht minder die Pflichten der Kinder, insbesondere die, als Vergeltung für die empfangene Pflege, hinwieder den Eltern, wenn diese hülflos werden, zu leistende vor-

---

41 Welcker, Art. Familie, in: Staatslexikon, S. 400f.

42 So auch Krug, Rechtslehre, § 111: "Schon der hülflose und unreife Zustand der Kinder fodert die Eltern auf, sich ihrer anzunehmen und für ihr körperliches und geistiges Wohl zu sorgen. Hieraus entsteht aber bloss eine innere oder Gewissenspflicht, zu deren Erfüllung indessen schon die natürliche Liebe zu dem Erzeugten antreibt. Diese Pflicht wird jedoch zur äussern oder Zwangspflicht durch den ehelichen Vertrag.".

43 Welcker, Art. Familie, in: Staatslexikon, S. 401f.; Krug, Rechtslehre 1. Theil, § 111, S. 475: "[...] so entsteht daraus auch eine Rechts- oder Zwangsverbindlichkeit gegen den Staat, der die Kinder als künftige Bürger in seinen Schutz nimmt und daher die Eltern zur Erhaltung und Erziehung derselben mit Gewalt anzuhalten befugt ist.".

44 Siehe auch Stahl, Die Philosophie des Rechts, § 61: Aufgabe des Staates, die "ethische Gestalt der Familie im Gemeinzustande aufrecht zu halten", § 62 a. E.: "Die Familie ist deßhalb zwar ein privatrechtliches Institut und beruht als solches auf dem Princip der individuellen Freiheit, aber sie ist überall zugleich von Normen des öffentlichen Interesses (publici juris), d.i. sowohl der guten Sitte (boni mores) als der bürgerlichen und kirchlichen Rücksichten durchdrungen, welche die individuellen Freiheit beschränken."; Rotteck, Lehrbuch 3, § 70, S. 499: "So aber hat er sie blos anzuerkennen und zu schirmen, auch, zu Verhütung von Zweifeln, ihre Grenzen durch positive Festsezung zu bestimmen, und deren Ueberschreitung durch etwa rohe oder leidenschaftliche oder tyrannische Eltern mit Vorsicht und Nachdruck hindanzuhalten.".

schreiben, überhaupt dem natürlichen Elternrecht und der natürlich begründeten elterlichen (insbesondere väterlichen) Gewalt die gebührende Rechnung tragen, zwar ihrem etwaigen Mißbrauch mit Vorsicht steuern, doch ihrem vernünftigen Gebrauch alle Unterstützung leihen und keine zu frühzeitige Emancipation aus derselben aussprechen. Sie soll insbesondere bei Regulirung der Erbrechte den Kindern keine übermäßig hohen, selbstständigen Ansprüche auf das Gut gewähren, ... Die Standes-Wahl (in so fern damit keine pecuniäre Belästigung der Eltern verbunden ist) wird billig dem mündigen Sohne zu überlassen, dagegen die Wahl der Ehegatten - wenigstens wo der Pflichttheil hoch ist und kein Verzicht auf das Notherbrecht geleistet wird - von der elterlichen Einwilligung abhängig zu machen, und davon nur aus wichtigen Gründen zu dispensiren sein."
Gegenstand der Gesetzgebung sind die zu Schuldigkeiten gegenüber der Allgemeinheit zu erhebenden moralischen Pflichten der Eltern, soweit sie auf äußere Handlungen gehen, die Pflicht zur Erziehung der Kinder, Mißbrauch der elterlichen Gewalt und Beendigung derselben. Auch für das Erbrecht der Kinder werden Direktiven gegeben. Darüber hinaus können die Wahl des Standes, sowie das Erfordernis der elterlichen Zustimmung zur Eheschließung des Kindes geregelt werden. Auffallend ist, daß der Wille des mündigen Kindes bei der Standeswahl zu berücksichtigen sein sollte. Alles dies steht unter dem Vorbehalt, daß eine Abänderung aus überragenden politischen Interessen notwendig ist.

Wider Erwarten wurde die These der Unantastbarkeit des familiären Innenraums durch den Staat nicht im Rahmen der Auseinandersetzung um ein öffentliches Erziehungswesen und den Schulzwang ins Spiel gebracht.[45] Vielmehr zeigte sich das Bemühen, familiäre und öffentliche Erziehung in Einklang zu bringen.[46] Dies deutet darauf hin, daß von der öffentlichen Erziehung keine Gefahr für die Familie im allgemeinen erwartet wurde.[47]

Der bürgerliche Idealismus führte damit auf der einen Seite zu einer politischen und sozialen Aufwertung der Familie, auf der anderen Seite zu ihrer Privatisierung. Durch die Verweisung des Rechts aus dem Innenraum der Familie blieb die elterliche Gewalt juristisch weithin unbegrenzt. Damit stabilisierte er die Familie als soziales Gebilde und gebot den Emanzipationsbestrebungen der Kinder ebenso wie denen der Frau Einhalt.

---

[45] Schwab, GeschGr, 253 (295f.); Humboldt, Versuch, S. 53ff; Fertig, Zeitgeist und Erziehungskunst, S. 220ff.

[46] Rotteck, Lehrbuch 3, § 70, S. 499: "Der Staat darf und soll sich der Erfüllung solcher Pflicht von Seite der Eltern versichern, wozu jedoch, da das Naturgefühl von Selbst dazu antreibt, selten ein Mehreres nöthig ist, als eine zwanglose Leitung, Erleichterung und Beförderung durch dargebothene Unterrichts= und Bildungs-Anstalten."; auch Stahl, Die Philosophie des Rechts, §§ 87ff., S. 496ff.

[47] Schwab, GeschGr, 253 (296) m. N.

2. Kapitel Die Wissenschaft und die Praxis des gemeinen Rechts

I. Das Eltern-Kind-Verhältnis als Rechtsverhältnis

Die oben dargestellte Auffassung der Romantik und vor allem des Idealismus von der Unantastbarkeit des familiären Innenraums prägte entscheidend die Auffassung der Rechtsgelehrten des neunzehnten Jahrhunderts.[48] Zur Stützung der These berief man sich oft auf die Behandlung der Familie im alten Rom durch das vorklassische Recht und trug zur Idealisierung der altrömischen Familie bei.[49]

Nach SAVIGNY[50] entzieht sich die Familie, zu der er die Ehe, die väterliche Gewalt und die Verwandtschaft rechnet[51], einer Einordnung als Rechtsverhältnis, wenn man mit ihm darunter ein Gebiet unabhängiger Herrschaft des individuellen Willens versteht.[52] Die Familie bzw. die sie konstituierenden Verhältnisse stellen jeweils ein "neues, eigenthümliches Rechtsverhältnis" dar.[53] Sie dienen der Ergänzung des an sich unvollständigen Selbst, des in einem großen Naturzusammenhang bedürftigen Wesens.[54] Die väterliche Gewalt leistet Ergänzung in folgender Hinsicht: Zum einen wird der Vater "ergänzt", nämlich durch die Fortpflanzung, womit nicht nur der Fortbestand der Gattung Mensch als solcher, sondern auch der der einzelnen Person gesichert wird. Zum anderen bedürfen die Kinder der Ergänzung, weil "durch die Einrichtung der menschlichen Natur [...] der Einzelne im Anfang seines Lebens die Macht über sich selbst völlig entbehrt, und erst ganz allmälig erlangt"; die "Ergänzung" wird ihnen durch die Erziehung gewährt.[55]

Was nun den rechtlichen Inhalt eines Instituts des Familienrechts angeht, so besteht er nach SAVIGNY in den "Bedingungen seines Daseyns und seiner Anerkennung", wozu gehören: die Voraussetzungen der Möglichkeit eines solchen Rechtsverhältnisses, die Entstehung desselben, und die Gründe seiner Auflösung.[56] An

---

48 Schwab, GeschGr, 253 (296f.).

49 Jhering, Geist II, S. 184, bereits oben S. 49 zitiert.

50 Vgl. Buchholz, Savignys Stellungnahme zum Ehe- und Familienrecht, Jus Commune VIII (1979), 148 (150ff.); Bextermöller, Das Familienrecht in den Systemen der Pandektistik des 19. Jahrhunderts, S. 48ff.; Lipp, ZNR 1993, 129 (136ff.); Müller-Freienfels, RabelsZ 38 (1974), 533 (548ff.) b) Die Sonderstellung des Familienrechts in von Savignys "System"; Dörner, Industrialisierung und Familienrecht, S. 83ff.

51 System I, § 53, S. 342; § 54, S. 345.

52 System I, § 58, S. 387: "[...] aber nicht zu einer höchsten Eintheilung überhaupt, da sie auf die Familie nicht paßt (§ 54)." - Zur Begriffsbestimmung des Rechtsverhältnisses Savigny, System I, § 52, S. 331ff.

53 System I, § 53, S. 340.

54 System I, § 53, S. 340. - Der Gedanke der Ergänzung des einzelnen in der Familie taucht häufiger auf, siehe auch Riehl, Familie, S. 119 (zur Ehe).

55 System I, § 53, S. 341.

56 System I, § 54, S. 352; vgl. auch System I, § 54, S. 349f.: "Daher liegt das eigentliche Wesen desselben in der Stellung, welche der Einzelne in diesen Verhältnissen einnimmt, darin, daß er nicht als

anderer Stelle, wo er die Darstellung des Familienrechts und in dessen Rahmen auch der väterlichen Gewalt ankündigt, sagt er, daß dort "von der Entstehung und Auflösung desselben, so wie von den Rechten des Vaters und des Kindes, sowohl welche die Person, als welche das Vermögen betreffen", zu handeln sei.[57] Darauf beschränke sich der juristische Inhalt, soweit er die Rechtsverhältnisse als solche betreffe.

Als rechtlichen Inhalt der väterlichen Gewalt lehnt SAVIGNY ausdrücklich "die partielle Unterwerfung einer Person unter den Willen der anderen" ab.[58] Denn, wie gerade das römische Recht zeige, sei die Herrschaft des Vaters "der natürliche Character der väterlichen Gewalt, worin sich der Vater durch eigene Macht behauptet wie in der Herrschaft über den Sklaven oder über sein Haus oder sein Pferd."[59] Nirgends sei von einer juristischen Verpflichtung des Sohnes zum Gehorsam die Rede, von einer Klage des Vaters gegen den ungehorsamen Sohn, so wenig als gegen den ungehorsamen Sklaven.[60] So seien dem römischen Recht auch keine einzelnen Rechtsansprüche eines Ehegatten gegen den andern, keine Klagen zum Schutz solcher einzelnen Rechte für den Fall der Verweigerung bekannt.[61] Vielmehr sei die zum Wesen der väterlichen Gewalt gehörende Pflicht des

---

Mensch überhaupt, sondern auch noch insbesondere Ehegatte, Vater, Sohn ist, also in einer fest bestimmten, von der individuellen Willkühr unabhängigen, in einem großen Naturzusammenhang begründeten Lebensform."; Thibaut, System, § 236, S. 190: "Die Lehre von der väterlichen Gewalt erfodert die Beantwortung der vier Fragen: welches ist die Natur der väterlichen Gewalt, und welche Rechtsverhältnisse werden dadurch begründet? Wie entsteht? wie erlischt sie? und wie wird sie wieder hergestellt?" - Zur Kritik Windscheid, Lehrbuch, § 41, S. 97 FN 1; siehe auch Lipp, ZNR 1993, 129 (137): "Das positive Recht liefert lediglich die Rechtsform: die Anerkennung des vorgegebenen natürlich-sittlichen Verhältnisses auch als Rechtsverhältnis, aber ohne Möglichkeit einer näheren inhaltlichen Regelung durch das Recht.".

[57] System II, § 67, S. 52.

[58] System I, § 54, S. 348; ebenso Sintenis, Civilrecht III, § 130, S. 3: "[...] ist für jene [scil. die Familienverhältnisse] die Bestimmung der Voraussetzungen ihrer Möglichkeit, ihrer Entstehungsarten, ihrer Anerkennung und der Gründe ihrer Auflösung durch das Recht nothwendig. Hierdurch also werden die Familienverhältnisse schon Rechtsverhältnisse, jedoch besteht von dieser Seite her deren ganzer juristischer Inhalt nur in dem Anspruch auf allgemeine Anerkennung; an einem Gegenstand, welchen dabei der rechtliche Wille beherrsche, fehlt es, und daher besteht auch keine juristische Verpflichtung in Folge dessen zum Gehorsam oder auf Leistungen. Allerdings ist jener Anspruch nicht schutzlos, allein wegen dieses Mangels, wie der ihm verliehene Schutz selbst, von eigenthümlicher Art; sobald nämlich der Anspruch anerkannt ist, und damit also zugleich das Familienverhältniss, behauptet sich der Berechtigte darin ohne Weiteres, so dass von Klagen daraus, z. B. des Vaters gegen den Sohn, nicht die Rede ist, sondern die Folgen desselben gestalten sich nun von selbst. [...] Soweit nun hiermit keine unmittelbare und nothwendige Rückwirkung auf Vermögensverhältnisse verbunden ist, geht den Instituten der Ehe usw. allerdings der praktische Inhalt anderer Rechtsinstitute ab, sie gewähren m. a. W. für sich nicht schlechthin, gleich diesen, Rechte.".

[59] System I, § 54, S. 348. - Vgl. zum Sklavenverhältnis Savigny, System II, § 65, S. 30 Anm. a): "Dahin gehört weniger das, was bey anderen Rechten so wichtig ist, die genaue Bestimmung des Inhalts und Umfangs des Rechtsverhältnisses: denn das ganz uneingeschränkte Recht des Herrn macht hierin jede specielle Bestimmung überflüssig.".

[60] System I, § 54, S. 348.

[61] System I, § 54, S. 349.

Kindes zu Gehorsam und Ehrfurcht, so wie "der edle und menschliche Gebrauch, den der Hausvater von seiner Familiengewalt" machen soll, der Sitte überlassen.[62] Zum juristischen Inhalt, der sich aus den Rechtsverhältnissen als solchen ergibt, kommt nach SAVIGNY allerdings noch der Einfluß auf andere Rechtsverhältnisse hinzu.[63] Gemeint sind vor allem die Auswirkungen der Verhältnisse auf das Vermögen, die Lehre des neunzehnten Jahrhunderts sprach hier vom "angewandten Familienrecht".[64] Der Einfluß der väterlichen Gewalt auf das Vermögen besteht nach SAVIGNY in der Vermögensunfähigkeit des Kindes, die mit dem Erwerb für den Vater durch das Kind einhergeht.[65]
Das Modell der römischen *patria potestas*, der rechtlich anerkannten, aber nicht (privat)- rechtlich kontrollierten Gewalt des Vaters über die Hauskinder, ist für SAVIGNY auch das Modell der väterlichen Gewalt des neunzehnten Jahrhunderts.[66] Beschränkungen der Macht des Vaters finden nicht auf der Ebene des Rechts, sondern auf der Ebene der Sitte statt.[67]

UNGER brachte die Auffassung SAVIGNYS und anderer Rechtsgelehrter[68] auf den Punkt:

---

[62] System I, § 54, S. 350; siehe auch ders., System I, § 54, S. 353: "Vergleicht man diesen vielfachen Einfluß der väterlichen Gewalt mit den Naturverhältnissen, welche oben als Grundlage der Familie angegeben worden sind, so ergiebt sich Folgendes. Das Erziehungsbedürfnis findet seine Befriedigung allerdings in der väterlichen Gewalt, aber nicht eigentlich in der rechtlichen Seite derselben, sondern in der rechtlich unbestimmten Macht, die der Vater ohnehin über das Kind, auch ohne Rücksicht auf dessen Alter, hat. Alles Übrige aber, also gerade die oben bemerkte rein juristische Auswirkung auf das Vermögen, hat mit der Erziehung gar keinen Zusammenhang.".

[63] System I, § 54, S. 352.

[64] Unger, System des österreichischen allgemeinen Privatrechts I, S. 218.

[65] System I, § 54, S. 353: "Diese sowohl mögliche als nothwendige Repräsentation des Vaters durch die erwerbenden Handlungen des Kindes wird als Personeneinheit unter beyden bezeichnet". - Zur Personeneinheit siehe S. 449ff.

[66] Siehe auch Lipp, ZNR 1993, 129 (139).

[67] Siehe Lipp, ZNR 1993, 129 (139), der hervorhebt, daß SAVIGNY von einer Begrenzung durch das christliche Moralverständnis ausgeht. - Lipp, aaO., auch zu der Frage, wie die Unterwerfung des Kindes unter die Gewalt des Vaters mit seiner Eigenschaft als freies Rechtssubjekt zu vereinbaren ist.

[68] So Sintenis, Zeitschrift für Civilrecht und Proceß XIX, S. 66ff.; Puchta, in: Fliegende Blätter für Fragen des Tags I (1843), 9 (zum röm. Recht): "Es galt die Ansicht, daß der Staat das Innere der Familie zu ignorieren habe."; Rudorff zu Puchtas Vorlesungen, § 46 Anm. 1.; Post, Das gemeine deutsche und hansestadtbremische Immobiliarrecht und Familienrecht, § 107, S. 217: "Das Verhältnis zwischen Eltern und Kindern ist vom Rechte nur in sehr geringem Maße geregelt.", § 108, S. 218: "Als solche gehört sie [scil. die väterliche Vormundschaft] aber mehr dem wirtschaftlichen und ethischen Gebiete, als dem rechtlichen an. Rechtlich sind im Wesentlichen nur die vermögensrechtlichen Seiten [...]."; so auch die "Germanisten": Rive, Die Vormundschaft II, S. 161: "Durch die nationale Anschauungs- und Gefühlsweise wie durch das Wesen der deutschen Familie stellt sich das persönliche Verhältniss zwischen Eltern und Kindern zunächst im Bilde einer Lebensgemeinschaft dar, in der die Beziehungen durch die Sitte geregelt werden im Geiste einer humanen Denkungsart und einer tiefen Erfassung dieses natürlichen Verbandes. [...] eine vom Rechte ausgehende bestimmte und durchgreifende Normirung aber behauptet daneben nur eine untereordnete Bedeutung. So findet auch die in der Hand des Vaters am meisten ausgedehnte Gewalt in der Sitte ihre Regulirung, ohne dass eine rechtliche Schranke durchgreifend erkennbar

"Bei den Familienrechtsverhältnissen beschränkt sich nemlich die Aufgabe des Rechts darauf, die Formen der Eingehung und Auflösung dieser Verhältnisse zu bestimmen: der Inhalt und Stoff derselben gehört nicht der Sphäre des Rechts, sondern dem Gebiete der Natur und Sittlichkeit an.
Deßhalb entspringen aus diesen Verhältnissen nicht so wie bei den Vermögensrechtsverhältnissen Rechte und Befugnisse, welche einzeln präcisirt und durch gerichtliche Zwangsmittel geltend gemacht werden könnten; das Recht beschränkt sich darauf, theils die rechtliche Existenz dieser Verhältnisse sicher zu stellen, theils die Mittel zu gewähren, um das äußerliche Bestehen mancher der fraglichen Verhältnisse zu garantiren.[69]

Auch die "Germanisten" sind von der idealistischen Familienauffassung beeinflußt worden. So heißt es bei BESELER zu den persönlichen Verhältnissen der Ehegatten:[70]
"Wenn es irgendein Lebensverhältnis giebt, welches mehr durch die freie Liebe und die Sitte, als durch die Rechtsregel beherrscht wird, so ist es der Ehestand, wie er sich im Innern des Hauses gestaltet. Ist es erst dahin gekommen, daß wegen Rechtsverletzungen die richterliche Hülfe in Anspruch genommen werden muß, so pflegt auch das ganze Verhältniß unheilbar gestört zu sein, und es erscheint daher ganz natürlich, daß unter Eheleuten fast nur Scheidungsprocesse vorkommen. Selbst die Vermögensverhältnisse gewinnen vorzugsweise erst nach der Auflösung der Ehe ein rechtliches Interesse, indem bis zu diesem Zeitpunkte die feste Regel des Gesetzes, welche an sich freilich in keiner Weise entbehrt werden kann, durch die Einwirkung sittlicher Motive vielfach umhüllt und gemildert wird."

---

wäre. Entsprechend wird auf der anderen Seite ein solches Herrschaftsverhältnis rechtlich auch nicht speciell zugestanden oder fixirt, und es ist eine den natürlichen Verhältnissen fern liegende Deduction."; Stobbe/Lehmann, Handbuch IV, § 266, S. 2: Das Familienverhältnis "wird nicht durch bloße Rechtssätze beherrscht, sondern es ist ein sittliches Verhältniß, in welchem sich die Gesinnung bethätigen soll. Liebe, Wohlwollen, Sorge für den Andern sollen das Familienleben durchdringen; innere Beziehungen sollen bestehen und wirken, welche das Sittengesetz aufstellt, welche aber der Staat nicht vorschreiben und der Richter nicht erzwingen kann.", § 314, S. 381f.: "Das durch die Blutsverwandtschaft begründete Verhältniß zwischen den Eltern und ihren ehelichen Kindern wird von ethischen Grundsätzen beherrscht und läßt sich nur unvollkommen durch juristische Regeln normiren. Es ist ein sittliches Prinzip, daß 'die Kinder beiden Eltern Ehrfurcht und Gehorsam schuldig sind' und daß die Eltern für die Kinder sorgen und deren Wohl fördern sollen.".

[69] System des österreichischen allgemeinen Privatrechts I, S. 216f.

[70] System, § 134, S. 554. - Die meisten Ausführungen zu dieser Frage werden zu der Ehe gemacht. Siehe aber auch Mittermaier, DPr II, § 361, S. 243: "So weit menschliche, ohnehin nie unter starre Rechtsformen zu bringende Verhältnisse des Gehorsams und der Erziehung in Frage waren, stand das Kind freilich unter der Zucht beider Eltern, [...] allein das eigentliche Verhältniß, in welchem das Kind juristisch sich befand, war nur das des Mundiums." - Bei Rive Vormundschaft II, S. 175 klingt die Lehre von rechtsfreien Raum an und wird auf das ältere Recht projiziert.

PUCHTA[71] geht bei der Bestimmung des Verhältnisses von Familie und Recht auch davon aus: "die Familie als eine natürliche, nicht auf dem Willen beruhende Verbindung liegt nicht in dem Rechtsgebiet."[72] So scheine die rechtliche Auffassung vom Menschen als Willenssubjekt - diese abstrakte Qualität dominiere über alle anderen - dem Wesen der Familie sogar zu widersprechen, wie es gewiß ist, "daß ein rein rechtliches Verhalten der Familienmitglieder gegen einander das wahre Leben der Familie vernichten würde."[73] Da aber die Einbindung des Menschen in die Familie das ganze Dasein des Menschen erfasse," ist sie von dem Gebiet des Rechts nicht abzuhalten." Die Familie dringe mit der vollen Macht eines in sich fest verbundenen Ganzen in das Recht ein, werde dadurch aber zugleich vom Recht ergriffen.[74] Das "Eindringen der Familie in das Recht" beziehe sich auf das Vermögen - wozu neben dem Erbrecht die Güterverhältnisse unter Ehegatten und zwischen Eltern und Kindern gehören - und das öffentliche und kirchliche Recht.[75] Als weiteren Grund für den Rechtscharakter der Familienverhältnisse führt PUCHTA an:[76]

"So muß die Ehe, das Fundament der Familie, es muß das Verhältniß zwischen Eltern und Kindern zu Rechtsverhältnissen werden, weil sie zu den Bedingungen der rechtlichen Ordnung gehören, weil das Recht das in seinen Bereich ziehen muß, ohne welches ihm kein gesichertes Daseyn möglich ist."

Damit spricht PUCHTA, wie im neunzehnten Jahrhundert üblich, der Familie die Funktion eines Mittelgliedes zwischen dem Einzelnen und der Volks- und Staatsverbindung zu. Zum Eindringen des Rechts in das Familienverhältnis an sich äußert sich PUCHTA an dieser Stelle im "Cursus der Institutionen" nicht. Aus dem Fehlen der Erörterung des Innenverhältnisses könnte geschlossen werden, daß er genau wie SAVIGNY den Innenbereich oder "das reine Familienverhältnis" als nicht vom Recht erfaßt und erfaßbar ansieht. Äußerungen in dieser Richtung finden sich bei PUCHTA allerdings nur zur Ehe.[77] Entsprechendes dürfte dann auch für das Eltern-Kind-Verhältnis gelten.

---

[71] Zu ihm Buchholz, Ius commune VIII, 148 (158ff.); Bextermöller, S. 23ff.; Lipp, ZNR 1993, 129 (139ff.).
[72] Cursus I, § 24, S. 58
[73] Cursus I, § 24, S. 59.
[74] Cursus I, § 24, S. 59.
[75] Cursus I, § 24, S. 59f.
[76] Cursus I, § 24, S. 60.
[77] Cursus I, § 287, S. 161f.: "Die Ehe ist kein Rechtsverhältnis, sie ist ein natürliches Verhältniß, das nicht erst durch das Recht entstanden, aber vom Recht aufgefaßt und als ein Rechtsverhältnis behandelt worden ist: als Rechtsverhältnis betrachtet ist die Ehe ein Recht jedes Gatten an der Person des andern. Der Inhalt der Ehe besteht darin, daß jeder Gatte sich so erweist, wie es das Wesen der Ehe fordert. **Das Recht darf über die Ehe nichts festsetzen, was ihrem sittlichen Wesen zuwider ist, aber nicht alle sittlichen Anforderungen können rechtlich werden. Vielmehr liegt gerade die Hauptsächliche An-**

Der entscheidende Unterschied der Auffassung Puchtas zu der von SAVIGNY und anderen vertretenen Auffassung besteht darin, daß PUCHTA die Beziehung zwischen Eltern/Vater und Kindern wie auch die zwischen den Ehegatten als ein subjektives Recht, als ein Herrschaftsrecht, auffaßt.[78] SAVIGNY hatte die partielle Unterwerfung des Kindes gerade nicht als juristischen Inhalt der väterlichen Gewalt angesehen. Wenn SAVIGNY und PUCHTA auch von entgegengesetzten Ausgangspunkten ausgehen, so ist ihr Ergebnis doch fast identisch: der Vater hat nach gemeinem Recht eine äußerst umfassende Machtstellung gegenüber den seiner Gewalt unterworfenen Kinder.

In der zweiten Hälfte des neunzehnten Jahrhunderts war die von SAVIGNY vertretene Auffassung zunehmender Kritik unterworfen.
Nach WINDSCHEID[79] ging die Behauptung, daß die gegenseitige Unterwerfung der durch die Familie verbundenen Personen überhaupt nicht zum juristischen Inhalt der Familienverhältnisse gehöre, zu weit. "Das Recht des Vaters gegen das Kind auf Gehorsam, ist ein anderes Recht, als das Recht des Gläubigers gegen seinen Schuldner, aber immerhin ein Recht."[80] Ein solches Recht des Vaters sei wesentlich verschieden von allen übrigen Rechten, denn es entstehe zuerst aus der Pflicht, die das "Principale" sei, während alle übrigen Recht die Pflicht erst aus sich erzeugen.[81]
Nach NEUNER sind die Familienverhältnisse im engeren Sinne - Ehe und Eltern-Kind-Verhältnis - "wahre Rechtsverhältnisse" [d. h. rechtlich geschützte Verhältnisse] nur für das Haupt der Familie, "und zwar insofern, als diesem die Gewalt, welche ihm schon die Natur über den Untergebenen (Weib oder Kind) gibt, auch von der bürgerlichen Rechtsordnung als ein Recht, als eine ihm zugleich von Rechtswegen zustehende Gewalt anerkannt, und gegen den widerstrebenden Willen Dritter (Fremder wie der Untergebenen selbst) rechtlich geschützt ist."[82]

---

forderung, auf die wahre eheliche Gesinnung, über die rechtliche Sphäre hinaus, es ist kein rechtlicher Zwang in Beziehung auf dieselbe denkbar. Die Thätigkeit des Rechts geht vorzugsweise darauf: 1) die Hindernisse eines wirklichen ehelichen Verhältnisses unter den Gatten zu entfernen, nichts zuzulassen, was dieß Verhältniß stören würde, 2) die Vermögensverhältnisse unter Ehegatten auf eine dem sittlichen Wesen der Ehe möglichst conforme Weise zu bestimmen. Endlich 3) ist eine rechtliche Bedeutung der Ehe ihr Einfluß auf die daraus Erzeugten, durch Hervorbringung des Kindesverhältnisses gegenüber dem Vater, wozu im ius civile noch die väterliche Gewalt kommt.".

[78] Dazu siehe näher unter II. 2.

[79] Lehrbuch, § 41, S. 97.

[80] Windscheid, Lehrbuch, § 41, S. 97 FN 1, siehe auch S. 97: "Insofern es [scil. das Recht] dabei nun dem Einen gebietet, seinen Willen dem Anderen zu unterwerfen, kann man sagen, daß es diesem Anderen ein Recht beilege.".

[81] Lehrbuch, § 41, S. 97.

[82] Wesen und Arten der Privatrechtsverhältnisse, S. 35, S. 37: "Betrachtet man dagegen das Familienverhältniß nach innen, als gegenseitiges Verhältniß von Familienhaupt und Untergebenen, [...], dann erscheint es, als wesentlich durch Gesinnung getragen, nicht als Rechtsverhältniß, sondern als natürlich sittliches Verhältniß. Gegenseitige Ansprüche und Pflichten sind hier unleugbar vorhanden, aber sie

II. Die *patria potestas* des gemeinen Rechts[83]

1. Die Rezeption der römischen *patria potestas*

Das Problem der Rezeption der *patria potestas* des römischen Rechts stellte sich in erster Linie für die Germanisten.

Ein Teil von ihnen leugnete die Rezeption der Regeln über die römische *patria potestas* nicht[84]. Der Unterschied zu den Pandektisten bestand darin, daß sie eine weitaus größere Anzahl von Abänderungen des römischen Rechts durch das deutsche Recht als diese annahmen. Untereinander bestand allerdings Streit darüber, in welchem Umfang das römische Recht Abänderungen erfahren hatte.

Eine andere Gruppe Germanisten ging dagegen davon aus, daß grundsätzlich die deutschrechtlichen Regelungen über das Verhältnis zwischen Eltern und Kindern in Geltung geblieben und nur in Einzelheiten durch das römische Recht abgeändert worden waren[85].

Die Pandektisten selbst gestanden Modifikationen der römischen *patria potestas* zu; vor allem, was die Beendigung der *patria potestas* betraf, hatte sich das deutsche Recht mit der sogenannten *emancipatio saxonica* durchsetzen können. Im Ergebnis stimmten die Rechtsgelehrten, wenn auch im Detail erhebliche Unterschiede bestanden, darin überein, daß das Institut der väterlichen Gewalt sich zu ihrer Zeit als ein aus römischen und deutschen Elementen gemischtes darstellte.[86]

---

haben natürlich-sittlichen, nicht juristischen Charakter.", S. 38f.: "Erst wenn diese Erwartung nicht zutrifft und zugleich die Verletzung der Familienpflichten eine solche wird, daß sie den äußern Bestand des Familienlebens oder die persönliche Existenz der Untergebenen bedroht, bethätigt das Recht den Gedanken, daß die Familiengewalt eine dem Familienhaupte nur anvertraute ist, es betheiligt nunmehr sein und somit auch das öffentliche Interesse an dem Schicksale der Familiengenossen, dann das Familienband entweder lösend, oder dasselbe auf Anrufen des Verletzten auf obrigkeitlichem Wege in der gestörten Beziehung in wenigstens äußere Ordnung bringend. [...] In solchen Fällen hält aber das Recht die Familienordnung nicht dadurch aufrecht, daß es vorhandene bürgerliche Familienrechte des Untergebenen schützt, sondern dadurch, daß es nun erst bürgerliche Rechte schafft an die Stelle bisheriger natürlich-sittlicher Ansprüche, also speciell bei ökonomischen Fragen dadurch, daß es nun erst eine wahre, obrigkeitlich auferlegte Obligation an die Stelle eines bisherigen blos natürlichen officium setzt. [...] Eben daher, weil in solchen Fällen nicht bereits bisher vorhandenes bürgerliches Recht geschützt, sondern bürgerliches Recht erst geschaffen wird [...].". - Zum rechtsfreien Innenraum siehe auch Sintenis, Civilrecht III, § 140, S. 119f.

[83] Zur Systemgeschichte, auch zur Einordnung des Familienrechts als Privat- oder öffentliches Recht Müller-Freienfels, RabelsZ 37 (1973), 609 (637ff.): IV. Das Familienrecht in Lehre und Gesetzgebung des 19. Jahrhunderts, und ders., RabelsZ 38 (1974), 533ff.; Lipp, ZNR 1993, 129ff.

[84] Kraut, Vormundschaft II, S. 618; Heimbach, "Väterliche Gewalt", in: Weiskes Rechtslexikon, S. 54f.; Gengler, DPr, § 161, S. 590; Phillips, Grundsätze, § 151, S. 222f.; v. Roth, System, § 151, S. 274.

[85] Gerber, DPr, § 240, S. 536 FN 2; Maurenbrecher, Lehrbuch, § 513, S. 192; Stobbe/Lehmann, Handbuch IV, § 312, S. 366, 372; Heimbach, Lehrbuch, § 108, S. 210.

[86] Phillips, Grundsätze, § 151, S. 222f.; Mittermaier, DPr II, § 361, S. 244f.; Heimbach, Art. Väterliche Gewalt, in: Weiskes Rechtslexikon, S. 54f.; v.Roth, System, § 151, S. 274; Sintenis, Civilrecht III, § 141, S. 137 FN 1: "Was dagegen den Einfluss der väterlichen Gewalt auf Vermögensverhältnisse betrifft, so wird er allerdings durch deutschrechtliche Institute mehrfach modifiziert und eingeschränkt." (wird im folgenden näher ausgeführt).

2. Das Wesen der *patria potestas*

Zur juristischen Natur der *patria potestas* wurden im neunzehnten Jahrhundert mehrere Auffassungen vertreten.[87]

Am weitesten ging die Auffassung, nach der die *patria potestas* ihrem rechtlichen Charakter nach mit dem Eigentum zusammenfalle[88]. Die vor allem in früheren Jahrhunderten, auch von Naturrechtlern (ALTHUSIUS, GROTIUS), vertretene Auffassung fand im neunzehnten Jahrhundert aber kaum Zustimmung[89].

Die wohl herrschende Auffassung unter den Pandektisten war die von einem Herrschaftsrecht, einem subjektiven Recht des Vaters gegenüber seinen Kindern.[90] Zu den Vertretern dieser Auffassung gehörte auch PUCHTA.[91] Ausgehend von der These "Der Inhalt des Rechts sind die Rechte" versuchte PUCHTA, das römische Recht unter dem Leitaspekt des subjektiven Rechts zu systematisieren. Die subjektiven Rechte wiederum teilte er nach der Beziehung des Willens auf einen Gegenstand, die Unterwerfung eines Gegenstandes, ein.[92] Nach PUCHTA gab es fünf Gegenstände, die einem rechtlichen Willen unterworfen sein konnten, u.a. auch "Personen außer dem Berechtigten".[93] Zu den "Rechten an Personen außer dem Berechtigten" rechnete PUCHTA das eheliche, das elterliche und das Kindesrecht - die Bezeichnung "Familienrecht" vermied er. In konsequenter Anwendung des systematischen Ansatzes erörterte er das "Familienrecht" in seinen Werken unter der Überschrift "Rechte an anderen Personen", womit es neben das Sachenrecht und das Recht der Obligationen gestellt wurde.

Das "Recht an einem anderen Menschen" bedeutete Unterwerfung dieser Person, bezogen auf das elterliche Recht die Unterwerfung des Kindes.[94] Allerdings konnte die Unterwerfung einer anderen Person nie eine so vollständige sein wie die einer Sache.[95] Denn bei einer totalen Herrschaft würde die unterworfene Per-

---

[87] Bei den Stellungnahmen zu dieser Frage ist oft nicht zu erkennen, ob sie sich auf das antike römische Recht oder das damals geltende gemeine Recht beziehen.

[88] Schröter, Lindes'Z 14 (1840), S. 137f.; Walter, Römische Rechtsgeschichte II, § 501; so wohl auch du Roi, AcP 6 (1823), 386 (410): ursprünglich wirkliches Eigentum, im Laufe der Entwicklung ist die *patria potestas* so umgestaltet worden, daß sie nicht mehr dem Eigentum ähnlich ist.

[89] Mandry, Familiengüterrecht I, S. 31, dort FN 1 m. w. N.; Jhering, Geist II, S. 172; Zimmern, Rechtsgeschichte, § 179.

[90] Siehe nur Puchta, Vorlesungen III, § 432, S. 271; Göschen, Vorlesungen I, § 127, S. 364; Windscheid, Lehrbuch I, § 41, S. 97. - Siehe auch noch Lobrano, *Pater et filius eadem persona*, S. 16ff. ("Familienrecht" e 'patria potestas' nella dottrina romanistica). - A. A. SAVIGNY, siehe oben unter I.

[91] Zu diesem Lipp, ZNR 1993, 129 (140ff.), dort werden auch die Ausführungen PUCHTAS zum Inhalt der väterlichen Gewalt nach gemeinem Recht wiedergegeben; dazu wird auf die folgende Darstellung zu 3. c) verwiesen.

[92] Vorlesungen I, § 46, S. 93ff.

[93] Cursus I, § 30, S. 84f.; Vorlesungen I, § 46, S. 94f.

[94] Dagegen Sintenis, Civilrecht III, § 130, S. 3.

[95] Cursus I, § 30, S. 86f.

son aufhören, "Subjekt der rechtlichen Freiheit, und also Person zu seyn." So ist nach PUCHTA "jedes Recht an einer Person [...] eine partielle Macht, Beherrschung einer gewissen Seite der Person." Dies schließe sogar die Möglichkeit einer gegenseitigen Macht in sich: "[...] so entspricht ferner dem elterlichen Recht an der Person der Kinder ein Kindesrecht an der Person der Eltern".[96] [97] In den "Vorlesungen" läßt PUCHTA dann allerdings diesen Gesichtspunkt der Gegenseitigkeit für die väterliche Gewalt nicht gelten.[98]

Schließlich wurde noch vereinzelt die *potestas* des Hausvaters als eine häusliche Magistratur gedeutet[99], eine Auffassung, die sich allerdings auch nicht durchzusetzen vermochte.[100]

Demgegenüber betonten die Germanisten, daß die väterliche Gewalt, trotz der Verwendung des lateinischen Ausdruckes *patria potestas* - in der deutschen Übersetzung "väterliche Gewalt" - eher den Charakter einer väterlichen Vormundschaft habe[101]. Die Schutzbedürftigkeit des Kindes stand bei ihnen im Vordergrund[102]; die väterliche Gewalt war nach ihnen kein eigennütziges, sondern ein fremdnüt-

---

[96] Cursus I, § 30, S. 87: "Alle wahren und reinen Rechte an Personen tragen eine Gegenseitigkeit in sofern in sich, als der Berechtigte zugleich Gegenstand eines, wenn auch nicht desselbigen Rechts ist; dadurch eben erhält sich die Persönlichkeit unter einer solchen Beherrschung, und wird vor dem Schicksal der Sache, des rein unterworfenen Gegenstands, bewahrt.".

[97] PUCHTA unterscheidet auch zwischen dem elterlichen Recht und der väterlichen Gewalt. Zum elterlichen Recht gehört in der Hauptsache die Unterhaltspflicht: Cursus III, § 295, S. 195.

[98] Vorlesungen III, § 432, S. 271: "In unserm Recht kommt eine Gewalt vor, welche in jener Hinsicht den Unterschied festhält, aber in dem zweiten sich **den Rechten an Sachen nähert, insofern sie keine Gegenseitigkeit enthält: dies ist die väterliche Gewalt.** [Hervorhebung d. Verf.]".

[99] Böcking, Pandekten, § 43 (zitiert nach Mandry, Familiengüterrecht I, S. 31 FN 2); Zimmern, Rechtsgeschichte, § 179: Das Wort *potestas* "muß auf den Gesichtspunkt einer dem paterfamilias in seinem kleinen Staate in ähnlicher Weise wie der Regierung im großen zustehenden Herrschaft führen.".

[100] Dazu siehe Mandry, Familiengüterrecht I, S. 31f.

[101] Kraut, Vormundschaft I, S. 166; ders., Vormundschaft II, S. 586ff.: Sechstes Capitel "Elterliche Vormundschaft"; Rive, Vormundschaft II 1, S. 174 - 202; Rudorff, Vormundschaft I, §§ 23ff., S. 164ff., § 52 II, S. 383, § 23, S. 165: "So lange sich das schutzbedürftige Individuum noch in häuslicher Abhängigkeit befindet, ist der Hausvater sein natürlicher gesetzlicher Vormund, oder die hausväterliche Gewalt wenigstens das natürliche und gesetzliche Surrogat aller Vormundschaft." (So wird das Eltern-Kind-Verhältnis in den vorstehend zitierten Werken zusammen mit der Vormundschaft behandelt). - Siehe auch Gerber, DPr, § 240, S. 536 FN 2: "[...] hier war immer das natürliche Schutzrecht und die Schutzpflicht des Vaters die Grundlage, welches die Persönlichkeit des Kindes nicht weiter beschränkt, als jenes Schutzverhältniß fordert." ; Gengler, DPr, § 161, S. 589; Bluntschli, DPr, § 192, S. 562f.: "[...] so setzt im Gegentheil die deutsche Vormundschaft voraus, dasz die schutzbedürftige Person wie persönliche Freiheit so auch eine eigene Rechtssphäre habe (1.), und nur auszer Stand sei sich und ihr Recht selbstständig zu vertreten und zu schützen. Ihre Persönlichkeit wird vollständig anerkannt [...]."; v. Roth, System, § 151, S. 275; Post, Das gemeine deutsche Recht, § 108, S. 219; Ackermann, Der vormundschaftliche Schutz, S. 55f. - Kritisch zum Begriff der väterlichen Vormundschaft Stobbe/Lehmann, Handbuch IV, § 312, S. 370f.

[102] Stobbe/Lehmann, Handbuch IV, § 312, S. 366; Gerber, DPr, § 240, S. 536 FN 2. - Siehe auch die Nachweise in der vorigen Fußnote.

ziges Institut. Soweit ersichtlich hatte diese Charakterisierung praktische Auswirkungen vor allem auf die Frage der Vertretung der Kinder.[103] Als Ausfluß des väterlichen *Mundiums* wurde nämlich vor allem die dem Schutz des Kindes dienende Befugnis des Vaters zur Vertretung des Kindes in fast sämtlichen Angelegenheiten angesehen.[104] Diese Konzeption der väterlichen Gewalt schloß allerdings eine Auffassung der *patria potestas* als Herrschaftsrecht nicht aus. So heißt es bei STOBBE/LEHMANN:[105]
"Naturgemäß ist mit dieser Stellung des Vaters eine Herrschaft verbunden, welche er über die Person und das Vermögen des Kindes ausübt."

3. Der Inhalt des Eltern-Kind-Verhältnisses[106]

a) Die elterliche und die väterliche Gewalt

Bei der Darstellung der Regelung des Eltern-Kind-Verhältnisses wird zumeist zwischen elterlicher und väterlicher Gewalt unterschieden.[107]

Zum elterlichen Recht[108], das auf der Abstammung beruht, wurde die gegenseitige Unterhaltspflicht[109] und die Pflicht der Kinder zu Ehrfurcht und Gehorsam[110] gerechnet. Zwar sprach man auch beiden Eltern das Recht zur Erziehung zu[111], da dem Vater jedoch auch hier das entscheidende Wort eingeräumt worden war[112], soll darauf bei der Darstellung der väterlichen Gewalt eingegangen werden.

---

[103] V. Roth, System, § 151, S. 275; RGZ 15, 197ff.

[104] Siehe nur Bluntschli, DPr, § 221, S. 660. - RGZ 15, 197 (199), S. 198 zur Unmöglichkeit der Stellvertretung nach römischen Recht.

[105] Handbuch IV, § 312, S. 366.

[106] Dazu siehe nur Heimbach, Art. Väterliche Gewalt, in: Weiskes Rechtslexikon, S. 1ff, S. 54ff. zum Recht des 19. Jahrhunderts.

[107] Z.B. Bluntschli, DPr, § 220, S. 655ff., § 221, S. 658ff.; v. Roth, System, § 151, S. 274.

[108] Dazu Mühlenbruch, Lehrbuch III, § 548, S. 82f. auch zu den sogenannten Elternrechten, dazu gehört auch die Mitarbeitspflicht bei Unterhaltsgewährung; Göschen, Vorlesungen III, § 744, S. 159f.; v. Roth, System, §§ 158ff., S. 311ff.

[109] Thibaut, System, § 240, S. 192f.; v.Roth, System, § 161, S. 321ff.; Krause, Gegenseitige Unterhaltsansprüche, S. 159ff.

[110] Puchta, Pandekten, § 431, S. 587: "[...] hat im Recht die Wirkung, daß kein famoses oder ausdrücklich auf Dolus sich gründendes Rechtsmittel gegen die Eltern zuläßig ist, das iusiurandum calumniae nicht von ihnen gefordert werden kann, und daß sie die Rechtswohltat der Competenz haben."; von den Wirkungen ebenso Thibaut, System, § 244, S. 195f., § 245, S. 196 für die Mütter; v. Roth, System, § 160, S. 320f.; Holzschuher, Theorie und Casuistik I, S. 660f.; nach Sintenis, Civilrecht III, § 130, S. 3 besteht keine rechtliche Pflicht; zu den rechtl. Wirkungen dieser Pflicht ders., Civilrecht III, § 140, S. 119 FN 1: "[...] allerdings antiquiert sind die Verordnungen wegen Unstatthaftigkeit peinlicher Anklagen, oder nach R. R. infamierender Klagen von Seiten der Kinder gegen die Eltern, [...] das Verbot der in jus vocatio der Eltern durch die Kinder.".

[111] Bluntschli, DPr, § 220, S. 655; v. Roth, System, § 159, S. 313ff.

[112] Mühlenbruch, Lehrbuch III, § 548, S. 83; so auch Puchta, Pandekten, § 431, S. 587; Stobbe/Lehmann, Handbuch IV, § 314, S. 385f.; Gerber, DPr, § 241, S. 537; Mittermaier, DPr, § 363, S. 248; Beseler, System, § 135, S. 557; Bluntschli, DPr, § 220, S. 656; Sintenis, Civilrecht III, § 140, S. 121; Holzschu-

Eine Gewalt der Mutter, die nicht nur subsidiär eingriff, wurde auch von den Germanisten weitgehend abgelehnt.[113]

b) Die Beendigung der väterlichen Gewalt[114]

Die römischrechtliche *emancipatio*[115] hat ihre Bedeutung wegen der anerkannten deutschrechtlichen Beendigungsgründe weitgehend verloren; sie wurde aber im neunzehnten Jahrhundert noch für praktisch gehalten, wenn auch auf einen äußerst geringen Anwendungsbereich beschränkt. Der Vater konnte die väterliche Gewalt zur Strafe verlieren[116] oder wenn der Sohn bestimmte Würden erlangte. Wenn er sein Kind lieblos und hart behandelte, konnte er auch zur Emanzipation gezwungen werden.[117] Diesen "Umweg" über die Zwangsemanzipation empfand man aber als nicht gelungen.[118]

Bei den deutschrechtlichen Gründen für die Beendigung der väterlichen Gewalt, die auch die Pandektisten grundsätzlich anerkannten[119], nämlich dem Ausscheiden aus der väterlichen Gewalt durch Begründung eines eigenen Hausstandes oder durch Verheiratung bei den Töchtern, waren allerdings auch im neunzehnten Jahrhundert viele Fragen offen.[120]

---

her, Theorie und Casuistik I, S. 660: "Hinsichtlich der Erziehung gilt der Wille des Mannes schlechthin auch als der Wille der Frau."; v. Roth, System, § 159, S. 313.

113 Dazu siehe Mittermaier, DPr II, § 362, S. 246f.; Maurenbrecher, Lehrbuch, § 571, S. 280; Kraut, Vormundschaft II, §§ 111, 112, S. 669ff.; Stobbe/Lehmann, Handbuch IV, § 312, S. 367ff.; gegen eine mütterliche Gewalt Gengler, DPr, § 165, S. 603f.; siehe auch v. Roth, System, § 169, S. 359ff.; Heise/Cropp, Giebt es nach deutschem, und insonderheit nach frankfurtischem Rechte, eine potestas der Mutter über ihre Kinder, in: dies., Juristische Abhandlungen I, S. 283ff.

114 Dazu siehe Witting, Archiv für praktische Rechtswissenschaft N.F. XI (1877), S. 39ff; Mühlenbruch, Lehrbuch III, § 559, S. 96f. § 560, S. 98f.; Holzschuher, Theorie und Casuistik I, S. 695ff.

115 Dazu Mühlenbruch, Lehrbuch III, § 560, S. 98f.; Beendigung der *patria potestas* dadurch, daß Sohn gewisse Würde (*dignitas*) erlangt, gilt nur für die Bischofswürde: Göschen, Vorlesungen III, § 743, S. 158; v. Roth, System, § 170 III., S. 364. - Zum *praemium emancipationis* Witting, Archiv für praktische Rechtswissenschaft N. F. 11 (1877), 16 (31).

116 V. Roth, System, § 170, S. 362f.

117 Balks, Vorgeschichte, S. 74ff.; Pescheck, Über Beschränkungen der elterlichen Gewalt des Vaters im ganzen und in einzelnen Beziehungen nach römischen und bürgerlichem Recht, S. 29.; Sintenis, Civilrecht III, § 143, S. 173.

118 Dernburg, Pandekten III § 31 FN 6 (2. Aufl. 1889).

119 Göschen, Vorlesungen III, § 743, S. 159; siehe auch Bluntschli, DPr, § 222, S. 662ff.

120 Witting, Archiv für praktische Rechtswissenschaft N. F. 11 (1877), 16 (41f.); siehe auch Kraut, Vormundschaft II, S. 644ff.; Heimbach, Art. Väterliche Gewalt, in: Weiskes Rechtslexikon, S. 70ff.; dazu auch Gengler, DPr, § 164, S. 600ff.; Mittermaier, DPr II, § 373, S. 276ff.; Beseler, System, § 135, S. 563f.; Bluntschli, DPr, § 222, S. 662ff.: älteres deutsches Recht, Ende mit Volljährigkeit, wie Kraut aber wohl falsch; v. Roth, System, § 170 IV., S. 364f. - Siehe auch die Mindermeinung von Maurenbrecher, Lehrbuch, § 575, S. 286ff., er behandelt diese Beendigungsgründe unter dem Oberbegriff "natürliche Beendigung der Schutzbedürftigkeit des Kindes", Punkt c) bei den Kindern beiderlei Geschlechts, wenn sie mündig werden und eigenes Vermögen besitzen.

Eine Beendigung der väterlichen Gewalt allein aufgrund des Erreichens des Volljährigkeitsalters war nicht anerkannt.[121]

c) Der Inhalt der väterlichen Gewalt[122]

Zu Beginn der Darstellung des Inhalts der väterlichen Gewalt ist zu erwähnen, daß nicht alle das Eltern-Kind-Verhältnis regelnden Vorschriften im Rahmen der zivilrechtlichen Literatur behandelt wurden. Dies hat seinen Grund darin, daß sich auch im öffentlichen Recht Vorschriften über das Eltern-Kind-Verhältnis fanden. Hingewiesen werden soll auf die Vorschriften der §§ 107, 108 der Gewerbeordnung von 1891, wonach die Zustimmung des Vaters zur Ausstellung eines Arbeitsbuches, ohne das minderjährige gewerbliche Arbeiter nicht beschäftigt werden durften, durch die Gemeindebehörde "ersetzt" werden konnte. Auch in den Gesindeordnungen fanden sich entsprechende Regelungen.[123] Einen Spezialfall betrifft das württembergische Gesetz vom 15. August 1817, das in § 3 bestimmte, daß minderjährige Hauskinder zur Auswanderung neben der Zustimmung des Hausvaters auch der Zustimmung der Vormundschaftsbehörde bedurften, sofern nicht der Vater zugleich auswanderte.

Nach § 29 Abs.1 des Reichsgesetzes über die Beurkundung des Personenstandes und die Eheschließung vom 6. Februar 1875 (RGBl. S. 23) bedurften Männer unter 25 und Frauen unter 24 Jahren der Einwilligung des Vaters zur Eheschließung.[124]

aa) Die persönliche Seite der *patria potestas*[125]

Nur wenige Ausführungen zur persönlichen Seite der *patria potestas* finden sich in den einschlägigen Darstellungen.[126] Bei den Germanisten sind die Darstellungen

---

[121] Zum Volljährigkeitsalter siehe Knothe, Geschäftsfähigkeit, S. 250ff. - § 1 des Reichsgesetzes betreffend das Alter der Großjährigkeit vom 17. Februar 1875 (RGBl. S. 71) erklärte das vollendete 21. Lebensjahr zum Beginn der Volljährigkeit.

[122] Definition bei Mühlenbruch, Lehrbuch III, § 549, S. 84f., S. 85: "Im Ganzen hat die väterliche Gewalt den Charakter eines gewöhnlichen Privatrechts.", S. 84: "Väterliche Gewalt ist der Inbegriff aller persönlichen und vermögensrechtlichen Befugnisse, welche einem Vater als solchem über seine Kinder zustehen."; Seuffert, Pandekten, § 470: "Unter väterlicher Gewalt (patria potestas) versteht man den Inbegriff derjenigen Rechte, welche dem Vater kraft der Gesetze über seine Kinder zustehen."; v. Roth, System, §§ 163ff., S. 332ff.

[123] Siehe dazu Gefaeller, Arbeitsmündigkeit, S. 30f.

[124] Dazu Knothe, Geschäftsfähigkeit, S. 423ff., auch zur Klagemöglichkeit nach § 32 RPStG für volljährige Kinder.

[125] Bei Mühlenbruch, Lehrbuch III, § 562, S. 103: Rechte an der Person der Hauskinder, siehe die dortige Aufzählung, S. 104: Eigentliche Besitzrechte an dem Kinde werden dem Vater übrigens nicht zugestanden; siehe auch Ackermann, Der vormundschaftliche Schutz, S. 57f.

[126] Siehe z. B. Puchta, Pandekten, § 432, S. 588f.; Sintenis, Civilrecht III, § 141, S. 138; Thibaut, System, § 247, S. 198, § 248, S. 198f. - Allerdings wenig auch bei v. Roth, System, § 159, S. 317ff. (16 Zeilen).

etwas umfangreicher, da sie mehr an die Fragen der Praxis anknüpften, wie zum Beispiel die Behandlung der Mitarbeitspflicht zeigt.
Zur persönlichen Seite der *patria potestas* wurde gerechnet, daß das Kind dem Willen des *parens* unterworfen war.[127] Dazu gehörte ferner das Züchtigungsrecht des Vaters, das Relikt des ursprünglichen *ius vitae necisque*.[128] Es wurde den Eltern zum Zwecke der Erziehung zugesprochen, und zwar ein mäßiges, gegen dessen Mißbrauch von Seiten der Obrigkeit eingeschritten werden sollte.[129]
Den Vater trifft eine Pflicht zur Erziehung der Kinder.[130] Nähere Bestimmungen zur Erziehung durch den Vater wurden nicht gemacht.[131] Dem Gebiet der Erziehung war das Recht des Vaters zuzuordnen, die Bildung des Kindes zu bestimmen[132]. Von den Regelungen des ALR und ABGB, die eine Mitbestimmung des Kindes, das ein gewisses Alter erreicht hatte, vorsahen, ließen sich die Pandektisten nicht inspirieren[133]. Anzumerken bleibt noch, daß Fragen der Erziehung, ins-

---

[127] Göschen, Vorlesungen III, § 725, S. 129. Puchta, Pandekten, § 432, S. 588.

[128] Göschen, Vorlesungen III, § 725, S. 129; Thibaut, System, § 247, S. 198; Sintenis, Civilrecht III, § 140, S. 121.

[129] Stobbe/Lehmann, Handbuch IV, § 314, S. 389; Bluntschli, DPr, § 220, S. 658: Einschreiten der Obervormundschaft und der Gerichte; Thibaut, System, § 247, S. 198; v. Roth, System, § 159, S. 319.

[130] Es findet sich nur ein Aufsatz zu diesem Themenkreis: Burchardi, Das gemeinrechtliche Erziehungsrecht, AcP 8 (1825), 161ff. Er behandelt hauptsächlich die Frage, wem das Erziehungsrecht zusteht. S. 186f. (Blick auf das rechtliche Verhältnis der Erziehers, insbesondere des paterfamilias. Rechte des Kindes werden überhaupt nicht angesprochen.): "Auf mehr kann hier wohl nicht Rücksicht genommen werden; besonders kann das eigentliche Verfahren bei der Erziehung, das rein Factische derselben, kein Gegenstand rechtlicher Normen seyn, sondern gehört in das Gebiet der Pädagogik." - Ebenso Sarwey, AcP 31 (1848), 440 (446ff.), 32 (1849), 11 zur Erziehungspflicht bei getrennter Ehe; Sintenis, Civilrecht III, § 140, S. 127: "Darüber, wie die Erziehung geschehen soll, über ihren Zweck und ihre Mittel, über die Wahl des ersteren und die Anwendung der letzteren, fehlt es, bis auf die oben unter a. z. A. erwähnten aus der väterlichen Gewalt fliessenden Maasregeln, an besonderen Bestimmungen. (FN 40: "[...] der ganze Gegenstand ist theils ein rein sittlicher, theils nur ein disciplinarisch-polizeilicher.) Unterricht und Bildung aber sollen dem Vermögen und Stand des Vaters angemessen sein.", siehe auch S. 128. - Zur Pflicht des Vaters und der Obrigkeit: Heimbach, Lehrbuch, § 110, S. 213; Sintenis, Civilrecht III, § 140, S. 128: "Dass die Obrigkeit vermöge ihrer Polizeigewalt bei gänzlich verkehrter und verwerflicher Erziehung des Vaters ebenso gut einschreiten darf, wie sie ihn überhaupt dazu nöthigen kann, versteht sich ebenfalls von selbst."; Beseler, System, § 143, S. 601f.: "Sie [scil die Kinder] haben zwar einen Anspruch auf Unterhalt und Erziehung, der äußersten Falls durch das Einschreiten der Obrigkeit gewahrt werden kann, so daß die Befriedigung desselben nicht blos zu den S. g. Liebespflichten gehört."

[131] Siehe die in der folgenden Fußnote zitierten Autoren.

[132] Gengler, DPr, § 162, S. 593 (Die Regelung des ALR und des ABGB in bezug auf gerichtliche Möglichkeiten in diesen Fällen werden von ihm nicht beanstandet.); Mittermaier, DPr, § 363, S. 249: "In Bezug auf Standesbestimmung geht jedoch die Gewalt des Vaters nicht so weit, daß er gegen den Willen des Kindes ihm einen Stand aufdringen kann FN6 [FN 6: Eigentlich kann der Vater das Kind nur von der Wahl eines dem Kinde nachtheiligen Standes abhalten], daher das Kind immer gegen ungerechten Zwang Schutz bei Gericht finden muß."; Stobbe/Lehmann, Handbuch IV, § 314, S. 393; Sintenis, Civilrecht III, § 140, S. 127 FN 41: " [...] wenn der Sohn einen anderen Beruf ergreift, kann er die Kosten dazu vom Vater nicht verlangen."; v. Roth, System, § 159, S. 317.

[133] Siehe auch Stobbe/Lehmann, Handbuch IV, § 314, S. 393, Ausnahme für das Militär in FN 44. - Vorsichtig auch die anderen Germanisten: Bluntschli, DPr, § 220, S. 657: "Gegen eine offenbar verkehrte Nöthigung des Vaters darf das mündige Kind wohl auch den Schutz der Obervormundschaft anrufen und

besondere der Ausbildung, bei der Geltendmachung von Unterhaltsansprüchen relevant werden konnten.[134] Von einem Recht des Kindes auf Erziehung ist, soweit ersichtlich, nirgends die Rede. Nur eine Entscheidung des Reichsgerichts befaßt sich mit einem solchen Recht[135].
"Die Kinder haben gegenüber dem Vater wohl ein Recht auf Alimentation, nicht aber ein klagbares Recht darauf, daß derselbe die Erziehungsgewalt ordnungsgemäß ausübe und nicht mißbrauche. Insoweit besteht wohl eine sittliche und moralische, aber keine rechtliche Verpflichtung des Vaters. [...] Bei Nichterfüllung dieser Pflicht ist daher lediglich für das Einschreiten der Obrigkeit im Interesse der schutzbedürftigen Kinder Raum und Anlaß gegeben."

In dem vom Reichsgericht entschiedenen Fall hatte der Pfleger dreier minderjähriger Kinder, der diesen auf Antrag ihrer geschiedenen Mutter bestellt worden war, gegen deren Vater geklagt mit dem Antrage, ihm das Erziehungsrecht über seine Kinder wegen Mißbrauchs desselben abzuerkennen. Zuvor hatte der Pfleger erfolglos versucht, dem Vater im Wege des vormundschaftsgerichtlichen Verfahrens das Erziehungsrecht entziehen zu lassen. Das Reichsgericht stützte seine Entscheidung - die Ablehnung eines klagbaren Rechtes der Kinder auf Erziehung - auch noch auf den Gesichtspunkt der Kollision mit vormundschaftsgerichtlichen Entscheidungen.[136]

Als sonstige Auswirkungen der väterlichen Gewalt auf die Person des Kindes wurden noch das Recht der Pupillarsubstitution[137], das Erfordernis der Zustimmung zur Verheiratung[138] und die testamentarische Vormundsbestellung angeführt.[139]

---

diese das Nöthige anordnen, aber immer mit sorgfältiger und gewissenhafter Achtung der väterlichen Erziehungsrechte, die nur wo augenfälliger Miszbrauch vorliegt, beschränkt, keineswegs aber durch obervormundschaftliche Regiererei verdrängt werden dürfen.".

[134] Sintenis, Civilrecht III, § 140, S. 129ff.

[135] Urteil vom 30. März 1897: RGZ 39, S. 157ff. - Siehe auch Windscheid, Lehrbuch II, § 514, S. 899: "Der Erziehungsgewalt der Aeltern entspricht eine Erziehungspflicht, welche sich aber rechtlich wirksam nur in der Verpflichtung zur Gewährung der zur Erziehung erforderlichen Vermögensmittel erweist.".

[136] RGZ 39, 157 (159f.).

[137] Stobbe/Lehmann, Handbuch IV, § 314, S. 401; Gengler, DPr, § 162, S. 594; Ackermann, Der vormundschaftliche Schutz, S. 65; Sintenis, Civilrecht III, § 141, S. 138.

[138] Dazu siehe Stobbe/Lehmann, Handbuch IV, § 315, S. 402ff.; Gengler, DPr, § 162, S. 593; Mittermaier, DPr, § 363, S. 249; Ackermann, Der vormundschaftliche Schutz, S. 63f. - Diese Frage wurde für das Deutsche Reich einheitlich geregelt durch § 29 des Reichsgesetzes vom 6. Februar 1875: der elterlichen Einwilligung bedürfen eheliche Kinder, "so lange der Sohn das fünfundzwanzigste, die Tochter das vierundzwanzigste Lebensjahr nicht vollendet hat.". § 32 desselben Gesetzes lautet: "Im Falle der Versagung der Einwilligung zur Eheschließung steht großjährigen Kindern die Klage auf richterliche Ergänzung zu." - Das Zustimmungserfordernis ist, wie Ackermann, Der vormundschaftliche Schutz, S. 64 feststellt, kein Ausfluß der väterlichen Gewalt, da auch Kinder *sui juris* davon betroffen sind; nach Sintenis, Civilrecht III, § 141, S. 138 liegt das Zustimmungserfordernis außerhalb des Zivilrechts; v. Roth, System, § 160, S. 320f. (Ausfluß der Pflicht zur Ehrerbietung): "Im Fall der Versagung der Einwilligung steht großjährigen Kindern die Klage auf richterliche Ergänzung des Consenses zu [...]. Wo das Landes-

Was die Mitarbeitspflicht[140] der Kinder betrifft, so wurde sie von einigen Pandektisten unter Hinweis auf D. 37, 15, 10 abgelehnt[141]. Nach anderer - richtiger - Auffassung bezieht sich diese Stelle der Digesten aber nur auf die Arbeitspflicht emanzipierter Kinder, wie sich aus dem Zusammenhang dieser Stelle ergebe[142]. Leichter taten sich die Germanisten mit einer Mitarbeitspflicht der Kinder."So lange die Kinder zum Haushalt der Eltern gehören, und von ihnen unterhalten werden, sind sie verpflichtet, denselben, auch der Mutter, wenn sie Witwe ist, in ihrer Wirthschaft oder ihrem Gewerbe Beihülfe zu leisten."[143] Die Pflicht der Kinder zur Mitarbeit stellte ein Äquivalent für den ihnen gewährten Unterhalt dar.[144] Ob die Kinder unter bestimmten Umständen eine Vergütung für die von ihnen geleisteten Dienste verlangen konnten, wird unten bei der Darstellung der Frage nach der Möglichkeit von klagbaren Ansprüchen zwischen Vater und Kindern geprüft werden.

Der erste Fall einer Teilmündigkeit des Kindes betraf seine sogenannte Religionsmündigkeit: Wenn es mündig geworden ist, kann es sich nach eigener Überlegung für eine Konfession entscheiden, auch wenn es unter väterlicher Gewalt steht.[145]

---

recht nicht bestimmte Vorschriften über die Gründe enthält, wegen deren der Consens verwiegert werden kann, entscheidet darüber das richterliche Ermessen.".

139 Zu allem Puchta, Pandekten, § 432, S. 588; Sintenis, Civilrecht III, § 141, S. 138.

140 Siehe auch Hegel, Rechtsphilosophie, § 174: "Das Recht der Eltern auf die Dienste der Kinder als Dienste gründet und beschränkt sich auf das Gemeinsame der Familiensorge überhaupt.", Zusatz zu § 174: "Die Dienste, die von den Kindern gefordert werden dürfen, können daher nur den Zweck der Erziehung haben und sich auf dieselbe beziehen: sie müssen nicht für sich etwas sein wollen, denn das unsittlichste Verhältnis überhaupt ist das Sklavenverhältnis der Kinder."; Krug, Rechtslehre, § 113, Anmerkung: "Was etwan in ökonomischer Hinsicht dabei gewonnen wird, gehört natürlich den Eltern. Wenn aber die Kinder auf andre Art (durch Schenkung, Erbschaft u.d.g.) etwas erwerben, so gehört den Eltern wenigstens die Benutzung davon zum Behufe der Erziehung."; siehe auch Sintenis, Civilrecht III, § 140 FN 1, S. 120: "Nicht selten wird auch eine Verpflichtung der Kinder zu häuslichen Diensten gegen die Eltern behauptet, namentlich in Geschäften, wie diese sie selbst verrichten, [...], dabei jedoch zugleich anerkannt, dass sie mit der Erziehung zusammenhänge, und in sofern nicht eigentlich rechtlicher Natur sei. Die ersteren [scil. Kinder in väterlicher Gewalt] zu Dienstleistungen aller Art anzuhalten, ist Sache der häuslichen Zucht und Erziehung; von einer Verpflichtung im rechtlichen Sinn ist dabei keine Rede, so wenig wie positiver Zwang zum Handeln möglich ist, was sie dadurch erwerben, erwerben sie natürlich dem Vater.".

141 Puchta, Pandekten, § 431, S. 587.

142 Mandry, Familiengüterrecht I, S. 132; Brinz, Pandekten, S. 1171.

143 Stobbe/Lehmann, Handbuch IV, § 314, S. 395: "Es ist dies keine aus der väterlichen Gewalt sondern eine aus dem Familienverhältniß hervorgehende Verpflichtung, welche der Alimentationspflicht der Eltern entspricht."; Mittermaier, DPr II, § 364, S. 252; v. Roth, System, § 159 II.1., S. 317f.: "Mit dem Erziehungsrecht ist auch die Befugniß verbunden, die Kinder, so lang sie in der häuslichen Gemeinschaft stehen, zu standesmäßigen häuslichen Diensten anzuhalten, für welche diese eine Entschädigung regelmäßig nicht anzusprechen haben." - OAG Rostock SeuffA 17, 256: Ausfluß der Hausherrschaft, daher eventuell auch der Mutter zustehend.

144 Thibaut, System, § 240, S. 193.

145 Bluntschli, DPr, § 220, S. 657.

bb) Die vermögensrechtliche Seite der *patria potestas*[146]

Die Rechtsgelehrten wandten sich überwiegend der vermögensrechtlichen Seite der *patria potestas* zu.

Angesichts der Vorgaben der Historischen Rechtsschule, die die Rückkehr zu den Quellen propagierte[147], erstaunt es nicht, daß die Pandektisten vom Grundsatz der Vermögensunfähigkeit des Hauskindes ausgingen.[148] Dabei war ihnen aber nicht entgangen, daß dieser Grundsatz durch die im *Usus modernus* immer weiter ausgedehnten Grundsätze über die Pekulien so ausgehöhlt worden war, daß er nunmehr die Ausnahme darstellte[149]. Darüber hinaus hatte die Anerkennung einiger deutschrechtlicher Institute, wie der Möglichkeit von Schenkungen an das Kind

---

[146] Zum Kindesvermögensrecht des jüngeren gemeinen Rechts siehe neben den Darstellungen in den Pandektenlehrbüchern Knothe, Das gemeine Kindesvermögensrecht, ZRG (RA) 98 (1981), 255 (267ff. zum 19. Jahrhundert); Witting, Die vermögensrechtliche Stellung des Hauskindes nach gemeinem Recht, in: Archiv für praktische Rechtswissenschaft N. F. XI (1879), 16ff.; Mandry, Über Begriff und Wesen des Pekulium; Dietzel, Das Peculium im römischen und heutigen Recht, in: Jahrbuch des gemeinen deutschen Rechts 2 (1858), 1ff.; ders., Das heutige Peculium, in: Jahrbuch des gemeinen deutschen Rechts 3 (1859), 58ff.; v. Keller, Einige Einwände gegen die Aufsätze in II. Nr. 1 [Dietzel, A. d. V.], in: Jahrbuch des gemeinen deutschen Rechts 3 (1859), S. 153ff.; Lehmann, Die elterliche Gewalt im Vermögensrechte des heutigen Europas, in: Jherings Jahrbücher Band 25 (1887), 142 (199ff. zum gemeinen Recht); Marezoll, Revision der Lehre von den S. g. Adventitien, in: Zeitschrift für Civilrecht und Proceß 8 (1835), 58ff., 242ff., 362ff.; ders., Zu der Lehre von dem S. g. profectitium Peculium, in: Zeitschrift für Civilrecht und Proceß N.F. 5 (1848), 169ff.; ders., Bemerkungen über die Lucra nuptialia, nach dem neuesten justinianeischen Rechte, in: Zeitschrift für Civilrecht und Proceß 3 (1830), 84ff.; Stölzel, Das Recht der väterlichen Gewalt in Preußen, § 12; v. Löhr, Einige Bemerkungen zu der Lehre von den Peculien eines filius familias, AcP 10 (1827), 261ff. - Siehe auch Stobbe/Lehmann, Handbuch IV, § 266, S. 3: "Was die vermögensrechtliche Seite der Familienverhältnisse betrifft, so ist es unzulässig, dieselbe in allen Einzelheiten durch feste, unerschütterliche Normen zu regeln. Da nach Zweckmäßigkeit verfahren werden soll, muß man in denjenigen, welcher die Verwaltung eines fremden Vermögens zu führen hat, ein gewisses Vertrauen setzen. Daher [...] überläßt ihm [sc. das Gesetz] eine diskretionäre Gewalt."; Heimbach, "Peculien", in: Weiskes Rechtslexikon, S. 857ff.

[147] Siehe Wieacker, PrGN, S. 353ff.

[148] So Savigny, System I, § 54, S. 353; Puchta, Pandekten, § 432, S. 588, § 433, S. 589; Sintenis, Civilrecht III, § 140, S. 138f., S. 138: "Diesem Einfluß der väterlichen Gewalt liegt ursprünglich die Vorstellung von einer bezüglich des Erwerb und des Erworbenen Statt findenden Vereinigung der beiderseitigen Persönlichkeiten [...].", anders aber für das damals geltende Recht S. 142: "Es ist Regel, daß das Kind für sich erwirbt."; anders Heimbach, "Peculien", in: Weiskes Rechtslexikon, S. 858: "[...] was das Hauskind erwirbt, erwirbt es lediglich sich zu Eigen (Proprietät), dem Vater zu Nießbrauch und Verwaltung.".

[149] Mühlenbruch, Lehrbuch III, § 564, S. 109: "Jetzt also gehört den Kindern Alles zu eigen, was sie durch ihre Handlungen sich erwerben, oder von Anderen ihnen anfällt, ungeachtet das Prinzip, daß Hauskinder dem Vater direct erwerben konnten, auch im neuesten Rechte nicht ohne alle praktische Folgen blieb."; Göschen, Vorlesungen I, § 724, S. 128: In der Regel erwirbt das Kind für sich; Schweppe, Röm. Pr., § 647, S. 539: "Das Recht des Vaters auf jeden Erwerb des Kindes ist übrigens im neuen Römischen Recht durch das Peculium fast ganz zerstört."; Sintenis, Civilrecht III, § 140, S. 139: "Durch mannigfache nähere Bestimmungen ist aber derselbe [A. d. V. der Grundsatz der Personeneinheit] so verrückt worden, dass die in ihnen enthaltenen Umgestaltungen und Abweichungen von der Konsequenz jetzt die grosse Hauptmasse dieser Lehre bilden, und die der ursprünglichen Auffassung angehörigen Normen fast als zusammenhanglos unter jenen hervortreten.", § 141, S. 142 FN 15.

anläßlich der Begründung eines eigenen Hausstandes desselben, zur weiteren Aushöhlung des Grundsatzes beigetragen. Wie schon im *Usus modernus* war das Hauskind letztendlich beschränkt vermögensfähig, es erwarb für sich allein, mit Ausnahme von Zuwendungen des Vaters.[150]
Auch die Germanisten widmeten sich bei der Darstellung des Eltern-Kind-Verhältnisses hauptsächlich der vermögensrechtlichen Seite. Wegen der Zusammenhänge des Kindesvermögensrechts mit dem ehelichen Güterrecht wurde das Vermögensrecht der Kinder zum Teil bei der Darstellung des Ehegüterrechtes erläutert.[151] Sie hatten mit der Anerkennung der grundsätzlichen Vermögensfähigkeit der Hauskinder überhaupt keine Schwierigkeiten.[152] Was das römische Pekulienrecht betrifft, so lehnten sie dessen grundsätzliche Rezeption weitgehend ab, vor allem auch deswegen, weil die Pekulien in der Praxis nicht oder doch nur noch selten vorkamen[153]. Allein mit den Regeln über die *bona adventitia* und deren Einteilung in ein reguläres und irreguläres Adventizgut konnten sie sich einverstanden erklären, da diese im wesentlichen den deutschrechtlichen über freies und nichtfreies Kindesvermögen entsprachen.[154]

Die gemeinrechtliche Praxis ging von der beschränkten Vermögensfähigkeit der Hauskinder aus und hielt Zuwendungen des Vaters an das Kind, wenn es sich nicht um solche anläßlich der Beendigung der väterlichen Gewalt handelte, für unwirksam.[155] Erst allmählich setzte sich in der gemeinrechtlichen Praxis die Auffassung von der unbeschränkten Vermögensfähigkeit des Hauskindes durch. Das Reichsgericht erkannte sie in seiner Entscheidung vom 1. Juni 1886 an.[156]

---

[150] So Puchta, Pandekten, § 433, S. 591; Windscheid, Lehrbuch II, § 484, S. 815f. FN 2. - Ablehnend Seuffert, Pandekten, § 483, S. 68: "[...] welche Regel aber durch die neueren Gesetze entkräftet wurde."; Sintenis, Civilrecht III, § 141, S. 142.

[151] Beseler, System, § 143, S. 601ff.: Die Kinder in der Were. Dazu v. Roth, System, § 162 (Elterlicher Beisitz), S. 326ff. zu den aus dem ehelichen Güterrecht folgenden Besonderheiten, S. 326f.: "Abweichend von den Grundsätzen des gemeinen Rechts, das nur dem Vater in Consequenz seiner väterlichen Gewalt ein Nutzungsrecht an dem Kindervermögen einräumt, haben zahlreiche Deutsche Landesrechte ein Nutzungsrecht beider Eltern anerkannt, das sich theils auf das ganze Kindervermögen erstreckt, theils in Verbindung mit der betreffenden Güterordnung sich auf das den Kindern aus der aufgelösten Ehe angefallene Vermögen beschränkt.". Roth unterscheidet I. Elterlicher Beisitz an dem ganzen Kindervermögen, S. 327f; II. Beisitzrecht des überlebenden Ehegatten an dem Erbtheil der Kinder aus der aufgelösten Ehe, S. 328ff.

[152] Statt vieler Bluntschli, DPr, § 221, S. 659; v. Roth, System, § 163, S. 332f.

[153] Phillips, Grundsätze, § 152, S. 229; Maurenbrecher, Lehrbuch, § 574, S. 285: "[...] da die Pekulientheorie, auf welche das römische Recht gegründet ist, nur der Form nach in Deutschland recipirt ist."; Bluntschli, DPr, § 221, S. 658f.

[154] Stobbe/Lehmann, Handbuch IV, § 316, S. 416; Mittermaier, DPr II, § 364, S. 252; Beseler, System, § 143, S. 602; v. Roth, System, behandelt in § 166, S. 345ff. das freie und in § 167, S. 348ff. das nichtfreie Vermögen.

[155] Siehe nur OAG Rostock SeuffA 27, 38.

[156] RGZ 16, 113 (115).

Der Darstellung des Rechts der Pekulien ist vorauszuschicken, daß die Bedeutung des römischen Pekulienrechts durch den deutschrechtlichen Beendigungsgrund der väterlichen Gewalt durch Errichtung einer *separata oeconomia* erheblich eingeschränkt worden war.[157]

α) Das *peculium profectitium*[158]

Der Begriff "*peculium*" wurde nunmehr nur noch für das *peculium profectitium* verwendet[159].

Ob die Regeln über das *peculium profectitium* überhaupt in Deutschland rezipiert worden waren, war auch im 19. Jahrhundert unter den Juristen wie im *Usus modernus* umstritten[160]. Diejenigen Rechtsgelehrten, die für eine grundsätzliche Rezeption eintraten, gestanden zugleich ein, daß die Bedeutung dieses *peculium* wesentlich geringer sei als in Rom.[161] Denn Jurisprudenz und Praxis sahen die vom Vater dem Kind gemachten Zuwendungen zur Gründung eines selbständigen Haushalts wie überhaupt die anläßlich der Beendigung der väterlichen Gewalt gemachten Zuwendungen als freies Vermögen des Kindes an.[162] Praktische Bedeutung hatte die Lehre vom *peculium profectitium* somit nur noch für Zuwendungen des Vaters an das Kind, die nicht die Errichtung einer eigenen Wirtschaft bezweckten. "Dasjenige Verhältniß, welches die römisch-rechtliche Theorie als peculium profectitium bezeichnet, kommt natürlich überall im Leben ab und zu vor, hat aber zu keiner rechtlichen Erörterung geführt."[163] Bei diesen Lebenssachver-

---

[157] Witting, Archiv für praktische Rechtswissenschaft N. F. XI (1877), 16 (23f.).

[158] Dazu Stölzel, Das Recht der väterlichen Gewalt, § 12, S. 271; Witting, Archiv für praktische Rechtswissenschaft N. F. XI (1877), 16 (23f.); Knothe, ZRG (RA) 98 (1981), 255 (278ff); Mühlenbruch, Lehrbuch III, § 567, S. 114f.; Puchta, Pandekten, § 434, S. 592f.; Dietzel, Jahrbuch des gemeinen deutschen Rechts 2 (1858), 1ff.; ders., Jahrbuch des gemeinen deutschen Rechts 3 (1859), 58ff.; v. Keller, Jahrbuch des gemeinen deutschen Rechts 3 (1859), S. 153ff.; Heimbach, "Peculien", in: Weiskes Rechtslexikon, S. 863ff.; Sintenis, Civilrecht III, § 141, S. 156ff.

[159] Dies scheint auf Hugo, Civ. Mag. V, S. 508 zurückzugehen, v. Löhr, AcP 10 (1827), 261 (282). - Dazu Mandry, Familiengüterrecht II, S. 3ff.; Zimmern, Rechtsgeschichte, § 190, S. 696f.; Heimbach, "Peculien", in: Weiskes Rechtslexikon, S. 858ff.; Puchta, Pandekten, § 433, S. 590; gegen diese Einschränkung Mühlenbruch, Lehrbuch III, § 564 Anm. 4, S. 110. - Siehe auch Dietzel, Jahrbuch III, S. 58ff., der behauptet, daß es im justinianischen Recht kein *peculium profectitium* gegeben habe.

[160] Dafür Arndts, Lehrbuch, § 436, S. 729 für das gesamte Pekulienrecht; Windscheid, Lehrbuch, § 484, Anm. 4. - Dagegen Dernburg, Pandekten III, § 32, Not. 9 S. 64; Savigny, Obligationenrecht II, S. 52; Brinz, Pandekten III, S. 661; Kraut, Vormundschaft II, § 109, S. 646ff., S. 634; Dollmann, SeuffBl.14 (1849), S. 129ff.; Seuffert, Pandekten, §§ 483 - 485.

[161] Sintenis, Civilrecht III, § 141, S. 141 FN 13; Witting, Archiv für praktische Rechtswissenschaft N. F. 11 (1877), 16 (23); Ackermann, Der vormundschaftliche Schutz, S. 54; v. Roth, System, § 167 I. 1., S. 349: "Die Meinung, daß das Institut aus dem Rechtsleben verschwunden sei, ist in dieser Allgemeinheit nicht richtig, vielmehr findet sich dasselbe nicht nur in der Gesetzgebung anerkannt, sondern auch im Rechtsleben erhalten.".

[162] Ackermann, Der vormundschaftliche Schutz, S. 52f.; Windscheid, Lehrbuch II, § 484 Note 2 a. E.

[163] Stölzel, Das Recht der väterlichen Gewalt, § 12, S. 171; siehe auch die Motive zum BGB Band IV, S. 729f.: das *peculium profectitium* ist nach gemeinem Recht immerhin noch möglich. - A. A. Möller, Rechtsgeschäfte, S. 76: "Wenn heutzutage der Vater seinem Sohn einen Teil seines Vermögens zur selb-

halten stellte sich die Frage nach der Abgrenzung von Schenkung und *concessio peculii*[164], denn nach einer Auffassung bedeutete eine Schenkung nicht automatisch die Bestellung eines *peculium*[165]. Diese Frage wurde äußerst kontrovers beurteilt. Daß, wenn ein *peculium profectitium* vorlag, das römische Recht galt, darüber gab es keinen Streit.[166] So war in einigen Gerichtsentscheidungen von einem *peculium profectitium* die Rede, allerdings scheint diese Qualifizierung auf die Entscheidung des Falles keinen Einfluß gehabt zuhaben.[167] Die Praxis sah später Schenkungen auch nicht mehr als profektizisches Pekulium an.[168]
Mit der Anerkennung der unbeschränkten Vermögensfähigkeit des Hauskindes in der zweiten Hälfte des neunzehnten Jahrhunderts bestand für das *peculium profectitium* überhaupt kein Bedürfnis mehr,"denn dieses Sondergut sollte ja dem Hauskind gerade die faktische Innehabung eines Vermögens ermöglichen, obwohl es dies rechtlich nicht zu Eigentum haben konnte."[169]

Die "Germanisten" lehnten die Regeln über das *peculium profectitium* ab, weil es in der Praxis keine Verwendung mehr finde.[170] Da die durch das *peculium profectitium* geregelten Fälle - gemeint ist die Haftung des Hausvaters gegenüber dem Geschäftspartner des Kindes mit der *actio de peculio* - nunmehr über die im römischen Recht nicht vorhandenen Grundsätze über die Stellvertretung gelöst werden könnten,[171] bestünde vor allem für die *actio de peculio* kein Bedürfnis mehr.[172]

---

ständigen Verwaltung übergiebt, so liegt darin Mandat oder Vollmacht, [...] nicht concessio peculii.", S. 76, wo Möller darauf hinweist, daß das *peculium profectitium* nicht durch ein anderes Institut ersetzt worden ist.

[164] Dazu siehe Dietzel, Jahrbuch des gemeinen deutschen Rechts 3 (1858), 58 (72ff., 86ff.).

[165] So aber Kraut, Vormundschaft II, S. 631; ebenso Sintenis, Civilrecht III, § 141, S. 158: "Was ein Kind ohne solche Zweckbestimmung und geschehene Absonderung von des Vaters Vermögen in Händen hat, ist so wenig rechtlich besonders charakterisirt, wie das, was es von dritten Personen innehat.".

[166] Witting, Archiv für praktische Rechtswissenschaft N. F. 11 (1877), 16 (24).

[167] Siehe Stölzel, Das Recht der väterlichen Gewalt, § 12, S. 271.

[168] RGZ 16,113.

[169] Knothe, ZRG (RA) 98 (1981), 255 (282); Lehmann, JherJB 25 (1887), 142 (201).

[170] Stobbe/Lehmann, Handbuch IV, § 316, S. 417; Gengler, DPr, § 161, S. 591f. - Nach Stobbe/-Lehmann, aaO., sollen die dem Kinde zur Benutzung überlassenen Gegenstände wie Kleider, Bücher, Schmuck, Taschengeld zum *peculium profectitium* gehören, die *actio de peculio* soll allerdings nicht mehr anwendbar sein. Nicht so streng Beseler, System, § 143, S. 602 mit FN 1: kommen nur noch selten vor. - Rostock SeuffA 27, 38.

[171] Kraut, Vormundschaft II, S. 641.

[172] So Gengler, DPr, § 161, S. 591f.; Stobbe/Lehmann, Handbuch IV, § 316, S. 417.

β) Das *peculium castrense* und *quasi castrense*[173]

Den Vermögensmassen des *peculium castrense* und *quasi castrense* wurde der Name "*peculium*" streitig gemacht.[174] Auch das *peculium castrense* und *quasi castrense* hatten erheblich an Bedeutung verloren, weil in der Regel die Kinder, die ihr Auskommen als Militär-, Zivil- oder Hofbeamter hatten, bereits aufgrund Volljährigkeit, soweit diese die väterliche Gewalt beendete, oder aufgrund der sogenannten *emancipatio Saxonica* aus der väterlichen Gewalt getreten waren.[175] Ganz verschwunden ist das castrensische *Peculium* in der Praxis allerdings nicht[176]. So versagte das Oberappellationsgericht Wolfenbüttel einem Haussohn, der "Sachwalter" war, die Einrede aus dem *senatusconsultum Macedonianum*, weil alle von ihm geschlossenen Verträge mit seinem *peculium quasi castrense* - so wurde sein Erwerb qualifiziert - zusammenhingen.[177]

Während der Umfang des *castrense peculium* derselbe wie im römischen Recht sein sollte[178], bestand beim *peculium quasi castrense* Streit über den begünstigten Personenkreis und über den Umfang des Sondervermögens[179] Die Bestimmung des begünstigten Personenkreises bereitete wegen der veränderten Sozialverfassung Probleme. Ohne Rücksicht auf diese veränderten Verhältnisse sollte der Kreis der Personen nach der herrschenden Meinung derselbe sein wie im römi-

---

173 Dazu Fitting, Das castrense peculium in seiner geschichtlichen Entwicklung und heutigen gemeinrechtlichen Geltung, S. 648ff.; Knothe, ZRG (RA) 98 (1981), 255 (271ff.); Witting, Archiv für praktische Rechtswissenschaft N. F. 11 (1877), 16 (24); Stölzel, Das Recht der väterlichen Gewalt, § 12, S. 172; Mühlenbruch, Lehrbuch III, § 565, S. 111f., § 566, S. 113f.; Puchta, Pandekten, § 435, S. 593f.; Ackermann, Der vormundschaftliche Schutz, S. 67ff.; Heimbach, "Peculien", in: Weiskes Rechtslexikon, S. 867ff.; Sintenis, Civilrecht III, § 141, S. 153ff.

174 Puchta, Pandekten, § 433, S. 590; Stölzel, Das Recht der väterlichen Gewalt, § 12, S. 172: "[...] verdient den Namen eines Pekulium nur für die Zeit, bis zu welcher es beim Tode des Hauskindes ohne Weiteres als Theil des Vatergutes galt; seit dasselbe nach Nov. 118 sich vererbt gleich jedem andern Vermögen eines Verstorbenen, ist es völlig freies Vermögen.".

175 Stölzel, Das Recht der väterlichen Gewalt, § 12, S. 172; Witting, Archiv für praktische Rechtswissenschaft N. F. 11 (1877), 16 (24); Lehmann, JherJB 25 (1887), 142 (202); Ackermann, Der vormundschaftliche Schutz, S. 66; Stobbe/Lehmann, Handbuch IV, § 317, S. 419; Bluntschli, DPr, § 221, S. 660: "Die römischen Begriffe des peculium castrense und quasi castrense passen um so weniger in unser heutiges Rechtssystem, als sei nur unter der uns völlig fremden Vorstellung, dasz auch die erwachsenen und in öffentliche Staatsämter eingetretenen Söhne fortwährend privatrechtlich vermögenslos und absolut dem Vater unterworfen seien, wenn nicht durch Privilegien für gewisse Kreise wenigstens ihnen eine fingirte Selbständigkeit gewahrt werde, entstanden sind und Bedeutung haben.".

176 Gengler, DPr, § 161, S. 592; Fitting, Das castrense peculium, S. 648ff.

177 SeuffA 15, S. 28, 29.

178 Fitting, Das castrense peculium, S. 644; Ackermann, Der vormundschaftliche Schutz, S. 65; Thibaut, System, § 250, S. 199f.; siehe auch Heimbach, "Peculien", in: Weiskes Rechtslexikon, S. 867f.

179 Fitting, Das castrense peculium, S. 644ff.; Knothe, ZRG (RA) 98 (1981), 255 (271ff.); Mühlenbruch, Lehrbuch III, § 566, Anm.5, S. 114 lehnt die Erweiterungen des *Usus modernus* ab; Heimbach, "Peculien", in: Weiskes Rechtslexikon, S. 870ff., S. 872: " [...] hat die teutschrechtliche Praxis ohne weiteres auf alle Classen von Hofbeamten übertragen."; Sintenis, Civilrecht III, § 141, S. 154 FN 65.

schen Recht.[180] Die Auffassung von FITTING[181], in dieses *peculium* falle auch der Erwerb der Notare und Ärzte wie überhaupt jeder Erwerb aus künstlerischer und wissenschaftlicher Tätigkeit, hat sich nicht durchsetzen können.[182] Direkt verworfen wurde vom Reichsgericht[183] die noch weitergehende Ansicht von BRUNS[184], wonach aller Erwerb des Kindes aus eigener Tätigkeit zum *peculium quasi castrense* zu rechnen sei. Hinsichtlich des Umfangs des *peculium quasi castrense* war fraglich, ob nur der Erwerb im Amte oder auch der bei dessen Gelegenheit in das Sondervermögen fallen sollte.[185]

Aufgrund der Heeresverfassung des deutschen Kaiserreiches war es durchaus möglich, daß auch ein Minderjähriger ein *peculium castrense* erwarb[186]. Wie dann die Verwaltung des *peculium* zu handhaben war, darüber schwiegen die römischen Quellen bekanntlich.
Die Juristen des gemeinen Rechts waren sich aber einig, daß in diesem Falle dem Vater die vormundschaftliche Stellung über diese Güter zustand[187]. Er sollte die Verwaltung wie ein gewöhnlicher Vormund führen, war also insbesondere zur Veräußerung von Gegenständen des *peculium castrense* nur in demselben Umfange berechtigt wie der gewöhnliche Vormund zur Veräußerung von Mündelgut.[188]
Ein Minderjähriger konnte auch ein *peculium quasi castrense* erwerben. Dann galten die gleichen Grundsätze wie beim *peculium castrense*.[189]

γ) Die *bona adventitia*[190]
Die weitaus größte Bedeutung im praktischen Leben hatten die sogenannten *bona adventitia*. Dabei hielten die Pandektisten wieder verstärkt an den im *Codex* benutzten Unterscheidungen zwischen den *bona materna* und *materni generis* und

---

180 Ackermann, Der vormundschaftliche Schutz, S. 67.
181 Das castrense peculium, S. 644f.
182 Windscheid, Lehrbuch II, § 516 Not. 8; Thibaut, System, § 252, S. 201 gegen die Einbeziehung des wissenschaftlichen Erwerbes. - RGZ 16, 124.
183 RGZ 16, 123 (124).
184 ZRG 10, 179 (186ff.); dazu Möller, Rechtsgeschäfte, S. 80.
185 Knothe, ZRG (RA) 98 (1981), 255 (276).
186 Ackermann, Der vormundschaftliche Schutz, S. 66.
187 Windscheid, Lehrbuch II, § 432 Note 5; Fitting, Das castrense peculium, S. 358 Not. 2, S. 385f; Akkermann, Der vormundschaftliche Schutz, S. 66; Stobbe/Lehmann, Handbuch IV, § 317, S. 421. - RGZ 16, 123ff.
188 Ackermann, Der vormundschaftliche Schutz, S. 67.
189 Ackermann, Der vormundschaftliche Schutz, S. 67f.
190 Marezoll, Linde's Zeitschrift 8 (1835), 58ff., 242ff., 362ff.; Witting, Archiv für praktische Rechtswissenschaft N. F. 11 (1877), 16 (24ff.); Knothe, ZRG (RA) 98 (1981), 255 (282ff.); Stölzel, Das Recht der väterlichen Gewalt, § 12, S. 173ff; Mühlenbruch, Lehrbuch III, § 568, S. 115ff.; Puchta, Pandekten, § 436, S. 594f.; Ackermann, Der vormundschaftliche Schutz, S. 68ff.; v. Roth, System, § 167 I.2, S. 349f.; Sintenis, Civilrecht III, § 141, S. 144ff.; Heimbach, "Peculien", in: Weiskes Rechtslexikon, S. 873ff.

den übrigen Adventizien fest. Die Germanisten konnten sich gut mit den römischen Regeln über die *bona adventitia* abfinden, entsprachen diese doch weitgehend den deutschrechtlichen Grundsätzen[191].
Zu den *bona adventitia* wurde alles Vermögen des Kindes gerechnet, das nicht in eine der bereits besprochenen Gütermassen fiel. Namentlich gehörte hierzu der Nachlaß der Mutter und Dritter und vor allem das, was das Kind außerhalb des Hauses durch seine Arbeit verdiente.[192] Für Hauskinder aus nicht so begüterten Familien war dieser Arbeitserwerb das wichtigste, häufig sogar das einzige Vermögen[193]. Was einen Erwerb durch die Mitarbeit im elterlichen Haushalt und Gewerbe betraf, so wird diese Frage unten im Rahmen der Frage nach der Möglichkeit von Dienstverträgen zwischen Hausvater und Hauskind erörtert werden.[194]
Bezüglich der Rechtsstellung von Vater und Kind beim Adventizgut ließ man es im neunzehnten Jahrhundert mit der bisher vertretenen Auffassung bewenden. Dem Kind stand das Eigentum belastet mit dem Nutznießungs- und Verwaltungsrecht des Vaters zu, das dadurch aber zu einem *nudum ius* reduziert war.

αα) Das Nießbrauchsrecht des Vaters[195]
Nach Meinung der Lehre und der Rechtsprechung war der Vater nach gemeinem Recht von der Leistung der *cautio usufructuaria* befreit (C. 6, 61, 8, 4d).[196] Die

---

[191] Rudorff, Vormundschaft I, S. 182; Kraut, Vormundschaft II, S. 622; v. Roth, System, § 166, S. 347: "Hinsichtlich des freien Vermögens wird das Hauskind als selbstständiger Eigenthümer angesehen, so als ob es nicht unter väterlicher Gewalt stünde. Während der Minderjährigkeit des Hauskindes steht dem Vater die vormundschaftliche Verwaltung des freien Vermögens des Hauskindes zu."; Bluntschli, DPr, § 221, S. 660: "[...] auch der laufende Arbeitslohn der Kinder gehört, wie überhaupt die laufenden Einnahmen der Haushaltung, in die Casse des Vaters als des Hauptes der ganzen Familie, vorausgesetzt freilich, dasz das Kind von dem Vater gehörig ernährt und bewirkt werde." - Siehe aber v. Roth, System, § 165, S. 344f.: "Das Deutsche Recht kannte kein dem Vater als solchem an dem Vermögen der Kinder zustehendes Nutzungsrecht; er hatte ein Verwaltungsrecht daran nur in Folge seiner väterlichen Vormundschaft und ein Nutzungsrecht nur, soweit es dem Vormund nach älterem Recht zustand. Dagegen hatte das Deutsche Recht ein Verwaltungs= und Nutzungsrecht beider Ehegatten an dem Kindervermögen als Consequenz der ehelichen Güterordnungen ausgebildet, zunächst in dem Rechtsgebiet der gesammten Hand mit Verfangenschaft, dann vielfältig auch in dem Rechtsgebiet die Grundsätze des römischen Rechts daher anwendbar nur, soweit es sich nicht um Vermögenstheile handelt, die den Bestimmungen über die fortgesetzte Gütergemeinschaft, das Alleinerbrecht des überlebenden Ehegatten und den elterlichen Beisitz unterliegen.".
[192] Statt vieler Puchta, Pandekten, § 436, S. 594.
[193] Witting, Archiv für praktische Rechtswissenschaft N.F. 11 (1877), 16 (24): "Das Meiste fällt in diese Kategorie.".
[194] Dazu siehe S. 424f.
[195] Dazu ausführlich Heimbach, "ususfructus", Weiskes Rechtslexikon, S. 935ff., dort auch zum Unterschied gegenüber dem gewöhnlichen Nießbrauch.
[196] Mühlenbruch, Lehrbuch III, § 568, S. 116; Windscheid, Lehrbuch II, § 517, S. 907; Sintenis, Civilrecht III, § 141, S. 145; Puchta, Pandekten, § 436, S. 594; Kraut, Vormundschaft II, § 107, S. 624; Göschen, Vorlesungen III, § 372, S. 139; Schweppe, Röm. Privatrecht, § 652, S. 543; Thibaut, System, § 255, S. 203; Heimbach, "Peculien", in: Weiskes Rechtslexikon, S. 876; Beseler, System, § 143, S. 602; v. Roth, System, § 168, S. 352: " [...] er kann dazu nur ausnahmsweise angehalten werden.". - OAG Kas-

partikularrechtliche Praxis und Gesetzgebung hatten aber die Verpflichtung des Vaters zur Sicherheitsleistung im Falle der Gefährdung des verwalteten Kindesvermögens, wozu mancherorts schon die weitere Verheiratung ausreichte,[197] eingeführt.[198]
Der Vater konnte sein Nutznießungsrecht zwar nicht veräußern, aber die Ausübung des Rechts an einen Dritten übertragen. Den Gläubigern des Vaters stand der Nießbrauch als Vollstreckungsobjekt zur Verfügung.[199] Die Praxis gewährte aber dem Kind die Drittwiderspruchsklage gegen eine Zwangsvollstreckung durch Gläubiger des Vaters, da der Nießbrauch als mit dem Unterhaltsanspruch des Kindes belastet galt.[200] Denn eine Verwertung durch die Gläubiger hätte den Unterhaltsanspruch der Kinder beeinträchtigen oder gar ins Leere laufen lassen können. Im Konkurs des Vaters[201] wurde der für den Kindesunterhalt erforderliche Teil der Nutzungen dem Kinde nach der wohl herrschenden Meinung überlassen[202]. Das Nießbrauchsrecht endete zugleich mit der väterlichen Gewalt; das *praemium emancipationis* hatte auch sehr an Bedeutung verloren, da es nur für eine auf dem freien Willen des Vaters beruhende Emanzipation gewährt werden sollte.[203]

ββ) Das Verwaltungsrecht des Vaters[204]
Das weitgehende Nutzungs- und Verwaltungsrecht des Vaters wurde in der Praxis und auch in der Theorie als ein Ausfluß der römischen *patria potestas* und nicht der deutschrechtlichen Grundsätze angesehen und damit auch nach den Regeln des römischen Rechts beurteilt.[205] Der Streit, ob das Verwaltungsrecht des Vaters ein

---

sel SeuffA 3, 336; RGZ 10, 145 (150).

[197] So in Nassau, § 15 des Gesetzes II vom 15. Mai 1851, V.O. Bl. S. 70, nach Stölzel, Das Recht der väterlichen Gewalt, § 12, S. 173.

[198] Stölzel, Das Recht der väterlichen Gewalt, § 12, S. 173: Hessen (Strippelmann V, S. 565, 566) SeuffA 3, 336; Ackermann, Der vormundschaftliche Schutz, S. 70; Kraut, Vormundschaft II, S. 624: Kaution bei Verschwendungsgefahr oder grober Nachlässigkeit bei der Verwaltung m. w. N. in FN 12 aaO. - OAG Darmstadt SeuffA 29, 147.

[199] V. Roth, System, § 168, S. 357.

[200] OAG Kassel SeuffA 3, 338; preuß. Ober-Trib. SeuffA 22, 153; OLG Braunschweig SeuffA 47, 119; OAG Kassel SeuffA 48, 40; SeuffA 3, 338; a. A. OAG Celle SeuffA 5, 296. - Zur Belastung des Nießbrauchs mit dem Unterhaltsanspruch des Kindes Stobbe/Lehmann, Handbuch IV, § 317, S. 428.

[201] Dazu siehe Stobbe/Lehmann, Handbuch IV, § 317, S. 428ff.; Knothe, ZRG (RA) 98 (1981), 255 (285f.); Ackermann, Der vormundschaftliche Schutz, S. 69f. - Nach § 54 der Reichskonkursordnung von 1877 hatten die Kinder für ihre Ansprüche aus der Vermögensverwaltung ein Recht auf Befriedigung in der fünften Klasse, wenn die Forderung binnen zwei Jahren nach Beendigung der Verwaltung gerichtlich geltend gemacht wird und bis zur Eröffnung des Verfahrens verfolgt worden ist.

[202] OG Wolfenbüttel SeuffA 22, 281; Jacobsohn, Der usufructus paternus an den bona adventicia der Hauskinder, S. 29f. - Zu den anderen Auffassungen Knothe, ZRG (RA) 98 (1981), 255 (285f.).

[203] Dazu Stobbe/Lehmann, Handbuch IV, § 317, S. 430f.

[204] Siehe dazu Stobbe/Lehmann, Handbuch IV, § 317, S. 423ff.; Unterholzner, Schuldverhältnisse II, S. 490ff. - RGZ 10, 145ff; 16, 124ff; 24, 220 (225).

[205] Witting, Archiv für praktische Rechtswissenschaft N. F. 11 (1877), 16 (25).

selbständiges Recht neben dem Nießbrauch oder ein Ausfluß desselben war[206], hatte, soweit ersichtlich, keine praktischen Folgen gehabt.

Das weitgehende väterliche Recht war nur durch die Verpflichtung des Vaters beschränkt, den Kindern ihr Vermögen quantitativ und qualitativ sorgfältig zu erhalten[207].

Der Widerspruch in den Quellen: einerseits sollte der Vater für jedwede Sorgfalt einstehen (C. 6, 60, 1, 1), andererseits sollte er nicht zur Inventarerrichtung[208] und Rechnungslegung[209] verpflichtet sein, wo diese doch als Kontrollinstrumente für eine Überprüfung der väterlichen Verwaltung notwendig sind, hat Anlaß für einen Meinungsstreit unter den Juristen des neunzehnten Jahrhunderts geboten[210].

Die Verpflichtung des Vaters bei der Verwaltung, "*omnem diligentiam adhibere*"[211], wollten einige Rechtslehrer des neunzehnten Jahrhunderts in Quellentreue

---

[206] So wohl Puchta, Pandekten, § 436, S. 594.

[207] Witting, Archiv für praktische Rechtswissenschaft N. F. 11 (1877), 16 (25); Haftung für *omnis diligentia* nach Stobbe/Lehmann, Handbuch IV, § 317, S. 423; Göschen, Vorlesungen III, § 732, S. 139; Sintenis, Civilrecht III, § 141, S. 147: "[...] und deshalb ist er auch nach den allgemeinen Grundsätzen vom Niessbrauch zur möglichst grössten Sorgfalt in der Erhaltung der Nutzungsgegenstände selbst und der Verhütung ihrer Verschlechterung verpflichtet.".

[208] H. M. Sintenis, Civilrecht III, § 141, S. 145; Kraut, Vormundschaft II, S. 624f., auch keine Pflicht zur Erstellung einer "eidlichen Specification", ein einfaches Verzeichnis soll ausreichen, es sei denn Partikularrecht fordern dies, S. 625 m. N. in FN 15; Thibaut, System, § 255, S. 203: "[...] wiewohl man ihm die Aufnahme einer Privat=Designation häufig zur Pflicht macht."; Windscheid, Lehrbuch II, § 517, S. 907 FN 4; Marezoll, Linde's Zeitschrift 8 (1835), 362 (390); Sintenis, Civilrecht III, § 141, S. 145 FN 29; Beseler, System, § 143, S. 602; siehe aber auch v. Roth, System, § 168, S. 352: "[...] nach einzelnen Landesrechten ist ihm diese Verpflichtung theils allgemein, theils für den Fall der Wiederverehelichung auferlegt." - OAG Darmstadt SeuffA 19, 258. - Siehe auch Witting, Archiv für praktische Rechtswissenschaft N. F. 11 (1877), 16 (29): "Verschiedene Rechtslehrer und oberste Gerichtshöfe betrachten ihn jedoch nach Beendigung seines Nießbrauchs als zur Aufstellung eines Vermögensverzeichnisses verpflichtet, auf Grund dessen die Herausgabe zu erfolgen hat [...] nicht aber zur Anfertigung eines bei Beginn des Nießbrauchs aufzustellenden Inventars oder zu einer eidlichen Specification, da eine solche nur das Surrogat eines Inventars ist [...].".

[209] Witting, Archiv für praktische Rechtswissenschaft N. F. 11 (1877), 16 (29); Mühlenbruch, Lehrbuch III, § 568 (wegen der *paterna reverentia*); Göschen, Vorlesungen III, § 732, S. 139; Schweppe, Röm. Privatrecht, § 652, S. 543; Heimbach, "Peculien", in: Weiskes Rechtslexikon, S. 876; Sintenis, Civilrecht III, § 141, S. 145; Beseler, System, § 143, S. 602; v. Roth, System, § 168, S. 352f.: "Der Vater ist nicht verpflichtet, Rechnung zu stellen, sondern er hat nur, wenn er bei Beendigung seiner Verwaltung das verwaltete Vermögen herausgiebt, die erforderlichen Angaben über das Ergebniß seiner Verwaltung beizubringen; nur nach einzelnen Rechten ist er zur Rechnungsstellung verpflichtet." - OAG Kassel SeuffA 3,336 und 337 (bei Herausgabe keine Pflicht zur Rechnungslegung, Herausgabe nur anhand eines Verzeichnisses); RGZ 10, 145 (150).

[210] Vangerow, Pandekten, § 236, Anm. 2, S. 438ff.; Witting, Archiv für praktische Rechtswissenschaft N. F. 11 (1877), 16 (25f.); Marezoll, Linde's Zeitschrift 8 (1835), 362 (389ff.); siehe auch Unterholzner, Schuldverhältnisse II, S. 491; Heimbach, "Peculien", in: Weiskes Rechtslexikon, S. 877; ders., "ususfructus", in: Weiskes Rechtslexikon, S. 937; beachtenswert ist auch die Stellungnahme von Sintenis, Civilrecht III, § 141, S. 146 FN 33.

[211] V. Roth, System, § 168, S. 355: "Ein Theil der Landesrechte fordert nur die Sorgfalt, die er in eignen Angelegenheiten aufwendet.".

nur bei den *bona materna, materni generis* und den *lucra nuptialia*[212], den vorjustinianischen Adventizien, für die sie ja auch nur vorgesehen waren, anwenden[213]. Für die durch die justinianische Gesetzgebung hinzugekommenen Adventizien war der Vater weder zur Leistung von "*omnis diligentia*" noch zur Rechnungsablegung rechtlich verpflichtet. Hier sollte den Vater wegen C. 6, 61, 6, 2 und fr. 8, 4d nur eine sittliche Pflicht zu sorgfältiger Verwaltung obliegen, ohne eine Möglichkeit, rechtlich gegen ihn vorzugehen.[214]
Den Widerspruch zwischen der dem Vater auferlegten Sorgfaltspflicht und der Befreiung von der Rechenschaftspflicht bei den vorjustinianischen Adventizien versuchte die herrschende Meinung[215] dadurch zu beseitigen, daß sie die Sorgfalt des Vaters auf die Erhaltung der adventizischen Güter bezog. Der Vater oder dessen Erben sollten bei der Herausgabe der Adventizien nach Beendigung der *patria potestas* für gesetzwidrige Veräußerungen und für Verschlechterungen aufzukommen haben, ohne daß darum von einer Rechnungsablegung die Rede zu sein brauchte.[216] Die Rechtslehre war also darauf bedacht, keine Ansprüche des Kindes gegen den Vater wegen der Vermögensverwaltung während bestehender väterlicher Gewalt zuzulassen.

Zu den umstrittensten Gebieten des Kindesvermögensrechts gehörte die Frage, in welchem Umfang dem Vater die Veräußerung von Gegenständen des Kindesvermögens gestattet war[217]. Die strengste Meinung gestattete eine Verfügung nur

---

[212] Dazu siehe Marezoll, Zeitschrift für Civilrecht und Proceß 3 (1839), 84ff.
[213] Vangerow, Pandekten, § 236, Anm.2, S. 438f.; Marezoll, Linde's Zeitschrift 8 (1835), 362 (388ff.); Heimbach, "Peculien", in: Weiskes Rechtslexikon, S. 877; ablehnend Unterholzner, Schuldverhältnisse II, S. 491.
[214] Vangerow, Pandekten, § 236, Anm. 2, S. 438f.; Marezoll, Linde's Zeitschrift 8 (1835), 362 (391).
[215] Witting, Archiv für praktische Rechtswissenschaft N. F. 11 (1877), 16 (26); Marezoll, Linde's Zeitschrift 8 (1835), 362 (390ff.); Puchta, Pandekten, § 436, S. 595 FN f); Sintenis, Civilrecht III, § 141, S. 146 FN 33.
[216] Marezoll, Linde's Zeitschrift 8 (1835), 362 (392); Puchta, Pandekten, § 436, S. 594f.: "[...] hat zwar die Pflicht eines Nießbrauchers, und die zur diligentia (C.6,60,1), während der Dauer seines Rechts kann er auch nicht wegen schlechter Verwaltung zur Verantwortung gezogen werden."; Sintenis, Civilrecht III, § 141, S. 145 FN 33 a. E.: "Die Sache verhält sich also nach m.E. einfach so, dass sobald nach Beendigung des Niessbrauchs für den Vater die Zurückgabe und Ueberantwortung der Nutzungsgegenstände an das Kind erfolgt, nun die Diligenz bei der custodia derselben in ihrer ursprünglichen Integrität prästirt werden muss, vorher aber kann sie gar nicht zur Sprache kommen, da das Kind bis dahin durchaus kein Recht hat, von der Verwaltung Notiz zu nehmen.", § 142, S. 163: "[...] so ist zuerst die Verpflichtung des Vaters wegen der unversehrten Erhaltung derjenigen Adventizien, an welchen ihm der gesetzliche Niessbrauch zusteht, eine vollständig wirksame und klagbare.".
[217] Witting, Archiv für praktische Rechtswissenschaft N. F. 11 (1877), 16 (27f.); Knothe, ZRG (RA) 98 (1981), 255 (287ff.); Stobbe/Lehmann, Handbuch IV, § 317, S. 425: "In der Disposition über das Vermögen der Kinder ist der Vater vielfach (RGZ 38,299ff.), wenngleich nicht in demselben Maß, wie nach gemeinem Recht (RGZ 10, 145ff.; 16, 124ff.; 24, 225) beschränkt."; Heimbach, "ususfructus", in: Weiskes Rechtslexikon, S. 938; v. Roth, System, § 168, S. 353f.; Sintenis, Civilrecht III, § 141, S. 147; Pufendorf, Obs. 32, S. 137ff.

in den von den römischen Quellen ausdrücklich genannten Fällen, zur Erfüllung von Erblasserverbindlichkeiten, Vermächtnissen oder Fideikommissen und zur Abstoßung von lästigen und schädlichen Sachen[218]. Nach einer anderen Auffassung sollte eine Veräußerung auch dann zulässig sein, wenn sie notwendig oder von nicht unerheblichem Nutzen war.[219] Eine dritte Ansicht gestattete auch die mit Zustimmung des Kindes vorgenommene Veräußerung durch den Vater, da ja auch jede Verfügung des Kindes unter Lebenden , die mit Zustimmung des Vaters vorgenommen wurde, gültig war.[220]

Einer obervormundschaftlichen Genehmigung sollte das Geschäft nach der herrschenden Meinung in den zulässigen Fällen nicht bedürfen[221]. In einigen Gebieten des deutschen Reiches war eine solche aufgrund von partikularer Gesetzgebung notwendig.[222]

Nahm der Vater eine unerlaubte Veräußerung vor, so war das betreffende Rechtsgeschäft nichtig[223]. Dem Kind stand nach beendeter väterlicher Gewalt ein Vindikationsanspruch gegen den Dritten zu.[224] Die Geltendmachung des Vindikationsanspruches war dann ausgeschlossen, wenn das Kind seinen Vater beerbt hatte.[225] Streitig war, ob dem Vater selbst ein Vindikationsanspruch zustand, da dessen Geltendmachung ein *venire contra factum proprium* bedeutet hätte.[226]

---

[218] Mühlenbruch, Lehrbuch III, § 568, S. 116; Puchta, Pandekten, § 436; Vangerow, Pandekten, § 236 Anm. 2 s); Ackermann, Der vormundschaftliche Schutz, S. 69 FN 2; Göschen, Vorlesungen III, § 732, S. 140; Schweppe, Röm. Privatrecht, § 652, S. 542; Thibaut, System, § 255, S. 203; Heimbach, "Peculien", in: Weiskes Rechtslexikon, S. 876.

[219] Volk, Die Rechte des Vaters am regulären Adventizgute des Hauskindes nach gemeinem und bayerischen Rechte, SeuffBl. 9. Erg.-Band (1891), S. 55; Puchta, Pandekten, § 436, S. 594: im Fall der Notwendigkeit und wenn das Behalten nachteilig ist. - OAG Kassel SeuffA 3, 335; ablehnend wohl RGZ 10, 145 (150).

[220] OAG Celle SeuffA 8, 60; Windscheid, Lehrbuch II, § 517, S. 909 FN 14; Sintenis, Civilrecht III, § 141, S. 147 FN 40; bei Großjährigkeit des Kindes: Stobbe/Lehmann, Handbuch IV, § 317, S. 426: v. Roth, System. § 168, S. 354: "In einer größeren Anzahl von Rechtsgebieten ist indessen dem Hausvater die Veräußerung der zu dem Kindervermögen gehörigen Sachen unter denselben Voraussetzungen wie dem Vormund gestattet. Veräußerung und Belastung von Immobilien erscheint hiernach nach ertheiltem richterlichem Dekret als zuläßig, während zur Veräußerung von Mobilien und Forderungen ein solches nicht erforderlich ist.".

[221] Puchta, Vorlesungen, § 436, S. 308; v. Roth, System, § 168, S. 354; Sintenis, Civilrecht III, § 141, S. 147 FN 38; Thibaut, System, § 255, S. 203; bei der Veräußerung von Immobilien Stobbe/Lehmann, Handbuch IV, § 317, S. 425f. - OAG Darmstadt SeuffA 17, 258; OAG Oldenburg SeuffA 26, 43; a. A. OAG Wiesbaden SeuffA 13, 241 a. E.; OAG Kassel SeuffA 3, 334; 6, 217.

[222] Siehe Stölzel, Das Recht der väterlichen Gewalt, § 12, S. 173. - Anders für den Vormund im Hinblick auf die *oratio Severi* und die Reichspolizeiordnungen, siehe Knothe, ZRG (RA) 98 (1981), 255 (288).

[223] Witting, Archiv für praktische Rechtswissenschaft N. F. 11 (1877), 16 (27), gilt nicht für Forderungsrecht, S. 28.

[224] Witting, Archiv für praktische Rechtswissenschaft N. F. 11 (1877), 16 (27); Unterholzner, Schuldverhältnisse II, S. 492; Heimbach, "Peculien", in: Weiskes Rechtslexikon, S. 877; Sintenis, Civilrecht III, § 141, S. 147 m. FN 37; v. Roth, System, § 168, S. 354.

[225] Stölzel, Das Recht der väterlichen Gewalt, § 12, S. 173. - OAG Oldenburg SeuffA 6, 217; Celle SeuffA 19, 255, 256; siehe auch SeuffA 6, 231: Dem erbenden Sohn konnte der Käufer die *exceptio rei venditae et traditae* entgegenhalten. Dieser wiederum konnte aber eine *justa causa vindicandi* entgegen-

Nach der weitaus herrschenden Auffassung in Lehre und Praxis war dem Vater in bezug auf zum Adventizgut gehörende Forderungen eine erweiterte Befugnis zugestanden worden[227]. Er konnte über sie auch ohne das Vorliegen der oben dargestellten besonderen Gründe wirksam verfügen[228]. Diese erweiterte Befugnis des Vaters wurde mit einem Quasi-Ususfructus an den dem Nutzungsrecht des Vaters unterliegenden Forderungen begründet. Nach der zum gewöhnlichen Nießbrauch entwickelten Lehre vom *Quasi-Ususfructus* war der Nießbraucher berechtigt, die Forderung selbst einzuziehen oder sich durch deren entgeltliche Abtretung mittelbar zu befriedigen; an dem eingezogenen Forderungsgegenstand oder dem Entgelt erwarb der Nießbraucher, je nach dessen Beschaffenheit, einen *ususfructus* oder wiederum einen *Quasi-Ususfructus*. Die Praxis stützte die Verfügungsbefugnis des Vaters auf das Verwaltungsrecht des Vaters: Die Verwaltung der *bona adventitia regularia* umfasse das Recht zur Vornahme aller Verfügungen über zum Adventizgut gehörige Forderungen, nicht nur zur Einziehung oder Abtretung.[229] Dem Kindesinteresse widersprechende oder allein seinem eigenen Nutzen dienende Verfügungen waren dem Vater allerdings nicht erlaubt.[230]

Ob und wie das Vermögen des Kindes gegen eine schlechte Verwaltung durch den Vater geschützt werden sollte, darüber gingen die Meinungen auch im neunzehnten Jahrhundert auseinander. Die Sicherungsmittel der Sicherheitsleistung, Inventarerrichtung und Rechenschaftslegung haben wir bereits oben behandelt.
In bezug auf die *bona materna, materni generis* und die *lucra nuptialia*, die den Kindern infolge der zweiten Ehe des Vaters dem Eigentum nach zufielen, war ihnen ein gesetzliches Pfandrecht am ganzen Vermögen des Vaters nach der herrschenden Meinung der Pandektisten eingeräumt[231] Die Germanisten gewährten

---

gehalten werden. Aber nicht jedes gesetzliche Veräußerungsverbot erzeugte eine solche solche *justa causa*; im Zweifel jedenfalls dann nicht, wenn es allein um den Schutz von Privatrechten ging.

[226] Witting, Archiv für praktische Rechtswissenschaft N. F. 11 (1877), 16 (27f.).

[227] Dazu siehe Witting, Archiv für praktische Rechtswissenschaft N. F. 11 (1877), 16 (28f.). - OAG Rostock SeuffA 17,65.

[228] Sintenis, Civilrecht III, § 141, S. 148. - OG Wolfenbüttel SeuffA 10, 181; OAG Kassel SeuffA 14, 100.

[229] RGZ 16, 123 (125), in diesem Fall hatte der Vater mit dem Arbeitgeber seines Sohnes einen Vergleich abgeschlossen, in dem er für den Sohn auf alle weiteren Ansprüche aus einem von diesem erlittenen Betriebsunfall verzichtete; OAG Kassel SeuffA 14, 100 (Aufrechnung); RGZ 10, 145 (151f.), Verzicht; OG Wolfenbüttel SeuffA 10, 181; OAG Rostock SeuffA 17, 65, die beiden letzten Entscheidungen betreffen die Einziehung und Zession von Hypothekenkapitalien. - Witting, Archiv für praktische Rechtswissenschaft N. F. 11 (1877), 16 (28ff.).

[230] OAG Rostock SeuffA 17, 65; RGZ 10, 145 (151f.); 16, 123 (125). - Die Frage, ob der Vater auch eigene Schulden durch Kompensation mit Forderungen des Kindes tilgen konnte, wurde unterschiedlich beantwortet. OAG Kassel SeuffA 14, 100; a. A. OAG Rostock, Seuff 17, 65.

[231] V. Löhr, AcP 9 (1826), 71ff.; ders., AcP 10 (1827), 386; Witting, Archiv für praktische Rechtswissenschaft N. F. 11 (1877), 16 (30f.); Windscheid, Lehrbuch I § 232 4., S. 797f.; Arndts, Lehrbuch, § 373; Sintenis, Civilrecht I, § 72, S. 629; Vangerow, Pandekten, § 375, Anm. 3, S. 844ff.; siehe auch Lehmann, JherJB 25 (1887), 142 (202f.). - OAG Kassel SeuffA 3, 241; a. A. OAG Rostock SeuffA 38, 40.

dem Kind ein Pfandrecht am Vermögen des Vaters wegen aller unfreien Vermögensmassen.[232]. Verschiedene Partikularrechte räumten den Kindern allgemein einen gesetzlichen Titel zur Bestellung einer Hypothek an den Immobilien des Vaters ein.[233]
Ein Schadensersatzanspruch des Kindes gegen den Vater oder seine Erben wegen schlechter Verwaltung der *bona adventitia* durch Unterlassung wurde abgelehnt.[234] Bei positiven Handlungen, z.B. Beschädigung eines Gegenstandes, sollte nur eine Klage gegen die Erben, nicht gegen den Vater selbst, zulässig sein.[235]
Bei mißbräuchlicher, das Vermögen des Kindes gefährdender Verwaltung konnte dem Vater das Verwaltungsrecht entzogen werden.[236]. Das Nießbrauchsrecht war von dem Entzug der Verwaltungsbefugnis nicht berührt.

Insgesamt gesehen ging die Tendenz im neunzehnten Jahrhundert dahin, den Vater in seiner Verwaltung so wenig wie möglich zu beschränken.[237] Man rechtfertigte dies damit, daß das Gesetz dem Vater nicht mißtrauen dürfe, wie es mit der Einschränkung der Befugnisse bei der Verwaltung geschähe, da ihn dies kränken würde. Mit der dem Vater von den Kindern geschuldeten *reverentia* seien Ansprüche desselben gegen den Vater nicht zu vereinbaren.[238] Ansprüche wegen der

---

[232] Stobbe/Lehmann, Handbuch IV, § 317, S. 425, die von den Pandektisten angeführte Einschränkung wird jedenfalls nicht gemacht; v. Roth, System, § 168, S. 355f.: "Gemeinrechtlich stand den Kindern für alle Forderungen aus der Verwaltung des Hausvaters ein gesetzliches Pfandrecht an dem Vermögen desselben zu, [...] ein Theil unserer Landesrechte gewährt den Kindern einen gesetzlichen Titel zur Bestellung einer Hypothek auf den Immobilien des Vaters theils allgemein, theils unter bestimmten Voraussetzungen.".

[233] § 12 Nr. 7 des bayerischen Hypotheken-Gesetzes vom 1. Juni 1822; Art. 33 des württembergischen Pfand-Gesetzes vom 15. 4. 1825. - Weitere Beispiele in den Motiven zum BGB, S. 744 bei Mugdan, Band IV, S. 395.

[234] Heimbach, "ususfructus", in: Weiskes Rechtslexikon, S. 937.

[235] Heimbach, "ususfructus", in: Weiskes Rechtslexikon, S. 937: "[...] da gegen ihn nicht geklagt werden soll.".

[236] Sintenis, Civilrecht III, § 141, S. 147f. FN 42 a: Antrag der Kinder oder der Verwandten und Angehörigen bei der Obervormundschaftsberhörde; Mühlenbruch, Lehrbuch III, § 569, S. 119: "Wegen schlechter Verwaltung des Kinderguts wird in der Regel dem Vater nur die Administration genommen."; Windscheid, Lehrbuch II, § 517, S. 908 mit FN 5a; Holzschuher, Theorie und Kasuistik I, S. 676; Witting, Archiv für praktische Rechtswissenschaft N. F. 11 (1877), 16 (30), S. 29 zu Sicherungsmaßregeln der Praxis; die Praxis entzog dem Vater schon bei ausgesprochen schlechter Verwaltung diese: Windscheid, Lehrbuch II, § 517, S. 908 FN 5 a zitiert entsprechende Entscheidungen; Bluntschli, DPr, § 221, S. 659: Pflicht zur Sicherheitsleistung; Beseler, System, § 144, S. 609: Pflicht des überlebenden Ehegatten zur vorzeitigen Abschichtung; Ackermann, Der vormundschaftliche Schutz, S. 70; v. Roth, System, § 168, S. 357. - OAG Celle SeuffA 7, 198; a. A. OAG Jena SeuffA 2, 306. - Siehe auch OAG Kassel SeuffA 3, 336: Beiordnung eines Vormundes.

[237] Sintenis, Civilrecht III, § 141, S. 144f., S. 145: Die Kinder können dem Vater nicht in die Verwaltung hineinreden; siehe auch Bluntschli, DPr, § 221, S. 659: Der Vater hat das Recht zur Verwaltung, "ohne deszhalb einer regelmäßigen Controle der Obervormundschaft unterworfen zu sein.".

[238] Witting, Archiv für praktische Rechtswissenschaft N. F. 11 (1877), 16 (50), zur Rechtfertigung der fast unbeschränkten Stellung des Vaters bei der Vermögensverwaltung: "Mit Recht beansprucht der Vater, daß das Gesetz ihm keine Schranken ziehe, welche die nahen Bande des Bluts ihn nur als eine Krän-

Vermögensverwaltung durch den Vater standen dem Kind, wenn überhaupt welche gewährt wurden, erst bei Beendigung der väterlichen Gewalt zu, wenn es um die Herausgabe des Vermögens ging.[239] Ansprüche während bestehender *patria potestas* wurden nur in Sondersituationen wie zweite Eheschließung des Vaters, Zerrüttung seiner Vermögensverhältnisse, gewährt. Die Praxis zeigte allerdings die Tendenz, den Schutz des Kindes auszudehnen[240].

δ) Die *bona adventitia irregularia*[241]

Als Fälle der *bona adventitia irregularia*, bei denen dem Vater kein Nießbrauchsrecht zustand, waren im neunzehnten Jahrhundert folgende Fälle anerkannt[242]:

1. Zuwendung durch letzten Willen oder Schenkung an das Kind unter der Bestimmung, daß der Vater keinen Nießbrauch erhält[243];
2. was das Kind zusammen mit dem Vater von Geschwistern erbt[244];
3. was das Kind sonst im Wege der gesetzlichen Erbfolge oder was es gegen den Willen des Vaters erwirbt[245].

---

kung empfinden lassen konnten, während andererseits das körperliche und geistige Wohl des Kindes in der freien ungebundenen väterlichen Liebe eine sicherere Bürgschaft findet als in gesetzlichen, den Vater beengenden Fesseln. Nur wenn der väterlichen Fürsorge ein freies Walten gestattet ist, wird der Vater mit allen seinen Kräften, mit Eifer und Hingebung das Wohl des Kindes umfassen, aber das Kind wird auch nur dann den Vater so hoch über sich sehen, wie dies zum Gelingen des Erziehungswerkes erforderlich ist, wenn derselbe mit freier Machtvollkommenheit ihm gegenübersteht, nur dann ein volles, hingebendes Vertrauen zu dem Vater haben können, wenn das Gesetz dem Vater kein Mißtrauen zeigt. So betrachtet, verlieren die eigenen Rechte des Vaters ihre Exklusivität, und der Vater erscheint uns im Lichte eines im wohlverstandenen Interesse des Kindes so frei gestellten Vormundes.".

[239] Sintenis, Civilrecht III, § 141, S. 147; Heimbach, "ususfructus", in: Weiskes Rechtslexikon, S. 936. - Zum Rechtsweg Unterholzner, Schuldverhältnisse II, S. 493: "[...] so würde doch jedenfalls nur ein außerordentliches Verfahren zu einer Auseinandersetzung zwischen Vater und Kindern als geeignet erachtet worden sein.". - RGZ 10, 145 (150).

[240] Ackermann, Der vormundschaftliche Schutz, S. 64: "Doch zeigt sich im gemeinen Recht, besonders in der Rechtsprechung, ein gewisses Bestreben, das Kind hinsichtlich seines regulare adventicium noch etwas mehr zu sichern, als dies im justinianeischen Rechte der Fall war und dem Kinde auch hinsichtlich des regulare adventicium einen etwas stärkeren vormundschaftlichen Schutz zu gewähren, als im römischen Recht.".

[241] V. Buchholtz, Linde`s Zeitschrift 14 (1840), 281ff.; Mühlenbruch, Lehrbuch III, § 569, S. 119ff.; Witting, Archiv für praktische Rechtswissenschaft N. F. 11 (1877), 16 (32); Ackermann, Der vormundschaftliche Schutz, S. 71; Sintenis, Civilrecht III, § 141, S. 150ff. - Auch die Germanisten kannten "freies" Kindesvermögen, Bluntschli, DPr, § 221, S. 660.

[242] Göschen, Vorlesungen III, § 733, S. 142 nennt als 4. Fall: "Wenn der Parens eine ihm zugefallene Erbschaft, die er, soluta patria potestate, an das Kind, vermöge eines universellen Fideicommisses herausgeben soll, schlecht verwaltet."; Mühlenbruch, Lehrbuch III, § 569, S. 119 nennt 7 Fälle; v. Buchholtz, Linde`s Zeitschrift 14 (1840), 281 (303ff.): vier Fälle, vierter Fall ist aber nicht rezipiert; Thibaut, System, § 257, S. 205: 6 Fälle, 6. Fall bei Thibaut: "Wenn der Vater, in Gemäßheit gesetzlicher Vorschriften, den Kindern Sachen gibt."; siehe auch bei Sintenis, Civilrecht III, § 141, S. 150 m. FN 47.

[243] Siehe dazu v. Buchholtz, Linde's Z 14 (1840), 281 (288ff.).

[244] V. Buchholtz, Linde`s Z 14 (1840), 281 (295ff.) - Einige Partikularrechte unterstellen auch diesen Erwerb den regulären Adventizgütern, Stölzel, Das Recht der väterlichen Gewalt, § 12, S. 172f.

[245] V. Buchholtz, Linde`s Zeitschrift 14 (1840), 281 (283ff.).

Praktische Bedeutung hatte wohl nur der 1. Fall. [246] Die Autoren des 19. Jahrhunderts erkannten nur die in den antiken Quellen genannten Fälle als *bona adventitia irregularia* an, was mit der stärker an den Quellen orientierten Betrachtungsweise zu erklären ist.

Die Verwaltung der irregulären Adventitien[247] stand grundsätzlich dem Hauskind selbst zu; selbständig ausüben konnte es dieses Recht allerdings nur, wenn es volljährig war[248]. Es konnte dann unter Lebenden über diese Güter verfügen; eine Testierfähigkeit, selbst mit Zustimmung des Vaters, war ihm auch bei dieser Vermögensmasse nicht gegeben. Bei Minderjährigkeit des Hauskindes, selbst wenn es schon mündig war[249], mußte ihm für die irregulären Adventizien ein besonderer Verwalter bestellt werden.[250] Denn hier wie bei den anderen freien Vermögensmassen (*peculium castrense* und *quasi castrense*), die der Vater nicht kraft seiner *patria potestas* verwaltete, galten die gleichen Grundsätze wie bei ihren gewaltfreien Altersgenossen.[251]
Zu Fall 1[252]: Verwalter d*er adventitia irregularia* wurde grundsätzlich die vom Zuwendenden dafür bestimmte Person. Beim Fehlen einer solchen Bestimmung galt allgemein der Vater als zur Verwaltung berufen[253]. Dies galt selbst bei dem ersten Fall, wo das väterliche Nießbrauchsrecht ausgeschlossen worden war. Wollte der Vater die Verwaltung nicht übernehmen, so bestellte die obervormundschaftliche Behörde einen besonderen Verwalter.
Der Vater als Verwalter der *bona adventitia irregularia* hatte grundsätzlich die Stellung eines Vormundes (*Curator*)[254]. Er war ebenso wie dieser zur Errichtung eines Inventars und zur Rechnungslegung verpflichtet[255]; ebenso war er wie der Vormund an die obervormundschaftliche Genehmigung zu Vermögensverfügungen gebunden.

---

246 So Stölzel, Das Recht der väterlichen Gewalt, § 12, S. 172.
247 Zum folgenden v. Buchholtz, Linde`s Zeitschrift 14 (1840), 281 (284ff.) zu Fall Nr.3, (290ff.) zu Fall Nr. 1; Sintenis, Civilrecht III, § 141, S. 151f.
248 Göschen, Vorlesungen III, § 733, S. 142.
249 OAG Kassel SeuffA 3, 334 und 13, 241; OAG Wiesbaden SeuffA 13, 241 (3); anders OAG Celle SeuffA 13, 241 (1,2).
250 Mühlenbruch, Lehrbuch III, § 569, S. 119; Sintenis, Civilrecht III, § 141, S. 151f.
251 Knothe, ZRG (RA) 98 (1981), 255 (296).
252 Siehe Heimbach, "Peculien", in: Weiskes Rechtslexikon, S. 885.
253 Göschen, Vorlesungen III, § 733, S. 142; anders wohl v. Buchholtz, Linde`s Zeitschrift 14 (1840), 281 (292 FN 1) für Fall Nr.1; ebenso a.A. Heimbach, "Peculien", in: Weiskes Rechtslexikon, S. 881.
254 Ackermann, Der vormundschaftliche Schutz, S. 71; v.d. Pfordten, Abhandlungen, S. 150; Marezoll, Linde's Zeitschrift 8 (1835), 362 (363, 441); v. Buchholtz, Linde`s Zeitschrift 14 (1840), 281 (286 FN 2): "[...] so grenzt dieß Verhältniß an Vormundschaft."; Sintenis, Civilrecht III, § 141, S. 152 m. FN 52: mit Ausnahme des Erfordernisses der obrigkeitlichen Bestätigung. - Zur Prozeßführung durch das Hauskind in bezug auf die *bona adventitia irregularia* siehe Knothe, ZRG (RA) 98 (1981), 255 (297f.).
255 A. A. OAG Celle SeuffA 12, 44.

4. Klagbare Verbindlichkeiten zwischen Hausvater und Hauskind[256]

a) Die Möglichkeit von klagbaren Verbindlichkeiten

Die Frage der Möglichkeit von klagbaren Verbindlichkeiten zwischen Hausvater und Hauskind, insbesondere aus Rechtsgeschäften oder aus "Gesetz" wie bei deliktischen Ansprüchen, gehörte zu den umstrittensten im neunzehnten Jahrhundert.[257] Dabei standen sich die Auffassungen der Pandektisten und Germanisten diametral gegenüber.

Die Pandektisten hielten angesichts des Quellenbefundes des römischen Rechtes[258] an dem Grundsatz der Unmöglichkeit von klagbaren Verbindlichkeiten zwischen den durch die väterliche Gewalt verbundenen Personen fest[259].

Als ein besonderer Nachteil für die Hauskinder wurde die Unmöglichkeit klagbarer Verbindlichkeiten nicht angesehen, wie die folgende Äußerung belegt:

"Wenn der Haussohn nicht lädirt ist, wird eine Streitfrage über die Gültigkeit des Vertrags nicht leicht entstehen, ist dies aber der Fall, so kann die gesetzliche Bestimmung nur für heilsam und billig erkannt werden, besonders wenn man bedenkt, wie leicht ein zur zweiten Ehe geschrittener Vater geneigt ist, seinen Zustand auf Kosten der erstehelichen Kinder zu verbessern."[260]

---

[256] Dazu siehe die grundlegende Abhandlung von v.d. Pfordten, Ueber Obligationen zwischen den durch väterliche Gewalt verbundenen Personen, in: ders., Abhandlungen aus dem Pandektenrecht, S. 113ff.; Schwanert, Naturalobligationen, S. 299ff.; Möller, Die Rechtsgeschäfte zwischen Hausvater und Hauskind, S. 72ff., dort auch zur Kritik der Auffassungen der Pandektisten; Marezoll, Zeitschrift für Civilrecht und Proceß N. F.5 (1848), 169 (223ff.); Sintenis, Civilrecht III, § 142, S. 162ff.; Witting, Archiv für praktische Rechtswissenschaft N. F. 11 (1877), 16 (36ff.); Stobbe/Lehmann, Handbuch IV, § 318, S. 438ff.; Heimbach, "Väterliche Gewalt", in: Weiskes Rechtslexikon, S. 6ff.

[257] Oft wurde die hier angesprochene Problematik verkürzt unter dem Thema "Möglichkeit von Rechtsgeschäften zwischen Vater und Sohn" erörtert, aber damit waren gesetzliche Ansprüche, die ja auch *obligationes civiles* sind, nicht erfaßt. So z. B. bei Stobbe/Lehmann, Handbuch IV, § 318, S. 438ff.; Puchta, Pandekten, § 438; Heimbach, Lehrbuch, § 111, S. 215; Dollmann, SeuffBl. 14 (1849), S. 129ff.

[258] Dazu siehe beim römischen Recht, 1. Teil 1. Abschnitt 1. Kapitel V. 1.

[259] V. d. Pfordten, Abhandlungen, S. 113; Wening-Ingenheim, Lehrbuch III, § 395 (§ 96), S. 31; Mühlenbruch, Lehrbuch III, § 563, S. 106; Savigny, System II, § 67, S. 54; ders., Obligationenrecht I, § 10, S. 59; dazu Brinz, in: Kritische Blätter Nr. 3, S. 14; Puchta, Pandekten, § 438, S. 596; Büchel, Civilrechtliche Erörterungen II/1, S. 29; Unterholzner, Schuldverhältnisse I, S. 14; anders für das österreichische Recht Unger, System I, S. 255; Schweppe, Röm. Privatrecht, § 646, S. 537; Schwanert, Naturalobligationen, S. 309: Entstehung der *actio*, aber nicht der *obligatio* gehindert; Weber, Lehre von der natürlichen Verbindlichkeit, S. 365; Thibaut, System, § 246, S. 196f.; Sintenis, Civilrecht III, § 141, S. 139 (einschränkend allerdings), § 142, S. 162; siehe auch Windscheid, Lehrbuch II, § 519, S. 914, er tritt zwar grundsätzlich für die Klagbarkeit ein, aber mit der folgenden Ausnahme: "1. Rechtsgeschäfte und andere juristische Thatsachen, welche darauf gerichtet sind, das Kind aus dem Vermögen des Vaters schlechthin reicher zu machen, erzeugen gar keine juristische Wirkung.".

[260] Holzschuher, Theorie und Casuistik I, S. 666; Sintenis, Civilrecht III, § 142, S. 164 FN 8.

Die Germanisten gingen unter Berufung auf deutsche Rechtstraditionen von der grundsätzlichen Möglichkeit von klagbaren Ansprüchen zwischen Hausvater und Hauskind aus[261]. Insbesondere verwarfen sie den Grundsatz der Personeneinheit, der oft mit der Unmöglichkeit von Rechtsgeschäften gleichgesetzt wurde.[262] Sie begründeten ihre Auffassung mit den nach deutschem Recht möglichen Rechtsgeschäften (Erbteilung, Absonderung, Hofübergabe)[263]. Bei der Vornahme von Rechtsgeschäften zwischen dem Hausvater und einem noch minderjährigen Hauskind verlangten sie, daß das Kind durch einen *curator* vertreten wurde, da der Vater nicht *curator in rem suam* sein könne.[264]

Auch die Praxis ging zunächst von dem Grundsatz der Unmöglichkeit von klagbaren Verbindlichkeiten, verkörpert in der Fiktion der Personeneinheit, aus.[265] Aber im Laufe des Jahrhunderts begann die Front abzubrökeln, und gegen Ende war die Praxis fast vollständig unter dem Einfluß der Germanisten davon abgerückt[266]. Die Frage nach der Möglichkeit von *obligationes civiles* zwischen Hausvater und Hauskind war in der Praxis besonders in zwei Bereichen von Bedeutung: zum einen für die Frage nach der Gültigkeit von Schenkungen, insbesondere auch im bäuerlichen Bereich im Rahmen der Hofübergabeverträge[267]; zum anderen für die Frage, ob das Kind Lohn für dem Vater geleistete Dienste verlangen konnte[268]. Zu diesen Fällen ist zu anzumerken, daß selbst die Autoren, die auch noch in der zweiten Hälfte des Jahrhunderts von der Personeneinheit und der Unmöglichkeit

---

261 Kraut, Vormundschaft II, S. 634f. m. N.; Stobbe/Lehmann, Handbuch IV, § 318, S. 438, S. 439; Dollmann, SeuffBl. 14 (1849), 129 (132f.); Gerber, DPr, § 242, S. 539; Gengler, DPr, § 161, S. 591; Phillips, Grundsätze, § 152, S. 225, S. 229 (zur Personeneinheit); Beseler, System, § 135, S. 560; Bluntschli, DPr, § 221, S. 662; v. Roth, System, § 164 I.1., S. 336; Heimbach, Lehrbuch, § 111, S. 215. - OAG Darmstadt SeuffA 1, 353; OAG Jena SeuffA 2, 305; OAG Oldenburg SeuffA 14, 44; OAG Wiesbaden SeuffA 27, 255; OG Lübeck SeuffA 19, 160; OAG Rostock SeuffA 27, 38; Hessen SeuffA 28, 139,2.

262 Kraut, Vormundschaft II, S. 631, 634; Bluntschli, DPr, § 221, S. 662: "Da das deutsche Recht die Persönlichkeit des Kindes keineswegs in der des Vaters aufgehen läszt, [...]."; v. Roth, System, § 164 I. 1., S. 336.

263 Kraut, Vormundschaft II, S. 635.

264 Kraut, Vormundschaft II, S. 634; Rudorff, Vormundschaft I, S. 384; Gerber, DPr (13. Aufl.), § 242, S. 663 FN 4 a. E.; Beseler, System, § 135, S. 560; Stobbe/Lehmann, Handbuch IV, § 318, S. 439; Bluntschli, DPr, § 221, S. 662; v. Roth, System, § 164, S. 336f. (ohne Angabe des Grundes); Heimbach, Lehrbuch, § 111, S. 216 m. Anm. 10).

265 OAG Wiesbaden SeuffA 9, 304; OAG Celle SeuffA 13, 267 (Rechtsgeschäfte nicht nichtig, sondern nur nicht klagbar); AG Celle SeuffA 26, 138.

266 Witting, Archiv für praktische Rechtswissenschaft N. F. 11 (1877), 16 (36): "[...] ist jetzt in der Theorie und namentlich in der Praxis meistentheils verlassen."; Kraut, Vormundschaft II (1847), S. 635. - RGZ 16, 113 (114f.); OAG Darmstadt SeuffA 1, 353; OAG und OG Oldenburg SeuffA 14, 44; OAG Wiesbaden SeuffA 19, 255; OAG Lübeck SeuffA 19,160; OAG Berlin SeuffA 28, 139 II; AG Celle (2. Senat) SeuffA 32, 149; OLG Kiel SeuffA 42, 307; siehe auch noch die bei Windscheid, Lehrbuch II, § 484 FN 2, S. 815f. angegebenen Entscheidungen.

267 Witting, Archiv für praktische Rechtswissenschaft N. F. 11 (1877), 16 (37).

268 Witting, Archiv für praktische Rechtswissenschaft, N. F. 11 (1877), 16 (37); dazu siehe S. 424f.

von *obligationes civiles* zwischen Vater und Sohn ausgingen, diejenigen deutschrechtlichen Verträge, welche die Beendigung der väterlichen Gewalt, namentlich durch Begründung eines selbständigen Haushalts für den Sohn mit sich führen, so auch Hofübergabekontrakte, für gültig erachteten[269]. Allerdings wurden diese Verträge in Anknüpfung an die Tradition des *Usus modernus* nur auf Grund einer einstweiligen Emanzipation (*emancipatio ad unum actum*) als gültig zugelassen; eine solche wurde in dem Antrag des Vaters auf Bestellung eines *curator für das Hauskind* für den Abschluß eines derartigen Geschäftes gesehen.[270]
Zusammenfassend läßt sich feststellen, daß die herrschende Meinung der Juristen, abgesehen von führenden Pandektisten, in der zweiten Hälfte des neunzehnten Jahrhunderts immer mehr für die Klagbarkeit von Ansprüchen eintrat[271]. Interessant ist in diesem Zusammenhang, daß an keiner Stelle die Begründung auftaucht, Prozesse zwischen Eltern und Kindern seien zu vermeiden.

b) Die Fiktion der Personeneinheit[272]
Die Pandektisten verwandten viel Mühe darauf, die Unmöglichkeit von *obligationes civiles* und die Möglichkeit von *obligationes naturales* zwischen Hausvater und Hauskindern zu begründen. Insoweit wird weitgehend auf die Darstellung des römischen Rechts verwiesen.[273] Auf die Rolle der Fiktion der Personeneinheit im neunzehnten Jahrhundert soll hier nur kurz eingegangen werden.

---

[269] Sintenis, Civilrecht III, § 142, S. 162 FN 6; Holzschuher, Theorie und Casuistik I, S. 666. - OAG Kassel SeuffA 3, 269 Nr. 3; OAG Kassel SeuffA 7, 195; OAG Celle SeuffA 9, 44 (meierrechtliche Verhältnisse); OAG Celle SeuffA 15, 30; OG Wolfenbüttel SeuffA 28, 139 I.

[270] Witting, Archiv für praktische Rechtswissenschaft N. F. 11 (1877), 16 (37); Keller, Pandekten, § 420, S. 238 spricht von der *emancipatio minus plena* oder *particularis*; Strippelmann SeuffA 3, 333; OAG Celle SeuffA 13, 267.

[271] Keller, Pandekten, § 418, S. 233; Windscheid, Lehrbuch II, § 519, S. 914, allerdings mit Einschränkung für Erwerb des Kindes vom Vater; Witting, Archiv für praktische Rechtswissenschaft N. F. 11 (1877), 16 (36); Puchta, Pandekten, § 438; Lehmann, JherJB 25 (1887), 142 (203): minderjähriges Kind bekommt *curator*; ebenso für Rechtsstreitigkeiten Stobbe/Lehmann, Handbuch IV, § 318, S. 440; Möller, Rechtsgeschäfte, S. 74; Post, Das gemeine deutsche und hansestadtbremische Immobiliarrecht und Familienrecht, § 107, S. 217; Kraut, Vormundschaft II, S. 635: "Ferner lehrt die tägliche Erfahrung, daß er in Deutschland nicht angewandt wird, und daß die auch noch heut zu Tage vorkommenden deutschrechtlichen Verhältnisse in vielen Fällen eine Nichtanerkennung desselben selbst zum Bedürfnis machen."; ebenso Heimbach, "Väterliche Gewalt", in: Weiskes Rechtslexikon, S. 64f. - AG Celle SeuffA 26, 13.

[272] Dazu siehe v. d. Pfordten, Abhandlungen, S. 117ff.; Mandry, Familiengüterrecht I, S. 33f.; Keller, Pandekten, § 418, S. 233f.; Stölzel, Das Recht der väterlichen Gewalt, § 9; Zimmern, Rechtsgeschichte, S. 675; Kraut, Vormundschaft II, S. 631, S. 633ff (erörtert den Meinungsstreit des *Usus modernus*); Göschen, Vorlesungen III, §§ 726-733, S. 130ff. - Interessant bei der Diskussion um die Personeneinheit im 19. Jahrhundert war das Schwanken der Terminologie: einige Autoren sprachen von der *unitas personae*, andere wiederum von der *unitas personarum* (so Mühlenbruch, Lehrbuch III, § 563, S. 106; Maurenbrecher, Lehrbuch, § 571, S. 281). Letztere Bezeichnung geht davon aus, daß Vater und Sohn eigentlich zwei selbständige Persönlichkeiten darstellen.

[273] Siehe S. 14ff.

Als Grund für die Unmöglichkeit von klagbaren Verbindlichkeiten zwischen Vater und Kindern kam die Fiktion der Personeneinheit in Betracht. Die herrschende Meinung in der ersten Hälfte des neunzehnten Jahrhunderts erkannte den Grundsatz der Personeneinheit an. Viele sahen in ihr das Grundprinzip der väterlichen Gewalt[274]. Andere Autoren verwarfen sie zwar als allgemeine Regel und wollten nur einige Wirkungen der väterlichen Gewalt aus ihr ableiten, die aber nicht ausgedehnt werden dürften. Als solche Wirkungen wurden die Unmöglichkeit von klagbaren Verbindlichkeiten, die Vermögensunfähigkeit des Hauskindes und die besondere Stellung der *sui heredes* beim Anfall der Erbschaft[275] angesehen. Manche Autoren sahen in der Personeneinheit keine selbständige Regel, sondern nur den Ausdruck der Vermögensunfähigkeit des Hauskindes[276]. Konsequent gelangten diese Autoren dann wegen der nunmehr anerkannten Vermögensfähigkeit des Hauskindes zur Ablehnung der Personeneinheit[277]; manche Pandektisten hielten aber trotzdem noch an dem ausgehöhlten Grundsatz fest.
Es gab aber auch schon in der ersten Hälfte des Jahrhunderts Stimmen in der Lehre, die die Fiktion von der Personeneinheit gänzlich verwarfen.[278].

Grundlegend setzte sich LUDWIG VON DER PFORDTEN in der im Jahre 1840 erschienenen Abhandlung "Ueber Obligationen zwischen den durch väterliche Gewalt verbundenen Personen"[279] mit der Personeneinheit auseinander. Seiner Mei-

---

274 Mühlenbruch, Lehrbuch III, § 563, S. 105f., Grundsatz für das Vermögensrecht: "Dies Prinzip ist daraus abzuleiten, daß die der Familiengewalt unterworfenen Personen ursprünglich gar kein Vermögen haben konnten, sondern das Vermögensrecht der häuslichen Gesellschaft sich in dem Familienvater, gleichsam dem Mittelpunkte des Ganzen, vereinigte."; Göschen, Vorlesungen III, § 724, S. 127: "Die väterliche Gewalt begründet eine juristische Einheit der Personen. Diese bezieht sich zunächst auf das Verhältniß zwischen Vater und Kind."; Seuffert, Pandekten, § 483, S. 67f., einschränkend S. 69: "Zu doctrinellen Folgerungen ist die Idee der unitas personarum nicht geeignet."; Schweppe, Röm. Privatrecht, § 646, S. 537f.: "[...] daß sie aber in Teutschland ganz wegfalle, läßt sich wohl nicht behaupten."; Thibaut, System, § 246, S. 196: "als Eine juristische Person"; siehe auch bei v. Roth, System, § 164 I 1, S. 336.

275 Mühlenbruch, Lehrbuch III, § 563, S. 107; dazu Zimmern, Rechtsgeschichte, S. 677: Beerbung des *pater ipso iure* ist daraus zu erklären, daß er von der Natur aus ohnehin der nächste ist; Thibaut, System, § 246, S. 197: "[...] C) daß der Sohn nicht wider den Vater klagen kann, sofern ihm nicht die Gesetze wegen außerordentlicher Umstände eine Klage gestatten."; so auch Sintenis, Civilrecht III, § 141, S. 138f., auch FN 3.

276 Manche setzen auch die Unmöglichkeit von klagbaren Verbindlichkeiten mit der Personeneinheit gleich: Witting, Archiv für praktische Rechtswissenschaft N. F. 11 (1877), 16 (36); Schwanert, Naturalobligationen, S. 311: "[...] so fragt es sich, in welchem Sinn Vater und Sohn so sehr Eins sind, daß nicht Jener gegen Diesen klagen kann. Es kann diese Einheit nur in dem Satz liegen, daß der filius Alles ,was er erwirbt, dem Vater unmittelbar und ipso iure erwirbt, daß Alles was der Sohn hat, ebenso zum Vermögen des Vaters gehört, daß ferner der Vater als solcher über den Sohn die volle persönliche Gewalt hat."; siehe auch Puchta, Pandekten, § 432, S. 588; Heimbach, "Väterliche Gewalt", in: Weiskes Rechtslexikon, der sie in dieser Hinsicht für das neueste römische Recht akzeptiert, S. 3 FN 25.

277 Stobbe/Lehmann, Handbuch IV, § 318, S. 438.

278 Zimmern, Rechtsgeschichte, S. 676f.

279 In: ders., Abhandlungen aus dem Pandektenrecht, S. 113ff.

nung nach war "das ganze Dogma von der Personeneinheit dem römischen Recht völlig fremd, und eine bloße Erfindung unserer Juristen."[280] Seiner Meinung nach ließ sich diese Regel nicht den römischen Quellen entnehmen[281]; insoweit wird auf die Ausführungen zum römischen Recht verwiesen.[282]

Im Anschluß an die Ausführungen V. D. PFORDTENS wurde die Fiktion der Personeneinheit von Vater und Sohn nun in der zweiten Hälfte des neunzehnten Jahrhunderts weitestgehend abgelehnt.[283] Von denjenigen, die sie weiterhin annahmen, wurde sie nicht als selbständige, sondern nur als unselbständige Regel zur Erklärung der Vermögensunfähigkeit des Hauskindes angeführt[284].

In der Praxis hat die Fiktion der Personeneinheit im Zusammenhang mit der Gültigkeit von Verträgen zwischen Vater und Haussohn eine große Rolle gespielt. Vor allem aus der zweiten Hälfte des neunzehnten Jahrhunderts gibt es zahlreiche gerichtliche Entscheidungen, die sich mit ihr befassen.[285] Nach zeitweiligem Widerstreben und Schwanken ist die Personeneinheit dann in der Praxis verneint worden[286].

c) Die Ausnahmen von dem Grundsatz der Unklagbarkeit von Verbindlichkeiten

So wie die Pandektisten sich grundsätzlich für die Unmöglichkeit von klagbaren Verbindlichkeiten zwischen Hausvater und Hauskind aussprachen und damit den Standpunkt des römischen Rechtes akzeptierten, ließen sie auch die im römischen Recht gemachten Ausnahmen zu.

---

[280] Abhandlungen, S. 118, im Anschluß an Zimmern, Rechtsgeschichte (1826), § 184, S. 676: "blos von den Neueren in privatrechtlicher Hinsicht fingirten unitas".

[281] Abhandlungen, S. 118ff.; siehe auch Zimmern, Rechtsgeschichte, S. 677f.

[282] Siehe S. 16ff.

[283] Puchta, Pandekten, § 432, S. 588f.; ders., Vorlesungen, § 432, S. 272; Maurenbrecher, Lehrbuch, § 571, S. 281; Mandry, Familiengüterrecht I, S. 153, S. 369; Witting, Archiv für praktische Rechtswissenschaft N. F. 11 (1877), 16 (36); Dietzel, Jahrbuch des gemeinen deutschen Rechts 3 (1859), 58 (60): "Die Theorie der Personeneinheit ist für uns nur noch eine 'Erfindung der Juristen'."; Lehmann, JherJB 25 (1887), 142 (200ff.); Stobbe/Lehmann, Handbuch IV, § 318, S. 439; Beseler, System, § 135, S. 560: "Das besondere Rechtsverhältniß zwischen dem Vater und den in seiner Gewalt befindlichen Kindern [...], welches man als unitas personarum zu bezeichnen pflegt, findet nach heutigem Rechte nicht statt."; Gengler, DPr, § 161, S. 591; Heimbach, "Väterliche Gewalt", in: Weiskes Rechtslexikon, S. 64f. lehnt die Rezeption des Grundsatzes der Personeneinheit ab; Bekker, Jahrbuch des gemeinen deutschen Rechts 4 (1860), S. 406.

[284] Sintenis, Civilrecht III, § 141 FN 3 mit § 142, S. 163 FN 8; Holzschuher, Theorie und Casuistik I, S. 666; Keller, Pandekten, § 418, S. 233.

[285] OAG Kassel SeuffA 3, 269 Nr.3; OAG Kassel SeuffA 7, 195; OAG Celle SeuffA 9, 44; Hof- und Appellationsgericht und OAG Wiesbaden SeuffA 9, 304; OAG Celle SeuffA 15, 30. - Siehe auch Stölzel, Das Recht der väterlichen Gewalt, § 9, S. 162.

[286] Witting, Archiv für praktische Rechtswissenschaft N. F. 11 (1877), 16 (36) m. N.: OAG Darmstadt SeuffA 1, 353; OAG Celle SeuffA 7, 196; OAG Oldenburg SeuffA 14, 44 und 17, 255; OAG Wiesbaden SeuffA 19, 160; Celle SeuffA 32, 149; a. A. AG Celle SeuffA 26,13.

Ausnahmen wurden für den Unterhaltsanspruch und die Dotierung der Tochter gemacht.[287] Für V. D. PFORDTEN beruhte die Anerkennung dieser Ansprüche nicht auf einer Ausnahme, da die Fälle der *extraordinaria cognitio* sich nicht auf *obligationes* gründeten.
Bezüglich der Ausnahme für die einzelnen Pekulien wird auf die Darstellung des römischen Rechts verwiesen.

d) Naturalobligationen[288]
Bezüglich der Frage, ob die Vertreter der These von der Unklagbarkeit der Ansprüche zwischen Hausvater und Hauskind wenigstens Naturalobligationen zwischen beiden zuließen, sei auf die Darstellung des römischen Rechtes hingewiesen.[289]
Die praktische Bedeutung dieser Frage war im neunzehnten Jahrhundert zum einen wegen der nicht allgemeinen Anerkennung des Grundsatzes der Unmöglichkeit klagbarer Verbindlichkeiten und wegen der vom Grundsatz gemachten Ausnahmen als nicht so hoch einzustufen.

e) Rechtsgeschäfte und gesetzliche Schuldverhältnisse[290]
Im folgenden sollen einige der in der Praxis im neunzehnten Jahrhundert wichtigen Rechtsgeschäfte zwischen Hausvater und Hauskind angesprochen werden.

aa) Die Schenkung[291]
Der Frage nach der Möglichkeit von Schenkungen kam in der Praxis eine große Bedeutung zu, weil diese sehr häufig zwischen Vater und Kindern, insbesondere im bäuerlichen Lebensbereich, vorkamen oder beabsichtigt waren. Während nach den Germanisten Schenkungen des Vaters an den Sohn wirksam waren,[292] hielten die Pandektisten am römischen Recht und damit an der grundsätzlichen Nichtigkeit der Schenkungen fest.[293] Sie erkannten aber auch den römischen Grundsatz

---

[287] Heimbach, "Peculien", in: Weiskes Rechtslexikon, S. 860; Sintenis, Civilrecht III, § 141, S. 139f. (Unterhalt), S. 140 (Dotierung). - Zum "deutschrechtlichen" Problem der Verpflichtung des Vaters zur Abschichtung siehe Bluntschli, DPr, § 223, S. 665ff.; Beseler, System, § 144, S. 607ff.

[288] Dazu Schwanert, Naturalobligationen, S. 244ff; v. d. Pfordten, Abhandlungen, S. 153ff.; Bekker, Jahrbuch des gemeinen deutschen Rechts 4 (1860), S. 386ff.

[289] Siehe S. 24ff.

[290] Zu Rechtsgeschäften Möller, Rechtsgeschäfte, S. 72ff.

[291] V. d. Pfordten, Abhandlungen, S. 187ff.

[292] Heimbach, "Väterliche Gewalt", in: Weiskes Rechtslexikon, S. 66; aber auch Seuffert, Pandekten, § 483, S. 68; v. Roth, System, § 164, S. 337; Kraut, Vormundschaft II, S. 631f.; Witting, Archiv für praktische Rechtswissenschaft N. F. 11 (1877), 16 (37f.). - OAG Oldenburg SeuffA 14, 44; OAG Rostock SeuffA 27, 38; OLG Kiel SeuffA 42, 307.

[293] Witting, Archiv für praktische Rechtswissenschaft N. F. 11 (1877), 16 (38); Sintenis, Civilrecht III, § 141, S. 157; Mühlenbruch, Lehrbuch III, § 563, S. 106: "Aus diesem Grund [scil. kein obligatorisches Verhältnis] gelten denn auch Schenkungen an sich nicht."; Schweppe, Röm. Privatrecht, § 648, S. 538f.; Puchta, Pandekten, § 438, S. 596; Keller, Pandekten, § 418, S. 233; a. A. v. Roth, System, § 164, S. 337.

an, daß die unwirksamen Schenkungen des Vaters an das Hauskind durch den Tod des Vaters geheilt würden[294]. Im übrigen war für die Schenkungen des Hausvaters an das Kind zur Gründung eines eigenen Haushaltes auch unter den Pandektisten ihre Gültigkeit anerkannt[295].
Die Praxis neigte zur Annahme einer sofortigen Wirksamkeit einer Schenkung,[296] wohl auch weil sie den Fall des Konkurses des Vaters vor Augen hatte; in diesem Fall wäre dem Kind mit einer Heilung der Schenkung durch den Tod des Vaters nicht gedient gewesen.

bb) Ansprüche der Kinder aus Mitarbeit im elterlichen Haushalt oder Gewerbe[297]
Eine große Rolle spielte in der Praxis die Frage, ob das erwachsene Kind vom Vater für die Mitarbeit im väterlichen Haus, Hof oder Gewerbebetrieb eine Vergütung verlangen oder ob es zumindest Ersatz vom Vater oder bei der Erbauseinandersetzung von den (Mit-) Erben verlangen konnte.[298] Anläßlich von Konkursen der Väter oder bei Erbteilungen traten Streitigkeiten über diese Fragen häufig auf.[299] Wie aus den Entscheidungen der Gerichte hervorgeht, hatte nur in den wenigsten Fällen ein Kind gegen seinen Vater auf Zahlung eines Arbeitslohnes geklagt,[300] und in diesen wenigen Fällen war die väterliche Gewalt bereits aufgehoben.
Einigkeit bestand unter den Rechtsgelehrten darüber, daß eine Mitarbeit eines minderjährigen Kindes zu Zweken seiner Erziehung keinen Anspruch auf Lohn auslösen sollte. Auch der Erwerb aus einer solchen Tätigkeit des Kindes sollte an den Vater fallen.
Für die Mitarbeit im Haushalt und Gewerbe der Eltern, die nicht Erziehungszwekken diente, galt folgendes:

- OAG Jena SeuffA 2, 305.

294 Zu den Konvaleszenzmöglichkeiten siehe Mandry, Familiengüterrecht I, S. 275ff.; Witting, Archiv für praktische Rechtswissenschaft N. F. 11 (1877), 16 (38): "Daß Schenkungen, welche der Vater bei der Emancipation nicht zurückgenommen oder bis zu seinem Tode nicht widerrufen resp. letztwillig bestätigt hat, mindestens rückwärts gültig werden, ist allgemein anerkannt."; Windscheid, Lehrbuch II, § 516, S. 906; Sintenis, Civilrecht III, § 141, S. 158; Thibaut, System, § 246, S. 197. - OAG Jena SeuffA 2, 305.

295 Windscheid, Lehrbuch II, § 484, S. 816 FN 2, § 516, S. 906.

296 Sintenis, Civilrecht III, § 141, S. 156 m. FN 67.

297 Wird bei v. d. Pfordten, Abhandlungen, wahrscheinlich wegen fehlender Quellen nicht behandelt.

298 Siehe Witting, Archiv für praktische Rechtswissenschaft N. F. 11 (1877), 16 (38f.); Knothe, ZRG (RA) 98 (1981), 255 (282ff); Kraut, Vormundschaft II, S. 638ff.; Pufendorf, Observatio 1 m. w. N.; Holzschuher, Theorie und Casuistik III, § 303 3.), S. 917ff.; Sintenis, Civilrecht III, § 141, S. 142 m. FN 16.

299 Planck, Begründung zum Entwurf eines BGB, S. 1269. - OAG Celle SeuffA 1, 354.

300 Zwei Fälle bei OAG Celle SeuffA 9, 44. Aus den Entscheidungen geht aber nicht hervor, ob der klagende Sohn zur Zeit des Rechtsstreites noch unter väterlicher Gewalt stand oder nicht.

Einige Rechtslehrer und ein Teil der Praxis versagten den Kindern grundsätzlich einen Anspruch auf Vergütung für die von ihnen geleisteten Dienste[301]. Sie begründeten dies damit, daß wegen der Personeneinheit zwischen Vater und Kindern keine klagbaren Verbindlichkeiten zwischen beiden entstehen könnten.
Bei den anderen Juristen herrschte im weiteren zumindest Einvernehmen darüber, daß das Kind für sogenannte "übliche" häusliche Dienste keinen Lohn beanspruchen konnte, solange es im Haus der Eltern von diesen unterhalten wurde.[302] Wenn ein Kind aber anstelle eines Arbeitnehmers dauernd für den Vater Dienste erbrachte, dem Vater also eine fremde Arbeitskraft einsparte und dieser insoweit bereichert war, stellte sich die Frage, ob für die Arbeitsleistungen Lohn gefordert werden konnte, insofern ihr Wert den Unterhalt überstieg. Der überwiegende Teil der Rechtsprechung gewährte einen Anspruch auf Entgelt, wenn ein solcher vertraglich vereinbart worden war[303]; dabei forderten einige Gerichte einen ausdrücklich geschlossenen Vertrag[304], andere ließen auch einen stillschweigend geschlossenen ausreichen,[305] der aber nicht vermutet wurde.[306]
Einige Autoren sprachen dem Kind auch ohne vertragliche Abmachung eine - gegebenenfalls vom Richter zu bestimmende - Vergütung unter den oben dargestellten Vorausetzungen zu; sie stellten also allein auf die Bereicherung des Vaters ab[307]. Somit stand also die *actio de in rem verso* zur Verfügung[308], andere stützten den Anspruch auf eine *negotiorum gestio*[309].

f) Anmerkungen zur Lehre von der Unmöglichkeit klagbarer Verbindlichkeiten
Zusammenfassend ist zur Lehre von der Unmöglichkeit klagbarer Verbindlichkeiten zwischen den durch die väterliche Gewalt verbundenen Personen anzumerken, daß die bis in die zweite Hälfte des neunzehnten Jahrhunderts vertretene Leh-

---

301 Vangerow, Pandekten, § 236, Anm. 1; Sintenis, Civilrecht III, § 141, S. 142f. FN 16, § 142, S. 162ff. nimmt eine nur natürliche Verbindlichkeit an; Maurenbrecher, Lehrbuch, § 575, S. 287 gewährt den Kindern einen Anspruch auf Besoldung für nach der Aufhebung der väterlichen Gewalt geleistete Dienste; Pufendorf, Observatio 111, S. 7. - OAG Celle SeuffA 1, 354; OAG Celle SeuffA 9, 44; OAG Jena SeuffA 8, 59; a. A. OAG Celle (1. Senat) SeuffA 7, 196 bei Lohnversprechen.

302 Mühlenbruch, Lehrbuch III, § 548, S. 83; Holzschuher, Theorie und Casuistik III, § 303 3.), S. 918: "Kinder können für solche Dienste und Handreichungen, welche sie ihren Eltern ex pietate filiali oder zum Beistand und Unterhalt der Eltern leisten (operae obsequiales), keinen Lohn fordern.".

303 Stobbe/Lehmann, Handbuch IV, § 314, S. 396; Kraut, Vormundschaft II, § 109, S. 639: Dienstvertrag grundsätzlich möglich, dann auch Klage gegen den Vater. - A. A. OAG Celle SeuffA 1, 354.

304 OAG Celle SeuffA 7, 196; OAG Celle SeuffA 15, 135; wohl auch OAG Jena SeuffA 8, 59.

305 OAG Lübeck SeuffA 9, 174; OAG Rostock SeuffA 17, 256. - Kraut, Vormundschaft II, S. 63; Holzschuher, Theorie und Casuistik III, S. 918.

306 OAG Rostock SeuffA 19, 256.

307 Holzschuher, Theorie und Casuistik III, S. 661, S. 918f.; Sintenis, Civilrecht III, § 141, S. 141; Kraut bei Witting, Archiv für praktische Rechtswissenschaft N. F. 11 (1877), 16 (39). - Dagegen Stobbe/-Lehmann, Handbuch IV, § 314, S. 396; ebenso ablehnend OAG Celle SeuffA 1, 354; RGZ 4, 122f.

308 Kraut, Vormundschaft II, S. 639 will eine *actio de in rem verso utilis* gewähren; diese soll aber nur gegen die übrigen Miterben geltend gemacht werden können.

309 Windscheid, Lehrbuch II, § 516, S. 905 FN 12 (unter Aufrechnung der Alimentation).

re der Pandektisten widersprüchlich, fast bis zur Unverständlichkeit kompliziert und damit sehr praxisunfreundlich war. Die für das *peculium castrense* und *quasi castrense* gemachten Ausnahmen dürften zudem in der Praxis keine große Rolle gespielt haben, da die Kinder durch Begründung eines eigenen Hausstandes aus der väterlichen Gewalt ausgeschieden waren, wenn sie als Soldaten oder "Hofbeamte" etwas erwarben.

Die Frage nach der Rechtsbeständigkeit z.B. von Verträgen zwischen Hausvater und Hauskind war nicht nur zwischen den direkten Beteiligten, sondern auch für Dritte, die z.B. vom Hauskind oder dessen Erben erwarben, von Bedeutung.

Entsprechend der Auffassung der romantischen und idealistischen Philosophie vom rechtsfreien Innenraum der Familie kann man somit eine Tendenz auch der Rechtswissenschaft feststellen, das Verhältnis zwischen Vater und Kindern so wenig wie nötig zu regeln. Die Tendenz zur Vermeidung von Rechtsstreitigkeiten betraf aber nicht nur den innerfamiliären Bereich betreffende Fragen, wie die Erziehung, sondern auch das Gebiet des Vermögensrechts. Bei der Verwaltung des Kindesvermögens der Adventitzien konnte festgestellt werden, daß während bestehender Gewalt dem Kind fast keine Mittel zur Verfügung standen, mit dem seine Sicherung erreicht werden konnte. Ansprüche wegen schlechter Verwaltung konnten erst nach Beendigung der väterlichen Gewalt eingreifen. Ihre Geltendmachung war zudem noch dadurch erschwert, daß der Vater nicht zur Inventarisierung und Rechnungslegung verpflichtet war. Insoweit konnten sich die Pandektisten auch wieder auf das *Corpus iuris civilis* stützen. Bei ihnen kam noch hinzu, daß sie generell klagbare Verbindlichkeiten, also z.B. aus solche aus Rechtsgeschäften, zwischen Hausvater und gewaltunterworfenen Kindern ablehnten. Das römische Recht kam ihnen dabei sehr entgegen, hatte es doch auch nur wenige klagbare Ansprüche des Kindes gegen den Vater gewährt. Zudem meinten die Pandektisten ihre Auffassung auf die vom römischen Recht anerkannte Personeneinheit stützen zu können. Wie die Darstellung zum römischen Recht aber gezeigt hat, waren Klagen der Kinder gegen ihre Eltern hauptsächlich wegen deren Vermögensunfähigkeit nicht möglich. Ansprüche und damit Klagen wurden den Kindern auch wegen der dem Vater geschuldeten *reverentia* versagt[310]; mit ihr sei die gerichtliche Belangung des Vaters nicht zu vereinbaren.

5. Prozesse zwischen Vater und Kindern

Während die Germanisten keine grundsätzlichen Einwände gegen die Möglichkeit von Rechtsstreitigkeiten zwischen Vater und Kindern hatten[311], ist bei den Pandektisten ein anderes Meinungsbild festzustellen. Die Möglichkeit von Rechts-

[310] Schwanert, Naturalobligationen, S. 305 FN 19: "[...] vielmehr ist die Unmöglichkeit der actio propter patriam potestatem und propter reverentiam wohl zu unterscheiden.".

[311] Gengler, DPr, § 161, S. 591.

streitigkeiten zwischen Vater und Kindern im Rahmen der „außerordentlichen“ Gerichtsbarkeit war auch bei den Pandektisten anerkannt.[312]

Prozesse zwischen dem Vater und den seiner Gewalt unterworfenen Kindern waren in der Theorie nur in wenigen Fällen möglich. Neben Statusklagen kamen hauptsächlich Unterhaltsklagen in Betracht.[313] Diese beiden dürften in der Praxis auch die Hauptrolle gespielt haben. Was Streitigkeiten in bezug auf die Erziehung der Kinder betrifft, so kamen diese "im praktischen Rechtsleben" - abgesehen von den Streitigkeiten zwischen geschiedenen Ehegatten - nicht häufig vor.[314] Sie erscheinen als Streitigkeiten über die Herausgabe des Kindes, eingeleitet durch eine der römischen *vindicatio* oder den römischen Interdikten *de ducendis* bzw. *de exhibendis liberis* nachgebildete Klage,[315] ferner als Streitigkeiten über die Bestimmung des Berufs und der Konfession des Kindes, oder auch als Verhandlungen der freiwilligen Gerichtsbarkeit (vor der Obervormundschafts-Behörde), z.B. zwecks Zurückführung von Kindern, die sich eigenmächtig entfernt haben.[316] Nur in letzterem Fall dürften sich Vater und gewaltunterworfenes Kind vor Gericht gegenübergestanden haben. Eine Ausnahme stellt weiterhin der vom Reichsgericht entschiedene Fall dar, auf den bereits weiter oben eingegangen wurde.[317] Rechtsstreitigkeiten in bezug auf die Vermögensverwaltung waren während bestehender Gewalt zwischen Vater und Kind nicht möglich. Klagen auf Herausgabe des vom Vater verwalteten Vermögens kamen in der Praxis häufiger vor.[318] Sie hatten aber nur dann Erfolg, wenn sich das volljährige Kind nicht mehr in der väterlichen Gewalt befand; es reichte nicht aus, wenn es erst einen eigenen Haushalt mit dem begehrten Vermögen begründen wollte.[319] So konnten, wenn die Entlas-

---

312 Für den Unterhalt: Göschen, Vorlesungen III, § 726, S. 130: "Obschon nun aber keine eigentliche Klage, keine gerichtliche Verhandlung im gewöhnlichen Wege des Processes Statt findet, so kann doch gelegentlich auf außerordentlichem Wege richterliche Hülfe nachgesucht werden.".

313 Mühlenbruch, Lehrbuch III, § 563, S. 106: "[...] auch kann ein gerichtliches Verfahren zwischen diesem und den seiner Gewalt unterworfenen Kindern Statt finden, sobald von gegenseitiger Geltendmachung der aus der väterlichen Gewalt entspringenden, überhaupt der Familien-Rechte oder von Ansprüchen auf Einschränkung oder Aufhebung der ersteren die Rede ist."; Beseler, System, § 143 (Kinder in der Were), S. 601: "Die haben zwar einen Anspruch auf Unterhalt und Erziehung, der äußersten Falls durch das Einschreiten der Obrigkeit gewahrt werden kann.".

314 Stölzel, Das Recht der väterlichen Gewalt, § 6, S. 153: "Ueberhaupt, da Fragen der Erziehung mehr dem Gebiete der Ethik als des Rechtes angehören, tritt die Bedeutung der Erziehungsgewalt - abgesehen von den nach besonderen Rechtsgrundsätzen zu beurtheilenden Streitigkeiten zwischen geschiedenen Eheleuten - im praktischen Rechtsleben ziemlich zurück.".

315 Beispiel: RG SeuffA 48, 39 (Einwände des Beklagten, des mütterlichen Großvaters des Kindes, in bezug auf die Erziehung werden aber nicht zugelassen.).

316 Stölzel, Das Recht der väterlichen Gewalt, § 6, S. 153 m. N.

317 Siehe S. 401.

318 OAG Kassel SeuffA 3, 339; OAG Celle SeuffA 12, 44. - Siehe auch den Fall des OG Wolfenbüttel SeuffA 32, 150: Verheiratete Tochter klagt gegen den Vater auf Herausgabe der Gagen, die er für ihre Auftritte als Tänzerin während ihrer Minderjährigkeit erhalten hatte.

319 OAG Kassel SeuffA 3, 339, siehe aber auch die Anm.2: "Eine Klage auf vorläufige Anerkennung

sung aus der väterlichen Gewalt vor Gericht verneint wurde, auch Prozesse zwischen dem Vater und dem seiner Gewalt unterworfenen Kind vorkommen.[320] Bei vielen Entscheidungen kann nicht eindeutig festgestellt werden, ob sich das Kind noch in väterlicher Gewalt befand oder nicht.[321] Fragen, die das Vermögensrecht der Kinder betrafen, konnten auch in anderen Konstellationen vor Gericht zur Entscheidung kommen, so als Klage des Vaters für seine Kinder als Erben der Mutter gegen deren Vater[322] oder unter Brüdern.[323]

3. Kapitel Das Sächsische Bürgerliche Gesetzbuch von 1863/1865[324]

Das "Bürgerliche Gesetzbuch für das Königreich Sachsen", das am 2. Januar 1863 verkündet und am 1. März 1865 in Kraft getreten ist, war die letzte große Kodifikation des Bürgerlichen Rechts in Deutschland im 19. Jahrhundert vor dem Inkrafttreten des BGB[325]. Es wird als der erste legislative Ausdruck der das 19. Jahrhundert beherrschenden Gemeinrechtswissenschaft angesehen[326] und gilt als "Vorläufer und Generalprobe" des BGB[327]. Auch im Bereich des Familienrechts hat es das BGB nicht unwesentlich beeinflußt[328], so daß es hier als einzige Partikulargesetzgebung des 19. Jahrhunderts Berücksichtigung findet.
Das Sächsische BGB folgte dem sogenannten Pandektensystem[329]; das Familien- und Vormundschaftsrecht wurden im vierten Theil geregelt. Dort handelte die "zweite Abtheilung" von dem "Verhältnisse zwischen Eltern und Kindern"[330]. Es

---

des dem Sohne für den Fall der Hausstandsgründung resp. Verheirathung zukommenden Rechts hatte [...] wohl nicht zurückgewiesen werden können."; OAG Darmstadt SeuffA 19, 257: der 37-jährige Sohn klagte gegen seinen Vater auf Herausgabe des mütterlichen Vermögens.

320 Siehe die in der vorigen Fußnote angegebenen Entscheidungen.

321 OAG Jena SeuffA 19, 238 (Tochter gegen den Vater); ebenso OAG Celle SeuffA 12, 43, 44, 45; es geht um ein Rechtsgeschäft, zur Zeit des Prozesses befand sich der Sohn nicht mehr in der väterlichen Gewalt AG Celle SeuffA 26, 138.

322 OAG Kassel SeuffA 20, 141. - Gegen die Schwiegereltern: Hof- und Appellationsgericht und OAG Wiesbaden SeuffA 9, 304.

323 OAG Celle SeuffA 9, 44.

324 Zur Entstehungsgeschichte Buschmann, "Sächsisches Bürgerliches Gesetzbuch", HRG 4, Sp. 1242ff.; ders., JuS 1980, 554ff. - Zu den Vorbildern des Entwurfs von 1860 siehe Motive E 60, S. 471ff.; der Entwurf von 1852 (auch „E-Held" nach dem Verfasser benannt) hatte sich das ABGB zum Vorbild genommen und war deswegen auf Ablehnung gestoßen: Buschmann, "Sächsisches Bürgerliches Gesetzbuch", HRG 4, Sp. 1243.

325 GVBl. für das Königreich Sachsen 1863, 1. - Dazu Buschmann, "Sächsisches Bürgerliches Gesetzbuch", HRG 4, Sp. 1242; ders., JuS 1980, 553; Dölemeyer, Handbuch III/2, S.1540ff.; Wieacker, PrGN, S. 464.

326 Buschmann, JuS 1980, S. 553 m. N.; Dölemeyer, Jus commune VII, S. 213f.

327 Wieacker, PrGN, S. 464.

328 Siehe Buschmann, "Sächsisches Bürgerliches Gesetzbuch", HRG 4, Sp. 1247.

329 Buschmann, JuS 1980, S. 555; ders., "Sächsisches Bürgerliches Gesetzbuch", HRG 4, Sp. 12.

330 Anders im Entwurf von 1852: Die "zweite Abtheilung" hatte den Titel "Von dem Elternrechte", das

unterschied zwischen den "Rechte[n] und Pflichten beider Eltern", geregelt im Dritten Abschnitt, und der "väterlichen Gewalt" im Vierten Abschnitt. Die Vorschriften des Entwurfs von 1860 sind, was die Regelung des Eltern-Kind-Verhältnisses betrifft, mit einigen kleinen Änderungen der Formulierung in das BGB von 1863/1865 übernommen worden. Der Entwurf von 1852 hatte dagegen den Begriff der väterlichen Gewalt nicht verwendet, sondern in Anknüpfung an das ABGB den der elterlichen Gewalt.[331]

Die Regelung der elterlichen und väterlichen Gewalt im Sächsischen BGB wurde von PLANCK als "der vollendete Abschluß der elterlichen Gewalt auf der gemeinrechtlichen Grundlage" gelobt.[332] Sie baute auf dem Gedanken der väterlichen Vormundschaft auf, der insbesondere bei der Gestaltung des Vermögensrechtes zum Tragen kam.[333]

Im Verhältnis zum Entwurf von 1852 stellte das Sächsische Bürgerliche Gesetzbuch im Bereich des Eltern-Kind-Verhältnisses eine restaurative Regelung dar. Nicht übernommen war die automatische Beendigung der elterlichen/väterlichen Gewalt durch Erreichen des Volljährigkeitsalters durch das Kind, ebenso nicht die weitgehende Sicherstellung der Kinder im Vermögensrecht, die fast schon eine nur vormundschaftliche Stellung des Vaters begründete[334].

---

zweite Kapitel lautete : "Von der elterlichen Gewalt", das dritte Kapitel: "Von der wechselseitigen Versorgungspflicht zwischen Eltern und Kindern". Das BGB lehnte sich an den Entwurf von 1860 an.

[331] Motive E 60, S. 464: "Zweitens hatte der ursprüngliche Entwurf in der sogenannten elterlichen Gewalt ein neues Institut eingeführt, welches eine nicht nöthig erscheinende Umgestaltung des Familienrechtes zur Folge haben mußte. Die hierauf bezüglichen Vorschriften hat der gegenwärtige Entwurf sämmtlich in Wegfall gebracht." - Siehe dazu auch Specielle Motive, S. 869: Man hat Bedenken getragen, "ein ganz neues Recht der sogenannten "elterlichen Gewalt" zu schaffen. So wenig bisher das Bedürfniß einer Aenderung unseres Familienrechts sich fühlbar gemacht hat, so tief eingreifend würde eine Aenderung sein, durch welche das dem Vater ausschließlich zustehende Recht, seine Kinder, so lange sie minderjährig sind, in persönlicher und vermögensrechtlicher Beziehung zu vertreten, auch der Mutter gegeben würde. Eine solche Aenderung würde nicht allein die natürlichen Grundlagen unseres Familienrechts erschüttern, sondern auch auf eine Menge scheinbar fern liegender Rechtstheile Einfluß haben.". - E 52 Specielle Motive: "Indem der Entwurf die väterliche Gewalt in eine elterliche Gewalt umwandelt, beabsichtigt er, was die Bedeutung dieser Aenderung im Allgemeinen anlangt, nach dem Vorgange anderer neuerer Gesetzgebungen [A. d. V.: damit ist in erster Linie das ABGB gemeint!] hierdurch eine den einheimischen Rechtsansichten entsprechende Gleichstellung beider Eltern in Ansehung ihrer Rechte und Pflichten gegen die Kinder, jedoch in der Art herbeizuführen, daß die elterliche Gewalt, wo ein gemeinschaftliches Handeln beider Eltern nicht wohl thunlich ist, dem Vater vorzugsweise eingeräumt, ihm auch als dem Familienoberhaupte bei Verschiedenheit der Meinungen die entscheidende Stimme beigelegt, das ganze Institut aber in der Regel auf die Minderjährigkeit der Kinder beschränkt wird."; E 52 § 1525: "Während der Ehe übt der Vater, als Haupt der Familie, die elterliche Gewalt nach den in diesem Capitel enthaltenen Bestimmungen aus." De facto sah der Entwurf doch eine väterliche Gewalt vor.

[332] Entwurf eines BGB für das Deutsche Reich: Familienrecht Begründung 2. Abschnitt II Titel 1 - 6, S. 1360.

[333] Siebenhaar, Lehrbuch, § 143, S. 240.

[334] Der Vater als Ausübender der elterlichen Gewalt während der Ehe, § 1525 Abs. 1, hat das Recht der Verwaltung und Nutznießung des Kindesvermögens. § 1515 Abs. 1: "Die Vormundschaftsgerichte haben dafür zu sorgen, daß das Vermögen der Kinder und, soweit es nach der Natur der Sachen nöthig

Von den Rechten und Pflichten beider Eltern sind die Unterhalts-[335] und Erziehungspflicht (§ 1802)[336], die Pflicht der Kinder zum Gehorsam gegenüber den Eltern (§ 1805)[337] und die Pflicht der Kinder zur Mitarbeit, solange sie in häuslicher Gemeinschaft mit den Eltern leben (§ 1806)[338], hervorzuheben. Bei der Erziehung kam dem Vater allerdings nach § 1802 das entscheidende Wort zu.

---

erscheint, die Verwaltung desselben, nach Befinden unter Zuziehung eines besonders dazu bestellten Vormundes festgestellt werde."; § 1516 Abs.1: "Besitzt dieser Elterntheil oder erlangt er später unbewegliche Sachen, so ist das Kind kraft des Gesetzes zur Erwerbung einer Hypothek daran Behufs seiner Sicherheit berechtigt.", Abs.2: "Im uebrigen leiden der Sicherheit halber die bei dem Nießbrauche (§§ 550, 551 und 560) überhaupt getroffenen Bestimmungen auch hier Anwendung."; § 1517: "Kann die erforderliche Sicherheit (§ 551) nicht geleistet werden, so ist das Vormundschaftsgericht ermächtigt, den Kindern wegen der Vermögensverwaltung einen Vormund zu bestellen, welcher jedoch dem nutzungsberechtigten Elterntheile die Nutzungen zu verabfolgen hat."; § 1518: "Gehören unbewegliche Sachen zu dem eigenthümlichen Vermögen der Kinder und soll zu deren Veräußerung verschritten werden, so kommen die Bestimmungen des § 1625 zur Anwendung, und gelten rücksichtlich der Erwerbung unbeweglicher Sachen der Kinder für die Eltern und Verwandten dieselben Beschränkungen, welche § 1630 für den Vormund, dessen Ehegatten und Verwandte ausgesprochen worden sind.". - Siehe Specielle Motive, E 52, S. 349: "Ein Fall, wo sich das sonst gemeinschaftliche Interesse der Eltern und Kinder durchkreuzt, tritt namentlich bei der Frage ein, ob die ersteren den letzteren wegen deren Vermögen Sicherheit zu bestellen haben. Noth und Leichtsinn könne, wie die tägliche Erfahrung lehrt, Eltern dahin bringen, das Vermögen ihrer Kinder aufzuzehren und dann als warnende Beispiele gegen eine zu große Nachsicht bei der gesetzlichen und obrigkeitlichen Ueberwachung dienen. Auf der anderen Seite aber stört auch eine übertriebene Fürsorge des Gesetzes und der aufsehenden Behörden, wenn sie einen herabwürdigenden Argwohn zu erkennen giebt, gar leicht den Frieden des Familienlebens, untergräbt die Ehrfurcht, mit welcher Kinder zu ihren Eltern aufblicken sollen, und droht sogar die Liebe der letzteren gegen ihre Kinder in Verstimmung umzuwandeln. Obwohl man nun den Mittelweg, welchen das bestehende Recht in Erwägung dieser sich entgegenstehenden Rücksichten eingeschlagen hatte, im Ganzen beibehielt, ist man doch, zumal auch der Mutter inskünftig die elterliche Gewalt zustehen soll, zum Vortheile der Kinder in gewissen Beziehungen noch etwas weiter gegangen.".

[335] Die Unterhaltspflicht ist näher in den §§ 1837ff. geregelt. § 1845: Die Unterhaltspflicht der Eltern gegen die Kinder tritt schon ein, wenn die Früchte des Vermögens der Kinder zu deren Unterhalt nicht ausreichen. § 1846 S. 2: "Bei Kindern sind darunter [scil. standesgemäßer Unterhalt] auch die Kosten der Erziehung, des Unterrichtes und der Ausbildung zu einem Berufe begriffen."

[336] § 1802: Die Eltern sind verpflichtet, ihren Kindern Unterhalt zu gewähren. Bei einer Meinungsverschiedenheit der Eltern über die Erziehung ihrer Kinder entscheidet der Vater. - E 52, § 1507: "Die Eltern haben für anständigen Unterhalt und angemessene Erziehung der Kinder zu sorgen.".

[337] "Beide Eltern können von ihren Kindern, so lange diese noch ihrer Erziehung bedürfen oder in der häuslichen Gemeinschaft stehen, Gehorsam verlangen und, wenn sie das Kind durch angemessene Mittel häuslicher Zucht nicht zum Gehorsam zu bringen vermögen, obrigkeitliches Einschreiten veranlassen." - E 60, § 1838, Specielle Motive: "In § 1838 hat man das Wort "Gehorsam" gewählt, weil dadurch besser, als durch den Ausdruck "Ehrerbietung" ein Verhältniß angezeigt wird, welches möglicherweise auf dem gerichtlichen Wege geltend gemacht werden kann." - E 52, § 1508: "Die Eltern haben ihre Kinder zu leiten, Gehorsam von ihnen zu fordern [...]".

[338] § 1806: "Die Kinder sind, solange sie in der häuslichen Gemeinschaft stehen verpflichtet, die Eltern in deren Hauswesen und Gewerbe zu unterstützen." - E 60, § 1839: "Wirthschaft und Gewerbe". - E 52, § 1512: "Was Kinder durch ihre Arbeit erwerben, gehört in der Regel (§ 1513) dem mit der elterlichen Gewalt bekleideten Elterntheile."; Specielle Motive E 52, S. 348: "[...] weil Kinder einträgliche Arbeiten nur als Beauftragte der Eltern vorzunehmen pflegen und überdieß die Leistung derselben als ein Ersatz der von den Eltern auf ihre Ernährung und Erziehung verwendeten Kosten betrachtet werden muß.".

Wie bei den Regelungen des ALR und des ABGB wurde das mündige Kind bei der Bestimmung seines Berufes beteiligt. Es konnte sich an das Vormundschaftsgericht wenden, wenn es mit der von den Eltern getroffenen Wahl seines künftigen Berufes nicht einverstanden war (§ 1804)[339].
Nach § 1803 konnte das Vormundschaftsgericht, "wenn die Eltern in erheblicher Weise die Erziehung ihrer Kinder vernachlässigen oder deren körperliches oder geistiges Wohl in Gefahr bringen [...] soweit es nach den von den Verwaltungsbehörden etwa getroffenen Maßregeln überhaupt noch erforderlich ist, und, nachdem es die Eltern gehört hat, nach Befinden unter Zuziehung von Verwandten der Kinder, das Nöthige verfügen, insbesondere auch eine Vormundschaft eintreten lassen."[340] Ansonsten sollten die Eltern über die Erziehung der Kinder keine Rechenschaft abzulegen haben.[341]

---

[339] § 1804: Nach erfülltem vierzehnten Jahre kann das Kind, wenn es mit der von den Eltern getroffenen Wahl seines künftigen Berufes nicht einverstanden ist, und sein Verlangen nach einem anderen, seiner Neigung und seiner Fähigkeit angemessenen Berufe den Eltern fruchtlos vorgetragen hat, sich an das Vormundschaftsgericht wenden, welches nach Prüfung der Einwendungen der Eltern mit Rücksicht auf Stand, Vermögen und sonstige Verhältnisse das Nöthige zu verfügen hat. - E 60, § 1837, siehe dazu die Motive: Specielle Motive, S. 873: Dieselbe Begründung wie bei § 1836 (= 1803). - E 52, § 1509 Abs. 2 S. 2: "Nach erreichter Mündigkeit kann dasselbe, wenn es sein Verlangen nach einer anderen seiner Neigung und seinen Fähigkeiten angemessenen Berufsart den Eltern fruchtlos vorgetragen hat, sein Gesuch an das Gericht bringen, welches die Einwendungen der Eltern hört, nach Befinden Verwandte oder Verschwägerte zu Rathe zieht und hierauf mit Rücksicht auf Stand, Vermögen und sonst einschlagende Verhältnisse entscheidet."; dazu Specielle Motive E 52, S. 347: "Wenn aber die Mündigkeit erreicht ist, wird nicht nur eine bestimmte Entscheidung über die fernere Richtung der Erziehung nöthig, sondern es tritt auch bei dem Kinde eine größere Entwicklung der geistigen Kräfte, mehr Einsicht und mehr Urtheilsfähigkeit hervor, welchem nach seine Wünsche Beachtung verdienen. Das des nöthigen Falls eintretende richterliche Ermessen nächst den Einwendungen der Eltern die diesen und dem Kinde gemeinschaftlichen und deshalb in letzterem thunlichst aufrecht zu erhaltenden Standesverhältnisse, sowie die vorhandenen Mittel zu beachten habe, wird durch die Sachlage eben so geboten, als der Beirath angehöriger Personen, welche hier in ähnlicher Function auftreten, wie der vormundschaftliche Familienrath, die Wahl einer richtigen Maaßregel fördern wird."

[340] Gegenüber E 60 § 1836 ist der Wortlaut geändert. Siehe Specielle Motive E 60, S. 872: "In dem § 1836 ist eine Bestimmung getroffen worden, welche wenigstens zum Theil schon bisher galt, obschon sie nicht auf einem ausdrücklichen Gesetz beruhte. Bei dem hier fraglichen Verhältnisse collidirt das Recht der Eltern mit der durch öffentliche Rücksichten gebotenen Fürsorge für das Wohl der Kinder. Auf den ersten Anblick möchte es scheinen, als ob der Zweck erreicht werden könnte, wenn in Fällen, wo Eltern ihre Pflichten gegen ihre Kinder auf eine unverantwortliche Weise vernachlässigen, der Polizeibehörde überlassen würde, einzuschreiten und die nöthigen Maßregeln aus ihrem Standpunkte zu ergreifen. Dem ist aber nicht so. Im Wesentlichen würde ein Einschreiten der Polizeibehörde einmal blos, in den Fällen, wo das körperliche Wohl der Kinder gefährdet wäre, zulässig sein, sodann aber auch blos zu dem Ende, daß die Kinder nicht physisch untergehen, stattfinden können. **Der Staat hat aber ein Interesse, daß die Kinder auch geistig und moralisch ausgebildet werden, namentlich den nöthigen Schulunterricht und eine Berufsausbildung erhalten.** (Herv. d. V.] In Beziehung auf den Schulunterricht ist nun zwar durch Verwaltungsgesetze die nöthige Vorkehrung getroffen worden; im Uebrigen fehlt es aber an gesetzlichen Bestimmungen. Diese Lücke soll der § 1836 ausfüllen. Zunächst hat man für angemessen gehalten, die Cognition in den hierher gehörigen Fällen nicht dem Richter, sondern der Vormundschaftsbehörde zuzuweisen. Indessen hat man auch dieser nicht ganz freie Hand gelassen, sondern ein Verfahren vorgeschrieben, welches die möglichste Schonung der Eltern enthält. Sodann aber,

Die väterliche Gewalt[342] des Sächsischen BGB, geregelt im Vierten Abschnitt, zeitigte fast ausschließlich vermögensrechtliche Wirkungen.
Der Vater war der gesetzliche Vertreter seiner minderjährigen Kinder in bezug auf ihre Person und ihr Vermögen, § 1821[343]. Bei der Vertretung der Kinder stellte man den Vater aber in bezug auf erforderliche Genehmigungen freier als einen Vormund.[344] Volljährige Kinder handelten vorbehaltlich des dem Vater zustehenden Rechtes der Verwaltung und des Nießbrauches selbst, § 1821 S. 2. Minderjäh-

---

und dies ist die Hauptsache, hat man durch die Fassung des § 1836 verhüten wollen, daß die Vormundschaftsbehörde sich ohne dringende Veranlassung in die Verhältnisse zwischen Eltern und Kindern einmischt. Aus diesem Grunde hat man ein Einschreiten der Behörde blos dann für zulässig erklärt, wenn die Eltern in erheblicher Weise die Erziehung ihrer Kinder vernachlässigen oder deren geistiges und körperliches Wohl in Gefahr bringen." - E 52, § 1530: "Eltern können, wegen gänzlicher Vernachlässigung der Pflege und Erziehung ihrer Kinder, wegen derselben zugefügter schwerer Mißhandlungen, oder wegen lasterhafter Aufführung, von dem Gerichte der elterlichen Gewalt entsetzt werden."; § 1531: "Gegen den Mißbrauch der elterlichen Gewalt, oder gegen die Unterlassung der damit verbundenen Pflichten, kann nicht nur vom Kinde selbst, sondern von jedermann, der davon Kenntniß hat, besonders von den nächsten Verwandten, der Beistand des Gerichts angerufen werden."; dazu Specielle Motive, S. 354: Der Staat "darf es nicht dulden, daß Eltern die Erziehung ihrer Kinder gröblich vernachlässigen, die Erhaltung derselben nur dem Mitleiden oder der Sorge Anderer überlassen, oder sich sonst auf eine gesetzwidrige Weise ihren Verpflichtungen gegen dieselben entziehen.".

341 Siebenhaar, Lehrbuch, § 140, S. 234.

342 Zur Rechtfertigung Specielle Motive, S. 873: "Man hört häufig die Behauptung aufstellen, daß die Lehre von der väterlichen Gewalt bei uns keinen rechten Boden gefaßt habe. Dies ist richtig, wenn man unter der väterlichen Gewalt die strenge patria potestas des römischen Rechts versteht, aber gänzlich unrichtig, wenn man den Begriff festhält, welcher der väterlichen Gewalt in seiner von den Gesetzen anerkannten natürlichen Bedeutung zukommt. Wenn dem Vater auf der einen Seite in Beziehung auf die Erhaltung, physische, geistige und moralische Erziehung seiner Kinder eine Menge auch sogar erzwingbarer Verpflichtungen obliegen, so müssen demselben auch auf anderer Seite alle Rechte zukommen, welche ihm die Mittel zur Erfüllung seiner Verbindlichkeiten gewähren und diese Rechte müssen sich ebenso, wie jene Verbindlichkeiten, theils auf die Person seiner Kinder, theils auf das Vermögen derselben beziehen. Dieß versteht sich so sehr von selbst, daß alle Normen, welche sich daraus ergeben, wie sie eben ganz natürliche sind, fast unbewußt befolgt werden und gerichtliche Streitigkeiten nur selten vorkommen. Diese Erscheinung veranlaßt den Irrthum, daß die Lehre von der väterlichen Gewalt etwas Unpractisches sei, während sie das Fundament des Familienlebens und demgemäß der gesammten Staatsordnung enthält, und wenn die wenigen Fälle, in welchen über die väterliche Gewalt eine gerichtliche Entscheidung zu geben ist, in der Regel gerade die allerdings mit unseren Ansichten nicht mehr übereinstimmende und daher in dem Gesetzbuche nicht mit aufgenommene exceptio Senatusconsulti Macedoniani betreffen, so erklärt dieß den häufigen noch größeren Irrthum, als ob die väterliche Gewalt weiter nichts als eine Antiquität sei." - Siebenhaar, Lehrbuch, § 140, S. 234: "Der [...] noch übrig bleibende Inhalt der väterlichen Gewalt beschränkt sich auf eine Art Vormundschaft über das Hauskind, welche der obervormundschaftlichen Aufsicht unterliegt und nur das Eigenthümliche hat, daß der Vater, solange die väterliche Gewalt besteht, in der Regel den Nießbrauch an dem Vermögen des Kindes hat.".

343 § 1821: "Der Vater vertritt seine in väterlicher Gewalt stehenden minderjährigen Kinder rücksichtlich ihrer Person und ihres Vermögens vor und außer Gericht, soweit nicht gesetzliche Ausnahmen bestehen."; § 1821 entspricht § 1854 E 60.

344 Siebenhaar, Lehrbuch, § 143, S. 241.

rige Hauskinder konnten nur mit Einwilligung des Vaters Geschäfte unter Lebenden eingehen, § 1822 S. 1.[345]

Das Kind war grundsätzlich vermögensfähig; nur das, was es bei der Mitarbeit im elterlichen Haushalt und Gewerbe erwarb, konnte es sich nicht zu Eigentum erwerben.[346] § 1810[347] stellte ausdrücklich fest, daß der Erwerb des Hauskindes durch "selbständige Arbeiten, Dienste oder Kunstfertigkeiten", sein Eigentum war. Nach der Lehre sollte ein Hauskind für seine im Haushalt oder Gewerbe der Eltern geleisteten Dienste eine Vergütung verlangen können, wenn eine solche von den Eltern versprochen worden war.[348]

Ausfluß der väterlichen Gewalt[349] war das Recht des Vaters zur Verwaltung und zum Nießbrauch an dem gesamten Vermögen seiner Kinder[350]; das Sächsische BGB ging grundsätzlich - in Übereinstimmung mit der gemeinrechtlichen Praxis - vom unfreien Kindesvermögen aus.
Zum freien Vermögen des Kindes gehörten die Gegenstände," welche den Kindern von einem Dritten mit der Bestimmung zugewendet worden sind, daß der Vater daran keine Rechte haben soll, sowie an dem Erbtheile, welcher den Kindern anfällt, weil ihr Vater sich seines Erbrechtes unwürdig gemacht hat, oder weil er rechtmäßig enterbt worden ist", § 1811[351]. In diesem Fall war dem Kind ein Vormund zu bestellen, § 1816.[352]

---

[345] § 1822, S. 2: "Ohne diese Einwilligung sind die Geschäfte nichtig, vorbehältlich der Bestimmungen in §§ 693, 787." - E 60 § 1855. - Siehe auch Knothe, Geschäftsfähigkeit, S. 234ff.

[346] Die Personeneinheit mit allen ihren Folgen bezüglich des römischen Pekulienrechts ist aufgegeben, § 1810 mit Motiven bei Siebenhaar III, S.146; ders., Lehrbuch, § 141, S.237.

[347] § 1810: "Alles, was ein in väterlicher Gewalt stehendes Kind durch selbständige Arbeiten, Dienste oder Kunstfertigkeiten erwirbt, ist sein Eigenthum." - E 60, § 1843.

[348] Siebenhaar, Lehrbuch, § 140, S. 236, dort auch zur Frage, ob ein Lohnversprechen "eine Machination in fraudem creditorum" ist.

[349] Dazu siehe Siebenhaar, Lehrbuch, § 141, S.236ff.

[350] § 1811: "Der Vater hat vermöge der väterlichen Gewalt an dem gesammten Vermögen seiner Kinder, mit Ausnahme der an Kindesstatt angenommenen, das Recht der Verwaltung und des Nießbrauches." – E 60, § 1844; siehe auch Specielle Motive, S. 876: Die römische Pekulienlehre findet keine Anwendung: "Für unser jetziges Recht hat nur der Unterschied zwischen peculium adventitium regulare (ordinarium) und irregulare (extraordinarium) noch einen practischen Werth und dieser liegt den §§ 1843 ff. zu Grunde.".

[351] E 60 § 1844; Einschränkung allerdings durch § 1812: "Personen, welche ihren Abkömmlingen den Pflichttheil zu hinterlassen verbunden sind, können nicht verfügen, daß deren Vater von der Verwaltung und dem Nießbrauche des Pflichttheils ausgeschlossen sein soll". - E 60 § 1845 entspricht Cap. V, § 11 der Allgemeinen Vormundschaftsordnung vom 10. Oktober 1782.

[352] § 1816: "Wegen des Vermögens der Kinder, an welchem der Vater weder die Verwaltung, noch den Nießbrauch, oder blos die Verwaltung ohne Nießbrauch, oder blos den Nießbrauch ohne Verwaltung hat, ist, in dem letzteren Falle unbeschadet des Nießbrauches des Vaters, den Kindern, wenn sie minderjährig sind, ein Vormund zu bestellen." - E 60, § 1849.

Das dem Vater zustehende Verwaltungs- und Nießbrauchsrecht an dem Vermögen der Kinder ist entsprechend dem Recht des Nießbrauchs und der Verwaltung des Ehemannes an dem Vermögens seiner Ehefrau ausgestaltet worden.[353] Der Umfang des Verwaltungsrechts des Vaters war in § 1818[354] und in § 1819[355] (Verweis auf Nießbrauch, §§ 1670, 1674, 1676) bestimmt.
Die Sachen volljähriger Hauskinder, bewegliche wie unbewegliche, konnte der Vater nur mit deren Einwilligung veräußern.
Die Sachen minderjähriger Hauskindern konnte der Vater beliebig veräußern. Zur Veräußerung unbeweglicher Sachen sowie von "Kostbarkeiten, Gold - und Silbergeräth, Gesammtsachen, öffentliche Creditpapiere und Actien" bedurfte er der vormundschaftsgerichtlichen Genehmigung, die nur im Notfall oder wenn die Veräußerung unter besonderen Verhältnissen für die Kinder vorteilhaft war, erteilt werden durfte, § 1818 S.2.[356]
Rechtsgeschäfte zwischen dem Vater und seinen Hauskindern unterlagen den allgemeinen Bestimmungen, § 1827[357], waren also nicht *per se* wegen Bestehens der väterlichen Gewalt unmöglich. Minderjährigen Hauskindern waren zur Vornahme eines solchen Geschäftes - namentlich zur Teilung gemeinschaftlichen Vermögens[358], und auch zur Führung eines Rechtsstreits mit dem Vater, besondere Vormünder zu bestellen, § 1827 S. 2.[359]
Den Gläubigern des Vaters stand der Zugriff auf sein Nießbrauchsrecht nur insoweit zu, "als nicht davon die Kosten der Erhaltung des Gegenstandes des Nießbrauches und der Unterhalt des Vaters und der Familienglieder, zu deren Unterhalte er gesetzlich verpflichtet war, zu bestreiten sind", § 1820[360].

Was die Sicherstellung des Vermögens der Kinder angeht, so traf das Sächsische BGB folgende Bestimmungen:
Wenn ein minderjähriges Hauskind[361] Vermögen erwarb, so hatte der Vater innerhalb von zwei Monaten ein Verzeichnis seines Vermögens, das auf Antrag eidlich bekräftigt werden mußte, beim Vormundschaftsgericht einzureichen, § 1813.[362]

---

353 Siebenhaar, Lehrbuch, § 142, S. 239.
354 E 60, § 1851, Specielle Motive, S. 876: Teilweise ist die Bestimmung der Allgemeinen Vormundschaftsordnung von 1782 in § 4 Cap. 12 abgeändert worden.
355 E 60, § 1852.
356 Siehe auch die Verordnung, die fernere Gültigkeit der provisorischen Gerichtsordnung u. s. w. betreffend vom 5. 8. 1868 unter Nr. 3.
357 E 60, § 1860 entspricht Cap. XXII, § 2 der Allgemeinen Vormundschaftsordnung von 1782.
358 Siehe auch die Vorschriften des Ehegüterrechts.
359 E 60, § 1860 S. 2.
360 E 60, § 1851.
361 Das Sächsische BGB kannte zwei Altersstufen: § 47 unterschied zwischen den Kindern und den dem Kindesalter entwachsenen Minderjährigen. - E 60 § 49: "Das Kindesalter reicht bis zum erfüllten siebenten Lebensjahre. Die Minderjährigkeit dauert bis zum erfüllten einundzwanzigsten Lebensjahre." - Siehe dazu Knothe, Geschäftsfähigkeit, S. 234f.
362 E 60, § 1846, Specielle Motive, S. 876: Die §§ 1846 bis 1849 sind aus der Allgemeinen Vormund-

Grundsätzlich oblag dem Vater nicht die Erbringung einer Sicherheitsleistung für das unfreie Kindesvermögen, § 1814.[363] § 1815 machte Ausnahmen für den Fall, daß das Vermögen des Kindes in Gefahr geriet, wozu allerdings nicht der Fall der Eingehung einer neuen Ehe gerechnet wurde.[364] Das Sächsische BGB ging von einer Schadensersatzpflicht des Vaters für schlechte Verwaltung des Vermögens, an welchem ihm die Verwaltung und der Nießbrauch oder bloß die Verwaltung zustand, aus; der Haftungsmaßstab war in § 1817 festgelegt.[365] Danach haftete der Vater für absichtliche Verschuldung und für Unterlassung des Fleißes, welchen er in seinen eigenen Angelegenheiten anzuwenden pflegte.

Anders als noch im Entwurf von 1852 vorgesehen war, endete die väterliche Gewalt nicht automatisch mit der Volljährigkeit des Hauskindes.[366]
Neben der Beendigung der väterlichen Gewalt durch den Tod des Vaters oder des Kindes (§ 1829)[367] und durch Adoption (§ 1830)[368] kannte das sächsische BGB als Erlöschensgründe die Aufhebung vor Gericht, § 1831[369], und die Begründung einer besonderen Haushaltung durch das Kind, § 1832[370]. Volljährige Kinder konn-

---

schaftsordnung von 1782 Cap. XXII, §§ 1, 3, 4, 5 genommen. - Dazu Siebenhaar, Lehrbuch, § 143, S. 241. - Siehe auch § 22 der Gerichtsordnung.

[363] E 60, § 1847.

[364] § 1815: "Wenn durch Verschlimmerung der Vermögensverhältnisse des Vaters, oder durch unordentliche Wirthschaft, oder durch Auswanderung desselben das Vermögen der Kinder in Gefahr kommt, so kann von ihm Sicherheitsleistung gefordert werden, und es tritt, wenn derselbe Grundstücke besitzt, die Vorschrift des § 391 ein. Vermag der Vater die Sicherheit nicht zu leisten, so können die Kinder und, sofern sie minderjährig sind oder ihre Bevormundung sich sonst nöthig macht, die ihnen zu bestellenden Vormünder verlangen, daß ihnen die Verwaltung des Vermögens, unbeschadet des Nießbrauches des Vaters, überlassen wird." - E 60, § 1848. - Solche Fälle wurden vom Vormundschaftsgericht entschieden, Wengler/Brachmann zu §§ 1815ff. Gerichtsordnung.

[365] E 60, § 1850.

[366] E 52, § 1528 Abs. 1: "Die elterliche Gewalt hört mit der Volljährigkeit des Kindes auf."; Specielle Motive, S. 352ff.: "Während nämlich die zeither in Uebung gewesene Fortdauer der väterlichen Gewalt über die Volljährigkeit hinaus noch auf der für diesen Entwurf bedeutungslosen historischen Unterlage des strengen imperium domesticum der Römer beruhte, kann nach natürlichem Rechte die elterliche Gewalt nur den Zweck haben, die Kinder, welche ihre Angelegenheiten selbst zu besorgen nicht im Stande sind, zu schützen und zu vertreten, sie muß also in allen Fällen gänzlich oder zeitweilig aufhören, wo die Kinder des fremden Schutzes nicht mehr bedürfen oder derselbe durch die Eltern nicht mehr gewährt werden kann.". - E 60, Specielle Motive, S. 874f. zu dieser Frage: "Zudem würde die Lösung des zwischen dem Vater und dem Kinde bestehenden Verhältnisses mit dem blosen Eintritte der Volljährigkeit des Lezteren einen Eingriff der Gesetzgebung in ein naturgemäßes und daher schonend zu behandelndes Verhältniß enthalten, welcher sich umso weniger rechtfertigen ließe, als in den wenigsten Fällen das Kind schon mit dem Zeitpunkte, wo es die Volljährigkeit erreicht, sich in der Lage befindet, sich selbst zu erhalten und die Lösung daher in der Regel insofern eine einseitige wäre, als das Kind aus der Familie des Vaters träte, der Vater aber nach wie vor für den Unterhalt des Kindes zu sorgen hätte." - Zur Rechtfertigung Siebenhaar, Lehrbuch, § 144, S. 243 FN 3.

[367] E 60, § 1862.

[368] E 60, § 1863.

[369] E 60, § 1864.

[370] E 60, § 1865.

ten grundsätzlich ohne die Einwilligung des Vaters eine besondere Haushaltung gründen. Der Vater konnte jedoch widersprechen, über den Widerspruch entschied das Gericht. Zudem endete die väterliche Gewalt mit der Heirat der Tochter, § 1833 S. 1[371].

Bei Beendigung der väterlichen Gewalt hatte der Vater das ihm zur Verwaltung und zum Nießbrauch überlassene Vermögen an das Kind herauszugeben, § 1835[372]. Unter bestimmten Voraussetzungen konnte der Vater jedoch einen Abzug vom Vermögen des Kindes machen, zum Beispiel wenn er sich wegen eigener Vermögenslosigkeit für den Unterhalt des Kindes hatte verschulden müssen[373].

Für das Sächsische BGB läßt sich festhalten, daß die Regelung des Eltern-Kind-Verhältnisses in vielen Punkten restaurative Tendenzen aufwies. Der bereits im *Usus modernus* anerkannte Rechtszustand konnte sich gegenüber fortschrittlicheren Tendenz, wie z. B. im ABGB, durchsetzen. Bemerkenswert ist, daß sich auch unter dieser restaurativen Grundhaltung das gerichtlich nachprüfbare, ursprünglich auf PUFENDORF zurückgehende Mitbestimmungsrecht des mündigen Kindes bei der Bestimmung seines künftigen Berufs behaupten konnte.

4. Kapitel Das Bürgerliche Gesetzbuch für das Deutsche Reich (BGB)

Der Schwerpunkt bei der Darstellung der Regelung des Eltern-Kind-Verhältnisses durch das Bürgerliche Gesetzbuch von 1896 soll auf der Entstehungsgeschichte der §§ 1616ff. liegen und dabei insbesondere auf der Frage, wie sich der Gesetzgeber zu eigenen Rechtspositionen des Kindes stellte. Die Regelung des BGB selbst wird nur in Grundzügen dargestellt.

I. Grundpositionen des Gesetzgebers für die Regelung des Eltern-Kind-Verhältnisses im BGB

Das BGB steht mit seiner Regelung des Familienrechts und insbesondere des Eltern-Kind-Verhältnisses auf dem geistigen Boden des 19. Jahrhunderts[374]. Die

---

[371] E 60, § 1866.

[372] E 60, § 1868.

[373] § 1836: "Wegen des Aufwandes für den Unterhalt des Kindes kann der Vater einen Abzug machen, wenn er zu dessen Bestreitung wegen eigener Vermögenslosigkeit Schulden machen mußte, oder wenn der Aufwand mit Einwilligung des Kindes, oder, dafern dieses minderjährig war, mit Einwilligung des ihm herzu bestellten Vormundes von dem Stamme des Vermögens des Kindes bestritten wurde; es darf jedoch der Vormund des Kindes seine Einwilligung nur dann geben, wenn der von dem Vater beabsichtigte Aufwand über Das hinausgeht, wozu er gesetzlich verpflichtet ist." - E 60, § 1869.

[374] Dazu siehe Schwab, GeschGr, 253 (297f.); Dörner, Industrialisierung und Familienrecht, S. 91ff., S. 113: Die Rechtsstellung des Kindes.

Lehre vom rechtsfreien Innenraum der Familie hat einen bestimmenden Einfluß auf den Gesetzgeber des BGB gewonnen.[375]

PLANCK, der Redaktor des Familienrechts in der ersten Kommission[376], rechtfertigte den § 287 seines Teilentwurfs zum Familienrecht, der die Rechtspflicht der Kinder zu Ehrerbietung und Gehorsam gegenüber den Eltern festlegte, mit folgenden - auch für die Regelung des Eltern-Kind-Verhältnisses allgemein - interessanten Gedanken:

"Der Inhalt der Familienrechtsverhältnisse wird allerdings vorwiegend durch das natürliche und sittliche Gesetz beherrscht.Die Natur dieser Verhältnisse bringt es mit sich, daß sich die daraus hervorgehenden Pflichten und Befugnisse nicht im Einzelnen genau präzisiren lassen und sich nicht immer zur rechtlichen Normirung und zur Ausstattung mit Rechtszwang eignen. Ein gedeihliches Familienleben läßt sich nicht durch Rechtsvorschriften und Zwangsmittel allein herstellen, sondern muß sich wesentlich auf die gegenseitige Liebe, gegenseitiges Vertrauen und Nachgeben, auf den guten Willen und die Gesinnung der Einzelnen gründen. Durch jene natürlich-sittliche Grundlage der Familienrechtsverhältnisse wird jedoch keineswegs gehindert, daß in einzelnen Beziehungen der Inhalt der Familienrechtsverhältnisse, die durch das natürliche und sittliche Gesetz gebotenen Pflichten und Befugnisse zum Gegenstande rechtlicher Normirung gemacht werden und durch Ausstattung mit Rechtszwang auch den Charakter von Rechtspflichten, bezw. Rechtsansprüchen erlangen. Dabei kann es keinen Unterschied machen, ob dieser Rechtszwang sich in der Möglichkeit äußert, die Erfüllung der betreffenden Pflichten im Wege des gewöhnlichen Prozeßverfahrens zu erzwingen, oder ob behufs Durchführung des Anspruchs die gerichtliche Hülfe in anderer Weise, wie z. B. durch Einschreiten des Vormundschaftsgerichts gewährt wird oder ob dem Berechtigten gestattet ist, den ihm zustehenden Anspruch durch eigene Macht durchzusetzen, ohne sich dadurch einer widerrechtlichen oder strafbaren Handlung, wie z. B. einer Mißhandlung, Realinjurie oder Nöthigung, schuldig zu machen. Selbst dann wird man einen Anspruch als Rechtsanspruch bezeichnen müssen, wenn derselbe zwar direkt nicht erzwungen werden kann, die Nichterfüllung der korrespondirenden Pflicht aber allgemein mit einem Rechtsnachtheil verbunden ist. Auch in diesem Falle ist der Anspruch, wenn auch nur in unvollkommener Weise, so doch rechtlich geschützt und eben deshalb ein Rechtsanspruch. Ist dagegen die sittliche Pflicht nur das Motiv, die ratio für die Aufstellung bestimmter Rechtssätze gewesen, hat dieselbe nur in den einzelnen Beziehungen rechtlichen Ausdruck gefunden, so liegt darin von Seiten des Rechts zwar nicht der Charakter einer allgemeinen Rechtspflicht zu Theil.

---

[375] Schwab, GeschGr, 253 (297f.).

[376] Wieacker, PrGN, S. 469.

Ob und inwieweit das Recht die den Inhalt und Stoff eines familienrechtlichen Verhältnisses bildenden sittlichen Pflichten zu Zwangs-, zu Rechtspflichten gestalten soll, ist eine Frage, deren Entscheidung theils von der Natur der einzelnen in Rede stehenden Pflicht, insbesondere ihrer Erzwingbarkeit, theils von Rücksichten der Zweckmäßigkeit, insbesondere der Rückwirkung des Zwanges auf das sonstige Verhältniß der durch die Familie verbundenen Personen abhängt."[377]

Jede in Betracht kommende Regelung eines Sachverhaltes aus dem Bereich des Eltern-Kind-Verhältnisses wurde von den Verfassern der Entwürfe dahingehend überprüft, ob sie nicht zu tief in die Selbständigkeit und die natürliche Stellung des Gewalthabers eingriff[378] oder eine zu starke Einmischung Dritter in die Familienverhältnisse bedeutete.[379]
Zu beobachten ist dabei die Tendenz nach möglichster Vermeidung von Rechtsstreitigkeiten zwischen Eltern und Kindern[380]. Das bedeutete einen Verzicht auf

---

[377] Entwurf eines BGB für das Deutsche Reich, Familienrecht, Begründung 2, S. 1259f. - Siehe auch aaO., S. 1356, Allgemeine Begründung zur elterlichen Gewalt: "Von Natur sind Kinder während der Lebensjahre, wo sie fremder Fürsorge und fremden Schutzes bedürfen, auf ihre Eltern angewiesen. Diesem natürlichen Verhältnisse entspricht die sittliche Pflicht der Eltern, ihren Kindern diese Fürsorge und diesen Schutz zu gewähren. Umgekehrt ist dann wieder das Kind, so lange es schwach ist, von Natur zunächst der Macht und Gewalt seiner Eltern unterworfen, und dieser natürlichen Abhängigkeit entspricht die sittliche Pflicht kindlicher Liebe und kindlichen Gehorsams gegen die Eltern. Dieses Verhältniß greift dann aber für das Kind Platz gegenüber beiden Eltern, Vater und Mutter; im Einzelnen mögen die Leistungen, welche das Kind vom Vater oder von der Mutter vorzugsweise zu erwarten hat, nach der Geschlechtsverschiedenheit verschiedene sein, Wartung in den ersten Lebensjahren, Schutz gegen Gewalt, Beistand vor Gericht, - grundsätzlich besteht kein Unterschied. Es ist die Aufgabe des Rechts, diesen in der natürlichen und der sittlichen Welt begründeten Verhältnissen auch in seiner Sphäre Ausdruck zu geben. Die Art und Weise, wie das Recht dies thut, wird je nach Anschauung der Zeiten und Völker eine verschiedene sein; es wird einzelne Seiten des Eltern- und Kindesverhältnisses vorzugsweise betonen und rechtlich ausgestalten können, es wird andererseits dem natürlichen Unterschied der Geschlechter rechtlich eine größere oder geringere Bedeutung beimessen können.".

[378] Motive, S. 741 zu § 1503 bei Mugdan, S. 393.

[379] Motive, S. 741 zu § 1503 bei Mugdan, S. 393. - Bezgl. des Vormundschaftsgerichts Motive, S. 804 zu § 1546 bei Mugdan, S. 426: "Daß diese Erweiterung der Befugniß des VormGerichtes zu einer unangemessenen und maßlosen Einmischung desselben in die inneren Familienverhältnisse auch nur bei geringfügigen Anlässen führen könnte [...]."; Prot. II S. 5996 bei Mugdan, S. 985: "Die Einmischung der Gerichte in die inneren Angelegenheiten der Familien sei durchaus nicht erwünscht und dürfe nicht gefördert, sondern müsse auf das nothwendigste Maß beschränkt werden.".

[380] Schwab, GeschGr, 253 (297f.). - Siehe nur Motive, S. 715 zu § 1499 (Dienstleistungspflicht der Kinder) bei Mugdan, S. 379: "Zudem trägt die dadurch hervorgerufene Erweiterung der gesetzlichen Verpflichtung der Kinder dazu bei, **die vielen Streitigkeiten**, wenn auch nicht völlig abzuschneiden, **so doch erheblich zu verringern**."; Motive, S. 718 zu § 1500 (Ausstattung) bei Mugdan, S. 380: "Mit Recht wird ferner in den Motiven des hess. Entw. hervorgehoben, daß **das Gesetz Prozesse zwischen Eltern und Kindern ohne dringende Gründe nicht zulassen soll** und daß das Gefühl der Abhängigkeit der Kinder von Eltern, das durch die Nichtanerkennung der Ausstattungspflicht als einer Rechtspflicht gestärkt wird, indirekt als Beförderungsmittel häuslicher Zucht und Ordnung wohlthätig wirkt."; Motive, S. 773 zu § 1520 bei Mugdan, S. 411: "[...] entspricht jedoch nicht der natürlichen Stellung des

eigene Rechtspositionen des Kindes, auf einklagbare Pflichten der Eltern gegenüber den Kindern. Die Autorität der Eltern leide unter Befugnissen des Kindes[381], so lautete die gängige Auffassung. Die Autorität des Vaters bzw. der Eltern würde geschmälert und die Familienbande gelokert.[382] Als Beispiel sei die Diskussion in der zweiten Kommission um den Antrag auf Einfügung eines Absatzes 2 zu § 1518 des Ersten Entwurfs angeführt.
Dieser Absatz 2 des § 1518 sollte lauten: "Hat das Kind das 16. Lebensjahr vollendet, so kann es verlangen, daß ihm von dem Erwerbe, welcher nach dem Abs.1 freies Vermögen wird, ein angemessener Theil zu freier Verfügung überlassen wird. Die Bestimmung des dem Kinde zu überlassenden Betrags erfolgt erforderlichen Falls durch das Vormundschaftsgericht."

Der Antrag wurde von der Mehrheit der zweiten Kommission mit folgenden Argumenten abgelehnt: "Auch sei es bedenklich, die Eltern unter die im Antrage vorgesehene Kontrolle des Gerichtes zu stellen; die Einmischung, ja schon die bloße Möglichkeit der Anrufung des Gerichtes, schwäche die elterliche Autorität; es würden unliebsame Streitigkeiten in der Familie hervorgerufen, wenn die

---

Vaters gegenüber den Kindern und führt ohne Noth eine Einmischung Dritter in das innere Familienleben unter Schädigung der Autorität des Inhabers der elterlichen Gewalt herbei."; Motive, S. 806 zu § 1546 bei Mugdan, S. 427: "Wollte man daher auch die Nutznießung unter gewissen Voraussetzungen vollständig wegfallen lassen, so würde die Entscheidung darüber im Wege des ordentlichen Prozesses zwischen dem Inhaber der elterlichen Gewalt und dem Kinde erfolgen müssen. **Für die Zulassung eines so gehässigen Verfahrens liegt aber kein Bedürfnis vor**. [...] Es entspricht dies dem vormundschaftlichen Charakter der elterlichen Gewalt und empfiehlt sich zur **Vermeidung langdauernder und gehässiger, den Familienfrieden zerstörender Prozesse**." [A. d. V.: Die letzte Aussage bezieht sich auf das Tätigwerden des Vormundschaftsgerichtes]; Prot. II, S. 5955 bei Mugdan, S. 964 (betr. allerdings volljährige, noch im Haushalte der Eltern wohnende Kinder): 2. "[...] **hierdurch würden viele unerquickliche und die Familienbande lockernde Prozesse zwischen den Eltern und den Kindern vermieden.**"; siehe auch Prot. II, S. 6109 bei Mugdan, S. 994: "[...] weil es wenig erfreulich sei, Fragen, die wesentlich die inneren Verhältnisse der Familienmitglieder berührten, in öff. Sitzung nach den Grundsätzen der Verhandlungsmaxime zu erörtern.".

[381] Prot. II S. 5956: "[...] weil sie das Verfügungsrecht der Eltern von dem Ermessen des Kindes abhängig machten; hierunter leide die Autorität der Eltern." - Siehe auch Prot. II S. 5950 bei Mugdan, S. 962: "Der Bestimmung liege neben der Sorge für eine wirthschaftliche und sparsame Verwendung des Arbeitslohnes die Absicht zu Grunde, auf eine Stärkung der elterlichen Autorität dadurch hinzuwirken, daß die minderjährigen Kinder trotz ihrer selbständigen Erwerbsthätigkeit in eine gewisse Abhängigkeit von den Eltern gebracht würden.".

[382] Motive S. 718, siehe FN 380. - Die Bestellung eines Gegenvormundes für den Vater analog dem Vormundschaftsrecht wurde mit Hinweis auf seine Autorität abgelehnt, Motive, S. 724 bei Mugdan, S. 384; siehe auch dort: "Durch die freiere Stellung [...] erledigen sich die Bedenken, daß eine auf der Grundlage des Vormundschaftsprinzipes ausgestaltete elterliche Gewalt dem Inhaber nicht die nöthige Energie und Autorität gegenüber dem Kinde zu gewähren vermöge."; Motive, S. 747 zu § 1503 bei Mugdan, S. 397: "[...] wenngleich aus dem Gesichtspunkt der den Eltern schuldigen Ehrerbietung und der thunlichsten Vermeidung von Prozessen zwischen Eltern und Kindern [...]". - Allerdings findet man auch die Einsicht, daß man Prozesse nicht vollständig verhindern kann: Motive, S. 748 zu § 1503 bei Mugdan, S. 397: "[...] da Prozesse der Kinder gegen ihre Eltern und damit Eideszuschiebungen jener gegen diese nicht durch das Gesetz verhindert werden könnten.".

jungen Leute in der Lage seien, jeden Augenblick die Hülfe des Gerichtes gegen ihre Eltern in Anspruch zu nehmen"[383].

Bei den Gesetzgebungsarbeiten war das Prinzip der Entwürfe, daß die elterliche Gewalt mit Erreichen der Volljährigkeit des Kindes enden sollte[384], einer der besonders umstrittenen Punkte. Auch hier wurde eine Lockerung der elterlichen Autorität befürchtet: "Derselbe [scil.der Antrag] findet einen Mangel darin, daß Pflicht und Recht der Eltern aufhören sollen, bevor das Ziel der thatsächlichen Selbständigkeit des Kindes erreicht ist, und befürchtet, daß aus der selbständigen Stellung der Kinder gegenüber den Eltern nach erreichter Volljährigkeit ungeeignete Verhältnisse und eine Lockerung der Familienbande sich ergeben möchten."[385]

Zum Schutz der Kinder vor einem Mißbrauch der elterlichen Gewalt in bezug auf die Personen- und Vermögenssorge waren im Laufe der Gesetzgebungsarbeiten zwei generalklauselartige Eingriffsnormen, eine für den Mißbrauch der Personensorge, die andere für den Mißbrauch der Vermögenssorge, vorgesehen.[386] Sollte mit weiteren Rechtsvorschriften ein weitergehender Schutz der Kinder gewährleistet werden, so wurden diese meistens mit dem Hinweis abgelehnt, in der Regel könne dem Vater vertraut werden[387] oder der Kredit des Vaters/der Eltern werde durch eine entsprechende Regelung gefährdet[388].

---

[383] Prot. II S. 6020 bei Mugdan, S. 978.

[384] Dazu siehe Motive, S. 726ff.bei Mugdan, S. 385f.

[385] Prot. I, S. 7607f. bei Jakobs/Schubert, Beratung, S. 350. - Siehe auch die Motive, S. 727 bei Mugdan, S. 386: "Für eine solche Gestaltung kann man anführen, daß dadurch das Familienband gestärkt werde und es billig sei, den Eltern, so lange sie dem Kinde den Unterhalt gewähren müssen, vermöge des Rechtes der Nutznießung einen Einfluß auf die Verwaltung des Kindesvermögens und die Fruchtziehung einzuräumen, daß es auch unnatürlich erscheine und zu Streitigkeiten zwischen den Eltern und Kindern Veranlassung geben könne, wenn vom Eintritte der Volljährigkeit an das Kind, das im Elternhause verbleibe, den Eltern auf Rechnung und Gegenrechnung gegenübergestellt werde, statt in solchen Fällen Unterhalt und Nutzung gegen einander aufzurechnen.".

[386] Zur Entstehungsgeschichte des § 1666 BGB siehe Balks, Die Vorgeschichte des § 1666 BGB.

[387] Motive, S. 717 zu § 1500 (Ausstattungspflicht) bei Mugdan, S. 380: "Es kann darauf vertraut werden, daß in der großen Mehrzahl der Fälle die Eltern ihren gut gearteten und die kindliche Pietät nicht außer Acht lassenden Kindern aus freiem Antriebe und nach ihren Kräften dasjenige gewähren werden, was die Kinder zu ihrem Fortkommen bedürfen."; Motive, S. 743 zu § 1503 (Inventarisierungspflicht) bei Mugdan, S. 395: "[...] so sprechen doch, hingesehen auf das auf Liebe und Vertrauen gegründete Verhältniß zwischen Eltern und Kindern, sowie auf die großen Belästigungen und die Einmischung des VormGerichtes in das Innere des Familienlebens, die mit der Inventarisationspflicht verbunden sind, überwiegende Gründe dafür, bei normalen Verhältnissen von einer solchen Pflicht abzusehen." - Hinsichtlich der grundsätzlich unbeschränkten Vertretungsmacht des Vaters siehe Motive, S. 766 zu § 1511 bei Mugdan, S. 407: "Das natürliche Verhältniß zwischen Eltern und Kindern bürgt dafür, daß der Inhaber der elterlichen Gewalt seine Vertretungsmacht in Ansehung der hier fraglichen, an sich über die Grenzen einer gewöhnlichen Vermögensverwaltung nicht hinausgehenden Geschäfte nicht auf Kosten des Kindes mißbrauchen werde."; Prot. II, S. 5984 bei Mugdan, S. 970: "Zu einem so weitgehenden Mißtrauen gegen die Eltern, wie sich solches in den Bestimmungen des Entw. bekunde, liege kein Anlaß

Insgesamt läßt sich feststellen, daß eine starke elterliche bzw. väterliche Gewalt angestrebt wurde. Auch OTTO VON GIERKE, der scharfe Kritiker des BGB, stellte sich auf diesen Standpunkt.[389]

II. Das Eltern-Kind-Verhältnis im BGB von 1896/1900 unter besonderer Berücksichtigung der Entstehungsgeschichte

Die Regelung des Eltern-Kind-Verhältnisses[390] hat im vierten Titel des zweiten Abschnittes des vierten Buches des BGB ihren Platz gefunden. Dabei wird zwischen dem "Rechtsverhältnis zwischen den Eltern und dem Kinde im Allgemeinen" (§§ 1616ff.) und der "Elterlichen Gewalt" (§§ 1626ff.) unterschieden. Die Unterhaltspflicht zwischen Eltern und Kindern als Ausfluß des Verwandtschaftsverhältnisses ist im dritten Titel geregelt.

Das BGB geht davon aus, daß die dem Vater gegen seine ehelichen Kinder eingeräumte elterliche Gewalt sich ihrer wesentlichen Grundlage nach als eine vormundschaftliche, d.h. als eine Schutzgewalt zum Besten des Kindes, darstelle[391]. Die Mutter sollte in dieser Beziehung dem Vater grundsätzlich gleichzustellen sein.[392] So kennt das BGB anders noch als das Sächsische BGB die elterliche Gewalt, §§ 1626ff. Zwar spricht das BGB von einer elterlichen Gewalt, die Ausübung steht aber dem Vater im Regelfall allein zu. Eine elterliche Gewalt der Mutter besteht nur subsidiär, § 1684 BGB.

Ein weiterer wesentlicher Unterschied zu dem sächsischen Gesetzeswerk besteht darin, daß die elterliche Gewalt nur während der Minderjährigkeit des Kindes besteht, § 1626 BGB. Damit ist das BGB dem Vorbild des Code civil, des ABGB und der schweizerischen Gesetzbücher gefolgt.

1. Die Vorschriften über das "Rechtsverhältnis zwischen Eltern und dem Kinde im Allgemeinen", §§ 1616 ff. BGB

Von den allgemeinen Vorschriften des Eltern-Kind-Verhältnisses, die Rechte und Pflichten aufstellen, die nicht vom Bestehen der elterlichen Gewalt abhängig sind, sollen hier vor allem interessieren die Pflicht der Kinder zur Ehr-

---

vor; das Kind stehe den Eltern am nächsten und eine Preisgebung seiner Interessen sei nicht zu befürchten.", aber auch aaO.: "Da es sich aber hier nicht um eine vertragsmäßige bestellte Vertretung handele, sondern um ein kraft des Gesetzes ohne Wissen und Willen des Kindes eintretendes Rechtsverhältnis, habe der Gesetzgeber Veranlassung, Vorsorge zu treffen, daß kein Mißbrauch des elterlichen Rechtes stattfinde".

388 Motive, S. 717 bei Mugdan, S. 380.

389 Die soziale Aufgabe des Privatrechts, S. 28f.

390 Dazu siehe nur Knitschky, Das Rechtsverhältnis zwischen Eltern und Kindern nach dem Bürgerlichen Gesetzbuch; Eck, AöR 41 (1915), 1ff. - Allgemein zum Familienrecht im BGB Müller-Freienfels, Familienrechtliche Kodifikationen, 61 (84ff.).

391 So auch Entwurf I, Begründung 2, S. 1363.

392 Entwurf I Begründung 2, S. 1357.

erbietung und Gehorsam gegenüber den Eltern, die Pflicht zur Erbringung von Dienstleistungen im Haus und Gewerbebetrieb der Eltern sowie die Pflicht der Eltern zur Leistung einer Ausstattung an die Kinder.

a) Die Pflicht der Kinder zu Ehrerbietung und Gehorsam gegenüber den Eltern

Eine - allerdings nicht einklagbare - Verpflichtung der Kinder zu Ehrerbietung und Gehorsam gegenüber den Eltern sah der § 287 des von PLANCK erstellten Teilentwurfs zum Familienrecht vor.

§ 287 TE-FamR: Kinder sind ihren Eltern Ehrerbietung und, solange sie unter deren Erziehungsgewalt stehen oder im Hausstande auf Grund der gesetzlichen Unterhaltspflicht von ihnen oder einem derselben unterhalten werden, kindlichen Gehorsam schuldig.

Eine Klage auf Erfüllung dieser Verpflichtungen findet nicht statt.

In Betreff solcher Kinder, welche unter der elterlichen Erziehungsgewalt stehen, findet der § 324 Abs. 2 und 3 Anwendung; andere Kinder können zur Erfüllung der Verpflichtung zum Gehorsam auf Antrag der Eltern durch Anwendung geeigneter Zwangsmittel von Seiten des Vormundschaftsgerichts angehalten werden.

In bezug auf die Verpflichtung der Kinder zur Ehrerbietung gegenüber den Eltern verständigte sich bereits die erste Kommission dahin, sie zu streichen, da die Anerkennung dieser sittlichen Pflicht als einer Rechtspflicht eine selbständige rechtliche Bedeutung nicht habe[393]. Desweiteren strich die erste Kommission die Absätze 2 und 3 des § 287. Zur Streichung des Absatzes 2, der die Klagbarkeit ausgeschlossen hatte, wurde bemerkt: "Andererseits fehle es aber auch an einem ausreichenden Grunde, von dem Prinzipe des Gesetzbuchs, daß jede rechtliche Verpflichtung im Wege der Klage erzwingbar sei, hier eine Ausnahme zu machen."[394] Der Absatz 1 des § 287, der dann nur noch die Verpflichtung der Kinder zum Gehorsam enthielt, wurde von der Mehrheit der ersten Kommission mit der Modifikation gebilligt, daß die Worte "auf Grund der gesetzlichen Unterhaltspflicht" entfielen.[395] Ein obrigkeitliches Einschreiten zur Durchsetzung dieser Pflicht wurde bezüglich der minderjährigen Kinder für entbehrlich und bezüglich volljähriger Kinder als nicht angemessen betrachtet.[396]

---

[393] Jakobs/Schubert, Beratung, §§ 1564-1921, S. 307f: "Daß, soweit das Gesetz an die Verletzung sittlicher Pflichten rechtliche Folgen knüpfe, zum Beispiel in Ansehung des Unterhaltsanspruchs (vgl. § 298 des Entw.), der Richter dabei auch die sittliche Pflicht der Ehrerbietung zu berücksichtigen habe, verstehe sich von selbst und könne, soweit nöthig, an dem betreffenden Orte besonders hervorgehoben werden." - Siehe auch Motive, S. 714 bei Mugdan, S. 378: "Der Entwurf schweigt hiervon, da die Anerkennung dieser sittlichen Pflicht als einer Rechtspflicht neben den auf dieser sittlichen Pflicht beruhenden besonderen Bestimmungen (vgl. §§ 1238, 1610) eine selbständige rechtliche Bedeutung nicht hat.".

[394] Jakobs/Schubert, Beratung, §§ 1564-1921, S. 308.

[395] Jakobs/Schubert, Beratung, S. 308: Prot. I 7526.

[396] Motive, S. 714 bei Mugdan, S. 378; Jakobs/Schubert, Beratung, S. 308: Prot. I 7526. - § 1445 Red-Vorl von PLANCK (Vorl. Zusst. § 2): "Das eheliche Kind ist seinen Eltern, so lange es unter deren Erzie-

Die zweite Kommission beschloß die Streichung des § 1498, der als Rest der Regelung in § 287 TE-FamR die Gehorsamspflicht der Kinder beinhaltete, "weil er keinen erzwingbaren rechtlichen Inhalt habe, vielmehr nur eine moralische Verpflichtung ausspreche, die allen, auch den ganz selbständigen und von den Eltern wirthschaftlich unabhängigen Kindern in gleicher Weise obliege."[397]
Der Antrag des Abgeordneten GRÖBER in der XII. Kommission des Reichstages, in § 1595 den Gehorsam zur Rechtspflicht zu machen, wurde abgelehnt.[398]

Der Gedanke einer gesetzlichen Normierung der sittlichen Pflichten zur Rücksichtnahme und zum Beistand zwischen Eltern und Kindern ist in der jüngsten Vergangenheit wieder diskutiert und letztendlich umgesetzt worden: Durch das Gesetz zur Neuregelung der Rechts der elterlichen Sorge vom 18. Juli 1979[399] ist § 1618 a in das BGB eingefügt worden, der Eltern und Kindern zu gegenseitigem Beistand und zur Rücksichtnahme verpflichtet.

b) Die Pflicht der Kinder zur Erbringung von Dienstleistungen

Hinsichtlich der Anerkennung der Dienstleistungspflicht der Kinder bestanden im Laufe der Gesetzgebungsarbeiten keine Bedenken.
Der § 288 des Teilentwurfs-FamR von PLANCK lautete:
"Kinder sind, so lange sie dem Hausstande der Eltern angehören und entweder unter deren Erziehungsgewalt stehen oder von denselben auf Grund der gesetzlichen Unterhaltspflicht unterhalten werden müssen, verpflichtet, in einer ihren Kräften und ihrer Lebensstellung angemessenen Weise den Eltern in deren Hauswesen und Gewerbe unentgeltlich Dienste zu leisten.
Die in § 287 Abs.2 und 3 getroffenen Bestimmungen finden entsprechende Anwendung."
Der Absatz 1 des § 288 wurde von der ersten Kommission gebilligt mit der Maßgabe, daß "oder von denselben auf Grund der gesetzlichen Unterhaltspflicht unterhalten werden müssen" durch "oder von denselben unterhalten werden" ersetzt wurde[400], der Absatz 2 aus denselben Gründen, welche zur Streichung der Absätze 2 und 3 bei § 287 des Teilentwurfs geführt hatten, abgelehnt.[401] Mit der

---

hungsgewalt steht oder von denselben in deren Hausstande unterhalten wird, kindlichen Gehorsam schuldig." = Zust. FamR § 1462, KE § 1462, E I § 1498 bei Jakobs/Schubert, Beratung, S. 316.

[397] Prot. S. 5941 bei Mugdan S. 960; Jakobs/Schubert, Beratung, S. 320: P II 4, 535.

[398] Jakobs/Schubert, Beratung, S. 325: in der Sitzung vom 12. 5. 1895.

[399] BGBl. I S. 1061.

[400] Dazu siehe die Motive, S. 715f. bei Mugdan, S. 379.

[401] Jakobs/Schubert, Beratung: P I 7528; Motive, S. 714f. bei Mugdan, S. 379: "Daß das Kind, so lange es dem Hausstande der Eltern angehört und unter ihrer Erziehungsgewalt steht, verpflichtet ist, in einer seinen Kräften und seiner Lebensstellung entsprechenden Weise den Eltern in ihrem Hauswesen und Gewerbe unentgeltlich Dienste zu leisten, entspricht nicht allein der abhängigen Stellung eines solchen Kindes gegenüber den Eltern, sondern auch dem Erziehungszwecke und den natürlichen Verhältnissen des Lebens, namentlich in den Kreisen kleinerer Gewerbebetriebe und Ackerwirthschaften.". - § 288 TE-

Vorschrift des § 288 sollte der unklaren Rechtslage im gemeinen Recht in bezug auf eine Dienstleistungs- und Vergütungspflicht ein Ende bereitet werden.[402]
Auf Vorschlag der zweiten Kommission wurde das Wort "unentgeltlich" durch die Redaktions-Kommission als überflüssig gestrichen[403].
Im zweiten Entwurf hatte die Bestimmung über die Dienstleistungspflicht folgenden Inhalt (E II § 1512): "Das Kind ist, solange es dem elterlichen Hausstand angehört und von den Eltern erzogen oder unterhalten wird, verpflichtet, in einer seinen Kräften und seiner Lebensstellung entsprechenden Weise den Eltern in ihrem Hauswesen und Geschäfte Dienste zu leisten."
Die Regelung der Dienstleistungspflicht der Kinder ist als § 1617 BGB Gesetz geworden:
"Das Kind ist, solange es dem elterlichen Hausstand angehört und von den Eltern erzogen oder unterhalten wird, verpflichtet, in einer seinen Kräften und seiner Lebensstellung entsprechenden Weise den Eltern in ihrem Hauswesen und Geschäfte Dienste zu leisten."

Einen Eingriff in das Recht der Eltern zur Bestimmung über die Arbeitskraft des Kindes und den daraus fließenden Erwerb zugunsten der Kinder sah der Antrag von JACUBEZKY vor; er beantragte, zu § 1499 des Ersten Entwurfs über die Dienstleistungspflicht (= § 1512 E II) u.a. in Anlehnung an §§ 107, 108 der Gewerbeordnung folgende Zusatzbestimmungen aufzunehmen:
a) zu § 1499 zu bestimmen:

FamR = § 1446 RedVorl von PLANCK (Vorl. Zusst. § 3): "Das eheliche Kind ist, so lange es dem Hausstande seiner Eltern angehört und entweder unter deren Erziehungsgewalt steht oder von denselben unterhalten wird, verpflichtet, in einer seinen Kräften und seiner Lebensstellung entsprechenden Weise den Eltern in deren Hauswesen und Gewerbe unentgeltlich Dienste zu leisten." = Zust. FamR § 1463 = KE § 1463, § 1499 E I.

[402] Siehe Motive, S. 715f. bei Mugdan, S. 379: "Durch § 1499 wird ein solcher Anspruch ausgeschlossen, sofern nicht eine anderweite ausdrückliche oder stillschweigende Vereinbarung ergiebt, daß die Gewährung des Unterhaltes wie die Leistung der Dienste in Erfüllung einer besonderen vertragsmäßigen Verpflichtung erfolgt ist [...] und die Kinder nicht gefährdet, da sie, wenn sie volljährig und selbst sich zu unterhalten im Stande sind, es in der Hand haben, jeder Zeit den Hausstand der Eltern zu verlassen bz. durch Vertrag sich eine Vergütung für ihre Dienste zu sichern."; Jakobs/Schubert, Beratung, S. 308f.: Prot. I 7591f.: "Man erachtete eine besondere Bestimmung um so mehr als entbehrlich, nachdem die in dem Antrage unter 1 bezeichnete Aenderung des § 288 Abs. 1 beschlossen worden sei. Wenngleich dadurch jeder Streit darüber, ob in dem vorausgesetzten Falle den Kindern ein Anspruch auf Vergütung für die geleisteten Dienste zustehe, nicht ausgeschlossen werde, da die im § 288 bestimmte Verpflichtung zur unentgeltlichen Leistung von Diensten davon abhängig sei, daß den Kindern der Unterhalt von den Eltern unentgeltlich, nicht in Erfüllung einer auf einem ausdrücklichen oder stillschweigenden Vertrage beruhenden Verpflichtung der Eltern gewährt werden, so werde doch die durch die Annahme des Antrags unter 1 herbeigeführte Erweiterung der gesetzlichen Verpflichtung der Kinder, ihren Eltern Dienste zu leisten, dazu beitragen, die Zahl der fraglichen Streitigkeiten erheblich zu verringern.".

[403] Jakobs/Schubert, Beratung, S. 320: P II 4, 537; dies., Beratung, S.322: E I - Zust. RedKom § 1499.

Die Eltern können, solange das Kind von ihnen unterhalten wird und unter ihrer Erziehungsgewalt steht, Dienste des Kindes, die seinen Kräften und seiner Lebensstellung entsprechen, auch einem Dritten überlassen.
b) als § 1508 a folgende Vorschrift aufzunehmen:
Wird von dem Inhaber der elterlichen Gewalt einem Kinde, welches das sechzehnte Lebensjahr vollendet hat, die Erlaubniß, mit Verlassen des elterlichen Hausstandes in Dienst oder in Arbeit zu treten, ohne zureichenden Grund verweigert, so kann die Erlaubniß auf Antrag des Kindes durch das Vormundschaftsgericht ergänzt werden. Das Gleiche gilt, wenn die ertheilte Erlaubniß ohne zureichenden Grund zurückgenommen oder beschränkt wird."[404]
Dieser Antrag wurde jedoch abgelehnt:[405]
"Deutscher Auffassung und Sitte habe es von jeher entsprochen, daß der Lebensgang des minderjährigen Kindes, insbes. seine Beschäftigung, durch die Eltern bestimmt werde; demgemäß habe stets der Rechtssatz gegolten, daß über die Frage, ob das minderjährige Kind das Elternhaus verlassen dürfe, lediglich die Eltern zu entscheiden hätten. [..., zu §§ 107, 108 GewO][406] Man habe die schweren Bedenken, die gegen diese Neuerung sprächen, insbes. die sittlichen Gefahren, die aus der Schwächung der elterlichen Autorität entstehen könnten, hierbei nicht verkannt, trotzdem aber geglaubt, sich zu diesem Schritte entschließen zu sollen, um den industriellen Unternehmungen ein ausreichendes Angebot von Arbeitskräften zu sichern. [...] Darüber hinauszugehen und die für die minderjährigen industriellen Arbeiter gegebenen Bestimmungen auf alle Minderjährigen auszudehnen, sei keinenfalls gerechtfertigt. Der elterlichen Autorität entspreche es allein, wenn lediglich die Eltern den Zeitpunkt zu bestimmen hätten, wenn das minderjährige Kind zum Zwecke einer selbständigen Erwerbsthätigkeit das Haus zu verlassen habe. Es könnte sonst leicht eine bedenkliche Lockerung der Familienbande eintreten; Töchter wohlhabender Eltern könnten aus reiner Laune das Elternhaus verlassen, um als Gouvernanten, Schauspielerinnen usw. ihren Lebensberuf zu suchen."[407]

c) Die Pflicht der Eltern zur Ausstattung der Töchter
Ob die sittliche Pflicht zur Ausstattung der Töchter auch zu einer vollkommenen Rechtspflicht gemacht werden sollte, war bei den Gesetzgebungsarbeiten heftig

---

[404] Zitiert nach Jakobs/Schubert, Beratung, S. 320: P II 4, 537; Prot. S. 5943f. nach Mugdan, S. 960. - Zur Begründung des Antrages, Prot. S. 5945ff. bei Mugdan, S. 961: "Das Recht des selbständig erwerbsfähigen minderjährigen Kindes, sich nach Erreichung eines gewissen Alters einen selbständigen Erwerb zu verschaffen, habe sich in der modernen Gesetzgebung allmählich durchgerungen. Für die gewerblichen Arbeiter sei es durch die Art. 107, 108 der GewO. ausdrücklich anerkannt, ähnliche Vorschriften bestünden nach einigen deutschen Gesindeordnungen für das Gesindeverhältniß.".
[405] Prot. S. 5948 bei Mugdan, S. 961; Jakobs/Schubert, Beratung, S. 321: P II 4, 538.
[406] Dazu siehe S. 399.
[407] Prot. S. 5949ff. bei Mugdan, S. 962.

umstritten. PLANCK hatte in seinem Entwurf zum Familienrecht in § 309, im Anschluß an die Vorschriften über den Unterhalt und vor den allgemeinen Bestimmungen über die elterliche Gewalt, eine Rechtspflicht der Eltern zur Ausstattung der Töchter aufgenommen:
"Eltern sind verpflichtet, der Tochter bei deren Verheirathung zur Einrichtung des Hausstandes eine Ausstattung zu geben, wenn und soweit sie dazu ohne Gefährdung ihres eigenen standesmäßigen Unterhalts und der ihnen sonst obliegenden Verpflichtungen im Stande sind und die Tochter ein zur Anschaffung einer Aussteuer ausreichendes Vermögen nicht besitzt."
Die erste Kommission entschied sich jedoch gegen die Anerkennung einer solchen Rechtspflicht und wollte die Ausstattung nur gegenüber anderen Rechtsgeschäften in bezug auf die Vorschriften über die ungerechtfertigte Bereicherung, über die Schenkungen und über abstrakte Versprechen begünstigen.[408] Die Statuierung einer Rechtspflicht zur Ausstattung der Töchter würde die Eltern zu empfindlich treffen.[409] In der zweiten Kommission wurde dagegen die Anerkennung einer Rechtspflicht zur Ausstattung betrieben.[410] Eine Pflicht zur Ausstattung der Söhne wurde allerdings abgelehnt, da diese sich durch die ihnen gewährte Erziehung selbst das Notwendige beschaffen könnten.[411]

---

[408] Jakobs/Schubert, Beratung, S. 310: Prot. I 7594f.

[409] Jakobs/Schubert, Beratung, S. 310: Prot. I 7596; siehe auch Motive, S. 717f. bei Mugdan, S. 380 mit ausführlicher Begründung der Ablehnung u.a.: "Es kann darauf vertraut werden, daß in der großen Mehrzahl der Fälle die Eltern ihren gut gearteten und die kindliche Pietät nicht außer Acht lassenden Kindern aus freiem Antriebe und nach ihren Kräften dasjenige gewähren werden, das die Kinder zu ihrem Fortkommen bedürfen. Dies wird auch dadurch bestätigt, daß in denjenigen Gebieten, in welchen gegenwärtig eine gesetzliche Ausstattungspflicht besteht, Prozesse, welche die Erfüllung dieser Verpflichtung zum Gegenstand haben, nur selten sind. Mit Recht wird ferner in den Motiven des hess. Entw. hervorgehoben, daß das Gesetz Prozesse zwischen Eltern und Kindern ohne dringende Gründe nicht zulassen soll und das Gefühl der Abhängigkeit der Kinder von Eltern, das durch die Nichtanerkennung der Ausstattungspflicht als einer Rechtspflicht gestärkt wird, indirekt als Beförderungsmittel häuslicher Zucht und Ordnung wohlthätig wirkt.".

[410] Jakobs/Schubert, Beratung, S. 318f.: P II 4, 317ff. 519. (Sitzung vom 24. 1. 1894); Prot. II S. 5504ff. bei Mugdan, S. 965ff. - Zur Begründung Prot. S. 5508f. bei Mugdan, S. 966f.: "Die von den Motiven gegen die Anerkennung einer Ausstattungspflicht der Eltern gegenüber ihren Töchtern geäußerten Bedenken seien indessen keineswegs so schwerwiegender Natur, daß man davon Abstand nehmen müsse, die ohne Zweifel bestehende moralische Verpflichtung der Eltern zur Ausstattung zu einer Rechtspflicht gegenüber den Töchtern zu erheben. Zunächst seien die Schwierigkeiten der Ausgestaltung einer derartigen rechtlichen Verbindlichkeit, wie der Vorgang des öst. und des sächs. GB. zeige, keineswegs unüberwindlich. Ebensowenig könne zugegeben werden, daß die prozessuale Geltendmachung des Ausstattungsanspruches seitens der Tochter regelmäßig zu Prozessen von besonders anstößiger Art führe. Andererseits entspreche es durchaus der modernen Gesetzgebung, die Selbständigkeit der Kinder, welche ein gewisses Lebensalter erreicht haben, zu befördern. [...] Man dürfe indessen nicht darauf vertrauen, daß die den Eltern nach der Sitte obliegende Verpflichtung zur Ausstattung der Töchter ausreichen werde, um den letzteren regelmäßig zu einer Ausstattung zu verhelfen, da eine Sitte sich oft nur dann dauernd erhalte, wenn sie vom Gesetzgeber zu einer Rechtspflicht erhoben werde.".

[411] Prot. II S. 5508 bei Mugdan, S. 966.

So lautete denn § 1515 E II: "Der Vater ist verpflichtet, einer Tochter, die sich verheiratet, zur Einrichtung des Haushalts eine angemessene Aussteuer zu gewähren, soweit er bei Berücksichtigung seiner sonstigen Verpflichtungen ohne Gefährdung seines eigenen standesmäßigen Unterhalts dazu im Stande ist und die Tochter ein zur Beschaffung der Aussteuer ausreichendes Vermögen nicht besitzt."

§ 1620 BGB in der Fassung von 1896/1900 entspricht § 1515 E II in leicht veränderter Fassung.

2. Die Vorschriften über die "Elterliche Gewalt", §§ 1626 ff.BGB

Aufgrund der Vorlage von PLANCK wurden die Grundlinien des Eltern-Kind-Verhältnisses in den Beratungen der ersten Kommission im Jahre 1876 festgelegt.[412] Sie sahen vor, daß die elterliche Sorge sich in die Sorge über die Person und über das Vermögen des Kindes aufteilt.[413] Einig war man sich desweiteren darüber, daß es eine elterliche Gewalt geben sollte.[414]

So heißt es in den Protokollen zur Beratung des Entwurfes von PLANCK in der ersten Kommission[415]:

"II. Die elterliche Gewalt ist nach dem Entw. eine Art von tutela fructuaria.

1. Dem Inhaber der elterlichen Gewalt werden analoge Pflichten auferlegt und analoge Rechte eingeräumt wie einem Vormunde[416], unter Beiseitelassung der Kontrolle des Tutelgerichtes und unter einigen weiteren Exemtionen. Bei Pflicht und Recht werden zwei Richtungen, Sorge für die Person und Sorge für das Vermögen, unterschieden und in beiden Richtungen wird dem Inhaber der elterli-

---

412 Dazu siehe Jakobs/Schubert, Beratung, S. 341ff.

413 Jakobs/Schubert, Beratung, S. 341.

414 Jakobs/Schubert, Beratung, S. 349 (§ 317 des TE-FamR). - Zur elterlichen Gewalt der Mutter siehe Motive, S. 733ff. bei Mugdan, S. 389ff.

415 Siehe bei Jakobs/Schubert, Beratung, S. 349f.: Prot. I 7605f.

416 Siehe auch Motive zu §§ 1501, 1502, S. 724f. bei Mugdan, S. 384f.: "Demgemäß behandelt er [scil. der Entwurf] die elterliche Gewalt ihrer wesentlichen Grundlage nach als eine vormundschaftliche im modernen Sinne der Vormundschaft. [...] Andererseits muß aber im Anschlusse an das bestehende Recht der Umstand, daß die elterliche Gewalt sich als der rechtliche Ausdruck eines natürlichen sittlichen Verhältnisses darstellt und auf gegenseitiges Vertrauen und auf gegenseitige Liebe gegründet ist, dahin führen, den Inhaber der elterlichen Gewalt bei seiner vormundschaftlichen Verwaltung erheblich freier zu stellen." (wird näher ausgeführt). - Siehe auch Motive, S. 802 zu §§ 1544-1553: "Wenngleich die Stellung des Gewalthabers gegenüber dem Kinde nach dem Entw. begrifflich die eines Vormundes ist, so muß sie doch mit Rücksicht auf das natürliche und nahe Verhältniß zwischen dem Inhaber der elterlichen Gewalt und dem Kinde nothwendig freier gestaltet und zur Vermeidung des Eindringens vormundschaftlicher Organe in das innere Familienleben und zur Aufrechterhaltung der Autorität des Gewalthabers die Fürsorge und Aufsicht des VormGerichtes auf ein möglichst geringes Maß, d. h. soweit beschränkt werden, als dies andererseits mit dem Interesse des Kindes, mit der Sicherung desselben gegen Mißbrauch der Gewalt und gegen Gefährdung durch den Inhaber der elterlichen Gewalt vereinbar ist.".

chen Gewalt die zweckentsprechende Vertretungsmacht von dem Gesetze verliehen, demselben die Eigenschaft des gesetzlichen Vertreters beigelegt. Die Pflicht ist das Primäre und wird deshalb voran gestellt. Das die Pflicht begleitende Recht wird dem Inhaber der elterlichen Gewalt nicht zur willkürlichen und eigennützigen Ausübung, sondern zu dem Zwecke der Pflichterfüllung gewährt.
2. Die Nutznießung des Inhabers der elterlichen Gewalt erscheint nach dem Entw. als ein mehr akzidentaler Bestandtheil dieser Gewalt. Die unter II. angeführten Grundsätze des Entw. entsprechen den Vorbeschlüssen vom 28. und 30. September 1876. Mit der Aufgebung der römischen potestas und des römischen Prinzips der Personeneinheit sind die adjektizischen Klagen gegen den Vater beseitigt und ist für die verschiedenen Qualifikationen des der elterlichen Nutznießung nicht unterworfenen Vermögens - peculium castrense, quasi castrense, adventicium irregulare - kein Bedürfnis."[417]

Einer der tragenden Gedanken des Entwurfs, nämlich daß die elterliche Gewalt mit der Volljährigkeit des Kindes endet, konnte sich trotz einiger Anfechtungen im Laufe der Gesetzgebungsarbeiten durchsetzen[418].

a) Die Sorge für die Person des Kindes
In den Entwürfen wie dann auch im BGB in der Fassung von 1896 selbst finden sich nur wenige die Personensorge regelnde Paragraphen.[419]
So gibt es im Teilentwurf von PLANCK zunächst die Vorschrift, die feststellt, daß die elterliche Gewalt die Sorge für die Person des Kindes beinhaltet.
§ 318 TE-FamR: Die elterliche Gewalt begründet für den Elterntheil, welchem sie zusteht: 1. die Pflicht und das Recht, für die Person und die Vermögensangelegenheiten des Kindes zu sorgen.
Zur Personensorge wurden in erster Linie die Erziehung und das Recht der Eltern zur Bestimmung des Aufenthaltes der Kinder gerechnet:
§ 324 TE-FamR:
"Die Sorge für die Person des Kindes umfaßt insbesondere die Erziehung desselben.
In Ausübung ihres Erziehungsrechtes sind die Eltern zur Anwendung angemessener Mittel häuslicher Zucht berechtigt.
Das Vormundschaftsgericht hat die Eltern auf deren Antrag nach verständigem Ermessen durch geeignete Zwangsmaßregeln in Durchführung des elterlichen Zuchtrechtes zu unterstützen."

---

[417] Siehe auch Motive, S. 729 bei Mugdan, S. 386f.
[418] Siehe zu den Beratungen in der ersten Kommission, Jakobs/Schubert, Beratung, S. 350: Prot. I 7607ff.; siehe zur Begründung auch Prot. II, S. 5959 bei Mugdan, S. 969. - Dörner, Industrialisierung und Familienrecht, S. 113ff.
[419] Siehe Dörner, Industrialisierung und Familienrecht, S. 115.

Die erste Kommission einigte sich dann über die folgende Fassung des ersten Absatzes: "Die Sorge für die Person umfaßt insbesondere die Erziehung des Kindes und die Aufsicht über dasselbe."[420]
Fünf weitere Vorschriften des Teilentwurfs widmeten sich der Personensorge, §§ 322-328[421], sie trafen aber bezüglich der Erziehung keine inhaltlichen Anforderungen. Eine nähere Bestimmung des Inhalts der Erziehungsgewalt wurde nicht für erforderlich gehalten, da sich aus der Natur der Sache ergebe, daß sie im Interesse des Kindes ausgeübt werde. Die Erziehung müsse die Interessen, Fähigkeiten und Anlagen, sowie die sonstigen Verhältnisse des Kindes berücksichtigen und die körperliche, geistige und insbes. auch sittliche Ausbildung des Kindes umfassen.[422] Zur rechtlichen Natur der Pflichtseite der Erziehung heißt es in den Motiven:
"Die dem elterlichen Erziehungsrechte entsprechende Pflichtseite fällt zumeist dem sittlichen Gebiete anheim. Rechtlich äußert sie ihre Wirksamkeit einerseits in der Möglichkeit staatlichen Schutzes gegen Pflichtwidrigkeit des Erziehungsberechtigten (§ 1546), andererseits in der Unwirksamkeit eines Verzichtes auf das Erziehungsrecht."[423]

Unter den Vorschriften über die Mitwirkung und Aufsicht des Vormundschaftsgerichtes fand sich folgende Regelung zum Mißbrauch der elterlichen Gewalt:
§ 363 TE-FamR: "Wenn der Inhaber der elterlichen Gewalt durch Mißbrauch des Rechts der Sorge für die Person des Kindes, insbesondere des Erziehungsrechtes, oder durch grobe Vernachlässigung des Kindes dessen geistiges oder leibliches Wohl gefährdet, wenn das Kind eine strafbare Handlung begangen hat und mit Rücksicht auf die Beschaffenheit der strafbaren Handlung, die Persönlichkeit des Inhabers der elterlichen Gewalt und die sonstigen Lebensverhältnisse des Kindes die Gefahr weiterer sittlicher Verwahrlosung desselben begründet ist, ferner wenn der Inhaber der elterlichen Gewalt der bürgerlichen Ehrenrechte für verlustig erklärt ist oder offenkundig einen unsittlichen Lebenswandel führt, so hat das Vormundschaftsgericht die zur Abwendung der hieraus sich für das Kind ergebenden Gefahr erforderlichen Anordnungen zu treffen und, soweit dies im Interesse des Kindes erforderlich, die elterliche Gewalt, mit Ausnahme der elterlichen Nutznießung, gänzlich zu entziehen."[424]

---

420 Jakobs/Schubert, Beratung, S. 355: Prot. I 7619.

421 TE-FamR: § 322 Sorgerecht der Mutter; § 323 Anspruch auf Herausgabe des Kindes gegen Dritte; §§ 325-328 betreffen die religiöse Erziehung. - Zu den Vorschriften der §§ 322ff. und der Beratung in der ersten Kommission siehe Jakobs/Schubert, Beratung, S. 354ff.: Prot. I 7616ff.

422 Motive, S. 750 zu § 1504 bei Mugdan, S. 398f.

423 Motive, S. 752 zu § 1504 bei Mugdan, S. 399f.

424 Zu den Beratungen in der ersten Kommission über diese Vorschrift, Jakobs/Schubert, Beratung, S. 410ff.: Prot. I 7757ff.

Diese allgemeine Mißbrauchsregelung wurde als ausreichend für den Schutz des Kindes gehalten. Eine dem § 112 2.Teil 2.Titel des ALR vergleichbare Bestimmung über die Mitwirkung des Kindes bei der Berufswahl hielt man für überflüssig.[425] Die allgemeine Mißbrauchsvorschrift - im BGB von 1896/1900 § 1666 BGB, unterlag im Laufe des weiteren Gesetzgebungsverfahrens noch vielfältigen Änderungen und Änderungsanträgen, wegen der auf die einschlägige Literatur verwiesen wird.[426]

Zu erinnern bleibt an dieser Stelle noch, daß das Bürgerliche Gesetzbuch in dem Titel über das Eltern-Kind-Verhältnis keine abschließende Regelung der die Person des Kindes betreffenden Fragen treffen sollte. Es sei nur an die Erforderlichkeit des Konsenses der Eltern zur Eheschließung[427], der im Recht der Eheschließung geregelt war und an Vorschriften wie die §§ 107, 108 der Gewerbeordnung[428] erinnert.

Die Vorschriften des Entwurfs zur Personensorge wurden von der zweiten Kommission in der Sache gebilligt[429]. Nach den Beratungen in der zweiten Kommission wurde der § 1508 über die religiöse Erziehung gestrichen[430]; im Einführungsgesetz zum Bürgerlichen Gesetzbuch wurde in Artikel 134 geregelt, daß die landesgesetzlichen Vorschriften über die religiöse Erziehung der Kinder unberührt bleiben sollten.

In Grundzügen sieht das Recht der Personensorge im BGB von 1896/1900 folgendermaßen aus:
Kraft der elterlichen Gewalt hat der Vater "das Recht und die Pflicht, für die Person und das Vermögen des Kindes zu sorgen", § 1627. Diese Sorge umfaßt nach § 1630 auch die Vertretung des Kindes. Er ist allerdings - genau wie der Vormund - Beschränkungen bei der Vertretung des Kindes unterworfen, § 1630 Abs.2 i.V.m. § 1795. Nach § 1631 umfaßt die Sorge für die Person des Kindes, das Recht und die Pflicht, "das Kind zu erziehen, zu beaufsichtigen und seinen Aufenthalt zu bestimmen". Dabei stehen dem Vater angemessene Zuchtmittel

---

[425] Motive, S. 751 bei Mugdan, S. 399.
[426] Dazu siehe Balks, Die Vorgeschichte des § 1666. - Zur Begründung des § 1546 E I siehe Motive, S. 803ff. bei Mugdan, S. 426ff.
[427] E I § 1232; E II § 1210.
[428] Nach § 107 der Gewerbeordnung in der Fassung des Gesetzes vom 1. Juni 1891 (RGBl. S. 261) durften Minderjährige nur dann als Arbeiter beschäftigt werden, wenn sie ein Arbeitsbuch hatten. Nach § 108 Satz 2 GewO erfolgte die Ausstellung des Arbeitsbuches durch die Polizeibehörde auf Antrag oder mit Zustimmung des Vaters. Der 2. Halbsatz lautet dann wie folgt: "Ist die Erklärung des Vaters nicht zu beschaffen, oder verweigert der Vater die Zustimmung ohne genügenden Grund und zum Nachtheil des Arbeiters, so kann die Gemeindebehörde die Zustimmung desselben ergänzen.".
[429] Jakobs/Schubert, Beratung, S. 516: P II 4, 546ff.
[430] Jakobs/Schubert, Beratung, S. 540.

zur Verfügung, § 1631 Abs.2. Dem Schutz der elterlichen Gewalt gegenüber Dritten dient die Vorschrift des § 1632, die die Pflicht Dritter zur Herausgabe des Kindes statuiert.
Bei einem Mißbrauch der elterlichen Gewalt durch den Vater kann das Vormundschaftsgericht nach § 1666 die notwendigen Maßnahmen treffen.

b) Die Sorge für das Vermögen des Kindes

In den Entwürfen widmeten sich die weitaus meisten Bestimmungen den Fragen des Kindesvermögensrechtes. Im Rahmen dieser Arbeit soll aber nicht auf die Einzelheiten der väterlichen Verwaltung und Nutznießung eingegangen werden. Betrachtet werden sollen nur die beiden Fragen, wie der Umfang des freien und unfreien Vermögen bestimmt und inwieweit das Kind vor einer schlechten Verwaltung seines Vermögens durch den Vater geschützt werden sollte.

aa) Der Umfang des freien Vermögens

Von Anfang an bestand Übereinstimmung darüber, daß dem Vater als Ausfluß der elterlichen Gewalt ein Nießbrauchsrecht am Vermögen des Kindes zustehen sollte[431]. Das Nießbrauchsrecht sollte ihm die Möglichkeit geben, "in einer seiner Stellung gegenüber den Kindern angemessenen Weise über die Einkünfte des Kindesvermögens im gemeinsamen Interesse nach eigenem Ermessen verfügen zu können".[432] Zum freien, nicht der Nutznießung durch den Vater unterworfenen Vermögen zählte nach dem Entwurf von PLANCK neben dem von einem Dritten unter Ausschluß des Inhabers der elterlichen Gewalt Zugewendeten (§ 333 Abs. 1 TE-FamR) nach § 333 Abs. 3 TE-FamR das durch Arbeit des Kindes erworbene Vermögen sowie solche Gegenstände, "welche zur Kleidung, zum Schmucke oder sonstigen Gebrauch des Kindes bestimmt sind." PLANCK fertigte einen verbesserten Entwurf zu den §§ 333 bis 354, in dessen § 5 zum freien Vermögen des Kindes ergänzend hinzugezählt wird "sowie an solchen Rechten, welche ihrem Inhalte nach durch einen Anderen, als den Berechtigten,

---

[431] Siehe die Vorlage von Planck, Elterliche Gewalt, Vorschläge bei Jakobs/Schubert, Beratung, S. 341 und das Abstimmungsergebnis der Beratungen der ersten Kommission von 1876 bei Jakobs/Schubert, Beratung, S. 345. - Zur Rechtfertigung siehe auch Motive, S. 724ff. bei Mugdan, S. 384f.: "Mit der Stellung des Gewalthabers gegenüber dem Kinde würde es ferner nicht im Einklange stehen, wenn er ihm in irgend welcher Form für das Maß der zum Zwecke des Unterhaltes aus den Einkünften des Kindesvermögens gemachten Verwendungen verantwortlich sein sollte. [...] Der Unterhalt des Kindes und die Vermeidung von Abrechnungen zwischen dem Gewalthaber und dem Kinde über die Verwendung der Einkünfte, sowie die Herbeiführung einer angemessenen Stellung des Inhabers der elterlichen Gewalt nach außen sind nicht der einzige Zweck der elterlichen Nutznießung. [...] Die Stellung des Inhabers der elterlichen Gewalt gegenüber dem Kinde muß eine selbständige sein; das natürliche Verhältniß ist, daß die Eltern dem Kinde den Unterhalt geben. [...] Das natürliche Gefühl der Abhängigkeit des Kindes vom Inhaber der elterlichen Gewalt kann dadurch unter Umständen schwer geschädigt werden.".

[432] Motive, S. 777 zu §§ 1521, 1522 bei Mugdan, S. 412; siehe auch Motive, S. 785 zu § 1528 bei Mugdan, S. 417.

nicht genutzt werden können."[433] Im Anschluß an Änderungen im Ehegüterrecht wurde diese Vorschrift, § 5, in vier Paragraphen aufgeteilt und dahingehend ergänzt, daß zum freien Vermögen auch diejenigen Gegenstände zu rechnen sind, die das Kind durch den selbständigen Betrieb eines Erwerbsgeschäftes, zu welchem der gesetzliche Vertreter das Kind nach den gesetzlichen Vorschriften ermächtigt hatte, erlangt[434]. In der Redaktionsvorlage von PLANCK sind dies die §§ 1480-1482[435], die in der zweiten Kommission wieder in einer Vorschrift zusamengefaßt wurden.[436] Von der Nutznießung ausgeschlossen (freies Vermögen) waren weiterhin die ausschließlich zum persönlichen Gebrauch des Kindes bestimmten Sachen, insbesondere Kleider und Schmucksachen.[437]
Der Antrag von FROHME, § 1627 entsprechend § 1354 zu fassen: "Freies Vermögen sind die zum persönlichen Gebrauche des Kindes bestimmten Sachen, insbesondere Kleider und Schmucksachen, sowie die zur Ausübung eines Erwerbs oder Berufs erforderlichen Gegenstände"[438] wurde an die Redaktionskommission überwiesen,[439] die § 1627 schließlich so formulierte: "[...] Von der Nutznießung ausgeschlossen [...] Kleider, Schmucksachen und Arbeitsgeräthe."[440]

bb) Der Schutz des Vermögens der Kinder

Im folgenden soll der Frage nachgegangen werden, wie das Vermögen des Kindes vor einem Mißbrauch der Verwaltung und der Nutznießung durch den Inhaber der elterlichen Gewalt geschützt werden sollte.
In § 349 TE-FamR war ausdrücklich festgelegt, daß der Inhaber der elterlichen Gewalt zur Sicherheitsleistung wegen der Nutznießung und zur Einreichung eines Vermögensverzeichnisses nicht verpflichtet sei. In den von PLANCK gemachten Änderungsvorschlägen fand dieser Gedanke Ausdruck in § 6 b[441], wonach die Vorschriften der §§ 969, 970, 982, 983 (K. E.) keine Anwendung finden sollten. Die erste Kommission war sich einig, daß, abgesehen von Ausnahmefällen, der Inhaber der elterlichen Gewalt auch nicht kraft der elterlichen Nutznießung zur Einreichung eines Vermögensverzeichnisses oder zur Sicherheitsleistung verpflichtet sein sollte.[442] Als Ausnahmefall galt eine erneute Eheschließung des Vaters nach dem Tode seiner Ehefrau und der Mutter der Kinder.

---

433 Siehe Jakobs/Schubert, Beratung, S. 364: Prot. I 7641ff.
434 Jakobs/Schubert, Beratung, S. 364f.: Prot. I 7644f.
435 §§ 1480-1482 KE, §§ 1516-1518 E I.
436 E I VorlZust § 1516. = § 1541 E II. - Jakobs/Schubert, Beratung, S. 541. - Siehe auch § 1629 E II rev.
437 E III § 1627, BGB § 1650. - Jakobs/Schubert, Beratung, S. 555.
438 Jakobs/Schubert, Beratung, S. 561.
439 Jakobs/Schubert, Beratung, S. 564.
440 Jakobs/Schubert, Beratung, S. 568.
441 Jakobs/Schubert, Beratung, S. 366.
442 Jakobs/Schubert, Beratung, S. 366; siehe auch Motive, S. 743ff. zu § 1503 bei Mugdan, S. 395.

Nach dem Teilentwurf von PLANCK sollte der Vater bei einer erneuten Eheschließung zu einer Anzeige an das Vormundschaftsgericht und der Errichtung eines Inventars über das seiner Verwaltung unterworfene Vermögen des Kindes und zu seiner Einreichung beim Vormundschaftsgericht verpflichtet sein, § 366 TE-FamR[443]. Nach Eingehung der Ehe und wenn er der Inhaber der elterlichen Gewalt war, mußte er ferner Sicherheit leisten nach Maßgabe des § 366. In den Beratungen der ersten Kommission wurde beschlossen, auch die Verpflichtung zur Auseinandersetzung mit den Kindern aufzunehmen, wenn der Vater und das Kind die Mutter beerbt hatten[444]. Dagegen beschloß die Mehrheit der ersten Kommission die Streichung der Absätze 2 und 3, also den Wegfall der Verpflichtung zur Sicherheitsleistung.[445]
Die erste Kommission lehnte ferner den Antrag auf Einfügung eines § 329 a: "Der Inhaber der elterlichen Gewalt ist verpflichtet, wenn das Kind durch gesetzliche Erbfolge oder durch Zuwendung eines Dritten mittels Verfügung von Todeswegen oder unter Lebenden Vermögen erwirbt, welches der elterlichen Verwaltung unterworfen ist, ein Verzeichniß dieses Vermögens binnen zwei Monaten von der Zeit an, wo er von dem Erwerbe Kenntniß erlangt hat, an das Vormundschaftsgericht einzureichen." unter Verweis auf die in den Motiven dargelegten Gründe ab.[446] Die Bestimmung einer so tief eingreifenden Kontrollmaßregel passe nicht zu dem allgemeinen Grundsatz, daß der Inhaber der elterlichen Gewalt in der Regel von der Oberaufsicht des Tutelgerichtes befreit sein solle.[447] Aus denselben Gründen wurde auch die Einfügung eines nicht so weit gehenden § 367a abgelehnt.[448] Auch die zweite Kommission lehnte zwei Anträge auf Einfügung einer Inventarisierungspflicht unter anderem auch wegen einer befürchteten Überlastung der Vormundschaftsgerichte ab.[449] In der XII. Kom-

---

[443] Entspricht § 1548 E I, zur Begründung siehe Motive, S. 811ff. bei Mugdan, S. 430ff.: "Immerhin ist jedoch auch im ersteren Falle mehr oder weniger die Gefahr einer Verdunkelung der Vermögensverhältnisse der Kinder aus der früheren Ehe begründet und es deshalb angezeigt, dem Gewalthaber, ohne Unterschied zwischen Vater und Mutter, nicht nur die Verpflichtung aufzuerlegen, vor Schließung der neuen Ehe dem VormGerichte ein Verzeichniß des seiner Verwaltung unterliegenden Vermögens der Kinder einzureichen, sondern auch, wenn er und das Kind den anderen Theil beerbt haben, die Auseinandersetzung in Ansehung der Erbschaft, und zwar als Regel vor Schließung der neuen Ehe, herbeizuführen.".

[444] Jakobs/Schubert, Beratung, S. 418: Prot. I 7777f.

[445] Jakobs/Schubert, Beratung, S. 418: Prot. I 7779f.

[446] Jakobs/Schubert, Beratung, S. 361: Prot. I 7634.

[447] Jakobs/Schubert, Beratung, S. 361: Prot. I 7635.

[448] § 367a: "Ein Vermögensverzeichniß hat der Inhaber der elterlichen Gewalt auch dann aufzunehmen und bei dem Vormundschaftsgerichte einzureichen, wenn in die Verwaltung eine Erbschaft kommt, welche dem Kinde zugefallen ist. Das Vermögensverzeichniß hat sich auf die zu der Erbschaft gehörenden Gegenstände zu beschränken. Abs. 2 Die Kosten der Errichtung desselben gehören zu den Lasten der elterlichen Nutznießung. Abs. 3 Das Vormundschaftsgericht ist die Errichtung und Einreichung des Vermögensverzeichnisses zu erlassen befugt.". - Jakobs/Schubert, Beratung, S. 420f.: Prot. I 7782ff.

[449] Jakobs/Schubert, Beratung, S. 518: Prot II 4, 562ff.; Prot. S. 5991ff. bei Mugdan, S. 984f.

mission des Reichstages wurde dann aber der Antrag des Abgeordneten GRÖBER auf Einschaltung eines neuen § 1615 a mit sehr großer Mehrheit angenommen. § 1615a lautete: „Der Vater hat das seiner Verwaltung unterliegende Vermögen des Kindes, welches bei dem Tode der Mutter vorhanden ist oder diesem später zufällt, zu verzeichnen und das Verzeichniß, nachdem er es mit der Versicherung der Richtigkeit und Vollständigkeit versehen hat, dem Vormundschaftsgericht einzureichen.
Abs. 2 Ist das eingereichte Verzeichniß ungenügend, so kann das Vormundschaftsgericht anordnen, daß das Verzeichniß durch eine zuständige Behörde oder durch einen zuständigen Beamten oder Notar aufgenommen wird."[450]
Die Gegner der Regelung führten aus, es bestehe kein dringendes Bedürfnis für diese Bestimmung und außerdem führe sie zu einer außerordentlichen Belästigung der Beteiligten und der Gerichte.[451] Der Antrag des Abgeordneten SCHRÖDER in der zweiten Lesung in der XII. Kommission auf Streichung des neuen Paragraphen wurde von der Mehrheit abgelehnt.[452]

Eine Pflicht des Vaters zur Rechnungslegung bei Beendigung der Verwaltung sah man als notwendig an, um nicht Ansprüche des Kindes wegen der Verletzung der dem Gewalthaber obliegenden Verpflichtungen bei der Verwaltung illusorisch zu machen.[453] In diesem Zusammenhang ist auch die Vorschrift über den Haftungsmaßstab ("diligentia quam in suis adhibere solet") beim Ersatzanspruch des Kindes zu erwähnen.[454] Der Sicherung des Kindes diente auch die Regelung über die Haftung des Vormundschaftsrichters.[455]

Entsprechend § 363 TE-FamR, der den Mißbrauch der Personensorge regelte, sah der Teilentwurf für das Familienrecht von PLANCK eine Vorschrift auch für den Fall des Mißbrauchs des Rechts der Vermögenssorge vor:
§ 365 TE-FamR: Wenn der Inhaber der elterlichen Gewalt die ihm in Betreff der Vermögensverwaltung oder elterlichen Nutznießung obliegenden Verpflichtungen in so erheblicher Weise unerfüllt läßt, daß dadurch die Besorgniß einer erheblichen Gefährdung des Kindes auch für die Zukunft begründet wird, oder wenn das seiner Verwaltung unterworfene Vermögen des Kindes dadurch ge-

---

[450] Jakobs/Schubert, Beratung, S. 561f. und 563f.
[451] Jakobs/Schubert, Beratung, S. 564.
[452] Es wurden allerdings zwei Zusätze zugelassen: Jakobs/Schubert, Beratung, S. 569f.
[453] Motive, S. 747 zu § 1503 bei Mugdan, S. 397.
[454] § 1664 BGB = TE-FamR §§ 319ff., 504: KE §§ 1467, 1658 Abs. 1; E I §§ 1503, 1696 Abs. 1; E II § 1555; E II rev. § 1643; E III § 1641 mit weiteren Hinweisen bei Jakobs/Schubert, Beratung, S. 334. - Dazu Prot. S. 6033 bei Mugdan, S. 984.
[455] BGB § 1674: E I §§ 1503, 1702; E II § 1563; E II rev. § 1652; E III § 1650 mit weiteren Hinweisen bei Jakobs/Schubert, Beratung, S. 336; Prot. S. 6033 bei Mugdan, S. 984; Prot. S. 8670 bei Mugdan, S. 1000.

fährdet erscheint, daß er in Folge schlechter Wirthschaft in Vermögensverfall geräth oder sich in leichtsinnige oder gewagte Unternehmungen einläßt, so hat das Vormundschaftsgericht die zur Sicherung der Rechte des Kindes erforderlich erscheinenden Anordnungen zu treffen. Es kann zu diesem Zwecke insbesondere dem Inhaber der elterlichen Gewalt die Aufnahme und Einreichung eines Verzeichnisses über das Vermögen des Kindes, sowie die Hinterlegung der dazu gehörenden Werthpapiere und Kostbarkeiten nach Maßgabe des § 532 und äußersten Falls Sicherheitsleistung aufgeben."
Nach § 368 des Teilentwurfs sollte das Vormundschaftsgericht befugt sein, dem Inhaber der elterlichen Gewalt die Vermögensverwaltung gänzlich zu entziehen, wenn er den Anordnungen nach § 365 nicht nachkam.
In der ersten Kommission fand die Vorschrift des § 365 bis auf die Voraussetzung der leichtsinnigen und gewagten Unternehmungen des Inhabers der elterlichen Gewalt inhaltliche Zustimmung.[456] Es sollte jedoch in § 368 verdeutlicht werden, daß als Sanktion auf die Nichterbringung der Sicherheitsleistung nur die Entziehung der Vermögensverwaltung in Betracht komme.[457]
Die oben dargestellten Vorschriften unterlagen auch in der zweiten Kommission keinen sachlichen Anfechtungen.[458]

Dem Schutz des Kindes sollte auch die Anzeigepflicht für die Gemeindewaisenräte dienen.[459] § 370 TE-FamR: "Die Gemeindewaisenräthe haben die zu ihrer Kenntniß kommenden Fälle, welche zu einem Einschreiten des Vormundschaftsgerichts nach Maßgabe der §§ 361-369 geeignet sind, dem Vormundschaftsgerichte sofort anzuzeigen."
Diese Vorschrift ist in leicht veränderter Form als § 1675 in BGB eingegangen.

Als nicht mehr besonders regelungsbedürftig wurde die Dispositionsfähigkeit des Hauskindes angesehen, es sollte allein auf die Minderjährigkeit abgestellt werden, d. h. minderjährige Hauskinder waren wie die Minderjährigen unter Vormundschaft zu behandeln.[460]

cc) Das Kindesvermögensrecht im BGB von 1896/1900
Das BGB geht vom Regelfall des unfreien, d.h. mit dem väterlichen Nießbrauch belasteten Vermögens aus; die Fälle des freien Vermögens sind in §§ 1650,

---

[456] Jakobs/Schubert, Beratung, S. 414ff.: Prot. I 7768ff.
[457] Jakobs/Schubert, Beratung, S. 415f.: Prot. I 7772. - Siehe auch die Formulierungen in der Redaktionsvorlage von PLANCK: § 1511 (Vorl. Zusst. § 39) und § 1514 (Vorl. Zusst. § 42) und die Fassung der oben zitierten Vorschriften im KE/E I: § 1511 (bzw. 1547) und § 1514 KE, § 1550 E I.
[458] Siehe Jakobs/Schubert, Beratung, S. 556f. - Im E II sind dies die Vorschriften der §§ 1558, 1559 und 1561, im E III und nach BGB sind dies die §§ 1644 bzw. 1667 und 1670.
[459] Entspricht § 1552 E I; zur Begründung Motive, S. 815f. bei Mugdan, S. 432.
[460] Motive, S. 731f. bei Mugdan, S. 388.

1651 geregelt: Die ausschließlich zum persönlichen Gebrauch des Kindes bestimmten Sachen wie Kleider, Schmuck und Arbeitsgeräte sowie der Erwerb des Kindes durch Arbeit oder durch den ihm nach § 112 gestatteten selbständigen Betrieb eines Erwerbsgeschäftes fallen darunter. Zum freien Vermögen gehört auch eine Zuwendung an das Kind, mit der Bestimmung des Ausschlussses des väterlichen Nießbrauchsrechtes.
Dem Vater steht das Recht und die Pflicht zur Verwaltung des Vermögens des Kindes zu, §§ 1638ff. Darüber hinaus ist ihm nach § 1649 die Nutznießung am Vermögen des Kindes eingeräumt. Vor einem Mißbrauch des väterlichen Verwaltungs- und Nießbrauchsrechtes sollen die Kinder durch das in §§ 1667ff. vorgesehene Tätigwerden des Vormundschaftsgerichtes geschützt werden. Dem Schutz des Kindes dient auch der Anspruch wegen Amtspflichtverletzung gegen den Vormundschaftsrichter nach § 1674. Darüber hinaus geht das BGB davon aus, daß dem Kind auch ein Schadensersatzanspruch gegen den Vater wegen schlechter Ausübung der elterlichen Gewalt zustehen kann, da es für den Vater in § 1664 den Haftungsmaßstab der eigenüblichen Sorgfalt aufstellt.
Bei Beendigung der elterlichen Gewalt hat der Vater dem Kind sein Vermögen herauszugeben und über seine Verwaltung Rechenschaft zu legen, § 1681.

3. Klagbare Verbindlichkeiten zwischen Eltern und Hauskindern

Mit der Anerkennung der Vermögensfähigkeit des Hauskindes und der Aufgabe des Prinzips der Personeneinheit konnten auch klagbare Obligationen zwischen dem Inhaber der elterlichen Gewalt und dem Hauskind entstehen[461]. So sah der Teilentwurf von PLANCK unter der Überschrift "5.Die aus der elterlichen Gewalt zwischen dem Inhaber derselben und dem Kinde entstehenden Verbindlichkeiten" grundsätzlich die Anwendbarkeit von Vorschriften des Vormundschaftrechtes für Verbindlichkeiten, die aus der elterlichen Gewalt herrührten, vor, soweit nicht Abweichendes bestimmt wurde, § 345 TE-FamR. So konnte der Vater Ersatz für nach den Umständen erforderliche Aufwendungen für die Person oder das Vermögen des Kindes verlangen, §§ 345, 507 TE-FamR.[462] Erwähnt werden Obligationen zwischen Vater und Kind auch in anderen Vorschriften.[463]

---

[461] Motive, S. 729 bei Mugdan, S. 387.

[462] KE 1467, 1660; E I §§ 1503, 1698: E II § 1539; E II rev. § 1627; E III § 1625. - Siehe Jakobs/-Schubert, Beratung, S. 331 mit weiterführenden Hinweisen; Motive, S. 745ff. zu § 1503 bei Mugdan, S. 396.

[463] § 1657 = TE-FamR § 334 (§ 17 der Änderungsanträge); KE § 1497; E I § 1533; E II § 1548; E II rev. § 1636; E III § 1634; auch § 16 der Änderungsanträge. - Dazu Jakobs/Schubert, Beratung, S. 332.

5. Kapitel Zusammenfassung

Im 19. Jahrhundert spielte die in der bürgerlichen Philosophie und Gesellschaftstheorie entwickelte These vom rechtsfreien Innenraum der Familie die bestimmende Rolle. Diese These bedeutete in der Geschichte des Familienrechts einen bedeutenden Einschnitt, wurde doch zum erstenmal dem Gesetzgeber bei seiner Gesetzgebung zur Familie und damit auch zum Vater-Kind-Verhältnis Schranken gesetzt. Die Entwicklung des Grundsatzes ist vor dem Hintergrund des liberalistischen bürgerlichen Sozialmodells zu sehen, nach dem der Staat dem Einzelnen nur seine Freiheit zu garantieren hatte, um das Gemeinwohl, die Freiheit aller, zu erreichen. Die väterliche Gewalt wurde wie das Eigentum und der Gewerbebetrieb als exemtes Recht betrachtet, in das der Staat nicht eingreifen dürfe. Man vertraute darauf, daß sich so das gesellschaftliche Leben am besten entfalten könnten.
Die Rechtswissenschaft übernahm nun diesen Grundsatz. Hier bedeutete die Anwendung der These vom rechtsfreien Innenraum, daß eigene Rechtspositionen des Kindes gegenüber dem Hausvater nicht mehr denkbar waren. Regelungen des ALR und des ABGB über die Mitbestimmung des Kindes bei der Berufswahl, die ihren Ursprung in naturrechtlichem Gedankengut hatten, wurden heftigst kritisiert. Sie ließen sich nicht mit der gewünschten starken Autorität des Vaters vereinbaren. Diese leide unter eigenen Rechten des Kindes. Genauso undenkbar waren auch Rechtsstreitigkeiten zwischen dem Hausvater und seinen gewaltunterworfenen Kindern. Bei diesem Ausgangspunkt drängte sich das römische Recht, das sich bei der Regelung von familienrechtlichen Fragen zurückgehalten hatte, als Vorbild förmlich auf. Die Fiktion der Personeneinheit von Vater und Kind paßte zudem hervorragend in das Konzept von der Nichteinmischung des Rechts in den inneren Bereich der Familie. So kam es, daß sich die Juristen im 19. Jahrhundert ganz überwiegend mit Fragen des Kindesvermögensrechtes auseinandersetzen und den Bereich der "Personensorge" vernachlässigten.

Erst in der zweiten Hälfte des 19. Jahrhunderts begann man, sich allmählich - nicht zuletzt veranlaßt durch die Bedürfnisse der Praxis - vom römischen Recht zu lösen. Die römische Fiktion von der Personeneinheit wurde als widerlegt angesehen. Deutschrechtliche Grundsätze - z.B. über die Möglichkeit von Rechtsgeschäften - kamen mehr zum Tragen. Ein weiterer Schritt zu mehr Selbstbestimmung des Kindes lag in der einheitlichen Regelung des Volljährigkeitsalters für das Deutsche Reich, das in § 1 des Reichsgesetzes, betreffend das Alter der Großjährigkeit vom 17. Februar 1875 das vollendete 21. Lebensjahr als Beginn der Volljährigkeit festsetzte.[464] In den Gebieten des gemeinen Rechts hatte das Volljährigkeitsalter 25 Jahre betragen.[465]

Zudem stellte sich heraus, daß das Vertrauen in das "freie Spiel der Kräfte" auch im Bereich der väterlichen Gewalt nicht gerechtfertigt war. Das Problem des Mißbrauchs der väterlichen Gewalt in der Form der Vernachlässigung der Kinder wurde besonders bei der infolge der Industrialisierung eintretenden massenhaften Verwahrlosung von Jugendlichen virulent.

Das BGB von 1896/1900 stand mit seiner Regelung des Eltern-Kind-Verhältnisses auf dem geistigen Boden des 19. Jahrhunderts. Es zeichnet sich dadurch aus, daß es eine starke väterliche Gewalt kennt. Diese sollte nicht durch eigene Rechte des Kindes geschmälert werden oder in Zweifel gezogen werden können. Allerdings hatte sich der Grundsatz, daß die väterliche Gewalt mit dem Erreichen des Volljährigkeitsalters enden sollte, durchsetzen können.

---

[464] RGBl. S. 71. – Dazu siehe auch Knothe, Geschäftsfähigkeit, S. 192 ff., insbesondere auch zur Rechtszersplitterung hinsichtlich des Volljährigkeitsalters im Deutschen Reich.

[465] Knothe, Geschäftsfähigkeit, S. 190 ff.

3. Teil Zusammenfassung

Die Untersuchung hat gezeigt, daß die Entwicklung der rechtlichen Ausgestaltung des Eltern-Kind-Verhältnisses mit derjenigen der Ausbildung der vollen Rechtsfähigkeit des Hauskindes eng verbunden ist. Bis zum 19. Jahrhundert war es nicht der Gedanke, daß das Recht vor dem Innern der Familie haltzumachen hatte, der zur Zurückhaltung des Rechts bei der Regelung dieses Verhältnisses führte. Diese Idee ist vielmehr erst relativ modernen Ursprungs und gehört zum Programm des Liberalismus. Der Befund läßt sich vielmehr mit der mangelnden Rechtsfähigkeit des Hauskindes innerhalb der Familie erklären.

I. Von der *patria potestas* zur elterlichen Gewalt des BGB

Nach **altrömischen Recht** war die *patria potestas* des *pater familias* über die seiner Gewalt unterworfenen Kinder nahezu unumschränkt. Es gab keine rechtlichen Begrenzungen. Als Ausnahme ist die Regelung der Zwölftafeln über den dreimaligen Verkauf der Hauskinder, der zur Gewaltentlassung führte, anzusehen. Sie ist die älteste rechtliche Sanktion des Mißbrauchs der väterlichen Gewalt. Die *patria potestas* des Gewalthabers war deswegen so erdrückend für die Hauskinder, weil sie grundsätzlich so lange dauerte, wie der *pater familias* - der auch der Großvater sein konnte - lebte. Die *patria potestas* galt zwar nur in *rebus civilibus*, nicht in *rebus publicis* - so standen den Söhnen auch bei ihrem Unterworfensein unter die *patria potestas* ihres Gewalthabers die staatsbürgerlichen Rechte zu -; ohne die finanzielle Unterstützung des Gewalthabers und damit ohne dessen Einverständnis konnte ein Haussohn aber nicht aktiv am öffentlichen Leben teilnehmen.

Bis zum Beginn des Prinzipats erschöpfte sich der rechtliche Charakter der Familie und damit auch des Vater-Kind-Verhältnisses in der Regelung der Fragen der Struktur der Familie, also z. B. ob ein Kind filius-/filiafamilias eines *pater familias* war. Zu erwähnen sind auch noch die Regeln über die künstliche Begründung des Vater-Kind-Verhältnisses durch *adoptio* und *arrogatio*. Inhaltliche Bestimmungen im Bereich der Personensorge traf das Recht nicht; sie waren auch überflüssig, da der Vater wegen des Charakters der *patria potestas* als Herrschaftsverhältnis frei über das Kind bestimmen und seinen Willen auch selber durchsetzen konnte. Auf Interessen des Kindes brauchte er keine Rücksicht zu nehmen. Dem *pater familias* allein standen Rechte zu, und das Recht schützte seine *potestas* gegenüber Dritten. Die Hauskinder waren zudem vermögensunfähig; aller Erwerb der Hausangehörigen fiel notwendig in das Vermögen des *pater familias*. Die *patria potestas* hatte damit einen eigennützigen Charakter.

Mit dem Prinzipat, als sich die durch die Zensoren ausgeübte Sittenaufsicht zur Eindämmung von Mißbräuchen als nicht mehr ausreichend erwies, befaßte sich auch die Rechtsordnung mit dem Schutz der Hausangehörigen und damit auch der Kinder. Regeln über das *ius vitae necisque*, den Verkauf von Kindern und die zwangsweise Emanzipation wurden entwickelt. Den Hauskindern wurde ein im Wege der *extraordinaria cognitio* durchsetzbarer Unterhaltsanspruch gewährt. Außerdem wurde nunmehr auch ihre beschränkte Vermögensfähigkeit anerkannt, so daß sich Bestimmungen zum Kindesvermögensrecht, z. B. über die Verwaltung der *bona adventitia,* finden.

Im römischen Recht stand die *patria potestas* klagbaren Verbindlichkeiten zwischen *pater familias* und Hauskindern grundsätzlich im Wege. Dieser Gedanke hat bei GAIUS im ersten Buch zum *edictum provinciale* (D. 5, 1, 4) seinen Ausdruck gefunden in der Formel: "*Lis nulla nobis esse potest cum eo quem in potestate habemus, nisi ex castrensi peculio.*" Der Grund für die Unmöglichkeit von klagbaren Verbindlichkeiten lag in der Struktur der altrömischen Familie, in der sich alles auf den *pater familias* konzentrierte. Manche Interpreten stellen dabei die aus diesem monokratischen Aufbau der Familie folgende Vermögensunfähigkeit der Hauskinder in den Vordergrund.

Bei der Erklärung der Unmöglichkeit von klagbaren Verbindlichkeiten hat die **Fiktion der Personeneinheit** zwischen *pater familias* und Haussohn bis ins 19. Jahrhundert hinein eine große Rolle gespielt. Diese Fiktion kommt am deutlichsten in der Codex-Stelle C. 6, 26, 11 zum Ausdruck; aber auch andere Stellen (I. 3, 19, 4: *vox filii vox patris*) belegen, daß den römischen Juristen – vielleicht sogar schon in klassischer Zeit - das auf ARISTOTELES zurückgehende Bild, daß der Sohn ein Teil des Vaters sei, geläufig war.

Für die **Frühzeit des deutschen Rechts** läßt sich ein ähnlicher Befund wie beim altrömischen Recht feststellen. Der Hausherr übte kraft seiner Munt eine unbeschränkte Gewalt über seine Kinder aus, die ursprünglich keine Schranken kannte und weitgehende Befugnisse, insbesondere eine unbedingte Straf- und Zuchtgewalt, beinhaltete. Anders als im römischen Recht war das Hauskind aber grundsätzlich vermögensfähig; Vermögen dürften die Kinder damals hauptsächlich durch die Beerbung eines Elternteils erworben haben. Der Vater konnte sich die Arbeitskraft der Kinder zunutze machen und auch sonst über es bestimmen. Das Recht verlieh dem Kind keine Schutzpositionen gegenüber dem Muntinhaber: es entbehrte der eigenen Rechtspersönlichkeit. In der fränkischen Zeit schwächte sich die umfassende Gewalt des Haus-herrn unter christlichem Einfluß ab; aber der Verkauf von Kindern und deren Tötung wurde in bestimmten Fällen nicht geahndet. Ein wesentlicher Unterschied gegenüber der *patria potestas* des römischen Rechts bestand darin, daß die Munt mit dem Erlangen der wirtschaftlichen Selbständigkeit des Hauskindes endete. Dem Vater stand während der Dauer der väterlichen Gewalt die Verwaltung und Nutznießung am Kindesvermögen zu.

Im **Hoch- und Spätmittelalter** wurden die Zwangsbefugnisse des Hausvaters abgeschwächt. Das Recht zur Aussetzung von Kindern fiel weg. Aus der ursprünglich umfassenden Strafgewalt war das Recht des Vaters zur Züchtigung der Kinder übriggeblieben. Für eine rechtliche Verpflichtung des Vaters zur Gewährung von Unterhalt finden sich auch für diese Zeit in den Quellen keine Belege. Eine Unterhaltsverpflichtung des Vaters wird ausdrücklich nur für die Fälle der nicht mehr intakten Familiengemeinschaft angesprochen. Schutzpositionen gegenüber einem Mißbrauch der väterlichen Gewalt gewährte das Recht dem Hauskind auch in dieser Zeit nicht. Dem Vater stand am Kindesvermögen die Gewere zu rechter Vormundschaft zu. Eine Sicherung des Kindesvermögens trat teilweise in den Fällen einer zweiten Eheschließung oder bei sorgloser und verschwenderischer Verwaltung des Vaters ein. Ein Anspruch auf Abschichtung stand den volljährigen Haussöhnen nach einigen Rechten zu. Nach deutschem Recht stand die väterliche Gewalt klagbaren Verbindlichkeiten grundsätzlich nicht im Wege.

Die **Glossatoren** und **Konsiliatoren** hielten sich auch bei der Erörterung der *patria potestas* an das überlieferte römische Recht und brachten keine Neuerungen. Die Glossatoren führten aber als erste die Fiktion von der Personeneinheit zwischen Hausvater und Hauskind als Grund für die Unmöglichkeit von Rechtsgeschäften an. Der Einfluß des kanonischen Rechts auf das Zivilrecht machte sich auch im Bereich des Vater-Kind-Verhältnisses bemerkbar: Eidlich bekräftigte Verträge wurden als voll wirksam angesehen. Auch sonst gab es Versuche, den Grundsatz der Unmöglichkeit von klagbaren Verbindlichkeiten bei Rechtsgeschäften – aus praktischen Erfordernissen - zu umgehen. Erinnert sei nur an die Rechtsfigur der *emancipatio ad unum actum*, die als eine solche Möglichkeit - wenn auch kontrovers - bei den Konsiliatoren erörtert wurde.

Mit der Ausbildung des **kanonischen Rechts** wurden auch das Eltern-Kind-Verhältnis betreffende Fragen - wenn auch nicht zusammenhängend - geregelt. Dazu gehörten die wichtigen, hier allerdings nicht behandelten Fragen nach dem Status eines Kindes, nämlich nach der Ehelichkeit der Geburt. Revolutionär wirkte die Gewährung von Teilmündigkeiten für Kinder im kanonischen Recht. So sicherte das kirchliche Recht den Kindern vor allem bei der Eheschließung und dem Eintritt in den Ordensstand ein Selbstbestimmungsrecht zu. Entweder konnte das Kind, nachdem es ein bestimmtes Alter erreicht hatte (meistens 14 Jahre), aus eigenem Antrieb eine solche verbindliche Entscheidung treffen oder eine vorher von den Eltern getroffene Entscheidung widerrufen. Wie umstritten diese Teilmündigkeiten in der Praxis waren, zeigt sich im Bereich der Eheschließungsfreiheit daran, daß diese noch jahrhundertelang umstritten waren. Im Zivilrecht wurde das Erfordernis der väterlichen Zustimmung beibehalten, und die Nichteinholung des elterlichen Konsenses konnte immerhin einen Enterbungsgrund darstellen. Rechtsstreitigkeiten zwischen Eltern und gewaltunterworfenen Kindern konnte es nach kanonischem Recht - im Gegensatz zum römischen Recht - grundsätzlich geben.

Für die **Gesetzgebung der Rezeptionszeit** trifft der für die Rechtsaufzeichnungen des Mittelalters gemachte Befund im wesentlichen auch zu. Es finden sich nur vereinzelt die Personensorge betreffende Regelungen, und die Bestimmungen über die Vermögenssorge betreffen oft die Fälle der nicht mehr intakten Familiengemeinschaft. Als Ausnahme sind die Polizeiordnungen hervorzuheben. Mit der Entwicklung des absolutistischen Wohlfahrtsstaats nahm sich die Obrigkeit auch der Ordnung des gesellschaftlichen Lebens an. Dies führte zu Regelungen der Personensorge, die nach heutigem Verständnis tiefe Eingriffe in den familiären Innenraum darstellen.
Erwähnenswert ist die Rechtsfigur der sog. *emancipatio Saxonica*, die auf die Kursächsische Konstitution X des zweiten Teils von 1572 zurückgeht. Die auf deutschem Recht beruhende Beendigung der väterlichen Gewalt mit der Begründung eines eigenen Hausstandes durch das Kind wurde in Sachsen beibehalten, obwohl man dort von der Rezeption der römischen *patria potestas* ausging. Man gab der dem römischen Recht fremden und mit diesem sogar in Widerspruch stehenden Einrichtung des deutschen Rechts kurzerhand den lateinischen Fachterminus und meinte so die Vereinbarkeit mit dem römischen Recht hergestellt zu haben.

Für die Jurisprudenz des ***Usus modernus pandectarum*** stellte sich nach der Widerlegung der Lotharischen Legende das Problem, daß sie die Rezeption des römischen Rechts, und damit auch der römischen *patria potestas* in Deutschland zu beweisen hatte. Diese Frage wurde aber überwiegend bejaht, wenn auch einige Einrichtungen des römischen Rechts, so z. B. das *peculium profectitium*, entweder gar nicht oder nur selten in der Praxis vorkamen. In einigen Bereichen war das römische Recht auch durch das deutsche Recht modifiziert worden. Zu nennen ist hier die Beendigung der *patria potestas* durch die wirtschaftliche Verselbständigung des Sohnes, die Anlegung einer *separata oeconomia* (sog. *emancipatio Saxonica)*.
Erörtert wurde auch die in den römischen Quellen nicht behandelte Frage - D. 37, 15, 10 gilt nur für emanzipierte Kinder -, ob die Kinder verpflichtet sind, im

elterlichen Haus und Hof mitzuarbeiten, und ob sie für ihre Mitarbeit einen Lohn verlangen konnten. Im Bereich der Rechtsgeschäfte zwischen Hausvater und Hauskindern spielten in der Praxis die anläßlich der wirtschaftlichen Verselbständigung des Kindes vorgenommenen Rechtsgeschäfte, wie z. B. Hofübergabeverträge, eine große Rolle. Die Anwendung des römischen Grundsatzes von der Unmöglichkeit klagbarer Verbindlichkeiten durch die Gerichte führte in der Praxis zu großen Schwierigkeiten und Rechtsunsicherheit.

Das **Naturrecht der Aufklärungszeit** hat zu einer neuen Betrachtung des Eltern-Kind-Verhältnisses geführt. So mußte der Gedanke, daß alle Menschen gleich und frei geboren sind, dazu führen, daß auch die Kinder als Personen betrachtet wurden. Dies wiederum hatte Auswirkungen auf die dogmatische Erfassung der elterlichen Gewalt.

SAMUEL PUFENDORF formulierte als erster zunächst in seinem Werk "*Elementorum iurisprudentiae universalis*" von 1660 und später ausführlich im Natur- und Völkerrecht von 1672 den Gedanken, daß die Erziehung der Kinder Grundlage des Eltern-Kind-Verhältnisses sei. Im Natur- und Völkerrecht gelangte er auch zur Anerkennung der vollen Rechtssubjektivität des Kindes. Die These von der Zweckbindung der väterlichen Gewalt findet sich 1690 bei JOHN LOCKE im *Second Treatise of Government* wieder.

Eine wichtige Rolle bei den Naturrechtslehrern spielte die Grundlage des Eltern-Kind-Verhältnisses, das auch im Naturzustand als Herrschaftsverhältnis angelegt ist. Hier stellte sich die Frage nach der Legitimation der Herrschaft des Vaters über die Kinder. Ob die Naturrechtslehrer als Grundlage der väterlichen Gewalt einen (stillschweigend geschlossenen oder vermuteten) Vertrag annahmen oder die Gewalt als bloße Funktion eines natürlichen Sorgeinstinktes betrachteten, war eher von untergeordneter Bedeutung. Entscheidend war vielmehr, daß der Zweck der *societas paterna* in der Versorgung und Erziehung des Kindes gesehen wurde. Eigennützige Elemente der väterlichen/elterlichen Gewalt, wie insbesondere bei der römischen *patria potestas,* ließen sich mit dieser Konzeption nicht vereinbaren. Der eigennützige vermögensrechtliche Aspekt der väterlichen Gewalt, die väterliche Nutznießung am unfreien Kindesvermögen, wurde allerdings von den meisten Naturrechtslehrern mit dem Hinweis auf die Kosten der Erziehung und Ausbildung gerechtfertigt. Damit wurde der Gedanke der Reziprozität als Rechtfertigungsgrund für die Nutznießung eingeführt. Mit dem Erziehungszweck war auch die Dauer der *societas paterna* vorgegeben: sie mußte mit Erreichung des Zwecks, nämlich mit dem "Erzogensein" des Kindes enden. Dies war die theoretische Grundlage für das "automatische" Ende des Gewaltverhältnisses. Allerdings war damit noch keine Aussage dazu getroffen, ob das "Erzogensein"

des Kindes individuell – eventuell auch durch den Vater - zu beurteilen war oder ob das “Erzogensein“ für alle Kinder mit dem Erreichen eines bestimmten Alters anzunehmen war. Die Eltern verfügten nach der Auffassung der Naturrechtslehrer, die insofern dem positiven Recht ihrer Zeit folgten, im übrigen nur über solche Zwangsmittel und -rechte gegen ihre Kinder, die durch den Erziehungszweck gerechtfertigt waren.
Die Stellung der Kinder wurde auch noch durch ihre Zugehörigkeit zum "Haus" geprägt. Das "Haus" wurde vom Hausvater geleitet, dessen Anordnungen sich die Hausangehörigen zu unterwerfen hatten.

Die Folge der naturrechtlichen Konzeption führte zu einer neuen Bestimmung der Stellung des Hausvaters durch die Neubetonung der Rolle des Kindes und die Reduzierung der väterlichen Gewalt auf den Erziehungszweck. Den Kindern kam damit als Einzelpersonen größere Bedeutung zu. Sie wurden aber nicht, wie dies zum Teil behauptet wird, aus den familiären Bindungen herausgelöst. Denn diese gab es nach wie vor, wie die Ausführungen der Naturrechtslehrer zur väterlichen Gewalt und zur Hausgemeinschaft sowie den sich daraus ergebenden Rechten und Pflichten zeigen. Zum anderen gestattete das Naturrecht dem Staat, positives Familienrecht zu schaffen und damit die möglichen Inhalte der familiären Verhältnisse im *status civilis* zu bestimmen.

Von den **Kodifikationen der Aufklärungszeit** begnügte sich der ***Codex Maximilianeus Bavaricus Civilis*** damit, im Bereich des Vater-Kind-Verhältnisses Streitfragen des *Usus modernus* zu entscheiden; in seinen Anmerkungen nahm KREITTMAYR häufig Anleihen beim Naturrecht.

Das **Allgemeine Landrecht für die Preußischen Staaten** von 1794 ist ein typisches Produkt seiner Zeit. Es ist der Ausdruck des obrigkeitlichen Anspruchs, die gesamte Sozialverfassung abschließend rechtlich zu regeln. So befassen sich denn auch 773 Paragraphen mit dem Eltern-Kind-Verhältnis, die nach heutigem Verständnis teilweise sehr stark in das Familienleben einzugreifen versuchen. Das ALR geht auf naturrechtlicher Grundlage vom Kind als Rechtssubjekt aus. Um die Regelung des ALR von der *patria potestas* des gemeinen Rechts abzugrenzen, wurde ihr von den zeitgenössischen Rechtsgelehrten der Charakter einer vormundschaftlichen Konzeption beigemessen. Es finden sich detaillierte Regelungen des Innenverhältnisses, die in der Praxis aber nicht von Bedeutung gewesen sind, z. B. die Bestimmung über das Stillen von Babys und Kleinkindern. Darüber hinaus sind Ansätze eines Selbstbestimmungsrechts des Kindes festzustellen; zu erwähnen ist insbesondere die Regelung über die Mitbestimmung des Kindes bei der Berufswahl, die auf PUFENDORF zurückgeht und auch schon im *Usus modernus* diskutiert und teilweise anerkannt wurde. Damit wurden dem Kind eigene Rechtspositionen zugestanden. Allerdings wurde darauf geachtet, dabei die Stellung und Autorität des Vaters so wenig wie möglich zu schwächen.

Der ***Code Civil*** ging hinter die Vorstellungen des französischen Revolutionsrechts, das die *puissance paternelle* abschaffen wollte, wieder zurück und legte seiner Regelung eine autoritäre Konzeption derselben zugrunde. Der Staat achtete die private Familiensphäre und sicherte sie, bestimmte sie aber inhaltlich nicht. Im *Code Civil* fand der Gedanke "eine starke Familie in einem starken Staat" seine Verwirklichung. Es gibt nur wenige die Personensorge betreffende Regelungen; das noch auf das römische Recht zurückgehende "Einsperrungsrecht", das detailliert geregelt wurde, mutet rückschrittlich an. Auch das Vermögensrecht der Kinder ist nur lückenhaft geregelt worden. Insgesamt zeichnet sich die Regelung durch geringe staatliche Einmischung aus; insoweit besteht Übereinstimmung mit den revolutionären bürgerlichen Vorstellungen. Eine Folge dieser Konzeption war allerdings auch, daß staatliche Schutzmöglichkeiten für die Kinder bei Mißbrauch der väterlichen Gewalt fehlten.

Das **Österreichische Allgemeine Bürgerliche Gesetzbuch** legte eine vormundschaftliche Konzeption des Eltern-Kind-Verhältnisses zugrunde und setzte die Gedanken der Naturrechts-lehre am konsequentesten um, orientierte sich dabei aber auch an den Lehren des *Usus modernus*. Das ABGB ging von der Privatheit der Erziehung aus. Gegenüber dem ALR unterschied es sich dadurch, daß es auf minutiöse Regelungen des Innenverhältnisses verzichtete. Allerdings kannte auch das ABGB das Selbstbestimmungsrecht des Kindes bei der Berufswahl. Ein ordentlicher Prozeß zwischen Vater und Kind sollte über diese Frage aber nicht stattfinden. Als einzige der Naturrechtskodifikationen gestand das ABGB dem Vater grundsätzlich kein Nießbrauchsrecht am Vermögen des Kindes zu; nur in dem Fall, daß der Überschuß der Nutzungen nach Abzug der Erziehungskosten gering war, sollte der Vater den Nießbrauch haben.

Im **19. Jahrhundert** hat sich in der Romantik und im Idealismus in Reaktion auf die individualrechtliche Deutung der Familie in der Aufklärung und die infolgedessen tief in die Familie eingreifenden Ansprüche des Naturrechts der Aufklärung die These vom Innenraum der Familie, in den der Gesetzgeber nicht eingreifen dürfe, herausgebildet. Das Eltern-Kind-Verhältnis sei vornehmlich ein sittliches Verhältnis, und sein Innenraum habe grundsätzlich frei vom Recht zu sein. Eigene Rechtspositionen gegen die Eltern wurden den Kindern nicht gewährt. Ein Schutz der Kinder wurde nur als Reflex der Pflicht der Eltern zur Erziehung der Kinder gegenüber dem Staat erreicht.

Diesen Standpunkt der Romantik und des Idealismus nahm auch die **Pandektenwissenschaft** ein. Die Historische Rechtsschule sah in der *patria potestas* des römischen Rechts eine Bestätigung der These, daß der Gesetzgeber den rechtsfreien Innenraum der Familie zu achten habe. Das römische, insbesondere das altrömische Recht, wurde als Idealfall des Verhältnisses von Staat und Familie gesehen. An dieser Stelle sei an die idealisierende Schilderung des Verhältnisses von Familie und Recht bei JHERING im seinem Werk: "Geist des römischen Rechts" erinnert.[1]
Der Idealtypus der Familie im 19. Jahrhundert war die Familie mit einem starken Hausvater an der Spitze; seine Autorität sollte wieder gestärkt werden. Rechtsstreitigkeiten zwischen dem Hausvater und den Hauskindern suchte man nach Möglichkeit zu vermeiden. Zwangsläufige Folge dieser Konzeption war das Abschneiden von eigenen Rechtspositionen des Kindes; Selbstbestimmungsrechte des Kindes kamen nicht in Betracht. Die Regelungen des ALR oder des ABGB über die Mitbestimmung des Kindes bei der Berufswahl wurden heftigst kritisiert. Durch die Verweisung des Rechts aus dem Innenraum der Familie wurde die Herrschaft des Vaters über die Kinder juristisch nur vom Strafrecht beschränkt. Das Privatrecht diente in erster Linie dazu, das Recht des Vaters gegenüber Dritten zu sichern. Parallelen zur Behandlung des Eigentums des Einzelnen liegen auf der Hand.

Der Stützung der These vom rechtsfreien Innenraum diente die Fiktion der Personeneinheit zwischen dem Hausvater und den seiner Gewalt unterworfenen Kindern, die rechtliche Beziehungen zwischen diesen ausschloß. Das Festhalten an dieser Fiktion stellte für die Zeit des 19. Jahrhunderts einen Anachronismus dar, waren doch schon seit den Konsiliatoren vielfältige Versuche unternommen worden, zumindestens Rechtsgeschäften zwischen Hausvater und Hauskindern zur vollen Gültigkeit zu verhelfen. Letztlich konnte sich die These von der Personeneinheit im 19. Jahrhundert nicht halten; für das Ende des Jahrhunderts kann sie als überwunden angesehen werden.

Von der oben beschriebenen Grundhaltung waren auch die Redaktoren des **BGB** von 1896/1900 beeinflußt. Angestrebt wurde eine starke elterliche bzw. väterliche Gewalt. Wie sich aus den Gesetzgebungsmaterialien ergibt, wurde jede Regelung aus dem Bereich des Eltern-Kind-Verhältnisses dahingehend überprüft, ob sie nicht zu stark in die Selbständigkeit und in die "natürliche", autoritäre Stellung des Gewalthabers eingriff oder eine zu starke Einmischung Dritter in die Familienverhältnisse bedeutete. Zu beobachten ist auch hier die Tendenz nach möglichster Vermeidung von Rechtsstreitigkeiten zwischen Eltern und Kindern. Die Autorität der Eltern leide unter eigenen Befugnissen der Kinder, so lautete die

---

[1] Siehe 1. Teil 1. Abschnitt 3. Kapitel.

gängige Begründung. Dies bedeutete gleichzeitig einen Verzicht auf eigene Rechtspositionen des Kindes, auf einklagbare Pflichten der Eltern gegenüber ihren Kindern. Allerdings konnte sich trotz solcher Bedenken der heftig umstrittene Grundsatz, daß die elterliche Gewalt mit Erreichen des Volljährigkeitsalters des Kindes endet, im Laufe der Gesetzgebungsarbeiten durchsetzen. Zum Schutz der Kinder vor einem Mißbrauch der elterlichen Gewalt wurden zwei generalklauselartige Eingriffsnormen - eine für den Bereich der Personensorge, die andere für den Bereich der Vermögenssorge - als ausreichend erachtet.

II. Inhalt der Regelungen zum Eltern-Kind-Verhältnis

1. Zurückhaltung in Fragen der Personensorge

Soweit das Eltern-Kind-Verhältnis rechtlich geregelt wurde, standen Fragen der Personensorge im Hintergrund. Einer der Gründe für die Zurückhaltung des Gesetzgebers in diesem Bereich dürfte in der Schwierigkeit, personenrechtliche Sachverhalte durch eine abstrakte rechtliche Regelung zu erfassen, zu sehen sein.

Die ersten Regelungen zur Personensorge lassen sich für die Zeit feststellen, in der die rechtlich zunächst fast unbeschränkte Gewalt des Vaters durch die Ausbreitung des staatlichen Strafmonopols begrenzt wurde. Das umfassende Straf- und Zuchtrecht des Hausvaters in bezug auf die Kinder und die anderen Hausangehörigen wurde dann zu einem **Züchtigungsrecht** reduziert, als der Staat die Tötung eines Kindes genau wie die Tötung eines anderen Menschen ahndete. Dies gilt sowohl für das römische wie für das deutsche Recht des Mittelalters.

Nach der Regelung der statusrechtlichen Fragen ist die Ausbildung der rechtlichen Pflicht zur Gewährung von **Unterhalt**, die zunächst eine sittliche war, zu beobachten. Beim Unterhalt ist auch ein gesellschaftliches und staatliches Interesse gegeben: der Allgemeinheit konnte es nicht gleichgültig sein, wenn einer der Bürger seine Unterhaltspflicht gegenüber seinem Abkömmling nicht erfüllte und die Gemeinschaft dann für ihn einspringen mußte. Mit der Gewährung des Unterhaltsanspruchs wurde dem Kind im römischen Recht die erste eigene, im Wege der *extraordinaria cognitio* durchsetzbare Rechtsposition zugestanden.

Zur väterlichen Gewalt gehörte auch das Recht, die Zukunft der Kinder durch die **Auswahl des Ehepartners und des Berufs** zu bestimmen. Seine erste Einschränkung fand dieses Recht in dem Erfordernis, daß das Kind der vom Vater vorgesehenen Eheschließung zustimmen mußte. Im Laufe der Zeit wurde - unter dem Einfluß der kirchlichen Lehre - der Wille des Kindes immer stärker betont, so daß das väterliche Verheiratungsrecht zu einem bloßen Zustimmungserfordernis abgeschwächt wurde. Das kanonische Recht war es auch, daß den Kindern auch in anderen persönlichen Bereichen (Eintritt in den Ordensstand) zu mehr Selbstbestimmung verhalf. Hieran knüpfte das Naturrecht der Aufklärungszeit an: PUFENDORF gewährte dem Haussohn ein allgemeines Mitspracherecht bei der künftigen Berufswahl. Dieser Gedanke wurde im *Usus modernus* aufgegriffen und fand seinen legislatorischen Niederschlag im ALR und im ABGB.

Außerhalb des Privatrechts finden sich auch Regelungen, die dem Bereich der Personensorge zuzurechnen sind: die Erforderlichkeit des Ehekonsenses der Eltern, die Zustimmung des Hausvaters zur außerhäuslichen Verdingung, die religiöse Erziehung der Kinder, die Aufnahme und Weiterführung des Wehrdienstes und die Auswanderung. Wenn in den meist öffentlichrechtlichen Vorschriften die Zustimmung des Vaters zu einem bestimmten Handeln des Kindes verlangt wurde, so stand neben dem vielleicht auch vorhandenen Gedanken, das Kind vor den Folgen unüberlegter Entscheidungen zu schützen, ein anderer im Vordergrund: eine Einschränkung des Bestimmungsrechts des Vaters über die seiner Gewalt unterworfenen Kinder war nur mit seiner Zustimmung möglich.

2. Gewährung von Teilmündigkeiten als Konfliktlösung im Bereich der Personensorge

Daß man Kindern die Möglichkeit eigener Entscheidungen in bestimmten Angelegenheiten bei Erreichen eines bestimmten Alters gewährte, läßt sich zuerst für das kanonische Recht feststellen. Diese Teilmündigkeiten sind sämtlich dem Bereich der Personensorge zuzuordnen. In der Folgezeit haben diese eine hervorragende Rolle gespielt, soweit es darum ging, im Interesse des Kindes Konflikte zwischen diesem und den Eltern zu lösen.

Im Widerstreit der Interessen des Gewalthabers und des Kindes gibt man damit den letzteren den Vorzug; dies läßt sich damit rechtfertigen, daß es sich um höchstpersönliche Angelegenheiten des Kindes handelt, die es selbst am besten beurteilen kann. Der Vorteil der Gewährung von Teilmündigkeiten gegenüber anderen Lösungen des möglichen Interessenkonflikts liegt darin, daß keine Einmischung Dritter in interne Familienangelegenheiten erfolgt. Die Gewährung einer Teilmündigkeit bedeutete aber immer auch eine Einschränkung der umfassenden Gewalt des *pater familias*.

Die Teilmündigkeiten des kanonischen Rechts bezogen sich auf die Eheschließung und den Eintritt in den Ordensstand. Wie bahnbrechend und umstritten diese Teilmündigkeiten waren, zeigt sich daran, daß noch Jahrhunderte lang im Zivilrecht am Erfordernis der elterlichen Zustimmung zur Eheschließung der

Kinder festgehalten wurde. Später kamen als weitere Teilmündigkeiten die Religionsmündigkeit und dann auch die Arbeitsmündigkeit hinzu. Für letztere ist aber zu bemerken, daß für die erstmalige Aufnahme der Arbeit die Zustimmung des Vaters erforderlich war. Bei der Arbeitsmündigkeit wird zudem deutlich, daß für die Anerkennung von Teilmündigkeiten nicht nur Überlegungen des Kindeswohls, sondern auch die Interessen der "Arbeitgeber" ausschlaggebend waren.

Die theoretische Grundlage für die Anerkennung von Teilmündigkeiten in persönlichen Angelegenheiten findet sich bei THOMAS VON AQUIN, der damit den ersten Ansatz für die Anerkennung der vollen Rechtssubjektivität des Hauskindes gegeben hat: "[...] *dicendum quod ex quo homo venit ad annos pubertatis, si sit liberae conditionis, est suae potestatis quantum ad ea quae pertinent ad suam personam* [...]".

3. Regelung der Vermögenssorge

Mit der Anerkennung der - beschränkten - Vermögensfähigkeit des Hauskindes finden sich auch im römischen Recht Regeln zum Kindesvermögensrecht. Die Einteilung der einzelnen Arten des Kindesvermögens (*peculium*, *peculium castrense et quasi castrense, bona adventitia et extraordinaria*) je nach der Herkunft der dazu gehörigen Vermögensgegenstände hat sich bis ins 19. Jahrhundert hinein gehalten, wenn auch schon zu dieser Zeit diese komplizierte Einteilung durch die einfachere Unterscheidung in freies und nichtfreies Vermögen verdrängt wurde. Dem Vater stand in allen Rechtsordnungen in der Regel die Verwaltung und Nutznießung am Kindesvermögen zu. Eine Ausnahmestellung nimmt insoweit das Österreichische ABGB ein, das grundsätzlich vom freien Kindesvermögen, an dem der Vater kein Nießbrauchsrecht hatte, ausging.

Die Sorge für das Vermögen des Kindes wurde - neben den statusrechtlichen Fragen - als besonders regelungsbedürftig angesehen. Bei den vermögensrechtlichen Regelungen ist zu beobachten, daß diese in der Zeit vor den Aufklärungskodifikationen häufig Sondersituationen wie den Tod eines Elternteils betrafen. Vielfach hatten die Kinder auch vor dem Versterben eines Elternteils kein Vermögen, so daß kein Regelungsbedarf bestand.

Die Regelungen im Bereich der Sorge für das Kindesvermögen weisen gegenüber anderen Vorschriften, die die Verwaltung fremden Vermögens regeln - wie die Verwaltung des Mündelvermögens durch den Vormund -, einige Besonderheiten auf. So wurde die Verwaltung des Kindesvermögens durch den Vater nur lückenhaft geregelt. Dahinter stand der Gedanke, daß dem Vater grundsätzlich vertraut werden könne, daß er das Vermögen seines Kindes ordentlich und gewissenhaft verwaltet. Deswegen waren die Sicherungen zur Erhaltung des Kindesvermögens auch oft nur schwach ausgebildet. Die Praxis war – vielleicht aufgrund anderer Erfahrungen - eher als die Lehre bereit, dem Kind mit der Gewährung von Sicherungsmitteln zur Vermögenserhaltung zur Hilfe zu kommen.

4. Ansprüche des Kindes gegen die Eltern

Die rechtliche Regelung eines Bereichs des Eltern-Kind-Verhältnisses bedeutete in den wenigsten Fällen, daß dem Kind eine eigene Rechtsposition gegenüber den Eltern gewährt wurde. Ansprüche des Kindes und dazu noch klagbare stellten vielmehr die Ausnahme dar. Ein Schutz des Kindes bei Mißbrauch der väterlichen Gewalt wurde oft nur über Reflexwirkungen des Rechtes erreicht. Selbstbestimmungsrechte des Kindes, vor allem bei der Wahl eines Berufes, die einige Kodifikationen der Aufklärungszeit (ALR und ABGB) gewährt hatten, wurden im 19. Jahrhundert heftig kritisiert und fanden auch keinen Eingang in das BGB von 1896/1900.

III. Entwicklung der unbeschränkten Rechtsfähigkeit des Hauskindes

Ein zentrales Ergebnis der Untersuchung ist die Verknüpfung der Ausgestaltung des Eltern-Kind- bzw. das Vater-Kind-Verhältnisses durch das Privatrecht mit der Anerkennung der unbeschränkten Rechtssubjektivität des Hauskindes.

1. Allgemeines zur Entwicklung der Rechtsfähigkeit des Einzelnen

Bei der Entwicklung der allgemeinen Rechtsfähigkeit des Einzelnen, die auch von Bedeutung für die Entwicklung der Rechtsfähigkeit des Hauskindes war, lassen sich zwei Abschnitte feststellen:

Die erste Phase, die bis weit in die Neuzeit hinein dauerte - bis etwa zum Ende des 18., Anfang des 19. Jahrhunderts -, zeichnete sich dadurch aus, daß dem einzelnen Menschen nicht aufgrund seiner Eigenschaft als Mensch, sondern als Angehöriger von Verbänden Rechte zugestanden wurden und ihn Pflichten trafen. Dabei konnte es auch vorkommen, daß jemand fast überhaupt keine Rechte, sondern nur Pflichten hatte - man denke an Sklaven und andere Unfreie. Modern ausgedrückt, gab es keine allgemeine Rechtsfähigkeit des Einzelnen.

Wie die Darstellung der väterlichen Gewalt gezeigt hat, wirkte in der Geschichte auch die Familie als statuszuweisender Verband. Die Struktur der Familie -

insoweit lassen sich gemeinsame Aussagen für die hier betrachteten, ansonsten nicht vergleichbaren unterschiedlichen Gesellschaften machen - war auf die zentrale Person des Hausvaters oder des *pater familias*, wie er im römischen Recht und in den diesem folgenden Rechtsordnungen genannt wurde, ausgerichtet. Bei diesem patriarchalischen Aufbau der Familie kann von einer eigenen Rechtspersönlichkeit des Kindes wie auch der anderen Familienangehörigen nicht oder nur ansatzweise gesprochen werden.

Ausgehend von der These des Naturrechts der Aufklärung, daß alle Menschen gleich und gleich frei geboren sind, entwickelte sich die allgemeine Rechtsfähigkeit.[2] Vom Ende des 18. bis zur Mitte des 19. Jahrhunderts hin vollzog sich der Übergang von der statusgebundenen zur allgemeinen Rechtsfähigkeit. Die ältere Naturrechtslehre erkannte zwar die natürliche Freiheit und Gleichheit des Einzelnen im Naturzustand an, hielt sie aber für verzichtbar. So konnten sich im positiven Recht - aufgrund der verschiedenen zur Staatsbildung führenden Vertragsschlüsse - doch wieder Ungleichheit im Recht und ständisch abgestufte Rechtsfähigkeit ergeben. Erst das jüngere Naturrecht ließ die Unterscheidung des 18. Jahrhunderts zwischen dem vorstaatlichen, natürlichen und dem staatlichen, bürgerlichen Zustand fallen und sah Freiheit und Gleichheit und damit auch "Persönlichkeit" auch im staatlichen Recht als unverzichtbar an.

2. Entwicklung der unbeschränkten Rechtsfähigkeit des Hauskindes

Vor dem Hintergrund der Entwicklung der allgemeinen Rechtsfähigkeit des Einzelnen ist für die Anerkennung der unbeschränkten Rechtssubjektiviät des Hauskindes zunächst die bereits erwähnte Fiktion der Personeneinheit hervorzuheben, die die Dogmatik des Eltern-Kind-Verhältnisses über Jahrhunderte getragen hat. Mit der Aussage, daß der Sohn ein Teil seines Vaters sei, wurde diesem die Rechtssubjektivität verwehrt. Erst mit dem Naturrecht, das nach Ansätzen bei THOMAS VON AQUIN die volle Rechtsfähigkeit anerkannte, begann dieses Dogma zu wanken und kann für das Ende des 19. Jahrhunderts als völlig überwunden gelten.

---

[2] Schröder, "Rechtsfähigkeit", HRG 4, Sp. 288ff.; siehe auch Gernhuber, FamRZ 1962, S. 89: "Auch der uns erst im 18. Jahrhundert als Frucht der deutschen Rechtsphilosophie zugefallene Gedanke einer allgemeinen Rechtsfähigkeit, die jedem Menschen Rechtssubjektivität in seiner individuellen Existenz sichert [...].".

a) Die Fiktion der Personeneinheit

Der Gedanke einer Einheit zwischen Vater und Sohn findet sich zuerst bei ARISTOTELES in der Nikomachischen Ethik und wird über die Rezeption der Werke ARISTOTELES u. a. von den römischen Juristen, den Moraltheologen aufgegriffen und verbreitet. Es lassen sich zwei Arten der Fiktion der Personeneinheit unterscheiden, wobei in den Quellen manchmal nicht zu erkennen ist, welche gemeint ist.

Die erste ist dadurch charakterisiert, daß sie wie bei ARISTOTELES als Bild für die besonders enge Verbindung zwischen Vater und Kind ohne juristische Schlußfolgerungen gebraucht wird. Sie hat vor allem im Bereich der Philosophie und der Metaphysik eine Rolle gespielt.

Die zweite Spielart läßt sich als die justinianische oder juristische Fiktion der Personeneinheit bezeichnen. Sie hat einen vermögensrechtlichen Hintergrund: sie diente zur Erklärung der ursprünglichen Vermögensunfähigkeit des Hauskindes und auch der Unmöglichkeit von klagbaren Verbindlichkeiten zwischen Hausvater und Hauskind im römischen Recht. Der Grundsatz der juristischen Personeneinheit hat sich durch die Jahrhunderte gehalten und diente insbesondere im 19. Jahrhundert der Stützung der These vom rechtsfreien Innenraum der Familie. Mit dem Festhalten der Juristen an den dogmatischen Prinzipien ist es zu erklären, daß die Fiktion selbst zu Zeiten, in denen die Familie in vermögensrechtlicher Hinsicht nicht mehr wie im altrömischen Recht strukturiert war, verfochten wurde. Dies gilt vor allem für die Pandektenwissenschaft.

Der Grundsatz der Personeneinheit, soweit er zum Ausdruck bringen sollte, daß keine rechtlichen Beziehungen zwischen Vater und Hauskind bestehen konnten, entbehrte für den Bereich der Rechtsgeschäfte zwischen Hausvater und Hauskindern der inneren Berechtigung. Dies zeigen die vielfältigen Bemühungen um seine Ausschaltung, die schon bei den Konsiliatoren einsetzten (*emancipatio ad unum actum*).

b) Über THOMAS VON AQUIN zu SAMUEL PUFENDORF zur Anerkennung der vollen Rechtssubjektivität

Ein erster Ansatz zur Anerkennung der uneingeschränkten Rechtsfähigkeit findet sich bei THOMAS VON AQUIN. In der *Summa Theologiae* (2.2 qu. 88 art. 8) gewährte er dem unter väterlicher Gewalt stehenden Kind im höchstpersönlichen Bereich Teilmündigkeiten und stellte es den Eltern damit – in Abkehr von ARISTOTELES - zum ersten Mal als Rechtssubjekt gegenüber. Den „Durchbruch“ brachte schließlich SAMUEL PUFENDORF, der in seinem Natur- und Völkerrecht von 1672 als erster von der uneingeschränkten Rechtssubjektivität des Hauskindes ausgeht und z. B. ausdrücklich anerkennt, daß diesem auch von den Eltern Unrecht zugefügt werden könne. Die Thesen PUFENDORFS wurden zuerst im ALR und am konsequentesten im ABGB von 1811 umgesetzt.

Im 19. Jahrhundert lieferte die These vom rechtsfreien Innenraum der Familie die Begründung dafür, daß den Hauskindern, obwohl ihnen nun wie auch allen anderen Menschen die Rechtsfähigkeit zukam, keine Rechtspositionen gegenüber ihrem Hausvater, die den "Innenbereich" betrafen, gewährt wurden. War dieser Bereich nämlich dem Recht entzogen, konnte auch die allgemeine Rechtsfähigkeit der Kinder nicht zum Tragen kommen. Damit war die autoritäre Konzeption der väterlichen Gewalt gesichert.

IV. Das Verhältnis von Staat und Familie in Bezug auf das Eltern-Kind-Verhältnis

Bei den theoretischen Grundlagen der Befugnisse von Staat bzw. Gesetzgeber in bezug auf die Familie lassen sich auch zwei große Entwicklungsabschnitte feststellen. Der erste Abschnitt geht ebenfalls bis zum 19. Jahrhundert und ist dadurch gekennzeichnet, daß man sich des Problems einer Gefährdung der Familie durch den Staat nicht bewußt war und daher auch keine Beschränkungen für ein Tätigwerden des Gesetzgebers aufstellte.

Nur auf den ersten Blick scheint schon ARISTOTELES diese These aufgestellt zu haben, wenn er im fünften Buch der Nikomachischen Ethik ausführt, zwischen dem Vater und seinem Sohn könne es nicht "Polis-Gerechtes" oder „"Polis-Ungerechtes" geben, da dieses nur zwischen Freien und Gleichen möglich sei, sondern nur ein diesem ähnliches Gerechtes.

Daß ARISTOTELES' Aussage vom rechtsfreien Raum des Vater-Kind-Verhältnisses nicht im Sinne eines Ausschlusses des Staates von dem Verhältnis zwischen Vater und Kinder zu verstehen ist, zeigt sich daran, daß er für eine öffentliche Erziehung eintritt. Nur wo es eine öffentliche Erziehung nicht gebe, was leider allzu häufig der Fall sei, sei die Erziehung der Kinder Sache des Einzelnen.

THOMAS VON AQUIN greift die Unterscheidung ARISTOTELES' zwischen dem *simpliciter iustum* und dem *quoddam iustum* bzw. *paternum iustum* auf. Da der Sohn in *rebus humanis* ein Teil des Vaters sei, fehle es an einem notwendigen Gegenüber, und damit bestehe zwischen Vater und Sohn nicht das Gerechte schlechthin, sondern nur das väterliche Gerechte. Allerdings stehen sich Vater und Sohn nach THOMAS auch wie zwei "normale" Menschen gegenüber; dann kann es zwischen ihnen auch die normale Gerechtigkeit und auch einige Gesetze über die Pflichten des Vaters gegenüber seinem Sohn geben.

Für die Rezeption der Theorie ARISTOTELES' in der späteren Geistesgeschichte seien hier nur FRANCISCO DE VITORIA und SAMUEL STRYK angeführt:

Nach FRANCISCO DE VITORIA bestand deshalb keine eigentliche Rechtsbeziehung, sondern nur eine in gewissem Sinne zwischen Vater und Kind, weil das positive Recht das Verhältnis nicht regelte. Damit standen nach VITORIA dem Staat grundsätzlich die Befugnis zu, den Inhalt der väterlichen Gewalt zu bestimmen; als Grenze legte er nur fest, daß der Staat sie nicht entziehen darf. Diese Auffassung bedeutet, daß der Raum der Familie nicht notwendig als rechtsfrei begriffen und dem Gesetzgeber ein gewaltiger Spielraum über die Familie zugestanden wurde.

STRYK setzte sich mit der Meinung auseinander, daß Urteile zwischen Vater und Kindern nicht stattfinden könnten. Dies war damit begründet worden, daß Urteile Akte der Gerechtigkeit seien, zwischen Vater und Sohn aber die strenge *iustitia* keine Anwendung finde, sondern nur die Akte der *pietas* und Ähnliches. STRYK führte dagegen aus, daß die *pietas* auch aus dem Gesichtspunkt der Gerechtigkeit geschuldet werde und ihre Verletzung auch im Rechtswege geahndet werden könne.

Auch das Naturrecht des 18. Jahrhunderts brachte keine Wende in der Sensibilität gegenüber staatlichen Eingriffen in die Familie. Es ging ihm darum, Rechtspositionen des Einzelnen gegenüber den Mitmenschen unabhängig vom Bestehen eines Staates herauszuarbeiten. Der Staat als Anspruchsgegner trat nicht ins Blickfeld; von ihm wurde keine Gefährdung erwartet. So stieß es auch auf keine Bedenken, dem Staat bzw. dem Gesetzgeber eine große Macht über den Bereich der Familie zuzuweisen.

Erst im 18. und 19. Jahrhundert entwickelte sich mit dem Aufkommen des Liberalismus das Bewußtsein, daß vom Staat eine Gefährdung für die Familie ausgehen könne. Diese Entwicklung des Gefährdungsbewußtseins erfolgte in Reaktion auf den Anspruch des Naturrechts der Aufklärung, das gesamte gesellschaftliche Leben zu ordnen, ein Anspruch, der seine Umsetzung z. B. im ALR fand. Beigetragen zu dieser Befürchtung haben sicherlich auch die Erfahrungen mit dem modernen Staat der Neuzeit, insbesondere mit seiner Bürokratie, die ein im Prinzip leistungsfähiges, effizientes Instrument zur Durchsetzung der obrigkeitlichen Vorstellungen war. Medium der obrigkeitlichen Vorstellungen war das Gesetz. Alle diese Faktoren waren in früheren Zeiten nicht oder nicht in dem damals aufgetretenen Maße vorhanden und hatten den Staat nicht als Bedrohung erscheinen lassen. Im Bereich der Familie gaben der Ausbau des staatlichen Bildungswesens und die Diskussion um den Schulzwang Anlaß, eine Bevormundung der Familie durch den Staat zu empfinden.

Unter diesen Voraussetzungen bildete sich die These vom rechtsfreien Innenraum der Familie heraus: Das Eltern-Kind-Verhältnis war nach der idealistischen Philosophie vornehmlich ein sittliches Verhältnis, und sein Innenraum, wie auch der der Familie überhaupt, habe frei vom Recht zu sein. Die der Familie zugesprochene Funktion empfand man, da die Familie als natürlicher und sittlicher Organismus angesehen wurde, nicht als rechtlich kontrollierbar und erzwingbar.

Die These vom rechtsfreien Innenraum der Familie ist im Zusammenhang mit dem bürgerlichen Sozialmodell dieser Zeit zu sehen.[3] Dieses ging davon aus, daß Gerechtigkeit die automatische Folge von Freiheit sei. Die primäre Aufgabe des Rechts bestand nun darin, eine (staats)-herrschaftsfreie gesellschaftliche Sphäre zu organisieren. Damit fand die These vom rechtsfreien Innenraum der Familie in der bürgerlichen Theorie von Gesellschaft und Staat ihre Grundlage. Der Staat hatte sich weitestgehend Regelungen im Bereich der Familie zu enthalten, damit das Familienleben sich optimal entfalten konnte. So wurde die väterliche Gewalt mit dem Eigentum und von STAHL auch mit dem Gewerbebetrieb auf eine Stufe gestellt. Sie gehörten zu den "exemten Rechten", in die der Staat nicht eingreifen durfte.

V. Rechtsstreitigkeiten zwischen Eltern und Kindern

Sobald Rechtsstreitigkeiten zwischen Eltern und Kindern grundsätzlich möglich waren, wurden diese - wie Rechtsstreitigkeiten unter Blutsverwandten überhaupt - mißbilligt. Bei einem Prozeß des Kindes gegen seine Eltern war die Verwerflichkeit seines Tuns noch dadurch gesteigert, daß es damit gegen seine Pflicht zur Dankbarkeit und Ehrerbietung gegenüber den Eltern verstieß. Bei diesem Unwerturteil wurde nicht zwischen gewaltunterworfenen und gewaltfreien Kindern unterschieden; es spielte auch keine Rolle, ob der Vater oder die Mutter gerichtlich belangt wurde.

Zu allen Zeiten trachtete man danach, Rechtsstreitigkeiten zwischen Eltern und Kindern zu vermeiden. Im römischen Recht hat dieser Gedanke Ausdruck in C.8, 46 [47],4 (VALERIANUS *et* GALLIENUS) gefunden: *"Congruentius quidem videtur intra domum, inter te ac filios tuos si quae controversiae oriuntur, terminari."*.

---

[3] Dazu siehe nur Grimm, Bürgerlichkeit im Recht, in: Recht und Staat der bürgerlichen Gesellschaft, S. 11ff.

Bei der Schaffung des BGB hat das Ziel der Vermeidung von Rechtsstreitigkeiten dazu geführt, daß den Kindern im Vergleich zu früheren Kodifikationen (ALR und ABGB) weniger eigene Rechte gegenüber den Eltern gewährt wurden.

Eine andere Möglichkeit zur Vermeidung von besonders ehrbeeinträchtigenden Prozessen war prozessualer Art, nämlich die Nichtzulassung infamierender Klagen und Einreden (*actiones famosae et exceptiones*). Die Kinder hatten vor der gerichtlichen Belangung eines Elternteils die Erlaubnis des Richters einzuholen. Diese Erlaubnis konnte beim Vorliegen von ehrenrührigen Klagen versagt werden. Allerdings war es auch möglich, daß dem Kind statt einer famosen *actio* eine solche *in factum* zugebilligt wurde.

Das italienische Statutarrecht des Mittelalters hat zur Vermeidung von ordentlichen Rechtsstreitigkeiten den Weg beschritten, Streitigkeiten unter Blutsverwandten auf Antrag einer Partei an eine Art Schiedsgericht, das sich aus Verwandten und Freunden zusammensetzte, zu verweisen.

Eine Besonderheit ist wiederum im kanonischen Recht zu beobachten. Dort wurden Prozesse zwischen Eltern und gewaltunterworfenen Kindern grundsätzlich für möglich gehalten. Trotz des Gebots zur Achtung und Liebe der Eltern war das Führen von Rechtsstreitigkeiten zwischen Eltern und Kindern nicht grundsätzlich mit einem Makel versehen.

Belege für Rechtsstreitigkeiten zwischen Eltern und ihren gewaltunterworfenen Kindern gibt es bis zum 19. Jahrhundert nicht. Wenn von einigen Autoren, so z. B. VON STRYK, beklagt wird, daß Prozesse zwischen Eltern und Kindern häufig seien, so dürften die daran beteiligten Kinder in der Regel schon gewaltfrei gewesen sein.

RECHTSHISTORISCHE REIHE

Band 1 Studien zu den germanischen Volksrechten. Gedächtnisschrift für Wilhelm Ebel. Vorträge gehalten auf dem Fest-Symposion anläßlich des 70. Geburtstages von Wilhelm Ebel am 16. Juni 1978 in Göttingen. Götz Landwehr (Hrsg.) 1982.

Band 2 Hans Poeschel: Die Statuten der Banken, Sparkassen und Kreditgenossenschaften in Hamburg und Altona von 1710 bis 1889. 1978.

Band 3 Thomas Kolbeck: Juristenschwemmen, Untersuchungen über den juristischen Arbeitsmarkt im 19. und 20. Jahrhundert. 1978.

Band 4 Norbert Hempel: Richterleitbilder in der Weimarer Republik. 1978.

Band 5 Rolf Stratmann: Die Scheinbußen im mittelalterlichen Recht. 1978.

Band 6 Martin C. Lockert: Die niedersächsischen Stadtrechte zwischen Aller und Weser. Vorkommen und Verflechtungen. Eine Bestandsaufnahme. 1979.

Band 7 Joachim Rückert/Wolfgang Friedrich: Betriebliche Arbeiterausschüsse in Deutschland, Großbritannien und Frankreich im späten 19. und frühen 20. Jahrhundert. Eine vergleichende Studie zur Entwicklung des kollektiven Arbeitsrechts. 1979.

Band 8 Peter Bender: Die Rezeption des römischen Rechts im Urteil der deutschen Rechtswissenschaft. 1979.

Band 9 Friedrich Karl Alsdorf: Untersuchungen zur Rechtsgestalt und Teilung deutscher Ganerbenburgen. 1980.

Band 10 Dietmar Willoweit/Winfried Schich (Hrsg.): Studien zur Geschichte des sächsisch-magdeburgischen Rechts in Deutschland und Polen (Sammelband). 1980.

Band 11 Brigitte Hempel: Der Entwurf einer Polizeiordnung für das Herzogtum Sachsen-Lauenburg aus dem Jahre 1591. 1980.

Band 12 Klaus-Detlev Godau-Schüttke: Rechtsverwalter des Reiches. Staatssekretär Dr. Curt Joël. 1981.

Band 13 Rainer Polley: Anton Friedrich Justus Thibaut (AD 1772-1840) in seinen Selbstzeugnissen und Briefen. Teil 1: Abhandlung. Teil 2: Briefwechsel. Teil 3: Register zum Briefwechsel. 1982.

Band 14 Michael Wettengel: Der Streit um die Vogtei Kelkheim 1275-1276. Ein kanonischer Prozeß.1981.

Band 15 Otto Wilhelm Krause: Naturrechtler des sechzehnten Jahrhunderts. Ihre Bedeutung für die Entwicklung eines natürlichen Privatrechts. 1982.

Band 16 Helga Spindler: Von der Genossenschaft zur Betriebsgemeinschaft. Kritische Darstellung der Sozialrechtslehre Otto von Gierkes. 1982.

Band 17 Holger Otte: Gustav Radbruchs Kieler Jahre 1919 - 1926. 1982.

Band 18 Rüdiger Teuner: Die fuldische Ritterschaft 1510 - 1656. 1982.

Band 19 Gerhard Dilcher/Rudolf Hoke/Gian Savino Pene Vidari/Hans Winterberg (Hrsg.): Grundrechte im 19. Jahrhundert. 1982.

Band 20 Karl-Hans Schloßstein: Die westfälischen Fabrikengerichtsdeputationen - Vorbilder, Werdegang und Scheitern. 1982.

Band 21 Birger Schulz: Der Republikanische Richterbund (1921-1933). 1982.

Band 22 Engelbert Krause: Die gegenseitigen Unterhaltsansprüche zwischen Eltern und Kindern in der deutschen Privatrechtsgeschichte. 1982.

Band 23 Meent W. Francksen: Staatsrat und Gesetzgebung im Großherzogtum Berg (1806-1813). 1982.

Band 24 Gerd von Sonnleithner: Bearbeitung des Handelsrechts durch Ignaz von Sonnleithner in seinem "Leitfaden über das österreichische Handels- und Wechselrecht". 1982.

Band 25 Rudolf Palme: Rechts-, Wirtschafts- und Sozialgeschichte der inneralpinen Salzwerke bis zu deren Monopolisierung. 1983.

Band 26 Helen Bosshard: Pestalozzis Staats- und Rechtsverständnis und seine Stellung in der Aufklärung. 1983.

Band 27 Jens Jessen: Die Selbstzeugnisse der deutschen Juristen. Erinnerungen, Tagebücher und Briefe. Eine Bibliographie. 1983.

Band 28 Günter Martin Jensen: Das Domanium Waldeck. Die rechtliche Zuordnung eines Fürstenvermögens. 1984.

Band 29 Johann Heinrich Kumpf: Petitionsrecht und öffentliche Meinung im Entstehungsprozeß der Paulskirchenverfassung 1848/49. 1983.

Band 30 Sabine Frey: Rechtsschutz der Juden gegen Ausweisungen im 16. Jahrhundert. 1983.

Band 31 Dietrich Joswig: Die germanische Grundstücksübertragung. 1984.

Band 32 Andreas Baryli: Konzessionssystem contra Gewerbefreiheit. Zur Diskussion der österreichischen Gewerberechtsreform 1835 bis 1860. 1984.

Band 33 Gerhard Oberkofler: Studien zur Geschichte der österreichischen Rechtswissenschaft. 1984.

Band 34 Rudolf Lauda: Kaufmännische Gewohnheit und Burgrecht bei Notker dem Deutschen. Zum Verhältnis von literarischer Tradition und zeitgenössischer Realität in der frühmittelalterlichen Rhetorik. 1984.

Band 35 Jens Jensen: Die Ehescheidung des Bischofs Hans von Lübeck von Prinzessin Julia Felicitas von Württemberg-Weiltingen AD 1648-1653. Ein Beitrag zum protestantischen Ehescheidungsrecht im Zeitalter des beginnenden Absolutismus. 1984.

Band 36 Horst Schröder: Friedrich Karl von Savigny. Geschichte und Rechtsdenken beim Übergang vom Feudalismus zum Kapitalismus in Deutschland. 1984.

Band 37 Andreas Hatzung: Dogmengeschichtliche Grundlagen und Entstehung des zivilrechtlichen Notstands. 1984.

Band 38 Matthias Klasen: Das Billwerder Landrecht. Landrecht und Landgericht in den Hamburger Elbmarschen. 1985.

Band 39 Rainer Jamin: Aufbau, Tätigkeit und Verfahren der Auseinandersetzungsbehörden bei der Durchführung der preußischen Agrarreformen. 1985.

Band 40 Henry Winter: Teilschuld, Gesamtschuld und unechte Gesamtschuld. Zur Konzeption der §§ 420 ff. BGB - Ein Beitrag zur Entstehungsgeschichte des BGB. 1985.

Band 41 Hermann Eichler: Verfassungsbewegung in Amerika und Europa. 1985.

Band 42 Dagmar Bandemer: Heinrich Albert Zachariae. Rechtsdenken zwischen Restauration und Reformation. 1985.

Band 43 Eva-Christine Frentz: Das Hamburgische Admiralitätsgericht (1623-1811). Prozeß und Rechtsprechung. 1985.

Band 44 Karl Lillig: Rechtsetzung im Herzogtum Pfalz-Zweibrücken während des 18. Jahrhunderts. Ein Beitrag zur Geschichte der territorialen Rechtsbildung. 1985.

Band 45 Walter Weber: Die Entwicklung der Sparkassen zu selbständigen Anstalten des öffentlichen Rechts. Ein Beitrag zur Entwicklung des Anstaltsbegriffs im 19. Jahrhundert. 1985.

Band 46 Bärbel Baum: Der Stabreim im Recht. Vorkommen und Bedeutung des Stabreims in Antike und Mittelalter. 1986.

Band 47 Hans Popp: Die nationalsozialistische Sicht einiger Institute des Zivilprozeß- und Gerichtsverfassungsrechts. 1986.

Band 48 John Karl-Heinz Montag: Die Lehrdarstellung des Handelsrechts von Georg Friedrich von Martens bis Meno Pöhls. Die Wissenschaft des Handelsrechts im ersten Drittel des 19. Jahrhunderts. 1986.

Band 49 Volker D. Anhäusser: Das internationale Obligationenrecht in der höchstrichterlichen Rechtsprechung des 19. Jahrhunderts. 1986.

Band 50 Udo Beer: Die Juden, das Recht und die Republik. Verbandswesen und Rechtsschutz 1919-1933. 1986.

Band 51 Herbert Grziwotz: Der moderne Verfassungsbegriff und die "Römische Verfassung" in der deutschen Forschung des 19. und 20. Jahrhunderts. 1986.

Band 52 Ralf Conradi: Karl Friedrich Eichhorn als Staatsrechtslehrer. Seine Göttinger Vorlesung über "Das Staatsrecht der deutschen Bundesstaaten" nach einer Kollegmitschrift aus dem Wintersemester 1821/22. 1987.

Band 53 Dieter Dannreuther: Der Zivilprozeß als Gegenstand der Rechtspolitik im Deutschen Reich 1871 - 1945. Ein Beitrag zur Geschichte des Zivilprozeßrechts in Deutschland. 1987.

Band 54 Stephan Felix Pauly: Organisation, Geschichte und Praxis der Gesetzesauslegung des (Königlich) Preußischen Oberverwaltungsgerichtes 1875 - 1933. 1987.

Band 55 Rüdiger Schulz: Die Entstehung des Seerechts des Allgemeinen Deutschen Handelsgesetzbuches unter besonderer Berücksichtigung der Bestimmungen über die Reederei, den Schiffer und die Schiffsmannschaft. 1987.

Band 56 Reinhold Reis: Deutsches Privatrecht in den Weistümern der Zenten Schriesheim und Kirchheim. 1987.

Band 57 Jürgen Christoph: Die politischen Reichsamnestien 1918 - 1933. 1987.

Band 58 Gerhard Oberkofler/Eduard Rabofsky: Hans Kelsen im Kriegseinsatz der k.u.k.-Wehrmacht. Eine kritische Würdigung seiner militärtheoretischen Angebote. 1988.

Band 59 Arne Wulff: Staatssekretär Prof. Dr. Dr. h.c. Franz Schlegelberger. 1876-1970. 1991.

Band 60 Gerhard Köbler (Hrsg.): Wege europäischer Rechtsgeschichte. Karl Kroeschell zum 60. Geburtstag. 1987.

Band 61 Rüdiger Hütte: Der Gemeinschaftsgedanke in den Erbrechtsreformen des Dritten Reichs. 1988.

Band 62 Markus Göldner: Politische Symbole der europäischen Integration. Fahne, Hymne, Hauptstadt, Paß, Briefmarke, Auszeichnungen. 1988.

Band 63 Wolfgang Kröner: Freiheitsstrafe und Strafvollzug in den Herzogtümern Schleswig, Holstein und Lauenburg von 1700 bis 1864. 1988.

Band 64 Werner Gaile: Die Norder Theelacht. 1988.

Band 65 Karl v. Kempis: Andreas Gaill (1526 - 1587). Zum Leben und Werk eines Juristen der frühen Neuzeit. 1988.

Band 66 Wolf-Rüdiger Osburg: Die Verwaltung Hamburgs in der Franzosenzeit. 1811-1814. 1988.

Band 67 Christian Schudnagies: Hans Frank. Aufstieg und Fall des NS-Juristen und Generalgouverneurs. 1988.

Band 68 Otmar Jung: Senatspräsident Freymuth. Richter, Sozialdemokrat und Pazifist in der Weimarer Republik. Eine politische Biographie. 1989.

Band 69 Joachim Lohner: Das landeshauptmannschaftliche Gericht in Oberösterreich zu Beginn der Neuzeit. Eine Darstellung des oberösterreichischen Prozeßrechts am obersten Territorialgericht des Landes anhand der oberösterreichischen Landtafel.1989.

Band 70 Bernd Klemann: Rudolf von Jhering und die Historische Rechtsschule. 1989.

Band 71 Adalbert Langer: Männer um die österreichische Zivilprozeßordnung 1895. Zusammenspiel / Soziales Ziel. 1990.

Band 72 Robert-Dieter Klee: Die Landessuperintendentur Lauenburg. Ursprung und Entwicklung sowie Ende der Sonderstellung des Kirchenkreises Herzogtum Lauenburg durch die nordelbische Kirchenvereinigung. 1989.

Band 73 Heinrich Herrmann: Die Gehöferschaften im Bezirk Trier. 1989.

Band 74 Wilhelm Brauneder, Franz Baltzarek (Hrsg.): Modell einer neuen Wirtschaftsordnung. Wirtschaftsverwaltung in Österreich 1914 - 1918. 1991.

Band 75 Thomas Dreyer: Die "Assecuranz- und Haverey-Ordnung" der Freien und Hansestadt Hamburg von 1731. 1990.

Band 76 Bernhard Sendler: Die Rechtssprache in den süddeutschen Stadtrechtsreformationen. 1990.

Band 77 Brigitte Lehmann: Ehevereinbarungen im 19. und 20. Jahrhundert. 1990.

Band 78 Michael Sunnus: Der NS-Rechtswahrerbund (1928-1945). Zur Geschichte der nationalsozialistischen Juristenorganisation. 1990.

Band 79 Stefan Schulz: Die historische Entwicklung des Rechts an Bienen. (§§ 961 - 964 BGB). 1990.

Band 80 Gerhard Lingelbach, Heiner Lück (Hrsg.): Deutsches Recht zwischen Sachsenspiegel und Aufklärung. Rolf Lieberwirth zum 70. Geburtstag dargebracht von Schülern, Freunden und Kollegen, herausgegeben von Gerhard Lingelbach und Heiner Lück. 1991.

Band 81 Manfred Krohn: Die deutsche Justiz im Urteil der Nationalsozialisten 1920 - 1933. 1991.

Band 82 Angelika Kühn: Privilegierung nationaler Minderheiten im Wahlrecht der Bundesrepublik Deutschland und Schleswig-Holsteins. 1991.

Band 83 Georg Brun: Leben und Werk des Rechtshistorikers Heinrich Mitteis unter besonderer Berücksichtigung seines Verhältnisses zum Nationalsozialismus. 1991.

Band 84 Wolfgang Simon: Claudius Freiherr von Schwerin. Rechtshistoriker während dreier Epochen deutscher Geschichte. 1991.

Band 85 Friedrich-Carl Wachs: Das Verordnungswerk des Reichsdemobilmachungsamtes. Stabilisierender Faktor zu Beginn der Weimarer Republik. 1991.

Band 86 Jens-Uwe Petersen: Die Vorgeschichte und die Entstehung des Mieterschutzgesetzes von 1923 nebst der Anordnung für das Verfahren vor dem Mieteinigungsamt und der Beschwerdestelle. 1991.

Band 87 Ulrike Haibach: Familienrecht in der Rechtssprache. Die historische Entwicklung zentraler Ausdrücke des geltenden Familienrechts. 1991.

Band 88 Joern Christian Nissen: Die Beratungen des Seeversicherungsausschusses der Akademie für Deutsches Recht zu einem neuen Seeversicherungsgesetz (1934-1939). Ein Beitrag zur Entwicklung der allgemeinen Lehren des Seeversicherungsrechts unter besonderer Berücksichtigung des Handelsgesetzbuchs und der Allgemeinen Deutschen Seeversicherungs-Bedingungen 1919. 1991.

Band 89 Diethard Bühler: Die Entstehung der allgemeinen Vertragsschluß-Vorschriften im Allgemeinen Deutschen Handelsgesetzbuch (ADHGB) von 1861. Ein Beitrag zur Kodifikationsgeschichte des Privatrechts im 19. Jahrhundert. 1991.

Band 90 Gerhard Oberkofler: Die Vertreter des Römischen Rechts mit deutscher Unterrichtssprache an der Karls-Universität in Prag. Vom Vormärz bis 1945. 1991.

Band 91 Ulrich Andermann: Ritterliche Gewalt und bürgerliche Selbstbehauptung. Untersuchungen zur Kriminalisierung und Bekämpfung des spätmittelalterlichen Raubrittertums am Beispiel norddeutscher Hansestädte. 1991.

Band 92 Heinz Marcus Hanke: Luftkrieg und Zivilbevölkerung. Der kriegsvölkerrechtliche Schutz der Zivilbevölkerung gegen Luftbombardements von den Anfängen bis zum Ausbruch des Zweiten Weltkrieges. 1991.

Band 93 Kirsten Kraglund: Familien- und Erbrecht. Materielles Recht und Methoden der Rechtsanwendung in der Rechtsprechung des Oberappellationsgerichts der vier Freien Städte Deutschlands zu Lübeck. 1991.

Band 94 Reinhard Lorenz: Die politische und rechtliche Stellung des Proletariats in Preußen in der Zeit zwischen den Reformen und der Revolution 1848/49. 1991.

Band 95 Eric Hilgendorf: Die Entwicklungsgeschichte der parlamentarischen Redefreiheit in Deutschland. 1991.

Band 96 Hans J. Reiter: Die Handelsgesellschaft Villeroy & Boch von der Gründung 1836 bis zum Jahr 1878. 1992.

Band 97 Martin Johannes Heller: Reform der deutschen Rechtssprache im 18. Jahrhundert. 1992.

Band 98 Michael Kotulla: Die Tragweite der Grundrechte der revidierten preußischen Verfassung vom 31.01.1850. 1992.

Band 99 Michael Siefener: Hexerei im Spiegel der Rechtstheorie. Das crimen magiae in der Literatur von 1574 bis 1608. 1992.

Band 100 Andreas Ebert-Weidenfeller: Hamburgisches Kaufmannsrecht im 17. und 18. Jahrhundert. Die Rechtsprechung des Rates und des Reichskammergerichtes. 1992.

Band 101 Enno Bommel: Die Entstehung der Verwirkungslehre in der Krise des Positivismus. 1992.

Band 102 Ralph Steppacher: Die Berücksichtigung der bäuerlichen Postulate bei der Entstehung des ZGB und der Revision des OR. Ein Beitrag zur schweizerischen Kodifikationsgeschichte (1893 - 1912). 1992.

Band 103 Martin Fleckenstein: Die Todesstrafe im Werk Carl Joseph Anton Mittermaiers (1787 - 1867). Zur Entwicklungsgeschichte eines Werkbereichs und seiner Bedeutung für Theorie- und Methodenbildung. 1992.

Band 104 Jörn Eckert: Der Kampf um die Familienfideikommisse in Deutschland. Studien zum Absterben eines Rechtsinstitutes. 1992. (2 Teile)

Band 105 Jörg Grotkopp: Beamtentum und Staatsformwechsel. Die Auswirkungen der Staatsformwechsel von 1918, 1933 und 1945 auf das Beamtenrecht und die personelle Zusammensetzung der deutschen Beamtenschaft. 1992.

Band 106 Andreas Rohde: Die Garantiehaftung des Vermieters und ihr Verhältnis zum Unmöglichkeitsrecht in dogmengeschichtlicher und modernrechtlicher Sicht. 1992.

Band 107 Tjark Siefke Kunstreich: Gesamtvertretung. Eine historisch-systematische Darstellung. 1992.

Band 108 Jürgen Krüger: Blindheit und Königtum. Die Blindheit des Königs Georg V. von Hannover als verfassungsrechtliches Problem. 1992.

Band 109 Wolfgang Putschek: Ständische Verfassung und autoritäre Verfassungspraxis in Österreich 1933-1938 mit Dokumentenanhang. Verfassung und Verfassungswirklichkeit. Mit einem Anhang: Denkschriften von Rechtsanwalt Dr. Erich Führer 1936/37. 1993.

Band 110 Klaus Hofmann: Die Verdrängung der Juden aus öffentlichem Dienst und selbständigen Berufen in Regensburg 1933-1939. 1993.

Band 111 Franz Kilger: Die Entwicklung des Telegraphenrechts im 19. Jahrhundert mit besonderer Berücksichtigung der technischen Entwicklung. Telegraphenrecht im 19. Jahrhundert. 1993.

Band 112 Wilhelm Brauneder (Hrsg.): Heiliges Römisches Reich und moderne Staatlichkeit. 1993.

Band 113 Thomas Heinrich: Das preußische Nichtehelichenrecht: Von der Aufklärung zur Reaktion. 1993.

Band 114 Gerald Kohl: Jagd und Revolution. Das Jagdrecht in den Jahren 1848 und 1849. 1993.

Band 115 Christian Schudnagies: Der Kriegs- oder Belagerungszustand im Deutschen Reich während des Ersten Weltkrieges. Eine Studie zur Entwicklung und Handhabung des deutschen Ausnahmezustandsrechts bis 1918. 1994.

Band 116 Elisabeth Bellmann: Die Internationale Kriminalistische Vereinigung (1889-1933). 1994.

Band 117 Julia Pfannkuch: Volksrichterausbildung in Sachsen 1945-1950. 1993.

Band 118 Jörg Offen: Von der Verwaltungsgemeinschaft des BGB von 1896 zur Zugewinngemeinschaft des Gleichberechtigungsgesetzes von 1957. 1994.

Band 119 Dorothee Kohlhas-Müller: Untersuchungen zur Rechtsstellung Theoderichs des Großen. 1995.

Band 120 Monika Rose: Das Gerichtswesen des Herzogtums Pfalz-Zweibrücken im 18. Jahrhundert. Ein Beitrag zur territorialen Gerichtsbarkeit im Alten Reich. 1994.

Band 121 Jörn Eckert / Hans Hattenhauer (Hrsg.): Bibel und Recht. Rechtshistorisches Kolloquium 9. - 13. Juni 1992 an der Christian-Albrechts-Universität zu Kiel. 1994.

Band 122 Robert Martin Mizia: Der Rechtsbegriff der Autonomie und die Begründung des Privatfürstenrechts in der deutschen Rechtswissenschaft des 19. Jahrhunderts. 1995.

Band 123 Walther Graf von Plettenberg: Das Fortleben des Liber Iudiciorum in Asturien/León (8. - 13. Jh.). 1994.

Band 124 Wolfgang Schulz: Das deutsche Börsengesetz. Die Entstehungsgeschichte und wirtschaftlichen Auswirkungen des Börsengesetzes von 1896. 1994.

Band 125 Frank Hagemann: Der Untersuchungsausschuß Freiheitlicher Juristen. 1949 – 1969. 1994.

Band 126 Andreas Rethmeier: "Nürnberger Rassegesetze" und Entrechtung der Juden im Zivilrecht. 1995.

Band 127 Edith Grether: Die Poesie der Throne. Die Juristen in der Fruchtbringenden Gesellschaft. 1995.

Band 128 Anna Bartels-Ishikawa: Der Lippische Thronfolgestreit. Eine Studie zu verfassungsrechtlichen Problemen des Deutschen Kaiserreiches im Spiegel der zeitgenössischen Staats. 1995.

Band 129 Jörg Schmidt: Otto Koellreutter 1883-1972. Sein Leben, sein Werk, seine Zeit. 1995.

Band 130 Christian Hattenhauer: Wahl und Krönung Franz II. AD 1792. Das Heilige Reich krönt seinen letzten Kaiser - Das Tagebuch des Reichsquartiermeisters Hieronymus Gottfried von Müller und Anlagen. 1995.

Band 131 Jutta v. der Decken: Das Seearbeitsrecht im Hamburger Stadtrecht von 1301 bis 1603. 1995.

Band 132 Detlev Schmidt: Die Reform des Rechts der Handelsvertreter von 1953. 1995.

Band 133 Gabi Roßdeutscher: Privatautonomie im Scheidungsrecht. Scheidungsbezogene Vereinbarungen in den letzten 200 Jahren. 1995.

Band 134 Harald Kahlenberg: Leben und Werk des Rechtshistorikers Walther Merk. Ein Beispiel für das Verhältnis von Rechtsgeschichte und Nationalsozialismus. 1995.

Band 135 Michael Steitz: Adelbert Düringer am Reichsgericht (1902-1915). Seine aktienrechtlichen Entscheidungen und sein Einfluß auf das Aktienrecht in Deutschland. 1995.

Band 136 Christian Becker: Beata Justorum Translatio. Juristen in schleswig-holsteinischen Leichenpredigten. 1996.

Band 137 Christoph Seiler: Vom Allgemeinen Landrecht zum Bürgerlichen Gesetzbuch. Dargestellt am Beispiel der höchstrichterlichen Judikatur zum kaufrechtlichen Sachmängelgewährleistungsrecht. 1996.

Band 138 Bernd Mayer: Die Vertrauensmännerausschüsse auf den preußischen Steinkohlegruben an der Saar. Entstehung und Wirken. Eine rechtshistorische Untersuchung. 1996.

Band 139 Rochus Scholl: Juden und Judenrecht im Herzogtum Pfalz-Zweibrücken. Ein Beitrag zur Rechtsgeschichte eines deutschen Kleinstaates am Ende des alten Reiches. 1996.

Band 140 Meike Bursch: Judentaufe und frühneuzeitliches Strafrecht. Die Verfahren gegen Christian Treu aus Weener/Ostfriesland 1720-1728. 1996.

Band 141 Markus Hillenbrand: Fürstliche Eheverträge. Gottorfer Hausrecht 1544 - 1773. 1996.

Band 142 Ulf Häder: Das gemeinschaftliche Oberappellationsgericht thüringischer Staaten in Jena. Ein Beitrag zur Geschichte des Gerichtswesens im 19. Jahrhundert. 1996.

Band 143 Andreas Bauer: Das Gnadenbitten in der Strafrechtspflege des 15. und 16. Jahrhunderts. Dargestellt unter besonderer Berücksichtigung von Quellen der Vorarlberger Gerichtsbezirke Feldkirch und des Hinteren Bregenzerwaldes. 1996.

Band 144 Christian Wirth: Der Jurist Johann Andreas Georg Friedrich Rebmann zwischen Revolution und Restauration. 1996.

Band 145 Stefanie Müller: Die Rechtsprechung des Hanseatischen Oberlandesgerichts zum persönlichen Eherecht in Hamburgischen Gerichtsfällen von 1879 -1900. 1996.

Band 146 Jean-Nicolas Morisset: Der Frachtvertrag in der *Ordonnance de la marine* von 1681. 1996.

Band 147 Dirk Lentfer: Die Glogauer Landesprivilegien des Andreas Gryphius von 1653. 1996.

Band 148 Wencke Mull: Die Haftung für Einsturzschäden nach den §§ 836-838 BGB in der Rechtsprechung des Reichsgerichts. 1996.

Band 149 Renate Zelger: Teufelsverträge. Märchen, Sage, Schwank, Legende im Spiegel der Rechtsgeschichte. 1996.

Band 150 Guido Kraß: Das Arrestverfahren in Frankfurt am Main im Spätmittelalter. 1996.

Band 151 F. Benedict Heyn: Die Entwicklung des Eisenbahnfrachtrechts von den Anfängen bis zur Einführung des Allgemeinen Deutschen Handelsgesetzbuches (ADHGB). 1996.

Band 152 Thomas Lang: Die Staats- und Verfassungslehre Carl Salomo Zachariaes. 1996.

Band 153 Michael Hebeis: Karl Anton von Martini (1726-1800). Leben und Werk. 1996.

Band 154 Gerald Hubert: Die Diskussion um die rechtliche Natur der Bizone in den Jahren 1947-1949. 1996.

Band 155 Christof Horn: Die Rechtsprechung des Reichsgerichts in Ehescheidungssachen der Jahre 1900 bis 1905. 1996.

Band 156 Hermann Nehlsen / Georg Brun (Hrsg.): Münchener rechtshistorische Studien zum Nationalsozialismus. 1996.

Band 157 Jan Otto Clemens Kehrberg: Die Entwicklung des Elektrizitätsrechts in Deutschland. Der Weg zum Energiewirtschaftsgesetz von 1935. 1997.

Band 158 Johannes Tradt: Der Religionsprozeß gegen den Zopfschulzen (1791-1799). Ein Beitrag zur protestantischen Lehrpflicht und Lehrzucht in Brandenburg-Preußen gegen Ende des 18. Jahrhunderts. 1997.

Band 159 Dietmar Olsen: Das kaufrechtliche Sachmängelgewährleistungsrecht des Code civil in der Rechtsprechung deutscher Gerichte im 19. Jahrhundert. Ein Beitrag zur Ablösung der Partikularrechte durch das BGB. 1997.

Band 160 Ulrich Bernhardt: Die Deutsche Akademie für Staats- und Rechtswissenschaft „Walter Ulbricht" 1948-1971. 1997.

Band 161 Claudia Susan Hoppe: Die Bürgschaft im Rechtsleben Hamburgs von 1600 bis 1900. 1997.

Band 162 Franz-Rudolf Ecker: Die Entwicklung des Bergrechts im Saarbrücker Steinkohlenrevier bis zum Ende des 18. Jahrhunderts. Ein Vergleich mit dem älteren deutschen Bergrecht. 1997.

Band 163 Anne Katrin Rückert: Politik und Privatrecht in der „konservativen Revolution". 1997.

Band 164 Gisbert Laube: Der Reichskunstwart. Geschichte einer Kulturbehörde 1919-1933. 1997.

Band 165 Nicolas Lührig: Die Diskussion über die Reform der Juristenausbildung von 1945 bis 1995. 1997.

Band 166 Regula Gerber Jenni: Die Emanzipation der mehrjährigen Frauenzimmer. Frauen im bernischen Privatrecht des 19. Jahrhunderts. 1997.

Band 167 Mischa A. Färber: Das gemeinschaftliche Testament in der höchstrichterlichen Rechtsprechung zum Allgemeinen Preußischen Landrecht und zum BGB. Ein Beitrag zur Ablösung der Partikularrechte durch das BGB. 1997.

Band 168 Catherine Antoinette Gasser: Philipp Lotmar 1850-1922. Professor der Universität Bern. Sein Engagement für das Schweizerische Arbeitsrecht. 1997.

Band 169 Lars Immisch: Der sozialistische Richter in der DDR und seine Unabhängigkeit. Der Versuch eines Rechtsvergleiches zum Unabhängigkeitsbegriff in der bundesdeutschen Rechtsordnung. 1997.

Band 170 Jessica Jacobi: Besitzschutz vor dem Reichskammergericht. Die friedenssichernde Funktion der Besitzschutzklagen am Reichskammergericht im 16. Jahrhundert, dargestellt anhand von Kameralisten. 1998.

Band 171 Ewald Hügemann: Die Geschichte des öffentlichen und privaten Mietpreisrechts vom Ersten Weltkrieg bis zum Gesetz zur Regelung der Miethöhe von 1974. 1998.

Band 172 Lutz Rentzow: Die Entstehungs- und Wirkungsgeschichte der Vernewerten Landesordnung für das Königreich Böhmen von 1627. 1998.

Band 173 Sabine Stürmer: Mühlenrecht im Herzogtum Pfalz-Zweibrücken während des 18. Jahrhunderts. Ein Beitrag zum Wirtschaftsrecht eines deutschen Kleinstaates im Alten Reich. 1998.

Band 174 Mario Bogisch: *Nemo testis in re sua*. Das Problem der Zeugnisfähigkeit bei der Anwendung der deutschen Zivilprozeßordnung von 1877. 1998.

Band 175 Rainer Oßwald: Pactane sunt servanda? Freiwilligkeit, Zwang und Unverbindlichkeitserklärungen im islamischen Vertragsrecht malikitischer Schule. 1998.

Band 176 Bettina Kern: Der preußische BGB-Entwurf von 1842. 1998.

Band 177 Inken Fuhrmann: Die Diskussion über die Einführung der fakultativen Zivilehe in Deutschland und Österreich seit Mitte des 19. Jahrhunderts. 1998.

Band 178 Annette Rieck: Der Heilige Ivo von Hélory (1247-1303). Advocatus pauperum und Patron der Juristen. 1998.

Band 179 Frank Bottenberg: Die Hamburgische Strafprozeßordnung von 1869. 1998.

Band 180 Matthias Krauß: Das kursächsische Postrecht von seinen Anfängen bis zum Ende des Alten Reichs. 1998.

Band 181 Torsten Schmidt: Die Entmündigung von den Anfängen des BGB bis zu ihrer Ablösung durch das Institut der Betreuung. 1998.

Band 182 Christian Nunn: Rudolf Müller-Erzbach. 1874-1959. Von der realen Methode über die Interessenjurisprudenz zum kausalen Rechtsdenken (Leben und Werk). 1998.

Band 183 Christian Ortloff: Das staatskirchenrechtliche System Wilhelm Traugott Krugs. Glaubens- und Gewissensfreiheit – eine Forderung der Vernunft. 1998.

Band 184 Christian Hattenhauer: Schuldenregulierung nach dem Westfälischen Frieden. Der sog. § *de indaganda* und seine Umsetzung im Jüngsten Reichsabschied (AD 1648 und 1654). 1998.

Band 185 Werner Schubert: Preußen im Vormärz. Die Verhandlungen der Provinziallandtage von Brandenburg, Pommern, Posen, Sachsen und Schlesien sowie – im Anhang – von Ostpreußen, Westfalen und der Rheinprovinz (1841-1845). 1998.

Band 186 Silvia Schumacher: Das Rechtsverhältnis zwischen Eltern und Kindern in der Privatrechtsgeschichte. 1999.

Band 187 Kai Sommer: Die Strafbarkeit der Homosexualität von der Kaiserzeit bis zum Nationalsozialismus. Eine Analyse der Straftatbestände im Strafgesetzbuch und in den Reformentwürfen (1871-1945). 1998.

Band 188 Jan Erik Backhaus: Volksrichterkarrieren in der DDR. 1999.

Band 189 Ralf Ruhnau: Die Fürstlich Thurn und Taxissche Privatgerichtsbarkeit in Regensburg. Ein Kuriosum der deutschen Rechtsgeschichte. 1999.

Band 190 Antonio Grilli: Die französische Justizorganisation am linken Rheinufer 1797-1803. 1999.

Band 191 Stephanie Kammerloher-Lis: Die Entstehung des Gesetzes über die religiöse Kindererziehung vom 15. Juli 1921. 1999.

Band 192 Jan Telp: Ausmerzung und Verrat. Zur Diskussion um Strafzwecke und Verbrechensbegriffe im Dritten Reich. 1999.

Band 193 Kurt von Pannwitz: Die Entstehung der Allgemeinen Deutschen Wechselordnung. Ein Beitrag zur Geschichte der Vereinheitlichung des deutschen Zivilrechts im 19. Jahrhundert. 1999.

Band 194 Sylvia Busch: Die Entstehung der Allgemeinen Gerichtsordnung für die Preussischen Staaten von 1793/95. Ein Beitrag zur Geschichte der Kodifikationsbewegung und der Reform des Zivilprozesses in Preußen im 18. Jahrhundert. 1999.

Band 195 Dirk Bieresborn: Klage und Klageerwiderung im deutschen und englischen Zivilprozeß. Eine rechtshistorische und rechtsvergleichende Untersuchung unter besonderer Berücksichtigung der Beeinflussung durch das römisch-kanonische Verfahren. 1999.

Peter Lang · Europäischer Verlag der Wissenschaften

Ausschüsse für Strafprozeßrecht und Strafrechtsangleichung (1934-1941)

Herausgegeben und mit einer Einleitung versehen von Werner Schubert

Frankfurt/M., Berlin, Bern, New York, Paris, Wien, 1998. XXVIII, 635 S.
Akademie für Deutsches Recht 1933-1945. Protokolle der Ausschüsse.
Herausgegeben von Werner Schubert. Bd. VII
ISBN 3-631-32758-7 · geb. DM 198.–*

Der Band dokumentiert die Beratungen und Verhandlungsergebnisse des Ausschusses der Akademie für Deutsches Recht für Strafprozeßrecht und des Ausschusses für die Strafrechtsangleichung zwischen dem Altreich und den Reichsgauen der Ostmark. Unter dem Vorsitz der Professoren Friedrich Oetker, August Schoetensack und des Grafen Gleispach verfolgten die Ausschüsse eine – gegenüber den Entwürfen des Reichsjustizministeriums zu einem neuen Strafverfahrensgesetz und den Parteigremien der NSDAP – im ganzen gemäßigtere Linie (Widerstand gegen außerordentliche Rechtsmittel und den Wegfall des Vorverfahrens). Insgesamt folgte der Ausschuß der Konzeption eines autoritären Strafprozesses mit scharfer Trennung zwischen dem staatsanwaltschaftlichen Vorverfahren und dem richterlichen Hauptverfahren. Die Einleitung des Herausgebers erschließt die Verhandlungsergebnisse und die Biographien der Ausschußmitglieder.

Aus dem Inhalt: Themen der strafprozessualen Reformdiskussion unter dem Nationalsozialismus: Staatsanwaltschaftliches Ermittlungsverfahren · Wegfall des Eröffnungsbeschlusses · Stellung des Richters im Hauptverfahren · Führerprinzip · Verhältnis der Staatsanwaltschaft zur Polizei · Laienrichterbeteiligung · Stellung des Verteidigers · Rechtsmittelsystem · Rechtsanalogie in der Praxis · Friedensrichter · Erweiterung des Wiederaufnahmeverfahrens

Frankfurt/M · Berlin · Bern · New York · Paris · Wien
Auslieferung: Verlag Peter Lang AG
Jupiterstr. 15, CH-3000 Bern 15
Telefax (004131) 9402131
*inklusive Mehrwertsteuer
Preisänderungen vorbehalten

